Die Geschichte der Stadt Langenau

Uwe Schmidt

Die Geschichte der Stadt Langenau

von den Römern bis heute

Herausgegeben
von der Stadt Langenau

THEISS

Die Deutsche Bibliothek – CIP-Einheitsaufnahme

Ein Titeldatensatz für diese Publikation ist bei
Der Deutschen Bibliothek erhältlich.

Umschlaggestaltung: Jürgen Reichert, Stuttgart, unter Verwendung
einer Abbildung aus dem Stadtarchiv Langenau (Prospekt des großen
Ulmischen Markt- und Oberamtsflecken Langenau, von Nordwest
gegen Südost anzusehen; Aquarell von Christof Klemann, 1792)

Satz und Gestaltung: Hahn Medien GmbH, Kornwestheim
Druck und Bindung: Druckerei Uhl, Radolfzell
ISBN 3-8062-1529-4

Inhalt

Vorwort

Langenau ist gewiss eine der ältesten Siedlungen in unserer Region. Mit Stolz können die Stadt und ihre Menschen auf eine fast 2000jährige Geschichte zurückblicken. Alles begann um 100 n. Chr., als die Römer zunächst ein kleines Kastell errichten, aus dem sich nur kurze Zeit später eine zivile Siedlung entwickelt. Diese wird bald zu einem lokalen wirtschaftlichen und religiösen Zentrum. Damit beginnt sich eine Funktion der Siedlung zu entfalten, die sie sich bis in unsere heutige Zeit bewahrt hat – wirtschaftlicher, administrativer und kultureller Mittelpunkt der Region zu sein.

Nach den Römern kommen die Alemannen. Sie gründen zwei Siedlungen im Westen und Osten – das Obere Dorf und das Untere Dorf, wie sie in späteren Zeiten genannt werden. Über eine dritte Siedlung, die erst in jüngster Zeit entdeckt worden ist, wissen wir noch zu wenig, um endgültige Aussagen über ihre Rolle in der Siedlungsgeschichte Langenaus treffen zu können. Als die Alemannen unter die Oberherrschaft der Franken geraten, errichtet Frankenkönig Dagobert I. um 630 einen Verwaltungshof auf dem Areal des heutigen Pfleghofes. Danach verschwindet die fränkisch-alemannische Siedlung im Dunkel der Geschichte, ehe sie 1003 erneut ans Licht tritt. Aus der Urkunde, in der Langenau erstmals schriftlich genannt wird, erfahren wir endlich den Namen dieser Siedlung: Navua. Ein alteuropäischer Gewässername, der „Tal, Rinne, Fluss“ bedeutet (erst im 16. Jahrhundert bürgert sich der Name Langenau ein). Schon zu diesem Zeitpunkt besitzt Navua eine regionale Bedeutung, und bald berichtet ein Chronist des 12. Jahrhunderts, das Dorf sei ein sehr belebter Ort, in den Handwerker, Bauern und Händler aus der näheren und ferneren Umgebung zum Handeltreiben kämen.

Im Jahr 1301 erhält Nawe, wie das Dorf jetzt genannt wird, das Stadtrecht. Die Grafen von Werdenberg wollen die junge Stadt zum politischen Mittelpunkt ihrer Herrschaft machen und erweitern sie 1350 sogar beträchtlich. Das Mitteldorf um das heutige Rathaus nimmt zunehmend einen städtischen Charakter an. Hier leben vor allem Handwerker, die ihre Produkte auf den Wochen- und Jahrmärkten verkaufen. Doch das Wachsen der Stadt endet 1377 jäh, als die verschuldeten Werdenberger Naw an die Reichsstadt Ulm verkaufen.

Eine neue Epoche in der Geschichte von Langenau beginnt. Nau wird wieder zum Dorf, obwohl das Stadtrecht nie aufgehoben wird, und vollkommen den vor allem wirtschaftlichen Interessen der mächtigen Reichsstadt untergeordnet. Trotzdem bleibt Nau, was es immer war: ein Ort mit zentralörtlicher Funktion. Die Handwerker stellen Gebrauchswaren für die Menschen in Langenau und den umliegenden Dörfern her, besuchen auswärtige Märkte, und Handwerker und Händler aus Heidenheim, Ehingen oder Münsingen besuchen die Langenauer Jahrmärkte. Und schließlich bildet Langenau über vier Jahrhunderte ein Zentrum der Landweberei, das den Reichtum der Reichsstadt Ulm mitbegründet. Auch der Sitz des ulmischen Oberamtmannes in Langenau belegt die hervorgehobene Rolle des Dorfes.

Mit dem Ende des Alten Reiches am Anfang des 19. Jahrhunderts beginnt ein neuer Zeitabschnitt. Zunächst wird Langenau bayerisch und dann 1810 württembergisch. Doch das neue Zeitalter fasst schwer Fuß in Langenau. Nur allmählich nimmt das Dorf und ab 1848 die Stadt an dem tiefen gesellschaftlichen Wandel teil, an dessen Ende unsere heutige bürgerlich-demokratische Gesellschaftsordnung steht. Trotzdem spiegelt sich dieser Prozess auch in einem kleinen Landstädtchen wie Langenau wider. Erste Ansätze bringen die Revolutionsjahre von 1848/49. Auch in Langenau findet die Revolution ihre Anhänger, gewiss nicht so radikal wie in anderen, größeren Orten und Städten, aber immerhin sind die Liberalen und Demokraten die bestimmenden politischen Kräfte auch im nachrevolutionären Jahrzehnt. Als einzige soziale Gruppe ziehen die Bauern einen unmittelbaren Gewinn aus der Revolution – endlich werden sie von der überkommenen Lehensherrschaft befreit und zu den Besitzern ihrer Äcker und Wiesen.

In der zweiten Hälfte des 19. Jahrhunderts bilden sich die politischen Strömungen und Parteien heraus, die auch heute noch unser politisches Leben bestimmen. Zunächst dominieren die Liberalen und Demokraten, ehe die Nationalliberalen und Konservativen die führende Rolle in Langenau übernehmen. Die Sozialdemokratie tritt erst in den letzten Jahren des Kaiserreiches in Erscheinung. Die Vereine tragen einen gewichtigen Anteil zur Entstehung unserer heutigen Gesellschaftsordnung bei. Sie vereinigen Menschen aller Stände in freiwilligem Zusammenschluss nach den persönlichen Interessen, und ihre Statuten verwirklichen die Grundprinzipien der Demokratie: Volkssouveränität und Gewaltenteilung. In seiner wirtschaftlichen Entwicklung bleibt Langenau jedoch, trotz des Eisenbahnanschlusses 1876, der große Hoffnungen weckt, weit zurück und bewahrt dagegen sein von Landwirtschaft und Handwerk geprägtes Wirtschaftsleben.

Die moderne Zeit beginnt in Langenau erst nach 1945. Die Stadt wächst durch den Zuzug von Flüchtlingen und Vertriebenen, und die Industrie beginnt, sich in Langenau niederzulassen. Das Stadtbild verändert sich. Neue Wohn- und Gewerbegebiete entstehen. Ende der 1970er Jahre werden dann die Voraussetzungen für die dynamische Entwicklung der vergangenen zwei Jahrzehnte geschaffen. Die Stadt nutzt ihre Standortvorteile, vor allem die nahe Autobahn, um ein modernes und lebendiges Gemeinwesen entstehen zu lassen. Unternehmen lassen sich in Langenau nieder, viele neue Arbeitsplätze werden geschaffen, in der Innenstadt entsteht ein attraktives Einkaufszentrum und eine lebendige und abwechslungsreiche Kulturszene entwickelt sich.

Langenau hat ein gewisses Etwas. Schon in den vorangegangenen Jahrhunderten stellte die Stadt etwas Besonderes dar. Dies ist aber nicht das Werk „großer Herren", sondern die Menschen – Bauern und Handwerker, Männer und Frauen – gestalteten die Geschichte von Langenau. Sie entwickelten Ideen und Vorstellungen, ganz persönlicher Art und im Interesse des Gemeinwohles, und suchten sie Wirklichkeit werden zu lassen. Dies war so und wird auch zukünftig so sein. Auch deswegen können die Bürgerinnen und Bürger von Langenau mit Stolz auf die Geschichte ihrer Stadt blicken.

Allen, die zum Gelingen dieses Buches beigetragen haben, danke ich, besonders Herrn Bürgermeister Wolfgang Mangold und den Gemeinderätinnen und Gemeinderäten der Stadt Langenau, die mich mit dieser reizvollen Aufgabe, die Geschichte der Stadt Langenau zu schreiben, beauftragt haben. Mein Dank gilt auch Herrn Edwin Köperl, dem Leiter des Schul-, Sport- und Kulturamtes, der stets zur Seite stand, wenn es galt, Probleme und Schwierigkeiten aus dem Weg zu räumen. Ohne die Hilfe und die Unterstützung der Mitarbeiterinnen und Mitarbeitern der Archive gelingt keine historische Arbeit – ihnen sei ebenfalls gedankt. Frau Kristin Dannenberg M. A., Ulm, danke ich für die sorgfältige Korrektur des Manuskripts. Dr. Peter Schaller, Vaihingen/Enz, sei für die die Arbeit begleitenden Diskussionen gedankt. Ganz herzlich danke ich Herrn Ernst Junginger, Langenau, dessen großes Wissen mir eine unersetzliche Hilfe war und von dem ich in vielen anregenden Gespräche vieles über die Geschichte Langenaus gelernt habe.

Ulm, im Mai 2000
Uwe Schmidt

Vor- und Frühgeschichte

Alt- und Mittelsteinzeit (ca. 80 000 – 5500 v. Chr.)

Die ältesten Spuren menschlichen Lebens in unserer Region führen uns in die erste Hälfte der Würmeiszeit, der letzten, vor rund 80 000 bis 40 000 Jahren, in die Zeit des Neandertalers (Homo sapiens neanderthalensis)[1]. Das Klima war gemäßigt kalt. Die Flächen der Schwäbischen Alb bedeckte eine pflanzenarme Steppe, in geschützten Lagen in den Tälern und an den Talhängen wuchsen kleine Wälder. Große Säugetiere wie Höhlenbären, Höhlenhyänen, Höhlenlöwen, Wildpferde, Rentiere, Steppenbisone, Riesenhirsche, Wollnashörner oder das Mammut zogen über die weiten und kahlen Flächen[2].

Vor 40 000 Jahren vollzog sich der Übergang von der mittleren zur jüngeren Altsteinzeit (35 000 – 8000 v. Chr.). Der moderne Mensch, der Homo sapiens sapiens, betrat nun die Bühne der Geschichte. Seine ältesten in Südwestdeutschland gefundenen Reste wurden in der Vogelherdhöhle bei Stetten im Lonetal ausgegraben[3]. Einige Zeit lang existierten wohl der Neandertaler und der Jetztmensch nebeneinander. Die jüngere Altsteinzeit, deren drei aufeinander folgenden Kulturen nach französischen Fundorten als Aurignacien, Gravettien und Magdalénien benannt und anhand charakteristischer Werkzeugformen unterschieden werden, brachte durch eine neue Abschlagtechnik zunehmend kleinere und differenziertere Werkzeuge wie Kratzer und Bohrer hervor[4]. Das wieder kälter werdende Klima (um 20 000 v. Chr. erreichte die Vereisung der Alpen ihren letzten Höhepunkt) erlaubte es den Menschen, in der Regel nur während der Sommermonate in den Albtälern zu leben, im Winterhalbjahr zogen sie vermutlich den Tierherden folgend in tiefer liegende Gegenden.

Vor rund 30 000 Jahren entstand die eiszeitliche Kunst. Berühmt sind die nur wenige Zentimeter großen, aus Mammutelfenbein geschnitzten Tierplastiken von Mammut, Wildpferd, Bison und Höhlenbär aus der Vogelherdhöhle bei Stetten im Lonetal[5]. Aus dieser Zeit stammen auch die ersten Darstellungen von Menschen. Die im Hohlenstein-Stadel im Lonetal gefundene, mit etwa 30 cm ungewöhnlich große Elfenbeinfigur stellt ein aufrecht stehendes menschenartiges Wesen mit einem Löwenkopf dar. Ihre Funktion ist nicht eindeutig zu klären. Gewiss dürften in ihr aber religiöse Vorstellungen zum Ausdruck gebracht worden sein, indem in ihr „eine enge geistige Verbindung zwischen Mensch und Tier in Form des kräftigen, selbst für den Menschen gefährlichen Höhlenlöwen" hergestellt wurde. Auch das ihr zugestandene Alter von über 30 000 Jahren kann infrage gestellt werden, denn ihre Formgebung lässt auf ein wesentlich jüngeres Datum schließen[6].

Eine stetige Erwärmung leitete um 11 000 v. Chr. das Ende des Eiszeitalters ein. Tundra und Steppe verschwanden, an ihre Stelle traten Kiefernwälder, durchsetzt mit Gebüschen und Laubbäumen. Auch die Tierwelt änderte sich: Das Mammut starb aus, die Rentier- und Wildpferdherden, die in den Wäldern keinen geeigneten Lebensraum mehr fanden, zogen nach Norden, und Rothirsche, Auerochsen, Rehe und Wildschweine wurden heimisch[7]. Der Mensch der Mittelsteinzeit (8000 – 5500 v. Chr.) passte sich den veränderten Bedingungen an. Die dichte Vegetation und die kleineren Herden erforderten ein anderes Jagdverhalten, der Fischfang und das Sammeln von Beeren gewannen an Bedeutung.

Der „Löwenmensch" aus dem Hohlenstein-Stadel im Lonetal.

Höhlen und Felsdächer boten unseren frühen Vorfahren Schutz vor wilden Tieren und den Unbilden des Wetters. Dort finden wir die Zeugnisse ihres Lebens – Werkzeuge und Knochen. Zu den wichtigen Fundplätzen aus der Mittleren Altsteinzeit in der Alb-Donau-Region gehören der Bockstein im Lonetal, die Große Grotte bei Blaubeuren und die Höhlen des Schmiechtales bei Schelklingen, deren eine – das Geißenklösterle – durch die spektakulären Funde der letzten Jahren große Beachtung fand. Von den Lagerplätzen im freien Gelände mit einfachen Zeltkonstruktionen hat sich dagegen in unserer Region nichts erhalten.

Zu den weniger wichtigen altsteinzeitlichen Fundstellen zählt das Fohlenhaus im Lonetal, der einzige auf der Gemarkung Langenau liegende Fundplatz. Dennoch sollen die zwei kleinen, nur wenige Meter tiefen Höhlen hier Erwähnung finden. Drei Grabungen – die erste bereits 1883/84 durch Ludwig Bürger – brachten Kulturschichten und

Funde aus der späten Altsteinzeit, der frühen Mittelsteinzeit sowie der Bandkeramischen Kultur der älteren Jungsteinzeit hervor[8].

Jungsteinzeit (5500 – 1800 v. Chr.)

Zu Beginn der Jungsteinzeit breitete sich, ausgehend vom Vorderen Orient über Südosteuropa, die Viehhaltung und der Anbau von Nutzpflanzen in Süddeutschland aus. Die Siedler brachten das Schaf, die Ziege, das Rind und das Schwein sowie Getreidesorten mit, von denen das Einkorn, der Emmer und die mehrzeilige Gerste die wichtigsten waren. Die einheimische Bevölkerung übernahm rasch die neuen Wirtschaftsweisen, sodass sich der Übergang vom Wildbeutertum zur bäuerlichen Wirtschaftsform innerhalb nur weniger Jahrhunderte vollzog. Das Leben der Menschen veränderte sich grundlegend: Sie wurden sesshaft, und die neue Wirtschaftsweise erforderte eine umfangreiche Vorratshaltung. Aus Ton wurden Gefäße zur Aufbewahrung von Getreide, Früchten und anderen Nahrungsmitteln, Kochtöpfe und Essgeschirr geformt und gebrannt. Die Gefäße waren häufig mit wellenförmig eingeritzten Linien und Bändern verziert, wovon sich der Name der ältesten Bauernkultur Mitteleuropas – Bandkeramik – ableitet[9].

Die fruchtbaren Böden des siedlungsgünstigen Langenauer Beckens zogen die jungsteinzeitlichen Bauern an. Ihre Spuren bezeugen, dass das Langenauer Becken während der gesamten Jungsteinzeit besiedelt war. Aus dem 6. bis 5. Jahrtausend v. Chr. stammen gut erhaltene Reste einer bandkeramischen Siedlung am Breiten Weg. Keramik und Steingeräte konnten geborgen sowie Abfallgruben und Spuren von Hausbauten (Pfostengruben) dokumentiert werden[10]. Auf eine jüngere Siedlung im Gewann „Am Öchslesmühlbach" am Westrand der Stadt aus dem 5. bis 4. Jahrtausend v. Chr. weisen Keramikfunde und Steinwerkzeuge hin[11]. Weitere Funde wie Keramik und Steingeräte und Hinweise auf Siedlungen wie Gruben, Pfostenlöcher und Hausgrundrisse, die in den Gewannen „Grabenäckern", „Stiergärtle", „Höllsteig", „Kiesgräble" (Grab), „Steinhäuser" und „Langgarten" sowie in der Martinskirche geborgen und dokumentiert wurden, vervollständigen die Zeugnisse der ersten Bauern in und um Langenau[12].

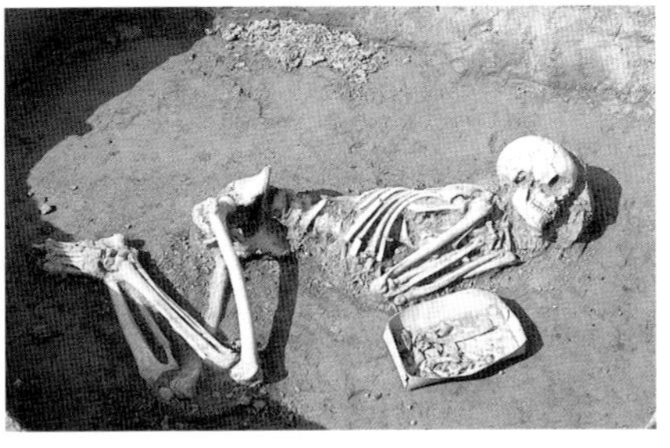

Jungsteinzeitliche Pfeilspitzen und Bohrer.

Jungsteinzeitliche Hockerbestattung, älteste Bestattung aus der Zeit der Bandkeramiker (5000 v. Chr.).

Bronzezeit (1800 – 750 v. Chr.)

Erneut führte eine technische Neuerung aus dem Vorderen Orient zu Beginn des zweiten vorchristlichen Jahrtausends zu einer grundlegenden Veränderung im Leben der Menschen: die Metallurgie, die in den alten Kulturen Mesopotamiens entwickelt worden war (Kupfer im 4. Jahrtausend, Bronze ab 2500 v. Chr.). Zwar kannte der jungsteinzeitliche Mensch schon im 4. Jahrtausend die Verarbeitung von Kupfer zu Schmuck und Geräten, aber für brauchbare Geräte war reines Kupfer zu weich. Erst mit der Beimengung von Zinn (ca. 10 Prozent) gelang der erfolgreiche Durchbruch. Werkzeuge, Waffen und Schmuck wurden aus diesem Mischmetall – der Bronze – gegossen[13].

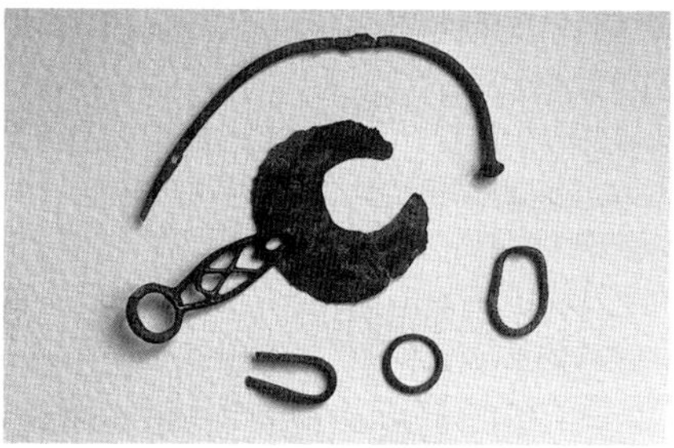

Bronzezeitliches Lappenbeil und Randleistenbeil (ca. 2000 v. Chr.).

Beigaben eines urnenfeldzeitlichen Brandgrabes: Rasiermesser, Fibel, Ringe (ca. 1200 v. Chr.).

Aus der frühen Bronzezeit (18. – 16. Jh. v. Chr.) sind keine Zeugnisse aus der Langenauer Region bekannt. Erst im beginnenden 15. Jahrhundert setzte hier mit der mittleren Bronzezeit (bis zum 13. Jh.) die Besiedelung ein. Kennzeichen für diese Epoche sind die Hügelgräber, die einen grundlegenden Wandel der religiösen Vorstellungen und Bestattungssitten, aber auch soziale Veränderungen bezeugen. Wurden die Menschen in der Jungsteinzeit in Hockergräbern bestattet, so errichtete man seit dem 16. Jahrhundert v. Chr. Hügel für die Grablege, die sozial hervorgehobenen Personen vorbehalten waren, während die übrigen Toten unverbrannt bestattet wurden. Die Leichenverbrennung setzte sich im 13. Jahrhundert v. Chr. durch. Die Bestattung des Leichenbrandes in Urnen gab der späten Bronzezeit ihren Namen (Urnenfelder-Kultur).

Im Englenghai befinden sich nahezu 100 Hügelgräber. Da bislang keine umfangreichen archäologischen Untersuchungen vorgenommen wurden (lediglich Ludwig Bürger und das Landesdenkmalamt untersuchten 1890/94 bzw. 1974 einige Grabhügel), können keine exakten Aussagen über sie getroffen werden. Gewiss datiert ihre überwiegende Zahl in die Mittlere Bronzezeit, es ist aber nicht ausgeschlossen, dass manche aus der Hallstattzeit (5. Jh. v. Chr.) stammen (bei einigen könnte es sich aber auch um Lesesteinhaufen handeln)[14]. Obwohl das Zentrum des vom Landesdenkmalamt untersuchten Grabhügels, dessen Durchmesser elf Meter betrug, durch die wenig planvolle Raubgrabung Bürgers weitgehend zerstört war, lassen einige Scherben und eine Bronzefibel auf seine Errichtung im 14./13. vorchristlichen Jahrhundert schließen[15]. Ein aus der älteren Urnenfelder-Kultur stammender Bestattungsplatz wurde 1969/70 im Gewann „Ramminger Weg“ entdeckt. In vier der fünf Gräber befanden sich je eine Urne mit dem Leichenbrand sowie Beigefäße und teilweise Bronzeschmuck. Ein zweiter Bestattungsplatz wurde im „Höllsteig“ entdeckt[16].

Aus der Hügelgräber- und Urnenfelder-Kultur sind bislang drei Siedlungsplätze bekannt. Allerdings wissen wir wegen der mangelnden Untersuchungen nichts über die Größe der Dörfer oder die Hauskonstruktionen, noch wurden Keller- oder Abfallgruben freigelegt, die uns Aufschlüsse über die Lebensweise der bronzezeitlichen Bauern geben könnten. Immerhin zählt eine Bronzefibel mit vierkantigem, gewelltem, fein verziertem Schaft und unregelmäßig rundem, schräg gelochtem Kopf, die in der Nähe der Sixenmühle gefunden wurde, zu den ältesten bronzezeitlichen Funden des Alb-Donau-Kreises (dort haben sich auch gut konservierte, angekohlte Eichenpfähle in dem feuchten Moorboden erhalten; allerdings lässt eine 1950 durchgeführte, jedoch erfolglose Sondage es zweifelhaft erscheinen, dass dort eine Siedlung bestand). Ein beschädigtes Messer, charakteristisches Gerät der Urnenfelder-Kultur, wurde bei Langenau aufgelesen und ist durch einen gebogenen Rücken und eine gerade Schneide gekennzeichnet. Aus gleicher Zeitstellung stammen Scherbenfunde von fein und grob gemagerten Tongefäßen im Gewann „Öllinger Weg“. Dort und in den Gewannen „Hohwegle“ (Bereich Panoramastraße) und „Grabenäckern“ werden Siedlungen vermutet; die bei letzterer Fundstelle zahlreich gefundene Keramik lässt sogar auf ein größeres, bis in die Urnenfelderzeit bestehendes Dorf schließen[17].

Eisenzeit (8. – 1. Jh. v. Chr.)

Zu Anfang des letzten vorchristlichen Jahrtausends begann sich ein neues Metall in Mitteleuropa zu verbreiten: das Eisen, das bis zum 8. Jahrhundert v. Chr. die weniger harte Bronze als Werkstoff für Schmuck, Werkzeuge und Waffen ersetzte. Wie ihre Vorgängerinnen wird auch die Eisenzeit – die letzte vorgeschichtliche Epoche – in zwei Phasen eingeteilt: Hallstattzeit (ältere Eisenzeit, Mitte 8. bis Mitte 5. Jh. v. Chr.), nach einem großen Gräberfeld am Hallstätter See in Oberösterreich benannt, und Latènezeit (jüngere Eisenzeit, Mitte 5. Jh. v. Chr. bis zur Zeitenwende), die einen neuen Zierstil (pflanzliche Ornamente mit stilisierten Tier- und Menschendarstellungen) hervorbrachte und nach einem Fundort am Neuenburger See in der Westschweiz benannt wurde[18].

Die Kelten hielten an der aus der Bronzezeit tradierten Bestattungssitte der Körperverbrennung fest, ehe während des 6. Jahrhunderts die Körperbestattung wieder aufkam. Die sozial höher gestellten Personen eines Dorfes wurden in kleinen Grabhügeln bestattet, während alle übrigen Mitglieder der dörflichen Gemeinschaft in dazwischenliegenden einfachen Gräbern oder auf gesonderten Friedhöfen ihre letzte Ruhe fanden. Die Grabhügel in der Umgebung von Fürstensitzen, so beispielsweise bei der Heuneburg bei Herbertingen oder Hochdorf bei Ludwigsburg, nahmen monumentale Ausmaße von bis zu 75 Metern Durchmesser an – beeindruckende Grabstätten der verstorbenen Fürsten, von deren Macht und Reichtum auch die wertvollen Grabbeigaben zeugen: vierrädrige Wagen, wertvolles Tafelgeschirr, Gold- und Silberschmuck. Im 4. vorchristlichen Jahrhundert wandelte sich die Bestattungssitte erneut. Über den Gräbern wurden nun keine Hügel mehr aufgeschüttet, und in der Mittellatènezeit trat an die Stelle der Körper- wieder die Brandbestattung. Auch wurden ältere Grabhügel aus der Bronze- oder Hallstattzeit zu Nachbestattungen genutzt, wie beispielsweise im Englenghai (wie bereits oben erwähnt, datieren möglicherweise einige der Grabhügel in die Hallstatt- oder Latènezeit). Am Galgenberg wurde 1979 ein Gräberfeld der Hallstattzeit durch Luftaufnahmen entdeckt. Außerhalb eines großen Kreisgrabens befinden sich mindestens 13 Grabgruben[19].

Über das Siedlungswesen der Eisenzeit ist im Ulmer Raum wenig bekannt, da auch hier keine systematischen archäologischen Untersuchungen vorliegen (lediglich die Viereckschanze bei Tomerdingen

Hallstattzeitlicher Grabhügel bei Dornstadt (6. bis 7. Jh. v. Chr.).

wurde archäologisch dokumentiert[20]). Bei Langenau wurden allerdings die Reste einer hallstattzeitlichen Siedlung im Gewann „Öchslesmühlbach" ergraben. Pfostenhäuser und ein als Hofeinfassung anzusprechendes Gräbchen weisen auf eine Hofanlage hin. Von besonderer Bedeutung sind zwei in das ausgehende 3. und 2. Jahrhundert zu datierende Schmelzöfen. Auch sechs flachbodige, rechteckige und in einer Linie aufgereihte Gruben, deren Funktion allerdings unklar ist, können dem handwerklichen Bereich zugeordnet werden[21]. Die anderen archäologischen Aufschlüsse geben nur wenig Auskunft über die Siedlungsformen. Lediglich Keramik (Gefäßreste, Spinnwirteln), Gegenstände aus Eisen, Feuerstellen, Wandverputz von Holzbauten, Abfall- und Pfostengruben weisen auf hallstatt- und latènezeitliche Besiedlungen im Bereich der Panoramastraße, in den Gewannen „Lindeschen", „Loch", „Lettenberg", „Gols Beund", „Oberes Feld", „Kiesgräble" und „Mühlbeundle". Die Ausdehnung dieser Dörfer, die Zahl der Höfe, die Konstruktionsweise der Gebäude (Wohnhäuser, Speicherbauten, Webhäuser) liegen noch im Boden verborgen[22].

Keltische Münzen: goldenes Regenbogenschüsselchen und Silbermünze (1. Jh. v. Chr.).

Silbervergoldete Schildkrötfibeln (1. Jh. v. Chr.).

Das beeindruckendste Zeugnis keltischer Zivilisation wurde 1979 im Bereich des Römerhofes im Gewann „Steinhäuser" gefunden. Eine Goldmünze, neun Silbermünzen und vier Fibeln zu zwei gleich gearbeiteten Paaren lagen in einem Versteck (die Kelten hatten bereits im vorangegangenen Jahrhundert ihr eigenes Münzsystem entwickelt; die Münzen zierten ornamentale Motive und stilisierte Figuren aus der keltischen Religion). Bei der Goldmünze handelt es sich um ein so genanntes Regenbogenschüsselchen. Auf der Vorderseite befindet sich ein stilisierter Vogelkopf, den ein am Rand verlaufender Blattkranz umschließt; auf der Rückseite sind ein Torques (Ring) und sechs Kugeln zu sehen. Die Münze weist ein Gewicht von 7,25 Gramm und einen Durchmesser von 1,76 cm auf. Mit einer Ausnahme gehören die Silbermünzen, die zwischen 1,46 und 1,69 Gramm wiegen, dem so genannten Büschchen-Typ an, dem das büschchenförmige Ornament den Namen gab. Während die Münzen eindeutig in die Mitte des letzten vorchristlichen Jahrhunderts datiert werden können, bereitet die Zuordnung der Fibeln Probleme. Vergleichbare Fibeln aus dem Saalegebiet bei Sangerhausen (Sachsen-Anhalt) lassen auf eine germanische Herkunft schließen, womit der älteste germanische Fund im südwestdeutschen Raum vorliegen würde. Warum der

Schatz versteckt wurde, entzieht sich unserer Kenntnis. Möglicherweise zwangen politisch unruhige Zeiten den Besitzer zum Verstecken, aber auch eine Weihe- oder Opfergabe, hinter der religiös-kultische Vorstellungen stehen, ist möglich[23].

Römische Zeit (1. – 3. Jh. n. Chr.)

Nach der Eroberung Galliens durch Cäsar (58 – 51 v. Chr.) und nach der Neuordnung der gallischen Provinzen im zweiten vorchristlichen Jahrzehnt, wurde der Rhein zur Grenze des Römischen Reiches und zur Operationsbasis der Feldzüge in Germanien. Das strategische Konzept sah die Unterwerfung Germaniens bis zur Elbe und die Besetzung der Alpenpässe und des Alpenvorlandes bis zur Donau zur Sicherung der durch die häufigen Überfälle der Alpenvölker bedrohten Nordgrenze vor[24].

Im Jahre 15 v. Chr. wurden erstmals Teile des heutigen Baden-Württemberg von römischen Truppen unter dem Kommando der kaiserlichen Adoptivsöhne Drusus und Tiberius besetzt. Drusus zog das Etschtal aufwärts über den Brenner in das Inntal und weiter in das Voralpenland. Tiberius drang von Westen an den Bodensee vor. In mehreren Schlachten unterwarfen sie die keltischen Stämme der Räter und Vindeliker: Die Alpen und das Alpenvorland bis zur Donau wurden in römischen Besitz genommen. In Augsburg-Oberhausen wurde ein Legionslager eingerichtet, das nach dem Ende der Germanenfeldzüge 16 n. Chr. seine strategische Bedeutung verlor und nach Vindonissa (Windisch) in der Schweiz verlegt wurde. In Bregenz, Kempten, Auerberg und Epfach wurden weitere Militärposten zur Sicherung des Alpenvorlandes eingerichtet.

Wahrscheinlich erst unter Kaiser Claudius (41 – 54 n. Chr.) wurde die Provinz Rätien konstituiert, deren Hauptstadt Augsburg sich zu einem wichtigen Verkehrsknotenpunkt entwickelte. Von hier führten Straßen nach Norditalien und Noricum im Osten, an die Donau und den Rhein. In der Mitte des 1. Jahrhunderts errichteten die römischen Besatzer an der Donau entlang Kastelle zur Grenzsicherung, in unserer Region bei Emerkingen, Risstissen, Unterkirchberg, Günzburg und Aislingen sowie auch die Kleinkastelle bei Nersingen und Burlafingen. Die Donaukastelle verband eine Straße, die in Hüfingen bei Donaueschingen nach Windisch in der Schweiz bzw. über den Schwarzwald an den Rhein weiterführte.

Der Bataveraufstand am Niederrhein im Jahre 69 n. Chr. offenbarte ein Verkehrshandikap zwischen den Donauprovinzen, den rheinischen Heeresbezirken und den gallischen Provinzen. Als Konsequenz ließ Kaiser Vespasian 74 n. Chr. eine Verbindungsstraße, die so genannte Kinzigtalstraße, von Straßburg (Argentorate) über Offenburg durch das Kinzigtal nach Tuttlingen bauen. Rottweil (Arae Flaviae) wurde zum Mittelpunkt des neu hinzugewonnenen Gebietes. Zugleich wurden die Donaukastelle auf die Schwäbische Alb nach Burladingen, Gomaringen (?), Donnstetten (Clarenna), Urspring (Ad Lunam) und Heidenheim vorverlagert. Diese Kastelle waren untereinander durch eine Straße, hinter dem so genannten Alb-Limes, verbunden. Nach dem Chattenkrieg folgte 85 n. Chr. die Besetzung des „Limesgebietes", dessen Grenzen durch in den Jahren 85 bis 90 errichtete Kastelle am Main, im Odenwald und am mittleren Neckar (Wimpfen, Heilbronn-Böckingen, Walheim, Benningen, Stuttgart-Bad Cannstatt und Köngen) geschützt wurden, die den Taunus-Wetterau-Limes mit dem Alb-Limes verbanden. Der Bau einer Straße von Mainz (Mogantiacum) über Ladenburg (Lopodunum), Cannstatt, Köngen (Grinario), Donnstetten, Urspring, Langenau, Faimingen nach Augsburg löste das noch bestehende Verkehrsproblem zwischen den östlichen und westlichen Provinzen. Unter Domitian (81–96 n. Chr.) wurde dann die rechtsrheinische Okkupation weitgehend zum Abschluss gebracht. Eine letzte Grenzkorrektur des obergermanisch-rätischen Limes erfolgte um 150 n. Chr. mit der Vorverlegung der Odenwald-Neckar-Kastelle nach Osten und der Alb-Kastelle ins Remstal (Schirenhof, Unterböbingen und Aalen).

Unter Kaiser Domitian gliederte man um 85 n. Chr. das neu gewonnene Gebiet der Provinz Obergermanien an, deren Statthalter in Mainz saß. Im Südosten grenzte Obergermanien an die Provinz Rätien, die sich vom Bodensee bis zun Inn erstreckte, und deren Hauptstadt Augsburg war. Der genaue Grenzverlauf zwischen den beiden Provinzen ist nicht bekannt. An der Spitze der Provinzen standen als Stellvertreter des Kaisers Statthalter, meist gewesene Konsuln oder Prätoren, denen die gesamte Verwaltung sowie alle in der Provinz stationierten Truppen unterstanden[25]. Das Prinzip der römischen Besatzungspolitik war die Gewöhnung der ansässigen Bevölkerung an die Art der römischen Verwaltung und deren rasche Romanisierung, mit dem Ziel, dieser sukzessive die Selbstverwaltung zu gewähren. Zunächst wurden kaiserliche Domänen eingerichtet, deren Grund und Boden sich ausschließlich in kaiserlichem Besitz befand und an die Bewohner verpachtet wurde. Ein dem Provinzstatthalter unterstellter Verwalter besaß die gerichtliche und polizeiliche Gewalt und zog den Pachtzins ein. Die Einwohner selbst schlossen sich nach dem Vorbild der römischen Kommunalverwaltung zu einem Verein unter der Führung eines Rates mit seinen beiden Vorsitzenden zusammen. Zu Beginn des 2. Jahrhunderts wurden aus den Domänen Stammesgemeinden mit eigener kommunaler Selbstverwaltung (civitates) gebildet; als Beispiel sei die civitas Sumelocennsis genannt, deren Hauptort Rottenburg war. Die freie Bevölkerung bildete die Bürgerschaft dieser Gemeinden; allerdings besaßen die Bürger nur den rechtlichen Status von Nicht-Römern (erst zu Beginn des 3. Jahrhunderts erhielten sie das römische Bürgerrecht).

Die römische Besetzung brachte neue Siedlungsformen nach Südwestdeutschland. Die einzige Stadt im staatsrechtlichen Sinne war Rottweil (Arae Flaviae), die bereits am Ende des ersten nachchristlichen Jahrhunderts das Stadtrecht verliehen bekam. Stadtartige Siedlungen, die den Sitz einer Stammesgemeinde oder „civitas" beherbergten, entstanden (Ladenburg, Rottenburg, Wimpfen). Zu jedem Kastell gehörte ein Lagerdorf (vicus) und ein größeres militäreigenes Umland, dessen Bewohner zur Versorgung der Kastelle mit allem Lebensnotwendigen verpflichtet waren. In den Lagerdörfern, die auch für die einheimische Landbevölkerung ein wirtschaftliches, geselliges und wohl auch kultisches Zentrum bildeten, lebten Händler, arbeiteten Handwerker, vor allem Töpfer und Schmiede, und wurden regelmäßig Märkte abgehalten. Mit der Vorverlegung der Grenze wurden die Kastelle aufgegeben, die Kastelldörfer behielten aber ihre Stellung als Mittelpunkte bei und bestanden offensichtlich bis zum Fall des obergermanisch-rätischen Limes weiter.

Außerhalb der Städte und Lagerdörfer entstand eine weitere Siedlungsform: der römische Gutshof (villa rustica). Diese Gutshöfe, von den weit über tausend in Baden-Württemberg nachweisbar sind, stellten eine besondere landwirtschaftliche Betriebsform dar. Das Land der kaiserlichen Domänen wurde in Erbpacht an Kolonisten und Veteranen vergeben. Ein weiteres Merkmal dieser Betriebsform sind Streugehöfte, in deren unmittelbarer Umgebung die landwirtschaftlichen Nutzflächen lagen. Die genaue Größe eines Gutshofes konnte bisher nicht ermittelt werden; mit großer Wahrscheinlichkeit waren sie in ihrer Mehrzahl kleiner als 100 Hektar. Diese Gutshöfe wurden bevorzugt an trockenen Hängen angelegt, um einen möglichst guten Überblick über die Felder und Fluren zu haben, worauf die Gutsherren offensichtlich großen Wert legten. Die Gutsbesitzer betrieben vermutlich intensiven Ackerbau, wie die zahlreichen Geräte, wie Sensen, Sicheln, Messer, Pflugscharen, Hacken und Spaten, belegen. Die Lage als Einzelgehöft bedingte eine nahezu autarke Wirtschaftsweise. Alles zum Leben und Arbeiten Nötige wurde selbst produziert: Die landwirtschaftlichen Produkte verarbeitete man selbst weiter, z. B. Milch zu Käse, Fleisch zu Wurst oder Häute zu Leder.

Man formte und brannte Tongeschirr für den täglichen Bedarf, fertigte und reparierte Geräte und Werkzeuge in eigenen Schmieden, verarbeitete Leder zu Schuhen und Gürteln und stellte sogar grobe Textilien her.

Zur Hofanlage gehörten verschiedene Gebäude. Das Hauptgebäude war im Allgemeinen eine Portikusvilla mit Eckrisaliten. Ställe, Scheunen, Wagenremisen, Wohnhäuser für das Gesinde lagen unsystematisch verstreut auf dem Hofgelände, das zum Schutz vor Raubtieren und Räubern von einer Mauer umgeben war. Brunnen versorgten die Bewohner mit Wasser, sofern keine Quelle in der Nähe zur Verfügung stand. Ein Badegebäude konnte als Einzelbau auftreten, aber auch in das Hauptgebäude integriert sein. Zu einer Villa rustica gehörten auch Kultmale, an denen die Bewohner um Schutz für Vieh und Ernte baten, Jupitergigantensäulen, Merkurstatuetten und Hausaltäre. Außerhalb der Hofanlage lag der in der Regel ebenfalls ummauerte villeneigene Begräbnisplatz.

Bedeutendster und wichtigster Wirtschaftszweig während der römischen Besetzung war die Landwirtschaft. Es galt, ein stehendes Heer und die von Handel und Handwerk lebende Bevölkerung der Städte mit Lebensmitteln zu versorgen, was eine erhebliche Ausweitung der landwirtschaftlichen Nutzfläche notwendig machte (so ist auf der Schwäbischen Alb die Steigerung der landwirtschaftlichen Produktion archäologisch nachweisbar). Beim Ackerbau stellte Weizen die Hauptanbausorte dar, aber auch der Anbau von Dinkel, Roggen und Gerste sowie Ackerbohnen, Linsen und Erbsen konnte nachgewiesen werden. Ein ebenso wichtiger Produktionszweig war die Viehzucht (Pferd, Schaf, Ziege, Schwein und Geflügel)[26]. Die auf den Gutshöfen erzielten Überschüsse wurden der Versorgung benachbarter Zivilsiedlungen und Militäreinrichtungen zugeführt.

Die Erforschung der Römerzeit in und um Langenau begann am Ende des vorigen Jahrhunderts, als 1885 der in Langenau seit 1878 wohnhafte Oberförster Ludwig Bürger die Reste einer Villa rustica bei Osterstetten (Gewann „Löhle“) im Auftrag des Ulmer Altertumsvereins freilegte. Dieser ersten archäologischen Dokumentation eines römischen Gutshofes im Langenauer Becken folgten Ausgrabungen in Lindenau (1890) und bei Langenau in den Gewannen „Im hailen Winkel“ und „Steinhäuser“ (1893). Die damaligen Untersuchungsmethoden konzentrierten sich auf eine rasche Freilegung der Steinfundamente, um möglichst vollständige Gebäude- und Hofgrundrisse freizulegen (wobei natürlich zwangsläufig zahlreiche Funde verloren gingen). Bürger entdeckte 1896 auch die beiden römischen Reliefsteine in der Westwand der Martinskirche, auf die im Folgenden näher eingegangen wird.

Villa rustica im Gewann „Heiligenäcker" bei Langenau.

Danach ruhte die archäologische Feldarbeit bis 1962, als Bodo Cichy Grabungen in der Martinskirche vornahm. Die 1970er-Jahre brachten mit den Ausgrabungen in Langenau („Steinhäuser") und Langenau-Göttingen („Wiesental") neue und interessante Erkenntnisse über Gutshofareale. Der Luftbildarchäologie und vor allem den jahrzehntelangen Feldbegehungen der Langenauer Heimatpfleger und ehrenamtlichen Mitarbeiter des Landesdenkmalamtes Baden-Württemberg, Ernst Junginger und Dr. Michael Reistle, und in früheren Zeiten des Gründers des Heimatmuseums, August Heckel, verdanken wir eine beispielhafte Fundstellendichte und somit eine hervorragende Forschungsgrundlage für siedlungsarchäologische Untersuchungen[27].

Das Langenauer Becken mit seinen fruchtbaren Böden bildete in römischer Zeit einen Siedlungsschwerpunkt. Bisher konnten zehn römische Gutshöfe auf dem Gebiet der Stadt Langenau festgestellt und archäologisch dokumentiert werden. Die bisher bekannten 22 Siedlungsplätze dokumentieren die hohe Siedlungsdichte des Langenauer Beckens. Auf der Grundlage von 13 Siedlungsplätzen und 26 Streckenmessungen liegen die Gutshöfe durchschnittlich 1700 m voneinander entfernt (der kürzeste Abstand beträgt 950 m, der längste 2600 m)[28]. Die Gutshöfe Bernstadt („Graben"), Langenau-Osterstetten („Löhle"), Langenau („Heiligenäcker", „Höllsteig", „Mittlerer Albecker Weg", „Steinhäuser" und „Im hailen Winkel") und Asselfingen („Unholdenstein") stehen in unmittelbarer Beziehung zu der vom Kastell Urspring nach Faimingen führenden Straße. Ihre Nähe – sie liegen nicht weiter als einen Kilometer von der Straße entfernt – deutet auf eine erste Besiedlungsphase hin, während die weiter entfernt liegenden Villae rusticae (Asselfingen „Lehenhölzle" und Langenau-Hörvelsingen „Laushalde") auch aus einer späteren Zeit stammen können. Die Besiedlung des Langenauer Beckens begann um 100 n. Chr., worauf die im Wohngebäude der Villa rustica in Langenau-Göttingen gefundene Münze (As des Trajan von 101/102 n. Chr.) hinweist[29].

Als Beispiel für eine Villa rustica in unserem Raum soll uns der 1978/79 ausgegrabene Gutshof von Langenau-Göttingen dienen. Der Gutshof, der mittlerweile vollständig überbaut ist, liegt an einem zum Weiherbach abfallenden Hang. Das Hauptgebäude, ein Badegebäude und drei Gebäude(reste), deren Funktion nicht eindeutig geklärt werden kann, kamen zutage. Die Frontlänge des rechteckigen, nach Süden ausgerichteten Hauptgebäudes beträgt 32 m, die Seitenlänge 27 m. Im westlichen Bereich, auf dem der Schwerpunkt der Ausgrabung lag, wurden vier hintereinander liegende Räume freigelegt, deren zwei mittlere Räume mit einer Fußbodenheizung (Hypokaust) ausgestattet waren; die beiden Heizräume lagen nördlich und östlich des Hypokaustum. Anhand der baulichen Überreste und wegen des Fehlens der ursprünglichen römischen Siedlungsfläche kann keine eindeutige Aussage über das Aussehen des Hauptgebäudes getroffen werden. Da sich keine weiteren Gebäude im Nord- und Ostteil gefunden haben, war die Frontseite vermutlich geschlossen und diente als Wohn- oder Schlaftrakt. Damit entsprach das Hauptgebäude nicht dem in den Provinzen weit verbreiteten Bautypus einer Portikusvilla mit Eckrisaliten. Südöstlich des Hauptgebäudes wurde ein kleines, mindestens 8 x 15 m

Ausgrabung in einer Villa rustica in Göttingen: Gebäude mit Fußbodenheizung (2. Jh. n. Chr.).

messendes Badegebäude mit Apsis festgestellt, das aus wenigstens zwei Räumen bestand. Ein teilweise beheizbares Nebengebäude könnte als Wohnraum genutzt worden sein, die beiden anderen Gebäude dienten vermutlich als Scheuer oder Stall. Die Größe der Hofanlage, deren Umfassungsmauern nur teilweise erfasst wurden, ist nicht rekonstruierbar (die nördliche Mauer misst ca. 150 m)[30].

In der Umgebung der Martinskirche entstand eine zivile Siedlung (Vicus) zu Beginn des ersten nachchristlichen Jahrhunderts. Ihre genaue Lage und Ausdehnung, die beträchtlich gewesen zu sein scheint, sind uns nicht bekannt. Zahlreiche Einzelfunde wie Scherben, ein Hufeisen und ein Beil sowie ein Brunnen in der Hindenburgstraße lassen ihre Lage nördlich der Martinskirche zur Nau hin vermuten. Am Anfang stand mit großer Wahrscheinlichkeit ein Truppenlager, dessen 2,30 m tiefer, nord-südlich verlaufender und 10 m breiter Graben in der Hindenburgstraße 38 gegenüber der Martinskirche dokumentiert wurde[31]. Vermutlich wurde das Lager, das mit einer Wall-Graben-Anlage und einer Palisade befestigt war, während des Baus der Straße von Urspring nach Faimingen errichtet. Spätestens mit der Fertigstellung des Alenkastells in Heidenheim (um 90 n. Chr.) dürfte es aufgegeben worden sein, während die uns namentlich unbekannte Siedlung, in der Handwerker, Händler und Wirte mit ihren Familien lebten und von der aus die auf den Gutshöfen erwirtschafteten Produkte zu den Kastellen in Heidenheim und Aalen gebracht wurden, bis zum Ende der Römerzeit um 260 n. Chr. weiterbestand. Diese Siedlung markiert den Beginn der bis heute andauernden Rolle Langenaus als Mittelpunkt unserer Region, wofür – wie auch heute – die verkehrsgünstige Lage in der Nähe der von Günzburg über Niederstotzingen durch das Brenz- und Kochertal an den Limes führenden Straße ausschlaggebend war.

Römischer Grabstein aus der Martinskirche.

1962 wurden in der Martinskirche die Überreste eines Gebäudes gefunden, dessen Außenmauern teilweise bis zu einem Meter hoch in den Fundamentsockeln der späteren Kirchenbauten erhalten geblieben sind. Sein nahezu quadratischer Grundriß (11 m Länge x 11,70 m Breite) und seine exakte westliche Ausrichtung lassen einen gallo-römischen Umgangstempel vermuten. Der Zeitpunkt der Entstehung des Tempels kann nicht festgestellt werden. Gewiss ist, dass er erst längere Zeit nach dem Bau der Straße errichtet wurde. Keramikfunde weisen auf das späte 2. und die erste Hälfte des 3. nachchristlichen Jahrhunderts hin. Möglicherweise steht er auch in Beziehung zu dem im Gemäuer der Martinskirche gefundenen Grabstein, auf dem die Tracht des reliefartig abgebildeten Römers genau derjenigen des im Rheinland ermordeten Kaisers Alexander Severus (222 – 235) entspricht[32].

Die außergewöhnlichsten Dokumente aus der Römerzeit – zwei Grabsteine – barg Ludwig Bürger am Ende des 19. Jahrhunderts aus der Westmauer der Martinskirche. Der bereits erwähnte Grabstein zeigt einen Mann, wohl den Verstorbenen, der einen Umhang und eine Pergamentrolle (Testament) in der linken Hand trägt. In einem Gürtel über dem Umhang steckt ein Schwert. Auf der rechten Schmalseite befindet sich eine nackte Tänzerin mit einem Tambourin. Die Rückseite des Grabsteins ist zerstört, wie auch die linke, Brandspuren aufweisende Schmalseite, die ebenfalls eine nackte Tänzerin zierte, stark in Mitleidenschaft gezogen ist. Auf dem zweiten, vermutlich aus einem Familiengrab stammenden Inschriftenstein gedachte ein gewisser Flavius Serenus seiner Mutter Aelia Novella, seiner Frau Victoria und seinem Sohn Hermes, die im Alter von 70, 40 und 19 Jahren verstorben waren[33].

Das Ende der Römerzeit begann in der Mitte des 3. nachchristlichen Jahrhunderts. Im Jahre 213 n. Chr. tauchten erstmals alemannische Reitergeschwader an den römischen Grenzen auf[34]. 20 Jahre später, als Truppen der Rhein- und Donauarmee an den persischen Kriegsschauplatz abgezogen waren, ergriffen die Alemannen die günstige Gelegenheit, überrannten auf breiter Front den obergermanisch-rätischen Limes und stießen nach Westen bis zur Saar und Mosel und nach Süden bis an die Alpen vor. Eine lange Friedenszeit endete, und die Bewohner Obergermaniens und Rätiens standen sichtlich unter Schock; eiligst versteckten sie ihr Hab und Gut (Geld, Schmuck, Silber- und Bronzegeschirr, Geräte aus Bronze und Eisen), sodass wir heute anhand der Schatzfunde die Vorstöße der Alemannen rekonstruieren können. Besonders das Allgäu, wo Kempten gebrandschatzt wurde, scheint unter den Überfällen gelitten zu haben. Trotz ihrer Vertreibung aus den römischen Provinzen blieben die Alemannen eine ständig drohende Gefahr. Ihr nächster Vorstoß 259/260 n. Chr., der sie bis nach Oberitalien führte, zerstörte das in Jahrzehnten aufgebaute Grenzsicherungssystem, obwohl sie bei Mailand durch Kaiser Gallienus (253–268 n. Chr.) eine vernichtende Niederlage erlitten. Nach weiteren kriegerischen Auseinandersetzungen wurden schließlich um 280 n. Chr. Donau, Iller, Argen und Rhein zur Grenze des römischen Reiches.

Auch unsere Region blieb von den Alemannenüberfällen nicht verschont. So zerstörte eine Brandkatastrophe die Villa rustica in Göttingen, die noch nach dem ersten Alemanneneinfall genutzt worden war, worauf ein 241 n. Chr. in Rom geprägter Antoninian schließen lässt. Auch im Bereich der Zivilsiedlung wurden bei der Martinskirche Brandspuren festgestellt. Eine in der Kirche von Hausen ob Lontal eingemauerte Inschrift des Kaisers Gallienus legt nahe, dass die römische Besiedelung in der Region um Langenau zumindest bis in das 7. Jahrzehnt andauerte und spätestens mit der Grenzverlegung und dem Ausbau des Donau-Rhein-Limes endete[35].

Alemannische Zeit (3. – 8. Jh. n. Chr.)

Nach dem Fall des Limes verließ die romanische Bevölkerung das Land zwischen Iller, Bodensee, Hoch- und Oberrhein; nirgendwo finden sich mehr Hinweise auf die Existenz römischer Zivilisation nach diesem Zeitpunkt. Die alemannischen Siedler rückten nur zögerlich in das durch Feuer zerstörte Land vor, wie römische Quellen am Ende des 3. Jahrhunderts berichten. Sie übernahmen bevorzugt das kultivierte Land um die römischen Gutshöfe und die Freiflächen um die militärischen und zivilen Siedlungen. Meist legten sie ihre Gehöfte in der Nähe der Villae rusticae an oder benutzten die mehr oder weniger erhaltenen Gutshöfe weiter. Erst im 4. Jahrhundert setzte eine verstärkte alemannische Besiedelung ein, die sogar auf die unwirtliche Schwäbische Alb übergriff. Die Ursache für die verstärkte germanische Zuwanderung liegt wohl im Erfolg der frühen Siedler, aber auch in den günstigen politischen Umständen während der ersten Hälfte des 4. Jahrhunderts. Für die frühalemannische Besiedelung des Langenauer Beckens liegt nur ein Nachweis vor[36]. Handgemachte Scherben, die in der Villa rustica im Gewann „Steinhäuser" gefunden wurden, deuten darauf hin, dass dieser Hof im 4. Jahrhundert von alemannischen Bauern bewirtschaftet wurde[37]. Manche dieser Gehöfte entwickelten sich zu weiler- und dorfartigen Ansiedlungen, aus denen die hoch- und spätmittelalterlichen Dörfer hervorgingen.

Der Niedergang des weströmischen Reiches brachte die germanischen Völker in der zweiten Hälfte des 5. Jahrhunderts wieder in Bewegung. Vandalen und Sueben zogen auf die iberische Halbinsel, die Burgunder wurden vom Rhein-Main-Gebiet nach Savoyen umgesiedelt, und die Alemannen griffen mit Kriegszügen nach Westen, Südwesten und Osten aus, ohne jedoch in den eroberten Gebieten eine beständige Territorialherrschaft aufbauen zu können. Spätestens in den 480er-Jahren waren diese Gebiete wieder aufgegeben worden. Dem Expansionsdrang nach Norden setzten die Franken ein Ende. In mehreren Schlachten besiegte König Chlodwig (482 - 511) die Alemannen, wobei die legendenumwobene Schlacht bei Zülpich in der zeitgenössischen Geschichtsschreibung zur ‚Entscheidungsschlacht' stilisiert wurde (Chlodwig soll geschworen haben, zum Christentum überzutreten, wenn sich der Christengott bei einem Sieg als stärker und damit als wahrer Gott erweisen würde). Richtig scheint eher zu sein, dass die kriegerischen Auseinandersetzungen bis 507 andauerten, als die Alemannen endgültig zwischen Franken und Ostgoten zerrieben wurden[38]. So wurde beispielsweise die Siedlung eines alemannischen Fürsten auf dem Runden Berg bei Bad Urach zu Beginn des 6. Jahrhunderts offensichtlich unvorbereitet und in großer Eile aufgegeben. Zerbrochene Gefäße und Werkzeuge, zerschlagene Einrichtungen der Häuser und das Fehlen von Metall weisen auf Kampfhandlungen und Plünderungen hin. Die Bewohner versteckten ihr Hab und Gut in Felsspalten und im Buschwerk am Hang, ohne je die Möglichkeit gehabt zu haben, das versteckte Gut wieder zu bergen[39]. Von Chlodwig aus dem Gebiet nördlich einer Linie vom Rhein, der Oos entlang über die Hornisgrinde, den Hohenasperg, den Lemberg bei Affalterbach, den Hohenberg bei Ellwangen zum Hesselberg bei Wassertrüdingen vertrieben, suchten die Alemannen Schutz bei dem Ostgotenkönig Theoderich, der die Flüchtlinge zwischen Iller und Lech ansiedelte. Dieses Schutzbündnis sicherte den Alemannen noch drei Jahrzehnte eine gewisse Unabhängigkeit, ehe sie 537 der fränkischen Herrschaft völlig unterworfen wurden, als Witigis, einer der Nachfolger Theoderichs, die alemannischen Siedlungsgebiete an die Merowinger abtrat, die fortan die Herrschaft über die Alemannen beanspruchten[40].

Während des 6. Jahrhunderts blieb die Alemannia ein Randgebiet des fränkischen Königreiches, das von der merowingischen Herrschaft weder durchdrungen noch verwaltungsmäßig erfasst wurde. Von den alemannischen Herzögen erfahren wir daher aus den zeitgenössischen Quellen nur dann etwas, wenn sie in die innerfränkischen Konflikte eingriffen (so sei hier an den wohl bekanntesten Herzog, Cunzo von Überlingen, erinnert). Dies änderte sich erst mit der Christianisierung, den Kirchengründungen und der kirchlichen Organisation Alamanniens im Laufe des 7. Jahrhunderts. Während des 8. Jahrhunderts trat Alamannien verstärkt als politisch-administrativer Bestandteil des fränkischen Reiches hervor. Nun entwickelte sich ein stetig wachsendes Stammesbewusstsein, indem sich die Alemannen von ihren Nachbarn links des Rheines, den Elsässern, den Bayern östlich des Lechs und den Rätern im Süden abgrenzten. Die alemannischen Stammesherzöge waren durchaus bereit, sich der fränkischen Herrschaft zu unterwerfen, während sie sich aber von der Machtfülle der karolingischen Hausmeier bedroht fühlten. Je mehr das alemannische Selbstbewusstsein und Selbstvertrauen wuchs, desto mehr verschärfte sich der Gegensatz zu den Hausmeiern. Von 709 an fielen Pippin der Mittlere, Karl Martell und dessen Söhne in Alamannien ein. Schließlich beendete Karlmann im Jahre 746 das ältere alemannische Herzogtum mit dem ‚Blutgericht zu Cannstatt', dem viele Menschen, vor allem aus der alemannischen Oberschicht, zum Opfer fielen[41].

Nach einer ‚normalen' Landesausbauphase des alemannischen Kernlandes im 5. Jahrhundert folgte nach den Niederlagen gegen die Franken in der ersten Hälfte des 6. Jahrhunderts ein Höhepunkt an Siedlungsneugründungen. Nicht nur in den neu gewonnenen Landstrichen im Elsass und östlich der Iller bis zum Lech, sondern auch im Altsiedelland erhöhte sich die Siedlungsdichte. Allem Anschein nach wurden das Oberrheintal und das Donautal erst in diesem Zeitraum flächig besiedelt[42].

Langenau entstand aus zwei alemannischen Siedlungen: im Westen aus einer Siedlung zwischen Martinskirche und Nau auf dem Areal des römischen Vicus und im Osten aus einer Siedlung, die südlich der Langen Straße an der Ostener Kuften und der Mühlgasse lag. Rätsel geben noch die im Sommer 1999 im Gewann „In den Lindeschen" angeschnittenen Grubenhäuser aus dem 6. und 7. Jahrhundert auf, die noch nicht in die Siedlungsgeschichte Langenaus eingeordnet werden können. Die archäologische Überlieferung aus der alemannischen Zeit Langenaus setzt im 5. Jahrhundert ein. Trotz des Fehlens archäologischer Zeugnisse aus dem vorangegangenen Jahrhundert bleibt nicht ausgeschlossen, dass sich alemannische Bauern in der Nähe oder in dem aufgegebenen römischen Vicus ansiedelten. Dort wurden im Bereich der Hindenburgstraße frühmittelalterliche Grubenhäuser angeschnitten[43].

Rüsselbecher aus den alemannischen Gräbern im „Kiesgräble".

Die wichtigsten Zeugnisse der alemannischen Zeit stellen die Reihengräberfriedhöfe dar. Die bisher fünf erfassten Friedhöfe weisen auf eine ähnlich starke Konzentration wie im Stadtkreis Ulm hin, jedoch auf wesentlich kleinerem Raum, womit wir einen ersten Hinweis auf die zentralörtliche Funktion der beiden alemannischen Siedlungen erhalten. Die Friedhöfe des Dorfes bei der Martinskirche lagen im Westen der Siedlung. Das sich auf rund 6000 m^2 erstreckende Reihengräberfeld im „Kiesgräble" wurde, wie auch bei anderen Grabungen häufig zu beobachten ist, unmittelbar an der Römerstraße angelegt. Bei mehreren Grabungen wurden über 200 Gräber entdeckt. Drei bereits in alemannischer Zeit beraubte Gräber gehörten zu einer Adelsgrablege, die gewiss reich mit wertvollen Beigaben ausgestattet gewesen war, worauf zwei gläserne, äußerst seltene Rüsselbecher hinweisen. Zwei Pferdebestattungen stehen in Verbindung mit dieser Adelsgrablege, eine Sitte, die seit der Mitte des 5. Jahrhunderts bei den Thüringern gepflegt, durch verwandtschaftliche Beziehungen von den Franken und Alemannen übernommen wurde und im ostalemannischen Siedlungsraum weit verbreitet war. Bei der Bestattung hoch stehender Persönlichkeiten tötete man Pferde und setzte sie mit der Schirrung den Reitern bei. Ab der Zeit um 600 wurden die Pferde enthauptet und das Zaumzeug dem Toten ins Grab gelegt. Auch im „Kiesgräble" fand man Männergräber mit vollständiger Bewaffnung, Sporn und Zaumzeug sowie fünf Pferdeskelette ohne Schädel[44]. Ein zweites Reihengräberfeld befand sich nördlich der Nau am „Rudelberg". Bereits Ende des 19. Jahrhunderts wurden an mehreren Stellen 50 Körperbestattungen freigelegt (leider sind die Grabbeigaben teilweise verschollen). Schließlich bleibt bei einem dritten Reihengräberfeld auf dem Burghof offen, ob hier Menschen aus der West- oder Ostsiedlung bestattet wurden[45].

Die östliche Alemannensiedlung war allem Anschein nach das ältere Dorf, denn Funde weisen in die unmittelbare nachrömische Zeit. Die Dorfbewohner bestatteten ihre Toten auf einem Friedhof, der südlich der Langen Straße, wiederum an der Römerstraße, lag und mutmaßlich etwa 100 Gräber umfasst. Die am Ende des 19. Jahrhunderts gefundenen Grabbeigaben – Schwerter, Schildbuckel, Spangen und verschiedene Bronzen – wurden an Liebhaber und Händler in Günzburg und Leipheim verkauft und sind seither verschollen. Ein Körpergrab aus dem 6. oder 7. Jahrhundert im Bereich des heutigen Friedhofs der Peterskirche weist auf einen zweiten Bestattungsplatz der Ostsiedlung hin. Das Grab enthielt sehr reiche Beigaben: Waffen (Spatha, Sax, Lanze und Schild), eiserne und bronzene Schnallen und Beschläge einer Gürtelgarnitur, darunter eine Eisenschnalle mit Silbereinlage sowie einen stempelverzierten Tontopf[46].

Alemannisches Männergrab aus dem 7. Jh. n. Chr. mit Grabbeigaben: Langschwert, Kurzschwert, Schild und Lanze.

Pferdebestattung im alemannischen Gräberfeld im „Kiesgräble".

Spätestens in der 1. Hälfte des 7. Jahrhunderts gewann Langenau seine Funktion als zentraler Ort der Region wieder. Vermutlich während der Regierungszeit des Merowingerkönigs Dagobert I. (629 – 639) erhielt Langenau zur Sicherung der fränkischen Herrschaft einen Verwaltungshof, den wir heute noch im Pfleghof erkennen. In den gleichen

Zeitraum fällt wohl die Christianisierung der Alemannensiedlung. Der erste christliche Kultbau wurde in den Ruinen des gallo-römischen Umgangstempels errichtet und besaß dessen vermutliche Maße mit 11 m Länge und 11,70 m Breite. Kein ungewöhnlicher Vorgang, denn wie zahlreiche Beispiele belegen, wurden christliche Kirchen in den Ruinen oder auf den Fundamenten ihrer römischen Vorgänger gebaut. Die Besonderheit der Langenauer Frühkirche liegt darin, dass es sich nicht um einen damals üblichen Holzbau, sondern um einen für das frühe christliche Mittelalter höchst seltenen Steinbau handelt. Wahrscheinlich gehörte die Kirche zu dem nahen fränkischen Verwaltungshof und diente den dort als Verwalter tätigen Adeligen als Eigenkirche. Unter den Grundmauern des römischen Tempels und der ersten Kirche wurden die beigabenlosen, Ost-West-ausgerichteten Körperbestattungen zweier Frauen freigelegt. Wie die nahezu 20 vor der Westfassade der Martinskirche vorgefundenen Gräber beziehen sie sich auf einen Kirchenbau, sodass vermutlich die beiden Frauen, mit großer Wahrscheinlichkeit Angehörige der auf dem Verwaltungshof lebenden Adelsfamilie, innerhalb der ersten Kirche und somit noch im 7. Jahrhundert bestattet wurden[47].

Die archäologische Überlieferung der beiden alemannischen Siedlungen reichen bis in das 8. Jahrhundert. Danach verschwinden sie im Dunkel der Geschichte, ehe sie mit der Urkunde aus dem Jahre 1003 wieder ans Licht treten.

Nau bis zum Jahre 1377

Im Jahre 1003 tritt Langenau im Zusammenhang mit einem Tauschgeschäft zwischen Kaiser Heinrich II. (1002 – 1024) und Bischof Godeschalk von Freising wieder in das Licht der Geschichte. Am 9. September diesen Jahres tauschte der Bischof in Bamberg den Hof (curtis) seiner Kirche im Duriagau, der in einem Ort mit dem Namen Navua lag, gegen königliche Güter um Roding im Bayerischen Wald, die dem Bischofssitz näher lagen[1]. Graf Manegold, der vermutlich den Hof verwaltete, erhielt von Heinrich II. die getauschte Curtis zu Lehen, die dieses Adelsgeschlecht schon nach wenigen Generationen als ihren Eigenbesitz betrachtete[2]. Die Beweggründe Heinrichs II. für den Gütertausch lagen wohl in dem Versuch, seine Machtposition in Schwaben auszubauen. Bei der Königswahl im Jahr zuvor hatte er in dem Schwabenherzog Hermann II. einen Mitkonkurrenten besessen, der in Schwaben ein beträchtliches Familiengut sein Eigen nannte und dem vermutlich auch das nahe Ulm verbunden war. Mit Nawe (sprich: Naue) versprach sich Heinrich II., dem in der Nachbarschaft Nawes Sontheim, Brenz

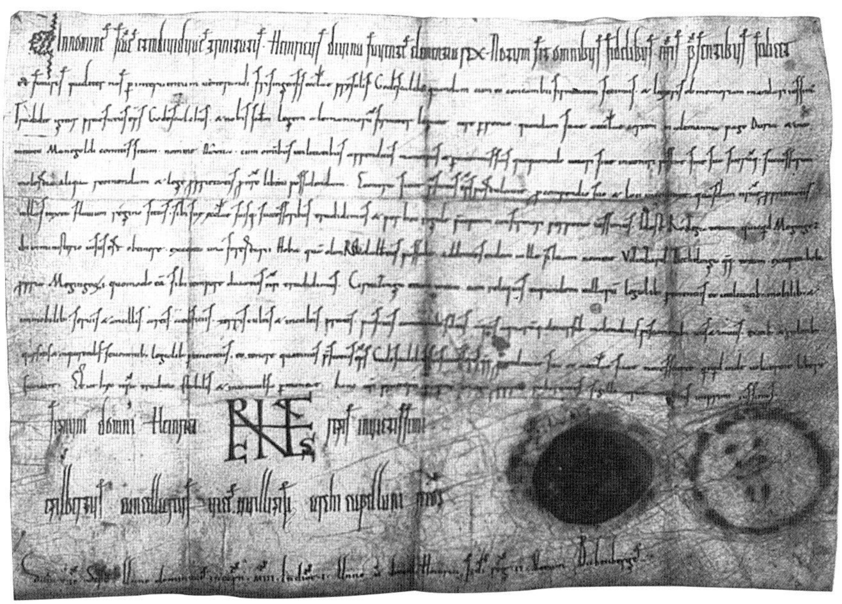

Die Urkunde von 1003.

und wohl auch Bächingen zu Gebote standen, einen Gegenpol zu Ulm[3].

In der Forschung ist eine kontroverse Debatte darüber geführt worden, ob es sich bei dem in der Urkunde genannte Navua tatsächlich unser heutiges Langenau handelt. Als Gegenargument wurde angeführt, dass sich der Duriagau zusammen mit dem Flinagau vom Oberlauf von Mindel und Günz nur bis zur Donau erstreckte und dort mit dem nördlich gelegenen Fahalagau zusammenstieß. Das genannte Navua sollte demnach ein römisches Kastell mit dem Namen „Castra navoae" bei Kaufbeuren sein. Gegen diese These spricht, dass das alte Römerkastell erst im 12. Jahrhundert seinen heutigen Namen Eggenthal erhielt, also zum Zeitpunkt der Ausstellung der Urkunde von 1003 noch seinen alten Namen trug, während sich aus Navua – Nawe – Nau der heutige Name Langenau entwickelt haben dürfte. Außerdem besaßen die Duriagrafen am Oberlauf von Mindel und Günz keine Güter, sondern ausschließlich links der Donau, sodass der Duriagau offensichtlich über die Donau nach Norden ausgriff[4].

Die Duriagrafen gehörten in die Familie der Hupaldinger, benannt nach Hupald I., der um 909 starb. Dessen Söhne, Dietpald, Bischof Ulrich von Augsburg 923–973 und Manegold I., dessen Tod vor 972 vermutet wird, setzten das Geschlecht fort. Der Enkel Manegolds, Manegold II., tritt mit der Urkunde von 1003 in die Geschichte Langenaus ein. Dessen Enkel wiederum begründete mit Hartmann I, gestorben 1134, das Geschlecht der Grafen von Dillingen[5].

Das Grafengeschlecht der Dillinger, eine der mächtigsten Adelsfamilien in Süddeutschland, besaß in Nawe viele Güter und war auch in der näheren Umgebung des Fleckens reich begütert, so in Albeck, Osterstetten, Göttingen, Stuppelau und in weiteren Orten[6]. Pfalzgraf Manegold der Ältere gründete am Ende des 11. Jahrhunderts ein Kloster in Langenau. Er starb jedoch um 1095 vor dessen Vollendung. Seine vier Söhne – Pfalzgraf Manegold der Jüngere, Pfalzgraf Adalbert von Lauterburg, Bischof Walter von Augsburg, und der früh verstorbene Ulrich – führten das Werk des Vaters fort, stifteten dem Kloster ihren gesamten Langenauer Besitz einschließlich der Kirche und verlegten das Kloster selbst schon vor 1125 aus dem umtriebigen Nawe nach Anhausen im stillen Brenztal[7]. Mit dem Tod Adalberts 1143 starb die pfalzgräfliche Linie der Dillinger aus, aber sein Bruder, Bischof Walter von Augsburg, bestätigte dem Kloster Anhausen seinen Besitz in Langenau.

Das Geschlecht der Dillinger besaß in unserer Region nicht nur durch die ererbte Grundherrschaft eine außerordentlich mächtige Stellung. Als Landvögte, deren Hauptaufgabe in der Aufrechterhaltung des

Landfriedens lag, stand ihnen das Landgericht im Umland Langenaus zu, wie der so genannte Vogtvertrag bestätigt, den Graf Albrecht von Dillingen und die Stadt Ulm 1255 abschlossen[8]; das Vogtgericht stand jedoch über ihnen. Zu dem Landgericht, das die Dillinger von den Staufern verliehen bekommen hatten, gehörten die Gerichtsstätten am Ruhinbühl (Rauer Bühl) bei Steinheim, an der Linde zu Bermaringen, am Stein zu Ringingen und am Stein zu Nawe. Bei dem Langenauer Stein handelt es sich vermutlich um das Grabmonument aus der Martinskirche, das heute im Württembergischen Landesmuseum in Stuttgart aufbewahrt wird[9].

Die Dillinger starben noch im 13. Jahrhundert aus. Einer der letzten des Geschlechts, Bischof Hartmann von Augsburg, schenkte 1258 alle Eigenbesitzungen und Rechte, so Stadt und Schloss Dillingen und Güter zwischen Nawe und Blindheim, Kirchenpatronate, Vogteien sowie mit wenigen Ausnahmen seinen Dienstadel, alle Bauern und Leibeigenen der Augsburger Kirche. Diese besaß in das 9. und 10. Jahrhundert reichende und 1186 von Papst Urban III. bestätigte Rechte in Langenau. Noch im 13. Jahrhundert veräußerte das Hochstift fast allen Grundbesitz, vor allem an das Kloster Kaisheim. 1319/52 besaß dieses Kloster zwei Höfe und fünf Selden, die es 1235 und 1261 erhalten hatte[10].

Die erstmals 1107 genannten Herren von Albeck verfügten in Langenau über zahlreiche Güter und Rechte, die sie von ihrer Stammburg aus wahrnahmen. Zwar existieren darüber keine Quellen, der umfangreiche Besitz lässt sich aber aus der späteren werdenbergischen Herrschaft schließen. Im Kern reichte der Besitz von Altheim/Alb und Ettlenschieß im Norden, über Sinabronn und Beimerstetten im Westen, Rammingen und Bissingen im Osten und im Süden über Albeck und Göttingen bis an die Mauern von Ulm. Hervorgetreten sind die Herren von Albeck durch die Stiftung eines Hospitals und Chorherrenstifts im Jahre 1183 auf dem Ulmer Michelsberg für die Armen und die damals zahlreichen Pilger, aus dem 1377 das Wengenkloster hervorging. Mit dem Tod der Erbtochter Adelheid, die mit Markgraf Heinrich II. von Burgau verheiratet war, starb das Geschlecht 1280 aus. Die Herrschaft Albeck ging an ihren Ehemann über; nach dessen Tod 1293 trat sein Schwiegersohn, Graf Rudolf II. von Werdenberg-Sargans die Erbnachfolge an[11]. Die zwölf sogenannten „Boller Güter", darunter der zweigeteilte und im Langenauer Salbuch von 1515 genannte Maierhof, gehörten zur Ausstattung des Chorherrenstifts Boll bei Göppingen, das von Berta, einer Tochter Herzog Friedrichs I. von Schwaben und Gattin Adalberts von Elchingen-Ravenstein, des Stifters der Abtei Elchingen, gegründet worden war. Dieser war ein Bruder von Berengar von Albeck und hatte seiner Frau die „Boller Güter" als Witwengut übereignet, die sie nach dem Tod ihres zweiten Mannes, Heinrichs von Berg (Aichelberg) dem Chorherrenstift Boll stiftete[12].

Die Werdenberger und das Kloster Anhausen waren zu Beginn des 14. Jahrhunderts die größten Grundbesitzer in Langenau. 1305 schlossen sie einen Vertrag über ihre beiderseitigen Rechte, in dem u. a. das Kloster die Niedergerichtsbarkeit über die eigenen Höfe und Häuser innerhalb des Etters zugesprochen bekam, der Graf über die Güter außerhalb des Etters[13]. Das Klarissenkloster Söflingen besaß am Ende des 14. Jahrhunderts vier Güter und sechs Selden, die zu einem Teil auf Schenkungen zurückgingen, die Bischof Hartmann von Augsburg seinen Ministerialen 1263 aus den Hochstiftsgütern gestattet hatte, und zum anderen stammten sie aus einer Jahrtagsstiftung der Stein zu Klingenstein von 1386[14]. Durch die Heirat Ulrichs II. mit Williburgis, einer Tochter des Grafen Hartmann von Dillingen, kamen die Helfensteiner zu Grundbesitz in Nawe, der im östlichen Teil der Siedlung lag; 1295 besaßen sie einen Hof und die Ostermühle, das sie vom Hochstift Augsburg zu Lehen hatten (später ging die Ostermühle an das Stift Wiesensteig, einem helfensteinischen Kloster, über)[15]. Schließlich besaß das Kloster zu den Wengen in Ulm den südlich von Langenau gelegenen Anbrachhof, das einzige Gut, das die Herren von Albeck veräußerten[16]. 1365 übergab Bischof Marquard von Augsburg dem Kloster Königsbronn ein Gut in Nawe als Lehen, um die Einkünfte des Klosters zu verbessern[17].

Das an der alten Römerstraße strategisch günstig gelegene Langenau entwickelte sich im 11. Jahrhundert zu einem regionalen Zentrum. Vermutlich existierte schon am Ende dieses Jahrhunderts, spätestens zu Beginn des 12. Jahrhunderts ein Markt trotz des nahen und ungleich bedeutenderen Ulm. Schon zu diesem Zeitpunkt besaß Langenau eine „frequentia populi", das heißt eine zahlreiche Bevölkerung, welche die der umliegenden Dörfer bei weitem übertraf.

Im September des Jahres 1150 geriet Langenau für wenige Tage in den Mittelpunkt der Reichspolitik. Weil die Stadt Ulm 1134 von dem Bayernherzog Heinrich dem Stolzen zerstört und der Wiederaufbau noch nicht vollendet worden war, hielt König Konrad III. in Begleitung seines Neffen Friedrich, des späteren Kaisers Friedrich II. Barbarossa, in dem Flecken an der Nau einen Fürstentag ab. Wahrscheinlich war die Martinskirche der Ort der Versammlung. Ein Ergebnis dieser Versammlung war unter anderem die Schlichtung eines Streits zwischen den Klöstern Elchingen und St. Blasien um verschiedene Besitztümer[18].

Die regionale Bedeutung Langenaus unterstreicht auch die Anwesenheit von Ministerialen, die im Dienst des Hochstifts Augsburg oder

der Grafen von Dillingen standen[19]. 1109 wird erstmals ein Hermann de Nawe bei einer Übergabe von zwei Huben als Zeuge genannt; in gleicher Funktion trat 1140 ein Marquardus de Nawe auf (für diese beiden Ministerialen wie für einen Sifridus de Nawe [1286] liegen allerdings keine urkundlichen Belege vor). 1237 wird ein Crafto de Nawe mit Lehensgütern in Ulm in einer Urkunde genannt, die Ulrich von Freiberg dem dortigen Elisabethenkloster, dem späteren Klarissenkloster in Söflingen, übertrug. Wohl derselbe nobilis (Edle) Crafto de Nawe, der zu diesem Zeitpunkt bereits das Ulmer Bürgerrecht besaß und wohl einer der Stammväter des Ulmer Patriziergeschlechts der Krafft, trat 1246 als Lehensmann des Klosters Reichenau auf[20].

Der Übergang an die Grafen von Werdenberg-Sargans, eine Linie des Grafengeschlechts von Montfort, bedeutete einen tiefen Einschnitt in der Geschichte Langenaus. Dieses Grafengeschlecht trat, wie andere Geschlechter, im 13. und 14. Jahrhundert als Städtegründer auf: Leutkirch (um 1290), Tettnang (1297 und 1330), Scheer (vor 1289), Sigmaringen (um 1275), Ertingen (1331), Immenstadt (1360) und Langenau (1301)[21]. König Albrecht I. von Habsburg gewährte am 4. Juli 1301 in Bensheim Graf Rudolf II. das Privileg, sein Dorf Nau mit den Rechten und Freiheiten der Stadt Ulm auszustatten, womit in erster Linie der bestehende Markt seinen rechtlichen Rahmen erhielt[22].

Langenau zählte zu dem Stadttyp Kleinstädte, dessen Periode in die zweite Hälfte des 13. Jahrhunderts datiert wird. Diese Kleinstädte orientierten sich am Vorbild der älteren Städte, wie es am Beispiel Langenaus mit der Übernahme des Ulmer Stadtrechts deutlich wird, sie blieben aber Siedlungen mit geringer Bevölkerungszahl, hingen stärker vom Ortsherrn ab und konnten in ihrer Entwicklung nie an die älteren Städte anschließen. Gleichwohl bildeten sie Mittelpunkte einfachen Handwerks, landwirtschaftlich geprägte Ballungssiedlungen mit einer Nahmarktfunktion oder befestigte Amtsorte, die vielfach eher eine politische Rolle im herrschaftlichen Raumgefüge als die Marktfunktion innehatten. Über die innere Entwicklung der jungen Stadt wissen wir nichts. Nirgendwo finden sich Hinweise auf Bestrebungen der Bevölkerung nach mehr Unabhängigkeit vom Stadtherrn, auch Verfassungsstrukturen oder ein Stadtsiegel lassen sich nicht nachweisen. Offensichtlich befand sich Langenau fest in der Hand der Werdenberger.

Die Geschichte Langenaus im 14. Jahrhundert zeugt dennoch von einer aufstrebenden Siedlung, die mehr und mehr den Charakter einer, wenn auch kleinen und im Vergleich zu Ulm zurückbleibenden Stadt entwickelte. Mit der Stadtgründung wurde die Siedlungsfläche um das später so genannte Mitteldorf erheblich vergrößert. Bereits fünf Jahrzehnte nach der Gründung war die Stadt zu klein geworden. Nach den Pestjahren von 1348/49 wurden zahlreiche Dörfer aufgegeben und ihre Einwohner zogen in die Städte. Auch Langenau profitierte von dieser Wanderungsbewegung und gewann an Bedeutung. Vermutlich in den 1350er-Jahren, spätestens im folgenden Jahrzehnt wurde das Stadtgebiet um Westheim entlang der heutigen Hindenburgstraße sowie im Norden und Osten erweitert. Die zugewanderten Menschen übten meist ein Handwerk aus und deckten somit den Bedarf an Leder- und Töpferwaren, Textilien, Lebensmitteln oder sonstigen Gebrauchsartikeln des Alltags nicht nur der Einwohner von Nau. Der Wochenmarkt und die beiden Jahrmärkte, zunächst auf dem heutigen Lohplatz und nach der Stadtgründung auf dem Marktplatz (möglicherweise wurde die breite Straße in Westheim als Straßenmarkt genutzt), boten reichlich Gelegenheit, Waren an die Bauern der umliegenden Dörfer zu verkaufen. Erstmals wird 1349 ein Langenauer Handwerker – ein Zimmermann – urkundlich genannt[23].

Kaiser Karl IV. stellte am 3. Oktober 1376 zum Dank für die Unterstützung bei der Belagerung von Ulm eine Urkunde aus, in der er Graf Heinrich III. von Werdenberg ermächtigte, das Dorf Nau „mit muren, plancken, graben, pforten, turmen, erkern und anderen bevestungen" zu umgeben und dem Grafen die Obergerichtsbarkeit über Leben und Tod gewährte[24]. Die Urkunde stellt keine erneute Verleihung des Stadtprivilegs, sondern lediglich eine Bestätigung des Stadtrechts von 1301 dar. Damit war Langenau am Höhepunkt seiner Stadtentwicklung angelangt, die jedoch schon ein Jahr später ein abruptes Ende finden sollte.

Siedlungsgeschichte:

Von der römischen Zivilsiedlung zur Stadt von heute

Die Siedlungsgeschichte Langenaus beginnt in der Zeit der ersten Jahrhundertwende nach Christi Geburt. Langenau besitzt somit eine fast 2000-jährige Siedlungsgeschichte, wie sie nur wenige Städte und Dörfer unserer Region vorweisen können. Auch die zentralörtliche Funktion prägte das Siedlungsbild nahezu zwei Jahrtausende. Von seinen Anfängen an war der Ort an der Nau, der Marktflecken Nawe im Hochmittelalter, die werdenbergische Stadt des 14. Jahrhunderts, das ulmische Langenau und die moderne Stadt des 19. und 20. Jahrhunderts der Sitz der jeweiligen Verwaltung und der Mittelpunkt des wirtschaftlichen und kulturellen Lebens des Landstriches.

Die römische Zivilsiedlung (Vicus)

Während des Baus der Straße von dem Kastell Urspring (Ad Lunam) nach Sontheim a. d. Brenz und Faimingen errichteten Soldaten ein Truppenlager, das im Bereich der heutigen Martinskirche lag und durch einen Graben und einen Wall, auf dem eine Holzpalisade stand, befestigt war. Das Truppenlager besaß wohl nur während des Straßenbaus eine militärische Funktion, denn zeitgleich entstand das Alenkastell Heidenheim, das 1000 Reiter beherbergte. Die Entfernungen zwischen Urspring, Langenau und Sontheim entsprechen der Tagesmarschleistung einer Militäreinheit von 20 bis 25 Kilometern, sodass wir in Langenau von der Existenz einer Straßenstation ausgehen können, die sich vermutlich im Bereich des früheren Truppenlagers befand, deren Überreste jedoch bis heute noch nicht entdeckt werden konnten. Straßenstationen dienten zum einen den ausgedienten Soldaten, den so genannten Benefiziariern, die mit der Pflege und Überwachung der Straßen beauftragt waren, als Unterkünfte, zum anderen als Rasthäuser für Reisende und Händler und als Umspannstationen zum Pferdewechsel[1].

Nördlich der vermuteten Straßenstation und zur Nau hin entstand eine Zivilsiedlung. Auch deren Größe kennen wir bis heute nicht; lediglich zahlreiche Einzelfunde, vor allem an Scherben, sowie ein Brunnen zeugen von ihrer Existenz. Ebenso wenig konnten bisher Mauerreste der Gebäude, in denen die Handwerker, Händler und Wirte mit ihren Familien lebten, gefunden werden. Mit der Zivilsiedlung erhielt Langenau seine zentralörtliche Funktion. Hier wurden die auf den Gutshöfen erwirtschafteten Produkte zusammengeführt und in die Kastelle Heidenheim und Aalen gebracht, hier stellten Handwerker Erzeugnisse des täglichen Gebrauchs her und hier brachten Händler ihre Waren unter die Bevölkerung. Zum kultisch-religiösen Zentrum wurde das römische Langenau mit dem Bau eines gallo-römischen Umgangstempels, der in der zweiten Hälfte des 2. oder zu Beginn des 3. Jahrhunderts errichtet wurde. Die Siedlung bestand bis in die Zeit der Alemannenstürme, vermutlich wurde sie um 260 n. Chr. zerstört. Ihre Bewohner verließen den Ort und siedelten sich südlich oder östlich der neuen Grenzen in Rätien oder in der Nordschweiz an.

Das alemannische Dorf

Der früheste Nachweis alemannischer Besiedlung liegt in dem ehemaligen römischen Gutshof im Gewann „Steinhäuser" vor, in dessen Ruinen alemannische Bauern nachweislich bereits im 4. Jahrhundert lebten[2]. Auch in der östlichen Alemannensiedlung, dem späteren Unteren Dorf, weisen Funde in die frühe nachrömische Zeit, während die rund einen Kilometer westlich gelegene Siedlung wohl erst in der ersten Häfte des 5. Jahrhunderts entstand. Grubenhäuser, in unmittelbarer Nähe der Ostsiedlung, weisen auf einen dritten Siedlungskern hin. Erst mit der Einrichtung des fränkischen Verwaltungshofes (des heutigen Pfleghofs) und dem wohl gleichzeitigen Bau der ersten Kirche in den Ruinen des römischen Umgangstempels (worauf das Martinspatrozinium hinweist) in den 630er-Jahren gewann die Westsiedlung als Verwaltungsmittelpunkt an Bedeutung. Diese zentralörtliche Funktion blieb bis zum heutigen Tag dem westlichen Langenau vorbehalten, während die Ostsiedlung weitgehend ihren dörflichen Charakter beibehielt.

Das hochmittelalterliche Dorf

Mit der Urkunde von 1003 tritt Langenau wieder in das Licht der Geschichte. In den beiden vorangegangenen Jahrhunderten hatte sich wenig verändert. Aber am Ende des 11. Jahrhunderts, spätestens zu Beginn des 12. Jahrhunderts entwickelte sich Langenau zu einem Markt,

Karte 16

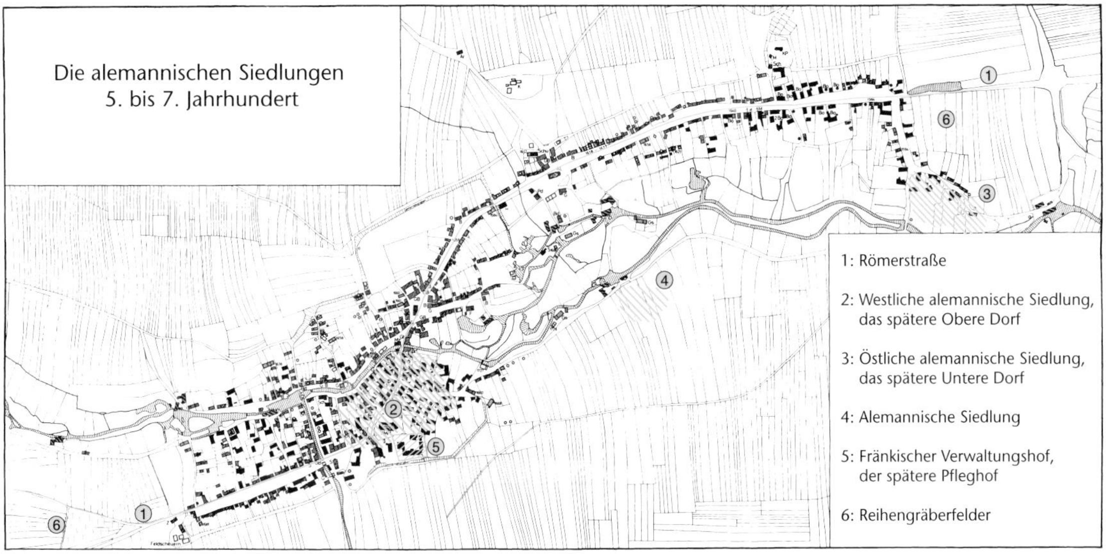

Die alemannischen Siedlungen
5. bis 7. Jahrhundert

der vermutlich auf dem heutigen Lohplatz abgehalten wurde. In dieser Zeit änderte sich auch das Gesicht des Marktfleckens. Von Westen erblickte man am Rande des Dorfes die Martinskirche, deren beide, um 1100 errichteten Türme die Häuser überragten. Im Osten der Siedlung erhoben sich auf der Anhöhe jenseits der Nau die Mauern der Burg auf dem heutigen Burghof, deren Bau wohl bereits im 12. Jahrhundert durchgeführt wurde. Mit 1,20 Metern wies die Mauer, die unter anderem bei dem Bau der Turnhalle 1894 freigelegt wurde, eine beachtliche Stärke auf.

Die spätmittelalterliche Stadt

Die Verleihung des Stadtprivilegs 1301 bedeutete nicht nur in rechtlicher Hinsicht einen tiefen Einschnitt in der Geschichte Langenaus, sondern wirkte sich auch unmittelbar auf das Siedlungsbild aus[3]. Wohl sogleich nach der Stadtgründung begann Rudolf II. von Werdenberg mit dem Ausbau der Stadt, mit dem zugleich die Fläche der Siedlung erheblich vergrößert wurde, vor allem um das so genannte Mitteldorf, dem nördlich der Nau gelegenen Areal. Dort legte man einen neuen Marktplatz, der sich zuvor auf dem heutigen Lohplatz befunden hatte, an, und das Mitteldorf entwickelte sich zum Kern des Gewerbe- und Handelslebens (den Beleg für diese Erweiterung der Siedlungsfläche liefert das Salbuch von 1710, wo das Wirtshaus „Zum Roten Ochsen" am Marktplatz als erstes Gebäude des Mitteldorfes genannt wird[4]).

Die Grenzen der Stadt verliefen im Süden entlang der heutigen Freistegstraße und bogen dann die Flötzbachstraße folgend nach Norden ab, wo die Obere Bergstraße und schließlich im Osten die Fischergasse die Stadt begrenzten. Die junge Stadt besaß einen quadratischen Grundriss und erhielt eine Festungsanlage mit sechs Toren. Im Westen gelangte man durch das Obere Tor (Hindenburgstraße) in die Stadt, im Süden öffnete das Angertor die Mauer, im Osten ging man vermutlich durch das innere Werrentor (Lange Straße) zum Marktplatz, für das allerdings ebenso wie für ein Tor zur Burg hin keine Nachweise vorhanden sind, und im Norden sicherte das Klinkentor die Straße. Im Westen und Süden schützte eine Mauer deren letzten Reste in der südlichen Mauer des Pfleghofes erhalten geblieben sind, die Stadt. Gesichert ist die Wall-Graben-Anlage im Norden und Osten. Für eine Befestigungsanlage im Südosten der Stadt liegen dagegen weder schriftliche Zeugnisse noch archäologische Befunde vor (möglicherweise genügte das sumpfige und unwegsame Gelände an der Nau als ausreichender Schutz)[5]. Die Burg sicherte den unbefestigten Südosten. Sie scheint aber ihre Funktion im Laufe der Jahrzehnte verloren zu haben, denn die sehr detaillierte Verkaufsurkunde von 1377 führt sie nicht mehr auf (vermutlich war sie zu diesem Zeitpunkt bereits verfallen). Wann die Burg letztlich abgebrochen wurde, ist nicht bekannt[6]. Ihre Funktion als Schutzort bei feindlichen Überfällen übernahm der in der zweiten Hälfte des 15. Jahrhunderts befestigte Kirchhof der Martinskirche.

oben:
Graben der Stadtbefestigung an der Ecke Angertor-/Freistegstraße

unten:
Mittelalterliche Grubenhäuser, in einer Baugrube an der Amtsgasse angeschnitten.

In Langenau entstand in der ersten Hälfte des 14. Jahrhunderts vor dem Oberen Tor eine Vorstadt. Die Pestepidemie von 1348/49 forderte in Europa Zehntausende Opfer, Dörfer und Städte wurden entvölkert. In der Not zogen viele Landbewohner in die Städte, wo sie meist als Handwerker Brot und Arbeit fanden. So wuchs auch die Langenauer Vorstadt, die in den letzten Jahren der Werdenbergischen Herrschaft in den

Karte 16

Die Stadtentwicklung im 14. Jahrhundert

A: Die Stadt nach der Stadtgründung 1301
B: Die Stadterweiterung nach 1350 (im Nordosten das spätere Mittlere Dorf)
C: Burg
1: Oberes Tor
2: Klinkentor
3: Inneres Werrentor (vermutet)
4: Burgtor (vermutet)
5: Angertor
6: Albecker Tor
7: Rudeltor
8: Werrentor

Mauerring einbezogen wurde. Im Süden führte parallel zur Straße nach Albeck eine Mauer nach Westen bis zur Höhe der heutigen Froschgasse, wo sie rechtwinklig nach Norden abzweigte. Die nördliche Seite der Vorstadt blieb unbefestigt. Über der Haupstraße, der heutigen Hindenburgstraße, errichtete man das Albecker Tor. Entlang der Straße wurden Selden eingerichtet, auf denen überwiegend Weber wohnten und arbeiteten. Das fünfte Tor der Stadt, das Rudeltor, baute man am nördlichen Ende der Rudelgasse. Dieses Tor diente weniger der Verteidigung, sondern fungierte als Ettertor, durch das die Bauern auf die Felder gingen.

Auch im Norden und Osten wurde die Stadt um das Areal zwischen Klinkentor-, Karl- und Wettinger Straße sowie Helfergasse und Burghofstraße erweitert. Eine Wall-Graben-Anlage und das äußere Werrentor sicherten die Einwohner vor feindlichen Überfällen (während das Obere Tor stehen blieb, riss man das innere Werrentor ab). Die großzügige Stadterweiterung liefert einen deutlichen Hinweis auf die ehrgeizigen Pläne der Werdenberger, Langenau zu einer funktionstüchtigen Stadt und zum Zentrum ihrer Herrschaft auszubauen.

Dorfbild und Bauwesen in reichsstädtischer Zeit

Bis in das 19. Jahrhundert hinein änderte sich das äußere Erscheinungsbild des Dorfes wenig. Die Reichsstadt Ulm richtete die für das öffentliche und wirtschaftliche Leben notwendigen Gebäude wie Amtshaus, Rathaus, Forsthaus usw. ein. Ein Verzeichnis derjenigen Gebäude, die der Rat in ihrem baulichen Zustand zu erhalten hatte, listete die folgenden Einrichtungen auf: das Oberamtshaus mit Scheuer, Kutschenhaus und Waschküche, den Pfleghof, zu dem zwei Wohnhäuser, der Zehntstadel, der Fruchtkasten, ein Stadel, zwei Viehställe, eine Waschküche und eine Backstube gehörten, das Rathaus, das Forsthaus, die Kleemeisterei auf der Reutte, das Brothaus, die Schlag- und Bankmetzig, die Salpetersiede, drei Garnsieden, das Untere Helferhaus, das Blockhaus (Gefäng-

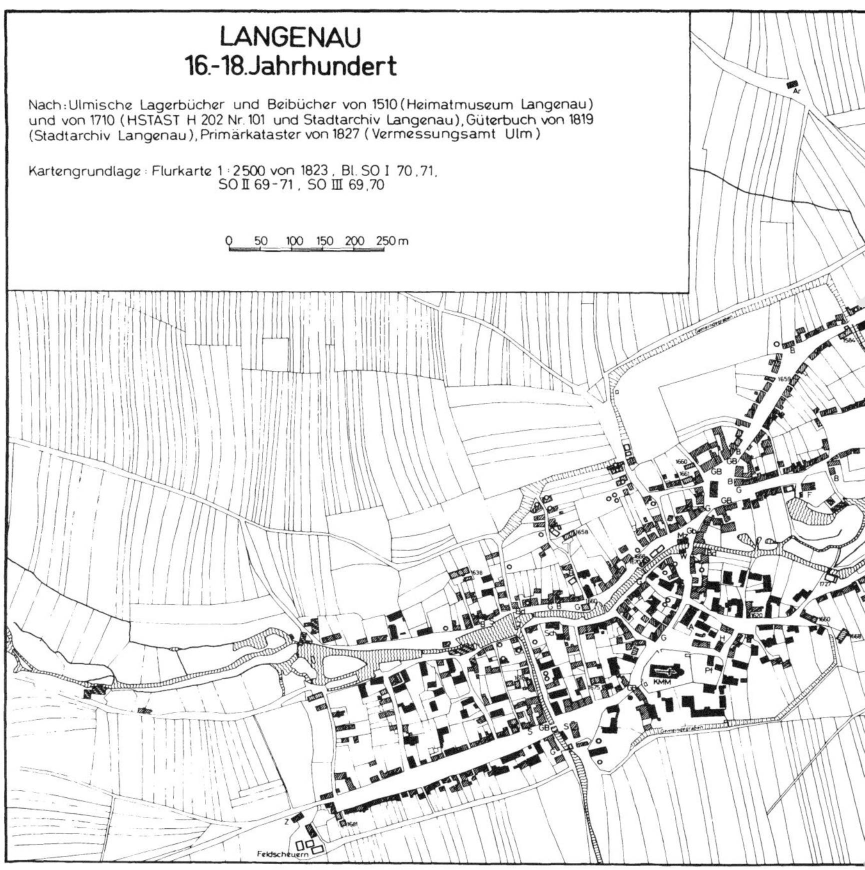

nis) und das Hochgericht[7]. Die besiedelte Fläche des Dorfes wuchs: Zwischen dem Werrentor und dem Unteren Dorf entstanden entlang der Langen Straße wohl schon im ausgehenden 16. und frühen 17. Jahrhundert Selden, sodass die beiden Siedlungskerne im Laufe der Zeit allmählich zusammenwuchsen, wie eine Sepiazeichnung aus der Mitte des 17. Jahrhunderts zeigt. Für diese Annahme sprechen die zahlreichen Gesuche um den Bau eines neuen Hauses oder den Einbau einer zusätzlichen Stube nach 1580, vor allem aber auch Klagen der Untertanen über Wohnungsmangel[8].

Die zu Beginn des 18. Jahrhunderts einsetzende Finanzkrise der Reichsstadt Ulm verschärfte sich nach der Hungerkatastrophe von 1770/71. Ein so genanntes „Ministerialprotokoll" von 1773, das der Hofkanzler des Bistums Konstanz und der kaiserliche Gesandte beim

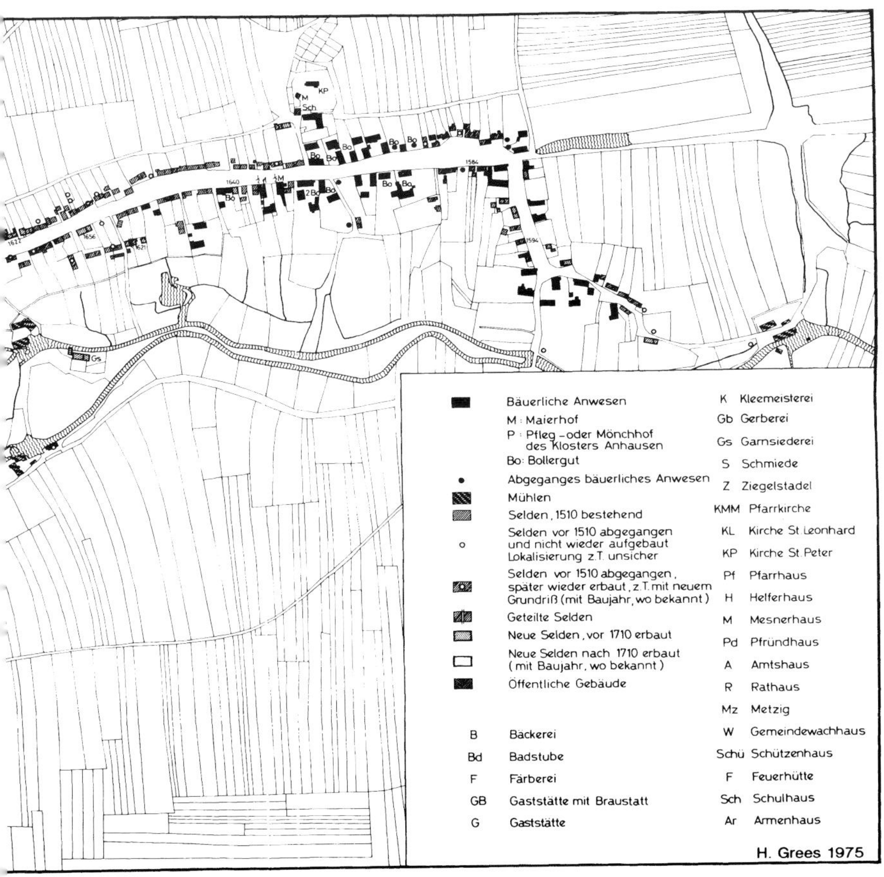

Schwäbischen Kreis unter Mithilfe der städtischen Sublevationsdeputation erstellten und das 1774 vom Reichshofrat in Wien genehmigt wurde, enthielt etliche Vorschläge zur Behebung der enormen Staatsverschuldung wie Sparmaßnahmen und den Verkauf städtischer Güter[9]. Im Frühjahr 1775 wurden der Ziegelstadel, die drei Garnsieden (1765 Gulden), die Metzig, die der Scharfrichter Johannes Hartmann für 616 Gulden erwarb, das Forsthaus (1375 Gulden) an den Kaufmann Johannes Schwenck und das Rathaus, das für 300 Gulden in den Besitz der Gemeinde überging, verkauft[10].

Der Rat in Ulm regelte des Bauwesen in Langenau. Eine spezifische Bauordnung, die den Bau und Umbau von Häusern in der Stadt vor allem zur Vermeidung von Nachbarschaftsstreitigkeiten genauestens regelte[11], gab es für das Landgebiet offensichtlich nicht. Doch ohne obrigkeitliche Genehmigung durften weder Häuser gebaut noch Umbauten vorgenommen werden. Die Ratsprotokolle enthalten daher zahlreiche Bitten von Langenauer Untertanen um den Bau eines Hauses oder den Einbau einer zusätzlichen Stube. Aus welchen Gründen der Rat eine Bitte abschlug, ist aus den Ratsprotokollen nicht ersichtlich, gelegentlich verwies er darauf, dass von dem Neu- oder Umbau keine Feuergefahr ausgehen oder ein sonstiger Schaden für die Nachbarschaft entstehen dürfe. Warum der Rat beispielsweise dem Messner Martin Öchslen 1585 den Einbau einer weiteren Stube trotz seiner vielen Kinder verweigerte, entzieht sich unserer Kenntnis. Jedenfalls ging der Rat mit Genehmigungen für einen Neubau sehr zögerlich um. So ordnete er im Juni 1617, als ihn zahlreiche Klagen über Wohnungsmangel erreichten, an, dass erst zusätzliche Zimmer eingebaut werden sollten, um dann zu entscheiden, ob tatsächlich neue Häuser notwendig seien[12].

Eine sich im Besitz der Stadt befindende, 1539 in den Ratsprotokollen erstmals genannte und wegen der Feuergefahr außerhalb der Stadt an der Straße nach Albeck gelegene Ziegelhütte versorgte die Langenauer Einwohnerschaft mit Ziegelsteinen und Dachplatten. 1573 wurde ein zusätzlicher Ziegelstadel für die Lagerung eingerichtet, für den der Ziegler einen Jahreszins entrichten musste und der 1705 in den Besitz der Gemeinde überging. Im folgenden Jahr wurde der Ziegelstadel dem Färber Heinrich Kiederlen als Erblehen überlassen. Ein letztes Mal griff der Rat 1775 in das Langenauer Ziegeleiwesen ein, als sich der Ziegler Johannes Baiker hoch verschuldet hatte und der Rat ihn zwang, die Ziegelei zu verkaufen[13].

Das Stadtbild im 19. und 20. Jahrhundert

Das spätmittelalterliche bzw. frühneuzeitliche Siedlungsbild Langenaus änderte sich bis in das 19. Jahrhundert hinein nur unwesentlich. Erste massive Eingriffe nahm man mit dem Abriss der Stadttore und großer Teile der Stadtmauer vor, die nur noch im Bereich des Pfleghofareals erhalten geblieben ist. Als Erste fielen das Albecker und das Rudeltor im frühen 19. Jahrhundert der Spitzhacke zum Opfer, 1857 folgten das Anger- und das Werrentor und 1873 brach man das Klinkentor wegen Baufälligkeit ab[14].

Die Aufforderung des Oberamtes Ulm vom 27. Oktober 1866, einen Stadtbauplan zu erstellen, leitete Langenaus Weg zur modernen Stadt ein. Allerdings wollte die Stadtverwaltung dem oberamtlichen Erlass nicht so recht folgen. Zum einen könne der Plan, wie das Gemeinderatsprotokoll vermerkte, erst in einem Jahr erstellt werden (was das Oberamt jedoch nicht zuließ), zum anderen erschienen den Gemeinderäten die Kosten (2600 Gulden) zu hoch, sodass man lieber auf der Grundlage vorhandener Karten eine Ergänzungskarte zu erstellen beabsichtigte. Folglich zog sich die Erstellung des für die weitere Entwicklung der Stadt wichtigen und vorteilhaften Stadtbauplanes in die Länge. Mal lag es daran, dass die Lithografien mit dreimonatiger Verspätung fertig gestellt wurden, ein anderes Mal lehnte der Oberamtsbaumeister Huber in Ulm den Auftrag ab und schließlich begann der Geometer des Oberamtes Frick, dem dann die Erstellung des Stadtbauplanes übertragen worden war, nicht zum ausgemachten Zeitpunkt. Im Februar 1871 wurde ein förmlicher Vertrag mit Frick abgeschlossen, der für 205 Arbeitsstage ein Honorar von 820 Gulden erhalten sollte. Frick kam jedoch mit seiner Arbeit nicht so recht voran, sodass er sich trotz seines Bedauerns über Verzögerungen im März 1873 mit der Androhung einer Konventionalstrafe konfrontiert sah, die die Stadtverwaltung gegen ihn erwirken wollte, wenn der Plan nicht binnen Monatsfrist fertig gestellt sein würde. Im Mai 1873 endlich konnten die interessierten Bürgerinnen und Bürger den im Rathaus ausgelegten Stadtbauplan begutachten[15].

Der Anschluss der Stadt an das württembergische Eisenbahnnetz im Januar 1876 brachte weder den erhofften wirtschaftlichen Aufschwung und ein damit verbundenes Bevölkerungswachstum noch wirkte er sich entscheidend auf das Siedlungsbild aus. Entlang der neu gebauten Bahnhofstraße entstanden in den folgenden Jahrzehnten nur wenige Häuser. Zwischen den beiden Kriegen wurde das Areal zwischen der Kuften- und der Bismarckstraße bebaut. Erst nach dem Zweiten Weltkrieg setzte ein flächenhafter Wohnungsbau ein. Im Süden der

Stadt entstand in den Jahren 1950 bis 1965 zwischen der Göttinger und Elchinger sowie Angertorstraße ein überwiegend mit Einfamilienhäusern bebautes Wohngebiet. In den 60er- bis zu den beginnenden 70er-Jahren wurde das Areal südlich der Richard-Wagner-, Freisteg- und Bismarckstraße bis zur Eisenbahnlinie, Olga- und Göttinger Straße bebaut. In den gleichen Zeitraum fällt die Bebauung der Kurzen und der Gottlob-Honold-Straße. Zwischen 1973 und 1990 wurden die Neubaugebiete „Im Feldle" im Westen, „Im Hohwegle" im Nordwesten und „Kugelberg" im Norden ausgewiesen und schließlich entstand in jüngster Zeit das Wohngebiet „Steingruben". Die Ausweisung der Gewerbegebiete „Südlich der Riedheimer Straße", „In den Lindeschen" und „Im Kiesgräble" setzten ebenfalls markante Veränderungen im Stadtbild[16].

Gebäude in Langenau

Öffentliche Gebäude

Das Rathaus

Ursprünglich war das heutige Rathaus ein Kaufhaus, in dem zwei Handwerkerläden eingerichtet waren und sich der Sitz des Gemeindegerichtes unter dem Vorsitz des Amtmannes befand. 1473 ließ der Rat das alte, noch aus der Zeit der Werdenberger Herrschaft stammende Gerichtsgebäude abbrechen und durch einen Neubau ersetzen, der im Salbuch von 1515 erstmals schriftlich erwähnt wird: „Desgleichen ist das Kaufhaus zu Nawe, darinnen gewöhnlich Gericht haltet, auch unserm denn wir dasselbe von neuem gebauen haben."[17] Im ersten Drittel des 17. Jahrhunderts wurde eine Schranne eingerichtet – eine Funktion, die das Haus bis in das 20. Jahrhundert beibehielt. Um 1700 befanden sich drei Läden in dem Gebäude, und 1755 wurde ein Salzmagazin im Untergeschoss eingerichtet. 1775 überließ der Rat das Gerichts- und Kaufhaus für 300 Gulden der Gemeinde unter den Bedingungen, es in gutem Stand zu behalten, das Salzmagazin unentgeltlich weiterzuführen und den Markthändlern den notwendigen Platz zur Verfügung zu stellen[18]. Am 18. Mai 1832 genehmigte die Regierung für den Donaukreis die Einrichtung eines monatlichen Marktes für Holzkohle[19]. Von der Mitte des 19. Jahrhunderts bis zum Bau der Turnhalle 1896 gewann die Schranne im Untergeschoss eine weitere, für das gesellige Leben der Stadt wichtige Bedeutung – in der festlich geschmückten Halle gab die Stadt ihre Festbankette zum Beispiel anlässlich des Königsgeburtstages.

Die Anforderungen an die Gemeindeverwaltung wuchsen im 19. Jahrhundert, sodass sich der Gemeinderat erstmals 1856 mit einem

Das Rathaus 1901.

Umbau beschäftigte, um den veränderten Gegebenheiten Rechnung zu tragen. Doch der Plan des Langenauer Maurermeisters Bischoff hielt einer Begutachtung durch den Ulmer Stadtbaumeister Thrän nicht stand, dem daraufhin die Ausarbeitung eines neuen Planes übertragen wurde. Aber auch dessen Plan fand im November 1856 keine Mehrheit in den bürgerlichen Gremien, vor allem weil der Bürgerausschuss den weitaus kostengünstigeren Plan des Langenauer Maurermeisters befürwortete. Erst ein gutes Jahr später stand der Umbau des Rathauses wieder auf der Tagesordnung des Gemeinderates, der am 4. Dezember 1857 den Kostenvoranschlag Thräns von rund 11 000 Gulden auf 9266 Gulden reduzierte. Doch auch diese Summe überstieg die finanziellen Möglichkeiten der Stadt. Einen Erlass des Oberamtes Ulm vom 27. November 1860, unverzüglich mit dem Umbau zu beginnen, wies der Gemeinderat mit der Begründung zurück, dass keine Gelder wegen anderer wichtiger Bauvorhaben, wie zum Beispiel der Renovierung der Schulräume, vorhanden seien. Die Pläne verschwanden in den Schubladen der Verwaltung. 1870/71 ging der Umbau nach den Plänen Thräns, unter anderem der Bau eines polygonalen Treppenhausanbaues an der Südseite, dann zügig voran, und mit dem Anbringen der Porträts Kaiser Wilhelms I. und des württembergischen Königspaares im Ratssaal im Juni 1872 wurde der Umbau des Rathauses, der die Stadtkasse mit rund 17 000 Gulden belastete, endlich abgeschlossen. Im Zuge des Rathausumbaues gestaltete man auch den Marktplatz neu. 1930 wurden schließlich anstelle der Schranne im Untergeschoss weitere Kanzleiräume eingebaut[20]. Mit dem Umbau 1998/99 erhielt das Rathaus ein großzügiges, modernes Gesicht.

An der Nordseite wurde ein Treppenhausanbau mit Lift errichtet. Das grundlegend umgestaltete Erdgeschoss lässt die alte Schrannenhalle wieder ahnen und mit dem neuen Ratssaal im Dachgeschoss besitzen die Bürgerinnen und Bürger Langenaus ein unverwechselbares und sehr stimmungsvolles politisches Zentrum.

Das Amtshaus

Das ehemalige Haus des Ulmer Oberamtmannes wurde 1527 errichtet. 1588 erhielt das Gebäude, trotz der vorhandenen drei Badestuben im Ort, ein eigenes Bad. Fünf Jahre später verweigerte der Rat die Erweiterung des Gebäudes, die dann 1663 doch erfolgte, als das Haus um ein Zierfachwerkgeschoss erhöht wurde. Unter den historischen Gebäuden nimmt das stattliche traufständige Gebäude einen hervorragenden Platz ein. In Innern sind teilweise die historischen Stuckdecken und die zu allen Stockwerken führende Treppe des Umbaus von 1663 erhalten geblieben. Die kurbayerische Landesdirektion verkaufte 1805 das vormalige reichsstädtisch-ulmische Amtshaus in der Hindenburgstr. 17 an den Kaufmann Johann Martin Schwenck, der hier nun sein bis in das 16. Jahrhundert zurückreichendes Ladengeschäft einrichtete[21].

Ehemaliges ulmisches Amtshaus. 1818. J. E. Lindenmayer. Tusche aquarelliert.

Der Pflegho f

Der Pfleghof steht an der Stelle des ehemaligen fränkischen Verwaltungshofes aus dem 7. Jahrhundert[22]. Nach der Verlegung des Klosters nach Anhausen im Brenztal im frühen 12. Jahrhundert setzten Abt und Konvent des Klosters einen so genannten Pfleger zur Verwaltung des klösterlichen Besitzes in Langenau ein. Seine Aufgabe bestand unter anderem darin, die Zehnten und sonstigen Abgaben einzuziehen. 1504 ging das Kloster Anhausen und damit auch seine Güter in Langenau in den Besitz des Herzogtums Württemberg über. Herzog Ulrich verpfändete 1536 den Pfleghof und den Zehnten für 30 000 Gulden an die Reichsstadt Ulm. Bis auf eine Unterbrechung vom Ende des 16. Jahrhunderts bis 1618 blieb der Pfleghof bis 1744, als Württemberg ihn für 120 000 einlöste, an die Reichsstadt verpfändet. Die ältesten erhaltenen Teile der Gebäudeanlage – der Wohn- und Torbau – gehen auf eine Erneuerung im Jahre 1591 zurück, der Stadel an der Ostseite wurde im 18. Jahrhundert gebaut. Nach dem bayerischen Intermezzo von 1802 bis 1810 gelangte der Pfleghof wieder in württembergischen Staatsbesitz. Bis zu seiner Auflösung 1839 befand sich das Kameralamt im Pfleghof. Nachdem der Stadt der angebotene Kaufpreis zu hoch war, erwarb 1856 der Stadtpfleger Staib den Gebäudekomplex für 10 000 Gulden, dessen Besitzer in den folgenden Jahren mehrfach wechselten. Ein erneuter Versuch der Stadtverwaltung, den Pfleghof für 10 000 Gulden zu erstehen, scheiterte am entschiedenen Protest engagierter Bürger, die sogar Unterschriftenlisten in der Stadt kursieren ließen[23].

Der Pfleghof spielte in der Wirtschaftsgeschichte Langenaus eine wichtige Rolle. Bereits 1650 erhielt der Ulmer Färber und Bürger Heinrich Kiederlen die obrigkeitliche Erlaubnis, im Pfleghof eine Färberei einzurichten, die er dort betrieb, ehe er sie am Anfang des 18. Jahrhunderts an den Burghof verlegte. Die Industrialisierung Langenaus begann im Pfleghof. Zu Beginn der 1860er-Jahre richtete Bestelmeyer eine Stärkefabrik ein, deren Produkt Dextrin (gebrannte Stärke), das für die Kattundruckerei verwendet wurde, internationale Spitzenqualität besaß und für eine überaus erfolgreiche Geschäftsentwicklung sorgte. Nach dem überraschenden Konkurs der Stärkefabrik übernahmen 1875 der Ulmer Gerber Johannes Eck und sein Langenauer Berufskollege David Braunwarth den Pfleghof und richteten eine Gerberei ein. 1881 ging diese in den alleinigen Besitz Braunwarths über, der in den folgenden Jahrzehnten die Gerberei zu einer erfolgreichen Lederwarenfabrik und zu einem traditionsreichen Unternehmen entwickelte. Mitte der 1970er-Jahre zog das Unternehmen in neue Betriebsgebäude im Gewerbegebiet „Lindeschen“ um.

Heute bildet der Pfleghof, den die Stadt 1980 erwarb, das kulturelle Zentrum Langenaus. Nach dem Abriss der Fabrikanlage entstand an deren Stelle eine Sporthalle. In dem westlichen, nach einem Brand im 20. Jahrhundert neu erbauten Wohngebäude fanden die vor- und frühgeschichtliche Sammlung des Heimatmuseums, die Ungarndeutschen Heimatstuben und das Stadtarchiv Unterkunft. Der östliche Flügel beherbergt nach einer grundlegenden Sanierung 1985/86 die Stadtbücherei, und der ehemalige Stadel wurde zu einem attraktiven Saal für kulturelle Veranstaltungen umgebaut.

Das Freihäusle mit Freitörle, um 1895.

Das Freihäuslein

Das Freihäuslein gehört zum Komplex des Pfleghofes und sein Name geht auf das 1443 als kaiserliches Privileg dem Pfleghof verliehene und 1607 bestätigte Asylrecht, die so genannte Freiung, zurück. Dieses Privileg gewährte Verbrechern Schutz im Pfleghof, sobald sie den „Freisteg" betreten hatten, der über den Stadtgraben zum „Freitörlein" führte. Sofern der Pfleghof nicht an die Reichsstadt Ulm verpfändet war, führte dieses Asylrecht zu Konflikten zwischen dem württembergischen Pfleger und dem ulmischen Oberamtmann, der die Auslieferung eines Malefikanten nicht immer mit Erfolg verlangte. Der Vertrag von 1607 zwischen Württemberg und Ulm schrieb die Auslieferung von Verbrechern vor, die eine schwere Straftat wie beispielsweise einen Mord begangen hatten. Das heutige Freihäuslein wurde 1810 errichtet[24].

Das Schlössle

Ursprünglich standen auf dem Grundstück Hindenburgstr. 33 zwei Selden, die der damalige Oberamtmann Marquart Ehinger 1607 kaufte und an ihrer Stelle ein vermutlich einstöckiges Gebäude errichten ließ. Dieses Gebäude brannte am 27. September 1671 ab und wurde durch einen Neubau mit drei Stockwerken ersetzt, womit es ein repräsentatives Erscheinungsbild erhielt und seither den Namen „Schlössle" führte. Trotz vieler unsachgemäßer baulicher Veränderungen besitzt das Gebäude noch einige historische Baudetails, wie den Eselsrückensturz über dem Eingang an der Straßenseite und im Inneren die Treppe mit gedrehten Docken, die einen Eindruck von der einst herrschaftlichen Ausstattung vermitteln[25].

Das Forsthaus

Der Visierer Frieß errichtete 1779 in der Hindenburgstr. 48 diesen stattlichen kubischen Bau mit dem hohen Walmdach, den der Ulmer Rat 1791 als Diensthaus erwarb, wovon der Schlussstein mit dem Ulmer Wappen über dem Hauseingang zeugt. Der württembergische Staat kaufte das Gebäude 1850 um 4000 Gulden und richtete in ihm die sich bis heute dort befindende staatliche Forstverwaltung ein[26].

Das Alte Forsthaus

Das St. Leonhardspfründhaus und spätere Forsthaus in der Helfergasse wurde vermutlich bereits im 15. Jahrhundert von der Weberbruderschaft erbaut. In ihm fanden kranke und ältere allein stehende Verwandte der Weber Unterkunft und Pflege. Durch die Krise des Textilgewerbes in der ersten Hälfte des 16. Jahrhunderts und die daraus entstehende wirtschaftliche Not konnten die Weber immer weniger der Pfründe zukommen lassen, sodass der Rat das Haus einziehen ließ und dort seit spätestens 1561 dem reichsstädtischen Förster Unterkunft gab. 1775 verkaufte die Reichsstadt das Forsthaus an den Kaufmann Johann Schwenck, der es jedoch bald an den Zeugmacher Johann Martin Walter weiterverkaufte. Schließlich gelangte das Haus 1805 in den Besitz des Apothekers Gmelin aus Neuenburg, der dort die erste Apotheke Langenaus eröffnete[27].

Forsthaus, um 1895.

Alte Schule an der Ach, um 1895.

Das alte Schulhaus an der Nau

Die erste schriftliche Nennung des Schulhauses, in dem die Lateinschule und dann von 1532 an die Volksschule untergebracht war, findet sich im Salbuch von 1515. Wahrscheinlich befand sich im östlichen Gebäudeteil das Schulzimmer, den westlichen nutzte der Schulmeister vermutlich als Stall[28].

Das Schulhaus bei St. Peter

Das um 1700 errichtete Gebäude, das eine Schulstube und eine bescheidene Wohnung für den Schulmeister beherbergte, diente bis 1914 als Schulhaus und wurde mit der Einweihung des Schulhauses auf der Reutte aufgegeben[29].

Das Siechenhaus
1589 wird das außerhalb Langenaus, an der Wegkreuzung Langenau-Setzingen-Nerenstetten stehende Siechenhaus erstmals schriftlich erwähnt. Es nahm die an Aussatz leidenden und zu einem Leben abseits der menschlichen Gemeinschaft gezwungenen Menschen auf. Im Dreißigjährigen Krieg wurde das Siechenhaus schwer in Mitleidenschaft gezogen. Für einen Neubau reichten im Jahre 1642 die finanziellen Mittel der Gemeinde nicht aus, zumal der Rat in Ulm zu keiner Art von Unterstützung bereit war. 1644 entschieden sich dennoch Oberamtmann, Gemeindegericht und auch die Gemeinde, die über einen Neubau befragt worden war, für einen Neubau. Das Siechenhaus steht noch heute. Aber es befindet sich in einem bedenkenswerten Zustand. Nun soll es renoviert werden[30].

Kirchen und Pfarrhäuser
St. Martin oder Obere Kirche
Schon aus der Ferne grüßt den Nahenden das Wahrzeichen Langenaus, der Turm der Martinskirche. Drei Kirchen habe Langenau, schrieb der Ulmer Superintendent Konrad Dieterich im Jahre 1616, von denen aber die Obere Kirche – die Martinskirche – die „größte und vornehmste mit einem hohen zierlichen, steinen und mit Kupfer bedeckten Turm [sei], auf welchem man etliche Meilen breit in die Ferne um sich sehen kann."[31] Mit 63 Metern überragt der Kirchturm um ein Vielfaches Kirche und Stadt.

Die Anfänge der erstmals 1149 urkundlich genannten Martinskirche reichen in das frühe 7. Jahrhundert zurück[32]. Vermutlich um 630/640 entstand in den Ruinen des gallo-römischen Umgangstempels der erste christliche Kultbau, der vermutlich die Maße des antiken Tempels (11 Meter Länge und 11,70 Meter Breite) besaß. Der Bau einer christlichen Kirche in einem römischen Gemäuer war nicht ungewöhnlich, wie zahlreiche Beispiele belegen. Seine Besonderheit aber lag darin, dass es sich nicht um einen Holzbau, wie er sonst anzutreffen war, handelte, sondern um einen für das frühe christliche Mittelalter höchst seltenen Steinbau. Höchstwahrscheinlich gehörte die Kirche zu dem nahen fränkischen Verwaltungshof und diente den dort als Verwaltern tätigen Adeligen als Eigenkirche. Der wahrscheinlich in der zweiten Hälfte des 8. Jahrhunderts errichtete Kirchenbau mit 10 Metern Länge und 8 Metern Breite und einem 5,1 Meter langen und 5,45 Meter breiten Chor hatte für lange Zeit Bestand, wurde mehrfach ausgebessert und zu einem unbekannten Zeitpunkt um einen südwärtigen Anbau erweitert, dessen Form und Abmessung nicht näher bestimmbar sind.

In der ersten Hälfte oder in der Mitte des 11. Jahrhunderts wich dieser Bau einer architektonisch anspruchsvolleren Anlage. Die frühromanische dreischiffige Basilika wurde nur unwesentlich um 2,50 Meter verlängert, besaß aber die beachtliche Breite von 17,50 Metern. Im Zusammenhang mit der Klostergründung begann zwischen dem Ende des 11. Jahrhunderts und spätestens 1125, als das Kloster nach Anhausen verlegt wurde, ein bedeutender Umbau der Kirche. Sie erhielt nun zwei quadratische Türme an der Chorseite des Langschiffes und einen Langchor, der für die Mönche des Klosters bestimmt war, und wurde um einen Arkadenbogen verlängert. Der Umbau war vermutlich bis zur Reichsversammlung von 1150 abgeschlossen.

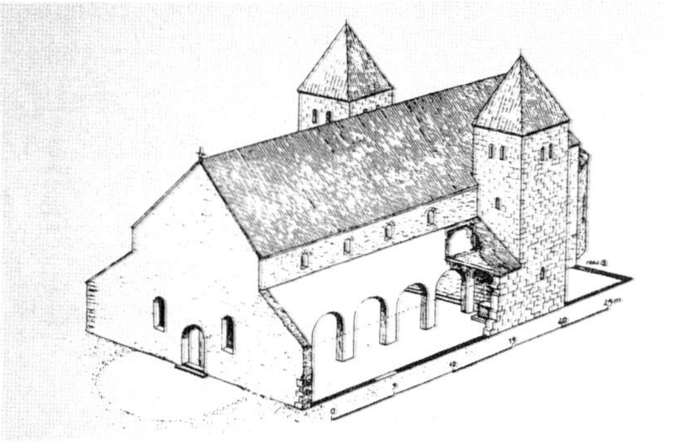

Die Klosterkirche im frühen 12. Jh. (Rekonstruktion).

Ein katastrophales Hochwasser in der ersten Hälfte des 14. Jahrhunderts hinterließ an der Martinskirche erhebliche Schäden, die eher notdürftig behoben wurden. Nach der Bestätigung des Stadtprivilegs 1376 wollte Graf Heinrich von Werdenberg seine Stadt mit einem repräsentativen Kirchengebäude ausstatten und begann mit dem groß angelegten Umbau des Langhauses zu seiner heutigen Gestalt, der noch nicht beendet war, als Langenau schon 1377 wegen der hohen und ausweglosen Verschuldung der Werdenberger an Ulm verkauft wurde. Die Reichsstadt, die wohl wegen des im gleichen Jahr begonnenen Münsterbaus kein allzu großes Interesse an einem kostspieligen Kirchenbau in Langenau hatte, beschränkte sich auf eine notdürftige Instandsetzung des Kirchenschiffes, um es wieder für den Gottesdienst nutzbar zu machen.

1389 sank Langenau während der bewaffneten Auseinandersetzungen der Reichsstadt mit den Grafen von Helfenstein in Schutt und Asche, auch die Martinskirche ging in Flammen auf, wie die Brandspuren am Westgiebel belegen. Gleichzeitig mit der Wiederherstellung des Langhauses begann man mit dem Bau eines neuen Chores, da der alte Chor durch den Brand erheblich beschädigt worden war. Wohl durch Geldmangel zögerte sich seine Fertigstellung bis 1441 hinaus. Vermutlich im gleichen Zeitraum erhielt der Friedhof einen Mauerring mit drei Tor- und zwei Wehrtürmen zum Schutz der Bevölkerung in kriegerischen Zeiten[33].

Im April 1462 belagerten kaiserliche Truppen und Söldner des Bayernherzogs Ludwig den stark befestigten Friedhof. Während des blutigen Kampfes nahm das Dachgebälk des Chores erheblichen Schaden, vor allem war aber der etwas abseits stehenden Glockenturm nicht mehr zu retten und musste abgetragen werden. Wann man mit dem Bau des Turmes begann, ist ebenso wenig bekannt wie seine Fertigstellung. Mit Sicherheit wurde der Turmbau erst nach 1468 in Angriff genommen, denn in diesem Jahr bat der Rat der Reichsstadt den Bischof von Augsburg, die an dem vorgesehenen Platz liegenden Toten umbetten zu dürfen. Der neue Turm, der drei Geschosse erhielt, wurde als Verteidigungswerk konzipiert. Die mächtigen, 2,50 Meter starken Mauern erhielten Schießscharten. Das Erdgeschoss besaß ursprünglich keinen Zugang von außen, und das Obergeschoss war nur über eine Leiter und einem tunnelartigen Stichgang, dessen Eingang heute noch an der Hochwand des Chores sichtbar ist, zu erreichen.

Martinskirche (Obere Kirche), um 1875.

Nach der Einführung der Reformation 1531 erhielt der Innenraum eine neue Konzeption, die den Schwerpunkten lutherischer Gemeinderäume – Kanzel und Taufstein – Rechnung trug: Das Kirchengestühl wurde auf die Kanzel ausgerichtet und der Taufstein an exponierter Stelle im Vordergrund des Chores platziert, ohne dass die auf den Chor ausgerichtete Hauptachse und die Bedeutung des Chores als Sakralraum mit Altar und Taufstein beeinträchtigt wurden[34].

Als während des Schmalkaldischen Krieges kaiserliche Truppen am 13./14. Oktober Langenau besetzten, erlitt der Turm erhebliche Beschädigungen. 1562 entschied der Rat, den beschädigten Turm nicht zu erhöhen, worum die Gemeinde offensichtlich gebeten hatte, sondern ihn lediglich auszubessern und instand zu setzen[35]. 1555 mussten alle Orte der Ulmer Herrschaft ihre Glocken abliefern, die im Ulmer Zeughaus aufbewahrt wurden. Obwohl der Rat bereits am 27. Januar 1556 die Rückgabe der Glocken beschlossen hatte, scheint er aber diesem Beschluss nicht nachgekommen zu sein, denn am 11. Dezember 1560 bat die Gemeinde um einen Ersatz für die Glocken[36]. Während des 17. und 18. Jahrhunderts wurden mehrfach Umbauten vorgenommen.

Der Katastrophe des Dreißigjährigen Krieges fiel auch der Kirchturm zum Opfer. Im Juni 1635 requirierten kaiserliche Truppen das Kupferdach und die drei Glocken. Er wurde provisorisch mit Zwilch und gewachsten Tüchern abgedeckt und im Februar 1638, nachdem ein Sturm das Provisorium weggerissen hatte, mit einem Blechdach versehen. Im folgenden Jahr konnte mithilfe eines städtischen Darlehens von 580 Gulden der Kirchturm, der nun mit den billigeren Ziegeln gedeckt wurde, wiederhergestellt werden. Die Jahresrate von 50 Gulden für die Rückzahlung des Darlehens stellte in den harten Kriegszeiten sicherlich eine große Belastung für die Gemeinde dar. In der unmittelbaren Nachkriegszeit konnte das 1646 von französischen Truppen niedergebrannte Chorgestühl repariert und erneuert werden und schließlich 1659 die Kirchturmuhr instand gesetzt werden[37].

Unter der Leitung der Ulmer Bauherren Leonhard und Martin Buchmiller wurde die Kirche 1668/69 letztmals umgebaut und erhielt ihr heutiges Aussehen. Sinn und Zweck der einschneidenden Eingriffe war, durch den Einbau hölzerner Emporen dem sprunghaften Wachsen der Bevölkerung seit dem Ende des Dreißigjährigen Krieges gerecht zu werden. Bei dem Umbau wurde der in lutherischen Kirchen nüchterne und schmucklose Kirchenraum aufgegeben und die Formensprache des Barocks übernommen, die ursprünglich die Ästhetik der katholischen Gegenreformation war. Danach wurden keine wesentlichen Veränderungen an der Kirche mehr vorgenommen. 1984/85 sanierte man die Kirche innen und zu Beginn der 1990er-Jahre außen[38].

Blick auf die Martinskirche vom Schulhof, um 1895.

Die Innenausstattung der Kirche wird geprägt durch die Wandmalerei über dem Chorbogen (ein Reichsadler mit ulmischem Schild und zwei Wappenkartuschen), den Hochaltar, das Chorgestühl und die Kanzel. Diese einzelnen Elemente bilden, in Verbindung miteinander stehend, ein Gesamtkunstwerk, das auch den Taufstein mit einbezieht. Der mächtige Hochaltar führt beispielhaft die barocke Vorstellung von der Zusammenfassung aller künstlerischen Auffassungen zu einer übergreifenden Harmonie vor. Der gläubige Betrachter erblickt ein aus Säulen und Gebälk, Malerei und plastischen Figuren bestehendes „theatrum sacrum", eine himmlische Szenerie, die ihm den Eindruck überirdischer Festlichkeit und triumphaler göttlicher Gegenwart vermittelt. Das bildnerische Programm des Altars verbindet Altes und Neues Testament. „Moses und Aaron, die Vertreter des Alten Bundes, begleiten die Abendmahlszene im Mittelfeld des unteren Geschosses, in welcher der Neue Bund von

Christus eingesetzt wird. Darauf aufbauend stellt die obere Bildtafel – im Übrigen eine getreue Kopie nach Rubens ‚Lanzenstich' in Antwerpen – das Leiden Christi als Weg zur Erlösung der Menschheit dar, um schließlich durch die beiden Engel überzuleiten zum triumphierenden, himmlischen Christus, der die Schlange, die Todsünde, mit den Füßen niederdrückt."[39]

Innenraum der Martinskirche, um 1890.

Bei der Kanzel steht die Verkündung des Gotteswortes thematisch im Vordergrund. Die sich auf dem Schalldeckel befindenden Apostel Petrus und Johannes sind die Symbolfiguren der Kirche und ihrer seelsorgerischen Tätigkeit, deren Auftrag der Prediger weiterführt. Im Gegensatz zur in statuarischer Ruhe verharrenden Petrusfigur, befindet sich die Johannesfigur in einer starken körperlichen Bewegung, die zugleich eine tiefe innere Bewegung ausdrückt. Mit psychologischem Einfühlungsvermögen versucht der Künstler, Gemütsbewegungen des Menschen durch Gestik und Mimik zu veranschaulichen, indem er die wie zufällig in einer Bewegung innehaltende Figur in einer Augenblickssituation erfasst und so die seelische Verfassung des Dargestellten eindrucksvoll vermittelt[40].

Von kunsthistorisch großer Bedeutung ist der achteckige Taufstein – ein Meisterwerk gotischer Bildhauerkunst, das um 1480 von dem Ulmer Münsterbaumeister Matthäus Böblinger geschaffen wurde, dessen Meisterzeichen in den Schaft eingraviert ist. „Der Taufstein zeigt", so die Kunsthistorikerin Beatrix Nobis, „im Kleinen die Grundprinzipien gotischer Baukunst: Wie im Bauwerk die tragende Wand, so wird hier der massive Stein durch bildhauerische Durchgliederung aufgelöst und zu fast schwereloser Leichtigkeit gebracht. Elemente, die in die Breite streben, werden abgelöst von solchen, die aufsteigen, um dann wieder von ausladenden Rundbögen aufgefangen zu werden. Dieses System von Kehlungen, Ein- und Ausbuchtungen, ausladenden und sich verjüngenden Linien gibt dem Stein die aufstrebende Anmut und Leichtigkeit, die das Wesen der gesamten gotischen Architektur und Bildhauerkunst ausmacht. Ast- und Laubwerk sind Symbole des Lebensbaumes, der Quelle göttlicher Lebenskraft, die dem Täufling durch die Taufzeremonie zuteil wird."[41] Der über dem Taufstein hängende Taufdeckel ist ein Werk des Ulmer Künstlers Johann Ulrich Hurdter und wurde von Hans Friedrich Ehinger gestiftet, der von 1646 bis 1678 Oberamtmann in Langenau war, um von seiner tiefen Gläubigkeit Zeugnis abzulegen. Das Wappen der Ulmer Patrizierfamilie, das am Gebälk des Deckelgehäuses angebracht ist, löste, wie im Barock üblich, die bildliche Darstellung des Stifters ab[42].

Innerhalb des Chores und außerhalb an der südlichen und nördlichen Außenwand der Kirche befinden sich bemerkenswerte Grabplatten. So die Gedenktafeln für die Amtmänner Ernst Damian Gienger (1516 – 1556), Heinrich Besserer von Thalfingen (1722 – 1728), Johann Konrad Krafft von Dellmensingen (1735 – 1774) oder für die Pfarrer Matthäus Gress (1667 – 1697) und Elias Gottlieb Dieterich (1775 – 1805)[43].

Auf ein besonderes Ereignis sei noch hingewiesen. Am 5. Juli 1788 schlug ein Blitz in den Turm ein, wodurch der Weber und Turmwächter Jakob Böhringer getötet wurde und der Dachstuhl sich entzündete; das Feuer konnte glücklicherweise rasch gelöscht werden[44].

St. Leonhard (Mittlere Kirche).

St. Leonhard oder Mittlere Kirche

Die Anfänge der dem Schutzheiligen der Gefangenen geweihten Kirche liegen im Dunkeln[45]. Über den Stifter der frühgotischen Kapelle, aus der später die Kirche hervorging, können nur Vermutungen angestellt werden. So wird Graf Ulrich von Helfenstein genannt, der am Ende des 13. Jahrhunderts Williburgis, die Tochter des letzten Grafen von Dillingen geheiratet hatte. Nicht ausgeschlossen wird aber auch, dass die Kapelle, die auch St. Salvator geweiht war, auf eine Stiftung der Weberbruderschaft zurückgeht. Nach dem Salbuch von 1515 besaß diese religiöse Vereinigung der Weber das Ernennungsrecht des Kaplans für die St. Leonhards-Kaplanei, ein Recht, das sie nach dem Bauernaufstand von 1525 an den Ulmer Rat verlor. Auch die Vergabe der St. Leonhards-Pfründe lag bei der Weberbruderschaft (ab 1534 entschieden dann Oberamtmann und Gericht).

Nach der Reformation zerfiel die Kapelle. Sie erlitt jedoch nicht das Schicksal so vieler anderer Kapellen, die in den Jahren nach 1531 abgebrochen wurden. 1573 wurde die Kapelle einer grundlegenden Renovierung unterzogen, zu deren Kostenbestreitung die Gemeinde zwei Äcker der Heiligenpflege verkaufte. Der Rat unterstützte das Vorhaben nicht und riet den Gemeinderichtern, sich den Bau genau zu überlegen; denn sollten die Baukosten die vorhandenen Mittel überschreiten, so könnten diese nur durch eine Gemeindesteuer beglichen werden[46]. Im August 1612 bat die Gemeinde den Rat in Ulm, die Kirche für „Predigen und anderen Gebrauch des göttlichen Wortes" auf Kosten der Gemeinde herrichten zu dürfen[47]. An die Kapelle wurde ein Schiff angebaut, in dem nun ein sonntäglicher Gottesdienst gehalten wurde. Fünf Jahre später erhielt die Kirche eine kleine Glocke aus dem Zeughaus in Ulm[48]. Unter der Leitung des Ulmer Kirchenbaumeisters Beyer erhielt die Kirche 1883 ihr heutiges Aussehen in neugotischem Stil.

St. Peter oder Untere Kirche

Die im Friedhofsgelände stehende Peters- oder Untere Kirche, erstmals 1149 urkundlich erwähnt, wurde vermutlich auf einer alten Gerichtsstätte errichtet, worauf das Peter-Patrozinium hinweist[49]. Auf dieses frühe Datum weisen auch romanische Baureste, die 1980 ergraben wurden. Über die Geschichte der Kirche ist uns nur wenig überliefert. Rosine Kürschner stiftete 1598 ein Viertel Jauchert für vier Quartalpredigten. 1651 erhielt die Peterskirche eine gebrauchte frühgotische Glocke, die der Rat der Gemeinde kostengünstig abgab. Gelegentlich berichtet das Ratsprotokoll über Reparaturen und Ausbesserungen, so 1732, als zur Wiederherstellung der Kirche der Rat 1400 Oberziegel, 800 Unterziegel, 100 Riegelsteine, 38 Imi Kalk sowie 32 gute und 25 schlechte Bretter kostenlos zur Verfügung stellte.

St. Peter (Untere Kirche).

1796 wurde der Gottesdienst eingestellt. Während der Revolutions- und Napoleonischen Kriege diente die Kirche mehrfach als Magazin der österreichischen Armee. Danach verkam sie zu einem Unterstellraum und schließlich zum Heuschober für den Schulmeister. Die alte Einrichtung verrottete, erst zur Mitte des 19. Jahrunderts wurde sie renoviert und wieder ihrer alten Bestimmung als Friedhofskirche, die 1853 eine neue Orgel erhielt, zugeführt.

Kapellen

Die vier Kapellen in und um Langenau überlebten die Jahrhunderte nicht. Die St. Jakobskapelle lag rechts am Weg vom Rudelberg zum Englenghai, wo heute noch eine Baumgruppe den Ort markiert. Nachdem die Kapelle nach der Einführung der Reformation zusehends zerfallen war, beschloss der Rat 1540 erstmals, die Kapelle abbrechen zu lassen. 1563 befasste sich der Rat ein zweites Mal mit der aufgegebenen Kapelle. Einem Ratsentscheid zufolge sollte sie nicht verkauft, sondern abgebrochen werden; der Erlös aus dem Verkauf der Steine und Ziegel sollte dem Almosenkasten zur Verfügung gestellt werden[50]. Zu dem geplanten Abbruch scheint es nicht gekommen zu sein, denn das Kontraktbuch von 1607 führt die Kapelle als eingefallen auf, und auf einer Zeichnung aus dem 18. Jahrhundert ist die Kapelle als Ruine dargestellt. Um 1760 ging die Kapellenruine in den Besitz des Ochsenwirtes Schwenck über. Dieser richtete unter dem Boden der Kapelle einen Bierkeller ein und baute die Ruine zu einem Stadel um, dessen Türmchen wohl an die ehemalige Kapelle erinnern sollte[51]. Während des 1. Koalitionskrieges (1792–1797) diente der Stadel als Pulvermagazin der österreichischen Armee, wofür die Ochsenwirtin monatlich 50 Gulden erhielt. 1831 kaufte der Bierbrauer und Pflugwirt Bosch den Bierkeller und richtete während der Sommermonate einen Bierausschank ein, der für viele Jahre ein beliebtes Ausflugsziel der Langenauer war. In der zweiten Hälfte des 19. Jahrhunderts zerfiel das Anwesen, dessen letzte Reste 1923 vollends beseitigt wurden.

Die St. Nikolauskapelle auf dem Burghof, die vermutlich von den Werdenbergern als Burgkapelle gebaut worden war, wurde 1563 auf Anordnung des Ulmer Rats abgebrochen. Den Erlös der Steine und Ziegel übergab man wie bei der Jakobskapelle der Almosenpflege. An der nördlichen Mauer der Martinskirche stand die St. Markuskapelle, die vermutlich für die Kommunion der Aussätzigen aus dem Siechenhaus verwendet wurde. Nur Weniges ist aus ihrer Geschichte bekannt, so wurde 1657 der verfaulte Dachstuhl ausgebessert[52]. 1782 ließ der Rat die baufällige Kapelle auf Kosten der Heiligenpflege abreißen, der die

Baumaterialien überlassen wurden. Das Epitaph der Patrizierfamilie Schad wurde an einem „schlichten Ort" angebracht[53]. Die mit dem Heiligkreuz-Patrozinium ausgestattete Kapelle des Weilers Riedmühlen verbrannte während des Dreißigjährigen Krieges.

Mit dem Zuzug von Vertriebenen und Flüchtlingen nach 1945 stieg der Anteil der katholischen Bevölkerung sprunghaft an, so daß der Bau eines katholischen Gotteshauses für die 900 katholischen Mitbürgerinnen und Mitbürger Langenaus immer dringender wurde. Im Siedlungsgebiet an der Lutherstraße fand am 30. April 1950 die Grundsteinlegung statt, und am 3. Dezember desselben Jahres wurde die Marienkirche, die 500 bis 600 Gläubigen Platz bot und letztlich nur ein Notbehelf war, von dem Rottenburger Bischof Leiprecht feierlich geweiht. Das Provisorium dauerte bis 1968, als Langenau eine mit ihrer zeltartigen Dachkonstruktion und dem abgesetzten Glockenturm unkonventionell gestaltete Kirche nach den Entwürfen des Stuttgarter Architekten R. Prenzel erhielt. Sie wurde am 13. Oktober 1968 der „Schmerzhaften Mutter Gottes unter dem Kreuz" geweiht. Die ehemalige Notkirche ließ man mit einem Kostenaufwand von 500 000 DM zu einem Gemeindehaus umbauen und übergab sie im Mai 1976 der Gemeinde[54].

Durch Spenden und beachtenswerte Eigenarbeit wurden weitere Gotteshäuser und Versammlungsräume folgender religiöser Vereinigungen eingerichtet: Evangelisch-methodistische Kirche, Christuskirche (1952), Neuapostolische Kirche (1961), Christliche Gemeinschaft der Süddeutschen Vereinigung (1962) und Jehovas Zeugen (1971)[55].

Das Obere Pfarrhaus

Ein früher schriftlicher Hinweis auf das Pfarrhaus findet sich im Ratsprotokoll von 1537, als der Rat über die Renovierung des alten Gebäudes oder über einen Neubau beriet. Gesichert ist dagegen der Bau eines neuen Pfarrhauses, der 1592 beschlossen und mit der Einweihung des Hauses am 30. Oktober 1593 vollendet wurde. 1903 brannte das Gebäude vollständig ab und wurde im zeitgenössischen Stil neu errichtet[56].

Das Obere Helferhaus

Nachdem 1539 ein Diakonat eingerichtet worden war, kaufte die Reichsstadt die gegenüber dem Pfarrhaus liegende Selde, die sie als Wohnung für den Helfer herrichten ließ. Das Häuslein scheint sehr beengt gewesen zu sein, denn 1617 beschwerte sich der Helfer über seine unzulängliche Wohnsituation. Daraufhin errichtete der Rat an gleicher Stelle einen Neubau, der heute zu den qualitätsvollsten Fachwerkhäusern

Langenaus zählt. 1811 wurde die obere Helferstelle aufgelöst und das Gebäude von 1816 bis 1939 als Schulhaus genutzt. Seit Januar 1939 befindet sich in ihm das Heimatmuseum[57].

Das Untere Helferhaus

Mit der Einrichtung einer zweiten Helferstelle wurde für den Diakon der St. Leonhardskirche, den unteren Helfer, eine entsprechende Wohnung notwendig. Die Reichsstadt stellte einen Teil des Forstamtsgartens zur Verfügung und ließ im Jahre 1700 das Untere Helferhaus (Lange Straße 36) bauen. Das Haus diente bis in das 20. Jahrhundert als Pfarrerwohnung. Heute befinden sich in ihm nach einem Umbau 1998/99 Gemeinderäume der Evangelischen Kirchengemeinde, das Evangelische Jugendwerk, die Psychologische Beratungsstelle des Diakonieverbandes Ulm/Alb-Donau und die Außenstelle der Volkshochschule (vh) Ulm in Langenau[58].

Langenau unter ulmischer Herrschaft (1377 bis 1802)

Langenau wird ein ulmisches Dorf

Die Grafen von Werdenberg gerieten während des 14. Jahrhunderts in finanzielle Nöte, vor allem der aufwändige Lebenswandel Heinrichs III. und seiner Frau Agnes, einer Tochter des Grafen Ulrich von Helfenstein, ließen den Schuldenberg anwachsen[1]. Heinrich II. verkaufte bereits 1351 und 1360 verschiedene Güter in Göttingen, Hörvelsingen und Witthau und schenkte reichen Untertanen die Freiheit, wenn sie genügend Geld dafür aufbringen konnten. Sein Sohn, Heinrich III., verpfändete 1375 die Riedmühle und eine Seld in der Albecker Vorstadt sowie andere Güter an die Ulmer Juden Jäklin und Meyer. Kaiser Karl IV. kam zwar der großen Geldnot der Werdenberger entgegen, als er sie 1376 von allen Schulden lossprach, die sie bei den beiden Ulmer Juden gemacht hatten. Doch das Drängen ihrer Gläubiger zwang die Werdenberger zum Verkauf eines Teils ihrer Besitzungen. So gingen am 8. Oktober 1377 Ober- und Mitteldorf bis zum Werrentor für 10 000 Gulden in Gold, 1145 Pfund guter Ytaliker Heller und 400 Pfund Würzburger Pfennig in den Besitz der Reichsstadt Ulm über. Die Stadt übernahm mit dem Kauf Langenaus auch die Schuld eines an Jäklin verpfändeten Guts in Langenau. Ein Jahr später, am 1. Oktober 1378, erhielt Jäklin 84 Gulden als Zinsen aus 1684 Gulden, was einem Zinssatz von fünf Prozent entsprach[2].

Auch nach dem Verkauf Langenaus setzte sich der Niedergang der Werdenberger fort. Der gewiss stattliche Erlös half nur für kurze Zeit. Bereits sechs später Jahre verkaufte Konrad, der Sohn Heinrichs III., seine sämtlichen Besitzungen für 6830 Goldgulden an Ulm: Stadt und Burg Albeck, Göttingen, Hörvelsingen, Nerenstetten, Wettingen, Setzingen, einen Teil von Unterelchingen sowie einige Güter in Öllingen und Bernstadt. Zwei Jahre später endete die Herrschaft der Werdenberger in unserer Region mit dem Verkauf aller nördlich der Lone gelegenen Dörfer, u. a. Altheim, Ballendorf, Neenstetten, Breitingen, Sinabronn und Ettlenschieß.

Die Reichsstadt Ulm hob das nur ein Jahr zuvor verliehene Stadtrecht formal zwar nicht auf, faktisch behandelte sie Langenau aber als Dorf. Für 426 Jahre bildete Langenau einen Zwitter: rechtlich eine Stadt, dessen Einwohner jedoch als Untertanen behandelt wurden, die nicht die Freiheiten und Rechte der Stadtbürger genossen. Die ökonomische und soziale Struktur war aber trotz der bedeutenden Landwirtschaft städtisch. Eine große Zahl von Handwerkern, die nahezu alle Sparten vertraten, prägte das wirtschaftliche Leben des Dorfes. Vor allem die Barchent- und Leinenweberei stellte einen für die Wirtschaft der Reichsstadt bedeutenden Faktor dar – Langenau war neben Merklingen das Zentrum der Ulmer Landweberei. Auch andere Elemente städtischer Infrastruktur ließen Langenau eher als eine Stadt denn als ein Dorf erscheinen: Armenversorgung (Armenhaus), Gesundheitswesen (Siechenhaus und Badestuben bzw. Bader), Magazine zur Versorgung der Bevölkerung mit Lebensmitteln in Notzeiten und schließlich der Marktort Langenau, der über die Grenzen des Ulmer Herrschaftsgebietes hinaus von Bedeutung war.

Nach den Gebietserwerbungen im 14. Jahrhundert konzentrierte die Stadt ihre Aktivitäten auf die Sicherung des Erworbenen, so durch den Kauf von Burgen (Böfingen, Albeck, Helfenstein) und durch Arrondierungsverträge im Innern, mit denen das Stadtregiment möglichst alle Rechte zu erwerben suchte: Grundherrschaft, Niedergericht, Leibherrschaft, Besteuerungs- und Waffenrecht[3].

Nach dem Kauf der Werdenbergischen Besitzungen erwarb die Stadt Ulm in den folgenden Jahrzehnten weitere Güter in Langenau: 1389 den Anbrachhof, 1392 den Besitz des Klosters Söflingen, 1387 und 1409 Anteile an der Riedmühle, 1440 von der Heiligenpflege St. Martin 17 Selden im Oberen Dorf und weitere im Unteren Dorf sowie kleinere Güter von Ulmer Bürgern. Im 16. und 17. Jahrhundert vermehrte sich der ulmische Grundbesitz weiter: 1536 erhielt die Reichsstadt die Güter des Klosters Anhausen, 1558 gingen ein Gut und eine Selde des Klosters Elchingen in den Besitz der Reichsstadt über, 1607 verkaufte Württemberg seine Boller Güter, und schließlich erwarb das Pfarrkirchenbaupflegamt 1683 anstelle der Stadt die Güter des Klosters Kaisheim. Andere Grundherren besaßen nur geringfügigen

Territorium Ulmense. Nikolaus Kräuter 1744, kol. Zeichnung.

Grundbesitz, so das Pfarrkirchenbaupflegamt und das Wengenkloster, das zusammen mit der Stadt Ulm einen Hof im Mitteldorf sein Eigen nannte. Das Klos-ter Kaisheim besaß nach 1683 nur noch die 1667 erpfändete Oster-mühle, die an die Patrizierfamilie Schad von Mittelbiberach verliehen worden war. Schließlich war bis ins 18. Jahrhundert das an die Ulmer Familie Scheler verliehene Reyhlings-Lehen im Besitz des Bistums Augsburg[4].

Die folgende Tabelle zeigt die Entwicklung der grundherrschaftlichen Verhältnisse in Langenau zwischen 1515 und 1710[5]:

	1515			1710		
	Höfe	Güter	Selden	Höfe	Güter	Selden
Ulm Oberdorf	1	11	16	14		16
Mitteldorf	3	5	23	13		19
Unterdorf	9	4*	20	?		?
Kloster Anhausen	5**	3***	21			
Kloster Kaisheim	2		13	–		–
Stift Boll	2****	10	11	–	–	–

* Lehen; ** darunter der Pfleghof; *** = 3 halbe Lehen;
**** darunter der geteilte Maierhof

Die Reichsstadt Ulm besaß zu Beginn des 16. Jahrhunderts 1405 Jauchert Acker, 789 Tagwerk Wiesen. Diese Fläche wuchs bis 1710 auf 2029 Jauchert Acker, 959 Tagwerk Wiesen und 50 Jauchert Wald an[6].

Der Pfleghof – eine württembergische Enklave in Langenau

Seit dem Erwerb des Klosters Anhausen durch das Herzogtum Württemberg 1504 saß der württembergische Pfleger im Pfleghof, der die niedere Gerichtsbarkeit über die Hintersassen ausübte. 1536 endeten die württembergischen Herrschaftsrechte, als Herzog Ulrich den Pfleghof und den Zehnten für 30 000 Gulden an die Reichsstadt verpfändete[7]. Nur das alte, von Kaiser Maximilian I. 1507 bestätigte und erneuerte Asylrecht blieb bestehen, an welches das mit dem württembergischen Wappen versehene Freitörlein erinnert. Dennoch bemühte sich die Ulmer Stadtobrigkeit, Asyl Suchende dingfest zu machen; so wies der Rat 1516 die Herrschaftspfleger an, sich „mit Fleiß“ darum zu bemühen, der Totschläger in der Freiung habhaft zu werden[8]. Die Pfandschaft wurde mehrfach erneuert, erstmals 1555 für weitere neun Jahre, wobei die Pfändungssumme für den Zehnten auf 18 000 Gulden erhöht wurde[9].

Die bisher vertretene Annahme der Geschichtsschreibung, dass der Pfleghof einschließlich des Zehnten ununterbrochen von 1536 bis 1744 an Ulm verpfändet war, bedarf einer genaueren Überprüfung. Es darf vermutet werden, dass die Verpfändung in den letzten Jahrzehnten des 16. Jahrhunderts auslief und erst 1618 wieder erneuert wurde. Für diese Hypothese sprechen die im Folgenden dargestellten Konflikte mit dem Pfleger aus dieser Zeit, der in den Ratsprotokollen meist als anhausisch oder württembergisch bezeichnet wird; auffallenderweise sind diese Konflikte in Objekt und Verlauf nahezu identisch mit jenen nach 1744, als der Pfleghof wieder unter württembergischer Verwaltung stand. Die Maßnahmen und Anordnungen des Rates nach Abschluss des Pfändungvertrages im März 1618 sprechen ebenfalls für diese Annahme vor allem aber auch ein Vermerk im Ratsprotokoll vom 25. August 1717, man sei bereit, „wieder Zurückgebung der dieseits anno 1618 ausgestellten Reversalen, auf Georgii 1718 den Zehnten wieder abzutreten“[10].

Am 13. Februar 1618 stellte der Rat Überlegungen an, wie man mit Württemberg über einen Kauf des Zehnten und des Freihofes samt Zugehör übereinkommen könnte. Im Rat dachte man daran, höchstens 50 000 Gulden zu zahlen und eine längere Laufzeit von 20 bis 25 Jahren zu erreichen. Als Verhandlungsdeputation entsandte die Stadt die beiden Bürgermeister Leo Roth von und zu Holzschwang und Eitel Eberhard Besserer, die alten und neuen Herrschaftspfleger sowie die Ratskonsulenten nach Heidenheim, wo den März über verhandelt wurde. Die beiden Parteien einigten sich, wie von Ulm gewünscht, auf 50 000 Gulden unter Verrechnung von württembergischen Schulden (das Herzogtum hatte 100 000 Gulden gefordert)[11].

Anfang April besichtigten die Herrschaftspfleger den Pfleghof. Das mitgeführte Lagerbuch sollte dem Pfleger nicht allein überlassen bleiben (dieser könnte ja Änderungen vornehmen!), der zu dem befragt wurde, was er von seinem Hausrat, von dem eine Inventarliste in zweifacher Ausfertigung erstellt wurde, verkaufen möchte und zu seinem Abschied 25 Gulden verehrt erhielt. Die Stadt kaufte das im Pfleghof gelagerte Getreide auf und bestätigte die bisherige Lieferung von einem halben Imi Roggen an den Almosenkasten[12].

Am 29. Mai 1618 legte der Rat die vorläufige Organisation für den Pfleghof fest. Als kommissarischen Pfleger bestellte er den Visierer, der zusammen mit dem Oberamtmann, Amtsknecht, Forstmeister und Büttel die Erntearbeiten und die Ablieferung der Zehntgarben überwachte. Der bisherige Kastenknecht, Kaspar Schuhmacher aus Herbrechtingen, blieb im Dienst und genoss weiterhin das Recht, eine Kuh zu halten und sie auf der Anbrachweide zu treiben[13]. Die württembergischen Teilnehmer erhielten großzügige Verehrungen: die Räte zwischen 10 und 50 Gulden, der Schreiber drei Goldgulden und die Knechte, Diener und Kutscher je einen Goldgulden[14].

1689 wurde der Vertrag zwischen der Reichsstadt und dem Herzogtum erneuert. Die ohne größere Probleme belasteten Verhandlungen zogen sich wiederum über Wochen hin, ehe im Juni 1689 der Vertrag unterzeichnet wurde[15].

Für den Ulmer Rat völlig unvermutet kündigte Herzog Eberhard Ludwig im Juni 1717 seine Absicht an, den Langenauer Zehnten auslösen zu wollen. Der Rat war dazu grundsätzlich bereit, ließ juristische Gutachten erstellen und bereitete die Verhandlungen vor. Eberhard Ludwig ließ jedoch die Ulmer über seine Absichten im Unklaren; noch im Dezember 1717 wusste in Ulm niemand so recht, was geschehen solle. Daher sondierte die Deputation der Reichsstadt auf dem Konvent des Schwäbischen Kreises in Augsburg die Lage, ohne jedoch zu einem nennenswerten Ergebnis zu kommen[16]. Erst 1744 sollte die Auslösung vonstatten gehen.

Im Januar 1744 übergab der Klostervogt von Anhausen dem Rat ein Schreiben des Herzogs von Württemberg, in dem er die Wiedereinlösung des Zehnten zu Georgii (24. April) verlangte und die Ulmer Ratsherren bat, alles in die Wege zu leiten, damit der Termin eingehalten werden könne. Wie 1717 setzten rege Aktivitäten ein, die aber dadurch behindert wurden, dass die Rechnung (Jahresbilanz) von 1616/17 und das Lagerbuch von 1617, das angeblich 1630 nach Stuttgart gesandt worden sein soll, trotz intensiven Suchens nicht gefunden werden konnten[17].

Anfang April wurden die Verhandlungen in Geislingen aufgenommen und nahmen einen „glücklichen Fortgang", wie die Ulmer Deputation dem Rat berichtete. Probleme wie nicht vollständige Jahresabrechnungen, in welchen Geldsorten und mit welchem Wechselkurs die Auslösungssumme berechnet und ausgezahlt werden oder was mit einem Türlein geschehen sollte, das 1630 aufgelistet worden, aber nun nicht mehr vorhanden war, konnten zügig gelöst werden. Auch stimmte Ulm dem Wunsch Württembergs zu, die Zehntknechte, Drescher und Fuhrleute unter Eid zu nehmen und sie zu bestrafen, „so sie sich in ihren Diensten ungetreu erzeigen sollten", die hohe Gerichtsbarkeit blieb aber in den Händen der Reichsstadt[18]. Am 17. April kamen die Verhandlungen zum Abschluss. Auf der Unteren Laube wurden den Zehntleuten die neuen Verhältnisse bekannt gegeben, und der württembergische Verhandlungsführer, Regierungsrat Frommann, erläuterte den Untertanen „in einer weitläufigen und sehr wohl gehaltenen Rede" den Vertrag und erinnerte sie daran, „demselbigen behörig nachzukommen". Im Anschluss daran wurde der Schlüssel der württembergischen Delegation im Pfleghof übergeben; am folgenden Tag erhielt die Reichsstadt den Pfandschilling (101 500 Gulden), den sie zur Begleichung von Schulden verwendete. Der bisherige Kastenpfleger Fries wurde am 5. Mai in den württembergischen Dienst übernommen. Bleibt anzumerken, dass die Verhandlungen den Säckel der Reichsstadt über 2000 Gulden für Verpflegung und Verehrungen an die württembergische Delegation belasteten[19].

Die Geschichte des Pfleghofs ist auch eine Geschichte der Streitigkeiten und Konflikte zwischen der Reichsstadt Ulm und dem Herzogtum Württemberg, die manchmal kuriose Formen annahmen. So beschäftigte sich der Rat Anfang der 1570er-Jahre mehrfach mit dem im Pfleghof anfallenden Mist, um den sich Bauern und Pfleger stritten. Sogar Briefe mit dem württembergischen Herzog wurden gewechselt[20]. 1598 wurde ein Backofen, den der Pfleger im Pfarrgarten gebaut hatte, zum Streitobjekt[21]. Schließlich beschwerten sich 1599 Langenauer Untertanen, die zum Messen des württembergischen Korns im Pfleghof verpflichtet wurden, über die zu geringe Entlohnung, was den Rat wenig kümmerte. Er verwies sie an den Abt von Anhausen, und 1607 kam es sogar zu „Schlag- und Raufhändel" zwischen dem württembergischen Pfleger und Ulmer Untertanen. Die Gründe des Streits sind uns nicht bekannt, aber drei Langenauer Weber, Martin Herzog, Claus Betz und Michel Zimmermann, sollten sich wegen des Streits untereinander vergleichen und dem Pfleger zwölf Gulden für Unkosten zahlen[22].

Einen strittigen Punkt stellte immer wieder das für Wein zu bezahlende Umgeld dar. 1596 lehnte der Rat die Bitte des Pflegers um Befreiung von der Umgeldzahlung ab, da die Stadt seit über 50 Jahren dieses Recht besitze; im folgenden Jahr wies der Rat den Amtmann an, grundsätzlich und konsequent das Weinumgeld einzuziehen, nachdem der Amtmann für drei Fässer Wein kein Umgeld verlangt hatte und wofür er sich beim Rat sogar entschuldigte. Wie ernst dem Rat die Sache war, zeigt ein Ratsbeschluss vom 16. August 1598, mit dem er dem Amtmann befahl, eine genaues Verzeichnis über die Weinmengen im Pfleghof anzufertigen[23]. 1605 lockerte der Rat seine Haltung und entband den Pfleger von der Verpflichtung, das Umgeld zu zahlen, wenn er Wein im Pfleghof verkaufte. Nach wie vor aber verlangte der Rat das Umgeld, wenn er auf dem Weinhof oder von den Wirten in Ulm Wein kaufen, ihn in seinen Kellern lagern und wieder in Ulm verkaufen sollte[24]. Der Streit um das Weinumgeld vergiftete das Verhältnis zwischen dem Rat und dem Pfleger Kaspar Mayer. 1607 gestatteten die Ulmer Ratsherren dem

Pfleger den Kauf einer ulmischen Eiche, aber wohl zum letzten Mal, da dies zukünftig nicht mehr geschehen solle, wie das Ratsprotokoll ausdrücklich vermerkte[25].

Kaum war der Pfleghof 1744 wieder an Württemberg gefallen, begannen die Konflikte mit dem Verwalter des Pfleghofs erneut, die vor allem mit dem seit 1769 amtierenden Pfleger Pistorius an Schärfe zunahmen. Wieder stand das Umgeld im Mittelpunkt des Geschehens. Im Januar 1745 bezahlten Fries und der Ochsenwirt Remshardt, der den Pfleghof mit Bier versorgte, das Umgeld nicht, woraufhin der Rat mit aller Schärfe die Bezahlung der Steuer verlangte[26]. Ein anderes Problem war, dass für den Visierer und seine Familie kein Gestühl in der Martinskirche zur Verfügung stand. Der württembergische Pfleger besaß zwar den Vorrang vor dem Visierer, dennoch hatte der Rat kein allzu großes Interesse, dem Pfleger diese Ehre zu gewähren, weil beide in vielen anderen Angelegenheiten „oft unumgänglich miteinander konkurrieren müssten", und folgte nicht dem Vorschlag Christoph Friedrich Besserers von Thalfingen, einfach ein leeres Gestühl vor dem des Visierers aufzustellen[27]. Wie dieses Problem letztlich gelöst wurde, ist leider nicht überliefert.

Die folgenden Jahre blieben friedlich, doch im Juni 1769 zog mit dem neuen Pfleger Karl Friedrich Wilhelm Pistorius ein neuer Geist in den Pfleghof ein. Pistorius war offensichtlich ein Mann, der als Beamter eines im Vergleich zur Reichsstadt Ulm überlegenen Territorialstaates wenig Interesse an einem friedlichen Mit- und Nebeneinander hatte und in der Verletzung ulmischer Rechte durchaus nichts Ehrenrühriges erkennen konnte oder wollte. Nach einem anfänglich guten Verhältnis – Pistorius erhielt die Erlaubnis, eine Jauchert Acker wegen „seines bisherigen sehr friedlichen Verhaltens mit dasiger Gemeinde" zu kaufen, und selbst der strittige Heuzehnt von neu umgebrochenen Äckern wurde weiterhin an Württemberg gezahlt[28] – brach nur wenige Monate später der Konflikt erneut offen aus.

Gleich eine ganze Reihe von Vorwürfen machte der Rat dem württembergischen Verwalter. Nicht nur „exzessives Zechen und Zehren" im Pfleghof empörte die Ratsherren, vor allem dass Pistorius das Armenbrot ohne Gegenleistungen – wozu er vertraglich verpflichtet war –, sondern nur gegen erbrachte Dienste ausgab, ließ sie scharf reagieren. Dieses Verhalten widerspräche der „höchsten Gesinnung" des Herzogs und das Armenbrot würde „zur Ehre Gottes und zum Besten der Armut" gereicht. Außerdem weigerte sich Pistorius, das Umgeld von fünf Gulden für Wein und Bier sowie den Zoll für Vieh und Pferde zu zahlen, und verkaufte an den Pflugwirt Johannes Moser Wein. Zu Recht beschwerten sich der Ochsenwirt Matthias Schwenk und der Löwenwirt Eberhard Villforth beim Rat über den für sie schädlichen Weinhandel des württembergischen Pflegers. Der Rat beauftragte den Oberamtmann, jeden Fremden und Einheimischen, der Vieh im Pfleghof kaufte, den Zoll entrichten zu lassen[29]. Im Gegenzug beschwerte sich Pistorius, dass er in seinem Kirchenstuhl von dem Oberhelfer „turbiert“ und fast verdrängt werde und dasselbe seinem Pflegkastenknecht durch den Forstmeister Fries widerfahre. Die erhoffte Unterstützung aus Stuttgart erhielt Pistorius nicht. Der Herzog legte ihm nahe, mit dem dem Geistlichen am nächsten befindlichen Stuhl zufrieden zu sein[30]. 1776 und 1780 stritten sich Rat und Pistorius erneut um den Zoll für Vieh und Pferde[31].

Staatliche Reglementierung und Durchsetzung des frühmodernen Staates

Die dörfliche Gemeinschaft Langenaus gestaltete ihr Alltagsleben bis ins 16. Jahrhundert hinein weitgehend selbst. Die Bauern und Handwerker nahmen ihre sozialen und kulturellen Interessen wahr, ohne dass die Obrigkeit in Ulm allzu sehr in ihre Angelegenheiten eingriff. Die Ratsherren verstanden sich zwar immer als Herren, aber für die alltäglichen Probleme, für die Moral und die Art des Zusammenlebens der Untertanen auf dem Land brachten sie nur wenig Interesse auf. Sie sprachen Recht und sicherten den Landfrieden, aber letztlich maßen sie dem Landbesitz einen ausschließlich materiellen Wert bei. Die Verwaltung der Herrschaft besaß nur eine einzige Aufgabe, nämlich die bäuerlichen Abgaben möglichst vollständig in das Steuerhaus in Ulm zu überführen. Die Einführung von regelmäßigen Revisionen der Rechnungen und von kontrollierenden Gegenschreibern in den Jahren 1484 und 1490 diente lediglich dem Zweck, eingeschlichene Missstände, die allzu sehr das städtische Finanzwesen beeinträchtigten, zu beseitigen. Obwohl die Finanzbeiträge des Landes den bedeutendsten Aktivposten im Ulmer Etat ausmachten, blieb das Verhältnis zwischen Stadt und Land einseitig: Das Land und seine Menschen dienten der Stadt und trugen wesentlich zu deren Reichtum bei, ohne dass die Ratsherren zu Konzessionen bereit gewesen wären. So lehnte es der Rat im 15. Jahrhundert mehrfach ausdrücklich ab, Leibeigene ins Stadtrecht aufzunehmen – im Gegenteil, er zwang sogar einen Stadtbürger, der eine Leibeigene geheiratet hatte, auf das Land zu ziehen. Eine tiefe Kluft prägte das Verhältnis zwischen Stadt und Land: hier der privilegierte Stadtbürger, der sich selbst regierte, dort der vom Stadtregiment beherrschte Untertan[32].

Erst als sich im Spätmittelalter und forciert zu Beginn des 16. Jahrhunderts der frühmoderne Staat herauszubilden begann, erhob die Stadt Ansprüche auf eine Neugestaltung der herrschaftlichen Verwaltung des Landgebietes. Ein neuer staatlicher Gestaltungswille formierte sich, der Zug um Zug alle Bereiche des wirtschaftlichen, sozialen und kulturellen Lebens erfasste und den staatlichen Interessen zur Sicherung von Ordnung und Recht unterordnete. Die Gründe für die staatlichen Eingriffe in den gesellschaftlichen Prozess und das Alltagsleben der Menschen waren vielfältig und komplex. Gewiss spielten herrschaftliche Interessen eine bedeutende Rolle. Zugleich reichten traditionale Regelungen nicht mehr aus, die Konflikte und Interessenswidersprüche zu lösen, die aus den tief greifenden gesellschaftlichen Veränderungen (Bevölkerungswachstum, Ausweitung und Differenzierung von Handel und Gewerbe) an der Wende vom Spätmittelalter zur Frühneuzeit entstanden waren. Erheblich begünstigt und vorangetrieben wurde die Neugestaltung herrschaftlicher Strukturen durch die sozialen Konflikte zwischen Bauern und Grundherren, die im „Bauernkrieg" 1525 ihren Höhepunkt fanden, und letztlich durch die Reformation, deren Durchsetzung gegen äußere Bedrohung und Annahme durch die Bevölkerung ohne eine verstärkt reglementierende und zentralisierte Herrschaftsverwaltung kaum möglich gewesen wäre. Herrschaftliche, wirtschaftliche, soziale und kulturelle Interessen wurden neu definiert, aufeinander abgestimmt und zur Grundlage gesellschaftlicher und staatlicher Ordnung gemacht. Die Weichen für diesen Prozess wurden im 16. Jahrhundert gestellt, im 17. Jahrhundert intensiviert und schließlich im 18. Jahrhundert der Anspruch verwirklicht, die Neuorganisation aller öffentlichen und privaten Lebensbereiche vollendet zu haben[33].

Ohne dass sich die grundsätzliche Einstellung gegenüber der Landbevölkerung – die Wahrung des ökonomischen Nutzens – wesentlich änderte, wuchs zu Beginn des 16. Jahrhunderts das Interesse der Stadtobrigkeit an ihrem Landgebiet, das sich mit der Einführung der Reformation 1531 und vor allem mit der Verfassungsänderung 1548/58 erheblich ausweitete. So ließ der Rat in den unruhigen Jahren 1514/16 – in Geislingen war es zu einer Protestbewegung gegen den Rat gekommen – die Dorfbewohner Treue gegen ihre Obrigkeit schwören, um die Ablieferung der Gefälle und Abgaben sicherzustellen. Auch die Fürsorge in Notzeiten, wenn Korn und Hafer verkauft oder an die armen Leute ausgeteilt wurden, lag im Interesse der Stadt, da sie ja ihre Einkünfte nicht gefährden wollte. Ansonsten kümmerte sich die Obrigkeit nur dann um ihre Untertanen, wenn sie unerlaubt Holz aus dem Wald holten, Bauern und Handwerker sich dem Alkohol hingaben und ihre Frauen und Kinder betteln ließen oder streitende Nachbarn gezwungen wurden, zu schwören, untereinander Frieden zu halten[34].

Die Beseitigung der spätmittelalterlichen Zunftverfassung durch Kaiser Karl V. im Juni 1548 und die Einführung des Schwörbriefes von 1558 bedeuteten nicht nur die Entstehung eines autoritär-aristokratischen Regimes, sondern auch die im frühen 16. Jahrhundert einsetzende obrigkeitliche Durchdringung des Landgebietes sowie die verstärkte Fortsetzung und Steigerung der Bürokratisierung der Stadt- und Herrschaftsverwaltung[35]. Die Richtlinien für die Verwaltung des Landgebietes legten die Ratsherren im nicht erhalten gebliebenen 1. Gesatzbuch fest, dem im Verlaufe des 16. Jahrhunderts weitere vier folgten. Aus dem 18. Jahrhundert liegt uns die Landpolizei-Ordnung gedruckt vor[36].

Unter „Polizei" dürfen wir uns aber nicht eine moderne Institution vorstellen, die für die innere Sicherheit zuständig war. Der frühmoderne Staat verstand sich erstmals als Polizei- und Ordnungsstaat, dessen Aufgabe in der Errichtung einer stabilen politischen und sozialen Ordnung zur Ehre Gottes, zur Wohlfahrt in allen Lebensbereichen und zum Nutzen der Gesellschaft bestand, und fasste daher unter „Polizei" den gesamten Komplex der Verwaltung, Ökonomie und Ordnung der Herrschaft zusammen. Eine Fülle von Verordnungen und Erlassen reglementierte nahezu alle Bereiche des öffentlichen und privaten Lebens: Ehe und Familie, das sittliche Verhalten (z. B. Festgewohnheiten, Frömmigkeit, Kirchgang), Eigentum und Boden, Handel, Gewerbe und Verkehr, Prozessführung, Arbeits- und Berufswelt[37]. Sogar der Vogelschutz fand Eingang in die Landpolizei-Ordnung, die „den schädlichen Missbrauch auch in Abtreibung der Drostlen, ganz und halb Vögel, mit allzu langem Fangen auf denen Herden gegen den Sommer, Schießen, Nester ausnehmen und dergleichen ... zumal zur Frühlingszeit, da die im Widerstrich kommen, ... auch die Besuchung der Herde länger als bis auf den halben Martium" strikt untersagte[38].

Die Verwaltung

Der Rat besaß und übte die Landeshoheit aus, die nur durch übergeordnete Reichsgesetze eingeschränkt war. Er hatte „die freie, unumschränkte Gewalt und Macht" inne, wie es in einem dörflichen Salbuch aus dem 18. Jahrhundert geschrieben steht[39]. Die Ratsherren schufen die Gesetze, übten die Verwaltung aus und sprachen Recht in der Stadt und auf dem Land.

Während des 14. und 15. Jahrhunderts erwarb die Reichsstadt Ulm ein Territorialgebiet, das in seiner Ausdehnung nur noch von dem Nürnbergs übertroffen wurde. Überraschenderweise finden wir in der Zeit vor der Reformation die Verwaltung des Landgebietes in der Verfassung nicht verankert. Lediglich in Artikel 400 des Roten Buches werden in einer Generalklausel vom 23. April 1427 Amtleute, die Beamten des Landes, angesprochen, die für das Beste des Gemeinwohles wirken sollten[40]. Über die Strukturen und den Geist, mit denen dieses große Territorium verwaltet wurde, und wie die Herrschaftsverhältnisse zwischen Obrigkeit und Untertan, zwischen Stadt und Land gestaltet wurden, wissen wir wenig. Erst die Herausbildung des frühmodernen Staates öffnet uns den Blick.

Die im frühen 16. Jahrhundert beginnende obrigkeitliche Durchdringung des Landgebietes bedurfte einer Zentralisierung und Straffung der Verwaltungsstrukturen. Eine strikte Hierarchisierung – Rat, Herrschaftspflegamt, (Ober)Amtmann, Anwalt, Gemeindegericht – stellte das Landgebiet unter eine strenge obrigkeitliche Kontrolle und ließ der Selbstverwaltung der Gemeinden wenig Spielraum. Die Hierarchisierung diente auch als Disziplinierungsinstrument, um Widerstand, Proteste und Unruhen der Untertanen vorzubeugen und die staatliche Ordnung aufrechtzuerhalten.

Vor allem der Durchführung der zahlreichen Frondienste galt die ganze Aufmerksamkeit des Rates. Jedes Vergehen, jede Verweigerung wurde bestraft: „Es sollen alle diejenigen, welche von Uns ein Gut [Erblehen] inhaben … uns zu dienen und zu fronen schuldig seien, welche sich aber dessen weigern, von denen Herren Herrschaftspflegern nach ihrem Verschulden gestraft werden.“ Auch die Verweigerung von Fronen und Diensten anderer Herrschaften ahndete der Rat. Wer auf einem Falllehen saß und nicht erschien, zahlte, wenn er Bürger war, einen Gulden, wenn er Leibeigener war, 20 Kreuzer. Wer zu Frondiensten, wie Wege und Stege herzurichten, mit Pferden, leichtem Geschiff und Geschirr zu erscheinen verpflichtet war, wurde bei verspätetem Kommen mit 15 Kreuzern und bei verfrühtem Weggehen mit 30 Kreuzern bestraft. Die Losholzfuhren, die als einziger Frondienst in der Landpolizei-Ordnung von 1721 eigens aufgeführt wurden, waren bei den Bauern ein äußerst unbeliebter Dienst, wie die häufigen Vermerke in den Ratsprotokollen zeigen. Ein Bauer, der diese Fuhren nicht selbst unternahm, oder, weil er keine Pferde besaß, einem anderen übertrug, wurde mit zehn Gulden bestraft. Mit der gleichen Summe wurde auch das Verändern der Zusammenstellung der Fuhre, z. B. Buchen unter das Eichenholz zu mischen, geahndet. Die Losholzklafter mussten vollständig abtransportiert werden, es durften keine Reste, nicht einmal die Unterleghölzer vergessen werden[41].

Besonders die herrschaftlichen Wälder wurden mit teilweise drastischen Strafen gegen Übergriffe der Untertanen geschützt. Wer zum Beispiel ohne obrigkeitliche Erlaubnis Äste von den Bäumen abschlug, Eicheln vor der erlaubten Zeit sammelte (sie durften aber nicht von den Bäumen geschüttelt werden), Eichen fällte oder sie verbrannte, ‚schweinte', schälte oder sonstwie verdarb, Besenreisig ausschlug, wurde mit einer Geldstrafe bis zu fünf Gulden bestraft[42]. Dass ein Untertan kein „Pürschrohr" besitzen durfte, war selbstverständlich, denn die Jagd war ein ausschließlich aristokratisches Privileg[43].

Die Beamten und die Bedienten unterstanden der strengen Kontrolle des Rates. Bereits 1687 erließ er diesbezüglich eine Ordnung, die er aus gegebenen Anlässen 1743 noch einmal „aus sonderbarer obrigkeitlicher Vigilanz und Vorsorge, des gemeinen Besten halber, und zu äußerst möglicher Abkehrung mehrern besorglichen Schadens … denen ehr-, treu- und gewissenlosen Beamten und Bedienten zu wohl verdienter scharfer Strafe und männiglich zum Schrecken und Abscheu mit allem Ernst nach jetztmaligen der Zeiten Umständen zu erneuern" und drucken ließ[44]. Mit drastischen Strafandrohungen suchte der Rat, die Veruntreuung öffentlicher Gelder in den Griff zu bekommen. Überschritt der Schaden nicht 40 bis 50 Gulden, hatte der Betreffende den Schaden zu ersetzen und wurde umgehend aus dem städtischen Dienst entlassen; war er jedoch nicht in der Lage, für den Schaden aufzukommen, wurde er auf eine bestimmte Zeit aus Stadt und Land gewiesen (Art. 1). Mit der Höhe des Schadens wuchs die Schärfe der Strafe: bis 100 Gulden Schaden: Einzug der Kaution, die er beim Erwerb des Bürgerrechts hätte hinterlegen müssen, Schadenersatz, Entlassung, Haftstrafe, Ausweisung auf acht bis zehn Jahre, bei nicht geleistetem Schadenersatz Ausweisung auf Lebenszeit (Art. 2); bis 400 Gulden Schaden: zusätzlich Fustigation (Prügelstrafe) und Rutenaushauen sowie auf jeden Fall Ausweisung auf Lebenszeit (Art. 3); bei über 400 Gulden sollte der Delinquent „wie ein anderer gemeiner Dieb mit dem Strang hingerichtet und vom Leben zum Tod gebracht" werden (Art. 4). Wem falsche „Praktiken", Scheinquittungen, die Abfassung von Schriftstücken und Rechnungen zum eigenen Vorteil nachgewiesen werden konnten, hatte grundsätzlich mit der Todesstrafe zu rechnen, auch wenn der Schaden unter 100 Gulden blieb (Art. 5). Als Präventivmaßnahme gegen die Veruntreuung der öffentlichen Gelder sollten jährliche und unangekündigte Überprüfungen der den Beamten, Bedienten oder Verwaltern anvertrauten Kassen gemacht und des Missbrauchs überführte Personen unabhängig vom späteren Strafverfahren „in flagranti" abgestraft werden (Art. 6). Zur Ersetzung des Schadens wurde nun künftighin das Heiratsgut der Ehefrauen ohne Ausnahme herangezogen (Art. 6).

Das Herrschaftspflegamt

Die Verwaltung des Landgebietes unterstand dem Herrschaftspflegamt, der zentralen Behörde. Seit der Verfassungsreform von 1548 besetzten ausschließlich Patrizier, in der Regel die beiden Altbürgermeister, immer aber Mitglieder des Geheimen Rates, den Posten. Der Kompetenzrahmen der Herrschaftspfleger war begrenzt; nur wenn der Rat nicht selbst eine Entscheidung traf, führten sie die Anordnungen des Rates aus oder entschieden in erster Instanz, wie z. B. bei geringfügigen Straffällen oder Verwaltungsangelegenheiten. Bei allen wesentlichen Entscheidungen, beispielsweise über die Strafen bei Diebstahl oder Totschlag, Niederlassungen von Handwerkern oder Angelegenheiten des Gewerbes, fasste trotz des Einbaus von Zwischeninstanzen (Herrschaftspflegamt, Oberamt und Amt) allein der Rat die Beschlüsse, es sei denn, er überließ den Herrschaftspflegern ausdrücklich die Entscheidung nach ihrem Gutdünken. Gelegentlich trugen die Herrschaftspfleger mit Gutachten bei der Entscheidungsfindung in Fragen anderer Ämter, wie Handwerksamt oder Pfarrkirchenbaupflegamt, bei[45].

Das Territorium der Reichsstadt war in die Obere (ehemals werdenbergische Grafschaft) und Untere Herrschaft (ehemals helfensteinische Grafschaft) eingeteilt. Dem Herrschaftspflegamt unterstanden vier Oberämter (Geislingen, Albeck, Leipheim und Langenau) und 14 Ämter (seit der Verwaltungsreform von 1773 neun). Die sich allmählich im 16. Jahrhundert etablierenden Oberämter Geislingen und Langenau übten während der ulmischen Zeit Mittelpunktfunktionen aus und stellten, den Ämtern in ihrer Herrschaft übergeordnet, im 18. Jahrhundert eine Mittelinstanz zwischen den Ämtern und dem Herrschaftspflegamt dar. Ursprünglich gehörten zum Oberamt Langenau die Dörfer Wettingen, Öllingen und Bissingen, mit der Verwaltungsreform von 1773 kamen Nerenstetten, Asselfingen und Setzingen hinzu[46].

Der Oberamtmann

Innerhalb der Verwaltung stellte der Oberamtmann die Mittelinstanz zwischen der Gemeinde und dem Herrschaftspflegamt dar. Sie erhielten ihre Weisungen von den Herrschaftspflegern, entschieden in einfachen Zivil- und Polizeisachen und übernahmen alle routinemäßigen Verwaltungsangelegenheiten in erster Instanz[47]. Der Oberamtmann in Langenau war, wie die zahlreichen Instruktionen zeigen, allein verantwortlich für das Geschehen in der Gemeinde, denn in seiner Doppelfunktion als Beamter des Stadtregiments und als Vorsitzender des Gemeindegerichts liefen in seiner Person alle Fäden des Gemeindelebens zusammen[48]. Seit 1516 wurden die Langenauer Oberamtmänner ausschließlich von Mitgliedern der Patrizierfamilien der Gienger, Krafft, Roth, Ehinger, Besserer oder Baldinger gestellt[49].

Die 1722 verabschiedete Instruktion für den Oberamtmann in Langenau, die mit einigen Veränderungen für das ganze 18. Jahrhundert Gültigkeit besaß, verdeutlicht die Funktion des Oberamtmanns als Mittelinstanz. Der erste Abschnitt verpflichtete den Oberamtmann, für den Vollzug der „Decreta, Rescripta, Amts- oder Rechnungsobservationen und Resolutionen" des Rates, des Geheimen Rates und des Herrschaftspflegamtes in Langenau und den Ämtern zu sorgen. Diese, vor allem aber die „andiktierten herrschaftlichen Steuern und Anlagen", wurden auf den Gemeindeversammlungen verkündet, wobei die Untertanen zur genauen „Beobachtung" anzuhalten waren. Als Vorsitzender des Gemeindegerichtes sollte er bei Streitigkeiten die „Klagen, Antwort-, Ein- und Widerreden mit Geduld anhören, die vorkommenden Umstände reiflich überlegen [und] selbige mit gutem Bedacht entscheiden". Keine Entscheidungsbefugnis besaß der Oberamtmann bei Straßenraub, Meineid, Gotteslästerung, Streitigkeiten zwischen Gemeinden oder Amts- und Gerichtspersonen, Schmuggel, Umgeldunterschlagungen sowie Verstößen gegen obrigkeitliche Gefälle und Verbrechen. Im Steuerwesen besaß der Oberamtmann eine wichtige Rolle. Er hatte dafür zu sorgen, dass die Steuerbücher exakt geführt, die zahlreichen Steuern und Abgaben termingerecht bezahlt und nach Ulm überführt und alle drei Jahre der Steuerfuß neu berechnet wurde. Ferner beaufsichtigte er das Forstwesen, den Almosenkasten, die Obere und Untere Heiligenpflege sowie die Fronen, Hand- und Fuhrdienste und Kriegsvorspänne. In Kriegszeiten übernahm er die Durchführung der Einquartierungen und überwachte die Durchzüge fremder Truppen[50].

Dem Langenauer Oberamtmann standen mehrere herrschaftliche Hilfsbeamte zur Seite. Der Oberamtsgegenschreiber zeichnete für die sachgemäße Erledigung der Kanzleigeschäfte verantwortlich und beaufsichtigte als Kasten-Pflegs-Gegenschreiber den Kastenpfleger, der mit der Einnahme und Verwaltung der Zehnten der Oberen Herrschaft im Pfleghof beauftragt war. Der Visierer zog das Umgeld für Wein ein, den die Wirte in Württemberg einkauften. Für jedes Maß Wein zahlte ein Wirt einen Kreuzer und für das Malzen in den Mühlen zwei Kreuzer pro Imi. Für jedes Maß importiertes Bier entrichteten die Bierbrauer und Wirte ebenfalls einen Kreuzer. Der Visierer kassierte das Zoll- und

Schlachtgeld, inspizierte die Fleischschau nach gesetzter Tax und Ordnung, führte die Brotschau auf den Wochenmärkten und in „ungewissen Zeiten" durch, überprüfte alle Maße und Gewichte in der Oberen Herrschaft und las den Bierbrauern und Müllern jährlich ihren Eid vor[51]. Ein Oberamtsschreiber erledigte die Bürogeschäfte, ferner standen ein Oberamtsknecht für die zahlreichen Vollzugsaufgabe und zwei „Einspänniger" zur Verfügung, die zu Botengängen und zu sicherheitspolizeilichen Aufgaben herangezogen wurden und mit der Versorgung der Pferde des Oberamtmanns beauftragt waren[52].

Der Anwalt

Der Anwalt in Langenau war in der Regel ein angesehener, geschäftserfahrener und der Herrschaft und Gemeinde vertrauenswürdiger Bürger des Ortes, ohne jede fachliche Schulung (bei der Auswahl hatte der Oberamtmann lediglich darauf zu achten, dass der Kandidat des Lesens und Schreibens kundig war). Der Anwalt übte eine Doppelfunktion aus: als Vertrauensperson der Gemeinde und als Hilfsbeamter des Oberamtmannes. Auf den ersten Blick erscheint in der Person des Anwalts durchaus die Funktion eines Schultheißen, der die Interessen der Gemeinde gegenüber der Obrigkeit wahrnahm, indem er beispielsweise Bittschriften und Eingaben der Gemeinde den übergeordneten Instanzen weitergab. So bat er im Oktober 1617 gemeinsam mit dem Gemeindegericht den Rat, den Vogt von Leipheim, Christoph Schad, zum neuen Oberamtmann in Langenau zu bestellen (allerdings vergeblich, denn am 12. Dezember 1617 fiel die Entscheidung zugunsten Sebastian Besserers aus)[53]. Bei Konflikten trat der Anwalt vermittelnd auf, wobei ihm als Mitglied der Dorf-Ehrbarkeit gewiss ein großer Einfluß zukam. Allerdings dürfte ihm seine Abhängigkeit und Unterordnung unter den Oberamtmann Grenzen gesetzt haben. Der untergeordnete Status des Anwalts veranschaulicht das Verfahren seiner Bestellung. Denn er wurde nicht vom Gemeindegericht gewählt, sondern auf Vorschlag des Oberamtmannes und mit dem Vorwissen des Rates von den Herrschaftspflegern ernannt und anschließend vom Oberamtmann eingesetzt. Sein Tätigkeitsfeld war umfangreich und weist ihn als einen wichtigen Helfer des Oberamtmannes aus: Botengänge, Teilnahme bei der Abhör der Gemeinderechnung, der Verleihung der Gemeindedienste, bei der Feuer-, Ross- und Schafschau, beim Untergang, beim Verkauf von Holz und Aufsicht bei den Fronarbeiten. Für seine Tätigkeit erhielt der Anwalt im 17. Jahrhundert eine jährliche Entschädigung von sieben Gulden[54]. Trotz dieser Doppelfunktion konnte ein Anwalt von Format durchaus zum Nutzen und Wohl seiner Mitbürger wirken[55].

Das Gemeindegericht

Die Gemeinde wurde durch das Gemeindegericht, das wichtigste Verwaltungsorgan der Gemeinde im 18. Jahrhundert, vertreten, das aus zwölf auf Lebenszeit gewählten, der Dorf-Ehrbarkeit angehörenden und daher hohes Ansehen genießenden Richtern bestand und das unter dem Vorsitz des Oberamtmannes tagte. Zwar ergänzte sich das Gericht selbst, es durfte aber nur aus drei vom Oberamtmann vorgeschlagenen Kandidaten auswählen. Das Wahlverfahren zeigt, dass der Rat jede Eigenständigkeit der Gemeinde zu unterbinden trachtete. Nachdem der Oberamtmann seine Wahl bekannt gegeben hatte, traten der Anwalt und nach ihm der Reihe nach die Richter vor, um ihre Stimme abzugeben – der Wahlbeeinflussung war damit Tür und Tor geöffnet[56]. Die Richter wurden auf Lebenszeit gewählt, nur in Ausnahmefällen durfte ein Richter von seinem Amt zurücktreten, so legte Klaus Laiblin 1657 altersbedingt und mit obrigkeitlicher Genehmigung sein Amt nieder[57].

Wenn wir die Zusammensetzung des Gemeindegerichtes von 1710 als repräsentativ für die Frühneuzeit ansehen, so zeigt sich, dass mit zwei Ausnahmen ausschließlich Bauern, vor allem aus dem Mitteldorf, als Richter fungierten: aus dem Oberen Dorf Georg Laiblin, aus dem Mitteldorf Jakob Betz, Hans Nusser, Martin Sick, der Bäcker Hans Böhringer, der aber ein halbes Lehen zu eigen hatte, und der Ochsenwirt Johannes Remshardt sowie aus dem Unteren Dorf Veit Honold und Bartholomäus Nusser; Anwalt war der Kramer Silvester Remshardt aus dem Mitteldorf, der im Unteren Dorf ein Boller Gut zu Lehen hatte[58].

Bis zum Beginn des 18. Jahrhunderts war das Gemeindegericht Verwaltungs- und Gemeindebehörde; erst im letzten Jahrhundert der reichsstädtischen Herrschaft wurde es mehr und mehr zu einem Verwaltungsorgan, und der Oberamtmann zum alleinigen Richter. Es verlor insbesondere die Entscheidungsbefugnis bei Polizeistrafsachen, seine Zuständigkeit bei einfachen Zivilstreitigkeiten zwischen Gemeindeangehörigen blieb jedoch bestehen.

Vor Gericht erschienen die Kontrahenten in Zivil- und Strafsachen nicht persönlich, sondern wurden durch einen so genannten Fürsprech, einen Richter, vertreten, der ihr Anliegen vertrat. Der Rat achtete auf die genaue Einhaltung der Landpolizei-Ordnung. Sollte das Gemeindegericht „allein nach Gutbefinden, unterlaufenden Affekten und Ansehen der Personen“ zum Beispiel über einen Frevler eine geringere Strafe als in der Polizei-Ordnung vorgeschrieben verhängen, wurden die Richter mit zwölf Reichstalern bestraft[59]. Die Untertanen waren verpflichtet, der Aufforderung, vor Gericht zu erscheinen, unbedingt Folge zu leisten. Denn wer „auf beschehenes Verkünden“ vor dem Amt, Gericht oder

Oberamtmann „gebührend nicht erscheint“, wurde beim ersten Vergehen mit 30 Kreuzern, beim zweiten mit einem Gulden und beim dritten nach Ermessen der Herrschaftspfleger bestraft[60]. Die Richter empfanden ihre Tätigkeit nicht immer erquicklich. 1616 klagten die Geislinger und Langenauer Richter, dass „sie bishero von schlechten und geringen Sachen wegen auf der Parteien Begehren sich zusammenfügen, Gericht halten und dasjenige ohne alle Ergötzlichkeit“ tun müssten, und baten um eine Entscheidung des Rates, die ihnen ihre Arbeit erleichtern sollte. Die Ratsherren kamen ihnen insoweit entgegen, dass beide Parteien die gebräuchliche Geldsumme übergeben sollten, die nach der Entscheidungsfindung (ohne die Parteien?) der obsiegenden übergeben werden sollte[61]. 1623 musste jede Partei dem Gericht einen halben Gulden zahlen[62].

Als Verwaltungsorgan übte das Gemeindegericht die bedeutendere Tätigkeit aus. Dreimal jährlich hatten seine Mitglieder auf dem Amtshaus zu erscheinen: Am 11. November verliehen sie die Gemeindedienste, am 25. Januar hörten sie die Gemeinderechnungen ab und an „Ambten Galli“ erschienen sie vor dem Herrengericht. Das Gemeindegericht regelte ausschließlich die Belange der Gemeinde: Aufnahme und Entlassung von Gemeindebürgern, Entscheidung über die im Bürgerrecht festgelegten Rechte und Pflichten: Leistungen für Hilfsbedürftige und Kranke, Bestellung von Pflegern, Loseinteilung bei den gemeindlichen Nutzungsrechten, Umfang der Gemeindefronen und Befreiung davon. Ferner verwaltete das Gericht das Vermögen der Gemeinde, des Almosenkasten und der Heiligenpflege, nahm Güterverleihungen vor, bestimmte die Fruchtpreise für die Gült- und Zehntpflichtigen und entschied über die Erhebung von Gemeindesteuern und Umlagen. Außerdem beaufsichtigten die Gemeinderichter die Bauern und Seldner bei ihren Frondiensten[63]. Im Schutz des Gemeindeeigentums besaß das Gericht eine besonders wichtige Aufgabe. Nach der Landpolizei-Ordnung war es verboten, auf den Gemeindegrundstücken etwas abzugraben, Mist auszuführen, Hölzer, Äste und Reisig aus den Gemeindewälder zu holen oder Gemeindewiesen ohne Erlaubnis zu mähen[64].

Dem Gericht stand ein Gerichtsschreiber zur Verfügung. Dieser führte das Gerichts- und Gemeindeprotokoll, verwaltete die Registratur, verlas die obrigkeitlichen Verordnungen auf den Gemeindeversammlungen und sorgte für die Durchführung der Holzkohlen- und Losholzfuhren nach Ulm. Wegen der großen Bevölkerungszahl Langenaus sollte er „öfters mit dem Anwalt überlegen, was zu Unterhaltung guter Zucht und Ordnung oder sonsten zum Nutzen der Gemeinde bei bevorstehender gerichtlicher Session … zu proponieren sein möchte“, worüber er dem Oberamtmann schriftlich zu berichten hatte[65].

Trotz der zahlreichen Aufgaben des Gerichts, die den Alltag und das Zusammenleben der Einwohner regelten, kann von einer Selbstverwaltung der Gemeinde nicht die Rede sein. Ohne die Genehmigung der übergeordneten Behörden bis hin zum Rat als letzter Entscheidungsinstanz besaßen die Beschlüsse des Gemeindegerichtes keine Gültigkeit. Ein Beispiel mag genügen: Die Wiedereinbürgerung der beiden Brüder Hans und Jakob Wiblinger auf Wunsch der Gemeinde erfolgte erst nach der obrigkeitlichen Zustimmung, für die die beiden zehn Gulden, zahlbar in Jahresraten zu zwei Gulden, dem Stadtsäckel zuführen mussten[66].

Die Gemeindeversammlung

Über besonders wichtige Gemeindeangelegenheiten entschied nicht das Gericht, sondern die Versammlung aller Gemeindebürger, gleichgültig ob Bauer, Seldner oder Handwerker. Die Teilnahme an den Gemeindeversammlungen war Pflicht, aber ohne Vorwissen des Oberamtmanns oder des Anwalts durften die „Gemeindeführer" (die Gemeindepfleger) die Gemeinde nicht zusammenrufen. Sollte sie sich dennoch versammeln, musste jeder Teilnehmer vor dem Amtshaus erscheinen, um „um einen Gulden gebüßt [zu] werden"[67]. Die Gemeindeversammlung regelte die Bewirtschaftung der Feldflur und der Gemeindegüter, insbesondere der Schafweide, sowie die Nutzung der Allmende und entschied über große Bauvorhaben der Gemeinde[68].

Gemeindeämter und -dienste

Die Gemeindepfleger, häufig auch „Gemeindeführer" genannt, übten das wichtigste Amt in der Gemeinde aus. Sie verwalteten das Gemeindevermögen, vertraten die Gemeinde bei allen Angelegenheiten gegenüber der Herrschaft und bei Streitigkeiten mit anderen Gemeinden, z. B. bei Grenz- und Weidekonflikten. Heiligenpfleger versahen die Verwaltung der Heiligen und des Vermögens der Pfarrkirche. Darüber hinaus gab es noch zahlreiche Gemeindebedienstete, die die gemeindlichen Aufgaben versahen: Messner, Nacht- und Turmwächter, Bettelvogt, Öschay (Feldaufseher), Hirten (Schaf-, Ross- und Kuhhirten), Totengräber. Das Gericht oder die gesamte Gemeinde wählte diese Bediensteten auf ein Jahr oder Lebenszeit[69].

Sittlichkeit und Moral

Bis zur Reformation kümmerte sich die städtische Obrigkeit kaum darum, ob der Lebenswandel der Untertanen den sittlichen und christlichen Moralvorstellungen entsprach, da sie bis dahin nicht in einem solchen Maße die Möglichkeit besessen hatte, bis auf die unterste Ebene durchzugreifen. Ursprünglich unterlag das sittliche Verhalten der Untertanen einer kirchlichen Kontrolle und Rechtssprechung sowie kirchlicher Moralvorstellungen. Erst mit der Reformation, welche die Kirche frei von weltlichen Angelegenheiten halten wollte, strebte der frühmoderne Staat die Kontrolle der gesamten öffentlichen Ordnung und die strenge Reglementierung des persönlichen Verhaltens seiner Untertanen nach christlichen Normen an. Dabei schuf er kein neues Recht, sondern wollte die kirchliche Ehevorstellungen staatlich legitimieren, um die öffentliche Ordnung durch Gesetze selbst zu bestimmen. Er entwarf auch kein neues Menschenbild, und seine Moral unterschied sich nicht von der der Kirche, aber sie sollte nun von Obrigkeits wegen gelten. So nannte der Rat einleitend in der 1581 geschaffenen „Ordnung in Straf offenbarer Laster und leichtfertigen Verheiratens und anderer Unzucht" seine Absichten und Ziele, dass nämlich „auch wir zu Beförderung der Ehren Gottes des Allmächtigen, auch Pflanzung und Erhaltung seines heiligen, allein selig machenden Worts und bürgerlicher Zucht, ehrbaren Wandels und Lebens sondere Ordnungen ... fürgenommen" haben[70]. Der ideale Untertan war arbeitsam, bescheiden und der Obrigkeit in allen Dingen gehorsam und lebte streng nach den Regeln der evangelischen Lehre[71].

Die neuen rigiden Moralvorstellungen setzten sich nur mühsam durch, wie die Kirchenvisitationen belegen. 1557 lesen wir einen nüchternen, den Rat aber eher erschütternden Bericht über die moralischen Zustände in Langenau: „Fressen und Saufen gehe in Schwang, Gottslästern desgleichen. In den Gastungen großer Überfluss, mit den Hochzeiten desgleichen. Es schlupfen etliche in den Winkeln zusammen und spielen. Sind etliche Verdacht der Hurerei halber. Einer, des Weib Ehebruchs halben von ihm geschieden, begehrt eine Ehefrau. Das Volk gehe nit fleißig in Kirch, die Obrigkeit halte nit darob, die Jugend nit fleißig zum Gebet."[72] Auch gingen nur zwei Langenauer zum Sakrament – der Einfluss des Zwinglianischen Pfarrers Neidlinger, der im Gegensatz zur lutheranisch ausgerichteten Kirchenpolitik des Rates stand, ist deutlich erkennbar. Bis zum Ende des Jahrhunderts scheint sich der sittliche Lebenswandel der Langenauer und Langenauerinnen etwas gebessert zu haben, denn der Visitationsbericht von 1597 beginnt zwar mit der allgemeinen Feststellung, es heiße der eine den anderen einen Herrgottsfresser, fährt aber mit der Nennung von nur zwei ‚Sündern' fort: „Da ist eine Frau, die schilt und schwört wie ein Heid oder Landsknecht; der Schmid bei der Metzig ist ein voller Bruder und kommt nicht in die

Kirche."[73] Der Visitator des Jahres 1597 scheint ein Auge zugedrückt zu haben oder etwas schreibfaul gewesen zu sein, denn fünf Jahre später wurden die Langenauer einer allgemeinen Fahrlässigkeit beim Kirchgang beschuldigt, wofür auch der Oberamtmann und die Büttel verantwortlich gemacht wurden: „ So wird auch geklagt, dass allerlei Laster und Leichtfertigkeit, als Entheiligung des Sabbats, Gottslästern, Unzucht, Kunkelhäuser fortgetrieben werden und ungestraft hingehen, weil die Büttel, wo sie fleißiges Aufsehen und Wach halten sollten, schlafen und der Oberamtmann ihres hohen Alters halb mit ihnen Geduld getragen, ihm aber selbst die Fahrlässigkeit gar beschwerlich sei."[74]

Die Eheordnung

Die Kontrolle über die Eheschließung war dem Rat ein wichtiges Anliegen. Es galt, die göttliche Ordnung, in der „zwei in einem Fleisch … zusammengefügt wurden, welche die Zeit ihres Lebens und in unzertrennter Leibs und Guts einander beiwohnen", aufrechtzuerhalten und die „ärgerlichen und hochsträflichen Laster des Ehebruchs, Hurerei und Unzucht desto mehr" zu steuern und zu verhindern. So versuchte der Rat „bei dieser zu viel frechen und ruhelosen Welt" die Eheschließung junger und „unverständiger Leut" zu unterbinden, von denen er glaubte, dass sie „sich nicht gebührlich und nach dem Willen und Anordnung Gottes, auch nicht natürlicher Billigkeit und bürgerlicher Zucht und Ehrbarkeit zusammenfügen, sunder vielmalen ihrem eigenen unbedachten Mutwillen folgen"[75]. Ein Beispiel: Im August 1643 klagte Katharina Schmid gegen Michel Roßnagel; ihre Gründe kennen wir nicht, aber wir dürfen vermuten, dass sie dahinter kam, welch zwielichtige Person Roßnagel war, denn er wurde wenige Wochen später wegen eines Hemddiebstahls einige Tage in den Turm gesperrt. Zunächst wurden beide verhaftet, verhört, dann mit der Ermahnung entlassen, „sich hinfüro nicht mehr so unbedachtsam und ohne Vorwissen und Bewilligung der Eltern, Pfleger und Befreundten … in ein ehelich Versprechen einzulassen".[76] Nichtulmischen Frauen, die einen Langenauer heiraten wollten, wurde eine Urkunde über ihre ehrliche Geburt und ein Zeugnis, das ihr „ehrliches Verhalten" bestätigte, abverlangt. Zwar konnte 1691 Elisabeth Ernst, die von einem unbekannten Soldaten „zu Fall" gebracht worden war, ihre ehrliche Geburt nicht nachweisen, durfte aber trotzdem nach ihrer Aufnahme ins Bürgerrecht den Messner Georg Goal heiraten, aber nur unter dem Vorbehalt, dass beide Eheleute und ihre gemeinsamen Kinder unverzüglich des Landes verwiesen würden, wenn sich die unehrliche Geburt Elisabeths herausstellen sollte[77]. Der

Rat verbot unehelich Geborenen die Heirat. So schlugen 1609 die Ratsherren die wiederholt vorgebrachte Bitte Hans Böhringers ab, seine Magd heiraten zu dürfen, und im Jahr 1710 untersagten sie dem ehemaligen Musketier Georg Schmid von Dettingen, Katharina Schaller, die uneheliche Tochter eines Jägers, zu heiraten, weil in Langenau zu keiner Zeit eine unehelich geborene Person das Bürgerrecht besessen habe[78].

Der Rat bestand auf einem öffentlichen Ehegelöbnis, da „die Ehe ein Stand öffentlicher Ehrbarkeit [ist], der auch öffentlich und vormänniglich erkennt und bekannt werden solle“[79]. Sittliche Vorstellungen, um beispielsweise die voreheliche Sexualität zu unterbinden, als auch die Klärung der rechtlichen Verhältnisse, um etwaigen Rechtsstreitigkeiten zwischen den Familien zuvorzukommen oder die Heirat zwischen Blutsverwandten zu verhindern, begründeten die Öffentlichkeit des Eheversprechens. Daher bekämpfte der Rat mit aller Energie die heimliche Ehe, die so genannte Winkelehe, die zwar nach dem kirchlichen Rechtsverständnis gültig, aber deren Legitimität niemand bezeugen konnte. Vor allem befürchteten Kirche und Rat, dass sie der Unzucht und Bigamie Tür und Tor öffne, denn die tägliche Erfahrung bezeugte, „was greulicher, schwerer Meineid, unehrbares Beischlafen, merklicher großer Unrat, Ärgernuss und Unrichtigkeit aus dem heimlichen Eheverloben“ erwachsen würden. Gerade der voreheliche Geschlechtsverkehr bereitete dem Rat erhebliche Probleme, wie unten ausführlich dargestellt werden wird.

Eheverlöbnisse, die ohne die Einwilligung der Eltern geschahen und nicht von den Pfarrern in der Kirche verkündet, ausgerufen und eingesegnet waren, mussten unverzüglich dem Herrschaftspflegamt gemeldet und an das Ehegericht in der Stadt überwiesen werden. Trotz der moralischen Bedenken bestand dennoch die Möglichkeit, dass die Eherichter das Verlöbnis nachträglich für gültig erklärten. Allerdings waren der Hochzeit strenge Auflagen auferlegt. Das Brautpaar durfte nur an einem Mittwoch heiraten, und die Braut musste wie eine Witwe gekleidet in die Kirche gehen. Nur so viele Gäste, wie an drei Tischen Platz fanden, durften eingeladen werden. Damit das schlechte Beispiel nicht Schule machte, waren junge und ledige Leute bei der Trauung und dem Fest nicht zugelassen, bei dem zum Tanz aufspielende Spielleute nicht für kurzweilige Unterhaltung sorgen durften. Das unrechtmäßig verbunde Paar wurde außerdem mit einer Geldstrafe von einem Gulden und dreißig Kreuzer belegt, und wenn sie die Geldsumme nicht aufbringen konnten, verbrachten sie 15 Tage und Nächte im Turm oder Gefängnis[80].

Der Bruch des Eheversprechens kam vor das Ehegericht. Meist traten Frauen, deren Verlobter einer anderen Frau die Ehe versprochen hatte, als Klägerinnen auf. So reichte 1665 Waldburga Honold beim Ehegericht ihre Klage gegen den Sailer Hans Erasmus ein. Erasmus kam glimpflich davon, obwohl sich während der Untersuchung herausgestellt hatte, dass er sich der jüngeren Schwester Waldburgas und Katharina Baumann, einer Dienstmagd aus Böfingen, versprochen hatte; bei Letzterer hatte er sogar bei den Eltern um ihre Hand angehalten. Vor allem deswegen wurde Erasmus für einige Tage in den Turm gesperrt, durfte aber anschließend Waldburga heiraten. Die beiden anderen Frauen erhielten eine Turmstrafe, obwohl sie nach Ansicht der Ratsherren eine schwerere Strafe verdient hätten. Sechs Jahre später spielte die nunmehr verwitwete Waldburga erneut eine wichtige Rolle in einem Fall. Sie hatte dem Metzger Sophomides Müzel, von dem sie ein Kind erwartete, die Ehe versprochen, obwohl sie gewusst hatte, dass Müzel bei zwei anderen Frauen im Wort stand. Der Rat griff energisch durch. Waldburga und Sophomides, die zwar noch heiraten durften, wurden zunächst auf vier Jahre und vier Meilen ausgewiesen, Waldburga dann aber begnadigt; Müzel kehrte ein halbes Jahr später zurück[81].

Die Strafen wurden erheblich verschärft, wenn bekannt wurde, dass Geschlechtsverkehr stattgefunden hatte und dieser nicht ohne Folgen geblieben war. Beide, „Mann und Weibs Personen ungeacht, … sie auch von unserem Ehegericht einander ehelich zuerkannt [werden], nicht allein solches heimlichen Eheversprechens, sunder auch Beischlafens, Schwängerns und Schwöchens halber, ehe und zuvor sie zum Kirchgang gelassen, mit Geld, dem Turm oder in andere Weg nach Gelegenheit der Personen und verloffenen Handlungen durch uns ernstlich gebüßt werden". So berieten die Ratsherren am 29. August 1576, ob der Langenauer Michael Dick und seine Frau, die ihre Schwangerschaft verschwiegen (oder nicht bemerkt?) und als Jungfrau geheiratet hatte, bestraft werden sollten. Bei Eheverlöbnissen zwischen Verwandten drohten Leib- und Geldstrafen sowie die Ausweisung aus Stadt und Herrschaft[82].

Ehescheidungen waren möglich und lagen ausschließlich in der Entscheidungsbefugnis des Rates; nachdrücklich wurde den Pfarrern, Kirchendienern und Beamten verboten, Ehen zu scheiden. Auch war einem Ehepartner nicht gestattet, „sich selbst und eigens Gewalts und Willens von seinem Ehegemahl zu scheiden oder denselben zu verlassen", solange dieser an der Ehe festhalten wollte. Nur bei Ehebruch und anderen Gründen, die in der Augsburger Konfession festgelegt waren, erlaubte der Rat dem „unbrüchigen und unschuldigen" Ehepartner, die

Scheidung einzureichen[83]. 1568 wurde die Langenauerin Anna Hauser aus Stadt und Land gewiesen, weil sie den Haushalt schlecht geführt hatte und ihrem Mann „kein Beiwohnung tun“ wollte[84].

Hochzeiten und Feste

Mit Mäßigkeitsgeboten versuchte der Rat vom 16. Jahrhundert an, Hochzeiten und Feste, die zuvor die Angelegenheit der einzelnen Familien und Gemeinden waren, zu steuern und das sittliche Verhalten der Untertanen den strengen moralischen Vorstellungen zu unterwerfen. Zum einen ging es dem Rat darum, die ständischen Unterschiede zwischen Patriziat, Bürgern und Bauern aufrechtzuerhalten (so war es den Bauern ohne Unterschied verboten, Silber oder Seide an ihren Kleidern zu tragen)[85], zum anderen um der Verschwendung bei den Kindstaufen, Hochzeiten und Begräbnissen Einhalt zu gebieten. Schließlich wollte man durch die strenge Reglementierung unzüchtiger Ausgelassenheit und Gewalttätigkeit vorbeugen[86].

Die „Ordnung der Hochzeiten und Schenckinen“ von 1545 schrieb den Ablauf des Festes streng vor. Die Dauer des Festes wurde auf einen Tag beschränkt, und es durften nicht mehr als zwei Mahlzeiten, ein Imbiss und ein Nachtmahl gereicht werden, wobei die Zahl der Gänge und Gerichte einschließlich der drei Beiessen (Bachas, Kraut und Mus) auf vier beschränkt wurde. An Gästen durften höchstens 48 Personen, die an sechs Tischen sitzen mussten, eingeladen werden, allerdings war der Braut der althergebrachte Brauch erlaubt, über die vorgeschriebene Gästezahl Jungfrauen an einen besonderen Tisch zu setzen. Auch die Zahl der Truchsässen und Tischdiener wurde auf zehn beschränkt. Selbst der Wert der Geschenke wurde auf einen Gulden festgesetzt, wobei der Rat es gerne sah, wenn weniger als ein Gulden geschenkt wurde, wie er in der Hochzeitsordnung eigens hervorhob (von dieser Regelung waren die engeren Verwandten ausgenommen)[87]. Gegen die so genannte „Nachhochzeit“ am Tag nach der Hochzeit, einem alten Brauch, ging der Rat mit Strafandrohungen von einem Gulden von jedem Teilnehmer vor, weil die jungen Eheleute oft von ihren Gästen dazu gezwungen wurden und dadurch „in Straf und Unkosten“ kamen[88].

Die beliebteste Vergnügungsform in der frühen Neuzeit war der Tanz. Der Tanz war nicht auf bestimmte Zeiten und Orte festgelegt. Männer und Frauen, Jung und Alt trafen sich zu Hause, bei öffentlichen Festen, in den Gasthäusern oder auf der Straße zum gemeinsamen Tanz. Es gab ‚wilde‘ und ‚zahme‘ Tänze, getanzt wurde in Reihen oder paarweise. Besonders beliebt im gemeinen Volk war die Volte mit ihren Verdrehungen, Hüpfen und Springen. Wandernde Spielleute oder auch

Musikanten aus dem eigenen Dorf spielten bei Tänzen auf. Beliebte Instrumente waren die Pfeife, der Dudelsack, die Geige, Hörner und die Trommel[89]. Von Hans Jakob Christoffel von Grimmelshausen kennen wir, wie es bei solchen Tänzen zuging. Sein Held Simplicius erlebt, wie „im Saal Männer, Weiber und ledige Personen so schnell untereinander herumhaspeln, dass es wimmelte; diese vollführten ein solches Getrippel und Gepöhl, dass ich meinte, sie wären alle rasend geworden; ich konnte es nicht ersinnen, was sie mit diesem Wüten und Toben vorhaben möchten. Ja, ihr Anblick kam mir so grausam, fürchterlich und schrecklich vor, dass mir alle Haare zu Berge standen, und konnte nicht anderes glauben, als dass alle ihrer Vernunft beraubt sein müssten. Am Schweiß, der ihnen über die Gesichter floss, und an ihrem Geschnäuff konnte ich abnehmen, dass sie sich stark zerarbeitet hatten; aber ihre fröhlichen Angesichter gaben zu verstehen, dass ihnen solche Bemühungen nicht sauer ankommen"[90].

Kein Wunder, dass die Obrigkeit im Tanzen ein Teufelswerk und eine große Gefahr für die sittliche und züchtige Lebensweise ihrer Untertanen erblickte. Das Tanzen in den Wirtshäusern bedurfte generell einer Erlaubnis der Beamten. Bei Hochzeiten durfte ausschließlich und nur mit obrigkeitlicher Genehmigung in den Wirtshäusern und in keinem Falle in Privathäusern getanzt werden; von 1573 an galt, dass die Langenauer bei den Hochzeiten „nach einem stillen Spiel" tanzten[91]. Im November desselben Jahres schafften die Ratsherren Hochzeitsfeiern auf dem Langenauer Rathaus ab und verboten, dass Spielleute das Brautpaar zur Kirche begleiteten[92]. Schließlich bestrafte der Rat auch diejenigen, welche ihrem Tanzvergnügen in auswärtigen Orten nachgingen. Verstöße gegen diese Bestimmungen wurden mit bis zu vier Gulden geahndet[93]. Ledige Burschen, aber auch verheiratete Personen, die sich an Kirchweih- oder sonstigen Festen „mit übermäßigem Essen und Trinken, Turnieren, Schreien, Johlen, Spielen, Fluchen, Balgen und dergleichen" vergriffen, wurden gemäß der Polizei-Ordnung bestraft[94]. Nächtliches Poltern und Schreien wurde unnachsichtlich mit einem Gulden bestraft[95].

Nach der Reformation und verstärkt zum Ende des 16. Jahrhunderts bekämpfte der Rat altes Brauchtum; besonders die Fasnachtsbräuche standen im Visier der Ratsherren. Zwei Gulden zu zahlen hatte, „wer auch in der Fasnacht sich verkleidet, unbekannt macht, auf den Gassen und in den Wirtshäusern johlt und schreit oder andere Ungebühr ausübt", und nur einen Gulden außerhalb der Fasnachtszeit[96]. Ein grundsätzliches Verbot der Fasnacht vermochte der Rat nicht durchzusetzen, stattdessen versuchte er, allzu viel ‚Wildheit' einzudämmen. So erlaubte er 1555 den ledigen Langenauer Gesellen die Fasnacht mit dem ausdrücklichen Gebot, an den drei Fasnachtstagen „bescheidenliche und züchtige Tänze“ aufzuführen[97]. Ohne obrigkeitliche Genehmigung durfte weder in der Stadt noch in den Dörfern ein Hahnentanz stattfinden, bei dem jemand einen Hahnen gab, um den getanzt und gesungen wurde. Das Pfingsthahnen umtragen, Wettreiten und sonstige „Üppigkeiten“ der Rossbuben an den Heiligen Pfingsttagen war verboten[98].

In Krisenzeiten, die durch Pest, Kriege oder Hungersnöte ausgelöst wurden, verschärfte der Rat die Vorschriften und Verbote, wie ein obrigkeitlicher Ruf aus dem Oktober 1592 zeigt[99]. In den herrschenden beschwerlichen Zeiten zeige sich, dass „der Allmächtige Gott aus seinem gerechten Zorn unser sträflich und unbußfertig sündliches Leben uns schier allenthalben nit allein mit Krieg, sunderlich dem erschrecklichen Erbfeind, dem Türken, auch grausamer neuer Teuerung, sundern auch jetzo an etlich vielen Orten mit der beschwerlichen Erbsucht und Krankheit, der Infectio und eingerissene sterbende Läuften, als den dreien rechten Hauptplagen und Strafen angreifet und heimsucht, da billich ein jeder Christenmensch für sich selbst mit demütigen Herzen und andächtigem Gebet zu Gott von Sünden abstehe und darbei allerlei unnotwendige Freuden, Kurzweil und Überfluss abstellen sollte.“ Der Rat ermahnte die Bürger und Untertanen, „ ihr sündlich Leben zu bessern und sich mit einem demütigen Gebet zu Gott, dem Allmächtigen zu bekennen“ in der Hoffnung, seine Allmacht werde sich zur Barmherzigkeit bewegen.

Damit dies geschehe, wurde ein grundsätzliches Tanzverbot bei Hochzeiten und sonstiger Gelegenheit weder inner- noch außerhalb des Hauses, noch in Wirtshäusern und Scheunen ausgesprochen (bei Verstößen wurden die Spielleute aus dem ulmischen Herrschaftsgebiet ausgewiesen und jeder Teilnehmer mit vier Gulden belangt). Bis zum Jahresende galt ein Hochzeitsverbot, es sei denn, das Brautpaar hatte schon das Stuhlfest gefeiert. Die Hochzeitsfeier selbst durfte ohne Tanz stattfinden und war auf die Einnahme des Festmahls beschränkt. Danach mussten die Gäste nach Hause gehen. Auch alle Gesellschaften, Unterzehrungen und Gastungen außerhalb der ordentlichen Mahlzeiten wurden verboten. Da Reiche und Arme gegen dieses Verbot „mutwillig und verächtlich“ gehandelt hätten, wurden drastische Strafen angedroht: zehn Gulden für den Wirt und jeden Gast, und wer die Geldstrafe nicht zahlen konnte, sollte aus dem Land gewiesen werden. In den Wirtshäusern und auf den Gassen wurde „alles Singen, Juchzen, Schreien, poltersames Plärren, auch alle andere Unbescheidenheit“ verboten und bestraft, ebenso derjenige, der sich nach dem Glockenschlag in den Wirts- und Bierhäusern oder auf der Gasse aufhielt.

Zwar galten die Ge- und Verbote für alle Bürger und Untertanen gleichermaßen, aber zwischen Arm und Reich, Patriziern und Bürgern, Handwerkern und Bauern wurden offensichtlich Unterschiede gemacht, wie der Fall des Langenauer Untertanen Thomas Fridlin zeigt. Empört darüber, dass der Oberamtmann „den Tanz und andere Ungebühr" verboten, aber offensichtlich bei sich und seinesgleichen Ausnahmen gestattet hatte, schleuderte er einen „Brickstein" gegen die Tür des Amtshauses, „damit die Gemeinde sehe, was Unterschied zwischen den Armen und Reichen gehalten werde", und beschimpfte den Oberamtmann aufs Gröblichste. Fridlin wurde aus Stadt und Land gewiesen, obwohl er nach Ansicht des Rates eine Leibstrafe verdient gehabt hätte, die ihm bei Wiederbetreten des Ulmer Territoriums angedroht wurde[100].

Zu den Gebräuchen, welche die ledigen Burschen durchführten, gehörte das Neujahrsschießen, das der Rat nicht nur wegen der großen Feuergefahr strikt und mit hohen Strafen verbot, sondern vor allem auch, weil er unzüchtiges Verhalten der jungen Leute befürchtete. Als nach der Neujahrsnacht 1738 der Rat mehrere Burschen unter dem Verdacht des Neujahrsschießens verhaften und nach Ulm bringen ließ, wo sie zwei Wochen bei Wasser und Brot im Turm saßen, ergaben die Untersuchungen, dass schon seit längerer Zeit die jungen Leute beiderlei Geschlechts auf dem Turm der Martinskirche das neue Jahr mit Gesang begrüßten, sich anschließend um die Kirche versammelten und in die Wirts- und Bäckerhäuser gingen, wo sie bis in die frühen Morgenstunden feierten. Der Rat reagierte mit einem generellen Singverbot in der Neujahrsnacht[101].

Spiele und Alkohol

Überall, wo die Menschen nach ihrer Arbeit zusammenkamen, wurde gespielt. Zu Hause, auf der Straße, vor allem in den Gasthäusern. Besonders beliebt waren Kegel-, Karten-, Brett- und Würfelspiele. Gegen die Spielleidenschaft seiner Untertanen leistete der Rat eine wahre Sysiphusarbeit, wie zahlreiche Verordnungen und ausgesprochene Strafen belegen. Der Spieleinsatz war auf einen Kreuzer beschränkt; wer höher setzte, lief Gefahr, mit vier Gulden bestraft zu werden. Strafen für das Falschspielen beim Kartenspielen oder Würfeln legte der Herrschaftspfleger nach Gutdünken fest. Das „leichtfertige Pipappen", bei dem um Geld oder Sachwerte gewürfelt wurde, war den Untertanen grundsätzlich, auch außerhalb des Ulmer Herrschaftsgebietes, verboten. Das Spielen um Brot in Bäckerhäusern, welche die Schankgerechtigkeit besaßen, wurde mit zehn Gulden geahndet, sowohl für den Bäcker als auch den Spieler. Zusammenkünfte in Bäckereien oder anderen Winkelhäusern waren strikt untersagt, ebenso das Spielen auf den Jahrmärkten[102]. Kegeln war ein fester Bestandteil geselligen und vergnüglichen Treibens. Aber auch hier sah die Obrigkeit Gefahr im Verzug. Der Spieleinsatz durfte einen Kreuzer grundsätzlich nicht überschreiten; das Kegeln an Sonn- und Feiertagen wurde mit fünf Gulden bestraft[103].

Das Trinken belebte das gesellige Beisammensein und trug wesentlich zur Unterhaltung bei; oft genug wurde es zum Spiel und Wettkampf. Besonders beliebt war das Zutrinken, bei dem so viel nachgetrunken werden musste, wie einem vorgetrunken wurde. Wir können uns gut vorstellen, dass diese Art des Alkoholkonsums regelmäßig zur Volltrunkenheit führte[104]. Mit wiederholten Mäßigungsgeboten versuchte der Rat, das exzessive Trinken und die öffentlichen Besäufnisse einzudämmen. Den althergebrachten Brauch, die Wahl von Richtern in das Gemeindegericht mit dem Genuss alkoholischer Getränke zu feiern, schränkte der Rat ein, indem er nur eine bestimmte Geldsumme für den Kauf von Wein, Schnaps etc. gestattete[105].

Übermäßiger Alkoholgenuss wurde streng bestraft: „Welcher sich vielfältig voll trinkt und in voller Weise ungebührlich aufführt, der solle um einen Gulden oder nach Befinden härter bestraft werden."[106] Vor allem wenn Alkoholmissbrauch, für den es zahlreiche Beispiele aus Langenau gibt, zu einer „schlechten Haushaltung" führte, griff der Rat durch. So wurde 1549 Stoffel Hauf in den Turm und das Blockhaus gesteckt und ihm bei seiner Entlassung verboten, Wein zu trinken und eine „Gesellschaft" in seinem Hause zu halten[107]. Im Wiederholungsfall drohten ungleich schärfere Strafen: Landesverweis, Geige, Wirtshausverbot oder Turm. Der Langenauer Weber Kaspar Mahler wurde im März 1598 des Landes verwiesen, nachdem ihm schon zweimal der Alkoholkonsum verboten worden war, er aber dennoch in Ulm „mit etlichen Soldaten gezecht und sich mit denen Weibern leichtfertig gezeigt" hatte[108]. Wurde ein ungebührlicher Lebenswandel eher selten durch eine Landesverweisung bestraft, so fand die Geige in der Regel als Strafe Anwendung, die gelegentlich dadurch verschärft wurde, dass den Delinquenten Zettel, auf denen ihre Verfehlungen wie „Flucher", „meineidig" standen, angeheftet wurden[109]. So schlug man im Mai 1572 drei Langenauer Bauern, die nach übermäßigem Genuss von Branntwein volltrunken in den Gottesdienst gegangen waren, in die Geige und stellte sie während des Gottesdienstes vor die Kirchentür[110].

Mit welcher moralischen Rigidität der Rat gegen Alkoholismus vorging, belegt anschaulich der Fall des Schneiders Hans Nübling aus dem Jahre 1671, dessen Lebenswandel und Verfehlungen der Ratsschreiber mit drastischen Worten beschrieb: Nübling sei auf dem Pfingstmarkt

„toll und voll" betrunken gewesen und habe dann „grausam und abscheulich geflucht, die heiligen Sakramente gotteslästerlich missbraucht, und bei denen selben, auch Donner und Hagel, seinen Nebenmenschen und in Sonderheit seinem eigenen Weib alles Unheil angewünscht, zumalen solche erschröcklichen Flüche nicht nur diesmal ausgestoßen, sondern auch sonsten dergleichen zu tun gewohnt". Nübling stand an drei Sonntagen während des Gottesdienstes in die Geige geschlagen vor der Kirchentür[111]. Verband sich übermäßiger Alkoholkonsum mit Nachlässigkeiten beim Kirchgang, so stellte der Rat den Übeltäter der Öffentlichkeit bloß, wie beispielsweise im März 1672 den Ostermüller Hans Jakob Schmid, der sich nicht nur „um seinen gesunden Leib und Verstand", sondern auch „seine Seele und Seligkeit in äußerste Gefahr" gebracht habe[112]. Noch größere Gefahr war in Verzug, wenn der Religionskonflikt zwischen Prostestanten und Katholiken eine Rolle spielte. Im März 1680 verordnete der Rat dem jungen Jakob Strobel Nachhilfeunterricht durch die beiden Ortsgeistlichen, damit er wieder zu „kirchlicher Schuldigkeit und Gebühr" zurückgelange, denn nicht nur, dass er „gefressen und gesoffen, gespielt und gerasselt, geflucht und geschworen", sondern „ja gar in der Religion gewankt [und] auf der Papistenseite getrunken" habe[113].

Ein Problem: die ledigen Burschen

Auf das züchtige Verhalten der ledigen Töchter, Gesellen, Mägde und Knechte legte der Rat großen Wert; vor allem den ledigen Gesellen drohte er mit „gebührlicher Straf", wenn sie der „Hurerei" überführt wurden[114]. Zu gewissen Jahres- und Sommerszeiten durften sie sich streng nach Geschlechtern getrennt an bestimmten Orten treffen und „eine erlaubte Kurzweil treiben", mussten sich aber vor Einbruch der Nacht wieder still nach Hause begeben[115]. Ein Knecht oder Junggeselle, der in eine Kunkelstube ging, wo sich „Weibspersonen" aufhielten, oder er auch nur davor stand und „unnützes Geschwätz oder andere Unzucht" trieb, wurde mit zehn Gulden abgestraft[116]. Das „unverschämte und höchst ärgerliche Bettbuhlen" der ledigen Leute, auch das heimliche und nächtliche Einsteigen der Knechte in Häuser wurde bei einer Strafe von zehn Gulden verboten[117]. Auch durften Kinder beiderlei Geschlechts „niemalen" bei einer Strafe von vier Gulden zusammen in einem Bett schlafen[118].

Zu Beginn der 1660er-Jahre hatten die Ausschweifungen der Langenauer Gesellen und Knechte einen offensichtlichen Höhepunkt erreicht. Im Februar 1665 saßen vier ledige Burschen, Hans Wiedenmann, Jakob Bunz, Thomas Laiblin und Georg Stahl, wegen groben

Unfugs einige Tage im Blockhaus. Während die ersten drei mit einem ernsten Verweis davonkamen, ereilte den Webergesellen Stahl ein hartes Schicksal. Weil er nachts Fensterscheiben eingeworfen, Holz und anderen Unrat in Brunnen geworfen und die anderen angestiftet hatte, wurde er aus Stadt und Herrschaft ausgewiesen[119]. Auch stieg die Zahl von Fällen frühzeitigen, d. h. vorehelichen Beischlafs, meist von Handwerksgesellen oder Bauernknechten begangen, von 1660 an erheblich an, ergänzt von einem Fall von Bigamie[120].

Die als Abschreckung gedachte Ausweisung Stahls zeigte offensichtlich keinerlei Wirkung. Im August 1665 reagierte der Rat außerordentlich empört auf die Vorgänge in Langenau. Man habe, so lesen wir im Ratsprotokoll[121], „zu sonderbarem Verdruss und höchst missfällig" vernehmen müssen, dass die Untertanen und vor allem die ledigen Burschen mit „freventlicher Verachtung obrigkeitlicher heilsamer Gesatze und wohl verfasster Polizei-Ordnung auf vermessene Übertretung aller, der Natur selbst eingepflanzter Ehrbarkeit, Zucht und Bescheidenheit, sich je länger, je mehr, in ein wüstes, dummes und viehisches Wesen mutwillig einschlagen, und nicht allein in den Wirts- und anderen Häusern vielfältig toll und voll trinken, großes Geschrei und Geplärr, auch sonsten allerlei Üppigkeit und schandbare Händel hoch ärgerlich verüben." Auch würden sie nachts durch die Gassen und im Dorf herumrennen, als wenn sie rasend und unsinnig wären, Amtsknechte und Leute, die ihnen kein Leid angetan hätten, anfallen und mit Stoßen, Schlagen, Werfen und auf andere Art übel traktieren, außerdem Schaden an Häusern, Fenstern und Läden anrichten, Steine und Unrat in Brunnen werfen, sodass „fast kein ehrlicher Mann … sich vor ihnen versichern, sondern in steter Furcht und Sorge vor dergleichen leichtfertigen Gesellen an Leib und Gut beschädigt zu werden, stehen muss".

Sich als „christliche" Obrigkeit verstehend, mahnte der Rat aus „väterlicher Sorgfalt" mit großem moralischem Druck und Strenge die Langenauer, sich diesem „gott- und zuchtlosen Wesen" wie dem nächtlichen Herumschwärmen, Schlagen, Balgen und Fenstereinwerfen gänzlich zu enthalten, sondern „wie getreuen und gehorsamen Untertanen gebührt zu leben und [den obrigkeitlichen Geboten] nachzukommen, auch sich damit vor Gottes und der Obrigkeit gerechter Strafe zu hüten." Dass moralische Appelle wenig nutzten, war sich der Rat sicher. Den Übeltätern – „verwegene Gesellen und Nachtvögel" – drohten die um die öffentliche Sicherheit und Moral besorgten Ratsherren „exemplarische und wohlempfindliche Strafen" an und verhängten eine nächtliche Ausgangssperre. Von der vom Rat bestimmten Zeit an durfte sich niemand mehr auf den Gassen blicken lassen (es sei denn, er hatte etwas zu verrichten), die Wirte mussten bei einem Gulden Strafe für jede Person alle einheimischen Gäste zur Sperrstunde nach Hause schicken. Eltern, Bauern und Handwerksmeister, vor allem die Weber, deren Gesellen offensichtlich in einem besonders schlechten Ruf standen, wurden angehalten, ihre Kinder, Knechte, Mägde und Gesellen im Haus zu behalten und ihnen „das Auslaufen, bevorab bei Nachtzeit, keineswegs zu gestatten".

Das Ratsdekret wurden den Langenauern im Hof des Amtshauses verlesen. Die beiden Geistlichen wiesen die Ratsherren an, der „Abwendung dieses leichtfertigen Wesens" dienliche Predigten zu halten, und schließlich sollte der Oberamtmann ausschellen lassen, dass jedem, der den Namen eines Übeltäters nenne, die stattliche Belohnung von zehn Gulden gegeben werde.

In den folgenden Monaten wurden einige ledige Burschen bestraft, unter anderem saß im November 1665 der bereits im Februar unangenehm aufgefallene Hans Wiedenmann wieder einige Tage im Blockhaus[122]. Nichts half, denn in einem Bericht des Oberamtmannes aus dem Dezember 1665 liest man, dass „die ungezogenen und fast bestialischen jungen ledige Burschen ihre große Büberei und Leichtfertigkeit noch immerfort continuieren", ja sogar nun verkleidet bis in den Tag hinein im Dorf herumschwärmten, allerlei schlimme Händel und Unfuhr anstellten und dem Helfer die Fenster einwarfen. Dem Rat blieb offensichtlich kein anderes Mittel, als die Langenauer zur Selbsthilfe aufzurufen, eine gewiss einmalige und ungewöhnliche Erlaubnis, die eine auf das Gewaltmonopol pochende Obrigkeit ihren Untertanen ausstellte. Sie sollten sofort zusammenlaufen, die Übeltäter verfolgen und ihrer habhaft zu werden versuchen, damit die „Gassenvögel und Nachtraben" ihrer gerechten Strafe überführt werden könnten[123].

Der Ratserlass vom August 1665 wurde bis Ende 1667 immer wieder verlängert, weil sich „die Burschen noch nicht zähmen" ließen[124]. Die Gründe für das außergewöhnliche Verhalten der jungen Burschen, meist Handwerksgesellen, kennen wir nicht. Nirgendwo in den Ratsprotokollen wird ein Motiv angedeutet, geschweige denn genannt. Steckte hinter allem ein Protest gegen ihre Arbeits- und Lebenverhältnisse oder gar gegen den Rat? Oder war es nur jugendlicher Übermut?

Raufen und Balgen, Beleidigungen und Schmähungen

Raufen und Balgen, Beleidigungen und Schmähungen gehörten zum Alltag und störten das friedliche Zusammenleben der Menschen. Durch solche Gewalttätigkeiten sah der Rat die öffentliche Sicherheit gefährdet und seine Kompetenz bei der Konfliktlösung infrage gestellt. Der

Kampf gegen die öffentliche Gewalt war zugleich ein Kampf um das Gewaltmonopol der Obrigkeit, Konflikte nicht in der Öffentlichkeit und in den Häusern, sondern vor Gericht austragen zu lassen[125]. Mit besonderen Ordnungen und Bestimmungen versuchte der Rat, die Untertanen zu disziplinieren und sein Gewaltmonopol durchzusetzen.

Für das friedliche Zusammenleben seiner Untertanen erließ der Rat zahlreiche Bestimmungen, um Streit, Händel, Raufereien, Körperverletzungen und Totschlag schon in ihren Ansätzen zu unterbinden. So wurde bestraft, wer einen anderen auf „freventliche Weise" oder mit bewaffneter Hand auflauerte oder seinen Nachbarn zum Streit auf der Gasse herausforderte (der Provokateur bezahlte vier Gulden, derjenige aber, der sich provozieren ließ, das Doppelte)[126]. Die Streitparteien konnten ihre Konflikte durchaus ohne den obrigkeitlichen Beistand lösen, aber die Verletzung des Friedens wurde streng geahndet: acht Gulden Strafe für denjenigen, der eine friedliche Lösung angeboten, diese aber nicht eingehalten hatte; zwölf Gulden für denjenigen, der das Angebot nicht anzunehmen bereit war. Wer einen ausgemachten Frieden nicht hielt und ihn mit derselben Handlung wieder brach, wurde verhaftet und in den Turm gesperrt oder mit einer anderen harten Strafe belegt[127]. Selbstjustiz wurde mit einem Gulden bestraft[128].

Gegen Beleidigungen und Verbalinjurien ging der Rat massiv vor. Die Landpolizei-Ordnung legte einen umfangreichen Strafkatalog vor: Bezichtigung eines anderen, einen falschen Eid geschworen zu haben (zwei Gulden), eines Diebstahls zu bezichtigen (einen Gulden) oder als ehrlos, henkermäßig, Hexe, Hundsschlager; Hure, Mörder oder Schelmen zu schelten (ein bis zwei Gulden); ein Handgelübde brechen, jemanden mit Kot bewerfen oder in den Mist stoßen, mit einem Messer bedrohen oder ein „Leibsgebrechen vorwerfen (ein Gulden); eine Person Abendmahls unwürdig beschimpfen: zwei Gulden. Auch das Beleidigen und Schlagen von Kindern wurde bestraft[129]. Die Androhung empfindlicher Strafen blieb offensichtlich wirkungslos. Immer wieder erinnerte der Rat daran, sich Beleidigungen und Verbalinjurien zu enthalten. 1618 legte er schließlich eine Strafe von 30 Kreuzern fest, nachdem „unflätige und schmähsüchtige Worte" bei den Manns- und Weibspersonen in der Herrschaft überhand genommen hatten. Das Einwerfen von Fenstern an Häusern und Kirchen, sogar nur das Werfen von Steinen an eine Mauer, wurde mit einem Gulden gestraft, die nächtliche Tat mit vier Gulden. Täter waren offensichtlich nicht nur junge Menschen, denn die Landpolizei-Ordnung nennt ausdrücklich auch Alte[130].

Gotteslästerung

Gotteslästerung, Fluchen und Schwören stellten in den Augen der Obrigkeit einen schwerwiegenden Verstoß gegen die öffentliche Ordnung dar und wurden als Verletzung des religiösen Bewusstseins verstanden. Der Rat ging als Wahrer des christlichen Glaubens gegen Übertretungen mit großer Strenge vor. Solange die weltliche und die kirchliche Ordnung eng miteinander verbunden waren, galten Gotteslästerung, Fluchen, Schwören und blasphemische Äußerungen als Beleidigung und Verleumdung Gottes, des Herrn und Erlösers. Schon im späten Mittelalter wurde häufig über Gotteslästerung geklagt, aber erst in der nachreformatorischen Zeit, die von der Durchsetzung und Überwachung der christlichen Lebensführung geprägt war, wurden sie zu einem häufig geahndeten Delikt, das meist mit einfachen Körper- und Gefängnisstrafen, öffentlicher Zurschaustellung oder mit Landesverweisung bestraft wurde[131].

Der Rat in Ulm widmete dem Kampf gegen diese „greulichen und erschröcklichen Laster“ große Aufmerksamkeit, wie die zahlreichen wiederholten Hinweise auf die entsprechenden Ordnungen und Erlasse belegen. Bei der Strafverfolgung machte die Obrigkeit keinen Unterschied zwischen Bürgern, Einwohnern, Beisitzern, Untertanen und Fremden, zwischen Mann und Frau, Jung und Alt in der Stadt und auf dem Land. Ihnen allen geboten die Ratsherren ernstlich, sich „aller Flüche, Schwüre und Gotteslästerung bei dem Namen Gottes, seiner Heiligen Marter, Wunden, Kraft, Macht, Leichnam, Gliedern, Leiden, Blut, Schweiß, Tod, auch denen Göttlichen Sakramenten und Elementen gänzlich zu enthalten“. Unnachsichtig drohte der Rat jenen, die „dermaßen so gefährlich, frech, sträflich oder übel halten, zur Warnung, Exempel und Ebenbild anderer mit Strafen an Leib, Leben, Ehre und Gut“, damit „Gott und die Welt unser ernstliches und verdrießliches Missfallen endlich spüren und vermerken“ werden[132]. Die Landpolizei-Ordnung legte für leichtfertiges und unbedächtiges Fluchen oder Schwören eine Strafe von zwei Gulden fest; im Wiederholungsfalle sprachen die Herrschaftspfleger eine wesentlich höhere Strafe je nach der Schwere des Falles aus[133].

Natürlich sind auch aus Langenau Fälle von Gotteslästerung überliefert. So saß Jakob Hauf im Juli 1643 einige Tage im Turm wegen „Fluchen, Schwören und erzeigten Trutz und Ungebühr“ gegen seinen Schwager[134]. Auch der Schmied Veit Weyler wurde im Juli 1667 aus Stadt und Herrschaft gewiesen, weil er sich ein „beharrlich unnützes und verschwenderisches Leben, Fluchen und Schwören, Anstellung allerhand schlimmer Händel“ zuschulden kommen lassen und außerdem sich nicht „entblödet“ hatte, „den Büttel als seinen beeidigten Diener zu pflegen" (im Dezember 1667 kehrte Weyler unerlaubt nach Langenau zurück, wurde prompt verhaftet und wieder ausgewiesen, im März 1669 aber auf die flehentlichen Bitten seiner Frau begnadigt)[135]. Barbara Bauer, der Frau eines Tagelöhners, blieb dagegen die Ausweisung, obwohl der Rat wegen ihres leichtsinnigen Fluchens, Schwörens und Schmähens genügend Anlass gehabt hätte, erspart. Sie wurde in die Geige geschlagen, ihr ein Zettel mit dem Wort „Flucherin" und „Meineidig" angeheftet und an einem Sonntag während des Gottesdienstes vor die Kirchentür gestellt[136].

Hochzeitsmusik, um 1905.

An dieser Stelle darf der Zeitenlauf unterbrochen und ein Blick in eine spätere Zeit geworfen werden. Denn die moralisch-sittlichen Vorstellungen aus der ulmischen Zeit Langenaus wirkten weit bis in das 19. und 20. Jahrhundert hinein. 1831 erregten nächtliche Versammlungen von Pietisten im Oberen Dorf die Aufmerksamkeit der Gemeindeobrigkeit, wobei der Umstand, dass Personen aus Leipheim ohne polizeiliche Erlaubnis in Langenau übernachteteten, vor allem aber junge ledige Leute an den Versammlungen teilnahmen, schlimme Befürchtungen weckte. Denn nicht anders lassen sich die doch scharfen Polizeimaßnahmen erklären, die der Gemeinderat traf: polizeiliche Kontrolle der betreffenden Häuser und Unterbindung jeder Versammlung, Verhaftung aller auswärtigen Personen, die keinen plausiblen Grund für ihren Aufenthalt in Langenau vorweisen könnten, und Bestrafung der Einheimischen, die ohne obrigkeitliche Erlaubnis Fremde übernachten ließen[137].

Noch 1869 bereitete die Freude der Langenauerinnen und Langenauer am Tanzen der Stadtverwaltung einige Probleme. Ein Gemeinderatsbeschluss erlaubte Musik bei Hochzeiten und bei anderen fröhlichen Anlässen und Gelegenheiten nur bis 3 Uhr morgens (!) und untersagte strikt das Musizieren vor dem Wirtshaus und auf der Straße[138]. Offensichtlich mit wenig Erfolg, denn 1871 erinnerte die Gemeindeverwaltung nachdrücklich an das Ende jeder Tanzveranstaltung um 3 Uhr morgens[139].

Überhaupt achtete der Gemeinderat streng auf die Einhaltung der

Sitten. „Es ist angezeigt", wie wir dem Gemeinderatsprotokoll vom 10. Oktober 1901 entnehmen können, „dass der Wirtshausbesuch von ledigen Weibspersonen, Mädchen und Töchtern am Sonntag überhandnimmt, und dass solche Weibspersonen öfters bis nachts im Wirtshaus sitzen und singen. Es ist dies im höchsten Grade unordentlich". Mit dem Hinweis auf die ortspolizeilichen Vorschriften von 1873, Ziffer 27: Das Singen in Wirtshäusern nach 11 Uhr ist strafbar, drohten die Gemeinderäte, die Namen derjenigen „Weibspersonen", die nach 11 Uhr in Wirthäusern angetroffen würden, im „Langenauer Anzeiger" zu veröffentlichen.

Verbrechen und Strafen

Die monopolisierte Strafgewalt des Rates, die ‚schwere' Vergehen und Verbrechen verfolgte, spielte eine wichtige Rolle bei der Durchsetzung der neuen ‚öffentlichen' Ordnung[140]. Allerdings lässt sich die Kriminalität in der frühen Neuzeit nur schwer ermitteln, denn nur ein Bruchteil der Vergehen wurde angezeigt und gerichtlich geahndet. Auch wurde erst im Zuge des Ausbaus des obrigkeitlichen Gerichtswesens bestimmt, was als Verbrechen zu bewerten war (manches Vergehen wurde nun zu einem Verbrechen, das es zuvor nicht gab). Wenn bestimmte Delikte quantitativ in den Vordergrund rücken, so lässt sich daraus nicht zwingend eine zahlenmäßige Zunahme schließen, sondern die Ursachen liegen in den verschärften Maßnahmen der obrigkeitlichen Institutionen und der Neubewertung bestimmter Delikte.

Auffallend an der frühneuzeitlichen Rechtssprechung ist die Bestrafung von Verbrechen, die in den heutigen bürgerlichen Rechtsstaat keinen Eingang fanden: Verstöße gegen die religiös-kirchliche Ordnung wie Ketzerei und Hexerei und die zahlreichen Unzuchtsdelikte aller Art, die gegen die sittlichen und moralischen Vorstellungen der Zeit verstießen. Dass die letztgenannten Delikte häufig ebenso harte Strafen nach sich zogen wie Diebstahl oder Mord, lag an der engen Verflechtung von weltlicher und kirchlicher Ordnung, von weltlichen und kirchlichen Interessen, die keine unterschiedliche Bestrafung von Delikten gegen Eigentum und Moral erlaubten. Außerdem erhob die Reformation den Anspruch, den Menschen moralisch zu bessern.

Erst im Zuge der Säkularisierung des Strafrechts im späten 18. Jahrhundert wurde die Kriminalisierung religiöser Abweichler und die rigorose Unterdrückung der vor- und außerehelichen Sexualität, die im 16. und 17. Jahrhundert ihren Höhepunkt erreichte, teilweise wieder zurückgenommen. Diese ‚Liberalisierung' fand in Ulm nur bedingt statt. In der Verfolgung von Ehebruchs- und Unzuchtsdelikten ließ der Rat offensichtlich nicht nach. Im Gegenteil, die Namenslisten in den Ratsprotokollen nahmen im ausgehenden 18. Jahrhundert eine zuvor nicht gekannte Länge an. Dagegen ist aus dem 18. Jahrhundert kein einziger Fall von Hexerei bekannt (die letzte ‚Hexe', ein 15-jähriges Mädchen, wurde am 30. August 1680 enthauptet[141]). Auch das folgende Beispiel deutet an, dass Hexerei nicht mehr die kriminelle Qualität früherer Jahrzehnte besaß und vergleichsweise milde bestraft wurde. 1788 gelang es dem aus dem Württembergischen stammenden Johannes Rall, der im Jahr zuvor aus dem Ludwigsburger Gefängnis ausgebrochen war, einige Langenauer zu überzeugen, an Teufelsbeschwörungen teilzunehmen, die offensichtlich zu geheimen Schätzen führen sollten. Rall wurde verhaftet, verhört und schließlich wenige Wochen später nach Württemberg ausgeliefert. Die elf überführten Personen, unter ihnen zwei Frauen und der Schulmeister Adam, kamen mit drei bzw. sechs Tagen Turm davon, der „erzliederliche" Schneider Nübling wurde für vier Wochen in das Zucht- und Arbeitshaus gesteckt[142].

Unzucht

Delikte und Verbrechen gegen Sittlichkeit und Eheordnung stellten einen eigenen Komplex der frühneuzeitlichen Rechtssprechung dar. Erst nach der Reformation bzw. Gegenreformation erlangten sie die Qualität eines Malefizverbrechens, als sich die rigide Moral durchsetzte und große Bereiche des sittlichen Lebens kriminalisiert wurden. Zwar verstand sich die Obrigkeit als die Wahrerin der ehelichen und sittlichen Ordnung, aber die Definition von Unzuchtsdelikten geschah gewiss nicht ohne kirchlichen Einfluss, wie das folgende Zitat aus dem Ratsprotokoll des Jahres 1683 exemplarisch zeigt: „... wodurch sie (der Webergeselle Jörg Ferber und Barbara Bäucker durch ihre verbotene sexuelle Beziehung) an dem lieben Gott im Himmel und ihrer vorgesetzten Obrigkeit sich hart vergriffen, zumal ihre Nebenmenschen übel geärgert" hätten[143]. Nach und nach wurde eine Vielzahl von Verstößen gegen die sittliche Ordnung als Delikte in den Strafkatalog aufgenommen. Schon vor der Reformation wurden Unzucht, Blutschande, Sodomie (worunter auch Homosexualität verstanden wurde), Notzucht, Kuppelei, Entführung und Ehebruch bestraft, in der nachreformatorischen Zeit kamen der außereheliche Geschlechtsverkehr (Fornikation), das unerlaubte Eheversprechen und die gewerbliche Unzucht hinzu[144].

Mit großer Intensität versuchte der Ulmer Rat, das sexuelle Verhalten seiner Untertanen im Sinne der neuen Eheordnung zu steuern.

Mit strengen Vorschriften und Verordnungen sollte die vor- und außereheliche Sexualität unterbunden werden. Ein frühes Beispiel hierfür liegt aus dem Jahr 1575 vor, als der Rat aus gegebenem Anlass nachdrücklich verordnete, dass die Verlobten vor dem Kirchgang (d. i. Hochzeit) „nicht zusammenhausen" dürften[145].

Das häufigste Sittlichkeitsdelikt war die voreheliche Unzucht. Auch sexuelle Beziehungen zwischen Verlobten, die sich die Ehe versprochen hatten, wurden als Unzuchtsdelikt definiert, obwohl nach dem Brauch der Zeit eine Ehe nach Ehegelöbnis und Geschlechtsverkehr als geschlossen galt[146]. Meist fanden Handwerksgesellen, Knechte, Dienstmägde, Handwerker- und Bauerntöchter zusammen, weit weniger traten Bauernsöhne als Täter in Erscheinung. Nur ein Fall einer sexuellen Beziehung eines Gesellen mit seiner Meisterin liegt für Langenau aus dem Jahre 1677 vor[147]. Der strafende Arm der Obrigkeit griff erst zu, wenn die Schwangerschaft einer Frau unübersehbar wurde.

Mit großem Abstand führen die Unzuchtsdelikte die Langenauer Kriminalstatistik an. Bis 1659 liegen mit 22 Fällen vergleichsweise wenig Verstöße gegen die sittlich-moralische Ordnung vor. Nach 1660 nehmen die Unzuchtsdelikte sprunghaft zu, was aber nicht bedeutet, dass die Langenauer ‚unmoralischer' lebten, sondern der Rat bei der Strafverfolgung konsequenter vor ging. In dem Zeitraum zwischen 1660 und 1693 sind 124 Fälle vorehelicher Sexualität in den Ratsprotokollen aufgezeichnet[148].

Der Rat verfolgte im 16. und frühen 17. Jahrhundert Unzuchtsdelikte mit unterschiedlichen Strafen, wobei er in der Regel keinen Unterschied zwischen den Geschlechtern machte. Die Ausweisung (Relegation) aus Stadt und Herrschaft stellte die schärfste Form der Strafverfolgung dar, die aber nur selten und nur in besonders schweren Fällen angewandt wurde; beispielsweise wenn ein Mann mit zwei Frauen unzüchtige Beziehungen zugleich unterhielt oder bei wiederholter Unzucht. So verwies der Rat 1612 Ulrich Böhringer und Barbara Beschaid, weil sie weiterhin ihre sexuelle Beziehung unterhalten hatten und Barbara schwanger geworden war. Dass sich der Weber Hans Siehler im November desselben Jahres nachts heimlich in das Amtshaus eingeschlichen, sich längere Zeit bei der Magd aufgehalten und auch noch einen Gerbergesellen zum Schmiere stehen angestiftet hatte, empfand der Rat als besonders verwerflich und bestrafte Siehler mit der Landesverweisung. Verweigerte eine Frau, aus welchen Gründen auch immer, die Angabe des Vaters, so konnte sie durchaus aus dem Land gewiesen werden[149]. Ein Mann zahlte 50 Pfund Heller Strafe, wenn er ein junges Mädchen entjungfert hatte[150]. Üblich waren auch Turmstrafen; so saß 1581 Christian Härlen, nachdem er einige Frauen auf dem Feld belästigt hatte, einige Tage im Blockhaus und musste sich bei den „geschädigten Frauen" entschuldigen. Außerdem stand er an einem Sonntag in die Geige geschlagen vor der Kirchentür und durfte fortan keinen Wein mehr außerhalb seines Hauses trinken und keine Gesellschaft bei sich unterhalten. Für Frauen sah der Strafkatalog das offene Tragen eines Gürtels mit einem Ende aus Wolle vor, mit dem für jedermann das Fehlverhalten sichtbar war[151].

Der Rat regelte 1616 mit der „Eines Ehrbaren Rats der Stadt Ulm Gesatz und Ordnung in Straf offenbarer Laster, auch leichtfertigen Verheiratens und anderer Unzucht" die Verfolgung von Unzuchtsdelikten neu. Beide, Mann und Frau, wurden zunächst verhaftet und verhört, bezahlten nach der Klärung des Sachverhalts in der zweiten Hälfte des 17. Jahrhunderts eine so genannte Verfällungsstrafe von 31 Gulden, in schweren Fällen von 41 Gulden und bei Beischlaf ohne Schwängerung die Hälfte in bar innerhalb von zwei bis vier Wochen, traten in den Bußstand in der Kirche und durften dann heiraten, wodurch der Verstoß gegen Sitte und Moral seine nachträgliche Legitimation erhielt. Bei dem Verzicht auf eine Landesverweisung spielte über die Bußfertigkeit der Delinquenten hinaus vielfach eine entscheidende Rolle, dass der Rat das Paar in der Lage sah, durch das Handwerk des Mannes und die Fähigkeit der Frau, einen Haushalt führen zu können, ein christliches und tugendsames Leben zu führen, oder wenn ein Bauernsohn das Erbe eines Hofgutes zu erwarten hatte. Als ein Beispiel genüge das Versprechen eines Vaters und Webermeisters aus dem Jahre 1676, seinem leichtfertigen Sohn Arbeit zu geben, damit er später das Handwerk selbst betreiben könne[152]. Auch widrige Zeitumstände gaben gelegentlich den Ausschlag für eine milde Entscheidung des Rates, so am 8. November 1676, als er dem Webergesellen Balthes Mayer und Rosina Nübling zu heiraten erlaubte, obwohl „sie nicht der ordentlichen Copulation [Heirat] erwartet, sondern, bei so kümmerlichen Zeiten, und da sie sich nicht zu erwehren wussten, vorhero zusammengeschlafen" hatten[153].

Relegationen wurden nur dann ausgesprochen, wenn die Geldsumme nicht aufgebracht werden konnte, die beiden Partner nicht heiraten wollten, ihre Tat leugneten, einer der Partner Ausländer war oder bei schweren Verstößen. Zwischen 1660 und 1693 entschied sich der Rat für diese harte Strafe bei einem gutem Fünftel aller Fälle, vor allem um 1670, als nach Ansicht der Ratsherren die Unzucht in Langenau „eingerissen" war und der Rat massiv gegen die lockeren Sitten der ledigen Burschen vorging[154]. Über das Schicksal der Ausgewiesenen sind wir nur wenig informiert. Oft hielten sie sich in der Nähe des Ulmer Herrschaftsgebietes auf und versuchten nach Ablauf ihrer Strafe, wieder nach Langenau zurückzukehren. Konnten sie einen tugendhaften Lebenswandel vorweisen, über den eine von einer Amtsperson ausgestellte Urkunde vorliegen musste, stand einer Rückkehr nichts im Wege. So konnte im Oktober 1678 Hans Honold ein gutes Zeugnis des Pfarrers und des Schultheißen von Dettingen vorlegen, sodass er, nachdem er nach dem üblichen Verfahren auf dem Herrschaftspflegamt eine „sträfliche Rede" über das sechste Gebot vernommen hatte und in den Bußstand getreten war, wieder in die Langenauer Gemeinde aufgenommen wurde[155]. Vor allem in den 1670er-Jahren verfuhr der Rat mit den Wiederaufnahmegesuchen großzügig und verweigerte nur in wenigen Fällen die Rückkehr, wenn beispielsweise das entsprechende Zeugnis nicht vorlag oder gegen die Strafbestimmungen verstoßen worden war, wie im Fall der Margarethe Narciß, deren Aufenthaltsort Hürben weniger als die diktierten vier Meilen vom ulmischen Herrschaftsgebiet entfernt lag[156]. Jene aber, die nicht zurückkehren wollten oder konnten, erwartete ein hartes Schicksal. Von der Gesellschaft ausgestoßen, schlossen sie sich Bettlern, Vagabunden oder Räuberbanden an, führten ein ruheloses Leben ohne jede Chance auf Rückkehr in ein geordnetes Leben und vielfach endeten sie im Gefängnis oder auf dem Schafott.

Gehörte ein Partner der katholische Kirche an, entschied sich der Rat meist für eine Landesausweisung. Anna Härlin, eine Weberstochter, hatte im Frühjahr 1688 ein Verhältnis mit einem unbekannten, landfremden und katholischen Knecht, war diesem ohne Wissen der Eltern nachgezogen, dann aber wieder zurückgekehrt. Der Rat erklärte ihr, sie habe durch ihr Handeln „ihre zeitliche und ewige Wohlfahrt in die höchste Gefahr gesetzt" und sei „ein loses Stück Fleisch". Da sie ihre Geldstrafe nicht bezahlen konnte, wurde sie aus Stadt und Herrschaft auf zwei Jahre verwiesen: sie solle „ihr Kind auf den Arm nehmen, sich alsbald aus dem Land begeben, die bestimmte Zeit ehrlich verhalten und ohne dessen beglaubigte Urkunde ... um Sicherung [Wiederaufnahme] anmelden."[157] Der Rat verzichtete auf eine Ausweisung, wenn der katholische Partner „zu unserer wahren, allein selig machenden evangelischen Religion" konvertierte. Als Georg Köllin aus dem katholischen Westerstetten, der zum Protestantismus übergetreten war, und Anna Steeb die Geldstrafe im November 1665 wegen ihrer ärmlichen Verhältnisse nicht bezahlen konnten, ließ der das Paar dennoch im Land (offensichtlich überwog der Triumph über den Katholizismus vor einer konsequenten Anwendung der Strafe)[158].

Auch der frühzeitige Beischlaf fiel unter die Unzuchtsdelikte und wurde mit dem gleichen Strafmaß verfolgt. Stellte sich die Zeit zwischen

Hochzeit und Niederkunft als wesentlich zu kurz heraus, setzten umgehend die Untersuchungen des Rates ein. Meist glaubte der Rat den Aussagen der Eheleute, so beispielsweise 1680 Friedrich Nusser, „welcher hoch beteuert, dass er vor dem Kirchgang sein Weib nicht fleischlich erkannt habe". Sollte sich aber doch eine voreheliche sexuelle Beziehung herausstellen, reichte das Strafmaß bis hin zur Androhung der Landesverweisung[159].

Bei Jugendlichen machte der Rat bei der Bestrafung offensichtlich Unterschiede zwischen den Geschlechtern. Im ersten Fall wies der Rat aufgrund eines Gutachtens der Ulmer Sattlerzunft beide Partner aus: den jungen Sattlerlehrling Jörg Baumann, der „in seinen noch so jungen und Lehrjahren Barbara Stier beschlafen und geschwängert" und dadurch die Ehre seines Handwerks verletzt habe, und die dreißigjährige Frau, weil sie „den Buben zur Unzucht schändlich verführt und um sein ehrliches Handwerk [und] in Schande" gebracht habe (Baumann kehrt nach zwei Jahren wieder zurück, nachdem er ein tugendhaftes Leben geführt und das Metzgerhandwerk erlernt hatte)[160]. Der zweite Fall handelt von einem jungen Mädchen, in dem der Rat das Opfer männlicher Begierde sah und es nicht mit der üblichen Strafe belegte. Im Winter 1687/88 schlich sich der Knecht des Metzgers Jakob Remshardt, Balthes Strom aus Dettingen, heimlich in die Kammer der Metzgerstöchter, verführte arglistig Margarethe in Anwesenheit ihrer Schwester und brachte sie „zu Fall". Strom wurde an Stelle der Geldstrafe zu Steinbrucharbeiten bei Geislingen verurteilt und anschließend des Landes verwiesen, Margarethe, obwohl sie sich habe beschlafen lassen, sollte ihren lieben Gott und ihre Eltern um Verzeihung bitten, keinen Kontakt mit Strom haben, einen ehrbaren Lebenswandel führen und das Kind dem Vater zur Versorgung überlassen[161].

Mitwisser, die einen Ehebruch oder eine sonstige unzüchtige Handlung der Obrigkeit nicht meldeten, wurden ebenso wie das ‚sündige' Paar bestraft. So geschehen 1757, als Silvester Groner der „wiederholt verübten schändlichen Leichtfertigkeit" mit Rosina Fetzer aus Riedheim überführt wurde. Beide Eltern wussten, dass die jungen Leute drei bis vier Wochen lang jede Nacht miteinander verbracht hatten: Der Vater wurde zwei Tage in die Arrestzelle gesteckt, die Mutter kam mit einem ernstlichen Verweis davon und der im Hause wohnende Schuhmachergeselle Botzenhard, der ebenfalls von dem „nächtlichen Beischlaf" gewusst hatte, erhielt einen „nachdrücklichen" Verweis. Sohn Silvester aber, ein ‚Wiederholungstäter' und in den strengen Augen der Ratsherren ein „erzliederlicher Bursche", wurde aus Stadt und Herrschaft gewiesen, wie auch Rosina Fetzer, aber erst nachdem sie ihre

Geldstrafe von 25 Gulden bei Schanzarbeiten ausgelöst hatte[162]. Ebenso stand das Aufnehmen und Beherbergen ausgewiesener Personen unter Strafe, die zehn Gulden betrug[163].

Zwei ausführlich dargestellte Fälle sollen uns für das 18. Jahrhundert genügen. Der erste wurde ausgewählt, weil er anschaulich den Lebensweg einer Frau schildert, die mehrfach wegen ihres Lebenswandels in Konflikt mit der Obrigkeit geriet und vor allem weil er anschaulich zeigt, welches Schicksal die rigiden Moralvorstellungen einem Menschen bereiten konnten. Der zweite Fall besaß eine gewisse Brisanz, da die illegitime Beziehung zwischen einem Langenauer Bürger und der Tochter des württembergischen Pflegers im Pfleghof durchaus die Gefahr für poltische Verwicklungen zwischen der Reichsstadt und dem Herzogtum in sich barg.

Die Lebensgeschichte der Margarethe Gröner stellt ein außerordentlich anschauliches Beispiel für die rigide Moralpolitik des Rates dar. Die Langenauerin wurde im Juni 1734 des „leichtfertigen Beischlafs" überführt und auf drei Jahren und drei Meilen aus dem Ulmer Herrschaftsgebiet verwiesen. Nur wenige Wochen nach ihrer Rückkehr 1737 wurde Margarethe Gröner wieder schwanger. Während ihr Geliebter Georg Groner wohl deswegen glimpflich mit den üblichen Strafen davon kam, weil Margarethe als besonders schlimme „Hure" eingestuft wurde, griff der Rat bei ihr hart durch. Das Urteil lautete auf acht Jahre und acht Meilen Ausweisung, weil sie sich „von dem Hurengeist schon zum dritten Male [habe] verführen ... lassen". Außerdem durfte sie ohne den Nachweis eines sittlichen Lebenswandels nicht mit einer Wiederaufnahme rechnen. Die Bitte Margarethens, die Ausweisung aufzuheben, da Georg Groner sie heiraten und sie die dreifache Geldstrafe zahlen wolle, lehnte der Rat am 5. September 1738 rundweg ab. Als Margarethe Gröner 1741 darum bat, zurückkehren zu dürfen, stieß sie im Ulmer Rathaus auf verschlossene Ohren. Das weitere Leben der Frau verliert sich in der Geschichte[164].

Ein pikanter Fall von Unzucht ereignete sich 1747, als der Schulprovisor Jakob Schmid und Juditha Fries, die ledige Tochter des Verwalters im Pfleghof eine sexuelle Beziehung eingingen, und Juditha ein Kind erwartete. Der Rat war nun vor ein gewisses Problem gestellt, denn bei der Bestrafung der Tochter eines württembergischen Beamten befürchtete er diplomatische Verwicklungen. Beide wurden nach einer Woche aus der Haft entlassen, wegen ihrer „sündlichen Leichtfertigkeit" ernstlich ermahnt, da sie „die ganze Gemeinde und sonderlich die Schuljugend groß geärgert" hatten, und in den Bußstand gesetzt, wobei aber ein feiner Unterschied gemacht wurde: Schmid musste sich auf das so genannte „Lasterstühlchen" setzen, während Juditha Fries ihren Kirchensitz einnehmen durfte. Der Fall hatte für einiges Aufsehen gesorgt, und die Pfarrer zogen in ihren Predigten kräftig über das Paar her. Der Pfarrer wurde daher angewiesen, keine „Schandpredigt" zu halten und keine persönlichen und unnötigen Anzüglichkeiten zu äußern, sondern die beiden als mit der Kirche versöhnt zu erwähnen. Schmid, dem darüber hinaus auch die Schmähung seiner Mutter und die Spielsucht vorgeworfen wurden, kam glimpflich davon. Wohl auf Bitte der Gemeinde verzichtete der Rat auf die Entlassung Schmids, entzog ihm aber den Orgeldienst, was ihm eine nicht geringe Schmälerung seines Einkommens brachte[165].

Gegen Ende des 18. Jahrhunderts verschärfte der Rat die Strafen für Unzuchtsdelikte. Der ehemalige Täferwirt und nunmehrige Seldner Christoph Laible wurde im Mai 1790 zum zweiten Male des Ehebruchs überführt. Trotz der Bitte seiner Frau, ihn mit einer Zucht- und Arbeitshausstrafe zu verschonen (welche die Familie in Not und Bedrängnis bringen würde), verhängte der Rat über Laible ein Jahr Zucht- und Arbeitshaus und schloss ihn von allen Ehrenämtern, Pflegverwaltungen, Patenschaften und anderen Ehren aus. Die Bitte einiger Freunde Laibles um Milderung und Umwandlung in eine Geldstrafe verwarfen die Ratsherren. Seine Geliebte, die ledige Veronika Vetter, musste ebenfalls ins Zucht- und Arbeitshaus, um ihre Strafe von 25 Gulden abzuarbeiten[166]. Als Katharina Groner im Herbst 1790 zum vierten Male „in Untreue" schwanger wurde, steckte sie der Rat auf unbestimmte Zeit ins Zucht- und Arbeitshaus, da sie die für die vorgehenden Unzuchtsdelike ausgesprochenen Geldstrafen in Höhe von 120 Gulden noch nicht bezahlt hatte und wohl auch nicht bezahlen konnte[167].

Ehebruch

Aus den Jahrzehnten vor 1693 sind wenigstens 14 Fälle von Ehebruch überliefert. Im 16. Jahrhundert zahlte ein Ehebrecher eine Geldstrafe, die zwischen vier Gulden oder 50 Pfund Heller betragen konnte. Außerdem musste er der geschwängerten Frau ein Paar Schuhe übergeben, zwei Gulden für das Kindbett entrichten und sich des gemeinsamen Kindes annehmen, damit sie „hinfüro mit Worten und Werben einander müßig gehen"[168]. Nach der Einführung der Unzuchtsordnung von 1616 ging der Rat schärfer gegen Ehebruch vor. Entweder verwies man das ‚sündige' Paar des Landes oder verhängte eine mehrwöchige Turmstrafe bei Wasser und Brot sowie für den Schuldigen eine Geldstrafe von 50 Gulden. Mildernd wirkte sich bei der Bestrafung aus, wenn die Ehefrauen, die der Rat deswegen befragte, ihren untreuen Männern verziehen[169].

Vergewaltigung
Vergewaltigung stellte ein besonders schwerwiegendes Delikt dar und wurde in der Regel mit Leib- und Lebensstrafen geahndet, wenn „ein Ehemann oder Lediger in solche Frechheit oder Mutwillen geraten sollt, dass er ein Jungfrau oder Frau, die seye in der Ehe oder ledig, notzogen, dass er Gewalt, seinen Mutwillen mit ihr zu treiben, an sie gelegt und das kundlich würdt"[170].

Aus Langenau ist eine Vergewaltigung aus der frühen Neuzeit bekannt (die vielen Vergewaltigungen während der Kriege, vor allem während des Dreißigjährigen Krieges, nahm der Rat zwar zur Kenntnis und bedauerte sie, aber eine strafrechtliche Verfolgung fand allem Anschein nach nicht statt). Anfang August 1738 beschuldigte die Webersfrau Elisabeth Pflüger den Tagelöhner Hans Groner, ihre noch nicht 17-jährige Tochter Katharina auf dem Feld „genotzüchtigt" zu haben[171]. Der Rat leitete sofort das Untersuchungsverfahren ein. Zunächst stellte der Oberamtmann Nachforschungen über den Lebenswandel Katharinas an und überprüfte, „ob sie bei guter Vernunft oder ein einfältiges Mensch sei", und die Eltern wurden befragt, wann und auf welche Weise ihre Tochter ihnen die Tat erzählt habe und warum erst acht Tage später. Katharinas unter Eid in mehreren Verhören gemachten Aussagen stufte der Rat als glaubwürdig ein. Groner, der nicht gestand, wurde nach Ulm in den Turm überführt.

In Langenau erregte der Vorfall böses Blut. Groners Ehefrau beschimpfte auf dem Feld Katharinas Mutter mit den Worten: „Du donnerschlächtige Metze, man solle dich nur auch auf den Schinderkarren laden", und drohte, sie noch eines Tages zu „verstechen" und den anderen Töchtern einen Stein in(!) den Kopf zu werfen. Auch eine Männersolidarität entstand. Zwei Amtsknechte fragten den Groner, als er noch im Langenauer Blockhaus saß, warum ihn eigentlich das Mädchen etwas angehe, da sie doch jetzt wieder ihre Periode hätte. Schließlich nannte der Oberamtsknecht Elisabeth Pflüger eine Zigeunerin, die bösartigerweise den Groner angezeigt habe.

Hans Groner war dem Rat einschlägig bekannt. Schon 1728 verbrachte er wegen eines Ehebruchs mit der ledigen Katharina Mayer, die ein Kind von ihm erwartete, lediglich vier Wochen im Gefängnis, während Katharina Mayer des Landes auf drei Meilen verwiesen wurde und erst nach dem Tod Groners nach Langenau zurückkehren durfte[172]. Vier Jahre später wurde Groner des „leichtfertigen Beischlafs" mit der aus Bermaringen stammenden Dienstmagd Anna Wolf überführt[173]. Groner gestand nicht, auch nicht unter Androhung der Folter. Er wurde in eine finstere Zelle bei Wasser und Brot verbracht, in Eisen gelegt und

„acht Tage lang seiner Vergessen". Sollte er dann immer noch ein Geständnis verweigern, sollte er sofort in den Folterkeller geführt, seine Kleider ausgezogen und eine halbe Stunde auf die Folter gespannt werden. Groner gestand am 17. November die Tat, allerdings widerrief er vier Tage später das Geständnis. Vermutlich verschärfte der Rat die Verhöre, denn erst am 24. Dezember verkündete er das Urteil, das er unbeeindruckt von einem Gnadengesuch des Vaters, Bruders, Eheweibs und der sieben Kinder fällte. Er sprach ihn schuldig, „sein epikureisches, viehisches, wildes und geiles Wesen ernstlich … über den zweimaligen Ehebruch in anno 1728 und 1732 mit einer henkersmäßigen Hure nun zum dritten Mal mit der ledigen Katharina Pflügerin von Langenau, einem Mägdlein von 17 Jahren, nicht nur allein einen gleichmäßigen Ehebruch verübt, sondern auch sie wider ihren Willen dergestalten auf öffentlichem Feld angepackt und dergestalten überwältigt, dass er, mit Vollziehung seines geilen Willens an ihr, die Notzucht an derselben vollbracht, und die Pflügerin mithin um ihre jungfrauliche Ehre gebracht habe." Hans Groner wurde auf Lebenszeit des Landes verwiesen und Anfang Januar 1739 nach Ungarn überführt, um dort in einer Miliz gegen die Türken zu kämpfen. Katharina wurde von aller Schuld freigesprochen, allerdings legte der Rat ihr auf, bei einer Verheiratung auf den Jungfernkranz zu verzichten.

Diebstahl

Diebstahl war in der frühen Neuzeit mit einem Anteil von 60 bis 70 Prozent an allen Straftaten das häufigste Delikt. Bei der Strafbemessung wurde unterschieden, ob der Diebstahl während des Tages oder straferschwerend des Nachts geschah. Auch unterschied er sich rechtlich durch seine Heimlichkeit vom Raub, der offen und mit Gewalt auf der Straße verübt wurde. In der Regel stand auf Diebstahl die Todestrafe, die meist mit Hängen, aber auch mit dem Schwert vollzogen wurde. Allerdings verzichtete man häufig auf die Vollstreckung des Todesurteils und beließ es bei Ehrenstrafen wie der Geige oder bei Landesverweisungen (die Räuberbanden rekrutierten sich im Übrigen vielfach aus Landesverwiesenen, die kaum eine Chance zur Rückkehr in ein ehrsames Leben besaßen)[174].

Auch in Langenau stand der Diebstahl an der Spitze der Straftaten. Bei den meisten Diebstählen ist ein sozialer Hintergrund deutlich erkennbar. Vor allem in der zweiten Hälfte des 16. Jahrhunderts, in einer Zeit wiederkehrender Hungersnöte, mehrten sich die Diebstähle, bei denen meist Getreide, Mehl, Gänse, Schmalz und andere Lebensmittel gestohlen wurden (s. Kapitel Sozialgeschichte). Den Weber Michael

Ziegler mögen wohl seine ärmlichen Verhältnisse gezwungen haben, als er sich im Juni 1611 hinreißen ließ, einen Sack voller Garn zu stehlen, wie auch Jörg Höllwarth drei Jahre später, der sich in einer Garnsiede bediente[175].

Einige Fälle aus Langenau sollen uns als Beispiele für die Strafverfolgung von Diebstählen dienen. Auch der Ulmer Rat verurteilte in nur besonders schweren Fällen einen Dieb zum Tode und verhängte stattdessen meist Landesverweisungen, wie beispielsweise 1570 im Fall des Langenauer Christian Böhringer, der sich fortan wegen vielfachen Diebstahls jenseits von Donau und Lech aufhalten sollte und wohl bald darauf verstarb, denn fünf Jahre später wies der Rat seine Witwe mit ihren Kindern wegen „täglichem Diebstahls" aus Stadt und Herrschaft. Hans Berkelen ereilte 1650 das Schicksal „ewiger" Landesverweisung, nachdem er unter Folter den Diebstahl von Kühen und Pferden gestanden hatte[176]. Verwies der Rat einen Täter oder eine Täterin nicht des Landes, so verhängte er entehrende Strafen. Trotz zahlreicher Diebstähle durfte 1570 Christina Hauf in Langenau bleiben, wurde aber unter Hausarrest gestellt und durfte das Haus nur verlassen, um zur Kirche, in die Badestube oder auf das Feld zur Arbeit zu gehen und musste dabei immer den kürzesten Weg benutzen. Außerdem hatte sie einen für alle Menschen sichtbaren Strick statt eines Gürtels zu tragen, der sie als Diebin kenntlich machte – im Übrigen eine Strafe, die im 16. Jahrhundert nur über Frauen verhängt wurde[177]. Diebe dagegen wurden in die Geige geschlagen und „zum Exempel" an Sonntagen während des Gottesdienstes vor die Kirchentür gestellt[178]. Die Strafen für Obstdiebstahl fielen im 18. Jahrhundert besonders hart aus: drei Monate Schanzarbeit, die doppelte Strafe, wenn der Diebstahl während der Nacht verübt wurde. Obstdiebstahl scheint ein häufiges Delikt gewesen zu sein, denn nicht anders erklärt sich die stattliche Belohnung von zehn Gulden, die der Rat dem Anzeiger zu geben versprach[179].

Ein spektakulärer Kriminalfall aus dem Ende des 18. Jahrhunderts soll dieses Kapitel abschließen. Im April 1788 hob der Rat in Langenau eine „Diebsgesellschaft" aus. Fünf Männer und zwei Frauen wurden nach Ulm in den Turm gebracht. Führender Kopf der Bande war der 35-jährige Wollspinner Kaspar Sailer, der eine beeindruckende kriminelle Vergangenheit besaß. Der Bande konnten zahlreiche Diebstähle nachgewiesen werden, unter anderem stahlen sie dem Gemeindeanwalt Geld (manche Langenauer vermuteten sogar, dass Sailer ihre Hunde vergiftet habe). Am 2. Juni sprach der Rat die Urteile: 1. Marner Johann Ulrich Nübling: drei Monate Zucht- und Arbeitshaus, bei Einlieferung und Entlassung jeweils acht Stockstreiche, falls er die Haftkosten nicht zahlen konnte, sollte er diese im Zucht- und Arbeitshaus bei einem Wochenlohn von einem Gulden abarbeiten; 2. Elisabeth Stürmlinger: sechs Wochen Zucht- und Arbeitshaus sowie sechs Stockstreiche; 3. Weber Johannes Preuss: ein Jahr Zucht- und Arbeitshaus und zwölf Stockhiebe; 4. Ulrich Vetter, vulgo „Säu-Uher“: sechs Wochen Zuchthaus und acht Stockhiebe; 5. Kaspar Sailers Ehefrau: fünf Wochen Turm wegen Wissenschaft der Diebstähle (weil sie die Atzungskosten nicht bezahlen konnte, blieb sie länger im Turm)[180]. Kaspar Sailer und der Zimmermann Leonhard Fink, über dessen weiteres Schicksal die Ratsprotokolle merkwürdigerweise nichts berichten, blieben in Haft.

Sailer gab in den Verhören 15 Diebstähle in Langenau zu und gestand sogar einen Garndiebstahl in Bernstadt, den er 15 Jahre zuvor begangen hatte. Der Diebstahl einer Taschenuhr und einer größeren Menge von Abwergtuch in Kuchen konnte ihm aber nicht nachgewiesen werden. Sailer wusste, welche Strafe ihm drohte. Anfang Juni gelang ihm die Flucht aus dem als nicht besonders ausbruchsicher geltenden Gefängnis, das an der Stadtmauer im Bereich des heutigen Grünen Hofes stand. An einem Seil ließ er sich den Festungswall hinunter und entkam. Doch schon wenige Tage später, am 16. Juni, endete der kurze Traum der Freiheit. Sailer wurde nun in eine Blocksperre gekettet, dennoch versuchte er immer wieder zu entkommen. Zwei Fenster wurden nun vergittert, der Stadtschlossmeister begutachtete die Ketten und Schlösser, und der Turmmeister und Turmknecht, der im Übrigen wegen der geglückten Flucht Sailers einige Tage im Turm saß, wurden angewiesen, diesen „gefährlichen Burschen“ häufiger zu visitieren und unter die „schärfste Aufsicht“ zu nehmen. Am 5. September 1788 sprach der Rat das Urteil, und drei Tage später wurde Kaspar Sailer „mit dem Schwert vom Leben zum Tode gebracht.“[181]

Mord und Totschlag

In der frühneuzeitlichen Gesellschaft war Mord und Totschlag ein entschieden häufigeres Verbrechen als heute, das allerdings in seiner Häufigkeit deutlich hinter Diebstahl und Raub zurücktrat; so auch in Langenau, aus dem lediglich ein Mordversuch, zwei Morde sowie sieben Fälle von Totschlag aus dem 16. und frühen 17. Jahrhundert überliefert sind (es muss aber bedacht werden, dass nicht jeder Fall bekannt und aufgeklärt wurde, somit stellen die überlieferten Fälle nur einen Teil der frühneuzeitlichen Gewaltkriminalität dar).

1575 verurteilte der Rat Jörg Gerstetter wegen eines Mordversuches an seinem Schwager zur „ewigen“ Landesverweisung[182]. Der erste Mord geschah 1589. Stehelin, ein Knecht oder der Müller einer der beiden Riedmühlen, war in einem Wassergraben tot aufgefunden worden. Der Verdacht richtete sich sofort gegen seine Frau Anna Stehelin und seine Schwiegermutter, die auch wegen anderer Verbrechen und Diebstähle verhaftet und nach Ulm gebracht wurden. Die Stehelin gestand ihre Tat und wurde am 5. September 1589 in der Donau ertränkt. Ihr Körper wurde dem Arzt Dr. Sebastian Blosser für anatomische Studien übergeben[183]. Samuel Schneller, der im Sommer 1611 seine Nichte „erbärmlich durch einen Stich entleibt" hatte, entging seiner gerechten Strafe nicht: Am 27. September wurde er zum Tod durch das Schwert („Decollierung") verurteilt und drei Tage später in Ulm hingerichtet[184].

Totschlag ahndete der Rat mit Landesverweisungen. Aber die Täter durften durchaus mit ihrer Begnadigung rechnen und nach Langenau zurückkehren. Jörg Bollinger, der seine Magd Ursula Edel Anfang September 1557 mit einem Rechen erschlagen hatte, flüchtete ins nahe Ausland und sollte, falls er ulmisches Gebiet betreten sollte, umgehend verhaftet werden. Die Bitte seiner Familie, ihn wieder aufnehmen zu dürfen, schlug der Rat zunächst ab, begnadigte den Flüchtling aber bereits am 1. Februar 1558[185]. Ein Fall von Kindstotschlag ist aus dem Jahr 1584 überliefert. Martin Kerlen und seine Geliebte Barbara hatten ihr gemeinsames, uneheliches Kind so „hart traktiert", dass es verstarb; beide wurden des Landes verwiesen[186].

Körperverletzung

Körperverletzung stellt ein relativ häufiges Delikt im Langenau der frühen Neuzeit dar. Im 16. und 17. Jahrhundert ahndete der Rat Körperverletzungen mit unterschiedlichen Strafen. 1563 sperrte er einen Langenauer, der seinen Sohn nach wohl erheblichem Alkoholgenuss mit einem Degen verletzt hatte, für zwei Tage und zwei Nächte in das Narrenhäuslein, verbot ihm, in Langenau einen Degen zu tragen (was einen großen Ehrverlust bedeutete), Wein außerhalb des Hauses zu trinken und in seinem Haus eine Gesellschaft zu halten[187]. Dagegen verwiesen die Ratsherren 1586 den Färber Hans Mack des Landes, nachdem er den Oberamtmann von Unterelchingen Hans Herlin mit einem Fausthammer schwer verletzt hatte[188].

In späterer Zeit vereinheitlichte der Rat die Strafen für Körperverletzungen, die er mit teilweise drastischen Geldstrafen zu unterbinden versuchte. So legte die „Polizeiordnung" von 1721 die folgenden Geldstrafen für Körperverletzungen fest: einen Gulden für eine Ohrfeige oder das Stoßen mit Fäusten, zwei Gulden für Zähneausschlagen, acht Gulden für das Ausschlagen eines Auges oder das Abbeißen eines

Ohres; vier Gulden für das Beißen eines Menschen, acht Gulden für das Verprügeln eines liegenden und wehrlosen Menschen und das Lahmschlagen eines anderen (bei schweren Fällen wurde die Strafe empfindlich erhöht). Ferner listete der Strafenkatalog auf: das Schlagen mit bloßer Hand (einen Gulden), mit bewaffneter Hand (vier Gulden), das Schlagen einer blutenden Wunde (vier Gulden), einer gemaiselten Wunde (sechs Gulden) und für im Haus begangene Körperverletzungen (vier Gulden). Wer nach einem geschlossenen Frieden seinen Gegener erneut schlug, wurde nach der Schwere des Falls bestraft. Das Opfer war berechtigt, Schmerzensgeld, Arztkosten und Schadenersatz beim Täter einzufordern[189].

Kriegszeiten

Kriege durchziehen die Geschichte Langenaus. An einer wichtigen Fernstraße und im Vorfeld Ulms liegend besaß der Flecken eine strategische Bedeutung. Nahezu jedes fremde Heer plünderte, brandschatzte oder zündete den Ort an; Soldaten drangsalierten die Menschen und vergewaltigten nicht selten die Frauen und Mädchen.

Während einer Fehde zwischen der Reichsstadt Ulm und dem Helfensteiner Grafen verbrannte Langenau nach unseren Kenntnissen erstmals. Dem Brand fiel auch die Martinskirche zum Opfer. Vermutlich gab die Reichsstadt das ungenügend befestigte Langenau auf, um eine Eroberung Albecks zu verhindern, denn ein zeitgenössischer Chronist vermerkte, dass Langenau 21 Schützen nach Albeck entsandte[190].

Im Pfälzisch-Bayerischen Krieg besetzte Herzog Ludwig von Bayern am 9. April 1462 Langenau. Die Bevölkerung flüchtete mit Hab und Gut in den befestigten Kirchhof der Martinskirche. Nach zwei erfolglosen Angriffen gelang die Eroberung, wobei der Langenauer Amtmann Ulrich Gesseler und etwa 40 Verteidiger fielen, während der Bayernherzog über 250 Mann verlor. Während der Kämpfe wurde der Kirchturm zerstört, und Langenau ging in Flammen auf[191].

Die Glaubenskriege in der Mitte des 16. Jahrhunderts zogen Langenau ebenfals in Mitleidenschaft. Im ersten Glaubenskrieg, dem Schmalkaldischen Krieg, zwischen Kaiser Karl V. und dem 1531 von den evangelischen Reichsständen gegründeten Schmalkaldischen Bund zog der Kaiser, nachdem er Donauwörth und Lauingen im Oktober 1546 erobert hatte, gegen das bei Giengen/Brenz liegende Bundesheer und schlug sein Lager bei Sontheim an der Brenz auf. Kaiserliche Soldateska verwüstete das Ulmer Territorium. In der Nacht vom 13. auf den

14. Oktober 1546 fielen kaiserliche Truppen in Langenau ein und verwüsteten es. Auch in den folgenden Wochen kam es wiederholt zu Plünderungen und Exzessen, worüber ein zeitgenössischer Chronist berichtete: „Am Aftermontag vor St. Katharinentag flohen die Langenauer wieder nach Ulm, und alles Bauernvolk, das nahe um die Stadt war, unangesehen ob es eine große Kälte war und ein tiefer Schnee lag. Es war ein solcher Jammer bei Weib und Kind mit Heulen und Weinen, dass es zu erbarmen war."[192]

Im März 1552 begann der Kriegszug der von Kurfürst Moritz von Sachsen angeführten protestantischen Fürstenopposition gegen die kaiserliche Religionspolitik. Im April rückten die ‚Kriegsfürsten' Sachsen, Hessen und Kulmbach in Süddeutschland vor und belagerten vom 13. bis 19. April Ulm erfolglos. Wieder wurden die Dörfer und Weiler des Landgebietes Opfer des Krieges. Kurfürst Albrecht von Brandenburg ließ 18 Dörfer, auch Langenau, in Brand stecken, und forderte von Albeck, Geislingen, Langenau und Leipheim eine Brandschatzung von 40 000 Gulden, worunter auch die Glocken der Kirchen zählten[193].

Der Dreißigjährige Krieg (1618 – 1648)

Der Prager Fenstersturz am 23. Mai 1618 löste die Katastrophe des Jahrhunderts aus, deren Folgen noch Jahrzehnte das wirtschaftliche, soziale, ökonomische und kulturelle Leben in Deutschland beeinflussten und beeinträchtigten. Er begann als Religionskrieg zwischen den katholischen und protestantischen Staaten und Landständen, Fürsten und Reichsstädten und endete als europäischer Machtkampf zwischen Kaiser und Habsburg auf der einen und Frankreich und Schweden auf der anderen Seite. „Der Krieg ernährt den Krieg" – dieser Grundsatz prägte den Charakter des Krieges. Die Unterhaltung der Heere war kostspielig, daher blieben sie meist klein und wurden nur ungern in einer Schlacht aufs Spiel gesetzt, was häufig einen Ermüdungskrieg nach sich zog. Entscheidend für die Feldzugsdauer war die Kriegskasse. Blieben die Soldzahlungen aus, waren die Landsknechte von ihrem Dienst entpflichtet und besorgten sich Geld, Nahrung und Kleidung durch Plünderungen und Drangsalierung der Bevölkerung. Zwar herrschte beispielsweise im Heer Wallensteins eine strenge Lager- und Kriegszucht, die Soldaten besaßen aber eine uneingeschränkte Plünderungserlaubnis. Das schwedische Heer focht anfangs für seinen König Gustav II. Adolf und den protestantischen Glauben, aber nach dem Tod des Schwedenkönigs und der Niederlage in der Schlacht von Nördlingen am 6. September 1634 entartete das Heer und wurde zum Schrecken des Krieges.

Die Bürger und Handwerker der Städte, die Bauern auf dem Land waren die Opfer des Krieges. Einquartierungen und Requisitionen trieben Städte und Dörfer in den Ruin, Plünderungen und Brandschatzungen vernichteten privates und öffentliches Eigentum. Zahllose Dörfer und Städte gingen in Flammen auf. Die Menschen starben zu Millionen an der Pest und am Hunger oder wurden von einer wild gewordenen Soldateska massakriert. Wer Haus und Hof verloren hatte, lebte als Bettler und Landstreicher auf den Straßen und in den Wäldern, schutzlos den Gesetzen des Krieges ausgeliefert. Frauen und Mädchen galten als Beute und Freiwild und wurden vergewaltigt – ein Kriegsverbrechen, über das nur selten in den Akten, zeitgenössischen Chroniken und auch in unseren Geschichtsbüchern berichtet wird. Wie sehr Vergewaltigungen zum Kriegsalltag gehörten, lässt eine Anordnung des Ulmer Rates an den Oberamtmann in Langenau aus dem April 1625 schließen, alle „Exorbitantien und Mutwillen [der kaiserlichen Soldaten], sonderlich an den Weibsbildern" festzustellen[194]. Der Neenstetter Schuhmacher Johannes Heberle berichtet an einer einzigen Stelle in seinem „Zeytregister" im März 1625, dass die Soldaten des kaiserlichen Heerführers von Pappenheim „viel Weibsbilder geschwächt" hätten[195].

Als der Krieg endlich am 24. Oktober 1648 mit dem Westfälischen Frieden endete, war Deutschland verwüstet, entvölkert und in seiner Entwicklung um Jahrzehnte zurückgeworfen.

Ulm und sein Gebiet blieben sieben Jahre lang – abgesehen vom Aufmarsch der Heere der evangelischen Union und der katholischen Liga im Jahre 1620 – von größeren militärischen Aktionen verschont. Trotzdem wurde die Bevölkerung bereits in den ersten Kriegsjahren in Mitleidenschaft gezogen. 1622 scheinen in Langenau, Dornstadt und Westerstetten einquartierte Soldaten den Zorn der Untertanen hervorgerufen zu haben. Denn ein obrigkeitlicher Erlass vom 4. November 1622 befahl den Untertanen, nichts Tätliches gegen die Reiter zu unternehmen, sondern ungebührliches Verhalten Amtsleuten zu melden; für erlittenen Schaden sagte der Rat Ersatz zu[196]. Von März bis November 1625 quartierten sich mehr als 1000 Landsknechte und Reiter des kaiserlichen Heerführers Graf Gottfried Heinrich zu Pappenheim in Langenau ein. Der Rat versuchte zwar, dem Plündern Einhalt zu gebieten, aber Ratsherr Hans Schad konnte nur feststellen, dass „allda die armen Untertanen, auch in anderen umgelegenen Flecken mit Weib und Kind durch Rauben, Plündern, Schätzen und Schlagen viel Drangsal ausgestanden, und ihnen bei so großer Gewalt nicht zu helfen, und wir selbsten in großer Gefahr gewesen."[197] Das Landvolk wurde nun gemustert, mit Waffen ausgerüstet und in den Landesausschuss zur Verteidigung des Territoriums eingezogen (Langenau stellte zehn Büchsenschützen und 25 Spießträger). Der Rat ordnete sogar zur größeren Sicherheit an, auch beim Kirchgang Gewehre und Waffen mitzuführen. Trotz dieser Maßnahmen wurden über 100 Pferde geraubt, und Anfang August 1628 Rammingen angezündet[198].

In den beiden folgenden Jahren konnten die Bauern und Handwerker in Ruhe ihrer Arbeit nachgehen. Anfang 1628 befahl der Rat den Untertanen, alle Gewehre und Musketen auf dem Amtshaus abzuliefern und Ruhe zu bewahren. Nur wenige Zeit später, am 18. Januar, fielen 500 Mann Cronburgischer Reiter in das Land ein und plünderten Altheim, Nellingen und Langenau, wo sich das Hauptquartier befand und 115 Reiter, 66 Jungen und 30 Frauen einquartiert wurden. Ihnen folgten zwölf Kompanien unter dem Obersten Graf Craz und ein kaiserliches Regiment unter Graf Montecuccoli. Während Letzteres nach wenigen Wochen wieder abzog, blieben die Cronburgischen Truppen drei Jahre in und um Langenau und belasteten die Landbevölkerung mit hohen Geld- und Sachleistungen. Obwohl eine gedruckte Ordnung Cronburgs jegliche Übergriffe gegen Bauern und Landleute strikt untersagte, kam es dennoch weiterhin zu Überfällen. Einige der schlimmsten Übeltäter endeten am Galgen oder durch das Schwert[199]. Wie sehr die Landbevölkerung unter den Einquartierungen litt, zeigen die folgenden Zahlen: Von Januar bis August 1628 wurden für die kurbayerischen Truppen 20 013 Imi Hafer, 222 Imi Veesen, 1094 Imi Roggen, 461 Imi Kernen und 87 Imi Weizen nach Langenau geliefert. Dazu verlangte Niklas von Cronburg 16 689 Pfund Brot zu je drei Kreuzern, 7304 Maß Bier zu je drei Kreuzern, 13 537 Pfund Fleisch zu je vier Kreuzern, 1228 Imi Haber zu je 2½ Gulden sowie an Geldkontributionen 900 Gulden. Außerdem bereicherte sich der Obrist mit 221 Gulden, und sein Sekretarius steckte 118 Gulden in die eigene Tasche. Insgesamt beliefen sich die Unkosten auf über 6400 Gulden[200]. Nach drei Jahren zog die Truppe weiter.

Für Anna Paulus zog der Aufenthalt der Cronburgischen Reiter ganz andere Folgen nach sich. 1629 ließ sie sich mit einem Reiter ein, wurde schwanger und folgte dem Soldaten, ob freiwillig oder weil sie der Rat wegen ihrer Unzucht aus dem Land gewiesen hatte, verschweigen die Quellen. Erst 24 Jahre später, im Januar 1653, durfte sie wieder mit ihrem Kind nach Langenau zurückkehren und sich dort als Beiwohnerin aufhalten (damit hatte sie aber ihr ursprüngliches Bürgerrecht verloren)[201].

Im Dezember 1630 mussten 368 Reiter, 600 Pferde, 66 Frauen, 78 Mädchen, 307 Reiterjungen, 94 Kinder und eine große Anzahl Hunde von der Langenauer Bevölkerung untergebracht und verpflegt werden; bei manchem armen Seldner quartierten sich vier Reiter, sechs Pferde, vier Weiber, vier Jungen und vier Kinder ein. Anfang 1631 kündigte sich endlich der Abzug der Cronburgischen Reiter an. Doch bevor sie Langenau in Richtung Norden verließen, mussten die Einwohner Langenaus und der Umgebung die Reiter mit schönen Pferden und prächtigen Kleidern ausstatten. Der Neenstetter Schuhmacher Johannes Heberle zog in seinem „Zeytregister“ eine bittere Bilanz: „Wie sie aber zum ersten Mal in das Land kommen, haben sie sich weit und fast in alle Flecken ausgeteilt, und dem Landvolk große Plage angetan mit Rauben, Plündern, Fressen, Saufen, denen Leuten das Vieh gemetzget, das Hausgesinde, darin sie gelegen, übel geschlagen. In summa, man kann die Laster nicht genug sagen und beschreiben; es ist noch größer und mehr, was sie getan haben.“202 Immerhin erhielten die Langenauer die obrigkeitliche Erlaubnis, fünf oder sechs Jauchert Egart (Wiesen) umzubrechen, „weilen dieselbigen vor allen Ulmischen Untertanen von dem Kriegsvolk, sonderlich von den Reitern, großen Schaden erlitten.“[203]

In den folgenden Jahren zogen weiterhin Truppen durch das Land. Im Sommer 1631, während des „Kirschenkrieges“, musste das Oberamt Langenau wöchentlich 60 Gulden an die in Geislingen liegenden kaiserlichen Truppen liefern[204]. 1633 richteten die Soldaten unter Oberstleutnant Rambsdorf einen Schaden von 15 632 Gulden an. Vier Langenauer Einwohner wurden erschossen, niedergestochen oder mit einem Hammer erschlagen[205].

Die Jahre 1634/35 brachten den traurigen Höhepunkt des Krieges, wie nie zuvor litten die Menschen unter der Geißel des Krieges. Im Sommer wendete sich das Kriegsglück zugunsten der katholischen Liga. Im Juli 1634 eroberten die kaiserlichen Truppen Regensburg und rückten der Donau entlang vor. Die schwedischen und weimarischen Truppen fielen in das Ulmer Territorium ein; Langenau wurde zum wiederholten Male geplündert. Im oberen Dorf wurden 21, im mittleren Dorf 34 und im unteren Dorf 30 Häuser verwüstet oder angezündet. Die Menschen waren zahllosen Quälereien ausgesetzt. „Es haben auf dem Lande die schwedischen Soldaten die armen Leut mit dem schwedischen Trunk dermaßen geplagt, dass manchem der Tod lieber gewest wär; es hat auch mancher sein Leben darüber einbüßen müssen. Man hat die armen Leut in den Hölzern und Wäldern nackend an die Bäum gebunden und ihren teuflischen Mutwillen an ihnen verübet und andere Untaten mehr getan, welcher vor keuschen Ohren nicht zu schreiben ist. So wurde einem Georg Strobel zu Stoffenried der Mund aufgesperrt, die vorderen Zähne eingeschlagen und sechs Kübel Wasser in den Mund hineingegossen. Ist aber doch mit dem Leben davongekommen.“[206] Strobel hatte noch Glück. Anderen gossen die Schweden

Jauche ein und traten auf den bis zum Platzen gefüllten Bauch des Opfers ein, sodass die Flüssigkeit unter größten Qualen wieder ausfloss[207].

1635 wütete die Pest. Im von Flüchtlingen überfüllten Ulm fielen ihr bis zum Jahresende rund 14 000 Menschen zum Opfer, an manchen Tagen brachten die Leichenträger 120 Tote vor die Stadttore. Auch in Langenau starben zahlreiche Menschen am ‚Schwarzen Tod'. Die Felder blieben durch Hunger, Pest und Krieg unbestellt und verwilderten. Die Bauern besaßen nicht einmal mehr Saatgut, da die Landsknechte das Getreide selbst droschen und verkauften. Landsknechte stahlen das Vieh, um es an anderen Orten wieder an Bauern zu verkaufen. Viele Dörfer waren menschenleer – ihre Bewohner waren an Pest und Hunger gestorben, ermordet oder in die Stadt geflüchtet. Der Ulmer Stadtbaumeister Joseph Furttenbach beschrieb in seiner Chronik diese Zustände: „In den Dörfern wurden fast gar keine Menschen mehr gefunden, alsodass die Häuser von sich selbsten einfielen; der Ackerbau lag öd und wüst, dass Distel und Dorn darob wachsten. Und war niemand da, der den Feldbau pflanzte. Da lag alles darnieder; die Bauern konnten niemand weder Gülten noch Korn geben."[208]

In den nächsten Jahren litt die Landbevölkerung unter den zahllosen Durchzügen durch das Ulmer Territorium, da das Gebiet eine strategische Bedeutung besaß und der 1635 geschlossene Prager Frieden den Krieg nicht beendet hatte. Einquartierungen, Kontributionen, Plünderungen, Folter, Mord und Überfälle auf die Dörfer gehörten zur Tagesordnung.

Ende April 1636 zogen Kroatenregimenter durch das Ulmer Territorium. In Langenau wurden während der Einquartierung Klagen laut, vor allem über die vermögenden Einwohner, die geflüchtet seien; stattdessen sollten sie besser die Gebliebenen unterstützen[209]. Als Ende Juni 1638 Pappenheimische Truppen in Langenau einrückten, regte sich Widerstand. Als Graf von Pappenheim ultimativ Quartier verlangte, verweigerten Oberamtmann und Visierer, die Einquartierungen vorzunehmen. Der Rat protestierte beim Kurfürsten von Bayern und bat um die Abführung des Regiments. Bis eine Antwort aus München kam, war das Regiment schon am 5. Juli weitergezogen, um dann aber im August wieder zurückzukehren. „Die haben großen Schaden getan in dem Feld. Sie haben denen Langenauern und anderen Flecken alle ihre Äcker abgeschnitten, ausgedroschen, nach Ulm geführt, verkauft und das Geld in ihren Säckel getan", wie Johannes Heberle berichtete[210]. Die Kosten für diese nicht einmal zweiwöchige Einquartierung betrugen für Langenau und die Umgebung 30 000 Gulden[211].

Aus den gewiss nicht erfreulichen Wochen der Pappenheimischen Einquartierung ist ein Ereignis der eher komischen Art überliefert. Ein Untertan wünschte sich einen Pappenheimischen Obristleutant zum Taufpaten seines Kindes, das dessen Namen – Wolf Adam – erhalten sollte. Nichts stand der Taufe entgegen, doch als sich herausstellte, dass der Knabe in Wirklichkeit ein Mädchen war, löste diese Entdeckung „bei den Soldaten ein nicht geringes Scandalum" hervor. Das Kind wurde getauft und erhielt auch den gewünschten Paten, aber Vater, Gevatter und Hebamme, die den wahren Sachverhalt kannten, wurden den Herrschaftspflegern zur „gebührenden Abstrafung" übergeben[212].

Auch unter der Bevölkerung entstand Unruhe. Der Rat schickte Anfang August 1638 einen Kundschafter nach Langenau, der erkunden sollte, ob das Volk aufgebracht sei. Zu größeren Unmutsäußerungen oder Unruhen kam es offensichtlich nicht. Aber wenige Wochen später baten die gültbaren Bauern um einen Nachlass ihrer Gülten und ihres Heugeldes, da sie durch die Pappenheimer großen Schaden erlitten hätten. Der Rat ließ zunächst den Oberamtmann überprüfen, wie viel der einzelne Bauer geerntet hatte, und entschied dann, dass die Bauern sehr wohl ein Drittel der Gülten und des Heugeldes leisten könnten. Im folgenden Jahr prüfte der Rat, ob Beschwerden zu erwarten seien, und ließ dann die Gülten wieder ohne Nachlass einziehen[213]. Auch für den Rat gestaltete sich das Einbringen von Lebensmitteln und Getreide schwieriger. Das Zehntgetreide ließ er erst, nachdem Überfälle nicht zu befürchten waren, in Begleitung von zehn Musketieren nach Ulm überführen – eine Sicherheitsmaßnahme, die möglicherweise auch getroffen wurde, um Proteste und Widerstand der ausgeplünderten und hungernden Bevölkerung zu unterbinden[214].

Als Ende Dezember 1642 zwei Rittmeister von den Kompanien des bayerischen Obristen Franz von Mercy von dem Weidenstetter Oberamtmann Breinlin nicht den geforderten Monatssold erhielten, holten sie den Oberamtmann von Langenau, Karl Ludwig Besserer, morgens um 5 Uhr aus dem Bett, nahmen in gefangen, schleppten ihn vor die Tore Ulms und verlangten die Ausbezahlung der Summe. Die geforderten 4474 Gulden wurden auf die Gemeinden umgelegt und innerhalb von zwei Tagen bezahlt[215].

Die Einrichtung eines Sammel- und Musterplatzes für die kaiserlichen Truppen Anfang 1645 belastete die Dörfer der Oberen Herrschaft schwer. 500 Kürassiere und 1000 Arkebusiere des Salischen und Stahl'schen Regiments, das ständig Zulauf hatte, wurden auf die Dörfer verteilt. Als die beiden Regimenter im Juni 1645 abzogen, waren über 55 000 Gulden aus der Oberen Herrschaft gepresst worden. 6000 Mann Fußvolk und 9000 Reiter samt einem über 40 000 Personen zählenden Tross mit zahllosen Fuhrwerken, Geschützwagen und Marketenderkarren richteten während ihres dreitägigen Durchmarsches im August 1645 durch das Ulmer Territorium enorme Schäden an. Joseph Furttenbach berichtet, dass „in dieser so kurzen Zeit die ganze Herrschaft Ulm gar und gänzlich ruiniert und dermaßen verderbt [wurde], dergleichen noch niemalen geschehen ist, sintemalen der arme Bauersmann eben sein Armütlin von Korn in die Scheuern gebracht ... Item die Häuser abgebrochen, die Tische, Stühle, Türen, Truhen. Kästen verbrennt, die Öfen und Fenster eingeschlagen und nicht anders als ob sie Türken und Heiden wären."[216] Einige hundert Reiter raubten 120 Säcke Getreide aus dem Pfleghof sowie Vieh und Pferde[217].

In den letzten Kriegsjahren war die Kraft des Landes endgültig erschöpft. An Nahrungsmitteln war nur wenig zu holen, stattdessen wurden immense Kontributionsgelder gefordert, die freilich nicht immer eingehalten werden konnten. Die Bauern gingen mehr und mehr zu einer wirksamen Selbstverteidigung über. Vor allem die Vieh- und besonders die Pferdediebstähle stärkten den Widerstandswillen – oft genug kauften sie die für die Ackerbestellung so notwendigen Tiere für teures Geld wieder zurück. Anfang August 1646 versammelten sich nahezu hundert Bauern, nachdem ein französischer Reitertrupp in Göttingen alle Pferde geraubt hatte. Nach einer langen Verfolgungsjagd unter der Führung des Langenauer Oberamtmannes Hans Friedrich Ehinger stellten sie die Franzosen bei Waldhausen im Albuch, ohne jede Chance auf ein glückliches Ende des Kampfes.

Schuhmacher Johannes Heberle schildert das dramatische Ereignis: „Da die Reiter einen solchen Ernst bei den Bauern gesehen, haben sie sich gegen ihnen [!] gewendet und auf die Bauren zugangen und tapfer auf sie geschossen und sie voneinander zertrennt, dass ihrer viele sind erschossen worden, etliche übel geschädigt worden, die anderen sind entlaufen. Und haben die Reiter alle ihre Rösser, darauf die Bauern geritten sind, auch zu den vorigen, die sie zu Göttingen genommen haben, darvon gebracht ... Es wäre wohl zu verschmerzen gewesen um die Rösser und um das Gut, wenn es nur nicht Leute und Blut gekostet hätte. Denn viele schöne und junge Kerle sind umgekommen. Und auch der Junker Ehinger und sein Reitknecht sind beide auch erschossen worden. Der Vogt oder Junker von Albeck gefangen, aber bald wieder los worden."[218] Während des Winters 1646 lagerten 300 Franzosen in der Martinskirche, unterhielten zehn Feuer und verbrannten das Chorgestühl und die Frauensitzbänke, und im Sommer vernichtete ein Hagelsturm das Getreide auf den Feldern[219].

Am 24. März 1647 wurde in Ulm ein Waffenstillstand zwischen Schweden, Frankreich und Bayern geschlossen, der die Neutralität der Reichsstadt anerkannte, sie aber nicht zur Proviantbelieferung für alle Krieg führenden Parteien verpflichtete. In den letzten Kriegsmonaten kam es noch einmal zu umfangreichen Truppenbewegungen in Süddeutschland, nachdem sich Bayern wieder mit dem Kaiser verbündet hatte, um den drohenden Einfall des schwedisch-französischen Heeres nach Bayern zu verhindern. Das Ulmer Territorium wurde im Januar 1648 zum Aufmarschgebiet für die letzte Schlacht des Krieges, die im Mai bei Zusmarshausen geschlagen werden sollte. Das Hauptquartier der Schweden und Franzosen befand sich in der Nähe von Langenau, das Lager der Bayern zwischen Günzburg und Burgau. Vor ihrem Aufbruch plünderten die schwedisch-französischen Truppen Langenau und zogen Richtung Süden, wo sie bei Zusmarshausen die Bayern überraschten und besiegten. Nach ihrem Sieg besetzten die Schweden ganz Oberbayern[220].

Am 27. September 1648 erlebte Langenau einen letzten „gewaltsamen Einfall und verübte Feindseligkeit", als 200 kaiserliche Soldaten das Dorf überfielen. Ein Versuch des Oberamtmannes Hans Friedrich Ehinger, die Soldaten aufzuhalten, schlug fehl. Er und seine Leute zogen sich in den befestigten Kirchhof der Martinskirche zurück, während die Soldaten fünf Gebäude in Brand steckten. Schließlich verlangten sie den Oberamtmann als Geisel, der sich aber weigerte und aus Sicherheitsgründen zwei Tage später die Erlaubnis des Rates erhielt, mit Frau und Kindern nach Ulm flüchten zu dürfen, bis die Sache ihr Ende gefunden habe. An seiner Stelle wurden mit dem Einverständnis Ehingers die beiden Gemeinderichter Paul Bronner und Mattes Böhringer, Jakob Hegel und ein weiterer Bürger – alle angesehene Personen des Dorfes – mitgenommen, nachdem die Soldaten das Dorf durchsucht, geplündert und einen Schaden von 1000 Gulden angerichtet hatten. Außerdem beklagten die Langenauer den Tod des Zollerbauers Hans Nusser, der in dem Durcheinander während der Plünderung erschossen wurde. Nach wenigen Tagen kehrten die verschleppten Geiseln nach Langenau zurück[221].

Der Friedensschluss am 24. Oktober 1648 brachte zwar den Frieden, aber nicht das Ende der Kriegsbelastungen. An die auf dem ulmischen Territorium liegenden schwedischen Truppen – ein Reiterregiment, vier Fußregimenter und das Dragonerleibregiment des Generals Douglas – waren 120 150 Gulden zu zahlen, welche die Stadt nur mit größter Mühe durch Anleihen bei vermögenden Bürgern und bei schweizerischen Städten sowie durch ständige Kriegsumlagen aufbrachte. Erst als sie diese Satisfaktionsgelder erhalten hatten, zogen die Schweden im Oktober 1649 ab, das Douglas'sche Leibregiment erst im August 1650[222].

Am 24. August 1650 wurden in Ulm und in allen Dörfern und Flecken des Ulmer Herrschaftsgebietes Friedens- und Dankgottesdienste gehalten, auf denen mit Predigten, Beten und Gesang sowie mit dem Verlesen eines gedruckten Dankgebetes der Frieden gefeiert wurde. Ein letztes Mal soll Johannes Heberle zu Wort kommen: „Aber Gott allein die Ehre in der Höhe, jetzt Frieden auf Erden in unserem Teutschland und in dem ganzen Römischen Reich, unter dem Kaiser, Schweden, Franzosen und alle Könige, Fürsten, Grafen und Städte, wie auch Dörfer, Flecken, Weiler, Höfe und Einöden, Reich und arm, Jung und Alt, Frau und Mann, Weib und Kind, in summa, das liebe Vieh und Ross, hat sich alles zu erfreuen und des Friedens zu genießen. Ja, auch der liebe Acker und Feldbau, welcher lange Zeit wüst und öd gelegen ist, dass er einmal wieder recht gepflügt und gebaut werde, damit wir elenden Menschenkinder wieder unsere Unterhaltung darvon haben, dass wir unseren großen Schaden, den wir empfangen haben, wiederum mögen heilen und unseres Leids ergötzt werden. Auch darneben unser Gewerbe und Hantierung mögen treiben."[223]

Der Krieg hatte sich besonders verheerend auf dem Land und in den Dörfern ausgewirkt. Unkraut überwucherte die Felder, und fruchtbare Äcker waren zu verwilderten Waldstücken geworden. Krieg und Pest hatten eine furchtbare Ernte unter den Menschen gehalten. Viele

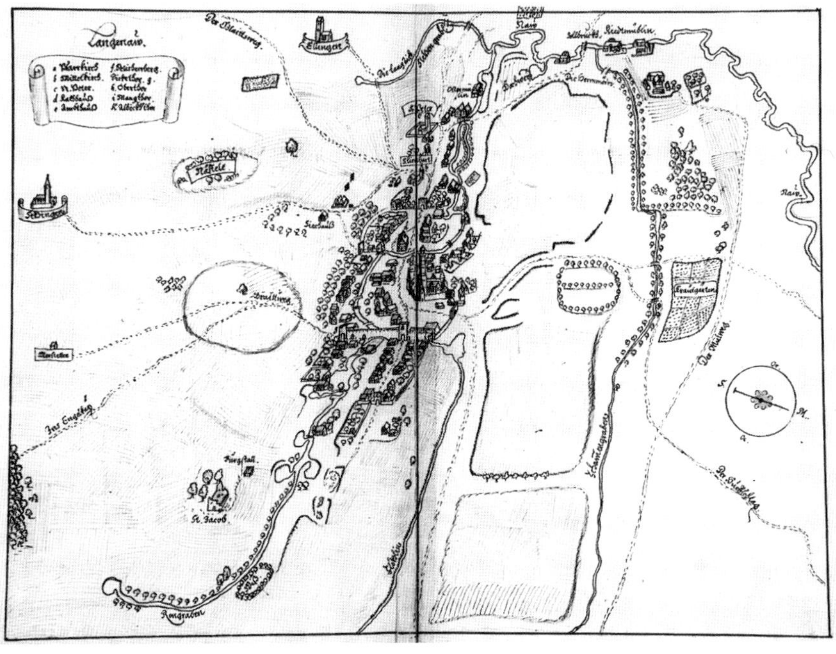

Langenau samt den Öschen. Vogelschauprospekt, Mitte 17. Jh., Sepia.

Überlebende waren ausgewandert, zahlreiche Dörfer größtenteils zerstört und die Häuser standen leer. Durch den hohen Bevölkerungsverlust fehlten Arbeitskräfte für den Wiederaufbau des Landes[224].

Zu Beginn des 17. Jahrhunderts lebten in Langenau knapp 2200 Menschen[225], in knapp 400 Häusern. Pfarrer Johann Mayer, von 1645 bis 1667 in Langenau wirkend, zählte am 3. Dezember 1645 im Oberdorf 352, im Mitteldorf 817 und im Unterdorf 428 Menschen, insgesamt also 1597 Menschen, darunter 479 Kinder[226].Von den 400 Häusern waren 79 verwüstet oder standen leer. Zwar kamen bis zum Kriegsende noch weitere Opfer an Menschen und zerstörten Häusern hinzu, aber mit einem Bevölkerungsverlust von einem geschätzten Drittel und einem Anteil an zerstörten und leerstehenden Häusern von nur rund 20 Prozent war Langenau im Vergleich zu benachbarten Dörfern glimpflich davongekommen. Die Ursache für den relativ geringen Bevölkerungsverlust liegt wohl darin, dass ein großer Teil der Bevölkerung (1643 z. B. über 1300 Menschen) in die Stadt geflüchtet waren[227]. In Thalfingen lebten nach dem Kriege noch drei Menschen, und in einigen Dörfern an der Durchgangsstraße von Geislingen nach Ulm war die Bevölkerung um 80 Prozent zurückgegangen[228].

Die Langenauer leisteten in den ersten Nachkriegsjahren eine beachtliche Wiederaufbauarbeit. Bis 1653 wurden über 100 Häuser und Stadel wieder aufgebaut. Auch die Bevölkerung erholte sich rasch; 1656 zählte der Ort fast 2300 Personen[229].

Der Pfälzische Krieg (1688 – 1697)

Nach dem Beginn des Pfälzischen Krieges sorgte sich der Rat um die Verteidigung der Stadt, denn die kleine Besatzung war kaum zu ihrer Verteidigung in der Lage. In seiner Not wandte sich der Rat um „zulängliche Volkshilfe“ in der Schweiz sowie inner- und außerhalb des Schwäbischen Kreises, appellierte an die Solidarität des Kurfürsten von Sachsen, seine protestantischen Glaubensbrüder nicht im Stich zu lassen, und bat schließlich sogar den katholischen Kurfürsten von Bayern um Hilfe. Schließlich gelang es dem Rat im November 1688, ein 1700 Mann starkes Regiment des kaiserlichen Feldmarschalls Graf von Starhemberg als Besatzung zu gewinnen. Außerdem stellte der Rat den so genannten Bauernausschuss auf. Auf einen obrigkeitlichen Aufruf hin stellten sich 22 Bürger der Stadt unter der Führung des Bierbrauers und Wirtes des Gasthauses „Zum Wilden Mann“ zur Verfügung[230].

Im November 1688 rückten die Franzosen unter der Führung des Marschalls Feuquières von Norden kommend auf ulmisches Territorium vor, verbrannten am 28. November Nerenstetten und besetzten Langenau mit 1000 Dragonern, 400 Fußgängern und fünf Geschützen, wobei sie das Armenhaus, die Kleemeisterei auf der Reutte und die Ostermühle zerstörten[231]. Am 8. Dezember kam es zu einem denkwürdigen Gefecht. Nachdem der Kommandant der kaiserlichen Truppen, Oberst Chizzola, die Nacht über kräftig gezecht hatte und am Morgen nicht in der Lage war, seine Führungsaufgabe auszufüllen, übernahm Sebastian Müller das Kommando und zog mit 800 Mann und vier Geschützen nach Langenau, verstärkt durch einige kaiserliche Soldaten und zahlreiche Bauern. Nach einem kurzen Gefecht wurden die Franzosen geschlagen, die sich nach Wiesensteig zurückzogen (dabei zerstörten sie zahlreiche Dörfer, unter anderem brannten sie das Schloss in Bernstadt nieder). Die Franzosen verloren 50 Mann, viele wurden verwundet und nach Ulm gebracht, während die Ulmer nur sieben Tote und 14 Verwundete zählten[232].

Langenau von Süden, 2. Hälfte 17. Jh.

Nach der Vertreibung der Franzosen wurde ein Markgräflich badisches Regiment in Langenau einquartiert, worüber sich die Langenauer beim Rat beschwerten. Auch dieser fand Anstoß an der Einquartierung, sah sich aber nicht in der Lage, die missliche Situation der Langenauer zu ändern. Er könne nunmal das bereits eingenommene Quartier nicht mehr ändern, sondern könne höchstens den Markgrafen bitten, seine Soldaten nicht auf Langenau zu konzentrieren und besser auf mehrere Dörfer zu verteilen. Als nach gut zehn Tagen immer noch keine Änderung eingetreten war, beschwerten sich die Langenauer erneut, und wieder reagierten die Ratsherren hilflos: Sie sollten sich etwas gedulden, es werde schon eine Besserung eintreten[233]. Wie sehr Einquartierungen die Menschen belasteten, zeigen die Schwierigkeiten, welche die Beamten in Langenau und Geislingen bei der Eintreibung der Steuern im Frühjahr 1691 hatten. Die Herrschaftspfleger sollten in Güte auf die Steuerpflichtigen einwirken, und die Steuerschuld derjenigen, die nachweislich nicht zahlen konnten, sollte von den Gemeinden übernommen werden[234].

1692 und 1693 wurde das Gebiet der Reichsstadt Ulm nochmals von französischen Truppen bedroht, blieb aber von Kriegshandlungen letztlich verschont, sieht man von Einquartierungen kaiserlicher Truppen ab. Aus den letzten Jahren des Pfälzischen Krieges werden zwei außergewöhnliche Ereignisse berichtet. Ende Oktober 1694 verstümmelte ein Reiterjunge einem Langenauer Buben mit einem mutwilligen Schuss das Gesicht, der zudem noch ein Auge verlor. Anfang Dezember des gleichen Jahres versuchte der aus der Gegend von Rottenburg stammende Müllerknecht Jakob Waltz mithilfe von vier kaiserlichen, in Bubsheim stationierten Reitern des Regiments La Tour, die Tochter des Riedmüllers zum dritten Male und wiederum erfolglos zu entführen. Die umgehend eingeleitete Untersuchung führte jedoch nicht zur Ergreifung des Täters[235].

Der Spanische Erbfolgekrieg (1701 – 1713/14)
Der spanische Erbfall nach dem Tod des letzten spanischen Habsburgers Karls II., eines infantilen Krüppels, im Jahre 1700, gefährdete das europäische Gleichgewicht. Da eine Weltmacht (Frankreich oder Österreich) entstehen konnte, strebte der englische König Wilhelm III. eine Teilung Spaniens an. Sein erster Plan, den bayerischen Kurprinzen als Nachfolger auf den spanischen Thron zu bringen, wurde mit dem Tod des Prinzen 1699 hinfällig. Der zweite Lösungsvorschlag, den Habsburger Erzherzog Karl als spanischen König durchzubringen, wurde durch die von Ludwig XIV. und der Kurie betriebene Einsetzung Philipps von Anjou als Gesamterben durchkreuzt, wodurch die europäische Kräftekonstellation aus dem Gleichgewicht geriet. Deshalb verbündeten sich 1701 Großbritannien, Holland, Österreich (dadurch auch das Reich 1702), Preußen, Hannover, Portugal und Savoyen (1703) in der Großen Allianz, Ludwig XIV. fand in Bayern einen Verbündeten. Der Spanische Erbfolgekrieg war der erste Weltkrieg der Geschichte der Menschheit mit Kriegsschauplätzen in Spanien, Italien, Süddeutschland, in den Niederlanden, auf den Weltmeeren und der Nordsee.

Im Geheimen betrieb der bayerische Kurfürst Max Emanuel die Eroberung der Reichsstadt Ulm, wegen ihrer strategischen Bedeutung ein „höchst importanter Platz". Am 8. September 1702 fiel Ulm durch einen Handstreich in die Hände der Bayern. Am Morgen dieses Tages eroberten als Bauern und Bäuerinnen verkleidete Offiziere und Soldaten nach einem kurzen Gefecht das Gänstor. Nachfolgende Dragoner besetzten rasch den Ostteil der Stadt. Die eilends herbeigerufene wehrfähige Bevölkerung baute entlang der Frauenstraße bis zum Herdbruckertor eine Verteidigungslinie auf. Doch bevor es zum blutigen Straßenkampf kam, unterzeichnete der Rat um 10 Uhr die Kapitulation[236].

Bis zum Ende der bayerischen Besetzung Ulms nach der Schlacht von Höchstädt am 13. August 1704, in der die kaiserlichen und englischen Armeen dem bayerisch-französischen Heer eine vernichtende

Niederlage beibrachten, litten die Langenauer durch die Durchzüge und Plünderungen der französischen Truppen. Bereits im Januar dieses Jahres hatten die Langenauer beim Rat ihre Klage und Beschwerde über die Franzosen vorgebracht, die bei den Getreideablieferungen Räubereien begangen hätten, wofür es keinen Ersatz gäbe. Dieser reagierte hilflos, legte die Beschwerde zu den Akten (immerhin sollte dann wenige Tage später das Brennholz so viel wie möglich ersetzt werden), wies den Oberamtmann an, seine Dienste ordnungsgemäß zu verrichten, und wünschte ihm, dass ihm nichts Widriges geschehe[237]. Aber genau dieser Wunsch sollte nicht in Erfüllung gehen. In den folgenden Wochen erlebte der Oberamtmann dramatische und aufregende Stunden, denn kaiserliche Husaren nahmen am 17. Januar bei Albeck zwölf französische Reiter gefangen und entführten sie an einen zunächst unbekannten Ort. Oberamtmann Heinrich Wilhelm Ebner geriet somit in eine fatale Situation, denn er hatte die Sauvegarde für Langenau bei dem französischen General Blainville angefordert, sich für deren Sicherheit verbürgt und seinen Kopf zum Pfand gegeben. Nun stand er vor der Wahl, entweder 200 Reichstaler pro Reiter zu bezahlen – was mit Sicherheit seinen finanziellen Ruin bedeutet hätte – oder sie wieder herbeizuschaffen – eine nahezu unlösbare Aufgabe. Ebner litt sichtlich. So sah er sich wegen einer wohl vorgeblichen Unpässlichkeit nicht in der Lage, ein Entschuldigungsschreiben persönlich zu überreichen (was ja auch das Herrschaftspflegamt hätte tun können), und befürchtete Schimpf und Schande wegen eines gemeinsamen Rittes mit Blainville nach Albeck und Giengen. Schließlich sollte es für ihn doch noch ein gutes Ende nehmen. Um den 18. Februar kehrten die zwölf nach Geislingen verschleppten Reiter in schlechtem Zustand, wie das Ratsprotokoll vermerkt, zurück. Ebner musste lediglich 150 Gulden für die Equipage, die den drei Reitern abgenommen worden war, bezahlen – eine eher bescheidene Summe im Vergleich zu den angedrohten 2400 Reichstalern[238].

Kirchhofbefestigung in Langenau um 1700 nach A. Koch.

Unterdessen litten die Langenauer weiter unter der französischen Besetzung. Ende Februar nahmen die Franzosen Geiseln aus Langenau, Riedheim, Bernstadt, Beimerstetten und Hörvelsingen, weil die Gemeinden die vom Rat ausgeschriebene Steuer noch nicht vollständig abgeliefert hatten. Nach wenigen Tagen kamen die fünf Geiseln wieder frei, nachdem 3000 Gulden aufgebracht worden waren und die Gemeinde sich verpflichtet hatte, den ausstehenden Rest binnen vier Wochen nachzureichen. Die Eintreibung der Steuern ging nicht reibungslos vonstatten. Am 18. März nahmen bayerische Dragoner den Visierer Johann Leonhard Abele in Arrest (der Rat hoffte, dass die Gemeinde den „guten, ehrlichen Mann" nicht im Stich ließe und ihre Steuerschulden zahle), vier Wochen später wollte der Oberamtmann die 2800 Gulden Kriegssteuern von den übrigen Kontributionen abziehen, was ihm der Rat verweigerte, und schließlich leisteten der Bauer Friedrich Nusser und einige andere Langenauer massiven Widerstand gegen die Steuereintreibung. Der Rat sprach von „Widersetzlichkeit" und wies den Oberamtmann an, die Steuern unnachsichtig einzutreiben[239].

Nicht nur die Kriegssteuer belastete die Langenauer schwer, auch die Furcht, dass die Bayern und Franzosen ihre Saatfelder verwüsten könnten, bewegte sie im Frühjahr 1704 zutiefst. Nicht unberechtigt, wie sich dann im Juni zeigen sollte. Der Adjunkt bei der Herrschaftsschreiberei, Ruhland, berichtete dem Rat am 13. des Monats von der „gleichmäßigen Ruinierung" Langenaus und anderer Orte. Wenige Tage später vermerkt das Ratsprotokoll die „lamentable Verderbung der Felder", und die Ratsherren wünschten und hofften, dass „der Höchste denen Beschädigten in andere Wege wieder helfen möchte."[240]

Für Friedrich Nusser und seine Gefährten hatte ihr Widerstand gegen die Kriegssteuer noch ein böses Nachspiel. Am 22. Dezember 1704 wurden er und fünf weitere „morose Steuerrestanten", nämlich die Weber Hans Göckelmann und Philipp Lang, die Bauern Jörg Mayer und Jakob Laible sowie der Bäcker Hans Lebhard nach Ulm überführt und bei Wasser und Brot zum Schrecken anderer in den Turm gesperrt, bis sie ihre Steuern zu zahlen bereit waren. Bereits am Heiligabend wurde sie mit einem scharfen Verweis wieder entlassen, nachdem sie sich zur Bezahlung binnen weniger Tage bereit erklärt hatten, was auch tatsächlich geschah. Denn am 31. Dezember legte der Rat den entsprechenden Bericht des Oberamtmannes zu den Akten[241].

Auch im Sommer 1705 baten die Langenauer, ihre beiden Wintersteuern noch nicht bezahlen zu müssen, damit sie die Gelder für die Winterverpflegung der Castellischen Reiter aufbringen könnten. Noch 1707 und 1708 baten die Gemeinden und Untertanen, deren Häuser abgebrannt waren, um den Nachlass ihrer 1704 fälligen Gült bzw. der Rechnütz; bei letzterer Abgabe gewährte der Rat aber nur bei den noch nicht wieder aufgebauten Häusern den erbetenen Nachlass wie auch den von den Kriegswirren schwer betroffenen Bewohnern der Riedmühlen. Andere erhielten Dachplatten zu einem verbilligten Preis;

Michael Paulus gab der Rat sogar 2500 Ziegel kostenlos, eine unschätzbare Vergünstigung, in deren Genuss auch andere arme Untertanen kommen sollten, solange der Vorrat reichte[242]. Wie groß die Not der Menschen war, legt eindrücklich der Diebstahl von Hafer aus dem Zehntstadel im Dezember 1708 nahe, wofür der Bäcker Martin Bäuerle und der Bader Veit Gruber einige Tage in den Turm gesperrt wurden[243].

Zurück in den Sommer 1704. Wenige Tage vor der Schlacht von Höchstädt überfielen kaiserliche Soldaten unter der Führung des englischen Generals Marlborough, einem Vorfahren Winston Churchills, das Hauptquartier des bayerischen Kurfürsten Max Emanuel in Langenau. In den folgenden Kriegsjahren blieb Langenau unberührt, aber im Juni 1707 befanden sich Langenau und seine Erwohner erneut in einer bedrohlichen Situation, als französische Reiter etliche Häuser in Albeck, Osterstetten, Hörvelsingen und Langenau in Brand steckten, alle Pferde in Langenau und Hörvelsingen, deren sie habhaft werden konnten, requirierten sowie in Langenau etliche alte und junge Leute als Geiseln nahmen. Sie drohten, Langenau vollständig niederzubrennen, wenn der Rat keine Verhandlungen über Kontributionen führen wollte. Als Verhandlungsangebot versprach der französische Marschall de Villars, bei Verhandlungen die Pferde zurückzugeben und die Geiseln freizulassen. Der Rat versuchte zunächst Zeit zu gewinnen, und wies die Gemeinde an, selbst mit den Franzosen über Tagegelder zu verhandeln, deren vollständige Ersetzung man zusicherte. Aber erst nachdem de Villars eine letzte Warnung an den Rat gegeben hatte, die er durch das Niederbrennen weiterer Häuser unterstrich, waren die Ratsherren zu ernsthaften, aber angesichts der Kriegssituation außerordentlich schwierigen Verhandlungen bereit. Schließlich war die deutsche Armee weit entfernt, ebenso wenig konnten die Truppen des Schwäbischen Kreises eingreifen, sodass der Rat vor der ausweglosen Situation stand, entweder die enorme Kontribution zu bezahlen, die er kaum aufzubringen vermochte, oder die Verwüstung des Landes hinzunehmen, die sich besonders fatal ausgewirkt hätte, da die Felder zur Ernte bereit standen („eine höchst klägliche Sache", wie das Ratsprotokoll vermerkte). Unter Beteiligung zweier Deputierter aus Weidenstetten und Türkheim verhandelte der Rat nun, aber nur ein Teil der zuerst verlangten „ungeheuren Summe" konnte wegen der „blutarmen Untertanen" gezahlt werden. Glücklicherweise wendete sich der Kriegsverlauf, sodass Langenau vor weiterem Schaden verschont blieb[244].

Angesichts der großen Not der Menschen erlaubte der Rat auf Anregung der Oberbeamten von Langenau und Geislingen eine Kollekte unter den Bürgern und Untertanen, die auf den 10. September

1708 angesetzt wurde und für die die Pfarrer in ihren Predigten fleißig warben. Am besagten Tag sammelten in der Stadt zehn Männer des Fremdenalmosenkastens die Geldspenden in geschlossenen Büchsen, auf dem Land riefen die Beamten die Dorfbewohner zusammen und sammelten das Geld ein, wobei Name und Betrag sorgfältig notiert wurden. Die Kollekte ergab exakt 21 763 Gulden und 45 Kreuzer. Auch die gewöhnliche Donnerstagskollekte sollte den Bedürftigen zugute kommen. Die Not der Bevölkerung blieb auch in der Folgezeit bestehen. 1709 befreite der Rat die Langenauer von der Mehlakzise und gestattete württembergischen Untertanen und anderen Ausländern, auf den Kornmärkten in Langenau und Geislingen Korn für den Eigenbedarf oder zum Weiterkauf innerhalb des ulmischen Herrschaftsgebietes aufzukaufen, und 1710 gewährte er den Langenauer Untertanen einen Gültnachlass wegen einer größeren Kornlieferung an die bayerische Armee, die sie im Jahre 1703 hatten aufbringen müssen[245].

Die Franzoseneinfälle des Jahres 1707 erhöhten die Kriegslasten enorm, die im September 1708 auf 2 913 123 Gulden beziffert wurden. Vor allem die Kriegsschäden und Verwüstungen auf dem Land belasteten die städtischen Finanzen schwer; so waren unter anderem Albeck einschließlich des Schlosses, Osterstetten und ein Teil Langenaus zerstört worden. Durch die seit 1688 wiederholten feindlichen Einfälle waren die Menschen kaum noch in der Lage, ihre Steuerleistungen aufzubringen, die für den Wiederaufbau Verwendung hätten finden können. Im Gegenteil, die Wiederherstellung der Häuser bedurfte der Unterstützung der Stadt, sodass sich deren finanzielle Situation durch die erhöhten Ausgaben bei gleichzeitigem Einnahmenrückgang ständig verschlechterte. Diese Diskrepanz ermöglichte keine Sanierung der ohnehin verschuldeten öffentlichen Kassen und führte nach 1750 fast zum Bankrott der Stadt[246].

Die Revolutionskriege am Ende des 18. Jahrhunderts

Während des 18. Jahrhunderts blieb Langenau vom Kriegsgeschehen weitgehend unberührt. Zwar zogen während des Polnischen Thronfolgekrieges (1733 – 1735) und des Österreichischen Erbfolgekrieges (1740 – 1748) feindliche Truppen durch den Ort, doch die Plünderungen und Requisitionen fielen im Vergleich zu den vorangegangenen Kriegszügen relativ milde aus[247]. 1742 bewahrte der Rat Langenau vor größeren Belastungen. Im März verlangte der französische Oberleutnant Baron de Sparre die Einrichtung eines Hospitals. Die Ratsherren hielten den Vorschlag für nicht durchführbar, da das Dorf offen sei, weswegen die Sicherheit der Kranken nicht gewährleistet werden könne. Außerdem könne man für die medizinische Versorgung nicht sorgen, weil in Langenau weder ein Arzt, noch eine Apotheke, noch ein tauglicher Chirurg zur Verfügung stünden. Überhaupt wäre das befestigte Lauingen besser für ein Hospital geeignet. Falls der französische Offizier auf einem Lazarett bestehen bliebe, wäre die Stadt bereit, 15 Kranke aufzunehmen. Gleichzeitig wurde dem Oberamtmann in Langenau befohlen, de Sparre zu überzeugen, von seinem Plan, auf Kosten der Stadt ein Lazarett einrichten zu lassen, Abstand zu nehmen, und wenn doch, dann solle er zwar mithilfe der Langenauer selbst für Stuben und Betten sorgen und alle Notwendigkeiten herbeischaffen und bezahlen[248]. Die Intervention des Rates scheint erfolgreich gewesen zu sein, denn das Ratsprotokoll berichtet nichts mehr über ein französisches Lazarett in Langenau.

Mit der Kriegserklärung Frankreichs an Österreich im April 1792 begannen die Revolutions- bzw. Koalitionskriege zwischen den alten Mächten und dem revolutionären Frankreich, die zwei Jahrzehnte lang Europa erschütterten. Vom Kriegsgeschehen der ersten Jahre spürte man in Ulm und Umgebung nicht viel. Aber die Aufnahme von verwundeten französischen Kriegsgefangenen um die Jahreswende 1793/94 bedeutete für Langenau eine erhebliche Belastung. Zwar erwirkte das Oberamt einen Vorschuss von 1000 Gulden, der von den Einwohnern zurückgezahlt werden musste, aber der Bitte der Gemeinde, die Kriegsgefangenen wegen der enormen Belastung aus Langenau wegzuführen, entsprach der Rat nicht. Erst nach 40 Tagen wurden die Kriegsgefangenen Mitte Februar an einen anderen Ort verlegt[249].

Prospekt des großen Ulmischen Markt- und Oberamtsflecken Langenau, von Nordwest gegen Südost anzusehen. Christof Klemann 1792, Aquarell.

Von Oktober 1795 bis zum Frühjahr 1796 wurde der Bierkeller unter der ehemaligen St. Jakobskapelle als Pulverdepot der kaiserlichen Armee genutzt, wozu für 372 Gulden zwei Anbauten und eine Wachhütte errichtet wurden. Zeitweise lagerte man bis zu 4000 Zentner dort. Die Besitzerin des Bierkellers, die Ochsenwirtin Walburga Schwenck, erhielt eine monatliche Entschädigung von 50 Gulden. Für Walburga Schwenck hatte die Nutzung ihres Bierkellers noch ganz andere Folgen, nämlich einen zehntägigen Aufenthalt im Turm für einen Ehebruch, den sie mit Martin Mayer, einem beim Pulverdepot stationierten Soldaten des Wolfegger Regiments begangen hatte[250].

Im Juli 1796 rückte die französische Revolutionsarmee unter General Jean Victor Moreau auf Ulm vor. Angesichts einer mit der französischen Revolution sympathisierenden Bürgeropposition sah sich der Rat genötigt, in der Stadt eine Ausschank- und Ausgangssperre ab 22 Uhr anzuordnen und den Untertanen des Landgebietes zu befehlen, „dass sie sich bei etwaiger Annäherung der Franzosen ruhig verhalten, um nicht durch unbedachten und übereiligen Eifer über sich und die Ihrigen Unglück zu verbreiten und sich deren nachherigen Rache auszusetzen."[251] Die Befürchtung der Ratsherren, die Untertanen könnten möglicherweise die Soldaten als ihre Befreier vom patrizischen Joch begrüßen, war nicht von der Hand zu weisen. Hatte der Rat schon genug mit dem oppositionellen Bürgerausschuss zu kämpfen, der die Machtposition des Rates in den vorangegangen zwei Jahren erheblich ins Wanken gebracht hatte, so barg ein gemeinsames Handeln von Bürgeropposition, Bauern und Franzosen große Brisanz. Auch diese Befürchtung besaß einen realen Hintergrund, denn die Untersuchung gegen einen führenden Kopf der Bürgeropposition, den Säcklermeister Kaspar Fesslen, brachte hervor, dass Fesslen gute Kontakte nach Merklingen pflegte, dessen Einwohnerschaft seit Jahren gegen den Rat opponierte, mit teilweise heftigen Protestaktionen. Auch in Langenau besaß die Französische Revolution Sympathisanten. Im November 1793 war dem Rat zu Ohren gekommen, dass sich ein französischer Agent aus Straßburg in Langenau aufgehalten hatte. Er befahl daraufhin dem Oberamt, „auf den Herrn Diakon Bachmayer, Kirchenbauer Michael Nusser und andere genau zu vigilieren, ob sich nicht der eine oder der andere als ein Anhänger von dem Jakobinerklub hervortun oder sonst was Unanständiges und Verdächtiges bei ihnen sich zeigen möchte."[252]

Am 6. August 1796 besetzte eine französische Vorhut Ulm. Der weitere Verlauf des Feldzuges verlief für die Franzosen zunächst erfolgreich. General Jean Baptiste Jourdan stieß mit der Mosel-Sambre-Armee über Franken in die Oberpfalz vor, und Moreau besetzte am

30. August München. Nach den österreichischen Siegen bei Amberg (22.–24. August) und Würzburg (2./3. September) wurde Moreaus Stellung unhaltbar. Um die zurückflutenden Truppen aufzufangen, bestimmte Moreau Ulm zur Auffangstellung. Nach Bezahlung einer Kontribution von 200 000 Gulden, die unter dem Eindruck der österreichischen Kanonade innerhalb weniger Stunden von der Bürgerschaft aufgebracht wurde, zogen die Franzosen am 27. September ab[253].

Langenau wurde von der Brigade Laval besetzt. In einem Tagesbefehl ordnete der französische Kommandant von Ulm, General Vandamme, die „größte Ordnung und Disziplin“ an und versprach, Verstöße gegen das Eigentum und die Sicherheit der Einwohner zu ahnden. Lediglich 200 Hemden und 200 Paar Schuhe mussten geliefert werden. Dagegen trafen die Natuarallieferungen für die österreichische Armee in Ulm die Einwohner Langenaus ungemein härter. Bis Ende des Jahres wurden Heu, Hafer, Hemden, Schuhe, Brot, Fleisch usw. im Wert von fast 10 000 Gulden abgegeben. Dazu kamen noch zahlreiche Fuhr- und Vorspanndienste. Die Schulden der Gemeinde stiegen derart an, dass sie gezwungen war, elf Tagwerk Wiesen der Straßweiler Weide unterhalb von Stuppelau zu verkaufen[254].

Nach dem Vertrag von Campo Formio im Oktober 1797 setzte der österreichische Kommandant von Ulm die bereits im Frühjahr begonnene Instandsetzung der Ulmer Festungsanlagen fort. Aus Langenau wurden Maurer und Zimmerleute eingesetzt, die 118 Tage in Ulm blieben und einen Gulden pro Tag für Schanzarbeiten erhielten[255].

In den folgenden Jahren belasteten die Naturallieferungen die Finanzen Langenaus. 1797 machten beispielsweise fast zwei Drittel der Ausgaben für Heu- und Lebensmittellieferungen an die österreichischen Soldaten, die in und um Langenau lagerten, aus. Im September 1799 gelang es der Gemeinde sogar, eine Heurequisition von 2250 Zentnern um ein Viertel auf 1700 Zentner zu verringern, was dennoch die Schuldenlast der Gemeinde erheblich vergrößerte. Die zahlreichen Durchzüge zu Beginn des Zweiten Koalitionskrieges 1799/1800 taten ein Übriges, vor allem die Aufnahme von 382 gefangenen Franzosen im Sommer 1799 und die Lebensmittellieferungen an das französische Hauptquartier in Oberelchingen von September 1800 bis 1802 lasteten schwer auf den Schultern der Bevölkerung (allein 1801 betrugen die Ausgaben für die Verpflegung der Truppen fast 20 000 Gulden). Nach dem Übergang der Reichsstadt Ulm an das Herzogtum Bayern am 1. September 1802 blieb Langenau bis 1805 von weiteren Einquartierungen und Kriegslasten verschont[256].

Die Schützen

Zu Beginn des 15. Jahrhunderts ließ der Rat in Ulm zur Verteidigung des Landgebietes und der Stadt eine Miliz bilden, die sich aus Schützen und Spießträgern zusammensetzte. Im Kriegsfall verplichtete die Stadt je nach Größe des Ortes die Schützen und Spießträger. Das genaue Gründungsdatum der Langenauer Schützen ist nicht bekannt, aber eine Bitte der Schützen aus dem Jahre 1742, die seit über dreihundert Jahren genossenen „Schießvorteil" weiterhin zu gewähren, lässt das Gründungsdatum in das frühe 15. Jahrhundert legen[257].

Der Rat gewährte den Schützen einen so genannten „Hosenvorteil" („Schießvorteil"), der aus zwei oder drei Barchenttüchern bestand und zweimal jährlich im Winter und Sommer zur Unterhaltung der Schießmauer und des Schießhauses ausgegeben wurde. Erstmals ist ein solcher Hosenvorteil aus dem Jahre 1519 überliefert[258]. In der Regel entsprach der Rat den Wünschen der Schützen. Nur in Kriegszeiten genehmigte er, wie zum Beispiel 1640, nur 20 statt der 26 Hosen[259].

Die Schützen führten regelmäßige Übungen mit ihren Büchsen durch. Ihr Übungsplatz lag am „Kugelberg". Zunächst fanden die Schießübungen auf freiem Feld statt, denn erst 1544 baten der Schützenmeister und die „Schießgesellen" die Herrschaftspfleger, um einen geeigneten Platz für die Schießmauer[260]. 1551 wurde erstmals der Plan zum Bau eines „zimblichen" Schießhauses gefasst, der aber offensichtlich wegen des Fürstenkrieges nicht zur Ausführung kam. Schließlich genehmigte der Rat am 14. August 1560 den Bau eines Schießhauses und einer Schießmauer. Die Kosten des Baus übernahmen die Schützen teilweise selbst, so blieben von dem Hosenvorteil des Jahres 1558 für den Bau 20 Gulden übrig. Wegen des Baus von Behausungen für den Forstknecht und den Büttel wurde die Errichtung des Schießhauses im Januar 1562 eingestellt. In diesem Jahr erhielten die Schützen auch keinen Hosenvorteil. Erst 1577 nahm der Stadtbaumeister Laux Hemmerlin einen Augenschein vor, wo und wie ein Schützenhaus errichtet werden könnte. Allerdings weigerte sich der Rat, die Kosten für eine Stube zu übernehmen, gestattete aber, dass die Schützen auf eigene Kosten ein Schießhaus einrichteten, wozu er ihnen die Fenster, Türen und anderes Material des alten Garnsiederhäuschens überließ[261]. Im Jahre 1738 baten die Schützen um den Verkauf des alten und den Bau eines neuen Schießhauses. Ihre Bitte beschied der Rat positiv, aber die unentgeltliche Überlassung von Baumaterial schlug er wegen „der gegenwärtigen betrübten Zustände" ab[262].

In der bayerischen Zeit Langenaus von 1802 bis 1810 gehörten alle männlichen Untertanen der uniformierten Landmiliz an, die durch Exerzier- und

Schießübungen von ausgedienten Soldaten ausgebildet wurden. Die Schützen, die in die Landmiliz integriert waren, besaßen sogar eine eigene Musikkapelle. Nach dem Übergang an Württemberg löste König Friedrich I. aus Furcht vor bewaffneten Aufständen, wie in Mergentheim 1809, durch ein Waffenverbot am 22. Dezember 1810 die Schützenvereinigung auf. Erst Wilhelm I. ließ wieder die Schützengesellschaft zu, die fortan eine gesellige, auf die Tradition verpflichtete und bis 1945 bestehende Vereinigung war[263].

Langenau im 19. Jahrhundert

Die bayerische Zeit (1802 – 1810)

Nach den Siegen der französischen Armeen bei Marengo am 14. Juni und Hohenlinden am 3. Dezember 1800 endete der Zweite Koalitionskrieg auf dem Kontinent mit dem Frieden von Lunéville am 9. Februar 1801, der die bereits im Frieden vom Campo Formio (Oktober 1797) festgelegte Abtretung des Reichsgebietes auf dem linken Rheinufer bestätigte. Für ihre Verluste wurden die deutschen Fürsten großzügig im rechtsrheinischen Deutschland entschädigt. Der Reichsdeputationshauptschluss 1803 teilte alle geistlichen Gebiete, 45 der 51 Reichsstädte sowie kleinere Fürstentümer und Grafschaften, insgesamt 112 Reichsstände, auf. Hauptgewinner waren neben Preußen in Süddeutschland vor allem Baden, Bayern und Württemberg.

Die Reichsstadt Ulm wurde mit ihrem Gebiet Bayern zugeschlagen. Am 29. August 1802 rückten die bayerischen Truppen unter Generalmajor Franz Joseph von Gaza in Langenau ein, um von hier aus am 1. September die dem Kurfürstentum Bayern durch Reichstagsbeschluss zugesicherte Stadt Ulm provisorisch zu besetzen[1]. In einem Vorhalt vom 31. August mahnten Bürgermeister und Rat alle obrigkeitlichen Personen, Bedienstete und Beamte in Stadt und Land, ihre Dienstgeschäfte in der bisherigen Ordnung weiterzuführen, da dem Militär befohlen sei, sich nicht in die zivile Verwaltung einzumischen. Die Bürger der Stadt und die Untertanen des Landes wurden angewiesen, die bayerischen Soldaten „samt und sonders, vermöge der Seiner Kurfürstlichen Durchlaucht gebührenden tiefsten Ehrerbietung in allen Stücken gefällig und freundschaftlich zu begegnen, … sich allen unziemlichen Reden und Urteilen über die von seiner Kurfürstlichen Durchlaucht gnädigst verfügte provisorische militärische Besetzung bei sonst unausbleiblich erfolgender empfindlicher Ahndung gänzlich zu enthalten und sich überhaupt so ruhig und ordnungsgemäß zu betragen, wie Wir es Uns von Unseren geliebten Bürgern und Untertanen ohnehin zu versprechen Ursache haben.“[2]

Wir wissen nicht, was die Langenauer Frauen und Männer über das Ende der 425-jährigen reichsstädtischen Herrschaft dachten und fühlten. Vielleicht waren sie darüber gar nicht so unglücklich. Bildeten sie ein Spalier, um den Offizieren und Soldaten Ehre zu erweisen? Verfolgten sie den Einmarsch der bayerischen Truppen mit neugierigen oder skeptischen Blicken? Oder erwarteten sie gar eine bessere Zukunft?

Langenaus bayerische Jahre sind die ‚dunklen' Jahre seiner Geschichte. Nur wenig wissen wir bisher von ihnen. In Michael Dieterichs „Kurzen Beschreibung der Stadt Langenau" lesen wir beispielsweise, dass der Zimmermann Johann Leonhard Ockerländer 1802 im Osterried eine Ölmühle am Grimmensee erbaute, 1806 ein drei Sekunden dauerndes Erdbeben die Häuser erschütterte und Kamine zum Einsturz brachte oder dass 1809 die Martinskirche einen Blitzableiter erhielt[3].

Zunächst blieben die alten reichsstädtischen Verordnungen in Kraft. Erst im April 1805 wurde im Zuge einer Verwaltungsreform das noch aus reichsstädtischer Zeit stammende Oberamt aufgelöst, Langenau dem Landgericht Oberelchingen unterstellt und der Oberamtmann, Marx Philipp von Besserer, in die Pension geschickt[4]. Wenig später erstand der Kaufmann Schwenck das Oberamtsgebäude für 5060 Gulden[5]. Ein Schultheiß, der bis zum 25. Mai 1811 amtierende Bäcker Nikolaus Braunwarth, und zwölf Richter verwalteten das Gemeindewesen[6].

Der Kurpfalz-bairische Marktflecken Langenau von Nordwest nach Südost anzusehen ist. Johann Oechsler, 1804, Aquarell.

Die Kriege des Napoleonischen Zeitalters wirkten in drückender Weise auf Langenau. Einquartierungen und Requisitionen belasteten die Menschen von 1805 an in nicht unerheblichem Maße. Der 3. Koalitionskrieg gegen Frankreich begann mit dem Paukenschlag der Schlacht von Oberelchingen am 15. Oktober 1805. Napoleon errang einen glänzenden Sieg und zwang die österreichische Armee zum Rückzug nach Ulm, wo sie eingeschlossen und schließlich zur Kapitulation gezwungen wurde. 23 000 österreichische Soldaten gerieten in französische Gefangenschaft. Übrigens errinnert in Paris eine Rue de Ulm, die direkt auf die Oper führt, an dieses Ereignis, das den Verlauf des Krieges entscheidend mitbestimmte. Der Erinnerung an ruhmreiche Siege steht das Leiden der Menschen gegenüber. Der Wert der Naturallieferungen an Lebensmitteln, Heu, Stroh und Hafer, die Langenau der französischen Armee zu liefern hatte, betrug 24 060 Gulden[7]. Die 900 Gulden, die die Franzosen am 30. September 1806 als Entschädigung zahlten, konnten da nur ein Tropfen auf den heißen Stein bedeuten, denn die Kontributionen dauerten an. Die französische Armee verlangte beispielsweise am 18. August 1806 für ihren Unterhalt 62 Zentner Kernen (Dinkel), 62 Zentner Roggen, 310 Imi Haber, 44 Zentner Fleisch, 795 Zentner Heu und 273 Zentner Stroh.

Zwischen 1807 und 1810 belasteten über 4500 Gulden an Kriegs- und Quartierkosten die Gemeindekasse. Insgesamt hatte Langenau zwischen 1796 und 1812 fast 87 000 Gulden abzuführen, denen eine bescheidene Einnahme in Höhe von 18 000 Gulden gegenüberstand. 1807 wurden zur Sanierung der Gemeindekasse 40 000 Gulden Kriegskosten auf die Hausbesitzer umgelegt. Noch zur Jahrhundertmitte waren etliche hundert Gulden noch nicht bezahlt, wie Pfarrer Dieterich in seiner Chronik vermerkte[8]. Auch die Steuerbücher verzeichneten noch in den 1860er-Jahren die Begleichung dieser Schulden.

Langenau vom Übergang an Württemberg 1810 bis zur Stadterhebung 1848

Der 5. Koalitionskrieg endete mit dem Frieden von Schönbrunn im Oktober 1809. Bayern erhielt von dem besiegten Österreich Salzburg, das Innviertel und Nordtirol. Für diese Gebietsgewinne musste das Königreich im Staatsvertrag von Compiègne vom 18. Mai 1810 an das 1806 zum Königreich erhobene Württemberg Gebiete im Westen abtreten, u. a. auch die ehemalige Reichsstadt Ulm. Von nun an schmückte das rot-schwarze Wappen Württembergs das Langenauer Rathaus. Langenau gehörte zunächst zum Oberamt Albeck, nach dessen Auflösung 1819 wurde die Gemeinde dem Oberamt Ulm zugeteilt[9]. Nach dem Verwaltungsedikt von 1822 gehörte Langenau in die zweite Kategorie der Gemeinden mit mehr als 1000 Einwohnern[10].

Die Gemeindeverfassung

Während der aufgeklärt-absolutistischen Regentschaft des ersten württembergischen Königs, Friedrichs I, der nach einer plötzlichen Erkältung am 29. Oktober 1816 verstarb, blieb den Gemeinden wenig Raum für eine Selbstverwaltung und den Bürgern für politische Partizipation. Um die Staatsverwaltung nach modernen, rationalistischen Prinzipien umzuformen, bildeten die Gemeinden nichts anderes als den verlängerten Arm des Staates, der die Stadt- und Dorfmagistrate ebenso wie die Dorfschultheiße ernannte[11]. Mit dem Regierungsantritt Wilhelms I. (1816 bis 1864) begann die Liberalisierung der Gemeindeverwaltung.

Die am 27. September 1819 verabschiedete Verfassung des Königreiches hob die Gemeinden als die „Grundlage des Staatsvereins" hervor[12]. Paragraph 65 bestimmte, dass die Rechte der Gemeinden, ohne diese näher auszuführen, von den Gemeinderäten unter der gesetzmäßigen Mitwirkung des Bürgerausschusses, eines Kontrollorgans des Gemeinderates, wahrgenommen werden sollten. Damit erkannte der Gesetzgeber die Gemeinden als die Urzellen des Staates und als die unterste Stufe der öffentlichen Verwaltung an.

Das Verwaltungsedikt vom 14. März 1822 füllte den von der Verfassung vorgegebenen Rahmen für die kommunale Selbstverwaltung aus[13]. Die Gemeinden besaßen nach Paragraph 3 das Recht, alle sie betreffenden Angelegenheiten selbst zu regeln, ihr Vermögen selbstständig zu verwalten und die „Polizei" im älteren und neueren Sinne zu handhaben, worunter die Überwachung des Gewerbes und der Lebensmittel einschließlich der Festsetzung der Höchstpreise, der Feld- und Waldschutz sowie die Bau-, Feuer und Gesundheitspolizei fiel. Wichtigste und vornehmste Aufgabe der Gemeinden war die Finanzverwaltung: die Verwaltung des städtischen Vermögens einschließlich der Liegenschaften und deren Erträge, die Eintreibung der Gemeinde- und Staatssteuern und die Erstellung des Gemeindeetats. Letztere regelte der Paragraph 26: Der Ortsvorsteher entwarf unter Hinzuziehung der Gemeindepfleger und des Ratsschreibers den Jahresetat, der dem Gemeinderat zur Beratung und anschließend dem Oberamt zur Genehmigung vorgelegt werden musste.

Zu den weiteren Aufgaben der Gemeinden gehörte die Armenfürsorge und daher im weitesten Sinne die Sozialpolitik, die sich meist darauf beschränkte, Jugendliche mithilfe von „Industrieschulen" vor der Arbeitslosigkeit zu bewahren, Arme mit öffentlichen Arbeiten zu beschäftigen oder Bürgern bei der Auswanderung behilflich zu sein. Ein Stiftungsrat, der sich aus Mitgliedern des Gemeinde- und Kirchenrates zusammensetzte, unterhielt und beaufsichtigte das Schulwesen[14].

Das württembergische Gemeindewahlrecht beruhte auf dem Prinzip der politischen Gleichheit: Es war ein direktes und gleiches, aber nicht allgemeines Wahlrecht – im Gegensatz zu den meisten deutschen Staaten, in denen die Gemeindewahlen nach dem Zensus oder in indirekter Wahl durchgeführt wurden[15]. Der Gemeinderat, dem die „wirkliche Ausübung“ der Gemeinderechte und der Verwaltung der Gemeinde anvertraut war (§ 4), wurde aus der Mitte der Bürgerschaft mit Stimmenmehrheit gewählt. Wählbar waren alle Bürger, d. h. die Besitzer des Bürgerrechts, aber auch die Beisitzer, die jedoch vor Antritt ihres Mandats das volle Bürgerrecht erwerben mussten. Vom passiven Wahlrecht ausgeschlossen wurden „Minderjährige, Verschwender, Gantleute, Kriminalverbrecher“ sowie alle Bürger, die im ersten oder zweiten Grad mit einem Mitglied des Gemeinderates verwandt oder verschwägert waren (§ 6). Jedes gewählte Mitglied des Gemeinderates war verpflichtet, die Wahl für die Dauer von zwei Jahren anzunehmen. Bei einer direkten Wiederwahl galt eine „lebenslängliche“ Mitgliedschaft (§ 7). Erst mit dem „Zusatzgesetz zum Verwaltungsedikt“ vom 22. Juni 1849 wurde der jahrelangen Kampagne der liberalen Opposition gegen die „Lebenslänglichkeit“ Rechnung getragen, indem nun bei sechsjähriger Amtsdauer alle zwei Jahre ein Drittel der Gemeinderäte neu gewählt werden musste[16].

Über den Langenauer Gemeinderat wissen wir bis über die Jahrhundertmitte hinaus nur wenig. 1816 gehörten ihm sieben Bürger an, 1820 zählte der Gemeinderat zwölf Mitglieder. Auch über die soziale Zusammensetzung des Gemeinderates ist wenig bekannt. Als repräsentativ kann jedoch die Liste der Gemeinderäte von 1820 gelten. Ihr zufolge saßen im Gemeinderat drei Bauern, zwei Bäcker und jeweils ein Weber, Kaufmann, Rotgerber, Hutmacher und Chirurg; die Berufe der beiden Gemeindepfleger wurden nicht aufgeführt[17].

Bei der Wahl des Gemeindevorstehers, an der sich zwei Drittel der Wahlberechtigten beteiligen mussten, war das direkte Wahlrecht der Bürger insofern eingeschränkt, dass sie zwar drei Kandidaten zum Vorschlag bringen konnten, die Kreisregierung jedoch unter den Vorgeschlagenen denjenigen Kandidaten zum Ortsvorsteher auf Lebenszeit ernannte, der ihr nach eigenem Gutdünken als geeignet galt (§§ 11 und 12).

Dabei spielte das Abstimmungsergebnis keine Rolle, wie die Stadtschultheißenwahl von 1855 beispielhaft zeigt. Denn die Regierung für den Donaukreis in Ulm bestimmte den jungen Johann Friedrich Haug, der die wenigsten Stimmen auf sich vereinigt hatte, zum neuen Stadtschultheißen[18]. Aus dem Jahr 1849 überliefert uns das Gemeinderatsprotokoll den Wahlvorgang. Danach wurden die Bürger zu einer Wahlversammlung einberufen, über die gesetzlichen Bestimmungen des Wahlrechts und der Wahlordnung unterrichtet und schließlich ermahnt, „die Wichtigkeit der Wahl wohl ins Auge zu fassen und ihre Wahl auf tüchtige Männer zu richten“[19].

Dem Ortsvorsteher wurde ein weit reichender Aufgaben- und Pflichtenkatalog auferlegt. Als erste und wohl wichtigste Aufgabe hatte der Ortsvorsteher für die Aufrechterhaltung der öffentlichen Ruhe und Ordnung, der Gesetze, der Religion und „guter Sitten" zu sorgen. Bei Ordnungswidrigkeiten, Verstößen gegen die Polizeiordnung und „Ungehorsam seiner Untergebenen" konnte er Geld- und Gefängnisstrafen verhängen (§ 16). Ausdrücklich aufgeführt wurde seine Fürsorgepflicht für Gemeinde und Einwohner. So hatte er sich der Armen und Notleidenden anzunehmen, Hilfsbdürftige zu beraten, gegen Unrecht und Gewalt vorzugehen und schließlich das „Wohl der Gemeinde und ihrer einzelnen Glieder nach bestem Wissen und Gewissen zu fördern" (§ 15).

Die Abschaffung der lebenslänglichen Amtsdauer der Schultheißen gehörte bereits im Vormärz zu den wichtigsten Forderungen der liberalen und demokratischen Opposition. Während der Revolution von 1848 konnte die Lebenslänglichkeit kurzfristig aufgehoben werden (zahlreiche Schultheißen wurden abgesetzt), aber nach dem Ende der Revolution wurde die alte Regelung wieder eingeführt. Stellvertretend für die liberale Kritik am lebenslänglichen Schultheißen sei der deutschkatholische Pfarrer Friedrich Albrecht, einer der führenden Demokraten in Ulm, zitiert, der 1866 schrieb: „... diese Einrichtung, mit welcher unser Land den traurigen Ruhm hat, in Deutschland allein dazustehen, [ist] noch immer nicht aus unserm Verwaltungsedikt ausgemerzt. Die Wahl der Schulzen liegt so ziemlich in der Hand der Regierung ... Dieser aber wird durch die Regierungsernennung Schultheiß auf Lebensdauer. Sein bedeutender Einfluss schafft ihm leicht eine willfährige Mehrheit im Gemeinderat und wird dadurch noch bedeutender ... Die notwendige Folge davon ist, dass ein Schulze, der in seinen Fähigkeiten sich nur als mittelmäßig erweist, solange er lebt, nie durch einen tüchtigeren abgelöst wird, dass mancher andere, der größere Fähigkeiten in sein Amt mitbringt, durch die Versuchung, die in seiner Stellung liegt und durch den Schutz, den ihm die Lebenslänglichkeit gewährt, anstatt ein wohlwollender Anwalt und Freund seiner Mitbürger zu werden, sich verführen lässt, den hochfahrenden kleinen Tyrannen zu spielen."[20]

Mit Nachdruck verbot der Paragraph 47 die unmittelbare Beteiligung der Bürgerschaft an der öffentlichen Verwaltung. Die Bürger besaßen mit einem Bürgerausschuss, dessen Mitglieder aus der Mitte der Bürgerschaft auf zwei Jahre gewählt wurden und dessen eine Hälfte jährlich ersetzt werden musste (§ 49), ihre Interessenvertretung gegenüber Gemeinderat und -verwaltung und konnten eine gewisse Kontrolle ausüben. So musste der Gemeinderat bei der Aufstellung des Gemeindeetats und der darauf gegründeten Gemeindesteuern

(Gemeindeschaden) die Zustimmung des Bürgerausschusses einholen, ebenso bei unvorhergesehenen Ausgaben, die den Haushaltsansatz überschritten, bei Fragen des Gemeindevermögens oder bei Belohnungen und Ehrungen für einzelne Mitglieder des Gemeinderates (§ 52). Der Langenauer Bürgerausschuss zählte zunächst sechs Mitglieder, später zwölf[21]. Im Übrigen durfte sich die Bürgerschaft nur nach Aufforderung des Ortsvorstehers versammeln (§ 47).

Auf den ersten Blick erweckt die Gemeindeverfassung den Eindruck eines demokratisch organisierten Gemeindewesens: Die Legislative bildeten der Gemeinderat und der ihn kontrollierende Bürgerausschuss, die Exekutive der Ortsvorsteher und die ihm untergebenen Bediensteten, die Judikative übten Ortsvorsteher und Gemeinderat aus. Wie sich hier Exekutive, Legislative und Judikative vermengten, fand auch an anderen Stellen eine strikte Gewaltentrennung nicht statt. Beispielsweise stand der Schultheiß dem Gemeinderat vor und entschied bei Stimmengleichheit. Vielfach waren auch die Gemeinderäte in Verwaltungs-, also in exekutive Tätigkeiten, eingebunden[22].

Die strikte hierarchische Organisation der württembergischen Verwaltung setzte der Selbstverwaltung der Gemeinden mitunter spätestens beim Oberamtmann, der für Langenau in Ulm saß, mitunter enge Grenzen. Über diesem saßen die Regierungsräte der Kreisregierung des Donaukreises, ebenfalls mit Sitz in Ulm, die wiederum ihre Anweisungen vom Innenministerium erhielten, das seinerseits unmittelbar dem König unterstellt war. Kaum eine Entscheidung des Gemeinderates konnte ohne die Genehmigung des Oberamtes oder die der Kreisregierung in die Praxis umgesetzt werden[23].

Das Gemeindebürgerrecht

Die Bevölkerung einer Stadt oder eines Dorfes wurde rechtlich in vier Kategorien unterschieden: Bürger, Beisitzer, Ortsfremde und Heimatlose[24]. Der Besitz des Bürgerrechtes, d. h. „Aktivbürger" zu sein, der „im Bürgerrecht stand", bildete im 19. Jahrhundert lange Zeit die Voraussetzung für die Mitwirkung am öffentlichen Leben, z. B. bei Wahlen. Auch genossen die Bürgerrechtsbesitzer wirtschaftliche Vorteile. Nur sie konnten an der „bürgerlichen Nutzung" der Allmand oder des Gemeindewaldes teilhaben, nur wer das Bürger- oder Beisitzerrecht des Wohnortes besaß, durfte ein selbstständiges Gewerbe betreiben oder den Meisterbrief erwerben, nur sie hatten in Notfällen den Anspruch auf öffentliche Unterstützung aus der Armenkasse. Wer weder das Bürger- noch das Beisitzerrecht besaß, durfte kein selbständiges Gewerbe ausüben oder heiraten. Das Gemeinde- und Beisitzerrecht wurde durch

Geburt erworben, wenn der Vater – bei unehelichen Kindern die Mutter – Bürger oder Beisitzer war.

Die Verfassung von 1819 legte die Entscheidung über die Aufnahme ins Bürger- oder Beisitzerrecht in die Hände der Gemeinden. Damit war einer gewissen Willkür die Tür geöffnet, denn Aufnahmeanträge konnten mit dem Argument abgelehnt werden, dass ein Gewerbe bereits „überbesetzt“ sei, da jeder neue Handwerksmeister oder Betrieb Konkurrenz für das ansässige Gewerbe bedeutete. Manch neuer Meister brachte neue Fertigkeiten und Techniken mit, mit denen er schneller, besser und preiswerter produzierte. Die restriktive Behandlung der Aufnahmeanträge hatte daher nicht selten wirtschaftlichen Stillstand zur Folge, verschaffte zwar dem lokalen Handwerk einen wirtschaftlichen Freiraum, verhinderte aber auf diese Weise Fortschritte in der gewerblichen Produktion.

Bei der Neufassung des Bürger- und Beisitzerrechts galt es nach der Ansicht der Regierung, „die Gewerbebetriebsamkeit von Fesseln zu befreien, die bisher ihren Aufschwung verhindert haben“[25]. Nach dem „Gesetz über das Gemeinde-Bürger- und Beisitzrecht“ von 1828/33 musste jeder württembergische Staatsbürger das Bürger- oder Beisitzerrecht in irgendeiner Gemeinde des Königreiches – in der Regel in seinem Geburtsort – besitzen. Jeder konnte nun die Aufnahme verlangen, sofern er die Voraussetzungen erfüllte: ein gewisses Vermögen, die Befähigung für die Ausübung eines selbstständigen Gewerbes, keine Vorstrafen mit mehr als einem Jahr Freiheitsstrafe und keine Untersuchungen wegen eines Deliktes wie Diebstahl, Betrug, Wilderei oder Vagabundieren. Zwar entschied noch der Gemeinderat über die Aufnahme, faktisch war aber aus dem Aufnahmerecht eine Aufnahmepflicht geworden. Mit der Liberalisierung des Bürgerrechts legte der Staat den Grundstein für „die moderne, aus dem revolutionären Frankreich übernommene Einwohnergemeinde, in der alle Einwohner gleiche politische Rechte und Pflichten besaßen“[26].

Während des 19. Jahrhunderts wurde nach und nach die Unterscheidung in Bürger und Beisitzer – in Einwohner mit Privilegien und Einwohner mit minderen Rechten – aufgehoben. Das den Bürgern vorbehaltene aktive und passive Gemeinde- und Landtagswahlrecht erweiterte die Revolution von 1848/49. Jeder Einwohner einer Gemeinde, auch die Ortsfremden, die das Bürgerrecht einer anderen württembergischen Gemeinde besaßen, war nun unter gewissen Voraussetzungen wahlberechtigt. Das „Gemeindeangehörigkeits-Gesetz“ vom Juni 1885 beseitigte faktisch den Unterschied zwischen Bürger und Beisitzer. Zwar beschränkte das Gesetz das aktive und passive Wahlrecht auf die

Bürger, obwohl der Landtag seit 1866 und der Reichstag seit 1871 in direkten und allgemeinen Wahlen bestellt wurden, beseitigte aber eine wesentliche, oft nicht überwindbare Barriere: die Gebühr für die Aufnahme in das Bürgerrecht. Sie wurde nach den Bestimmungen des Gesetzes erheblich reduziert.

Wie sehr die Aufnahmegebühr ein Mittel für die Gemeinde war, aus welchen Gründen auch immer, nicht erwünschte Personen abzuweisen, zeigt das Bemühen Langenaus, die Aufnahmegebühren so hoch wie möglich anzusetzen, um zu verhindern, dass Minderbemittelte wie Tagelöhner der Gemeinde zur Last fallen konnten[27]. Die Langenauer Gemeinderäte schossen mit ihren Vorschlägen manches Mal derart über das Ziel hinaus, dass das Oberamt die Aufnahmegebühren erheblich niedriger als vorgeschlagen festsetzte. So 1812, als die Gemeinde für Männer 15 Gulden, für Frauen 12 Gulden, für Jungen 6 Gulden und für Mädchen 4 Gulden verlangen wollte, das Oberamt Albeck aber nur 5 Gulden und 36 Kreuzer für Männer und 4 Gulden und 36 Kreuzer für Frauen bewilligte[28]. Auch 1816 folgte das Oberamt dem Vorschlag Langenaus nicht: Statt 20 Gulden für Männer, 10 Gulden für Frauen und 5 Gulden für Kinder durfte jeweils nur die Hälfte erhoben werden[29]. Die Aufnahmegebühren wurden 1844 auf 50, 25 und 12 Gulden erhöht, für Beisitzer verlangte man jeweils die Hälfte[30]. 1860 betrugen sie 66, 33 und 16 ¼ Gulden (beantragt waren 80, 40 und 20 Gulden)[31]. 1869 folgte das Oberamt schließlich dem Vorschlag Langenaus, 90 Gulden für Männer, 45 Gulden für Frauen und 22 Gulden 30 Kreuzer für Kinder zu erheben[32].

1848: Langenau wird wieder Stadt

Bereits 1301 erhielt Nau von König Albrecht I. die Rechte und Freiheiten der Reichsstadt Ulm verliehen, die 1376 Kaiser Karl IV. mit einem Stadtprivileg bestätigte. Doch der Verkauf an Ulm ein Jahr später beendete die Entwicklung Langenaus zur Stadt. Ulm hob das Stadtrecht zwar nie förmlich auf, faktisch aber blieb Langenau auf dem Status eines Dorfes stehen. Im Gegensatz zu den Kümmerstädten Albeck, Lonsee und Geislingen, deren Einwohner in einer Minderfreiheit (leichter Leibeigenschaft) lebten, genossen die Langenauer diesen Vorzug nicht: Sie waren Untertanen und standen in voller Leibeigenschaft. Von den städtischen Privilegien blieb lediglich das Marktrecht bestehen[33].

Am 25. Januar 1848 reichte der Gemeinderat eine Supplik beim König ein, in der Schultheiß und Gemeinderäte um die Erhebung Langenaus zur Stadt baten. Ihre Bitte wurde positiv beschieden. Am 15. Juni 1848 erhielt Langenau nach 471 Jahren erneut das Prädikat

„Stadtgemeinde" verliehen[34]. Der Gemeinderat reagierte auf die Stadterhebung eher gelassen und nüchtern. Das Gemeinderatsprotokoll vermerkt lediglich, dass den bürgerlichen Kollegien – dem Gemeinderat und dem Bürgerausschuß – der königliche Erlaß zur Kenntnis gebracht worden sei[35]. Über einen Festakt schweigen die Akten.

Die Langenauer Schultheißen bis 1918

Die Langenauer Schultheißen, ab 1848 mit der Erhebung Langenaus zur Stadt die Stadtschultheißen, weisen bis zum Ende des Königreiches Württemberg im November 1918 bemerkenswerte Besonderheiten auf. Drei Stadtvorstände übten ihr auf Lebenszeit erlangtes Amt über Jahrzehnte aus, was gewiss mit dazu beitrug, dass sie sich zu einflussreichen Persönlichkeiten entwickelten, die durchaus erfolgreich die Geschicke der Gemeinde lenkten und über die Grenzen Langenaus hinaus politisches Gewicht besaßen. So saßen vier der fünf Schultheißen als Abgeordnete des Oberamtes Ulm in der mit der Verfassung von 1819 eingeführten Zweiten Kammer der Ständeversammlung. Auch dies hebt die zentralörtliche Funktion Langenaus, des größten Orts innerhalb des Oberamtsgebietes, hervor.

Über die Langenauer Schultheißen der ersten Jahrhunderthälfte sind, wie bei den Gemeinderäten, nur wenige Nachrichten überliefert. Am 25. Mai 1811 wurde der erste Langenauer Schultheiß, der aus einer alten Langenauer Familie stammende Martin Remshardt, in sein Amt eingeführt. Ihm folgte ein Amtmann Wehrle, der bis 1815 im Amt blieb[36]. Sein Nachfolger wurde der 1784 in einem uns unbekannten Ort geborene Amtmann Karl Wagner, der von 1826 an auch als Amtsnotar fungierte. Wagner vertrat von 1820 bis 1830 das Oberamt Ulm als Abgeordneter in der Zweiten Kammer des Landtages in Stuttgart und stand bis 1849 an der Spitze der Gemeinde. Mit der Stadterhebung 1848 bekam Wagner den Titel Stadtschultheiß verliehen. Am 24. Februar 1849 reichte Wagner aus vermutlich gesundheitlichen Gründen ein Gesuch um Entlassung aus dem Amt ein und schied zum 1. April 1849 aus dem Dienst aus. Nur wenige Monate, am 24. Juni 1850, später verstarb Karl Wagner[37].

Auch über den zweiten Stadtschultheißen Hauser sind wir wenig unterrichtet. Von den drei im Frühjahr 1848 von den Bürgern vorgeschlagenen Kandidaten, deren Stimmenzahlen im Gemeinderatsprotokoll nicht erwähnt werden, wurde der seit 1836 als Gemeindepfleger in städtischen Diensten stehende Konrad Friedrich Hauser vom Oberamt in Ulm zum Stadtschultheißen ernannt und am 13. April 1849 in sein Amt eingeführt[38]. Höhepunkt seines politischen Lebens war gewiss die Wahl zum Abgeordneten des

15. württembergischen Landtages im Mai 1848. Der eher liberal-konservativ einzuschätzende und wenig ins politische Rampenlicht tretende Hauser verlor sein Mandat bereits bei den folgenden Wahlen im August 1849 an den Redakteur der „Ulmer Donau-Zeitung" und überzeugten Demokraten Ludwig Seeger. Hauser übte sein Stadtschultheißenamt noch bis 1855 aus, danach begnügte er sich mit dem Amt eines Ratsschreibers. Sein Nachfolger wurde im Übrigen sein Schwiegersohn Johann Friedrich Haug. Konrad Friedrich Hauser starb 74-jährig am 1. November 1875[39].

Johann Friedrich Haug (1827 – 1900)

Johann Friedrich Haug (1827 – 1900).

Fast ein halbes Jahrhundert stand der am 28. Dezember 1827 in Aidlingen geborene Bauernsohn an der Spitze der Stadt. 1841 kam der 14-jährige Haug nach Langenau, um bei seinem Onkel, dem damaligen Stadtpfleger und Stadtschultheißen Hauser, in die Lehre zu gehen. Am 13. Juni 1855 wurde Haug, obwohl er von allen drei Kandidaten die wenigsten Stimmen erhalten hatte, von der Regierung für den Donaukreis in Ulm zum Stadtschultheißen ernannt[40]. Haug blieb in seinen Aktivitäten nicht an der Grenzen der Langenauer Markung stehen. 1876 wurde er, ein Mitglied der nationalliberalen Deutschen Partei, für den Wahlkreis Ulm-Land in den Landtag entsandt. Die Schwerpunkte seiner Landtagstätigkeit bildeten Verwaltungsfragen und das Steuerrecht. Haug blieb über seinen Tod hinaus in Erinnerung. Zum 100. Geburtstag widmete die „Ulmer Albzeitung" Haug einen Nachruf, in dem der am 23. März 1900 überraschend an Grippe und Lungenentzündung verstorbene Stadtschultheiß als ein tatkräftiger, sachkundiger und arbeitsfroher Mann geschildert wurde[41].

Welche Wertschätzung Haug bereits zu seinen Lebzeiten besaß, zeigen die Festlichkeiten zu seinem 25-jährigen Dienstjubiläum am 20. Juni 1880. Am Vorabend zog ein Fackelzug durch die Stadt und 60 Sänger brachten dem Stadtschultheißen ein Ständchen. Kronenwirt Georg Junginger lud zum Festessen, das nur Männer genießen durften, in der Fruchtschranne, dem heutigen Rathaus, ein. Ein gemeinsames abendliches Gesangskonzert veranstalteten Liederkranz, Turn- und Gesangverein. Der

Langenau.

Zu Ehren des 25jährigen Amtsjubiläums

unseres verehrten Herrn Stadtschultheißen **Haug** veranstalten die hiesigen Vereine: Liederkranz, Turnverein und Gesangverein am **Sonntag** den **20. d. M.** in der festlich dekorirten Fruchtschranne ein

gemeinschaftliches Conzert,

zu dessen Besuch jedermann hiemit freundlichst eingeladen wird.

Der Eintritt beträgt à Person 40 ₰, Familienbillete 1 ℳ.

NB. Der Ertrag des Conzerts fällt **nicht** den **Vereins-Kassen** zu, sondern wird dem Herrn Jubilar zur Bestimmung eines wohlthätigen Zweckes oder Stifts übergeben.

Die Vereinsmitglieder haben freien Eintritt, ohne jedoch der Wohlthätigkeit Schranken zu setzen.

Programm.

1) Das ist der Tag des Herrn von Kreutzer. Gemeinschaftlicher Gesang.
2) Im Maien, Doppelquartett von Billeter. L.K.
3) Schöne Ahnung, Männerchor von Weber. G.V.
4) Wer hat dich 2c., Männerchor von Mendelssohn. T.V.
5) Lied der Deutschen in Lyon, Männerchor von Mendelssohn. L.K.
6) Lang, lang ist's her, Männerchor von Renner. G.V.
7) Die Liebe wacht. Männerchor von Nesteler. T.V.
8) Wer ist frei 2c., Männerchor von Baumgärtner. Gemeinschaftl. Gesang.
9) Der guota Rath, Doppelquartett von Neßler. L.K.
10) Bald prangt den Morgen von Mozart. G.V.
11) Heimweh, Quartett von Heim. T.V.
12) Ich geh noch Abends, Männerchor von Kreutzer. L.K.
13) Abschied vom Walde, Männerchor von Heim. G.V.
14) Wir sind nicht mehr, Männerchor von Kreutzer. T.V.
15) Stille Nacht, Männerchor von Schubert. Gemeinschaftlicher Gesang.

Anfang präzis 8 Uhr.

Die Direktoren: Köhle. Honold. Lutz.

Die Vorstände: Rässler. Groner. Rieder.

Konzert aus Anlass des 25-jährigen Amtsjubiläums Haugs, 1880.

Erlös des Konzertes wurde dem „Herrn Jubilar" für die Verwendung eines wohltätigen Zweckes überreicht. Zahlreiche auswärtige Gäste wie der Landgerichtsrat von Bazing aus Ulm und die Ortsvorsteher des Bezirkes machten ihre Aufwartung und brachten Toaste auf den Jubilar aus. Mit pathetischen Worten schloss der „Langenauer Anzeiger" seinen Bericht: „ Der 20. Juni 1880 war ein Volksfest in des Wortes tiefster Bedeutung, das der ganzen Stadt noch lange im Andenken bleiben wird. Möge es auch gewesen sein die Keimstätte zu neuem Schaffen und Wirken, dann wird es Früchte tragen."[42]

Gottlieb Haug (1844 – 1908)

Gottlieb Haug, am 1. November 1844 in Aidlingen geboren, trat die Nachfolge seines Bruders am 19. Mai 1900 an, nachdem die Regierung für den Donaukreis eine Woche zuvor das Wahlergebnis bestätigt hatte[43]. Als einziger Kandidat – trotz einer Anzeige im „Staatsanzeiger" waren keine weiteren Kandidaturen eingegangen – errang Haug bei der Wahl am 24. April ein überzeugendes Ergebnis: Auf 467 der 480 abgegebenen Stimmzettel – 619 Bürger waren wahlberechtigt gewesen – stand sein Name[44]. Sein Jahresgehalt betrug 3800 Mark, für seine Tätigkeit als Standesbeamter erhielt er zusätzlich 500 Mark sowie eine Kostenerstattung für Schreibmaterialien in Höhe von 400 Mark[45].

Gottlieb Haug (1844 – 1908).

Am 1. Juli 1871 war Haug als Verwaltungs- und Hilfsbeamter in die Dienste der Stadt eingetreten und am 7. August 1873 zum Stadtpfleger gewählt worden. Seine besondere Aufmerksamkeit galt der Förderung von Handel und Gewerbe, aber auch die Bauern fanden in ihm einen tatkräftigen Förderer ihrer Interessen. Haug gehörte zu den Gründern der Darlehenskasse (1881) und des Pferdezuchtvereins (1877); beiden Institutionen stand er mehr als 20 Jahre vor. Auch zum Gelingen der Gewerbeausstellung 1877 trug er maßgeblich bei. Darüber hinaus war Haug seit 1877 Kommandant der Feuerwehr. Hervorgehoben sei auch, dass Haug in Zeiten knapper Arbeit Tagelöhnern und Arbeitslosen mit öffentlichen Aufträgen half[46].

Auch als Abgeordneter der Zweiten Kammer der Ständeversammlung folgte Gottlieb Haug seinem älteren Bruder. Noch 1900 wurde er gewählt und avancierte bald zum Fraktionsvorsitzenden der Konservativen und des Bundes der Landwirte, dessen Ortsgruppe Langenau er bis 1902 führte und dessen Kreisvorsitzender er war[47]. In der Ständeversammlung gehörte er der Finanzkommission an[48]. Über Haugs Abgeordnetentätigkeit berichtete der „Langenauer Anzeiger" regelmäßig, gelegentlich druckte er Haugs Reden in vollem Umfang ab, so zur Kornzolldebatte, zum Eisenbahntarif, zu den Telefontarifen, zur Steuergesetzgebung und Verbesserung der Lehrergehälter[49].

Gottlieb Haug starb am 11. Januar 1908 überraschend und unerwartet nach zweitägiger Krankheit an Lungenentzündung. Zu seinen herausragenden Verdiensten gehören die Einführung der Elektrizität (1901) und der zentralen Wasserversorgung (1907). Für seine Verdienste zeichnete König Wilhelm II. Gottlieb Haug mit dem Ritterkeuz II. Klasse des Friedrichsordens aus[50].

Jakob Bohner (1860 – 1929).

Jakob Bohner (1860 – 1929)
Der gebürtige Langenauer Jakob Bohner kehrte im Jahr 1900 mit der Wahl zum Stadtpfleger in seine Heimatstadt zurück. Zuvor war er über neun Jahre Ortsvorsteher und Verwaltungsaktuar in Schwäbisch Gmünd tätig gewesen[51]. Am 15. Juni 1900 bestellte der Gemeinderat Bohner zum Stadtpfleger mit einem Jahresgehalt in Höhe von 2800 Mark[52]. Bereits bei der Kandidatenvorstellung, die im Rahmen einer Bürgerversammlung im März 1908 stattfand, erhielt Bohner „stürmischen Beifall" für sein Programm: „Fürsorge für Landwirtschaft, Gewerbe und Arbeiterstand, für Aufrechterhaltung von Religion und guten Sitten, Wahrung der Rechte und Interessen der Stadt nach außen". Außerdem versprach er, die Schulden der Stadt, immerhin 400 000 Mark, zu verringern[53]. Klar konnte sich Bohner, hinter dem maßgebliche Gruppierungen der Stadt standen, gegen seinen Mitbewerber, den Oberamtssekretär Eugen Ziegler, durchsetzen: Von 595 abgegebenen Stimmen erhielt er 572[54]. Wie seine Vorgänger engagierte sich auch Bohner im Bund der Landwirte, dessen Vorsitzender er im Januar 1902 wurde[55].
Jakob Bohner war der erste nicht auf Lebenszeit, sondern ‚nur' auf zehn Jahre gewählte Stadtschultheiß. 1921 wurde Bohner, der keinen Gegenkandidaten hatte, in seinem Amt bestätigt[56]. Jakob Bohner trat 1925 aus Krankheitsgründen vom Amt zurück und starb nach längerer Krankheit im Januar 1929[57].

Die Revolution von 1848/49

Die Februarunruhen in Frankreich griffen auf Deutschland über und riefen auch in Württemberg eine ungeheure Erregung hervor. Nach Jahrzehnten der politischen Unterdrückung sahen sich die oppositionellen Liberalen und Demokraten am Ziel ihres Weges, der nun zur grundlegenden Neugestaltung der gesellschaftlichen Verhältnisse führen sollte. Presse- und Versammlungsfreiheit, Volksbewaffnung und Vereidigung des Heeres auf die Verfassung, Schwurgerichte und Entlastung des Grundeigentums, nationale Einheit und ein deutsches Parlament waren die Forderungen des Tages. Die Ausrufung der Republik in

Frankreich und der wachsende Druck im Lande zeigten rasch Wirkung. König Wilhelm I. sah sich bereits am 1. März 1848 gezwungen, der liberalen Opposition Zugeständnisse zu machen, als er die Zensur und das Verbot politischer Versammlungen aufhob. Am 9. März trat die alte Regierung zurück und machte dem so genannten Märzministerium Platz, das unter der Leitung von Friedrich Römer aus den führenden Köpfen der liberalen Bewegung bestand. Überall im Königreich entstanden politische Vereine, die die Liberalen und Demokraten bis zu ihrer Spaltung im Frühjahr 1848 vereinigten.

Auch in Langenau fand die Revolution ihre Anhänger. Als ein erster Zeuge dient uns Stadtpfarrer Michael Dieterich, der der Neugestaltung der staatlichen Ordnung äußerst ablehnend gegenüberstand: „Die Märzereignisse hatten auch hier sehr nachteilig auf die bürgerliche und kirchliche Ordnung und auf den Wohlstand der einzelnen Bürger eingewirkt“[58]. Damit meinte er diejenigen Langenauer, die seiner Ansicht nach „ganz unrichtig aufgefasste und falsch verstandene, nur Verderben bringende Freiheit und Gleichheit als die einzig wahren Mittel der Volksbeglückung so hoch angepriesen und verkündet“ hatten. Im Gegensatz zu jenen besonnenen Bürgern, die alle Versuchungen und Verlockungen mit Verachtung zurückgewiesen hätten, regelmäßig die Kirche besuchten, in aller Ruhe und Stille ihr Gewerbe betrieben, auf Gesetz, Ordnung und gute Sitten achteten und dadurch zu einigem Wohlstand und Achtung ihrer Mitbürger gelangt seien, sei das abschreckende und warnende Los jener, die in den „traurigen Jahren 1848 und 1849 das höchstmögliche menschliche und bürgerliche Glück mit Zuversicht erwarteten und leichtsinnigerweise Wühlern und Verführern Gehör schenkten, Vergnügen und Lustbarkeiten nachliefen, ihre Berufsarbeiten vernachlässigten, sich in Wirtshäusern gütlich taten, von Woche zu Woche auf die goldenen Tage harrten, bis zuletzt ihr Vermögen vergeudet, eine Gant unvermeidlich war und sie mit Verwünschungen beladen von allen, die durch sie in Armut gerieten, sich der Verachtung ihrer Mitbürger preisgegeben sahen, nun jede Art von Arbeit aufsuchen und auf eine recht kümmerliche Weise ihr Leben fristen müssen“[59].

Soweit Dieterichs Auslassungen über jene Männer – und vielleicht auch Frauen –, die vor 150 Jahren für eine demokratische Gesellschaftsordnung eintraten. Immerhin können wir diesen zeitgenössischen Zeilen entnehmen, dass auch in Langenau Menschen offen für die Revolution und ihre Ziele eintraten. Einem Bericht des Oberamtes Ulm an das Ministerium des Innern[60] zufolge sammelten sie sich in einem demokratischen Volksverein, der ersten politischen Organisation Langenaus, über deren genaues Gründungsdatum, vermutlich im Frühjahr 1849, wir nicht informiert sind. Dem Volksverein, an dessen Spitze der Buchhändler Wagner stand, gehörten schätzungsweise 50 Personen an, die sich bei Wahlen für die Demokraten engagierten. Über eigene Statuten verfügte der Volksverein nicht, sondern er richtete sich nach denen des Stuttgarter Volksvereins. Darüber hinaus vermutete das Oberamt, dass der Langenauer Volksverein in enger Verbindung zu dem Zentralmärzverein stand, der im November 1848 in Frankfurt am Main von linken und linksliberalen Abgeordneten der Nationalversammlung mit dem Ziel gegründet worden war, die revolutionären Errungenschaften des März 1848 zu bewahren. Auch im benachbarten Bernstadt bestand ein Volksverein, der immerhin ungefähr 30 Mitglieder zählte und von einem Vikar Ehrhardt angeführt wurde. Er wurde im Laufe des Jahres 1848 und damit vor dem Langenauer Volksverein gegründet[61].

Die Einwohner selbst griffen wenigstens einmal, soweit bisher belegbar, mit einer sozialpolitischen Forderung in das politische Geschehen ein. Anfang Mai 1848 versammelten sie sich und forderten, dass der als Heizmaterial genutzte Torf aus dem Gemeindetorfstich im Ried ohne Aufpreis verbilligt verkauft werden sollte. Der Gemeinderat lehnte das Ansinnen der Bürger jedoch ab, denn so viel Torf könne gar nicht gestochen werden, man müsse auch an die Nachkommen denken und überhaupt dürften die Bürger pro Sommer nicht mehr als zwei Tagwerk Torf kaufen[62].

Die Mehrheit der Langenauer aber dachte und handelte jedoch konservativ. Bei den Wahlen zur Deutschen Nationalversammlung in Frankfurt, dem ersten gesamtdeutschen Parlament, am 28. April 1848, bei denen alle volljährigen männlichen Staatsbürger – in Langenau 1207 – wahlberechtigt waren, erhielt der liberal-konstitutionelle, königstreue Professor Konrad Dieterich Haßler aus Ulm 794 Stimmen (75,0 %). Der überzeugte Demokrat und in Ulm wirkende deutschkatholische Pfarrer Friedrich Albrecht, der am 21. April eine Wahlversammlung in Langenau abgehalten hatte und auch in den Jahren nach der Revolution ein wichtige Rolle im politischen Leben Langenaus spielen sollte[63], gewann lediglich 265 Wähler (25,0 %) für sich. Dennoch erreichten die Langenauer Demokraten damit nach Blaubeuren (31,9 %) den höchsten Stimmenanteil im Wahlbezirk, der neben der Stadt Ulm die Bezirke Weidenstetten, Blaubeuren, Merklingen, Laupheim und Oberkirchberg umfasste. Haßler gewann die Wahl mit großem Vorsprung, der seine knappe Niederlage in Ulm auf dem Lande mehr als wettmachen konnte, wie das Wahlergebnis zeigt:

	Haßler	Albrecht
Ulm	1699 (47,6 %)	1872 (52,4 %)
Weidenstetten	880 (93,8 %)	58 (6,2 %)
Blaubeuren	504 (68,1 %)	343 (31,9 %)
Merklingen	524 (82,0 %)	115 (18,0 %)
Laupheim	978 (99,2 %)	8 (0,8 %)
Oberkirchberg	539 (99,8 %)	1 (0,2 %)
Gesamtergebnis	5918 (69,0 %)	2662 (31,0 %)[64]

Die überwiegend konservative Grundhaltung der Langenauer Einwohnerschaft, wie sie auch in Gemeinderat und Bürgerausschuss repräsentiert wurde, kam offen bei der Einführung der Bürgerwehr im Frühjahr 1848 zutage. Mit dem „Gesetz die Volksbewaffnung betreffend" vom 1. April 1848[65] wurde eine zentrale Forderung der Liberalen und Demokraten erfüllt. Ein vom Innenministerium ausgearbeiteter Begleitvortrag hob die „Wehrhaftigkeit des Volkes in die erste Reihe der Bedingungen einer würdigen Existenz der deutschen Staaten" hervor. Ebenso sei die „Waffentüchtigkeit der Bürger die Grundlage der Unabhängigkeit nach außen und ein Pfand der Erhaltung der gesetzlichen Freiheiten, der Sicherheit und Ordnung des bürgerlichen Lebens"[66]. Die Bürgerwehren sollten Schutzwehren für die Erhaltung der Verfassung und der gesetzlichen Ordnung mit dem „Charakter einer außerordentlichen Gemeindepolizeianstalt" sein, die „gegen Volksauflauf und Empörung" gerichtet sein sollte[67].

Die ablehnende Haltung des Gemeinderates, vor allem des Bürgerausschusses, gegen die Bewaffnung der Bürgerwehr, die am 28. April aufgestellt worden war[68], dokumentiert zugleich die Ablehnung der neuen Verhältnisse. Mit allen Mitteln versuchten die Gemeinderäte die vom Oberamt angeordnete Ausgabe von 500 Gewehren aus dem Ludwigsburger Arsenal zu hintertreiben. So stellten sie auf ihrer Sitzung am 21. Juli 1848 fest, dass die Begeisterung für eine Bürgerwehr wie überall im Lande erkaltet sei. Auf eine scheinbare unsichere Rechtslage hinweisend und im guten Glauben für die Interessen des Staates und des Gemeinwohls zu handeln, begründeten sie ihre Ablehnung mit letztlich vorgeschobenen Argumenten, dass „vonseiten der Nationalversammlung die Wehrbewaffnung des Volkes auf ganz andere Weise geordnet werden könnte und dass auch infolgedessen unser Landesgesetz eine völlige Umgestaltung erleiden könnte in der Art, dass die Ausrüstung der Wehrmannschaften nicht mehr diesen selbst oder der Gemeinde auferlegt, sondern auf Staatskosten besorgt werden wird, dass es in allen diesen verschiedenen Beziehungen sehr wünschenswert wäre, einen namhaften Aufwand den einzelnen Wehrmännern bzw. den Gemeinden zu ersparen". Folglich beschloss der Gemeinderat, die Anschaffung der Gewehre vorläufig auszusetzen, „da man voraussehen könne, dass sich zur Abnahme der fraglichen Gewehre nur ein ganz kleiner Teil der Mannschaft herbeilassen werde"[69].

Damit war der Konflikt mit den übergeordneten Behörden offen ausgebrochen. Trotz eines Erlasses des Innenministeriums vom 28. Juli 1848 blieb der Gemeinderat bei seiner grundsätzlich ablehnenden Haltung, die er jedoch insofern aufgab, dass sich die Stadt zum Kauf von immerhin 200 Gewehren bereit erklärte[70]. Die Bürgerwehr blieb jedoch weiterhin unbewaffnet, von wenigen Ausnahmen abgesehen waren die Waffen nicht verteilt worden. Als sich die Auseinandersetzungen um die Reichsverfassung im Frühjahr 1849 zuspitzten, begannen die Mannschaften der Bürgerwehr nach einer halbjährigen Pause, so das Gemeinderatsprotokoll, „allen Ernstes" wieder mit Übungen und verlangten die Herausgabe der Gewehre. Im Grundsatz stimmte der Gemeinderat dem zwar zu, aber nur bei Bedarf, den festzustellen er sich vorbehielt, und der vornherein auf die Dauer von höchstens drei Monaten befristet sein sollte[71]. Schließlich, als alle Träume von Freiheit und Demokratie gescheitert waren, bat die Stadt das Oberamt, die 1848 gekauften Gewehre wieder zurückzunehmen[72].

Ein einziges Mal handelte der Gemeinderat im Sinne der Revolution, als seine Mitglieder während der Reichsverfassungskampagne im Frühjahr 1849 den Kauf und die Verteilung von 500 Exemplaren der Reichsverfassung unter der Bevölkerung auf Kosten der Gemeinde beschlossen[73].

Vier gebürtige Langenauer nahmen an der badischen Revolution im Frühsommer 1849 teil: Christian Fischer, Daniel Schmid, Ludwig Schmidt und Nikolaus Müller, der allerdings nur seine früheste Kindheit in Langenau verbracht hatte.

Der Schneidergeselle Daniel Schmid, der in Tettnang Arbeit gefunden hatte, zog im Frühsommer 1849 mit Muskete, Patronentasche und Messer aus städtischen Beständen bewaffnet zusammen mit weiteren acht Tettnangern ins Badische[74]. Dort wurden die oberschwäbischen Freischärler in die badisch-pfälzische Revolutionsarmee aufgenommen. Nach der Niederschlagung der revolutionären Erhebung flüchtete Schmid wie Tausende in die Schweiz. Im Juli 1849 kehrte er mit 32 Kameraden über Langenargen aus dem Exil zurück und begab sich wieder nach Tettnang, wo er bei seinem früheren Meister Arbeit zu finden hoffte. Da Schneidermeister Fischer dem vormaligen Soldaten der Revolution nicht Brot und Arbeit gab, machte sich Schmid auf die Wanderschaft[75]. An einem unbekannten Ort wurde er verhaftet und auf den Hohenasperg bei Ludwigsburg verbracht, wo er noch Ende 1849 einsaß[76].

Von Ludwig Schmidt, einem vermutlichen Handwerksgesellen, wissen wir wenig. Am 1. Juli 1849 trat er dem Knoll' schen Freikorps bei und gehörte der Kompanie Robert Blum an. Als Wehrmann erhielt er sechs Kreuzer Sold pro Tag. Schmidt geriet in Gefangenschaft; über sein weiteres Schicksal ist nichts bekannt[77].

Der Schuhmachergeselle Christian Fischer kam Anfang Mai 1848 nach Reutlingen und fand dort Arbeit. Offensichtlich beeindruckt von der am Pfingstmontag, dem 28. Mai 1849, stattfindenden Volksversammlung, auf der die Republikaner massive Maßnahmen gegen den drohenden Bürgerkrieg in Baden und umfassende, tief greifende gesellschaftliche Reformen in Württemberg forderten, schloss sich Fischer einer Gruppe von 50 Männern an, die zur Verteidigung des badischen Aufstandes nach Pforzheim zogen. Dort wurden sie bewaffnet und in die von dem Ulmer Revolutionär Georg Bernhard Schifterling im Auftrag der badischen Revolutionsregierung gegründete „Schwäbische Legion" eingegliedert. Diese sollte nach dem ursprünglichen Plan in Württemberg einmarschieren und dort die Revolution entfachen. Doch der rasche Vormarsch der preußischen Interventionstruppen in Nordbaden zwang die „Schwäbische Legion", sich an den Oberrhein zurückzuziehen. Fischer nahm an den Kämpfen in Gernsbach und an weiteren Gefechten teil. Anfang Juli 1849 flüchtete er in die Schweiz. Nach sechs Wochen kehrte er zurück, wurde verhaftet und an das Oberamtsgericht in Ulm überstellt. Während eines Verhörs verteidigte Fischer seine republikanische Grundüberzeugung und stand zu seinem Handeln[78]. Dennoch behandelte das Gericht Fischer vergleichsweise milde. Es stellte den Demokraten lediglich unter Polizeiaufsicht, wozu sicherlich die Tatsache beigetragen hatte, dass Fischer bei dem Schuhmachermeister Jakob Röser in Langenau in Brot und Arbeit stand[79].

Nikolaus Müller erblickte am 15. November 1809 als Sohn eines Leinenwebers das Licht der Welt und sollte während der Revolution zu einem bekannten Demokraten werden. Seine Kindheit und Jugend verbrachte er in Stuttgart. Schon früh kam er mit der Dichtkunst in Berührung. Als Zehnjähriger lernte er Uhlands Gedichte und Lieder auswendig, die er noch 13 Jahre später aufzusagen wusste. Nach seiner Lehre als Buchdrucker ging Müller auf Wanderschaft, die ihn nach Wien und 1829 nach Pest führte. Seine Begeisterung für Lyrik animierte ihn zu dichterischen Versuchen. Mit nicht geringem Erfolg – kein anderer als Gustav Schwab veröffentlichte seine Gedichte im „Morgenblatt" und im

„Musenalmanach". 1837 erschienen im Cotta Verlag seine „Lieder". In den 1840er-Jahren ließ er sich in Wertheim am Main nieder und übernahm später eine eigene Druckerei. In der Revolutionsarmee diente er als gemeiner Soldat und Zivilkommissar. Nach dem Ende des Bürgerkriegs in Baden flüchtete er in die Schweiz, wo er zunächst in Zürich, ab Februar 1850 in Graubünden Asyl fand[80]. In Abwesenheit wurde er zu neun Jahren Zuchthaus verurteilt. Sein Betragen wurde von den Polizeibehörden als gut und unauffällig beurteilt, sodass er vom Departement der Justiz und Polizei in Bern die Erlaubnis erhielt, in die südlichen und westlichen Kantone zu reisen[81]. Nach vier Jahren Exil in der Schweiz wanderte Müller 1853 mit seiner Familie in die USA aus, wo er sich in New York niederließ und eine Druckerei mit Verlag erwarb. Ein zweiter Lyrikband „Gedichte und Lieder" erschien 1867. In den späten 1860er wandelte sich sein politischer Standort, mehr und mehr verließ er die republikanischen Grundsätze und näherte sich deutschnationalen Positionen. Nach den deutschen Siegen im Deutsch-Französischen Krieg 1870/71 kannte seine Begeisterung kaum noch Grenzen. Seine noch 1870, in einer Auflage von 1000 Exemplaren erschienenen „Frische Blätter auf die Wunden deutscher Krieger" spendete er dem Frauenbazar in New York zum Verkauf zugunsten des Deutschen Patriotischen Hilfsvereines. Seinen Lebensabend beabsichtigte er in der Heimat zu verbringen. Anstalten für die Rückkehr waren schon getroffen, aber nach kurzer Krankheit starb Nikolaus Müller am 14. August 1875.

Politisches Leben bis zum Beginn des Ersten Weltkrieges

Das Reaktionsjahrzehnt und der Neubeginn des politischen Lebens um 1860

Mit der Kapitualtion der Bundesfestung Rastatt am 23. Juli 1849 endete die Revolution in Deutschland. Nach der Übergabe wurden die noch verbliebenen 5500 Freiheitskämpfer gefangen genommen und in den Kasematten eingekerkert, unter ihnen die Ulmer Handwerksgesellen Karl Faul und Karl Keim. Viele starben in den feuchten Verließen an Krankheiten wie Typhus oder an Auszehrung. Im August 1849 wurden Standgerichte eingerichtet, die 19 Todesurteile fällten. Der Erste, der am 9. August unter den Kugeln des Hinrichtungspeletons starb, war der ehemalige Blaubeurer Stiftler Ernst Elsenhans, dem die Herausgabe des „Rastatter Festungsboten" zum Verhängnis wurde. Viele Freischärler, vor allem aus Polen, wurden ohne Verfahren ermordet.

Tausende Revolutionäre flüchteten aus Furcht vor politischer Verfolgung in die Schweiz. Viele Flüchtlinge kehrten nicht in die Heimat zurück und wanderten in die Vereinigten Staaten aus. In Württemberg wurde noch im Sommer 1849 begonnen, demokratische Journalisten mit Prozessen mundtot zu machen; so erhielten die Ulmer Redakteure Carl Beyschlag und Ludwig Seeger mehrwöchige Festungsstrafen für ihr demokratisches Engagement. Gegen nahezu 5000 Personen wurde wegen Hochverrates und ähnlicher staatsabträglicher Vergehen ermittelt. Schließlich standen im Winter 1851/52 147 Demokraten vor dem Ludwigsburger Schwurgericht. Nur einer, August Becher, wurde freigesprochen[82].

Das Reaktionsjahrzehnt begann. Die politischen Vereine wurden 1852 verboten. Presse und Buchhandel unterlagen wieder einer strengen Zensur. Viele Liberale und Demokraten resignierten, beugten sich dem politischen Druck und zogen sich politisch desillusioniert in das Privatleben zurück; zahlreiche andere lebten als politische Flüchtlinge im Ausland oder entschlossen sich zu einem Leben außerhalb Deutschlands, vor allem in den Vereinigten Staaten fanden sie eine neue Existenz. Erst zu Beginn der 1860er-Jahre erwachten die liberale und demokratische Bewegungen wieder zu neuem Leben.

Die Revolution von 1848/49 hatte in Langenau erstmals zu einer Politisierung des öffentlichen Lebens geführt, die sich auf alle gesellschaftlichen Bereiche auswirkte. In dem nachrevolutionären Jahrzehnt, den Jahren der politischen Reaktion, erloschen die während der Revolutionsjahre geschaffenen Ansätze einer öffentlichen politischen Willensbildung, die vor allem durch die Gründung eines Volksvereins und die öffentlichen Diskussionen bewirkt wurden. Der Langenauer Volksverein löste sich noch vor dem Verbot der demokratischen Volksvereine Anfang 1852 auf – ein öffentlicher Raum für politische Diskussion, wie beispielsweise in der Form eines Vereins gleichwelcher Provenienz, existierte während des Reaktionsjahrzehnts nicht. Aber dennoch übten die ihren Prinzipien und Überzeugungen treu bleibenden Liberalen und Demokraten während des Reaktionsjahrzehnts keinen geringen Einfluss auf das politische Geschehen in Langenau aus, wie beispielhaft die Schultheißenwahl von 1855 zeigt. Erst gegen Ende des Reaktionsjahrzehnts suchte das liberal gesinnte Bürgertum neue Möglichkeiten öffentlicher politischer Tätigkeit mit der Gründung des Liederkranzes (1858) und einer deutschkatholischen Gemeinde (1859). Zu einer führenden Persönlichkeit der Liberalen entwickelte sich der Wirt des Roten Ochsen, Johann Heinrich Birner, der mehrfach zum Obmann des Bürgerausschusses und einmal sogar zum Gemeinderat gewählt wurde.

In ihm fand der Stadtschultheiß einen seiner entschiedensten Gegner, der Haug unter anderem einige Unrichtigkeiten in den Haushaltsrechnungen nachwies, wofür der Stadtschultheiß sogar mit einer Geldstrafe belangt wurde[83]. Die starke Position der Liberalen und Demokraten führte in den frühen 1860er-Jahren zu heftigen Konflikten mit den konservativen Kräften der Stadt, an deren Spitze Stadtschultheiß Haug stand. Ihm gelang es, diese bis Ende des Jahrzehnts trotz der Erfolge der demokratischen Volkspartei bei den Landtagswahlen aus dem politischen Leben nahezu zu verdrängen und an ihrer Stelle die konservativen Kräfte als führende politische Bewegung zu etablieren.

Der politische Meinungsstreit wurde in der Regel gewiss über die inhaltlichen Positionen der Parteien, beispielsweise auf Wahlversammlungen, ausgetragen, aber in den beiden politischen Gegnern – Stadtschultheiß Haug und Ochsenwirt Birner – fand der politische Gegensatz seinen personifizierten Ausdruck. Oft genug strengten beide Seiten Prozesse wegen Ehrkränkungen an. Es hat den Anschein, dass vor allem Haug vor Beleidigungen nicht zurückschreckte, wie die Wahlkämpfe zeigen oder auch ein Leumundszeugnis über den streitbaren Ochsenwirt, das Haug 1854 den Gemeinderat unterschreiben ließ und dem Gericht vorlegte, vor dem er und sein Schwiegervater Hauser gegen Birner wegen Ehrkränkung prozessierten. Darin lesen wir: „Birner ist einer jener Männer, die ohne Skandal und Händel gar nicht leben zu können scheinen, und es wird von ihm insbesondere sein Wirtshaus dazu benützt, Skandal zu machen, alle kirchlichen und bürgerlichen Einrichtungen zu verhöhnen und lächerlich zu machen, diese oder jene Persönlichkeit im Kot herumzuziehen, gegen jeden, dem er nicht hold ist, auf die roheste Weise sich auszulassen und Zerwürfnisse in der Gemeinde zu verbreiten, was hierorts durchaus notorisch ist und wodurch er es bereits dahin gebracht hat, dass ordnungsliebende Bürger gerechten Anstand nahmen, sein Wirtshaus zu besuchen“[84].

Bei der Stadtschultheißenwahl 1855 errangen die Langenauer Liberalen zunächst einen großen Erfolg. Die Regierung für den Donaukreis berichtete dem Ministerium des Inneren, dass diese Wahl „die Gemüter in Bewegung gesetzt [hat], und es ist der dortigen demokratischen Partei, die sich nur auf 24 Leute beschränkt, gelungen, ihrem Kandidaten die Majorität der Stimmen zu verschaffen“. Der demokratische Kandidat, der Oberamtsaktuariatsverweser Klein, erhielt fast zwei Drittel der Stimmen (mit zwei Dritteln hätte er die Wahl gewonnen und die Kreisregierung ihn als Stadtschultheißen anerkennen müssen), dennoch bestimmte die Kreisregierung den jungen Johann Friedrich Haug, der zwar die wenigsten Stimmen erhalten hatte, aber ihrer

Ansicht nach die „besten Fähigkeiten" besaß, zum neuen Stadtschultheißen[85].

In Langenau fanden sich die liberalen Bürger im Liederkranz, der ersten geselligen Vereinigung Langenaus, die 1858 gegründet wurde. Im Gründungsjahr gehörten dem Liederkranz 36 Männer an, sein erster Vorsitzender war der Lehrer G. Honold[86]. Die württembergischen Liberalen nutzten den 100. Geburtstag Friedrich Schillers, der nicht nur als ein großer Dichter gefeiert wurde, sondern auch als ein Symbol der nationalen Einheit galt. Auch in Langenau fand eine Schillerfeier statt, bei der der Liederkranz erstmals öffentlich in Erscheinung trat. Die Feier begann am Abend des 10. November mit einem Fackelzug vom Angertor zum Gasthaus „Zur Krone". In dem mit Schillerbüsten geschmückten Saal eröffnete Vorstand Honold mit einem gedichteten Prolog die Feier, ihm folgte der Liederkranz mit der „Ode an die Freude". Mit diesem Gedicht Schillers brachte der Liederkranz sein politisches Ansinnen zum Ausdruck. Betrachten wir es deshalb etwas genauer. „Freude schöner Götterfunken, wir betreten, Himmlische, feuertrunken Dein Elysium" – ersetzen wir Freude durch Freiheit, wie es übrigens in der ursprünglichen Fassung hieß. „Deine Zauber binden wieder, was die Mode streng geteilt" – hier spricht Schiller die Kleiderordungen des 18. Jahrhunderts an, die die Gesellschaft in Stände (Adel, Klerus, Bürgertum) unterschied und fordert stattdessen die Gleichheit der Menschen. „Alle Menschen werden Brüder, wo Dein sanfter Flügel weilt" – damit meint Schiller nichts anderes als die Brüderlichkeit. Freiheit, Gleichheit, Brüderlichkeit – die Parole der Französischen Revolution! Zurück zur Schillerfeier des Jahres 1859. Die Festrede hielt der Stadtpfarrer, weitere Darbietungen des Liederkranzes schmückten die Feier[87].

Noch ein zweites Mal trat der Liederkranz mit einer Gedenkfeier auf, die durchaus einen politischen Anstrich hatte. Zum 1. Todestag des Dichters Ludwig Uhland ehrte der Liederkranz einen der Väter des württembergischen Liberalismus mit einer Gedächtnisfeier am 12. März 1863 auch diesmal im Gasthaus „Zur Krone"[88].

Liberal gesinnte Langenauer gründeten im November 1859 die deutschkatholische Gemeinde „Eintracht", die durchaus in Opposition zu den bestehenden politischen Verhältnissen stand und die auch von Liberalen und Demokraten und Personen evangelischen Glaubensbekenntnisses als Organisationsmöglichkeit genutzt wurde. Die deutschkatholische Bewegung war Mitte der 1840er-Jahre als religiöse Oppositionsbewegung entstanden und spielte während der Revolution eine bedeutende Rolle. Zu ihren bekannteren Köpfen gehörte der Abgeordnete der Nationalversammlung Robert Blum, der im November 1848 in Wien trotz seines Abgeordnetenstatus von österreichischem Militär standrechtlich erschossen wurde.

Am 9. November 1859, dem 11. Todestag Robert Blums, versammelten sich wenigstens zehn Langenauer, unter ihnen auch Johann Heinrich Birner, und wählten Johann Jakob Glogger zum Vorsitzenden, Johann Jäger zum Kassierer und Johann Georg Aschoff zum Sekretär[89]. Trotz der geringen Mitgliederzahl besaß die deutschkatholische Gemeinde keinen geringen Einfluss im politischen Leben der Stadt, denn drei ihrer Mitglieder saßen im Gemeinderat und sieben im Bürgerausschuss[90]. Stadtschultheiß Haug scheint versucht zu haben, die deutschkatholische Gemeinde verbieten zu lassen, wie ein Schreiben der Regierung für den Donaukreis erschließen lässt. Diese sah dazu aber keine Möglichkeit, da die Statuten des Vereins weder der Bundes- und Landesgesetzgebung widersprächen noch der Verein die öffentliche Sicherheit gefährde[91].

Zwischen der deutschkatholischen Gemeinde und dem Liederkranz bestanden offensichtlich engere Beziehungen. Im Februar 1861 lud der Liederkranz den deutschkatholischen Ulmer Prediger Friedrich Albrecht, einen weit über Ulm hinaus bekannten Demokraten, zu einem gemeinsamen Spaziergang nach Bernstadt ein. Allerdings stieß dieser Spaziergang auf das Befremden einiger Mitglieder, die im „Langenauer Anzeiger“ verlauten ließen, dass für den Spaziergang kein Beschluss gefasst worden sei und man sich von allen „Parteibestrebungen“ fernhalten wolle[92].

Der Wahlkampf für die Landtagswahlen im Januar 1862 führte zu heftigen Auseinandersetzungen zwischen den konservativen Langenauern, deren treibende Kraft Stadtschultheiß Haug war, und den Liberalen, die Ochsenwirt Birner anführte. Im „Langenauer Anzeiger“ erschienen im Januar 1862 Ausgabe für Ausgabe Artikel und Anzeigen, die sich für den Kandidaten der Nationalkonservativen, Prof. Konrad Dieterich Haßler aus Ulm, aussprachen. Hierbei tat sich vor allem Haug hervor, der offensichtlich mit ihm allen zur Verfügung stehenden Mitteln versuchte, die Liberalen und Demokraten in Langenau aus dem politischen Geschehen zu verdrängen, und dabei auch vor persönlichen Angriffen nicht zurückschreckte. Schließlich führte eine „Erwiderung“, die der „Langenauer Anzeiger“ unter der Rubrik „Privat-Anzeigen“ abdruckte[93], zu einer Klage wegen Ehrenkränkung durch die Presse gegen Haug und den Herausgeber des „Langenauer Anzeigers“ Glanz, die Ochsenwirt Birner, Rotgerber Bischoff, Langmüller Bückle, Schmiedbauer Strom und J. G. Häge jun. dem Oberamtsgericht in Ulm einreichten – Haug hatte ihnen geistige Beschränktheit unterstellt. Den

Prozess konnte Haug gewinnen, die Wahl des Kandidaten der Liberalen und Demokraten, des Redakteurs Ludwig Seeger aus Stuttgart, aber nicht verhindern[94].

Der Konflikt war damit aber nicht beendet. Offensichtlich verwand Haug die politische Niederlage nicht und nahm Birner ins Visier. Im Herbst 1862 erlegte er dem Rotochsenwirt eine Geldstrafe auf, weil dieser den Schützenball nicht ordnungsgemäß auf dem Schultheißenamt angemeldet hatte. Birner protestierte mit Erfolg dagegen, da die reihum den Schützenball organisierenden Wirte das Fest noch nie der Stadtverwaltung mitgeteilt hatten. Die Sache schien erledigt zu sein, doch nun verlangte Haug zwei Gulden Strafe – Birner habe beim Hinausgehen nicht „Adieu" gesagt – und ließ den Kontrahenten von einem bereitstehenden Polizisten verhaften[95]. Es kam zur Verhandlung vor dem oberamtlichen Gericht, das die Geldstrafe und die 24-stündige Arreststrafe bestätigte, aber dem Schultheißen dringend empfahl, „jede Leidenschaftlichkeit und jeden Schein der Gehässigkeit zu vermeiden und nur in dringenden und eklatanten Fällen so zu strafen."[96] Allerdings hob die Regierung des Donaukreises die Geldstrafe auf, beließ es aber bei der Arreststrafe und beauftragte das Oberamt, dem Stadtschultheißen „das Missfallen darüber zu erkennen zu geben, dass er durch sein nicht gerechtfertigtes, nunmehr als nichtig erklärtes Straferkenntnis das weitere Strafverfahren herbeigeführt habe"[97].

Friedrich Albrecht nahm sich am 3. Dezember 1862 der Posse an. In einem Bericht über die Ereignisse in der „Ulmer Schnellpost", deren langjähriger Herausgeber er war, warf er Haug vor, das Schultheißenamt zu missbrauchen und aus Hass und Parteilichkeit willkürliche Strafverfügungen gegen Birner zu erlassen. Albrecht ging sogar so weit zu behaupten, dass nicht einmal ein mecklenburgischer Junker oder ein preußischer Landrat so mit einem Tagelöhner verfahren würde – „hier aber diktiert ein simpler Schultheiß einem Mitbürger eine Geldstrafe, weil er nicht Adieu gesagt haben soll"[98].

Der gewiss prozesserfahrene Haug reichte Klage beim Kgl. Gerichtshof in Ulm ein, der am 12. Mai 1865, den Argumenten Haugs folgend, Albrecht zu drei Tagen Festungshaft, zu einer Geldstrafe von 25 Gulden und zur Übernahme der Prozesskosten verurteilte[99]. Albrecht ging in die Revision, jedoch ohne Erfolg. Im Gegenteil, der Gerichtshof erhöhte am 17. Januar 1866 das Strafmaß auf acht Tage Festungshaft und 36 Gulden, zusätzlich die Prozesskosten aus erster und zweiter Instanz. Am 24. Mai 1866 trat Albrecht seine Haft auf dem Hohenasperg, dem ‚Demokratenbuckel', an[100]. Noch 1866 veröffentlichte Albrecht in einem Büchlein die Ereignisse in Langenau, die Prozesse und seine Eindrücke und Erlebnisse auf dem Hohenasperg. Es stellt ein beredtes Zeugnis über die politische Kultur in einem Obrigkeitsstaat des 19. Jahrhunderts dar, in dem im Zweifel die Gerichte für die Staatsräson und gegen die uns heute so selbstverständliche Pressefreiheit entschieden (es sei noch angemerkt, dass die von Albrecht herausgegebenen Zeitungen „Ulmer Schnellpost" und „Die Kirchenfackel", ein deutschkatholisches Blatt, oft von Zensurmaßnahmen betroffen waren). Uns mögen diese Ereignisse wie eine kleinliche Provinzposse erscheinen, die man am besten mit Humor zur Kenntnis nimmt. So erging es auch Friedrich Albrecht, als er die Ereignisse noch einmal Revue passieren ließ, denn an einer Stelle schreibt er: „Der Humor, mit dem ich zu schreiben begann, ist von Zeile zu Zeile einem immer größeren Ernste gewichen. Ich hoffe, er werde zur Zeit schon wieder kommen"[101].

Zum Höhepunkt der demokratischen Aktivitäten geriet das Jahr 1863. Auslösendes Ereignis war die Annexion Schleswigs durch Dänemark und seine Trennung von Holstein. Damit brach Dänemark das Londoner Protokoll von 1852, das die Autonomie der beiden Herzogtümer und ihre Personalunion mit Dänemark festgeschrieben hatte. Wie 1848/49, als die Eingliederung Schleswigs und Holsteins in einen demokratischen Nationalstaat ein wichtiges Ziel der Liberalen und Demokraten bildete, entzündete sich an der Schleswig-Holstein-Frage das Streben nach nationaler Einheit. Einhellig forderte der deutsche Liberalismus ein unabhängiges und liberales Schleswig-Holstein. In Württemberg nutzten die 1848er-Demokraten Carl Mayer und Ludwig Pfau, die erst 1863 aus dem Exil zurückgekehrt waren, und der nach einer 30-monatigen Gefängnisstrafe seit 1853 in innerer Emigration lebende Friedrich Julius Haussmann die Gelegenheit und gründeten am 8. Mai 1864 die Volkspartei, wobei sie bewusst an die Volkspartei der Revolution anknüpften. Die Schleswig-Holstein-Komitees, die überall im Königreich gegründet wurden, boten eine geeignete Plattform, die Forderung nach einem unabhängigen Schleswig-Holstein und vor allem nach einem Dritten Deutschland, einem Deutschland der Klein- und Mittelstaaten ohne die Großmächte Preußen und Österreich, publik zu machen[102].

In Langenau lud Stadtschultheiß Haug auf Bitte einiger Bürger zu einer „allgemeinen Bürgerversammlung" am 29. November auf dem Rathaus ein, „damit auch von hier aus eine Kundgebung für die Ehre und Interessen unserer Nation in dieser Sache erfolge"[103]. Auf der Versammlung erschienen etwa 200 Personen, die auf Vorschlag des Vorsitzenden des Liederkranzes Honold ein Schleswig-Holstein-Komitee wählten, dessen Aufgabe in der Durchführung wöchentlicher Geldsammlungen bestehen sollte[104].

Offensichtlich trat der gewünschte Erfolg nicht ein. Die Bereitschaft, Geld für Schleswig-Holstein zu spenden, schien unter den Langenauern nicht sehr ausgeprägt gewesen zu sein. Denn ein ungenannt gebliebener Einsender, hinter dem wir Honold vermuten dürfen, appellierte im „Langenauer Anzeiger" acht Tage nach der Gründung des Komitees an die patriotischen Gefühle seiner Mitbürgerinnen und Mitbürger. Voller Hoffnung, so der Unbekannte, blickten die Männer, die mit „bewunderungswürdigem Heroismus" den Eid der Treue gebrochen hätten und sich zusehends dem „Dänenhass" ausgesetzt sähen, nach Süddeutschland, wo aber nichts geschehe. Zwar mehrten sich von Tag zu Tag die „nationalen" Kundgebungen, doch das genüge bei weitem nicht. Wie klein seien die Opfer, die von den Langenauern erwartet würden, im Vergleich mit denen der Schleswig-Holsteiner, die nun mit „verzehnfachter Stärke" auf sie drückten. Am Schluss appellierte der Anonymus an das Komitee, sein Werk zu beginnen, und wünschte, dass „reicher Ertrag Eure Mühe krönen [möge], deren schönster Lohn Euch das Bewusstsein sei, für eine gerechte Sache gewirkt zu haben"[105].

Der Appell trug Früchte. Binnen einer Woche sammelten Frauen und Mädchen rund 41 Gulden. Damit traten erstmals Langenauerinnen politisch aktiv in Erscheinung. Sie mussten dabei mitunter äußerst unangenehme Erfahrungen machen. Nicht nur, dass ihnen Spenden schlichtweg verweigert wurden, manche Langenauer ließen sich zu Reden herab, „welche für das Gefühl jener Damen auf das Tiefste verletzend sein mussten". Mag sein, dass diese Männer grundsätzlich die Spendensammlung ablehnten, vielleicht waren sie aber auch dadurch provoziert, dass Frauen und Mädchen vor ihrer Haustüre standen. Ferner sammelte Lehrer Hafner 1 Gulden 42 Kreuzer, die Bürgergesellschaft und der Turnverein zehn bzw. einen Gulden. Alle Beiträge wurden dem schleswig-holsteinischen Hauptkomitee in Stuttgart übersandt[106].

Mit einem Konzert am 22. Januar 1864 in der „Krone", das „mehrere hiesige junge Damen" in Begleitung eines Männer-Doppelquartetts gestalteten, beendete das Schleswig-Holstein-Komitee seine Aktivitäten. Die Höhe des Eintrittsgeldes, das als Spende für Schleswig-Holstein verwendet werden sollte, legte man in das Ermessen des einzelnen Besuchers[107].

Eine eher kuriose, aber Genuss und Politik verbindende Form der Solidarität entwickelte die „Schleswigholsteinbierpfenningsgesellschaft". Einige trinkfreudige Langenauer gründeten sie am selben Tag wie das Schleswig-Holstein-Komitee im „Weißen Roß". Jedes Mitglied war verpflichtet, von jedem getrunkenen Schoppen Bier einen Pfennig abzuführen und am Samstag gewissenhaft die während der Woche genossenen Schoppen zu nennen. Immerhin kamen innerhalb einer Woche vier Gulden zusammen[108].

Auf den Ostermontag 1864 organisierten Mayer, Pfau und Haussmann Schleswig-Holstein-Versammlungen in allen Oberämtern. Auch in Langenau wurde in der „Ulmer Schnellpost" und im „Ulmer Landboten" zu einer Volksversammlung im „Ochsen" eingeladen. Das Langenauer Komitee lehnte jedoch jede Beteiligung ab. Ob die Versammlung stattgefunden hat, entzieht sich unserer Kenntnis[109].

Das Treiben des Schleswig-Holstein-Komitees, aber auch der allgemeine Aufschwung der liberal-demokratischen Bewegung – im benachbarten Ulm hatte sich am 5. März 1864 ein demokratischer Ulmer Volksverein gegründet[110] – brachte konservativ gesinnte Langenauer in Harnisch. Als nach dem Tod des Ulmer Abgeordneten der Zweiten Kammer der Ständeversammlung, Dr. Ludwig Seeger, im Frühjahr 1864 dessen Nachfolger gewählt werden musste[111], war die Gelegenheit gekommen, offensiv gegen die Demokraten vorzugehen. Eine wichtige Rolle spielte hierbei der „Langenauer Anzeiger", der zum Organ der antidemokratischen Kräfte avancierte und maßgeblichen Einfluss auf die Wahlmänner auszuüben suchte.

Auf der Bezirksversammlung der Demokratischen Partei im Langenauer Wirtshaus „Zum Ochsen" am 28. März 1864 würdigte der Rechtsanwalt Gustav Wolbach den „leider zu früh verblichenen und allgemein auf das Herzlichste betrauerten Abgeordneten ..., welchem die Versammlung in ernster und gerührter Stimmung ein Zeichen ihrer Anerkennung gab"[112].

Vermutlich lud der „Langenauer Anzeiger" die Wahlmänner zu einer Versammlung am 22. April im „Hasen" ein, um sich darüber zu verständigen, welcher Abgeordnete gewählt werden solle. Da die Langenauer Wahlmänner aufgrund ihrer Zahl den Ausgang einer Wahl entscheidend mitbestimmen konnten, war man sich rasch über ein geschlossenes Wahlverhalten einig. Allerdings waren nur 22 der 107 Langenauer Wahlmänner erschienen, 20 entschieden sich für den Esslinger Oberjustizrat und späteren Innenminister Karl Friedrich Scheurlen und nur zwei für den Ulmer Rechtsanwalt Gustav Wolbach, einen erklärten Anhänger der demokratischen Volkspartei[113]. In der gleichen Ausgabe erschien auch eine fast einspaltige Anzeige, in der sich mehrere Bürger für Scheurlen aussprachen. In der folgenden Nummer erschien ein ausführlicher Bericht über eine Versammlung mit Scheurlen[114]. Schließlich attackierte der Herausgeber des „Langenauer Anzeigers" Wolbach in einem scharfen Artikel. Sämtliche Register der Diffamierung ziehend bezeichnete er Wolbach als einen Mann ohne Taten und der hohlen Phrasen. Mit den „Volksmännern", „Volksfreunden" und „Fortschrittsmännern" gehe der Fortschritt im Krebsgang, auch mehr Freiheit benötige man nicht, denn jeder könne sagen und tun, was er wolle, sofern er sich im Rahmen der Gesetze bewege.

Am 3. und 4. Mai 1864 wurde Gustav Wolbach zum Abgeordneten des Oberamtes Ulm gewählt. Der „Langenauer Anzeiger" erwies sich als schlechter Verlierer. Dem politischen Gegner warf er vor, nicht mit „loyalen Waffen" gekämpft zu haben, und kommentierte weiter, dass die Zeit nicht mehr fern sei, „wo unserem Volk über solchen demokratischen Schwindel die Augen aufgehen werden"[115].

Für die folgenden Jahre liegen keine Dokumente mehr über demokratische Aktivitäten vor. Erst nach der Reichsgründung im Januar 1871, als mit den Reichs- und Landtagswahlen die Politisierung des öffentlichen Lebens einen beachtlichen Aufschwung nahm, traten wieder Demokraten in Erscheinung.

Der Deutsch-Französische Krieg 1870/71

Die Kriegserklärung Frankreichs an Preußen am 19. Juli 1870 löste eine Welle nationaler Begeisterung aus. Der „Langenauer Anzeiger" appellierte am 20. Juli an die „Einigkeit" und die „Liebe zum Vaterland" der Langenauer Bevölkerung, die Leiden ertragen und Opfer werde bringen müssen. Diese seien nicht zu vermeiden, aber durch „festes entschlossenes Handeln" könnten sie gemildert werden. Zugleich versuchte er beruhigend auf die Bevölkerung einzuwirken. Trotz des zu erwartenden Arbeitskräftemangels könne die bevorstehene Ernte „durch guten Willen, größere Anstrengung und Ausdauer" eingebracht werden. Auch Handel und Gewerbe könnten durch Ruhe und Besonnenheit Schaden von sich wenden[116].

Der „Langenauer Anzeiger" berichtete regelmäßig über das Kriegsgeschehen. Auch die Bürgergesellschaft sorgte mit Mitteilungen aus Frankreich und Paris dafür, dass die Langenauer Bevölkerung ausreichend informiert war[117].

Unmittelbar nach Kriegsbeginn ging aus einer Versammlung im Messnerschulhaus am 31. Juli 1870 ein Sanitätsverein hervor. Zweck dieses Vereins war es, durch Haussammlungen „geeignete Hilfsmittel für die Pflege verwundeter Krieger" wie Kleidungsstücke, Leibweißzeug und Verbandszeug herbeizuschaffen. Geldspenden sollten den im Felde stehenden Langenauern und deren Familien zugute kommen, die Kleidungsstücke und Verbandsmaterialien der allgemeinen Verwendung zugeführt werden. Stadt-

pfarrer Sigel, Stadtschultheiß Haug, der Vorsitzende des Gewerbevereins Dr. Cammerer und andere Langenauer Bürger riefen am 2. August im „Langenauer Anzeiger" zur Spendensammlung auf[118].
Nach wenigen Tagen waren bereits 180 Gulden gespendet, davon wurden Langenauer Frauen, deren Männer sich im Feld befanden, 33 Gulden ausgezahlt und 50 Gulden an den Landessanitätsverein überwiesen, sowie drei Zentner Kleider und Verbandsmaterial gesammelt. Eine zweite, nach Stuttgart entsandte Kiste enthielt neben vielem anderen 56 Hemden, 26 Paar Socken, 18 Paar Fußlappen, zwei Nachtmützen, fünf Kopfkissen, zwanzig Flanellbinden, drei Pfund Charpie und 300 Stück Zigarren. An Geldern spendeten die Langenauer bis Anfang September 1870 insgesamt 659 Gulden; 450 Gulden wurden an den Landessanitätsverein gesandt, 87 Gulden an Langenauer Familien ausbezahlt[119].
Privatpersonen initiierten am 28. August 1870 ein Konzert „zum Besten" des Sanitätsvereins. Allein die Titel der vorgetragenen Lieder vermögen den nationalen und militärischen Charakter des Konzertes zu vermitteln: „Des Kriegers Nachtwache", „Des Deutschen Vaterland", „Und hört Ihr das mächtige Klingen" und natürlich „Die Wacht am Rhein"[120]. Liederkranz, Gesang- und Turnverein gaben Ende Oktober eine gemeinsame „Liederproduktion zugunsten der im Felde stehenden Soldaten", deren allerdings geringeren Besuch der „Langenauer Anzeiger" beklagte, die dennoch 28 Gulden einbrachte[121]. Außerdem veranstaltete der Liederkranz zu Jahresbeginn 1871 eine Lotterie und die Bürgergesellschaft sammelte auf ihrer Stiftungsfeier Gelder für die Soldaten[122]. Auch die Stadt sorgte sich um das Befinden ihrer Soldaten. Jeder im Feld stehende Soldat erhielt sechs Gulden, der sich in inländischen Garnisonen befindende Soldat die Hälfte; insgesamt wurden 354 Gulden (276/78 Gulden) zur Verfügung gestellt[123]. Am 14. Januar 1871 riefen im „Langenauer Anzeiger" Gemeindepflegamt, Gemeinderat und Bürgerausschuss zur Haussammlung auf, die stattliche 459 Gulden einbrachte[124]. Schließlich soll nicht unerwähnt bleiben, dass der Gewerbeverein den Frauen der eingezogenen Geschäftsleute und Gewerbetreibenden mit Rat und Tat zur Seite zu stehen versuchte: Schreiben von Briefen und Rechnungen, Führung von Geschäftsbüchern, Einziehen von Außenständen, Schutz vor Überarbeitung sowie kleinere Geldbeträge. Auch der Turnverein Langenau wollte bei der Unterstützung der Soldaten nicht nachstehen und stiftete sein Vereinsvermögen – acht Gulden und dreizehn Kreuzer – dem Landessanitätsverein[125].
Die Siege der deutschen Truppen lösten eine nationale Begeisterung aus, wie sie zuvor in Langenau kaum spürbar gewesen war. Nach der Kapitulation der französischen Armee und der Gefangennahme des Kaisers Napoleon III. in Sedan am 2. September 1870 legte sich die Stadt eigene Fahnen

zu, um bei Festlichkeiten einen angemessenen Beitrag zur Ausschmückung der Stadt leisten zu können. Man beabsichtigte, im Fall eines nächsten größeren Sieges, z. B. bei der Einnahme von Paris, einen Fackelzug durch die Stadt durchzuführen und das Rathaus und die mittlere Stadt festlich zu beleuchten[126]. Einem eher bescheidenen Laternenumzug nach der Einnahme von Metz Ende Oktober 1870 folgte am 29. Januar 1871 die eigentliche Siegesfeier. Am Abend dieses Sonntags zog ein Fackelzug, begleitet von Musik und Glockengeläute, durch die in den Straßen mit den Flaggen des neu gegründeten Deutschen Reiches geschmückte Stadt; vor dem Rathaus hielt Stadtschultheiß Haug eine Rede, die vom nationalen Überschwang mehr als deutlich geprägt war[127].

Auch die Geschäftswelt zog Nutzen aus der nationalen Begeisterung. Seifensieder J. Jäger bot „Illuminations-Lämpchen" für die bevorstehende Friedensfeier an, Ernst Räßler legte seiner Kundschaft ein Angebot „deutscher National-Flaggen, Transparente und Inschriften" vor[128]. Die Proklamation des preußischen Königs Wilhelm I. zum Deutschen Kaiser am 18. Januar 1871 im Spiegelsaal des Schlosses von Versailles gab dagegen keinen Anlass zu einer öffentlichen Feier. Der „Langenauer Anzeiger" druckte lediglich die Erklärung Wilhelms I. an das deutsche Volk zur Annahme der Kaiserwürde ab[129].

Die Friedensfeier am 6. März 1871, einem Montag, wurde ähnlich den vorangegangenen Feiern gestaltet. Morgens um sieben Uhr läuteten alle Glocken der Stadt, um acht Uhr erscholl ein Choral vom Turm der Martinskirche, diesem folgte um neun Uhr der Umzug der Schuljugend durch die Stadt mit Musik; übrigens erhielt jedes Schulkind auf Gemeindekosten eine Brezel. Um zehn Uhr zog ein Festzug vom Marktplatz zur Oberen Kirche, wo ein feierlicher Gottesdienst stattfand. Das Festessen nahm man in der „Krone" ein. Ein Fackelzug am Abend, der in der Unteren Stadt bei einem von Bürgern errichteten Triumphbogen begann, mit anschließendem Gesang, Reden und Darstellung von lebenden Bildern auf dem Marktplatz beschloss die Friedensfeier[130].

Die Stadt bereitete am 23. Juli 1871 den heimkehrenden Soldaten einen feierlichen Empfang. Bei dieser nochmaligen Siegesfeier auf dem Burghof, bei dem alle Mitglieder des Gemeinderates und Bürgerausschusses vollzählig zu erscheinen hatten, erhielt jeder Soldat einen Verzehrbon im Wert von einem Gulden und außerdem ein Geldgeschenk: Soldaten, die seit Kriegsbeginn der Front gewesen waren, je drei Gulden und 30 Kreuzer, später an die Front gekommene Soldaten je zwei Gulden 20 Kreuzer und nur Einberufene einen Gulden 45 Kreuzer[131].

72 Langenauer Männer waren eingezogen worden. Zwei von ihnen überlebten den Krieg nicht: Johannes Fritz starb an der Verwundung, die er bei

Wörth erhalten hatte, am 21. August 1870 und David Mailänder, der der vielen Strapazen wegen erkrankte und im Spital von Lagny verschied. Drei Soldaten wurden verwundet[132].

Die Deutsche Partei und der Bund der Landwirte – die dominierenden politischen Kräfte während des Kaiserreiches

Nach der Gründung des Deutschen Reiches vollzog sich eine Politisierung des öffentlichen Lebens. Vor allem die Reichstags- und Landtagswahlen nahmen zunehmend einen breiteren Raum ein, wie die ausführliche Berichterstattung des „Langenauer Anzeigers" über Wahlkämpfe und -versammlungen beispielhaft zeigt. Führende Kraft war in Langenau die nationalliberal-konservative Deutsche Partei. Sie trat für eine preußische Hegemonie in Deutschland und für einen nationalen Machtstaat ein. Ein ebenso wichtiges Ziel stellte für die Deutsche Partei die Verwirklichung des liberalen und nationalen Rechtsstaates dar. Sie unterstützte ferner den Ausbau einer starken militärischen Streitmacht und später die Kolonialpolitik. Die Nationalliberalen waren Anhänger der bestehenden konstitutionellen Monarchie und suchten innerhalb des Systems der Volksvertretungen – Reichstag und Landtag –, sich so viel wie möglich an Einfluss zu sichern. In Langenau wurde vermutlich in den frühen 1880er-Jahren eine Ortsgruppe der Deutschen Partei gegründet. Erstmals berichtete der „Langenauer Anzeiger" über Vorstandswahlen, die am 22. Dezember 1884 stattgefunden hatten, Anfang 1885[133].

1895 trat an die Stelle der Deutschen Partei der 1893 auf Initiative ostelbischer Gutsbesitzer gegründete Bund der Landwirte. Er beanspruchte die Interessenvertretung der gesamten deutschen Landwirtschaft. Durch eine geschickte Propaganda, z. B. Vermittlung von verbilligten Landmaschinen und Düngemitteln an seine Mitglieder, vermochte der Bund der Landwirte viele Anhänger unter den Bauern zu gewinnen. Da der Bund der Landwirte von ostdeutschen Gutsbesitzern beherrscht wurde, blieb er auf Ost- und Norddeutschland beschränkt. Langenau stellt einen Sonderfall dar. Zusammen mit der Wirtschaftpartei betrieb der Bund der Landwirte eine Politik für den Mittelstand, d. h. er vertrat die Interessen von Landwirtschaft, Gewerbe und Handel. Mit der Ausrichtung auf eine Mittelstandspolitik erreichte der Bund der Landwirte eine hohe Akzeptanz in Langenau. Allerdings konnte sich die Wirtschaftspartei nie als eigenständige Partei in Langenau entwickeln; nur ein einziges Mal berichtete der „Langenauer Anzeiger" über eine Versammlung dieser Partei im April 1895[134].

In seinem Programm trat der Bund der Landwirte für die Erhaltung und den Ausbau der bestehenden „Staatsordnung auf dem Boden der christlichen Weltanschauung", für Kaiser, König und Reich ein[135]. Den Schwerpunkt seiner Politik bildete selbstredend die Förderung der Landwirtschaft. Konkret bedeutete dies u. a. die Errichtung einer Landwirtschaftskammer, die von den Bauern und Weingärtner gewählt und eine beratende Funktion für die Landesregierung besitzen sollte, die Förderung der Viehzucht und des Genossenschaftswesens (Darlehenskassen, Getreide- und Viehverkaufsgenossenschaften), den Schutz gegen Einschleppung von Viehseuchen und die Vertretung der landwirtschaftlichen und mittelständischen Interessen bei der Reichsgesetzgebung durch die Landesregierung. Unter einer praktischen Mittelstandspolitik verstand der Bund der Landwirte eine entsprechende Steuer- und Wirtschaftspolitik (progressive Einkommens- und Vermögenssteuer statt der Besteuerung von Grund und Boden, Verringerung der Gemeindesteuern, Ausbau des Eisenbahnnetzes und Verbesserung des Straßenwesens und der Postverbindungen) sowie die „Bekämpfung jeder einseitigen ungerechten Bevorzugung der Großbetriebe, insbesondere des spekulativen internationalen Großkapitals".

Langenau war fest in der Hand der Deutschen Partei bzw. des Bundes der Landwirte. Im „Langenauer Anzeiger" besaßen die nationalliberal-konservativen Kräfte ihr Publikationsorgan, das den Aktivitäten dieser Parteien einen breiten Raum in seiner Berichterstattung zur Verfügung stellte, selbst Berichte über Bezirks- und Reichsparteitage wurden wie die Reden des Landtagsabgeordneten Gottlieb Haug mehrspaltig abgedruckt[136]. In Wahlkämpfen stand der „Langenauer Anzeiger" den Kandidaten der Deutschen Partei und des Bundes der Landwirte offen. Als ein markantes Beispiel sei hier die Ausgabe vom 1. Februar 1890 angeführt, auf deren Titelseite ein auch von einem der Haug-Brüder unterzeichneter, ganzseitiger Wahlaufruf für den nationalliberalen Kandidaten abgedruckt war[137]. Jährlich wurde ausführlich über die Jahreshauptversammlungen berichtet, die meist außer dem Rechenschaftsbericht des Vorstandes ein politisches Grundsatzreferat, oft von auswärtigen Parteifunktionären gehalten, beinhalteten. Die Führung der Deutschen Partei bzw. des Bundes der Landwirte war eng mit der Spitze der Stadtverwaltung verbunden. Stadtpfleger Gottlieb Haug wurde bereits 1884 als Vorsitzender genannt, erst 1902, nach seiner Wahl zum Stadtschultheißen zwei Jahre zuvor, übergab er den Vorsitz des Bundes der Landwirte an Jakob Bohner, seinen Nachfolger im Amt[138]. Von 1876 bis zu seinem Tod im März 1900 war Stadtschultheiß Johann Friedrich Haug Landtagsabgeordneter. Auch hier folgte ihm sein jüngerer Bruder nach, der noch 1900 zum Landtagsabgeordneten gewählt wurde.

Die beiden anderen wichtigen politischen Kräfte des Kaiserreiches – die linksliberale Volkspartei und die Sozialdemokratie – hatten keine Chance, in Langenau Fuß zu fassen. Die in der Tradition von 1848 stehende und republikanisch gesinnte Volkspartei konnte bei Wahlen kaum mehr als ein Drittel der Stimmen gewinnen, die SPD nur geringfügige Stimmenzahlen erreichen. Bei der Bekämpfung des politischen Gegners spielte der „Langenauer Anzeiger" erneut eine nicht unbedeutende Rolle. So veröffentlichte er eine von beleidigenden Vorurteilen getragene Sottise gegen die Volkspartei: „100 000 Advokaten / Vaterland, du bist verraten / 100 000 Professoren / Vaterland, du bist verloren"[139]. Demokraten waren nach Ansicht des „Langenauer Anzeigers" „Wühler", wie einer Notiz aus dem Jahr 1890 entnommen werden kann: „Wie uns mitgeteilt wird, werden sich die Giengemer morgen und am Freitag in ganzen Scharen aufs Brenztal und die Alb werfen, um für Hähnle [Kandidat der Volkspartei – U.S.] zu wühlen. Hoffentlich wird denselben überall mit dem gedient, was ihnen gehört"[140]. Ob die von dem Ulmer Postsekretär Munz auf einer Versammlung der Volkspartei Ulm-Söflingen in Langenau im November 1909 vorgebrachte Anregung, eine Ortsgruppe zu gründen, aufgenommen wurde, ist nicht bekannt[141].

Langenauerin, um 1900.

Noch mehr als die linksliberalen Demokraten geriet die Sozialdemokratie in das Visier des „Langenauer Anzeigers" und des Bundes der Landwirte, der sich als ein „Bollwerk gegen die Umsturzbestrebungen der Sozialdemokratie" verstand[142]. Noch zu Zeiten des „Sozialistengesetzes" von 1878 bis 1890, als jede sozialdemokratische und sozialistische Tätigkeit und Organisation verboten war, hielt Dr. Hölzinger, ein führendes Mitglied der Deutschen Partei, vor dem Gewerbeverein einen Vortrag über die Sozialgesetzgebung Bismarcks. Ganz im Sinne des Zwecks dieser Gesetze sah Hölzinger in ihnen eine Möglichkeit, über die gesetzliche Garantie eines gewissen Maßes an sozialer Sicherheit hinaus den Einfluss der Sozialdemokratie auf die Arbeiterschaft einzudämmen[143]. Obgleich nach der Aufhebung des „Sozialistengesetzes" keine Sozialdemokraten in Langenau in Erscheinung traten, sah sich dennoch der „Langenauer Anzeiger" veranlasst, einen umfangreicheren Artikel gegen die 1890 erstmals in aller Welt begangene Maifeier, auf der vor allem der Achtstundentag gefordert wurde, zu veröffentlichen[144]. Dass die Sozialdemokratie unter den Bauern, vor allem unter den Knechten Anhänger gewinnen könnte, befürchtete der „Langenauer Anzeiger" durchaus. Zu den Reichstagswahlen 1903 legte er der Ausgabe vom 21. März ein Blatt bei, das sich mit dem Verhältnis zwischen Bauer und Sozialdemokratie auseinander setzte. Eindringlich warnte der Verfasser, denn nur mithilfe der Bauern könnten die sozialdemokratischen „Umsturzideen" verwirklicht und „unser ganzes nationales Staatswesen, Thron und Altar in Trümmer" gelegt werden. Niemand solle sich von der verlockenden Propaganda verführen lassen, die die Enteignung von Grund und Boden und deren Verteilung an Kleinbauern verspräche[145]. Schließlich versuchte 1899 der Herausgeber des „Langenauer Anzeigers" die Frage zu beantworten: Was ist Sozialismus? „Die einen werden ihn mit Kommunismus verwechseln, mit der sozialdemokratischen Forderung, dass alle Produktionsmittel, Maschinen und Handwerkszeug und Ackerland nicht Privatbesitz bleiben, sondern Staatseigentum werden sollen". Vorhandene Ängste und Vorurteile berührend argumentierte er geschickt weiter, dass das „Wohl der Menschheit" zu fördern sei, „sie hinaufzuführen auf eine höhere und bessere Stufe ihres Daseins". Der Sozialdemokratie sprach er den Alleinvertretungsanspruch ab, denn unter Sozialismus verstand der Verfasser nichts anderes als die Bismarck'sche Sozialgesetzgebung: „Auch aus Liebe zu unserem Volk und Vaterland müssen wir diesen Weg des Sozialismus billigen"[146]. Als ein letztes Beispiel für antisozialdemokratische Agitation sei ein Bericht über eine Versammlung im November 1906 angeführt. Diese sei nur schwach, mehr von Neugierigen als von Anhängern besucht gewesen; die Sozialdemokraten wüssten nicht, was sie sprächen, und ihre Herrschaft würde nur Chaos bedeuten: „Wenn diese Volksbeglücker Herr würden, dann würde es übel aussehen in Land und Reich"[147].

Paar, um 1900.

Im Februar 1896 sorgte ein Fremder für einige Aufregung. Dieser hatte ein sozialdemokratisches Flugblatt verteilt, was den „Langenauer Anzeiger" zu kritischen Anmerkungen veranlasste, die in antisemitischen Ausfällen gipfelten. Die Sozialdemokratie würde nicht nur die „Geldmacht der Juden" stützen, sondern die Juden seien auch die „Brotherren von sozialdemokratischen Führern". Und schließlich könne derjenige, der das Interesse der Juden vertrete, nicht ein „Freund der Bauern und des sonstigen kleinen Mannes sein"[148]. Bei den Reichstagswahlen 1903 veranstaltete die SPD erstmals eine Wahlversammlung, zu der Max Denker aus Stuttgart als Hauptredner eingeladen war. Er sprach vor „kleiner Versammlung", wie der „Langenauer Anzeiger" zu berichten wusste[149]. Bei den folgenden Wahlen zu Reichs- und Landtag wurden sozialdemokratische Versammlungen zum festen Bestandteil der Wahlkämpfe. Zu den Landtagswahlen 1908 ließ das sozialdemokratische Wahlkomitee erstmals einen Wahlaufruf im „Langenauer Anzeiger" abdrucken[150]. Schließlich gründeten 14 Genossen wohl im Januar 1914 einen sozialdemokratischen Ortsverein, dem allerdings der Erste Weltkrieg ein baldiges Ende bereitete[151].

Langenauer Familie, um 1905.

Langenauer Kinder.

Die Reichstags- und Landtagswahlen

Die dominierende Stellung der Deutschen Partei bzw. des Bundes der Landwirte findet ihren sichtbarsten Ausdruck in den Wahlen zu Reichs- und Landtag. Zu den deutlichen Ergebnissen trug maßgeblich der „Langenauer Anzeiger" bei, der durch seine oft einseitige Berichterstattung zugunsten der Nationalliberalen großen Einfluss auf das Wahlverhalten ausübte. Wenn überhaupt Wahlversammlungen anderer Parteien stattfanden, so berichtete der „Langenauer Anzeiger" selten darüber, und wenn, dann in mehr als kritischer, oft in polemischer Weise. Anderen Parteien blieb lediglich die Möglichkeit, über Anzeigen, wie sie nach der Jahrhundertwende vermehrt erschienen, auf sich aufmerksam zu machen.

Die Deutsche Partei gelangte bei den Reichstagswahlen bis zur Jahrhundertmitte nie unter 70 Prozent der Wählerstimmen, allerdings verringerte sich der Stimmenanteil stetig von 85 Prozent 1871 auf knapp 70 Prozent 1898[152]. Nur 1877 erlitt die Deutsche Partei eine empfindliche Niederlage, als der Ulmer Oberbürgermeister Karl von Heim für die Freikonservative Reichspartei kandidierte und sich mit 327 Stimmen überraschend klar gegen Robert Römer durchsetzte, der nur auf fünf Stimmen kam[153]. Letztmals traten die Nationalliberalen 1903 an und erreichten nur noch 15 Prozent[154]

Bei den Wahlen 1903 beteiligte sich der Bund der Landwirte erstmals. Sein Kandidat, der Ulmer Zeitungsverleger Eugen Nübling, setzte sich in Langenau durch, im Wahlkreis jedoch nicht[155]. Vier Jahre später musste der Bund der Landwirte erhebliche Stimmeneinbußen hinnehmen, sein Anteil sank um 13 Prozent auf 46 Prozent[156]. Die Wahlen von 1912 brachten den Bund der Landwirte wieder auf die alte Höhe[157].

Der Stimmenanteil der Volkspartei bewegte sich in der Regel zwischen 20 und 30 Prozent. Nur bei den Wahlen von 1871 – hier sorgte wohl der nationalistische Überschwang dafür, dass die Volkspartei nur eine Stimme erhielt – und 1874 blieben die Demokraten unter diesem Niveau[158]. 1907 gewann die Volkspartei sogar in Langenau die Wahlen mit 49 Prozent[159]. Ausgenommen die Jahre 1887–1890 und 1893–1895 stellte die Volkspartei von 1882 an immer den Reichstagsabgeordneten.

Ergebnisse der Reichstagswahlen, Wahlkreis 14 Ulm-Heidenheim-Geislingen (in Klammern die Kandidaten):

	Deutsche Partei	Volkspartei	Freikonservative Reichspartei	Zentrum	Bund der Landwirte	SPD	Gewählt
1871	114 (Römer)	1					
1874	373 (Römer)	68 (Völter)					
1877	5 (Römer)	2 (Schultes)	327 (Heim)				Heim
1878							Heim
1881	339 (Riekert)	135 (Hähnle)					Riekert
1882	390 (Magirus)	120 (Hähnle)					
Stichwahl	354	186					Hähnle
1884	533 (Fischer)	157 (Hähnle)					Fischer
1887	654 (Fischer)					5 (Bebel)	
1890	479 (Fischer)	147 (Hähnle)		0 (Gröber)		0 (Dietrich)	
Stichwahl	565	168					Hähnle
1893	493 (Bantleon)	168 (Hähnle)		0 (Gröber)		0 (Dietrich)	Bantleon
1895	288 (Ehmann)	117 (Hähnle)		0 (Gröber)		2 (Dietrich)	
Stichwahl	314	183					Hähnle
1898	357 (Hartmann)	148 (Hähnle)		1 (Gröber)		10 (Dietrich)	
Stichwahl	330	182					Hähnle
1903	82 (Hartmann)	120 (Storz)			316 (Nübling)	25 (Dietrich)	
Stichwahl		401				59	Storz
1907		287 (Storz)			265 (Körner)	30 (Dietrich)	
Stichwahl		410				34	Storz
1912		165 (Hähnle)			390 (v. Seegartenhof)	97 (Göhring)	
Stichwahl		220				460	Hähnle

Bei den Reichstagswahlen von 1887 erhielt die Sozialdemokratie erstmals Stimmen für den Zählkandidaten August Bebel, den Vorsitzenden der Partei[160]. 1890 erhielt die SPD keine Stimme, obwohl sie bei diesen Wahlen nach zwölf Jahren der Illegalität reichsweit gestärkt hervorging[161]. Erst nach der Jahrhundertwende konnte die SPD bei den Wahlen 1903 und 1907 ihren Stimmenanteil auf fünf Prozent steigern[162]. 1912 erreichte die Sozialdemokratie in Langenau wie im Reich ihren höchsten Stimmenanteil – reichsweit wurde sie sogar zur stärksten Partei[163]. Das katholische Zentrum blieb im protestantischen Langenau ohne Bedeutung.

Die Deutsche Partei und die Volkspartei bestimmten die Landtagswahlen. Bis auf das Jahr 1870 erzielte die Deutsche Partei fast an 100 Prozent gehende Wahlergebnisse, gegen die kandidierenden Stadtschultheißen Johann Friedrich und Gottlieb Haug besaß der Kandidat der Volkspartei nicht den Hauch einer Chance. Johann Friedrich Haug gehörte dem Landtag von 1876 bis 1900 an, sein jüngerer Bruder Gottlieb von 1900 bis 1908. Aus dem Rahmen fällt die Wahl von 1906, als das Zentrum auf 11 Prozent kam. Aus den beiden letzten Wahlen vor dem Beginn des Ersten Weltkrieges 1908 und 1912 ging die Volkspartei mit 18 bzw. 16 Prozent gestärkt hervor; auch die SPD errang 1912 mit neun Prozent wie bei den Reichstagswahlen ihr bestes Ergebnis während des Kaiserreiches.

Ergebnisse der Landtagswahlen, Oberamt Ulm (ohne Stadt Ulm)[164]
(in Klammern die Kandidaten):

	Deutsche Partei	Volkspartei	Zentrum	SPD	Gewählt
1870	229 (Kolb)	221 (Honold)			Kolb
1876	649 (J.F. Haug)	25 (Schott)			J.F. Haug
1876	767 (J.F. Haug)	47 (Schott)			J.F. Haug
1882	691 (J.F. Haug)	44 (Möhrlin)			J.F. Haug
1889	618 (J.F. Haug)				J.F. Haug
1895	447 (J.F. Haug)	240 (Honold)			
Stichwahl	460	267			J.F. Haug
1900	519 (G. Haug)	22 (Haussmann)	0 (Gröber)	2 (Dietrich)	G. Haug
1900	589 (G. Haug)		0 (Gröber)	12 (Dietrich)	G. Haug
1906	484 (G. Haug)	0 (Hornung)	61 (Gröber)	9 (Dietrich)	G. Haug
1908	420 (Ströbele)	96 (Munz)		13 (Hefele)	Ströbele
1912	406 (Ströbele)	84 (Hähnle)	3 (Schmid)	48 (Hefele)	Ströbele

Antisemitismus

Ende des 19. Jahrhunderts entstand der rassische Antisemitismus, der nicht mehr religiös motiviert war, sondern seine inhaltliche Ausgestaltung und Dynamik aus wirtschaftlichen und sozialen Neidgefühlen bezog. Die Antisemiten organisierten sich 1890 in einer eigenen Partei und konnten bei den Reichstagswahlen 1893 sogar 16 Mandate gewinnen. Konservative Parteien übernahmen in ihre Wahlpropaganda radikale antisemitische Parolen, die bei Mittelstandsgruppen wie Handwerkern, Kleinhändlern und Bauern, die sich in ihrer Existenz von Großindustrie und Arbeiterbewegung gleichermaßen bedroht sahen, auf fruchtbaren Boden fielen.

In Langenau gab es keinen organisierten Antisemitismus. Der aufmerksame Leser des „Langenauer Anzeigers" stößt dennoch gelegentlich auf Spuren eines latent vorhandenen Antisemitismus, der sich unter der Oberfläche verdeckt hielt und von Fall zu Fall in Erscheinung trat. Der „Langenauer Anzeiger" versuchte, vorhandene antisemitische Ressentiments und die unter Handwerkern, Händlern und Bauern weit verbreitete Angst vor sozialer Deklassierung zur Bekämpfung des politischen Gegners auszunutzen. Mit der unsinnigen Behauptung, die Sozialdemokratie werde von jüdischen Kapitalisten finanziert, verknüpfte der „Langenauer Anzeiger" diejenigen Kräfte, die auch den Langenauer Mittelstand bedrohen würden: die Sozialdemokratie und das Großkapital, die beide letztendlich von Juden beherrscht seien[165].

Auch die Volkspartei sah sich antisemitischen Angriffen ausgesetzt. In einem Bericht über eine Parteiversammlung sprach der „Langenauer Anzeiger" von „Juden und Judengenossen", die im Gasthaus „Ochsen" erschienen seien[166]. Mit ersteren meinte der Berichterstatter den Redakteur der liberalen „Ulmer Zeitung", „eines bei uns wenig bekannten Judenblattes", die Ulmer jüdischen Rechtsanwälte Mayer und Salomon Moos I sowie die mit ihnen angereisten Mitglieder der Ulmer Volkspartei, mit Letzteren Langenauer Anhänger der Volkspartei, die als „Judengenossen" denunziert aus der Gemeinschaft der Langenauer ausgegrenzt wurden. In einem zweiten Beitrag wurde eine Parallele zwischen einem mittelalterlichen „Juden-Mayer", der Wucher betrieben haben soll und so in Langenau genannt worden sei, und dem „neumodigen 'Juden-Mayer'". Einen Unterschied zwischen beiden gäbe es nicht, beide würden eine Bedrohung für die wirtschaftliche Existenz des Mittelstandes darstellen: „Solche 'Juden-Mayer' aber bekämpft man hier aus Gründen des öffentlichen Wohls und in der Absicht, die Leute vor der Ausbeutung zu schützen, auch vor der Ausbeutung zu politischen Zwecken, die in der Hand der Juden nichts ist als eben auch ein Geschäft". Dies geschah auch. Die Versammlung der Volkspartei wurde gesprengt.

Der Landtagswahlkampf 1903 stellt mit der Kandidatur des Ulmer Zeitungsverlegers und ausgewiesenen Antisemiten Theodor Eugen Nübling gewissermaßen den Höhepunkt antisemitischer Aktivitäten in Langenau dar. Von 1891 an bildete die von ihm herausgegebene „Ulmer Schnellpost" das offizielle Organ der „Deutsch-sozialen antisemitischen Partei" Württembergs, in der fast täglich antisemitische Artikel und Leserbriefe erschienen. Der Redakteuer der „Schnellpost", Hans Kleemann, sah in seiner Tätigkeit die Verpflichtung, den „Kampf um die Heilung des Wirtschaftslebens" zu führen und die Juden, in denen er den „Krebsschaden" der deutschen Wirtschaft sah, zu bekämpfen[167]. Der Kandidat der Volkspartei Christian Storz wurde im „Langenauer Anzeiger" als inkompetent und vor allem industriefreundlich vorgestellt, zugleich rührte der Berichterstatter untergründig an antisemitischen Vorurteilen, indem er darauf hinwies, dass Storz bei einer Wahlveranstaltung in Langenau von den schon genannten Rechtsanwälten Mayer und Moos begleitet worden sei[168]. Nübling dagegen, so der „Langenauer Anzeiger", sei ein Mann der Landwirtschaft und gegen die Bevorzugung der Industrie und der überdies in der „Schnellpost" schon seit Jahren „für die Interessen der Landwirtschaft und des gewerblichen und kaufmännischen Mittelstandes" eingetreten sei[169].

Als ein letztes Beispiel für alltäglichen Antisemitismus sei ein anonymer Zettel angeführt, den ein Wähler bei der Reichstagswahl 1907 in die Urne warf. Dieser Zettel dokumentiert eine verbreitete, häufig mit Antisemitismus verknüpfte antidemokratische Haltung. Der „Langenauer Anzeiger" beschreibt ihn wie folgt: „Es befinden sich auf demselben sieben Juden mit großen Geldsäcken, ein Leierkasten auf einem Wagen und die Aufschriften: 'Ulmer Zeitung', 'Wohl des Volkes' und 'Freiheit, die ich meine', sodann 15 große und kleine Esel, ein dürrer Bauer, und unten: 'Die Demokratie' „[170].

Feiern für König, Kaiser, Gott und Vaterland

Im Kaiserreich nahmen politische Kultfeiern für König und Kaiser einen breiten Raum im öffentlichen Leben ein. Die Funktion des Herrscherkults bestand darin, die „breite Bevölkerung" – die politisch, ökonomisch, sozial und kulturell nichtprivilegierte Mehrheit der Gesellschaft – in das politische System zu integrieren und die Loyalität des gewerblichen Kleinbürgertums, der Bauern und Arbeiter für die herrschenden Dynastien zu gewinnen. Im Königreich Württemberg fanden die Feiern an den Geburtstagen von König und Kaiser statt. Form und Ablauf der Feiern blieben über die Jahrzehnte nahezu unverändert.

Die erste Feier zum Geburtstag König Wilhelm I. fand am 29. September 1860 statt. Am Morgen wurden Freudenböller abgefeuert und Musiker bliesen vom Turm der Martinskirche, beispielsweise 1860 den Choral „Heil unserem König". Dem Festgottesdienst folgte ein Festzug mit Fahne und Musik von der Martinskirche zum Rathaus, anschließend nahm man das Festmahl im Gasthaus „Krone" ein, wobei auf die Gesundheit des Königs angestoßen wurde[171]. Während des Kaiserreiches mussten die Schüler der Oberklassen am Festzug teilnehmen[172].

Die Geburtstagsfeiern gaben den würdigen Rahmen, die Veteranen der Kriege von 1814/15 zu ehren, indem die Stadt ihnen Gratifikationen[173] oder den verköstigten Wein bezahlte. Noch 1873 nahmen zwei 81 und 86 Jahre alte Veteranen am Festmahl teil[174]. In späteren Jahren wurden Angestellte des öffentlichen Dienstes ausgezeichnet. So erhielt 1892 der Bahnmeister Ganzenmüller die Zivilverdienstmedaille oder 1910 wurden dem Hilfswärter und Vorarbeiter Adam Kramer 50 Mark für langjährige Dienstleistung und gute Führung überreicht[175]. Königliche Jubiläen gaben ebenso Anlass für ein feierliches Fest, so am 13. Juli 1871 zum 25. Hochzeitstag des Königspaares[176] oder zum 25. Regierungsjubiläum König Karl I. am 23. Juni 1889[177].

Natürlich entstanden der Stadt Kosten, beispielsweise 1861 anlässlich des 80. Geburtstages König Wilhelm I.: Wein für Veteranen: 12 Gulden, Musik: 6 Gulden, Fahnenträger: 30 Kreuzer, Aufnähen der Fahne an einer Stange: 24 Kreuzer, Festmahl: 13 Gulden und 30 Kreuzer, Böllerschüsse: 3 Gulden und 45 Kreuzer, gesamt: 36 Gulden und 39 Kreuzer[178]. Selbstverständlich hatte der Königsgeburtstag die Qualität eines Sonntages. Das Postamt war daher am Morgen nur für eine Stunde geöffnet, und Einschränkungen in der Zustellung mussten hingenommen werden[179].

Zweifelsohne gerieten die Königsbesuche 1892 und 1897 zum Höhepunkt der kultischen Monarchenverehrung. Am Morgen des 1. Juli 1892 erwarteten auf dem allerdings nur auf der Südseite festlich geschmückten und reich beflaggten Bahnhof Stadtschultheiß Haug, die bürgerlichen Kollegien mit den Geistlichen, die städtischen Beamten und Lehrer mit der Schuljugend, der Kriegerverein Concordia und die Feuerwehr sowie viele Frauen und Männer den königlichen Sonderzug, der pünktlich um 7.32 Uhr, wie im Fahrplan vorgesehen, einfuhr. Stadtschultheiß Haug begrüßte König Wilhelm II., die stattliche Menschenmenge brachte im Anschluss daran ein dreimaliges Hoch auf „Seine Majestät" aus. Die kleine Hedwig, Tochter des Stadtpfarrers

Müller, durfte Wilhelm II. einen prächtigen Rosenstrauß überreichen, wofür sie ein Foto des Königs erhielt. Hierauf schritt der König die Reihen der Feuerwehr, die mit über 100 Mann im Helm angetreten war, und des Kriegervereins huldvoll grüßend ab. Nach dieser eher militärisch gefärbten Zeremonie verabschiedete die Schuljugend Wilhelm II. mit dem Lied „Heil unserm König". Während des fünfminütigen (!) Königsaufenthaltes wurden die Glocken der drei Kirchen geläutet[180]. 1897 stattete Wilhelm II. dem Herbstmanöver in und um Langenau einen Besuch ab[181].

Das im Januar 1871 gegründete Deutsche Reich forderte seine eigene Loyalität und brachte neue kultische Feiern für die neuen Herrschaftssymbole – Kaiser und Reich – hervor. Das Kaiserreich öffnete den politischen Horizont und weckte Gefühle für ein zusätzliches Macht- und Ordnungsbild, auf ein vergrößertes „Vaterland". Mit den Feiern nach deutschen Siegen während des Deutsch-Französischen Krieges und bei der Heimkehr der Truppen nahmen die Farben des Kaiserreiches ihren Platz auf Fahnen und Emblemen in den Straßen und Sälen ein. Der deutsche Einigungskrieg entwickelte sich zum nationalen Schlüsselerlebnis und wurde rasch zum Mythos stilisiert. Vor allem Veteranenvereine hielten die Erinnerung an die kriegerische Reichsgründung mit Sedanfeiern, Fahnenweihen, Ehrenbestattungen und aufwändigen Einweihungen von Kriegerdenkmalen wach.

In Langenau übernahm der im Juli 1871 gegründete Veteranenverein Concordia die Organisation der Sedanfeier und, um den Beitrag des Königreiches Württemberg am gewonnenen Krieg zu würdigen, ab 1882 der Feier zur Erinnerung an die Siege bei Villiers und Champigny am 30. November und 2. Dezember 1870, bei denen württembergische Truppen maßgeblichen Anteil gehabt hatten[182]. Am 7. Juli 1872 beschloss die Generalversammlung des Veteranenvereins, den für die nationale Identitätsstiftung so bedeutungsvollen Tag, den 2. September, an dem die französische Armee und Kaiser Napoleon III. in Sedan gefangen genommen worden waren, jährlich mit der Abhaltung eines Balles zu begehen[183]. Hier wurden die populäre antifranzösische Propaganda und der Mythos der Reichsgründung, zu der die französische Niederlage die Voraussetzungen geschaffen haben soll, miteinander verknüpft[184]. Zwei Jahre später erklärte der Gemeinderat den 2. September zum „Nationalfeiertag" und legte den Festablauf fest, der bis zum Beginn des Ersten Weltkrieges beibehalten wurde: Böllerschüsse und Glockenläuten um 5 Uhr morgens, Ansprache des Stadtschultheißen vom Balkon des Rathauses, Umzug in die Martinskirche, Gottesdienst, Festmahl in der Fruchtschranne, Illumination des Rathauses am Abend;

die Gesangvereine und der Turnverein umrahmten das Festprogramm mit Gesangs- und Turndarbietungen[185]. Die Ortsschulbehörde ordnete an, dass die ältere Schuljugend teilzunehmen hatte und eine Schrift „Der große Krieg“ auf Kosten der Gemeinde erhielt. Der Nachmittag sah für alle Schüler einen Spaziergang unter der Führung der Lehrer mit abschließenden Spielen auf der Reutte vor[186].

Es ist die Pflicht des Chronisten zu berichten, dass die erstmals vorgesehene Schuljugendfeier ausfiel, denn Lehrer Henseler konnte wegen einer Beerdigung die Anordnung der Ortsschulbehörde nicht durchführen. Welche Emotionen dieses „Versäumnis“ bei Stadtschultheiß Haug auslöste, belegt das Gemeinderatsprotokoll, zugleich auch ein Zeugnis für Sinn und Zweck der Sedanfeiern – die Indoktrination der Schülerinnen und Schüler. Es sei mangelnder guter Wille und Pflichtbewusstsein bei jenen, so der polternde Haug, „deren Pflicht es gewesen wäre, den Kindern an diesem Nationalfesttage sich besonders zu weihen und mitzuhelfen, dass das heilige Feuer der Vaterlandsliebe in ihren jungen Herzen angefacht und lebendig gemacht würde. Stattdessen seien die Kinder in diesem Gefühl gekränkt worden in Erwartung einer fesselnden Feier“. Überhaupt sei Langenau vermutlich die einzige Gemeinde im Lande, wo keine Schuljugendfeier stattgefunden habe[187].

Die Feiern an Kaisers Geburtstag fanden ohne Umzug durch die Stadt in den Sälen der Wirtshäuser statt, erstmals 1875. Nationale Reden des Stadtschultheißen oder Pfarrers und vom Liederkranz vorgetragene Lieder gestalteten die Festabende, zwischen den Programmpunkten brachte man Toaste auf den Kaiser und seine beiden „Heerführer“ Bismarck und Moltke aus[188]. Das 25-jährige Jubiläum der Thronbesteigung Wilhelm II. 1913 gab Anlass, diesem Ereignis mit einer so genannten „Nationalspende“, die die enge Verbindung zwischen Staat und Kirche beispielhaft dokumentiert, in würdiger Weise zu gedenken, denn es galt, „Gott ein Dankopfer darzubringen für eine 42-jährige Friedenszeit … Unserem Kaiser eine Freude zu machen aus Anlass des Jubiläums seiner 25-jährigen weisen und pflichtbewussten Regierung“ sowie „dem Werk der Mission, deren gewaltigen Kulturarbeit sich nicht verkennen lässt, eine weitere Förderung angedeihen zu lassen, wobei besonders der ärztlichen Mission gedacht werden soll“[189].

Im letzten Jahrzehnt des 19. Jahrhunderts wurde die Palette nationaler Feiern vergrößert. Die Troika der Reichsgründer, Otto von Bismarck, Kaiser Wilhelm I. und Helmuth von Moltke, wurde anlässlich ihrer Geburtstage von Stadt und Bürgerschaft geehrt. Erstmals 1890 veranstaltete die Deutsche Partei zum 75. Geburtstag Bismarcks, der nach seiner Entlassung 1890 an Popularität gewann und zur mythischen Figur stilisiert wurde, eine Feier. Ein Jahr später würdigte Stadtschultheiß Haug die Politik des Reichsgründers[190]. Nach Bismarcks Tod am 30. Juli 1898 setzte der Gemeinderat einen bereits 1895 gefassten Beschluss um, ein Bild Bismarcks zu erwerben, das schließlich im April 1899 mit einem Kranz geschmückt im Rathaussaal aufgehängt wurde[191]. Dem ersten Kaiser des Reiches, Wilhelm I., widmete die Stadt am 21. März 1897 eine Feier in der Turnhalle, wo ein Festspiel gegeben wurde. Ein ursprünglich geplanter Fackelzug fiel aus Kostengründen weg, stattdessen übernahm die Stadt die Kosten für die Beleuchtung und Heizung der Turnhalle.

Das eingenommene Eintrittsgeld – 58 Mark – wurde für einen Fond bestimmt, aus dem ein Denkmal für den 1888 verstorbenen Monarchen gestiftet werden sollte[192]. Auch der 100. Geburtstag Helmuth von Moltkes, des Chefs des Generalstabes, dessen überlegene Strategie zum Sieg von 1870/71 geführt hatte, gab den Anlass für eine Feier am 27. Oktober 1900, die zusammen mit der Champigny-Feier durchgeführt wurde[193]. Nicht unerwähnt bleiben soll die 100-Jahr-Feier zur Leipziger Völkerschlacht im Oktober 1913, in der die Armee der antinapoleonischen Koalition (Preußen, Russland, Österreich) siegte und die das Ende der Herrschaft Napoleons einleitete. Vor allem die Real- und Volksschüler sollten mit diesem für die nationalistische Propaganda wichtigen historischen Ereignis gegen den so genannten „Erbfeind" Frankreich eingestimmt werden[194].

Die Obere Stadt mit der alten Linde am Lindesberg, um 1905.

Auch Friedrich Schiller wurde in den Dienst der nationalen Sache genommen. Aus Anlass seines 100. Todestages am 9. Mai 1905 regte Stadtschultheiß Haug eine Schillerfeier an, die von den örtlichen Vereinen durchgeführt werden sollte. Ein eigens dafür gegründeter Ausschuss bereitete die Feier vor[195]. Ein Schreiben des Kreisverbandes der Schwäbischen Turnerschaft an seine Mitgliedervereine, das der „Langenauer Anzeiger“ vollständig abdruckte[196], vermittelt den ausgewiesen politischen Zweck der Feier. Danach galt es, des „größten deutschen Dichters“ zu gedenken, „dessen Werke in allen Kulturstaaten des Weltalls (!) gepriesen und geschätzt sind“. Eindeutig richtete sich die Schillerfeier gegen die sozialdemokratische Arbeiterbewegung, in deren Reihen Schiller als Vorkämpfer für Freiheit und Gleichheit große Verehrung genoss: „In den Tagen des Mai, in denen wir unseren Schiller feiern, soll nicht nur draußen der Frühling erblühen, nein auch in den Herzen soll es Frühling werden und hell soll die Saat der Begeisterung für alles Gute und Schöne, für Freiheit und Vaterland, für Gesundheit an Leib und Seele in den Herzen aufgehen. Wahrlich das tut Not in unserer Zeit des Jagens und Hetzens des Interessen- und Klassenkampfes und der ödesten Genusssucht und dem Wust von Schmutz und Unsitte aber auch, den die modernen Epigonen Schillers (die Sozialdemokraten – U.S.) heutzutage unserem Volk als geistige Nahrung und Erholung zu bieten wagen“.

Die Schillerfeier wurde mit zwei Veranstaltungen durchgeführt. Am 9. Mai 1905, dem Todestag Schillers, führte abends um 8 Uhr ein Zug mit Musik und Lampions vom Marktplatz zum Keller des Ochsenwirtes an der Nerenstetter Straße, wo ein Höhenfeuer entfacht wurde, für das „ein gewaltiger Haufen“ aus Holz, Stroh, Fässern, Kisten usw. aufgehäuft worden war. Der Ansprache Haugs gingen Gesangsdarbietungen der Schüler und Vereine voraus. Haug wies auf die Bedeutung des Dichters für die nationale Einigung Deutschlands hin. Es sei Schillers Geist gewesen, „der in den Freiheitskriegen Napoleons Tyrannenmacht hinweggefegt habe, Schillers Geist sei es, der uns zum einigen Volk von Brüdern gemacht und Schillers Geist sei es, der uns das große deutsche Vaterland gebaut habe“. Abschließend wurde von allen Teilnehmern gemeinsam „Deutschland, Deutschland über alles“ und das Reiterlied „Wohlauf Kameraden, aufs Pferd, aufs Pferd“ gesungen, womit der auf militärische Potenz gegründete Großmachtanspruch des Kaiserreiches seinen musikalischen Ausdruck fand[197].

Die eigentliche Hauptfeier fand am darauf folgenden Sonntag, dem 14. Mai, ab 15 Uhr in der Turnhalle statt. Diese Feier war mehr dem Werk Schillers als politischen Zielen gewidmet. Zum Auftakt sangen die Männerchöre sämtlicher Vereine „Die Ode an die Freude“. Lehrer

Kröner rezitierte „Die Bürgschaft“, Stadtschultheiß Haug „Die Kraniche des Ibykus“, Oberlehrer Freitag, begleitet von vier „Fräulein“, „Die Glocke“ und schließlich Lehrer Ensinger „Der Taucher“. Gesangsdarbietungen des Kirchenchors und des Liederkranzes, zwei von Fräulein Räßler und Frau Dr. Biber vorgetragene Soli sowie ein von Dr. Hölzinger verfasstes Huldigungsgedicht „Das Mädchen aus der Fremde“, das auch in gedruckter Form erworben werden konnte[198], und die Apfelschussszene aus „Wilhelm Tell“ rundeten die Feier ab. Laut „Langenauer Anzeiger“ war diese Szene, die die „rührendste Begeisterung“ hervorrief, das „Ergreifendste der Feier. Stadtvikar Stumpff widmete seine Festrede dem Lebensweg Schillers[199].

Die Stadt Langenau verteilte auf ihre Kosten den Schülerinnen und Schülern der 5. bis 7. Klasse der Volks- und Realschule ein Schillerbuch, die der 2. bis 4. Klasse erhielten eine Gedichtesammlung und die Erstklässler kamen immerhin in den Genuss einer von der Stadt spendierten Brezel. Ende des Jahres wurden schließlich noch 15 Exemplare eines großen Schillerbuches für die Ortsbibliothek sowie für die Volks- und Realschule angeschafft[200].

Auch der „Langenauer Anzeiger“ leistete seinen Beitrag für die Feier. Der Ausgabe vom 6. Mai 1905 fügte er eine von der Union Deutsche Verlagsgesellschaft in Stuttgart herausgegebene „Schiller Gedächtnisnummer“ bei, die eine Biografie Schillers zum Inhalt hatte. Mit dem Abdruck von Gedichten, die Schiller ehrten, traf der Herausgeber des Anzeigers den Zeitgeist, so beispielsweise mit dem in schwäbischer Mundart verfassten Gedicht „Der schwäbische Bauer vor Schillers Standbild in Stuttgart“[201]. W. Bührlen interpretierte in einer Studie ausführlich Schillers wohl berühmtestes Gedicht „Die Glocke“[202].

Die Militarisierung des öffentlichen Lebens

Die Gesellschaft des Kaiserreiches war vom Militär geprägt. Zum gesellschaftlichen Leitbild avancierte der Offizier. Die Söhne des gehobenen Bildungs- und Wirtschaftsbürgertums strebten diesen Rang an, wodurch sie eine gesellschaftliche Gleichstellung mit dem auch im militärischen Bereich privilegierten Adel erlangten. Dem Handwerker- oder Arbeitersohn war diese Karriere verwehrt – dieser hatte als einfacher Soldat zu dienen. Militaristische Tendenzen, durch die obrigkeitliche Beamtenstruktur gefördert, bestimmten auch das zivile Leben. Die nahe Festungs- und Garnisonstadt Ulm, wo zum Exerzieren ausrückende Truppen, die an Sonn- und Feiertagen Ausgang habenden Soldaten und die regelmäßigen sonn- und feiertäglichen Konzerte der Militärkapellen der Regimenter zum alltäglichen Erscheinungsbild der Stadt gehör-

Marktplatz, um 1905.

ten[203], färbte gewiss auch auf Langenau ab, wenngleich hier nur während der fast jährlichen Herbstmanöver der unmittelbare Kontakt mit dem Militär bestand. Der nach 1890 von Wilhelm II. beanspruchte „Platz an der Sonne" im kolonialen Wettlauf und der von ihm durchgesetzte „Neue Kurs" – „Weltpolitik als Aufgabe, Weltmacht als Ziel, Flotte als Instrument" – erforderte zu seiner Realisierung die militärische Stärke des Kaiserreiches und die mentale Durchdringung vor allem der männlichen Bevölkerung mit militärischem Gedankengut als psychologische Kriegsvorbereitung. Der Alldeutsche Verband, der in Langenau allerdings nicht öffentlich auftrat, dessen Rolle aber der Veteranenverein Concordia teilweise übernahm, propagierte geräuschvoll die aggressive deutsche Außenpolitik. Der 1898 gegründete Deutsche Flottenverein popularisierte das 1898 entwickelte Flottenbauprogramm, das die Vormachtstellung der See- und Weltmacht Großbritannien überwinden sollte: „Weckung und Förderung des Interesses und Verständnisses aller Volksschichten für die Aufgaben der Kriegsflotte, für die Bedeutung des überseeischen Handels und Verkehrs und für die Weltmachtstellung des Deutschen Reiches" – so das Programm des Flottenvereins, wie es einem Artikel des „Langenauer Anzeigers" aus dem Jahr 1904 zu entnehmen war[204].

In Langenau übernahm der am 16. Juli 1871 von Teilnehmern des Deutsch-Französischen Krieges gegründete Veteranenverein Concordia die Rolle als Träger militärischen Gedankengutes. Nach dem Vereinsstatut[205] war der Zweck des Vereins, Versammlungen abzuhalten, in welchen „Geselligkeit, patriotische Erinnerungen und Gefühle" gepflegt werden sollten. Der Langenauer Anzeiger beschrieb mit ähnlichen Worten die Aufgabe des Vereins: „Pflege kameradschaftlichen und gut deutschen Sinnes“ und „das heilige Gefühl der Vaterlandsliebe zu pflegen und zu hüten“[206]. Jedes Mitglied war verpflichtet, stets „Ordnung“ zu halten und vor allem im öffentlichen Auftreten „militärischen Anstand“ zu wahren. Mitglied konnte nur werden, wer 1870/71 unter Waffen gestanden hatte – erst 1901 wurden nach 1871 gediente Rekruten aufgenommen[207]. Ausgeschlossen wurde, wer unentschuldigt bei den Generalversammlungen fehlte oder sich ungebührlich betrug. Zum ersten Vorsitzenden wurde E. Honold, zum Kassierer N. Rieder und zum Schriftführer J. Oechsle gewählt. 1882 trat der Veteranenverein dem Württembergischen Kriegerbund bei und nannte sich um in Kriegerverein Concordia[208].

Dem Verein gehörten bei seiner Gründung 45 Mitglieder an. Nach der Satzungsänderung 1901, auch nach 1871 gediente Rekruten aufzunehmen, stieg die Mitgliederzahl auf 70, die sich bis 1907 auf 76 bzw. 1908 auf 83 erhöhte[209]. Während des Ersten Weltkrieges wurden 45 Mitglieder einberufen, von denen 19 fielen und sieben ihren Verwundungen erlagen. Ihren Höhepunkt erreichte die Mitgliederzahl in den 1920er-Jahren: 1924 zählte der Verein 255 Mitglieder[210].

Wie rasch sich der Veteranenverein in der Langenauer Einwohnerschaft verankern konnte, zeigt das Ergebnis einer Spendensammlung für die Vereinsfahne, zu der Stadtpfarrer Schwarzmann, Stadtschultheiß Haug und der Kaufmann Jakob Häge im August 1873 aufgerufen hatten, denn der „Langenauer Anzeiger“ veröffentlichte eine beeindruckende Liste der „Fahnenbeiträge“. Die Fahnenweihe selbst fand am 2. September 1873 im Rahmen der Sedanfeier statt[211].

Der Veteranenverein tat sich besonders als der Organisator der alljährlich stattfindenden Sedan- und Champigny-Feiern, wie bereits berichtet, hervor, auf denen der „Kriegstaten des Heeres und insbesondere des großen Tages von Sedan“ gedacht wurde[212]. Auch bei der Durchführung der Geburtstagsfeiern für Kaiser und König oder beim Empfang des Königs 1907 anlässlich des Herbstmanövers trat die Concordia in Erscheinung. Während des Kaiserreiches fanden in Langenau unter reger Beteiligung der Bevölkerung zwei Bezirkskriegertage statt: 1907 mit 21 Vereinen und 400 bis 500 Veteranen und 1912 mit 30 Vereinen[213]. Erwähnt werden soll schließlich eine Versammlung zur Einweihung des Niederwalddenkmals bei Rüdesheim am Rhein, die Stadtpfleger Haug zur antifranzösischen Propaganda nutzte[214]. Welche Bedeutung der Veteranenverein für die Stadtverwaltung und welche Wertschätzung er bei ihr genoss, belegt beispielhaft die nicht unbeträchtliche Summe von 100 Mark, die die Stadtverwaltung der Concordia zur 25. Sedanfeier 1895 spendete, „weil es sich dieser Verein zur Aufgabe macht, erkrankten Kameraden … eine Geldhilfe zu leisten“[215].

Der Aufbau der deutschen Flotte und der damit angestrebte Konflikt mit Großbritannien beschäftigte die Öffentlichkeit erstmals 1901. Oberreallehrer Schmid wandte sich in seinem Vortrag über „Unsere Flotte“ im Rahmen der Champigny-Feier scharf gegen die vorgeblichen Verunglimpfungen des deutschen Heeres von 1870/71 durch den britischen Kolonialminister Joseph Chamberlain. Auch Stadtschultheiß Haug geißelte die Kolonialpolitik Großbritanniens, die die Unterjochung der Buren anstrebe, um „die Weltmacht Englands … vom Kapland bis Ägypten“ auszudehnen. Dem Kaiser sei daher für das Flottenbauprogramm zu danken[216]. Im November 1904 referierte in der Turnhalle der Offenbacher Eisenbahnsekretär Blum über die Geschichte und die Aufgaben der deutschen Flotte für die Kolonien. Die Stadt verzichtete wegen des „patriotischen Zwecks“ der Versammlung auf die Miete für die Turnhalle[217]. Die Langenauer Ortsgruppe des Flottenvereins, dessen Gründungsdatum nicht überliefert ist, zeigte im Februar 1906 in einem Lichtbildervortrag 100 farbige Lichtbilder zu „Deutschlands Macht zur See“[218].

Sonntagsspaziergang, um 1910.

Als während der zweiten Marokkokrise 1911 die Gefahr eines Krieges zwischen dem Deutschen Reich und den Ententemächten Frankreich und Großbritannien dramatisch anwuchs, hielt der Vorsitzende des Flottenvereins, Oberlehrer Freitag, kriegerische Auseinandersetzungen mit Großbritannien für unvermeidlich. Da nach Ansicht Freitags Großbritannien alles auf einen blutigen Konflikt setze, sei der Bau weiterer Panzerkreuzer notwendig. Freitag ließ daher die folgende Resolution an Reichskanzler von Bethmann-Hollweg verabschieden, die die politische Zielsetzung und die Bedeutung des Flottenvereins für die Durchsetzung der deutschen Großmachtpolitik verdeutlicht. Sie wurde vollständig im „Langenauer Anzeiger“ abgedruckt: „Die Ortsgruppe Langenau des Deutschen Flottenvereins richtet in ernster Besorgnis um die durch die gegenwärtige Mächtegruppierung bedrohte Sicherheit unseres Volkes an Eure Exzellenz die dringende Bitte, den Ausbau der Wehrmacht des Reiches zu Wasser zu beschleunigen und eine entsprechende Vorlage noch für das Etatjahr 1912 den gesetzgebenden Faktoren zugehen zu lassen“[219].

Die Langenauer Bevölkerung kam in unmittelbare Berührung mit dem Militär durch die nahezu regelmäßig stattfindenden Herbstmanöver, die sicherlich wegen der Einquartierung der Offiziere und Mannschaften in Privathäusern und die Unterbringung der Pferde manche Belastungen, vielleicht sogar gelegentlichen Ärger mit sich brachten. Die Langenauer ertrugen dieses Opfer mit Geduld, Neugierde und zumindest innerer Begeisterung. Jung und Alt standen an den Straßen, wenn die Truppen in die Stadt einzogen[220]. Der „Langenauer Anzeiger" berichtete in der Regel ausführlich über die Manöver[221].

Die Unterbringung der Offiziere und Mannschaften unterlag genauen Bestimmungen. Für das Manöver 1908 mussten für die Generale drei Zimmer und eine Gesindestube, für die Stabsoffiziere zwei Zimmer und eine Gesindestube, für die Hauptleute, Rittmeister und Leutnants ein Zimmer und ein Burschengelass, für die Feldwebel und Unteroffiziere Stuben sowie für die anderen Chargen (Gefreite und Gemeine) Schlafkammern zur Verfügung gestellt werden[222]. An die Schlafkammern wurden besondere Ansprüche gestellt. Sie mussten verputzt, mit einer ordnungsgemäßen Dielung, mit Fenstern, die geöffnet und geschlossen werden konnten, und, falls das Zimmer in einem oberen Stockwerk lag, mit einer gangbaren Treppe versehen sein. Auch die Ausstattung der Zimmer mit Bettstellen und wärmenden Decken, Handtüchern, Schränken sowie Trink- und Waschgefäßen war genau bestimmt. Auch für die Beleuchtung hatte der Quartiergeber zu sorgen. Jeder Einquartierte besaß zudem das Recht, jederzeit die Wohnstube, das Kochfeuer sowie die Koch-, Ess- und Waschgeräte des Quartiergebers zu benutzen. Auch die Verpflegung fiel unter die Pflichten des Quartiergebers, wobei die Verpflegung der Offiziere in einer angemessenen Bewirtung zu bestehen hatte.

1908 versuchte der „Langenauer Anzeiger", die Quartiergeber, indem er deren Belastungen auflistete und ihre Mühen durchaus zu würdigen verstand, zu einer angemessenen und guten Unterbringung der Offiziere und Mannschaften anzuspornen, damit Langenau in guter Erinnerung bleibe: „Der Soldat trägt Freud und Leid dieses Quartierlebens mit Humor. So anstrengend die Strapazen sein mögen – er ist doch der Kasernenluft einmal entrückt, er atmet freier auf; in den einförmigen, ewig gleichen Tagesdienst kommt eine frische Abwechslung, an Ulk und Abenteuern aller Art fehlt es nicht: Der Soldat kann einmal aus sich herausgehen, und von den Erlebnissen zehrt er oft das ganze Leben hindurch. Heute ein dürftiges, morgen ein fettes Quartier, und dazwischen fröhliches Lagerleben – ein richtiges Soldatenherz kommt dabei immer auf seine Kosten"[223].

Die Manöver dauerten mehrere Tage. Die Zahlen der teilnehmenden Offiziere und Mannschaften vermitteln einen Eindruck, wie sehr das Militär in diesen Tagen das öffentliche und private Leben der Stadt bestimmte. 1872 nahmen über 1200 Soldaten Quartier, 1882 mussten 123 Offiziere, 2042 Mann und 238 Pferde untergebracht werden und schließlich, als letztes Beispiel, das Manöver von 1897, bei dem am 18. September 103 Offiziere, 1976 Mannschaften und 564 Pferde sowie an den beiden folgenden Tagen 143 Offiziere, 3210 Mannschaften und 421 Pferde mit Quartieren versorgt werden mussten[224]. Ein Vergleich mit den von der Stadt festgelegten Höchstkapazitäten – in der Stadt 125 Offiziere, 2620 Mannschaften und 500 Pferde, außerhalb (Fischerhöfe, Mussismühle, Riedhöfe, Schammensägmühle, Schottenhof, Seemühle und Sixenmühle) vier Offiziere, 82 Mannschaften und 69 Pferde[225] –, zeigt, dass diese Belastungsgrenzen in der Regel eingehalten wurden, aber auch überschritten werden konnten.

Die Quartiergeber wurden für ihre Aufwendungen entschädigt. Grundlage bildeten die gegenwärtigen Durchschnittspreise der Lebensmittel und von Futter und Heu[226]. 1908 erhielten die Quartiergeber als Entschädigung pro Mann und Tag 1,70 Mark bei voller Verpflegung. Zuvor betrugen die Vergütungen für höhere Offizier 1,71 Mark, einen Hauptmann 71 Pfennige einschließlich Bursche, einen Feldwebel 43 Pfennige, einen Vizefeldwebel 28 Pfennige, einen Unteroffizier 18 Pfennige, einen Gemeinen 11 Pfennige, ein Offizierspferd 17 bzw. 9 Pfennige und ein Dienstpferd 9 Pfennige[227]. Für das Manöver 1897 wurden an Fourage 2,58 Tonnen Hafer, 1,58 Tonnen Heu und 1,4 Tonnen Roggen- oder 1,6 Tonnen Weizenstroh benötigt. Die Lieferung wurde Jakob Stohrer zugesprochen, der für den Zentner Hafer 7,6 Mark, den Zentner Heu 2,5 Mark und für den Zentner Roggen- oder anderes Stroh 2,4 Mark erhielt[228]. Die Kosten des Manövers von 1908 für Entschädigungen, Fourage, Fuhrlöhnen und Flurschäden betrugen die beträchtliche Summe von 19 000 Mark[229].

Der technische Fortschritt hält Einzug

Sinn und Nutzen neuer technischer Errungenschaften bleiben dem Zeitgenossen oftmals verborgen. Skepsis, Befürchtungen aller Art, vielleicht auch Bequemlichkeit, denn wer gibt schon gerne Altgewohntes auf, gestalteten und gestalten die Einführung neuer Techniken schwierig. Nicht nur heute stoßen staatliche und kommunale Behörden auf den Widerstand der Bürger. Auch im Langenau des 19. und beginnenden 20. Jahrhunderts hatten Gemeinderat, Bürgerausschuss und Stadtverwaltung erhebliche Schwierigkeiten, einem Teil der Einwohnerschaft die Notwendigkeit und den Nutzen einer Straßenbeleuchtung, einer zentralen Versorgung mit sauberem Wasser und der Elektrizität zu vermitteln. Dagegen wurde die Eisenbahn, die nach langen Jahren des Wartens zu Beginn der 1870-er Jahre gebaut und im Januar 1876 endlich eröffnet wurde, mit zukunftsfrohen Hoffnungen begrüßt, und 30 Jahre später leistete sich mancher Langenauer Bürger gar den Luxus eines Telefons.

Eisenbahn

Kaum eine andere Erfindung des 19. Jahrhunderts revolutionierte das Denken der Menschen wie die Eisenbahn. Begegnete man der ersten Eisenbahn bei der Eröffnung der Strecke zwischen Nürnberg und Fürth 1834 mit Skepsis, ja sogar Angst ob der hohen Geschwindigkeiten, so entwickelte sich das neue Verkehrsmittel bald zu einem wichtigen Wirtschaftsfaktor. Der Takt der Dampfmaschinen, das rhythmische Rattern der Räder gaben das Tempo des gesellschaftlichen und wirtschaftliche Fortschritts an. Nun konnten Rohstoffe in die aufsteigenden Industriezentren, Fertigprodukte um ein Vielfaches mehr und schneller auch in die entlegenste Provinz gebracht werden. Tausenden von Menschen – arbeitslosen Handwerkermeistern und -gesellen, Tagelöhnern und Bauern – gab der Eisenbahnbau Arbeit und bewahrte sie vor Hunger und Auswanderung. Und die Eisenbahn brachte auch die Menschen näher zueinander. Doch Langenau sollte lange auf den Anschluss an das württembergische Eisenbahnnetz warten.

Der Kampf um die Streckenführung

Erste Hoffnungen keimten im Frühjahr 1857, nachdem die Abgeordnetenkammer am 14. März 1857 den Vorschlag der Regierung angenommen hatte, auf eine Linie von Lonsee nach Aalen zu verzichten, stattdessen aber um die Schaffung einer Verbindung von Nördlingen nach Friedrichshafen über das Brenztal bat. In den folgenden Jahren entwickelten Stadtschultheiß, Gemeinderat und Bürgerausschuss rege Aktivitäten, die sich nicht nur auf die Langenauer Interessen beschränkten. Gemeinsam mit den betroffenen und interessierten Gemeinden des Brenztales trat man für den Bau der Brenztallinie ein. So wurden im März 1858 Memoranden verfasst und nach Stuttgart geschickt, in denen ausführlich über die gewerblichen und landwirtschaftlichen Verhältnisse in den einzelnen Gemeinden berichtet wurde. Man berücksichtigte sogar die Höhen- und Steigungsverhältnisse[1]. Auf einer zweiten Versammlung der Gemeindevertreter am 4. Mai 1858 in Stetten konstituierte sich ein „Comité für die Eisenbahnangelegenheiten des Brenz- und Donautales", zu dessen Vorsitzendem der Graf von Maldeghem zu Niederstotzingen gewählt wurde. Wenige Tage später trat die Stadt Heidenheim, die einen Ausbau der Strecke Aalen – Heidenheim wünschte, dem Komitee bei. Der Erfolg schien im Herbst desselben Jahres zum Greifen nahe: Das Eisenbahngesetz vom 17. November 1858 bestimmte den Bau eines Schienenweges durch das Brenztal über Heidenheim nach Ulm.

Der Bau und die Eröffnung der Eisenbahnlinie Cannstatt – Wasseralfingen am 25. Juli 1861 weckten neue Hoffnungen. Am 10. März 1861 versammelten sich in Hermaringen die Vertreter der Gemeinden Heidenheim, Giengen, Hermaringen, Sontheim, Niederstotzingen, Langenau und Ulm. Aus Langenau nahmen teil Stadtschultheiß Haug sowie die Gemeinderäte Jehle, Schwenck, Bischoff und Reyhle. Einmütig traten mehrere hundert Personen für eine Streckenführung von Heidenheim über Langenau nach Ulm ein. Haug wurde beauftragt, bei der württembergischen Regierung vorstellig zu werden, damit diese Streckenführung realisiert werde[2].

Der Langenauer Gemeinderat befürwortete am 15. März uneingeschränkt die Hermaringer Beschlüsse. Eingehend debattierten die Gemeinderäte über die Vorteile des Eisenbahnanschlusses. Dieser würde der Landwirtschaft einen „mächtigen Vorschub" leisten. das Kleingewerbe, den Handel, die „größere Industrie" fördern, die Ansiedlung von Handel und Industrie ermöglichen, die wiederum „neues Leben und neuen Wohlstand" zur Folge hätten sodass der Anschluss nur im Interesse aller Einwohner und der Gesamtgemeinde sein könne[3].

Im Dezember 1861 wurden bereits Vermessungsarbeiten vorgenommen, und der „Langenauer Anzeiger" kündigte bereits an, dass „in Bälde Aussicht auf die Erbauung einer Eisenbahn" bestünde[4].

Doch es kam anders. Für den Anschluss des württembergischen an das bayerische Eisenbahnnetz in Nördlingen bezahlte Württemberg teuer – auf Kosten Langenaus. Der Staatsvertrag mit dem Königreich Bayern vom 21. Dezember 1861 legte fest, dass innerhalb eines Zeitraumes von zwölf Jahren nach der Eröffnung der Strecke Cannstatt – Nördlingen keine Verbindung zwischen dieser und der Strecke Cannstatt – Ulm hergestellt werden dürfte, denn dadurch würde die württembergische Strecke Nördlingen – Friedrichshafen kürzer werden als die bayerische Verbindung Nördlingen – Lindau und damit Wettbewerbsvorteile genießen[5]. Die Sperrfrist, die so genannte Brenztal-Klausel, galt vom 3. Oktober 1863 an, als die Strecke nach Nördlingen eröffnet wurde, bis zum 2. Oktober 1875, sodass Bayern reichlich Zeit hatte, seine Linien nach Süden auszubauen.

Trotzdem gaben die Langenauer ihren Kampf um eine Eisenbahnanbindung nicht auf. Der Eröffnung der Linie Aalen – Heidenheim am 15. September 1864 folgte prompt die Entsendung einer Deputation der bereits genannten Gemeinden nach Stuttgart, um eine Fortführung der Strecke nach Ulm zu erwirken. Anfang Dezember wurde wieder ein Eisenbahnkomitee gewählt[6]. Doch schien man die Angelegenheit bald mehr mit Aussicht auf Erfolg zu sehen, denn mit Beschluss vom 7. März 1865 trat die Stadt Langenau aus dem Komitee aus, ohne dass wir aus dem Gemeinderatsprotokoll die Gründe entnehmen können[7].

Einen ersten greifbaren Erfolg erreichte man im Januar 1867, als die württembergische Regierung die Trassenführung über Langenau zusicherte, sobald ein weiterer Staatsvertrag mit Bayern abgeschlossen sei[8]. Ein Jahr später, als in der württembergischen Abgeordnetenkammer die Verabschiedung eines Eisenbahngesetzes anstand, wurde Langenau wieder in Stuttgart vorstellig. Zwar versicherte die Regierung, dass eine Trassenführung über Langenau fest geplant sei, aber der Vertrag mit Bayern die Durchführung des Projektes verbiete[9].

Eine Verkürzung der Brenztal-Klausel konnte Württemberg nicht durchsetzen, trotz der Verhandlungen, die mit der bayerischen Regierung in einer freundlichen Atmosphäre geführt wurden. Immerhin regelte ein zweiter Staatsvertrag mit Bayern vom 12. Dezember 1868 den Anschluss von Heidenheim nach Ulm nach dem Ablauf der Brenztal-Klausel, wobei die Durchquerung bayerischen Gebietes durch einen württembergischen Eisenbahnkorridor festgelegt wurde[10]. Das Beharren der bayerischen Staatsregierung auf der Einhaltung der Brenztal-Klausel stieß auf großes Unverständnis der Ulmer Handels- und Gewerbekammer, die schon seit Jahren vergeblich gegen die der Wirtschaft in der Ulmer Region schadende Eisenbahnpolitik angekämpft und die betroffenen Gemeinden unterstützt hatte. Sie kam in ihrem Jahresbericht von 1868 zu dem resignierenden Schluss, „mit deutscher Geduld den Ablauf jenes oft genannten Vertrages abzuwarten, mit dem uns eine Eisenbahnpolitik … belastet hat“[11].

Das nahende Ende der Brenztal-Klausel ließ die Stadt Giengen aktiv werden und zu einer Versammlung einladen, die am 2. Januar 1871 in der „Krone“ in Niederstotzingen stattfand und überaus zahlreich besucht war. Einstimmig beschlossen die Gemeindevertreter eine Petition an die Regierung und die Ständeversammlung, die wenige Tage später zur Unterzeichnung durch die Bürger im Langenauer Rathaus auslag, um dem gemeinsamen Anliegen mehr Nachdruck zu verleihen, wozu der Gemeinderat den Gewerbeverein und die Bürgerschaft aufrief. Gefordert wurde, dass „die Herstellung der Eisenbahnlinie Heidenheim-Ulm, oder wenigstens des Abschnitts Heidenheim – Langenau in dem der Ständeversammlung demnächst vorzulegenden Entwurf eines Eisenbahngesetzes vorgesehen werde“. In dem Ausbau der Eisenbahnlinie Heidenheim – Langenau sahen die Gemeindevertreter keinen Widerspruch zur Brenztal-Klausel, da eine Verbindung zur Linie Cannstatt-Ulm nicht hergestellt werde. Als weiteres Argument führten sie an, dass ein Teilausbau der Linie Heidenheim-Ulm vor dem 2. Oktober 1875 im Interesse beider Länder – Württembergs und Bayerns – und in „volkswirtschaftlicher und pekuniärer Beziehung“ von großem Vorteil sei, da dann der Gesamtausbau rascher durchgeführt werden könne[12]. Leider kennen wir das Ergebnis der Unterschriftenliste nicht, auch die Reaktion der Regierung darauf bleibt unbekannt. In den Eisenbahngesetzen der frühen 1870er-Jahre fand der Ausbau der Linie Heidenheim – Ulm keine Beachtung – der Schwerpunkt wurde auf andere Strecken gelegt.

Nichtsdestotrotz setzte der Langenauer Gemeinderat unverdrossen seine Aktivitäten fort. Am 19. Februar 1871 fand erneut eine Versammlung statt, und am 18. Juli 1871 beschlossen die Gemeinderäte, „die Agitation für Langenau mit allen erforderlichen Mitteln weiter zu betreiben, sei es persönlich oder mittels der Presse“[13]. Im März 1872 meldete der „Langenauer Anzeiger“, dass „mit dem Bau der Eisenbahn von Heidenheim über Giengen hieher schon in nächster Zeit begonnen werden [soll] und es so viel gewiss [ist], dass, wenn die bayerische Regierung gestattet, von hier aus über ihr Gebiet zu bauen, worüber gegenwärtig zwischen beiden Regierungen Unterhandlungen stattfinden ... Hoffen wir im Interesse von Langenau, dass Bayern den Gescheidten macht"[14].

Der Bau

Am 4. Dezember 1872 konnte der „Langenauer Anzeiger" endlich verkünden, dass in Stuttgart vier Pläne bezüglich der Streckenführung der Brenzbahn ausgearbeitet worden seien: 1. die Talbahn: durch die Täler von Brenz und Donau, teilweise über bayerisches Gebiet, 50 Kilometer lang, Baukosten: 5,94 Mio. Gulden; 2. die Bergtalbahn: über die Alb nach Langenau, von dort ins Donautal bis Ulm, 39 Kilometer lang, Baukosten: 5,65 Mio. Gulden; 3. die Talbergbahn: Brenztal – Niederstotzingen – Langenau, von dort aus zur Umgehung des bayerischen Gebiets über die Alb nach Ulm, 54 Kilometer lang, Baukosten: 7,86 Mio. Gulden; 4. die Bergbahn: von Heidenheim über die Alb nach Langenau, dann wiederum über die Alb nach Ulm, 39 Kilometer lang, Baukosten: 7,11 Mio. Gulden. Die württembergische Staatsregierung entschied sich aus volkswirtschaftlichem Interesse und wegen der anfallenden Betriebskosten für die Trassenführung durch das Brenztal, wozu die Agitation der betreffenden Talgemeinden maßgeblich beigetragen hatte, die vom Ulmer Handelsverein wegen der vielfachen Geschäftsverbindungen zwischen der Münsterstadt und dem Brenztal mit Wort und Tat unterstützt worden waren[15].

Zu Jahresbeginn 1873 entschied sich die württembergische Regierung für die so genannte Talbahn. Ausführlich beschrieb der „Langenauer Anzeiger" in seiner Ausgabe vom 15. Januar 1873 den Streckenverlauf. Zu Langenau lesen wir: „Hierauf (von Niederstotzingen aus) zieht die Bahn durch das Langenauer Ried, überschreitet das Nauflüsschen und führt auf südlicher Seite der Stadt Langenau bis zu der Station, welche auf südwestlicher Stadtseite mit Rücksicht auf eine spätere Abzweigung in der Richtung über Setzingen nach Mergelstetten ... Sodann setzt sich die Bahn in mehr südlicher Richtung auf der Niederung gegen die bayerische Landesgrenze fort"[16].

Die Bauarbeiten begannen im Sommer 1873. Bereits 1872 hatte die Stadt dem Eisenbahnbauamt den Steinbruch auf dem Klösterle für 618 Gulden und 45 Kreuzern verkauft und überließ im folgenden Jahr die städtische Kiesgrube der Eisenbahnbauverwaltung auf eine festgesetzte Zeit[17]. Die Württembergische Eisenbahnbaukommission schrieb am 14. März 1874 die Verakkordierung des 5. Arbeitsloses der Bausektion Langenau – die Vergabe der Bauarbeiten – aus. Im Einzelnen bot die Kommission die folgenden Bauarbeiten in Höhe von 150 220 Gulden an: Erdarbeiten, Stützmauern, Brücken und Durchlässe, Straßenbauten, Fluss- und Uferbauten und Bettung der Gleise. Das Arbeitslos besaß eine Länge von 2437 Metern[18]. Bald näherten sich die Baukolonnen Langenau. Im Juli 1874 war der „Spitzige Berg" durchbrochen und im Ried ein hoher Damm aufgeschüttet[19]. Ein tragischer Unglücksfall überschattete im Februar 1875 die Bauarbeiten, als der Arbeiter Jakob Kessler von einem umstürzenden, mit Schotter beladenen Wagen erschlagen wurde. Er hinterließ Frau und zwei Kinder[20].

Stuttgart.

Verakkordirung von Eisenbahnbau-Arbeiten.

Zu Ausführung der Brenz-Bahn (Strecke von Heidenheim bis Ulm) werden mit höherer Ermächtigung die Arbeiten vom V. Arbeitsloos der Bausection Langenau zur Submission ausgeboten.

Dieses Arbeitsloos beginnt bei №. 66.5 + 63 an der bayerisch-württembergischen Grenze und endigt bei №. 69 auf der Markung **Ulm.**

Dasselbe ist 2437 Meter lang.

Die Arbeiten sind nach dem Voranschlage folgendermaßen berechnet:

1)	Erd-Arbeiten incl. allgemeiner Zubereitung der Baustelle	53,200 fl. — kr.
2)	Stützmauern	18,700 fl. — kr.
3)	Brücken und Durchlässe	17,520 fl. — kr.
4)	Straßenbauten	1,500 fl. — kr.
5)	Fluß- und Uferbauten	39,800 fl. — kr.
6)	Bettung	19,500 fl. — kr.
	Zusammen	150,220 fl. — kr.

Mit diesen Arbeiten übernimmt jeder Offerent die Verpflichtung, die Grab-, Maurer- und Steinhauerarbeiten an den in dieses Loos fallenden 2 Bahnwarthäusern zu den Ueberschlagspreisen auszuführen.

Die Plane, Voranschläge und Bedingniß-Hefte können bei dem Eisenbahn-Bauamt **Langenau** eingesehen werden.

Liebhaber zu Uebernahme dieser Arbeiten haben ihre Angebote, welche den Abstreich an den Voranschlags-Preisen in Prozenten ausgedrückt enthalten müssen, unter Anschluß von Vermögens- und Fähigkeits-Zeugnissen, schriftlich, versiegelt und mit der Aufschrift:

„Angebot zu den Bau-Arbeiten im V. Arbeitsloos der Bausection Langenau"

versehen, spätestens bis

Freitag den **20. März** 1874
Mittags 12 Uhr

bei der unterzeichneten Stelle einzureichen.

An demselben Tage Nachmittags 4 Uhr findet die urkundliche Eröffnung der eingelaufenen Offerte statt, welcher die Submittenten anwohnen können.

Den 4. März 1874.

K. Württ. Eisenbahnbau-Commission.
Klein.

Ausschreibung von Eisenbahnbauarbeiten im „Langenauer Anzeiger".

Eigentlich hätten die Langenauer mit dem Fortgang der Bauarbeiten zufrieden sein können. Unerwartet taten sich jedoch Schwierigkeiten mit der Einfahrt in die Bundesfestung Ulm auf. Erneut mobilisierte man wieder die Öffentlichkeit. Dieses Mal luden der Vorsitzende des Gewerbevereins, Dr. Cammerer, und Stadtpfleger Haug zu einer Bürger- und Wählerversammlung mit dem Landtagsabgeordneten der Deutschen Partei, Regierungsrat v. Kolb, am 9. Mai 1875 in der „Krone" ein, damit der Eisenbahnbau Heidenheim – Ulm nicht zur „wahren Landeskalamität" werde. Die zahlreich besuchte Versammlung beauftragte den Abgeordneten, die Staatsregierung zu bitten, die Eisenbahn bis vor die Tore von Ulm fertig zu stellen (dies hätte den Bau eines provisorischen Bahnhofs bedeutet), sie aber auf jeden Fall bis Langenau zu eröffnen[21]. Letztere Bitte war erfolgreich. Auf einer zweiten Versammlung im Juni konnte Stadtschultheiß Haug berichten, dass ihm in Stuttgart versprochen worden sei, die Strecke bis Langenau so bald wie möglich zu eröffnen[22].

Zu klären blieb noch der Standort des Bahnhofes und die Verbindungsstraße zwischen Stadt und Bahnhof. Die Stadtverwaltung ging davon aus, dass das Eisenbahnamt sowohl die Verbindungsstraße als auch die Querstraße entlang des Schienenstranges sowie eine Parallelstraße zur erstgenannten bauen und finanzieren müsse. Dazu sollte der Bahnhof auf das Feld hinter dem Freisteg gelegt werde. Außerdem sollte die Parallelstraße nicht zum Bahnhof, sondern in das Ried führen, wofür die Stadt unentgeltlich Land zur Verfügung stellen wollte. Ein Gemeinderatsbeschluss vom 14. Februar 1873 sprach sich für eine vom Marktplatz ausgehende Verbindungsstraße aus, die eine direkte Zufahrtsstraße zur Kuftenstraße erhalten sollte[23].

Die Verbindungsstraße zwischen Stadt und Bahnhof bewegte die Langenauer: „...überall wird die Eisenbahn diskutiert. Nicht selten ist es, dass wo drei Leute beisammen sitzen, drei oder gar vier verschiedene Meinungen bestehen“[24]. Im „Langenauer Anzeiger“ wurden drei Leserbriefe, die Stellung zu den beiden Möglichkeiten bezogen, in aufeinander folgenden Ausgaben veröffentlicht. Der erste Einsender trat für die Fortsetzung der Hasenstraße in südlicher Richtung zum Bahnhof an der Baurenmühle zum Riedmüllerweg, die heutige Wörthstraße, ein[25]. Eine eindeutige Stellung gegen diese Variante bezog ein zweiter, ebenfalls nicht genannter Leser des „Langenauer Anzeigers“. Dass Gemeinderat und Bürgerausschuss den Bau zum Riedmüllerweg beschlossen hätten, sei längst zum Nutzen der Landwirtschaft überfällig gewesen, könne aber nicht mit der Frage nach der Verbindungsstraße verknüpft werden. Er plädierte daher für eine Straße vom Marktplatz zum Bahnhof. Dies sei von Vorteil für die Geschäfte in der Stadtmitte, vor allem aber für die Fruchtschranne im Rathaus. Auch müsse man an die Ausdehnung Langenaus denken[26]. Ein Dritter brachte konkrete Argumente gegen die Forstsetzung der Hasenstraße vor. Der Bahnhof würde südöstlich von der Stadt liegen, sodass die Bewohner der oberen und mittleren Stadt einen zu weiten Weg hätten. Auch in ökonomischer Hinsicht sei diese Straße nicht vertretbar. Der von auswärts kommende Verkehr würde aus der Stadtmitte ferngehalten werden, sodass nur wenige Geschäfte an der Straße profitieren würden, die zahlreicheren und bedeutenderen Geschäfte der mittleren Stadt und vor allem um den Marktplatz würden dagegen auf Dauer geschädigt werden[27].

Die Finanzierung der Straßenbauprojekte durch die Eisenbahnbauverwaltung konnte die Stadt nicht erreichen, trotz eines Angebotes von 3500 Gulden Zuschuss aus der städtischen Kasse[28]. Im April 1873 wurde der Vertrag über den Standort des Bahnhofes unterzeichnet[29], womit die Frage der Verbindungsstraße geklärt war.

Ungeachtet der öffentlichen Diskussion beschloss der Gemeinderat am 30. Januar 1874 den Erwerb von Grundstücken für beide Straßen[30]. Mitte März war der Kostenvoranschlag in Höhe von 43 000 Gulden aufgestellt[31]. Für den Bau der Straßen benötigte die Stadt dringend staatliche Zuschüsse, die bewilligt und in einer Höhe von insgesamt 6000 Gulden ausbezahlt wurden[32]. Allerdings konnte die Bahnhofstraße nicht termingerecht zur Eröffnung der Bahnlinie im Januar 1876 fertig gestellt werden – erst ein gutes halbes Jahr später wurde sie der allgemeinen Benutzung übergeben[33]. Die Kosten der Bahnhofstraße betrugen exakt 21 198 Mark[34].

Die Eröffnunng

Im Sommer 1875 begannen die Eröffnungen der Teilstrecken. Am 25. Juni 1875 wurde die Strecke Heidenheim-Niederstotzingen dem Verkehr übergeben, es folgte der Abschnitt Niederstotzingen-Langenau, worüber der „Langenauer Anzeiger" wider Erwarten eher nüchtern berichtete[35], und schließlich die Verbindung zwischen Langenau und Ulm am 7. Januar 1876 – fast auf den Tag genau drei Monate nach Ablauf der Brenztal-Klausel[36]. Beinahe wäre die Eröffnung, der man mit Spannung und Vorfreude entgegengesehen hatte und zu der vorbereitende Beschlüsse im Gemeinderat gefasst worden waren[37], eine herbe Enttäuschung geworden. Ursprünglich war vorgesehen, dass der Festzug von Ulm nach Giengen und wieder zurück ohne Zwischenstationen fahren und die Teilnehmerzahl beschränkt werden sollte. „Eine allgemeine offizielle Festlichkeit wird sonach nicht gewünscht", wie der „Langenauer Anzeiger" bitter vermerkte[38]. So weit kam es wohl auf Bitten der Stadt glücklicherweise nicht: „Der Festzug kam hier um 11 ¼ Uhr an und hatte einen Aufenthalt von fünf Minuten, währenddessen Se. Exzellenz, der Herr Minister v. Mittnacht, ausstieg und von den bürgerlichen Kollegien begrüßt wurde, die sich am Bahnhof aufgestellt hatten. Dieser war mit Fahnen in den Reichs- und Landesfarben hübsch beflaggt und vom Hauptkirchenturm wehte fröhlich die große schwarz-weiß-rote Fahne. Der Festzug bestand aus vier Wagen und wurde bei der Anfahrt sowohl wie bei der Abfahrt mit allgemeinem Hoch und Hurra begrüßt. Nach kurzem Aufenthalt in Giengen kehrte der Extrazug wieder nach Ulm zurück, wo auf der Bahnhofsrestauration ein Festmahl stattfand."[39]

Bahnwärter Beck, um 1910.

Telegrafie und Telefon

Als die Telegrafenlinie Giengen – Ulm im Sommer 1865 fertig gestellt war, bemühte sich die Stadtverwaltung trotz der hohen Kosten von insgesamt 800 Gulden, die teilweise durch Privatspenden gedeckt werden sollten, über Monate um die Einrichtung eine Telegrafenstation in Langenau. Anfang Dezember wurde die Station eröffnet, und das Oberamt Ulm durfte der Stadtverwaltung mitteilen, dass Seine Königliche Hoheit die Eröffnung mit Wohlwollen zur Kenntnis genommen habe. Die Telegrafenstation in der Stadt sorgte neun Jahre später für Konfliktstoff, als die Postverwaltung beschlossen hatte, den Postschalter von der Stadt in das Bahnhofsgebäude zu verlegen, weil es der Stadtverwaltung offensichtlich nicht möglich gewesen war, ein geeignetes Gebäude zur Verfügung zu stellen. Die von der Stadtmitte doch beträchtlich entfernte öffentliche Telegrafenstation blieb Bürgerschaft und Gemeinderat ein Ärgernis. Eine erneute Bitte um Rückverlegung des Postamts in die Stadt lehnte die Generaldirektion der Posten und Telegrafen im Januar 1885 wegen zu großer Nachteil für das Eisenbahn- und das Postwesen ab[40].

Zur Jahrhundertwende regte sich unter der Bürgerschaft, vor allem unter den Geschäftsleuten der heftige Wunsch nach privaten Telefonanschlüssen. Am 8. Februar 1900 sagte die Generaldirektion die Installation privater Anschlüsse zu Beginn des nächsten Jahres unter den folgenden Bedingungen zu: jeder Telefonteilnehmer müsse sich auf fünf Jahre Nutzung verpflichten und insgesamt müssten Gespräche für 250 Mark von und nach Langenau geführt werden. Zu diesem Zeitpunkt hatten sich bereits sieben Bürger und die Stadt selbst für einen Telefonanschluss entschieden. Und ein zweiter lang gehegter Wunsch ging in Erfüllung: Das Postgebäude wurde in die Bahnhofsstraße verlegt, nachdem die Stadt das Wohnhaus des Kaufmannes Süßmuth 1901 zu einem Preis von 9500 Mark gekauft und es für 4577 Mark umbauen lassen hatte. Am 23. Juli 1901 wurde das neue Postgebäude eröffnet[41].

Telefonieren war zu damaliger Zeit eine teure Angelegenheit, die sich nur wenige wohlhabendere Bürger Langenaus leisten konnten. Die Jahresgebühr betrug stattliche 100 Mark. Ein fünfminütiges Gespräch nach Ulm oder Weidenstetten kostete 1907 zehn Pfennig, nach Altheim, Heidenheim oder Lonsee 20 Pfennig[42].

Straßenbeleuchtung

1861 unternahm die Stadtverwaltung einen ersten Anlauf, eine moderne, mit Erdöl betriebene Straßenbeleuchtung einzuführen. Der Gemeinderat lehnte aber auf seiner Sitzung am 14. November den Probelauf mit zehn Laternen ab[43]. Erst Ende 1868 kam wieder Bewegung in die Frage der Straßenbeleuchtung. Auf einer Bürgerversammlung war man sich mehrheitlich über die Notwendigkeit einer Straßenbeleuchtung einig, auch wenn noch einige Bürger dagegen waren, die den Standpunkt vertraten, dass sie bisher immer nach Hause gefunden hätten – ein Standpunkt, den der „Langenauer Anzeiger“ mit den Worten kommentierte, dass man über diesen „vernünftigerweise öffentlich nicht sprechen könne". Die Versammlung beschloss, dass die bisher von 179 Personen gespendeten 158 Gulden der Stadtverwaltung für die Straßenbeleuchtung zur Verfügung gestellt werden sollten. Sogar ein Komitee, das die Installation der Straßenlaternen vorantreiben sollte, wurde aus der Mitte der Versammlung gewählt[44].

Von dieser bürgerschaftlichen Initiative und der, trotz mancher Skepsis, breiten Zustimmung der Einwohnerschaft für eine Straßenbeleuchtung zeigten sich die bürgerlichen Gremien beeindruckt. Im Januar 1869 stimmten der Bürgerausschuss einmütig und der Gemeinderat mit der knappen Mehrheit von sechs zu fünf Stimmen für die Straßenbeleuchtung. Der Gemeinderatsbeschluss sah die Anbringung von 15 Laternen in den Hauptstraßen vor – der Bürgerausschuss hatte sogar 25 vorgeschlagen. Die Seitenstraßen sollten vorerst weiter im Dunkeln bleiben[45].

Am 25. Oktober 1869 gingen 21 Laternen in Betrieb. Die beleuchteten Straßen machten sichtlichen Eindruck auf die Bürger, denn nicht einmal zwei Wochen später baten die Bewohner der Wasserstraße um die Anbringung von Laternen. Es gab aber auch weiterhin Widerstand. Ochsenwirt Birner, der wegen seiner demokratischen Überzeugung häufig in Konflikt mit der Stadtverwaltung geriet, lehnte die Anbringung einer Laterne an seinem Haus strikt ab. Der Ausbau der Straßenbeleuchtung ging in den folgenden beiden Jahren voran. Im November 1871 wurden weitere Laternen aufgestellt, bis zum April 1873 hatte man insgesamt 33 Laternen installiert[46].

Die mit Erdöl betriebenen Lampen standen auf freien Plätzen auf Eichenstöcken oder waren an gusseisernen Trägern an den Hauswänden angebracht[47]. Für den Unterhalt und die Bedienung der Lampen stellte die Stadt den Schuhmacher und früheren Polizeidiener Johannes Müller als „Beleuchtungsdiener" ein; sein Jahresgehalt betrug 125 Gulden[48]. Das Erdöl erwarb die Stadt von ortsansässigen Kaufleuten, 1872 beispielsweise vom Konditor Heinzelmann, der den Liter für günstige 15 Kreuzer anbot, dessen Preis aber im folgenden Jahr von Jakob Häge unterboten wurde, der nur zwölfeinhalb Kreuzer verlangte. Beim Kauf des Erdöls legte die Gemeinde äußersten Wert auf gute Qualität – die Lieferanten wurden angehalten, kein unverfälschtes Petroleum zu liefern, was offensichtlich vorkam[49].

Mit der Einführung der Elektrizität 1901 hatten die Erdöllampen ausgedient und man ersetzte sie durch elektrische Straßenlampen. 53 Erdöllampen, 33 gusseiserne Träger und elf Eichenpfosten wurden verkauft[50].

Elektrizität

Die Einführung des elektrischen Stroms bereitete der Gemeindeverwaltung keine nennenswerten Probleme. Die Beschlüsse des Gemeinderates wurden von einer offensiven Informationskampagne begleitet. So hielt im September 1900 Ingenieur Wörner aus Neu-Ulm einen Vortrag, in dem er vor allem die Vorteile des elektrischen Stroms für das Handwerk aufzeigte. Der „Langenauer Anzeiger“ war sich sicher, dass „der Einführung des elektrischen Lichts viel Sympathie entgegengebracht“ werden würde[51]. Eine zweite Informationsveranstaltung auf dem Rathaus nannte einen weiteren Vorteil, dass nämlich elektrischer Strom nicht feuergefährlich sei und daher Licht selbst in die dunkelste Ecke gebracht werden könne[52]. Schließlich warb der „Langenauer Anzeiger“ für die Verwendung von Elektromotoren in der Landwirtschaft, die in Futterschneiden, Gesott- oder Dreschmaschinen eingebaut werden konnten und erheblich weniger Kosten als Dampfmaschinen verursachten. Um weitere Stromabnehmer zu gewinnen, prophezeite der „Langenauer Anzeiger“, „dass nur dem die Zukunft gehört, welcher sich die Fortschritte der neuesten Erfindungen zu Eigen macht, und dass derjenige zurückbleibt, welcher die Zeit unbeachtet und ihre Erfindungen an sich vorübergehen lässt“[53]. Noch deutlicher wurde der „Langenauer Anzeiger“, als er behauptete, dass sich das Kleingewerbe mithilfe des elektrischen Stroms und dem damit verbundenen flexiblen und bedarfsorientierten Einsatz der Maschinen besser gegen „Großgewerbe und Großindustrie“ behaupten könne: „Wer um 7 Uhr z. B. nicht weiß, dass er seinen Motor laufen lassen soll, kann einige Minuten nachher schon mit demselben arbeiten, denn er braucht keine Heizung zuvor, und wer unvermutet abberufen wird oder eine andere dringende Arbeit vornehmen soll, kann den Motor jede Sekunde abstellen. Und was weiter günstig dabei ist, ist der Umstand, dass man die Kraft nur insolange bezahlen muss, als der Motor in Tätigkeit ist“. Kurzum: Wer die Elektrokraft nicht nutzt, wird nicht mehr konkurrenzfähig sein[54]. Der Radfahrerverein radelte nach Kleinkötz, um das Elektrizitätswerk zu besichtigen, die Ortsgruppe des Schwäbischen Albvereins unternahm einen Ausflug nach Weißenhorn, Nersingen und Pfaffenhofen, wo die Ausflügler sichtlich von der Kraft des elektrischen Stromes beeindruckt waren[55].

Am 14. September 1900 lag dem Gemeinderat das Angebot der Bayerischen Elektrizitätswerke (BEW) in München zur Beratung und Abstimmung vor. Danach sollte Langenau an das 1899 in Betrieb gegangene Elektrizitätswerk Kleinkötz bei Günzburg angeschlossen werden, das bereits Leipheim (1901), Ichenhausen (1898), Weißenhorn (1898) und Neu-Ulm (1901) mit Strom versorgte[56]. Langenau sollten keine Kosten für Einrichtung und Verwaltung entstehen, die Stadt sollte sich nur zu einer festen jährlichen Gebühr für die Abnahme von Strom für die Straßenbeleuchtung und die Beleuchtung der öffentlichen Gebäude verpflichten. Im Gemeinderat war man sich schnell einig, denn das Angebot aus München öffnete den einzigen Weg für eine Elektrifizierung der Stadt, da man nicht über eigene Wasserkraft verfügte und der Bau eines städtischen Elektrizitätswerkes mit 100 000 Mark Baukosten die finanziellen Möglichkeiten der Stadt überschritten hätten. Mit einem grundsätzlichen „Ja" zur elektrischen Energie beschloss der Gemeinderat weitere Verhandlungen mit den Bayerischen Elektrizitätswerken. Am 31. Oktober 1900 genehmigte der Gemeinderat den Vertragsentwurf[57]. Auch den von der BEW gewünschten Änderungen des Vertrages – Vertragsdauer 30 statt 25 Jahre mit Option auf weitere 15 Jahre und Erhöhung des Preises für eine Straßenlampe von 20 auf 25 Mark – stimmten die Gemeinderäte nach langen Verhandlungen am 1. März 1901 zu[58]. Für die kommunalen Gebäude wurden 177 elektrische Lampen zum Preis von 2804,05 Mark erworben. Ein späterer Beschluss bezog das Reutteschulhaus, die Freistegschule und das Messnerschulhaus in die Stromversorgung ein. 75 Straßenlaternen, deren jährliche Unterhaltungskosten 1875 Mark, d. h. 25 Mark für jede Lampe, betrugen, wurden aufgestellt[59].

Im Mai 1901 wurde mit den Arbeiten begonnen, Ende Juni bereits waren die Strommasten gesetzt und die Drähte gezogen. Der Bau der Stromversorgung brachte außerdem 20 Tagelöhner in Brot und Lohn. Insgesamt 4964,22 Mark musste die Stadt an Baukosten aufbringen[60].

Nach einem erfolgreichen Test der Straßenlaternen, der „ungemein effektvoll" wirkte und von württembergischen und bayerischen Staatsbehörden positiv bewertet wurde, lud die Stadt am 17. November 1901 zu einer Einweihungsfeier. Beide Säle des Gasthauses „Krone" waren bis auf den letzten Platz besetzt; für die musikalische Begleitung sorgte der Liederkranz. Stadtschultheiß Haug drückte in seiner Festrede seine Hoffnung aus, dass die Kraft des elektrischen Stromes einen wirtschaftlichen Aufschwung nach sich ziehe[61].

Am 24. Oktober 1912 teilte das Elektrizitätswerk für die Heiden-

Oertliches.

— Wir sind in der Lage unserem Leserkreis die **Motoren- und Installationspreise des Elektrizitätswerks Heuchlingen** mitzuteilen, wie sie mit den hiesigen bürgerlichen Kollegien festgesetzt werden sollen.

Motor-Installationen:

Es kostet

1. der 1 PS Kurzschlußanker-Motor 1440 Touren betriebsfertig aufgestellt samt Leitungen und Hausanschluß	220	Mk.
2. der 1½ PS Kurzschlußanker-Motor 1440 Touren ebenfalls betriebsfertig	300	„
3. der 2 PS Motor wie bei Ziffer 1	340	„
4. der 3 PS Motor wie bei Ziffer 1	420	„
5. der 4 PS Schleifringanker-Motor 1440 Touren betriebsfertig mit allem Zubehör, Leitungen und Hausanschluß	640	„
6. der 5 PS Schleifringanker-Motor samt alles wie bei Ziffer 5	680	„
7. der 6 PS Schleifringanker-Motor ebenfalls betriebsfertig	750	„
8. der 7,5 PS Schleifringanker-Motor mit Bürsteabhebevorrichtung betriebsfertig	850	„
9. der 10 PS Schleifringanker-Motor mit Bürsteabhebevorrichtung betriebsfertig	950	„
10. der Kraftzähler kostet o. Rücksicht auf Größe	80	„

Der Motor allein kostet:

1. der 1 PS Kurzschlußanker-Motor	155	Mk.
2. „ 1½ PS „	200	„
3. „ 2 PS „	220	„
4. „ 3 PS „	240	„
5. „ 4 PS Schleifringanker-Motor	400	„
6. „ 5 PS „	440	„
1 Sterndreieckschalter kostet samt Montage	35	„
1 Anlasser für Vollast	65	„
Kraftleitung kostet der Meter 4 ⌗ G. A. samt Rohr fertig verlegt	2.50	„
Der Meter 6 ⌗ G. A. ebenso	3.—	„
1 Steckkontakt mit wasserdichtem Gußgehäuse	35	„

Größere Motoren und Motoren mit anderer Tourenzahl werden entsprechend dem Motorpreis wie er vorstehend aufgeführt geliefert.

Licht-Installation:

Die Anschlußgebühr beträgt	10	Mk.
Die ersten 3 Lampen kosten komplett jedoch ohne Beleuchtungskörper	66	„
von da an bis 10 Lampen kostet jede derselben weiter	14	„
von 10 Lampen an jede Lampe	12	„
1 weitere Lampe in demselben Raum kostet	7	„
1 Umschaltleitung mehr	6	„
1 Lampe in feuchtem Raum mehr	5	„
1 Lampe in der Scheuer mit bes. Sicherung in Gußgehäuse	25	„

Beleuchtungskörper:

1 Deckenpendel komplett Messing oder Kupfer	4.—	Mk.
1 Deckenbeleuchtung komplett	2.—	„
1 gewöhnliche Zuglampe	4.50	„
1 wasserdichte Armatur (Porzellan)	2.50	„
1 halbwasserdichte „ „	2.—	„
1 Handlampe	8.50	„
Handlampenkabel den Meter zu	—.80	„
1 Milchglasschirm	—.80	„

bessere Zuglampen werden nach Liste mit 20 % Rabatt jedoch dem jeweils bestehenden Teuerungszuschlag verkauft.

Auf sämtliche Beleuchtungsgegenstände werden zur Zeit 5 % Teuerungszuschlag erhoben.

Dieser fällt weg, sobald ihn die Firmen fallen lassen.

— **Amtliches.** Herr Bahnmeister Ergenzinger hier wird seinem Ansuchen entsprechend nach Ulm versetzt.

Motoren- und Installationspreise des Elektrizitätswerks Heuchlingen.

heimer und Ulmer Alb, Sitz Heuchlingen, das 1908 als Genossenschaft gegründet worden war, der Stadtverwaltung mit, dass die Bayerischen Elektrizitätswerke ihre Konzession abgetreten hätten. Der im August 1913 zwischen der Stadt und dem Stromversorger abgeschlossene Vertrag legte die Stromlieferung aus dem Elektrizitätswerk Heuchlingen auf 23 Jahre fest. Die Genossenschaft wurde 1923 in die Mittelschwäbische Überlandzentrale AG umgewandelt (MÜAG), die Langenau und die umliegenden Gemeinden heute noch mit Strom versorgt[62].

Wasserversorgung

Die Qualität des Langenauer Trinkwassers entsprach im ausgehenden 19. Jahrhundert nicht unseren heutigen hygienischen Maßstäben. Die Brunnen waren häufig an Ort und Stelle gegraben, zum größten Teil schlecht ausgemauert und standen meist in nächster Nähe von Abtritten und Dungstätten. Auch die öffentlichen Brunnen lieferten kein hygienisch reines und klares Wasser, da sie ebenso durch den Zufluss von Dungstätten und Kloaken mit Krankheitserregern verseucht wurden. Bereits 1872 ließ die Stadt das unreine Wasser des Brunnens beim Messnerschulhaus von Dr. Wacker in Ulm untersuchen, ohne dass dies Konsequenzen nach sich gezogen hätte. Auch der Anschluss der Nachbargemeinden Öllingen, Setzingen, Nerenstetten und Wettingen an die Albwasserversorgung am 19. Juli 1893 bewirkte zunächst keine Änderung des untragbaren und zuweilen anrüchigen Zustandes in Langenau[63].

Im Sommer 1904 machte sich die Stadtverwaltung endlich an den Bau einer zentralen und hygienischen Wasserversorgung. Am 6. Juni 1904 sprach sich der Gemeinderat grundsätzlich für die „systematische Errichtung" einer Wasserversorgung aus[64]. Das Kgl. Bauamt für das öffentliche Wasserversorgungswesen sicherte der Stadt die unentgeltliche Beratung und Aufstellung eines summarischen Kostenvoranschlages zu. Deswegen prüfte der Hilfsbeamte des Bauamtes, Regierungsbaumeister Groß, am 25. Juli 1904 die Langenauer Wasserverhältnisse mit dem Ergebnis, dass der Löffelbrunnen mehr Wasser liefert, als für die zentrale Wasserversorgung benötigt wurde[65]. Der Gemeinderat nahm am 7. Oktober 1904 den Kostenvoranschlag des Kgl. Bauamtes zur Kenntnis. Nach diesem benötigte die 3538 Einwohner zählende Stadt täglich rund 245 000 Liter Wasser. Zur technischen Ausrüstung bedurfte es demzufolge einer Pumpe mit acht PS, die 10 Liter in der Sekunde in

46 Meter Höhe zu pumpen in der Lage war. Bei einer täglichen Arbeitszeit von 6 3/4 Stunden und einem täglichen Arbeitsaufwand betrugen die täglichen Betriebskosten 2,16 Mark, auf das Jahr berechnet 788,40 Mark zuzüglich von etwas über 1200 Mark für Putzwolle, Schmier- und Heizungsmaterialien und Entlohnung des Pumpenmeisters. Die Gesamtbaukosten veranschlagte das Bauamt auf 124 000 Mark mit den folgenden Einzelposten: Grundwasserschacht: 3000 Mark, Pumpstation: 5000 Mark, maschinelle Einrichtung der Pumpstation: 12 000 Mark, Druck- und Verteilungsleitungen von 10,5 Kilometer Länge mit 127 Hydranten: 89 000 Mark, Hochreservoir mit einem Fassungsvermögen von 500 Kubikmeter: 13 000 Mark, elektrischer Wasserstandsfernmelder: 2000 Mark[66].

Kaum war der Kostenvoranschlag im „Langenauer Anzeiger" veröffentlicht, entfachte er den Widerstand eines beträchtlichen Teils der Langenauer Bevölkerung und eine hitzige, über Monate dauernde Debatte, in deren Verlauf übrigens der „Langenauer Anzeiger" eindeutig Position für den Bau der zentralen Wasserversorgung bezog. Die Gegner der Wasserversorgung führten ins Feld, dass es in Langenau wahrlich nicht an Wasser fehle und daher eine Wasserversorgung überflüssig sei. Dem gegnerischen Argument, dass nur dort Wasserleitungen angebracht seien, wo es überhaupt an Wasser fehle, hielt der „Langenauer Anzeiger" eine Liste entgegen, die 102 württembergische Städte und Gemeinden nannte, die an offenen Wasserläufen lagen und zugleich Wasserversorgungen gebaut hatten[67].

Der Bürgerverein behandelte auf seiner Versammlung am 22. Oktober 1904 im „Roten Löwen" ebenfalls das strittige Thema. Einstimmig wurde der von Malermeister Kästlen eingebrachte Antrag auf eine allgemeine Bürgerversammlung angenommen. Umso überraschender war das anschließende Ergebnis der geheimen Abstimmung über die Einführung der Wasserversorgung: 16 Nein, 8 Ja und 3 Enthaltungen[68].

Die Bürgerversammlung am 13. November 1904 blieb ohne Ergebnis. Offensichtlich hatte eine geschickte Versammlungsleitung eine Abstimmung zu verhindern gewusst. Der Bericht des „Langenauer Anzeigers" versuchte recht offen, den Versammlungsverlauf schönzuschreiben. Nur knapp die Hälfte der Einwohner – nur 340 von 750 selbstständigen Bürgern – sei anwesend gewesen und nach dem Beifall könne angenommen werden, dass sich Befürworter und Gegner die Waage gehalten hätten. Ein Gutes hätte die Versammlung zum Ergebnis gehabt, dass nämlich die Zahl der Befürworter weit größer gewesen sei als bisher angenommen[69].

Dem Bericht des „Langenauer Anzeigers" folgte die Gegendarstellung eines namentlich nicht genannten Gegners. Dessen Ansicht nach seien gut und gerne 80 Prozent der Anwesenden gegen eine Wasserleitung gewesen, und er betonte sein Bedauern darüber, dass die Abstimmung verhindert worden sei. Dieser Vorwurf richtete sich offensichtlich gegen Stadtschultheiß Haug, der in der folgenden Nummer des „Anzeigers" jede Verantwortung für die vorgeblich verhinderte Abstimmung ablehnte. Für ihn liege die eigentliche Entscheidung bei den bürgerlichen Kollegien, „und ich habe zu denselben das Vertrauen, dass sie in einer solch wichtigen Frage auch ohne zahlenmäßige Feststellung der Meinung der Bürgerschaft wissen, was sie zu tun haben" – worin sich der Stadtschultheiß noch täuschen sollte. Noch zwei weitere Leser des „Anzeigers" griffen mit einem befürwortenden und einem ablehnenden Leserbrief in die Debatte ein[70].

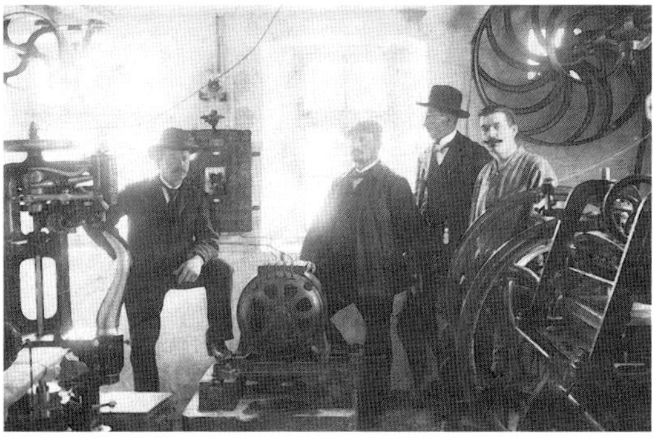

Bau der Wasserleitung, 1907.

Inneres der Pumpstation Badstraße, 1907.

In der Gemeinderatssitzung vom 30. Dezember 1904 trat Haug der öffentlichen Kritik – die tatsächlichen Kosten würden sich auf das Zwei- bis Dreifache belaufen – entschieden entgegen. Diese Behauptung diene nur dazu, „um gegen die Einführung einer künstlichen Wasserversorgung zu agitieren", und es gebe immer Leute, die auch den übertriebensten Behauptungen Glauben schenkten. Dennoch müsse er einräumen, dass der vom Kgl. Bauamt vorgelegte Voranschlag nur einen summarischen Überschlag darstelle und daher keine Garantie für eine vollständige und genaue Berechnung geben könne. Der Gemeinderat beschloss daraufhin, dass das Bauamt einen detaillierteren Kostenvoranschlag ausarbeiten sollte, um dem Streitpunkt der Kosten und Finanzierung die Schärfe zu entziehen[71].

Das Bauamt kam dem Anliegen der Stadt entgegen und legte den gewünschten Kostenvoranschlag vor, über den Gemeinderat und Bürgerausschuss am 5. Juli 1905 berieten[72]. Der überarbeitete Kostenvoranschlag wies nunmehr die Summe von 147 500 Mark aus, vor allem die Kosten für die Pumpstation (Einbau einer Dampfmaschine statt eines Generatorgasmotors) und die Druck- und Verteilungsleitungen wurden höher veranschlagt. Nicht aufgenommen waren die Kosten für den

Grunderwerb für die Quellfassung der Pumpstation und des Hochwasserreservoirs, die Entschädigungen an die Grundbesitzer für die Durchführung der Röhrenfahrten durch deren Grundstücke, die Bauaufsicht und die Ausarbeitung des Projektes und die Anschlüsse der Privatgebäude an die Hauptleitungen des Straßenrohrnetzes (Kosten eines Privatanschlusses: 60 Mark). Der voraussichtliche auf die Gemeinde zukommende Jahresaufwand (Zinstilgung und Betriebskosten) wurde mit 10 000 Mark berechnet, der aber durch die Einnahmen aus dem Wasserzins abgedeckt sei, falls sich die gesamte Einwohnerschaft an die Wasserversorgung anschließen ließe. Während sich der Gemeinderat mit der knappen Mehrheit von sieben zu fünf Stimmen für die Wasserversorgung aussprach, lehnte sie der Bürgerausschuss eindeutig mit neun zu zwei Stimmen ab. Gemeinderat und Bürgerausschuss kamen daher überein, die Haushaltsvorstände zu befragen, ob sie ihre Häuser und Wohnungen der Wasserversorgung anschließen lassen würden.

Der Beschluss der bürgerlichen Gremien führte offensichtlich zu heftigen emotionalen Reaktionen gegen die ablehnenden Mitglieder. Stadtschultheiß Haug sah sich gezwungen, im „Langenauer Anzeiger" einen Appell an die „verehrliche Einwohnerschaft!" zu veröffentlichen, in dem er jeden Einzelnen aufforderte, „mehr an sich zu halten", da seiner Ansicht nach die Wasserleitung auf Dauer nicht aufgehalten werden könne und ihre Einführung nur noch eine Frage der Zeit sei[73].

Für das folgende Halbjahr ruhte der Konflikt. Am 10. Februar 1906 wandte sich Stadtschultheiß Haug an die Einwohner. Da Haug eine Mehrheit gegen die Wasserversorgung befürchtete, höhlte er die Befragung der Haushaltsvorstände, die als demokratische und damit entgültige Entscheidung gelten sollte, dadurch aus, indem er nur die Gegner aufforderte, am Montag, den 12. Februar, ihre Argumente und Bedenken auf dem Rathaus vorzutragen – aber: „Wer nicht erscheint, von dem wird angenommen, dass er für die Wasserleitung sei und an solche anschließen wolle"[74]. Nachdem lediglich 91 Haushaltsvorstände von den etwa 700 Haushaltungen auf dem Rathaus erschienen waren, wiederholte der Gemeinderat am 14. Februar 1906 seinen positiven Beschluss vom vergangenen Jahr mit 8:4 Stimmen und der Bürgerausschuss beugte sich dem Votum der Bürgerschaft mit sieben Ja- und vier Nein-Stimmen. Der Baubeginn wurde auf Mitte Juli 1906 festgesetzt und die Röhrenlieferung und ihre Verlegung einem Stuttgarter Gas- und Wasserleitungsgeschäft übertragen[75].

Die Bauarbeiten begannen bereits am 15. Juli, da der in Ulm ansässige italienische Bauunternehmer Christian Miglioransi, dem die Grab-, Betonier-, Maurer- und Steinhauerarbeiten übertragen worden waren, erklärte, dass ihm seine Arbeiter bis zum ursprünglich vorgesehenen Baubeginn davonlaufen würden. Übrigens erteilte die Stadtverwaltung den einheimischen Handwerkern zunächst keine Aufträge, da ihrer Ansicht nach die Dimension des Projektes deren Kapazitäten überschritten hätten. Lediglich Fuhrdienste und Handarbeiten wurden Langenauern zugewiesen[76].

Bereits Ende August wurde das Hochwasserreservoir in seinem Unterbau fertig gestellt[77]. Ein unerwartetes Problem entstand, als auf der Wiese des Urismüllers, aus der das Wasser gewonnen werden sollte, auch in einer Tiefe von 5,8 Meter kein Wasser vorgefunden worden war. Diese Situation besaß insofern eine gewisse Pikanterie, dass sich nämlich Urismüller Jakob Laible seine Wiese zum bereits vertraglich festgelegten Verkaufspreis von 4500 Mark abzugeben geweigert und in Nachverhandlungen, bei denen die Stadt sogar gerichtliche Schritte erwogen hatte, eine Erhöhung des Preises um 500 Mark durchgesetzt hatte. Der Gemeinderat beschloss daraufhin, das Wasser aus einer Quelle an der Gähenbergstraße zu gewinnen und die Pumpstation so zu bauen, dass sie auch zur Förderung des Wassers aus der Löffelbrunnenquelle genutzt werden konnte. So war man nicht mehr auf die Wiese des Urismüllers angewiesen[78].

Der vorgesehene Abschluss der Bauarbeiten am 15. Januar 1907 konnte wegen des strengen Winters und der gelegentlichen Verzögerungen bei der Lieferung der Rohre nicht eingehalten werden. Auch die Entlassung Migliioransis wegen seiner Rückkehr nach Italien aus dem Vertrag trug zu dieser Verzögerung sicherlich bei. Die verbleibenden Arbeiten wurden den Langenauer Maurern Friedrich Frey, Johann Mayer und Kaspar Schiele übertragen, die die Arbeiten sogleich fortsetzen konnten und in der Lage waren, eine größere Anzahl Arbeiter aus Langenau einzustellen, damit das verdiente Geld auch an Ort und Stelle bliebe, wie der „Langenauer Anzeiger" bemerkte[79]. Am 7. Januar 1907 wurde die bis dahin fertig gestellte Wasserleitung nach eingehender Prüfung eröffnet, die noch fehlenden Strecken nach und nach bis Ende April ihrer Bestimmung übergeben[80]. Insgesamt betrugen die Baukosten für die Wasserleitung rund 146 000 Mark und für die Hausanschlüsse 51 000 Mark, von denen 27 000 Mark von Hauseigentümern aufgebracht werden mussten, sodass die Stadtkasse nach Abzug des Staatsbeitrages mit 150 000 Mark belastet wurde[81].

Am 15. Mai 1907 fand ein „Wasserfest" statt. Mit einem festlichen Umzug durch die Stadt, Ansprachen und Gesangsdarbietungen feierten Stadt und Einwohner ihre neue und moderne Wasserversorgung[82].

Das 20. Jahrhundert

Langenau im Ersten Weltkrieg

Kriegsbeginn

Am 28. Juni 1914 fielen die tödlichen Schüsse auf den österreichischen Thronfolger Erzherzog Franz Ferdinand und seine Gemahlin in Sarajewo. Das von jungen Bosniern verübte Attentat geschah ohne jede Beteiligung Serbiens, dennoch sah die österreichische Staatsregierung Serbien als den eigentlichen Drahtzieher. Das deutsche Kaiserreich versicherte am 6. Juli der k. u. k-Monarchie seine unbedingte Bündnistreue. Absprachen zwischen Berlin und Wien führten schließlich zum Ultimatum Österreichs an Serbien am 23. Juli, in dem die Bekämpfung der gegen Österreich-Ungarn gerichteten Bestrebungen unter österreichischer Beteiligung und die Bestrafung der Schuldigen gefordert wurde. Das Ultimatum war für Serbien kaum annehmbar, sah es doch in ihm eine erhebliche Einschränkung seiner Souveränitätsrechte und antwortete mit einer Teilmobilmachung. Österreich sah die serbische Antwort als ungenügend an, brach die diplomatischen Beziehungen ab und rief ebenfalls die Teilmobilmachung aus. Trotz englischer und deutscher Vermittlungsversuche, bei denen eine Botschafterkonferenz und direkte Verhandlungen zwischen Österreich und dem Serbien unterstützenden Russland vorgeschlagen wurden, erklärte Österreich am 28. Juli Serbien den Krieg.

Der Weg in den Krieg war offen, Schlag auf Schlag trieb Europa in die Katastrophe: Der Teilmobilmachung Russlands am 29. Juli folgte die Generalmobilmachung einen Tag später, am 31. Juli rief Österreich-Ungarn die Generalmobilmachung aus. Deutschland erklärte den „Zustand drohender Kriegsgefahr" und forderte in einem Ultimatum Russland auf, binnen zwölf Stunden die Mobilmachung auszusetzen, und in einem zweiten, auf 18 Stunden befristeten Ultimatum Frankreich, eine Neutralitätserklärung im Falle eines deutsch-russischen Waffenganges abzugeben. Nachdem Russland nicht geantwortet hatte, folgte die deutsche Mobilmachung und Kriegserklärung an Russland am 1. August und an Frankreich am 3. August. Am 3. und 4. August marschierten deutsche Truppen, jedes Völkerrecht missachtend, in das neutrale Belgien ein.

Das Ultimatum Großbritanniens an Deutschland, die belgische Neutralität zu respektieren, kam einer faktischen Kriegserklärung gleich. Es folgten die Kriegserklärungen Serbiens an Deutschland (6. August), Österreich-Ungarns an Russland (6. August), Frankreichs an Österreich-Ungarn (11. August) und Großbritanniens an Österreich-Ungarn (12. August). Das Völkermorden, das in vier Jahren Millionen Menschen das Leben kosten sollte, begann.

Die Berichterstattung des „Langenauer Anzeigers" über die Ereignisse auf dem Balkan beschränkte sich zuächst auf den Mordanschlag in Sarajewo und war um Neutralität und Obejektivität bemüht; der Stimmung in Langenau widmete sie sich nicht. Erst mit der Zuspitzung der Situation Ende Juli ergriff die Zeitung zunehmend Partei und titelte am 23. Juli: „Die Lage ist sehr ernst!". Das Sommerfest des Bundes der Landwirte wenige Tage später stand ganz unter dem Zeichen des drohenden Krieges, zu dem man durchaus entschlossen und bereit war, wie die vom „Langenauer Anzeiger" beschriebene Feststimmung verdeutlicht: „Wir wollen – wie unsere Väter – Haus und Hof, Weib und Kind, Heimat und Vaterland verteidigen, verteidigen bis zum letzten Blutstropfen"[1].

Dennoch, von Euphorie und Kriegsbegeisterung war kaum die Rede – Ordnung war das Schlagwort des Tages. So warnte der „Langenauer Anzeiger" am 30. Juli vor „gewissen Elementen", die Kriegsgerüchte streuten, um die Bevölkerung zu beunruhigen, zum Beispiel der deutsche Botschafter in Belgrad sei ermordet worden[2]. Auch der Aufruf des Oberamtes Ulm an die Bevölkerung nach der Mobilmachung stand ganz im Zeichen von Ruhe, Ordnung und Disziplin. Denn die ungestörte

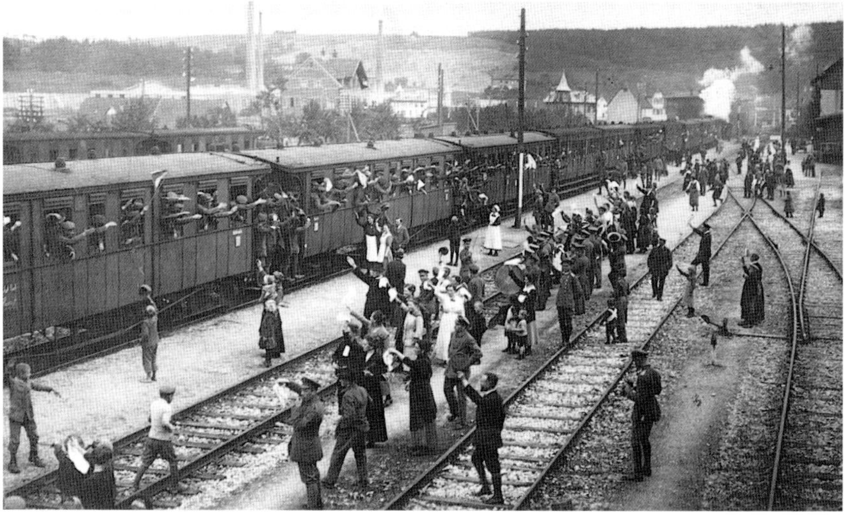

Abfahrt an die Front, 1914.

Abwicklung der Mobilmachung sei von allergrößter Wichtigkeit, wozu auch die Bevölkerung beitragen müsse und könne, indem sie durch Ruhe, Besonnenheit und Nüchternheit für die Aufrechterhaltung der öffentlichen Ordnung sorge und damit den Einberufenen die Erfüllung ihrer Pflicht erleichtere. Die Inhaber von Schank- und Gastwirtschaften wurden aufgefordert, „die Abgabe geistiger Getränke an die Einberufenen nach Möglichkeit zu beschränken." Der „Langenauer Anzeiger" folgte der obrigkeitlichen Linie: „Wenn der Kaiser ruft und unser König als pflichtgetreuer Bundesfürst an der Spitze seiner Schwaben folgt, so gibt es für Land und Volk in dieser ernsten Stunde nur eine Richtschnur: Jedermann tut seine Pflicht, ruhig und gefasst, ohne hochfahrende Übertreibungen und ohne Kritik. Mit ernster Entschlossenheit und freudiger Hingabe begegnen wir der Gefahr, die unsere nationale Existenz und unsere Stellung unter den Völkern bedroht. Wir dulden nicht, dass die Kosaken des moskowitischen Despotentums unsere Kultur zertreten; wir geben nichts preis von dem, was unsere Väter 1870/71 mit ihrem Blute errangen"[3].

Soldaten, 1914.

Die Mobilisierung der Heimatfront

Eine erfolgreiche Kriegsführung bedurfte der rückhaltlosen Unterstützung der Bevölkerung. Die Einheit zwischen Front und Heimat sollte einerseits die Soldaten motivieren und andererseits die Menschen mit dem Schicksal ihrer Väter, Brüder und Söhne verbinden. So wurden Spenden für die Soldaten gesammelt, Arbeiter, Beamte und Bauern an ihre vaterländische Pflichten erinnert, die Heimat mit der Aufstellung von Landwehr und Jugendwehr kampfbereit gemacht und schließlich sollten Siegesfeiern die Überlegenheit und Unbesiegbarkeit der deutschen Waffen und Soldaten demonstrieren und die Bevölkerung in ihrer Kriegsbegeisterung und Einsatzbereitschaft stärken.

Schon am 13. August 1914 gründete sich in Langenau ein Rote-Kreuz-Hilfsverein „zur Linderung der Kriegsübel auf dem Kriegsschauplatz und in der Heimat". Dem Verein gehörten ausschließlich Frauen von Langenauer Honoratioren an: Frau Dr. Biber, Frau Stadtschultheiß Bohner, Frau Stadtbaumeister Laiblin, Frau Stadtpfarrer Elsäßer, Frau Notar Hoffacker, Frau Oberreallehrer Knöll, Frau Postverwalter Meyer usw. Allerdings stand dem Verein ein organisierender Ausschuss vor, der nur Männer zählte: Stadtschultheiß Bohner, die beiden Stadtpfarrer Hachtel und Elsäßer und Oberlehrer Freitag. Die insgesamt 14 Frauen des Vereins versammelten sich jeden Montag, Mittwoch und Freitag nachmittags in der Haushaltungsschule, um unter Anleitung der beiden Arbeitslehrerinnen für die kämpfenden und verwundeten Soldaten zu stricken und zu nähen[4].

Bei Haussammlungen wurden außer Geld und Verbandsmaterialien sowie Geräten für die Krankenpflege vor allem „Liebesgaben, die den im Kampf stehenden Söhnen des württembergischen Vaterlandes Erleichterung und Erquickung und ein Zeichen der liebenden Fürsorge der Heimat sein sollen", gesammelt. Darunter verstand man Wäsche und Krankenkleider, Hemden und Flanellhemden, Unterhosen und Socken, Hand- und Taschentücher, Bettzeug sowie Stärkungs- und Erfrischungsmittel (guter alter Wein, Champagner, Rum, Konserven, Zucker, Kaffee, gedörrtes und gedünstetes Obst, Schokolade, Zigarren und Zigaretten und anderes mehr). Der Hilfsverein bat außerdem um Kleidungsstücke aller Art für die Angehörigen der an der Front stehenden Soldaten. Die Spendensammlungen im August und September brachten 7000 Mark; die „Liebesgaben aller Art" wurden an die Langenauer Ausmarschierten versandt, nachdem der Hilfsverein die Feldadressen ermittelt hatte. Am 17. Oktober rief Stadtschultheiß Bohner die Langenauer Bevölkerung auf, statt der Kirchweihspenden „Spenden zur Linderung der Kriegsübel" zu geben. Erneut sammelte der Hilfsverein über 7000 Mark, wovon das Rote Kreuz 1000 Mark, die Familienfürsorge ebenfalls 1000 Mark, der Flottenverein 200 Mark, die Ostpreußen-Hilfe 297 Mark, Elsass/Lothringen 50 Mark und Notleidende und Waisenkinder in Württemberg 46 Mark erhielten und schließlich 2200 Mark für „Liebesgaben" verwendet wurden. Im November 1915 veröffentlichte der Hilfsverein sein bisheriges Sammelergebnis. Insgesamt spendeten die Langenauer 12 673 Mark, davon gingen unter anderem 6777 Mark an Liebesgaben, 746 Mark an Kriegerfamilien und 2000 Mark an den Landesverein des Roten Kreuzes ab. Lobend hervorgehoben wurde ein anonymer Spender, der die Sparkassenguthaben seiner Kinder auf deren Wunsch dem Hilfsverein übergeben hatte[5].

Werbekarte für die Rote-Kreuz-Sammlung.

Die große Bedeutung der Bauern für die Versorgung der Bevölkerung spiegeln die „Leitsätze für unsere Landwirte in jetziger Kriegszeit" wider, die der „Langenauer Anzeiger" wenige Wochen nach Kriegsbeginn veröffentlichte. In appellativer Sprache wurde der Bauer aufgefordert, möglichst viel Vieh zu halten, die Kälber nicht zu verkaufen, sondern großzuziehen und den so vermehrten Viehbestand mit ausreichend gutem Futter zu versorgen. Auf Stoppelfeldern sollte Futter (Stoppelrüben, Inkarnat-Klee, Winterweizen usw.) und Wintergerste zum Vieh- und Schweinefutter für das kommende Jahr, wenn das Kraftfutter knapp werde, angebaut sowie die zur Gründüngung angesäten Pflanzen nicht untergepflügt, sondern ebenfalls als Viehfutter verwendet werden. Schweine sollte man nicht nach der alten Mode mit dünnen Suppen füttern, denn das gleiche Futter könne man besser ausnutzen, wenn es den Schweinen in Form eines steifen Breies gereicht werde. Die Leitsätzen schließen mit der Aufforderung, frühzeitig und nicht zu dicht zu säen, anderen Landwirten gutes Saatgut abzugeben, eine reichliche Düngung nicht zu vergessen und nichts zu versäumen, um auch für das kommende Jahr eine gute Ernte vorzubereiten[6].

Die Jugendwehr mit ihrem Kommandanten, Bahnmeister Wagenhals.

Der Landsturm wurde zum 22. August 1914 nach Ulm einberufen. Betroffen waren alle ehemaligen Offiziere, Sanitäts- und Veterinäroffiziere und oberen Beamten des Heeres und der Marine sowie alle gedienten Mannschaften bis zum vollendeten 45. Lebensjahr. Zum unausgebildeten Landsturm wurden alle Wehrpflichtigen einberufen, nicht betroffen waren jedoch die Wehrpflichtigen, die das 20. Lebensjahr noch nicht erreicht hatten[7]. Mitte Oktober folgte der Aufruf zur Bildung einer Jugendwehr in Langenau, die der militärischen Vorbildung der Jungmannschaften dienen sollte, um die Ausbildung im Heer zu verkürzen. Aufgefordert wurden alle jungen Männer zwischen dem 16. und 20. Lebensjahr; an Eltern, Arbeitgeber und Lehrherren erging der pathetische Appell, „sich den brausenden Patriotismus unserer ruhmreichen Truppen im Felde an ihr Ohr klingen zu lassen und ihren Teil dazu beizutragen, dass er in der Heimat einen würdigen Widerhall finden möge".

Die Stadtverwaltung unterstützte die Jugendwehr, indem sie die Turnhalle und die der Gemeinde gehörenden Turngeräte zur Verfügung stellte. Übungen, Märsche und Vorträge wechselten sich ab, und im Sommer bewachten 40 Jugendwehrler die ausgesäten Felder. Die Begeisterung für die Jugendwehr fiel ausgesprochen gering aus. Im März 1915 beklagte sich der Leiter der Jugendwehr, Bahnmeister Wagenhals, dass sich bisher sich nur 30 junge Männer gemeldet hätten und dass das Potenzial längstens nicht ausgeschöpft sei, weil vor allem Arbeitgeber und Lehrherren die Jugendwehr ablehnen würden. Schließlich sorgte im Dezember 1915 eine anonymer Brief an Oberst Schefold in Ulm, in dem die Jugendwehr heftig kritisiert wurde, für Aufregung in Stadt und Gemeinderat, worauf sich die Gemeinderäte zu einer Verteidigung der Jugendwehr im „Langenauer Anzeiger" verpflichtet fühlten[8].

Siegesfeiern in Langenau sind nur aus dem Jahr 1915 überliefert. Im Februar fand eine erste Siegesfeier mit Glockenläuten anlässlich der siegreichen Winterschlacht in den Masuren statt, bei der die 10. russische Armee vernichtet worden war, ihr folgten im August Feiern nach den Eroberungen von Warschau, Kowno und Brest-Litowsk. Ganz im Zeichen des Krieges stand auch die Feier zum 100. Geburtstag Bismarcks am 31. März 1915, auf der Bismarck als einer der Schicksalsmenschen für Deutschlands Bestand gewürdigt und gefeiert wurde[9]. Danach gab es keinen Anlass mehr für derartige Feiern. Es dürfte auch sehr zweifelhaft sein, ob angesichts des Massensterbens vor Verdun, in der Champagne oder in Flandern und sich zunehmenden Verschlechterung der Lebensverhältnisse durch die wachsende Knappheit an Lebensmitteln derartige Feiern die gewünschte Wirkung hervorgerufen hätten.

Kriegsalltag

Die anfängliche Kriegsbegeisterung wich bald der Ernüchterung. Der mit so großer Zuversicht erwartete „Spaziergang nach Paris" erstarrte im Stellungskrieg und Grabenkampf. Nach drei Wochen trauerte Langenau um die ersten Toten – Georg Schwenck und Jakob Hack, die am 22. und 25. August gefallen waren. Von Ende September 1914 an wurden im „Langenauer Anzeiger" regelmäßig Verlustlisten veröffentlicht[10].

Bald wirkte sich der Krieg auch auf den Alltag der Menschen aus. Nahm man Einschränkungen beim Postdienst noch gelassen hin, so brachte der Arbeitskräftemangel beim Einbringen der Ernte erhebliche Schwierigkeiten (erst im zweiten Kriegsjahr kamen Kriegsgefangene zum Einsatz)[11]. Wesentlich tiefer griffen die Lebensmittelbeschränkungen in das Alltagsleben ein. Von März 1915 an durften Mehl und Brot nur gegen Mehl- und Brotmarken abgegeben werden; gegen eine Marke erhielt man 75 Gramm Weizenauszugsmehl oder 100 Gramm Brot, für drei Marken je 75 Gramm Weizenmehl oder 100 Gramm Weizenbrot und für zwei Marken je 850 Gramm Roggenmehl oder 1280 Gramm Hausbrot. Landwirte und Haushaltsvorstände, die ihr Brot selbst backen ließen, erhielten keine Marken, solange ihr Mehlvorrat von 7,2 bzw.

5 Kilogramm pro Kopf und Monat ausreichte. Weitere Maßnahmen folgten: im November 1915 die Registrierung der privaten Vorräte an Getreide und Mehl, die Festsetzung von Mehl- und Brotpreisen wenig später[12]. Das Jahr 1916 brachte weitere Regulierungen. So wurden unter anderem am 9. März Buttermarken (pro Person und Monat vier Marken à 125 Gramm) und am 17. April Fleischmarken (3520 Gramm pro Person und Monat) eingeführt, im April Kaffee und Tee beschlagnahmt, wenn mehr als 10 bzw. 5 Kilogramm vorrätig waren, und schließlich im September Höchstpreise für Hafer, Dinkel, Kernen, Gerste und Kartoffeln festgesetzt. Die Mehlration wurde im März 1917 von 200 auf 170 Gramm herabgesetzt und im Mai ein Backverbot für Kuchen erlassen. Gemüseanbaukurse sollten dagegen Erleichterung verschaffen[13].

Kupfersammlung.

Zum Kriegsalltag gehörte auch die Beschlagnahme von kriegswichtigen Rohstoffen. Im April 1915 sammelten die Langenauer unter der Leitung des Roten Kreuzes 630 Kilogramm Guss- und Schmelzeisen und 500 Kilogramm Kupfer, Zinn und Messing. Beschlagnahmt wurden Schafs- und Baumwolle sowie die gesamte Hanf- und Flachsernte des Jahres 1916[14].

Dem Kriegsende entgegen

Der Friede von Brest-Litowsk mit Russland im März 1918, mit dem das Deutsche Reich große Gebiete Russlands annektierte, mobilisierte im Frühjahr 1918 noch einmal die nationalen Kräfte in Langenau. Im Mai gründeten mehrere Bürger den Ortsverein der Deutschen Vaterlandspartei. Die Partei trat, wie Prof. Hermann Haug, Sohn des verstorbenen Langenauer Schultheißen Johann Friedrich Haug und geschäftsführendes Vorstandsmitglied des württembergischen Landesverbandes auf der Gründungsversammlung am 2. Juni hervorhob, für eine auswärtige Politik, die den „gewaltigen Leistungen" des Heeres ebenbürtig sei, das heißt für einen „Siegfrieden", ein: Annektion des französischen Erzgebietes um Briey, Hegemonie über Belgien, Kriegsentschädigungen und gegen Großbritannien gerichtet: Freiheit der Meere, Wiederherstellung des deutschen Welthandels, Rückgabe der deutschen Kolonien und militärische Präsenz der deutschen Marine auf allen Weltmeeren[15].

Die Hoffnungen auf einen „Siegfrieden" zerschlugen sich wenige Wochen später, als die Offensive der Alliierten an der Westfront die Rückverlegung der deutsche Armee in die „Siegfriedstellung" erzwang.

Am 14. August 1918 erklärten Hindenburg und Ludendorff auf einer Konferenz im Hauptquartier der Obersten Heeresleitung in Spa die Fortführung des Krieges für aussichtslos und verlangten im folgenden Monat nach dem Zusammenbruch Bulgariens ein Waffenstillstandsangebot, das Anfang Oktober dem US-amerikanischen Präsidenten Wilson unterbreitet wurde. Die Ende Oktober beginnende Revolution bereitete dem Kaiserreich und dem Krieg das Ende; am 11. November 1918 wurde der Waffenstillstand unterzeichnet.

793 Langenauer Männer, mehr als ein Fünftel der Bevölkerung, standen während des Krieges beim Heer, davon 730 an der Front. 130 Soldaten blieben auf den Schlachtfeldern, 13 galten als vermisst und 29 befanden sich noch im März 1919 in Kriegsgefangenschaft[16].

Die Novemberrevolution

Am 29. und 30. Oktober 1918 meuterten die Matrosen in Wilhelmshaven und Kiel, als bekannt geworden war, dass die deutschen Kriegsschiffe zu einem letzten, aber angesichts der feindlichen Überlegenheit sinnlosen Kampf gegen die englische Flotte auslaufen sollten. Anfang November besetzten die aufständischen Matrosen Kiel und wählten einen Arbeiter- und Soldatenrat, der die Macht über die Stadt übernahm. Von Kiel aus breitete sich die Revolution über ganz Deutschland aus. Am 9. November 1918 war die Monarchie am Ende: Kaiser Wilhelm II. dankte ab, Karl Liebknecht rief die sozialistische Republik aus, wenige Stunden später verkündete der Sozialdemokrat Philipp Scheidemann die demokratische Republik, und am 10. November nahm der Rat der Volksbeauftragten, der aus je drei Vertretern von SPD und USPD bestand, die Macht in die Hände. In den Ländern des Reiches fielen die Monarchien wie Dominosteine um. In Württemberg traten die Arbeiter in den Generalstreik, in Stuttgart und anderen Städten fanden Demonstrationen und Umzüge statt, am 9. November wurde die Republik erklärt und eine provisorische Regierung aus den Vertretern der beiden sozialistischen Parteien Württembergs gebildet, und König Wilhelm II. zog sich in die Stille des Klosters von Bebenhausen zurück.

In Langenau begann die Revolution am 17. November 1918. Nachdem der Ulmer Arbeiter- und Soldatenrat einen Aufruf zur Bildung eines Arbeiterrates in Langenau im „Langenauer Anzeiger" veröffentlicht hatte, wählte an diesem Tag eine zahlreich besuchte Versammlung im Gasthaus „Zum Gähen Berg" einen Arbeiter- und Bauernrat, der aus vier Arbeitern, die der SPD und dem Evangelischen Arbeiterverein angehörten, und drei Landarbeitern bestand: Fabrikarbeiter und Landwirt Matthäus Leibing (Vorsitzender), Gottfried Gruber, Sixtus Banzhaf, Matthäus Madel, Kaspar Mahler, Georg Hillmann, Jakob Erhardt. Der Arbeiter- und Bauernrat verfolgte keine radikale Politik, er sicherte den Schutz des Eigentums, trat für Ruhe und Ordnung ein, setzte auf den demokratischen Prozess und hoffte auf die breite Unterstützung durch die Bevölkerung, indem er auf die Machtübernahme verzichtete, Gemeindeverwaltung und -rat in ihren alten Kompetenzen beließ und sich stattdessen lediglich als eine Interessenvertretung der Bevölkerung bei sozialen Fragen und Problemen verstand. Die erste Verlautbarung des Arbeiter- und Bauernrates bezeugt seine letztlich defensiv ausgerichtete und pragmatische, an den Problemen und Bedürfnissen der Langenauer Einwohnerschaft orientierte Politik: „Der Arbeiter- und Bauernrat steht auf dem Boden der Revolution. Er betrachtet die provisorische Regierung als das oberste Organ der Republik Württemberg und ist entschlossen, diese Regierung mit allen Kräften zu unterstützen. Der Arbeiter- und Bauernrat lehnt die Bildung einer roten Garde und die Diktatur als Kampfmittel zur Durchsetzung des sozialistischen Volksstaates ab. Er übernimmt und vermittelt die Beschwerden über Lebensmittel und sonstige Verteilung. Beschwerden müssen schriftlich und wahrheitsgemäß mit Unterschrift versehen sein. Sie sind zu richten an den Vorsitzenden Matthäus Leibing, Achstr. 51. Anonyme Sachen können nicht berücksichtigt werden"[17].

Die Grenzen des Arbeiter- und Bauernrates wurden von der bürgerlich-konservativen Mehrheit recht bald gesetzt. Auf ihrer Sitzung vom 18. November 1918, an der Leibing teilnahm, bemängelten die Gemeinderäte geschlossen, dass die Zusammensetzung des Arbeiter- und Bauernrates nicht den Langenauer Bevölkerungsverhältnissen entspräche, da die Landwirte in ihm zu wenig vertreten seien. Dies sei wohl darauf zurückzuführen, dass in der Einladung des Sozialdemokratischen Vereins mit keinem Wort die Rede davon war, einen Arbeiterrat, geschweige denn einen Bauernrat zu gründen. Mit dem Hinweis auf das „Vorübergehende der Einrichtung" – deutlicher kann wohl die geringe Akzeptanz des Arbeiter- und Bauernrates kaum umschrieben werden – betonte Stadtschultheiß Bohner, „es möge wegen der Ruhe und Ordnung in der gegenwärtigen Zeit auf ein möglichst gutes Zusammenwirken gesehen werden"[18].

Das Bürgertum machte mobil. Am 19. November veröffentlichte Stadtschultheiß Bohner einen Aufruf zur Bildung einer Bürgerwehr, die tags zuvor im Gemeinerat beschlossen worden war. Darin hieß es: „Zur Sicherung von Eigentum und Nahrungsmitteln und zum Schutz bei etwaigem Eindringen fremder Horden soll hier eine Bürgerwehr gegründet werden, die mit den erforderlichen Waffen ausgerüstet würde. Gediente Soldaten, welche Lust haben, im allgemeinen Interesse hier mitzuwirken, werden gebeten, sich spätestens bis morgen Abend hier zu melden. Denselben wird ein Taggeld für ihre Dienstleistungen von 6 M seitens der Gemeinde gewährt"[19]. Wen der Gemeinderat mit den „fremden Horden" meinte, bleibt rätselhaft. Stellte er sich tatsächlich vor, dass ausländische Truppen Deutschland besetzen würden? Oder meinte er damit wohl Revolutionäre, die nur Umsturz und Chaos brächten? Man darf mit Recht annehmen, dass es sich eher um einen Propagandatrick handelte, mit dem die Gemeinderäte die Angst vor einer Revolution schüren wollten, um jedem, noch so schwachen Ansatz einer tatsächlichen revolutionären Umgestaltung vorzubeugen. Die Gründung einer Bürgerwehr verlief aber im Sande; in den folgenden Monaten trat sie nirgendwo in Erscheinung.

Von entscheidender Bedeutung für den politischen Umbruch war die Versammlung des Bürgervereins am 22. November. Gemeinderat und Vorsitzender des Bürgervereins Groner sprach sich für die Bildung eines Bürgerrates aus, da der Sozialdemokratische Verein über den Kopf der Bürger hinweg einen Arbeiter- und Bauernrat gebildet habe. In das gleiche Horn stieß Hauptlehrer Zürn: der Arbeiter- und Bauernrat sei eigentlich nicht gewählt worden und könne nur als ein Provisorium betrachtet werden. Gemeinderat Raiser befürwortete einen Bürgerrat als Gegengewicht zum Arbeiter- und Bauernrat, aber beide besäßen keine exekutive Gewalt und dürften nur Wünsche und Beschwerden bei den Korporationen und der Stadtverwaltung vorbringen. Aber, so warnte er, der Arbeiter- und Bauernrat würde von der Landesregierung bezahlt werden und handele deswegen nach „sozialistischem Muster". Stadtpfarrer Elsässer gab die Richtung vor. Er wünschte sich, den Parteiengegensatz fallen zu lassen, und schlug vor, dass jede Berufsgruppe Wahlmänner aufstelle, die dann auf einer Vollversammlung zum Bürgerrat gewählt werden sollten. Dieser Vorschlag wurde einstimmig angenommen. Außerdem beschloss der Bürgerverein als Zugeständnis an den politischen Fortschritt, dass auch wahlberechtigte Frauen ab dem 20. Lebensjahr an dieser Vollversammlung teilnehmen dürften. Welchen Stellenwert der Bürgerrat für die Stadtverwaltung einnehmen sollte, machte Stadtschultheiß Bohner klar; er wünschte sich eine gute Zusammenarbeit zwischen Stadtverwaltung, Gemeinderat und Bürgerrat, womit die politische Funktion des Bürgerrates hervortritt – der Revolution, in Langenau wohl eher dem Bemühen der Sozialdemokratie um mehr Demokratie und soziale Gerechtigkeit, den Wind aus den Segeln zu nehmen[20].

Am Beginn der Bürgerversammlung am 26. November wurde ein Artikel aus der „Freiheit", dem in Berlin erscheinenden Organ der USPD verlesen, um jeder anwesenden Person klarzumachen, gegen wen sich die Versammlung richtete: die „Diktatur der Arbeiter- und Soldatenräte"[21]. In diesem Punkt waren sich die Vertreter der politischen Parteien einig. Sie erkannten die neuen politischen Verhältnisse an, aber der Geist der Monarchie und des Militarismus zog sich wie ein roter Faden durch alle Vorträge. Gymnasialdirektor Dr. Emil Schott richtete ein „schlichtes deutsches Wort an deutsche Männer und Frauen". Es sei das Gebot der Stunde, „unsere heldenhaften Heere mit Dankbarkeit und Ordnung zu empfangen, Pflichttreue, Selbstzucht, Selbstachtung und Einigkeit zu bewahren und dadurch die Fähigkeit unseres Volkes zur Selbstregierung zu beweisen, während wir alle, auch die Frauen, für die Zukunft die Pflicht haben, auf der Grundlage der verfassunggebenden Nationalversammlung in ernster Arbeit, ohne jede Einseitigkeit und Gewaltsamkeit, in gerechtem, einmütigem und freiheitlichem Geist das Zerstörte wieder aufzubauen".

Die Debatte eröffnete der SPD-Parteisekretär Denker aus Ulm. Er erörterte zunächst die Ernährungsfrage, die wirtschaftliche und politische Lage, die Kriegsschuldfrage, die Frage der Nationalversammlung, deren Einberufung er als wichtigstes Ziel der Sozialdemokratie vorstellte. Auch sprach er sich für Gerechtigkeit und Einigkeit und gegen Diktatur und Missbrauch der Gewalt aus, hob die Vaterlandsliebe und die Pflichttreue seiner Partei hervor und gab der Hoffnung Ausdruck, dass das militärisch zusammengebrochene Deutschland durch seine geistigen Fähigkeiten doch schließlich die Welt erobern würde. Moderatere Töne schlug der Vertreter der Fortschrittlichen Volkspartei, Gemeinderat Raiser, an. Wahrheit und Freiheit seien die Heilmittel für die Wunden des deutschen Volkes, und es sei eine Notwendigkeit, den gesetzlichen Zustand durch Volkswahlen herbeizuführen.

Bürgervereinsvorsitzender Groner eröffnete dann den 2. Tagesordnungspunkt – die Wahl eines Bürgerrates, dessen einzige, frei von jeder parteipolitischen Ausrichtung und von allen Ständen getragene Aufgabe die Sicherung der Volksernährung sein sollte. Die Wahlvorschläge der einzelnen Berufsstände wurden durch Zuruf angenommen. Zu Vertretern der Beamten und Unterbeamten wurden gewählt: Hauptlehrer Zürn, Schutzmann Heimpel und Stationsassistent Mayer; Handel und Gewerbe waren vertreten durch den Fabrikanten Krauß, Malermeister Kästlen und den Wirt des „Schwarzen Ochsen" Eiselen. Die Bauernschaft entsandte die beiden Seldner Christoph Braunmiller und Philipp Lonsinger, den Beinesenmüller Zeiher und den Unterbauern Schmid.

Der anwesende Vorsitzende des Arbeiter- und Bauernrates Leibing war in eine schwierige Situation geraten. Durch die breite Resonanz, auf die der Bürgerrat schon im Vorfeld der Versammlung gestoßen war, vor allem aber durch den erklärten Willen der Versammlung, Parteipolitik außen vor zu lassen, sah er die berechtigte Gefahr, dass der Arbeiter- und Bauernrat endgültig aus dem öffentlichen und politischen Geschehen gedrängt und zu einer Außenseiterrolle degradiert werde. Er betonte die Aufgaben des Arbeiter- und Bauernrates: die Erfolge der Revolution zu festigen und für eine Übergangswirtschaft, Arbeitsvermittlung und die Lösung anderer sozialer Probleme zu sorgen, wobei Politik ausgeschlossen und ein Zusammenarbeiten ohne Ansehen der Person erwünscht sei. Er erklärte sich bereit, vier bürgerliche Mitglieder – zwei Bauern, je einen Vertreter von Handel und Gewerbe und Beamtenschaft – in den Arbeiterrat aufzunehmen. Mit der ausdrücklichen Erklärung, der Bürgerrat solle bestehen bleiben, nahm die Bürgerversammlung den Antrag an, dass der Bürgerrat in einer besonderen Sitzung vier seiner Mitglieder in den Arbeiter- und Bauernrat delegiere. Mit dem Wunsch, dass im Arbeiter- und Bürgerrat keine Parteipolitik, sondern eine Politik des ruhigen Zusammenarbeitens getrieben werden möge, schloss Groner die Versammlung.

Von diesem Zeitpunkt an spielte der Arbeiter- und Bauernrat keine Rolle mehr. Nur noch einmal, wenige Tage nach der Bürgerversammlung, trat er in der Öffentlichkeit auf, indem er an die Gemeindeverwaltung appellierte, die von der Reichs- und Landesregierung den kommunalen Verwaltungen zugewiesenen Aufgaben anzugehen, nämlich die Arbeitsvermittlung und Arbeitslosenunterstützung zu organisieren und die Betriebe von der Kriegsbewirtschaftung in die Friedensproduktion zu überführen[22]. Einen letzten Versuch, in Langenau Boden zu gewinnen, unternahm die Arbeiterbewegung im Dezember, als sie mit Anzeigen im „Langenauer Anzeiger" für die Wahl eines Bauern- und Landarbeiterrates warb; sogar ein Wahlvorschlag wurde veröffentlicht[23]. Dieser Bauern- und Landarbeiterrat kam mit Sicherheit nicht zustande – nirgendwo, weder im „Langenauer Anzeiger" noch in den Gemeinderatsprotokollen finden wir einen Hinweis auf seine Existenz.

Nach einem ersten Schock erholten sich die alten Kräfte rasch und boten dem aus den Reihen der Sozialdemokratie hervorgegangenen Arbeiter- und Bauernrat die Stirn, dessen soziale Basis viel zu gering war, um einen größeren Einfluss gewinnen zu können. So gelang es dem Gemeinderat, in dem ausschließlich Vertreter der Landwirtschaft und des Gewerbes saßen, schnell mit der taktisch geschickten Gründung eines Bürgerrates den Arbeiter- und Bauernrat zu neutralisieren, sodass sich der Übergang vom Kaiserreich zur demokratischen Gesellschaftsordnung ohne nennenswerte Veränderungen im politischen Gefüge vollzog. Die alten monarchistischen und nationalistischen Werte bestimmten weiterhin die politische Öffentlichkeit und das Bewusstsein des überwiegenden Teils der Langenauer Bevölkerung.

Nicht die Sozialdemokratie übernahm die öffentlich-politische Meinungsführung, sondern andere Parteien liefen ihr den Rang ab. Die Deutsche Demokratische Partei (DDP) setzte mit einer Versammlung am 1. Dezember 1918 einen deutlichen Kontrapunkt zur Arbeiterbewegung. Fritz Varnholt, Bürgerausschussmitglied in Ulm und Sekretär der liberalen Gewerkvereine, wandte sich entschieden gegen jedwede Sozialisierungen von Betrieben und Fabriken und befürwortete den Achtstundentag nur unter dem Vorbehalt, dass seine Einführung mit einem entsprechenden Verdienstausfall vollzogen werde[24]. Über die politische Stimmung in Langenau gibt beispielhaft eine Unterschriftensammlung von Langenauer Frauen bei ihren Geschlechtsgenossinnen im Februar 1919 Auskunft: „Mit Freuden haben wir unsere in die Heimat zurückkehrenden Krieger empfangen und diese freuen sich, wieder auf heimatlichem Boden zu stehen. Deutsche Frauen – gleichviel welcher Partei sie angehören – schließen sich zusammen, um die Rückkehr ins Heimatland auch Kaiser Wilhelm II. zu ermöglichen, und wenden sich mit folgender Eingabe an die Nationalversammlung: ‚Die erste Tat des deutschen Volksstaates sei: Gewährung einer im Schutze der rechtmäßigen neuen Regierung gesicherten Heimat im Vaterland für Kaiser Wilhelm II.' Diesem Gedanken stimmen gewiss auch viele hiesige Frauen aller Parteien zu"[25].

Ein Aufruf der württembergischen Staatsregierung, einen Verfassungstag am 25. September 1919 mit Feiern zu begehen, zeigt, die in Langenau unter einem großen Teil der Bevölkerung geringe Akzeptanz der mit der Revolution geschaffenen neuen demokratischen Verhältnisse. Dieser Verfassungstag sollte nach den Vorstellungen der Regierung zu einer Demonstration für die Demokratie werden. Als Anlass wurde der 100. Jahrestag der württembergischen Verfassung von 1819 gewählt, die zwischen Monarch und Ständeversammlung geschlossen worden war und den beiden Kammern des Landtages gewisse Mitspracherechte eingeräumt hatte, ohne dass aber das monarchische Prinzip aufgehoben worden und seine Stelle die demokratischen Grundprinzipien – Volkssouveränität und Gewaltenteilung – getreten waren. Nun sollte am 25. September der politische Fortschritt von der Monarchie zum „rein demokratischen Volksstaat" mit Feiern an sämtlichen Schulen und am Abend mit Kundgebungen in allen Gemeinden begangen werden. Der „Langenauer Anzeiger“ druckte den Aufruf kommentarlos ab; über eine entsprechende Feier oder Kundgebung überliefern uns die Quellen nichts[26].

Die Weimarer Republik

Stimmungen

Die Demokratie hatte es schwer in Langenau. Man fand sich zwar mit den neuen Verhältnissen ab, allerdings ohne innere Überzeugung. Zu sehr trauerte man dem untergegangenen Kaiserreich nach und beklagte die Niederlage im Ersten Weltkrieg, die nur durch den Verrat in der Heimat zustande gekommen sein sollte. Der tapfere deutsche Soldat, der unbesiegt aus dem Feld gekommen sei, wurde zur politischen Leitfigur und Ikone. Monarchistische und republikfeindliche Positionen bestimmten das politische Leben Langenaus während der Weimarer Republik, wie exemplarisch die Unterschriftensammlung von Langenauer Frauen für eine Rückkehr des vormaligen Kaisers Wilhelm II. aus seinem holländischen Exil im Februar 1919 oder ein Artikel der „Ulmer Alb-Zeitung“ gegen den nationalen Verfassungstag zeigen. Demzufolge sollte nicht die errungene Demokratie gefeiert werden, sondern sollte man diesen „Tag zum Gedächtnis unserer Toten, die ihr Leben für das Vaterland wohl dahingaben“, nutzen, denn „hier hätten wir einen Boden, auf dem alle gleich sind, … einen Tag, welcher das ganze Volk ohne Unterschied der Parteien zusammenführt und eint“[27]. Weitere Beispiele aus dem „Langenauer Anzeiger“ bzw. der „Ulmer Albzeitung“, welche die mehr oder weniger offene republikfeindliche Haltung vieler Langenauer Bürger belegen würden, ließen sich in beliebiger Zahl aufführen.

Auch die Angst vor einer sozialisitschen Revolution bestimmte 1919/20 das politische Leben. Dem Aufruf zur Gründung einer Ortswehr am 15. Mai 1919, wenige Tage nach der blutigen Niederschlagung der Münchner Räterepublik und lange bevor die württembergische Staatsregierung im September 1919 zur Gründung von Einwohnerwehren aufrief, folgten 180 Männer – zu wenige nach Ansicht des Kompanieführers Reiff, um der Aufgabe, „Schutz der öffentlichen Einrichtungen, des Lebens und Eigentums der Bürger von Langenau gegen gewaltsame, verbrecherische Angriffe jeder Art“, nachkommen zu können. Vor allem die Bauern waren weder den Aufrufen gefolgt noch auf den Versammlungen erschienen. Reiff wandte sich daher an die Vorsitzenden aller Vereine, die ihre Mitglieder zum Beitritt der Orts- oder Einwohnerwehr bewegen sollten. Über den Erfolg seiner Werbekampagne wissen wir nichts; dass die Einwohnerwehr existierte, steht außer Zweifel. Als nach dem Inkrafttreten des Entwaffnungsgesetzes die Einwohnerwehr im Oktober 1920 ihre Waffen abgeben sollte, verteidigte der „Langenauer Anzeiger“ sie vehement und wandte sich scharf gegen die Hetze, der sich die Einwohnerwehr ausgesetzt sehe. Nur widerwillig folgten die Bürgerwehrler den gesetzlichen Bestimmungen. Da eine beträchtliche Anzahl von Waffen nicht abgeliefert worden waren, verhalf erst die Androhung einer zwangsweisen Entwaffnung dem Gesetz zum Erfolg[28].

Die Langenauer Sozialdemokratie konnte die politische Vormachtstellung der konservativen und reaktionären Kräfte nie infrage stellen, geschweige denn sie durchbrechen. Sie bildete zwar ihre Organisationsstrukur mit der Gründung von sozialdemokratischen Vorfeld- und Nebenorganisationen (Naturfreunde, Freier Volkschor Liederlust, Arbeiterwohlfahrt, Reichsbanner) aus, doch gelang es ihr kaum, über eine Randfunktion hinauszukommen. Wie schwer es die Sozialdemokratie hatte und welche Grenzen ihr gesetzt wurden, erlebte sie bei der 1. Maifeier 1919, die in diesem Jahr erstmals als gesetzlicher Feiertag reichsweit begangen wurde. Der „Langenauer Anzeiger“, fest in deutschnationalen Händen, rief zum Boykott des „Allerweltsfeiertags“ auf, eines dem „Volksfrieden wenig förderlichen Tages“ (diese Formulierung wohl in Anspielung auf die mit dem 1. Mai untrennbar verbundene internationale Solidarität der Arbeiterklasse)[29].

Das Kriegerdenkmal

Nach dem Deutsch-Französischen Krieg entstanden in vielen deutschen Städten Denkmäler, die den Sieg über den „Erbfeind“ Frankreich und die Reichseinigung thematisierten. Obelisken und Säulen, figürliche Allegorien, insbesondere Germania und Viktoria, die die vollzogene Reichseinigung und den siegreichen Krieg symbolisierten, wurden an zentralen öffentlichen Plätzen errichtet, um eine möglichst breite Öffentlichkeitswirkung zu erreichen. Die persönliche Trauer der Hinterbliebenen kam in den Denkmälern nur selten zum Ausdruck, denn die Frage nach dem Sinn des Kriegstodes über den „Heldentod“ hinaus spielte im öffentlichen Bewusstsein keine Rolle. Stattdessen überdeckte in der Öffentlichkeit der Stolz, in der Familie einen Kriegshelden vorweisen zu können, die Trauer und den Schmerz über den Verlust eines Angehörigen. Nach dem verlorenen Krieg und dem als „Schmach von Versailles“ empfundenen Friedensvertrag verbot sich die Aufstellung von Siegesdenkmälern von selbst. Die Trauer der Hinterbliebenen und die Suche nach dem Sinn des Soldatentodes erforderte neue Formen und Funktionen des Kriegerdenkmals. Die Wahl der Aufstellungsorte zeigt den Funktionswandel an. Nicht der zentrale Platz – schließlich wollten die Stifter weder an den verlorenen Krieg noch an die damit verbundene Schmach erinnern –, sondern die Zurückgezogenheit der Friedhöfe wurde zum Ort der Trauer. Die Kriegerdenkmäler erhielten so die Funktion eines stellvertretenden Grabmals, die den Hinterbliebenen, die kein reelles Grab pflegen konnten, einen Ersatzort schaffte, um ihrer Trauer Ausdruck verleihen zu können[30].

Am 14. November 1919 beschloss der Gemeinderat auf Initiative des Kirchengemeinderates, „zur Ehrung der gefallenen Krieger" ein Kriegerdenkmal am östlichen Giebel der St. Peterskirche zu errichten sowie Erinnerungstafeln an der Martins- und Leonardskirche anzubringen. Mit der Durchführung wurde der Architekt Professor Schuster aus Stuttgart beauftragt; die Kosten von zunächst 8000 Mark sollten teilweise aus Spenden der Bevölkerung bestritten werden. Die Kosten wuchsen bis 1920 auf rund 25 000 Mark an. Im Juni 1920 standen nur knapp 10 000 Mark, davon 5324 Mark durch Haussammlungen, zur Verfügung. Eine erneute Haussammlung sollte die fehlenden Gelder einbringen. Der „Langenauer Anzeiger" warb für das Kriegerdenkmal, denn er ging davon aus, dass eine Gemeinde von 3600 Seelen die Kosten wohl aufzubringen imstande sei, die ja pro Kopf nur knappe sieben Mark bedeutet hätten. Die Zuversicht des „Langenauer Anzeigers" wurde herb enttäuscht. Die Langenauer spendeten nur rund 4000 Mark, sodass der Gemeinderat am 16. Juli 1920 die Errichtung des Kriegerdenkmals auf unbestimmte Zeit verschob[31].

Nach der Überwindung der finanziellen Schwierigkeiten, die auch mithilfe einer vom Kriegerverein ‚Concordia' durchgeführten Haussammlung möglich wurde[32], konnte im Mai 1922 unter großer Beteiligung der Bevölkerung das Kriegerdenkmal endlich eingeweiht werden. Folgen wir dem Bericht des „Langenauer Anzeigers": „Unter Glockengeläute und den feierlichen Klängen des Beethoven'schen Trauermarsches der Stadtmusik ging der Zug in die obere Kirche, wo Herr Stadtpfarrer Storz die Gedächtnispredigt hielt unter Zugrundelegung des Bibelwortes: ‚Niemand hat größere Liebe denn die, dass er sein Leben lässet für seine Freunde.' Die Predigt, zusammen mit den ergreifenden Gesängen des Kirchenchors ‚Selig sind die Toten' und ‚Wir haben getragen den Leib zur Ruh' riefen den Anwesenden die ganze Schwere der langen Kriegsjahre ins Gedächtnis zurück. Nach dem Gottesdienst versammelte sich die Gemeinde vor dem Denkmal an der Kirche, wo der Massenchor aller hiesigen Vereine „Wir liebten uns wie Brüder" den Weiheakt einleitete. Hierauf übergab Herr Regierungsbaumeister

Unseld, Ulm, der Schöpfer des Denkmals, dasselbe in die Obhut der Stadt, gedachte aller seiner Mitarbeiter, der Herren Bildhauer Wöhrle, Ulm, Prof. Schäfer, Ulm, Stadtbaumeister Laiblin, Maurermeister Schiele und Stadtgärtner Wurz. Herr Stadtschultheiß Bohner übernahm mit Dank das Ehrenmal in den Schutz der Stadt und sprach mit ehrenden Worten von den Toten des Weltkrieges, denen die Erinnerungszeichen in erster Linie galten und legte im Namen der Stadt einen Kranz nieder. Der Gesang ‚Dir möchte ich diese Lieder weihen' bildete den Abschluss vor der oberen Kirche, worauf sich die Trauerparade zum dem Friedhof bewegte. Die dortige Feier wurde durch den Chor ‚Heldenklage' eingeleitet. Herr Stadtschultheiß übernahm auch dieses nach dem Entwurf des Herrn Prof. Schuster, Stuttgart, hergestellte Denkmal. Dann sprach Herr Stadtpfarrer Elsäßer einen ergreifenden Weihespruch. Der Vorstand des Kriegervereins, Herr Sekretär Amann, widmete den gefallenen Kameraden Worte ehrenden Gedenkens. Wenn unsere Heimat vom Kriegsschauplatz verschont worden ist, so haben wir dies in erster Linie denjenigen zu verdanken, die in der Kraft und Blüte der Jahre ihr Leben hingegeben haben. Wir drücken in dieser Stunde ihnen im Geiste die Hände, danken ihnen für alle Liebe und Treue und wollen ihr Gedächtnis in Ehren halten. Diese Stätte soll die Leistungen und ihren Opfermut kommenden Geschlechtern überliefern, und eine Mahnung sein zur Erfüllung der höchsten Pflicht, der Pflicht gegen das Vaterland. Der Vorstand des Zentralverbandes der Kriegsgeschädigten, Herr König, erinnerte in seinem Nachruf besonders an die Hinterbliebenen der Gefallenen, die Witwen und Waisen. Die Überlebenden sollen den Dank des Vaterlandes an Letzteren zum Ausdruck bringen. Der Ehrensalut des Kriegervereins und das Musikstück ‚Ich hatt einen Kameraden' bildeten den würdigen Abschluss dieser erhebenden Feier. Möchten alle Teilnehmer der Totenfeier das beherzigen, was der Dichter des Gedenkspruchs am Denkmal der oberen Kirche, Herr Studienrat Dr. Werner, so schön ausgesprochen hat:

In schierer Zeit, in tiefer Not
Gequält, verachtet und bedroht
Schaun wir auf Euch, was Ihr vollbracht
Im Schmutz des Grabens, im Donner der Schlacht.
Und wenn wir den Nöten fast erliegen,
So mahne uns Euer Kämpfen und Siegen,
Euer Leiden und Euer bittres Sterben:
Lasset die Heimat nicht verderben
Und lasst Euch trotz allem den mutigen Glauben
An eine bessre Zukunft nicht rauben"[33].

Der Soldat – ein heroisches Leitbild

Der deutsche Soldat, nach Ansicht vieler Menschen, auch in Langenau, in der Heimat verraten und unbesiegt aus dem Felde zurückgekehrt, wurde zu einem tragenden politischen Leitbild. In seiner Person vereinigten sich Heldenmut und Opfergang für das Vaterland, die Erinnerung an das untergegangene Kaiserreich und die Ablehnung der neuen politischen Verhältnisse. Demokratie- und republikfeindliche Kräfte stilisierten den deutschen Soldaten zu einem Symbol vergangener, in ihren Augen glorreicher Zeiten.

Treibende Kraft der Heldenverehrung war der nach dem Deutsch-Französischen Krieg gegründete Kriegerverein ‚Concordia'. Nach der als Schmach empfundenen Niederlage wandelte sich sein Selbstverständnis und Vereinszweck. Zwar blieb wie zu Zeiten des Kaiserreichs die nationalistische Ausrichtung und das nationale Pathos prägend. Entscheidend war aber nun, dass nicht mehr der Sieg über den „Erbfeind" und die Größe des geeinigten Deutschlands gefeiert werden konnte, sondern eine Niederlage überwunden werden musste. Erinnerungsarbeit wurde nun zum wichtigsten Vereinszweck, wie es in einem im Februar 1919 im „Langenauer Anzeiger" veröffentlichten Aufruf an alle Kriegsteilnehmer, dem Kriegerverein beizutreten, um die „Erlebnisse und gemeinsam ertragenen Leiden und Freuden immer wieder aufzufrischen", heißt[34]. Die zahlreichen Lichtbildervorträge dienten zugleich der Erinnerung und der politischen Schulung. Mag bei Vorträgen über „Erlebnisse in Russland", weder die Marne- oder Sommeschlacht noch die Erinnerung im Vordergrund gestanden haben, so entsprachen Vorträge über die ehemaligen deutschen Kolonien Kamerun und Deutsch-Ostafrika (Referent: der „Deutsch-Ostafrika-Kämpfer" Hauptmann Körbling, der die Rückgabe der deutschen Kolonien forderte) den Vorstellungen revanchistischer Kräfte, die die alte Größe und Weltgeltung Deutschlands wiederherstellen wollten. Der Verkauf von Kriegsgedenkmünzen des reaktionären Kyffhäuserbundes unter zahlreichen Teilnehmern der Veranstaltung unterstreicht den politischen Standort des Kriegervereins[35]. In den ersten Jahren der Weimarer Republik stagnierte die Mitgliederzahl, aber an ihrem Ende zählte der Kriegerverein annähernd 250 Mitglieder[36].

Durch das Jahr 1919 zogen sich Kriegerfeiern. Sie dienten dem Wiedersehen und dem Gedenken an Gefallene und Vermisste. Die erste derartige Feier für die Jahrgänge 1891/93 fand Anfang Februar im „Roten Ochsen" statt; 50 Paare tanzten eine Polonaise und verschiedene patriotische Gedichte wurden deklamiert. Der ersten Feier folgten die der anderen Jahrgänge, die sich ebenfalls großer Beliebtheit erfreuten.

Auf der Feier für die Jahrgänge 1894/97 traten über 70 Paare zur Polonaise an. Den Abschluss der Feiern bildete die Begrüßungsfeier für aus der Gefangenschaft heimkehrende Soldaten am 19. April 1920. Während Stadtpfarrer Storz gewiss vielen Anwesenden aus der Seele sprach, als er an die Gefühle und Gedanken erinnerte, welche die Botschaft „vermisst" ausgelöst hatte, nannte Stadtschultheiß Bohner es eine „schmähliche Tat der Feinde", die Soldaten noch monatelang nach dem Abschluss des Friedensvertrages in Gefangenschaft zu halten[37]. Nicht nur Freude bestimmte die glückliche Heimkehr der Kriegsgefangenen, sondern auch revanchistische, von der Niederlage hervorgerufene Gefühle. So veröffentlichte der „Langenauer Anzeiger" einen Aufruf an alle ehemaligen „Feldgrauen": „Sendet sofort Selbsterlebnisse von Schandtaten unserer Feinde auf dem Schlachtfeld, im Gefangenenlager, in Lazaretten ..." Gewünscht wurden eidesstattliche und gut lesbare Berichte, möglichst mit Angaben über Ort und Zeit und Nennung aller Namen und Truppenteile, möglichst auch der feindlichen, die an die Zentralstelle für feindliche Vergehen wider das Völkerrecht in Berlin geschickt werden sollten[38]. 1921 folgten Einladungen zu Regimentstreffen in Stuttgart und Ulm, bei denen möglichst alle ehemaligen Angehörigen einer Armee-Einheit aus Friedens- und Kriegszeiten teilnehmen sollten. So rief der „Langenauer Anzeiger" Ende Juni 1921 zu einem Treffen des Landesjägerregiments 123 am 16. und 17. Juli in Ulm auf. Darüber hinaus wurde versucht, in allen württembergischen Oberämtern Ortsgruppen zu bilden[39].

Die „Ulmer Alb-Zeitung" veröffentlichte in den folgenden Jahren gelegentlich Artikel über das Kriegsgeschehen. Im Juni 1920 druckte sie aus dem 4. Band der vom Reichsarchiv herausgegebenen Gesamtdarstellung „Der Weltkrieg 1914–1918" die Darstellung der Marneschlacht im September 1914 ab, der letztendlich kriegsentscheidenden Schlacht. Danach ging der Bewegungskrieg in einen Stellungskrieg über, in dem das Deutsche Reich wegen der ökonomischen Potenz der alliierten Mächte unterlegen war. Entscheidend für die politische Meinungsbildung im Jahr 1926 war die Tatsache, dass die Oberste Heeresleitung befohlen hatte, die über die Marne bis vor die Tore von Paris vorgestoßenen deutschen Armeen sollten den Rückzug antreten. Es herrschte also die Meinung, nicht der französische Gegenangriff, sondern die Oberste Heeresleitung habe den Siegeslauf der Armeen gestoppt. Denn noch am Beginn der Marneschlacht am 6. September 1914 habe sich die deutsche der feindlichen Truppenführung gegenüber taktisch und strategisch so überlegen gezeigt, dass sie ohne die Oberste Heeresleitung einen Sieg errungen hätte. Wir treffen hier wieder auf den unbesiegten und überlegenen deutschen Soldaten: „Das Schicksal der Armee von 1914, der unter so erschütternden Umständen der heiß erkämpfte Sieg gerade in dem Augenblick, in dem sie ihn sicher in der Hand zu haben wähnte, wieder entrissen wurde und dem selbst der Feind hohe Bewunderung gezollt hat, ist voll tiefer ergreifender Tragik!"[40]

Die „Schmach von Versailles"

Der am 28. Juni 1919 unterzeichnete Friedensvertrag von Versailles setzte neue Grenzen fest. Deutschland trat Elsass-Lothringen, Posen, Westpreußen, das Hultschiner Ländchen und das Memelgebiet ab. In Eupen-Melmedy, Nordschleswig und Teilen Ostpreußens und Oberschlesiens entschieden Abstimmungen über die Zugehörigkeit zu Deutschland. Ferner wurde Danzig zur Freien Stadt, die unter der Verwaltung des Völkerbunds stand. Ebenso stellten die Siegermächte das Saargebiet unter Völkerbundsverwaltung und überließen die Ausbeutung der saarländischen Kohlengruben Frankreich. Deutschland verzichtete auf alle Rechte im Ausland und auf alle seine Kolonien. Eine interalliierte Kommission überwachte die Abrüstung Deutschlands und die Einhaltung der folgenden Bestimmungen: Auslieferung allen Kriegsmaterials, Auflösung des Großen Generalstabs, Beschränkung des Heeres auf höchstens 100 000 Mann sowie die Schleifung aller Festungen 50 Kilometer östlich des Rheins (entmilitarisierte Zone).

Die Wiedergutmachungen (Reparationen) wurden mit der Feststellung der Kriegsschuld begründet: „Die verbündeten und assoziierten Regierungen erklären, und Deutschland erkennt an, dass Deutschland und seine Verbündeten als Urheber für alle Verluste und Schäden verantwortlich sind, die die alliierten und assoziierten Regierungen … infolge des Krieges, der ihnen durch den Angriff Deutschlands und seiner Verbündeten aufgezwungen wurde, erlitten haben" (Art. 231). Die Reparationen bestanden in Sachlieferungen (Handelsschiffe über 1600 BRT, ein Viertel der Fischfangflotte, Vieh, Kohle, Benzol, Lokomotiven, Eisenbahnwagen, Maschinen, Unterseekabel u. a.) sowie in zunächst 269 Milliarden Goldmark (später revidiert), die in 42 Jahresraten gezahlt werden sollten. Als Bürgschaft wurde das linksrheinische Gebiet in drei Zonen eingeteilt, die bei pünktlicher Erfüllung des Vertrages nach 5, 10 und 15 Jahren geräumt werden sollten.

Gewiss waren die Vertragsbestimmungen hart. Bedeuteten sie doch für viele Menschen in Deutschland Not und Elend und schürten Hass und nationales Pathos. Es ist nachvollziehbar, wenn Langenauer Bauern wenig Begeisterung für die neuen Verhältnisse aufbrachten, als sie Anfang 1920 Vieh und Zuchtpferde – den Stolz Langenaus – als

Reparationen abliefern mussten[41]. Ein beredtes Zeugnis für die Verknüpfung von sozialer Not und „nationaler“ bzw. revanchistischer, gegen die so genannten „Erfüllungspolitiker“ gerichteter Politik stellt ein Aufruf dar, den die „Ulmer Alb-Zeitung“ Anfang Juni 1922, zu Beginn des Währungszerfalls, veröffentlichte; er sei hier vollständig zitiert: „Allenthalben rüsten sich die deutschen Städte, um am 28. Juni der Welt kundzutun, dass das Gebahren unserer Feinde im besetzten Gebiet den Höhepunkt erreicht, dass der Druck, den sie in sadistischer Rachsucht auferlegen, unerträglich wird, dass wir einer Hungerblockade unterliegen, die wohl an Schärfe hinter der während des Krieges uns auferlegten in nichts nachsteht, durch die Art und Weise aber, wie sie nun auf Umwegen hinterlistig und zielbewusst auf unseren völligen Untergang gerichtet ist, unsere Zeitgenossen zur Verzweiflung bringen, unseren Nachwuchs siech und krank machen muss. Protest wollen wir erheben gegen diese unerhörte Art der Weiterführung des Krieges, die die Geschichte aller Zeiten und Völker niemals kannte, aller Welt wollen wir künden, dass noch ein Funken von Ehrgefühl in unsrer Brust ruht und wir nicht gewillt sind, in langsamem qualvollem Hinsterben an Erfüllungspolitik zugrunde zu gehen. Aber nicht in Parteikonventikeln und um den Ehrgeiz Einzelner zu befriedigen, wollen wir uns versammeln und schönen Worten horchen, alle Parteien, denn das Unglück trifft alle in gleicher Weise, Kapitalisten, die es nicht mehr gibt, Arbeiter, die der Arbeitslosigkeit entgegensteuern, Männer und Frauen, die in nächster Bälde den Haushalt nicht mehr bestreiten können, alle, alle sollen sich zusammenscharen und mächtigen Protest erheben gegen Brutalität von außen und gegen Knechtseligkeit im Innern“[42].

Es ist notwendig, an dieser Stelle an die Kriegsziele Deutschlands zu erinnern. Dass nämlich Deutschland bei einem militärischen Sieg einen Friedensvertrag diktiert hätte, dessen Härte sich in keinster Weise von der des Versailler Friedenvertrages unterschieden, sie sogar eher übertroffen hätte. Die vom Alldeutschen Verband im Herbst 1914 entworfenen, von den Konservativen und der rechten Sozialdemokratie befürworteten Kriegsziele bestanden 1. in der militärischen, politischen und wirtschaftlichen Kontrolle Belgiens durch Annexion von Lüttich und Antwerpen, der flandrischen Küste und des Erzbeckens von Briey, 2. in einer wirtschaftlichen Einheit „Mitteleuropas“ (Niederlande, Frankreich, Italien, Südosteuropa und Skandinavien) unter Einschluss von Pufferstaaten (z. B. Polen und Finnland) und wirtschaftspolitischen Einflusssphären, 3. in der Vergrößerung des Kolonialbesitzes und 4. in der Beseitigung der englischen Herrschaft durch Aufstände von Marokko bis Indien. Bezüglich Osteuropas gerieten die Expansionsziele ins Unermessliche: Aufstückelung Polens in vier Gouvernements; deutsche Besiedelung estnischer, lettischer, litauischer und weißrussischer Gebiete, deren Bevölkerung vertrieben werden sollte; Selbstständigkeit der Ukraine unter einem deutschen oder ukrainischen Fürstengeschlecht; wirtschaftliche und politische Angliederung des Kaukasusgebiets. Im Frieden von Brest-Litowsk (3. März 1918) mit der revolutionären russischen Regierung verwirklichte Deutschland einen Teil des Expansionsprogrammes: Verzicht Russlands auf die baltischen Staaten und Polen sowie die Unabhängigkeit Finnlands und der Ukraine. Damit verlor Russland ein Gebiet von etwa 1 Mio. Quadratkilometer mit einer Bevölkerung von rund 50 Mio. Menschen sowie 90 Prozent aller seiner Kohlengruben, 54 Prozent seiner Industrie und 33 Prozent seines Eisenbahnnetzes. Unter Ausnutzung der Schwäche Russlands brach die oberste deutsche Führung den gerade abgeschlossenen Vertrag und ließ ein riesiges Gebiet besetzen, dessen Grenze im Norden westwärts von Petrograd (St. Petersburg) verlief, sodann Weißrussland in Nord-Süd-Richtung durchschnitt, um dann in weitem Bogen nach Osten bis kurz vor Zaryzin, dem späteren Stalingrad, vorzurücken. Mit dem Scheitern der Kriegspläne im Westen gingen die schon sicher geglaubten Eroberungen wieder verloren[43].

Der überwiegende Teil der Deutschen empfand den Versailler Friedensvertrag als Schmach und „Diktatfrieden". National gesonnene Kreise kritisierten auf das Schärfste die Gebietsabtretungen im Westen und Osten, dennoch waren sie nicht die stärkste Belastung der jungen Republik. Das größte Problem der Weimarer Republik stellte die Zahlung von Reparationen dar. Ihre Langfristigkeit und Höhe bereiteten allen Reichsregierungen strukturelle Schwierigkeiten. Für viele Deutsche waren vor allem die Reparationen das Kainsmal der Weimarer Republik. Nahezu alle Parteien strebten eine Revision und Milderung der Vertragsbestimmungen an. Vor allem aber konservative und revanchistische Kräfte nutzten den Friedensvertrag als propagandistisches Mittel gegen die Weimarer Republik, der man den „Diktatfrieden" zu verdanken habe. Einige ausgewählte politische Ereignisse und Berichte, welche die „Ulmer Alb-Zeitung" veröffentlichte, sollen die antirepublikanischen Strömungen in Langenau exemplarisch aufzeigen.

Ein erstes Beispiel liefert die Besetzung des Ruhrgebiets im Januar 1923. Am 11. diesen Monats rückten mehrere tausend französische und belgische Soldaten in Essen ein, verhängten über die Stadt den Belagerungszustand und besetzten in wenigen Tagen das gesamte Ruhrgebiet. Die Alliierte Reparationskommission hatte am 9. Januar festgestellt, Deutschland würde seine Reparationsleistungen vorsätzlich nicht mehr erfüllen und man sei nun nach den Bestimmungen des Versailler Vertrages zu Sanktionen berechtigt. Die Reichsregierung legte Protest ein, berief die diplomatischen Vertretungen in Paris und Brüssel ab und forderte die Bevölkerung in den besetzten Gebieten zu „passivem Widerstand" durch halbstündige Proteststreiks auf. Im Laufe der Besetzung (bis Herbst 1923) war die Bevölkerung zahllosen Repressalien ausgesetzt. Tausende von Arbeitern, Angestellten und Beamten wurden ausgewiesen, Hunderte verhaftet, misshandelt und zu schweren Strafen verurteilt und viele ermordet. In Deutschland wurden die Flaggen auf Halbmast gesetzt und Protestversammlungen durchgeführt.

In Langenau gedachte der Vorsitzende des Landwirtschaftlichen Vereins wenige Tage nach der Besatzung der „Schmach und Not, die uns angetan wurde durch die frevelhafte Besetzung des Ruhrgebiets durch unsere Feinde, die uns vernichten wollen. Es muss jedem Frontkämpfer ein Zähneknirschen hervorrufen, dies mit ansehen zu müssen. Was den Franzosen damals nicht gelungen ist, im Kampf in deutsches Land einzudringen, das macht er jetzt vier Jahre nach Kriegsende mit einem Spaziergang, aber bewaffnet bis an die Zähne gegen ein wehrloses, entwaffnetes Volk, um ihm den Lebensnerv abzuschneiden." Im Februar sammelten die Schüler der Winterabendschule bei den Landwirten 76 Zentner Getreide und 34 500 Mark, eine Sammlung des Gewerbe- und Handelsvereins erbrachte zwei Wochen später 430 350 Mark, die sich unter den Bevölkerungsschichten wie folgt aufteilten: Gewerbe: 281 300 Mark. Handel: 102 500, freie Berufe: 15 000, Arbeiter: 31 550 Mark (die hohen Summen kamen durch die Inflation zustande). Schließlich waren bis Mitte März 760 Zentner Getreide zusammengekommen[44].

Unter dem Druck der USA, die kein Interesse an der Zahlungsunfähigkeit Deutschlands hatten, da die ihr verschuldeten Verbündeten mit den deutschen Reparationen ihre Schulden zahlen wollten, einigte sich die Londoner Reparationskonferenz anhand des von dem US-Amerikaner Charles D. Dawes ausgearbeiteten Plans. Der Dawes-Plan verpflichtete Deutschland für die folgenden fünf Jahre zu einer jährlichen Zahlung von einer Milliarde Mark, von 1929 an zu einer Jahresrate von 2,5 Milliarden Mark. Zu ihrer Sicherung wurden die Reichseinnahmen (Zölle, indirekte Steuern, Gewinne der unter ausländischer Aufsicht stehenden Reichsbahn) verpfändet und eine Reihe von Kontrollen eingeführt, welche die Industrie und die gesamte wirtschaftliche Entwicklung Deutschlands behinderten. Obwohl über die Laufzeit der Reparationen und ihre Höhe keine Abmachungen getroffen worden waren, lag in dem Grundsatz, dass Deutschland nur im Rahmen seiner Zahlungsfähigkeit verpflichtet wurde, ein Fortschritt. Auch bot er der Sanktionspolitik

Frankreichs keine Handhabe mehr. Die Rechtsparteien bekämpften den Dawes-Plan propagandistisch als ein „zweites Versailles"; ebenso richteten sie ihre Agitation gegen die Verständigungspolitik Gustav Stresemanns, der die Gleichberechtigung Deutschlands in Europa auf dem Wege der Verständigung mit den Siegermächten, vor allem mit Frankreich, zu erreichen suchte. Erfolge dieser Politik waren der Rheinpakt von Locarno (Oktober 1925), der die bestehenden Grenzen zwischen Deutschland, Frankreich und Belgien garantierte, die Aufnahme Deutschlands in den Völkerbund (Herbst 1926) und schließlich der Young-Plan (1930), der die Höhe der deutschen Jahreszahlungen auf rund zwei Milliarden Goldmark und die Dauer der Zahlungen auf 59 Jahre festsetzte. Durch den Wegfall der im Dawes-Plan festgelegten Kontrollen erlangte Deutschland seine Souveränität zurück.

Am 28. Januar 1926 veröffentlichte die „Ulmer Alb-Zeitung" einen Leitartikel mit dem Titel „Die Auszehrung Deutschlands – Die Vernichtung des deutschen Mittelstandes", der in einer vom gewerblichen Mittelstand geprägten Stadt gewiss auf große Zustimmung gestoßen sein dürfte. Durch die, im Übrigen schon während des Krieges einsetzende Geldentwertung und die durch die Reparationen bedingten wirtschaftlichen Schwierigkeiten waren viele Gewerbetreibende in ihrer Existenz bedroht. Verantwortlich für diesen Niedergang, so der Verfasser des Leitartikels, sei in erster Linie der Dawes-Plan. Nachdem die Inflation die wirtschaftlichen Grundlagen des Mittelstandes, des Kerns des deutschen Volkes, völlig zerstört habe, würden dessen Forderungen dem deutschen Volk die letzte Möglichkeit nehmen, eine solche Grundlage wieder aufzubauen. Denn „jeder Pfennig, der dafür erübrigt werden könnte, wird durch einen der Kanäle abgeleitet, die in das Sammelbecken führen, worin der Dawes-Kommissar die Tribute für unsere Feinde aufstaut". Die Angriffe gegen die Siegermächte richteten sich zugleich gegen die eigene Regierung. Der Dawes-Plan sei nur dadurch möglich gewesen, dass das Reich seinen Konkurs angesagt habe, und dadurch seine „inneren Schuldner, das heißt die Angehörigen seines Mittelstandes, auf einen Schlag wie durch einen Raubüberfall enteignet wurden". Der Dawes-Plan würde jede Genesungshilfe für den Not leidenden Mittelstand verhindern, weil nach wie vor die Reparationszahlungen Vorrang vor allen anderen Verpflichtungen des Deutschen Reichs genössen. Der Versailler Vertrag und der Dawes-Plan seien daher so gut wie ein Todesurteil für den Mittelstand[45].

Auch die NSDAP suchte ihren Vorteil aus der Stimmung gegen den Dawes-Plan zu ziehen. Auf ihrer Versammlung Anfang September 1927 schilderte das Mitglied des württembergischen Landtages, Prof.

Mergenthaler aus Schwäbisch Hall, die Auswirkungen des Dawes-Plans auf die Landwirtschaft, deren Schuldenlast enorm angestiegen sei. Der Aufbau einer gesunden Volkswirtschaft bedürfe daher eines Kampfes gegen die internationalen Trusts (d. i. das Judentum), der Einziehung der Kriegsgewinne, vor allem aber einer Intensivierung der Landwirtschaft wie auch einer deutschen Besiedlung Osteuropas[46]. Derselbe Referent malte auf einer allerdings nur mäßig besuchten Versammlung im März 1930 den „drohenden Untergang des Mittel- und Bauernstandes" in düsteren Farben aus, für den es nur eine Ursache, nämlich den Dawes-Plan, gebe[47].

Der von Sozialdemokraten und Kommunisten initiierte Volksentscheid über die entschädigungslose Fürstenenteignung bestimmte das politische Leben im Frühsommer 1926. Der Verlauf der Kampagne, die Argumente für und wider Fürstenenteigung, vor allem das Ergebnis zeigen beispielhaft die politische Bewusstseinslage in Langenau auf.

Die Propaganda der Gegner knüpfte an die Leistungen der Monarchie und des württembergischen Königshauses für Staat und Volk an, vorherrschend aber war die Furcht vor weiter gehenden Forderungen wie die Sozialisierung der Großindustrie oder die Enteignung von Grund und Boden, die vor allem unter den Bauern befürchtet wurde. Auffallend dabei ist, dass der Weimarer Republik kritisch oder gar ablehnend gegenüberstehende Parteien und politische Kräfte sich zu Verteidigern der bürgerlich-demokratischen Verfassung aufschwangen. „Mit Nachdruck weisen wir", wie die Deutschnationale Volkspartei erklärte, „aber auf die Folgen hin, die es haben muss, wenn das deutsche Volk, durch gewissenlose Demagogen verleitet, einen Grundsatz der Verfassung mit Füßen tritt, auf das der politische, wirtschaftliche und soziale Leben der Nation beruhen soll. Niemand darf sich darüber täuschen, dass das Volksbegehren auf Enteignung der Fürsten nur ein Anfang ist. Nach den Fürsten die Kirche; und ist die Begehrlichkeit einmal geweckt, dann ist kein Halten mehr. Das Ziel der Drahtzieher dieses Unternehmens ist nicht so sehr die Enteignung der Fürsten, als die Zerstörung der Grundlagen unseres Rechts- und Wirtschaftslebens. Deshalb darf kein anständiger Württemberger an diesem Raubzug teilnehmen"[48].

Am Tage vor der Abstimmung am 20. Juni erschienen in der „Ulmer Alb-Zeitung" Artikel und Anzeigen gegen die Fürstenenteignung. Zwei Beiträge beschäftigten sich mit den Auswirkungen einer Enteigung auf den Mittelstand, dem „treuesten Hüter des Privateigentums", der „jedem Versuch, das Privateigentum auszuschalten und zu beseitigen, energisch entgegenzutreten" habe. Eine neutrale Haltung des Gewerbe- und Bauernstandes und ihrer Verbände sei nicht angebracht, denn das Volksbegehren sei der Angriff des Bolschewismus auf den bürgerlichen Besitz an Grund und Boden. „Der Handwerksmeister, der Kaufmann, der Einzelunternehmer, ja auch der Arbeiter mit kleinem Haus- und Landbesitz schaufeln an ihrem eigenen Grabe, wenn sie den so genannten Volksentscheid nicht auf das Schärfste abwehren." Anonyme Privatanzeigen riefen zum Boykott auf; ebenso die Langenauer

Langenau, 1931.

Ortsgruppe des Württembergischen Bauern- und Weingärtnerbundes: „Wir lehnen es ab, Ehrlichkeit und Recht untergrabenden Volksbetrug mitzumachen. Um ein klares Bild von der Beteiligung an diesem Verbrechen zu haben, bleibe jeder der Wahlurne fern. Wer wählt, beteiligt sich am Diebstahl." Der Landwirtschaftliche Bezirksverein warnte sogar vor einem Bürgerkrieg. Nur eine einzige Anzeige warb für die Fürstenenteignung, und auch die am Abend des 19. Juni veranstaltete Versammlung der SPD Langenau in der Turnhalle dürfte auf keine allzu große Resonanz gestoßen sein[49].

Das Ergebnis war eindeutig. Die Boykottaufrufe wurden weitgehend befolgt. Wie das reichsweite Ergebnis zeigt, gingen fast nur Befürworter einer Fürstenenteignung zur Urne: stimmberechtigt: 39 690 559; Ja-Stimmen: 14 441 590; Nein-Stimmen: 584 723; ungültige Stimmen: 559 406. Das Reichsergebnis spiegelte sich in Langenau wider: stimmberechtigt: 2369; Ja-Stimmen: 243; Nein-Stimmen: 4[50].

Politische Parteien

In den Monaten der revolutionären Umwälzung erfuhr die Parteienlandschaft in Württemberg erhebliche Veränderungen. Im bürgerlichen Lager blieb lediglich das Zentrum erhalten, das in Württemberg den Untertitel Christliche Volkspartei führte und mit seinem in den Grundsätzen unveränderten Programm wie im Kaiserreich in der katholischen Bevölkerung seine Wählerschaft besaß. Die Deutsche Demokratische Partei (DDP) ging im November 1918 aus der Fortschrittlichen Volkspartei und dem linken Flügel der nationalliberalen Deutschen Partei hervor. Die neue Partei stellte sich vorbehaltlos hinter die Republik. Im November 1919 gründeten frühere Nationalliberale die Deutsche Volkspartei (DVP), die rechts der DDP stand. Die bisherigen Konservativen und der rechte Flügel der Nationalliberalen sammelten sich in der Deutschnationalen Volkspartei (DNVP), die in Württemberg unter dem Namen Bürgerpartei firmierte. Der Bauern- und Weingärtnerbund, eine württembergische Besonderheit seit den 1890er-Jahren, gehörte dem konservativen Spektrum an und vertrat in erster Linie berufsständische Interessen. Bürgerpartei und Bauern- und Weingärtnerbund bildeten während der Weimarer Republik eine Fraktionsgemeinschaft im württembergischen Landtag. Die Sozialdemokratie spaltete sich 1915 in eine gemäßigte und eine radikale Gruppe, die nach der Spaltung im Reich die Parteibezeichnungen Mehrheitssozialdemokraten (MSPD) und Unabhängige Sozialdemokraten (USPD) führten. Die USPD-Linke schloss sich im Dezember 1921 der KPD an, die Rest-USPD vereinigte sich im September des folgenden Jahres mit der SPD. Von Anfang 1919 an trat die aus dem Spartakusbund hervorgegangene Kommunistische Partei Deutschlands (KPD) auf[51]. Im Folgenden werden die Parteien vorgestellt, die in Langenau eine Ortsgruppe besaßen.

Der Bauern- und Weingärtnerbund

Der Bauern- und Weingärtnerbund setzte nach dem Kriegsende nahtlos an die Politik des Bundes der Landwirte im Kaiserreich an. Auf der Jahresversammlung Ende 1919 bekräftigte er seinen Anspruch auf die politische Interessenvertretung der Landwirte. Da die Bedeutung des Bauernstandes in den nächsten Jahrzehnten größer denn je sein werde, müsse sich der Landwirt politisch betätigen. Wenn, so der Referent, die Landwirtschaft in den Parlamenten eine stärkere Vertretung und infolgedessen einen Einfluss auf die Regierungsbildung hätte, so würden die Wünsche des Landwirts auch eine bessere Berücksichtigung finden[52].

Württembergische Bürgerpartei
Die Ortsgruppe der Württembergischen Bürgerpartei wurde von Männern und Frauen am 9. April 1919 im Gasthaus „Krone" gegründet. Zum Vorsitzenden wurde der Bezirksnotar Weikert gewählt, der in seiner Antrittsrede die Zusammenarbeit mit dem Bauern- und Weingärtnerbund als wichtigste politische Aufgabe auch in Langenau betonte[53].

Die Bürgerpartei setzte sich gezielt von der Deutschen Demokratischen Partei ab. In einem Werbeflugblatt, das in Langenau im Januar 1919 verteilt wurde, stellte sie ihre Abgrenzung zu den Liberalen heraus. Die Bürgerpartei fuhr dabei einen streng nationalen Kurs. So geißelte das Flugblatt die Redaktionen des „Berliner Tageblatts" und der „Frankfurter Zeitung", der beiden Sprachrohre der Liberalen, als Orte, wo ein „würdeloses Weltbürgertum Orgien" feiere; auch hätten die liberalen Journalisten die „erhabene Stimmung der Augusttage 1914" als einen „bedauerlichen Begeisterungsrummel" genannt und sich als die „hervorragendsten Präger der Zersetzungsschlagworte, denen sich unsere Feinde zu unserer Vernichtung bedienten", erwiesen. Dagegen trat die Bürgerpartei „geschlossen für bewusst deutsches staatsbürgerliches Denken und Handeln ohne Aufdringlichkeit" ein und strebte an, „alle Kräfte … gegenüber der drohenden Gefahr der sozialistischen Klassenherrschaft" zu sammeln, denn „die Demokratie ist und bleibt eine Vorfrucht der Sozialdemokratie", mit der sich die bürgerliche Demokratie verbinden würde. Die Bürgerpartei vertrat „mit Nachdruck die Interessen der heimischen Industrie und Landwirtschaft und des kaufmännischen und gewerblichen Mittelstandes." Dagegen würde die Deutsche Demokratische Partei die Interessen des „internationalen Großkapitals" wahrnehmen, „das mit den Interessen des deutschen Mittelstandes auch nicht das Mindeste gemein hat"[54].

Vor allem die Stigmatisierung der Weimarer Republik als ein Werk der Sozialdemokratie setzte an den Ängsten vor einer sozialistischen Revolution an, die den Mittelstand vernichten würde – eine Gefahr, die auch unter demokratischen Verhältnissen durchaus gegeben sei und auf die der Langenauer Bezirksnotar Weikert auf einer Versammlung im Mai 1920 anspielte, als er die Demokratie im Schlepptau der Sozialdemokratie sah[55]. Ein Vortrag des Ulmer Abgeordneten der Bürgerpartei, des Fabrikanten und Mitgründers der Bürgerpartei Emil Herbst, im Januar 1920 veranschaulicht den sich tendenziell gegen Republik und Demokratie richtenden Nationalismus, der von revanchistischen Gedanken nicht frei war. So sei ein Verständigungsfrieden 1916 nicht möglich gewesen, denn England hätte den Krieg bis aufs Messer führen wollen. Das deutsche Heer hätte durchaus die Front im Westen halten können, es sei ihm aber in der Heimat der Dolch in den Rücken gestoßen worden. Der jetzige Frieden führe den Krieg mit anderen Mitteln fort, die einzige Freude an ihm sei die Rückkehr der Kriegsgefangenen; die Revolution habe einen Trümmerhaufen hinterlassen, der nur mit den deutschen Tugenden Treue, Arbeit und Ehrlichkeit abgetragen werden könne. „Deutsch zu bleiben, national zu denken und daran zu denken, dass wir wieder frei werden und frei bleiben wollen", lautete das politische Credo des Abgeordneten[56].

Deutsche Demokratische Partei (DDP)

Die Ortsgruppe Langenau der Deutschen Demokratischen Partei wurde während des Wahlkampfes für die Nationalversammlung am 17. Januar 1919 gegründet. Die Gründungsversammlung, die von einer ansehnlichen Mitgliederzahl besucht wurde, wählte den Kaufmann Räßler zum Vorsitzenden; auch eine Frauengruppe wurde ins Leben gerufen, der sich jede „Freundin der Partei" anschließen konnte[57]. Ihre Wählerschaft suchte sie in deutlicher Abgrenzung zu den Konservativen – Bürgerpartei und Bauernbund – unter den Kleinbauern, Handwerkern, Arbeitern und Kleingewerbetreibenden. Ihren politischen Gegnern warfen die Deutschdemokraten vor, in nationalistischer Überschätzung Deutschlands auf einen Siegfrieden gesetzt, statt einen Verständigungsfrieden unterstützt zu haben, wodurch sie den Krieg unnötig verlängert hätten, da ihre Führer „der militärisch autokratischen Junkerkaste und den Vaterlandsparteilern Gefolgschaft" geleistet hätten, „bis sie den stiefelsdicken Zusammenbruch durch ihre verwerfliche Politik" herbeigeführt hätten, wie in einer Wahlanzeige aus dem Januar 1919 zu lesen ist[58]. Schließlich soll uns eine Versammlung im Mai 1920 als ein Beispiel für die vorbehaltlose Unterstützung der Weimarer Republik durch die Deutsche Demokratische Partei dienen. Der Referent, Präzeptor Rueß aus Ulm, legte ein eindeutiges Bekenntnis für die Demokratie ab, nicht ohne einen nationalen Ton anzuschlagen, denn ein demokratisches Deutschland werde wie unter der Monarchie wieder aufblühen. Wie schwer es die DDP letztlich in Langenau hatte, öffentliches Gehör zu finden, zeigt die Berichterstattung des „Langenauer Anzeigers". Fast die Hälfte des Berichts nahmen Diskussionsbeiträge und Argumente der politischen Gegner ein, so des Notars Weikert, der führenden Persönlichkeit der Bürgerpartei, während über die Erwiderungen des Referenten nichts berichtet wurde[59].

Deutsche Volkspartei (DVP)

Über die Deutsche Volkspartei in Langenau liegt nur ein Zeitungsbericht über ihre Gründungsversammlung am 20. November 1924 vor, auf welcher der Hauptlehrer Reiff, auf dessen Initiative die Gründung zurückging, zum vorläufigen Vorsitzenden gewählt wurde[60].

Die Sozialdemokratische Partei Deutschlands (SPD)
Der Erste Weltkrieg bereitete dem 1914 ins Leben gerufenen Sozialdemokratischen Ortsverein ein baldiges Ende. Noch im Herbst 1918 gründeten 90 Männer und 32 Frauen den Ortsverein erneut[61]. In der Langenauer Sozialdemokratie vereinigten sich Bürgerinnen und Bürger, die vorbehaltlos für die Weimarer Republik einstanden, in der sie den demokratischen Volksstaat verwirklicht sahen. So forderte der Ortsverein im März 1920 wenige Tage nach der Niederschlagung des nationalistischen Kapp-Putsches die Arbeiter Langenaus auf, zur Verteidigung der Verfassung den Einwohnerwehren beizutreten. Anfang Juli 1922 verurteilte der Ulmer Landtagsabgeordnete Friedrich Göhring „aufs Schärfste die wohl organisierten, verabscheuungswürdigen Mordtaten gegen hervorragende Führer der deutschen Republik" – den Zentrumspolitiker Matthias Erzberger und den Außenminister Walter Rathenau, die von Rechtsradikalen ermordet worden waren. Weiter, so Göhring, sei die SPD zur Verteidigung der Demokratie aufgerufen, und forderte die Stadt auf, aktiv für die Achtung und den Schutz der Republik einzutreten[62].

Nationalsozialistische Deutsche Arbeiterpartei (NSDAP)
Die erste öffentliche Versammlung der Nationalsozialisten fand Anfang Dezember 1924 statt. Als Redner der Nationalsozialistischen Freiheitsbewegung Großdeutschlands – die NSDAP war nach dem Hitler-Putsch am 8./9. November 1923 reichsweit verboten – trat der vormalige Sozialdemokrat Wilhelm Dreher aus Ulm auf, der 1928 als einer der ersten Nationalsozialisten in den Reichstag einziehen und 1933 Polizeidirektor in Ulm werden sollte[63]. Die Darstellung des nationalsozialistischen Programms, das Dreher auf den Kampf gegen das „jüdische internationale Finanzkapital" und die Sozialdemokraten, den „Hauptbeschützer" eben dieses Finanzkapitals, beschränkte, war von lauten Zustimmungs- und ebenso heftigen gegnerischen Zwischenrufen begleitet. Ob der aus Ulm mitgebrachte Saalschutz eingegriffen hat, überliefert der Bericht der „Ulmer Alb-Zeitung" nicht[64].

Zunächst verbuchten die Nationalsozialisten in Langenau keine Erfolge. Zeitungsberichten nach waren ihre Versammlungen in den Jahren 1928 bis 1930 nur mäßig besucht; die Gründung einer NS-Ortsgruppe gelang erst im Herbst 1930[65]. Mit der NSDAP kamen neue Formen der politischen Propaganda nach Langenau. Nicht wenige Veranstaltungen dienten ausschließlich der Mitgliederwerbung, für die auch

Umzüge durch die Stadt organisiert wurden. So berichtete die „Ulmer Alb-Zeitung" am 6. Oktober 1930 beispielsweise, dass „eine große Anzahl von Braunhemden ... mittags mit klingendem Spiel durch die Straßen" gezogen sei, um für eine Versammlung am Abend im Gasthaus „Zum Weißen Ross", dem bevorzugten Lokal der NSDAP, zu werben[66].

Lange bevor die NSDAP zu einer Massenbewegung aufstieg, stand die „Ulmer Alb-Zeitung" den Nationalsozialisten mit wohlwollender Sympathie gegenüber. So gab sie Anfang September 1927 die Aufforderung eines Versammlungsredners, der NSDAP beizutreten, kommentarlos an ihre Leserschaft weiter[67]. Nach den Erfolgen der NSDAP zu Beginn der 1930er-Jahre druckte das Lokalblatt ausgesprochen positive Berichte über die nationalsozialistischen Aktivitäten ab. Der Redner einer sehr gut besuchten Versammlung am 20. September 1931, Stadtpfarrer Ettwein aus Cannstatt, habe, so die „Ulmer Alb-Zeitung", „in vornehmer Art" die Standpunkte der NSDAP vorgetragen; auch die „trefflichen Musikausführungen" der Kapelle Golias hätten zum guten Gelingen der Veranstaltung beigetragen. Ebenso fand der Referent einer Versammlung im April 1932 in dem Langenauer Tagesblatt ein wohlwollendes Sprachrohr, denn der Versammlungsbericht betonte, dass der Redner in sachlicher Weise einzelne Programmpunkte erläutert habe[68].

Paramilitärische Verbände

Schwabenbanner

Nach der Abschaffung der Bürgerwehren im Herbst 1920 übernahm das mit der Republik auf Kriegsfuß stehende Schwabenbanner ihre Funktion. Die Ulmer Ortsgruppe wurde im Oktober 1920 gegründet, der hauptsächlich Repräsentanten des gehobenen deutschnationalen Bürgertums angehörten, beispielsweise der Architekt und spätere Museumsleiter Karl Kraus, der Verlagsbuchhändler Max Ebner, der Leiter des Stadtarchivs Walter Schmidlin, der dem Schwabenbanner von 1924 bis zu seinem Tod am 7. Juni 1938 vorstand, der Fabrikdirektor und IHK-Vorsitzende Max Eychmüller oder der Pflugfabrikant Rudolf Eberhardt. Das Schwabenbanner Ulm initiierte bis 1930 die Gründung von 62 Schützenvereinen auf der Schwäbischen Alb rund um Ulm, so 1923 u. a. in Langenau, Öllingen, Göttingen, Wettingen und Asselfingen. Diesen Schützenvereinen gehörten rund 3200 „wehrwillige" Männer an, die Waffen aus Ulmer Schwarzbeständen zu offiziell sportlichen Zwecken erhielten[69].

Die Programmatik des Schwabenbanners war eindeutig gegen die Republik gerichtet. Die „Aufrechterhaltung des Wehrgedankens" diente dem Zweck der „sittlichen Erziehung und Ertüchtigung" vor allem der heranwachsenden Jugend; der Entwaffnung des deutschen Volkes durch das „Diktat von Versailles“ wurde mit der Bewaffnung des Bürgers entgegengetreten, und der „Selbstschutz“, organisiert in einer „Bürgerwehr“, sollte „innere Angriffe (Bolschewismus)“ auf die staatliche Ordnung verhindern und den „Schutz des persönlichen Eigentums“ garantieren. Auch großdeutsche Gedanken fanden Eingang in das Programm. So forderte der Albschützentag Ende Januar 1925 in Langenau die Schaffung eines Großdeutschlands, dem das „Grenzlanddeutschtum“, beispielsweise Kärntner und Tiroler, angeschlossen werden müsste[70].

Das Schwabenbanner Ulm wurde am 1. April 1934 aufgelöst, nachdem die Schützenvereine mit dem Deutschen Schießsportverband gleichgeschaltet worden waren, wodurch die „Verdienste um den nationalen Gedanken“ keineswegs geschmälert würden, denn „mit der Wiedererstarkung der Staatsgewalt seit dem 30. Januar 1933, als Adolf Hitler die Führung unseres Vaterlandes in seine starke Hand nahm, und nach der Wiedereinführung der Wehrpflicht war das Ziel des Schwabenbanners erreicht.“[71]

Stahlhelm – Bund der Frontsoldaten

Der militaristisch-antidemokratische und offen republikfeindlich auftretende Stahlhelm, dessen Mitglieder vor allem aus den Reihen der ehemaligen Frontsoldaten kamen und dessen erste württembergische Ortsgruppe bereits 1919 in Ulm gegründet wurde, entwickelte sich während der Weimarer Republik zu einer bedeutenden Organisation[72]. „Dem Bolschewismus in Kultur und Politik die Stirn zu bieten“ – so die Kampfparole des Stahlhelms in Langenau. Die erste Langenauer Versammlung des Stahlhelms ist aus dem Dezember 1929 überliefert, die sehr zahlreich besucht und nach Auffassung der „Ulmer Alb-Zeitung“ sehr lehrreich war. Die Ortsgruppe Langenau wurde im September 1930 gegründet; zu ihrem „Führer“ H. Hauslaib gewählt. Wie andere deutschnationale und reaktionäre Organisationen suchte der Stahlhelm seine Anhänger unter dem bäuerlichen und gewerblichen Mittelstand. So sprach sich beispielsweise ein Major Ebelding auf einem so genannten Deutschen Nachmittag im November 1930 im Gasthaus „Krone“ für die unbedingte Erhaltung des Bauerntums und des Mittelstandes aus. Die Ortsgruppe Langenau gewann bald eine bedeutende Funktion in der Region, beispielsweise durch die Gründungen

Spielmannszug des Stahlhelm, um 1930.

von Ortsgruppen in Ballendorf (Januar 1931), Öllingen (Februar 1931), Göttingen (Gründungsdatum unbekannt) und Albeck (Februar 1933), die in einem Bezirk Langenau zusammengefasst waren[73].

Reichsbanner Schwarz-Rot-Gold

Auf Initiative der SPD wurde am 22. Februar 1924 das Reichsbanner Schwarz-Rot-Gold als Organisation ehemaliger Kriegsteilnehmer „zum Schutz der Republik und der republikanischen Verfassung" gegründet; sein erster Vorsitzender wurde der preußische Minister Otto Hörsing. Ursprünglich von den „Weimarer Parteien" (DDP, Zentrum und SPD) getragen, entwickelte sich das Reichsbanner aber letztlich zu einer sozialdemokratischen Schutztruppe der Republik. Bereits im Oktober 1924 erfolgte auf die Initiative der Deutschen Demokratischen Partei und der Sozialdemokratischen Partei die Gründung des Langenauer Reichsbanners im Gasthaus „Bad"[74].

Das Reichsbanner Langenau trat mit einigen Versammlungen und Werbeveranstaltungen, bei denen die Verteidigung der demokratischen Errungenschaften im Vordergrund standen, auf und entwickelte sich auch in Langenau zu einer publikumswirksamen republikanischen Organisation, die in der Endphase der Weimarer Republik durch die Verschärfung der politischen Auseinandersetzungen immer stärkere Bedeutung gewann. Auch in strenger militärischer Ordnung durchgeführte Märsche durch Langenau gehörten selbstverständlich zum Repertoire des öffentlichen Auftretens, so im Mai 1928, als die Reichsbanner Ulm und Langenau gemeinsam mit Trommlern, Pfeifern und Musikkapelle durch die Straßen zogen. 1931 trat das Reichsbanner Langenau zweimal mit republikanischen Kundgebungen auf. Im Januar verteidigte der Gauführer, Major a. D. Wirthle, mit scharfen Angriffen gegen die Nationalsozialisten und deren falsche Versprechungen die Demokratie und warnte vor einer Diktatur. Diese sei falsch, notwendig sei es dagegen, Mittel und Wege zu suchen, allen Arbeit zu verschaffen, was nur einer Demokratie möglich sei. Auf der zweiten republikanischen Kundgebung im April 1931 rechnete der Redner, Kamerad Mohr aus Neu-Ulm, mit dem „Rowdytum der Nationalsozialisten" ab; mit einem Hoch auf die Republik endete die Veranstaltung[75].

Wahlen

Nationalversammlung 1919

Die Wahlen zur Nationalversammlung am 19. Januar 1919, die ersten nach Monarchie, Krieg und Revolution stießen auf ein großes öffentliches Interesse. Die Parteien warben um die Gunst der Wählerschaft wie nie zuvor. Die Ausgaben des „Langenauer Anzeigers“ unmittelbar vor dem Wahltag waren gefüllt mit Anzeigen der miteinander konkurrierenden Parteien. Die Deutsche Demokratische Partei setzte sich mit über zehn Anzeigen an die Spitze, gefolgt von Bauernbund und Bürgerpartei, die mit einer gemeinsamen Liste antraten. Die Sozialdemokratie brachte es auf zwei Anzeigen, die zu Versammlungen einluden. Auffallend ist, dass eine große Errungenschaft der Novemberrevolution, nämlich das Wahlrecht für Frauen, nur bei der SPD und der DDP eine Rolle im Wahlkampf spielten. Die Langenauer Sozialdemokraten luden am 17. Januar 1919 zu einer öffentlichen Frauenversammlung ein, auf der die Genossin Schmid aus Geislingen über „Die Frau im Wahlkampf“ referierte. Ausdrücklich wurde hervorgehoben, es sei das erste Mal, dass eine sozialdemokratische Frau in Langenau spreche. Die DDP rief immerhin in einem „Wort an die Frauen“ auf, „alle Frauenstimmen der Deutschen Demokratischen Partei“ zu geben, während sich Bürgerpartei und Bauernbund allgemein an die Wähler und Wählerinnen wandten[76].

Die Listenverbindung Württembergische Bürgerpartei/Bauern- und Weingärtnerbund ging mit 772 Stimmen als klare Siegerin aus der Wahl hervor, gefolgt von der DDP (577 Stimmen) und der SPD (516 Stimmen); das Zentrum erhielt zehn, die Unabhängige Sozialdemokratie zwei und die Deutsche Friedenspartei eine Stimme. Die Wahlbeteiligung lag bei 88,2 Prozent[77].

Reichstag

Die hohe Beteiligung bei den Wahlen zur Nationalversammlung wurde nie wieder erreicht. Bereits bei den Reichstagswahlen 1920 sank sie um mehr als zwölf Prozent und bewegte sich bei allen anderen Wahlen zwischen 75 und 80 Prozent[78].

Bis zu den Wahlen des Jahres 1932 war der Bauern- und Weingärtnerbund die führende politische Kraft in Langenau; sein Stimmenanteil reichte von 46,5 Prozent (1920) bis 37,7 Prozent (1930). Die konservative Württembergische Bürgerpartei bzw. DNVP besaß ein stabiles Wählerpotenzial von knapp zehn Prozent (mit Ausnahme 1924, als sie 18,5 Prozent erreichte), ehe sie 1930 über zwei Prozent einbüßte. Auffallend ist der Bedeutungsverlust der beiden liberalen Parteien DDP und DVP. Nach ihrem großartigen Erfolg bei den Nationalversammlungswahlen 1919 (30,6 Prozent) verloren die Deutschdemokraten kontinuierlich, um 1928 mit 3,6 Prozent einen ersten Tiefpunkt zu erreichen. Bei den Wahlen am 4. Mai 1924 wechselte ein beträchtliche Zahl ihrer Wähler zur Bürgerpartei/DNVP, die wiederum bei den zweiten Wahlen des Jahres 1924 diese an die DVP abgab, die mit 25,8 Prozent ihr absolutes Spitzenergebnis erreichte, aber bei den Wahlen 1928 und 1930 auf 11,1 bzw. 3,1 Prozent sank. Die Sozialdemokratie konnte ihr gutes Ergebnis bei den Nationalversammlungswahlen (27,5 Prozent) bei allen folgenden Wahlen nicht mehr wiederholen, nur 1928 legte sie an Stimmen zu und kam auf 22,6 Prozent. Ihr Wählerpotenzial lag durchschnittlich bei 19 Prozent und 1920, bei den Maiwahlen 1924 sowie 1928 und 1930 wurde die SPD zur zweitstärksten Partei.

Die Wahlen am 31. Juli 1932 veränderten in Langenau die politische Landschaft grundlegend. Mit weitem Abstand gewann die NSDAP die Gunst der Wähler und Wählerinnen: Sie legte im Vergleich zu 1930 (10,4 Prozent) um 811 Stimmen zu und erreichte mit 1011 Stimmen 53,6 Prozent. Langenau bildete damit eine nationalsozialistische Hochburg; hier lag das Wahlergebnis der NSDAP mit über 13 Prozent deutlich über dem des Landbezirks (ca. 40 Prozent) und von Ulm (39,7 Prozent)[79]. Vor allem der Bauern- und Weingärtnerbund büßte dramatisch ein, sein Stimmenanteil sank um über 20 Prozent auf nur noch spärliche 17,3 Prozent. Die Deutsche Demokratische Partei und die Deutsche Volkspartei verkümmerten zur Bedeutungslosigkeit, während sich die Verluste der SPD mit etwa fünf Prozent in einem erträglichen Rahmen hielten wie auch die der DNVP. Der Christliche Volksdienst, ein protestantisches Pendant zum katholischen Zentrum, das einen „Standpunkt des überzeugten Christentums" vertrat, den „Aufbau einer starken Volksgemeinschaft durch selbstlosen Dienst" propagierte[80] und bei seiner ersten Kandidatur 1930 201 Stimmen (10,5 Prozent) auf sich vereinigen konnte, kam 1932 noch auf 119 Stimmen (6,3 Prozent).

Die Novemberwahlen 1932, die letzten Wahlen unter regulären Bedingungen, veränderten die politische Landschaft nur unwesentlich. Trotz eines Verlustes von 8,8 Prozent blieb die NSDAP die stärkste poli-

	SPD	USPD	WBP	BB	DVP	DDP	KPD	DNVP	NSDAP	Zentrum	Sonstige
1920	296	42	152	715	64	248	13			7	
4.5.1924	363		337*	751	71	130	61			5	37
7.12.1924	335			772	505	77	22	179	58	5	
1928	395			728	195	68	12	174	67	8	101
1930	332			725	60	121**	10	128	200	12	296***
31.7.1932:	239			327	5	20	31	108	1011	7	154****
6.11.1932:	235			389	6	28	58	149	861	8	163*****

* Rechtsblock; ** Wirtschaftspartei; *** Christlicher Volksdienst: 201, Nationale Volksgemeinschaft: 60, Sonstige: 35; **** Christlicher Volksdienst: 119, Sonstige: 35; ***** Christlicher Volksdienst: 141; Sonstige: 22

tische Kraft in Langenau. Geringfügig gewannen Bauernbund (2,9 Prozent), DNVP (2,0 Prozent) und DDP (0,4 Prozent) hinzu. Die KPD erreichte nach 1924 (3,4 Prozent) ihr bestes Ergebnis (3,0 Prozent).

Landtag

Die Wahlen zum württembergischen Landtag unterscheiden sich von den Reichstagswahlen nur unwesentlich. Im Jahre 1928 erreichte die Sozialdemokratische Partei wie bei den Reichstagswahlen ihren größten Erfolg und nahm damit den zweiten Platz ein, die liberalen Parteien sanken bei den Wahlen Anfang Juni 1932 ebenso wie bei den Reichstagswahlen zur Bedeutungslosigkeit herab wie auch der Bauernbund erhebliche Stimmeneinbußen hinnehmen musste, aber die zweitstärkste politische Kraft blieb. Als Siegerin ging die NSDAP 1932 hervor, allerdings mit rund 11 Prozent weniger Stimmen als bei den Reichstagswahlen am 31. Juli 1932.

	SPD	USPD	BP	BB	DVP	DDP	KPD	DNVP	NSDAP	Zentrum	Sonstige
1920	293	38	163	731	52	242	12			7	
1924	358			823	77	142	61	373*	33**	6	7
1928	393			741	242	59	14	124***	60	8	134
1932	235			475	12	35	23	174	838	4	164****

* Vaterländisch-Völkischer Rechtsblock: DNVP, Württembergische Bürgerpartei, Vereinigte Vaterländische Verbände; ** Völkisch-sozialer Block: Deutsche Arbeiterpartei, NSDAP, Deutsch-völkische Freiheitspartei; *** Württembergische Bürgerpartei; **** Christlicher Sozialdienst: 155, Sonstige: 9[81]

Reichspräsidentenwahlen

Die Reichsverfassung sah die Volkswahl des Staatsoberhauptes, des Reichspräsidenten, vor; zur Kandidatur zugelassen war jeder Deutsche und jede Deutsche, die das 35. Lebensjahr vollendet hatten. Die Amtszeit war auf sieben Jahre begrenzt. Konnte keiner der Kandidaten über 50 Prozent der abgegebenen gültigen Stimmen auf sich vereinigen, wurde ein zweiter Wahlgang notwendig. Zwar besaßen alle Wahlberechtigten de jure seit 1919 dieses Wahlrecht, doch erst nach dem Tod Friedrich Eberts, der 1919 von der Nationalversammlung und 1922 mit verfassungsändernder Mehrheit vom Reichstag wiedergewählt worden war, fand 1925 die erste Volkswahl des Staatsoberhauptes statt.

Beim ersten Wahlgang am 29. März 1925 setzte sich in Langenau der Kandidat der DNVP und DVP, Karl Jarres, klar mit 799 Stimmen gegen den Sozialdemokraten Braun durch, der 353 Stimmen erhielt; die anderen Kandidaten lagen weit abgeschlagen zurück. Im zweiten Wahlgang am 29. April vereinigte Hindenburg 1515 Stimmen auf sich. Die deutlich höhere Wahlbeteiligung schlug zugunsten Hindenburgs aus, denn der von den Sozialdemokraten unterstützte Zentrumspolitiker und vormalige Reichskanzler Wilhelm Marx gewann alle sozialdemokratischen Wählerinnen und Wähler und erreichte damit exakt das Ergebnis des ersten Wahlgangs (371 Stimmen). Der kommunistische Kandidat Ernst Thälmann verbesserte sich um sieben Stimmen auf 1382.

Bei der zweiten Reichspräsidentenwahl 1932 kandidierten Hindenburg und Thälmann erneut, während Adolf Hitler (NSDAP) und Theodor Duesterberg (DNVP und Stahlmann) erstmals antraten. Im ersten Wahlgang am 13. März erreichte Hitler 1037 Stimmen, gefolgt von Hindenburg (811 Stimmen) und Duesterberg (339 Stimmen); Thälmann kam abgeschlagen auf 39 Stimmen. Im zweiten Wahlgang am 10. April verbesserte Hitler sein Ergebnis auf 1281 Stimmen, Hindenburg gewann 40 Stimmen hinzu, während Thälmann 22 Stimmen verlor. Der Erfolg Hitlers in Langenau lag mit 59,6 Prozent deutlich über dem Durchschnitt der Wahlbezirke Ulm-Land (52,1 Prozent) und Ulm-Stadt (36,7 Prozent)[83].

Gemeinderatswahlen

Das württembergische Gemeindewahlrecht wurde während der Amtszeit des sozialdemokratischen Innenministers Dr. Carl Hugo Lindemann am 15. März 1919 per Gemeindewahlgesetz reformiert. Das bisher an die Gemeindezugehörigkeit gebundene aktive und passive Wahlrecht erlaubte nun allen Männern und Frauen über 20, die seit mindestens sechs Monaten in der Gemeinde lebten, sich wählen zu lassen; für das passive Wahlrecht legte der Gesetzgeber ein Mindestalter von 25 Jahren fest. Damit war das Wahlrecht nicht mehr an das Gemeindebürgerrecht und das württembergische Staatsbürgerrecht gebunden. Der als Kontrollorgan des Gemeinderats fungierende Bürgerausschuss wurde abgeschafft; die Wahl nach dem Grundsatz der Verhältniswahl bei streng geschlossenen Listen durchgeführt, nur in mittleren und kleineren Gemeinden war das Panaschieren zugelassen. Außerdem legte das Gesetz fest, dass die Zahl der Gemeinderatsmitglieder durch zwei teilbar sein müsse; in Langenau gehörten unter dem Vorsitz des Schultheißen sechzehn Personen dem Gemeinderat an. Die Hälfte der Gemeinderatsmitglieder mit

Nicht Links-Radikal
Nicht Rechts-Radikal
kann uns aus dem jetzigen Elend retten, sondern einzig und allein die **ausgleichende, alle Berufe** umfassende Politik der
Deutschen Demokratischen Partei.

Die Landbevölkerung
hat genug an der 1½jährigen Mißwirtschaft der Regierung der Mehrheitsparteien.
Wir wählen daher am Sonntag in Reichs- und Landtag die Partei des
Bauern- u. Weingärtnerbunds.
So wie wir am Sonntag wählen werden wir in Zukunft regiert.
Darum Landvolk an die Wahlurne Männer und Frauen, es darf niemand seine Wahlpflicht versäumen.

Sozialdemokratische Partei.
Samstag den 5. Juni abends 7.30 Uhr in der **Turnhalle**
Oeffentliche Wahlversammlung.
Es sprechen die Landtagsk. Frau **Pauline Mühleisen, Ulm** und Landtagsabg. Herr **Friedrich Göhrung, Ulm.**
Freie Diskussion.
Alle Wählerinnen und Wähler sind freundlichst eingeladen.

Kaufleute, Handwerker, Beamte!
Ihr dürft für den Landtag
Eure Stimme
nicht der Demokratie
geben,
ein **Arbeitersekretär** kann Eure Interessen **niemals** vertreten, er **muß** kraft seiner Stellung die **Interessen der Arbeiter wahren.**
Gebt Eure Stimme der Liste der
Deutschen Volkspartei,
sie hat an erster Stelle den berufenen Mittelstandsvertreter.
Wählt Deutsche Volkspartei.
(Nationalliberale Partei.)

Mittelstand
wache auf, die Hilfe kommt nicht von **links,** wähle **die** Kandidaten die von jeher für dich eingetreten,
wähle Bauernbund und Bürgerpartei.

Wahlkampfanzeigen in der „Ulmer Alb-Zeitung".

der höchsten Stimmenzahl wurden auf sechs Jahre gewählt, die anderen acht mussten sich nach drei Jahren der Wiederwahl stellen[84].

Die Gemeinderatswahlen spiegeln die sozioökonomischen Verhältnisse Langenaus wider. Bauern, Handel- und Gewerbetreibende sowie die Arbeiterschaft kandidierten auf streng voneinander getrennten Listen. Während bei den ersten beiden Wahlen politische Parteien – der Bauernbund, Württembergische Bürgerpartei, die Deutsche Demokratische Partei und die Sozialdemokratische Partei Deutschlands – als Stellvertreterinnen für die Bevölkerungsgruppen auftraten, übernahmen ab 1922 der Gewerbe- und Handelsverein und der Landwirtschaftliche Ortsverein die Funktion politischer Parteien: 1922 bildeten der Landwirtschaftliche Ortsverein, Bauernbund und Bürgerpartei eine gemeinsame Liste ebenso wie die Deutsche Demokratische Partei (DDP) und der Handels- und Gewerbeverein; nur noch 1931 traten der Landwirtschaftliche Ortsverein und der Bauernbund auf einer gemeinsamen Liste auf.

Die politischen Verhältnisse blieben bis zur Gemeinderatswahl von 1931 stabil. Der bäuerliche Bevölkerungsteil dominierte eindeutig den Gemeinderat mit einem Stimmenanteil von bis zu 59 Prozent (1925). Die zweitstärkste Kraft bildeten die Handels- und Gewerbetreibenden, deren Stimmenanteil sich zwischen 22 und 29 Prozent bewegte. Die Arbeiterschaft erreichte 1922 mit 27 Prozent ihr bestes Ergebnis. Die Kandidatur einer Freien Wählervereinigung führte 1925 zu ihrem schlechtesten Ergebnis, dennoch brachte sie zwei Kandidaten durch. Die Aufteilung der Mandate blieb bis 1931 gleich: Bauernschaft acht Sitze, Handel und Gewerbe vier Sitze und Arbeiterschaft ebenfalls vier Sitze. Die Kandidaturen der NSDAP und des Christlich Sozialen Volksdienstes (CSV) bei den Gemeinderatswahlen 1931 veränderten die politischen Verhältnisse. Während Handel und Gewerbe ihren Stimmenanteil leicht erhöhen konnten, schöpften Nationalsozialisten und CSV das Wählerpotenzial der Bauernschaft, vor allem aber der Arbeiterschaft, ab, die fast die Hälfte ihrer Stimmen verlor und einen Sitz an die NSDAP abgeben musste.

	Bauernschaft	Handel/Gewerbe	Arbeiterschaft	Freie Wähler	NSDAP	CSV
1919	12207	5174	4160			
1922	4776	3215	3006			
1925	6178	2550	1214	483		
1928	5509	3200	2619			
1931	4636	3285	1462		2201	958[85]

Stadtschultheißenwahlen

Die Stadtschultheißenwahl 1921 ging glatt über die Bühne. Ohne Gegenkandidaten wurde Jakob Bohner in seinem Amt bestätigt. Bereits drei Jahre später trat er aus Krankheitsgründen zurück. Sein Nachfolger; Dr. Haller, setzte sich im Dezember 1925 gegen fünf Mitkonkurrenten durch. Nachdem Haller im Februar 1929 mit dem beeindruckenden Ergebnis von 87 Prozent zum Oberbürgermeister von Reutlingen gewählt worden war, stand im April 1929 erneut eine Wahl des Stadtoberhauptes binnen kurzer Zeit an. Nachdem sich zehn Bewerber gemeldet hatten, gingen die drei Gemeinderatsfraktionen bei der Vorbereitung der Wahl mit großer Sorgfalt und dem sichtlichen Bemühen vor, den ‚richtigen' Kandidaten bzw. Schultheißen unter den vier Bewerbern mithilfe eines basisdemokratischen Verfahrens auszusuchen. Eine Abstimmung im Gewerbeverein brachte Sigloch als Sieger hervor, die Mitglieder des sozialdemokratischen Ortsvereins sprachen sich mehrheitlich für Klein aus. Auf einer allgemeinen Wählerversammlung am 19. April in der Turnhalle, an dem rund ein Viertel der Wahlberechtigten (500 Personen) teilnahmen, schlugen die Arbeiterschaft eine Liste mit zwei Kandidaten (Klein und Vogel), der Gewerbeverein ebenfalls zwei Kandidaten (Sigloch und Klein) und der Landwirtschaftliche Ortsverein drei Kandidaten (Sigloch, Klein und Fritz) vor. Die Wählerinnen und Wähler sprachen sich für eine Liste mit zwei Kandidaten aus, auf die Sigloch mit 291 und Klein mit 76 Stimmen gewählt wurden. Die eigentliche Wahl war damit vorentschieden. Sigloch ging als klarer Sieger mit 1252 Stimmen durchs Ziel, sein Gegenkandidat Klein erhielt nur 551 Stimmen (Fritz und Vogel kamen auf insgesamt 34 Stimmen)[86].

Das Ende der Republik

Ein Propagandamarsch der SA durch Langenau leitete Mitte Januar 1933 die turbulenten letzten Wochen der Weimarer Republik ein. Deutschnationale und Nationalsozialisten dominierten das öffentliche Leben. Am 5. Februar, einem Sonntag und wenige Tage nach der Machtübergabe an Adolf Hitler am 30. Januar, feierten NSDAP und Stahlhelm den Sieg der „Nationalen Revolution". Zuerst zogen ihre Formationen durch Albeck und Göttingen, dann dröhnten die Marschtritte in den Straßen Langenaus. Am Abend, auf einem so genannten „Deutschen Abend" des Stahlhelms, an dem auch viele Mitglieder der NSDAP und der SA teilnahmen, verstand der Redner, Major Erbelding, die Anwesenden, so die „Ulmer Alb-Zeitung" mit sympathisierendem Unterton, „in tief empfundenen Worten ... für die großen Ziele des nationalen Gedankens" zu begeistern. Wenige Tage später berichtete das Langenauer Blatt über eine Übung der Schutz- und Bahnpolizei, die folgendes Szenario hatte: In Heidenheim brechen Unruhen aus, von Ulm wird ein Polizeihilfszug geschickt, der aber zwischen Elchingen und Langenau von „Aufrührern" gestoppt wird. Geübt wurde der Kampfeinsatz der Polizei vom Bahnhof Langenau aus[87].

Die braune Diktatur warf ihre Schatten voraus. Nur wenige in Langenau besaßen noch den Mut zum Widerstand gegen den drohenden Terror. Die letzte Kundgebung der Demokratie in Langenau fand am 25. Februar während des Wahlkampfes zu den Reichstagswahlen am 5. März in der Turnhalle statt. Veranstalter des Marsches durch die Stadt und der Kundgebung war die „Eiserne Front", in der sich auf Reichsebene am 16. Dezember 1931 SPD, Reichsbanner, die Freien Gewerkschaften und die Arbeitersportverbände zur Abwehr der faschistischen Gefahr vereinigt hatten und die eine unmittelbare Reaktion der Sozialdemokratie auf die Gründung der „Harzburger Front" durch NSDAP, DNVP, Stahlhelm und Reichslandbund darstellte (vermutlich wurde auch in Langenau im Januar 1932 eine „Eiserne Front" gebildet, nachdem ein Neu-Ulmer Genosse für die Vereinigung der antifaschistischen Kräfte geworben hatte[88]). Friedrich Göhring, einer der führenden Sozialdemokraten in Ulm, deckte in seiner Rede in der überfüllten Turnhalle die Pläne der Reaktion auf, welche die Nazipartei als Prätorianergarde benutze: „Den Plänen der Reaktion setzen wir unseren eisernen Willen nach Freiheit und Sozialismus entgegen und wir werden siegen"[89]!

Aufruf zur Demonstration der „Eisernen Front" am 25. Februar 1933.

Langenau in der Zeit des Nationalsozialismus

„Nationale Revolution" und „Gleichschaltung"

In den ersten Monaten nach der Machtübertragung an Hitler und der Vereidigung der aus NSDAP und DNVP gebildeten Regierung des „nationalen Zusammenschlusses" am 30. Januar baute das nationalsozialistische Regime mithilfe des „Notstandsartikels" 48 der Weimarer Verfassung seine Herrschaft mit dem Ziel aus, die totale Macht der NSDAP zu befestigen und das „Führerprinzip" durch „Gleichschaltung" durchzusetzen. Die Verordnungen „zum Schutz des deutschen Volkes" am 4. Februar 1933 und „zum Schutz von Volk und Staat" nach dem

Reichstagsbrand am 27. Februar 1933 hoben verfassungsmäßige Grundrechte auf. Der Terror gegen Regimegegner begann. Polizei und SA verhafteten tausende Sozialdemokraten und Kommunisten, folterten und ermordeten Hunderte. Mit dem „Gesetz zur Behebung der Not von Volk und Reich", dem sogenannten „Ermächtigungsgesetz" (23. März) wurde das Parlament ausgeschaltet und die gesetzgebende Gewalt ging auf die Exekutive über. Weitere Gesetze bildeten die Länderparlamente entsprechend der Reichstagswahl um und setzten in den Ländern Reichsstatthalter ein, welche die Länderregierungen ernannten. Das „Gesetz über den Neuaufbau des Reiches", das die Länderparlamente auflöste (30. Januar 1934), schloss die „Gleichschaltung" ab. Die „Gleichschaltung" erfasste alle Bereiche des öffentlichen Lebens.

Bei den Reichstagswahlen am 5. März ging die neue Reichsregierung in Langenau als klare Siegerin hervor. Über zwei Drittel der Langenauer Wahlbevölkerung bekannten sich zum neuen Regime (NSDAP: 60,2 Prozent, die von der DNVP geführte „Kampffront Schwarz-Weiß-Rot": 9,3 Prozent). Die SPD konnte ihren Stimmenanteil leicht ausbauen (11,0 Prozent) und belegte knapp hinter dem Bauernbund (11,3 Prozent), der einen erheblichen Verlust hinnehmen musste, den dritten Platz. Von den anderen Parteien kam lediglich der Christlich-Soziale Volksdienst auf ein nennenswertes Ergebnis (5,3 Prozent)[90].

In den Wochen nach der Reichstagswahl bestimmte nationalsozialistische Propaganda das öffentliche Leben in Langenau. Feiern, Propagandamärsche, Fackelzüge und Kundgebungen sollten die Bevölkerung auf das nationalsozialistische Regime einstimmen. Fünf Tage nach der Reichstagswahl zogen NSDAP, SA und Hitlerjugend durch die Stadt. Vor dem Rathaus, das mit schwarz-weiß-roten und Hakenkreuzfahnen beflaggt war, versammelte sich eine große Menschenmenge. Als erster Redner rief Reallehrer Schlenker im Gefühl des Sieges mit pathetischen Worten zum Feiern auf, die ahnen ließen, wie Deutschlands Zukunft aussehen sollte: „Jetzt muss wieder Zucht und Ordnung herrschen, damit man wieder mit Stolz das Deutschlandlied singen kann." Ihm folgte der Ortsgruppenleiter der NSDAP-Langenau Schüle, der mit nicht weniger pathetischen Worten den nationalen Aufbruch feierte. Schließlich ergriff Stadtschultheiß Sigloch das Wort, der den Schulterschluß zwischen den Deutschnationalen und den Nationalsozialisten zog. Die schwarz-weiß-rote Fahne des Kaiserreiches zeige, dass die „alten Krieger, welche unter dieser Flagge ihr Leben ließen, wieder zu Ehren kommen"[91].

Die „Feier der nationalen Erhebung" folgte am 21. März. Auf dem Burghof sammelten sich alle „nationalen Verbände" und die gesamte

Schuljugend zu einem Fackelzug durch die Stadt auf den Ochsenberg, wo ein Höhenfeuer entzündet wurde. Außer den „nationalen Verbänden" nahmen auch die wichtigsten Vereine der Stadt an dem Zug teil, der in der folgenden Reihenfolge aufgestellt worden war: Stadtkapelle, Schulkinder, Spielmannszug des Stahlhelms, Stahlheln, Gesangverein, Kriegerverein Concordia, Liederkranz, Spielmannszug der NSDAP, Sängerbund, Schützenverein, Turnverein und abschließend die NSDAP. Zwei Tage zuvor hatte die Hitlerjugend bereits ihre eigene Kundgebung veranstaltet, und wenige Tage später marschierte die SA durch Hörvelsingen. Am 20. April leitete ein Gottesdienst in der mittleren Kirche die Geburtstagsfeier für den „Führer" ein, dem sich ein feierliches Beisammensein im „Roten Ochsen" anschloss[92].

Von großer politischer Bedeutung waren die am 15. April 1933 gleichzeitig stattfindenden Versammlungen der Bauernschaft und des gewerblichen Mittelstandes, die von dem Ziel bestimmt waren, die beiden wichtigsten Bevölkerungsgruppen in die nationalsozialistische Ordnung zu integrieren und eventuell vorhandene letzte Zweifel zu beseitigen. Vor den Bauern sprach NSDAP-Kreisleiter Eugen Maier. Dieser heroisierte einführend die „Kampfzeit" der NSDAP in den Jahren der Weimarer Republik, leitete über zu der verlogenen Ideologie der „Volksgemeinschaft" und richtete schließlich scharfe Angriffe gegen den Bauernbund, der, nachdem er bei den Wahlen am 5. März noch 270 Wählerstimmen gewonnen hatte, offensichtlich als eine auszuschaltende Konkurrenz begriffen wurde. Der Bauernbund habe zwar, so Maier, ehrenvoll gekämpft, aber erfolglos, denn am Ende sei der Niedergang des Bauerntums gestanden. Auf der Versammlung der Handels- und Gewerbetreibenden ereiferte sich Hermann Freudenberger, NSDAP-Ortsgruppenleiter in Ulm, in anitsemitischer Hetze und forderte zum Boykott jüdischer Geschäfte auf. Georg Walz, der Präsident der Handwerkskammer Ulm, sang das Loblied auf den Mittelstand. In der Frage der Warenhäuser versprach er, entsprechend den Interessen des Mittelstandes zu verfahren, d. h. die Existenz bedrohende Gefahr durch die Warenhäuser zu beseitigen, die sich zudem zum Teil in jüdischem Besitz befanden und daher eine willkommene Zielscheibe für antisemtische Propaganda boten[93].

Den Abschluss der nationalsozialistischen Propagandawelle bildete der so genannte „Tag der nationalen Arbeit" am 1. Mai. Die Nationalsozialisten nutzten den Feiertag der Arbeiterbewegung schamlos für ihre Zwecke aus. Auch in Langenau wurde der proletarische 1. Mai in nationalsozialistischem Sinne umfunktioniert. Anders als in den größeren Städten, wo die Belegschaften der Industriebetriebe wichtige

Bestandteile der Umzüge bildeten, übernahmen in Langenau, einer Stadt ohne größere Industriebetriebe, die Vereine diese Funktion, um so die Geschlossenheit der Bevölkerung zu manifestieren. Die drei Gesangvereine, der Kriegerverein „Concordia", der Jungfrauenverein, der Christliche Verein junger Männer, der Turnverein, der Schützenverein und die Schützengesellschaft reihten sich in den Umzug ein, dem ein Feldgottesdienst voranging[94]. Der 1. Mai nationalsozialistischer Prägung hatte nichts mehr mit den ursprünglichen Ideen gemein: hier Frieden, Demokratie und das Wissen um eine Klassengesellschaft, dort Aufrüstung, Diktatur und die verlogene Ideologie einer angeblichen „Volksgemeinschaft". In den folgenden Jahren nahmen die Maifeiern zunehmend den Charakter von Frühlingsfesten mit folkloristischen Farben an, wie unten am Beispiel der Maifeier 1936 noch ausführlich dargestellt werden wird.

„Tag der nationalen Arbeit" 1933.

Einen sinnfälligen Ausdruck für die Integration Langenaus in die neue Ordnung stellt der Beschluss des Gemeinderates vom 30. März 1933 dar, die Obere und Mittlere Stadtstraße in Hindenburgstraße und die Werren- und die Untere Stadtstraße in Adolf-Hitler-Straße umzubenennen, damit „diese beiden großen Männer für immer mit der hiesigen Stadt verbunden seien, aber auch die Bevölkerung dauernd an diese große Zeit der nationalen Erhebung und ihre Männer erinnert werde."[95]

Die Gleichschaltung des Gemeinderates bereitete Schwierigkeiten. Das „Gesetz der Gleichschaltung der Länder" vom 31. März 1933 schrieb die Auflösung der bisherigen Gemeinderäte vor und ihre Neubildung nach der Zahl der gültigen Stimmen bei der Reichstagswahl am 5. März. Damit war der Gewerbe- und Handelsverein, die bisher größte Gemeinderatsfraktion, von der Neubildung des Gremiums ausgeschlossen. Gegen diese Bestimmung protestierte der Verein in einem Schreiben an den NSDAP-Kreisleiter Maier am 8. April 1933, in dem er sich eindeutig zur neuen politischen Ordnung bekannte: „... können wir uns mit dieser Neuordnung schon deshalb nicht abfinden, weil seit Jahren nicht nur die Organisation des Gewerbe- und Handelsvereins sich für die Ziele der Rechtsparteien in Wort und Schrift einsetzte, sondern weil auch die Gewerbetreibenden überhaupt bei den Wahlen fast geschlossen für die Rechtsparteien, vor allem für die NSDAP ihre Stimme abgaben". Notwendig sei daher, auch weil viele Vereinsmitglieder in der NSDAP seien, eine Besetzung nach sachlichen, d. h. personenbezogenen, und nicht nach zufälligen organisatorischen Gesichtspunkten vorzunehmen, um „die Widerstände gegen die nationalsozialistische Bewegung auch in den Gemeinden zu brechen und dieser für ihre Ziele propagandistisch freieren Spielraum zu verschaffen."[96]

Der Protest des Gewerbe- und Handelsvereins blieb selbstredend ohne Wirkung. Der Gemeinderat löste sich am 15. April auf und konstituierte sich am 4. Mai 1933 neu. Ihm gehörten sieben Mitglieder der NSDAP an (Paul Schüle, Richard Buck, Johannes Kreiß, Karl Schlenker, Michael Laible, Hans Groner und Georg Nörr), der Bauern- und Weingärtnerbund und die Kampffront Schwarz-Weiß-Rot entsandten jeweils einen Vertreter (David Mack und Christian Edelmann) und für die Sozialdemokratie saß der Schreinermeister Jakob Mayer im Gemeinderat[97].

Die „Deutsche Gemeindeordnung" (DGO) von Anfang Januar vereinheitlichte erstmals die Kommunalverfassung in ganz Deutschland und führte das „Führerprinzip" und eine strenge Parteiaufsicht ein. Statt einer Wahl wurden die Ratsherren ernannt und Abstimmungen im Gemeinderat abgeschafft. Der „Beauftragte der Partei", NSDAP-Kreisleiter Eugen Maier, erhielt durch seine Mitwirkungskompetenz eine Schlüsselfunktion bei der Berufung der Gemeinderäte, die zusätzlich durch seine Genehmigungskompetenz für die Satzungen und Verordnungen verstärkt wurde. Frauen waren offensichtlich für eine Mitgliedschaft nicht vorgesehen, denn die DGO bezeichnete Gemeinderäte als „Ratsherren" bzw. als „verdiente und erfahrene Männer".

Am 10. September 1935 wurden die neun Ratsherren, in einer internen Verwaltungsnotiz alle als politisch und national zuverlässig eingestuft, berufen: Elektromeister Paul Schüle, Mitglied der NSDAP seit 1. August 1931 und des NSV, NSDAP-Ortsgruppenleiter; Schlosser Otto Bilsing, Mitglied der DAF seit Mai 1933; Landwirt Paul Buck, Mitglied der NSDAP seit Dezember 1930, Ortsbauernführer; Stadtarzt Dr. med. Erich Hammerschmidt, Unterbannarzt der HJ, Kulturwart der NSDAP, Mitglied des NSV; Malermeister Karl Kästlen, Ortsgruppenamtsleiter des NS-Hago; Seiler Michael Laible, Blockwart der NSDAP; Bauer Johannes Müller, Mitglied der NS-Bauernschaft; Mechaniker Alfred Schmid, Mitglied der NSDAP seit 1. Oktober 1931, SA-Sturmführer; Bauer Johannes Wiedemann, Mitglied der NS-Bauernschaft und Bauer Nikolaus Wöhrle, Mitglied der NS-Bauernschaft[98].

Der Gemeinderat besaß keine Entscheidungsfunktion mehr und nahm die Entscheidungen des Bürgermeisters lediglich zur Kenntnis.

In der Bevölkerung müssen Zweifel an der Kompetenz des Gemeinderates aufgekommen sein, denn von 1939 an ließ Bürgermeister Sigloch die öffentlichen Beratungspunkte in der „Ulmer Alb-Zeitung" veröffentlichen.

Die Langenauer Vereine führten bis 1934 alle das die demokratische Wahl des Vereinsvorstandes ausschließende „Führerprinzip" ein, das am Beispiel des Kriegervereins Concordia anschaulich dargestellt werden kann: Der „Führer" des übergeordneten Verbandes bestimmte die „Führer" der einzelnen Vereine. Ein Verein konnte zwar auf einer Mitgliederversammlung Vorschläge beschließen, an die aber der „Führer" des übergeordneten Verbandes nicht gebunden war. Der „Führer" eines Vereines bestimmte die Mitglieder des Vorstandes nach seinem Gutdünken. Der Vereinsführer, der selbstredend Mitglied der NSDAP sein musste, vereinigte nun mehr Macht als vorher auf sich, indem ihm das alleinige Entscheidungsrecht vorbehalten blieb. Der Vereinsausschuss wirkte nur noch beratend und besaß kein Abstimmungsrecht, aber die Aufgabe, auf die Wahrung des „Führerprinzips" zu achten, um nicht „in demokratische Gepflogenheiten zurückzusinken". Öffentliche Kritik auf einer Mitgliederversammlung widersprach dem „Führerprinzip", weil sie die Autorität des „Führers" untergrabe und dadurch zersetzend wirke. Kritik durfte nur unter vier Augen und im Vertrauen vorgebracht werden[99].

Als erster Verein in Langenau führte der Gewerbe- und Handelsverein Ende Mai 1933 das „Führerprinzip" ein und nannte sich um in „Gewerbeverein Langenau im Kampfbund des gewerblichen Mittelstandes". Ende September 1933 schaltete sich der Verein der Hundefreunde gleich, dem der Turnverein Ende Oktober folgte. Dessen „Führer" Michel versprach, sein Amt „im Sinne von Turnvater Jahn und Reichskanzler Adolf Hitler" zu führen[100]. Auch die anderen Vereine passten sich den neuen Verhältnissen an.

Zum Jahresende 1933 saß das nationalsozialistische Regime in Langenau fest im Sattel. Das öffentliche Leben war „gleichgeschaltet" und von den nationalsozialistischen Organisationen bestimmt.

Nationalsozialistische Organisationen

Ein fundamentales Kennzeichen des totalitären Regimes der Nationalsozialisten war die vollkommene und keinen Freiraum duldende Einbeziehung des Menschen in das NS-Herrschaftssystem. Nationalsozialistische Organisationen griffen in den Alltag der Menschen ein und organisierten die Freizeitgestaltung, um die Loyalität der Menschen zu Staat und Partei zu sichern. Die zahlreichen Aktivitäten in den Gliederungen der NSDAP bestimmten das Familienleben. Freizeit im Nationalsozialismus bedeutete „Dienst am Volke“, zu dem jeder „Volksgenosse“ verpflichtet und dem sich zu entziehen nicht möglich war, denn die Teilnahme an den Versammlungen und Veranstaltungen war zwingend vorgeschrieben. Die Kinder verbrachten einen Großteil ihrer Freizeit im Jungvolk und in der Hitlerjugend (HJ) und im Bund deutscher Mädchen (BdM), der Vater gehörte einer berufsständischen Organisation, zum Beispiel der NS-Bauernschaft, an und die Mutter besuchte die Veranstaltungen der NS-Frauenschaft.

Die NSDAP und ihre Gliederungen warfen auch über Langenau ein engmaschiges Netz, das alle Langenauer Einwohner jeden Geschlechts und Alters erfasste. Im Laufe des Jahres 1933 wurden in Langenau zahlreiche NSDAP-Gliederungen gegründet. Zu den wichtigsten, die soziale Basis des Nationalsozialismus (Bauern und Mittelstand) erfassenden Organisationen gehörten die NS-Bauernschaft und nach der Auflösung des Gewerbe- und Handelsvereins im Juni 1934 die NS-Hago. Die Nationalsozialistische Betriebsorganisation (NSBO), die vermutlich schon vor der Machteroberung in Langenau existierte, trat im Juni 1933 als Veranstalter einer gegen die Gewerkschaften gerichteten Versammlung auf, die die Gründung der Deutsche Arbeitsfront (DAF) in die Wege leitete. Die DAF trat an die Stelle der Gewerkschaften, in die auch nach ihrer Auflösung die Arbeitgeberverbände überführt wurden (das „Gesetz zur Ordnung der Nationalen Arbeit“ schaltete die Betriebsräte aus; die Entscheidungsbefugnis in betrieblichen Angelegenheiten traf ausschließlich der „Betriebsführer“, dem ein aus der „Gefolgschaft“ gebildeter beratender „Vertrauensrat“ zur Seite gestellt wurde). Jungen ab 14 Jahren gehörten der HJ an (zu den jährlichen Höhepunkten zählte die feierliche Verpflichtung zur Treue gegenüber dem „Führer“ bei ihrer Aufnahme), die Mädchen dem BdM. Weitere NSDAP-Gliederungen waren die NS-Frauenschaft, die NS-Kriegsopferversorgung, der NS-Lehrerbund (NSLB), das Nationalsozialistische Kraftfahrerkorps (NSKK) und die Freizeitorganisation „Kraft durch Freude“ (KdF).

Propaganda

Das nationalsozialistische Regime, als Einparteienherrschaft organisiert, bedurfte zu seiner Sicherung des Terrors und einer ideologisch ausgerichteten, keine Widersprüche duldenden Propaganda. Die jeweils getroffenen politischen, gesellschaftlichen und nach dem Beginn des Krieges militärischen Entscheidungen mussten nach dem Willen des NS-Regimes als die einzig möglichen und zweifellos richtigen reichsweit vermittelt und gerechtfertig werden, wofür das von Joseph Goebbels geleitete „Ministerium für Propaganda und Volksaufklärung" verantwortlich war. Die NSDAP und die ihr angeschlossenen Verbände und Unterorganisationen übernahmen auf örtlicher Ebene die Aufgaben der Propaganda.

Die nationalsozialistische Propaganda, deren zwei wesentliche Elemente Massenaufmärsche und Feierstunden zu unterschiedlichen Anlässen bildeten, folgte einer genau einstudierten und ritualisierten Inszenierung. Der Nationalsozialismus setzte an die Stelle des Pluralismus der Arbeiterbewegung, den diese während der Weimarer Republik bei Massenaufmärschen und -kundgebungen in unterschiedlichen Aktionsformen, Uniformen und Parolen entwickelt hatte, einheitlich durchorganisierte und inszenierte Aufmärsche großer Massen. Ausstattung, Symbole und Uniformierung dieser Massen waren vereinheitlicht und aufeinander abgestimmt und repräsentierten damit die neue staatliche Gewalt in ihrer repressiven und alles ordnenden Funktion. Mit der Verschmelzung der traditionellen Repräsentations- und Paradeaufgaben der preußisch-militärischen Öffentlichkeit mit der Form der Kampfdemonstration aus der „Bewegungszeit" vor der Machteroberung 1933 konnte sich die Kampfbereitschaft der Massen und des Staates nach der Liquidierung und Unterdrückung des „inneren Feindes" nur nach außen richten[101].

Die nationalsozialistischen Feierlichkeiten im Jahresablauf führten zu einem NS-Festkanon im Kalenderjahr, auch in Langenau. Im Januar feierte man den „Tag der Machtergreifung", im Februar den der Parteigründung, im März und April wurden die Helden und „Führers Geburtstag" gefeiert, am 1. Mai folgte der „Tag der nationalen Arbeit". Mit der Sonnwendfeier im Juni und dem Erntedankfest im September wurde die Natur in den NS-Feierzyklus eingebunden. Im November gedachte man feierlich des Putschversuches von 1923 und beschloss das Jahresritual mit der Wintersonnwende im Dezember.

Aus der Vielzahl der in stets nahezu identischen Ablauf abgehaltenen NS-Feiern in Langenau sollen zwei Beispiele aus dem Jahre 1936 genügen. Als Veranstalter für die Feier anlässlich des „Führergeburtstages" am 20. April 1936 trat die NSDAP-Ortsgruppe auf. Der eigentlichen Feier am Abend in der „Krone" ging ein Mitgliederappell der NSDAP voraus, an dem alle ihre Mitglieder und die der anderen NS-Organisationen teilzunehmen verpflichtet waren. Die Feier am Abend wurde als Familienfest inszeniert – die persönliche, emotionale Bindung des einzelnen Menschen an den „Führer", der quasi als Familienmitglied in den Kreis der Feiernden aufgenommen wurde, sollte vertieft werden. Darbietungen der Kapelle des Musikvereins, des Sextetts des Handharmonika-Spielrings und der Sängerriege des Turnvereins mit Volks- und NS-Kampfliedern wechselten einander ab, Gedichtvorträge des BdM und von der NS-Frauenschaft und der DAF dargestellte lebende Bilder ergänzten das Programm. Ortsgruppenleiter Schüle erinnerte in seiner Ansprache an die „großen Taten des Führers" und erneuerte abschließend das „Gelöbnis zur Treue". Mit einem „heißen Appell" des Propagandaleiters Ziegler an alle, jederzeit für Deutschland einzustehen, und dem Singen der „Nationallieder" (Horst-Wessel-Lied und Deutschlandlied) endete die Feier[102].

„Der nationale Feiertag des deutschen Volkes" stellte, wenn man der Berichterstattung der „Ulmer Alb-Zeitung" über die NS-Feiern folgt, den Höhepunkt des NS-Festkanons in Langenau dar. Der nationalsozialistischen Ideologie zufolge beging das „ganze schaffende deutsche Volk" am 1. Mai seinen größten Feiertag, „an dem alle Volksgenossen und Volksgenossinnen teilnehmen, an dem alle Häuser mit Grün geschmückt sind oder Hakenkreuzfahnen zeigen, an dem sich unser deutsches Volk freudig … zum Dritten Reich und zu seinem Führer bekennt." Die Maifeier 1936, das „Fest des deutschen Volkes", wurde am Vorabend mit der Aufstellung eines Maibaumes durch die Zimmermannszunft und dem Maisingen, das HJ und BdM darboten, eingeleitet. Danach folgten die Ausrufung des Maikönigs und der Maikönigin und abschließend Volkstänze unter dem Maibaum.

NS-Propaganda-veranstaltung.

Am Morgen des 1. Mai begrüßten die singenden Vereine den Mai an verschiedenen Plätzen in der Stadt und um 8 Uhr sammelten sich die Organisationen und Gliederungen der NSDAP auf dem Marktplatz, wo der Ortsgruppenleiter der DAF, Bilsing, die Parole des Tages – „Freut Euch des Lebens" – bekannt gab. Darauf marschierte man zur Jugendkundgebung auf der Reutte, deren Höhepunkt die Rundfunkübertragung der Rede des „Führers" an die Jugend bildete. Der Festzug am Nachmittag sollte die Einheit des deutschen Volkes, das keine Klassen mehr kannte, symbolisieren. Dem Wagen der Ortsbauernschaft mit Jungbauern und -bäuerinnen in heimischer Tracht folgte das Handwerk, das den Großteil des Festzuges ausmachte. Alle Handwerke Langenaus, die auf den Wagen ihre Arbeit darstellten, waren vertreten. Der Wagen der DAF verdeutlichte die politische Zielsetzung der nationalsozialistischen Maifeiern. Deren Wagen war mit den Symbolen der Arbeit – Hammer, Amboss und Spaten – versehen und mit dem gegen Gewerkschaften und Arbeiterbewegung gezückten „Schwert zum Schutz der friedlichen Arbeit". Den Abschluss des Festzuges bildeten die Beamten, Angestellten und Arbeiter der Stadt, die Lehrerschaft, die am Bau der Autobahn eingesetzten Arbeiter und die Industriearbeiter. Nach der Übertragung des Staatsaktes in Berlin auf dem Festplatz folgte die Ehrung der Arbeitsjubilare, die mehr als zehn Jahre in einem Betrieb beschäftigt waren. Die Ehrung nahm der jeweilige „Betriebsführer" vor, womit die innige, keine Klassengegensätze kennende Verbundenheit der „Gefolgschaft" – der Arbeiter – mit dem „Betriebsführer" zum Ausdruck gebracht werden sollte. „So hat nun auch unsere Stadt", wie die „Ulmer Alb-Zeitung" ihren Bericht schloss, „in Einmütigkeit und Verbundenheit diesen Festtag begangen zu seiner Ehre und zur Ehre des ganzen Volkes und seines Führers"[103].

Der Rundfunk stellte ein wichtiges Medium der Propaganda dar. Der so genannte Funkwart und die im „Reichsverband Deutscher Rundfunkteilnehmer" organisierten Hörer sollten nach den Vorstellungen des Regimes zu den aktivsten Propagandisten des NS-Rundfunks werden und dazu beitragen, die Kluft zwischen Volk und Rundfunk zu beseitigen und damit die Brücke zu den Machthabern schlagen: „In der Stadt und auf dem Lande, in der Schule und in der Fabrik – überall hört man nur die Stimme des Führers und das leise Rauschen der Hakenkreuzfahnen."[104] Der Rundfunk wurde auch in Langenau extensiv als Propagandainstrument genutzt. Bei nahezu jeder sich bietenden Gelegenheit wurden die Reden des „Führers" öffentlich, auf dem Marktplatz und in der Turnhalle übertragen, so beispielsweise eine Wahlkampfrede in Reutlingen wenige Tage vor der Reichstagswahl im November 1933 oder bei der Saarlandabstimmung hörte man, einem Bericht der „Ulmer Alb-Zeitung" nach, schon in den frühen Morgenstunden aus den an Häusern angebrachten Lautsprechern die Darbietungen[105].

Der Marktplatz war der, in der Regel nach einem Marsch der NS-Organisationen durch die Stadt, bevorzugte Kundgebungsort. Rathaus und Marktplatz präsentierten sich den Anwesenden mit Fahnen und NS-Symbolen geschmückt. An den nationalsozialistischen Feiertagen wurden alle „Volksgenossen" aufgerufen, ihre Häuser mit den Fahnen des „Dritten Reiches" zu beflaggen. Anschaulich belegt ein Bericht der „Ulmer Alb-Zeitung" über die Saarlandabstimmung im Januar 1935 die von den Nationalsozialisten verliehene symbolische Kraft ihrer

Fahne: „Als dann der gewaltige deutsche Sieg verkündet worden war, sah man überall an den Häusern die Fahnen aufziehen, um der gemeinsamen Freude des ganzen deutschen Volkes über den nationalen Sieg sichtbar Ausdruck zu geben. Der Fahnenwald zeigt gleichzeitig das einigende Band, die nationalsozialistische Weltanschauung, die alle Deutschen verbindet. Denn ohne diesen Glauben wäre die Schlacht an der Saar nicht gewonnen worden"[106].

Die „Ulmer Alb-Zeitung" übernahm durch den Abdruck reichsweiter Hetzartikel den Part des antijüdischen Propagandisten. Eine auf die Langenauer Verhältnisse abgestimmte antisemitische Propaganda ist bis auf wenige Ausnahmen nicht nachweisbar, was seine Ursache darin hatte, dass in Langenau kein einziger Jude lebte. Lediglich im April 1933 wandten sich in der „Ulmer Alb-Zeitung" abgedruckte Boykottaufrufe, keine Waren bei jüdischen Kaufleuten in Ulm zu kaufen, direkt an die Langenauer Bevölkerung[107]. Dass zahlreiche jüdische Händler den Langenauer Viehmarkt besuchten und dabei einen wesentlichen Beitrag für diesen leisteten, war den örtlichen NSDAP-Funktionären ein Dorn im Auge. Anfang März 1937 teilten sie den Viehmarkt auf dem Burghof in einen „arischen" und in einen jüdischen Bereich mit dem Ziel, die jüdischen Händler aus dem Marktgeschehen zu verdrängen. Triumphierend ließen sie in der „Ulmer Alb-Zeitung" melden, dass diese Maßnahme und der Appell an das „Ehrgefühl des deutschen Bauern" genügt hätten, den jüdischen Handel zu unterbinden. Doch die Wirklichkeit sah anders aus. Im April 1938 berichtete Bürgermeister Sigloch dem Landrat in Ulm, dass sich das Ausbleiben der jüdischen Händler lähmend auf den Markt ausgewirkt habe, da die „arischen" Händler noch nicht die Geschäftsbeziehungen, welche die jüdischen gepflegt hatten, aufgebaut hätten[108].

Der Luftschutz – eine Vorbereitung auf den Krieg

Die Nationalsozialisten instrumentalisierten den Luftschutz politisch und ideologisch, auch wenn die Anfänge des Luftschutzes in den Ersten Weltkrieg zurückreichen und während der Weimarer Republik mit den „Richtlinien für die Organisation des zivilen Luftschutzes" von 1931 die entscheidenden Voraussetzungen für den Ausbau des Luftschutzes nach 1933 geschaffen wurden. Eine Luftschutz-Fibel aus dem Jahre 1935 führte aus, dass es beim Luftschutz um weit mehr als um die persönliche Sicherheit gehe: „... es geht letzten Endes um die Erhaltung Deutschlands." Luftschutz und Luftschutzübungen eigneten sich darüber hinaus als ein hervorragendes Instrumentarium für die psychologische Vorbereitung auf den Krieg. Das Luftschutzgesetz vom 26. Juni 1935 machte den Luftschutz zur Reichsaufgabe und verpflichtete jeden Reichsdeutschen zur Luftschutzpflicht, wie § 2, Absatz 1 vorschrieb: „Alle Deutschen sind zu Dienst- und Sachleistungen verpflichtet sowie zu sonstigen Handlungen, Duldungen und Unterlassungen verpflichtet, die zur Durchführung des Luftschutzes erforderlich sind"[109].

Bereits im Juli 1933 fand die erste Gasschutzübung auf der Reutte statt[110]. Aber erst 1935 begann der konsequente Aufbau des Luftschutzes in Langenau. Ein Artikel in der „Ulmer Alb-Zeitung" ließ kaum Zweifel an einem kommenden Krieg zu. Denn der Luftschutz werde weithin in den Händen der Zivilbevölkerung liegen müssen, denn ganz Deutschland könne zum Kriegsgebiet werden und es gehe um die Zukunft des deutschen Volkes. Die Parolen lauteten daher: „Bereit sein ist alles!" und „Luftschutz ist Volkspflicht!". Eine Versammlung des Reichsluftschutzbundes am 11. März führte zur Gründung der Ortsgruppe Langenau, der insgesamt 14 Gemeindegruppen aus den umliegenden Dörfern angehörten. Innerhalb eines Jahres traten 1170 Personen der Ortsgruppe bei, und bis 1936 wurden in acht Ausbildungskursen 200 Frauen und Männer zu Luftschutzhauswarten ausgebildet[111].

Beim Luftschutz maßen die Nationalsozialisten den Frauen eine bedeutende, weit über das ideologisch begründete Maß hinausgehende öffentliche Rolle zu. Denn im Kriegsfall musste die Heimatfront auf alle wehrpflichtigen Männer bis 45 Jahre ebenso verzichten wie auf alle Kräfte, die zum behördlichen Sicherheits- und Hilfsdienst gehörten, und auf die Angehörigen des Werkluftschutzes. „Aus diesen Überlegungen bleibt nichts anderes übrig, als in großem Umfange Frauen und junge Mädchen praktisch auszubilden, damit sie im Ernstfalle mit Aussicht auf Erfolg die Abwehr gegen die aus der Luft drohenden Gefahren übernehmen können... [Eine Frau] kann das verantwortungsvolle Amt eines Luftschutzhauswartes oder des Stellvertreters übernehmen. Es ist möglich, sie der Hausfeuerwehr oder Luftschutzgemeinschaft zuzuteilen. Schließlich kann sie als Laienhelferin zur Betreuung von Verletzten und Kranken eingesetzt werden"[112].

Von Januar 1936 an übten die Langenauer den Ernstfall in unregelmäßigen Abständen. Der folgende Bericht über eine Verdunklungsübung zeigt auch, wie der Luftschutz unter den totalitären Anspruch des Regimes untergeordnet wurde und wie offensichtlich bereitwillig die Möglichkeit eines Krieges von der Bevölkerung hingenommen wurde: „Die erste Übung kann als wohl gelungen bezeichnet werden. Als Schlag sechs Uhr die Sirene heulte und die Straßenbeleuchtung erlosch, waren bereits auch die Häuser in tiefes Dunkel gehüllt ... Die gestrige Übung hat gezeigt, dass die Bewohner von Langenau auch auf diesem Gebiet in freiwilliger Disziplin sich dem Ganzen eingeordnet haben"[113]. Zu den Vorbereitungen für den Kriegsfall gehörte unter anderem die Entrümpelung der Bühnen und Dachböden, auf denen die Ansammlung von Gerümpel und überflüssigen Gebrauchsgegenständen wegen der Feuergefahr verboten wurde. Verbunden wurden die Aufrufe an die Bevölkerung mit der Aufforderung, bei der Entrümpelung auf Gegenstände zu achten, die für das Heimatmuseum geeignet wären und bei August Heckel, dem Gründer des Heimatmuseums abgeliefert werden sollten[114].

Der Zweite Weltkrieg

Nach dem Überfall des Deutschen Reiches auf Polen in den Morgenstunden des 1. September 1939 begann der Zweite Weltkrieg. Bereits in den Tagen vor Kriegsbeginn setzte die Vorbereitung für den Kriegsfall ein. Die am 28. August eingeführte Bezugsscheinpflicht, unter die zahlreiche Nahrungsmittel, Kleidung und Schuhe, Seife und Waschmittel fielen, griff massiv in das Alltagsleben ein. Die „Ulmer Alb-Zeitung" veröffentlichte vom 30. August an die Listen der unter die Bezugsscheinpflicht fallenden Lebensmittel, die Bestimmungen, wer wie viel von welchem Lebensmittel beziehen durfte. Zur Einsparung von Treibstoff, der ebenfalls der Bezugsscheinpflicht unterlag, erhielten nur Kraftwagen, die zu „als lebensnotwendig anerkannten Fahrten" eingestuft worden waren, die begehrte Fahrerlaubnis und einen sie kennzeichenden „roten Winkel" sowie eine Tankausweiskarte. Dennoch durften diese Kraftwagen nur noch in dringenden Fällen benutzt werden; jede nur der Bequemlichkeit oder dem Vergnügen dienende Fahrt war streng untersagt und mit dem Einzug der Tankausweiskarten oder der Stilllegung des Kraftwagens bedroht. Eine weitere einschneidende Maßnahme folgte am 25. September mit der Einführung von Lebensmittelkarten für die verschiedenen Lebensmittel unter Berücksichtigung vier verschiedener Altersstufen. Zugleich wurden die Wochenrationen verringert, beispielsweise Fleisch und Fleischwaren um 200 Gramm auf 500 Gramm oder Butter um 10 Gramm auf 80 Gramm. Schließlich sei noch die Reichskleiderkarte genannt, die am 15. November 1939 eingeführt wurde. Die Zahl der Kleidungsstücke orientierte sich nun am Alter und Geschlecht ausgerichteten Zuteilungssätzen[115]. Ab dem 2. September galt die völlige Verdunklung. Lichtreklamen und Straßenbeleuchtung wurden abgeschaltet und die Wohnungen mussten so abgedichtet werden, dass kein Lichtschein mehr nach außen gelangte. Sirenenalarm bedeutete von nun an feindliche Luftangriffe[116].

Über die Entwicklung in den ersten Kriegswochen, die auch für die späteren Kriegsjahre exmplarisch steht, berichtete Bürgermeister Sigloch dem Gemeinderat am 19. Oktober 1939: „… dass der Krieg große Umwälzungen sowohl im Geschäfts- als auch im Privatleben hervorgerufen habe. Besonders in der Landwirtschaft mache sich der Mangel an männlichen Arbeitskräften sehr bemerkbar. Sehr viele Urlaubsgesuche für die eingezogenen Landwirte seien gefertigt und zum größten Teil auch berücksichtigt worden. Für das Rathaus haben die Kriegswirtschaftsmaßnahmen sehr große Arbeit mit sich gebracht, insbesondere durch die Einführung der Bezugsscheine für Lebensmittel, Spinnstoff- und Schuhwaren … Im Allgemeinen habe sich die Bevölkerung jetzt an die Rationierung, die unbedingt erforderlich gewesen sei, gewöhnt“[117].

Die NSDAP war für den Kriegsfall vorbereitet. Der Mobilmachungsplan „Einsatz der Partei und der angeschlossenen Verbände im A-Falle“ vom Mai 1938 bestimmte die generelle Funktion der NSDAP: Stärkung der Kriegsmoral, was in der NS-Sprache „seelische Haltung im Krieg“ hieß. Nach Kriegsbeginn galt es vorrangig und mit allen Mitteln des nationalsozialistischen Organisationsnetzes, die so genannte „innere Front“ und damit den NS-Staat zu sichern. Eine revolutionäre Erhebung wie 1918 sollte unter allen Umständen verhindert werden. Die Einheit von Partei und Wehrmacht, von Heimat und Front, stellte die Leitparole der propagandistischen Aktivitäten während des Krieges dar. Unter dem Motto „Die kämpfende und opfernde Heimat“ legten neue „Richtlinien für die Durchführung der Propaganda der NSDAP“ einen umfangreichen Maßnahmenkatalog fest, mit dem neben einer „allgemeinen politischen Propaganda“ durch eine „Aufklärung zur Verbraucherlenkung“ (z. B. Verstöße gegen die Rationierung von Lebensmitteln) und durch eine „Propaganda der Tat“ die Kriegsbereitschaft der Bevölkerung mobilisiert werden sollte. Unter Letzterer verstand man die Betreuung von Wehrmachtseinheiten durch NSDAP-Gliederungen, Ernteeinsätze oder Altmaterialsammlungen[118].

Zwei Beispiele für die Propagandatätigkeit der NSDAP in Langenau mögen an dieser Stelle genügen, um das wichtigste Ziel der Propaganda – die Einheit von Front und Heimat, von Volk und „Führer“ – darzustellen. Der „Dienstbereichappell“ der NSDAP-Ortsgruppe Langenau am 23. September 1939 setzte die eben aufgeführten Vorgaben um. Ortsgruppenleiter Röder wies in seiner Ansprache auf die hohe Verantwortung der Partei und ihrer Mitglieder hin, auf die große Aufgaben zukämen, nämlich vor allem dafür zu sorgen, dass die geschlossene Kraft der inneren Front zum Rückgrat der deutschen Wehrmacht werde. Nur so könne das deutsche Volk zusammen mit den Soldaten eine gewaltige Front der Abwehr bilden, gegen die jeder Ansturm vergeblich sein würde. Daher werde die Arbeit der Partei nicht eingeschränkt, sondern im Gegenteil erweitert, wie beispielsweise durch die Verteilung der Lebensmittelkarten. Der Verlauf habe gezeigt, so die „Ulmer Alb-Zeitung", „dass auch die Langenauer Parteimitglieder ihre äußerste Pflicht erfüllen werden"[119].

Als einziger Feiertag des NS-Festzyklus wurde während des Krieges der Geburtstag des „Führers" begangen. Wiederum Ortsgruppenleiter Röder stellte in seiner Ansprache am 20. April 1942 in der Turnhalle die historische Größe Adolf Hitlers heraus. Nur wenige Männer wären in der Lage, „ihre Umwelt neu zu ordnen und ein Volk so zu führen, dass sich die ganze Umgebung nach dem Volk richten muss." Die innige Verbundenheit des Volkes mit dem „Führer" steigerte Röder in eine religiöse Überhöhung Hitlers, als er darum bat, dass „der Herrgott uns den Führer erhalten möge, und dass wir uns verpflichten, ihm jederzeit zu folgen", um entweder zu kämpfen und zu siegen oder nicht zu kämpfen und unterzugehen[120]. Anstelle größerer Veranstaltungen bevorzugte die NSDAP Langenau allerdings die Organisation von „Dorfgemeinschaftsabenden", die ein abwechslungsreiches und unterhaltendes Programm wie Gesangsdarbietungen oder Filmvorführungen boten. Zwei Ziele wurden damit verfolgt: zum einen sollte von den Mühsalen des Krieges abgelenkt, zum anderen ein Beitrag für die Einheit von Front und Heimat geleistet werden (so wurde der Erlös der Veranstaltungen für die Betreuung der Langenauer Soldaten verwendet)[121].

Das Kriegsende

Langenau blieb bis auf die Monate vor dem Kriegsende von den unmittelbaren Auswirkungen des Krieges verschont. Erstmals bei der Bombardierung Ulms am 17. Dezember 1944 spürten die Menschen in Langenau unmittelbar die Schrecken des Krieges, als auch die Fensterscheiben ihrer Häuser bebten und man in der Nacht den glutroten Himmel über dem brennenden Ulm sah[122]. Anfang April trafen etwa 2000 kriegsgefangene Russen und Franzosen aus dem Straflager Ludwigsburg in Langenau ein, die nach Bayern transportiert werden sollten. Da Bayern die Aufnahme aber ablehnte, wurden die Kriegsgefangenen notdürftig in den Schulen untergebracht. Am 21./22. April erfolgte der Weitertransport, aber anders als beabsichtigt, denn die Stadtverwaltung veranlasste, dass die Gefangenen an die aus Westen anrückenden französischen Truppen übergeben wurden.

Am 13. April 1945 zeigte der Nationalsozialismus auch in Langenau sein wahres, menschenverachtendes Gesicht. Francis Bicret, ein französischer Kriegsgefangener, der in einer Schlosserei arbeitete, drohte seinem Chef Prügel an, sobald ihn die Amerikaner befreit hätten. Aus Angst vor Rache wandte sich der Schlossereibesitzer an den Ortsgruppenleiter Röder um Rat, der sich aber auch nicht zu helfen wusste und die Entscheidung nicht allein treffen wollte. Er suchte daraufhin Rat bei dem Sturmbannführer Leumeister des in Langenau seit Oktober 1944 einquartierten Genesungsbataillons der Waffen-SS. Dieser verfügte die Hinrichtung des Franzosen, der am Abend öffentlich auf dem Marktplatz an einer Litfaßsäule vor dem Gasthaus „Roter Löwe" (heute Café am Markt) gehängt wurde. Dieser sinnlose und brutale Mord an einem unschuldigen Menschen sollte die Menschen abschrecken und den unaufhaltsamen Untergang des nationalsozialistischen Regimes verzögern.

Langenau erlebte am 25. April 1945 dramatische Stunden vor der Besetzung durch die US-Armee. Bereits im März waren in der Hindenburg-, Bahnhof- und Lange Straße Panzersperren errichtet worden, die nun in der Nacht zum 25. April geschlossen werden sollten. Doch Bürgerinnen und Bürger sahen in einer Verteidigung der Stadt ein sinnloses Unterfangen, das nur die Zerstörung der Stadt zur Folge haben konnte, und mit beispiellosem Mut begannen sie mit den SS-Soldaten zu diskutieren – mit Erfolg und glücklicherweise ohne Opfer, denn an anderen Orten machte die SS kurzen Prozess mit Kapitulationswilligen. Unter dem Druck der Bevölkerung rückte die SS um 2 Uhr nachts Richtung Weißingen und Riedheim ab. Die Panzersperren wurden geräumt und die Stadtverwaltung ließ auf dem Turm der Martinskirche und an anderen Stellen in der Stadt weiße Fahnen hissen, um das bisher vom Krieg verschonte Langenau vor Bombenangriffen und Zerstörungen zu bewahren. Doch plötzlich um 8.30 Uhr waren alle weißen Fahnen verschwunden – auf wessen Veranlassung hin konnte bis heute nicht geklärt werden. Der Angriff auf Langenau folgte prompt. Gegen 11 Uhr beschossen fünf bis sechs Jagdbomber mit ihren Bordwaffen die Stadt, warfen Brandbomben ab und zerstörten und beschädigten mehr als 20 Gebäude. Opfer an Menschenleben waren glücklicherweise nicht zu beklagen. Am Nachmittag zwischen 14 und 15 Uhr besetzten US-amerikanische Truppen von Albeck und Nerenstetten kommend Langenau.

In den Nachmittagsstunden des 25. April endeten in Langenau die Jahre der Verfolgung und des Terrors, des Krieges und des Völkermordes. Gewiss waren manche Langenauer froh darüber. Aber eine Auseinandersetzung mit der nationalsozialistischen Ideologie und der verbrecherischen Politik des NS-Regimes fand in einem nur begrenzten Maße statt, wie der Monatsbericht des von den US-Amerikanern eingesetzten Bürgermeisters Marx vom 17. November 1945 zeigt: „Einem großen Teil der Bevölkerung ist noch nicht klar, dass die Niederlage eine bedingungslose war ... Der weitaus größte Teil aller Bevölkerungsschichten ist der Auffassung, dass von ihm keinesfalls der Krieg gebilligt oder unterstützt worden sei. In Wirklichkeit war jedoch, mit ganz wenigen Ausnahmen, jeder Berufszweig entweder an der Vorbereitung oder an der Führung des Krieges beteiligt und interessiert."[123] Gewiss mag Bürgermeister Marx beim Schreiben seines Berichtes unter dem unmittelbaren Eindruck des Krieges und des ganzen Ausmaßes der nationalsozialistischen Terrorherrschaft gestanden haben und noch nicht zu einer differenzierten und ausgewogenen Beurteilung fähig; denn er berücksichtigte nicht, dass nur wenige am Krieg ein wirtschaftliches Interesse hatten und daraus Profit zogen. In der Beurteilung des politischen Bewusstseins der Langenauer Bevölkerung irrte er sich mit Sicherheit nicht, denn sie entsprach durchaus den Ergebnissen einer im November 1945 durchgeführten Umfrage in der US-Zone, derzufolge 50 Prozent der Befragten den Nationalsozialismus für eine gute, aber schlecht durchgeführte Idee hielten. 70 Prozent lehnten jede Verantwortung für den Krieg ab, während sich nur 20 Prozent zu einer Kriegsschuld Deutschlands bekannten.

Die Nachkriegszeit (1945 bis 1949)

Die ersten Monate

Von entscheidender Bedeutung für die weitere Entwicklung Deutschlands nach dem Kriegsende war die Potsdamer Konferenz vom 17. Juli bis 2. August 1945. Ihr Schlussprotokoll wies ausdrücklich darauf hin, das deutsche Volk weder vernichten noch versklaven zu wollen. Grundsatz der alliierten Politik war es, dem deutschen Volk die Möglichkeit zu geben, ein Leben auf demokratischer und friedlicher Grundlage wieder aufzubauen und einen Platz in der Völkergemeinschaft zu erwerben. Voraussetzung für einen demokratischen Neubeginn war die folgenden, im Postdamer Abkommen festgelegten Maßnahmen:

- Völlige Abrüstung und Entmilitarisierung Deuttschlands und die Ausschaltung der gesamten deutschen Industrie, die für eine Kriegsproduktion verwendet werden kann.
- Vernichtung der nationalsozialistischen Partei und der ihr angeschlossenen Gliederungen und Unterorganisationen; Auflösung nationalsozialistischer Ämter; Verhinderung jeder nazistischen und militaristischen Betätigung und Propaganda.
- Endgültige Umgestaltung des deutschen politischen Lebens auf demokratischer Basis.

- Vorbereitung einer friedlichen Mitarbeit Deutschlands am internationalen Leben.

Später verwandte man für das Erreichen dieser Ziele die Formel der „vier Ds“: Demilitarisierung, Demontage, Denazifizierung und Demokratisierung[124].

Langenau erhielt in den Sommermonaten 1945 eine eigene Militärverwaltung unter dem Leutnant Smith und eine aus 800 bis 1000 Mann starke Besatzung[125]. Die ersten Maßnahmen im Sinne des Potsdamer Abkommens bestanden darin, sämtliche Waffen, auch Ferngläser und Fotoapparate, einzuziehen. Außerdem mussten die NSDAP-Mitglieder die in der Stadt noch stehenden Panzersperren entfernen und an einem Sonntag den Staatswald im Englenghai durchsuchen. Am 3. Juni 1945 wurde Bürgermeister Sigloch vom Dienst suspendiert und der 1933 gleichgeschaltete Gemeinderat aufgelöst. An dessen Stelle traten 16 Bürger, die nachgewiesenermaßen keine Mitglieder der NSDAP oder deren Gliederungen waren. Zum neuen Bürgermeister wurde Ludwig Gutekunst bestellt. Sämtliche Mitglieder der NSDAP entfernte man aus ihren Ämtern und Funktionen, darunter sieben Bedienstete der Stadt sowie nahezu die gesamte Lehrerschaft. Die während des nationalsozialistischen Regimes mit NS-Helden benannten Straßen erhielten neue Namen: Horst-Wessel-Straße in Honoldstraße, Schlageterstraße in Industriestraße und Adolf-Hitler-Straße vorübergehend in Lt. Smith-Straße und dann in Lange Straße. Unter Mitwirkung des Gemeinderates wurden am 27. Januar 1946 die in der militaristischen Tradition Deutschlands stehenden Straßennamen entfernt und die Straßen mit unverfänglichen Namen versehen: Immelmannstraße (Lerchenstraße), Boelckestraße (Finkenstraße), Mackensenstraße (Taubenstraße) und Roonstraße (Lutherstraße)[126].

Am 12. September wurde Bürgermeister Gutekunst von der Militärverwaltung mit sofortiger Wirkung seines Amtes enthoben, weil er sich geweigert hatte, einen Befehl der Militärverwaltung auszuführen. Die Militärregierung verlangte nun vom Gemeinderat einen Vorschlag mit zwei Bewerbern. Der Kaufmann Wilhelm Rettich erhielt zwölf Stimmen, der bei der Firma Metallwerke Langenau beschäftigte und der Sozialdemokratie angehörende Hans Marx erhielt 14, der am 19. September 1945 zum kommissarischen Bürgermeister bestellt wurde[127].

Am 23. November endete die Besetzung Langenaus. Der Bürgermeister musste bis April 1950, wahrheitsgemäße und offene Monatsberichte über die wesentlichen Entwicklungen in der Stadt an die US-Militärverwaltung in Ulm zu verfassen.

Der Neubeginn des politischen Lebens

Die US-Militärregierung ließ im August 1945 die Gründung demokratischer Parteien auf lokaler Ebene und unter Kontrolle der Besatzungsmacht zu. So wurden Versammlungen beispielsweise nur unter bestimmten Auflagen genehmigt, und bei den Versammlungen war stets ein Vertreter der Militärregierung anwesend. Noch im gleichen Monat bildete sich in Langenau ein „Komitee zur Gründung der SPD", dem schon vor 1933 aktive Sozialdemokraten wie Jakob Mayer oder Karl Bemsel angehörten. Die Partei wuchs bis Ende des Jahres auf 18 Mitglieder, eine gewiss enttäuschende Entwicklung. Die politische Arbeit der jungen Ortsgruppe konzentrierte sich auf kommunalpolitische Fragen. Aber auch allgemein politische Themen, die vor allem die politische Zukunft Deutschlands berührten, standen nach und nach auf der Tagesordnung der Versammlungen. Im November 1946 berichtete der sozialdemokratische Abgeordnete Weißer aus Ulm über den Entwurf einer Landesverfassung für Württemberg-Nordbaden, für die er sich ausdrücklich aussprach, da sie das große Ziel der Sozialdemokratie – Demokratie und Sozialismus – in greifbare Nähe rücken würde.

Die CDU-Ortsgruppe Langenau gründete sich erst Ende April/Anfang Mai 1946. Der späte Zeitpunkt mag darin seine Ursache haben, dass die CDU nicht wie die SPD auf eine Partei vor der Machteroberung der NSDAP zurückgreifen konnten, sondern sich aus den ehemaligen Mitgliedern verschiedener Parteien der Weimarer Republik rekrutierte, zum Beispiel des katholische Zentrums oder des Christlich-Sozialen Volksdienstes. Die Initiative zur Gründung der Ortsgruppe kam von außen. Franz Wiedenmeyer, Direktor der Ortskrankenkasse Ulm und Vorsitzender der CDU in Ulm, bewegte bei einem Besuch in Langenau vier bereits eingetragene Christdemokraten – den Maurermeister Ostertag, den Gärtner Käppeler, Langmüller Fritz Bückle und Hermann F. Henke – zur Gründung der Ortsgruppe. Auch die Christdemokraten hatten Schwierigkeiten, Bürgerinnen und Bürger für sich zu gewinnen (Ende 1946 zählte die Ortsgruppe nur zwölf Mitglieder).

Die erste demokratische Wahl nach dem Zusammenbruch des NS-Regimes fand am 27. Januar 1946 statt. Zwei Listen – die SPD und der in der Tradition der kommunalpolitischen Verhältnisse in der Weimarer Republik stehende Wahlvorschlag „Landwirtschaft und Gewerbe" stellten sich der Wahl zum Gemeinderat. Dieser errang mit neun Sitzen ein überzeugendes Ergebnis. Der Gemeinderat wählte in geheimer Abstimmung am 28. März 1946 den Stadtpfleger Hans Häge mit neun Stimmen zum Bürgermeister, den jedoch die Militärregierung wegen seiner Mitgliedschaft in der HJ ablehnte. Hans Marx erhielt die Stimmen der drei sozialdemokratischen Gemeinderäte. Aber auch aus der dadurch notwendig gewordenen zweiten Wahl am 21. Juni 1946 ging Häge als klarer Sieger hervor[128].

Am 7. Dezember 1947 schritten die Langenauer Bürgerinnen und Bürger zur zweiten Wahl ihres Gemeinderates, da durch eine Änderung der Hauptsatzung die Zahl der Gemeinderäte von zwölf auf 18 erhöht wurde. Außerdem legte das rollierende System die Wahl von neun Räten auf sechs Jahre und von Räten auf drei Jahre fest. Die sechs sich zur Wahl stellenden Listen bezeugen ein gewachsenes politisches Interesse. Die SPD errang drei Sitze, der Wahlvorschlag 2 ,Landwirtschaft' zog mit vier Sitzen in den Gemeinderat, von der „Freien Wählervereinigung der Kriegs-, Körper- und wirtschaftlich Geschädigten für Sauberkeit in der Verwaltung" wurden vier Kandidaten gewählt, die CDU stellte zwei Gemeindräte und die „Freie Wählervereinigung für Recht und Wohl aller Schaffenden" brachte fünf Kandidaten durch. Die Liste der KPD ging leer aus.

Hintergrund dieser doch großen Zahl von Wahlvorschlägen bildete ein Konflikt zwischen Teilen der Bürgerschaft und der Stadtverwaltung, Vor allem gegen den Stadtbaumeister Paech richteten sich die Vorwürfe, der für die Verteilung vorgesehene Baustoffe für den Bau seines eigenen Hauses Thalfingen benutzt haben soll (Paech wurde tatsächlich am 13. Januar 1948 verhaftet). Ende 1948 eskalierte der Konflikt zwischen Bürgermeister Dr. Karl Haller, der im Februar 1948 in den ersten direkten Wahlen durch die Bürgerinnen und Bürgern zum Stadtoberhaupt gewählt worden war, und Teilen des Gemeinderates. So fand unter anderem am 1. Dezember 1948 sogar eine Demonstration statt, die auch das ungelöste und vor allem die Flüchtlinge belastende Wohnungsproblem zum Thema hatte. Immer wieder entzündete sich der Konflikt am persönlichen Auftreten des Bürgermeisters, das immer wieder zu heftigen persönlichen Attacken zwischen den Gemeinderäten und Haller führte. Haller entschloss sich schließlich zum Rücktritt, den der Gemeinderat am 7. Oktober 1949 annahm. Am 4. Dezember 1949 wurde Friedrich Hauff zum neuen Bürgermeister gewählt, der bis 1967 im Amt blieb.

Soziale Probleme

Die Sorge der Menschen in den frühen Nachkriegsjahren galt der Bewältigung des mühevollen Alltags. Die Versorgung mit Nahrungsmitteln auf Lebensmittelkarten kam Hungerrationen gleich. Hunger, Wohnraumnot, Mangel an Brennmaterial prägten das Leben der Menschen. Der Schwarzmarkt blühte. Wer in der glücklichen Lage war, Wertstücke wie Uhren, Schmuck, Teppiche, Pelzmäntel oder Bettwäsche zu besitzen, unternahm „Hamsterfahrten" auf das Land und tauschte sie bei den Bauern gegen Nahrungsmittel. Auch in Langenau litten die meisten Menschen an dem extremen Mangel an Lebensnotwendigem. Im außerordentlich langen und bitterkalten Winter 1946/47 verschärfte sich die Notlage, wie ein Zitat aus dem Monatsbericht des Bürgermeisters Marx vom 3. März 1947 eindrucksvoll zeigt: „Alle Berichte müssten heute mit der lang anhaltenden Kälte beginnen und der damit verbundenen Brennstoffknappheit sowie dem Wohnungsproblem, hervorgerufen durch die Unterbringung der Flüchtlinge, beginnen und mit der Nahrungsmittelversorgung enden."[129] Ein Schlaglicht auf die soziale Situation von Frauen wirft die Anzahl von über 20 Frauen, wohl Kriegswitwen oder Ehefrauen von Kriegsgefangenen, die sich 1947 in Heimarbeit mit Schneidern, Bügeln und Plätten ihren Lebensunterhalt zu verdienen suchten[130].

Der Mangel an Wohnraum entwickelte sich in den Nachkriegsjahren zu einem der größten Probleme. Die Einwohnerzahl nahm rapide zu. Lebten 1939 noch 4350 Menschen in Langenau, so zählte die Stadt bereits bei Kriegsende 5400, 1946 rund 6000 und 1950 6468 Einwohner. In den ersten Nachkriegsmonaten sorgte die Einquartierung der US-amerikanischen Soldaten für einen ersten großen Notstand; daneben lebte noch immer eine beachtliche Zahl von Evakuierten, die wegen der schlechten Verkehrsverhältnisse und der zerstörten Städte noch nicht in ihre Heimatorte zurückgeführt werden konnten. Die Aufnahme von über 1000 Flüchtlingen und Heimatvertriebenen bis August 1947 ver-

Langenau, 1958.

schärfte die Situation. Die Bemühungen der Stadtverwaltung, des Problems Herr zu werden, waren redlich. So beschloss der Gemeinderat am 22. April 1948, „die vorhandenen Wohnungen auf ihre Belegungsdichte hin nochmals zu überprüfen sowie geeignete Gebäude festzustellen, in denen durch Dachausbauten oder Einbauten mithilfe der Landeskreditanstalt neuer Wohnraum geschaffen werden kann", wofür einen Monat später eine „Kommission zur Auffindung weiteren Wohnraums" gebildet wurde. Die Bitte des Gemeinderats an das Innenministerium, Langenau als Brennpunkt der Wohnungsnot zu erklären, blieb kein Erfolg beschieden[131]. Wichtigste Maßnahme gegen die Wohnungsnot bildete die Aufstellung eines Ortsbauplanes, der ein Siedlungsgebiet mit bis zu 100 Wohnungseineiten zwischen der Angertor- und der Göttinger Straße festlegte. Die Entscheidung über den Ortsbauplan am 20. September 1948 verlief dramatisch. Eine erste Abstimmung ergab eine Ablehnung mit neun Stimmen. Die Gemeinderäte Möller und Thüringer, beide Vertreter der Neubürger, beantragten am Schluss der Sitzung eine namentliche Abstimmung, die dann eine Annahme des Ortsbauplanes mit 11 Ja-Stimmen gegen 5 Nein-Stimmen ergab[132]. Die Bebauung des Gebietes folgte in den 50er-Jahren und löste ein vor allem für die vielen Neubürger brennendes Problem.

Langenau von 1950 bis 2000: Stationen auf dem Weg zur Stadt von heute

Langenau veränderte sich in den vergangenen fünf Jahrzehnten. Wie nie zuvor in ihrer fast 2000-jährigen Geschichte erlebte die Stadt einen Wandel, der das Städtchen zur modernen Stadt führte. Das veränderte Stadtbild – das Wachsen der Stadt an Einwohnern und Häusern und die zahlreichen neuen Wohn- und Geschäftshäuser in der Kernstadt – zeigen dem Betrachter die auffälligste Veränderung. Altes blieb erhalten: Das innen und außen renovierte und umgestaltete Rathaus erstrahlt in altem Glanz und in neuer Schönheit, das Obere und das Untere Helferhaus, das ehemalige reichsstädtisch-ulmische Amtshaus, das Forsthaus und die Martinskirche, deren weißer Turm schon aus der Ferne grüßt, zeugen von der geschichtlichen Vergangenheit der Stadt. Tradition und Moderne bilden eine gelungene Einheit.

Die wirtschaftliche Entwicklung ist das zweite auffallende Merkmal dieses Wandlungsprozesses. Nachdem die industrielle Entwicklung in den Nachkriegsjahren endlich Fuß in Langenau gefasst und die Stadt einen wirtschaftlichen Aufschwung genommen hatte, trat in den 50er-

und 60er-Jahren eine Stagnation ein, ehe mit der Erhebung Langenaus zum Landesausbauort 1968 die Voraussetzungen für die dynamische wirtschaftliche Entwicklung, die vor allem in den 80er-Jahren einsetzte, geschaffen wurden. Bürgermeister, Gemeinderat und Stadtverwaltung entwarfen eine neue Standortpolitik, die bald und trotz der Schließung alteingesessener Unternehmen zu bemerkenswerten Erfolgen führte. Neue Gewerbegebiete wurden ausgewiesen, zahlreiche Firmen siedelten sich an und viele neue Arbeitsplätze wurden geschaffen. Bemerkenswert ist auch die Entwicklung Langenaus zum Einkaufsort der näheren Umgebung. Die beiden Hauptstraßen – die Hindenburg- und die Lange Straße – sind heute lebendige Einkaufsstraßen, die in Bälde noch an Attraktivität und Atmosphäre gewinnen werden, wenn die Umgehungsstraße im Norden der Stadt fertig gestellt sein wird.

Göttingen, Albeck und Hörvelsingen (von oben nach unten).

In den Jahren 1972 und 1973 knüpfte Langenau an eine seiner jahrhundertelangen Traditionen als regionales Verwaltungszentrum an. Im Winter 1971/72 führten Vertreter der Stadtverwaltung und des Gemeinderates intensive Gespräche mit den Gemeinderäten von Albeck, Göttingen und Hörvelsingen über eine freiwillige Eingemeindung der drei Orte in die Stadt Langenau. Entwürfe für die Eingemeindungsverträge wurden erstellt, von den Vertretern der Gemeinden und der Stadt beraten, verändert und schließlich den Bürgerinnen und Bürgern auf Bürgeranhörungen zur Diskussion übergeben. Gewiss gab es Stimmen gegen eine Auflösung der Selbstständigkeit, aber der Anschluss an Langenau fand eine überzeugende Mehrheit. Im Februar und März 1972 konnten die Eingemeindungsverträge unterzeichnet werden. Die Rathäuser der drei Ortschaften übernahmen die Funktion von Ortsverwaltungen, die Bürgermeister wurden zu Ortsvorstehern bestellt und ein Ortschaftrat übernahm die Rolle des dörflichen Parlaments. Vertraglich wurden Albeck und Göttingen je zwei Sitze und Hörvelsingen ein Sitz im Gesamtgemeinderat zugesichert[133]. Nach nunmehr 30 Jahren dürften kaum noch grundsätzliche Einwendungen vorhanden sein.

Jede der drei Gemeinden erhielt ihre Gemeindehalle, der Verwaltungsaufwand konnte Kosten sparend verringert werden – um nur zwei Vorteile zu nennen, denen, da wir in Schwaben leben, ein dritter hinzugefügt sei: Das Trinkwasser wurde für die Albecker, Göttinger und Hörvelsinger ebenfalls preisgünstiger. Die drei Albgemeinden beziehen ihr Trinkwasser von dem Zweckverband Ulmer Alb, während Langenau sein billigeres Trinkwasser von der Landeswasserversorgung bezieht. Da der Grundsatz „Gleiches für alle" gilt, erhalten die drei Teilorte das Wasser nun zum Langenauer Preis. Göttingen und Hörvelsingen sollen in Zukunft ihren dörflichen Charakter bewahren. Die Neubaugebiete dort werden ausschließlich für den Eigenbedarf zur Verfügung gestellt werden, während für Albeck und Langenau wegen ihrer zentralen, an der Entwicklungsachse Ulm-Heidenheim und daher für Berufspendler attraktiven Lage neue Einwohner gewonnen werden sollen.

Am 1. Januar 1973 trat der Gemeindeverwaltungsverband Langenau ins Leben. Ihm gehören die Stadt Langenau und 13 selbstständige Gemeinden an: Altheim/Alb, Asselfingen, Ballendorf, Bernstadt, Börslingen, Breitingen, Holzkirch, Neenstetten, Nerenstetten, Öllingen, Rammingen, Setzingen und Weidenstetten. Die Stadt Langenau nimmt 22 der 55 Sitze in der Verbandversammlung ein, der zehnköpfige Ver-

Langenau, 1970.

waltungsrat wird paritätisch besetzt und der Verwaltungsverbandsvorsitzende wechselt turnusgemäß zwischen Langenau und den Gemeinden, sodass das vorhandene Misstrauen gegenüber einer befürchteten Dominanz Langenaus beseitigt werden konnte. Zu den Aufgaben des Verwaltungsverbandes gehören u. a. die Aufstellung des Flächennutzungsplanes, der Bau- und Unterhalt der Gemeindeverbindungsstraßen, die Trägerschaft der Hauptschulen und der Förderschule, die Erteilung von Baukonzessionen und Kfz-Zulassungen. Darüber hinaus übernimmt der Verwaltungsverband freiwillige Aufgaben wie die Trägerschaft der Verbandsmusikschule mit fast 1300 Schülerinnen und Schülern und das Sammeln und den Transport von Müll. Dadurch gewann Langenau spürbar an Zentralität, denn viele Aufgaben, die zuvor im Zuständigkeitsbereich des Landratsamtes Alb-Donau-Kreis in Ulm gelegen hatten, werden nun zum Vorteil der Bürgerinnen und Bürger direkt in Langenau wahrgenommen. Langenau stellt heute durch die Übernahme der Funktionen ähnlich einer „Großen Kreisstadt" durch den Verwaltungsverband den Sitz einer „Unteren Staatlichen Verwaltungsbehörde" dar. Dem Antrag des Gemeinderates, die Stadt Langenau von einem Unter- zu einem Mittelzentrum aufzustufen, entsprach das Innenministerium bis heute nicht[134].

Brunnen auf dem Lohplatz.

Das Pfleghofareal.

Zahlreiche andere, hier nur kursorisch aufgeführte Maßnahmen begleiteten den Weg der Stadt in die Moderne. Dazu gehören in den 1950er-Jahren der Bau der Kanalisation und der ersten mechanisch-biologischen Kläranlage (1955) im heutigen Alb-Donau-Kreis, die seither ständig erweitert und verbessert wurde und der seit 1975 der Ortsteil Göttingen angeschlossen ist (Albeck und Hörvelsingen entsorgen seit 1967 in die Kläranlage Albeck, die Ende der 90er-Jahre stillgelegt wurde; seither entsorgen die beiden Gemeinden nach Langenau). Die städtische Gas- und Wasserversorgung, seit 1986 die GVL-Gasversorgung Langenau, zu der man sich Ende 1985 mit den Stadtwerken Ulm/Neu-Ulm (SWU) zusammengeschlossen hatte, beliefert Haushalte, Gewerbebetriebe und auch die Stadt Langenau. Das Schulwesen ist in den vergangenen Jahrzehnten, auch durch die Errichtung neuer Schulgebäude ausgebaut worden, sodass Langenau nun über das gesamte Spektrum an schulischen Einrichtungen verfügt. Heute stehen den Schülerinnen und Schülern im Raum Langenau drei Grundschulen, davon eine in Albeck, zwei Hauptschulen, eine Förderschule, eine Realschule und ein Gymnasium zur Verfügung[135]. Eine wichtige Institution der Erwachsenenbildung und für das kulturelle Leben ist dieVolkshochschule Ulm (vh) in Langenau.

Freizeit.

Hindenburgstraße mit Martinskirche.

Langenau verfügt darüber hinaus über ein gut ausgebildetes Netz an medizinischen und sozialen Einrichtungen. Das 1956 errichtete Kreiskrankenhaus, ein Haus der Grundversorgung, verfügt über 80 planmäßige Betten mit den Fachabteilungen Chirurgie, Anästhesie, Innere Medizin/Allgemeinmedizin, Gynäkologie/Geburtshilfe, Chirurgie/Phlebologie und HNO. Nahezu 30 niedergelassene Allgemein- und Fachärzte ermöglichen eine umfassende ärztliche Versorgung der Bevölkerung von Langenau und der Umgebung. Vier Apotheken versorgen die Bevölkerung mit Arzneimitteln. Die von der evangelischen Kirche getragene Diakoniestation, die für den gesamten Verwaltungsverband zuständig ist, bietet umfassende Pflegedienste für zu Hause und einen Essenzubringerdienst an. Ergänzt wird das Angebot der Diakonie durch eine Beratungsstelle in sozialen Angelegenheiten und eine psychologische Beratungsstelle. Die Caritas unterhält eine Suchtberatung und an den Schulen stehen Sozialarbeiter für die Probleme des Schulalltags zur Verfügung. Die Kirchengemeinden unterhalten Altenklubs in allen vier Stadtteilen und die Arbeiterwohlfahrt betreibt eine Altentagesstätte. Die Kreisbau GmbH richtete 1985 in einem Gebäude am Marktplatz den Bedürfnissen alter Menschen angepasste Wohnungen ein. Seit 1994 besitzt Langenau ein Altenpflegeheim in zentraler Lage, das von der ev. Heimstiftung getragen wird.

Langenau ist heute eine Stadt mit hohem Freizeitwert. Zahlreiche Vereine – Musik-, Gesangvereine oder Sport- und Wandervereine –, um nur die gängigsten zu nennen, ermöglichen ein breites Spektrum an geselligen, kulturellen und sportlichen Aktivitäten. Das 1935 errichtete und moderniserte Freibad und das Hallenbad bieten allen Wasserratten Badespaß. Das nahe Donauried und das Lonetal laden zu erholsamen Spaziergängen und Radtouren ein. Ein vielfältiges und abwechslungsreiches Kulturprogramm trägt ebenso wie die Aktivitiäten der Vereine zur Lebensqualität der kleinen, aber doch so modernen und liebenswürdigen Stadt an der Nau bei.

Wirtschaftsgeschichte

Die wirtschaftliche Entwicklung im Überblick

Als Marktflecken besaß Langenau seit dem frühen Mittelalter eine lokale wirtschaftliche Bedeutung, die der Stadt Langenau bis heute erhalten blieb. Bis in das 19. Jahrhundert hinein prägten Landwirtschaft und Handwerk die Wirtschaftsstruktur. Der Niedergang der Leinenweberei nach der Jahrhundertmitte steht signifikant für die Stagnation in der wirtschaftlichen Entwicklung Langenaus. Erst nach 1860 wurden erste kleinere Industriebetriebe gegründet, wobei die Stadt vor allem nach dem Anschluss an das württembergische Eisenbahnnetz 1876 mehrfach Versuche unternahm, auswärtige Fabrikanten für den Standort Langenau zu gewinnen.

Noch in den ersten beiden Jahrzehnten des 20. Jahrhunderts stellte die Landwirtschaft gemessen an den Beschäftigtenzahlen den bedeutendsten Bereich des Langenauer Wirtschaftslebens dar. 1895 waren noch 49 Prozent der Gesamtbevölkerung in Land- und Forstwirtschaft beschäftigt, der Anteil fiel bis 1933 auf 32 Prozent und erreichte 1970 noch 6,3 Prozent. Die Quote der in Handwerk und Industrie Beschäftigten stieg zwischen 1895 und 1933 langsam von 31,6 auf 34,6 Prozent der erwerbstätigen Bevölkerung, ehe sie durch den Zuzug von Vertriebenen und Flüchtlingen 1950 auf 55,2 Prozent schnellte und 1960 mit 60,0 Prozent ihren Höhepunkt erreichte. In den folgenden Jahren sank der Anteil geringfügig (1970: 56,9 Prozent) und trotz der Abnahme der Handwerksbetriebe von 196 auf 165 blieb die Beschäftigtenzahl bei rund 1200 bestehen. 1999 zählte das produzierende Gewerbe der Gesamtgemeinde 1324 Personen (38,9 Prozent der versicherungspflichtigen Beschäftigten). In Handel und Verkehr fanden 1895 7,8 Prozent Arbeit. Bis 1933 erhöhte sich der Anteil auf 11,6 Prozent, der nach 1945 in der Gesamtgemeinde stetig wuchs (1933: 9,1 Prozent, 1950: 8,7 Prozent, 1961: 11,7 Prozent und 1970: 17,5 Prozent). Die Entwicklung Langenaus zu einem attraktiven regionalen Marktzentrum dokumentieren die 1126 Beschäftigten in Handel und Verkehr 1999 (33,1 Prozent der versicherungspflichtigen Beschäftigten der Gesamtgemeinde). Der Dienstleistungsbereich erfuhr in den vergangenen Jahrzehnten einen lebhaften Aufschwung: 1999 arbeiteten 950 Personen in Dienstleistungsunternehmen (27,9 Prozent der versicherungspflichtigen Beschäftigten der Gesamtgemeinde)[1].

Landwirtschaft

Die Landwirtschaft bis zum Beginn des 19. Jahrhunderts

Das Gebiet von Langenau gehörte zum Bereich der klassischen Dreifelderwirtschaft, die sich seit dem Anfang des 8. Jahrhunderts ausbreitete. Die Ackerflur wurde in möglichst gleich große Flächen (Zelge oder Esch) eingeteilt. Auf der ersten Zelge baute man Winterfrucht (Dinkel, Roggen, seltener Weizen) an, auf der zweiten im Frühjahr Sommerfrucht (Hafer, Gerste, Bohnen, Erbsen, Linsen, Wicken), während die dritte als Brache liegen blieb. Im folgenden Jahr wurde die Brache mit Winterfrucht und die erste Zelge mit Sommerfrucht bestellt sowie die zweite Zelge brach gelassen. Im dritten Jahr wechselte die erste Zelge zur Brache, auf der zweiten säte man Wintergetreide und auf der dritten Sommerfrucht. Im vierten Jahr begann der Kreislauf von vorn. Ein eigens dazu bestellter „Öschoi“ (Öschwächter), der erstmals für das Jahr 1345 belegt ist, wachte über das Einhalten der obrigkeitlichen Ordnung. Während des Dreißigjährigen Krieges belegte der Rat die Bauern, die aus Not Dinkel in die Brache eingesät hatten, mit empfindlichen Geldstrafen. Die Dreifelderwirtschaft brachte mancherlei Vorteile gegenüber dem extensiven Zweifeldersystem, bei dem die Hälfte der Fläche jährlich ungenutzt geblieben war. Durch die zweimalige Ernte und das Gleichgewicht von Winter- und Sommerfrucht konnte das Ernterisiko erheblich verringert sowie die anfallende Arbeit gleichmäßiger auf das Jahr verteilt werden. Schließlich ermöglichte die Dreifelderwirtschaft auch den Anbau von Hafer als Pferdefutter – eine Voraussetzung für die Verstärkung der Pferdehaltung. Bis ins 19. Jahrhundert blieb die Dreifelderwirtschaft die vorherrschende agrarische Nutzungsweise. In Langenau bestanden für das Obere und Untere Dorf getrennte Zelgenverbände[2].

Die Erweiterung der Anbaufläche bildete ein sich durch die Jahrhunderte ziehendes Anliegen der Bauern. 1578 erlaubte der Rat die Umwandlung von acht Jauchert Ehgarten in einen Acker, von dem, wie in allen anderen Fällen, der Zehnt genommen wurde. Weitere derartige Umbrüche sind beispielsweise aus den Jahren 1593 und 1617 bekannt, als einige Riedmähder für den Haferanbau umgebrochen werden durften, oder aus der Notzeit des Dreißigjährigen Krieges[3].

Die Landwirtschaft besaß eine zentrale Bedeutung für den Säckel der Reichsstadt, denn die Abgaben und Steuern des Landgebietes erbrachten einen großen Teil der finanziellen Ressourcen der Stadt. Bis in das 16. Jahrhundert überließ der Rat den Bauern die Entscheidung, welches Getreide angebaut und welche Fläche als Äcker genutzt wurde. Erst mit der Herausbildung des frühneuzeitlichen Staates begann der Rat, in die Nutzung der Anbauflächen und die Viehhaltung einzugreifen, und erlegte den Bauern bestimmte Vorschriften auf. Diese sollten die wirtschaftlichen und finanziellen Interessen der Stadt und die Versorgung der städtischen und ländlichen Bevölkerung mit Lebensmitteln sichern. Im Frühjahr 1550 ordnete der Rat die Dreifelderwirtschaft an, nach der jeder Bauer nun zu wirtschaften hatte. Jeder Bauer, der einen Hof bewirtschaftete, durfte in einer Esche höchstens zwölf Jauchert bebauen und die Brache nicht mit Wicken oder Lein besäen. Verstöße gegen diese Bestimmungen wurden mit zehn Gulden je Jauchert bestraft[4]. Die Landpolizei-Ordnung schrieb vor, dass derjenige, der eine halbe bis vier Jauchert Acker in einem Feld oder einer Esche besaß, höchstens auf einer Jauchert Rüben oder Lein säen durfte, wer mehr besaß, bis zu einem Viertel der Fläche, aber höchstens auf fünf Jauchert. Der Verstoß wurde mit 20 Gulden je Jauchert bestraft[5]. Um den Ertrag des Getreide- und Fruchtanbaus zu sichern, verbot der Rat unter Androhung einer Strafe von 20 Gulden je Jauchert den Anbau von Getreide auf der Brache. In die gleiche Richtung zielte die Strafandrohung von fünf Gulden, wenn fruchtbare und Obst tragende Bäume verdorben, beschnitten oder gar ausgegraben wurden[6].

Auch bei der Viehhaltung erließ der Rat Vorschriften; hier stand ebenfalls die Absicht dahinter, vor allem die Stadtbevölkerung ausreichend mit Fleisch zu versorgen. Die seit dem 17. Jahrhundert als Tier der armen Leute gebräuchliche Geiß gefährdete die Fleischversorgung. So untersagte der Rat einem Bauern oder Seldner, der drei Kühe sein Eigen nannte, die Haltung einer Geiß; wer zwei Kühe besaß, durfte eine Geiß in seinen Stall stellen; wer zusätzlich zu seinen Kühen auch Schafe besaß, durfte grundsätzlich keine Geiß besitzen. Demjenigen, der weder Kühe noch Schafe besaß, erlaubte man die Haltung von zwei Geißen. In Dörfern, in denen die Geißenhaltung nicht gebräuchlich war, wurde die Einführung von Geißen nicht gestattet. Schließlich mussten die Geißen auf der Weide strikt von den Rindern getrennt werden. Das Verkaufen von Mist oder Stroh war strengstens verboten, ebenso das Düngen fremder Äcker[7].

Die Weidegebiete der Langenauer Bauern lagen im Ried, worauf beispielsweise der Flurname „Alte Viehweide“ weist. Aber nicht alle

Wiesen standen zur ständigen Beweidung zur Verfügung. Unter anderem wurde die sich in städtischem Besitz befindende Vordere Anbrach an die Bauern des Oberen und Unteren Dorfes verliehen, die Ersteren bezahlten im ausgehenden 18. Jahrhundert für zwölf Jahre 250 Gulden, die anderen 50 Gulden. Die Vordere Anbrach diente auch als Pferdeweide für die letztgenannten Bauern sowie als Viehweide für die Privilegierten des Dorfes, zum Beispiel für die Rinder des Oberamtmannes oder des württembergischen Pflegers im Pfleghof[8]. Wie sehr der Rat dieses Privileg schützte, zeigt dessen Reaktion auf die Bitte der Bauern vom April 1782, ihnen die Gnadenweide unentgeltlich zu überlassen. Mit Empörung wiesen die Ratsherren dieses Ansinnen zurück, das in ihren Augen nahezu einen Angriff auf die Grundfesten des Staates darstellte, wie der scharfe Ton vermuten lässt. Die Bitte beruhe „auf lauter willkürlichen [und] falschen Begriffen", und es werde eine „ohnerbittliche Verantwortung und angemessene Bestrafung" angedroht, falls die Bauern sich „in Zukunft dergleichen ordnungs- und gesetzwidrige Unternehmungen" erlauben. Der Rat ließ umgehend ein entsprechendes Memorial anfertigen, das alle Bauern unterschreiben mussten[9]. Gelegentlich wurden Wiesen und Weiden oder auch Wälder gebannt, um sie vor den Viehherden zu schützen. Hochwasser der Donau oder anhaltender Regen ließen selbstredend keinen Viehauftrieb zu. Abzugsgräben sollten für einen raschen Ablauf des Wassers sorgen. So wurden die Kosten für einen neuen Graben 1571 auf alle Bauern übertragen, die entlang des Grabens Mähder besaßen. 1626 erlaubte der Rat den Bauern, zu einem neuen Graben Nebengräben anzulegen, „ob dardurch das Wasser in den Hauptgraben zu bringen wäre"[10].

Der drohende Staatsbankrott zu Beginn der 1770er-Jahre zwang die Stadt zum Verkauf von Teilen der Vorderen und Hinteren Anbrach. Der Verkauf von 18 Tagwerk Wiesen an die Meistbietenden erbrachte 2747 Gulden; die Gemeinde selbst erwarb 13 $^{5}/_{16}$ Heckenwerk für 350 Gulden, die in jährlichen Raten von 17 Gulden und 30 Kreuzern zu bezahlen waren, bis die Gemeindekasse wieder über mehr Mittel verfügen sollte[11].

Drohende Viehseuchen versuchte der Magistrat mit präventiven Maßnahmen wie Handels- und Einfuhrverboten oder Quarantäne zu verhindern. Das Ratsprotokoll berichtete im Februar 1578 erstmals über eine Schafseuche; die „anbrüchigen" Schafe mussten für einen Monat auf eine abgesonderte Weide getrieben werden[12]. Im Oktober 1654 wütete im benachbarten Riedheim und Sontheim die „gelbe Lungenfäulnis" unter dem Vieh. Daher befahl der Rat dem Langenauer Oberamtmann, dass das Langenauer Rindvieh im Moos nicht zu nahe an die

Riedheimer Weiden getrieben würde und von dort kein Vieh auf das Ulmer Territorium gelangen dürfe[13]. Quarantäne war eine Möglichkeit, einer Seuche Herr zu werden. Das Vergraben des verendeten Viehs mit Haut und Haar gehörte ebenso zur Seuchenbekämpfung wie die Verabreichung von Mitteln. 1713 wurde der Krankeitszustand des Viehs wie folgt beschrieben: es sei voller Wasser und in Leber und Galle befänden sich unzählige Würmer. Der Rat empfahl einen Sud aus Weide, Salz, Enzian und anderen Ingredienzien. Zu einem unbekannten Zeitpunkt im 18. Jahrhundert wurde ein besonderer Stall für krankes Vieh eingerichtet, von dem lediglich eine umfassende Renovierung des baufälligen Gebäudes aus dem Jahre 1780 bekannt ist[14].

Viehseuchen bedeuteten für die Bauern höchste Gefahr für ihre Existenz, wie die Supplik des Anwalts und der Gemeinde an den Rat vom Dezember 1611 zeigt, in der sie um 500 Gulden für ihr an einer Seuche eingegangenes Rindvieh baten[15]. 1735 und 1736 suchte ebenfalls eine Seuche das Langenauer Vieh heim. Umgehend wurde eine Handelssperre für Langenauer Rinder verhängt, die jedoch für die Metzger in Geislingen zu spät kam. Diese hatten in Langenau 30 Rinder gekauft, von denen zwei notgeschlachtet werden mussten, ein drittes Rind erkrankte wenige Zeit später. Sie erhielten keinen Schadenersatz, weil die Rinder zum Zeitpunkt des Kaufes noch nicht erkrankt waren (wohl aber den Krankheitserreger in sich trugen). Die Seuche breitete sich im Herrschaftsgebiet aus, so fielen in Böhringen über 160 Tiere der Epidemie zum Opfer. Erst im März 1736, nach über einem Dreivierteljahr nach Ausbruch der Seuche, hob der Rat das Handelsverbot für Langenauer Vieh wieder auf[16].

Auch um die Qualität der von den Bauern hergestellten Lebensmittel sorgte sich der Rat. So musste Mastvieh ein volles Vierteljahr in Mast gehalten werden, ehe es verkauft werden durfte[17]. Brandiges Getreide mit gelbem Letten, Sand oder Asche zu säubern und abzugerben, brachte dem Bauern und dem dabei behilflichen Müller einen Taler Strafe je Mittlen ein[18].

Die Sicherheit des Ackers und der Früchte wurde von der Obrigkeit garantiert. Auch hier spielte die Sicherstellung der Lebensmittelversorgung eine entscheidende Rolle, woraus sich die teilweise drastischen Strafen erklären. Bei Strafe verboten war das vorsätzliche Werfen von Steinen auf fremde Äcker, das Abweiden mit Pferden, Kühen und Schafen sowie das vorsätzliche oder betrügerische Überschreiten der Feldgrenzen beim Ackern und das Überfahren von Wiesen und besämten Äckern[19]. Felddiebstahl, zum Beispiel das heimliche Abschneiden und Entwenden von Feldfrüchten wie Rüben, Erbsen, Linsen und

Wicken, wurde mit einem Gulden bestraft, wenn dies bei Tag geschah, mit dem Doppelten bei nächtlicher Tat[20]. Das Beschädigen, Versetzen oder Beseitigen von Grenzsteinen wurde je nach Schwere des Falls empfindlich bestraft[21]. Wer die ihm von der Obrigkeit erlaubte Fläche eines Neubruchs überschritt, zahlte zehn Gulden Strafe[22].

Die staatliche Obrigkeit griff zwar nicht in die vertraglichen Arbeitsverhältnisse zwischen Grundherrn und Bauer, bzw. Bauer und Gesinde ein, aber mit bestimmten Gesetzen versuchte der Rat, das notwendige Arbeitskräftepotenzial zu erhalten und darüber hinaus das Gesinde zu disziplinieren. Denn allzu leicht konnte durch vorzeitiges Abdingen oder Entlaufen und Ungehorsam Schaden enstehen. Knechte und Mägde, die ihre Herrschaft „aus geflissener Bosheit" zum Zorn reizten und sich hinreißen ließen, sich mit Schmähworten und Schlägen an ihren Herren zu vergreifen, sollten um zwei Gulden „gebessert" werden. Ein Dienstbote, der durch sein „übles Aufführen" vorzeitig entlassen wurde, besaß keinen Anspruch auf Lohnfortzahlung. Wer von sich aus den Hof vor dem Ende des Vertrages verließ, zahlte die Hälfte seines Lohnes als Strafe[23]. So sehr sich der Rat die Interessen der Dienstherren zu sichern verpflichtet sah, so wenig war er bereit, den Knechten und Mägden einen gewissen Rechtsschutz gegen Übergriffe der Bauern zu gewähren.

Die Landwirtschaft im 19. und 20. Jahrhundert

Die Zahl der landwirtschaftlichen Betriebe

Die Land- und Forstwirtschaft verzeichnete in den vergangenen rund 150 Jahren einen kontinuierlichen Rückgang. Lebten Ende des 19. Jahrhunderts noch 49 Prozent der Einwohner von ihr, so ging der Anteil der Berufszugehörigen aus Land- und Forstwirtschaft 1933 auf 32 Prozent und 1970 auf 6,7 Prozent zurück. Zum rapiden Rückgang nach 1945 in Bezug auf die Gesamtbevölkerung trug vor allem der Zuzug von Kriegsflüchtlingen und Heimatvertriebenen bei[24].

Statistiken, die eine verlässliche Zahlenentwicklung der landwirtschaftlichen Betriebe ermöglichen würden, liegen für das 19. Jahrhundert nicht vor. Die folgenden Zahlenangaben erlauben daher nur, die Entwicklungstendenzen zu beschreiben. Zu Beginn des 19. Jahrhunderts gab es in Langenau 50 Bauern, die meist vier bis sechs Pferde, 15 bis 20 Stück Vieh und 50 bis 60 Morgen Acker besaßen. Die Zerstückelung von über der Hälfte der Bauernhöfe, weil viele Bauern ihr Land in finanzieller Not hatten verkaufen müssen, veränderten die Besitzverhältnisse in den ersten Jahrzehnten des 19. Jahrhunderts nachhaltig. Die Höfe wurden entweder völlig aufgelöst oder als verkleinerte

Höfe weitergeführt. Seldner, die neben ihrem Handwerk auch Landwirtschaft zu ihrer Existenzsicherung betrieben, nutzten die Gelegenheit zur Vergrößerung ihrer Anbauflächen und vor allem Weber, die durch den Niedergang der Leinenweberei in Bedrängnis geraten waren und ihr Handwerk hatten aufgeben müssen, suchten nun in der Landwirtschaft ihre Existenz zu sichern.

Bauernhof in der Froschgasse, um 1912.

Zur Jahrhundertmitte existierten in Langenau nur noch 25 eigentliche Bauern, die in „ganze" und „halbe" Bauern eingeteilt wurden. Die „ganzen" Bauern besaßen rund 60 Morgen Ackerland sowie vier bis sechs Pferde und 15 bis 20 Stück Rindvieh. Die „halben" Bauern nannten 25 bis 30 Morgen Acker ihr Eigen und hielten acht bis 10 Stück Rindvieh und zwei Pferde; daher wurden sie auch „Zweirössler" gerufen. Die Seldner bestellten mit Kühen und Ochsen ihr Land[25].

Im ausgehenden 19. Jahrhundert erreichte die Zahl der landwirtschaftlichen Betriebe ihren wahrscheinlichen Höchststand. 1882 besaßen von den 804 landwirtschaftlichen Betrieben über die Hälfte, nämlich 410, eine Betriebsfläche von weniger als einem Hektar. Die Zahl der eigentlichen Landwirtschaftsbetriebe blieb konstant. Diese 393 Betriebe gliederten sich 1897 in 33 Großbauern mit 90 bis 100 Morgen (30 Hektar und mehr), 175 mittlere Bauern mit 15 bis 30 Morgen (5 bis 10 Hektar) und 185 Kleinbauern mit etwa 10 Morgen (3 bis 4 Hektar) Wirtschaftsfläche[26]. Eine Statistik aus dem Jahr 1917 zählte, vermutlich kriegsbedingt, nur noch 216 landwirtschaftliche Betriebe[27]. Bis 1940 wuchs die Zahl wieder auf 258 an, zu der noch 70 bis 80 Nebenerwerbsbetriebe hinzugezählt werden müssen[28]. Bereits in der unmittelbaren Nachkriegszeit setzte der Rückgang der landwirtschaftlichen Betriebe ein. 1952 besaß Langenau noch 297 eigentliche Landwirtschaftsbetriebe: drei Großbetriebe mit über 50 Hektar, 25 großbäuerliche Betriebe mit 20 bis 50 Hektar, 168 mittlere Betriebe (78 mit 5 bis 10 Hektar und 90 mit 10 bis 20 Hektar), 41 kleinbäuerliche Betriebe mit 2 bis 5 Hektar und 60 Parzellen- oder Nebenerwerbsbetriebe mit einer Wirtschaftsfläche von unter 2 Hektar[29]. In den folgenden Jahrzehnten setzte auch in

Langenau das „Bauernsterben“ ein. Zu Beginn der 1970er-Jahre lebten 116 Landwirte hauptberuflich von der Landwirtschaft und 52 Personen nebenberuflich[30]. Eine andere Statistik weist für das Ende des Jahrzehnts noch 180 Landwirtschaftsbetriebe aus[31]. Die Abnahme der Betriebe ging einher mit einer durchgreifenden Veränderung der Betriebsgröße. Vor allem Betriebe unter 20 Hektar wurden aufgegeben, ihre Zahl verringerte sich zwischen 1950 und 1969 von 269 auf 125: 21 Betriebe mit 2 bis 5 Hektar, 29 Betriebe mit 5 bis 10 Hektar und 75 Betriebe mit 10 bis 20 Hektar; Kleinstbetriebe unter 2 Hektar verschwanden völlig. Dagegen nahmen die Betriebe mit über 20 Hektar um mehr als 50 Prozent zu (1950: 28 Betriebe; 1969: 43 Betriebe)[32].

Als Besonderheit sei noch der Schottenhof aufgeführt. Regierungsrat Freiherr Schott von Schottenstein erwarb 1824 von der Stadt 300 Morgen im östlichen Teil des Rieds nahe der Markungsgrenze zu Rammingen für 7500 Gulden und richtete dort ein landwirtschaftliches Mustergut, den so genannten „Schottenhof“, ein, der nach den neuesten landwirtschaftlichen Grundsätzen betrieben wurde, beispielsweise bezüglich der Güllenbereitung und der Art der Bedüngung. Der Schottenhof spezialisierte sich auf die Wiesenwirtschaft und besaß eine bedeutende Schweizerei, die Butter und Käse lieferte. Im Mai 1837 erwarb der Ulmer Geschäftsmann Kiderlen das Gut für exakt 10 673 Gulden, der es noch im September desselben Jahres an die Kgl. Staatsfinanzverwaltung um 22 000 Gulden weiterverkaufte – eine beachtliche Preissteigerung innerhalb weniger Wochen. In der Folgezeit wurde der qualitativ sehr gute Torf für die Eisenwerke in Königsbronn gestochen und abgeführt[33].

Der Schottenhof, um 1895.

Die landwirtschaftliche Nutzfläche

Langenau besaß 1897 mit 4759,88 Hektar die größte Gemarkung im Oberamtsbezirk und die viertgrößte im Königreich Württemberg. Davon wurden etwas über 3900 Hektar landwirtschaftlich genutzt: 2059,22 Hektar bebautes Ackerland, 24,43 Hektar Gartenland, 136,42 Hektar Ackerweide und Brache und 1700 Hektar des Langenauer Rieds und Mooses, die als Wiese, Acker und Torfstich genutzt wurden. Mit rund

2220 Hektar Ackerfläche einschließlich der Ackerweiden, der Brache und des Gartenlandes stand Langenau an der Spitze im Königreich. 1950 wurden 3071 Hektar bewirtschaftet. Danach trat ein kontinuierlicher Rückgang ein: 1969 wurden noch 2964 Hektar, davon 1890 Hektar als Ackerland und 1190 Hektar als Dauergrünland, bewirtschaftet[34].

Aus dem Jahr 1885 liegt uns ein kritischer Bericht des Stadtpflegers Gottlieb Haug über die Bestellung und den Zustand der Äcker vor. Auswärtige Fachleute, so Haug, hätten ihn bei Begehungen der Gemarkung mehrfach darauf aufmerksam gemacht, dass das hiesige Ackerwerk nicht auf der Höhe der Zeit sei. Und weiter heißt es: „Der eine Fehler liegt darin, dass zu seicht geäckert wird, wodurch man eine leichte Frucht bekommt, der andere Fehler liegt in den vierführigen Beeten, die ein für alle Mal nichts taugen. Man übergehe doch das Winterfeld, nicht auf den Gewanden, wo der gute Boden schuhhoch abgelagert ist, sondern in der Mitte, und sehe, bei wie vielen Äckern die Frucht überdick in den Furchen steht, in den Furchen mit hartem unbebautem Untergrund, während die Beete ganz dünn, fast leer sind. Dies ist ein Schaden, größer als manche annehmen, und er kann so leicht abgewendet werden, wenn man nur will. Derjenige Bauer, der von seinem Acker den vollen Ertrag will, muss denselben kräftig pflügen, tiefer als seither und muss ihn ganz pflügen, nicht immer die Hälfte bloß zudecken. Ganz umgepflügt und gut bebaut wird der Acker aber nur bei zehn- oder zwölfführigen Beeten, und diesen möchte ich hiermit das Wort geredet haben. Bei zwölfführigen Beeten kommt die Frucht in den gelockerten Boden und kann gedeihen, bei vierführigen vielfach in die Furchen mit hartem Untergrund und muss deshalb im Ertrag zurückbleiben. Tief gepflügte Äcker halten bei trockenen Jahrgängen viel mehr aus als solche, die vom Pflugeisen bloß geschürft oder geritzt sind“[35].

Zu Beginn des 20. Jahrhunderts und nach dem Ersten Weltkrieg wurden Feldbereinigungen durch das Zusammenlegen von Äckern durchgeführt[36]. Die Feldbereinigung waren mit der Einführung der Siebenfelderwirtschaft verbunden, die den Anbau von Futter und Hackfrüchten ausdehnen und das Unkraut dezimieren sollte[37].

Die Kultivierung des Langenauer Rieds

Zur Größe der landwirtschaftlichen Nutzfläche trug entscheidend die Kultivierung des Langenauer Rieds in der ersten Hälfte des 19. Jahrhunderts bei. Bis zu diesem Zeitpunkt war eine regelmäßige landwirtschaftliche Nutzung vor allem im südlichen Teil des Rieds wegen der periodischen Überschwemmungen der Donau und der Nässe des Moorbodens nur bedingt möglich gewesen. Innerhalb von rund 30 Jahren gelang es jedoch, eine wirksame Entwässerung anzulegen, die landwirtschaftliche Nutzung in den zentralen Teilen des Riedes zu ermöglichen sowie die Allmende in Privateigentum zu überführen und die Grundlagen der heutigen Verkehrserschließung zu schaffen[38].

1802 errichtete der Zimmermann Johann Leonhard Ockerländer am Grimmensee im Osterried die Seemühle, eine Ölmühle, für deren Antrieb er die Wasserkraft des Schwarzen Grabens nutzte. Er begann auch mit der erfolgreichen Kultivierung des umliegenden Landes, so dass „gutes Korn und vorzüglicher Raps gebaut" wurden[39].

Die Umstellung der Weidewirtschaft zur Stallfütterung führte zu einem rasch wachsenden Bedarf an gutem Wiesenland. König Wilhelm I., ein Förderer der Landwirtschaft, der 1817 die „Landwirtschaftliche Vereinigung" und 1818 das „landwirtschaftliche Institut" in Hohenheim, die heutige Universität, gründete, besichtigte am 10. Juni und 28. September 1822 das Ried und erlaubte, dass das zur Kultivierung vorgesehene Areal „Wilhelmsfeld" genannt werden durfte[40]. Am 1. März 1822 wurde das Ried unter den Gemeinden Langenau, Rammingen und Asselfingen aufgeteilt: Langenau erhielt 1959 Morgen, Asselfingen 969 und Rammingen 619 Morgen[41]. Unter der technischen Leitung des Oberbaurates Schlumperger, dem eine zwölfköpfige Kommission unterstellt war – sechs Mitglieder aus Langenau, jeweils drei aus Asselfingen und Rammingen – wurden unter erheblichen Kosten und Schwierigkeiten Entwässerungsgräben angelegt. Alle Seitengräben einschließlich des Schwarzen Grabens führten zur Landesgrenze, die zum Vorflutgraben ausgehoben wurde. Nach längeren Verhandlungen erlaubte die Stadt Günzburg, diese zum Günzburger Hauptgraben zu führen, der wiederum bei Reisensburg in die begradigte Donau mündete[42].

1846 wurden 516 Morgen der Allmand, die bereits seit 1799 von den Bürgern in Parzellen von einem halben Tagwerk Wiesen bewirtschaft wurden und ungefähr ein Viertel des Langenauer Anteils am Moos ausmachten, durch Los den Bürgern gegen eine jährliche Gebühr von einem Gulden und 30 Kreuzern zur lebenslänglichen Nutzung überlassen. Die Fläche war zuvor mit einem Kostenaufwand von 1100 Gulden ausgemessen und geebnet worden; auch eine neue Brücke wurde über die Nau geschlagen[43]. 1854 nahm man die Entwässerung weiterer 1936 Morgen in Angriff, von denen man 367 Morgen zur bürgerlichen Nutzung freigab[44]. Die Stadtverwaltung kam damit dem lang gehegten Wunsch der Bürgerschaft entgegen. Wie 1846 übernahm die Stadt die auf 600 Gulden veranschlagten Kosten für die Vermessungen, das Anlegen der Grenzen und der Wasserabzugsgräben und die Verteilung. Jeder Aktivbürger erhielt einen Morgen[45]. Das Ausheben der

Entwässerungsgräben zog sich bis 1857 hin[46]. Weitere Neuverteilungen wurden 1868 und 1886 vorgenommen[47]. Jährlich verteilte man am 11. November die durch Tod oder Verzicht heimgefallenen Parzellen neu, wobei in der Regel mehr Anwärter als Anteile vorhanden waren[48].

Die Entwässerung des weniger problematischen Westerrieds begann 1851 unter der Leitung eines Wiesenbaumeisters aus Hohenheim. Im Februar 1853 stand die Kultivierung des Westerrieds vor ihrem Abschluss. 2460 Morgen waren entwässert und vier Straßen angelegt worden, unter anderem ein Hauptweg über Riedheim und Leipheim nach Günzburg. 1851 betrugen die Kosten rund 5000 Gulden, von denen 1000 der Staat übernahm[49]. Das Statut für das Westerried aus dem Oktober 1864 enthielt Bestimmungen über die Gräben, die Wege und ihren Baumbesatz, über die Größe der Parzellen und ihre Nutzungsart, die jedem Besitzer überlassen blieb. Bevorzugt wurde die Nutzung als Wiese, aber auch als Acker war möglich, sofern sich die Nachbarn damit einverstanden erklärten, wie ein späterer Gemeinderatsbeschluss festlegte[50].

Heuernte im Ried, um 1930.

Produkte

Auf dem meist milden Lehm- und Tonboden wurden Ende des 19. Jahrhunderts Dinkel, Gerste, Hafer, auch Roggen, Weizen, Linsen, Wicken, Erbsen (seit 1828 Pariser Golderbsen), eine große Menge Kartoffeln sowie die mit der Einführung der Stallfütterung an Bedeutung gewinnenden Futterpflanzen, vor allem Rotklee und Runkelrüben, die in den 1840er-Jahren aufkamen[51], aber auch Luzerne, Esparsette und Pferdezahnmais, und an Handelsgewächsen Mohn, Flachs und Hanf angebaut[52]. Die Anbaufläche (2121,9 Hektar) wurde 1897 wie folgt genutzt: Getreide und Hülsenfrüchte (1605,9 Hektar): Weizen: 32,6 Hektar, Dinkel mit Emer und Einkorn: 567 Hektar, Roggen: 119,4 Hektar, Gerste: 351,7 Hektar, Hafer: 263,4 Hektar, Erbsen: 20,0 Hektar, Mischfrucht: 250,0 Hektar; Hackfrüchte (311,0 Hektar): Kartoffeln: 191,7 Hektar, Runkelrüben: 104,3 Hektar, Kopfkohl: 15,0 Hektar; Futterpflanzen (194,7 Hektar): Rotklee: 160,0 Hektar, Luzerne: 23,3 Hektar, Pferdezahnmais: 8,3 Hektar, Esparsette: 3,0 Hektar; Handelsgewächse: Flachs: 7,0 Hektar, Raps: 1,0 Hektar[53].

Während des 19. Jahrhunderts wurden mit unterschiedlichen Ergebnissen gelegentlich Versuche unternommen, neue Anbaupflanzen in Langenau einzuführen. Durchsetzen konnte sich das so genannte Tiroler Korn – eine Dinkelart -, das erstmals 1814 ausgesät wurde. Es besaß keine Grannen, wurde früher reif als das begrannte Korn, war an Körnern ergiebiger und lieferte ein sehr gutes weißes Mehl[54]. Mit wenig Erfolg beschieden war 1828 die Anpflanzung mehrerer hundert Maulbeerbäume auf den Gemarkungen von Langenau, Göttingen und Albeck. Die Bäume gediehen zwar sehr gut, da aber die Raupenzucht nicht gelang, konnte das angestrebte Ziel der Seidenproduktion nicht verwirklicht werden[55].

Vesper auf dem Feld, 1930.

Roggenernte, 1915.

1844 versuchte sich der Sonnenwirt Martin Bückle im Hopfenanbau. Im dritten Jahr konnte er 3 Zentner Hopfen ernten, 1851 sogar 18 Zentner[56]. Der Hopfenanbau konnte sich jedoch nicht durchsetzen, auch wenn 1866 ein erneuter Versuch unternommen wurde. Auf einer Versammlung des Landwirtschaftlichen Vereins im Februar 1866, an der über 100 Personen teilnahmen, wurde der Nutzen und die Möglichkeit des Hopfenanbaus vorgestellt und lebhaft diskutiert. Eine zweite Versammlung vier Wochen später beschloss schließlich den Anbau[57]. Inwieweit dieser Beschluss aber tatsächlich zur Ausführung kam, entzieht sich unserer Kenntnis. Am 4. März 1875 entschied der Gemeinderat den versuchsweisen Hopfenanbau auf einer kleinen Fläche und schließlich blieb auch ein Bericht des „Langenauer Anzeigers" ohne Resonanz, der das Beispiel des Schullehrers Wegler zur Nachahmung empfahl. Wegler erntete 1884 auf 600 Stangen 9 Zentner Hopfen, die ihm 900 Mark einbrachten[58].

Über den durchaus erfolgreichen Versuch des Stadtpflegers Staib, Tabak anzubauen, berichtet Stadtpfarrer Michael Dieterich: „1852 hatte der Eigentümer des Pfleghofs 8 bis 10 Morgen Ackers mit Tabakpflanzen besetzt, und die im September in Menge eingeführten schönen Blätter in den verschiedenen Gebäulichkeiten des Hofes aufhängen lassen, um sie, getrocknet, seinerzeit an die Fabrikanten abzugeben, oder aus denselben Zigarren zu verfertigen. Am landwirtschaftlichen Feste in Altheim, 6. September, wurde ein bekränzter Wagen mit den verschiedenen

Blättern vorgeführt, und dessen in öffentlichen Blättern rühmlich erwähnt“[59]. Dennoch konnte sich kein zweiter Langenauer zum Tabakanbau entschließen. Ein zweiter Versuch in den 1860er-Jahren nahm einen guten Anfang. Der Konkurs des Unternehmers beendete das Unterfangen aber vorzeitig. 1880 schließlich erhielt der Wirt Walter Schwenck von der Stadt ein Stück Land auf ein Jahr in Pacht. Schwenck hielt einen Rohertrag von 300 bis 400 Mark pro Morgen für durchaus möglich[60].

Der Obstanbau besaß während des 19. Jahrhunderts große Bedeutung für Langenau, den die Stadt stets zu fördern bemüht war. Bei der Oberen Kirche und vor dem Albecker Tor nannte sie zwei Baumschulen ihr Eigen, deren Jungbäume den Langenauern zum Verkauf angeboten wurden. Im April 1870 brachte dem Stadtsäckel der Verkauf von 98 Bäumen 78 Gulden ein[61]. Die Stadt ließ auf freien Plätzen, vor allem entlang der Straßen und Wege, Obstbäume pflanzen. Sie selbst erwarb die Reiserwiese und legte dort einen Obstgarten, den so genannten Reisergarten, an[62]. Der Stadt gehörten 1878 exakt 1801 und 1904 rund 2400 Obstbäume[63]. 1937 legte man auf dem Galgenberg ein Obstbaumgut an, auf dem 460 Obstbäume guter Tafelsorten angepflanzt wurden und das im Frühjahr 1938 fertig gestellt war[64].

Obstausstellungen sollten das Interesse am Obstanbau fördern und die Erträge verbessern helfen. Im November 1906 wurde Ottilie Wagner, die mit 35 verschiedenen Sorten auf einer Obstausstellung vertreten war, mit dem 1. Platz geehrt. Weitere 13 erste und acht zweite Preise wurden vergeben sowie sechs Anerkennungen ausgesprochen[65]. Meist wurden auf den Ausstellungen Vorträge gegeben, die Wissenswertes und praktische Tipps für den Obstanbau vermittelten, so beispielsweise zur Schädlingsbekämpfung[66]. Weitere, vom 1920 gegründeten Obstbauverein veranstaltete Obstausstellungen, die in Wirtshäusern aufgebaut wurden und ihren Höhepunkt in den Preisverleihungen an Obstanbauer hatten, fanden 1931 und 1932 statt[67].

1897 wurden 5320 Apfel-, 4230 Birn-, 6650 Pflaumen- und Zwetschgen-, 50 Kirschbäume und 75 andere Steinobstsorten gezählt[68]. In den folgenden beiden Jahrzehnten erhöhte sich die Zahl der Apfel- und Birnbäume beträchtlich, während die der Pflaumen-, Zwetschgen- und Kirschbäume zurückging: Ein Bericht der Stadt an das Statistische Landesamt aus dem Jahr 1919 vermerkte 6000 Apfel-, 5000 Birn-, 3300 Pflaumen- und Zwetschgen- sowie 25 Kirschbäume; 1913 je 25 Pfirsich- und Walnussbäume[69].

Häufigste und gute Erträge bringende Sorten von Äpfeln waren Rheinischer Bohnapfel, Kasseler Reinette, Sommerreinette, Luiken und Taffetapfel, von Birnen Palmsich-, Träubles-, Champagner- und Mostbirnen[70]. 1921 veröffentlichte der Obstbauverein eine Liste von Apfel- und Birnensorten, die reiche Erträge lieferten: Bohnapfel, weiße Wachreinette, roter und weißer Trierer, Weinapfel, kleiner Langstiel, spät blühender Taffetapfel, Höflinger Mostapfel, Hegnacher Luiken, Beimerstetter Luiken, Winterscheibling, Grahams Jubiläumsapfel, Lord Suffield und Zuckerreinette. Auch Goldpärmene, Schwäbischer Rosenapfel, Theuringer Winterrambour und Öhringer Blutreifling scheinen nicht so empfindlich gewesen zu sein. Von den Birnen erwiesen sich als besonders widerstandsfähig: Zummerfarbige Schmalzbirn, Gute Luise, Pastorenbirn, Erlenbacher Mostbirn, Welsche Bratbirn, Weiler'sche Mostbirn, Wildling von Einsiedeln, Weißenhorner Kurzstieler und Haarigelbirn. Auch Herzogin Elsa, Diels Butterbirn, Neue von Poiteau, Luxemburger Mostbirn, Romelter und Schweizer Wasserbirn ließen gute Erträge erwarten[71].

Zur Veranschaulichung sei noch die folgende Tabelle zum Obstertrag vorgestellt[72]:

	1909	1912	1913	1916	1919
Äpfel	250	500	20	1600	2200 Ztr.
Birnen	700	450	25	1360	2500 Ztr.
Pflaumen	100	25	2	150	40 Ztr.
Kirschen	1	1	–	–	10 Ztr.

Ungünstige Witterung führte zu teilweise erheblichen Ernteausfällen, so 1913 oder auch 1911, als Hagelschlag die Äpfel und Birnen weitgehend vernichtete. Auch 1928 fiel die Obsternte wegen starker Fröste im Mai fast völlig aus[73].

Der „Langenauer Anzeiger" berichtete fast jährlich über die Ernte, so auch 1884: „Welch herrliche Tage, welch schöner Sommer liegt hinter uns! Es ist bis zur Stunde ein Sommerjahr im Sinn des Worts gewesen und das Sprichwort: ‚Die Sonne erscheint viel eher einen Laib Brot, als uns der Regen beschert' hat sich wiederum glänzend bewahrheitet. Die Winterfrüchte, Korn und Roggen, haben mit geringen Ausnahmen sehr befriedigenden Ertrag gegeben und welches Mehl liefern dieselben! Unter den Sommerfrüchten ist die Gerste gut geraten. Sehr verschieden sind dagegen die Erträge des Habers, der an Menge zu wünschen übrig lässt. Mit dem Ertrag der Kartoffeln kann man auch wohl zufrieden sein, namentlich was deren Güte anbelangt. Kühruben liefern ebenfalls einen guten Ertrag … Befriedigt schauet somit der Landmann auf den Lohn seiner Arbeiten im Jahre 1884 und könnte dies noch in größerem Maße, wenn die Fruchtpreise nicht gar so nieder wären."[74]

Der Tierbestand im Überblick

Der Tierbestand wuchs während des 19. Jahrhunderts kontinuierlich an. Um die Jahrhundertwende stieg die Zahl aller Nutztiere sprunghaft. Dieses erreichte Niveau blieb im wesentlichen bis in die 1930er-Jahre unverändert, sieht man vom Wachstum des Geflügelbestandes und der zunehmenden Bedeutung der Schweinezucht sowie vom erheblichen Rückgang des Schafbestandes ab. Nach dem Zweiten Weltkrieg gewann die Schweinezucht, die noch in den ersten Jahrzehnten des 20. Jahrhunderts nur für den Eigenbedarf betrieben worden war, weiter an Bedeutung, wie die Zuwachsrate von annähernd 300 Prozent in Bezug auf den Vorkriegsstand eindrucksvoll belegt. Zwischen 1957 und 1969 stieg der Schweinebestand nochmals um über 30 Prozent. Die Bestände an Pferden, Rindvieh und Schafen blieben bis Ende der 1950er-Jahre nahezu unverändert, während der Ziegenbestand erheblich zurückging. Erst nach 1960 ging die Zahl der Pferde infolge der zunehmenden Motorisierung und Mechanisierung der Landwirtschaft dramatisch zurück. Der Bestand an Rindern erhöhte sich im gleichen Zeitraum um annähernd 15 Prozent. Auch die Geflügelzucht wurde nach dem Zweiten Weltkrieg verstärkt betrieben und brachte den Landwirten durch den Verkauf von Eiern und schlachtreifem Geflügel gute zusätzliche Einkünfte[75].

	1821	1834	1848	1892	1912	1932	1957	1969
Pferde	146	288	285	304	380	364	345	120
Ochsen	37	78	50	95				
Kühe	800	903	970	1250	2650*	2551	2541	2910
Geflügel	300	978	865	1236	7643	9244		
Schafe	675	681	1436	1255	2106	1354	1343	
Schweine	300	360	286	771	899	1217	3192	4190
Ziegen		15	42	75	121	176	172	77
Bienenstöcke	35	93	125	126	343	353		

* nur noch die Kategorie Rindvieh

Pferdezucht

Die Pferdezucht erlangte im Langenau des 19. Jahrhunderts große Bedeutung, woran auch das springende Ross im oberen Feld des Stadtwappens erinnert. Bereits 1838 richtete die Stadt eine Fohlenweide ein, auf die 25 Fohlen aufgetrieben wurden. Auch auswärtige Fohlen wurden zugelassen, allerdings gegen eine Gebühr von zwei Gulden. Die Fohlenweide wurde allerdings zu keiner dauerhaften Einrichtung, denn 1855 baten einige Bauern erneut um die Einrichtung einer Fohlenweide im unteren Moos. Diese bestand dann bis 1868[76].

Die Zucht von Kaltblutpferden auf rheinisch-belgischer Grundlage nahm erst Ende der 1870er-Jahre ihren Aufschwung. Zu diesem Zeitpunkt war die Pferdezucht nahezu zum Erliegen gekommen – 20 Jahre zuvor hatte noch fast jeder Bauer seine „Füllen-Stute", kaum einer kaufte je ein Pferd, dagegen verkaufte er jedes Jahr ein junges[77]. Am Ende des Jahrhunderts wuchs die Bedeutung der Pferdezucht; 30 bis 40 Landwirte befassten sich mit ihr[78]. Einer der Gründe für das sprunghafte Ansteigen der Pferdezahl lag sicherlich in der Notlage der Landwirtschaft – die Pferdezucht war eine der Möglichkeiten, zusätzlichen Verdienst zu erlangen. Sie war, wie der „Langenauer Anzeiger" 1897 feststellte, noch ausbaufähig: „Auf der Alb sollte kein Pferdestall ohne Zuchtstute sein; in größeren Ställen sollten zwei oder mehr Stuten stehen, damit jeder Pferdehalter seinen Bedarf an Pferden selbst ziehen und durch Verkauf überschüssiger Fohlen sich noch ein schönes Geld machen kann. Die Stutenhaltung ist bei uns umso mehr zu empfehlen, als es an gutem Hengstmaterial in unserem Bezirk nicht fehlt, und als der Bauer mit Stuten sein Bauernwerk ebenso betreiben kann wie mit Wallachen"[79].

Vor allem der 1877 gegründete Pferdezuchtverein avancierte zur treibenden Kraft der Kaltblutzucht, indem er beispielsweise, um dem Mangel an guten Zuchttieren abzuhelfen, den Kauf von Zuchtpferden organisierte, so 1907 den Kauf von acht Stutenfohlen im Rheinland, die zum Teil auch in Ettlenschieß und Eiselau untergebracht wurden, oder im Sommer desselben Jahres sechs Stutenfohlen für den Fohlenmarkt im September[80]. Am 1. Februar 1910 trafen zwei belgische Zuchthengste in Langenau ein und 1913 erwarb man einen zweieinhalbjährigen Zuchthengst aus dem Rheinland für 3000 Mark[81]. Der Erfolg blieb nicht aus. Der Pferdebestand wuchs zu Beginn des 20. Jahrhunderts rasch, wie aus der zuvor aufgeführten Tabelle hervorgeht. Lediglich während der Weltwirtschaftskrise am Ende der Weimarer Republik ging der Pferdebestand um rund 20 Prozent zurück[82]. Auch die Preise, die Langenauer Züchter für ihre Züchtungen auf Ausstellungen errangen, sprachen für ihr Können. So erhielten bei einer Ausstellung 1893 in Blaubeuren von 14 vorgeführten Tieren der Vereinszuchthengst Sultan 200 Mark, drei Stuten je 60 Mark, ein Hengstfohlen 80 und ein Stutfohlen 60 Mark an Preisgeldern[83]. Bei der Pferdeprämierung 1901 in Geislingen schnitten die Züchter des Pferdezuchtvereins Langenau-Ulm, die dem Preisgericht die meisten Tiere vorgestellt hatten, erfolgreich ab. Sie erhielten 1070 Mark; zum Vergleich Geislingen 1550 Mark, Blaubeuren 1260 Mark, Heidenheim 550 Mark, Münsingen 230 Mark und Gmünd 30 Mark[84]. Vitus Zeiher errang bei der Distriktpferdeprämierung 1912 den 1. Preis für seine Zuchtstute und Ernst Schmid den 7. Preis für sein Stutenfohlen[85].

Auf Anregung des Oberamtes wurde wieder eine Beschälplatte, die schon 1821 bestanden hatte, eingerichtet. Für Mitglieder des Pferdezuchtvereins betrug das Beschälgeld acht Mark, für Nichtmitglieder zwölf, 1910 zehn bzw. 15 Mark. Nach dem Ersten Weltkrieg stieg das Beschälgeld sprunghaft an[86]. 1893 wurden beispielsweise 238 Stuten von den Vereinszuchthengsten gedeckt, im Schnitt 38 Stuten von einem Hengst, was dem Betrieb eines Staatsgestütes entsprach[87].

Viehzucht

Am Ende des 19. Jahrhunderts war die Rindviehzucht in erster Linie auf Nachzucht, dann auf Milchgewinnung und schließlich auf Mastung ausgerichtet. Zur Zucht standen den Bauern 1855 zwei Gemeindefarren und acht bis zehn private Farren ausreichend zur Verfügung[88]. Bis zu diesem Zeitpunkt herrschte das braunrote Vieh vor, das als sehr widerstandsfähig, für den Weidegang geeignet und für Anspanndienste als brauchbar galt und außerdem gutes Fleisch lieferte. Als die Milchleistung gesteigert werden sollte, beschloss der Gemeinderat 1864, drei Farren aus dem Schweizerischen Simmental zu erwerben, die dann im März 1865 auf dem Viehmarkt zu Preisen zwischen 110 und 122 Gulden weiterverkauft wurden[89]. Auch in den folgenden Jahren kaufte die Stadt Farren zum Weiterverkauf an, um die Viehzucht zu verbessern[90]. Schließlich hielt sich die Stadt von 1866 an einen eigenen Farren, den sie für 75 Gulden erstand und der zunächst in einem privaten Stall untergebracht wurde. 1874 errichtete man dann einen Stall für den Gemeindefarren[91]. Der Farren der 1924 gegründeten Farrenhaltungsgenossenschaft trat in den Zwanzigerjahren an die Stelle des Gemeindefarrens. 1928 stand die Einführung weiblicher Zuchttiere aus Oberbaden zur Diskussion, die die Viehzuchtgenossenschaft Ulm angeregt hatte[92].

Noch 1865 beschloss der Gemeinderat, im Rahmen der Viehmärkte an Pfingsten und Michaelis auch einen Farrenmarkt abzuhalten[93]. Mit der Einführung des Farrenmarktes vermehrte und verbesserte sich die Aufzucht von Farrenkälbern und nach wenigen Jahren bestand eine Nachfrage nach jungen Farren, wie sie kaum für möglich gehalten worden war. Eine Versammlung von Viehzüchtern Ende März 1870 hob die Wichtigkeit des Farrenmarktes hervor und sprach sich für eine Erweiterung des Viehmarktes zu einem Zuchtviehmarkt aus, auf dem Farren und Kälber „in schöner Auswahl" zu kaufen sein sollten. Um den Vorsprung gegenüber den benachbarten bayerischen Viehzüchtern halten zu können, verpflichteten sich die Langenauer Viehzüchter, nur „vorzüglich gute Ware, zweckmäßig aufgezogen, gut von Rasse, Formen und Farben", auf den Markt zu bringen, von deren „bedeutender Zukunft" sie überzeugt waren. Daher sollten nur Tiere von „Originalstücken" und keine Bastarde auf dem Markt angeboten werden, d. h. nur der „Original-Farren" sollte zum Sprung kommen. Weiter empfahl die Versammlung die rasche Aufzucht des Jungviehs und die Fruchtfütterung, „wodurch die Formen ausgebildet, die Kälber rund und leibig werden, auch die ererbten Formen sich besser erkennen lassen. Da die jungen Farren schon mit einem Jahr auf den Markt kommen, so muss die Fütterung reichlich und gut sein, weil der Käufer auf dem Markt nur das bezahlt, was er schon sieht". Auch sollte der Züchter auf einfarbiges Vieh achten, weil es „am meisten gesucht ist, am besten in den Handel geht und dadurch nützlicher und wertvoller als anderes ist"[94].

Gemeindefarren, 1933.

Auch außerhalb der Stadt konnte die Langenauer Viehzucht durchaus Erfolge verbuchen. 1895 zum Beispiel erhielt der städtische Farren bei der Prämierung der Viehzuchtgenossenschaft Ulm in Geislingen den 1. Preis in Höhe von 100 Mark. Der Bulle wurde dann zum Landwirtschaftlichen Hauptfest nach Cannstatt gebracht[95]. Erfolglos blieben dagegen zwei Farren, die sich 1880 auf der Viehausstellung in Ulm der Konkurrenz gestellt hatten[96]. Auch das Jungvieh wurde jährlich prämiert[97].

Für die Aufzucht des Jungviehs wurden private Jungviehweiden angelegt. 1907 pachtete der Landwirtschaftliche Bezirksverein die Allmand hinter dem Gänsenholz auf 20 Jahre. Auf dieser Jungviehweide verbrachten Jungvieh und Fohlen den Sommer[98]. Penibel notierte der „Langenauer Anzeiger" die Gewichtszunahme, zum Beispiel 1926 nahmen innerhalb von 152 Tagen die 110 Fohlen um 66 Kilogramm, die 70 Rinder um 77 Kilogramm im Durchschnitt zu[99].

Schafhaltung

Auch die Schafzucht gewann während des 19. Jahrhunderts an Bedeutung. 1897 betrieben einige Landwirte Schafzucht. Die Verpachtung der Gemeindeweide (Nachweide auf den Wiesen, Brach- oder Stoppelweide und 100 Hektar ständige Weide) winters und sommers brachte der Stadtkasse gute Pachterlöse, beispielsweise 1864 fast 3000 Gulden, 1870 nur 1470 Gulden ohne Pfercherlös, 1927 für die Sommerschafweide 7090 Mark; 1931 ging der Pachterlös auf 3870 Mark zurück[100].

Die Verpachtung der Winterweide im Wilhelmsfeld im November und Dezember auch an auswärtige Schäfer war genau geregelt. Nur Wiesen und Riedflächen durften beweidet werden, die Beweidung von Klee- und Saatfeldern wurde mit dem Entzug des Weiderechts bestraft. Bei ungünstiger Witterung oder Futtermangel, zum Beispiel 1843, konnte die Beweidung bis in das Frühjahr ausgedehnt werden. 1837 waren 1650 Schafe, die in fünf Herden aufgeteilt werden mussten, zugelassen. Jedes weitere Schaf kostete 12 Kreuzer Strafe, im Wiederholungsfalle drohte der Verlust des Weiderechts. Für jedes Schaf wurden sechs Kreuzer Weidegeld (1843 neun Kreuzer) erhoben. Zur Überwachung des Pachtvertrages setzte die Gemeinde Kontrolleure ein[101]. 1847, in einer Zeit wachsender sozialer Not, wurde die unentgeltliche Beweidung auf den Feldern bis Ambrosius und wegen des schlechten Wetters ausnahmsweise die Beweidung des Mooses im Sommer gestattet[102]. Die Beweidung wurde 1864 auf 1250 Schafe begrenzt[103]. Ein Jahr darauf bestrafte die Stadt die Übertretung der zugelassenen Stückzahl drastisch mit fünf Gulden für jedes Schaf, bei 192 Schafen die stattliche Summe von 960 Gulden[104]. Dieser Vorfall führte zu schärferen Kontrollen und 1869 zu einer Änderung der Pachtbedingungen. So wurde nun festgelegt, dass in jedem Pferch zwischen 250 und 300 Schafe untergebracht werden sollen, die Schafe mehrfach gezählt werden müssen und auch Langenauer Bürger und Einwohner ihre Schafe auf die Winterweide treiben dürfen. Die Erhöhung des Weidegeldes auf 30 Kreuzer für jedes Schaf scheiterte am Widerstand der Schäfer. Die Stadt gab nach, damit die auswärtigen Schäfer weiterhin die Langenauer Winterweide benutzten und der Einnahmeausfall nicht zu groß würde[105]. Dieser stellte sich dennoch ein. Zuvor betrugen die Einnahmen aus Pachtschilling und Pfercherlös durchschnittlich 8050 Gulden jährlich, 1871 setzte die Stadtverwaltung den Erlös auf nur 3000 Gulden im Etat an[106]. 1932 wurde die Schafweide nicht verpachtet, weil die Angebote der Schäfer zu niedrig waren[107].

Schäfer, um 1925.

Schafsschur, 1920.

1926 verfügte die Stadt gegen einen jungen ledigen Schäfer eine Strafe von zehn Mark oder zwei Tagen Arrest wegen angeblich unbefugter Beweidung. Dieser legte jedoch Widerspruch beim Amtsgericht Ulm ein, das ihn trotz des berechtigten Verdachtes, aber mangels an Beweisen freisprach. Die Anklage hatte übrigens eine Erhöhung der Strafe auf 20 Mark bzw. vier Tage Arrest wegen Leugnens gefordert[108].

Mechanisierung

Der technische Fortschritt machte auch vor der Landwirtschaft nicht Halt. 1864 wurde vermutlich erstmals eine mobile Dampfdreschmaschine in Langenau aufgestellt[109]. Ganz unproblematisch scheint der Betrieb dieser Dampfmaschinen nicht gewesen zu sein. 1871 zeigte eine Dreschmaschinen-Gesellschaft im „Langenauer Anzeiger" an, dass ihre Dampfdreschmaschine wieder in Betrieb gesetzt sei, und bat diejenigen Bauern, die sie nutzen wollten, sich in Bälde bei Maurermeister Bischoff anzumelden. Wegen des Krieges gegen Frankreich konnte nur aushilfsweise ein Heizer gewonnen werden und somit würde der Geschäftsbetrieb von wesentlich kürzerer Zeit sein[110]. Im darauf folgenden Jahr bot der Mechaniker und Schlosser Georg Albrecht, der auch eine Gesottmaschine gegen Gebühr zur Verfügung stellte, den Bauern seine Dreschmaschine an. Auch 1872 konnten die Bauern die Dampfkraft einer Dreschmaschine nutzen[111].

Lokomobile, um 1880.

Sämaschine, um 1932.

Die Einführung der elektrischen Energie 1901 erleichterte den Bauern ihre harte Arbeit. Allerdings mag der hohe Preis für Elektromotoren manchen Bauern vom Kauf abgeschreckt haben. Für einen Motor mit 1,5 PS, der für Futterschneiden geeignet war, oder mit 3 PS für den Dreschmaschinenbetrieb wurden 550 bzw. 780 Mark verlangt. Vielleicht entschlossen sich Bauern zum gemeinsamen Kauf, denn bei der Abnahme von mehreren Motoren wurde ein Rabatt von 10 Prozent gewährt, oder sie warteten bis 1911, als die Bayerischen Elektrizitätswerke München und der Württembergische Dampfkessel-Revisionsverein in Stuttgart diese Motoren günstiger für 430 und 690 Mark anboten mit allem Zubehör wie Gleitschienen, Anlasser, Sicherungen, Ausschalter, Leitung, Anlasserleitung, Zähler, Zählerbefestigung sowie Fracht und Montage[112].

Alltag und Außergewöhnliches

Hartes Arbeiten prägte den Alltag des Bauern. Heutzutage, wo wir die technische Ausstattung der modernen Bauern mit Zugmaschinen, Mähdreschern und Anhängern aller Art als selbstverändlich erachten, mag es uns an Vorstellungskraft fehlen, mit welch weit größeren Mühen die Bauern des 19. und auch noch des frühen 20. Jahrhunderts ihre Felder bestellten und die Ernte einbrachten, ehe Technik und Wissenschaft ihre Arbeit erleichterten. Oft genug vernichteten Unbilden des Wetters – Regen, Hagel, Sturm und Dürren – die Saat auf den Feldern oder Schädlinge aller Art die Ernte. Und vor Viehseuchen war kein Bauer gefeit.

Das Langenauer Gemeinderatsprotokoll berichtet immer wieder über Hagelstürme, so 1855, als für Hagelgeschädigte in den Häusern gesammelt wurde[113]. Am 30. Mai 1885 vernichtete ein Gewittersturm zum dritten Mal innerhalb von fünf Jahren die Felder und Wiesen. Der Schaden wurde auf 362 025 Mark geschätzt. Die Hoffnung, die eine oder andere Fruchtgattung, der Klee und die Wiesen könnten sich wieder erholen, wurde nicht erfüllt, denn wegen des anhaltenden schlechten Wetters befürchtete man, dass der Schaden eher noch größer ausfallen würde[114].

Trockenperioden im Sommer bedeuteten in der Regel Futtermangel. So durften 1834 wegen anhaltender Dürre die Viehherden auf das Wilhelmsfeld getrieben werden[115]. 1893 nahm die Trockenheit katastrophale Ausmaße an. Bereits Anfang Mai baten 26 Viehhalter um 39 Wagen Laubstreu und 19 Viehhalter um die Erlaubnis, ihr Vieh in den Wäldern grasen lassen zu dürfen. Vor allem die kleineren Bauern gerieten in Not, sodass außerordentliche Maßnahmen von Staat und Gemeindebehörden ergriffen werden mussten. Doch taten sich unerwartete Schwierigkeiten auf. In einer Beschwerdeschrift teilte die Langenauer Stadtverwaltung dem Finanzministerium mit, dass die staatliche Forstbehörde nur zögerlich und unwillig Waldgras und Waldlaub aus den von ihr verwalteten Gemeindewaldungen zur Verfügung stelle und die Ausgabe von Grasscheinen nach anfänglicher Verweigerung erst nach Anweisung von oben erfolgt sei. Dabei wurde die Gemeinde nicht benachrichtigt, ob ihre Liste bedürftiger Bauern berücksichtigt worden sei. Die Finanzverwaltung wies die Beschwerde als unbegründet zurück, denn es seien Anweisungen ausgegeben worden. Die Stadt wurde selbst aktiv. Auf der Oberamtsversammlung legte sie einen Antrag um Bewilligung eines möglichst unverzinslichen Darlehens vor, um eine ernsthafte Gefährdung des Viehbestandes zu verhindern. Am 21. Juli 1893 beschloss der Gemeinderat, sieben Wagen Torfstreu aus dem Gemeindetorfstich zum Selbstkostenpreis abzugeben und vom Landwirtschaftlichen Bezirksverein drei Eisenbahnwagen mit Mais zu beziehen. Auch dieser sollte zum Selbstkostenpreis weiterverkauft werden. Die Futter- und Heunot verschärfte sich im August. Die Stadt verbot am 18. August das Mähen an den öffentlichen Wegen und Plätzen, das sie im Frühjahr bedürftigen Viehhaltern erlaubt hatte. Da aber auch unberechtigte und weniger bedürftige Bauern dort Gras holten, ließ die Stadt das Gras mähen und verkaufen, damit alle Viehhalter berücksichtigt werden konnten. Außerdem erlaubte der Gemeinderat, dass Viehhalter den Torfabraum aus dem Gemeindetorfstich für die Einstreu unentgeltlich erhielten.

Beispielhaft kann die Auswirkung der Futter- und Heunot anhand der Pferdezucht aufgezeigt werden. Der Absatz ließ im Laufe des Jahres nach und die Preise sanken. Auch wurde der für den Herbst geplante Aufkauf von Fohlen in Belgien verschoben[116].

Zur Behebung der ärgsten Not stellte die Oberamtssparkasse in Ulm ein unverzinsliches Darlehen in Höhe von 7500 Mark zur Verfügung. Insgesamt 14 127,97 Mark brachte die Stadtverwaltung zur Linderung auf: 3724,5 Zentner Torfstreu (4486,12 Mark), Saatwicken zur Anpflanzung von Grünflächen (186,78 Mark), 514 Zentne r Futtermais (3234,05 Mark) und 2205 Zentner Pressstroh (6221,02 Mark)[117]. Auch bei der anhaltenden Trockenheit 1901 erlaubte man das Grasen in den Gemeindewaldungen[118].

Es fehlte nicht an Bemühungen, dem Heu- und Futtermangel entgegenzuwirken. So empfahl 1885, als wieder einmal Bauern in der Not, zum Heukauf gezwungen waren, der „Langenauer Anzeiger" eine intensivere Düngung der Äcker und Wiesen mit Stallmist und künstlichem Dünger, vor allem im Ried und Moos, deren Wiesen durch regelmäßige jährliche Düngung Hunderte von Zentnern Heu mehr hätte bringen können: „In der Düngung wird überhaupt noch nicht recht verfahren. Der Stallmist sollte hauptsächlich den Äckern, der künstliche Dünger den Wiesen zugewendet werden. Auf den Äckern soll das wachsen, was ausgesät wird, bei den Äckern hat der Dung bloß den nötigen Trieb zu geben, bei den Wiesen ist dies anders. Bei diesen sollten die sauren Gräser und die Stängel vertrieben und Kleengräser dafür hergezogen werden. Dies bringt man durch Stallmist nicht zuwege, aber durch künstlichen Dünger. Wiesen, die mit künstlichem Dünger gedüngt werden, bekommen eine viel schönere Grasmutter, sie verjüngen sich förmlich, sie geben ein besseres Futter und geben mehr Futter. Ganz besonders zu empfehlen ist der künstliche Dünger für nasse Böden, die viel oder fast lauter saures Gras haben. Wenn alle die Flächen, die im Ried und Moos noch ungedüngt liegen, gedüngt würden, dann wäre in Langenau gewiss keine Heunot vorhanden, dann hätte man nicht notwendig, das Heu im Bayerischen oft mehrere Stunden weit zu holen"[119].

Die Maul- und Klauenseuche stellt noch heute eine sehr ernste Gefahr für das Rindvieh dar. 1911 und 1912 grassierte die Seuche besonders heftig. Im März 1911, sechs Wochen nach Ausbruch der Seuche, waren von den rund 300 Langenauer Höfen bereits 107 verseucht. Erst im Oktober 1911 kam die Seuche, die eine verheerende Wirkung hatte, zum Erliegen: Über zwei Drittel der Höfe waren befallen gewesen, 63 Kühe, Bullen und Ochsen, 57 Stück Jungvieh und 49 Kälber mussten notgeschlachtet werden. Für jedes Rindvieh zahlte der örtliche Viehversicherungsverein bei Überlassung der Haut 125 Mark, für Jungvieh die Hälfte[120]. Im Januar 1912 brach die Maul- und Klauenseuche erneut aus, jedoch nicht in demselben katastrophalen Ausmaß wie im Jahr zuvor. Dennoch machte der „Langenauer Anzeiger" darauf aufmerksam, dass beim Wechsel der Knechte und Mägde zu Lichtmess (3. Februar) die an Kleidern und Schuhen haftenden Erreger eingeschleppt werden könnten[121]. 1920 wütete die Seuche erneut, über 250 Ställe waren befallen und fast 300 Tiere verendeten[122]. 1925 musste das Landwirtschaftliche Bezirksfest sogar wegen der Maul- und Klauenseuche auf das folgende Jahr verschoben werden[123].

Der Bekämpfung von Ungeziefer und Schädlingen widmeten die Gemeindebehörden besondere Aufmerksamkeit. 1873 zahlte die Gemeinde für ein Simri toter Maikäfer zwölf Kreuzer, 1862 nur sechs Kreuzer und 1890 zwei Mark[124].

Auch für Feldmäuse wurden aus der Gemeindekasse Fangprämien gezahlt: 1842 für fünf tote Mäuse einen Kreuzer[125]. Wie ernst die Stadt die Mäusebekämpfung nahm, zeigt ihre Mahnung an den in ihren Diensten stehenden Mäusefänger, bei Nachlässigkeit mit einem Gulden bestraft zu werden. Sie forderte sogar die Bürger auf, Nachbarn anzuzeigen, falls diese den Mäusefang auf die leichte Schulter nehmen sollten[126]. Die Langenauer erduldeten offensichtlich die Feldmäuse, denn in den Mäusejahren 1869, 1876, 1884 und 1887 sah sich die Stadt gezwungen, ihre Bürger zur Vernichtung der Feldmäuse anzuhalten, und erhöhte 1887 die Fangprämie auf fünf Pfennig für zehn Mäuse[127]. Schließlich empfahl 1902 eine Anzeige im „Langenauer Anzeiger" die Bekämpfung der Feldmäuse mit Strychnin-Hafer[128].

Maulwürfe hatten besonders unter der Verfolgung zu leiden. Bis 1862 war ein Maulwurffänger angestellt, der von den Wiesenbesitzern bezahlt wurde. Als 1882 die Maulwürfe in besonders großer Zahl auftraten, entschloss sich die Stadt, fünf Maulwurffänger einzustellen, um „einen allgemeinen und großen Schaden" abzuwehren. Jeder Maulwurffänger erhielt einen eigenen Bezirk zugeteilt und sollte 15 Pfennig für jeden Maulwurfschwanz erhalten. Dies war den Fängern entschieden zu wenig, die auch mit ihrer Entlohnung im Herbst nicht einverstanden gewesen waren. Die Stadt gab nach: Die Fangprämie wurde auf 20 Pfennig festgesetzt, und jeder Fänger sollte während der Erntezeit für eine angemessene Zeit von seiner Aufgabe entbunden werden. Zu ihrer Kontrolle wurden zudem zwei Gemeinderäte beauftragt[129]. Jahr für Jahr entschied nun der Gemeinderat über die Fortsetzung der Maulwurfjagd und die Fangprämie. Sogar eine Liste der abgelieferten Maulwurfschwänze wurde angefertigt[130]. 1902 traten erstmals Zweifel auf, ob der Maulwurf tatsächlich ein Schädling ist. Der Gemeinderat ließ daher bei der Landwirtschaftlichen Versuchsstation in Hohenheim diesbezüglich anfragen. Obwohl das Institut den Maulwurf als Nützling auswies, wurde der Maulwurffang fortgesetzt, allerdings in eingeschränkter Form: nur noch an Stellen, wo er zahlreich auftrat, und bei verringertem Fanglohn. Mit den zehn Pfennig pro Schwanz waren die Fänger keineswegs einverstanden und forderten 12 Pfennig. Bei Nichterfüllung ihrer Forderung drohten sie mit der Einstellung ihrer Tätigkeit. Dem Maulwurf nützte dies alles nichts. 1903 wurde die Maulwurfjagd mit unverminderter Härte fortgesetzt[131].

Landwirtschaftsfeste

Landwirtschaftsfeste stellen gewissermaßen Höhepunkte im landwirtschaftlichen Leben Langenaus dar. Sie boten nicht nur den Landwirten die Möglichkeit zur Selbstdarstellung im positiven Sinn, alle Bürger konnten sich auch von der Leistungsfähigkeit ihrer Bauern überzeugen, und die Bauern selbst sollten zu mehr Leistung angespornt werden. Für die Herausbildung eines Gemeinschaftsgefühles waren sie von nicht zu unterschätzender Bedeutung.

Am 11. September 1858 beschloss der Gemeinderat, ein Landwirtschaftsfest am 11. Oktober durchzuführen. Auf ihm sollten Dienstboten, also Knechte und Mägde, für herausragende Leistungen, Gerätebesitzer, Bienenzüchter und natürlich Viehzüchter mit Preisen ausgezeichnet werden. Tierarzt Stöckle und ein Gemeinderat suchten in jedem Stall „schönes Vieh", wie es im Gemeindratsprotokoll niedergeschrieben ist. Immerhin bekamen auch Viehbesitzer, deren Vieh mit keinem Preis bedacht wurde, zwölf Kreuzer. Auf dem Burghof errichtete Schreinermeister Augustin Maier eine Festtribüne, eine Musikkapelle der Ulmer Garnison wurde engagiert, weil „die hiesige Musik nicht auf der Höhe der Leistungen" war, und Schulkinder führten Spiele auf, damit das Fest den „Charakter" eines Volksfestes erhielt. Auch umliegende Gemeinden nahmen am Fest teil: Wettingen, Asselfingen, Niederstotzingen, Altheim und Bernstadt. Zur Aufrechterhaltung der Ordnung und zum geregelten

Ablauf des Festes wurden zwölf Festordner bestimmt. Leider liegen keine Berichte über den Verlauf des ersten Landwirtschaftsfestes in Langenau vor[132].

Für den Herbst 1914 plante der Landwirtschaftliche Gauverband ein großes Landwirtschaftsfest in Langenau. Die Vorbereitungen waren schon weit gediehen, als der Beginn des Krieges alle Pläne zunichte machte. 1924 sollte dieses Fest in Form einer Ausstellung nachgeholt werden, doch ein großer Hagelschlag verhinderte die Durchführung. Ein Jahr darauf, als die Ausstellung zusammen mit einer Gewerbeschau durchgeführt werden sollte, vereitelte der Ausbruch der Maul- und Klauenseuche den Plan[133].

Am 8. und 9. Mai 1926, an einem Wochenende, fand endlich die landwirtschaftliche Bezirksausstellung statt[134]. „Schon in den frühen Morgenstunden", wie der „Langenauer Anzeiger" berichtete, „wurde es lebhaft in unserem Städtchen. Chaisen und Bauernwägelchen fuhren, stattliche schöne Pferde sah man führen, das Vieh wurde auf der Reutte aufgetrieben und an den Häusern wurden die Fahnen aufgezogen. Langenau hat heute einen Bauernfesttag. In langen Reihen standen auf der Reutte die zur Prämierung angemeldeten Tiere und um acht Uhr begannen die Preisrichter ihre mühevolle Arbeit unter lebhaftem Interesse der zahlreich anwesenden Landwirte. Gegen halb elf Uhr war die schwierige Arbeit des Richtens beendet und auf der Festbühne begann die offizielle Eröffnungsfeier".

Die Eröffnungsrede hielt Otto Bräuninger, der Vorsitzende des Landwirtschaftlichen Bezirksvereins Ulm, und der Präsident des Landwirtschaftlichen Hauptverbandes überbrachte die Grüße des Verbandes. Anschließend nahm Landesökonomierat Schmid in seiner Funktion als zweiter Vorsitzender des Landwirtschaftlichen Vereins die Ehrung der Dienstboten vor. 160 treue Mägde und Knechte aus dem Bezirk, davon 65 mehr als 10 Jahre und 95 mehr als fünf Jahre auf demselben Hof, wurden geehrt. Ihre Namen veröffentlichte der „Langenauer Anzeiger" vollständig. Einen ersten Höhepunkt erreichte das Fest mit der Pferde- und Viehprämierung. Preise wurden vergeben für Stuten, Stutfohlen und Familien. Der Farren der Farrenhaltungsgenossenschaft Langenau erhielt einen ersten Preis. Ferner wurden Preise vergeben für Kälber, Jungrinder und Kühe. Fünf erste Preise gingen an Langenauer Landwirte. Und schließlich wurden auch Ziegen prämiert.

Das Festessen wurde im Gasthaus „Zum Weißen Ross" gegeben. Am Nachmittag fand nochmals eine Vorführung der prämierten Tiere statt, und am Abend schloss ein Lichtbildervortrag „mit belehrendem Inhalt aus landwirtschaftlichen Fachgebieten" den Tag. Regenschauer und Hagelkörner verdarben am Sonntagmorgen die Festfreude. Doch bis zum Mittag hellte das Wetter glücklicherweise auf. Zahlreiche auswärtige Besucher kamen zur Mittagsstunde in Langenau an, um sich den Festzug durch die Stadt anzuschauen, den Langenauer Vereine, Berufsstände und umliegende Gemeinden gestalteten. Gönnen wir uns den ausführlichen Bericht des „Langenauer Anzeigers“: „Voraus der Radfahrerverein Langenau, dann folgte vor der Königskavalkade ein Blumenmädchen, welches vor den Majestäten Blumen streute. Die Gruppe stellte den Besuch König Wilhelms I. im Jahre 1816 (!) im Langenauer Moos dar ... Schmucke altwürttembergische Jäger begleiteten die Jagdgesellschaft. Treiber mit Hunden, wie sie damals von den Bauern gestellt werden mussten, bildeten mit einem Schützenwagen zusammen eine recht originelle Gruppe. Dann kamen Festreiter und zwei Wagen Festjungfrauen in Langenauer Bauerntracht. Festausschuss in schönen Landauern mit prächtigen Pferden, weiter ein Herold zu Pferd an der Spitze der vier Jahreszeiten, bestehend aus Frühlingswagen, Pfluggespann, Sämann, Säwägele, Sämaschine, Sommerwagen, Mähmaschine; die Heuernte früher, als man von einer Landeswasserversorgung noch nichts wusste, ergab einen großen stattlichen Wagen, im 'rissigen' Moos von heute wird [wegen des Sinkens des Grundwasserspiegels – U.S.] nur noch wenig Heu geerntet. Dann folgten eine Mähergruppe, Schnitterwagen des Gesangvereins Langenau, zwei Erntewagen, ein reich beladener Müllerwagen, die Bäckerinnung Langenau, welche ihre Brezeln etc. mit Kanonen unter das Volk schoss, ebenso wie die Metzgerinnung Würstchen gratis verabreichte; zum Herbst zählte auch der Bierwagen. Der Winterwagen mit seinem Schneemann und seiner Schlittenbahn erregte ebenfalls wie die nachfolgenden 'Drescher' große Heiterkeit. Die Ballendorfer Jungbauerngruppe zu Pferd in Bauerntracht, welcher ein Langholzwagen, ebenfalls von Ballendorf, folgte, und die Winterbeschäftigung der dortigen Bewohner darstellte, bildete den Anfang der zweiten Kolonne. Dahinter die Ritter und Grafen von Albeck, welche bekanntlich ihren Besitz an die Reichsstadt Ulm verpfänden mussten, weil sie, wie der Volksmund einst sagte, 'zu viel Nürnberger Lebkuchen schleckten'. Sie lagen ja an der Nürnberger Straße, wo die Kaufherren vorbeifuhren. Weiter kam Nerenstetten mit einer Trachtengruppe, Göttingen mit zwei Wagen 'Holderstrauch' und Reiterabteilung, Setzingen mit einer Spinnstube und Trachtengruppe, Öllingen mit einem Rekrutenwagen, Börslingen mit Mähergruppe und Erntewagen und Neenstetten mit einer historisch getreuen Spinnstube von 1860 mit den wertvollen Bauerntrachten des vorigen Jahrhunderts, Asselfingen mit eigener Musik, Reitern und einer Sichelhenke, bei der es recht lustig herging, Wettingen mit dem Wagen ‚Steuerlast der Landwirtschaft'. Die Genossenschaftsmolkerei Langenau stellte Butterbereitung einst und jetzt dar, der Bienenzuchtverein hatte einen Wagen als Imkerei ausgerüstet und den Schluss bildete der Kriegerverein Langenau mit einem Festwagen und einer Ulaneneskorte in Paradeuniform. Eine unübersehbare Menschenmenge begleitete den Zug, besonders der Bäcker- und Metzgerwagen war von der Jugend dauernd umlagert, solange es noch Brezeln und Würste gab." Der Zug führte zum Festplatz auf der Reutte, wo abschließend die Reiterabteilung des Landwirtschaftlichen Vereins von Göttingen ihre Reitfertigkeit im Schulreiten bewies.

Der „Langenauer Anzeiger" verstand das Landwirtschaftsfest angesichts der schwierigen Lage der Landwirtschaft durchaus als eine politische Demonstration, denn die Lage des Bauernstandes müsse wieder erträglicher werden. Daher sei wünschenswert, dass „bei den anderen Ständen und vor allem bei unseren Volksvertretungen die Einsicht kommt, dass die anderen Zweige der Volkswirtschaft – Gewerbe, Handel und Industrie – nur blühen können, wenn die Landwirtschaft gesund erhalten wird und unser gesamtes Volkswohl letzten Endes davon abhängig ist".

Genossenschaften

In Langenau wurden ab dem letzten Jahrzehnt des 19. Jahrhunderts verschiedene landwirtschaftliche Genossenschaften gegründet. Ideelle Grundlage der Genossenschaften war die Idee zur Selbsthilfe. Der freiwillige Zusammenschluss diente nicht nur als ein Mittel zur Bewältigung von Notlagen, sondern bündelte auch wirtschaftliche und soziale Interessen, um Nahrungs-, Futter- und Düngemittel günstig zu beschaffen, den Absatz landwirtschaftlicher Produkte zu organisieren oder neue Maschinen gemeinsam zu benutzen.

Genossenschaftsmolkerei

Als erste Langenauer Genossenschaft wurde 1897 die Genossenschaftsmolkerei gegründet. Ziel war, die Milch rationeller und billiger auf genossenschaftlicher Basis zu verwerten. Bereits 1892 wurde im „Langenauer Anzeiger" eine angeregte Diskussion über den Sinn und Zweck einer Molkereigenossenschaft in Langenau geführt. Doch da die Meinung überwiegend ablehnend war- zu hohes finanzielles Risiko, zu wenige Milchlieferanten, das Scheitern einer Käserei in den 1850er-Jahren, verschwand das Thema zunächst wieder aus dem öffentlichen Leben bis zum Jahresbeginn 1897[135].

Am 9. Februar 1897 fand die Gründungsversammlung der Genossenschaftsmolkerei im „Hasen" statt. Von den 40 Anwesenden trat an diesem Abend die Hälfte bei. Der „Langenauer Anzeiger" unterstrich in einem Artikel die Notwendigkeit und die Vorteile einer Molkereigenossenschaft: „Die Landwirte, ob groß oder klein, werden es jedenfalls gerne sehen, wenn am Ende des Jahres auch noch etwas für sie herauskommt und zur Verteilung kommt ... Der Ertrag und die Rentabilität der Landwirtschaft ist ja so gering, dass man auf jeden Pfennig sehen muss. Deshalb ist es unumgänglich notwendig, dass sich die Landwirte auch hier zu einer Molkereigenossenschaft zusammenschließen, denn Einigkeit macht stark."[136] Auf einer zweiten Versammlung wurde der Ankauf der Privatmolkerei des Anton Schilly in der Lange Straße und die Eröffnung des Geschäftsbetriebs auf den 1. April beschlossen. Dem ersten Vorstand der Molkereigenossenschaft gehörten als Vorsitzender der Sattler Johannes Groner, als stellvertretender Vorsitzender der Weißgerber Henseler und als Rechner und Kassierer der Eisenhändler Schwenck an. In den Aufsichtsrat wurden gewählt der Kronenwirt Amann (Vorsitzender), Bartholomäus Lonsinger (Stellvertreter) und als Beisitzer Löwenwirt Balkheimer, Blankenbauer Schmid und Lukas Laible[137].

Molkerei, um 1910.

Die Genossenschaftsmolkerei fasste unter den Landwirten Fuß. Bis Ende 1897 zählte sie 71 Mitglieder, ein Jahr später über 100. 1898 lieferten 150 Landwirte 614 501 Kilogramm Vollmilch; exakt 50 824 Pfund Butter wurden hergestellt. Außerdem vergrößerte man die Molkerei durch einen Anbau und stattete sie 1901 mit elektrischem Licht und Apparaten zur Erwärmung der Milch aus[138]. Auf der ersten Jahreshauptversammlung im Dezember 1898 referierte Landesmolkereiinstrukteur Betz aus Gerabronn über die Bezahlung der Milch nach ihrem Fettgehalt, für die er eintrat, die die Mitglieder ein Jahr später aber ablehnten[139].

1899 bot die Genossenschaftsmolkerei einen unentgeltlichen sechstägigen Kurs für Frauen und Mädchen auf der Molkereischule in Gerabronn an, um sie mit der „theoretisch-praktischen Anleitung zur Gewinnung der Milch und Verwertung derselben in den für den Haushalt und den Handbetrieb der Molkerei in Betracht kommenden Verfahren" bekannt zu machen und sie möglicherweise als Arbeitskräfte in der Molkerei einstellen zu können. Dieser Kurs wurde 1901 ein zweites Mal angeboten[140].

Die Molkereigenossenschaft gewann an Attraktivität, als sie ihre Überschüsse nicht nur an ihre Mitglieder auszahlte, sondern begann, landwirtschaftliche Maschinen für den gemeinsamen Gebrauch zu erwerben: 1901 eine Wiesenegge und eine Dreschmaschine mit einem fahrbaren und 12 PS starken Elektromotor, 1902 und 1904 zwei weitere Dreschmaschinen[141]. Dadurch konnten die Dreschgebühren um 20 Pfennige auf 1,8 Mark für die große Dreschmaschine gesenkt werden, für die kleine Dreschmaschine wurden 1,6 Mark verlangt. Die beiden ersten Maschinen kosteten zusammen 14 600 Mark und standen ausschließlich für die Mitglieder zur Verfügung[142]. 1906 fuhr der Dreschbetrieb ein zwar nur geringes Defizit ein, dennoch verkaufte die Genossenschaft die kleine Dreschmaschine, 1912 unterhielt sie aber wieder drei Dampfdreschmaschinen[143]. Zu Beginn der Zwanzigerjahre besaß die Genossenschaft einen Kleereiber, eine Wiesenegge, einen Wiesenhobel, zwei Sämaschinen, drei Garnituren Dreschmaschinen und eine Badeanstalt[144]. Auch Futtermittel und Kunstdünger kaufte die Genossenschaft an, um sie an ihre Mitglieder zum Selbstkostenpreis abzugeben, 1912 beispielsweise 1634 Zentner Kainit, 1484 Zentner Thomasmehl und 400 Zentner Sesamkuchen[145].

In der Molkerei, um 1930.

Zwei Jahrzehnte verbuchte die Genossenschaftsmolkerei wirtschaftliche Erfolge. Die Mitgliederzahlen und die Menge der angelieferten Milch wuchsen kontinuierlich[146]:

	Mitglieder	Milch
1900	130	0,702 Mio. Liter
1905	237	1,133 Mio. Liter
1910	269	1,168 Mio. Liter
1915	?	1,304 Mio. Liter

Nach dem Ersten Weltkrieg stieg zwar die Mitgliederzahl auf fast 300 an, doch die Menge der angelieferten Milch verringerte sich drastisch auf 1,044 Mio. Liter[147]. Das Jahr 1923, in dem die Inflation ihren dramatischen Höhepunkt erreichte, übertraf die „schlimmsten Befürchtungen", wie der Vorstand auf der Generalversammlung 1924 berichtete, und weiter lesen wir: „Das Geld kam immer entwertet in unsere Hände, und der Untergang der Molkerei stand nahe bevor". Im Januar 1923 kostete der Liter Milch, 2,41 Goldpfennig, im November 7 und schließlich vier Wochen später 15 Goldpfennige. Auch konnten die Unkosten für den Dreschbetrieb (Kohlen und Reparaturen) wegen der Inflation nicht aufgebracht werden[148].

Die Genossenschaftsmolkerei überwand die Krise und verzeichnete in den folgenden Jahren wieder beachtliche Steigerungsraten. Auf der Generalversammlung 1930 hob der Vorsitzende Henseler das gute Geschäftsjahr 1929 hervor, in dem 1,68 Mio. Liter Milch an die Genossenschaft geliefert worden waren, und regte den Ausbau zu einer Bezirksmolkerei an, zu dem ein seiner Meinung nach allerdings nicht finanzierbarer Neubau notwendig gewesen wäre. Henseler sah die finanzielle Situation der Genossenschaftsmolkerei offensichtlich nicht optimistisch genug, denn eine außerordentliche Generalversammlung beschloss einstimmig am 10. August desselben Jahres den Zusammenschluss der Langenauer Molkerei mit umliegenden Molkereien zu einer Bezirksmolkerei und die Erweiterung des Molkereigebäudes – wegen der allgemeinen Rationalisierung im Molkereiwesen und der ausländischen Konkurrenz auf dem Buttermarkt sicherlich ein in die Zukunft weisender Entschluss[149]. Nach der Einweihung der umgebauten Molkerei und ihres neu errichteten Anbaus am 12. Juli 1931 lieferten Genossenschaften aus Albeck, Bernstadt, Öllingen, Stuppelau und Wettingen die Milch bzw. aus Breitingen, Hörvelsingen, Neenstetten, Rammingen und Weidenstetten den Rahm an die zentrale Molkerei in Langenau. Die tägliche Anlieferung betrug 1931 fast 10 000 Liter Milch, insgesamt wurden 89 000 Liter Frischmilch verkauft und 315 792 Pfund Butter hergestellt[150].

1935 zählte die Genossenschaftsmolkerei 565 Mitglieder. Im gleichen Jahr wurde sie umbenannt in „Butterwerk Langenau". Zugleich trennte man sich vom Dreschmaschinenbetrieb, dessen Maschinen öffentlich versteigert werden sollten, wenn die Gründung einer Dreschgenossenschaft nicht gelingen sollte[151]. 1938 folgte der Neubau eines Verwaltungsgebäudes[152].

Ein neues Kesselhaus, ein Käsereiraum und ein Käsekeller wurden 1949 und 1950 errichtet. Im Geschäftsjahr 1951 wurden 12 Millionen Liter Milch angeliefert. 93 Prozent verarbeitete der Betrieb selbst und erzeugte täglich rund 28 Zentner Butter und ca. fünf Zentner Käse[153].

Dreschgenossenschaft

Die Gründung der Dreschgenossenschaft wurde auf einer Versammlung der Ortsbauernschaft am 12. April 1935 beschlossen. Die Gründungsversammlung fand am 26. Mai statt. Der Genossenschaft traten noch auf der Versammlung 52 Personen bei, der Geschäftsanteil betrug 30 Reichsmark. Der gesamte Maschinenpark der Genossenschaftsmolkerei wurde erworben: zwei Dreschmaschinen, zwei Strohpressen, ein fahrbarer Dampfkessel mit Zubehör, drei Sämaschinen, zwei Kleereiber, eine Wiesenegge und ein Wiesenhobel[154].

Viehzuchtgenossenschaft

Auf Bezirksebene wirkte die am 23. März 1890 gegründete Viehzuchtgenossenschaft, der auch zahlreiche Langenauer Viehzüchter angehörten. Der Zweck der Genossenschaft war, das Rindvieh des Simmentaler Schlags zu züchten und zu veredeln. Die Viehbestände der Mitglieder wurden durch eine besondere Schaukommission besichtigt und jene Tiere ausgesucht, die sich für die Zucht und die Eintragung in ein Stammregister eigneten. 1893 waren in das Hauptstammregister oder Herdbuch 885 Nummern im Bezirk eingetragen, davon in Langenau 99, in Albeck 40, in Göttingen 28 und in Hörvelsingen 22. Damit war ein Grundstock an guten Muttertieren vorhanden, wozu wesentlich die gute Farrenhaltung beigetragen hatte[155]. Das erfolgreiche Wirken der Genossenschaft belegt das sprunghafte Ansteigen der Bestandszahlen zwischen 1890 und 1912.

Farrenhaltungsgenossenschaft

Am 12. April 1924 wurde eine Farrenhaltungsgenossenschaft gegründet. Der Geschäftsanteil betrug 100 Reichsmark, und es konnten mehrere Anteile erworben werden. Die Mitglieder waren verpflichtet, ihre Kühe ohne Ausnahme dem Genossenschaftsfarren zuzuführen. Das Sprunggeld war für die erste Kuh frei, jeder weitere Sprung kostete zunächst zehn, ein Jahr später nur noch acht und ab 1925 sechs Reichsmark. 1929 ließen Mitglieder 40 und Nichtmitglieder sechs Kühe von dem Genossenschaftsfarren decken[156].

Weitere Genossenschaften

Andere Genossenschaften dienten dem Verkauf von Getreide. 1896 warb eine Verkaufsgenossenschaft für Gerste im Langenauer Anzeiger – mehr als diese Anzeige ist jedoch nicht bekannt[157]. Über die 1907 gegründete Getreideverkaufsgenossenschaft sind wir besser unterrichtet. Die Genossenschaftsmitglieder verkauften ihr Getreide – Dinkel, Weizen, Gerste und Hafer – ausschließlich auf der Langenauer Schranne, dafür garantierte die Genossenschaft die generelle Abnahme des Getreides, vor allem aber bei Überproduktion. Damit sollte der Haussierhandel unterbunden werden, der den Schrannenverkehr und den Verkäufer schädigte[158].

Im Februar 1920 regte der Landwirtschaftliche Ortsverein die Gründung einer Landwirtschaftlichen Bezugs- und Absatzgenossenschaft an, an der sich auch umliegende Gemeinden beteiligen sollten. Da in Ulm eine Absatzgenossenschaft existierte, die dort ihr Hauptlager und in Beimerstetten und Westerstetten kleinere Lagerhäuser unterhielt, sah man es als notwendig an, auch im östlichen Teil des Oberamtes eine entsprechende selbstständige Genossenschaft einzurichten. Die Gründung erfolgte am 4. März 1920. Die Haftsumme betrug für jedes Mitglied 500 Mark, der Geschäftsanteil 200 Mark. Der Genossenschaft gehörten die Gemeinden Langenau, Rammingen, Börslingen, Albeck, Asselfingen, Bissingen, Ballendorf, Göttingen, Nerenstetten, Öllingen, Setzingen und Wettingen an. Jede Gemeinde war im Vorstand vertreten.

Ende September desselben Jahres konnte der Betrieb aufgenommen und erstmals Gerste an das neu errichtete Lagerhaus neben dem Bahnhof angeliefert werden. Zum 31. Mai 1921 zählte die Genossenschaft 453 Mitglieder mit 600 Geschäftsanteilen[159]. 1924 hatte die Genossenschaft ein schwieriges Jahr zu bestehen, als Hagelschlag und nasses Wetter erheblich geringere Ernteergebnisse zur Folge hatten. Große Qualitätsunterschiede, die nicht voneinander getrennt werden konnten, aber auch nur gering oder schlecht gereinigtes Getreide ließen die Preise sinken[160]. Mit 610 Mitgliedern erreichte die Mitgliederzahl 1925 ihren höchsten Stand. Im selben Jahr betrug der Gesamtumsatz 2,732 Mio. Reichsmark, der Warenumsatz 62 000 Zentner im Wert von 460 137 Reichsmark. Angeliefert wurden 82 Zugwaggons Kunstdünger, davon 18 mit Stickstoff. Anfang der 1930er-Jahre wuchs der Gesamtumsatz auf über 3,0 Mio. Reichsmark an, während die Mitgliederzahl leicht zurückging. Die Dividende bewegte sich in der Regel zwischen vier und fünf Prozent[161]. Am 6. Mai 1934 beschloss eine außerordentliche Generalversammlung einstimmig die Liquidation der Genossenschaft, um sie in die Kaufstelle AG in Stuttgart überführen zu können[162].

Handwerk

Das Handwerk in reichsstädtischer Zeit

Die Anfänge der gewerblichen Produktion dürfen wir in Langenau im frühen 12. Jahrhundert sehen. Über die Zahl der Handwerker und über die verschiedenen Handwerke, denen sie nachgingen, wissen wir nichts. Gewiss stellten sie Produkte wie Hafnerware, Textilien u. Ä. her. 1349 wird in den Quellen erstmals ein Langenauer Handwerker – ein Zimmermann – urkundlich genannt[163]. Bedeutendstes Handwerk war bis ins 19. Jahrhundert die Barchent- und Leinenweberei. Schon frühe Urkunden berichten von der großen Zahl an Webern. Allerdings dürfte die aus dem Jahre 1389 überlieferte Zahl von 900 Barchentwebern übertrieben sein, denn damit hätte Langenau eine Bevölkerung von rund 4000 Seelen besessen (erst im 20. Jahrhundert erreichte Langenau diese Zahl)[164]. Dennoch belegt diese Zahl die wirtschaftliche Bedeutung Langenaus. Neben Merklingen bildete Langenau ein Zentrum der Landweberei, die nicht nur der Deckung des Bedarfs am Ort und in der näheren Umgebung diente, sondern eine überregionale Bedeutung besaß. Auch die anderen Handwerke besaßen eine über Langenau hinausgehende Bedeutung. Sie deckten den Bedarf an Tonwaren, Schuhen, Kleidern etc. in den umliegenden Dörfern, wie beispielsweise die Beschwerde der drei Langenauer Hafner aus dem März 1747 belegt, als sie sich beim Rat darüber beklagten, dass die Untertanen aus Öllingen, Setzingen, Bissingen und Asselfingen in Setzingen kaufen würden, wodurch ihnen ein großer Abbruch ihrer „Nahrung" widerfahren sei[165]. Auch die Wochen- und Jahrmärkte unterstreichen die Funktion Langenaus als ein regionales Zentrum.

Die Struktur des Handwerks

Das Salbuch von 1710[166], in dem die von den Untertanen zu leistenden Abgaben verzeichnet wurden, ermöglicht eine für die frühe Neuzeit repräsentative Darstellung der gewerblichen Struktur Langenaus. Bedeutendstes Handwerk war, wie bereits erwähnt, die Leinenweberei mit 181 Webern (61,6 Prozent), wodurch das Textilgewerbe (Schneider, Strumpfstricker, Bortenmacher, Färber und Garnsieder) mit 66,2 Prozent den ersten Platz unter den in Langenau vertretenen Handwerken einnahm. Ihm folgen die Lebensmittelberufe (Bäcker, Metzger, Bierbrauer und Wirte) mit 12,1 Prozent, die technischen Berufe (Schmiede, Schlosser, Zimmerleute, Schreiner, Maurer, Binder, Seiler, Wagner und Hafner) mit 11,2 Prozent und die Lederberufe (Rot- und Weißgerber, Schuhmacher, Sattler und Kürschner) mit 7,1 Prozent; das Schlusslicht bilden die Kramer und Merzler sowie die Bader mit jeweils 1,7 Prozent.

Die städtische Struktur des Langenauer Handwerks zeigt sich vor allem im Mitteldorf, wo sich die gewerbliche Produktion mit 152 aller Gewerbetreibenden (51,7 Prozent) konzentrierte; vor allem Handwerker, die auf den Verkauf ihrer Waren auf den Wochenmärkten angewiesen waren, besaßen dort ihre Werkstätten. Hier finden wir die Bäcker und Metzger, die Kramer und Merzler sowie die Binder, Seiler, Hafner und Schuhmacher, die Güter für den täglichen Gebrauch herstellten. Im Oberdorf (Westheim) und Unterdorf (Ostheim) dominierten dagegen

Gewerbestruktur 1710:

	Oberdorf	Mitteldorf	Unterdorf	Gesamt
Textilgewerbe				
Weber	50	75	56	181
Schneider	1	2	3	6
Strumpfstricker		1	1	2
Bortenmacher		1		1
Schwarzfärber		1		1
Garnsieder		1	2	3
Gesamt	51 (82,2 %)	81 (53,3 %)	62 (77,4 %)	194 = 66,2 %
Technische Handwerke				
Schmiede	1	1	2	4
– Hufschmiede	1		2	3
– Nagelschmiede		1		1
– Kupferschmiede		1		1
Schlosser		2		2
Zimmerer	1	1	1	3
Schreiner	1	1	1	3
Maurer		2		2
Binder		3		3
Seiler		3		3
Wagner		2	3	5
Hafner	1	2		3
Gesamt	5 (8,1 %)	19 (12,5 %)	9 (11,2 %)	33 = 11,2 %
Lederberufe				
Rotgerber		4		4
Weißgerber		1		1
Kürschner		1		1
Schuhmacher	1	8	2	11
Sattler		4		4
Gesamt	1 (1,6 %)	18 (11,7 %)	2 (2,5 %)	21 = 7,1 %
Lebensmittelberufe				
Bäcker	3	11	3	17
Metzger		8		8
Bierbrauer		3		3
Wirte	1	5	2	8
Gesamt	4 (6,5 %)	27 (17,8 %)	5 (6,3 %)	36 = 12,2 %
Handel / Verkehr				
Merzler		1		1
Kramer		4		4
Gesamt		5 (3,3 %)		5 = 1,7 %
Bader	1 (1,6 %)	2 (1,3 %)	2 (2,5 %)	5 = 1,7 %
Total	62 (21,1 %)	152 (51,7 %)	80 (27,2 %)	294 = 100 %

die Textilgewerbe mit 82,2 Prozent bzw. 77,4 Prozent eindeutig. Der einzelne Handwerksbetrieb war im Durchschnitt klein; in der Regel bestand er aus dem Meister, einem oder zwei Gesellen und einem Lehrling.

Das Gewerbe wurde ergänzt durch besondere Handwerke, die aber in der Regel nicht kontinuierlich bestanden: eine Salpetersiederei, eine Färberei und eine Walk. Von der Salpetersiederei besitzen wir eine erste Nachricht aus dem Jahre 1622, als Hans Bantleon aus Süßen im Februar diesen Jahres vom Rat als neuer Salpetersieder bestellt wurde. Im Jahre 1689 errichtete man die vermutlich von den Franzosen im Jahr zuvor zerstörte Salpeterhütte neu, für die der Salpetersieder Johann Weber 15 Gulden Jahreszins bezahlte[167].

Färber.

Der Salpetersiederei war offensichtlich kein Erfolg beschieden. 1690 erhielt Niklas Mäder, ein aus Urach stammender Salpetersieder, der zunächst in Bermaringen mit der Salpetersiederei beginnen wollte, die Langenauer Salpeterhütte, weil sein Vorgänger nach Ansicht des Rates nichts von seinem Handwerk verstanden und zu wenig Salpeter geliefert habe (außerdem hätte in Bermaringen eine neue Hütte errichtet werden müssen, deren Kosten der Rat angesichts der angespannten Finanzsituation lieber sparte). Auch dem neuen Salpetersieder war kein Glück beschieden. Schon ein Jahr später bat Mäder um den Nachlass des Jahreszinses, was ihm mit dem Verweis abgeschlagen wurde, zukünftig mehr Salpeter zu liefern. Nur wenige Monate später verstarb Mäder, und man erlaubte seiner Witwe, die Siederei zusammen mit dem Knecht auf ein halbes Jahr probeweise unter der Aufsicht des Oberamtmannes zu betreiben, damit nichts verwahrlose[168]. Aber ein Ratsvermerk aus dem Jahre 1694 zeugt davon, dass nicht nur der Langenauer Salpetersieder obrigkeitliche Kritik auf sich zog, denn auch seine Kollegen in Albeck, Weidenstetten und Süßen hatte man gerügt, mit dem Jahreszins zu sehr im Rückstand zu sein und mit dem Brennholz allzu fahrlässig umzugehen. 1695 versuchte ein dritter, aus Biberach stammender Salpeterer sein Glück in Langenau; ihm wurden sogar die Arbeitsutensilien und die Werkstatteinrichtung kostenlos überlassen. 1704 stellte man die Salpetersiederei offensichtlich kriegsbedingt ein, denn im Salbuch von 1710 ist kein Salpetersieder mehr eingetragen. Erst gegen Ende des 18. Jahrhunderts wurden jährlich 50 Zentner Salpeter hergestellt[169].

Ebenso war ein Färber nicht durchgängig in Langenau ansässig. 1649 erhielt der Ulmer Bürger und Färber Heinrich Kiederlen die Erlaubnis, im Pfleghof eine Färberei und eine Mang einzurichten, allerdings nur unter der Bedingung, dass er keine Textilien der Langenauer Weber mangte, die weiterhin ihre Produkte nach Ulm auf die Schau bringen und dort mangen lassen mussten, sondern nur „Bauernarbeit" übernahm, die er selbst färbte. Kiederlen musste Färberei und Mang auf eigene Kosten einrichten sowie einen jährlichen Zins von stattlichen 22 Gulden entrichten, was auf ein ertragreiches Geschäft hinweist. Kiederlen wurde unter strenge obrigkeitliche Observanz genommen. Der Oberamtmann und auch die Ulmer Färber und Mangmeister sollten ihn genauestens beobachten und Verstöße gegen das Ratsdekret umgehend der Obrigkeit melden[170]. Doch bereits zwei Jahre später, am 7. März 1651, schränkte der Rat Kiederlens Tätigkeitsfeld ein: Auf die wiederholte Beschwerde der Ulmer Hutmacher hin wurde ihm untersagt, alte Hüte zu färben und wieder herzurichten, ein Verbot, das der Rat 1660 mit dem deutlichen Hinweis, bei Zuwiderhandeln die Erlaubnis zurückzunehmen, wiederholte[171]. Dennoch blieb Kiederlen in Langenau, aber als er 1659 bat, noch weitere zwei Jahre in Langenau arbeiten zu dürfen, bis sein Sohn von der Wanderschaft zurückgekehrt sei, hatte der Rat zwar nichts dagegen einzuwenden. Er legte ihm aber deutlich nahe, sich in zwei Jahren endgültig zu entscheiden, denn bei einem längeren Aufenthalt in Langenau werde er sein Ulmer Bürgerrecht verlieren. Kiederlen genoss offensichtlich das Wohlwollen des Rates, denn auch 1661 wurde ihm die Frist um ein weiteres Jahr verlängert. Zu einem späteren Zeitpunkt erbaute sich Kiederlen, der 1703 das Langenauer Bürgerrecht annahm, ein Haus auf dem Burghof und verlegte seine Werkstatt dorthin[172].

1683 erteilte der Rat dem Weißgerber Hans Ulrich Remshardt die Erlaubnis, an einem Bächlein im Ried, das in den Schwarzen Graben floss, eine Walk zu errichten; aber schon ein Jahr später verlegte er wegen Wassermangels mit obrigkeitlicher Genehmigung die Walk ins benachbarte Riedheim[173].

Das Langenauer Handwerk unter der Aufsicht des Rates

Der Ulmer Rat regelte das gesamte wirtschaftliche Leben in der Stadt und auf dem Land. Ziel seiner Wirtschaftspolitik war es, den in Zünften organisierten Handwerkern in der Stadt durch die Regulierung der Meisterzahl, der Ein- und Verkaufspreise für Rohstoffe bzw. Produkte und durch die gleichmäßige, ‚brüderliche' Aufteilung von Produktion und Absatz innerhalb eines Handwerks zum gemeinen Nutzen ein ihnen standesgemäßes Auskommen zu ermöglichen. Weitere, zuweilen restriktive Eingriffe des Rates, z. B. bei der Lösung von Konflikten innerhalb einer Zunft oder zwischen Zünften, sorgten ebenfalls für den Wegfall der Konkurrenzbedingungen, sodass auch der Konsument durch die obrigkeitlichen Vorschriften über die Güte der Produkte, die Warenschauen und die Preisregulierung vor schlechter Qualität und Wucher geschützt war.

Die städtische Wirtschaftspolitik verfolgte gegenüber Langenauer Handwerk zwei grundsätzliche Ziele: Zum einen sorgte der Rat dafür, dass die gewerbliche Struktur einer Gemeinde wie der Langenaus, die in ihrer sozialen und wirtschaftlichen Gliederung einen durchaus städtischen Charakter besaß, aufrechterhalten blieb, damit die Handwerker ein ausreichendes Einkommen erzielen und zum anderen die Einwohner Langenaus ausreichend mit Handwerksprodukten und Lebensmitteln versorgt werden konnten. Hierfür standen dem Rat verschiedene Möglichkeiten zur Verfügung: strikte Einhaltung der Handwerks- und Taxordnungen und strenge Bestrafung von Verstößen, Schutz des Langenauer Handwerks vor ausländischer, aber auch städtischer Konkurrenz und die Regelung von Streitigkeiten zwischen verschiedenen Handwerken oder innerhalb eines Handwerks, um die Konkurrenz so weit wie möglich auszuschließen. Darüber hinaus bestimmte der Rat wie in der Stadt die Zahl der Meister und Werkstätten und setzte die Preise, die gewöhnlich denen in der Stadt entsprachen, fest.

Das zweite grundsätzliche Kennzeichen der Ratspolitik ist in dem Verhältnis zu den Landwebern erkennbar. Hier galt es, die Barchent- und Leinenweberei vollkommen für den wichtigsten Bereich der reichsstädtischen Wirtschaft, den Barchent- und Leinwandexport, zu funktionalisieren. Im 15. Jahrhundert begann der Rat angesichts des langsam zurückgehenden Barchentabsatzes, die Zahl der städtischen Weber zu beschränken und den Schwerpunkt der Barchentweberei auf das Landgebiet zu verlagern, um Konjunkturschwankungen besser gewachsen zu sein. Gewiss ging es dem Rat auch darum, durch Arbeitsmangel und Arbeitslosigkeit hervorgerufene soziale Spannungen, wie beispielsweise den Weberaufstand von 1513, zu entschärfen, denn, so die Begründung des Rates, „wenn das Weberhandwerk zeitweise in Unwert kommt, so behelfen sich die Gäuweber mit anderen Handwerken und dem Feldbaz, indem sie ihre eigenen Äcker, Wiesen, Wälder und anderen Vorteile haben; wenn die Weberei dann wieder ihre ‚Wehrschaft' erlangt, so fangen sie wieder an zu wirken"[174]. Diese Politik des Rates sorgte für ständige Konflikte mit der Weberzunft, die aber 1457 immerhin durchsetzen konnte, dass kein Landweber mit mehr als zwei Webstühlen Barchent wirken durfte und das Schaugeld für die Landweber einen Heller mehr als für die Stadtweber betrug[175].

Obwohl die Landhandwerker im Wesentlichen den gleichen Produktionsbedingungen unterworfen waren, verwehrte ihnen der Rat trotz zahlreicher Bitten und Eingaben die Gründung von eigenen Zünften beharrlich mit der Begründung, dass sie nicht das Bürgerrecht der Reichsstadt Ulm, sondern nur den rechtlichen Status von Untertanen besitzen würden – ein Konflikt, der sich durch die Geschichte des Handwerks in Langenau wie ein roter Faden zieht und das Verhältnis zwischen der Stadt und dem Dorf erheblich belastete. Zumindest ab der Mitte des 17. Jahrhunderts setzte sich im Rat eine gewisse Kompromissbereitschaft durch, indem er einzelnen Handwerken gestattete, eine Zunft zu errichten oder der entsprechenden Ulmer Zunft beizutreten.

Trotz einer Wirtschaftspolitik, die dem allgemeinen Wohl dienen und jedem Handwerker ein einigermaßen ausreichendes Einkommen sichern sollte, bestanden für die Landhandwerker erhebliche Nachteile, mit denen die Handwerker in der Stadt nicht zu kämpfen hatten. Oft genug waren es die Einwendungen der Stadthandwerker, die Verbesserungen oder Erleichterungen der Arbeits- oder Verkaufsbedingungen für die Handwerker auf dem Land verhinderten.

Dass alle Langenauer Erzeugnisse in Ulm geschaut werden mussten, bevor sie verkauft werden durften, benachteiligte die Landhandwerker beträchtlich – die Schau in Ulm bedeutete nicht nur einen vor allem im Winter beschwerlichen Weg, sondern auch einen Verdienstausfall. In erster Linie waren die Weber wegen der Bedeutung ihres Handwerks strengen Regelungen unterworfen, und daher verwundert es nicht, dass sie nach Änderungen verlangten. So empfanden sie es im Jahre 1600 als außerordentlich beschwerlich, ihr in Ulm gekauftes Garn im Schmalzhäuslein (Valentinskapelle) wiegen lassen zu müssen. Nachdem die Stadtrechner geprüft hatten, dass das Garnwiegen in der Greth zu keinen Konfusionen und Irrtümern wegen der fremden Weber führen würde, kam der Rat den Webern entgegen und gestattete ihnen, dort ihr Garn wiegen zu lassen[176]. Langenauer Metzgern war es bei vier Gulden Strafe nicht gestattet, ihr Fleisch in der Stadt zu verkaufen, die Gerber durften ihre nicht verarbeiteten Häute nicht in Langenau, sondern mussten sie ausschließlich in Ulm verkaufen, oder die Schuhmacher hatten auf das Begehren der Stadtschuhmacher ihre Waren und Arbeiten in Ulm von vier Schuhmachern, die allerdings nicht auf den Markt gingen, schauen zu lassen[177].

Ein letztes Beispiel der Benachteiligung liefern uns die Rotgerber. Auf ihre Bitte hin wurde ihnen 1663 gestattet, ihre Loh in der Stadt kaufen zu dürfen und den Betrieb einer eigenen Lohmühle einzustellen (offensichtlich war der Lohkauf in der Stadt günstiger als der Unterhalt einer Lohmühle in Langenau). Aber nur drei Wochen später nahm der Rat wohl auf Betreiben der Ulmer Rotgerber, die vermutlich eine Verknappung der Loh befürchteten, die Vergünstigung wieder zurück und erneuerte das Kaufverbot, wie es in den Handwerksartikeln festgelegt war[178].

Trotz ihres rechtlich niedrigeren Standes standen die Langenauer Handwerker in ihrem Ehrbegriff den städtischen Kollegen in nichts nach. Sie verteidigten ihn ebenso vehement, wobei sie die entschiedene Unterstützung des Rates erhielten. Aus dem Jahre 1671 sind uns zwei Verletzungen der Handwerkerehre überliefert. Während der erste Fall – der wegen seines „liederlichen Hausierens" in obrigkeitliche Ungnade gefallene Bauer Hans Nusser hatte „das Ehrwürdige Handwerk der Weber … mit ehrenrührigen Worten angetastet und geschwächt", wofür er Abbitte leisten musste – von vergleichsweise harmloser Bedeutung war, stellte der zweite Vorfall einen massiven Angriff auf die Handwerkerehre dar. Der aus Lothringen stammende Webergeselle Hans Berger war des Nachts „aus Unverstand und Einfalt" auf das Hochgericht gestiegen. Da er seinen Frevel gestand, wurde er in das Handwerk wieder aufgenommen, und den Langenauern durfte wegen dieses Vorfalls nicht schimpflich nachgeredet werden, wie das Ratsprotokoll ausdrücklich festhielt[179]. Ausgesprochen nachteilige Folgen zeitigte dem Webergesellen Jörg Mader im Juni 1687 sein der Ehre des Handwerks abträglicher Lebenswandel. Das Ratsprotokoll listete seine vielfachen Verfehlungen auf: überflüssiges Essen und Trinken, nächtliches Umherschwärmen, so sei er wie ein „rechter Nachtdieb" in das Haus des Schulmeisters gestiegen, und überhaupt habe er sich „bis dato auf die faule Seite gelegt" – und wurde prompt aus seinem Arbeitsverhältnis entlassen[180].

Zündstoff Zünfte

Über Zünfte aus der Zeit vor 1377 liegen keine Nachrichten vor, aber der Hinweis auf eine alte Ordnung der Langenauer Bäcker in einer Bitte um eine eigene Zunft aus dem Jahre 1657 lässt vermuten, dass im 14. Jahrhundert Zünfte in Langenau existiert haben könnten, die nach dem Kauf Langenaus durch die Reichsstadt 1377 aufgelöst wurden (allerdings konnte [oder wollte ?] der Rat diese Ordnung in seiner Registratur nicht finden)[181]. Aus dem 15. und 16. Jahrhundert gibt es daher keinerlei Belege für eine Zunft in Langenau. Bruderschaften, die weniger wirtschaftliche Interessen vertraten, sondern eher kirchlich-religiöse und möglicherweise auch soziale Funktionen besaßen, übernahmen in einem beschränkten Umfang die Aufgaben einer Zunft, ohne dieser aber gleichwertig zu sein. Die Weberbruderschaft war gewiss die bedeutendste der Langenauer Bruderschaften. Bis zum „Bauernkrieg" 1525 dotierte sie die St. Leonhards-Kirche, ernannte den Kaplan der St. Leonards-Kaplanei und vergab die St. Leonhards-Pfründe. Nach der Niederschlagung des Bauernaufstandes nahm der Rat den Webern, die sich in großer Zahl an der Aufstandsbewegung beteiligt hatten, diese Privilegien. Von spätestens 1534 an kamen die Pfründe der Weberbruderschaft dem Langenauer Almosenkasten zugute. Die Spuren der Weberbruderschaft finden sich bis in die Mitte des 16. Jahrhunderts; ein letzter Eintrag im Ratsprotokoll der Reichsstadt stammt aus dem Jahre 1552[182]. Andere Handwerke – die Sattler, Gerber, Kürschner, Bortenmacher, Seiler, Kramer, Färber, Schneider und bis 1661 die Schuhmacher – waren bis in das 18. Jahrhundert in einer Bruderschaft vereinigt, die im Ried drei Tagwerke Mähder besaß. Jedem Handwerk stand von diesen Wiesen ein Los zu, dessen Ertrag wohl zu sozialen Zwecken verwendet wurde[183].

Bei der Frage über die Zulassung von Zünften zeigt sich besonders deutlich die Abhängigkeit des Landhandwerks von der Stadtobrigkeit und die Benachteiligung gegenüber den städtischen Handwerkern. Mit der Verweigerung eigener Zünfte war den Landhandwerkern die Möglichkeit zu einer wirksamen kollektiven Interessenvertretung verwehrt, deren Verbot zusätzlich durch eine Bestimmung der Landpolizei-Ordnung unterstrichen wurde, nach der die Handwerker sich ohne ein offizielles Gebot auf ihren Herbergen nicht versammeln durften. Die Landpolizei-Ordnung ließ die Höhe der Strafe offen; dass sie aber empfindlich ausfiel, deutet die Bestimmung an, nach welcher der Rat sich die Bestrafung ausdrücklich vorbehielt[184].

Dennoch richteten sie wiederholt ihre Bitten und Beschwerden an den Rat; entweder wurden sie selbst vorstellig oder sie ließen über den Anwalt und das Gemeindegericht ihre Anliegen vorbringen und als dritte Möglichkeit standen ihnen gelegentlich Ulmer Zunftmeister zur Verfügung, so zum Beispiel 1544, als der Zunftmeister Michael Fetzer die Beschwerden der Langenauer Marner beim Rat anzeigte[185]. Eine andere Form der Interessenvertretung entwickelten die Weber im 17. Jahrhundert, indem sie so genannte „Fürgesetzte" wählten, welche die Beschwerden und Bitten der Langenauer Handwerker beim Rat vorbrachten[186]. In nur wenigen Fällen fanden sie die Unterstützung ihrer städtischen Kollegen, die ansonsten stets bemüht waren, Verbesserungen und Vorteile für die Langenauer Handwerker aus Konkurrenzgründen zu verhindern. Selbst bei einem vergleichsweise ‚harmlosen' Anliegen wie die Übersendung einer Zunftordnung war vom Wohlwollen der Stadthandwerker abhängig, so erhielten beispielsweise 1652 die Langenauer Schmiede eine Abschrift der Zunftordnung und der Handwerksartikel erst nach der Zustimmung der Ulmer Schlosser[187].

Das Bemühen der Langenauer Handwerker und der Oberen Herrschaft um eine eigene Zunft bildete vor allem ab der Mitte des 17. Jahrhunderts einen häufigen Konfliktstoff. Vor allem die Bäcker, Metzger und Schuhmacher taten sich als Vorkämpfer hervor, indem sie wiederholt eine eigene Zunft beim Rat in Ulm einforderten. Aus dem ausgehenden 16. Jahrhundert sind die frühesten derartigen Bitten überliefert. 1581 baten die Bäcker um eine eigene Zunft ebenso erfolglos wie die Weber 1595, in einer Zeit, in welcher der Ulmer Leinwand- und Barchenthandel unter erheblichen Absatzschwierigkeiten litt[188].

Nach dem Ende des Dreißigjährigen Krieges verstärkten die Langenauer Handwerker ihre Bemühungen um eigene Zünfte. Die Beharrlichkeit der Handwerker führte zu einer gewissen Kompromissbereitschaft im Rat, ohne dass die Ratsherren jedoch zu einer einheitlichen Politik fanden. Während sie den Schuhmachern, Biersiedern und Schneidern eine eigene Zunft gestatteten, lehnten sie die Forderungen anderer Handwerke nach wie vor ab, ließen aber immerhin zu, dass sie sich in die entsprechende Zunft in Ulm einschreiben lassen konnten, was zweifellos eine gewisse Verbesserung bedeutete.

Schuster.

Den Anfang machten 1661 die Schuhmacher Langenaus und der Oberen Herrschaft. Hatte der Rat noch im Januar diesen Jahres an dem „alten Herkommen" festgehalten, dass die Lehrbriefe in Ulm ausgestellt werden müssten, festgehalten, so war er wenige Wochen später zu weiter gehenden Zugeständnissen bereit. Am 2. April 1661 gestattete er den Schuhmachern wegen ihrer großen Zahl, ein eigenes Handwerk einzurichten, die Lehrjungen einzuschreiben, deren Lehrbriefe auszustellen, die Meisterstücke machen zu lassen und diese auch zu schauen[189]. Die Bedeutung einer eigenen Zunft als Interessenvertretung zeigte sich 1683. Auslöser des Konflikts waren die Gesellen, die faktisch als Lehrjungen arbeiteten und nicht zur Meisterschaft zugelassen wurden. Zwei Gesellen, Peter Glöcker aus Bernstadt und Nikolaus Laiblin aus Langenau, reisten nach Nördlingen, um sich mit ihren Kollegen zu beraten. Dieses eigenmächtige Handeln, für das sie im Übrigen bestraft wurden, kam dem Rat zu Ohren und dieser wies die Schuhmacher an, zukünftig keinen „unpassierlichen" Gesellen Beschäftigung zu geben. Die Landschuhmacher waren mit dieser Anordnung keineswegs einverstanden, denn im September 1683 erreichten sie einen Vergleich zwischen ihnen und den Stadtschuhmachern, der festlegte, dass Gesellen, die innerhalb von drei Jahren sechs Monate als Lehrjungen in Ulm oder in der Herrschaft gearbeitet hatten, gegen eine Gebühr von fünf Gulden das Meisterstück anfertigen durften und anschließend in das Handwerk aufgenommen werden sollten[190].

1668 forderten die Langenauer Biersieder mit Erfolg, wie ihre Kollegen in Leipheim eigene Handwerksartikel zu erhalten. „Damit in der Stadt und auf dem Land, so viel wie immer es sein kann, eine Gleichheit gehalten werden kann", wurde die Bierbrauerordnung der Stadt auf Langenau und einen Monat später auf das gesamte Landgebiet übertragen und die Biersieder in Stadt und Land sowie die Müller wegen des Malzes auf diese vereidigt. Zum gleichen Zeitpunkt oder erst zu einer späteren Zeit (dies kann nicht eindeutig geklärt werden) wurde eine eigene Zunft errichtet, in der die Langenauer Biersieder eine höhere Stellung genossen als die übrigen Biersieder der Oberen Herrschaft, denn nur Erstere konnten zu Vorgesetzten gewählt werden[191].

Als letztem Handwerk gelang den Metzgern der Oberen Herrschaft 1699, vor allem auf Bitten der Langenauer Metzger, die Errichtung einer eigenen Zunft, wie die erste Eintragung eines Meisters in das Zunftbuch belegt[192]. Der Rat gestattete ihnen 1761, an den gewöhnlichen Jahrestagen einen Zunft- oder Büchsenmeister aus der Mitte der inkorporierten Metzger zu wählen, woraufhin die Artikel der Handwerks- bzw. Zunftordnung entsprechend geändert wurden[193].

Die Existenz einer Bäckerzunft kann nicht eindeutig belegt werden. Zwar beginnt die Eintragung der Meister in das Zunftbuch 1683, als mit den Eintragungen der Meister in das Zunftbuch begonnen wurde[194] und die Bäcker werden zu Beginn des 18. Jahrhunderts auch nicht als Mitglied der Bruderschaft genannt, aber 1732 reichten die Langenauer Bäcker und die der Oberen Herrschaft gemeinsam mit anderen Handwerkern eine Bitte um Zulassung eigener Zünfte beim Rat ein, wie später ausführlich dargestellt wird. Daher kann zumindest von einem zeitweisen Vorhandensein einer Bäckerzunft ausgegangen werden.

Die Bäcker verknüpften, wie andere Handwerke auch, ihren Kampf für eine eigene Zunft mit dem Recht, wenigstens die Einschreibung der Lehrjungen und die Ausstellung der Lehrbriefe selbst vorzunehmen. So baten sie 1657 um eine Mitsprache bei der Einschreibung der Lehrjungen, die sie selbst vornehmen wollten, wenn die alten Bäcker „abgestorben" seien. Der Rat folgte, wie nicht anders zu erwarten war, der ablehnenden Stellungnahme der Stadtbäcker[195]. Zwei Jahre später wiederholten sie ihre, auch vom Langenauer Gemeindegericht unterstützte Bitte, die sie sogar um die Forderung nach einer eigenen Zunft erweiterten, weil sonst in Bälde keine Bäcker mehr in Langenau seien – eine Forderung, die sie 1670 und 1671 wiederholten. Beim ersten Versuch bemühten sich sogar Vertreter des Handwerksamtes und der Stadtbäcker nach Langenau, um mit ihnen zu sprechen, ihren Willen zu erfahren und dem Rat darüber berichten zu können, dessen ablehnende Entscheidung prompt folgte: Die Langenauer Bäcker sollten weiterhin ihre Lehrjungen nach Ulm oder in andere Städte schicken und dort das Handwerk lernen lassen; wenn einer oder zwei dann ausgelernt hätten, sollten diese sich dann beim Rat wieder melden. Man darf durchaus vermuten, dass das hartnäckige Bitten der Bäcker zu dieser, jedes obrigkeitliche Entgegenkommen ausschließenden Entscheidung geführt hatte[196]. Den nächsten Versuch unternahmen die Bäcker gemeinsam mit den Metzgern im April 1679. Der Rat stand dieses Mal dem Ansinnen der Langenauer positiv gegenüber, denn er wies die Stadthandwerker, die erneut darüber zu begutachten hatten, darauf hin, dass Langenau ein „großer, stadthafter Flecken" sei und Handwerker in wesentlich kleineren Orten eine eigene Zunft besäßen. Es half nichts; die Bäcker und Metzger in der Stadt lehnten die Bitte rundweg ab, die Ratsherren folgten der Empfehlung und ließen, da dies schon seit einigen Jahren nicht mehr geschehen war, sogar den Langenauer Metzgern die Handwerksordnung verlesen – wohl zur nachdrücklichen Erinnerung, dass sie sich in die gegebene Ordnung zu fügen hätten[197].

Den Bäckern gelang wie den Schuhmachern 1683 die zu vermutende Gründung einer eigenen Zunft. Zugleich einigten sich die Bäcker und Ratsherren auf eine Regelung, die wegen der Überbesetzung des Handwerks in Langenau wie in der gesamten Oberen Herrschaft eine Neustrukturierung des Bäckerhandwerks festlegte. Nach monatelangem Tauziehen kamen Rat und Bäcker, die seit September eine eigene Zunft besaßen, im Dezember 1683 zu einem Vergleich: Die Bäcker wurden von nun an in drei Klassen eingeteilt: in „Vollbäcker", die eine Aufnahmegebühr von vier Gulden zu zahlen hatten (wovon die eine Hälfte nach Ulm entrichtet werden musste, die andere in die Zunftbüchse in Langenau kam); in Bäcker, die bei einem unzünftigen Meister gelernt und schon viele Jahre ihr Handwerk ausgeübt hatten, diese erhielten ein lebenslanges Arbeitsrecht (vor allem weil sie meist viele Kinder hatten, wie im Ratsprotokoll angemerkt wurde), sie durften aber weder Lehrlinge noch Gesellen beschäftigen und wurden von den Vollbäckern abgesondert; und in Bäcker, die im Ausland ihr Handwerk erlernt hatten und nicht die vorgeschriebenen Wanderjahre aufweisen konnten (offen blieb, ob in den Genuss dieser Regelung nur kommen konnte, wer sein Handwerk schon mindestens zwei Jahre ausgeübt hatte)[198].

Einen letzten und erneut erfolglosen Versuch unternahmen die Bäcker gemeinsam mit anderen Handwerkern aus Geislingen, Langenau und der Oberen Herrschaft im April 1732. Am weitest gehenden waren auch hier die Vorstellungen der Bäcker, vor allem der Langenauer, denn ihre Forderung nach einer eigenen Zunft zielte nicht nur auf die Unabhängigkeit von ihren Kollegen in der Stadt und die rechtliche Gleichstellung mit ihnen, sondern sie versprachen sich davon auch Absatzmöglichkeiten in der Stadt. So heißt es in der Supplik, die Ratsherren mögen ihnen gestatten, „dass ihnen nicht allein sämtlich in der Stadt hereinzubacken und des hiesigen Brotmarktes sich zu bedienen erlaubt, sondern auch die hiesigen Bäcker angewiesen sein möchten, dass sie ihnen, Landbecken, ratione die Passierung ihrer erlernten Gesellen und Lehrjungen fürohin weiter nichts mehr in den Weg legen sollen“[199].

Schneider.

Auch anderen Handwerken war wenig Erfolg beschieden. Konsequent schlug der Rat die Bitten ab, so den Schneidern 1711, die zunächst im Januar die Erlaubnis erhielten, die dann aber, wohl auf Einspruch der Schneider in der Stadt, am 27. Mai 1711 wieder zurückgenommen wurde, oder den Sattlern, Seilern, Gerbern und Bortenmachern im August desselben Jahres[200]. Selbst gemeinsames Vorgehen bewegte den Rat nicht zu einer Abkehr von seiner Haltung. 1732 forderten neben den Schneidern in Geislingen die Sattler, Seiler, Bortenwirker, Rot- und Weißgerber der Oberen Herrschaft sowie die Langenauer Bäcker eine eigene, von den Ulmer Handwerkern unabhängige Zunft und das Recht, Lehrjungen einschreiben, Meisterstücke annehmen und darüber befinden sowie Gesellen fördern zu dürfen. Die Ratsherren lehnten das Gesuch der „Impetranten“ mit Bausch und Bogen ab, da die Forderungen im Widerspruch zu den obrigkeitlichen Verordnungen und dem kaiserlichen Privileg stünden; sie würden in der bisherigen Observanz verbleiben und sollten sich „unter die hiesigen Handwerker begeben“ – ein Angebot, das die Rotgerber nach ihrer vergeblichen Bitte im März 1706 annahmen und das ihnen erlaubte, wie sie es gewünscht hatten, das Sohlleder und die Loh zu verkaufen[201]. Auch die Schlosser schrieben sich im September 1718 in der Zunft in Ulm ein. Nach ihrem Beitritt wurde ihnen das Artikelbuch übergeben, vor allem, um die Kompetenzen zwischen den Hufschmieden und den Schlossern festzulegen[202]. Ein letztes Beispiel für das vergebliche Bemühen um eine eigene Zunft geben uns die vier Langenauer Binder, die im November 1749 um ein „geschlossenes Handwerk" nachsuchten[203].

Zusammenfassend spricht vieles dafür, dass einigen Handwerken auf dem Land ab der Mitte des 17. Jahrhunderts die Errichtung einer eigenen Zunft gelang, so die Verwendung des Begriffes „Handwerk", der nach der Verfassungsänderung von 1548 an die Stelle der „Zunft" trat. Für Landzünfte sprechen auch die Bruderschaften, denen zu Beginn des 18. Jahrhunderts auffallenderweise nur diejenigen Handwerke angehörten, die keine eigene Zunft besaßen, sowie das alternative Angebot bei ablehnenden Bescheiden, der entsprechenden Zunft in Ulm beizutreten. Eine führende Rolle übernahmen die Handwerksmeister aus Langenau, die aufgrund ihrer Lebens- und Arbeitssituation in einer stadtähnlichen Gemeinde durchaus ein Bewusstsein entwickelten, den Handwerkern in der Stadt ebenbürtig zu sein. Die erfolgreichen Handwerke erreichten gewiss eine Verbesserung ihrer Situation, auch wenn die Zunft- oder Handwerksartikel allem Anschein nach keine Unterschiede zu den städtischen aufwiesen und der Rat weiterhin in den meisten Fällen erst nach einem Gutachten der Ulmer Handwerksmeister seine Entscheidungen fällte. Eine tiefer gehende Abhandlung über die Geschichte des Landhandwerks und die Langenauer Zünfte bedarf noch weiter gehenderer Recherchen und Forschungen. Auch die Beweggründe des Rates, seine strikt ablehnende Position aufzugeben, und die Hintergründe seiner ambivalenten Haltung bei der Befürwortung oder Ablehnung eines Gesuchs um die Zulassung einer Zunft sind nach derzeitigem Erkenntnisstand noch nicht erschließbar.

Handwerks- und Taxordnungen

Grundsätzlich galten für die Handwerker auf dem Land die Handwerks- und Taxordnungen der Stadt. Mit ihnen bestimmte der Rat u. a. die Art, Qualität und Zahl der Erzeugnisse und ihrer Preise, legte die Bestimmungen für die Lehrzeit, Gesellenprüfung und den Erwerb des Meisterrechts fest oder grenzte die Gewerbe voneinander ab, um jedem Handwerker einen ausreichenden Verdienst zu ermöglichen (dass dies nicht immer möglich war, zeigt die Erlaubnis für den Bäcker Thomas Manuß aus dem Jahre 1685, Eisen- und andere Waren in seinem Laden verkaufen zu dürfen – offensichtlich sicherte seine Arbeit ihm wegen der

Überbesetzung des Bäckerhandwerks nicht mehr ausreichend die Existenzgrundlage[204]). Taxordnungen legten die Preise für handwerkliche Erzeugnisse und Arbeiten fest, wodurch sowohl den Handwerkern ein ausreichendes Einkommen gesichert werden, als auch deren Konsumenten vor Preistreibereien geschützt werden sollten. Die Langenauer Handwerker waren verpflichtet, die Ordnungen und Handwerksordnungen ihrer Gewerbe aufzubewahren. Als den Schmieden während des Dreißigjährigen Krieges ihre Artikel abhanden gekommen waren, verlangte der Rat eine Gebühr für das Kopieren[205]. Eine gewisse Mitsprache bei der Erstellung der Handwerksordnungen scheint gelegentlich möglich gewesen zu sein. Im November 1649 bot der Rat den Schmieden in Langenau und in der Oberen Herrschaft an, ihre Wünsche an eine Ordnung vorzutragen (inwieweit er ihre Vorstellungen dann tatsächlich berücksichtigte, muss aber wegen nicht vorhandener Belege dahingestellt bleiben)[206].

Die Langenauer Handwerker versuchten gelegentlich, Änderungen der Handwerksordnungen in ihrem Sinne zu erreichen. Vor allem die Bestimmungen über die Lehrlinge ließen die Langenauer Handwerker die obrigkeitliche Dominanz und die offensichtliche Bevorzugung der Stadthandwerker besonders deutlich spüren. So untersagte die Sattlerordnung den Langenauer Meistern, Lehrjungen anzunehmen und auszubilden; stattdessen mussten sie diese in Ulm einem „Ehrbaren Handwerk" vorstellen und einen ordentlichen Lehrbrief ausstellen lassen[207]. Gegen diese für sie sehr nachteiligen Artikel setzten sich die Langenauer Handwerker, oft auch im Namen ihrer Mitmeister in den anderen Gemeinden der Oberen Herrschaft, wiederholt zur Wehr. Im Dezember 1668 baten die Schreiner, aus Kostengründen und „anderer Bequemlichkeiten halber" die Lehrjungen selbst einschreiben zu dürfen. Über ihre Bitte entschieden die Ratsherren erst ein Dreivierteljahr später. Offensichtlich auf Einspruch der Stadtschreiner und auf der Grundlage eines Gutachtens des Ratsadvokaten Sebastian Otto erinnerte er die Landschreiner an ihren Gehorsam, die überdies mit ihrem „unbefugten Gesuch" aufhören sollten[208]. Immerhin überließ er 1616 den Webermeistern das Recht, einen Lehrjungen zu entlassen, wenn er ihn nicht mehr bei sich arbeiten lassen wollte (umgekehrt durfte auch der Lehrjunge von sich aus gehen)[209]. Die Annahme von Lehrjungen und die Gesellen- und Meisterprüfung blieb auch im 18. Jahrhundert ein Streitpunkt. 1710 protestierten die Maurer gegen die Einschreibung der Lehrjungen in Ulm und die Erhöhung der Gebühr für das Meisterstück und die Bäcker forderten erneut 1763 eine Änderung der Ordnung, welche die Festlegung der Gebühren der Ulmer Bäckerzunft vorbehielt[210].

Dem ordnungsgemäßen, den Handwerksordnungen entsprechenden Erwerb des Meisterrechts – dreijährige Lehr- und mindestens zweijährige Wandergesellenzeit sowie die Fertigung eines Meisterstücks – galt die besondere Aufmerksamkeit des Rates; er achtete auf die strikte Einhaltung der Vorschriften, von denen er aber in bestimmten Situationen, z. B. bei der Über- oder Unterbesetzung eines Handwerks, durchaus abwich, wie unten noch dargelegt wird. Dass immer wieder versucht wurde, ohne Meisterrecht bestimmte Produkte herzustellen und zu verkaufen, belegen Einträge in den Ratsprotokollen; so erinnerte der Rat 1573 daran, dass auch in Langenau nur wer das Hutmacherhandwerk erlernt habe, auch seine Hüte feilhaben und verkaufen dürfe[211]. Allerdings verfolgte der Rat diese an sich sinnvolle Regelung nicht immer konsequent: 1568 ließ er trotz der dringenden Bitte der Langenauer Binder zu, dass auch Leute, die das Handwerk nicht erlernt hatten, mit Binderarbeiten ihren Lebensunterhalt verdienen durften[212].

Ob die Langenauer Schuhmacher 1649 mit ihrer Bitte Erfolg hatten, wegen ihres unterbesetzten Handwerks auch Gesellen, die noch nicht ihr Meisterstück gemacht hatten, als Meister arbeiten zu lassen, entzieht sich unserer Kenntnis (vermutlich nicht, da der Rat erst die Ulmer Schuhmacher befragen wollte, die durchaus eine vermeidbare Konkurrenz zu verhindern suchten)[213]. Auch im Fall des Schneiders Hans Mayer dürfte die Unterbesetzung des Handwerks ausschlaggebend gewesen sein, denn er durfte im März 1665 als unverheirateter Meister arbeiten, ihm war jedoch untersagt, einen Gesellen zu beschäftigen, solange er ledig blieb (gegen einen Lehrjungen hatte der Rat allerdings nichts einzuwenden)[214]. Drei Jahre später erließ der Rat dem einen Metzgergesellen, Matthäus Härlin, die Wanderjahre, weil er schon 26 Jahre zählte, dem anderen, Jakob Remshardt wegen seines jungen Alters dagegen nicht (allerdings befreite ihn der Rat zwei Monate später dann doch noch von den mühseligen, aber gewiss erfahrungsreichen Wanderjahren)[215]. Großzügig erwies sich der Rat dem gelernten Weber Matthäus Mayer gegenüber, der im August 1676 darum bat, das Meisterstück im Schreinerhandwerk ablegen zu dürfen, damit er die Meisterstelle seines Vaters antreten könne. Nach Rücksprache mit den Schreinern in der Stadt erließen die Ratsherren ihm die zwei Wanderjahre; stattdessen sollte er die gleiche Zeit als Schreinergeselle arbeiten, um dann das Meisterstück einzureichen[216]. Auch mit dem Bäckergesellen Martin Laiblin verfuhr der Rat 1684 großzügig und gestattete ihm gegen vier Gulden und nach seiner Heirat die Niederlassung, obwohl er kein eigenes Haus besaß und die Wanderjahre nicht absolviert hatte[217]. Bei überbesetzten Handwerken griff der Rat ebenfalls regelnd ein, so 1673, als die Langenauer Schuhmacher darum baten, die Wartezeit auf die Meisterstelle um zwei auf acht Jahre zu verlängern[218].

In nur wenigen Fällen verweigerte der Rat eine Meisterstelle. So 1684 im Fall des Schlossers Johann Diebold, der in gutem Einvernehmen mit den Stadtschlossern und den Handwerksdeputierten sein Meisterstück einreichen wollte, aber nicht durfte, weil der Rat Streitigkeiten zwischen den ‚richtigen' Schlossern und den Schlossern ohne Meisterstücke befürchtete[219]. Den Bäckergesellen Johann Wiedmann, der im September 1691 zu heiraten beabsichtigte und deswegen um die Verkürzung der Gesellenzeit bat, wies der Rat ab – er solle seine Zeit abwarten und dann heiraten[220]. Der Ochsenwirt Johann Remshardt geriet 1695 in Schwierigkeiten mit der Obrigkeit, da er unmittelbar nach der Lehrzeit ohne Erlaubnis des Rates geheiratet und mit dem Brauhandwerk begonnen hatte (aber auch die anderen Wirte kamen nicht ungeschoren davon, denn sie hatten den Verstoß ohne Widerspruch hingenommen und nicht dem Oberamtmann gemeldet)[221].

Im Dezember 1560 erließ der Rat neue, außerordentlich restriktive Bestimmungen für die Leinenweber. Das Lehrgeld, das ein Lehrjunge seinem Meister zu zahlen hatte, betrug fünf Schilling. Die gleiche Summe wurde ihn auferlegt, wenn er vorzeitig die Lehre abbrach, verbunden mit dem ausdrücklichen Verbot, zukünftig in diesem Handwerk zu arbeiten. Ein Geselle zahlte ebenfalls fünf Schilling, wenn er Meister werden wollte (zu Beginn des 17. Jahrhunderts betrug das Meistergeld für ulmische Untertanen zwei, für fremde Gesellen vier Gulden)[222].

Bei den Lebensmittelberufen achtete der Rat auf die strikte Einhaltung der Handwerks-, vor allem aber der Taxordnungen, um die ausreichende Versorgung der Langenauer Einwohner mit Lebensmitteln zu gewährleisten. Die Festlegung der Preise, deren Missachtung beispielsweise im beginnenden 18. Jahrhundert mit zwei Gulden Strafe belegt wurde[223], geschah meist im Interesse der Konsumenten, sodass es nicht wunder nimmt, dass vor allem die Metzger vergleichsweise häufig wegen einer Erhöhung der Fleischpreise beim Rat vorstellig wurden; nur wenige der zahlreichen Beispiele sollen uns hier genügen. In der Regel lagen die Fleischpreise in Langenau wie auch in den anderen Dörfern der ulmischen Herrschaft über denen in Ulm, Geislingen und Leipheim. Es mag durchaus als ein Ausdruck des Gefühls, in einer Stadt zu leben, erscheinen, wenn die Langenauer Metzger, wie beispielsweise 1553 und 1569, eine Angleichung der Preise forderten, befürchteten sie doch, dass sie Kunden an ihre städtischen Berufskollegen verlieren könnten. Wie in diesem Fall entsprach der Rat vielfach den Vorstellungen der Metzger; auch wegen außergewöhnlicher Ereignisse, wie anlässlich eines

Reichstages 1582, ließ der Rat keinen Preisunterschied zu[224]. Gewiss suchten die Metzger dem jeweiligen Verhältnis von Angebot und Nachfrage entsprechend ihren Vorteil zu erzielen, wenn sie, wie im Jahre 1580, zunächst um eine Preiserhöhung nachkamen und diese erhielten, die sie aber nur wenige Tage später wieder zurückgenommen sehen wollten[225]. Aber auch die Einwohner selbst baten um günstigere Preise. 1559 entsprach der Rat der Bitte der Metzger und der gesamten Gemeinde wegen der „Beschwerung in der Fleischtax" und senkte die Preise für Stier- und Kuhfleisch (allerdings wollten die Metzger im September dann die Preise erhöht haben, wovon der Rat aber nichts hielt)[226].

Zu einem ernsthaften Konflikt zwischen Obrigkeit und Gemeinde auf der einen und den Metzgern auf der anderen Seite kam es 1569 (leider überliefert das Ratsprotokoll nicht die Ursachen; vermutlich lagen dem Rat Beschwerden über Betrügereien beim Wiegen vor, denn die Herrschaftspfleger wurden angewiesen, dafür zu sorgen, dass die Metzger in der Herrschaft das Fleisch nicht nach den Augen, sondern nach dem Gewicht verkaufen). Der Rat befahl dem Langenauer Oberamtmann, den Metzgern ihr angestammtes Recht, das Schlachtvieh auf der Allmand weiden zu lassen, aufzukündigen, wenn sie sich nicht der Ordnung unterstellen wollen, und setzte sich eindeutig für die Bedürfnisse der Bevölkerung ein. Zwar entsprach diese Entscheidung nicht deren Bitte, nämlich während der Erntezeit mit Mitteln aus der Gemeindekasse metzgen zu lassen, aber der Rat bot den Langenauern an, das Schlachten von fremden Metzgern, welche die Ordnung anerkennen, besorgen zu lassen. Der Streit war im folgenden Jahr noch nicht beigelegt. Wiederum verbot der Rat das Metzgen während der Erntezeit auf Gemeindekosten, gewährte jedoch dieses Mal den Metzgern einen „Vorteil" (vielleicht eine Preiserhöhung?), damit sie zu mehr Fleiß kämen[227].

Das Ulmer Landgebiet konnte zumindest im ausgehenden 16. Jahrhunderts seine Bevölkerung nicht ausreichend mit Rindfleisch versorgen, sodass der fehlende Bedarf durch die Einfuhr ungarischen Viehs gedeckt werden musste. Auch hier legte der Rat die Preise fest und untersagte den Metzger den Weiterverkauf dieses Viehs strikt[228]. Im 18. Jahrhundert genossen die Metzger den obrigkeitlichen Schutz vor ausländischem Fleisch, dessen illegaler Handel sowohl für den Käufer als auch Verkäufer empfindliche Geldstrafen nach sich zog[229]. Aber auch die Metzger hatten Grund zur Klage, zum Beispiel 1658 über den Visierer, der ihrer Meinung nach zu hohe Aufschläge abfordere, woraufhin ihnen das Verzeichnis der Aufschlaggelder zugeschickt wurde[230].

Die Metzig befand sich in städtischem Besitz. Jeder Metzger, der dort schlachtete und verkaufte, zahlte einen Jahreszins von 15 Schillingen; im 18. Jahrhundert zahlten die beiden Metzger Georg Groner und Wilhelm Mayländer je zehn Gulden Konzessionsgebühr für eine Bank[231]. Über die Verteilung der Bänke (Verkaufsstände) entschied der Rat; im 18. Jahrhundert waren acht Bänke (Verkaufstische) zugelassen. Als ein gewisser Müzel und seine Frau 1674 um eine Bank baten, schlug der Rat ihr Anliegen ab, nachdem sich die Langenauer Metzger heftig gegen eine weitere Bank ausgesprochen hatten[232]. 1753 bestimmte der Rat entgegen den Wünschen der Metzger, dass zu den vorhandenen acht noch zwei weitere zugelassen würden, solange deren Pächter oder ihre Witwen lebten bzw. Letztere sich wieder verheirateten[233].

Selbstverständlich maß der Rat der Versorgung mit einwandfreiem Fleisch und Wurstwaren große Aufmerksamkeit zu. Ohne obrigkeitliche Schau durfte kein Vieh geschlachtet werden; grundsätzlich verboten war das Metzgen einer trächtigen Sau[234]. Zur besseren Kontrolle ordnete der Rat 1656 an, dass Schweine, Hemblinge und Kälber nur noch in der Metzig geschlachtet werden durften; jede Hausschlachtung war strikt verboten. Das Verbot wurde nach dem Abbruch der baufälligen Metzig und ihrem Neubau 1681 erneuert und daran erinnert, dass das „Verbrechen" gegen diese Anordnung streng bestraft werde[235].

Eine Ausnahmeregelung genossen Wirte, die selbst schlachteten; diese mussten aber entweder ihr noch lebendes oder schon geschlachtetes Tier beschauen lassen, wofür sie für ein Rind vier Kreuzer, für ein Schwein zwei Kreuzer und für ein Schaf oder einen Hammel zwei Pfennige Schaugeld entrichten mussten[236]. Wie notwendig diese Anordnung war, zeigt ein Vorfall nur wenige Jahre nach ihrer Einführung. Der Bauer Martin Böhringer schlachtete 1676 trotz des Verbotes für Hausschlachtungen (Böhringer war im Übrigen nicht der einzige), ein „anrüchiges", d. h. an Räude erkranktes Rindvieh, aß davon und verkaufte das Fleisch an andere. Böhringer erhielt jedoch keine Strafe, da ein entsprechendes Ratsdekret zu diesem Zeitpunkt nicht vorhanden war. Zukünftig sollte das Schlachten und Verkaufen kranken Viehs mit sechs Gulden bestraft werden[237].

Verstöße gegen die Handwerks- und Taxordnungen

Zur Erinnerung an die strikte Einhaltung der Handwerks- und Taxordnungen wurden die Handwerksordnungen vermutlich jährlich den versammelten Meistern eines Handwerks öffentlich verlesen, wie uns das Beispiel der Schuhmacher aus dem Jahre 1649 zeigt, die nach der alten

Ordnung der Werdenbergischen und Helfensteinischen Herrschaft „jährlich auf dem Pfingstmarkt daselbsten zu Langenau zusammenkommen und die Ordnung ihres Handwerks nit allein miteinander anhören und erfrischen, sondern auch mit einhelligem Zutun dahin sehen und sich bearbeiten, auf dass derselben Ordnung in Allem wirklich gelebt und gehorsamt werde“ (das Nichterscheinen zog eine Strafe von einem Pfund Heller nach sich)[238]. Neue Ordnungen, so zum Beispiel eine Weberordnung für Langenau, Albeck, Leipheim und Riedheim 1626[239], wurden den Handwerkern öffentlich verkündet und durch ihre wiederholte öffentliche Verlesung hielt man sie zur strikten Beachtung der Vorschriften an. Oft gaben schwerwiegendere Verstöße den Anlass dazu. So wurde im Frühjahr 1586 in Langenau die Wollkaufsordnung verlesen, nachdem ein Leipheimer Loderer verbotenerweise ungeschaute Wolle verwendet hatte[240]. Ein ähnlicher Anlass dürfte vorgelegen haben, als im April 1593 die Leinwandordnung gleichzeitig in den Ämtern Langenau, Leipheim und Riedheim verlesen wurde[241].

Verstöße gegen die Handwerks- und Taxordnungen zogen grundsätzlich Geldstrafen nach sich, beispielsweise dann, wenn ein Weber bei wichtigen Angelegenheiten nicht auf dem Handwerk erschien oder sich dadurch Vorteile zu verschaffen suchte, wenn er den Radspinnern einen höheren als den in der Ordnung festgesetzten Lohn zahlte[242]. Im September 1636 beauftragte der Rat den Pfleger in Geislingen, den Oberamtmann in Langenau und den Vogt in Leipheim, zu überprüfen, ob die dortigen Seiler mit unreinem Hanf arbeiteten und die Schau ordnungsgemäß durchgeführt werde. Anlass hierzu war die Beschwerde der Ulmer Seiler, die ihren eigenen Angaben zufolge nur mit gutem Hanf arbeiteten und dadurch in Nachteil geraten würden, weil ihre auswärtige Konkurrenz wegen ihrer Pfuscherei ihre Waren wohlfeiler anbieten könnte. Das Ergebnis der Untersuchungen war nur für Geislingen zufrieden stellend (dort wurde die Schau ordnungsgemäß durchgeführt). In Langenau und Leipheim scheinen dagegen erhebliche Missstände vorhanden gewesen zu sein, denn vor allen anderen wurde der Langenauer Seiler Christian Reyhlin ermahnt, sich mit seinen Arbeiten der ordentlichen Schau zu untergeben und „mit dieser ferneren ernstlichen Erinnerung gute … Arbeit zu verfertigen und die Leute mit böser Ware nit anzuführen und zu betrügen“[243].

Wie die Metzger unterlagen die Bäcker wegen ihrer wichtigen Funktion einer strengen Kontrolle durch den Rat; entsprechend hart wurden Verstöße geahndet. 1572 erinnerte der Rat die Langenauer Bäcker an die Strafe von sieben Schillingen, die im Wiederholungsfalle erhöht werde, wenn das Brot zu wenig wiege, und kündigte häufigere

Kontrollen an, die ein Jahr später zur Bestrafung des Wirtes Martin Enslin führte, der sein Brot zu teuer verkauft hatte und zukünftig nur noch geschautes Brot anbieten durfte, führte[244]. Wegen zu kleiner Brote erhielten die Langenauer Bäcker im Oktober 1694 die stattliche Strafe von 83 Gulden, die ihnen aber dann teilweise nachgelassen wurde; die Landpolizei-Ordnung von 1721 legte mit zehn Kreuzern Strafe für jedes Quintlen, das das Brot zu leicht war, fest[245]. Ebenso erhielten sie die doppelte Geldstrafe, wenn sie sonntags ihre Backöfen anfeuerten. Auch ein kurzfristiges ‚Berufsverbot' schien dem Rat eine geeignete Disziplinierungsmaßnahme zu sein, wenn das Brot zu klein geraten war. So durften 1589 die beiden Bäcker Kaspar Wittlinger und Heinrich Haid elf Tage nicht backen, bis sie ihre Geldstrafe bezahlt hatten[246]. Auch denjenigen, der es in seinem Handwerk zu Nachlässigkeiten kommen ließ, erreichte der strafende Arm der Ratsherren aus Ulm. 1567 sperrte man den Metzger Claus Pflüger wegen seiner „geübten Unschicklichkeit" für drei Tage in das Narrenhäuslein[247].

Verstöße gegen die Taxordnungen wurden meist mit Geldstrafen geahndet. Oft trieb die Not die Handwerker dazu, von sich aus die Preise zu erhöhen, wie wir im Fall der Langenauer Merzler aus dem Jahre 1602 vermuten dürfen, die wegen der erhöhten Einkaufspreise zur Selbsthilfe gegriffen hatten.[248]

Bäcker.

Niederlassungsrecht und -beschränkungen

Söhnen von Langenauer Handwerkern stand grundsätzlich nichts im Wege, die väterliche Meisterstelle zu übernehmen, wenn sie die Voraussetzungen – Lehrzeit, Wanderjahre und Meisterstück – erfüllten. Ausnahmeregelungen waren dennoch möglich, wie zwei Beispiele belegen: Obwohl der Weber Michael Ziegler sein Handwerk nicht nach „dem ordentlichen Gebrauch" gelernt hatte und somit keinen Meisterbrief besaß, wurde ihm und seiner Frau trotz der jüngsten Verordnung im Oktober 1575 gestattet, das Handwerk bis zum Ende ihrer Tage auszuüben[249]. Selbst die uneheliche Geburt war in einem Fall kein Hindernis. Zunächst war 1585 dem Weber Melchior Neidlinger verboten worden, als Meister zu arbeiten, und ihm nur gestattet worden, am Knappenstuhl seiner Arbeit nachzugehen. Aber nachdem die Weberzunft in Ulm keine Bedenken sah, erhielt er das Meisterrecht[250]. Nur ein Fall ist überliefert, bei dem Schwierigkeiten für einen Langenauer Meistersohn auftraten. Als der Sattlermeister Georg Lutz, der viele Jahre im Vogtland gelebt hatte, im Dezember 1680 nach Langenau zurückzukehren wünschte, verweigerte ihm der Rat die Aufnahme, da das Sattlerhandwerk in Langenau besetzt sei und er zudem durch die lange Abwesenheit sein Langenauer Bürgerrecht verloren habe. Lutz legte Widerspruch ein: Ein Meister sei ein alter Mann, die andere Meisterstelle würde von der Witwe geführt werden, und außerdem habe er das Bürgerrecht von seinen Eltern ererbt. Wohl Letzteres gab den Ausschlag, dass Lutz mit Frau und Kindern doch noch in sein Heimatdorf zurückkehren durfte[251].

Sattler.

Die Überbesetzung eines Handwerks führten ebenso zu Niederlassungsverboten wie der Mangel an Arbeit. Als am Ende des 16. Jahrhunderts der Textilexport unter erheblichen Absatzschwierigkeiten litt und es den Langenauer Webern an Arbeit mangelte, entsprach der Rat im November 1600 der Bitte der Langenauer Weber, dass niemand mehr zur Meisterschaft zugelassen werden dürfte, auch wenn er „haushältig", d. h. ein Haus und damit das Langenauer Bürgerrecht besaß, und zwei Jahre auf Wanderschaft gewesen war[252]. 1695 ließ der Rat keine weiteren Bäcker mehr zu. Erster Leidtragender war der Geselle Jakob Böhringer, dem zwar die drei Wanderjahre gegen sechs Gulden erlassen wurden, als Meister durfte er aber erst dann arbeiten, wenn ein anderer starb oder ihm seine Bäckergerechtigkeit verkaufte[253]. Als zwei vermutlich aus Ulm stammende Sattlermeister sich im Januar 1767 in Langenau niederzulassen beabsichtigten, forderten die sechs Langenauer Sattler eine Beschränkung der Meisterzahl auf sechs (!) Meister, da ihr Handwerk überbesetzt sei[254].

Bei Niederlassungsgesuchen auswärtiger Handwerker entschied grundsätzlich der Rat, wobei es keine Rolle spielte, ob der Bittsteller aus einem ulmischen Dorf, aus Ulm oder einer anderen Herrschaft kam. Allerdings bedeutete die Niederlassung eines Ulmer Handwerksmeisters in Langenau die gleichzeitige Aufgabe des Ulmer Bürgerrechts – nur unter dieser Bedingung gestattete der Rat eine Übersiedlung nach Langenau, wie er beispielsweise dem Schuhmacher Konrad Reiser im September 1650 mitteilte, für den sein Schwiegervater, der Langenauer Schulmeister Georg Schuhmacher, beim Rat vorstellig geworden war[255].

Ausschlaggebend für die Entscheidung war das stete Bemühen des Rates, jedem Langenauer Handwerksmeister ausreichend Arbeit und Verdienst zu ermöglichen, und bei befürwortenden Bescheiden spielte gewiss auch die Aufrechterhaltung der Gewerbestruktur und die ausreichende Versorgung der Einwohnerschaft mit bestimmten Erzeugnissen eine Rolle, vor allem dann, wenn durch den Tod eines Meisters eine Stelle vakant wurde und der Bedarf nicht mehr gedeckt werden konnte. Hierfür liegt uns ein Beispiel aus dem Jahre 1633 vor: Stoffel Rulander aus Ettlenschieß durfte sich in Langenau niederlassen, weil sonst kein Kürschner mehr in Langenau ansässig gewesen wäre, wie das Ratsprotokoll hervorhob[256]. Auch wenn ein Handwerk in Langenau nicht vertreten war, griff der Rat regulierend ein. So gestattete er im September 1727 dem Ulmer Glasergesellen Georg Groß, sich an der Nau niederzulassen, und teilte die Arbeiten zwischen ihm und den Schreinern, die bisher auch Fenster verglast hatten, auf: Groß bekam sämtliche Glaserarbeiten übertragen, musste aber im Gegenzug den Schreinern einige Rahmen- und Holzwerkarbeiten überlassen. Die von Groß erbetene grundsätzliche Erlaubnis, die Glaserarbeiten an allen herrschaftlichen Gebäuden in der Oberen Herrschaft zu übertragen, legte der Rat jedoch in die Hände der Amtsmänner[257].

Oft spielten bei den Niederlassungsgesuchen auswärtiger Handwerksmeistern die in Langenau besseren Verdienstmöglichkeiten eine Rolle, wie die Beispiele zweier Ulmer Bürger, des schon erwähnten Färbers Heinrich Kiederlen und des Blättersetzers Heinrich Schecken zeigen, dem der Rat im März 1668 einerseits seine Bitte, in Langenau das Beisitzrecht anzunehmen, abschlug, andererseits aber die Ulmer Blättersetzer aufforderte, ihm genügend Arbeit zu verschaffen[258].

Der Meisterbrief, ein bestimmtes Vermögen und der Besitz eines eigenen Hauses und damit eine Meisterstelle – Letzteres ‚erwarb' sich der Kandidat in der Regel durch die Heirat einer Meisterwitwe – bildeten die Voraussetzung für die Aufnahme in das Langenauer Bürgerrecht. Damit ergab sich das Recht, sich in Langenau niederzulassen und ein Handwerk auszuüben, wie sich beispielweise aus einem Ratsbescheid vom 21. Januar 1677 schließen lässt, in dem der Rat Michael Roller, einem aus Sontheim stammenden Schneidergesellen erlaubte, eine Schneidermeisterwitwe zu heiraten und fortan in Langenau als Schneidermeister zu leben und zu arbeiten. Im selben Jahr erließ der Rat einem aus Asselfingen stammenden Schuhmacher sogar die letzten fünf Monate seiner Gesellenzeit, da er der Tochter eines Bierbrauers versprochen war. Im Dezember 1683, als zwischen Rat und Bäckern Differenzen wegen der Überbesetzung des Handwerks bestanden, suchten die Ratsherren nach trefflichen Argumenten, um dem Bäckergesellen Florian Manuß die Niederlassung in Langenau zu ermöglichen. Der Umstand, dass sein Schwager ihm dessen Backhaus überlassen wollte, mag ebenso wie die bevorstehende Heirat mit Anna Lonsinger, die zehn Jahre dem Vogt von Leipheim treu gedient hatte, zu einer positiven Entscheidung beigetragen haben[259].

Über die Jahrhunderte betrachtet liegen vergleichsweise nur wenige Niederlassungsgesuche vor. Ein erstes liegt uns für den Schreiner Martin Honold aus Neenstetten aus dem Jahre 1560 vor. Offensichtlich auf Bitte der Gemeinde, die wohl einen Bedarf an einem weiteren Metzger nachgewiesen hatte, gestattete der Rat im Juni 1568 einem Metzger aus Giengen, nach Langenau zu ziehen und auch die Weide für sein Schlachtvieh benutzen zu dürfen[260].

Der Rat setzte sich gelegentlich über den Protest anderer Meister hinweg, wie der Fall des aus Giengen stammenden Sattlergesellen Georg Bader zeigt, der sich im März 1642 in Langenau niederlassen und die Meisterstelle des verstorbenen Sattlers Hans Braunmiller übernehmen wollte, zeigt. Der Rat erlaubte ihm, ein Jahr lang als Beisitzer in Langenau zu leben, aber unter dem Vorbehalt, dass er, wenn er sich endgültig in Langenau niederlassen möchte, sein Meisterstück in Ulm abliefern müsse. Gegen die Entscheidung der Ratsherren liefen die Ulmer Sattler Sturm: Bader müsse auch jetzt schon den Handwerksartikeln entsprechend sein Meisterstück vorlegen. Der Rat kam ihnen entgegen. Bader, der schon eine Zeit lang als Meister in Giengen gearbeitet hatte, sollte sein Meisterstück vorzeigen, womit Genüge getan sei. Außerdem, so versuchte der Rat die Sattler zu beruhigen, beabsichtige Bader gar nicht, sich dauerhaft in Langenau niederzulassen. Dennoch blieben sie stur, denn sie befürchteten einen Präzedenzfall. Wiederum bot der Magistrat einen Kompromiss an: Es solle nach Giengen geschrieben werden, warum Bader keinen Stützsattel habe anfertigen müssen; in Nürnberg und Augsburg wollte man nachfragen, wie dort die Ratsherren in derartigen Streitfällen verführen; und schließlich und endlich sollte Bader nach Ulm kommen, um sich von den Zunftvorgesetzten erklären zu lassen, welches Meisterstück er anzufertigen habe. Letztlich ging der Streit aus wie das Hornberger Schießen: Am 27. April 1642 beschloss der Rat endgültig, dass Bader als Meisterstück einen Stützsattel oder einen Reit- und Frauensattel anfertigen müsse, wenn er über ein Jahr hinaus in Langenau zu bleiben beabsichtige, womit die Ratsherren ihre erste Entscheidung durchsetzten (im Übrigen verlängerte der Rat am 29. November 1643 das Besitzrecht ohne großes Aufheben)[261]. Aus späterer Zeit sind zwei weitere Beispiele überliefert. 1709 setzte sich der Rat über die

Einwendungen der Bader von Langenau und Albeck hinweg, die gegen die Niederlassung des Badergesellen Georg Fritz in Bernstadt protestiert hatten, der sich zunächst vergeblich in Lonsee hatte niederlassen wollen und sich schließlich auf die Bitte der Gemeinde Bernstadt für einen Umzug nach Bernstadt entschieden hatte. Auch 1789 gewährte der Rat dem Binder Georg Gnann das Niederlassungsrecht, obwohl die anderen Meister ihm ihre Anerkennung verweigert hatten[262].

Im Allgemeinen verfuhr der Rat mit den Niederlassungsgesuchen großzügig; nur wenige Ablehnungen sind uns überliefert. So versagte der Rat 1560 dem Schlossergesellen Hans Schöner die Niederlassung, 1569 dem Bäcker Hans Ott, der wiederholt um die Ausübung seines Handwerks gebeten hatte und dem der Rat empfahl, sein Haus zu verkaufen und wegzuziehen, wenn er nicht wisse, wie er sonst seinen Lebensunterhalt verdienen könne. Oder 1737 dem Säckler Johann Bernhard Vogel auf Protest der Ulmer Säckler und Langenauer Sattler und Weißgerber, auch ihm empfahl der Rat, „sein Glück und Aufenthalt anderwärts" zu suchen[263].

Schmied.

Auch über die Einrichtung von Werkstätten, vor allem von Schmieden wegen ihrer Feuergefahr, entschieden die Ratsherren in Ulm. 1594 erlaubte der Rat dem Schmied Sebastian Sauter den Bau einer Schmiede im Unteren Dorf, nachdem die dortigen Bauern und die Schmiede des Oberen Dorfes nichts dagegen eingewandt hatten; 1619 wurde eine bis 40 Jahre zuvor genutzte Schmiede wieder in Gang gesetzt. Und schließlich sei noch erwähnt, dass Jörg Nübling 1694 die Schmiedegerechtigkeit, die auf seinem Haus im Mittleren Dorf lag, in sein neu erkauftes Haus im Oberen Dorf übertragen durfte, sofern keiner seiner Nachbarn Einspruch erheben sollte[264]. Auch die Schlosser bedurften der obrigkeitlichen Genehmigung, wenn sie, wie beispielsweise Johannes Diepolt 1699, eine Esse in ihrer Werkstatt einrichten wollten[265]. Die Einrichtung zweier Lohmühlen – die eine im Garten eines Reyhle, die andere auf Bitten der Rotgerber – folgten 1604 und 1608[266].

Regelungen von Streitigkeiten

Konflikte zwischen einzelnen Handwerken oder zwischen Land- und Stadthandwerkern gehörten zum Alltag des wirtschaftlichen Lebens in der Reichsstadt. Eifersüchtig wachten die Zünfte über ihre Vorrechte und wehrten Überschreitungen der Kompetenzen energisch ab. Der Rat selbst achtete auf die in den Zunftartikeln festgeschriebene strikte Abgrenzung der Handwerke. Beispielweise 1678 untersagte er den beiden Seilern Franz Bauer und Daniel Remshardt das Gemerz sowie dem Süßbäcker Georg Böhringer, auch Sauerbrot zu backen[267].

Aus Langenau sind nicht wenige Konflikte überliefert. Bei einem Streit der Rotgerber mit den Sattlern im Jahre 1567 ging es um die Frage, wer das Leder auf „ungarische" Weise zubereiten dürfe (auch hier gibt das Ratsprotokoll keine näheren Informationen preis)[268]. Aus dem Jahr 1626 sind gleich zwei Streitigkeiten zwischen Handwerken überliefert. Die Süßbäcker beklagten sich über die Sauerbäcker und vor allem die Bierbrauer, die als Ungelernte Brot verkaufen würden. Der Rat suchte die Interessen der Süßbäcker zu wahren: Nur noch die gelernten Bäcker durften weißes oder süßes Brot backen, was faktisch einem Backverbot für die Bierbrauer gleichkam; zugelassen werden zum Süßbäcker sollte künftig ausschließlich nach jeweils zwei Jahren Lehr- und Wanderzeit und das Hausieren mit Brot wurde bei einem Gulden Strafe verboten (noch im Dezember desselben Jahres verweigerte der Rat einem Hans Bunz die Backerlaubnis). Offensichtlich nutzten die Süßbäcker die Ratsentscheidung leidlich aus, denn nach einem halben Jahr befahl der Rat auf die Beschwerde der Sauerbäcker, dass „sie bei ihrem Handwerk verbleiben und den Sauerbecken keinen Eintrag tun" sollten[269]. Die Metzger zogen im März 1626 gegen die Bierbrauer den eindeutig Kürzeren. Letzteren wurde erlaubt, von den Bauern Vieh zu kaufen und für ihre Haushaltungen, Hochzeiten und Reisenden zu metzgen. Auch durften sie das gekaufte Vieh mästen, aber bei zehn Gulden Strafe nicht außerhalb des Herrschaftsgebietes verkaufen; schließlich erhielten sogar nichtgelernte Metzger die Erlaubnis, bei den Bierbrauern und auch in ihren Häusern zu schlachten[270].

In einem Streit zwischen dem Langenauer Schreiner Jakob Mayer und den Ulmer Glasern 1661 wahrte der Rat die Interessen des städtischen Handwerks: Mayer wurde auf Intervention der Stadtglaser untersagt, Fensterscheiben einzusetzen, dagegen ihm gestattet, mit Waldgläsern zu arbeiten[271]. Ein Konflikt zwischen den Stadthufschmieden und den Hufschmieden aus Langenau und der Oberen Herrschaft aus dem Jahre 1681 zeigt zum einen den massiven Arbeitsmangel und die damit verbundene soziale Not, die einen Landhandwerker zum Übertreten von Ordnungen trieben, zum anderen die Unzulänglichkeit der Handwerksordnungen, die nicht immer ausreichend Arbeit für jeden Handwerker garantieren konnten. Schließlich nahm der Streit einen überraschenden, nicht unbedingt zu erwartenden Ausgang. Im Februar jenen

Jahres klagten die Langenauer Hufschmiede offensichtlich über mangelnde Arbeitsaufträge. Der Rat, um einen Kompromiss bemüht, kam ihnen insoweit entgegen, dass er ihnen anbot, vier Sorten – Schaufeln, Gabeln, Sicheln und Sensen – auf dem Ulmer Wochenmarkt verkaufen zu dürfen. Die Hufschmiede baten, auch andere Waren wie Ketten und Pferdezaumzeug verkaufen, in Privathäusern Waren zum Verkauf hinterlegen und um Arbeit fragen zu dürfen, was der Rat umgehend strikt bei einer Geldstrafe von einem Gulden untersagte. Schließlich fragten die Landhufschmiede nach, ob auch Bohrer in das Verbot einbezogen seien. Auch dieses wurde nach Einspruch der Stadthufschmiede untersagt. Aber als am 28. Dezember 1681 die beiden Langenauer Hufschmiede nochmals um Erlaubnis baten, Bohrer auf dem Ulmer Wochenmarkt verkaufen zu dürfen, lenkten die Stadthufschmiede ein und gestatteten ihnen auf Lebenszeit, Bohrer und andere Waren in Ulm anzubieten[272].

Auch innerhalb eines Handwerkes waren Konflikte, vor allem zwischen Meistern und Gesellen, nicht unüblich. So baten 1777 die Langenauer Webermeister um die Zusendung der Zunftordnung, um den fortlaufenden Streit mit ihren Gesellen schlichten zu können[273].

Beschwerden und Bitten

Die Langenauer Handwerker, oft unter Konkurrenz und Arbeitsmangel oder Krieg, Hunger und Pestepidemien leidend, wandten sich wiederholt an den Rat mit Beschwerden und Bitten, um mit bestimmten, von ihnen gewünschten obrigkeitlichen Maßnahmen ihre Arbeits- und Lebensbedingungen zu verbessern. So erhielten die Bäcker 1596 – wohl auf ihre Bitte hin – die obrigkeitliche Erlaubnis, an Feier- und Aposteltagen ihre Waren auf Jahrmärkten außerhalb des Ulmer Herrschaftsgebietes verkaufen zu dürfen[274]. Ein zweites Beispiel weist auf das nicht unerhebliche Problem des Rohstoffmangels, der vor allem den Webern häufig Probleme bereitete, wie später ausführlich dargestellt werden wird. An dieser Stelle soll uns das Beispiel der Langenauer Rotgerber dienen, die wegen des Mangels an Leder im Februar 1763 den Rat um die Erlaubnis baten, gegerbtes Sohlleder aus Nürnberg einführen zu dürfen, was der Rat aber rundweg ablehnte; stattdessen sollten sie sich wie die anderen Gerber mit dem vorhandenen Leder begnügen und sich jeder Einfuhr fremden Leders enthalten[275].

Die überwiegende Zahl der Beschwerden richtete sich gegen Konkurrenz ausländischer Handwerker und Händler. Die Pflicht der Reichsstadt, den eigenen Untertanen auch durch den Schutz vor ausländischer Konkurrenz ausreichend Arbeit und Nahrung zu sichern, verschaffte den Langenauer Handwerkern gute Aussichten auf einen Erfolg ihrer Beschwerden. Vor allem die Weber beschwerten sich vielfach über Schwierigkeiten, die ihnen beispielsweise auswärtige Garnverkäufer bereiteten und 1631 wandten sie sich gegen die württembergischen Konkurrenten aus Heidenheim, denen nicht mehr erlaubt sein sollte, ihre breiten Leinwandstücke in Ulm schauen zu lassen[276]. Einige anschauliche Beispiele sollen uns genügen, um diese häufig existenzbedrohende Konkurrenz zu verdeutlichen. Die Langenauer Süßbäcker suchten im Juli 1636 ein Verkaufsverbot fremder Bäcker in Langenau zu erwirken. Von der Gleichheit zwischen Stadt und Land ausgehend lehnte der Rat das Gesuch ab, „weilen es allhie auch gestattet wird, und hiesige Bäcker das Selbe leiden müssen"[277]. Im April 1673 beschwerten sich die Schuhmacher über ihre Günzburger Kollegen, die in Langenau alte Schuhe zum Flicken einsammelten. Der Rat entschloss sich zwar nicht für ein Verbot und eine Bestrafung der Günzburger Schuhmacher, wies aber den Langenauer Oberamtmann an, mit den Günzburgern gütlich zu reden, damit sie ihr Handeln künftig unterließen, da in Langenau genügend Schuhmacher vorhanden seien und sie in Günzburg gewiss keinen Mangel an Arbeit leiden würden[278]. Als letztes Beispiel sei die Beschwerde des Nagelschmieds Michael Fischer über das Hausieren seiner Heidenheimer Berufskollegen in Langenau und über Langenauer Krämer, die ihm offensichtlich sein Geschäft erheblich beschnitten. Der Rat wahrte die Interessen des Nagelschmieds, sprach endlich nach über zwei Monaten, nachdem Fischer seine Beschwerde eingereicht hatte, am 18. Januar 1719 ein generelles Verbot für das Hausieren fremder Händler aus und untersagte den Langenauer Merzlern und Krämern, Eisenwaren zu verkaufen, sofern ihnen dieser Handel nicht ausdrücklich erlaubt sei[279].

Töpfer.

Die Handwerkerbeschwerden wandten sich auch gegen ulmische Untertanen. So setzten die Bäcker im Februar 1714 bei einem Gulden Strafe ein Verbot für die ulmischen Untertanen durch, Brot im benachbarten Ausland zu kaufen[280]. Im März 1747 beklagten sich die drei Langenauer Hafner, dass die Untertanen in Öllingen, Setzingen, Asselfingen und Bissingen in Stetten einkauften und die Öfen von Stettener Hafner reparieren und setzen ließen, was einen „großen Abbruch an ihrer Nahrung" bedeuten würde. Der Rat bat um die Angabe der Namen, damit jene Untertanen gemäß der Landpolizei-Ordnung mit vier Gulden bestraft werden könnten; außerdem erinnerte man an das grundsätzliche Kaufverbot bei fremden Händlern, dessen Missachtung mit einem Gulden geahndet wurde[281]. Ein ähnlicher Fall liegt uns aus dem Jahr 1769 vor, als sich die Zeugmacher über den Mohrenkopfwirt Kießling und den Metzger Meyer beschwerten, beide vermutlich Ulmer, die auf dem Land Wolle auf- und verkaufen würden, beschwerten[282].

Nicht immer folgte der Rat den Bitten der Langenauer Handwerker. Der Kürschner Martin Müller spürte offensichtlich deutlich die Konkurrenz der Ulmer Kürschner auf den Langenauer Jahrmärkten. Folgerichtig wünschte er eine obrigkeitliche Erlaubnis, auf dem so genannten Nachmarkt, dem Tag nach einem Jahrmarkt, seine Ware feilbieten zu dürfen. Da die Ulmer Kürschner offensichtlich kein Interesse an einem Nachmarkt hatten, lehnte der Rat die Bitte Müllers ab, um ihn, dem Gleichheitsprinzip folgend, nicht in einen Vorteil gegenüber den Stadtkürschnern zu setzen[283].

Vor einem heute nahezu kurios anmutenden Problem standen die Langenauer Zimmerleute und Schreiner im Jahre 1698. Am Anfang dieses Konfliktes zwischen der Reichsstadt und dem Kloster Elchingen, der sich über Jahre hinziehen sollte, stand die Weigerung des Klosters, den Langenauer Handwerkern zu erlauben, ihre Flöße mit Bauholz, wie bisher üblich, an der Ochsenstelle anlanden zu lassen, sondern man verwies sie an die Brücke bei Oberelchingen[284]. Im Februar 1707 berichteten die Schreiner über Schwierigkeiten beim Anlanden ihres Holzes und baten den Rat um Hilfe, da sie sonst vor ihrem völligen Ruin stünden. Die Schikanen des Klosters gegen die Langenauer Schreiner beruhten offensichtlich auf anderen Konflikten, so fischten zum Beispiel Leute aus dem zu Ulm gehörenden Pfuhl unberechtigterweise in der Fischenz des Klosters im Thalfinger Holz. Der Rat sagte den bedrängten Schreinern seine Hilfe zu, die an einem Tag geschlossen ihr Holz zur Anlände bringen sollten, und ließ am besagten Tag die sieben Flöße durch einige Stadtsoldaten eskortieren. Über einen kaiserlichen Notar ließ der Prälat des Klosters seinen Protest gegen den „actum armata manu", den gewaltsamen Akt, beim Rat vorbringen, der ihn selbstverständlich zurückwies, da das Kloster durch sein eigenes Verhalten die militärische Eskorte notwendig gemacht hätte[285].

Ein Jahr später versuchten die Schreiner, den Konflikt zu entschärfen, und fragten beim Rat an, ob sie den Prälaten um Erlaubnis bitten sollten. Offensichtlich ohne die Antwort des Rates abzuwarten, unternahmen sie einen Versuch zur friedlichen Regelung, doch sie wurden unter Androhung von Prügel die Treppen hinuntergejagt. Nun war der Rat zu keinem Einlenken mehr bereit. So wurde dem Binder Hans Frey untersagt, sein Holz an einer anderen Stelle anzulanden, den Langenauer Schreinern und Zimmerleuten befohlen, ihr Holz gemeinsam an einem Tag die Donau hinunterzuflößen (damit man nicht zwei- oder dreimal „belästigt" werde), kommandierte 24 Mann ab, welche die Holzfuhren bis zum Verlassen des klösterlichen Herrschaftsgebietes bewachen sollten, und sah keinerlei Anlass, irgendein Protestschreiben des Klosters überhaupt zu beantworten. Nach dem Bericht des Fähnrichs Hans Georg Röder vom 24. April 1708 gingen die Anlandung der elf Flöße und der Transport des Holzes ohne Probleme vonstatten[286].

In den folgenden Jahren wiederholte sich regelmäßig die Prozedur: Anlandung unter militärischem Schutz, vergebliche Proteste des Klosters und Beharren der Reichsstadt auf militärischer Gewalt. Immerhin wurde 1710 versucht, dem Konflikt auszuweichen, indem man mit den Flößen bis Leipheim fuhr und von dort aus das Holz nach Langenau brachte[287].

Die Weber

Der Reichtum der Reichsstadt Ulm im späten Mittelalter beruhte auf der Textilproduktion[288]. Bereits im 14. Jahrhundert exportierte die Stadt Leinwand über Venedig und Genua in den Mittelmeerraum, wo sie eine weite Verbreitung fand, und im 15. Jahrhundert erreichten die Ulmer Leinwand- und Barchentprodukte den gesamten europäischen Wirtschaftsraum. Die Einführung der Barchentherstellung im 14. Jahrhundert, in der Folgezeit der bedeutendste Zweig des Textilgewerbes, schuf die Voraussetzung für den wirtschaftlichen Aufstieg der Reichsstadt. Betrugen die Einnahmen aus den für die Barchentschau erhobenen Gebühren im Jahr 1389 noch 1258 Pfund Heller, so steigerte sich die Summe bis zum Ende des 15. Jahrhunderts auf jährlich 5000 Pfund Heller. Der große Bedarf an Textilprodukten zwang den Rat, einen großen Teil der Barchent- und Leinwandproduktion auf das Land zu verlegen, wo eine große Zahl von Land- oder so genannten Gäuwebern für die Schau in Ulm wirkten. Trotz des heftigen Widerstandes der Ulmer Weber gegen die Konkurrenz auf dem Land hielt der Rat an dem eingeschlagenen Weg fest und wies die wiederholt vorgebrachten Beschwerden zurück, zum einen, weil die Barchentherstellung der Stadt gehöre und nicht einer einzelnen Zunft vorbehalten

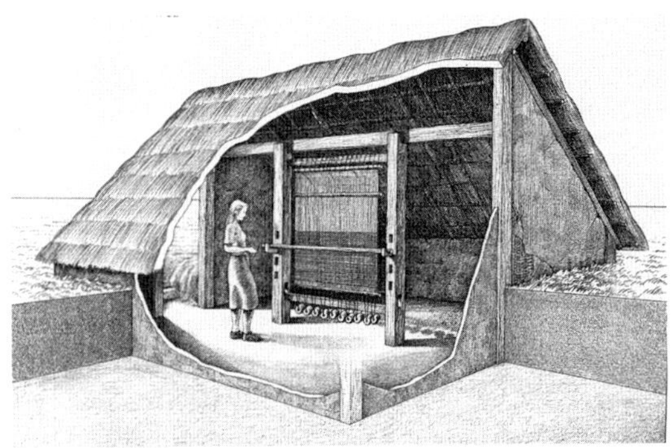

Rekonstruktion einer Webhütte, die in den Boden eingetieft war, um die für das Weben notwendige Luftfeuchtigkeit zu erhalten.

sei, zum anderen wären die Stadtweber gar nicht in der Lage, den Bedarf abzudecken, und zum dritten würde der Zuzug der Landweber in die Stadt wegen der vor allem seit dem Ende des 15. Jahrhunderts häufig auftretenden Konjunkturschwankungen zu Arbeitsmangel und Arbeitslosigkeit führen.

Mit der Entdeckung Amerikas und der damit verbundenen Verlagerung der Handelswege und -zentren in den Westen Europas setzte der wirtschaftliche Niedergang der schwäbischen Reichsstädte ein. Vor allem der Ulmer Barchent war von dieser Entwicklung betroffen. Der Mangel an Baumwolle aus der Levante, die Konkurrenz der Weber der seit 1507 sich im Besitz der Fugger befindenden Grafschaft Kirchberg-Weißenhorn und die Qualitätsminderung durch die Verwendung amerikanischer Baumwolle führten zu erheblichen Absatzschwierigkeiten, die durch das aufblühende Textilgewerbe in den Niederlanden und in England, das durch die Nähe zu den Einfuhrhäfen deutliche Wettbewerbsvorteile besaß, noch verschärft wurden. Das Sinken der jährlich hergestellten Barchenttücher von 60 000 am Ende des 15. Jahrhunderts auf 7912 im Jahre 1631 belegen den dramatischen Verfall des einst blühendsten Gewerbes der Stadt, das schließlich 1643 trotz aller Bemühungen des Rates, einen ausreichenden Absatz zu sichern, vollständig zum Erliegen kam[289].

An die Stelle der Barchentproduktion trat nach dem Dreißigjährigen Krieg die Leinwandherstellung, die in den beiden Nachkriegsjahrzehnten ihren letzten Höhepunkt erreichte. Nur in Ausnahmefällen war das Wirken von Barchent (Golschen) gestattet. So verlängerte der Rat 1671 dem Weber Hans Biermann die Erlaubnis zum Golschenweben um weitere drei Jahre, und 1680 erhielt Hans Hegel die obrigkeitliche Genehmigung auf Abruf[290]. Wie in der Stadt – dort wurden die Aufnahme in die Zunft und der Erwerb einer Meisterstelle 1665 erleichtert – breitete sich auch auf dem Land die Leinenproduktion wieder aus. In Langenau, neben Merklingen ein Zentrum der Gäuweberei, stieg die Zahl der Meister zwischen 1645 und 1660 von 153 auf über 200 an. Eine schwere Absatzkrise im Jahre 1665 konnte noch einmal überwunden werden, doch im 18. Jahrhundert, bedingt durch den Import billiger Leinwand aus Sachsen und vor allem Schlesien sowie durch die Konkurrenz vorderösterreichischer, oberschwäbischer und württembergischer Weber, verringerte sich die Leinenproduktion kontinuierlich, bis sie zu Beginn des 19. Jahrhunderts zur Bedeutungslosigkeit herabgesunken war[291].

Die Funktionalisierung der Landweberei für die Wirtschaft der Reichsstadt kann, wie bereits erwähnt, am Beispiel der Langenauer Weber anschaulich dargestellt werden. Die obrigkeitlichen Eingriffe weisen eine breite Palette auf: Bestrafung von Verstößen gegen Ordnungen und Erlasse, strikte Überwachung der Dunken (Webstuben) oder Maßnahmen gegen den illegalen Verkauf von Leinwand ins benachbarte Ausland. Den Beschwerden und Bitten der Weber um Verbesserung ihrer Lage stand der Rat nicht grundsätzlich ablehnend gegenüber und er kam ihnen aber nur dann entgegen, wenn er sich davon Vorteile für die Wirtschaft der Stadt versprach oder die Interessen der Weber und Garnsieder in der Stadt nicht berührt wurden.

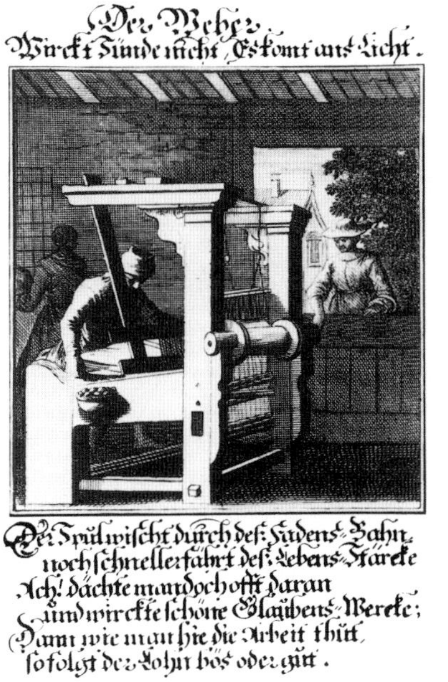

Weber.

Der Überwachung der Dunken, der Webstuben, galt die besondere obrigkeitliche Aufmerksamkeit. Im 16. und 17. Jahrhundert wurden die Dunken offensichtlich nur bei Verdachtsmomenten inspiziert, denn aus dieser Zeit ist lediglich ein Verstoß aus dem Jahre 1571 bekannt: Fünf Weber, die an mehr Webstühlen als erlaubt gewirkt hatten, wurden verhaftet, nach Ulm gebracht und für mehrere Tage in den Turm gesperrt[292]. Erst im 18. Jahrhundert sah sich der Rat wegen des um sich greifenden illegalen Leinwandverkaufs ins benachbarte Ausland zu regelmäßigen, mitunter wöchentlichen Dunkenvisitationen gezwungen, die dem Visierer übertragen wurden und vor allem dazu dienen sollten, den illegalen Export zu unterbinden[293]. So wies der Rat 1736 die Beamten beispielsweise an, die Visitationen und die Überprüfung der Leinwandzeichen, welche die Langenauer Weber auf der Schau in Ulm erhielten, genauestens vorzunehmen und ein Verzeichnis über ihre Visitationen und die Zahl der Leinwandzeichen anzulegen[294]. Aber auch Beamte waren vor Verfehlungen nicht gefeit. 1750 sperrte der Rat den Bader und Dunkenvisitator Johann Fries, der drei Jahre zuvor auf Bitte des Visierers Friedrich Fischer die Visitation übertragen bekommen hatte, für vierzehn Tage in den Turm und entließ ihn aus den städtischen Diensten, weil er von dem verbotenen Handel des Leonhard Laible und anderer gewusst, diese aber nicht angezeigt hatte. Der Oberamtmann übernahm nun die Visitation der Dunken und erhielt hierfür 26 Gulden jährlich sowie die Hälfte der Strafgelder und Leinwandkonfiskationen, die aufgrund seiner Anzeigen ausgesprochen bzw. vorgenommen wurden[295].

Die Auswirkungen der Absatzkrise von 1665 brachten die Gäuweber an den Rand ihrer Existenz, vor allem weil die Ulmer Händler ihnen ihre Waren nicht mehr abnahmen. Zum einzigen Ausweg aus der Notlage wurde der illegale Verkauf im Ausland, den viele Weber trotz der empfindlichen Strafen riskierten. Aus dem Jahre 1668 liegt uns erstmals eine Beschwerde der Langenauer Weber vor, in der sie sich darüber beklagten, dass die Ulmer Händler nicht mehr ihre Ware, sondern nur noch die der fremden Weber aufkaufen würden. Der Rat befragte daraufhin die Ulmer Kaufleute, wodurch er offensichtlich in Erfahrung brachte, dass die Weber der Oberen Herrschaft ins Ausland verkauften. In verschärfter Form verbot er ihnen den illegalen Export vor allem nach Augsburg und ermahnte sie ernstlich, qualitativ bessere Ware, an deren Güte es vor allem in Leipheim mangele, und breitere Tücher, die zur Zeit sehr begehrt seien, herzustellen[296].

Nicht nur das erfolglose Anbieten der Leinwandstücke in Ulm war ursächlich für den illegalen Export nach Günzburg. Der Weg nach Ulm war beschwerlich, vor allem bei schlechter Witterung, und in Kriegszeiten durchaus gefährlich für Hab und Gut oder gar für Leib und Leben (1678 empfahl der Rat den Langenauer Webern, wegen befürchteter feindlicher Überfälle nicht einzeln, sondern geschlossen nach Ulm zu kommen[297]). Eine anonyme Flugschrift aus dem Jahre 1784, deren Beschreibung der Zustände im ausgehenden 18. Jahrhundert gewiss auch für die zurückliegenden Jahrzehnte zutreffend ist, nennt als Gründe für den Niedergang des Ulmer Textilwesens die Ausbeutung der Weber durch die Händler und die schlechten Produktions- und Verkaufsbedingungen. So verloren sie durch den vorgeschriebenen Verkauf ihrer Produkte in Ulm zwei Arbeitstage und produzierten dadurch fast ohne Gewinn; aus diesem Grund gingen sie auf die günstigeren Angebote ausländischer Händler ein[298].

Die während des 18. Jahrhunderts sprunghaft ansteigenden und weit verbreiteten illegalen Leinwandverkäufe nach Günzburg legen die schlechten Lebensbedingungen und die Not der Langenauer Weber offen. Oft begründeten sie ihr ordnungswidriges Handeln damit, dass sie ihre Ware, obwohl gleichwertig mit allen anderen Angeboten, in Ulm nicht hätten verkaufen können; erstmals 1704, 1717 und 1718 beklagten sie sich über die Ulmer Leinwandhändler, die über vier Wochen lang ihre Leinwand nicht abgenommen hätten[299]. Der Rat anerkannte durchaus die Zwangslage der Weber. Auf ihre Beschwerde hin wies er das Steueramt an, mit den Leinwandhändlern zu reden, damit „der Handel und Wandel beibehalten und die Sache in die Wege gerichtet werden möge, dass der arme Landweber, dessen Nahrung bekanntlich, sobald er seine Ware nicht anbringen kann, gleich gestockt wird, und es aus Mangel der Mittel zu Erkaufung der Schneller nicht fortwirken kann, dabei bestehen könne und in aufrechtem Gang erhalten werde, infolglich auf verbotene Auswege bedacht zu sein sich nicht genötigt sehen möge“[300].

In der Tat war dem reichsstädtischen Leinwandexport im vorderösterreichischen Günzburg eine ernst zu nehmende Konkurrenz erwachsen. Das dort ansässige Handelshaus Brentano bot den ulmischen Webern bessere Preise, sodass der illegale Verkauf erhebliche Ausmaße annahm. Vor allem Langenauer und Leipheimer Weber, aber auch Weber aus Asselfingen, Setzingen, Altheim, Weidenstetten, Neenstetten, Bissingen und anderen ulmischen Orten brachten ihre Leinwand nach Günzburg[301]. Fast schon resigniert stellte der Rat im Mai 1731 fest, dass „die Leute teils mit Schlitten, teils sonsten öffentlich ohne Scheu, tags und nachts, die Stücke nacher Günzburg führen und tragen"[302]. Auffallend ist, dass sich die Fälle im Frühjahr und Frühsommer, wenn die Getreidevorräte zur Neige gingen, häuften. Besonders ärgerlich war es für den Rat dann, wenn die Weber schlechte Ware in Günzburg anboten[303]. Trotz aller Beschwerden der Reichsstadt beim Reichshofrat in Wien konnte der illegale Export nicht unterbunden werden. Im Gegenteil, stets wussten die Brentano den Wiener Hof im Rücken, der einen freien Handel befürwortete[304].

Aber auch die Zahl der überführten Täter und Täterinnen belegt eindrucksvoll einen schwunghaften, aus der Not geborenen Handel, trotz des hohen Risikos und angesichts der existenzbedrohenden Geldstrafe, die 1710 auf vier Gulden festgesetzt wurde[305]: Bestrafung von etlichen 30 „Frevlern" am 4. Juni 1717, Überführung von sieben Webern und einer Witwe, die von anderen Webern die Leinwandzeichen erhalten hatten, nach Ulm in den Turm im Mai 1719, acht Tage Gefängnis bei Wasser und Brot für Hans Glöckler im Januar 1729, je vier Gulden Strafe für 15 Weber im Mai 1731, Geldstrafe für 15 Weber im Frühjahr 1738[306]. Ganz widerspruchslos nahmen die Weber die Strafen nicht hin. 1731 versuchten einige Weber der drohenden Strafe zu entkommen, indem sie behaupteten, der Handelsmann Friedrich Karl Heilbronner würde Leinwand in Langenau wohlfeil aufkaufen und mit Profit den „Welschen" in Günzburg verkaufen (dem aber der Rat keinen Glauben schenkte). 1762 verwahrten sich fünf Weber, denen eine Geldstrafe drohte, gegen die ihnen vorgeworfene „Unwahrheit, Trotz und Halsstarrigkeit" (immerhin erreichten sie die Zurücknahme der Konfiskation ihrer Leinwandstücke)[307]. Bei der Überführung der Täter war der Rat manches Mal auf Denunziationen angewiesen. So im Frühjahr 1731, als Michael Schlumberger 15 Namen angab (Schlumberger hatte außerdem ein Pasquill gegen Kastenpfleger Johann Leonhard Böhringer verfasst, dem er „Unfleiß" bei der Dunkenvisitation vorwarf)[308].

Die Maßnahmen des Rates zeigten lange Zeit wenig Wirkung, selbst hohe Geldstrafen (ein oder zwei Gulden pro Leinwandstück) schreckten nicht ab[309]. Zunächst erhielten 1718 die Langenauer Leinwandstücke ein besonderes Zeichen mit einem „L" neben dem Ulmer Schild, das beim Verkauf wieder zurückgegeben werden musste, damit es nicht unrechtmäßig an nichtgeschauter Ware angebracht werden konnte[310]. Schließlich durften die Untertanen nur bestimmte Kutschen benutzen.[311] Selbst der Verzicht auf eine Turmstrafe und stattdessen eine mündliche Verwarnung zeigte ebenso wenig Wirkung wie die Zusage, dass die Weber gegen die Bezahlung des Stupfgeldes ihre mit einem Passierzeichen versehene Ware, die sie in Ulm nicht verkaufen konnten, in Günzburg verkaufen durften[312]. Auch verzichtete der Rat gelegentlich wegen der Armut der Weber auf eine Bestrafung und gab die konfiszierten Leinwandstücke gegen 30 Kreuzer zurück, weil sonst unschuldige Menschen leiden würden[313]. Und trotz der häufigen Dunkenvisitationen blieb es dem Rat rätselhaft, auf welche Weise die Weber ihre Leinwandstücke nach Günzburg brachten[314].

Webstuhl aus dem 18. Jh. im Langenauer Heimatmuseum.

Nach der Jahrhundertmitte scheint es dem Rat gelungen zu sein, die illegalen Exporte zu unterbinden (in den Ratsprotokollen ist nur noch ein Fall nach 1750 aus dem Jahre 1762 aufgeführt[315]). An der Situation der Weber änderte sich jedoch nichts, weiterhin bemühten sie sich darum, ihre in Ulm nicht verkauften Leinwandstücke nach auswärts verkaufen zu dürfen. So ist uns ein „notgedrungenes Petitum" der Langenauer Weber aus dem Jahre 1755 überliefert, das der Rat jedoch ablehnte, weil sie ihre übrig gebliebenen Stücke nicht mit dem Passierzeichen zu sechs Kreuzern hatten versehen lassen[316].

Aber auch andere Verstöße gegen die obrigkeitlichen Verordnungen lassen auf die schlechten Lebensverhältnisse vieler Weber schließen; so versuchten die Weber beispielsweise, durch eine geringere Fadenzahl Garn einzusparen und so mehr Leinwand weben zu können. Am Ausgang des 16. Jahrhunderts, als die Zahl der exportierten Leinwand- und Barchentstücke stetig zurückging, ahndete der Rat diese Betrügereinen mit harten Strafen: Berufsverbot, Gefängnis oder Geige (so wurde Jakob Nusser 1602 an drei Sonntagen in der Geige vor die Kirchentür gestellt)[317]. Besonders hart traf es 1577 Claus Brücklen, der im Dezember 1577 über den Rhein verbannt wurde[318]. Ebenso unter Strafe stand das Weben mit mehr als den in dem Eid der Gäuweber von 1533 erlaubten zwei Webstühlen[319].

Die ständige Sorge um das tägliche Brot war nicht das einzige Problem der Weber. Vor allem während des 16. und 17. Jahrhunderts gefährdete der Mangel an Garn ihre Existenz. Ihre Bemühungen um die Verbesserung ihrer Arbeitsbedingungen richteten sich auch auf die Abstellung der Kauderei und auf die Erlaubnis, Garn in Langenau sieden zu dürfen (die Gäuweberordnung von 1533 schrieb das Sieden des Garns in Ulm vor[320]). Das Sieden des Garns unterlag strengen Vorschriften; so legte die 1748 für Langenau erlassene Garnsiederordnung genau fest, wie das Garn in den Siedekessel eingelegt werden musste, und untersagte den Gebrauch von Waid, Bad-, Ziegel- und Kalkasche[321].

1539 wandten sich die Langenauer Weber erstmals mit der Bitte um die Errichtung einer Garnsiede in Langenau an den Rat, der ihnen jedoch erst 1556 erlaubte, einen Garnsieder namens Kaspar Mahler anzunehmen; 1573 erhielt Langenau eine zweite Garnsiede[322]. Offensichtlich war der Bedarf an Garn größer, als die beiden Garnsieden herstellen konnten. Von 1577 an bemühten sich die Weber um eine dritte, zunächst allerdings vergeblich. Am 3. September diesen Jahres beschied er den Garnsiedern, dass sie sich um Knechte bemühen sollten, um den Garnbedarf zu decken[323]. Auch 1595 lehnte der Rat eine dritte Garnsiede mit dem Hinweis ab, dass, wenn die zwei vorhandenen Garnsieden nicht ausreichen würden, die Langenauer Weber ihr Garn nach Leipheim oder Ulm zum Sieden bringen sollten – eine sicherlich nachteilige Entscheidung für die Langenauer Weber, die dadurch erhebliche Wettbewerbsnachteile zu ertragen hatten. Nachdem aber die Langenauer Weber dem Rat berichtet hatten, dass die Leipheimer Weber in Günzburg und Burgau Garn aufkaufen und in Langenau verkaufen würden, änderte der Rat seine Haltung. Am 13. Oktober 1595 erlaubte er dem Ulmer Garnsieder Jakob Ganser, das Haus des Martin Nasgenraunft zu erwerben und in dem Gebäude, in dem früher schon eine Garnsiede betrieben worden war, Garn zu sieden. Aber auf Einspruch der Ulmer Weber, Garnsieder und Müller nahmen die Ratsherren die Erlaubnis wieder zurück und gestatteten ihm auf Bitte der Langenauer Weber in einem bestehenden Garnsiederhaus in Ulm zu arbeiten[324].

Erst 1621 genehmigte der Rat den Langenauer Webern eine dritte Garnsiede. Die Verhandlungen zwischen Rat und Webern und schließlich die Bestimmungen für den Unterhalt lassen den Schluss zu, dass der Rat aus Kostengründen, z. B. für Unterhalt und Reparaturen, über Jahrzehnte den Langenauern Webern eine dritte Garnsiede nicht zu genehmigen vermochte. Zunächst nahmen die Herrschaftspfleger einen Augenschein vor, mit dem klaren Auftrag, nach Einsparungsmöglichkeiten zu suchen. Die ins Auge gefasste Salpetersiede erwies sich bedauerlicherweise als unbrauchbar. Daraufhin wurde eine Delegation der Weber nach Ulm einbefohlen; Verhandlungsgegenstand war der Unterhalt der Garnsiede: Ob die Weber bereit wären, einen Teil der Baukosten und die künftigen Unterhalts- und Reparaturkosten zu übernehmen, wenn der Rat ihnen das Bauholz schenke? Im Endergebnis wurden die Lasten auf die Garnsieder abgewälzt: Der Rat übernahm vorerst die gesamten Baukosten von 500 Gulden, die die Garnsieder mit einer Barzahlung von 500 Gulden und in drei Jahresraten begleichen sollten, und ließ sogar neue Kupferkessel einbauen. Zukünftig mussten die Garnsieder für den Unterhalt und die Reparaturen selbst aufkommen, sie wurden unter anderem verpflichtet, alte und nicht mehr brauchbare Kessel einzuschmelzen und daraus neue gießen zu lassen. Außerdem wurde das Aufnahmegeld für Garnsieder auf vier Gulden, das für Weber auf zwei Gulden festgesetzt[325].

Die Langenauer Garnsieden lebten auch von den Webern der unmittelbaren Umgebung, und ihre Rentabilität war von dem auswärtigen Garn abhängig. So gerieten sie 1711 in eine bedenkliche Krise, als in Günzburg eine Garnsiede eröffnet worden war und die Weber der umliegenden ulmischen Dörfer begonnen hatten, ihr Garn dort sieden zu lassen. Wie bedrohlich die Situation tatsächlich war, legt die vom Rat umgehend angedrohte Strafe von vier Gulden nahe[326].

Ein ständiges Problem war die Baufälligkeit der Garnsieden. Regelmäßig wurde ihr schlechter, „verderbter" Zustand beklagt, sei es der des Gebäudes selbst, sei es, dass die Siedekessel nicht mehr brauchbar waren[327]. Die Kosten der Reparaturen waren ein ständiger Streitpunkt. Gelegentlich half der Rat mit einem Zuschuss, in der Regel für die Kupferkessel, aus. Grundsätzlich übertrug er aber die Bestreitung der Kosten den Garnsiedern und Webern, so ordnete er im April 1589 kurz und bündig an, dass die Garnsieder für den Schaden bzw. die Reparatur aufkommen müssten[328]. Nur in einem Fall übernahm der Rat die gesamten Kosten für die Reparatur der Unteren Garnsiede, weil die Weber durch die Kriegsgeschehnisse in den 1630er Jahren kein Vermögen mehr besaßen[329]. Um dieselbe Zeit war eine andere Garnsiede baufällig und unbrauchbar geworden – ein Zustand, der durch die stark gewachsene Zahl der Weber besonders nachteilige Folgen hatte. Diese boten dem Rat an, die Baukosten zu übernehmen und die Garnsiede der Stadt eigentümlich zu überlassen sowie einen Jahreszins zu zahlen, wenn die Stadt die Baumaterialien kostenlos zur Verfügung stellen würde. Man brach daraufhin die alte Garnsiede ab, die Steine wurden für das Fundament des Amtshauses verwendet sowie die Platten, Ziegel, Balken und Latten für den späteren Gebrauch aufbewahrt[330]. Auch für die abgerissene Garnsiede zahlten die Weber einen Jahreszins von zehn Gulden und 20 Kreuzern. Ihre Bitte um Nachlass lehnte der Rat mit der lapidaren Begründung ab, die Garnsiede sei nicht an einen Garnsieder, sondern an die Weber verliehen[331]. Am Ende des Dreißigjährigen Krieges erließ der Rat den erschöpften Webern den Jahreszins um die Hälfte[332].

Das Fehlen einer dritten Garnsiede wurde mit dem Aufschwung des Leinwandhandels nach dem großen Krieg deutlich spürbar. Wie sehr die Leinwandherstellung wieder angestiegen war, zeigt nicht nur die Anmerkung der Weber in ihrer Bitte um den Bau einer dritten Garnsiede, dass sich ihre Zahl „in ziemlichen Aufschwung" befinde, sondern auch in der Forderung, dass zwei Siedekessel aufgestellt werden müssten. 1656 erhielten die Langenauer Weber endlich die obrigkeitliche Erlaubnis zum Bau. Der Rat stellt das Baumaterial, das die Bauern als Frondienst herbeischaffen mussten, kostenlos zur Verfügung, aber für den Unterhalt hatten die Weber wie bisher selbst aufzukommen. Immerhin wurden die Weber aus Albeck, Altheim, Weidenstetten, Bernstadt, Göttingen und Hörvelsingen verpflichtet, sich an den Unterhaltskosten zu beteiligen, weil sie künftig diese Garnsiede benutzen durften[333]. Im 18. Jahrhundert entrichteten die Garnsieder einen Jahreszins von jeweils drei Gulden und die Weber von vierzehn Gulden[334].

Der Verkauf der Garnsieden an Privatpersonen 1732 stieß bei den Betroffenen auf so heftigen Widerstand, dass der Rat den Oberamtmann anwies, über die Leute in den Garnsieden eine gute Aufsicht zu führen und „ihrem frechen und unehrbaren Wesen vorzubeugen."[335] Zwei Garnsieder, Jakob Frister und David Henseler, scheinen mit dem Geschäft nicht recht zufrieden gewesen zu sein, denn sieben Jahre später kaufte der Rat wegen der „starken Weberschaft" die Garnsieden zurück. Dies aber um 150 Gulden unter dem Preis von 1732, da seither einige Reparaturen vorgenommen worden waren und jeweils zwei Kupfer- und Eisenkessel hatten ersetzt werden müssen (für die beiden Garnsieden zahlte der Rat insgesamt 1350 Gulden)[336].

Die Schuldenkrise der Reichsstadt zwang den Rat in den 1770er-Jahren zum Verkauf zahlreicher städtischer Gebäude, so auch zu dem der drei Langenauer Garnsieden 1775, die Michael Nusser, Christian Nusser und Kaspar Wagner erwarben. Doch der Verfall der Ulmer Leinwandproduktion verhinderte den geschäftlichen Erfolg, sodass die drei Garnsieder nur unter großen Mühen den Verkaufspreis aufbringen konnten und daher im Januar 1779 beim Rat „in einer flehentlichen Bitte" um einen

Zahlungsaufschub nachkamen; als Ursache führten sie die „Aschenkipperei" eines Johannes Scheeraus an, der sie nicht mit ausreichend, und wenn, dann mit überteuerter Asche beliefert habe. Die verlängerte Ratenzahlung bewirkte nichts. Allem Anschein nach kamen zudem die Garnsieder aus nicht näher bekannten Gründen der Versorgung der Weber mit Garn nur unzureichend nach, sodass der Rat ihnen im November 1780 drohte, die Garnsieden zwangsweise verkaufen zu lassen.

Im folgenden Januar gaben Michael Nusser und Kaspar Wagner auf und boten im „Ulmer Intelligenzblatt" ihre Garnsieden zum Verkauf an, dem der Rat unter zwei Bedingungen zustimmte: Diejenige Siede, die den höheren Preis erzielen sollte, dürfe bei nachgewiesenem Bedarf als Garnsiede erhalten bleiben, während die andere zu einer Selde umgewandelt werden müsse. Der Verkauf schlug fehl, was Wagner, der sich bitter über die Langenauer Weber beschwerte, die Garn nach Leipheim führen und dort sieden lassen würden, in eine verzweifelte Lage brachte und ihn zu verbalen Ausfällen gegen seine Obrigkeit hinreißen ließ. Wegen seiner „respektlosen Reden gegen die gnädige Herrschaft" wurde er verhaftet und sollte nicht eher entlassen werden, bis die schon 1780 fällige Rate von 150 Gulden, der Jahreszins und ein Gulden für die Anzeige im „Intelligenzblatt" bezahlt wären. Unterdessen sollten die Garnsieden bis zu einem Verkauf weiter in Betrieb bleiben. Wann die Garnsieden schließlich verkauft wurden, ist nicht bekannt, aber im September 1784 untersagte der Rat den ehemaligen Besitzern, die Feuerkessel an Ulmer Garnsieder zu veräußern[337].

Das gewiss vorteilhafte Vorhandensein der Garnsieden vor Ort garantierte nicht unbedingt eine ausreichende Garnversorgung. Im Februar 1605 beschwerten sich die Weber, dass die Garnsieder aus Holzmangel, der durchaus nicht ungewöhnlich war, kein Garn herstellen würden und dadurch „ein großer Mangel an ihrer und ihrer Weiber und Kinder täglicher Leibsnahrung erfolgen" würde. Abhilfe könne die Gewährung eines „Notdurftholzes" schaffen. Statt umgehend das Problem aus der Welt zu räumen, legte der Rat die Garnsieder ins Blockhaus (Langenauer Gefängnis) und verhörte sie[338]. 1657 griffen fünf, mit den Garnsiedern mehr als unzufriedene Langenauer Weber zur Selbsthilfe und holten einen Garnsieder aus Heidenheim, der ihr Garn mitnahm und bei sich sott. Ihnen wurde eine Strafe von einem Gulden auferlegt (das gleiche Vergehen sollte dann zukünftig mit vier Gulden geahndet werden)[339].

Als existenzbedrohend für die Garnsieden erwies sich auch die Konkurrenz im benachbarten Ausland. Im Juni 1733 baten die unter Arbeitsmangel leidenden Ulmer Garnsieder um ein Verbot, außerhalb des ulmischen Herrschaftsgebietes Garn sieden zu lassen. Auch die daraufhin befragten Weber in Langenau, Leipheim und Bermaringen unterstützten das Anliegen, welche die Untertanen gemahnt wissen wollten, ihre Mitbürger nicht zu ruinieren. Das Verbot wurde in die angrenzenden Herrschaften versandt, mit der Folge, dass das württembergischen Vogtamt in Heidenheim, Nachteile für den dortigen Garnmarkt befürchtend, heftigen Protest einlegte und Repressalien androhte. In seiner Antwort begründete der Rat das Verbot mit der „Konservation" seiner Untertanen und der Aufrechterhaltung der Garnsieden; ansonsten sei das Verbot kein „unnachbarschaftlicher Akt"[340]. Ebenso durfte Asche, die für das Garnsieden gebraucht wurde, grundsätzlich nicht an Fremde und ins Ausland verkauft werden, was aber den Langenauer Garnsiedern nicht unbedingt Erleichterung verschaffte, denn der Verkauf von Asche an die Bleicher und Garnsieder in Ulm war seit alters her deren verbürgtes Privileg. 1732 verordnete der Rat den Aschensammlern sogar, während der Wintermonate ausschließlich die Ulmer Bleicher zu beliefern, während es ihnen von März bis Oktober freigestellt blieb, Garnsieder, Wäscher, Seifensieder oder sonstige Kunden auf dem Land mit Asche zu versorgen. Diese Regelung konnte durchaus in den Langenauer Garnsieden zu Engpässen führen[341].

Das zweite große Problem der Weber bei der Versorgung mit Garn betraf die so genannte Kauderei; auswärtige Garnaufkäufer zogen von Dorf zu Dorf und kauften das Garn auf, sodass die Weber immer wieder Anlass fanden, beim Rat um die Abstellung der Kauderei vorstellig zu werden. Allem Anschein nach betrieben die Kauderer eine recht erfolgreiche Preistreiberei, wie aus einer Beschwerde der Weber von 1613 hervorgeht, wonach die Kauderer einer von dem anderen das Garn abkaufen würden, bis es in die Hand derjenigen gelange, die es benötigten[342]. Das Verbot der Kauderei war das vorrangige Ziel der Langenauer Weber. Mit Beschwerdeschriften und Eingaben suchten sie die Ratsherren zu energischem Handeln zu bewegen. 1560 beispielsweise forderten sie die rigorose Bestrafung des Garnaufkaufs durch auswärtige Kauderer[343]. Und 1596 verlangten die Weber gleich zweimal die Aussperrung der Kauderer, ehe sich der Rat bereit erklärte, eine entsprechende Ordnung zu erlassen, zu der sie ihre Wünsche den Ratsherren vortragen durften[344]. Schließlich soll noch eine Beschwerde von fünf Webern aus dem Jahre 1603 angeführt werden, in der sie sich beklagten, dass die Augsburger Weber in Nieder- und Oberstotzingen alles Garn aufkaufen würden, sodass sie zu keinem Garn kommen würden[345]. Wenn es die Situation erforderte, kam der Rat den Kauderern durchaus entgegen, wenn er ihnen beispielsweise erlaubte, im Ulmer Herrschaftsgebiet Garn zu verkaufen, damit sie dies nicht in ausländischen Orten täten[346].

Offensichtlich griffen die obrigkeitlichen Maßnahmen gegen die Kauderei nicht umfassend, sodass sich die Langenauer Weber darum bemühten, auf auswärtigen Garnmärkten, zum Beispiel in Heidenheim oder Giengen, einkaufen zu dürfen – eine Möglichkeit, die zum einen sie selbst nicht immer nutzen wollten und welche der Rat aus wirtschaftspolitischen Gründen je nach Situation zuließ oder untersagte. So erlaubte der Rat im Mai 1602 den Besuch des Heidenheimer Garnmarktes[347]. Eine Beschwerde der Langenauer Weber aus dem Jahr 1603, die ulmischen Landweber würden auf den, auch auswärtigen Garnmärkten Garn auf- und wieder verkaufen, sodass sie selbst kein Garn mehr zur Verfügung hätten, führte zu der Erlaubnis, ebenso wie diese zu verfahren, aber mit der obrigkeitlichen Maßgabe, „solches nit zu offenbar [zu] machen, sondern als wenn sie es für sich selbsten täten". Damit waren sie jedoch keineswegs einverstanden und wollten lieber wieder bei den Kauderern kaufen (wohl war ihnen der Weg zu den Garnmärkten zu beschwerlich und ihrer Arbeit letztlich abträglich)[348]. Dass der Garnkauf zu durchaus heftigeren Konflikten führen konnte, legt ein Streit mit den Webern in Giengen wegen des dortigen Garnmarkts im Jahre 1601 nahe (leider überliefert das Ratsprotokoll nicht die näheren Umstände des Streits)[349]. Umgekehrt zwang der oftmals schlechte Zustand der Garnsieden und die daraus entstehende Knappheit des Garns den Rat, den Langenauer Webern nachdrücklich zu verbieten, ihr Garn in Heidenheim oder in einem anderen ausländischen Ort sieden zu lassen, aber er erlaubte durchaus, das rohe Garn auf ausländischen Märkten zu kaufen, um es in Langenau sieden zu lassen[350].

Um 1700 regelte die Reichsstadt den Garnhandel strikt. Die Landpolizei-Ordnung verbot bei einer Strafe von bis zu zehn Gulden den Garnkauf und -verkauf in Häusern und außerhalb der ulmischen und auch auswärtigen Jahr- und Wochenmärkte. Dieselbe Strafe zahlte, wer unverarbeitetes Garn weiterverkaufte. Der Verkauf von Garn an fremde Kauderer wurde mit 30 Kreuzern je Pfund und Beschlagnahmung geahndet[351].

Es soll nicht unerwähnt bleiben, dass der ständige Garnmangel eine aus der Not geborene ‚kriminelle Energie' hervorbrachte und die bedrängten Weber zum Übertreten obrigkeitlicher Verbote zwang. Aus dem Jahre 1614 sind uns gleich zwei Vorfälle überliefert. Der Weber Jörg Höllwarth wurde im September verhaftet und zum Verhör nach Ulm gebracht. Dort gestand er, mehrfach aus einer Garnsiede das begehrte Garn gestohlen zu haben. Nach einer Woche wurde er entlassen, mit der Auflage, dem Garnsieder den entstandenen Schaden zu ersetzen. Im November wurde auf dem Ulmer Markt ein 14 Lot schwerer, „heimlich hineingesteckter" Eisennagel in einer Garnspindel gefunden. Des Betruges verdächtigt wurde der Weberknappe Hans Bescheid, der aber in den Verhören alles abstritt, da ihm das Garn gar nicht gehöre[352].

1680 brachten die Ulmer Weber eine heftige Klage gegen ihre Langenauer Kollegen vor den Rat. Sie warfen diesen vor, auf dem gewöhnlichen Garnmarkt und innerhalb von vier Meilen um die Stadt zahlreiche Schneller verbotenerweise zu bestellen und zu kaufen, und verlangten von den Ratsherren die Erlaubnis, den Langenauern ihre Säcke zu kontrollieren und verboten gekauftes Garn zu konfiszieren. Dies wurde ihnen nicht gestattet, sondern sie sollten Verstöße beim Rat anzeigen. Immerhin erkannte der Rat die Notsituation der Langenauer Weber. Zum einen hielt er die Ulmer Bleicher an, fleißiger Garn zu sieden, damit den Webern in Stadt und Land ausreichend Garn zur Verfügung stünde, zum anderen setzte er sich dafür ein, dass die Langenauer Weber in Giengen Garn einkaufen durften (allerdings müssten sie dann hinnehmen, dass die Weber aus Giengen ihre breiten Leinwandstücke in Ulm verkaufen dürfen, wogegen sie sich beklagt hatten)[353].

Weberselde in Langenau. 1926. Aquarell.

Wirte und Bierbrauer

Die ersten Nachrichten über die Wirte in Langenau stammen aus dem 16. Jahrhundert. 1554 wurde die Ratsherberge verkauft, 1558 belegte der Rat die Langenauer Wirte mit einer Geldstrafe, weil ihnen Betrügereien mit den Maßen nachgewiesen worden waren, und 1592 erhielt der Täferwirt ein Darlehen von 100 Gulden[354]. Die Reihe der Wirte setzt sich im 17. Jahrhundert fort. 1611 gewährte der Rat dem Oberen Wirt ebenfalls ein Darlehen, 1677 bezog der Wirt der „Blauen Ente", Christian Dieterich Nüsseler, auf seine Bitte hin verbilligtes Malz, und 1685 gestattete der Rat Jakob Lonsinger, die Wirtschaft „Zum Hirsch" wieder zu eröffnen, Bier und Wein auszuschenken und eine eigene Metzigbank einzurichten (Letzteres stellt eine große Ausnahme dar, da seit der Mitte des 17. Jahrhunderts ausschließlich in der städtischen Metzig geschlachtet werden musste)[355]. Im Januar 1690 erlaubte der Rat dem Bierbrauer Matthias Junginger trotz der Einsprüche der anderen Wirte, einen Schild mit dem Zeichen eines „Pfluges“ an seinem Haus anzubringen, entsprechend der Gerechtigkeit, die schon seinen Vorfahren genehmigt worden war. Für den Schild entrichtete Junginger eine Gebühr von zwanzig Gulden[356]. Das Salbuch von 1710 schließlich listet die acht Langenauer Wirtschaften auf: im Oberen Dorf den „Pflug“, im Mittleren Dorf den „Ochsen“, den „Roten Löwen“, den „Löwen“, das „Weiße Ross“ und die „Blaue Ente“ sowie im Unterdorf den „Hasen“ und den „Täferwirt“[357].

Nur in Wirtschaften mit einem Schild, das an einer sichtbaren Stelle angebracht sein musste, durften Gäste übernachten. Die Wirte waren verpflichtet, vier Betten und in ihren Ställen Platz für acht Pferde bereitzuhalten. Ebenso gehörte es zu ihrer Pflicht, genügend Lebensmittel und Getränke vorrätig zu haben[358]. Die Herbergen besaßen auch in Langenau eine gewisse repräsentative Funktion. Daher legte der Rat auf ein ansprechendes äußeres Erscheinungsbild Wert und gewährte den Wirten in der Regel Darlehen zur Renovierung ihrer Häuser. So erhielt 1588 der Wirt Hans Feigk ein Darlehen von 500 Gulden, damit „Durchreisende von Adel und andere ehrliche Leute wie auch die Fuhrleute [...] mit aller Notdurft“ beherbergt werden könnten oder 1601 der neue Wirt im Oberen Dorf 200 Gulden zur Wiederherstellung „seiner übel zergangenen Herberg“[359]. Andererseits achtete der Rat darauf, dass die Wirte ihren Pflichten nachkamen. So drohten sie 1716 dem Täferwirt, ihm sein Privileg zu entziehen, wenn er weiterhin seine Gäste so „muros tractiere“, und selbiges dem Hasenwirt zu verleihen, dem er im selben Dekret das Übernachtungsprivileg verweigert hatte[360].

Die bis in die Anfänge des 16. Jahrhunderts zurückgehenden Wirtsordnungen – 1548 wurde die alte Ordnung modifiziert und 1556/58 durch eine neue ersetzt – regelten den Wirtshausbetrieb. Der Verkauf von Wein bedurfte einer obrigkeitlichen Genehmigung, so 1597 einem Michael Bollinger erteilt. Die Wirte waren angehalten, die Ulmer Hohlmaße – 1 Maß, halbes Maß und Viertelmaß – jährlich eichen zu lassen und bei Strafe genau einzuhalten sowie von einem Maß Wein nicht mehr als einen Pfennig Gewinn zu nehmen. 1558 wurde den Wirten, die den Wein vom Zapfen schenken, angeordnet, dass bei zwei Gulden Strafe „sie niemand setzen“ sollten. An Freitagen und Samstagen durfte weder Familienangehörigen noch Gästen bei einer Strafe von zehn Gulden Fleisch angeboten werden. Ein Wirt verlor seine Schankgerechtigkeit, wenn er von auswärtigen Branntweinhändlern, denen der Verkauf von Branntwein streng verboten war, diese Spirituose kaufte oder sie heimlich von auswärts kommen ließ. Dieser Schmuggelhandel scheint zeitweise erhebliche Ausmaße angenommen zu haben und war nur schwer unter Kontrolle zu bringen, denn der Rat versprach demjenigen, der einen solchen Handel bei den Beamten anzeige, die Hälfte der Strafe (einen Gulden)[361]. Erst 1616 erhielten die Langenauer Wirte wie in anderen Orten auch eine eigene Ordnung, auf die sie schwören mussten[362]. Gelegentlich suchten Wirte um die Erlaubnis nach, Brot zu backen und in ihren Wirtschaften verkaufen zu dürfen, ohne das Bäckerhandwerk gelernt zu haben, wie es zum Beispiel 1579 Willboldt Honold gestattet wurde[363].

Von den Wirten wurde für jedes Fass Bier oder Wein eine Steuer, das so genannte Umgeld, erhoben, beispielsweise zahlte 1677 der Wirt der „Blauen Ente" für jedes Maß braunen Bieres vier Kreuzer Umgeld[364]. In Kriegszeiten bereitete das Umgeld den Wirten erhebliche Probleme, beispielsweise bat 1547 der Bierwirt Ulrich Mayer um einen Nachlass des Umgeldes. Dennoch pochte der Rat nahezu unerbittlich auf die genaue Bezahlung der Steuer und griff rigoros durch. Im März 1630 drohte er den Wirten zehn Gulden Strafe an, wenn sie die ausstehende Summe nicht umgehend abliefern würden; damit sie nicht mehr in allzu großen Verzug gerieten, mussten sie von nun an wöchentlich ihr Umgeld abliefern. 1644 wurde der Bierwirt Hans Honold entlassen (allerdings bleibt offen, ob er auch das Wirtsprivileg verlor oder sogar aus dem Herrschaftsgebiet ausgewiesen wurde)[365]. Die Folgen der Truppendurchzüge, Einquartierungen und Plünderungen in den letzten Jahren des Dreißigjährigen Krieges bewogen den Rat zu mehr Milde den säumigen Wirten gegenüber; wegen „schädlicher starker Einquartierung, Durchzüge, schädlicher Hochgewitter und Missgewächs" erließ er ihnen das Metzgergeld, das sie seit 1644 nicht mehr bezahlt hatten, zum Jahresende 1651[366].

Eine Bierbrauerordnung, eine erste ist aus dem Jahr 1556 überliefert, regelte die Herstellung des Bieres und setzte die Bierpreise fest. 1574 stellte der Rat, der im Übrigen auf die Einhaltung der Ordnung großen Wert legte und die Wirte gelegentlich bei Verstößen ernsthaft daran erinnerte, Überlegungen an, für die drei großen Gemeinden auf dem Land – Geislingen, Leipheim und Langenau – eine einheitliche Ordnung für das Bierbrauen zu verfassen[367].

Bier war ein wichtiges Nahrungsmittel. Die Braugenehmigung war nicht mit dem Besitz einer Wirtschaft verknüpft, wie die folgenden Beispiele zeigen. 1567 erhielt der Färber Abraham Meyer das Recht zum Bierbrauen und -ausschenken. Häufiger waren es jedoch Bäcker, die beim Rat um dieses Recht und den Bau einer Braustatt vorstellig wurden. Schließlich galt auch für die Bierbrauer, dass sie für die Ausübung ihres Handwerks das Meisterrecht besitzen und verheiratet sein mussten, um in den Genuss des Langenauer Bürgerrechts gelangen zu können[368]. Auch für die Braustätten legte der Rat Grenzen fest und lehnte im September 1608 das Gesuch des Veit Honold ab. Nachdem nur vier Wochen später Matthias Fetzer für seinen Sohn um eine Erlaubnis bat, schob der Rat nach einem Gutachten des Oberamtmannes und des Gerichts einen Riegel vor, denn zukünftig durfte nur noch derjenige Bierbrauen, der das Handwerk erlernt hatte[369]. Von 1613 an durfte nur noch dann eine Braustatt neu eingerichtet werden, wenn dort schon in früherer Zeit Bier gebraut worden war (allerdings erhielt der Schulmeister Georg Schuhmacher 1649 trotzdem nicht die begehrte Brauerlaubnis[370]), und jedes Gesuch um die Einrichtung einer Braustatt wurde konsequent abgelehnt, so beispielweise dem Besitzer einer Taferne, Bartholomäus Laiblin, im Januar 1654[371]. Zumindest vom 17. Jahrhundert an war den Bierbrauern und Wirten ausschließlich der Bierausschank gestattet. Weinschenke durften kein Bier lagern, sondern mussten im Bedarfsfalle die gewünschte Maß Bier bei einem Bierbrauer holen lassen, wie ein Ratsdekret vom 13. Dezember 1658 anordnete[372].

Die Versorgung der Langenauer Bevölkerung mit Bier, einem wichtigen, da nahrhaftem Lebensmittel, konnte nicht immer sichergestellt werden. 1701 baten die Langenauer Bierbrauer wegen des Mangels an braunem Bier erfolgreich um eine steuerliche Gleichstellung mit Leipheim. Als zu Beginn der 1740er-Jahre den Biersiedern der Mangel an Gerste erhebliche Probleme bereitete, verbot der Rat auf ihre Bitte den Verkauf von Gerste an fremde Händler, worauf vor allem der Vogt von Leipheim zu achten hatte; dem begehrten Ausfuhrverbot kam er allerdings nicht nach[373]. 40 Jahre später baten die Bierbrauer, offensichtlich erneut aus Mangel, ihr Malz außerhalb des Ulmer Herrschaftsgebietes kaufen, es aber in Langenauer Mühlen brechen zu dürfen. Sie erhielten dafür die obrigkeitliche Erlaubnis unter der Bedingungen, ein genaues Verzeichnis zu führen, das nach jedem Quartal der vorgesetzten Behörde zu übergeben war (von 1753 an waren die Bierbrauer der Oberen Herrschaft verpflichtet, ihr Malz in bestimmten Mühlen brechen und messen zu lassen, so die Bierbrauer aus Langenau, Göttingen, Weidenstetten und Bernstadt in der Langmühle an der Nau)[374].

Mühlen und Müller

Die wasserreiche Nau trieb schon im Hochmittelalter Mühlen an[375]. Als erste Langenauer Mühle wird die Ostermühle 1297 urkundlich genannt. Bis zum Verkauf Langenaus an Ulm 1377 besaßen die Grafen von Werdenberg sieben Mühlen: die Obere Mühle, die Dorf- oder Langmühle, die Baurenmühle, die Pfladermühle, die Urismühle, die Beinesenmühle und die äußere Riedmühle. Bis 1536 gehörte die Öchslesmühle zum

Besitz des Klosters Anhausen. Außerhalb der Gemeinde lagen die Riedmühlen. Bis zum Beginn des 20. Jahrhunderts waren alle Mühlen außer der Pfladermühle in Betrieb.

1882 verfügten die Langenauer Mühlwerke über 42,5 PS. Die von der Zentralstelle für Gewerbe und Handel in Stuttgart angeordnete Erhebung brachte für die einzelnen Mühlen die folgenden Ergebnisse: Obere Mühle: 2 PS, Öchslesmühle: 2 PS, Langmühle: 2 PS, Pfladermühle (als mechnaische Werkstatt genutzt): 1 PS, Baurenmühle: 2,5 PS, Beinesenmühle: 2,5 PS, Urismühle: 1 PS, Sixenmühle: 12 PS, Ostermühle: 8 PS, Mussismühle: 6 PS, Seemühle: 1,5 PS und die Schammensägmühle: 1,5 PS[376].

Die Obere Mühle (Wasserstraße 72) lag etwa 200 bis 300 Meter von der Nauquelle entfernt. Wie alle Mühlen wechselten die der Stadt zinspflichtigen Besitzer im Laufe der Jahrhunderte. Hervorgehoben sei Albanus Schwenck, der die Mühle 1776 erwarb und 1799 an seinen Sohn Bartholomäus für 5360 Gulden verkaufte. Im 19. Jahrhundert besaß die Mühle drei Mahlgänge und einen Gerbgang. Bereits 1811 wird im Gebäudebrandversicherungsbuch ein Sägewerk genannt und 1883 ergänzte ein Gipsstampfwerk die Mühlenanlage. Um 1900 trieben nur je ein Wasserrad einen Mahlgang und das Sägewerk an. 1956 stellte die Obere Mühle ihren Betrieb ein.

Die 1463 erstmals urkundlich nachgewiesene Öchslesmühle (Achstraße 52) ging 1536 aus dem Besitz des Klosters Anhausen in ulmisches Eigentum über; die anhausischen Untertanen blieben weiterhin in die Mühle gebannt, d. h. mahlpflichtig[377]. Benannt wurde sie nach einem Müller Öchsle, der vermutlich beim Besitzwechsel auf der Mühle saß. Über 500 Jahre bis zur Einstellung des Betriebes 1942 blieb die Mühle im Besitz einer Familie: 1635 heiratete Michael Fetzer die Witwe des Müllers Georg Öchsle; deren Nachfahrin, die Witwe des 1784 verstorbenen Müllers Mattes Fetzer, nahm sich den aus Söglingen stammenden Johannes Buck.

Die Dorfmühle (Wasserstraße 23) befand sich um 1515 im Besitz der Gemeinde Langenau, die zu einem unbekannten Zeitpunkt die Mühle von der Stadt für 250 Goldgulden auf zwanzig Jahre erworben hatte. Bis 1579 blieb die Mühle im Bestand der Gemeinde[378]. Die für den Müller gebräuchliche Bezeichnung „Gemeindmüller" und der Name Dorfmühle selbst erinnern an diese Zeit. Erst nach 1642 bürgerte sich aus uns unbekannten Gründen der Name Langmühle ein. Der Betrieb der Langmühle, die zwei Mahlgänge und einen Gerbgang hatte, wurde 1950 eingestellt, nachdem in der Freistegstraße eine wesentlich leistungsfähigere Mühle errichtet worden war, die bis 1972 betrieben wurde.

Die mit je einem Mahl- und Gerbgang versehene Pfladermühle (Burghofstraße 16) wird erstmals im Salbuch von 1515 erwähnt. Die Namen der Müller führten zu Namensänderungen. In der Mitte des 16. Jahrhunderts nannte man sie die Bronnenmühle, und die Müllerfamilie Bunz gab ihr ab der Mitte des 17. Jahrhunderts den Namen Bunzen- bzw. Bonzenmühle. 1869 erwarb der Mechaniker Martin Bader die Mühle und richtete dort eine mechanische Werkstätte ein – ein vielfach zu beobachtender Vorgang in der zweiten Hälfte des 19. Jahrhunderts, als vornehmlich Mechaniker die vorhandene Wasserkraft für ihren Betrieb nutzten und damit den Beginn der Industrialisierung markierten. Nach 1945 beherbergte die Mühle eine von der WÜWA betriebene Reparaturwerkstätte für landwirtschaftliche Maschinen, bis das alte Mühlengebäude um 1956 abgebrochen wurde.

Die Urismühle (Badgasse 23) wurde im 17. Jahrhundert auch als Ölmühle genutzt, worauf der Name „Circulmüller" weist. Im 19. Jahrhundert trieben zwei Wasserräder Mahl- und Gerbgänge an. Der Betrieb der Urismühle wurde bereits 1927 aufgegeben. Auch in der im Salbuch von 1515 aufgeführten Beinesenmühle (Wörthstraße 9) wurden Ölfrüchte gemahlen. Die Mühle mit zwei Mahlgängen und einem Gerbgang blieb bis um 1956 in Betrieb. Die Feldmühle (Kuftenstraße 57) lag am südlichen Rand der Dorfsiedlung; ihr Name wird von dem sehr großen, sich nach Süden erstreckenden Ackerfeld hergeleitet. Nachdem der Sixenbauer Martin Grees 1801 die Mühle erworben hatte, bürgerte sich allmählich der Name Baurenmühle ein. Im 19. Jahrhundert treiben drei Wasserräder zwei Mahlgänge und einen Gerbgang an. Auch die Baurenmühle fiel dem Mühlensterben des 20. Jahrhunderts zum Opfer: 1960 wurde der Mahlbetrieb eingestellt und das Gebäude 1973 abgerissen.

Die Ostermühle (Mühlgasse 28) ist die älteste urkundlich belegte Mühle Langenaus. Graf Ulrich III. von Helfenstein versprach 1297 die Mühle dem Kloster Kaisheim zur Nutzung; 1302 wurde die Belehnung der Mühle in einer zweiten Urkunde bestätigt, Graf Ulrich erhielt im Gegenzug die Einkünfte aus zwei Höfen und zwei Huben in Hohenstadt und Merklingen. Vom 15. bis 17. Jahrhundert belehnten die Helfensteiner Grafen die Fetzer von Oggenhausen, welche die Mühle den Müllern als Unterlehen weitergaben. Im 17. und 18. Jahrhundert traten die Barone von Hack als Lehnsherren auf. Die Ostermühle war die Bannmühle für die Gemeinden Rammingen, Asselfingen und Lindenau. 1689 brannten französische Soldaten die Mühle nieder. Nachdem der Rat in Ulm genauestens überprüft hatte, dass tatsächlich französische Soldaten die Brandstifter waren und der Stadtwerkmeister Mühle und Wasserbau in Augenschein genommen hatte, stellte die Stadt die von Müller Jakob Schmid erbetenen Eichenstämme für den Wiederaufbau zur Verfügung[379]. Die Mühle wurde sogleich wieder aufgebaut; 1721 wurde dem Ostermüller gestattet, eine Sägmühle zu errichten[380]. Von den 1722 noch erwähnten Mühlarten (Säge- und Ölmühle) blieben schon 1819 und bis heute nur noch die Mahlmühle. 1807 erwarb Georg Mack die Mühle, die seither von der Familie Mack betrieben wird. Die Mühle stand immer an der Spitze der Entwicklung. 1844 verfügte die Ostermühle über drei kleinere Wasserräder, 1894 wurde ein Zuppingerrad mit einem Durchmesser von 5,8 Metern eingebaut, das 1974 durch eine Turbine ersetzt wurde. Heute ist die Mühle auf Dinkelprodukte spezialisiert und bietet ein breites Angebot, vom Mehl über die (mehrfach preisgekrönte) Dinkel-Creme-Suppe nach einem Rezept der hl. Hildegard bis zum Dinkelbier und Dinkelschnaps an[381].

Die innere Riedmühle bzw. die spätere Mussismühle (Flurstück 6104), erstmals 1395 urkundlich bezeugt, gehörte zum Besitz der Grafen von Öttingen. Die Mühle besaß zunächst nur einen Mahlgang – die Bitte der Witwe des Müllers Anton Hetsch im März 1597 um einen zweiten lehnte der Rat ab –, aber 1710 befanden sich in der Mühle zwei Mahlgänge und ein Gerbgang. Vom selben Jahr an trat die Ulmer Patrizierfamilie Besserer als Lehennehmer auf, die vermutlich in den 1640er-Jahren das Lehen an die Ulmer Patrizierfamilie Schad abtrat, wie ein Konflikt zwischen dem Altbürgermeister Hans Jakob Schad und dem Müller Hans Georg aus dem Jahre 1647 annehmen lässt. Schad ließ den Müller verhaften, weil dieser angeblich seine Gült und Rechnütz von 400 Gulden nicht bezahlt habe, und beabsichtigte offensichtlich, Georg und seine Familie von der Mühle zu vertreiben. Bereits nach zwei Tagen wurde Georg wieder freigelassen, und eine gute Woche später entschied der Rat zugunsten des Müllers. Denn gegen Georg und seine Familie, die seit 70 Jahren die Mühle als Erblehen hätten, ließe sich kein Nachweis führen, dass er irgendetwas getan hätte, wodurch er seiner Erblehensgerechtigkeit hätte verlustig gehen können. Schad sollte sich mit Georg vergleichen, sodass der Müller „bei Haus und Hof und in häuslichen Wesen" verbleiben könne[382]. 1710 befand sich die Mühle im Besitz des Ulmer Patriziers Theodor August Schad von Mittelbiberach. Nach dem Müller Hieronymus Buck führte sie seit 1734 den Namen Mussismühle. 1884 wurde die Mühle um zwei Mahlgänge erweitert. Der weitere ‚Lebensweg' der Mühle stellt ein Besonderheit dar: 1914 in den Besitz des Königreiches Württemberg übergegangen, diente sie bis zu ihrem Abbruch 1953 als Außenstelle des Landesgefängnisses Ulm mit angeschlossenem landwirtschaftlichem Betrieb[383].

Die äußere Riedmühle (Riedhöfe 28) verpfändete der Ulmer Bürger Ulrich von Hall 1357 an den Grafen von Werdenberg, der sie 1373 an die Stadt Ulm versetzte. Der Gmünder Bürger Peter Wolff und der Ulmer Bürger Ulrich Luppe besaßen ebenfalls Rechte an der Mühle, welche die Reichsstadt Ulm 1378 und 1409 erwarb. In der Mitte des 18. Jahrhunderts bürgerte sich nach dem Müller Sixtus Beck der Name Sixenmühle ein. 1840 baute der Müller Johann Schwenck einen Teil des Mühlwerks in eine Kunstmühle um, und 1877 erhielt die Mühle, die zuvor von drei Wasserrädern angetrieben worden war, fünf Wasserturbinen mit einer Leistung von 22 PS[384]. Die Mühle ist heute noch in Betrieb.

Die Seemühle erbaute 1802 der Zimmermann Leonhard Ockerländer am Schwarzen Graben, dem Abfluss des Grimmensees. Die Ölmühle besaß 1866 ein einkränziges Mühlrad und ein Stampfwerk mit sechs Stempeln. Während des Ersten Weltkrieges wurde der Betrieb eingestellt. Die Schammensägmühle wurde 1866 errichtet. Für den Wasserantrieb staute man den Schammen in zwei Weihern. Allerdings reichte das Wasser für einen regelmäßigen Betrieb nicht aus. Der Einbau eines Dampfkessels 1882 ermöglichte den alternativen Gebrauch von Wasser- und Dampfenergie für das Sägewerk und die im gleichen Jahr eingerichtete mechanische Werkstatt. Das Sägewerk blieb bis 1974 in Betrieb[385].

Die herausragende Bedeutung der Mühlen für die Existenzsicherung der Menschen in Stadt und Land erforderte eine genaue Beobachtung und Regelung des Mühlenwesens durch den Rat. Als Beispiel soll uns die Müllerordnung von 1683 dienen, die, nachdem aus der Bürgerschaft „allerhand Klagen erschollen" waren, reformiert und verbessert wurde[386]. Die ersten acht Artikel beschreiben die technischen Einrichtungen der Mühlen, legen die jährlich zu überprüfenden Maße für die Schilde, Zargen, Mühltröge, Mühlkästen, Kehrwische, Siebe usw. fest. Andere Artikel schützten den Verbraucher. So verpflichtete der Artikel 9 den Müller zur Sauberhaltung der Tenne, dass „ein jeder auf den Fall sein verschüttetes Gut wieder völliglich und ohne sonderen Abgang aufheben möge", und des Mahlwerks (Art. 15 und 19), und grundsätzlich galt, gutes und schlechtes Getreide getrennt voneinander zu mahlen (Art. 25). Auch durfte ein Müller nur eine bestimmte Menge an Schweinen, Gänsen, Enten, Hennen, Hühner, Kapaunen oder Tauben halten, wobei der Müller darauf zu achten hatte, dass sein Getier nicht auf den Mahltennen herumlief (Art. 11). Bei den Mühlkästen durften die Steckenlöcher sechs Zoll Länge und 2,5 Zoll Höhe nicht überschreiten, „und darzu inwendig ein Säcklein von Zwilch um das Beutelloch und den Stecken gemacht werden, damit das Mehl nirgends ausstieben möge" (Art. 12). Bei Mühlen, die vornehmlich für die Weißbäcker mahlten, waren zwei Beutel für das Staub- bzw. Semmelmehl sowie drei verschiedene Siebe zum Scheiden des Krüsch zwingend vorgeschrieben (Art. 13). Die wichtigste Schutzbestimmung enthielt Artikel 23: Um Streitigkeiten zu verhindern, durfte der Müller kein Getreide mahlen, das nicht zuvor von einem geschworenen Kornmesser oder vom Müller selbst gemessen worden war, und weiter heißt es: „Welcher Mahlmann auch einem Müller einen wohl gefüllten Sack mit Kernen oder Roggen, gutes, gerechtes, sauberes Getreide gibt, soll der Müller denselbigen ordentlich und wohl mahlen und dem Mahlenden denselbigen Sack wohl ausgefüllt und eingestoßen wieder mit Mehl und darzu die Krüsch, so viel es gibt, antworten. Wofern aber das Getreide schwach und unvollkommen, soll er doch dem Mahlgast solches auch fleißig abmahlen und treulich liefern". Arme Untertanen genossen einen besonderen Schutz. Wenn beispielsweise ein armer Handwerker glaubte, dass er aus einem Mittlen Roggen oder Kernen nicht die ihm zustehende Menge von neun Metzen Mehl und ein Metzen Krüsch vom Müller erhalten hatte, so durfte er in der Mühle oder in seinem Haus das Mehl entweder vom Müller selbst oder von zwei unparteiischen und beglaubigten Personen messen lassen. Sollte das Getreide von guter Qualität gewesen sein, so musste der Müller das Mehl zurücknehmen und dem Kunden die diesem zustehende Menge an Mehl und Krüsch aus gutem Korn (und sogar eine eventuelle Mehrmenge) geben. Um eine weitere potenzielle Ursache für Streitigkeiten auszuschließen, mussten die Säcke nach der Landpolizei-Ordnung grundsätzlich zugebunden werden[387].

Artikel 18 sollte den reibungslosen Betrieb der Mühlen regeln. Jeder Person stand das Recht zu, beim Mahlen seines Getreides anwesend zu sein. Daher war der Müller verpflichtet, diesem die Stunde des Mahlgangs bekannt zu gegeben. Nur wenn der Kunde nicht zur ausgemachten Stunde erschienen war, durfte der Müller mit dem Mahlen beginnen; Ersterer war zudem verpflichtet, sein Getreide eine Stunde vor dem ausgemachten Mahlgang anzuliefern, damit „der Müller in keinem Weg gehindert werde oder die Mühle wegen desselben Saumsal still stehen oder leer laufen müsse". Ulmische Untertanen genossen den Vorzug vor Fremden; umgekehrt war es ihnen und auch den Stadtbürgern verboten, bei Wassermangel oder sonstiger höherer Gewalt das Getreide auswärts mahlen zu lassen. Die Artikel 28 bis 31 betrafen die Entlohnung des Müllers. Nach den Artikeln 22 und 26 mussten die Müller des Landgebietes ihre Knechte bei ihrer Einstellung dem Oberamtmann vorstellen. Unbedingte Voraussetzung für die Beschäftigung war der Nachweis, zwei Jahre das Handwerk von einem Müllermeister nach althergebrachtem Brauch redlich und ehrlich gelernt zu haben (Bauernknechte durften grundsätzlich nicht angenommen werden, da sie „zu solchem [Mühlwerk] nicht tauglich sind und des Mühlwerks keinen Verstand haben").

Zwischen Bauern und Müllern kam es gelegentlich zu Konflikten. Ein gewisses, vielleicht sogar tiefes Misstrauen der Bauern gegen die Müller, von denen sie sich offensichtlich häufiger trotz der eindeutigen Regelungen in den Mahlordnungen betrogen fühlten, scheint in der Regel den Anlass gegeben zu haben; insbeondere befürchteten sie, dass die Müller von ihrem Korn etwas beiseite gehen ließen. So befahl der Rat im Januar 1555 den Müllern nachdrücklich, jeden Sack nach dem Mahlen zuzubinden und nicht offen stehen zu lassen. Dem Riedmüller ließ der Rat 1558 sogar die genaue Beobachtung durch den Oberamtmann angedeihen, und der protestierende Bauer saß wegen seiner „Frechheiten" gegen den Müller einen Tag im Narrenhäuslein[388].

Eine vermutlich 1708 eingeführte Mehlakzise verteuerte für die Müller und die „Mahlgäste" das Mehl erheblich; so mussten sich Letztere, einheimische wie fremde, an den Markttagen vor dem Getreidekauf entsprechende Akzise-Zettel besorgen. Beide Parteien verstießen gegen diese Anordnung. Zunächst bestrafte der Rat die Müller, die ohne Akzisezettel Korn gemahlen hatten. Getreide ohne Akzisezettel wurde kurzerhand konfisziert und für jedes Mittle einen Gulden und dreißig Kreuzer Strafe auferlegt (einige Monate später wurden die empfindlichen Strafen um die Hälfte verringert); bei schwereren Verstößen steckte der Rat Täter für einen Tag ins Blockhaus. Im Juli 1709 erfuhr der Rat, dass Müller und Mahlgäste gemeinsame Sache machten: nachts wurde heimlich Korn in die Mühlen gebracht und sogleich gemahlen. War man sich hier noch einig im gemeinsamen Handeln gegen die obrigkeitlichen Anordnungen, so wandten sich die Gemeinde und ihr voran die Bäcker von Oktober 1709 an wiederholt gegen den ihrer Ansicht nach zu hohen Mahllohn. Aber erst 1712 genehmigte der Rat eine Herabsetzung des Mahllohnes, wogegen sogleich die Müller, allerdings vergeblich, protestierten[389].

Das Handwerk in den vergangenen beiden Jahrhunderten

Zünfte

Um 1820 erreichten die Langenauer Handwerksmeister, sich zusammen mit den Handwerksmeister aus den umliegenden Gemeinden in eigenen Zünfte zu vereinigen, deren Ladensitze in Langenau mit Ausnahme der Weber, Schneider, Schuhmacher, Schmiede und Wagner, die der entsprechenden Zunft in Ulm angehörten, waren[390]. 1822 bestanden in

Langenau die folgenden Zünfte: die Brauerzunft (34 Mitglieder), die Müllerzunft (20), die Bäckerzunft (212), die Metzgerzunft (36) und die Schreinerzunft (34). In den Ulmer Zünften gehörten 33 Binder, 97 Schneider, 91 Schuhmacher, 390 Weber und 90 Schmiede und Wagner an. Wegen ihrer geringen Mitgliederzahl bildeten die anderen Handwerke keine Zünfte, sondern vereinigten sich in einer Bruderschaft: Sattler, Seiler, Seifensieder, Seckler, Weißgerber, Rotgerber, Kürschner, Ziegler, Maurer, Zimmerleute, Hafner, Kupferschmiede, Schlosser, Nagelschmiede, Färber, Uhrenmacher, Hutmacher, Glaser, Dreher, Zeugmacher, Siebmacher und Spindeldreher aus den Gemeinden Albeck, Altheim, Asselfingen, Ballendorf, Beimerstetten, Bernstadt, Börslingen, Breitingen, Ettlenschieß, Göttingen, Hörvelsingen, Jungingen, Lonsee, Neenstetten, Osterstetten, Reutti, Setzingen, Urspring, Westerstetten und Weidenstetten.

Am 12. August 1839 gestattete die Regierung mehreren Zünften, sich von dem bisherigen Ladensitz in Ulm zu trennen und eigene Zunftvereine mit Ladensitz in Langenau zu bilden. Zum ersten Zunftverein vereinigten sich Ende Oktober 1839 96 Schuhmacher aus Göttingen, Albeck, Hörvelsingen, Beimerstetten, Bernstadt, Lonsee, Luizhausen, Weidenstetten, Neenstetten, Altheim und Ballendorf; im November erhöhte sich die Mitgliederzahl auf 133 Schuhmacher aus nunmehr 26 Gemeinden. Der Vorstand bestand aus drei Mitgliedern, zum Oberzunftmeister wurde Johann Seyerle aus Langenau gewählt. Wohl zum 2. Stiftungsfest am 31. Oktober 1841 weihten die Schuhmacher ihre Zunftfahne. Den Schuhmachern folgten die Bäcker am 20. November 1839 und vermutlich ebenfalls noch die Weber, deren 400 aus 26 Gemeinden sich im Wirtshaus Krone zur Gründungsversammlung trafen. Am 4. April 1840 vereinigten sich die Maurer und Zimmerleute, die im folgenden Jahr die Weihe ihrer Zunftfahne feierten. Zum Oberzunftmeister wählten sie Jakob Reyhle. Die Sattler aus 26 Gemeinden hoben am 22. April 1840 ihren Zunftverein, an dessen Spitze sie Leonhard Lonsinger wählten, aus der Taufe. Ihre Versammlungen fanden im Wirtshaus „Ochsen" statt, wo auch ihre Lade und ihr Zunftschild aufbewahrt wurden. Die Wagner und Schmiede, ebenfalls aus 26 Gemeinden, gründeten als Letzte ihren Zunftverein am folgenden Tag. 1855 lehnten die Zünfte der Schmiede, Dreher, Schreiner, Schneider und Weber mit Unterstützung des Gemeinderates eine Vereinigung mit den Ulmer Zünften entschieden ab, da sie dadurch nur Nachteile erwarteten[391].

Das Königreich Württemberg führte als eines der letzten größeren Staaten des Deutschen Bundes 1862 die Gewerbefreiheit ein. Der Artikel 2 der Gewerbeordnung vom 12. Februar 1862 bestimmte kurz und knapp: „Die Zünfte sind aufgehoben."[392] In den folgenden Monaten lösten sich die Langenauer Zünfte auf; die letzte Zunftversammlung veranstalteten die Bäcker am 2. August 1862. Ihr Vermögen stifteten die Zünfte wohltätigen Zwecken: Die Bäcker spendeten dem Krankenhausfonds fünf Gulden, ebenso die Mauer und Zimmerleute, die Metzger, die Schuhmacher und die Weber, die mit 300 und 560 Gulden stattliche Summen für einen Krankenhausbau zur Verfügung stellten. Die Fortbildungsschule bedachten die Küfer mit eher bescheidenen einen Gulden und 13 Kreuzer, die Metzger (sechs Gulden), die Maurer und Zimmerleute (zehn Gulden), die Weber (25 Gulden) und die Schuhmacher (100 Gulden). Außerdem erhielt der Handwerkerverband Ulm 50 Gulden von der Maurer- und Zimmerleutezunft, die Weber spendeten dem Münster-Baukomitee 81 Gulden und die Schuhmacher schenkten ihrem Oberzunftmeister Seyerle 50 Gulden[393].

Struktur und Entwicklung

Die unten folgende Tabelle lässt nur bedingt Rückschlüsse auf die Struktur und Entwicklung des Handwerks in Langenau in der ersten Hälfte des 19. Jahrhunderts zu. Nach wie vor war die Leinenweberei das dominierende Handwerk, obwohl 1835 nur 3000 bis 4000 Leinwandstücke jährlich hergestellt wurden. Die Zahl der Weber nahm bis zur Jahrhundertmitte nur geringfügig ab. Zwei Drittel von ihnen arbeiteten als selbstständige Meister auf eigene Rechnung, der Rest war von Verlegern abhängig. Erst nach der Jahrhundertmitte setzte der Niedergang der Leinenweberei ein, dem manche Weber durch den Nachbau moderner belgischer Webstühle, die eine bessere Qualität ermöglichten, zu entgehen versuchten. Bis zum Ende des Jahrhunderts verlor die Leinenweberei rasch an Bedeutung, ehe sie als Hausgewerbe zu Beginn des 20. Jahrhunderts der fortschreitenden industriellen Textilproduktion zum Opfer fiel. Ebenso auffallend ist der Verfall des Baugewerbes. Fanden 1831 noch 13 Mauerermeister und 36 Gesellen Arbeit, so blieben zwei Jahrzehnte später nur sechs Meister übrig, sodass der Baumarkt am Ende der 1840er-Jahre offensichtlich so gut wie tot war[394]. Die andere Handwerke weisen keine tief greifenden Veränderungen auf; lediglich die Schuhmacher, Metzger und Schreiner fallen aus dem Rahmen, deren Meisterzahl sich um 14, 7 bzw. 8 erhöhte, was auf den erheblichen Bevölkerungszuwachs zwischen 1818 und 1848 um ein knappes Drittel auf rund 3600 Personen zurückzuführen war.

Bereits um 1830 zeigt das Handwerk eine sich ausdifferenzierende Struktur. Als Spezialisten arbeiteten meist in einem Einmann-Betrieb ein Beindreher, ein Garnsieder, ein Hutmacher, ein Pfeifenmacher, ein Siebmacher und ein Wacholdergesälzsieder und je zwei Säckler, Seifensieder und Zundermacher. Bis zur Jahrhundertmitte kamen ein Goldarbeiter, ein Uhrmacher, ein Instrumentenmacher und ein Buchbinder sowie je zwei Färber, Flaschner und Konditoren und drei Gärtner hinzu[396].

Die handwerkliche Produktion erlebte zur Jahrhundertmitte ein letzten Höhepunkt. Zwischen 1841 und 1847 stieg die Zahl der Handwerksbetriebe von 345 auf 372, um bis 1853 auf 331 und schließlich 1867 auf 305 Betriebe zu fallen; auch die Einführung der Gewerbefreiheit 1862 brachte keinen Aufschwung für das Handwerk (1860: 319, 1863: 318 Betriebe). Das jährliche Steueraufkommen stieg zwischen 1823 und

Handwerksberufe 1831/1852:

	1831		1852
	Meister	Gesellen	Meister
Textilgeberufe			
Leinenweber	121	60	115
Schneider	20	6	
Färber			2
Lederberufe			
Gerber			5
Schuhmacher	31	11	45
Sattler	8	2	8
Lebensmittelberufe			
Bäcker	20		16
Konditoren			2
Gärtner			3
Metzger	9	3	16
Metallberufe			
Hufschmiede	10	6	8
Nagelschmiede	3	4	5
Kupferschmiede			3
Schlosser			6
Technische Berufe			
Maurer	13	36	6
Ziegler			3
Zimmerleute	12	6	
Schreiner	7	4	15
Kübler	6	3	
Holzdreher	3	4	5
Wagner	11	3	14
Seiler	3	2	
Glaser	3	1	4
Hafner			5[395]

1847 von 375 Gulden auf 528 Gulden; 1860 erreichte es den Höchststand von 558 Gulden und sank bis 1867 auf das Niveau von 1844. Gemessen am jährlichen Steueraufkommen stellen die sieben Bierbrauereien 1841 bzw. neun 1867 wirtschaftlich ungleich bedeutendere Betriebe dar, die bis zu 170 Gulden Steuern zahlten (zum Vergleich das Steueraufkommen der Fabriken 1867: 51 Gulden)[397].

Von den ausgehenden 1850er-Jahren an kam es zu einigen bemerkenswerten Gründungen von Handwerksbetrieben, die technische Entwicklungen nutzten und neuartige Produkte, vor allem im Maschinenbau herstellten. 1858 richtete Michael Haeckel am Schammenbach eine Eisendreherei ein. Weitere Nachrichten sind nicht überliefert; vermutlich nutzte Haeckel die Wasserkraft des Schammenbaches für den Antrieb der technischen Vorrichtungen. Die Mechanische Werkstatt Bader in der Pfladermühle (Burghofstraße), die der Mechaniker 1869 erwarb, fertigte landwirtschaftliche Maschinen, zum Beispiel Futterschneidmaschinen und Brauereieinrichtungen (Pumpen, Wasser-, Bier- und Braupfannen, Malzdörren etc.)[398].

Arbeiter der Mechanischen Werkstatt Bader, um 1900.

Die bedeutendste Gründung eines Betriebes stellt die Buchdruckerei Jakob Glanz im Jahr 1860 dar. Der Ulmer Buchdruckereibesitzer beabsichtigte im August 1860 die Herausgabe einer Zeitung für Langenau und Umgebung, für die er die Stadt um Unterstützung bat. Seiner Bitte folgend verpflichtete sich die Stadt, die Verwaltungsformulare bei ihm drucken zu lassen und alle amtlichen Bekanntmachungen in seinem Blatt zu veröffentlichen. Vom 17. November 1860 an erschien der „Langenauer Anzeiger" in einer Auflage von einigen hundert Exemplaren zweimal wöchentlich am Mittwoch und Samstag; 1906 wurden die wöchentlichen Ausgaben auf drei erhöht und nach der Umbenennung in „Ulmer Alb-Zeitung" 1922 entwickelte sich das Blatt in den folgenden Jahren zu einer Tageszeitung. Die Druckerei verbesserte ständig ihre technische Ausrüstung. Anfangs wurde mit einer Handpresse die Zeitung hergestellt, 1880 wurde eine Schnellpresse für den Hand- und Fußbetrieb aufgestellt, der 1905 eine große Schnellpresse folgte. 1889 übernahm Christian Honold Druckerei und Verlag, der die Zeitung zügig zu einem auch im weiteren Umkreis gelesenen Blatt ausbaute. Honold war ein überaus engagierter Bürger. So gehörte er über 25 Jahre dem Vorstand des Gewerbevereins sowie dem Aufsichtsrat und Vorstand der Landwirtschaftlichen und der Gewerbebank an. Honold starb im November 1930 im Alter von 68 Jahren. Ende März 1943 wurde das Erscheinen der „Ulmer Alb-Zeitung" wegen des kriegsbedingten Papiermangels eingestellt. 1950 knüpfte das Bürgermeisteramt an die große Zeit des Langenauer Tagesblattes mit der Herausgabe der Heimatrundschau an, deren Druck wieder die Buchdruckerei Honold besorgt[399].

Die schon in der zweiten Hälfte des 19. Jahrhunderts beginnende Differenzierung und Ausweitung handwerklicher Tätigkeiten setzte sich im 20. Jahrhundert fort. Die technische Entwicklung erforderte neue Handwerksberufe. Bald nach der Einführung der Elektrizität findet man schon einen Elektriker und die Reparatur eines Automobils oder landwirtschaftlicher Maschinen erforderte einen Spezialisten. Vor allem das Baugewerbe brachte neue Berufe hervor. Führten in vergangenen Jahrhunderten Maurer, Steinmetze, Glaser und Zimmerleute den Bau eines Hauses durch, so finden wir bereits in den 1920er-Jahren Flaschner, Gipser, Plattenleger usw.

Langenauer Anzeiger.

Amtsblatt für die hiesigen städtischen Behörden.

№ 71. | Der Langenauer Anzeiger erscheint am Mittwoch und Samstag und kostet vierteljährlich 70 ₰, durch die Post bezogen in Württemberg vierteljährlich 1 ℳ 5 ₰. | Mittwoch den 2. Septbr. 1896. | Der Insertionspreis für die einspaltige Zeile aus gewöhnlicher Schrift oder deren Raum beträgt 8 ₰. Reklamen 15 ₰. | 37. Jahrgang.

Die

Buchdruckerei

von

J. Glanz in Langenau

empfiehlt sich in Anfertigung aller im amtlichen und Privat-Verkehr vorkommenden Drucksachen, insbesondere von

Tabellen jeder Art, Rechnungen, Circulären, Avisbriefen, Empfehlungs-, Hochzeits- & Visitenkarten,

und sichert geschmackvolle Ausführung der Aufträge bei billiger Preisstellung zu.

Titelkopf des „Langenauer Anzeigers".

Geschäftsanzeige der Buchdruckerei Glanz, 1869.

	1968 Unternehmen	1968 Beschäftigte	1977 Unternehmen	1977 Beschäftigte	1995 Unternehmen	1995 Beschäftigte
Handwerk ges.	196	1207	165	1192	141	1155
Baugewerbe	37	678	31	587	31	380
Metallgewerbe	50	206	57	304	65	488
Holzgewerbe	20	49	15	55	6	41
Bekleidungs-, Textil- und Ledergewerbe	40	65	25	45	9	–
Nahrungsmittelgewerbe	35	147	24	155	21	172
Gesundheits-, Chem.-, Reinigungsgewerbe	9	27	9	31	8	40
Glas-, Papier-. sonst. Gewerbe	5	25	4	15	1	–

Tabellenhinweis

Statistische Unterlagen für eine differenzierte Darstellung der Struktur des Handwerkes in Langenau liegen für die erste Hälfte des 20. Jahrhunderts nicht vor. Erst für 1968, 1977 und 1995 verfügen wir über eine in Handwerksgruppen gegliederte Auflistung der Unternehmen (vgl. Tabelle auf S. 355)[400].

Langenauer Handwerker, 1912.

Schusterwerkstatt Egender, 1922.

In dem Untersuchungszeitraum nahm die Zahl der Handwerksbetriebe kontinuierlich ab, gleichzeitig die Zahl der Beschäftigten nahezu auf dem gleichen Niveau. Am auffälligsten ist die Entwicklung der Metall verarbeitenden Betriebe, deren Zahl sich um 15 auf 65 erhöhte; die Beschäftigtenzahl nahm um fast 140 Prozent zu. Alle anderen Gewerbe verzeichnen eine rückläufige Entwicklung. So verlor das Baugewerbe über 40 Prozent seiner Beschäftigten innerhalb eines Vierteljahrhunderts und das Glas- und das Papiergewerbe verschwanden völlig aus dem Wirtschaftsleben der Stadt wie auch das Textil-, Bekleidungs- und Ledergewerbe an Bedeutung verlor. Das Holzgewerbe verzeichnete einerseits einen erheblichen Rückgang an Betrieben, doch die Zahl der Beschäftigten nahm vergleichsweise nur gering ab.

Industrie

In einer von Landwirtschaft und vor allem vom Handwerk geprägten Stadt wie Langenau fasste die Industrie nur schwer Fuß. Aus dem großen Kreis der Handwerker wagten nur wenige den Schritt, ihre Handwerksbetriebe zu vergrößern und nach und nach zu einer Fabrik auszubauen. Der wirtschaftliche Boom der Gründerjahre nach der Reichsgründung 1871 wirkte sich nicht auf Langenau aus. In nur bescheidenem Ausmaß gelang die Ansiedlung industrieller Produktionsstätten, die mit wenigen Ausnahmen über einen längeren Zeitraum bestanden. Die Gründe für die ausbleibende Industrialisierung vom späten 19. Jahrhundert und bis in die Nachkriegsjahre nach 1945 sind trotz einer offensiven Standortpolitik der Stadt auf den ersten Blick nicht erkennbar, denn Langenau besaß als regionales Zentrum durchaus Kunden in der näheren Umgebung. Mit dem seit 1876 existierenden Eisenbahnanschluss, der sich überraschenderweise nicht fördernd auf die Wirtschaftsentwicklung auswirkte, war Langenau mit überregionalen Absatzmärkten verbunden, sodass durchaus Produkte, für die in der Langenauer Gegend kein Bedarf bestand, hätten hergestellt und Rohstoffe nach Langenau transportiert werden können. Entscheidender Grund für die ausbleibende Industrialisierung liegt am Niedergang der Leinenweberei, sodass nicht, wie etwa in Laichingen, die tradtionelle Herstellung in eine industrielle Produktion überführt werden konnte. Die Stadt, die von 1919 bis 1939 um rund 600 Personen auf über 4300 Einwohner wuchs, besaß durchaus ein Potenzial an Arbeitskräften, so fuhren beispielsweise 1931 rund 350 Personen zur Arbeit nach Ulm[401]. Die industrielle Produktion erreichte in den 1920er-Jahren ein gewisses Niveau und stagnierte dann. An Sparten waren lediglich die Bau- und Textilindustrie vertreten sowie ein einziger Metall verarbeitender Betrieb. Erst nach dem Zweiten Weltkrieg gewann die Industrie vor allem durch den Zuzug von Flüchtlingen und Vertriebenen an Bedeutung.

Frühe Industrieansiedlungen sind aus den 1860er-Jahren überliefert. Die erste Fabrik Langenaus, die über einen etwas längeren Zeitraum Bestand hatte, war die im Pfleghof ansässige Stärkefabrik A. Bestelmeyer & Ci., die zu Beginn der 1860er-Jahre gegründet wurde und auch Zigarren herstellte. Ihr Hauptprodukt – Dextrin (gebrannte Stärke), das in Kattundruckereien für das Auftragen von Farbstoffen in großen Mengen benötigt wurde, zeichnete sich durch eine außerordentliche hohe Qualität aus und war bisher ausschließlich in Frankreich produziert worden. Nach Bestelmeyers eigener Aussage stellte er als Erster in Deutschland Dextrin in einer Qualität her, die dem französischen Spitzenprodukt entsprach. Das Unternehmen entwickelte sich erfolgreich. In einem Schreiben an die Zentralstelle für Gewerbe und Handel in Stuttgart vom 5. November 1862 berichtete Bestelmeyer, dass nicht nur zahlreiche Anfragen und Aufträge aus Deutschland, sondern auch aus Ungarn, Russland und England erhalte[402]. Auch der Jahresbericht der Handels- und Gewerbekammern in Württemberg von 1871 hob die große produzierte Menge und die besondere Qualität der Langenauer Stärke hervor, die gegen die Konkurrenz der bedeutenden Stärkefabriken in Straßburg und Mühlhausen standhalten konnte. Das Jahr 1871 war für die Bestelmeyer'sche Stärkefabrik ein ausgesprochen erfolgreiches Geschäftsjahr, als nach dem Friedensvertrag mit Frankreich eine starke Nachfrage durch die gesteigerte Tätigkeit der Baumwolldruckereien und Appreturanstalten eintrat, so dass den Bedürfnissen der Abnehmer nur mit äußerster Anstrengung nachgekommen werden konnte[403]. 1873 gewann die Bestelmeyersche Stärkefabrik auf der Weltausstellung in Wien sogar eine Verdienstmedaille. Umso überraschender folgte schon während der Wirtschaftskrise 1874 der Konkurs des Unternehmens[404].

Die Fabrik verursachte allerdings erhebliche Umweltprobleme. Die Abwässer der Fabrik liefen in den Stadtgraben und stanken; vor allem im Sommer wurde der Gestank unerträglich. Die Obstbäume beim Freisteg waren dadurch sogar so geschädigt worden, dass sie gefällt werden mussten. Auch das Gras entlang des Stadtgrabens konnte nicht mehr genutzt werden, weswegen die Stadt dem Amtsdiener Entschädigungen zahlen musste. Daraufhin verpflichtete sich Bestelmeyer zum Bau zweier Kläranlagen auf dem Fabrikgelände und zur Ausräumung des Stadtgrabens, damit dieser ein gleichmäßiges Gefälle erhielt und das Wasser ohne Verzug in die Ach ablaufen konnte. Die Stadt behielt sich trotzdem vor, bei wieder auftretenden Mängeln in der Fabrik umgehend die Konzession zu entziehen[405].

Mit der zwar nur wenige Jahre bestehenden Bestelmeyer'schen Fabrik und deren zweitem Produktionszweig, der Zigarrenherstellung, begann in Langenau ein Industriezweig Fuß zu fassen, der, wenn auch mit Unterbrechungen, bis in die 1930er-Jahre eine gewisse Bedeutung für das Wirtschaftsleben der Stadt besaß und zahlreichen Menschen Arbeit gab. Bei Bestelmeyer und in zwei anderen Betrieben, vermutlich Hausbetrieben, fanden 1868 je fünf Roller und Wicklerinnen Beschäftigung[406]. Die 1873 in der Nähe des Gasthauses „Bad" als Zweigwerk des Ulmer Fabrikanten J. A. Länge gegründete Produktionsstätte setzte die Reihe der Langenauer Zigarrenfabriken fort. 1887 übernahm Eugen Krauß die Fabrik, die 1893 sechs Frauen und vier Männer beschäftigte[407].

Geschäftsanzeiger der Zigarrenfabrik Eugen Länge, 1877.

Im November 1904 meldete die Heidenheimer Zigarrenfabrik Gebrüder Schäfer ihr Interesse bei der Stadt an, in Langenau eine Zweigniederlassung im alten unteren Schulhaus einzurichten, die 21 Menschen, darunter zwölf Frauen, beschäftigen sollte. Dazu stellte sie folgende Bedingungen: Vermietung des Schulhauses und der Scheuer zu einer Jahresmiete von 300 Mark, Steuerbefreiung auf vier Jahre, Kündigung der Witwe Heinkel zum 31. März 1905 und eine Option auf einen Bauplatz zur Errichtung eines neuen Fabrikgebäudes. Der Gemeinderat entsprach in seiner Sitzung vom 30. Dezember allen Forderungen des Unternehmens, weil die Fabrik seiner Meinung nach „eine Wohltat für die hiesige Bevölkerung" hätte werden können[408].

Beschäftigte der Zigarrenfabrik Gebrüder Schäfer, um 1910.

Die Einrichtung der Zweigniederlassung war auch an die Bedingung geknüpft worden, dass ausreichend Arbeitskräfte vorhanden seien. Der „Langenauer Anzeiger" forderte noch vor der Entscheidung des Gemeinderates in einem Appell Knaben, Mädchen, Frauen und ältere Menschen auf, sich um eine Arbeitsstelle zu bewerben, denn die Vorteile lägen auf der Hand: Die Fabrik brächte Geld in die Gemeinde und die Arbeiter müssten nicht mehr nach Ulm fahren. Die Kampagne war ausgesprochen erfolgreich, denn vor allem viele Frauen meldeten sich[409].

Die Zigarrenfabrikation begann bereits am 9. Januar 1905. Schon nach wenigen Monaten strebte das Unternehmen eine Vergrößerung seiner Zweigniederlassung an. Der Gemeinderat beschloss daher, dem Unternehmen ein Grundstück von 3000 m² an der Kuftenstraße kostenlos zu überlassen und eine Option für eine weitere Vergrößerung zum Selbstkostenpreis zu gewähren. Anfang Dezember 1905 wurde das neue Fabrikgebäude bezogen. Bei der Eröffnung beschäftigte die Fabrik 60 Personen, das Fabrikgebäude selbst war für 150 Arbeiterinnen und Arbeiter ausgerichtet. Der „Langenauer Anzeiger" merkte an, dass der Lohn bedeutend sei[410].

1916 wurde der Betrieb kriegsbedingt eingestellt. In den Nachkriegsjahren bemühte sich die Stadt mehrfach aber vergeblich um die Wiederaufnahme der Produktion, letztmals 1929[411]. Nachdem auch dieser letzte Versuch gescheitert war und die Stadt das Fabrikanwesen für 22 500 Reichsmark erworben hatte, um dort Schulräume einzurichten, griff die Stadt im September 1930 dankbar das Interesse der Tessiner Zigarrenfabrik „Fabrica Tabacchi" in Brisago auf, die beabsichtigte, das Zigarrenfabrikanwesen zu mieten und eventuell später zu kaufen. Am 2. Oktober 1930 fasste der Gemeinderat den Beschluss, dem Schweizer Unternehmen das Anwesen bei einer Steuervergünstigung pachtweise zu überlassen[412].

Die Wiederaufnahme der Zigarrenproduktion scheiterte jedoch an einer Notverordnung vom 1. Dezember 1930, die die Tabakproduktion durch ausländische Unternehmen untersagte. In einem Schreiben an das Reichsfinanzministerium bat Bürgermeister Sigloch um die Befreiung von dieser Notverordnung und führte dabei gewichtige Argumente an. Langenau sei ein Gemeinwesen mit nur kleineren Gewerbebetrieben und ohne Industrie, und ca. 350 Pendler würden täglich nach Ulm fahren. Eine Tabakfabrik dagegen würde 200 bis 300 Menschen Arbeit geben, was eine erhebliche Entlastung des Arbeitsmarktes in einer Zeit der Massenarbeitslosigkeit bedeuten könnte. Außerdem seien Rohtabakeinkäufe im Wert von 900 000 Reichsmark zu erwarten[413].

Nachdem sich die Tessiner Zigarrenfabrik außerordentlich skeptisch über die Realisierung des Projektes geäußert hatte, führte die Stadt erneute zählebige Verhandlungen mit der Heidenheimer Zigarrenfabrik Gebrüder Schäfer, vor allem Steuervergünstigungen und die Kosten für die Instandsetzung standen im Mittelpunkt des regen Schriftverkehrs. Am 15. Mai 1931 konnte der Mietvertrag schließlich abgeschlossen werden[414]. Das Unternehmen hatte die Einstellung von 50 bis 60 Personen avisiert, doch bei Produktionsbeginn am 27. Mai wurden nur 20 Arbeiterinnen eingestellt. Außerdem beschränkte man sich auf die Herstellung von Zigarillos. Bereits im November 1930 drohte die Schließung des Zweigwerkes. Die Firmenleitung bemühte sich zwar, dies zu verhindern, konnte jedoch einen Erfolg ihrer Anstrengungen nicht versprechen[415]. Allem Anschein nach konnte die Krise aber überwunden werden, denn bald stellte man nahezu 90 Personen ein und aus dem Jahre 1936 liegen auch Umbaupläne vor. Nach 1945 expandierte der Betrieb weiter, der 1953 rund 100 Arbeiterinnen und Arbeiter zählte. Die Zigarrenfabrik Gebrüder Schäfer schloss 1962 ihre Langenauer Niederlassung und verkaufte das Gebäude an die Firma Gerud, die sich mit der Fabrikation und dem Großhandel von Rundfunk- und Fernsehartikeln befasste[416].

Zigarrenwicklerinnen in der Zigarrenfabrik Gebrüder Schäfer, 1936.

Die Gründung der Stramin- und Deckenfabrik Schrägle und Fischer ist ein gutes Beispiel dafür, dass private Initiative und gemeinsames Handeln von Stadtverwaltung und Gewerbeverein erfolgreiche Standortpolitik bedeuten können. Die Geschichte der Unternehmensgründung begann mit zwei Vorträgen im Gewerbeverein am 6. Februar 1882. Stadtschultheiß Haug referierte über die jahrhundertealte

Tradition der Langenauer Weberei, Stadtbaumeister Sigloch über die mechanische Weberei und ihre technischen Möglichkeiten. Er verwies vor allem darauf, dass die Jacquard- und Damastweberei ein aufstrebender Industriezweig sei, wie man dies in Merklingen und Laichingen sehen könne. Haug war der festen Überzeugung, dass die Langenauer Handweber bei guten Löhnen dauerhaft beschäftigt werden könnten[417].

Das Projekt, mit dem die Stadtverwaltung „den Verhältnissen der kleinen Leute aufzuhelfen" versuchte[418], fand unter den Einwohnern allenthalben Anklang. Vor allem für Tagelöhner, Kleinbauern und Seldner eröffneten sich neue Verdienstmöglichkeiten, wie ein Leser des „Langenauer Anzeigers" anmerkte: „Wenn ein guter Arbeiter täglich gegen zwei und über zwei Mark verdient, … so kann man das mit Recht einen guten Lohn heißen. Welch' hübsches Geld müsste da verdient werden, wenn ganze Familien, Väter, Söhne und Töchter, Bildleinwand herstellen? … Weber und Bauer in einer Person verträgt sich ganz gut miteinander. Beide wissen sich einander zu schicken und wo diese Vereinigung besteht, da ruht die Existenz der Familie auf einem sicheren Grunde als bei einem kleinen Bauernwerk allein. … Warum sollte der kleine Bauer, der Tagelöhner mit ein paar Morgen Gütern, der kleinere und mittlere Seldner, der ein paar Jauchert Güter hat, warum sollte der im Winter nicht hinter dem Webstuhl sitzen, nicht allein, sondern mit Weib und Kindern?"[419] Auch der Weber Honold begrüßte das Projekt wegen des darnieder liegenden Webereihandwerks[420]. Schließlich appellierte der „Langenauer Anzeiger" an die Bevölkerung, dass, wenn es darum ginge, mehr Arbeit und besseren Verdienst zu schaffen, die ganze Gemeinde daran beteiligt sein müsse, denn davon würden die Zustände in Langenau abhängen, namentlich was den Wohlstand betreffe[421].

Am 24. März 1882 wandte sich die Stadt an die Zentralstelle für Gewerbe und Handel in Stuttgart um Beratung und Unterstützung. Auf die herausragende Bedeutung der Langenauer Leinenweberei in der Vergangenheit verweisend, schilderte Stadtschultheiß Haug die aktuelle Situation. Nur noch 30 Weber würden 40 Webstühle betreiben, wobei aber nur zehn das ganze Jahr über Beschäftigung fänden; auch die Lodenweber hätten nur zeitweise Arbeit, die sie für ihre Hauskundschaft erledigten. Da die Damastweberei noch nicht mit mechanischen Vorrichtungen betrieben würde, wäre ihnen ausreichend Arbeit gesichert. Auch gäbe es eine hohe Zahl von arbeitslosen Tagelöhnern, die wegen des zunehmenden Maschineneinsatzes immer weniger gebraucht würden. In Langenau wären also genügend Arbeitskräfte für eine Gebildweberei vorhanden[422].

Das Vorhaben der Stadt fand die Unterstützung der Zentralstelle für Gewerbe und Handel. Am 26. April 1882 besichtigte deren Direktor von Lutz die Kleemeisterei, in deren Scheuer ein Arbeitssaal eingerichtet werden sollte, und stellte lediglich die Bedingung, dass ein Fabrikant gefunden werden müsste. Ausschlaggebend für die staatliche Unterstützung war gewiß auch das Vorhaben, nach Laichinger Vorbild eine Webschule, in der männliche Jugendliche zum Weber aus- und Weber zu Jacquarweberei fortgebildet werden sollten, aufzubauen. Nach einem längeren Briefwechsel wurde in dem Fabrikanten Wilhelm Schrägle aus Böblingen der geeignete Unternehmer gefunden. Am 20. Juni 1882 sprachen sich Gemeinderat und Bürgerausschuss für Schrägle aus und beschlossen, den durch den Umzug bedingten Verdienstausfall in Höhe von 5000 Mark zu ersetzen und ihm den Arbeitssaal, in dem acht bis zehn Webstühle aufgestellt werden sollten, für fünf Jahre unentgeltlich zu überlassen[423]. Noch am gleichen Tag berichtete dies die Stadt der Zentralstelle und bat in dem Schreiben, um einen Staatsbeitrag, eine Webschule zu genehmigen und Schrägle zum „Weblehrer" zu bestellen[424]. Trotz der anfänglich wohlwollenden Zusicherung seitens Lutz meldete die Zentralstelle Bedenken an, da Damaststickereien bereits mechanisch und in Heidenheim die gleichen Produkte hergestellt würden wie in Langenau beabsichtigt. Da sich der Gemeinderat über die Stuttgarter Bedenken hinwegsetzte, erhielt die Stadt keine staatlichen Fördermittel[425].

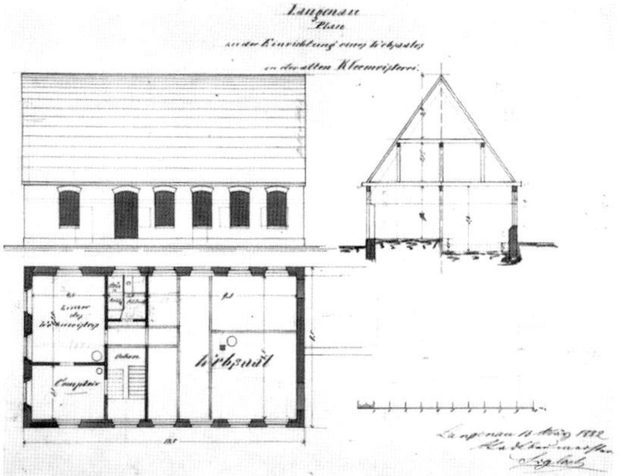

Grundriss, Seitenansicht und Schnitt der in eine Webschule umgebaute Kleemeisterei.

Nach der Renovierung des Kleemeistergebäudes wurde die Weberei am 18. Oktober 1882 eröffnet[426]. In der Fabrik arbeiteten acht Weber und zwei Spulerinnen, zu Hause zwei Weber und acht bis zehn Spulerinnen sowie 16 Frauen und Mädchen als Näherinnen und Knüpferinnen. 1883 expandierte das Unternehmen: In der Fabrik beschäftigte es einen Zeichner, sechs Weber, je einen Zettler und Zwirner sowie vier Spuler und Roller. Vor allem die hausindustrielle Produktion nahm erheblich zu: 13 Männer und 23 Frauen webten, spulten, rollten, nähten und knüpften für die Damastweberei. Außerdem wurde eine Spindelpresse aufgestellt[427]. Im selben Jahr trat Valentin Fischer, ein Stuttgarter Geschäftsmann, dem Unternehmen als Teilhaber bei[428]. 1884 erhielt die Fabrik einen Anbau, in dem 16 Webstühle aufgestellt wurden und dessen Kosten (6620 Mark abzüglich 500 Mark Staatszuschuss) die Stadt zunächst vollständig übernahm[429].

Auch die Webschule schrieb eine Erfolgsgeschichte. Man bestellte Schrägle zum Weblehrer mit einem Jahresgehalt von 1200 bis 1500 Mark. 1883 wurden fünf Lehrlinge ausgebildet und für 1884 nahm man sich die Vergrößerung der Webschule vor. Für jeden ausgebildeten Lehrling erhielt die Stadt eine Prämie von 25 bis 50 Mark[430].

Aber die Bedenken der Zentralstelle für Gewerbe und Handel erwiesen sich als berechtigt. Bereits 1885 drohte der Konkurs und am 27. April 1886 kündigte die Geschäftsleitung schließlich die Liquidation der Fabrik an. Die Abwicklung des Konkursverfahrens zog sich bis 1889 hin. Verzweifelt suchte die Stadt seit Oktober 1885 mehrfach, durch Anzeigen in überregionalen Blättern einen Unternehmer für eine Fortsetzung zu gewinnen, wobei die gleichen Vergünstigungen zugesichert wurden. Zwar meldeten sich mehrere Interessenten, u. a. der Gemischtwarenhändler Gustav Walz aus Reichenbach an der Fils, der anfragte, ob in dem Fabrikgebäude eine Trikotweberei eingerichtet werden könnte, doch keiner konnte überzeugt werden. Im Mai 1889 wurden die Restbestände der Fabrik an Garnen, Stoffen, Tischdecken, Servietten, Kommodendecken usw. versteigert und verkauft[431].

Im September 1890 unternahm die Stadt einen erneuten Versuch, einen Unternehmer für das leer stehende Fabrikgebäude zu finden, wobei sie die Art der Nutzung offen ließ. Der Heidelberger Kaufmann und Pflugwarenfabrikant Albert Mössinger erhielt das Gebäude ein Jahr später mit der Verpflichtung, innerhalb von zwei Jahren ein Fabrikgeschäft einzurichten. Mössinger scheiterte, offensichtlich fand er nicht ausreichend Käufer für seine Pflüge. Im September 1894 kündigte er den Vertrag mit der Stadt. Mit einem Beschluss des Gemeinderates, in der ehemaligen Kleemeisterei eine Schule einzurichten, endete der erste Versuch, die alte Tradition der Weberei wieder aufleben zu lassen und Arbeitsplätze zu schaffen[432].

Die neue Schule in der Kleemeisterei auf der Reutte ersetzte die Untere Schule. So war es möglich, das alte Schulgebäude gewerblich zu nutzen. Die Schürzenfabrik Emil Herbst in Ulm meldete ihr Interesse an, dem die Stadtverwaltung im Juni 1895 sogleich entsprach und die Räume unentgeltlich zur Verfügung stellte. Zur Einrichtung eines Fabrikgeschäftes scheint es aber nicht gekommen zu sein, denn auf einer Versammlung des Gewerbevereins im August 1896 wurde außerordentlich bedauert, dass in dieser Sache noch keine Fortschritte erzielt worden waren[433]. Im Mai 1904 erhielt die Mechanische Trikotwarenfabrik Burkhard und Moos, Ulm, die beiden Schulräume unentgeltlich zur Verfügung gestellt, wo mittels Nähmaschinen an Trikotwaren Besetzereien angebracht werden sollten. Bei Rentabilität versprach die Stadt den Abschluss eines Mietvertrages. Die Firma warb intensiv um weibliche Arbeitskräfte, denn nicht anders lässt sich erklären, dass der „Langenauer Anzeiger", sonst ein eifriger Wortführer des ökonomischen Fortschritts, befürchtete, es würden dann in der Landwirtschaft keine Arbeitskräfte mehr zur Verfügung stehen. Die schließlich ‚nur' 15 als Näherinnen eingestellten Frauen dürften den Herausgeber des Ortsblattes beruhigt haben[434]. Das Unternehmen hatte offensichtlich keinen Erfolg, denn weder in den Gemeinderatsprotokollen noch im „Langenauer Anzeiger" tauchte die Trikotwarenfabrik in den folgenden Jahren auf.

Die 1927 in Weidenstetten gegründete Kleiderfabrik Dietrich Meyer verlegte ihren Betrieb 1927 nach Langenau. Sie fabrizierte die blauen Fuhrmannskittel, die bis in die jüngere Zeit von den Bauern der Ulmer, Geislinger und Blaubeurer Alb getragen wurden. Im Laufe der Zeit erweiterte die Fabrik ihre Produktpalette auf Hosen, Berufs- und Arbeitsbekleidung und expandierte, sodass die Räumlichkeiten im ehemaligen Wirtshaus Sonne nicht mehr ausreichten. 1959 wurde in der Karlstraße eine neues Gebäude errichtet, das bereits 1964 erweitert werden musste[435].

Zu den Firmen, die bis in die jüngere Zeit Bestand hatten, gehört die Lederwarenfabrik Braunwarth. Im Februar 1875 erwarben der Ulmer Gerber Johannes Eck und David Braunwarth aus Langenau den Pfleghof für 14 300 Mark. Die Wege der beiden Unternehmen trennten sich im April 1881, David Braunwarth ersteigerte sich für 30 300 Mark die Fabrikanlage und Johannes Eck errichtete im Mai 1882 eine eigene Gerberei[436]. Nach mühevoller Aufbauarbeit entstand aus der Rotgerberei, die hauptsächlich Sohlen- und Geschirrleder herstellte, die Lederwarenfabrik Braunwarth. Nachdem der Firmengründer 1915 siebzigjährig den Betrieb an seine beiden Söhne Heinrich und Julius übergeben hatte, entwickelte sich das Unternehmen, das hauptsächlich Sattler- und Bodenleder herstellte, zur größten Lederwarenfabrik Langenaus und der Umgebung. Zu Beginn der 1950er-Jahre beschäftigte das Werk 20 Arbeiter und siedelte Ende der 1970er-Jahre an den neuen Standort im Gewerbegebiet „Lindeschen" um. Die Lederfabrik Braunwarth ging dann in der Firmengruppe Dully R.T. auf, die in Pirmasens einen zweiten Standort in Deutschland sowie weitere im Ausland besaß. Obwohl das Unternehmen wirtschaftlich stark war – immerhin der größte deutsche Hersteller von Rindleder für die Schuhindustrie –, entschloss sich die Firmenleitung im Juni 1992 zur Schließung der beiden deutschen Produktionsstandorte, da die hohen inländischen Produktionskosten eine erfolgreiche Unternehmensentwicklung ausschlossen. Ende Juli 1993 wurden die Betriebstore geschlossen[437].

Im August 1878 reichte der aus Giengen a. d. Brenz stammende Karl Mayer bei der Regierung des Donaukreises ein Gesuch ein, auf der Parzelle 328 ein Wohnhaus und eine Rotgerberei im Nebengebäude errichten zu dürfen. Die Genehmigungsurkunde der Kreisregierung zeigt, dass bereits damals umweltschützende Vorgaben bei Konzessionserteilungen eine Rolle spielten. So mussten die „festen Abzeugs" in eine zementierte und abgedeckte Sammelgrube geleitet werden, die vierzehntägig zu leeren war. In die Nau durften nur die hellen Abwasser geleitet werden und alle Gräben waren mit Abdeckungen und Schutzvorrichtungen zu versehen[438].

Arbeiter der Firma Ostertag, 1930.

Plattenherstellung in der Firma Ostertag, 1925.

Die lange Tradition der Bauindustrie, eines bedeutenden Wirtschaftszweiges in Langenau, begründete 1864 Johannes Mayer. Die Bauunternehmung Hans Mayer war bis 1997 im Hoch- und Wohnungsbau tätig. Auch die 1875 gegründete Bauunternehmung Fritz Rau bestand bis in die jüngste Zeit[439]. Der 1877 in Langenau geborene Maurermeister Michael Ostertag gründete 1900 einen kleinen Handwerksbetrieb, der anfangs Dachziegel herstellte. Der Erste Weltkrieg unterbrach die Aufbauarbeit. Nach der Rückkehr aus dem Krieg 1919 nahm Ostertag die Arbeit in seinem Betrieb wieder auf und konnte trotz Materialschwierigkeiten und Geldmangel 1927 mit dem Kauf eines Grundstückes den Betrieb vergrößern, wo mit einer Halle der Grundstein für das spätere Betonwerk gelegt wurde. Die Produktpalette – Terrazzoplatten, Gehwegplatten und Kunststeine – wurde in den folgenden Jahren laufend erweitert sowie ein Kieswerk für den eigenen Bedarf errichtet. Während des Zweiten Weltkrieges kam die Produktion fast zum Stillstand. Aber in den ersten Nachkriegsjahren, als der Aufbau des zerstörten Landes große Mengen an Baumaterialien erforderte, expandierte das Unternehmen zu beachtlicher Größe. Waren in der ersten Nachkriegszeit 50 Arbeiter beschäftigt, so zählte der Betrieb 1949 107 und sechs Jahre später 222 Arbeiter. Das Betonwerk stellte zum 1. April 1990 seinen Betrieb ein[440].

Die Firma Christian Hauslaib ging aus einem Handwerksbetrieb hervor. Das Zimmereigeschäft wurde 1922 um eine Schreinerei, die vornehmlich Fenster herstellte, und 1924 um eine Sägmühle erweitert. Von

1924 bis 1932 konzentrierte sich die Firma auf die Produktion schlüsselfertiger Häuser. Nach 1945 nahm dann wieder die Fensterherstellung ihre frühere Position ein[441].

Der einzige vor 1945 existierende Metall verarbeitende Betrieb wurde 1924 von Martin Botzenhardt gegründet. Aus dem Handwerksbetrieb ging 1927 ein Unternehmen hervor, das Baugeräte herstellte und 1938 um einen neuen Fabrikationsraum erweitert wurde. Anfang der 1960er-Jahre zählte der Betrieb etwa 20 Arbeitskräfte[442].

Nach dem Zweiten Weltkrieg setzte ein Wachstum der Industrie ein, das vor allem durch Firmengründungen von Vertriebenen und Flüchtlingen bewirkt wurde. Noch vor Kriegsende siedelten sich die Metallwerke Langenau, das heute Pumpen, Maschinen, Turbinen, Dieselmotoren etc. produziert, und das Bauunternehmen Krüger an, das aus Lettland ausgelagert worden war und 1955 in Konkurs ging. Die 1910 in Pirmasens gegründete Schuhfabrik Dela, der Firmenname steht für Heinrich Deutschmann Langenau, wurde im Zweiten Weltkrieg zerstört. Zunächst baute man den Betrieb nach Kriegsende in Gerstetten wieder auf, verlegte ihn aber schon 1946 nach Langenau[443]. Die bereits 1788 in Oberhohenelbe im Sudetenland gegründete und in Heidenheim ansässige Firma Schreiber & Co. errichtete 1946 eine Filiale in Langenau, die auf die Herstellung von Taschentüchern spezialisiert war und am Beginn der 1960er-Jahre etwa 80 Personen beschäftigte [444].

Zu einem bedeutenden Unternehmen entwickelte sich die 1947 gegründete Tuchmacher I.G. Die aus Forst in der Niederlausitz vertriebenen Tuchfabrikanten Georg Ditschke, Hans Klemm, Adolf und Kurt Wenzel nahmen die lange Tradition des Textilgewerbes wieder auf. Die junge Firma war mit den typischen Schwierigkeiten der Nachkriegszeit, vor allem Rohstoff- und Arbeitskräftemangel, konfrontiert. Auch auf moderne Maschinen musste verzichtet werden. So lernten drei Webmeister die Arbeitskräfte an den 20 Handwebstühlen ein. Erst nach der Währungsreform am 20. Juni 1948 gelang es, diese Schwierigkeiten zu überwinden. Bald konnte eigenes Garn gesponnen werden, und im April 1949 wurden die ersten mechanischen Webstühle aufgestellt. Anfang der 1950er-Jahre baute man eigene Spinnerei-, Weberei-, Ausrüstungs- und Färbereiabteilungen auf, sodass die Firma vom Rohmaterial bis zur Fertigware alle Produkte im eigenen Betrieb herstellte. Die ständig steigenden Produktionszahlen zeugen von der hohen Qualität der Tuche und Kleiderstoffe, die für die Bekleidungsindustrie und vor allem für den Export hergestellt wurden: Im September 1949 verließ das 1000. Stück Tuch den Betrieb, im Februar 1957 wurde das 75 000. fertig (was einem Jahresdurchschnitt von 1,2 Mio. m^2 entspricht) und schließlich Ende 1963 das 200 000. Auch die wachsende Zahl der Arbeiterinnen und Arbeiter dokumentiert den Erfolg der Tuchmacher I.G.: 1949 beschäftigte sie 19, 1955 320 und schließlich Ende 1963 rund 400 Personen. Das Unternehmen fiel wie viele andere Textilfabriken in Deutschland der Krise der Textilbranche zum Opfer; 1991 stellte die Tuchfabrik I.G. den Betrieb ein[445].

Mit der Firma Donau-Werkzeugmaschinen Erich Arndt begann der zweite Metall verarbeitende Betrieb in Langenau im Januar 1960 mit der Produktion von Radial-Schnellbohrmaschinen. Die Firma war im April 1955 in Neu-Ulm als Handelsgeschäft gegründet worden und hatte bis zur Verlegung des Firmensitzes nach Langenau die selbst konstruierten Maschinen in Lizenz fertigen lassen. 1963 arbeiteten annähernd 60 Personen in dem Betrieb, dessen Exportquote etwa 20 Prozent betrug. Ende der 60er-Jahre wurden monatlich über 30 Bohrmaschinen hergestellt, die einen starken Absatz im Inland fanden und in 33 Länder der Welt exportiert wurden; Hauptabnehmer waren die USA mit jährlich 80 bis 100 Maschinen. Vor allem Maschinenfabriken aller Art, Flugzeug- und Motorenwerke sowie der Automobil- und Schiffsbau stellten das Gros der Kundschaft. 1984 ging die Firma in Konkurs, der den Verlust von 130 Arbeitsplätzen bedeutete[446].

Handel

Schon in römischer Zeit besaß der Vicus an der Straßenstation, dessen Namen wir nicht kennen, einen regionalen Markt, auf dem die landwirtschaftlichen Produkte der umliegenden Villae rusticae ihre Abnehmer, vornehmlich für das Kastell in Heidenheim fanden. Ob in dem Vicus auch Handwerker ansässig waren, die ihre Produkte ebenfalls zum Verkauf anboten, ist bisher archäologisch nicht eindeutig belegbar, aber zu vermuten. Diese regionale Marktfunktion setzte sich im Früh- und Hochmittelalter fort. Der Handel beruhte in Langenau bis in das 20. Jahrhundert hinein auf dem Absatz der heimischen landwirtschaftlichen und gewerblichen Produkte. Der Handel versorgte in nicht unbeträchtlichem Ausmaß die in Landwirtschaft und Handwerk tätige Bevölkerung mit Gebrauchsgütern aller Art. Die Langenauer Jahr- und Wochenmärkte besaßen vor allem in der frühen Neuzeit eine überregionale Funktion. Im 18. und 19. Jahrhundert wurden weitere Märkte, z. B. für Salz, Vieh, Holz und Holzkohle, eingerichtet. In der zweiten Hälfte des 19. Jahrhunderts gelang es der Stadt, die Dominanz des nahen Ulm als Absatzmarkt für landwirtschaftliche Produkte zu brechen (die

Albecker, Göttinger und Hörvelsinger, aber auch viele Langenauer Bauern brachten zuvor ihre Getreideüberschüsse auf die Ulmer Fruchtschranne[447]). Die Langenauer Viehmärkte errangen eine überregionale Bedeutung und die Fruchtschranne gehörte im letzten Viertel des 19. Jahrhunderts zu den wichtigsten in Württemberg.

Jahr- und Wochenmärkte von den Anfängen bis in unsere Zeit

1301 stattete König Albrecht I. Langenau mit dem Ulmer Stadtrecht aus, das dem nun zur Stadt erhobenen Dorf die gleichen Marktrechte gewährte (in Ulm wurden zu diesem Zeitpunkt zwei Jahrmärkte und ein Wochenmarkt abgehalten). Für 1527 ist ein Langenauer Jahrmarkt erstmals schriftlich nachweisbar. In der Mitte des 16. Jahrhunderts bestanden neben dem Wochenmarkt drei Jahrmärkte: der Oster-, der Pfingst- und der Michaelismarkt[448]. Die Langenauer Jahrmärkte besaßen eine überregionale Bedeutung, wie ein Schreiben des Rates aus dem Jahre 1591 belegt, in dem er den Behörden in Blaubeuren, Justingen, Münsingen, Ehingen, Weißenhorn und Giengen anzeigte, dass der Michaelismarkt wegen der „sterbenden Läuften“ (Pest) nicht stattfinden würde[449]. Die Märkte fanden montags statt, ein Abend- oder Nachmarkt am folgenden Tag war nicht zugelassen[450].

Jahr für Jahr bedurfte es für die Durchführung der Jahrmärkte der obrigkeitlichen Erlaubnis, die grundsätzlich gegeben wurde, es sei denn schwerwiegende Gründe standen entgegen; vor allem in Pestzeiten wie im ausgehenden 16. Jahrhundert setzte der Rat die Jahrmärkte aus, um einer Ausbreitung der Seuche vorzubeugen, oder beschränkte ihn auf einen Tag, da wegen der vielen Leute, die nach Langenau kommen würden, Anlass zu größter Sorge gegeben sei[451]. Auch Kriegszeiten ließen die Jahrmärkte ausfallen. „Es seien die Läuft also beschaffen“, wie der Rat am 11. Mai 1635, als das Ulmer Landgebiet von den Kaiserlichen heimgesucht wurde, seine Entscheidung begründete, „dass der Ehrsame Rat nicht ratsam befunden könnte, dass derselbige [der Pfingstmarkt] seinen Fürgang habe, weilen Bürgern und anderen leichtlichen Schaden zugefügt werden könnte.“ 1642 fiel der Ostermarkt aus, weil „allerhand fremdes Volk herum in Quartieren“ liege, und 1646 begründete der Rat die Absage „wegen jetziger sehr großen Unsicherheit zu Verhütung allerhand besorgende Ungelegenheit“[452]. Auch Ende der 1670er-Jahre oder während des Spanischen Erbfolgekrieges fanden die Jahrmärkte wegen der zahlreichen Durchmärsche und Einquartierungen nicht statt. 1680 erlaubte der Rat schließlich wieder den Thomasmarkt, aber nur weil er davon ausging, dass ausschließlich Leute aus „unverdächtigen Orten“ kommen, und unter der ausdrücklichen Anweisung, „gute

Vorsehung zu tun, dass alle Ungelegenheit, so viel immer möglich, verhütet bleibe“[453].

Eine Marktordnung regelte das Abhalten der Jahr- und Wochenmärkte und legte die Preise und die Qualität der Waren im Interesse der Allgemeinheit fest; nahezu bei jeder Erlaubnis befahl der Rat eine „gute Art und Sorgfältigkeit“ an[454]. Aus der Landpolizei-Ordnung von 1721 erfahren wir einige Regularien des Marktes. So waren die Merzler angewiesen, ausschließlich geeichte Gewichte und Maße zu benutzen; ihre Maße, auch die der Kramer und Wirte wurden jährlich überprüft[455]. Der spekulative Zwischenkauf von Getreide und Lebensmitteln, die auf einem Markt erworben und weiterverkauft wurden, kostete dem Täter sechs Reichstaler Strafe, ausgenommen waren diejenigen Kornhändler, welche die Stadt mit Getreide versorgten; ebenso war der Zwischenhandel mit Holzkohle verboten[456]. Beim Weinhandel bemühte sich der Rat stets, Verstöße gegen die Umgeldordnung aufzuspüren und zu ahnden. Bevor ein Weinfass angestochen werden durfte, musste der Oberamtmann oder der Anwalt davon in Kenntnis gesetzt werden. Bei der Probe, ob der Wein in Ordnung war, durfte eine bestimmtes Maß nicht überschritten werden. Privatleute waren verpflichtet, ihre Weinkäufe den Beamten anzuzeigen und ihnen die Verkaufsbelege vorzulegen. Das Umfüllen in kleinere Fässer war verboten[457]. Die Ulmer Obrigkeit untersagte den Handel mit Juden grundsätzlich: „Es solle allen Untertanen ernstlich verboten sein, mit denen Juden ohne Gegenwart, Zutun oder Genehmhalten der Ober- und Unterbeamten zu handlen und von selbigen etwas zu kaufen oder zu tauschen, auf was Art es geschehen mag. Widrigens aber derjenige, so darwider tut, nach Gutbefinden der Herren Herrschaftspfleger empfindlich gestraft und die solcher gestalten gemachten Kontrakte vor nichtig gehalten werde.“[458] Der Handel auf Kirchweihen oder auf anderen Festen war ohne eine obrigkeitliche Genehmigung nicht gestattet[459].

Die Aufsicht über die Märkte führte der Oberamtmann und bei dessen Abwesenheit der Vogt von Albeck[460]. Verstöße, wie das Verwenden falscher Maße, zogen unweigerlich Strafen nach sich, meist einige Tage Turm, oder wurden wie eine ausländische Händlerin, die auf dem Pfingstmarkt 1602 verbotene Waren verkauft hatte, unter Androhung einer Leibstrafe bei Wiederbetreten des Ulmer Gebietes ausgewiesen[461]. „Verdächtige Personen“ – gemeint waren wohl Diebe und Hehler – sollten aber vom Oberamtmann und seinen Gehilfen besonders gut beobachtet werden und wurden, falls sie erwischt wurden, mit einem Gulden gestraft[462]. Der Hausverkauf war grundsätzlich verboten, selbst bei Unwettern nicht (1580 baten entweder die Langenauer Einwohner wohl aus Bequemlichkeit oder die Weber, die ein schlechtes Geschäft befürchteten, um den Verkauf von Gewand in den Häusern[463]). Das Hausieren fremder Händler, so genannter Savoyarden, Winkelkramer und Hafenträger war auf ulmischen Gebiet bei Konfiskation der Waren ebenso strikt verboten; Untertanen, die ihnen behilflich waren oder ihnen etwas abkauften, wurden mit vier Gulden Strafe belegt[464]. Und schließlich soll auch nicht vorenthalten werden, dass 1626 auf dem Michaelismarkt das Maß Bier für die ulmischen Untertanen zehn Pfennige und für Fremde drei Kreuzer kostete (vom Bierkonsum profitierte die Stadt durchaus: Zwei Pfennige bzw. ein Kreuzer wurden an die Stadtkasse abgeführt)[465].

Im ausgehenden 17. Jahrhundert waren die Langenauer Märkte erheblich in Unordnung geraten. Am 7. Juli 1698 legte der Rat einige Maßnahmen zur Beseitigung von Missständen fest: Geschworene Kornmesser sollten das auf den öffentlichen Fruchtmärkten oder in Häusern verkaufte Korn gegen ein Messgeld messen; Zuwiderhandeln bedeutete für Käufer und Verkäufer ein Bußgeld von 15 Kreuzern pro Imi Schmalz und andere Viktualien mussten fortan öffentlich gewogen werden, sofern sie mehr als zwei Pfund wogen; der Hausverkauf wurde gänzlich verboten. Ein Schaumeister sollte Pferde und Vieh, gleich ob sie verkauft oder geschlachtet werden sollten, „auszelgen", ordentlich notieren und dem Oberamt melden, damit die entsprechende Gebühr eingezogen werden konnte: drei Gulden für ein Pferd und ein Gulden für ein Rindvieh. Den Müllern, die offensichtlich Mehl ins Ausland ausführten und dort wohl zu einem besseren Preis verkauften, wurde dieser einträgliche Handel verboten; stattdessen drohte ihnen ein Gulden Strafe, wenn auf dem Markt zu wenig Mehl angeboten werden sollte[466].

Ausländischen Händlern und Handwerkern standen die Langenauer Jahrmärkte grundsätzlich offen, wie eine Anordnung des Rates an den Oberamtmann aus dem Jahre 1580 zeigt, wonach er dafür sorgen sollte, dass die Stände einheimischer und fremder Händler und Weber neben- und beieinander stünden. Allerdings besaßen die stadtulmischen Händler und Handwerker Vorrang vor den auswärtigen Handwerkern – ein Privileg, über das die Ulmer Meister mit Argusaugen wachten. So protestierten 1556 die Färber, Gerber, Kürschner und Gewandschneider aus Giengen vergeblich gegen ihre Benachteiligung[467]. Auf die genaue Anwendung ihrer Handwerksordnung pochten die Ulmer Kürschner 1650, als sie nach den Wirren des Dreißigjährigen Krieges feststellten, dass die Giengener Kürschner am Abend vor dem Pfingst- und Michaelismarkt ihre Waren feilgeboten hatten. Der Oberamtmann, der auf Anweisung des Rates alte Leute hatte befragen sollen, gab ein gewisses eigenes Versagen zu – man habe in den Kriegszeiten nicht so genau darauf geachtet – , maß aber den Ulmer Kürschnern ein Mitverschulden zu, da sie jahrelang die Langenauer Jahrmärkte nicht besucht hätten. Trotzdem setzten sich die Ulmer durch – fortan stand das vorabendliche Verkaufsverbot wieder unter einem Gulden Strafe[468]. Die Langenauer selbst versuchten 1606 vergeblich, die Konkurrenz auswärtiger ulmischer Untertanen auszuschalten, da diese dem Markt großen Schaden zufügen würden[469]. Dem gleichen Ziel diente eine Beschwerde der Sattler von 1624 über ihre Kollegen aus Giengen, deren Ausschluss vom Langenauer Markt sie forderten. Der Rat lehnte dies mit der Begründung ab, da sie selbst den Markt in Giengen besuchen würden, und er nur dann ihrem Anliegen entsprechen könne, wenn sie in Giengen nicht mehr zugelassen seien[470]. Nicht immer gelang es den Ratsherren, die Balance zwischen den unterschiedlichen Interessen zu finden. Ein Beispiel dafür ist die Ablehnung des Rates ein von den Langenauer Schuhmachern im August 1629 gewünschtes Verbot für die Ulmer Schuhmacher, die Wochenmärkte bis Michaelis zu besuchen, da er Letzteren den Marktbesuch in Langenau „vergonnt" habe[471]. Aus einer Beschwerde der Ulmer Nadler von 1637 kann geschlossen werden, dass sie auf den Jahrmärkten gewisse Vorrechte genossen. Sie hatten sich über den Langenauer Nadler Christian Reyhlin beschwert, der entgegen dem Brauch seine Waren neben ihren Ständen angeboten hatte. Daraufhin wurde Reyhlin befohlen, seine Waren zukünftig „absonderlich" feilzuhaben und zu verkaufen[472]. Umgekehrt schützte der Rat 1666 die Interessen der Langenauer Binder, indem er den Ulmer Bindern verbot, ihr in Ulm nicht verkauftes Geschirr auf den Langenauer Jahrmärkten feilzubieten[473].

In den 1830er-Jahren waren die Jahrmärkte offensichtlich ebenfalls in Unordnung geraten, denn am 24. September 1840 erließ der Gemeinderat eine neue Marktordnung, die die Besetzung der Standplätze streng regelte. Die Jahrmärkte hatten augenscheinlich auch an Bedeutung gewonnen, denn vakante große Standplätze wurden in mehrere kleinere aufgeteilt, nicht besetzte Plätze sogar öffentlich versteigert. Nach dreimaligem Nichtbesetzen ging allerdings der Standplatz verloren. Für die Inhaber der 1818, 1820 und 1824 verkauften Plätze wurde festgelegt, dass das Standrecht auf ihre Witwen bzw. auf das erste Kind überging (diese Regelung galt aber nicht bei Wiederverheiratung). Bei den jetzt verkauften Plätzen fiel der Stand nach dem Tod des Inhabers an die Gemeinde zurück. Außerdem wurden die Stände mit Nummern versehen und die Namen der Inhaber in ein Verzeichnis eingetragen, um einen Tausch der Plätze zu verhindern, denn der

Marktmeister hatte bei jedem Markt Nummer und Namen abzugleichen. Diese neue Ordnung galt vom Michaelismarkt 1841 an. 15 Jahre später wurden sämtliche Standplätze des Michaelismarktes neu verteilt[474]. In den 1920er-Jahren verlor der Michaelismarkt vor allem wegen der zu Beginn des Jahrhunderts eingeführten wöchentlichen Viehmärkte an Bedeutung, denn nur noch wenige Stände wurden besetzt[475].

Die Wochenmärkte unterlagen ebenfalls schon in reichsstädtischer Zeit einer Marktordnung. 1567 wurden die Verkaufszeiten festgesetzt: winters von 8 bis 12 Uhr, sommers von 7 bis 12 Uhr; Markttag war der Montag[476]. Die Wochenmärkte wurden auch an Aposteltagen abgehalten, wofür besondere Regelungen galten[477]. Auch auf den Wochenmärkten kam es zu Konkurrenz und Konflikten zwischen ulmischen und auswärtigen Handwerkern. 1652 beschwerte sich der württembergische Vogt von Heidenheim, dass die Hafner aus dem Herzogtum ihr Geschirr auf dem Langenauer Wochenmarkt nicht mehr anbieten durften. Das Verbot war ihm völlig unverständlich, da in Langenau nur ein einziger Hafner ansässig war, der seiner Ansicht nach mit dem Setzen und Reparieren von Öfen vollauf beschäftigt sei und deswegen niemals den Flecken mit Geschirr versorgen könne[478].

Wochenmarkt, 1931.

Die Bedeutung des Wochenmarktes erhöhte sich 1879 beträchtlich, als ihm ein Kartoffel- und Schweinemarkt hinzugefügt wurde[479].

In der ersten Hälfte des 19. Jahrhunderts wurden weitere Märkte eingerichtet. 1832 richteten 16 „Feuerarbeiter", also vornehmlich Schmiede, an die Regierung des Donaukreises die Bitte, einen regelmäßigen Kohlenmarkt einzurichten. Sie sahen sich der Willkür der Kohlenbauern (Köhler) in Altheim und Zähringen ausgesetzt, welche die Preise nach ihrem Belieben diktierten. Auch die Kosten für den Transport gefährdeten ihre Existenz. Daher müsste die Holzkohle anderswo gekauft werden, z. B. in Ulm, wo sie billiger sei. Die geeignetste Lösung wäre aber ein regelmäßiger Kohlenmarkt in Langenau, der den Vorteil bieten würde, nach Bedarf und nicht auf einmal für 100 bis 130 Gulden einkaufen zu müssen. Außerdem sei die ausreichende Versorgung mit Holzkohle durch die benachbarten bayerischen Kohlenbauern gesichert. Das Oberamt Ulm unterstützte das Gesuch, jeden ersten Dienstag im Monat zusammen mit dem Fruchtmarkt einen Kohlenmarkt abzuhalten. Die Kreisregierung kam dem Wunsch der Langenauer „Feuerarbeiter" nach und genehmigte am

18. Mai 1832 den Kohlenmarkt[480]. Im März 1836 folgte die Einrichtung eines wöchentlichen Holz- und Viktualienmarktes gegen eine Gebühr (Sportel) von 20 Gulden, der 1857 von Dienstag auf Mittwoch verlegt wurde[481].

Während des Zweiten Weltkrieges besaßen die Jahr- und Wochenmärkte eine außerordentlich wichtige Funktion bei der Versorgung der Bevölkerung mit Lebensmitteln und sonstigen notwendigen Waren. Wenige Wochen nach Kriegsbeginn befahl die Wirtschaftskammer in Stuttgart in einem Rundbrief an alle Landräte, dass alle Wochenmärkte durchgeführt werden müssten, „da sie zur Versorgung der Bevölkerung mit lebensnotwendigen Nahrungsmitteln und sonstigen wichtigen Waren unentbehrlich sind." Im November 1944, als die Bevölkerung zunehmend unter Versorgungsengpässen zu leiden hatte, maß das Reichswirtschaftsministerium den genannten Märkten eine eher noch gewachsene Funktion zu, da sie wegen der Erfordernisse des „totalen Krieges ... für die Versorgung insbesondere der ländlichen Bevölkerung, der Fliegergeschädigten und der Umquartierten vielfach von großer Bedeutung" seien[482]. Der 1950 wieder eingerichtete Wochenmarkt fand nicht den erwarteten Anklang unter der Bevölkerung, sodass er 1954 eingestellt wurde (heute findet wieder ein Wochenmarkt am Samstag in der Kirchgasse statt). Dagegen blieben die Krämermärkte am Oster- und Pfingstmontag, der Michaelismarkt am ersten Mittwoch im Oktober und der Christkindlesmarkt am 21. Dezember erhalten[483].

Der Wochenmarkt heute.

Der Salzhandel

Die Anfänge des Salzhandels in Langenau liegen im Dunkeln. Erst von 1645 an, als der Rat der Gemeinde erlaubte, sich so viel wie benötigt mit Salz zu versorgen, bestand in Langenau eine Salzniederlage, wo die Untertanen von Langenau und der umliegenden Dörfer das begehrte Salz erwerben konnten. Dieses Recht verteidigte die Gemeinde gegen die Angriffe der privilegierten Ulmer Salzhändler, die seit 1650 ihr Monopol für die Stadt auch auf das Landgebiet auszudehnen versuchten. So kam es nach einem ersten Konflikt 1660 drei Jahre später zu einem mehrmonatigen Streit zwischen ihnen und den Langenauer Händlern. Diese pochten auf ein altes Recht, Salz im Ausland zu kaufen und es in Langenau und in der Oberen Herrschaft wieder zu verkaufen, was auf den entschiedenen Widerstand in Ulm stieß. Beide Seiten beauftragten Rechtsgelehrte als Berater, deren Gutachten der Rat zur Grundlage seiner Entscheidung machte. Am 18. März 1664 sah sich der Rat nicht in der Lage, den Langenauer Salzhändlern ihren Handel zu verbieten, sondern, ganz im Gegenteil erkannte er, dass ihnen „mit Fug darvon zu treiben" erlaubt sei, denn den Ulmer Salzhändlern sei der Handel auf dem Landgebiet nur auf eine bestimmte Zeit gestattet gewesen, weswegen sie von ihrer Klage Abstand nehmen sollten. Salomonisch entschied der Rat, dass sich beide Parteien zukünftig in ihren Geschäften nicht behindern sollten[484]. In den folgenden Jahrzehnten tauchten diese Probleme nicht mehr auf. 1713 übernahm der Ochsenwirt Johannes Remshardt, der auch als Anwalt der Gemeinde tätig war, die Salzfuhren von Jörg Junginger, die er abwechselnd mit Hans Laiblin durchführte[485].

Das Langenauer Salzlager blieb bis zum Ende der Reichsstadt Ulm 1802 bestehen. Allerdings spielte der Langenauer Salzhandel eine unbedeutende Rolle. Während in Geislingen zwischen 1769 und 1784 fast die Hälfte des Salzes für den Verbrauch auf dem Landgebiet verkauft wurde, erreichte der Langenauer Salzhandel knappe vier Prozent. Nach der 1785 durchgeführten Neuorganisation des Handels gab es nur noch zwei „Hauptmagazine", nämlich in Ulm und Langenau. So genannte „Salzhändler", die von den Gemeinden angestellt wurden und die im Namen ihrer Gemeinde mit Salz handelten, bezogen ihr Salz ausschließlich aus einem der genannten Hauptmagazine[486].

Der Viehmarkt

Zu einem bedeutenden Wirtschaftsfaktor in der Stadt entwickelte sich, bedingt durch das Wachstum der Viehzucht in der zweiten Hälfte des 19. Jahrhunderts, der Viehmarkt. Von 1816 an hielt man die Viehmärkte wieder ab, nachdem durch die Wirren der Befreiungskriege seit 1813 keine mehr stattgefunden hatten. Die Gemeinde erwartete durch den Frieden eine Neubelebung des Viehhandels und zog in Erwägung, zu den bisherigen drei Märkten an Ostern, Pfingsten und am Tag nach Michaelis einen Viehmarkt einzurichten, der im Januar, acht Tage nach dem großen Viehmarkt in Ellwangen, veranstaltet werden sollte, denn in dieser Zeit fänden sich verstärkt Viehaufkäufer in Langenau und Umgebung ein. Außerdem biete Langenau wegen der Größe des Ortes und der Bevölkerung sowie wegen der verkehrsgünstigen Lage gute Standortvorteile. Der vierte Viehmarkt wurde einen Monat später genehmigt[487].

In den folgenden Jahrzehnten konnte der Langenauer Viehmarkt keine größere Bedeutung erlangen, worauf die fehlenden Einträge in den Gemeinderatsprotokollen deuten. 1856 teilt das Ratsprotokoll mit, dass viermal jährlich der Viehmarkt auf dem Burghof abgehalten werde[488]. Ein Jahr später passte die Stadt ihren Viehhandel einer veränderten Situation an, denn in den Jahren zuvor hatte sich der Viehbestand bedeutend vermehrt und verbessert, sodass ein lebhafter Handel mit den benachbarten Orten entstanden war. Außerdem waren zahlreiche Käufer aus dem Unterland nach Langenau gekommen (1865 berichtete der „Langenauer Anzeiger", dass auf dem Pfingstmarkt Besucher aus zehn bis zwölf Stunden Entfernung anwesend waren[489]). Angesichts dieser günstigen Entwicklung strebte die Stadt an, einerseits die Viehzucht durch die Einführung von Zuchttieren der Simmentaler Rasse zu verbessern, andererseits den Viehhandel zu heben, indem die Zahl der Viehmärkte auf acht erhöht werden sollte: je einer am 3. Montag im Januar und Februar, an Oster- und Pfingstdienstag, am 29. Juni, 30. September, 19. Oktober und 16. November. Die Regierung des Donaukreises entsprach dem Wunsch der Gemeinde und genehmigte im November 1857 die Neuregelung der Viehmärkte. 1862 wurden drei weitere Viehmärkte eingeführt: am 24. August und je einer am 1. Montag im November und Dezember[490].

Langenauer Viehhändler, um 1900.

Die Stadt versuchte in den folgenden Jahren, die Attraktivität der Viehmärkte zu steigern. So wurde 1858 erstmals eine „Ausstellung des schönen Viehs" durchgeführt. Eine Kommission zog von Stall zu Stall, um ausstellungswürdige Kühe aufzuspüren[491]. Von 1865 an wurden am Pfingstmontag und an Michaelis auch Farren angeboten. Für die besten Jungstiere wurden Prämien vergeben, worüber der „Langenauer Anzeiger" berichtete: „Zum Schlusse des Marktes ließ die Stadt die öffentlichen Farren auf dem Marktplatz aufstellen, behufs der Preiseverteilung an deren Besitzer. Es wurden neun Preise vergeben von 43 Gulden bis herunter zu 18 Gulden, im Ganzen 252 Gulden. Diese Zuchtstiere – worunter sich sechs Stück Original-Simmentaler ein Stück Kreuzung des Limburger mit dem Simmentaler Schlag, ein Stück Kreuzung des Teckschlag mit Simmentaler und ein Stück, ein besonders kolossales Tier, Langenauer Zucht, befinden – zeigten einen schönen und vorzüglichen Stand und die Anerkennung des zahlreichen Publikums, ja man darf wohl sagen, die Bewunderung war eine allgemeine."[492] Die Farrenprämierung wurde zu einem festen Bestandteil des Viehmarktes und trug sicherlich mit dazu bei, dass die Langenauer Viehzucht eine erfolgreiche Entwicklung nahm.

Zweifelsohne war die attraktivere Gestaltung des Viehmarktes durch die Prämierungen notwendig, glaubt man einem Bericht des „Langenauer Anzeigers". Am 22. Januar 1868 berichtete er, dass er zwar stark besucht gewesen sei, aber nur wenig Vieh angeboten worden wäre. „Der Fehler liegt wie immer, so auch diesmal wieder, bei den Langenauern selbst, die sich in der Mehrheit benehmen, als ob sie die Sache gar nichts weiter anginge, als dass man eben einen ‚Blauen' macht." Für den „Langenauer Anzeiger" war es nicht nachvollziehbar, dass die Bauern ihr Vieh nicht auf dem Markt, wo sie höhere Preise hätten erzielen können, verkauften, sondern im eigenen Stall zu wesentlich ungünstigeren Konditionen (so musste ein Bauer in der Regel das verkaufte Vieh noch vierzehn Tage weiterfüttern, bis es endlich vom Händler abgeholt wurde)[493].

Die wirtschaftliche Bedeutung des Viehmarktes zeigt eine Übersicht über die Resultate der Viehmärkte von 1863 bis 1879. Insgesamt wurden 7206 Stück Vieh verkauft, die einen Erlös von 886 905,91 Mark erbrachten. Fasst man die Jahresresultate in Fünfjahresabschnitte, so ergibt sich folgende Tabelle:

	Verkaufte Stücke		Erlös (in Mark)	
	gesamt	Durchschnitt	gesamt	Durchschnitt
1863 – 1867	1 934	387	157 174	31 455
1868 – 1872	2 194	439	281 995	56 399
1873 – 1877	2 208	442	312 508	62 505

Die Tabelle zeigt, dass die Zahl der verkauften Stücke bis 1868 und in den folgenden Jahren ein Niveau erreichte, das beibehalten wurde. Beeindruckend ist dagegen die Steigerung des Erlöses um genau 100 Prozent in nur 15 Jahren[494]. Für die späteren Jahrzehnte liegt kein Zahlenmaterial mehr vor, dennoch ist zu vermuten, dass der Langenauer Viehmarkt bis in die Kriegsjahre hinein nichts von seiner Bedeutung verlor, denn es wurden noch 1943 13 Rindviehmärkte, ein Pferdemarkt sowie im Frühjahr und Herbst Farrenmärkte abgehalten[495]. Auf dem Frühjahrsmarkt 1931 wurden 134 Stück Vieh verkauft. Über den Ostermarkt 1931 berichtete die „Ulmer Alb-Zeitung" allerdings, dass der Handel flau und die Preise niedrig gewesen seien und die Händler gefehlt hätten, obgleich 206 Stück neue Besitzer gefunden hatten[496].

1929 wurde versucht, den Viehmarkt durch eine Warenmesse in der Turnhalle attraktiver zu gestalten; wegen der allgemein schlechten Wirtschaftslage war der Geschäftsgang „nicht ganz gut". Dennoch wurde die Warenmesse an den Viehmarkttagen beibehalten, auch wenn die „Ulmer Alb-Zeitung" im April 1931 eher abwertend berichtete, dass die Messe in der Turnhalle „ganz nett aufgezogen" worden sei[497].

Der Kornmarkt

Die Langenauer Fruchtschranne entwickelte sich in der zweiten Häfte des 19. Jahrhunderts zu einem wichtigen Bestandteil des Langenauer Wirtschaftslebens. Auf ihr wurden neben den Getreidesorten Kernen, Roggen, Gerste, Hafer, Einkorn und Weizen, die rund neun Zehntel der Waren ausmachten, auch Wicken, Linsen, Erbsen und Kartoffeln umgeschlagen[498].

Die Langenauer Schranne litt unter der starken Konkurrenz des nahen Ulmer Getreidemarktes, des bedeutendsten im Königreich Württemberg, und kam nie über eine lokale Bedeutung hinaus. Als in den 1860er-Jahren das Beispiel Giengen zeigte, wie durch gezielte Maßnahmen der Getreidehandel erhöht werden konnte (innerhalb weniger Jahre überflügelte die Giengener Schranne die Heidenheimer), sahen die Bürger einen dringenden Handlungsbedarf[499]. In einem Vortrag der Bürgergesellschaft im Januar 1868 legte Stadtschultheiß Haug dar, wie im Vergleich zu den benachbarten Schrannen der Langenauer Getreidehandel ins Hintertreffen geraten war. Während beispielsweise in Geislingen 53 600 Zentner (Erlös: 391 880 Gulden) oder Giengen 67 552 Zentner (Erlös: 401 207 Gulden) umgeschlagen wurden, nahm sich das Langenauer Ergebnis (7601 Zentner, Erlös: 58 883 Gulden) eher bescheiden aus, lediglich 70 bis 90 Zentner wurden an den einzelnen Schrannentagen umgesetzt. Die Ursache für den geringen Verkehr lag vor allem in dem in Langenau üblichen Hofverkauf.

Der Redner appellierte an den bürgerschaftlichen Sinn seiner Zuhörer. Nicht allein den bürgerlichen Gremien dürfe die Verantwortung übertragen werden, sondern alle, denen an einer Verbesserung des Getreidemarktes liege, müssten die Initiative ergreifen. So schlug er vor, sich freiwillig zu verpflichten, das Getreide ausschließlich auf die Langenauer Schranne zu bringen. Ebenso sollten sich die Langenauer Händler und namentlich die Bierbrauer darauf einigen, ihren Bedarf nur noch auf der örtlichen Schranne zu decken. Weiter schlug er eine Genossenschaft vor, welche die nicht verkaufte Ware aufkaufen und diese bei erhöhter Nachfrage anbieten oder an Privatpersonen weiterverkaufen sollte. Auswärtige Aufkäufer würden sich dann von alleine einstellen, wenn bekannt würde, dass in Langenau bedeutendere Mengen an Getreide zum Verkauf kämen. Im Übrigen setzte der Redner große Hoffnungen auf den baldigen Anschluss an die Eisenbahn.

Bereits im Februar 1869 ließ die Stadt eine zweite Brückenwaage aufstellen, und in den folgenden Jahren wurden verschiedene Änderungen der Schrannenordnung vorgenommen, um den Geschäftsgang effektiver zu gestalten. Schließlich verlegte man 1902 die Sommerfruchtschranne in einen Neubau neben dem Rathaus[500].

1869 wurden ganze 10 763 Zentner (Erlös: 42 997 Gulden) umgeschlagen[501]. Doch die bürgerschaftliche Initiative brachte bald den gewünschten Erfolg – bereits drei Jahre später war der Getreideumschlag um 50 Prozent gewachsen (bei einem Geldumsatz von 104 753 Gulden lag die Langenauer Schranne auf Platz 32 der 62 württembergischen Schrannen)[502]. Der Erfolg setzte sich kontinuierlich fort: Zu Beginn der 1880er-Jahre verzeichnete man in den Rechnungsbüchern eine verkaufte Menge von über 55 000 Zentnern, die 1880 einen Erlös von 555 479 Mark erbrachten. Dieses Niveau konnte in den beiden folgenden Jahrzehnten beibehalten werden, sodass die Langenauer Schranne zu den zehn bedeutendsten Fruchtschrannen des Königreiches zählte. Sogar 1896, in einem Jahr, das ältere Landleute als das schlechteste bezeichneten, das sie je erlebt hatten (schlechte Dreschergebnisse, mangelhafte Qualität, verdorbenes Futter, Obstmangel, Viehseuchen und schließlich ausländische Konkurrenz wirkten zusammen und führten zu den schlechten Betriebsergebnissen), rangierte die Langenauer Schranne trotz eines Rückgangs von fast 5000 Doppelzentnern auf dem 7. Platz. Erst zu Beginn des 20. Jahrhunderts erfuhr die Umschlagsmenge eine deutliche Einbuße[503].

Nach der Fruchtschrannenordnung von 1857, die in ihren Grundzügen trotz einiger Änderungen über Jahrzehnte Gültigkeit besaß, fand der Kornmarkt mittwochs statt (bei einem Feiertag wurde auf den Donnerstag ausgewichen) und dauerte von 8 bis 12 Uhr. Um Missbräuche und Betrügereien zu verhindern, wurde der Geschäftsgang bis in das letzte Detail festgelegt. Alle Früchte mussten in der Schranne aufgestellt und alle Säcke, auf denen die Namen der Eigentümer verzeichnet waren, geöffnet werden. Es galt ein generelles Wiederverkaufsverbot, solange der Verkäufer noch eigene, unverkaufte Ware besaß. Alle Verkäufe geschahen öffentlich und mussten bekannt gegeben werden. Für jeden Sack wurden vom Verkäufer sieben, vom Käufer fünf Kreuzer verlangt. Wie sehr die Stadtväter die Gefahr von Korruption befürchteten, zeigt die Bestimmung, dass sich ein Verkäufer den Kornmesser nicht aussuchen durfte. Verstöße gegen die Schrannenordnung wurden mit

Geldstrafen belegt: für das Anbieten minderwertiger Ware zwei Gulden, für Verstöße gegen das Wiederverkaufsverbot drei Gulden und für Spekulationsverkäufe neun Gulden. Die nichtverkaufte Ware durfte bis zum nächsten Markttag in der Schranne bleiben; an den Schrannentagen galt ein generelles Hausverkaufsverbot.

Der Schrannenmeister führte die Aufsicht über das Verkaufsgeschehen, legte das Schrannenbuch, in dem die verkaufte Menge und die dabei erzielten Preise eingetragen wurden, aus und fertigte einen Schrannenzettel sowie ein Verzeichnis der zum Verkauf angebotenen Früchte an. Außerdem eröffnete bzw. beendete er den Markttag mit dem Stecken bzw. Abnehmen der Marktfahne, untersuchte Verfehlungen, die er dem Stadtschultheißen meldete, und zog die Gebühren ein. Dem Schrannenmeister standen zur Seite der Kornmesser und die Sackträger (Schütter), die von ihm beaufsichtigt wurden. Ersterer maß das Korn, lud auf und ab, wobei ihm die Letzteren halfen. Bei Verstößen drohten ihnen Geldstrafen und im Wiederholungsfalle die Entlassung, bei eigenmächtiger Erhöhung der Gebühren sogar der sofortige Hinauswurf[504].

Die beabsichtigte Verlegung des Schrannentages von Dienstag auf Mittwoch, für die das Oberamt eine Begründung verlangte, deutet die Konkurrenzsituation mit der Ulmer Schranne an. Denn wegen des Ulmer Schrannentages am Samstag, konnten die einheimischen und auswärtigen Aufkäufer erst von Montag an Getreide auf den Dörfern einkaufen. Dadurch blieb ihnen nur die Nacht von Montag auf Dienstag, um den Kernen – die wichtigste Getreidesorte – zu gerben. Dies wiederum hatte zur Folge, dass erst ab zehn Uhr mit dem Verkauf begonnen werden konnte und dieser bis in den frühen Nachmittag hinein dauerte. Um die Schrannenordnung einhalten zu können, musste der Verkaufstag auf den Mittwoch gelegt werden. Zunächst war dienstags der Schrannentag, ehe er 1876 auf den Donnerstag verlegt wurde[505].

Überregionaler Handel besaß im ulmischen Langenau keine große Bedeutung. Die Anfänge des Eisenhandels liegen im Dunkeln. Offensichtlich war dieser bis 1617 ein Privileg des württembergischen Pflegers im Pfleghof, das ihm erst genommen werden konnte, als der Langenauer Bürger Michael Fetzer seinen Eisenhandel selbst versah[506]. Aus der zweiten Hälfte des 18. Jahrhunderts sind Langenauer Händler überliefert, die Handelsbeziehungen über das ulmische Herrschaftsgebiet hinaus pflegten. 1745 baten die beiden mit Eisenwaren handelnden Krämer Silvester Hadum und Paulus Reyhle und der Weißgerber Ulrich Remshardt um die Erlaubnis, ihre aus Regensburg kommenden

Waren in Elchingen anlanden zu dürfen, was ihnen der Rat auf drei Jahre gestattete. Diese Erlaubnis wurde in den folgenden Jahren regelmäßig erneuert, bis 1763 der Rat den beiden schon genannten Krämern Hadum und Reyhle sowie Johann Schwenck die Anlandung ihrer Waren in Ulm ohne jede Begründung anordnete[507].

Banken

Der Spar- und Vorschussverein (Gewerbebank)

Die württembergische Regierung regte bereits 1823 wegen der allgemeinen Geldknappheit und Kapitalarmut auf dem Lande und in den Landstädten die Gründung von „Hilfs- und Leihkassen" an, die allerdings nur sehr langsam in Gang kam[508]. In Langenau kam es erst nach der Einführung der Gewerbefreiheit 1862 zur Gründung eines „Spar- und Vorschussvereines", als offensichtlich die durch die Gewerbefreiheit sich bietenden Möglichkeiten für eine Expansion des Gewerbes aufgrund fehlender Finanzgrundlage der Handwerker nicht genutzt werden konnten.

Auf Initiative der Bürgergesellschaft schlossen sich im März 1865 Gewerbetreibende zu einem Spar- und Vorschussverein, einer Gewerbebank, zusammen. Zweck dieses Vereins war, Handwerkern Darlehen in der Höhe ihres Guthabens oder auch in höheren Summen zu gewähren, wenn genügende Sicherheiten vorlagen. Die Einlagen betrugen monatlich zwischen 12 und 20 Gulden[509].

In den ersten Jahren nahm der Spar- und Vorschussverein eine durchaus positive Entwicklung. Die Mitgliederzahl stieg bis 1868 auf 169, die Einnahmen erhöhten sich von 1865 auf 1866 von 20 756 Gulden auf 49 543 Gulden; auch die Vorschüsse und Darlehen wuchsen von 1864 auf 1865 von knapp 28 000 Gulden auf über 32 000 Gulden[510]. Anfang der 1870er-Jahre verlief die Entwicklung negativ; bis 1873 fiel die Mitgliederzahl auf 151[511]. Der Spar- und Vorschussverein hatte zu diesem Zeitpunkt fast jedes Vertrauen verloren. Er litt unter einer zu dünnen Kapitaldecke, sodass oft keine Darlehen ausgezahlt werden konnten, was auch daran lag, dass die Gläubiger ihre Darlehen sehr säumig zurückzahlten. Aber auch die in der Regel über Monate verspätete Offenlegung der Jahresbilanz unterhöhlte die Glaubwürdigkeit. Schließlich prangerte ein nicht genannter Bürger im „Langenauer Anzeiger" Anfang Juli 1873 die Missstände im Sparverein an und äußerte sich vehement über den Dilettantismus des Vereinsvorstandes, der vor allem dadurch zum Ausdruck käme, dass man sich noch nicht einmal in das Genossenschaftsregister habe eintragen lassen, obwohl sich der Verein seinen Statuten nach als Genossenschaft verstand. „Da ist es doch gewiss kein Wunder, wenn der Kredit geschwunden ist und alles lahm liegt", stellte der Anonymus schon fast resignierend fest[512].

Die Krise des Spar- und Vorschussvereins ließ sich nicht mehr beheben, wie in einem Bericht des „Langenauer Anzeigers" zu lesen ist: „Herr Dann, der Kassier ist entwichen und hat die Bücher in Unordnung, die Kasse aber leer zurückgelassen. Wie hoch das Defizit sein wird, ist noch nicht näher bekannt, doch vermutet man, dass eine namhafte Summe fehle. Über 10 000 Gulden sollen jetzt schon erhoben sein. Im Kreise der Beteiligten ist die Verblüffung groß, aber ungerechtfertigt. Man sah die Sache kommen und an Anzeichen, ja selbst an Warnungen hat es nicht gefehlt. Aber das Vertrauen in den Kassier war ein blindes, die Verwaltung eine sorglose, ja man wird sagen dürfen, eine leichtfertige." Konsequenterweise beschloss die Generalversammlung am 7. Juni 1874 die Auflösung des Vereins[513]. Im August 1874 ordnete das Oberamt eine Vermögensuntersuchung an, die ein erschütterndes Ergebnis brachte. Die Mitglieder verloren ihre Guthaben von über 8000 Gulden, hinzu kamen 20 000 Gulden, die von den Mitgliedern gedeckt werden mussten, sodass der Schaden einschließlich Kosten und Zinsen über 30 000 Gulden betrug[514]. So endete der erste Versuch, mithilfe einer Gewerbebank die wirtschaftliche Entwicklung der Stadt zu fördern am Unvermögen, an der Gutgläubigkeit und wohl auch an einer guten Portion Naivität der Vereinsmitglieder. Zwei Jahre später wurde im „Staatsanzeiger für Württemberg" der Langenauer „Spar- und Vorschussverein" als ein schlechtes Beispiel dargestellt. Gewiss mag es die Betroffenen getröstet haben, dass auch in anderen Sparvereinen eine dilettantische Geschäftsführung, mangelnde Kontrolle des Vorstandes durch die Mitglieder und die Sorglosigkeit der Aufsichtsräte durchaus keine Seltenheit waren[515].

Die Darlehenskasse

Die Notwendigkeit eines Bankinstituts blieb bestehen, dessen Gründung der wirtschaftliche Aufschwung immer zwingender machte. Am 8. Januar 1881 riefen 18 angesehene und vermögende Bürger der Stadt, unter ihnen Stadtschultheiß Haug, Eisenhändler Schwenck, Apotheker Miller, Buchdrucker Glanz sowie nahezu alle Wirte, zur Gründung einer Darlehenskasse nach den Grundsätzen von Raiffeisen auf, die auch als Sparkasse fungieren sollte[516].

Als die erforderliche Zahl der Mitglieder von 50 schon nach drei Wochen erreicht worden war, vollzog man am 30. Januar die Gründung der Kasse und wählte einen Verwaltungsausschuss, an dessen Spitze Stadtschultheiß Haug stand, und einen neunköpfigen Aufsichtsrat. Um Vertrauen unter der Bevölkerung für die neue Kasse zu schaffen, musste Kassierer Schwenck wegen der unerfreulichen Erfahrung mit dem Kassierer des Spar- und Vorschussvereins eine Kaution von 20 000 Mark hinterlegen. Die Bank wurde am 15. Februar eröffnet, ihr Geschäftszimmer war in der Eisenwarenhandlung Schwenck untergebracht[517].

Die Darlehenskasse schrieb von ihrem Beginn an eine Erfolgsgeschichte. Der an der Spitze der Bank stehende Stadtschultheiß und die aus Honoratioren bestehenden Gremien bürgten für Seriosität und gewannen bald das Vertrauen der Handwerker, Händler und Bauern. Auch die vom Ende des Jahrhunderts an beginnende Förderung der Viehzucht oder die Anschaffung landwirtschaftlicher Maschinen erhöhten die Attraktivität des Bankinstitutes.

Auf der ersten Generalversammlung im November 1882 konnte Stadtschultheiß Haug sicherlich mit Stolz berichten, dass die Darlehenskasse 180 Mitglieder zählte, fast täglich in Anspruch genommen werde und sich somit als ein „wichtiger Mittelpunkt des Geldverkehrs in der Gemeinde und als eine kräftige Stütze des Kredits" erweise[518]. Der „Langenauer Anzeiger" pries zwei Jahre später die Darlehenskasse: „Dem einen oder anderen ist es durch den Kredit bei der Kasse möglich gemacht worden, einen vorteilhaften Einkauf zu machen; ein anderer hat nicht nötig gehabt, ein Stück Vieh zur Unzeit zu verkaufen, konnte vielmehr zusehen, bis ein größerer Wert darauf gewachsen war; ein anderer konnte sich von einem lästigen Gläubiger befreien und wieder ein anderer vermochte einen Vorteil dadurch zu erreichen, dass er notwendiges Zug- oder Nutztier gegen bar kaufen konnte, statt auf Borg wie sonst, wodurch er billiger und besser einkaufte, als es auf Borg möglich gewesen wäre"[519].

1897 erlebte die Darlehenskasse eine turbulente Generalversammlung. Der Vorsitzende, Stadtschultheiß Haug, legte einen Antrag vor, der die Umwandlung der Darlehenskasse in eine städtische Spar- und Darlehenskasse vorsah. Stadtpfleger Gottlieb Haug, Bruder des Stadtschultheißen und Mitglied des Verwaltungsausschusses, hatte sich am Tage zuvor in einem offenem Brief im „Langenauer Anzeiger" entschieden gegen diesen Antrag ausgesprochen. Als der Vorsitzende sein Vorhaben nicht hatte durchsetzen können, stellte er sich einer Wiederwahl nicht mehr zur Verfügung. Zum neuen Vorsitzenden wurde Gottlieb Haug gewählt[520].

Die Auflösung des Konsumvereins 1897 eröffnete neue Perspektiven der Darlehenskasse. Auf Beschluss von Vorstand und Aufsichtsrat wurde ein Teil des hinterlassenen Vereinsvermögens für den Kauf von Zuchtkühen oder landwirtschaftlichen Maschinen verwendet[521]. Über den Beschluss, Zuchttiere in der Gegend von Messkirch und Mengen aufzukaufen, entbrannte ein heftiger Streit, der pikanterweise zwischen zwei Brüdern im „Langenauer Anzeiger" ausgetragen wurde: Stadtschultheiß Johann Friedrich Haug kontra Stadtpfleger Gottlieb Haug. Das Gefecht eröffnete der Stadtschultheiß, der offensichtlich die Niederlage vom Vorjahr nicht überwunden hatte und sich in seiner Ehre zutiefst gekränkt fühlte. Seit 50 Jahren, so argumentierte er, habe man sich intensiv um eine Verbesserung der Viehzucht bemüht und dabei beachtliche Erfolge erzielt. Das „Seevieh" eigne sich in keiner Weise für eine Verbesserung der Zucht, denn es sei zu fein und zu weich für die hiesigen klimatischen Bedingungen und Futterverhältnisse. Und schließlich richtete J. F. Haug sogar persönliche Angriffe gegen seinen Bruder: „Man weiß ja wahrhaftig nicht, was in diesem Fall größer ist: der Mangel an Verständnis oder die Sucht nach Neuerung. Wenn der Herr Stadtpfleger der Urheber davon ist, wie es scheint, so muss man doch fragen, hat er denn seinen ganz und gar verunglückten Vieheinkauf für den Farrenstall in Mengen im September 1896 nicht mehr im Gedächtnis"[522]?

G. Haug blieb die Antwort nicht schuldig. Es sei doch ein ziemlich schlimmer Zustand, wenn sich ein Ortsvorsteher so weit vergesse und aus persönlicher Gehässigkeit gegen ihn das Wohl der Gemeinde gefährde, zumal dieser nicht mehr Mitglied der Darlehenskasse sei, sie ihn daher an Haut und Haar nichts angehe und sie sowieso nicht unter seiner Vormundschaft stünde. Der Stadtpfleger verbat sich jede unbefugte Einmischung in interne Angelegenheiten und wies jede Kritik an seinem, durch einen Gemeinderatsbeschluss legitimierten Handeln zurück[523].

Der Streit zwischen den Brüdern zog sich über zwei Wochen hin. Im „Langenauer Anzeiger" erschienen in jeder Ausgabe „Offene Briefe", „Zurückweisungen" und Leserbriefe[524]. Über die Einzelheiten dieses Streits gekränkter Eitelkeiten bedarf es heute keiner Kenntnis mehr. Gottlieb Haug setzte den eingeschlagenen Weg fort. Im folgenden Jahr bekräftigte die Generalversammlung den Beschluss, Zuchttiere zu kaufen. Ferner legte die Darlehenskasse einen Schwerpunkt ihrer Tätigkeit auf die Förderung der Schweinezucht, die weniger risikoreich als die Viehzucht war und deshalb „kleinen und mittleren Leuten" eine gute Einnahmequelle bot[525]. 1901 wurde der Kauf einer Unkrautvertilgungsmaschine, einer Kunstdüngerstreumaschine und einer Sämaschine beschlossen; allerdings erfolgte die Anschaffung der Maschinen erst 1903. 1908 besaß die Darlehenskasse drei Sämaschinen; Mitglieder zahlten eine, Nichtmitglieder 1,40 Mark pro Morgen Leihgebühr[526].

Die Darlehenskasse entwickelte sich zu einem außerordentlich erfolgreichen Unternehmen. In den ersten beiden Jahrzehnten des 20. Jahrhunderts pendelte sich die Mitgliederzahl auf 750 ein, der Gesamtumsatz erreichte rund 1,5 Mio. Mark, und mit einem Reservefond von annähernd 100 000 Mark war die Bank auf eine solide Basis gestellt[527]. 1928 wurde die Darlehenskasse in „Landwirtschafts- und Gewerbebank" umbenannt[528]. Heute firmiert das Institut unter dem Namen „Langenauer Bank eG. Volksbank-Raiffeisenbank".

Die öffentliche Sparkasse

Die Bedeutung Langenaus als regionales Zentrum war im letzten Drittel des 19. Jahrhunderts stetig gewachsen. Die in unmittelbarer Nähe liegenden Gemeinden Albeck, Göttingen, Nerenstetten, Öllingen, Rammingen und Setzingen richteten ihren Wirtschaftsverkehr völlig auf Langenau aus. Das Krankenhaus, das um 1900 ca. 100 Patienten aus den umliegenden Dörfern aufnahm, sowie die Langenauer Mühlen brachten Kunden für Handwerk und Handel. Auch der Holzhandel lief über die Stadt an der Nau, vor allem Altheim und Weidenstetten, aber auch andere Albdörfer wie Neenstetten, Holzkirch oder Breitingen lieferten Brennholz für Langenau und Nutzholz zum Weitertransport mit der Eisenbahn. Obwohl in manchen Albdörfern Darlehenskassen bestanden, waren nicht wenige Einwohner aus Asselfingen, Bernstadt, Hörvelsingen oder Öllingen eingeschriebene Mitglieder der Langenauer Darlehenskasse[529].

Während des Jahres 1905 befasste sich der Gemeinderat mehrfach mit der Gründung einer städtischen Sparkasse. Treibende Kraft war Stadtschultheiß Haug. Sein 1897 gescheitertes Vorhaben, die Darlehenskasse in eine Sparkasse umzuwandeln, hatte er endgültig fallen gelassen, denn eine erweiterte Kreditgewährung hätte ihr engere Grenzen gesetzt und somit nicht mehr dem Kreditbedürfnis genügt. Ferner führte er an, dass eine Darlehenskasse Kredite nur für einen bestimmten Zeitraum gewähre, währenddessen eine Sparkasse Kredite auf eine unbestimmte Zeit ausgeben könne. Dass eine Sparkasse auch den Sparwillen der Bevölkerung fördern konnte, entsprach durchaus Haugs moralisch-pädagogischen Vorstellungen. Am 27. März 1905 entschieden sich die Gemeinderäte für die Gründung einer öffentlichen Sparkasse, deren Satzung sogleich ausgearbeitet werden sollte[530].

Die Realisierung des Projektes ging zügig voran. Am 6. April wurde die Satzung verabschiedet und der Kreisregierung in Ulm zur Genehmigung vorgelegt. Sieben Wochen später bestimmte der Gemeinderat den 25-jährigen Friedrich Glock, der bis dahin die Kasse in Plieningen verwaltet hatte, zum Kassierer bei einem Jahresgehalt von 1000 Mark[531].

Probleme bereitete allerdings die Kreisregierung, die den Geschäftsbereich der Sparkasse auf den Gemeindebezirk beschränkt wissen wollte. Um die eigene Sparkasse lebensfähig halten zu können, hatte die Stadt wie bei der Gemeindekrankenversicherung, der Darlehenskasse, dem Lehrlingsprüfungsverband und dem Markt- und Holzverkehr darum gebeten, die folgenden Gemeinden in den Geschäftsbereich einbeziehen zu dürfen: Albeck, Altheim, Asselfingen, Ballendorf, Bernstadt, Bissingen, Börslingen, Breitingen, Göttingen, Holzkirch, Hörvelsingen, Neenstetten, Nerenstetten, Nieder- und Oberstotzingen, Öllingen, Rammingen, Setzingen, Stetten und Weidenstetten. Nach Ansicht der Gemeinderäte wäre der Oberamtssparkasse in Ulm dadurch keine Konkurrenz erwachsen, denn die Einwohner hätten gewiss auch weiterhin Einlagen bei ihr gemacht[532].

Die Kreisregierung ging auf die Forderungen der Stadt nicht ein. Nach ihrer Ansicht wäre die Oberamtssparkasse mit dem geplanten Geschäftsbereich der Sparkasse in ihrer Existenz gefährdet worden, außerdem besäße Langenau nicht die wirtschaftliche Bedeutung, wie sie von der Stadt dargestellt worden sei. Dennoch richtete der Gemeinderat eine Eingabe an das Innenministerium mit der Bitte, den Beschluss der Kreisregierung vom 26. Oktober aufzuheben und die Gründung einer Sparkasse mit dem 20 Gemeinden umfassenden Geschäftsbereich zu genehmigen[533].

Das Bemühen, das Innenministerium für die Langenauer Pläne zu gewinnen, blieb ohne Erfolg. Ein Erlass der Kreisregierung vom 23. Februar 1906 schrieb den Geschäftsbereich der Sparkasse definitv auf den Stadtbezirk fest. Das Vorhaben, der gewachsenen wirtschaftlichen Bedeutung Langenaus mit der Gründung einer Bezirkssparkasse Rechnung zu tragen, war damit gescheitert. Am 27. Februar 1906 wählte der Gemeinderat den Verwaltungsausschuss, dem vier seiner Mitglieder und der Stadtschultheiß qua Amt angehörten. Die noch im Februar 1906 eröffnete Städtische Sparkasse Langenau blieb bis 1933 selbstständig, bis sie sich im Oktober 1933 mit der Oberamtssparkasse Ulm vereinigte und heute die Hauptniederlassung der Sparkasse Ulm bildet[534].

Aus der Zeit der Weimarer Republik ist noch die Volks- und Gewerbebank Langenau überliefert, von der wir allerdings nur die Nachricht besitzen, dass sie 1926 vermutlich wegen ihres zu geringen Stammkapitals Bankrott ging (immerhin erhielten die Gläubiger noch 80 Prozent ihrer Einlagen). Seit 1959 besitzt die Ulmer Volksbank eine Niederlassung in Langenau[535].

Der Wirtschaftsstandort Langenau

Die Wirtschaftsförderung der Stadt

Die gezielte Förderung der wirtschaftlichen Entwicklung gehört seit den 1870er-Jahren zum festen Bestandteil der Langenauer Kommunalpolitik. Bis 1945 galt das Hauptaugenmerk der Förderung dem örtlichen Handwerk und Handel, während die Förderung der Industrie eher sporadisch und von Zufällen bestimmt vorgenommen wurde. Erst seit den 1970er-Jahren (mit ersten Versuchen), vor allem aber seit 1984 betreibt die Stadt mit der Ausweisung neuer Gewerbegebiete eine intensive Standortpolitik, die mittlerweile beachtliche Erfolge aufweisen kann.

Gewerbeausstellungen

Ausstellungen und Warenmessen waren und sind ein wichtiges Medium, die Leistungskraft eines Unternehmens, einer Stadt oder Region potenziellen Kunden und einem interessierten Publikum vorzustellen. Erstmals wurde in Langenau für das Frühjahr 1863 eine Gewerbeausstellung geplant, die aber offensichtlich nicht zur Ausführung kam[536]. Am 3. Juli 1870 fand eine vom Gewerbeverein organisierte Warenmesse im Schießhaus statt. Mit beachtlichen tausend Besuchern geriet sie ‚aus Versehen' zu einer Art Lokalgewerbeausstellung, womit einige Mitglieder des Gewerbevereins nicht einverstanden waren, weil die Langenauer Warenmesse als ein Vorgriff auf die große Ulmer Lokalgewerbeausstellung hätte missverstanden werden können[537].

Von diesem Erfolg beflügelt, veranstaltete der Gewerbeverein im Herbst 1877 eine zweite Warenmesse. Es bestand aber auch Handlungsbedarf, denn trotz des Eisenbahnanschlusses war der Einzelhandel in den vergangenen Jahren rückläufig gewesen, eine Entwicklung, die vor allem durch die billigere industrielle Produktion bewirkt worden war. Viele Langenauer Handwerker klagten über diese Konkurrenz, und ihrer Ansicht nach lohnte es sich nicht mehr, bessere Produkte herzustellen, da diese in Ulm günstiger eingekauft werden konnten[538].

Mit großer Sorgfalt ging der Gewerbeverein an die Planung der Lokalgewerbeausstellung. Auf mehreren Vereinssitzungen wurde das Projekt besprochen, bis sich schließlich Anfang März 1877 57 Gewerbetreibende bereit erklärten, sich an der Ausstellung zu beteiligen, und ein elfköpfiger Organisationsausschuss gewählt wurde. Eine große Ausstellung fasste man nicht ins Auge, da sie die Kräfte des Vereins bei weitem überschritten hätte – aber: „Einzig und allein bezwecken wir, im Kleinen zu zeigen, was man hier in gewerblicher Beziehung zu leisten imstande ist. Langenau hat schon manches schöne Unternehmen zur Ehre der Stadt durchgeführt, und wir haben die feste Hoffnung, dass die Ausstellung nicht minder zur allgemeinen Befriedigung ausfallen wird"[539].

Am 30. September 1877 wurde die Lokalgewerbeausstellung feierlich eröffnet und dauerte bis zum 14. Oktober. Geboten wurden landwirtschaftliche Produkte; „einige Garben mit schönen Ähren" wurden in Pyramidenform aufgestellt und mit „schönem Obst, schönen Kartoffeln, schönem Kraut, besonders mit großen Rettichen, Rüben und dergleichen" geschmückt. Die Lokalgewerbeausstellung wurde zu einer beeindruckenden Leistungsschau Langenauer Handwerkerkönnens, wie die Liste der Ausstellungsstücke zeigt: landwirtschaftliche Geräte und Maschinen, Aufzüge, Waagen, Mühlenbedarfsartikel, Handmühlen, Mostereianlagen, Wasserwerkseinrichtungen, Wasserschnecken, Tonnen, Entwässerungssysteme, Hufbeschlag, Gartenbaugeräte aller Art, Erzeugnisse des Schlosserhandwerks, Blechwaren, Eisenwaren, Öfen, Herde, Kaminbauten, Pflüge, Pferde- und Rindergeschirre, Sattel- und Lederzeug, Seilerwaren, Möbel, Matratzen, Schreiner- und Wagnerarbeiten, Seifen, Kerzen, Bürstenartikel, Küfereiartikel, Obst- und Fruchtsorten, landwirtschaftliche Erzeugnisse. Höhepunkt war zweifelsohne der Besuch des Präsidenten der Zentralstelle für Gewerbe und Handel, Ferdinand Steinbeiß, der Ausstellungsstücke für deren Musterlager kaufte. Über 3200 Besucherinnen und Besucher stehen für den beachtlichen Erfolg der Schau, die im Übrigen einen kleinen Überschuss erwirtschaftete. Zufrieden konnte der Gewerbeverein Bilanz ziehen: „Ein schönes Unternehmen haben wir hinter uns, das Langenau für alle Zeiten zur Ehre gereicht. Es wird wohl die erste Ausstellung sein, die mit solch geringen Mitteln durchgeführt worden ist. Dass dies möglich war, verdanken wir auch der hiesigen Einwohnerschaft, die mit größter Freigebigkeit ihre Fahnen als Dekorationsmittel zur Verfügung gestellt hat ... Möge nun die Ausstellung den Nutzen haben und bringen, der von ihr gehofft wird"[540].

Gewerbeausstellung 1925.

Die Gewerbeausstellung von 1877 blieb eine einmalige Veranstaltung. Erst vom 26. September bis 5. Oktober 1925 wurde eine ganz im Zeichen des Wiederaufbaus nach dem Krieg stehende Warenmesse auf dem Hof der Oberen Schule durchgeführt[541]. Die Warenmesse von 1928 litt unter dem schlechten

Wetter und den wenigen auswärtigen Besuchern, sodass sie kaum zur Zufriedenheit der Gewerbetreibenden und Landwirte vonstatten ging[542].

Die Langenauer Kaufleute, Handwerker und Bauern spürten bald die Auswirkungen der Wirtschaftskrise, die seit dem 24. Oktober 1929, dem Schwarzen Freitag an der New Yorker Börse, die Wirtschaft in Europa und Deutschland lähmte. Deshalb sollte eine erneute Warenmesse die drohende Gefahr abwenden oder zumindest vermindern und die Wirtschaftskraft von Stadt und umliegendem Land stärken. Die Kaufkraft sollte durch die Präsentation lokaler Produkte geweckt werden, indem man zeige, „dass die hiesige Geschäftswelt für Waren gleicher Gattung und Qualität keine höheren Preise führt als wie auswärtige Geschäfte". Den Langenauern Geschäftsleuten war vor allem die Konkurrenz durch den Hausierhandel ein Dorn im Auge, der sie dadurch zu begegnen versuchten, dass sie Reparaturen, Umtausch und Beanstandungen anboten. Ein Blick auf die ausgestellten Produkte zeigt, wie sehr sich binnen weniger Jahrzehnte das Warenangebot verändert hatte und das Langenauer Handwerk mit seinen Produkten nicht mehr in der Lage war, die Bedürfnisse der Menschen zu befriedigen und die Notwendigkeiten für ihren Alltag zu liefern: Galanteriewaren, Sattler- und Korbwaren, Trikotagen, Geschirrwaren, Haushaltsartikel, Fahrräder, Teppiche, Parfümerie- und Waschartikel, Süßigkeiten …[543]

Gewerbeausstellung 1952.

Erst 23 Jahre später ergriff wiederum der Gewerbeverein im Frühjahr 1952 die Initiative und organisierte eine Gewerbeausstellung, die vom 27. September bis 5. Oktober 1952 in allen Schulräumen sowie auf dem Freigelände der Sonnenbaindt und im Freisteg stattfand. Diese Gewerbeausstellung blieb zunächst ein Solitär, ehe von 1976 an Gewerbeausstellungen und Leistungsschauen im Rhythmus von drei Jahren die Leistungsfähigkeit und Attraktivität des Wirtschaftsstandortes Langenau eindrucksvoll unter Beweis stellen[544].

Der Verkehrsverein

Die Funktion Langenaus als Marktzentrum ließ Anfang der 1920er-Jahre in Gewerbe- und Handelskreisen und in der Stadtverwaltung, ein neues Verkehrsmittel, die Kraftwagen, für die wirtschaftliche Entwicklung der Stadt zu nutzen. 1920 legte die Württembergische Kraftverkehrsgesellschaft Pläne vor, eine Omnibuslinie von Langenau über Nerenstetten, Weidenstetten und Altheim/Alb einzurichten. Das Vorhaben stieß allenthalben auf Zustimmung; so schrieb der „Langenauer Anzeiger", dass Langenau nun „endlich zu dem von Natur aus bestimmten Verkehrsknotenpunkt" werden könnte. Doch die finanziellen Belastungen, die von den Gemeinden gemeinsam hätten aufgebracht werden müssen, waren für den Stadtsäckel offensichtlich zu hoch, auch wenn beispielsweise die Instandsetzung der Straßen durch Notstandsarbeiten hätte geleistet werden können, so wurden dennoch Kosten von bis zu 100 000 Mark veranschlagt. Der Gemeinderat äußerte sich dementsprechend ausgesprochen skeptisch, und das Projekt verschwand bald in den Schubladen[545].

Am Ende des Jahres 1926 beunruhigte eine projektierte Postzustellung durch Omnibusse die Langenauer Geschäftswelt, die befürchtete, dass dadurch der Verkehr an Langenau vorbei geführt werde und erhebliche Umsatzeinbußen die unweigerliche Folge wären[546]. Buchdrucker Christian Honold, Gerber Alfred Semle, Apotheker Otto Miller und Sattler W. Groner organisierten im Dezember 1926 und Januar 1927 Probefahrten mit einem Magirus-Omnibus durch diejenigen Albdörfer, die durch eine Omnisbuslinie verbunden werden sollten, und nach Oberstotzingen. Eine Versammlung des Gewerbe- und Handelsvereins beschloss am 13. Januar 1927 nahezu einstimmig die Gründung eines Verkehrsunternehmens[547]. Die in der Satzung festgelegten Vereinsziele griffen weit über das eigentliche Anliegen hinaus. Außer den „Bemühungen um Verbesserungen und Ausbau der Verkehrsmittel" sollte durch eine intensive Werbetätigkeit in Form von Ausstellungen, Festlichkeiten oder Vorträgen der Standort Langenau gefördert sowie die Bestrebungen der Gemeinde beim Ausbau und der Erhaltung öffentlicher Anlagen und bei der Einrichtungen für den Vogelschutz gefördert werden.

Am 9. Februar 1927 gründete sich der Verkehrsverein, zu dessen Vorsitzenden der Bürstenmacher Martin Erhardt gewählt wurde. Eine Woche später legte der siebenköpfige Vorstand die Routen fest: Langenau – Bernstadt – Beimerstetten – Bernstadt – Hörvelsingen – Langenau (täglich); Langenau – Nerenstetten – Ballendorf – Weidenstetten (täglich); Langenau – Rammingen – Asselfingen (Montag, Mittwoch, Freitag). Die Fahrpreise betrugen nach Asselfingen 0,70, nach Beimerstetten 1,20 und nach Weidenstetten 1,40 Mark. In das alte Brauhaus wurde eine Garage eingebaut und ein Omnibus der Firma Magirus Ulm, die sich gegen Mercedes-Benz durchsetzte, für 13 500 Mark gekauft. Der Verkehrsbetrieb wurde Anfang März 1927 aufgenommen[548].

Der Verkehrsverein stellte Bernhard Greiner als Fahrer ein. Über die tägliche Personenbeförderung (maximal 25 pro Fahrt) erstreckte sich die Aufgabe Greiners auf Sonderfahrten an Markttagen, die Beförderung der Postsachen und der Erledigung von Privataufträgen der Langenauer Geschäftsleute und der Einwohner in den Gemeinden. Greiner bezog einen Monatslohn von 200 Mark, bei Rentabilität des Unternehmens eine fünfprozentige Beteiligung an den Einnahmen, jedoch höchsten 50 Mark im Monat. Außerdem verpflichtete er sich zu Zuvorkommenheit gegenüber den Fahrgästen, zum Verzicht auf Alkohol und zur Pflege der Kraftwagen.

Magirus-Bus des Verkehrsvereins mit Busfahrer Bernhard Greiner, 1927.

Völlig unerwartet bereiteten staatliche Behörden dem jungen Unternehmen existenzbedrohende Schwierigkeiten. Am 12. März 1927 forderte das Oberamt Ulm die Stadt auf, den Betrieb umgehend einzustellen, solange keine Genehmigung des Innenministeriums vorliege, da Gemeinden wegen der finanziellen Tragweite keine Verpflichtungen dieser Art eingehen sollten. Notfalls sollte das Verbot mit polizeilichen Mitteln durchgesetzt werden, zu deren Anwendung es glücklicherweise nicht kam, und das Unternehmen konnte fortgesetzt werden[549].

Das Unternehmen litt von Anfang an unter finanziellen Schwierigkeiten. Zwar steuerten die Stadt, die sich außerdem verpflichtete, die von ihr zu unterhaltenden Straßen für den Omnibusverkehr instand zu halten[550], und der Gewerbeverein 3000 bzw. 1500 Mark bei und zeichneten 94 Bürger, überwiegend Geschäftsleute und meist Mitglieder des Gewerbe- und Handelsvereins, 160 Anteilscheine im Wert von 8000 Mark. Aber die hohe Versicherungssumme (1850 Mark im Jahr), die Neuanschaffungen und die geringen Zuschüsse der Gemeinden (Ballendorf zahle 200 Mark, Börslingen 150 Mark, Neenstetten und Weidenstetten nichts) belasteten die Kasse. Zudem stellte sich der erhoffte Erfolg nicht ein – die abwartende Haltung und Skepsis der Bevölkerung ließen keine bessere Bilanz zu. Die Linie nach Beimerstetten fand kaum Resonanz unter den Arbeitern, die es weiterhin vorzogen, mit dem Fahrrad zum Bahnhof zu fahren. Diese Strecke wurde schon Ende September 1927 eingestellt. Auch die Linie nach Asselfingen brachte ein defizitäres Resultat; sie wurde dennoch beibehalten. Das Ergebnis der Linie nach Weidenstetten war zufrieden stellend, auch wenn sich nicht alle Fahrten rechneten. Daher beschloss man den Kauf eines kleineren Mercedes-Omnibusses, um bei geringer Auslastung den großen Omnibus zu ersetzen. Auf gute Resonanz stießen dagegen Sonderfahrten bei Hochzeiten und Beerdigungen; dieses Angebot wurde dementsprechend erweitert[551].

Trotzdem erhöhten sich die finanziellen Belastungen. Auf der Generalversammlung am 10. Dezember 1928 regte Bürgermeister Haller den Verkauf der Buslinien an, weil Verkehrsunternehmen in Gesellschaftsbetrieb in der Regel unrentabel seien. Anfang 1929 erwarb der Ulmer Otto Hermann den großen Omnibus für 10 500 Reichsmark. Der Käufer verpflichtete sich, die Verkehrslinien Langenau – Ulmer Alb und Langenau – Asselfingen in den nächsten fünf Jahren aufrechtzuerhalten. Das Vorgehen des Verkehrsvereins fand die ausdrückliche Unterstützung der Stadt, die einen jährlichen Zuschuss von 250 Reichsmark bewilligte[552]. Auch der zweite Wagen wurde verkauft, mit dessen Erlös die Schulden getilgt wurden. Auch ein Aufruf in der „Ulmer Alb-Zeitung", den Omnibus mehr zu benutzen, verhinderte nicht, dass Hermann wohl wegen Unrentabilität den Vertrag Ende 1930 kündigte. Wenig später übernahm der Oggenhauser Unternehmer Zimmermann die Linien, der aber seinen Verpflichtungen nicht nachkam. Am 20. Februar 1932 löste sich der Verkehrsverein auf[553].

Standort Langenau heute

Ein Erlass des Regierungspräsidiums Nordwürttemberg vom Januar 1968, Langenau den Status eines Landesausbauortes zu verleihen, bereitete den Weg zur heutigen modernen und attraktiven Industrie-, Gewerbe und Einkaufsstadt vor. Mitentscheidend für die Aufnahme Langenaus in das Förderprogramm der Landesregierung waren die Vorleistungen der Langenauer Grundeigentümer, die ihr Land für den Bau der Bundesautobahn 7 Würzburg – Kempten abgegeben hatten, sowie die die wirtschaftliche Entwicklung hemmende Wasserschutzverordnung des Jahres 1967. Als Ausgleich sicherte das Wirtschaftsministerium die zügige Bearbeitung von Zuschussanträgen für kommunale Investitionen, Finanzhilfen bei Erschließungen im Industriegebiet und zinsgünstige Darlehen für Betriebe zu. Die Stadtverwaltung selbst stellte im Februar 1968 einen Bedarf von knapp 30 Mio. DM für Strukturverbesserungen fest[554].

Die Stadt wusste die Chance zu nutzen. Als 1974 Bilanz gezogen wurde, konnte man mit der Entwicklung der vergangenen sechs Jahre zufrieden sein: 16 Betriebe waren neu angesiedelt und 650 neue Arbeitsplätze geschaffen geschaffen. Dadurch konnte der Auspendlerstrom von rund 1250 auf 900 Pendler verringert werden. Das Land hatte den einzelnen Firmen beachtliche Starthilfen gewährt, meist sogar in Form verlorener Zuschüsse. Außerdem hatte die Stadt insgesamt 743 000 DM für Erschließungsmaßnahmen (Wasserversorgung, Abwasserentsorgung und Straßen) erhalten[555]. Trotz der positiven Bilanz blieben Probleme bestehen. Manche Ansiedlungen im Gewerbegebiet „Südlich der Riedheimer Straße" scheiterten wegen der Auflagen der Wasserschutzzone II und im Gewerbegebiet „In den Lindeschen" wegen der verkehrlichen Anbindung und den Besitzverhältnissen.

Die wirtschaftliche Entwicklung erhielt in den 80er- und frühen 90er-Jahren einen erheblichen Rückschlag, als traditionsreiche Firmen ihren Betrieb einstellten und über 600 Arbeitsplätze verloren gingen, so die DOWE GmbH & Co. KG (1984), das Betonwerk Ostertag (1990), die Tuchmacher IG (1991) und die Lederfabrik Dully (1992). Bürgermeister Wolfgang Mangold und der Gemeinderat gaben daher im Frühjahr 1985 der Abteilung Wirtschaftswissenschaften an der Universität Ulm den Auftrag, den Standort Langenau mit wissenschaftlichen Instrumenten zu untersuchen. Unter der Leitung von Prof. Dr. Werner Rothengatter wurden an den Universitäten Ulm und Karlsruhe drei Diplomarbeiten erstellt, deren zusammenfassendes, zu wenig Optimismus veranlassendes Ergebnis er zwei Jahre später vorlegte: „Für die Stadt ergeben sich nicht unbedingt optimistische Zukunftsperspektiven", stellte Rothengatter fest. Denn wachstumsstarke Branchen seien unterdurchschnittlich vertreten, der High-Tech-Anteil sei gering wie auch der Anteil an hoch qualifizierten Betriebsmitarbeitern, auch bestünden nur wenige Kontakte zu Forschungsinstituten. Kapazitätsentwicklung gebe es nur in den Standardbereichen. Zu den Standortnachteilen durch die Wasserschutzauflagen und die fehlende Förderung durch das Land komme noch das schlechte Image der Stadt[556].

Die Stadtverwaltung reagierte auf die ungünstige Prognose mit Maßnahmen, die Langenau binnen kurzer Zeit zu einer wirtschaftlich dynamischen Stadt werden ließen. Sie betrieb eine aktive Standortpolitik, wies neue Gewerbegebiete aus, sanierte die Innenstadt und baute sie zu einem attraktiven Einkaufszentrum aus, erhöhte das Freizeitangebot und entwickelte ein weit über die Stadtgrenzen hinaus bekanntes Kulturprogramm.

Der Ansiedlung neuer Unternehmen galt die besondere Aufmerksamkeit der städtischen Wirtschaftspolitik. In dem Ende der 1970er-Jahre eingerichteten und ca. 20 Hektar großen Gewerbegebiet „In den Lindeschen“ siedelten sich in jüngster Zeit vor allem Handelsniederlassungen wie der Finkbeiner-Getränkemarkt oder der Aldi-Markt an. Die Gewerbegebiete „Südlich der Riedheimer Straße“ und „Im Kiesgräble“ werden kleinen und mittelständischen Unternehmen des Handwerks und der Dienstleistungsbranche zur Verfügung gestellt. Im letztgenannten Gewerbegebiet, das in den 1980er-Jahren ausgewiesen wurde, siedelten sich Autofirmen, Handwerks- und Dienstleistungsunternehmen an. Die Gewerbegebiete „A 7 Nord“ und „A 7 Süd“, das im Frühjahr 2000 erschlossen wurde, sind für Unternehmen mit einer intensiven Verkehrsbeziehung vorgesehen und stehen beispielhaft für den Erfolg der kommunalen Standortpolitik, der besonders durch das Iveco-Zentrallager für Deutschland und Nordeuropa augenfällig deutlich wird. Auch bei dem neuen Gewerbegebiet kann die Stadtverwaltung mit der Ansiedlung des Logistik-Zentrums Dachser, das die Lagerhaltung und-planung für andere Unternehmen organisert, einen ersten Erfolg verbuchen.

Gewerbegebiet „Im Kiesgräble“.

Gewerbegebiet „A 7 Nord“.

Die Sanierung des Innenstadtbereiches schuf die Voraussetzungen für die Attraktivität des Einkaufsortes Langenau. Zahlreiche neue Geschäfts- und Wohngebäude wurden errichtet und die geplante nördliche Umgehungsstraße wird die Hindenburg- und Lange Straße von dem lästigen Durchgangsverkehr befreien, wodurch die Innenstadt gewiss an Lebensqualität gewinnen und die Einkaufsatmosphäre verbessert werden wird. Die Stärken des Einzelhandelsstandortes Langenau liegen in der positiven Bevölkerungs- und damit Kaufkraftentwicklung in Langenau und seiner Ortsteile und seiner guten Infrastruktur, die sich ausdrückt in der hohen Qualität als Wohnstandort, im hohen Ausstattungsgrad beim kurzfristigen Bedarf (z. B. Lebensmittelangebot, Drogerie- und Apothekerwaren etc.) sowie in der guten regionalen Erreichbarkeit der Stadt mit dem Pkw und in einem kostenlosen Parkplatzangebot in unmittelbarer Nähe aller Einzelhandelslagen[557].

Die Erfolge der Langenauer Standortpolitik in den vergangenen zwei Jahrzehnten lassen sich an nüchternen aber beeindruckenden Zahlen ablesen. So wurden im Gewerbegebiet „Kiesgräble" zwischen 400 und 500 und im Gewerbegebiet „A 7 Nord" 900 Arbeitsplätze geschaffen. Auch ein Blick auf die Pendlerbewegungen seit 1950 bestätigt den wirtschaftlichen Erfolg. Die nachfolgende Tabelle zeigt, dass trotz der absolut steigenden Zahlen der Ein- und Auspendler der Anteil der Einpendler am Pendlervolumen zwischen 1970 und 1997 von 23,0 Prozent auf 39,1 Prozent gewachsen ist.

	Volumen	Auspendler	Einpendler	Saldo
1950	1220	799	421	– 411
1961	1875	1520	355	– 355
1970	2378	1831	547	– 1284
1987	3749	2657	1092	– 1565
1997	5093	3100	1993	– 1107[558]

Für die Attraktivität des Einkaufsortes Langenau liegen exemplarisch statistische Erhebungen für das Jahr 1991 vor. Ihnen zufolge beträgt der Kaufkraft-Zufluss 42,3 Mio. DM. Gleichzeitig lag der Einzelhandelsumsatz mit 150,3 Mio. DM deutlich vor Erbach (96,5 Mio. DM), Blaubeuren (75,2 Mio. DM) und Blaustein (56,5 Mio. DM)[559]. Schließlich sei noch auf die erfolgreichen Langenauer Messetage (LAMETA) 1998 hingewiesen, die eine beeindruckende Leistungsstärke der Langenauer Wirtschaft zeigten.

Basis und Voraussetzung für die wirtschaftliche Entwicklung waren und sind die günstigen Standortfaktoren, die auch in Zukunft die wirtschaftliche Entwicklung beeinflussen und der Garant für den wirtschaftlichen Erfolg der kommunalen Politik und der Unternehmen sein werden:

- Langenau – eine Stadt an einem Knotenpunkt des europäischen Verkehrswegenetzes. Die zentrale Lage mit dem direkten Anschluss an die Bundesautobahnen Stuttgart-München (BAB 8) und Würzburg-Bodensee (BAB 7) macht Langenau als Standort für Industrie-, Handels- und Gewerbebetriebe attraktiv. Das Oberzentrum der Region, die Universitätsstadt Ulm, ist nur 17 Kilometer entfernt.

- Langenau – eine Stadt mit einem vielfältigen und anspruchsvollen Kulturprogramm. Das Kulturamt der Stadt, die Volkshochschule Ulm in Langenau, die Buchhandlung Mahr sowie der Verein zur Förderung von Kunst und Kultur schaffen ein kulturelles Leben, das mittlerweile weit über die Grenzen der Stadt hinaus an Bekanntheit genießt.

LAMETA, die Leistungsschau des Handwerks und der Industrie in Langenau.

- Langenau – eine Stadt der Bildung: Gymnasium, Realschule, Grund- und Hauptschulen sowie eine Förderschule und eine Musikschule sind vorhanden. Die Volkshochschule ergänzt mit einem attraktiven und abwechslungsreichen Programm das Bildungs- und Fortbildungsangebot.
- Langenau – eine Stadt mit hohem Freizeitwert. Freibad, Hallenbad, die nahen Baggerseen für Wassersport, Tennisanlage, Reithalle, Kegelbahnen und die Einrichtungen der beiden Sportvereine bieten vielfältige sportliche Aktivitäten an. Das Ried und die Schwäbische Alb laden zu erholsamen Spaziergängen, Wanderungen und Radtouren ein.
- Langenau – eine Stadt mit sozialen Einrichtungen und Diensten. Ein modernes Krankenhaus, Allgemein- und Fachärzte, ein Altenpflegeheim und andere soziale Institutionen sorgen sich um die Gesundheit und Pflege der Bürgerinnen und Bürger.
- Langenau – eine bürgernahe Stadt. Ein Bürgerbüro, in dem Ausweise, Müllmarken oder Gewerbeanmeldungen ausgegeben werden, spart viele Wege. Auch die Ortsverwaltungen in den Ortsteilen bieten diesen Service.
- Langenau – ein idealer Industrie-, Handels- und Gewerbestandort. Ein breit gefächertes Angebot an Gewerbeflächen, ob größere an der Autobahn oder kleinere im Stadtgebiet, lässt für fast jeden Bedarf eine maßgeschneiderte Lösung finden.

Sozialgeschichte

Bevölkerungsentwicklung

Die ersten Angaben über die Einwohnerzahl Langenaus besitzen wir aus dem Hochmittelalter. Zu Beginn des 13. Jahrhunderts besaß das Dorf eine „frequentia populi“, das heißt eine zahlreiche Bevölkerung, welche die der umliegenden Dörfer bei weitem übertraf. Die aus dem Jahre 1389 überlieferte Zahl von 900 Barchentwebern war gewiss zu hoch gegriffen[1], denn hochgerechnet und die anderen Handwerker und Bauern samt Familie und Gesinde hätte Langenau eine Bevölkerungszahl von mehreren tausend Seelen besessen, welche die Stadt erst nach 1945 erreichte.

1442 soll es 362 Feuerstellen, d. h. Haushalte, gegeben haben, was auf eine Einwohnerzahl von ungefähr 1600 schließen lässt. Erste verlässliche Zahlen stammen aus dem 16. Jahrhundert. Bei einer Schätzung für die Türkensteuer im Jahre 1544 wurden 323 gemeindeberechtigte Bürger und 124 Beiwohner gezählt (Oberdorf: 80 bzw. 26, Mitteldorf: 159 bzw. 69, Unterdorf: 84 bzw. 29). Mit ihren Familien- und Hausangehörigen kann die Einwohnerzahl auf rund 2000 Personen angesetzt werden. Während des 16. Jahrhunderts wuchs die Bevölkerung stetig und erreichte, trotz Pestepidemien zwischen 1591 und 1597, im Jahre 1604 eine Bevölkerung von annähernd 2200 Seelen (zur Vermögenssteuer wurden 420 Personen, unter ihnen 65 Beiwohner, deren Gesamtzahl 191 betrug, veranschlagt)[2].

Der Dreißigjährige Krieg unterbrach die stetig wachsende Bevölkerungsentwicklung drastisch. Vor allem das Pestjahr 1635 forderte einen hohen Tribut – 1645 zählte der Flecken nur noch 1597 Menschen. Bis Kriegsende 1648 erhöhte sich die Bevölkerungszahl auf 1767 und erreichte innerhalb weniger Jahre wieder das Vorkriegsniveau: 1649: 1820, 1650: 1903, 1651: 1986, 1652: 2038, 1653: 2122 und 1654: 2204 Personen[3]. Bis zum Beginn des 18. Jahrhunderts verlief die Bevölkerungsentwicklung leicht rückläufig: 1708 lebten etwa 2080 Personen in Langenau, wozu möglicherweise der Spanische Erbfolgekrieg (1701 – 1714), in dessen Verlauf Langenau unter den Einquartierungen, Kontributionen und Plünderungen zu leiden hatte, beigetragen hatte. In den folgenden Jahrzehnten setzte wieder ein stetiges Bevölkerungswachstum ein und erreichte im letzten Drittel über 2600 Personen (1774: 2676)[4].

Im Jahr 1818 lebten 2785 Menschen in Langenau[5]. Bis 1848 wuchs die Bevölkerung um knapp 30 Prozent auf 3600 an. In den folgenden Jahrzehnten stagnierte die Bevölkerungsentwicklung. Den leichten Aufschwüngen bis 1871 und 1880 folgte eine Verringerung der Einwohnerschaft. 1909 lebten lediglich 42 Personen mehr als 1848. Die Ursachen für den Stillstand lagen zum einen in der Abwanderung in die wachsenden inländischen Industriezentren oder nach Nordamerika; vor allem in den Jahren zwischen 1849 und 1856 verließ eine größere Zahl Menschen Langenau. Zum anderen bot Langenau möglichen Zuwanderern kaum Arbeit und Lohn, denn die verstärkte Ansiedlung neuer Industriebetriebe und damit die Schaffung zusätzlicher Arbeitsplätze setzte erst nach dem Zweiten Weltkrieg ein.

Dem Ergebnis der Volkszählung von 1871 zufolge lebten 3655 Menschen in Langenau[6]. Die folgenden Tabelle schlüsselt die Bevölkerungsstruktur auf:

	Männer	Frauen	gesamt
anwesend	1709	1946	3655
ev.	1668	1922	3590
kath.	34	17	51
andere	6	7	13
jüdisch	1	0	1
ledig	940	1078	2018
verheiratet	709	719	1428
verwitwet	51	153	204
geschieden	2	3	5

Zwischen 1919 und 1939 erhöhte sich die Zahl der Einwohner von 3767 auf 4350, im Vergleich zu 1919 um 583 Personen (15,5 Prozent), wobei nach 1928 erheblich höhere Zuwachsraten (über 6 Prozent) zu verzeichnen sind. Mit der Aufnahme von Heimatvertriebenen und Flüchtlingen schnellte die Einwohnerzahl 1946/47 in die Höhe. Bis Ende März 1946 lebten bereits 536 Flüchtlinge in Langenau, bis zum Jahreswechsel 1946/47 waren über 800 Menschen als Neubürgerinnen und Neubürger in der Gemeinde aufgenommen worden, und schließlich wurden im August 1948 1040 Ostflüchtlinge und Heimatvertriebene gezählt. Von ihnen stammten 780 aus der Tschechoslowakei und Ungarn, 129 aus Polen und 173 aus den übrigen Ländern (Jugoslawien, Rumänien und Sowjetunion). 1950 zählte Langenau 6468 Einwohner, ungefähr 20 Prozent davon waren Neubürger. Die Einwohnerzahl stieg bis 1961 auf 7974 und neun Jahre später auf 8730 an und erreichte 1980 mit 11 648 Einwohnern einen Höchststand, ehe bis 1985 ein anhaltender Rückgang eintrat, der vor allem durch die Abwanderung von Ausländern bedingt war (der Anteil von ausländischen Bewohnern lag 1980 bei 7,9 Prozent und 1987 bei 7,3 Prozent). 1995 zählte Langenau 13 039 Einwohner und nimmt damit nach Ehingen und Blaustein den dritten Platz der bevölkerungsreichsten Gemeinden des Alb-Donau-Kreises ein[7].

Zehnte, Gülten, Abgaben und Frondienste

„Was, wann und wie viel ein jeder Untertan zu Langenau, er sei ein Bauer oder ein Seldner, an Gülten, Rechnütz, Heugeld, Kuchenspeis, Handlohn, Weglösen, Erdschatz und anderen Gefällen, wie sie Namen haben mögen, einem Hochedlen und Hochweisen Rat der Stadt Ulm als gnädiger Herrschaft jährlich zu bezahlen und zu liefern schuldig und verpflichtet sei, solches ist bei jedem Gut spezifice enthalten“[8]. So beginnt das Langenauer Salbuch von 1710, das wie sein Vorgänger aus dem Jahre 1515 alle Dienste, Gülten, Abgaben und Fronen enthielt.

Die Grundherrschaft verpflichtete die leibeigenen Untertanen, bestimmte Abgaben und Frondienste für ihren Grundherren zu leisten. Die Bauern empfanden die Leistungen durchaus als legitim und im Rahmen der bestehenden Gesellschaftsordnung gerechtfertigt, obwohl sie oft genug schwer auf ihren Schultern lasteten und das Überleben einer Familie, vor allem in Kriegs- und Hungerszeiten, gefährden konnten, in denen die Ulmer Obrigkeit in der Regel auf die pünktliche und vollständige Lieferung der Zehnten und Gülten bestand. Gelegentlich regte sich vereinzelt der Widerstand der Bauern, um sich Erleichterungen zu verschaffen, nur im „Bauernkrieg“ 1525 führten die sozialen Spannungen zu einer Explosion.

Der Zehnt

Ursprünglich stand der Zehnt, der auf alle landwirtschaftlichen Produkten erhoben wurde, den Kirchen zu, deren Gegenleistung in der seelsorgerischen und religiösen Betreuung der Gemeinde bestand. In Langenau waren Zehntabgaben an das Kloster Kaisheim, das Pfarrkirchenbaupflegamt in Ulm und an das seit 1504 zu Württemberg gehörende Kloster Anhausen zu liefern (von 1536 bis 1744 war der Zehnt bis auf wenige Jahrzehnte um 1600 an die Reichsstadt Ulm verpfändet). Die Zehnten wurden unterschieden in Großer und Kleiner Zehnt, Heu-, Obst- und Blutzehnt.

Der Große Zehnt wurde von allen Ländereien genommen, die mit dem Pflug bearbeitet wurden[9]. Von allen Getreidesorten zog man jede zehnte Garbe, vom Hafer jeden zehnten Haufen ein. Der Vertrag, mit dem Württemberg das Kloster Anhausen erwarb, veranschaulicht uns dies: „Das Hochfürstliche Haus Württemberg oder die dahingehörige Klosterpfleg Anhausen hat in hiesigem Ort Zwäng und Bänn, allen großen Zehnten von Weizen, Veesen, Emer, Winter- und Sommerroggen, Winter- und Sommergerste und Haber“[10]. Sobald ein Acker geschnitten und die Garben gebunden waren (im Übrigen verbot der Rat das Binden der Zehntgarben mit Weidenruten, und zwar zum Schutz der jungen Büsche[11]), zählte der Zehnter die Lohn- oder Zehntgarben aus. Das Abführen der Zehntgarben durfte nur mit Vorwissen und Anwesenheit der Zehnter geschehen[12]. Die anhausischen Zehnten wurden in den Pfleghof gebracht und in der Regel verkauft. Dem Pfarrkirchenbaupflegamt waren sechs Äcker bei der St. Jakobkapelle zehntbar. Von jeder Jauchert Veesen wurden 24 Lohngarben, von jeder Jauchert Roggen 18 Lohngarben genommen. Da das Pfarrkirchenbaupflegamt keinen Stadel in Langenau besaß, wurden die Lohngarben verkauft[13].

Der Kleine Zehnt wurde von allen mit der Haue bearbeiteten Äckern genommen. Er umfasste Feldfrüchte wie Erbsen, Linsen, Wicken, Rüben, Flachs und Hanf. Den Kleinen Zehnt aus den Feldern um St. Jakob sowie aus einigen, allerdings wenig fruchtbaren Äckern auf der „Höllen“ und im „Fuchsloch“ erhielt der Pfarrer in Langenau zu seiner Besoldung[14]. Der Heuzehnt wurde von den Gärten, Wiesen und Mähdern genommen und wie der Obstzehnt teils in natura, teils in Geld abgeliefert. Über den Blutzehnten steht im Salbuch von 1710: „und sonsten aber alle und jeder Eingesessene zu vermeldten Langenau ... ohne einigen Unterschied fürderszu Beständigkeit anstatt solcher Blutzehnten von jedem Stück folgenden Geschlechts oder Gattung, es werde gleich zum Hausgebrauch verwendet, gezogen oder verkauft. Von einem Füllen ... drei Kreuzer, von einem Kalb ... drei Kreuzer, von einem Lamm einen Kreuzer, von einem Kitzlein hat es gleich beschaffen, die Spanferkel werden in natura ausgezählt, also von zehn Stück aber ein Stück; Gäns, Enten und Hühner werden, wenn die Zahl sich auf zehn erstreckt, in natura verzehntet. Da die Zahl aber sich nicht so hoch beläuft, so wird von einer jeden Gans vier Heller, von einer Enten auch vier Heller und von einem Hühnle zwei Heller bezahlt“[15].

Die Gülten

Die Gülten waren in der Regel jährliche Abgaben, die meist in für alle Zeiten festgesetzten Getreideabgaben oder als Jahreszinsen bestanden, die oft dem ursprünglichen Getreidewert entsprachen[16]. Eine Gült konnte abgelöst werden, das heißt der mit Gült Belastete erwarb sie von seinem Grundherren. Die Gülten mussten zwischen Martini (11. November) und Weihnachten ordentlich geliefert werden, von denen zuvor nichts bei einer Strafe von zehn Gulden verkauft werden durfte[17]. Nicht immer waren die Bauern und Seldner in der Lage, ihre Gült zu bezahlen, so beispielsweise am Ende des 16. Jahrhunderts, als Hungersnöte, Pest und eine Absatzkrise des Textilgewerbes die Reichsstadt und ihr Landgebiet erschütterten. Obwohl es den Gültpflichtigen immer schwerer fiel, ihrer Verpflichtung nachzukommen, beharrte der Rat auf einer termingerechten Bezahlung. 1589 erlaubte der Rat den Bauern den Verkauf von Getreide, damit sie ihre Gültschulden bezahlen konnten, aber im folgenden Jahr lehnte er alle Bitten um Nachlass ab. Einem Jörg Groner empfahl er sogar, sein Haus zu verkaufen, wenn er die Gült nicht bezahlen könne, oder 1595 untersagte er dem Schreiner Hans Scheiblen, die Hälfte seines Gutes zu verpachten[18]. In anderen Notzeiten, wie während des Dreißigjährigen Krieges, kamen die Ratsherren ihren Untertanen entgegen. Gelegentlich stundeten sie die Barzahlung der Gült oder gestatteten, die Ablieferung in Hafer statt Veesen, den die Untertanen für das Brotbacken benötigten. 1647 gewährte der Rat wegen schwerer Gewitterschäden und der „eingefallenen Unsicherheit" eine allgemeine Stundung der Gült um ein Jahr, auf deren Bezahlung er 1648 nur bei denjenigen bestand, die von dem Gewitter nicht so schwer getroffen worden waren; für alle Untertanen gewährte er eine Ermäßigung, da ein erheblicher Mangel an Saatkorn herrschte[19]. Wer aber dennoch die Ablieferung schuldig blieb, obwohl er die Mittel dazu gehabt hätte, den warf der Rat für einige Tage in den Turm, wie beispielsweise Hans Wiedenmann im Februar 1663, dem dann bei seiner Entlassung im Wiederholungsfall weit schärfere Strafen angedroht wurden[20]. Auch ein kostspieliger Hausbau konnte den Rat zur Stundung der Gült bewegen, so zahlte der Bauer Georg Nieß Ende der 1660er-Jahre zunächst drei Jahre lang keinen Gült, dann wurde der Nachlass aus uns unbekannten Gründen immer wieder verlängert, letztmals 1697. Auch ein Peter Mayer genoss über zwei Jahrzehnte eine ermäßigte Gült[21].

Die Rechnütz, eine nur im Ulmer Gebiet übliche Bezeichnung, deren Herkunft nicht geklärt ist, bestand in mit Geld zu bezahlenden „Herbstgefällen", zum Beispiel für ewige Zinsen. Ein Bauer zahlte für seine Wiesen ein jährliches Heugeld, auch als Wiesenpfennig, Gras- oder Wiesengeld bezeichnet; für mittlere Höfe bis zu 15 Tagwerk wurden 1515 zwischen einem und acht Pfund Heller verlangt. Die Küchenspeis wurde in Form von Lebensmitteln wie Brot- und Hafermehl, Kochgerste,

Salz oder Schmalz abgegeben. Der Rat der Stadt verlieh nach seinem Belieben die Tavernen, Wirtschaften, Schmieden und Mühlen, wofür er eine Abgabe, die so genannten Ehehaften, verlangte. Der Inhaber der unteren Taverne zahlte beispielsweise sechs Imi Kernen, ein Imi Hafer, drei Pfund zehn Schilling und fünf Heller sowie eine Fastnachtshenne. Außerdem musste er ein Ross auf eigene Kosten halten, das ihm aber zum persönlichen Gebrauch zur Verfügung stand. Als zweites Beispiel dient uns ein Schmied, der fünf Pfund Heller und zwei Fasnachtshennen zu entrichten hatte. Auch die Bader und Müller lieferten entsprechende Abgaben. Fasnachts- oder Rauchhennen zahlten Bauern wie Seldner als Jahreszins für ihre Häuser.

Einmalige Abgaben waren der Erdschatz, das Auffahrtsgeld oder der Handlohn, die bei einem Besitzwechsel durch Kauf oder Tausch von dem neuen Besitzer an den Grundherrn geleistet wurden. Die Abfahrt oder Weglöse wurde erhoben, wenn der Besitz vom Vater auf den Sohn überging (Erblehen) oder nach dem Tod des bisherigen Inhabers an den Grundherren zurückfiel (Fall- oder Gnadenlehen). Zwei Beispiele: Der Nachfolger eines erbgütigen Hofes zahlte eine Weglöse von 20 Gulden, der neue Inhaber zweier Selden zwei Schillinge.

An weiteren Abgaben waren das Wege-, Waag- und Eichgeld zu entrichten. Auch für die Benutzung des Fischwassers zahlten die Pächter eine Abgabe, so die Gemeinde für die Ach vom Rohnbrunnen bis zur Ostermühle jährlich vier Pfund drei Schilling fünf Heller. Das Umgeld wurde von allen alkoholischen Getränken (Wein, Bier, Branntwein und Met) erhoben. Der Rat achtete auf die strenge Einhaltung der Umgeldzahlungen, die vor allem Wirte, aber auch Bauern immer wieder zu hintertreiben versuchten.

Der Leibfall oder das Besthaupt galt nur für Leibeigene und wurde oft als besonders bedrückend empfunden. Starb ein Leibeigener, wurde das „beste Haupt“, ob Pferd oder Kuh, aus dem Stall geholt; starb eine leibeigene Frau, mussten die Hinterbliebenen den besten Mantel oder das beste Kleid an den Leib- oder Grundherrn abgeben. Hatte der Verstorbene kein Vieh besessen, wurde das beste Oberkleid oder die beste Waffe eingezogen. Heirateten zwei Leibeigene, waren sie zum so genannten Brautlauf nach Ulm verpflichtet, wobei der Mann eine Salzscheibe und die Frau eine Messingpfanne, in die sie sich hineinsitzen oder beide stehen konnten, abliefern mussten[22].

Die Frondienste

Die Untertanen in Langenau waren zu bestimmten Frondiensten verpflichtet. Nichtulmische Untertanen, die das Kloster Kaisheim oder das

Herzogtum Württemberg als Grundherrschaft hatten, der Stadt Ulm mussten im Laufe eines Jahres wenigstens zwei Dienste leisten[23]. Frondienste waren Arbeitsleistungen, die der Untertan oft mit großen Mühen und zu seinem Nachteil vollbrachte, wenn seine eigene Arbeit wegen des Fronens nicht verrichtet werden konnte.

Zu Spanndiensten oder Fuhrfronen, wie beispielsweise der Transport von Bauholz nach Ulm (Losholzfuhren), wurden nur Bauern herangezogen, die Zugvieh hielten. Für diese herrschaftlichen Fronfuhren wurden den Bauern Tageslöhne ausgezahlt. Im 18. Jahrhundert erhielten sie für ein Pferd an Lohn und Fütterung 20 Kreuzer, für einen Wagen ebenfalls 20 Kreuzer, einen Karren zehn Kreuzer und für einen Mann 20 Kreuzer an Tagegeld und Zehrung. Wenn eine Fuhre über Nacht ausblieb, erhöhte sich die Tax um zehn bzw. fünf Kreuzer; dauerte die Fuhr nur einen halben Tag, wurde der Lohn um die Hälfte gekürzt, bei noch geringerer Arbeitszeit erhielt der Bauer keinen Lohn[24].

Handdienste, wie Heuen, Rechen, Schneiden und Dreschen, leisteten die Seldner auf den Höfen der Bauern, die als Fall- oder Erblehen von einem Ulmer Grundherren verliehen waren. Die Schnitter, Mahder und Drescher erhielten für ihre Tagesarbeit unterschiedliche Löhne, die sich nach der Größe des Feldes, der Getreideart und der Jahreszeit richteten. So erhielt ein Drescher im 17. Jahrhundert zwischen dem 25. Juli und dem 24. August täglich zehn Kreuzer bei freier Verpflegung (eine Frau nur acht Kreuzer), bis 21. September sechs bzw. fünf Kreuzer und bis 11. November vier Kreuzer pro Mann und Frau – je kürzer die Tage wurden, umso geringer fiel der Lohn aus[25].

Bauern und Seldner wurden gemeinsam zu den Jagdfronen verpflichtet. Bauern waren zu Jagdfuhren angehalten, andere, die von der Jagdfron befreit waren, zahlten eine Naturalabgabe an Garn für Jagdzeug, oder trieben gemeinsam mit den Seldnern das Wild vor die Flinten der Herren. Mancher Bauer, ein so genannter „Hundezieher“, zog Jagdhunde auf und führte die Hunde während der Jagden[26].

Von den Handfronen waren diejenigen Personen befreit, welche die so genannte „Personalfreiheit“ genossen: alle geistlichen und weltlichen Bediensteten, die Zoller, Schulmeister, Heiligenpfleger, Organisten und Messner, die Aufseher über das Siechenhaus, Totengräber, Feld- und Waldschützen, Schäfer, Hirten, Hoch- und Nachtwächter und die Büttel. Befreit waren Männer, die erkrankt oder gebrechlich waren oder deren Familienmitglieder an ansteckenden Krankheiten litten, sowie über Sechzigjährige[27].

Der Wasenmeister – ein sozialer Außenseiter

Der Abdecker, auch Wasen- oder Kleemeister genannt, gehörte wie der Scharfrichter zu den unehrlichen Leuten, die vom ganzen Volk gemieden wurden. Ihre soziale Außenseiterrolle und ihr geringer sozialer Stand war ihnen durchaus bewusst. Jeder, der mit ihnen in Kontakt kam, konnte in Verruf geraten, obwohl sie eine wichtige, von der Obrigkeit übertragene Funktion für die frühneuzeitliche Gesellschaft ausübten (in Langenau wählte das Gemeindegericht den Wasenmeister aus[28]).

Die soziale Ausgrenzung der Wasenmeister vollzog sich auf unterschiedlichste Weise. So wurde den Gerbern 1573 verboten, verendetes Vieh auf ihren eigenen Karren zum Wasenmeister zu bringen[29]. 1611 geriet der Wasenmeister Jakob Reichlin in den Verdacht der Zauberei. Zwei Bauern, die, wie sich für ihn glücklicherweise während der laufenden Untersuchungen herausstellte, „übel hausende Bauern" waren, denunzierten ihn beim Rat und beschuldigten ihn, die Viehseuche herbeigezaubert zu haben, der offensichtlich viele Rinder zum Opfer gefallen waren. Obwohl Reichlin nichts nachgewiesen werden konnte, mussten er und seine Frau innerhalb von acht Tagen das Gebiet der Reichsstadt Ulm verlassen, wohl im Interesse eines friedlichen Zusammenlebens, denn zwischen ihm und den Bauern würde, so vermutete der Rat, künftig Streit herrschen (sein Nachfolger wurde im Übrigen nach nur einem Jahr wegen Untauglichkeit und Arbeitsunlust wieder entlassen)[30].

Natürlich unterlagen auch die Wasenmeister den strengen Moralvorstellungen der Zeit: 1620 wurde Hans Hartmann, der Sohn des Wasenmeister, zusammen mit Elisabeth Vischer aus dem ulmischen Gebiet gewiesen, die er „leichtfertig" geschwängert hatte[31]. Auf mehr Milde stieß dagegen der junge Michael Hartmann 1662, der zwar wegen der mit Barbara Dollbötin „verübten großen Leichtfertigkeit" die fälligen 31 Gulden Geldstrafe erhielt, aber immerhin auf Gnade des Rates bei seinem Vater bleiben durfte, aber „ohne männigliche Beschwerde … und sonsten also verhalten, dass weiteres keine Klage ob ihm erscheinen möge, sonsten ihm selbsten ein anderes begegnen werde"[32].

Die Wasenmeister waren auch außerhalb Langenaus (zum Beispiel in Altheim/Alt) für die Beseitigung des toten Viehs innerhalb von 24 Stunden zuständig, dem sie zuvor die Haut abzogen. Die Häute verkauften sie den Rotgerbern, denen überlassen blieb, die mit dem Makel der Unerlichkeit behafteten Häute abzunehmen[33]. Allerdings konnte es in Teuerungszeiten wie im ausgehenden 16. Jahrhundert durchaus geschehen, dass der Rat den armen Untertanen erlaubte, die Häute des verendeten Viehs abzuziehen und zu verkaufen[34]. Aber auch für Scharfrichterdienste wurden die

Wasenmeister herangezogen. In dieser Funktion erhalten wir übrigens die erste Nachricht über einen Wasenmeister in Langenau: 1568 erhielt er ein Pfund Heller Belohnung für das Schlagen einer Person in ein Fass[35]. Der Langenauer Wasenmeister wohnte abseits der Siedlung auf der Reutte, wo sich bis ins 19. Jahrhundert die Kleemeisterei befand.

Notzeiten

Die Lebensbedingungen waren für viele Langenauer über die Jahrhunderte hinweg von Armut und Hungersnöten geprägt. Vor allem für das Hofgesinde, die Tagelöhner und Handwerker gestalteten sie sich auch in Zeiten, in denen kein Hunger herrschte, schwierig. Die Sorge um das tägliche Brot gehörte oft zu ihrem Alltag. Leider liegen uns für die Lebensverhältnisse im Langenau der Frühen Neuzeit nur relativ wenige Nachrichten vor, dennoch erlauben sie uns einen Einblick.

Auch außerhalb von Hungerzeiten, die im folgenden Kapitel ausführlich dargestellt werden, gerieten Menschen in Notlagen, vor allem dann, wenn die Lebensmittelpreise, wie während des ganzen 16. Jahrhunderts, stiegen, ohne dass die Löhne im gleichen Maße wuchsen. So ist aus dem Jahre 1561 die Bitte armer Gesellen um Korn überliefert. Der Rat in Ulm fühlte sich zu einer unmittelbarer Hilfe aus der eigenen Kasse nicht verpflichtet, sondern ließ die Herrschaftspfleger überprüfen, ob in Langenau Bargeld vorhanden und wohin die letzte Steuer gegangen sei, von der man Getreide kaufen könne[36]. Auf schwierige Zeiten weisen auch die Lohnerhöhungen für die in obrigkeitlichen Diensten stehenden Zehntknechte im selben Jahr und das im Juni des folgenden Jahres erneuerte Verbot des Nachrechens und Ährenlesens auf den abgeernteten Feldern, das trotz der drohenden Strafen nicht eingehalten und aus Not übertreten wurde[37]

Ein Skandal bewegte die Gemüter im Jahre März 1611. Zunächst baten die Langenauer Müller um die Erlaubnis, zusätzlich zur Bestreitung ihres Lebensunterhaltes den armen Leuten Mehl verkaufen zu dürfen. Als aber die Ratsherren Nachforschungen anstellten, beklagten sich die Armen, dass die Müller alles Korn im Flecken aufkaufen, so den Markt schmälern, das Getreide mahlen und das Mehl zu einem überhöhten Preis verkaufen würden, sodass kaum noch billigeres Mehl zu erstehen sei. Inständig baten sie darum, gegen die Müller einzuschreiten, damit „der arme Bauersmann, welcher des Vermögens nit ist, jederzeit ein halbes oder ganzes Mittlen zu erkaufen desto leichter dazu kommen möge“[38].

Auch im folgenden Jahr blieb die Not. Wie groß muss die Enttäuschung der Armen Langenaus gewesen sein, als im Frühjahr statt der erbetenen 800 Imi Veesen nur 150 Imi Weizen aus Donauwörth in Elchingen ankamen, wo es sogleich – das Imi zu vier Gulden und 40 Kreuzern – verkauft wurde[39]. Die Langenauer Bauer erhielten 1622 500 Imi Hafer (statt der begehrten 600 bis 700 Imi), das Imi zu vier Gulden; die eine Hälfte mussten sie selbst aus Geislingen holen, die andere stand ihnen in Langenau zur Verfügung. Die armen Gesellen bekamen 400 Imi Veesen zugesprochen; der Imi-Preis lag im Gutdünken der Herrschaftspfleger[40]. Während des Dreißigjährigen Krieges geriet die Stadt an die Grenzen ihrer Belastbarkeit. 1626 erhielten die Bauern nicht die begehrten 200 Imi Hafer, und im Juli des folgenden Jahres wurde den Ratsherren die Versorgung der armen Kinder und anderer Bedürftiger „zu schwer und unerschwinglich", sodass sie die Umlage der Kosten unter den Untertanen anordneten[41].

Nicht nur der Mangel an Getreide, sondern auch an Brennholz gefährdete die Existenz der Menschen. Besonders Handwerke, die einen hohen Bedarf an Brennholz hatten, gerieten in die prekäre Situation, aus ihrer Arbeit nicht mehr die notwendigen Mittel für ihren Lebensunterhalt erwirtschaften zu können, wenn im Frühjahr nach einem harten Winter die Brennholzvorräte aufgebraucht waren. So wurde den Garnsiedern und Zieglern im Winter 1579 mit Brennholz geholfen. Aber nicht immer kam der Rat den Garnsiedern entgegen. Im März 1595 schlug er ihnen das begehrte Holz ab, aber im folgenden Frühjahr erlaubte er ihnen, Brennholz aus dem Amt Ballendorf zu holen. Auch die Bauern litten im Winter 1595/96 unter Holzmangel. Erstmals im Dezember berichteten sie dem Rat, dass das Herzogtum Württemberg dem Amt Blaubeuren verboten habe, Holz in ulmisches Gebiet zu liefern, und im Januar baten sie den Rat, dafür zu sorgen, dass sie Holz aus dem württembergischen Amt Heidenheim erhielten, was nur recht und billig wäre, da württembergische Untertanen das begehrte Holz aus dem ulmischen Stubersheim zugeführt bekämen[42]. Im November 1612 erhielten die Armen, die kein eigenes Ross und kein Vermögen über 500 Gulden besaßen, verbilligtes Brennholz, wozu 15 Jauchert aus dem Englenghai geschlagen wurden. Diese Menge reichte nicht aus, sodass der Rat im März 1613 weitere drei bis fünf Jauchert schlagen ließ[43].

Hungersnöte

Die Hungerkrise des ausgehenden 16. Jahrhunderts

Das 16. Jahrhundert war von einer kontinuierlichen Steigerung der Preise gekennzeichnet. Die Getreidepreise erhöhten sich in Deutschland um etwas mehr als das Zweieinhalbfache, was einer jährlichen Steigerungsrate von 1,5 Prozent entsprach. Die Preise für gewerbliche Produkte und die Löhne stiegen weniger stark an, wobei der Lohnanstieg unter dem der Preise blieb, da sich die Wirtschaft nicht dem Bevölkerungszuwachs anpassen konnte. Vor allem der Landwirtschaft gelang es trotz einiger technischer Fortschritte und der Gewinnung neuer Anbauflächen und des Wiederanbaus von Ländereien, die seit den Pestepidemien des 14. Jahrhunderts wüst gelegen hatten, nicht, den wachsenden Bedarf an Lebensmitteln zu decken. Vom Beginn des 16. Jahrhunderts an sank beispielsweise die Kaufkraft eines Augsburger Maurergesellen stetig, sodass der Lohn von etwa 1540 an nicht mehr für den Unterhalt der Familie ausreichte. Gewiss litt die Familie zeitweise an Hunger, auch dürften ein Gärtchen vor den Toren der Stadt oder alle Familienmitglieder zum Lebensunterhalt beigetragen haben (allerdings war es in Krisenzeiten ungleich schwieriger, Arbeit zu finden), die Sorge um das tägliche Brot blieb. Zudem brachte die sinkende Kaufkraft die Handwerker in Stadt und Land in Bedrängnis; Absatzschwierigkeiten für ihre Produkte (vor allem in Krisenzeiten wurde die Kaufkraft der breiten Masse von den Nahrungsmitteln aufgesogen), Unterbeschäftigung oder gar Arbeitslosigkeit waren die Folgen[44].

Zu Beginn der 1570er-Jahre erfasste eine Teuerung ganz Europa, von Moskau über Mitteleuropa bis nach Spanien und Italien stiegen die Preise rapide an. Die Hungersnot kündigte sich in Langenau bereits im vorhergehenden Jahrzehnt an. Schon 1563 kam der Rat der Langenauer Bevölkerung mit einer Kornlieferung zur Hilfe, ein Jahr später wies er die Herrschaftspfleger an, in Langenau einen Getreidevorrat anzulegen, und wiederum zwei Jahre später stellte er Korn, Veesen und Roggen zum Verkauf gegen bare Bezahlung bereit[45].

Der Rat versuchte zu Beginn der Teuerungskrise, der wachsenden Not der Langenauer Bevölkerung durch verschiedene Maßnahmen zu begegnen. Zunächst wurde den Bäckern am 28. Februar 1571 verboten, mehr als das zum Eigengebrauch nötige Korn und Mehl zu kaufen, damit sich die Bevölkerung selbst mit Getreide versorgen konnte[46]. Von Ausfuhrverboten erhofften sich die Ratsherren mehr Erfolg. Im Dezember 1571 wurden die Bauern mit „Ernst" darauf hingewiesen, ihr Korn nicht auf auswärtigen Märkten zu verkaufen, sondern die Märkte in Ulm und anderen ulmischen Orten zu besuchen. Diese Anordnung wurde im Februar 1573 erneuert, wobei es keine Rolle spielte, ob das Korn selbst angebaut oder im Ausland gekauft worden war – es musste in jedem Fall auf den ulmischen Märkten „zu freiem Markt und Verkauf" angeboten werden; im Dezember 1573 durfte es sogar nur noch auf dem Ulmer Kornmarkt verkauft werden. Im März 1574 wurde Ausländern verboten, Korn über den Eigenbedarf hinaus aufzukaufen und wegzuführen[47]. Von August 1572 an durften die Müller ihren Kernen und ihr Mehl nur noch an die Untertanen verkaufen, auch ihnen wurde der Verkauf ins Ausland strikt untersagt. Im Dezember 1573 folgte ein völliges Verkaufsverbot für selbst angebautes oder als Lohn erhaltenes Korn, das nur gemahlen auf den Wochenmärkten angeboten werden durfte. Aber im folgenden Frühjahr wurde dies insofern gelockert, dass die Müller für arme Personen auf deren Verlangen Getreide kaufen und mahlen durften mit dem ausdrücklichen Hinweis, dabei aber ehrlich zu handeln. Das Verkaufsverbot bestand bis mindestens zum Ende des Jahrhunderts. Denn 1598 schlug der Rat den Müllern die entsprechende Bitte der Müller um Aufhebung des Verbots ab[48]. Um Wucherpreise zu verhindern, durfte von April 1574 an das gekaufte Korn nicht mehr bis zum nächsten Markt aufbewahrt, sondern musste sofort verkauft werden[49].

Umgekehrt sollten Getreideeinfuhren die Ernährungslage verbessern. Allerdings überließ der Rat dies der Eigeninitiative der Bevölkerung (die Ratsprotokolle geben keinen Hinweis auf Getreidekäufe der Stadt im Ausland). Im März 1572 gestattete der Rat dem Anwalt und dem Gericht, dass sie sich an den Herzog von Württemberg mit der Bitte um Getreide wenden dürften[50].

Seinen Untertanen kam der Rat auf verschiedene Weise entgegen. So befreite er diejenigen Bauern, deren Pferde verhungert waren, von den Losholzfuhren, oder verlangte nur den Zins von einem Darlehen, das die Untertanen von Langenau und Öllingen vermutlich zum Kauf von Getreide 1571 erhalten hatten, und verlängerte die Abzahlungsfrist um ein Jahr[51]. Im Februar 1572 erhielten die Langenauer Untertanen „Esskorn" und Hafer zur Aussaat, und den armen Leuten wurde gestattet, Getreide außerhalb des ulmischen Herrschaftsgebietes zum Eigengebrauch und in gar keinem Fall zum Weiterverkauf zu erwerben[52]. Sogar die strenge Regel, dass ein Handwerksgeselle nicht wie ein Meister seinen Lebensunterhalt verdienen durfte, hob der Rat auf und erlaubte dem ledigen Schneider Klöckel, seinem Vater und seinen Geschwistern durch seine Arbeit „in dieser teuren Zeit" zu helfen[53].

Ein sicheres Indiz für die wachsende Not stellt die steigende Zahl von Lebensmitteldiebstählen dar. Gleich mehrere Personen wurden im

Dezember 1571 wegen Diebstahls von Gänsen und Rüben verhaftet und erhielten entehrende Strafen: Der Bub Jörg Nendingers wurde für eine Nacht ins Narrenhäuslein gesperrt und am Morgen vom Büttel mit Ruten ausgestrichen, die Ehefrauen von Martin Heberlin und Martin Hiller wurden an einem Sonntag in die Geige geschlagen und vor und nach der Predigt vor die Kirchentür gestellt[54]. Auch gegen das Ährensammeln auf den abgeernteten Feldern ging der Rat vor. So erhielten etliche alte Menschen Anfang 1571 eine Strafe von zehn Pfund Heller (wer nicht „gutwillig" zahlen wollte, wurde mit der Geige bedroht)[55].

1580 begehrte die Gemeinde zur Vorsorge in Hungerszeiten den Bau eines Kornstadels, den der Rat zwar ablehnte, aber dafür einen anderen Stadel gegen einen Jahreszins von fünf Gulden zur Verfügung stellte[56].

Die Hungersnot 1771/72

Ungewöhnliche Witterungsverhältnisse verursachten zu Beginn der 1770er-Jahre Missernten in weiten Teilen Europas. Im Frühjahr 1770 kam wegen starker Regen- und Schneefälle das Korn verspätet in den Boden; die Saat ging vielerorts nicht auf. Unaufhörlicher Regen vernichtete 1771 große Teile der Ernte. Die Preise für Getreide stiegen, nicht nur wegen der Knappheit, sondern auch durch Spekulationskäufe und Preistreiberei, ins Unermessliche, sodass viele Menschen verhungerten[57].

Über diese katastrophale Hungersnot kennen wir keine Nachrichten aus Langenau, aber die Verhältnisse in Ulm und die Maßnahmen des Rates, den Hunger zu bekämpfen, lassen Rückschlüsse auch auf Langenau zu. In Ulm belegen die steigende Zahl der Todesfälle zwischen 1769 und 1773 bei einem gleichzeitigen Sinken der Geburtenrate die Auswirkungen der Hungerkatastrophe[58]. Statistische Zahlenangaben können das Elend der Menschen nicht vermitteln, zeitgenössische Chroniken zeichnen hingegen eindrucksvolle Bilder der Not und des Elends. „Hatte die erschreckliche Wucherteuerung", berichtet ein unbekannter Ulmer Chronist, „immer zugenommen und es war keine Erbarmung unter den Reichen gegen die Armen; denn je teurer es geworden, je lieber es dem Reichen war, wiewohlen man schärfstens gepredigt wegen der großen Wucherei und Kipperei, hatte es doch nicht gefruchtet. Es wäre kein Wunder, der arme und mittlere Mann müsste mit Weib und Kindern zugrunde gehen"[59]. Brot wurde zu einer Ware, die oft schon am Vormittag ausverkauft war; Wurzeln und Gräser gehörten im Frühsommer 1771, in der Zeit der größten Not, zur täglichen Nahrung[60]. Ein „Verzeichnis der Wurzen und Kräuter" nannte als hierfür geeignet

u. a. Disteln, Wiesenklee, Schlüsselblumen sowie die Knospen und Triebe der meisten Sträucher und Bäume. „Alle diese Kräuter und Wurzeln können verhackt und zerschnitten, mit ein wenig Butter oder Speck und Salz, mit Wasser in irdenen Geschirren gekocht, warm oder kalt, wie Salat, mit Essig und Öl und auch ein wenig Salz gespeist werden“[61].

Mit den unterschiedlichsten Maßnahmen versuchte der Rat, der Teuerung und ihren katastrophalen Folgen entgegenzusteuern. Trotz eines im September 1770 verhängten Ausfuhrverbotes stiegen die Preise weiter, zeitweise bis zum Zweieinhalbfachen im Vergleich zu 1769. Entweder brachten die Bauern ihr Korn heimlich ins Ausland oder verkauften es an auswärtige Händler und Wucherer, sodass auf den ulmischen Märkten immer weniger zum Verkauf angeboten wurde[62]. Dieser Maßnahme folgten im Frühjahr 1771 rasch weitere nach: Aufhebung des freien Verkaufs im Ulmer Kornhaus, stattdessen wöchentliche, limitierte Getreideabgaben zu festgesetzten Preisen, Kontrolle der privaten Vorräte, Verbot des Branntweinbrennens sowie Ankauf einer größeren Getreidemenge in der Pfalz[63]. Im Frühsommer 1771 besserte sich die Lage. Am 8. Juni wurde der Markt im Kornhaus wieder eröffnet, allerdings in einem nur sehr beschränkten Ausmaß; erst zum Ende dieses Monats konnte wieder uneingeschränkt angeboten und verkauft werden[64].

Zwar erholten sich die Getreidepreise nach der Hungerkatastrophe wieder und sanken bis in die Mitte der 1780er-Jahre fast auf das Niveau der Jahrhundertmitte, aber die letzten anderthalb Jahrzehnte des 18. Jahrhunderts waren durch einen erneuten Preisanstieg geprägt, der nach dem Beginn der Revolutionskriege 1792 dramatische Formen annahm, so dass wieder viele Menschen an Hunger litten[65].

Die Hungersnot 1816/17

Die schwerste Agrarkrise des 19. Jahrhunderts besaß verschiedene Ursachen: 1. Die Landwirtschaft steckte in einer strukturellen Krise. Das rasche Bevölkerungswachstum und die dadurch hervorgerufene Zersplitterung der Anbauflächen verhinderten zunehmend eine effiziente Bewirtschaftung und führten zu einer Verringerung der Ernteerträge. 2. Frondienste, Abgaben und Lasten, auch die zahlreichen Einquartierungen, Kontributionen und Plünderungen während der Koalitions- und Befreiungskriege schwächten die Kraft des Landes und dezimierten die Kornvorräte. 3. Aus Stuttgart kam keine Hilfe. Weder zeigte König Friedrich I. Verständnis für die Not seiner Untertanen, noch konnten die Behörden aus Unfähigkeit und Machtlosigkeit wirksame Maßnahmen gegen die sich verschärfende Lage ergreifen.

Eine weitere Ursache lag in der Natur selbst. Nasse Sommer der vorhergehenden Jahre brachten kaum ausreichende Ernten. Die Hoffnungen auf besseres Wetter wurden enttäuscht. Ein Laichinger Chronist berichtet, dass es zu Jahresbeginn 1816 heiß wie im Sommer gewesen sei und bis in den April „wie mit Kübeln geschüttet" habe. Erst Ende April konnte die Saat ausgebracht werden. Regen, Hagelschlag, Kälte und sogar Schnee auf der Alb am 31. Juli ließen einen nur kümmerlichen Wuchs des Getreides zu, wucherndes Unkraut und Pflanzenkrankheiten wie Getreiderost taten ein Übriges. Die Ernte, die wegen eines frühen Wintereinbruchs erst Ende Oktober eingebracht werden konnte, erreichte nur ein Fünftel bis zur Hälfte eines normalen Ertrages. Auch die Kartoffel- und Obsternte blieb weit hinter den Erwartungen zurück[66].

Die durch die Missernten hervorgerufene Verknappung der Lebensmittel und der Wucher führten zu dramatischen Preissteigerungen. Im Verlaufe des Jahres 1816 stieg der Preis für ein Simri Roggen zeitweise auf das Vierfache[67]. Ihren Höhepunkt erreichte die Preiswelle im Mai des folgenden Jahres. Bewegte sich in Langenau der Preis für ein Simri Kernen (Dinkel) von Juli 1816 bis zum 1. Mai 1817 relativ konstant zwischen vier und fünf Gulden, so schnellte er innerhalb weniger Wochen auf das Zweieinhalbfache hoch. Am 12. Juni 1817 wurden auf dem Ulmer Kornmarkt zehn Gulden und vier Kreuzer verlangt[68]. Auch andere Lebensmittel verteuerten sich rapid.

Der Hunger machte vor keinem Halt. Der Bauer erntete gerade so viel, wie er für sich und seine Familie benötigte, oft weniger als zum Leben nötig. Das karge Einkommen des Handwerksmeisters wurde von den überteuerten Lebensmitteln aufgezehrt, zugleich verkaufte sich seine Ware schlechter, da nur wenige noch Geld dafür übrig hatten. Der Pfarrer Gottlieb Flaischlen zeichnete in seinen „Aufschrieben" ein erschütterndes Bild der Hungersnot: „Die Tagelöhner waren erbärmlich übel dran, weil niemand mehr einen Tagelöhner anstellen wollte, wenn sie auch bloß um das Essen arbeiten wollten. Der Handwerksmann wusste das Geld zum Broteinkauf nicht mehr aufzutreiben. Wohin man blickte, sah man bleiche, von Hunger entstellte Gesichter. Der Bettel vermehrte sich auf eine furchtbare Weise. Mit dem Anbruch des Tages waren schon die um uns herumliegenden Höfe und Mühlen mit einer Menge Bettler umlagert, vor den Häusern der Bürger konnte man täglich 50 bis 60 Bettler zählen. Die Zudringlichkeit der Bettler aus Oberberg (Burgberg) im Oberamt Heidenheim, dem Sitz der Bettler, Bartholomä und anderen Orten war beinahe unausstehlich"[69]. Auch der Kameralverwalter Fritz Glaß klagte, dass der Bettel in jüngster Zeit so zugenommen habe, dass „man von morgens bis in die Nacht inkommodiert" werde, vor allem sehe man aber viele Fremde und Handwerksburschen, die weder Pass noch Kundschaft hätten[70]. Ein anderer Zeitgenosse, Matthias Öchsle, vermerkte in einer alten Familienbibel über die Hungerjahre: „Und je schlechter die Frucht, je teurer wird sie bezahlt. Und aus allem (!) wurde Brot gebacken, was nur Frucht heißen mag, sei sie so schlecht, als sie wolle, denn der Vorrat wurde ein für alle Mal sehr glimm [selten] ... und viele Arme aßen Gras und Holzbrot"[71]. August Heckel führte in seiner Stadtgeschichte einen interessanten, die Not eindrucksvoll vermittelnden Vergleich auf: Ein Tagelöhner verdiente täglich zwischen 12 und 15 Kreuzer einschließlich des Essens bei einer Arbeitszeit von 12 bis 15 Stunden, in der Woche also 90 Kreuzer. Veranschlagt man einen Zentner Dinkel auf 21 Gulden, so hätte der Tagelöhner vierzehn Wochen dafür arbeiten müssen[72].

Nachdem die königlichen Behörden in Stuttgart während des ganzen Jahres 1816 untätig geblieben waren, ergriffen sie endlich im Januar 1817 die ersten längst notwendigen Maßnahmen: Erhebung von Einfuhrzöllen für Getreide bei gleichzeitiger Erhöhung des Ausfuhrzolls. Am 7. Mai 1817 wurde der Export von Getreide und Getreideprodukten strikt verboten; bei Zuwiderhandeln drohten die Konfiskation der Waren und der Transportmittel sowie eine mindestens vierwöchige Festungsstrafe[73]. Ein königlicher Erlass ordnete endlich am 10. Juni 1817 die Erfassung aller Vorräte an Kernen, Weizen, Roggen, Gerste, Dinkel, Einkorn, Hafer, Ackerbohnen, Mehl, Erbsen, Linsen, Welschkorn und Kartoffeln in allen Orten, Städten, Flecken, Dörfern, Weilern und einzelnen Höfen binnen dreier Tage nach Bekanntgabe des Erlasses an, um den Wucher zu unterbinden. Jeder Einwohner wurde verpflichtet, jede Menge der genannten Früchte dem dazu eigens bevollmächtigten Kommissaren zu melden. Die über den eigenen Bedarf hinausgehenden Vorräte – als Maß wurde ein Pfund Brot täglich für eine Person angesetzt – mussten entweder in den Häusern an Personen, die ihre Bedürftigkeit durch ein obrigkeitliches Zeugnis ausweisen konnten, oder auf den Fruchtmärkten verkauft werden. Hierzu wurden Höchstpreise festgesetzt[74]:

	in den Häusern	auf den Märkten
1 Scheffel* Dinkel	14 Gulden	16 Gulden
1 Scheffel Roggen und Gerste	24 Gulden	27 Gulden
1 Scheffel Kernen und Weizen	38 Gulden	42 Gulden
1 Scheffel Hafer	10 Gulden	12 Gulden
1 Simri Erbsen, Linsen, Welschkorn, Ackerbohnen	4 Gulden	5 Gulden
1 Simri Kartoffeln	2 Gulden	2 Gulden 30 Kreuzer

* 1 Scheffel = 8 Simri

Nach den Aufzeichnungen des Pfarrers Flaischlen verringerten sich in Langenau die Preise um rund die Hälfte: für das Simri Kernen 5 Gulden 15 Kreuzer (zuvor 10 Gulden 4 Kreuzer), Roggen 3 Gulden 22 1/2 Kreuzer (zuvor 7 Gulden 8 Kreuzer) und Gerste 3 Gulden 22 1/2 Kreuzer (zuvor 7 Gulden 5 Kreuzer). „Zu bedauern war", bemerkte Flaischlen mit Verbitterung, „dass diese Verordnung erst gemacht wurde, als die Vorräte beinahe sich schon vergriffen hatten"[75].

Um die Getreidepreise ohne die Festsetzung von Höchstpreisen weiter senken zu können, sollte im Frühjahr eine möglichst „vollständige Aussaat" stattfinden. Daher wurden die Vorräte und der Bedarf an Saatgut festgestellt und die benötigten Mengen, beispielsweise aus den Getreidevorräten milder Stiftungen, zur Verfügung gestellt. So erhielten im Mai 1817 alle Bauern Saatgerste, die sie wegen des hohen Preises nicht erwerben konnten. Erst nach der Ernte mussten die Bauern den vom Oberamt vorgestreckten Einkaufspreis ersetzen. Auch alle Familien, die Saatgut an Roggen, Kernen und Gerste benötigten, wurden erfasst. Ihr Bedarf betrug an Roggen 45 Scheffel, an Kernen 35 Scheffel, Gerste 29 Scheffel und Dinkel fünf Scheffel[76].

Die Ernte des Sommers 1817 linderte die größte Not. Wie überall im Königreich Württemberg feierte die gesamte Bevölkerung Langenaus die Einfahrt der ersten Erntewagen am 29. Juli 1817. Pfarrer Flaischlen berichtete: „Keine Menschenzunge vermag die Größe der Freude auszusprechen, die die Herzen durchströmte, als im August die Sichel an die reifen Früchte gelegt werden durfte. Alles, was loben und danken konnte, vereinigte sich zu einem Lob- und Dankfest. Die ersten Roggengarben, die der Stuckführer [Johann Martin] Häge beim Albecker Tor hereinführte, wurden von allen Honoratioren des Orts, von der mit Roggenähren, in Blumensträuße gebunden, und Bändern gezierten Schuljugend und von ein paar tausend Einwohnern eingeholt, die Garben, der Fuhrmann, die Pferde mit Blumen bekränzt, mit allen Glocken geläutet, und unter dem Gesang der Jugend, worein die hocherfreuten Begleiter stimmten: ‚Sei Lob und Ehr dem höchsten Gut' und ‚Lobe den Herren, den mächtigen König der Ehren'. Der Wagen im feierlichen Zug auf den großen Platz zu der Oberen Kirche geführt, wo die Schuljugend einen großen Zirkel schloss, und von mir eine Lob und Dankrede unter freiem Himmel gehalten wurde. Nach Endigung derselben stimmten alle ein in das Lied ‚Nun danket alle Gott'"[77].

Wenige Tage später feierte das Untere Dorf auf ähnliche Weise die Einfuhr der ersten Wagen. Diakon Dieterich hielt in der Mittleren Kirche die Dankrede. Der zu den reichen Bauern zählende Bartholomäus Nusser [Blankenbauer] beschenkte jedes Schulkind der Unteren Schule mit einem Sechser und verteilte unter den Bedürftigen Korngarben[78].

Weiter berichtete Flaischlen, dass die Ernte des Jahres 1818 seit „Mannsdenken" nicht mehr so reichlich gesegnet gewesen sei. Eine fortdauernd gute Witterung habe das Blühen, Wachsen und Reifen befördert und im August hätte man die Ernte eingebracht, ohne dass auch nur ein Halm nass geworden sei. Die Preise fielen: das Simri Kernen auf 1 Gulden 30 Kreuzer, Roggen auf 1 Gulden 1 Kreuzer und Gerste 1 Gulden[79].

Teuerungen im Vormärz

Die Lebensmittelpreise blieben nach den Hungerjahren von 1816/17 konstant[80]. Erst in der zweiten Hälfte der 1820er-Jahre stieg der Roggenpreis wieder an, um im Jahre 1832 einen erneuten Höhepunkt zu erreichen. Nach einer kurzen Erholung um 1835 stieg er kontinuierlich bis 1847 an, ohne allerdings das Niveau von 1816/17 zu erreichen[81]. Auch die wichtigsten Grundnahrungsmittel wie Fleisch, Butter und Eier verteuerten sich zwischen 1822 und 1844 um rund die Hälfte, Kartoffeln sogar um mehr als zwei Drittel[82]. Vor allem die Lebensverhältnisse der in Handwerk beschäftigten Gesellen und der Tagelöhner verschlechterten sich im Vormärz zunehmend. Ihre Nominaleinkommen stiegen zwar geringfügig an, dennoch sanken ihre Realeinkommen. Die sinkende Kaufkraft führte zur sozialen Verelendung dieser Schicht. Auch in Zeiten ohne Teuerung und Arbeitslosigkeit konnte ein Geselle oder Tagelöhner mit seinem kargen Lohn kaum Frau und Kinder ernähren. Hunger und Not, Krankheit und Elend bestimmten den Alltag dieser Menschen.

Damit kein falsches Bild von einem Langenau des Elends und der Not entsteht, muss erwähnt werden, dass keine Statistiken zur Bevölkerungsstruktur vorliegen. Vermutlich war diese soziale Schicht in Langenau relativ klein war, sodass Not und Elend nicht wie im benachbarten Ulm das öffentliche Leben bestimmten. Es darf aber angenommen werden, dass auch Handwerksmeister und ihre Familien unter den sich verschlechternden wirtschaftlichen und sozialen Verhältnissen litten.

Dennoch sind Hinweise auf die sich auch in Langenau verschärfende soziale Lage vorhanden, der sich die Stadt nahezu hilflos gegenüber sah. Am 9. März 1847 bat der Gemeinderat das Kameralamt in Ulm dringendst um die Zuteilung von Brotgetreide, „da auch in hiesigem Orte die Not ihren höchsten Standpunkt erreicht [hat], denn nicht bloß die Ärmeren, sondern hauptsächlich die Mittelklasse haben das Wenige aufgezehrt und müssten ohne schnelle Unterstützung hungern"[83]. Einige Arme konnten mit Geld unterstützt werden, anderen gab man Arbeit, dass sie sich ihr Brot verdienen konnten. Aber die fortdauernde Verteuerung der Lebensmittel, unter der vor allem Alte, Kranke und kinderreiche Familien, aber auch Handwerker litten, ließ die Stadtverwaltung bald an die Grenzen ihrer Möglichkeiten stoßen. Eigenen Angaben zufolge benötigten wenigstens 400 bis 450 von 3575 Einwohnern Unterstützung[84]. Zwei im März und Juni 1846 angefertigte Verzeichnisse listeten über 220 Menschen – Tagelöhner, Handwerksmeister, Polizeidiener, Witwen und Seldner – auf, die auf die Zuteilung von Brotgetreide bzw. Mehl aus den Vorräten des Kameralamtes in Ulm hofften[85].

Bereits im März 1846 ließ die Regierung des Donaukreises in Ulm diejenigen Gemeinden feststellen, die Saatkartoffeln aufzukaufen wünschten und in denen ein Bedarf an Saatkartoffeln vorhanden war. Dem Antwortschreiben Langenaus ist zu entnehmen, dass es zusätzlicher Saatkartoffeln für die Aussaat im kommenden Frühjahr bedürfe. Da kein verkäuflicher Überschuss vorhanden sei, benötige man 50 Scheffel, für die die Gemeinde aufkommen wollte[86]. Im März 1847 ordnete die Kreisregierung an, dass die Stadtgemeinde in Langenau 160 Simri Kartoffeln in Göttingen aufkaufen solle, um wenigstens einen Teil des Bedarfs von 800 Simri decken zu können[87]. Auch an Saatgetreide fehlte es allenthalben. Viele Bürger gerieten im Frühjahr 1847 in größte Verlegenheit, ihren Bedarf an Saatgetreide zu decken – sie hatten während des Winters ihre ohnehin schon kleinen Vorräte für die Ernährung verwendet. Auch konnten sie bei den wohlhabenderen Bauern kein Saatgut erstehen, da diese nur so viel vorrätig hatten, wie sie selbst benötigten. Ganz davon abgesehen wären die wenigsten in der Lage gewesen, den finanziellen Aufwand zu bestreiten. Der Gemeinderat unterstützte die Bitte dieser 43 Einwohner an das Kameralamt, aus dem kameralamtlichen Fruchtkasten ihren Bedarf kaufen zu dürfen[88].

In seiner Beschreibung Langenaus kommt Pfarrer Dieterich zu folgendem Resümee über die Jahre nach der Hungersnot von 1816/17 bis zur Revolution 1848: „Auf die harte Teuerung in den Jahren 1816 und 1817 … folgten fruchtbare Zeiten. wofür man Gott nicht genug danken konnte. Die Einwohner erholten sich allmählich wieder und sahen sich zum Teil in ihren vorigen Wohlstand versetzt. Sie konnten sich wieder besser kleiden, ihre Wohnung verschönern, ihren Viehstand vermehren, ihre Steuern ordentlich abtragen, Äcker und Wiesen ankaufen, von allen Spuren des früheren Elends ward wenig mehr zu sehen. Wären nicht das teure Jahr 1847, in welchem ein Simri Kernen 4 Gulden 22 Kreuzer, ein Simri Roggen 3 Gulden kostete, und die Jahre 1848 und 1849 eingetreten, welche den Staaten Deutschlands Umsturz drohten, Handel und Gewerbe stocken machten, den fleißigen Bürger beinahe zugrunde richteten … die Einwohner Langenaus könnten zu den glücklichsten und wohlhabendsten des Landes gezählt werden"[89]. Aus heutiger Sicht wirken Dieterichs Worte eher beschönigend. Als erklärter Gegner der Revolution zwang ihn sein politischer Standpunkt in der Revolution die eigentliche Ursache allen Übels zu sehen und weniger in der sozialen Krise, die weite Teile Deutschlands von 1846 an erfasst hatte. Nach unseren heutigen Kenntnissen waren es auch die sich verschlechternden sozialen Verhältnisse, die zum Katalysator der revolutionären Erhebungen im Frühjahr 1848 wurden.

Protest und Widerstand

Die Abgaben und Frondienste belasteten die Bauern und Seldner. Dennoch kam es nicht zu größeren Protestbewegungen und Widerstand, sieht man von der großen Erhebung des „gemeinen Mannes", des so genannten „Bauernkrieges", 1525 ab. Aber die nicht wenigen Proteste und Beschwerden zeigen, dass die Bauern und Seldner, wenn die Belastungen ein gewisses Maß überschritten hatten, durchaus, wenngleich auch erfolglos, sich zu wehren wussten, vor allem während und nach Pestepidemien, Kriegen oder Hungersnöten.

Nach dem verheerenden Zug der Pest durch Europa 1348/49 weigerten sich die Langenauer Bauern, besonders nach Hagelschlag oder unfruchtbaren Jahren dem Kloster Anhausen den Zehnten zu liefern. Der Konflikt scheint sich über Jahre gezogen zu haben, denn erst 1357 wandte sich der Abt an den Klostervogt und Schirmherren des Klosters, Graf Ulrich den Jüngeren von Helfenstein, der sich an Graf Heinrich II. von Werdenberg, den Gerichtsherrn über Langenau wandte. Beide unterzeichneten am 24. April 1357 einen Vertrag, in dem sie die Untertanen von Langenau zur Abgabe des Großen und Kleinen Zehnten verpflichteten, dem Kloster aber auferlegten, die Schnitter mit Korn und Geld zu entlohnen. Die Langenauer waren mit dieser Regelung nicht ganz einverstanden. Bereits im folgenden Jahr brach der Streit erneut aus, als sich die Bauern weigerten, den Kleinen Zehnten zu reichen. Graf Heinrich von Werdenberg fällte den Schiedsspruch zu ungunsten der Bauern[90].

Die Losholzfuhren, damit wurde Bauholz in die Stadt gebracht, waren gewiss die bei den Bauern unbeliebteste Fron. Bei keinem anderen Frondienst regte sich mehr Widerstand, obwohl der Rat nur in den seltensten Fällen Erleichterungen gewährte oder gar darauf verzichtete. So lehnte er beispielsweise 1614 die Bitte von fünf Bauern um Erlass der Fuhren ab[91]. 1787 bestrafte der Rat alle Fronbauern, nachdem er wiederholte „Unordentlichkeiten" und Nachlässigkeiten bei den Losholzfuhren festgestellt hatte; so fehlten bei den Holzlieferungen an das Bau- und Holzamt erhebliche Mengen an Los- und anderen Hölzer. Die Bauern mussten die fehlende Menge mit 56 Gulden begleichen, Anwalt und Gemeindepfleger, die wegen ihrer Pflichtvergessenheit zwei Tage in den Turm gesperrt worden waren, wurden auf das Nachdrücklichste angewiesen, aller Unordnung und allem Schaden für das gemeine Wohl vorzubeugen. Sogar das Aufladen ohne den Holzwart aus der Stadt stand mit drei Gulden unter Strafe[92].

Auch schwierige persönliche Situationen trieben Langenauer Untertanen zur Verweigerung von Gültzahlungen, gegen die der Rat entschieden vorging. Bartholome Manuß verbrachte im Mai 1665 einige Tage in Haft wegen seines „Ungehorsams und Verachtung obrigkeitlicher Befehle", weil er die vorjährige Gült nicht bezahlt hatte[93].

Während der Hungersnot 1771/72 beschwerten sich die Bauern über die vielen Fronen: Garnison-, Holz-, Kohlen-, Eichen-, Stecken- und Herrschaftsfuhren, Holzfuhren für das Oberamt, den Visierer, den Forstmeister, die drei Geistlichen, die Schulen, den Anwalt und die drei Amtsknechte sowie Fuhren von Baumaterialien für die herrschaftlichen Gebäude, das Oberamt, das Diakonats-, Forst- und Amtsknechtshaus, die Metzig, die drei Garnsieden und die Kleemeisterei. Dass diese kaum mehr tragbaren Fuhren in einer Zeit der teuren und knappen Lebensmittel öfters ohne Vergütung geleistet werden mussten, empörte die Bauern besonders. Ihr Prostest blieb erfolglos, der Rat wies die Bauern in ihre Schranken[94].

Unter den Handwerkern regte sich, wenn auch selten, Widerstand gegen die Lebensbedingungen. 1609 erhielten die Schneider einen ernsthaften obrigkeitlichen Verweis, weil sie ohne Erlaubnis des Rates die Tax für ihre Leistungen erhöht hatten. Auf verbotenen Zusammenkünften beschlossen sie, nicht weniger als sechs Kreuzer zu verlangen. Der Meister Hans Berstlen wurde wegen Aufwiegelei in den Turm geworfen. Trotzdem wurde ihnen eine Taxerhöhung nach einem Monat zugesagt, die aber offensichtlich erst fünf Monate später, im März 1610, vollzogen wurde und dann nur einen Kreuzer betrug[95]. 1735, unmittelbar nach dem Regensburger Reichstagsabschied, der die Gesellen unter eine strenge staatliche Kontrolle stellte (u. a. Verbot von Gesellenvereinigungen und Streiks), beunruhigten „Meutereien" wohl zahlreicher Gesellen die Ratsherren in Ulm. Die Ursachen dieses vermutlichen

Streiks, die Forderungen der Gesellen und sein Verlauf sind nicht überliefert. Die harten Strafen für die beiden Rädelsführer, Georg Böhringer und den Seilergesellen Daniel Remshardt, die zu drei Monaten bzw. vier Wochen Schanzarbeit verurteilt wurden, sprechen ebenso wie der „derbe Verweis" für die übrigen Gesellen für eine heftige Auseinandersetzung[96].

Aus der Unterschicht der Knechte und Mägde ist bisher nur ein Fall von Protest gegen die Lebens- und Arbeitsbedingungen bekannt. Im November 1754 fand die Frau des Schulmeisters an der Unteren Schule, Erhard, ein Pasquill, in dem einigen Bauern gedroht wurde, deren Höfe anzuzünden, „weil sie die Leute so tribulieren". Der Rat ließ dieses „gottlose Unterfangen" der gesamten Gemeinde bekannt machen und setzte eine Belohnung von 20 Gulden auf die Ergreifung der anonymen Verfasser, die aber nie dingfest gemacht werden konnten, aus[97].

Die Revolution des „gemeinen Mannes" oder der so genannte „Bauernkrieg" 1525

Im ausgehenden 15. und frühen 16. Jahrhundert wuchsen die wirtschaftlichen und sozialen Widersprüche, deren Gründe in der Verdrängung der Naturalwirtschaft durch die Geldwirtschaft und in dem wachsenden, die Überlebensmöglichkeiten einer Bauernfamilie dramatisch beschränkenden Abgaben- und Frondruck lagen[98]. Die Notlage der Bauern verschärfte sich durch die um 1500 beginnende Geldentwertung, die durch die zunehmende Ausbeutung der deutschen Bergwerke hervorgerufen wurde und sich bis zur Jahrhundertmitte bis zu 50 Prozent steigerte. Darüber hinaus schränkte die Einführung des Römischen Rechtes und die Entstehung des frühneuzeitlichen Staates die Möglichkeiten der Bauern, an der Organisation des Dorflebens mitzuwirken, ein. Die Unzufriedenheit der Bauern, der ‚Lasttiere der Gesellschaft,' wuchs, wozu gewiss auch das erniedrigende Bewusstsein beitrug, ein von Spott und Häme verfolgtes Wesen niederer Ordnung zu sein: „Der Bauer ist an des Ochsen Statt, nur dass er keine Hörner hat."[99] In Langenau, einem Weberzentrum, verschärfte der Niedergang der Gäuweberei, der viele Weber an den Rand ihrer Existenz brachte, die Situation. Diese, die nur mit einem Webstuhl weben durften, verbanden sich mit den Bauern.

Die große Bauernerhebung von 1525 kündigte sich an. Erste größere Revolten fanden zum Beispiel im Breisgau (Der Bundschuh von Lehen 1513 unter der Führung des legendären Jos Fritz) und im Remstal

(Der arme Konrad 1514) statt. Auch in unserer Region wurden die Zeiten unruhiger. Die beiden ulmischen Städte Geislingen und Leipheim avancierten zu einem Zentrum der Unzufriedenheit. Die Geislinger Untertanen brachten 1511 und 1512 ihre Beschwerden, zum Beispiel über das Umgeld, dem Rat vor und 1513 schrieben sie ihre Klagen in 26 Artikeln nieder, in denen sie sich über ihnen entzogene Wasser- und Eigentumsrechte oder über die Härten der Leibeigenschaft beklagten. Im Februar des gleichen Jahres beschwerten sich die Leipheimer über eine Steuer von 200 Gulden, die ihnen – armen Leuten – zu zahlen schwer falle. Die Langenauer Bürgerschaft verklagte ihren Amtmann beim Rat in Ulm. Als 1514 eine Missernte Not und Unzufriedenheit wachsen ließen, vermerkte der Franziskaner Johannes Eberlin in Günzburg, der zu einem Fürsprecher der bäuerlichen Forderungen werden sollte, dass „der Bauer witzig [wird], die Bauern sich erheben [werden] und Schuldige und Unschuldige erhängen und ertränken"[100].

Die Reformation weckte unter den Bauern Träume. Bald erhoben sie Forderungen nach mehr Rechten und Freiheiten, die in Flugschriften unter dem Landvolk verbreitet wurden. Luthers deutsche Bibel, für alle Welt die Quelle der Wahrheit, ließ den Bauern den Unterschied der herrschenden Zustände mit der in der Schrift geforderten Bruderliebe fühlen. Die Leibeigensschaft erschien als eine Versündigung gegen das Wort der Schrift.

Die „Zwölf Artikel" bildeten das politische Programm der aufständischen Bauern. Ihr vollständiger Titel lautete: „Die grundlichen und rechten Hauptartikel aller Bauerschaft und Hintersessen der geistlichen und weltlichen Oberkeiten, welchen sie sich beschwert vermeinen". Verfasst wurden sie auf der Grundlage von mehr als 300 Beschwerden der oberschwäbischen Bauern Ende Februar 1525 von Sebastian Lotzer, einem von Zwingli stark beeinflussten Memminger Kürschnergesellen. Seine herausragende Leistung bestand darin, dass er die Beschwerden mit dem Grundsatz des „göttlichen Rechts" verband und durch das Zitieren von Bibelstellen die Schriftgemäßheit der Forderungen zu belegen versuchte. Dadurch erlangten die „Zwölf Artikel" einen durchschlagenden Erfolg. Innerhalb weniger Wochen erschienen 24 Drucke, vor allem in Süddeutschland, aber auch in weit entfernten Städten wie Zürich, Magdeburg und Hamburg.

Die Artikel 3 und 11 forderten mit Nachdruck die Abschaffung der Leibeigenschaft und des mit ihr zusammenhängenden Todfalles. Gerade bei dieser Forderung findet sich der Bezug auf das Christentum auf beeindruckende Weise. Denn Christus habe mit seinem Tod die Menschen erlöst, deswegen seien die Bauern frei und wollten es auch sein. Die Artikel 4, 5 und 10 verlangten die freie Jagd und den freien Fischfang, die freie Verfügung über das Holz im Walde und die Rückgabe der Allmende. Abgeschafft werden sollte der Kleine Zehnt vom Vieh, denn Gott habe das Vieh den Menschen frei geschaffen. Schließlich wies Artikel 9 die Einmischung der Herrschaften in die Rechtspflege der Dörfer energisch ab; stattdessen beharrten sie auf ihrem althergebrachten Recht und lehnten die Anwendung des Römischen Rechtes entschieden ab[101].

Zentren des Aufstandes im Ulmer Herrschaftgebiet waren Leipheim und Langenau. In Leipheim wirkte der Pfarrer Hans Jakob Wehe, der schon in den Jahren vor 1525 eine große Popularität genoss. Im März sammelte sich um Leipheim der nach dem Städtchen benannte Bauernhaufen, der sich aus Bewohnern Leipheims und der näheren Umgebung sowie aus den Bauern des Mindel- und Kamlachtales rekrutierte. Am 26. März soll die Zahl der aufständischen Bauern um Leipheim und Günzburg 30 000 Mann betragenen haben. Auch in Langenau vereinigten sich die Aufständischen aus Asselfingen, Öllingen, Setzingen, Wettingen, Albeck, Hörvelsingen, Bernstadt, Göttingen und anderen Orten. Am 18. März schlossen sie sich dem Leipheimer Haufen an. Ihre führenden Köpfe waren Hans Ziegler und der Pfarrer Jakob Finsternauer, ferner werden Martin Häring, Martin Neuffer, Thoman Paulus, der von den Bauern zum Langenauer Amtmann gewählt worden war, der Hauptmann Hans Gebhard und der Fähnrich Knopf genannt. Der Langenauer Haufen führte selbstständige Aktionen durch. Er überfiel am 1. April das Kloster Elchingen, nochmals am 3. und 4., plünderte und raubte es aus. Auch der Kaisheimer Pfleghof in Lindenau fiel dem Aufstand zum Opfer.

Die Katastrophe brach am 4. April 1525 über die Bauern herein. Auf dem rechten Donauufer marschierte Georg Truchsess von Waldburg, der so genannte „Bauernjörg", mit den Truppen des Schwäbischen Bundes gegen den Leipheimer Haufen auf, auf dem linken Donauufer rückten hessische und ulmische Reiter an. Der Truchsess stieß zwischen Fahlheim und Bühl auf die Bauern, die auf 3000 bis 8000 Mann geschätzt wurden. Nach einem kurzen Gefecht flohen die Bauern nach Leipheim, ohne dass es ihnen jedoch gelang, sich in die Stadt zu retten. Die Reiterei der Hessen und Ulmer traf bei Elchingen auf 2000 Langenauer Bauern, die sie vor sich hertrieben, töteten oder in der Donau ertränkten. 4000 Bauern fielen dem Massaker zum Opfer. Am 5. April wurden auf einem Acker zwischen Leipheim und Günzburg Jakob Wehe und drei weitere Bauernführer mit dem Schwert hingerichtet. Am gleichen Tag ergab sich Langenau.

Tags darauf hielt der Truchsess in Langenau Blutgericht und ließ Martin Häring und Martin Neuffer auf dem Langenauer Marktplatz in Anwesenheit des Ulmer Altbürgermeisters Bernhard Besserer und des Ratsmitgliedes Sebastian Renz den Kopf abschlagen; drei andere wurden begnadigt. Thoman Paulus und Pfarrer Finsternauer waren vermutlich glücklich in die Schweiz entkommen. Paulus' Frau und seine Kinder wurden ihm in die Verbannung nachgeschickt, sein Haus demoliert, die Wände eingeschlagen, das Dach abgebrochen und das Innere zerstört – nichts sollte mehr an ihn erinnern. Außerdem musste die Gemeinde 2000 Gulden an die Kasse des Schwäbischen Bundes zahlen. Am 15. Juli 1525 drohte der Rat jedem, der das Volk zum Aufruhr aufriefe oder sich bei dem Aufstand beteiligt hätte, mit der Ausweisung aus Stadt und Land. Außerdem wurden alle Kirchweihen, Tänze und Gastungen verboten und den Bauern alle Waffen abgenommen. Den Frauen, die sich am Aufstand beteiligt hatten, untersagte man den Besuch der Kunkelstube. Auch durften Langenauer Bauern nur noch Ulm betreten, wenn sie zuvor gelobt hatten, nur ihre Geschäfte zu erledigen.

Bis Mai 1525 war die Revolution des „gemeinen Mannes", wie sich die Bauern selbst bezeichneten, in Strömen von Blut erstickt. Es war der Krieg der Herrschenden gegen die um Freiheit und um ein menschenwürdiges Leben kämpfenden Bauern. Noch heute führt diese Revolution den Namen, den ihr die Sieger gaben: „Bauernkrieg". Das Los der Bauern verschlimmerte sich, die Abgaben und Fronen wogen schwerer, und der Bauer blieb leibeigen und politisch rechtlos, bis die Revolution von 1848/49 ihn endlich zum Besitzer der Äcker und Wiesen machte.

Die Bauernbefreiung im 19. Jahrhundert

Während in Altbaden schon 1783 der von aufklärerischen Ideen getragene Markgraf Karl Friedrich die Leibeigenschaft entschädigungslos aufhob und in den von Frankreich besetzten linksrheinischen Gebieten nach 1797 nach und nach die feudalherrlichen Rechte ohne Entschädigung beseitigt wurden, erhoben sich im Herzogtum Württemberg und in Schwaben nur vereinzelte Stimmen, welche die Beseitigung der Abgaben, Fronen und sonstiger grundherrlicher Rechte forderten. Dazu gehörte der radikaldemokratische Ulmer Säcklermeister Kaspar Fesslen, der 1792 in einer Denkschrift in den leibeigenen Bauern ein dem Stadtbürger gleichberechtigtes und ebenso wichtiges Mitglied der Gesellschaft sah und die Stadtbürger aufforderte, im Zuge einer durchgreifenden Reform der Gesellschaft den Bauern „die rechtmäßige und

Gott gefällige Freiheit, anstatt der der Menschheit schimpflichen Leibeigenschaft" zu verschaffen[102]. Eine Bauernbefreiung nach französischem Vorbild hätte einer siegreichen Revolution bedurft, die trotz redlicher Bemühungen revolutionärer Demokraten in Südwestdeutschland nicht zustande kam. Impulse für eine Reform der Agrarverfassungen gingen daher bis in die Mitte des 19. Jahrhunderts hinein immer vom Monarchen oder von der Ministerialbürokratie aus, ehe die Stürme der Revolution von 1848 die letzten Reste der mittelalterlichen Feudalherrschaft hinwegfegten. Immerhin genossen die Langenauer Bauern während der bayerischen Herrschaft kurzfristig die Befreiung von den Fronlasten, die 1808 gegen eine Ablösung von 819 Gulden und 24 Kreuzern abgeschafft, aber mit dem Übergang Langenaus an das Königreich Württemberg 1810 wieder eingeführt wurden[103].

Im Königreich Württemberg setzte die längst überfällige Bauernbefreiung 1817 mit der Aufhebung der Leibeigenschaft ein, die jedoch nur die Leibeigenen von jeder Last befreiten, die Staat, Gemeinden, Korporationen leistungspflichtig waren. Die Befreiung aller Leibeigenen war auf dem Besitz des grundherrlichen Adels ebenso wenig durchsetzbar wie das Edikt vom 18. November 1817, das die bäuerlichen Erblehen in volles Eigentum und die Falllehen in Erbzinsgüter umwandelte[104].

In Langenau entwickelte sich in Folge der Edikte von 1817 ein Konflikt zwischen Bauernschaft, Oberamt und Gemeinde auf der einen, und dem Kameralamt in Langenau auf der anderen Seite, der sich über ein Jahrzehnt hinzog. 1820 verweigerten die Bauern Fuhr- und Handfronen und erhielten die Rückendeckung des Oberamtes Ulm, das ihren Protest mit der Begründung stützte, da ehemals ulmische Untertanen dem württembergischen Pfleghof und dem Pfarrhaus niemals Fronen geleistet hätten. Auch 1821 und 1822 ignorierten die Bauern die Anordnung des Kameralamtes, für Herzog Heinrich 60 Zentner Buchenbrennholz nach Ulm zu überführen; ja, sie erhielten diesmal sogar die Unterstützung des Gemeinderates, der mit einem förmlichen Beschluss die Fronverweigerung als legitim bezeichnete, da die Finanzkammer bisher nicht den Beweis für die grundherrliche Fronpflichtigkeit der Langenauer Bauern erbracht habe. Auch die ersatzweise angebotene Zahlung von 270 Gulden für die 60 Zentner Brennholz wurde nicht angenommen, wie auch verweigert wurde, 170 Zentner Holz aus einem Wald bei Beimerstetten für die Kanzlei in Ulm zu schlagen[105].

Jahr für Jahr verweigerten nun die 23 betroffenen Bauern die Forderungen des Kameralamtes, das seine Ansprüche schließlich auf 295 Gulden Auslösung erhöhte. 1826 strengten die Bauern einen Prozess an, um das leidige Problem aus der Welt zu schaffen, und schufen sich damit eine glänzende Begründung, auch weiterhin jeden Frondienst zu verweigern, da man während eines laufenden Prozesses erst recht nicht dazu bereit sei. Im Frühjahr 1835 stand scheinbar die Entscheidung an. Der Gemeinderat stellte eine bevollmächtigte Deputation auf, die aus dem Amtmann Wagner, Gemeindepfleger Hauser und Gemeinderat Maier bestand. Doch der Entscheidungsprozess verzögerte sich, denn im Mai des folgenden Jahres wurden auf oberamtlichen Erlass hin weitere vier Bevollmächtigte gewählt. Erst am 21. März 1837 wurde der Vergleich zwischen der Gemeinde Langenau und weiteren 28 Gemeinden des Oberamtes Ulm und der Finanzkammer bzw. dem Kameralamt gefunden, der die fronpflichtigen Bauern zu einer Ablösungssumme von 1888 Gulden verurteilte. Diese wurden aber von der Gemeindekasse übernommen[106].

Erst die Julirevolution von 1830 in Frankreich, ihre Auswirkungen in Südwestdeutschland und die erstarkende liberale Bewegung im Königreich Württemberg veranlassten die württembergischen Behörden, sich wieder intensiver mit der Agrarreform zu befassen. Nach einem längeren Entscheidungsprozess verabschiedete die Ständekammer Ende Oktober 1836 nach dem badischen Vorbild von 1831 das „Gesetz in Betreff der Entschädigung der berechtigten Gutsherrschaften für die Aufhebung der leibeigenschaftlichen Leistungen"[107].

Hinter diesem trockenen juristischen Titel verbirgt sich ein wichtiger Schritt des Bauern in Richtung persönlicher Freiheit. Die Beden, Fronen und Abgaben der „Privat-Leibeigenen" Neuwürttembergs wurden abgeschafft. Trotz der Weigerung des grundherrlichen Adels, dem Beispiel ihrer Standesgenossen anderer deutscher Staaten zu folgen, der vollständigen Beseitigung der feudalen Grundlasten, vor allem der Lehensverhältnisse, zuzustimmen, war das agrarische Reformwerk ein gutes Stück vorangekommen[108].

Die Ablösung des Blut- und Heuzehnten wurden in Langenau zwischen 1838 und 1840 durchgeführt. Sie stellte die fronpflichtigen Bauern aber vor erhebliche Probleme. Die von der Finanzkammer bis Jakobi geforderte Ablösungssumme von 960 Gulden konnten sie nicht aufbringen und baten daher um eine Fristverlängerung bis April des folgenden Jahres. Die Finanzkammer bestand jedoch auf die fristgerechte Zahlung. Der Gemeinderat beschloss am 26. April 1839 einen Finanzierungsplan, wonach der Überschuss des Heuzehnten zwischen 1821 und 1839 von fast 900 Gulden und ein für 1839 doppelt eingezogener Blutzehnt für die Ablösung verwendet werden sollten[109]. Weniger problematisch gestaltete sich dagegen 1840 die Ablösung des Heuzehnten (9600 Gulden), der Gebäudeabgaben (2705 Gulden), Dienstgelder (480 Gulden) und Surrogatgelder (940 Gulden)[110].

Die Revolution von 1848/49 vollendete die Bauernbefreiung. So mancher Staatsbeamte und der seit dem 9. März an der Spitze des liberalen Märzministeriums stehende Friedrich Römer wurde dabei sicherlich an den „Bauernkrieg" von 1525 erinnert. In erstaunlicher Kürze führten die Bauernaufstände in der Hohenlohe und im Odenwald im März 1848, und der Druck zahlreicher Petitionen aus allen Teilen des Landes zum „Gesetz betreffend die Beseitigung der auf dem Grund und Boden lastenden Abgaben" (Lehensablösung) am 14. April 1848, dessen Ausführungsbestimmungen am 23. Oktober 1848 verabschiedet wurden. Abgeschlossen wurde die Bauernbefreiung mit dem Gesetz zur Ablösung der Zehnten am 17. Juni 1849[111].

Das Gesetz vom April 1848 legte die Ablösung der meisten Abgaben in einem 16fachen Betrag fest, für die Ablösung des Blutzehnten wurde ein 12facher Betrag vorgeschrieben. Für eine große Zahl von Naturalien gab man einen auf das Ablösungsgesetz von 1821 bezogenen Wertanschlag vor, wodurch die Wertangaben um ein Viertel bis ein Drittel unter dem aktuellen Preisniveau lagen. Erleichtert wurde die Ablösung dadurch, dass man das Ablösungskapital mit nur vier Prozent verzinste und die Tilgungsfrist auf 25 Jahre festsetzte. Das Zehntablösungsgesetz schrieb ebenfalls einen 16fachen Betrag des Reinertrags fest, der aus dem durchschnittlichen Rohertrag der Jahre 1830 bis 1847 nach Abzug aller Lasten berechnet wurde. Das Ablösungskapital musste in maximal 25 Jahren bezahlt werden und war mit vier Prozent zu verzinsen.

In Langenau begannen die Ablösungsverhandlungen 1850, die sich in teils langwierigen Verhandlungen bis ins Jahr 1852 hinzogen. Am 7. August 1851 schlossen die Stadt Langenau und das Kameralamt Ulm einen Zehntablösungsvertrag ab[112]. Zur Ablösung standen der Groß- und Kleinzehnt aus annähernd 6500 Morgen, der Obstzehnt aus einigen Gärten (sechs Morgen), der Neubruch(Noval)zehnt aus ca. 17 Morgen und der Heuzehnt aus ca. 2450 Morgen Riedmähder, für die ein Surrogatgeld gezahlt wurde.

Die Renten wurden auf die einzelnen Grundstücke verteilt, und die Zehntpflichtigen beauftragten den Weber Michael Blessing, die Renten einzuziehen und dem Kameralamt zu übergeben. Strittig war aus Sicht der Stadtverwaltung die Frage, wer die Unterhaltungskosten für die Martinskirche übernehmen sollte, da in früherer Zeit die Reichsstadt die Bau- und Renovierungskosten übernommen hatte. Die Staatsbehörden lehnten das Anliegen der Stadt rundweg ab, da „von Seite der Zehntherrschaft nie aus dem Grund einer rechtlichen Verbindlichkeit etwas zu den Kirchenbaulasten in Langenau geleistet worden sei".

Den Ablösungsbetrag berechnete man aus den Durchschnittserträgen der Jahre 1830 bis 1847 wie folgt:

	Gulden	Kreuzer
Großzehnt	6 440	53
Surrogatgelder	152	49
Kleinzehnt	661	17
Obstzehnt	2	55
Novalzehnt	15	33
	7 273	27
Nachlass	84	10
	7 189	17
16facher Betrag	115 028	32
bereits geleistete Zahlungen	5 810	8
abzüglich dem Kameralamt gehörende 6 6/8 Morgen	113	32
Ablösungskapital	109 104	52

Er war zahlbar in 23 Jahresraten à 7343 Gulden 45 Kreuzer ab 1. Januar 1852 bis 1. Januar 1874.

Weitere Zehntablösungsverträge wurden abgeschlossen mit dem evangelischen Konsistorium in Stuttgart (640 Gulden, zahlbar in zehn Jahresraten à 78 Gulden 55 Kreuzer), mit der Kirchenstiftung in Ulm (4659 Gulden 12 Kreuzer, zahlbar in 24 Jahresraten à 305 Gulden 35 Kreuzer) und mit der Stadtpfarrstelle in Langenau (903 Gulden 50 Kreuzer, zahlbar in 24 Jahresraten à 59 Gulden 18 Kreuzer)[113].

Zwei ausgewählte Beispiele für Lehensablösungen wollen wir hier anführen: Der Ostermüller Matthäus Mack war einem preußischen Leutnant pflichtig, dessen Frau, eine geborene von Hack und deren Familie die Ostermühle seit dem 17. Jahrhundert als Lehen hatten. Er zahlte jährlich auf Martini ein Geldgefälle von zwei Gulden acht Kreuzern sowie für rund 13 Scheffel Kernen 130 Gulden 40 Kreuzer. Auf der Grundlage der Durchschnittspreise der letzten zehn Jahre wurde nach Abzug der Verwaltungskosten eine Ablösungssumme von 187 Gulden 5 Kreuzer berechnet, multiplizert mit 16 ergab das ein Ablösungskapital von 2993 Gulden 10 Kreuzern[114]. Die Familie Mack besitzt heute noch die Ostermühle, die sich mittlerweile auf Dinkelprodukte spezialisiert hat.

Der Mussismüller Christian Buck lieferte an Hieronymus Eitel von Schad ein jährliches Küchengefäll von 100 Eiern, vier Herbsthühnern, zwei Enten und einer Fasnachtshenne einen Gulden 52 Kreuzer sowie ein Surrogatgeld für sechs Scheffel Kernen. Der Jahreswert des Kernen wurde auf 90 Gulden 37 Kreuzer berechnet, und der 16fache Betrag bezifferte sich auf ein Ablösungskapital von 1449 Gulden 52 Kreuzern (Küchengefäll und Verwaltungskosten waren identisch), zahlbar in 25 Jahresraten à 92 Gulden 58 Kreuzer, was fast exakt seiner bisherigen Abgabe entsprach[115].

Das agrarische Reformwerk wirkte sich auf den Verlauf der Revolution aus. Keine andere soziale Gruppe bekam ihre Forderungen so schnell erfüllt wie die Bauern, mit der – gewiss verständlichen – Folge, dass sie sich fortan nicht mehr an dem revolutionären Prozess beteiligten, wie beispielsweise die kaum vorhandene Bereitschaft, sich an den Übungen der Bürgerwehren zu beteiligen, eindrücklich zeigt. Die Bauern gehörten eindeutig zu den Gewinnern der Revolution von 1848/49 – endlich waren sie zu freien Eigentümern ihrer Äcker und Wiesen geworden.

Die württembergische Agrargesetzgebung begünstigte die bisherigen Pflichtigen. Die Ratenzahlungen lagen nicht oder nur unwesentlich über dem Geldwert der bis dahin entrichteten Jahresabgaben und liefen zu Beginn der 1870er-Jahre ohne nennenswerte Einkommensverluste aus. Allerdings blieb ein gewisses wirtschaftliches Risiko bestehen, denn wenn anstelle der bisherigen Naturallieferungen fixe Ratenbeträge festgelegt worden waren, gab es bei Missernten keine Verringerung der Raten. Die württembergische Agrargesetzgebung der Revolutionsjahre vollzog sich im Rahmen eines allgemeinen Liberalisierungs- und Egalisierungsprozesses, der den völligen Abbau feudaler Privilegien zum Ziel hatte. In Württemberg bedeutete die Vernichtung des Feudalismus eine Teilenteignung der bisherigen Berechtigten in einem Maßstab wie in keinem anderen deutschen Staat. Der Heidelberger Historiker Wolfgang von Hippel bilanziert in seinem Standardwerk über die Bauernbefreiung in Württemberg: „Die württembergische Agrargesetzgebung von 1848/49 bewirkte damit, auch wenn sie jede direkte staatliche Subvention vermied, eine Vermögens- und Einkommensumverteilung zugunsten der Pflichtigen in einem Umfang, der in keinem anderen deutschen Staat erreicht worden ist, auch dort nicht, wo der entscheidende legislative Durchbruch zur Grundentlastung ähnlich wie in Württemberg erst während jener Revolutionsjahre geschah, z. B. in Bayern oder Österreich. Größter Gewinner war zweifellos das eigentliche Bauerntum, das von dem niedrigen Ablösungsmaßstab und den niedrigen Fruchtpreisen zweifach profitierte“[116].

Armenfürsorge

Der Almosenkasten

Das Almosen – die Armenfürsorge – gründete auf der Stiftungsbereitschaft der Menschen. Von ihren Spenden und Stiftungen versprachen sie sich eine Sünden tilgende Kraft, Heilsgewinnung und einen jenseitigen Lohn. Trotz einer Vielzahl von Stiftungen, Geld- und Naturalabgaben zielten die Almosen nicht auf eine grundsätzliche Besserung der sozialen Lage der Bevölkerung, sondern auf die Linderung einer aktuellen Notsituation. Die Abgaben erfolgten in der Regel in nur kleinen Beiträgen und oft in großen zeitlichen Abständen.

Die Anfänge der Armenfürsorge in Langenau sind nicht bekannt. So bleibt offen, ob schon in der Zeit der Werdenbergischen Herrschaft im 14. Jahrhundert ein Almosenkasten bestand oder erst der Ulmer Rat nach 1377 die Voraussetzungen für eine Armenfürsorge schuf. Für diese Annahme spricht, dass das Zehntgetreide für die Armenversorgung vom Rat zur Verfügung gestellt wurde, Spenden und Stiftungen von Privatpersonen dagegen nur selten überliefert sind. So überschrieben die Verwandten des Schneiders Ulrich Müller im Mai 1566 dessen Hab und Gut dem Almosenkasten, damit davon seinen Freunden, sofern sie arm waren, geholfen werden konnte[117]. Erst in der 1. Hälfte des 16. Jahrhunderts setzt die schriftliche Überlieferung ein.

Die Armenfürsorge in Langenau unterlag der Armenordnung der Stadt Ulm vom 3. April 1528. Diese legte die zentrale Verwaltung und die Verteilung der Spenden in die Hände der 13 so genannten Bettelherren (fünf Ratsherren, acht Bürger), die auch zur Entlastung der städtischen Armenfürsorge streng auf die Arbeitsfähigkeit der Empfänger achten sollten. Die Fürsorgemaßnahmen, die unter anderem auch eine Überweisung der Kranken in das Spital vorsahen, dienten vornehmlich der Bekämpfung des öffentlichen Bettelns[118]. Zwar wünschte sich die Gemeinde 1561 eine neue, eigene Armenordnung, auch wurde ihre Bitte von den Herrschaftspflegern aufgenommen, welche die Ordnung und Gebräuche in Langenau untersuchten. Aber anscheinend kam der Rat dem Anliegen der Gemeinde nicht nach, denn zwei Jahre später wies er die Herrschaftspfleger an, auf die strikte Einhaltung der Ulmer Ordnung zu achten[119]. Die Landpolizei-Ordnung aus dem Jahre 1721 verbot Almosenempfängern, Wirts- oder Bierhäuser zu besuchen, und bestrafte arme Leute, die nicht an den von der Obrigkeit festgesetzten „Scheidtagen“ Holz aus den Wäldern holten, mit einem Gulden; sollten sie von bereits geschlagenem Holz oder Reisig etwas wegnehmen oder gar mit Waffen im Wald erscheinen, erhielten sie mindestens die doppelte Strafe[120].

Erste Nachrichten über die Armenfürsorge in Langenau erhalten wir aus den ersten Jahrzehnten des 16. Jahrhunderts. 1536 erhielten die Armen das Armenbrot, das bis zu diesem Zeitpunkt vom Zehnten gebacken wurde, und 20 Jahre später jährlich 16 Imi des Zehnten aus dem Pfleghof[121]. Eine andere Geldquelle bildeten die „Quattemberalmosen", die in der Regel von zwei Frauen von Haus zu Haus gesammelt wurden[122]. Wenn die Mittel des Almosenkastens nicht mehr ausreichten, gewährte der Rat Darlehen, wie beispielsweise 1563, als der Almosenkasten 100 Gulden erhielt, für die er ein Pfand – zwei „silberne Bilder" – hinterlegte[123]. Die finanziellen Möglichkeiten waren oft nicht ausreichend, wie die gelegentlichen Darlehen der Stadt (1662 verzichtete der Rat auf 81 Gulden Zins, bestand aber auf die Rückzahlung von 134 Gulden) oder die Zuweisungen von meist einem Gulden aus dem für die Untertanen des Landgebietes zuständigen Fremdenalmosenkasten in Ulm, so der Margaretha Groner, „einem armen Weib", im April 1661 belegen[124].

Bis in das 19. Jahrhundert hinein lag die Kranken- und Wohlfahrtspflege ausschließlich in den Händen der Gemeinde. In den 1820er-Jahren änderten sich die Strukturen der öffentlichen Sozialpolitik grundlegend: Der Staat bestimmte nunmehr den gesetzlichen und administrativen Rahmen, den die städtischen Behörden zu erfüllen hatten – ein Dualismus, der bis zum heutigen Tag Gültigkeit besitzt.

Einen ersten Schritt in diese Richtung bedeutete die auf Initiative von Königin Katharina eingerichtete „Zentralleitung der freiwilligen Wohltätigkeitsvereine" zu Jahresbeginn 1817, als die Not und Hunger immer drastischere Ausmaße annahmen. Ein gedruckter Aufruf vom 7. Januar 1817 forderte zur Gründung lokaler Wohltätigkeitsvereine auf, um die Not der Menschen zu erleichtern und die Hilfe für die Armen vor Ort zu vergrößern. Ihre eigene Aufgabe sah die „Zentralleitung" darin, die Tätigkeit der lokalen Vereine zu koordinieren und effizienter zu gestalten[125]. Ihren offiziösen, halbstaatlichen Charakter gewannen die Wohltätigkeitsvereine durch einen Erlass der königlichen Behörden, der die Gründung derartiger Vereine anordnete und die höheren Staatsbeamten zur Mitgliedschaft verpflichtete, so auch in Langenau[126].

Bis 1824 wurde unter den 25 Armen, zu denen auch der Turm- und Nachtwächter, der obere Messner, der Armenvogt und die Einnäherin gezählt wurden, jeden Monat ein sechs bis acht Pfund schwerer Brotlaib pro Person im Pfleghof ausgeteilt.

Das Siechenhaus

Das erstmals 1589 erwähnte Siechenhaus steht bis heute an der Wegkreuzung Langenau-Setzingen-Nerenstetten. Es nahm die an Aussatz, einer gefährlichen und ansteckenden Krankheit, leidenden Menschen auf, die abseits der menschlichen Gemeinschaft im Siechenhaus lebten und auf die milden Gaben der Vorübergehenden angewiesen waren (ein völliger Ausschluss scheint nicht der Fall gewesen zu sein, wie die Erlaubnis für den an Aussatz erkrankten Hans Gohl aus dem Jahr 1665 zeigt, einmal im Monat den Gottesdienst zu besuchen und sich in der Badestube mit Salben versorgen zu lassen[127]). Auch andere wohltätige Spenden in Geld oder Naturalien trugen zum Lebensunterhalt bei. Zunächst kümmerte sich die Obrigkeit wenig um das Los der Aussätzigen, erst im 14. und 15. Jahrhundert übernahm die Gemeinde die Verantwortung; so wurde der Ertrag aus den so genannten „Siechenwiesen“ für den Unterhalt des Siechenhauses verwendet. 1707 fasste das Gemeindegericht den Beschluss, die Siechenwiesen unter den Gemeindebürgern zu verlosen. Diese wurden in 30 Parzellen eingeteilt und unter den drei Gemeinden – Oberes, Mittleres und Unteres Dorf – verteilt. Das jährliche Pachtgeld, bis 1709 einen Gulden 30 Kreuzer, dann zwei Gulden, wurde der Versorgung der Kranken zugeführt[128].

Im November 1618 erwog der Rat, in Langenau ein Armenhaus für die „presthaften Leute“ der Oberen Herrschaft, die an „fallender Wuhr“ oder ähnlichen Krankheiten litten, einzurichten. Die Herrschaftspfleger überprüften, ob ein Neubau oder der Ankauf eines geeigneten Hauses kostengünstiger wäre und ob sich die benachbarten Dörfer mit einer Umlage am Unterhalt dieses Hauses beteiligen würden. Die Einrichtung eines Armenhauses wurde am 10. März 1619 jedoch zu den Akten gelegt, da sich die Kosten für einen Neubau oder einen Hauskauf als zu hoch erwiesen. Stattdessen sollten die Kranken auf Kosten der Heiligenpflege im Ulmer Seelhaus verpflegt werden, wofür ein jährlicher Beitrag von 60 Gulden (zuvor 40 Gulden) zu leisten war, den der Almosenkasten, die Heiligenpflege und die Gemeinde aufbrachten[129]. Vor allem Menschen, die an psychischen Erkrankungen oder Geisteskrankheiten litten, wurden nach Ulm gebracht, eine Praxis, die man bis ins 18. Jahrhundert anwendete. Uns sind einige dieser Fälle überliefert, erstmals 1571, als Hans Stehle, „ein boshafter Mann“ von einem Arzt untersucht und ins Ulmer Seelhaus überwiesen wurde[130]. Mehr erfahren wir über den Fall des vermögenslosen Webers Bartholomäus Botzenhard, der im Januar 1766 täglich schwächer wurde und schließlich, um ein Unglück zu vermeiden, nach Ulm gebracht wurde, nachdem er bei einem Aderlass derart rasend geworden war, sodass die um Hilfe gerufenen Männer aus der Nachbarschaft ihn kaum hatten stillen und bändigen können. Die Gemeinde wurde angewiesen, dafür Sorge zu tragen, dass beim Transport dieser „im Kopf verwirrte Mann“ niemanden „beschädige“. Am

Stadttor wurde Botzenhard sogleich von Hospitalbediensteten übernommen und im Spital sicherheitsverwahrt[131]. Andere Einweisungsgründe lauteten „Schwermütigkeit und Verwirrung im Kopf", „fatale Gemütsumstände" oder andere schwere Erkrankungen, wie im Fall des siebzigjährigen Michael Härlin, der im April 1662 in das Spital gebracht wurde und für dessen Pflege die Gemeinde wöchentlich 40 Kreuzer zu bezahlen hatte[132]. Die Einweisung in das Spital bedeutete durchaus nicht eine lebenslängliche Verwahrung. 1675 durfte die wohl psychisch erkrankte Anna Öchsler wieder nach Hause, ihr Mann Hans, ein Weber, wurde verpflichtet, auf sie Acht zu geben, denn wenn ein „Unfall" geschehe, werde er zur Verantwortung gezogen werden[133].

Im Dreißigjährigen Krieg wurde das Siechenhaus schwer in Mitleidenschaft gezogen. Durch das Kriegsgeschehen war das Haus eingefallen, und die Balken, Bretter und Latten entwendeten die Langenauer zum Feuern ihrer Öfen. Da die Gemeinde durch Reparationen und Einquartierungen am Rande ihrer finanziellen Kräfte stand, konnte kein Neubau erstellt werden, zudem war die Stadt zu keiner Art von Unterstützung bereit[134]. Für den an Aussatz schwer erkrankten Matthias Heinlin hatte das nicht mehr brauchbare Siechenhaus fatale Folgen. Mit einem Sack und einer Klepper sollte er im Frühjahr 1643 vom Ulmer Spital in das Leprosenhaus in Altenstadt gebracht werden[135]. Trotz seiner Baufälligkeit blieb das Siechenhaus in Benutzung, wie die im Ratsprotokoll vermerkten Einlieferungen von Aussätzigen belegen; erst 1679 wurde das Siechenhaus wieder instand gesetzt[136].

1684 sollte neben dem Siechenhaus ein Armenhaus errichtet werden. Ob der Bau tatsächlich durchgeführt wurde, bleibt offen, da die Gemeinde für die Baukosten und den Unterhalt selbst aufkommen sollte[137]. Das Ratsprotokoll vom 18. Februar 1689 berichtet dagegen, dass das Armenhaus von den Franzosen abgebrannt wurde, und stellte die Überlegung an, ob aus Kostengründen ein kleineres Gebäude errichtet werden könne[138].

Dem Zeitgeist folgend sollte das Siechenhaus auch als Arbeitshaus dienen, zumindest nach den Vorstellungen des Bettelvogts, der 1711 die Einrichtung einer Webstube forderte, damit die noch arbeitsfähigen Insassen zu ihrem Lebensunterhalt selbst beitragen könnten, was aber auf die entschiedene Ablehnung des Gerichtes stieß. Auch seine 1713 wiederholter Vorschlag fand keine Zustimmung, vermutlich weil die Weber darin eine Konkurrenz sahen und das Vorhaben zu verhindern wußten. Schließlich wurde das Siechenhaus auch als Unterkunft an Personen vermietet, die sonst keine Wohnung fanden. So 1726 an den Bortenwirker Michael Henseler gegen einen jährlichen Hauszins von drei Gulden. Grundsätzlich galt, dass nur diejenige, die auch den festgesetzten Mietzins bezahlen konnten, im Siechenhaus wohnen durften[139].

Um die neben dem Siechenhaus stehende Eiche rankt sich die Legende, dass sie von dem berühmten Nürnberger Hans Sachs besungen worden und mehr als 800 Jahre alt gewesen sein soll. Die stattliche Eiche, im Volksmund die „Betteleiche" genannt, galt als ein Wahrzeichen Langenaus, wenn wir Pfarrer Michael Dieterich folgen. Am 21. Mai 1850 entzündete ein Blitz den Baum, der langsam von innen heraus verbrannte. Alle Löschversuche blieben erfolglos, sodass der Baum gefällt werden musste, um ein vollständiges Verkohlen zu verhindern. Die Äste wurden als Brennholz verkauft, dickere Äste und gesunde Teile des Stammes verarbeitete man zu Brettern. Der Drechsler Goldschmied fertigte aus kleineren Teilen zum Andenken verschiedene Gegenstände, wie zum Beispiel Leuchter, Kugeln zum Steppen, Nadelbüchsen, Mundspitzen für Zigarren oder Dosen[140].

Das Siechenhaus steht noch heute. Es befindet sich aber in einem bedenkenswerten Zustand. Nun soll es renoviert werden[141].

Gesundheitswesen

Das Gesundheitswesen während der reichsstädtisch-ulmischen Zeit

Die Stadt kannte schon im frühen 15. Jahrhundert in städtischen Diensten stehende Ärzte[142]. Auf dem Landgebiet übernahmen die Bader, die in Langenau erstmals 1555 schriftlich nachweisbar sind[143], die Aufgabe, Kranke und Verletzte zu versorgen. Frühestens im 17. Jahrhundert begann dann die städtische Obrigkeit im Interesse einer gesamtstaatlichen Wohlfahrt das ‚öffentliche' Gesundheitswesen ihres Landgebietes zu organisieren, indem Instruktionen für Ärzte und Bader sowie Vorschriften zur Verbesserung der hygienischen Verhältnisse ausgearbeitet wurden, um Seuchen zu verhüten.

In der Regel wurden die Kranken von den Badern in ihren Häusern behandelt, bei besonders schweren Erkrankungen oder Epidemien übernahmen die Stadtärzte und Chirurgen die Behandlungen. Nur in Ausnahmefällen wurden Kranke und Verletzte nach Ulm ins Spital gebracht, so 1648 einen zehnjährigen Jungen, dessen Knochenbruch im Spital behandelt werden musste, 1682 eine Webersfrau wegen „urina stillicido", 1766 den Tagelöhner Christian Fetzer, nachdem wegen der

„ungeschickten" Behandlung durch einen Laien Wundbrand an seiner linken Hand aufgetreten war, und schließlich die ledige Angelika Schneider mit einer gefährlichen Zahnfistel, zu deren Behandlung ihr Vermögen von 60 Gulden herangezogen wurde[144].

Die Behandlung von Knochenbrüchen und Wunden durch die Bader war nicht billig und dürfte manche ärmere Familie in Bedrängnis gebracht haben. In der Mitte des 18. Jahrhunderts kostete die Versorgung von Knochenbrüchen zwischen zwei und 20 Gulden, je nach Schwere und Ort des Bruches, zum Beispiel verlangte der Bader für die Behandlung eines offenen Beinbruches oberhalb des Knies 20 Gulden, während ein nicht offener Schienbeinbruch acht Gulden kostete. Das Entgelt für das Einrenken von Gelenken betrug sechs Gulden (Ellenbogen und Schultergelenk), für das Hüftgelenk, „welche eine der schwersten und mühsamsten" Behandlungen, 20 Gulden. Am teuersten waren die äußerst schmerzhaften Amputationen des Armes und des Beines (18 bzw. 24 Gulden, wenn ein Patient verstarb, nur die Hälfte)[145].

Der Rat ahndete ‚Kunstfehler' und Pfuschereien. 1728 behandelten die beiden Langenauer Bader Matthäus Fetzer und Jakob Paulus den 70-jährigen Nikolaus Schmid und „traktierten" ihn derart, dass der Patient am „kalten Brand" erkrankte und in Lebensgefahr schwebte. Der Rat beließ es bei einer ernsten Verwarnung und verzichtete auf eine hohe Geldstrafe, stellte aber klar, das nächste Mal keine Milde walten zu lassen, wenn sie ohne Hinzuziehung eines erfahrenen Chirurgen schwierige Fälle behandeln sollten[146].

Auch achtete der Ulmer Rat streng darauf, dass keine auswärtigen Ärzte – meist Quacksalber und selbst ernannte Wunderheiler – im Gebiet der Reichsstadt tätig wurden. 1527 wiesen die Ratsherren den Langenauer Amtmann an, einen jüdischen Arzt nach 14 Tagen auszuweisen, ohne dass dieser irgendwelche Behandlungen vornahm. Einem sich in Langenau aufhaltenden Schnittarzt von Kempten wurde zwar 1587 erlaubt, die begonnenen Behandlungen zu beenden, aber befohlen, danach umgehend das ulmische Gebiet zu verlassen[147]. Ebenso verbot der Rat dem Stotzinger Apotheker Keller die der Ordnung zuwiderlaufende Ausgabe von Medikamenten an Personen, die am „hitzigen Fieber" erkrankt waren[148]. Die Baderordnung verbot den „offenen Schreiern und Historiern" den Verkauf von „purgierenden und Geblüt treibenden Sachen" auf den Wochenmärkten; gestattet dagegen war der Verkauf von „Petroleum und anderen bekannten Ölen, item Wurzeln, Kräutern und was von dergleichen Simplicibus sein mag", allerdings nicht in Häusern und Herbergen (der Verstoß gegen diese Anordnung zog die unweigerliche Konfiszierung der Waren nach sich)[149].

Ärzte

Die Instruktion für den Stadtphysikus Dr. Johann Georg Laib aus dem Jahre 1719 regelte seine Tätigkeit auf dem Landgebiet. Sie verpflichtete ihn, „alles dasjenige zu tun und fürzukehren, was von einem sorgfältigen und vigilanten Medico erfordert und nach Eines Hochlöblichen Rats Intention des Landes Nutzen und Vergnügen dienlich sein kann". Auf Anordnung des Rates ritt er bei „gemeinen und ungemeinen Krankheiten ... und bei ansteckenden Contagionen [z. B. Pest] ... da und dorthin", wo sein Rat vonnöten war. Er sollte sich bemühen, bei Einsätzen auf dem Land vor Anbruch der Nacht wieder in der Stadt zu sein (generell galt für die städtischen Ärzte, ständig zur Verfügung zu stehen; ohne Vorwissen des Herrschaftspflegamtes durfte Laib wegen privater Angelegenheiten das Herrschaftsgebiet nicht verlassen). Seine Spesen – einen Gulden und 30 Kreuzer für den Tag, bei einer Übernachtung zwei Gulden – mussten von den Patienten aufgebracht werden, bei armen Leuten, übernahm das Herrschaftspflegamt die Gebühr. Für das Ausstellen eines Rezeptes durfte der Arzt kein Honorar verlangen, auch dann nicht, wenn ein Patient sich nur einen Rat holen oder ein Rezept ausstellen ließ, ohne dass der Arzt den Kranken besucht hatte (vermögende Patienten durften ihm durchaus ein Douceur übergeben). Bei armen Leuten durfte er nur die unumgänglichen, aber keineswegs die „kostbaren Remedia" verschreiben. Über hitzige Fieber oder andere ansteckende Krankheiten musste Laib dem Herrschschaftspflegamt schriftlich berichten und bei besonders schweren Fällen Kollegen hinzuziehen. Für seine Tätigkeit erhielt er ein jährliches Wartgeld von 50 Gulden[150]. Für die Bezahlung der armen Kranken nahm der Rat die Reichen und Vermögenden in die Pflicht; sie erstatteten dem Arzt, der zur kostenlosen Versorgung der Armen verpflichtet war, das Honorar: „Also [werden] wohlhabende reiche Leute", wie eine Ordnung aus dem Jahre 1653 bestimmte, „... ohne Erinnerung [durch den Rat] ... das, was wegen vielfältiger Armen den ‚Medicis' abgehet, mit ihrer Freigebigkeit zu erstatten wissen"[151].

Bader

Die Ordnung für die Wundärzte, „er sei Barbierer, Bader, Oculist, Schnittarzt", legte deren Aufgaben fest, nämlich „neben dem Baden, Aderlassen und Schröpfen, auch allerlei Wunden, Stiche, Schläge, Geschwulste, Geschwär, offene Schäden, Brand, Verruckung der Gelenke, Beinbrüche, Fäll anzunehmen." Ausdrücklich verboten war die Eingabe von „innerlichen Arzneien"; unter Aufsicht der Stadtärzte durfte den „Gefallenen, geschossenen, gestochenen und in andere Weg heftig verwundeten oder sonst verletzten Personen für heftig Verbluten, Gliedwasser, Brand zu löschen, eingeloffen und geliefert Blut zu verteilen, innerliche Arznei von Pulvern, Wundtränken und dergleichen" verabreicht werden. Unter der Observanz der städtischen Ärzte stand das Aderlassen, wenn die Krankheit „ziemlichermaßen angesetzt [hatte] und ein gefährlicher Zustand zu besorgen" war, wie auch Operationen an Brüchen. Um Abtreibungen zu verhindern, stand „bei denen ledigen oder andern verdächtigen Weibspersonen die Rosen- oder eine andere Fußader zu schlagen", unter verschärfter Strafandrohung. Die Bader leisteten einen jährlichen Eid auf die Ordnung, damit „sie ihren beeidigten Zusagungen und Bestallungen mit allem Fleiß emsig und treulich nachsetzen."[152] Zu den Verpflichtungen der Bader gehörte auch das Verbot, kranke Personen in ihren Badestuben baden zu lassen[153].

Der Rat achtete auf eine qualifizierte Ausbildung der Bader. Erstmals aus dem Jahre 1635 ist uns die Meisterprüfung eines Langenauer Badergesellen, eines Hans Narciß, der 1640 ein zweites Mal (oder war es sein Sohn gleichen Namens?) das Examen und die Probe „mit Präparierung der Pflaster und Salben mit sonderem Ruhm wohl" vor einem aus den Stadtärzten und -chirurgen bestehenden Ausschuss bestand; ihm wurde aber auferlegt, „wenn ihm gefährliche Wunden oder Schäden zu Hand kommen sollten, seinem selbst beschehenen Anerbieten, jederzeit andere, ältere und erfahrene Meister zu Beiständen und Mithelfern zu ersuchen und zu sich zuziehen."[154] Selbst als der Rat dem Gemeindeanwalt Georg Hausmann wegen seiner Verdienste im Frühjahr 1654 entgegenkam und dem Sohn die Wanderjahre erließ (der Vater wollte die Badestube übergeben), aber der junge Hausmann die Prüfung nicht bestanden hatte, verordnete der Rat dem Gesellen, sich noch ein Jahr lang in der Chirurgie und Wundarznei zu üben, um zu einer „besseren Experienz" zu gelangen[155]. Ähnlich verfuhr der Rat, dem die Aufrechterhaltung des Badebetriebes aus gesundheitspolizeilichen Gründen offensichtlich wichtiger war als die konsequente Durchführung der Baderordnung, sechs Jahre später mit dem Osterbader Andreas Narciß, der altersbedingt die Badestube seinem nicht gewanderten Sohn gleichen Namens übergeben wollte, der zwar die Badestube betreiben durfte, aber dem strikt untersagt blieb, Wunden, Brüche und ähnliche Gebrechen zu behandeln, solange er das Meisterstück nicht abgeliefert habe. Schließlich legte Andreas Narciß im Dezember 1664 erfolgreich das Bader-Examen ab[156].

Der Rat wusste die Arbeit der Bader durchaus zu würdigen. Nach einer Epidemie 1687 erhielten die beiden „noch lebenden" Bader, Johann Gruber und Georg Hausmann, je neun Gulden für ihre „vielfältige Mühe, Arbeit und Lebensgefahr", die Hinterbliebenen des an der Krankheit gestorbenen Johann Narciß 15 Gulden[157]. Nur drei Jahre später erhielten die Bader wegen der vielen am „hitzigen Fieber" erkrankten Menschen eine Zuwendung aus der Kasse des Herrschaftspflegamtes[158].

Die Grenze zwischen ärztlichen Aufgaben und der Tätigkeit der Bader wurde exakt festgelegt. Übertretungen zogen Strafen nach sich, so beispielsweise für den Oberen Bader Jörg Hausmann 1615, weil er einem Patienten einen „Purgatz" gegeben hatte[159]. Als der Baderknecht Hans Meilin aus Gundelfingen eine Langenauer Badestube bezog, erhielt er die strikte Auflage „er solle sich aber keines gefährlichen Schadens zu heilen unterstehen."[160]

Badestuben dienten in erster Linie der Körperhygiene. Die Vorstellung vom ausschweifenden Treiben in den Badestuben ist weitverbreitet, und oft genug war in der Tat die Grenze zum Bordell fließend. Dies ist aber für Langenau, einem kleinen und überschaubaren Gemeinwesen, kaum anzunehmen, zumal die Verbreitung von Geschlechtskrankheiten seit dem ausgehenden 15. Jahrhundert und die protestantische Sittenstrenge und Sexualmoral solchen Vergnügungen ein Ende setzten. Die Badestuben wurden daher jedes Vierteljahr inspiziert[161]. Dennoch, der oft stundenlange Aufenthalt in der Badestube bereitete ein umfassendes Vergnügen: Dampf- und Schwitzbäder reinigten Körper und Seele; man ließ sich einreiben und mit dem Badequast schlagen, Haare, Bart und Nägel schneiden, massieren, zur Ader lassen oder schröpfen[162]. In der Mitte des 17. Jahrhunderts zahlte jede erwachsene „Mannsperson" drei Kreuzer für das Schröpfen und Baden, für das Schröpfen und Haare- und Bartschneiden jeweils zwei Kreuzer; von einem Jungen verlangte der Bader für das Haareschneiden einen Kreuzer[163].

Bereits im 15. Jahrhundert bestanden in Langenau zwei Badestuben. 1429 verkauften Klaus Herzog und seine Frau ihre obere Badestube. Die zweite Badestube lag an der Brücke über die Ach. In der zweiten Hälfte des 17. Jahrhunderts wurde eine dritte Badestube eingerichtet, die neben der Urismühle im Garten der Wirtschaft „Zum Goldenen Hirsch" (Täfern) stand[164].

Hebammen

Geburtshilfe war in den Zeiten der Reichsstadt Ulm und bis in das 20. Jahrhundert hinein immer eine Aufgabe der Frauen. Erstmals sind Hebammen in Ulm mit der Hebammenordnung von 1491 nachgewiesen, mit der die weisen Frauen unter die strenge Kontrolle der städtischen und kirchlichen Verwaltung gestellt wurden, weil sie „dem gemeinen Volk" Schaden zugefügt hätten (zuvor hatten sich die Hebammen frei in einer Vereinigung organisiert und eigene Regeln und Richtlinien für ihre Berufstätigkeit aufgestellt). Nach dieser Verordnung durfte keine Frau ohne eine Prüfung, die von erfahrenen und ehrbaren Frauen und, wenn nötig, den Stadtärzten vorgenommen wurde, als Hebamme tätig werden und musste auch in der Lage sein, Nottaufen vorzunehmen. Seit dem 16. Jahrhundert leisteten die Hebammen einen Amtseid und traten somit „als geschworene Frauen" in städtische Dienste. Dennoch blieb die Handlungsfreiheit der Geburtshelferinnen bis in das 17. Jahrhundert hinein weit gehend erhalten. So genannte „Oberhändige Frauen" übernahmen die Aus- und Fortbildung sowie die Überwachung der Hebammen und waren befugt, bei auftretenden Mängeln bei Geburten oder bei der Versorgung der Mütter und Neugeborenen Berufsverbote zu verhängen, bis die betroffene Hebamme ihre Defizite in Theorie und Praxis beseitigt hatte. Im 18. Jahrhundert wurden die Oberhändigen Frauen aus ihren Leitungs- und Aufsichtsfunktion verdrängt. 1755 beauftragte der Rat Dr. Matthias Jäger mit dem Amt des „Hebammenmeisters"[165].

Aus dem Jahre 1630 stammt die erste Nachricht über zwei Hebammen in Langenau; 1734 war nur eine Hebamme, die eine jährliche Besoldung von neun Gulden erhielt, in Langenau tätig[166]. Auf Anraten des Oberamtmannes schickte das Gericht 1710 die neu aufgenommenen Hebammen zu der „oberhändigen Frau Zechin in Ulm zur notwendigen Unterrichtung gegen eine Erkenntlichkeit zu schicken, damit selbige im Falle der Not einige gute Wissenschaften haben möchten."[167]

Apotheke

Verschiedene Versuche, in Langenau eine Apotheke aufzumachen, scheiterten. 1702 lehnte der Rat die Bitte des Geislinger Apothekers Erhard Liedel, sich in Langenau niederlassen zu dürfen, ab, nachdem die Krämer Silvester Remshardt und Paulus Kröll sowie die Ulmer Apotheker sich vehement gegen das Vorhaben des Liedel wandten. Auch zwei Apotheker aus dem Badischen und Württembergischen blieben 1799 ebenso wie der Ulmer Apotheker Rudolph Roth erfolglos[168].

Krankheiten und Epidemien

Für die Bekämpfung von Epidemien waren ausschließlich die Stadtärzte zuständig, welche die örtlichen Bader zu Hilfsdiensten heranzogen. Diese Regelung konnte durchaus problematisch sein, wie beispielsweise 1704, als die Reichsstadt im Spanischen Erbfolgekrieg von bayerischen Truppen besetzt war. Von Ulm konnte im April diesen Jahres kein Stadtarzt zur Bekämpfung der sich epidemisch ausbreitenden „hitzigen Krankheit" nach Langenau geschickt werden. Stattdessen sollte sich der Oberamtmann bemühen, einen Arzt aus Heidenheim, Giengen oder Günzburg zu bekommen, bzw. sollte der Geislinger Arzt die Kranken behandeln und mit Medikamenten versorgen. Schließlich wies der Rat Ende Juli den Geislinger Arzt an, die Bader in die Verabreichung der Medikamente einzuweisen – eine Aufgabe, die ihnen sonst untersagt war[169].

Während wir über die epidemischen Erkrankungen vom 15. bis 17. Jahrhundert nur wenig wissen (erstmals wird im Ratsprotokoll 1694 von einer Fleckfieberepidemie in Langenau und Pfuhl berichtet[170]), sind wir über Epidemien im 18. Jahrhundert vergleichsweise gut unterrichtet. Am häufigsten trat das „hitzige Fieber" auf, gefolgt von Syphilis oder „Scharbock"; 1744 erkrankten zahlreiche Langenauer an Dysenterie (bakterielle Ruhr)[171].

Im Oktober 1746 begann sich das „hitzige Fieber" (fevre maligna) epidemieartig auszubreiten. Der Bader Fuchs schrieb regelmäßige Berichte über den Zustand der Kranken, und Stadt- und Landphysikus Dr. Herkules David Hennenhofer besuchte die Patienten regelmäßig. Mitte Dezember klang die Epidemie ab[172]. Zehn Personen erkrankten im Frühjahr 1752 am „hitzigen Fieber". Nach gut zwei Wochen waren alle Erkrankten wieder gesund, und Neuerkrankungen traten nicht mehr auf[173]. 1785 stiegen die Syphilis-Erkrankungen vor allem unter den armen Einwohnern erheblich an, eine „starke Anzahl Leute [seien] mit dem Übel des Scharbocks behaftet", wie das Ratsprotokoll vermerkt. Die Ursache für die Ausbreitung der Geschlechtskrankheit fand der Rat in Bader Fuchs, dem er vorwarf, die Erkrankten nicht mit den richtigen Mitteln versorgt zu haben, und drohte ihm mit einer Arreststrafe, wenn er sich weiterhin betrinken und Beutelschneiderei betreiben würde[174].

Ein nicht selten auftretendes Problem bei der Behandlung war, dass viele Erkrankte ihre Krankheit verbargen und ihnen dann nicht mehr geholfen werden konnte. Die Ursache für dieses Verhalten liegt vermutlich in der schlechten sozialen Lage der Kranken, wie eine Notiz im Ratsprotokoll vom 26. Februar 1717 erschließen lässt: Der Rat ordnete, nachdem eine gute Woche lang immer neue Erkrankungen aufgetreten waren, an, dass alle Erkrankten umgehend Medikamente erhalten sollten, und wer sie nicht bezahlen könne, dem wollte der Rat die Kosten übernehmen[175]. Die an Syphilis erkrankte Waldburga Nusser verweigert 1719 die Medikamente und wollte von Ärzten nichts mehr wissen; unter der Bedingung, dass sie niemanden ansteckt, wurde sie der „Fatalität" überlassen[176]. Besonders schwerwiegende Auswirkungen hatte die Weigerung vieler Eltern, den Anweisungen der Ärzte zu folgen, im Herbst 1782, als eine verheerende, mit ihrem Namen leider nicht überlieferte Krankheit (vermutlich Pocken) unter den Kindern Langenaus wütete. Die genaue Todeszahl kennen wir nicht, aber Anfang November starben in nur einer Woche vier Kinder, und ein Vermerk im Ratsprotokoll, dass das Sterben der Kinder „nicht mehr so frequent" sei, deutet den katastrophalen Verlauf der Epidemie an. Die hohe Zahl der Verstorbenen führte der Rat vor allem darauf zurück, dass sich die Eltern einer „ganz widersinnigen Traktir- und Behandlung ihrer kranken Kinder" bedienten. Erst ein Vorhalt an die Gemeinde, der nach der Sonntagspredigt verlesen wurde, schaffte Abhilfe, und die Eltern versprachen, den Anordnungen der Ärzte willig zu folgen, sodass bis Ende November die Krankheit besiegt werden konnte[177].

Zur medizinischen Vorsorge gehörten auch Maßnahmen, die die Übertragung von Krankheiten von Tieren auf Menschen verhindern sollten. So musste Vieh, das überraschend schnell verendet war oder bei dem der Verdacht bestand, dass es an einer ansteckenden Krankheit eingegangen war, „mit Haut und Haaren an bequeme Ort" vergraben werden[178]. Wer tote Schweine, Hunde und Katzen auf die Gasse warf, wodurch „leicht böse Seuchen" verursacht werden könnten, wurde um drei Gulden gebüßt[179].

Ein besonderes Problem stellten Hunde dar: Das Reizen oder das Hetzen von Hunden auf Menschen oder Vieh wurde ebenso streng geahndet wie das Herumstreunen der Hunde in Wald und Wiese[180]. Fälle von Hundebissen erscheinen regelmäßig in den Ratsprotokollen und wurden vom Rat mit großem Ernst behandelt, wie auch die Anordnung in der Landpolizei-Ordnung belegt, dass tollwütige Hunde bei einer Strafe von zehn Gulden verfolgt und sofort getötet werden mussten. Sogar Stöcke und Kleidungsstücke, die von einem tollwütigen Hund berührt worden waren, wurden umgehend verbrannt[181]. Hundebesitzer mussten die Behandlungskosten übernehmen; es ist auch ein Fall überliefert, wo ein Hundebesitzer über eine Woche in den Turm gesperrt wurde[182]. Ob es sich bei den überlieferten Fällen tatsächlich um Tollwut gehandelt hat, mag bezweifelt werden, denn die Ratsprotokolle vermerken keinen Fall, bei dem eine Person an den Folgen eines Hundesbisses verstarb.

Wie ernst der Rat die Tollwutgefahr nahm, zeigen die folgenden Fälle. Als im Januar 1766 die beiden Müllerknechte Georg Hummel und Johannes Geyer vom Hund ihres Arbeitsherrn gebissen worden waren, bemühten sich der Landphysikus und der Chirurg um die Rettung der beiden, deren Genesung glücklicherweise bald eintrat (Müller Albanus

Grees musste im Übrigen die Hälfte der Kosten von 36 Gulden übernehmen)[183]. Im Februar 1778 ritten umgehend Landphysikus Wanner und Stadtphysikus Krähmer „zur Verhütung aller Gefahr" umgehend nach Langenau und versahen die von dem tollwütigen Hund „beleckten und gezwickten Personen … mit innerlichen und äußerlichen Mitteln"[184].

Das Gesundheitswesen im 19. und 20. Jahrhundert

Stadtärzte

Erst das Ende der Reichsstadt Ulm 1802 brachte dem Langenauer Gesundheitswesen erhebliche Verbesserungen. 1805 richtete die bayerische Regierung eine Stadtarztstelle ein, die an Dr. Sebastian Vetter vergeben und der 1814 von der württembergischen Regierung als Oberamtsarzt für das Oberamt Albeck angestellt wurde. Im gleichen Jahr eröffnete der Apotheker Karl Gmelin aus Neuenbürg im ehemaligen Forsthaus eine Apotheke[185].

Alte Apotheke, um 1895.

Die Verwaltungsreform von 1818 verpflichtete Langenau zur Einrichtung einer Stadtarztstelle. Während der Amtszeit Dr. Vetters wurde 1818 die allgemeine Pockenschutzimpfung eingeführt, nachdem zwei Jahre zuvor die Seuche noch aufgetreten war. Man legte Impfbücher an, mit deren Führung man Lehrer beauftragte. Vetters Nachfolger wurde Dr. Fuoß[186]. Danach verlieren sich die Spuren der Stadtärzte.

1862 richtete die Gemeinde die Stelle eines zweiten Stadtarztes, eines Armenarztes, ein, für die ein Wartgeld von 200 Gulden im Jahr aufgebracht wurde. Anfang Februar 1863 wählte der Stiftungsrat den Ulmer Arzt Dr. Robert Leube, dem die Behandlung der Ortsarmen und der fremden Armen übertragen und der verpflichtet wurde, an den Sitzungen der Armenkommission teilzunehmen[187].

Die Stadt hatte mit ihren Stadtärzten wenig Glück; kaum einer blieb über mehrere Jahre. Leube legte bereits zum 1. März 1865 sein Amt nieder. Sein Nachfolger wurde Dr. Wilhelm Kern aus Unterweissach in der Nähe von Backnang[188]. Im September 1873 wurde Johann Friedrich Wilhelm Cammerer zum Stadtarzt gewählt[189]. Bereits Anfang Oktober 1876 musste die Stelle erneut ausgeschrieben werden, um die sich nur ein Kandidat – ein Dr. Süßkind – bewarb. Süßkind schied nur wenige Monate später krankheitsbedingt wieder aus dem Dienst aus[190]. Erst mit

Dr. Karl Hölzinger trat Kontinuität ein. Er sorgte für das gesundheitliche Wohl seiner Mitbürgerinnen und Mitbürger über den langen Zeitraum vom April 1878 bis September 1913, als er im Alter von 61 Jahren einem Schlaganfall erlag[191].

Stadtarzt Dr. Karl Hölzinger.

Hebammen

Nach dem Übergang Langenaus an Württemberg wurde das Hebammenwesen neu geordnet. Eine Hebammenordnung von 1812 schrieb vor, dass nur noch solche Frauen Hebammen werden durften, denen der Oberamtsarzt ihre Eignung nach Alter, körperlicher Beschaffenheit und geistigen Kräften schriftlich bestätigt hatte[192]. Mitte des 19. Jahrhunderts waren in Langenau drei Hebammen tätig. 1843 ermöglichte der Gemeinderat zwei Frauen aus dem Oberamt Ulm, dass sie sich in Stuttgart bei freier Kost und Logis zu Hebammen ausbilden lassen konnten, indem er ihnen das Reisegeld von 18 Gulden erstattete[193].

Auch 1902 förderte die Stadt die Ausbildung einer Frau zur Hebamme, nachdem die Einstellung einer zweiten Geburtshelferin notwendig geworden war. Vier Frauen bewarben sich, darunter zwei Ehefrauen von Tagelöhnern. Der Gemeinderat entschied sich für die ledige 26-jährige Elisabeth Bosch, Tochter eines Tagelöhners. Eine ärztliche Untersuchung auf den „körperlichen und geistigen Zustand“ kam zu keinen negativen Ergebnissen. Dennoch traten Schwierigkeiten auf. Das Oberamtsphysikat meldete erhebliche Bedenken an, da Elisabeth Boschs Schwester die Ehefrau des Kleemeisters (Abdeckers) war und dadurch eine große Infektionsgefahr bestand. Nachdem Elisabeth Bosch versprochen hatte, als Hebamme ihre Schwester nicht mehr zu besuchen, hielt der Gemeinderat an ihr fest, auch weil sie trotz ihrer zwei unehelichen Kinder einen „unbescholtenen Lebenswandel“ führe. Am 1. September 1902 begann der 150-tägige Ausbildungskurs in Stuttgart, dessen Kosten 270 Mark betrugen. Der Gemeinderat behielt sich vor, Elisabeth Bosch an diesen Kosten zu beteiligen, die Kosten für die Gerätschaften von 270 Mark übernahm er dagegen vollständig[194].

Soziale Einrichtungen

Dienstbotenkrankenanstalt

Am 12. November 1863 beschloss der Gemeinderat, eine Krankenanstalt für Dienstboten einzurichten, unabhängig von den gleichzeitigen Bemühungen der Stadt, ein allgemeines Spital zu bauen. Ausschlaggebend für diese Entscheidung war der ungenügende Zustand des Armenhauses, das den gewachsenen Anforderungen nicht mehr standhielt, und somit eine wenigstens provisorische Lösung notwendig erschien. Ab dem 1. Januar 1864 mussten alle Knechte und Mägde, Handwerksgesellen und Lehrlinge sechs Kreuzer pro Monat zahlen (ab 1867 vierteljährlich 30 Kreuzer), womit sie den Anspruch auf Pflege (allerdings nur für höchstens sechs Wochen), eine der Krankheit entsprechende Verköstigung, Medikamente und ärztliche Hilfe erwarben. Auch den Langenauer Dienstboten stand die Anstalt offen, sofern sie den genannten Beitrag geleistet hatten[195]. Später schloss die Stadt Verträge mit umliegenden Gemeinden, beispielsweise mit Breitingen 1877, sodass auch deren kranke Dienstboten in Langenau versorgt werden konnten[196].

Anfang des Jahres 1864 schloss die Gemeinde mit der Witwe des Schlossers Johannes Bader, in deren Haus die Krankenanstalt eingerichtet wurde, einen Mietvertrag ab und erwarb jeweils 4 Bettladen, Nachttischchen, Spucknäpfe, Seegrasmatratzen, Nachtkissen und Wolldecken. Als Krankenwärterin wurde bei freier Logis die Witwe des Tagelöhners Johann Georg Henseler eingestellt sowie die medizinische Betreuung den beiden Stadtärzten im Jahreswechsel übertragen; zuerst wurde Distriktarzt Dr. Leube durch Los bestimmt[197].

Die beiden Ärzte arbeiteten zunächst ohne Honorar in der Dienstbotenkrankenanstalt, denn die Gemeinde war zu einer Honorar nicht bereit, da man nach einem Jahr nicht genügend Erfahrungen hatte sammeln können, um eine vertretbare Entlohnung auszuzahlen; erst Ende 1866 wurde das Honorar auf 50 Gulden jährlich festgesetzt (der Wundarzt Gruber erhielt 20 Gulden)[198].

Nach der Eröffnung des Krankenhauses blieb die Dienstbotenkrankenanstalt bestehen, geriet aber schon 1874 in finanzielle Schwierigkeiten. Als die Aufwendungen für die Verpflegung in den Privathäusern, die in Wirtshäusern zubereitet wurde, offensichtlich außer Kontrolle gerieten, beschloß der Gemeinderat, dass zum 1. Juli aus Gründen der Kostenersparnis das Essen für die Dienstbotenkrankenanstalt und das Armenhaus in der Anstalt zubereitet wird und zwei ausgebildete Krankenpflegerinnen (Diakonissinnen) eingestellt werden, die mit der Verwaltung der Anstalt und der Kostzubereitung beauftragt werden sollten. Um den dadurch bedingten, um vier Kreuzer erhöhten Tagessatz (18 Kreuzer) begleichen zu können, sammelte man in der Stadt Geld für die beiden Diakonissinnen, mit einem für die Gemeinderäte allerdings enttäuschenden Ergebnis. Eine weitere Neuerung war, dass bei Epidemien wie Typhus Kranke ohne Unterkommen, auf eigenen Wunsch oder aus Hilfslosigkeit in das obere Stockwerk der Dienstbotenkrankenanstalt gebracht werden konnten[199].

Das Krankenhaus (Spital)

Zu Beginn der 1860er Jahre zeigte sich immer deutlicher, dass das bestehende Armenhaus den Ansprüchen an eine zeitgemäße und ausreichende Versorgung alter, kranker und armer Menschen nicht mehr gewachsen war. Am 22. Oktober 1863 wandten sich Stadtschultheiß Haug und die elf Gemeinderäte an die Bevölkerung: „Wem von euch ist nicht bekannt, dass es in unserer Armenfürsorge an der Hauptsache fehlt, nämlich an einem genügenden Armenhaus? Wer von euch hat sich nicht schon überzeugt ..., dass den Bürger kein bemitleidenswerteres Los treffen kann, als wenn er seine Herberge in unserem Armenhaus aufschlagen muss? Wer von euch hat nicht schon Mitleiden gefühlt, wenn ein Fremder, der hier von Krankheit überfallen oder von sonst einem Unglück ereilt wird, kein anderes Asyl zu finden vermag als eben unser Armenhaus? Wer von euch hat nicht schon mit Schaudern daran gedacht, dass, wenn böse Krankheiten und Seuchen uns heimsuchten, wir keinen Ausweg wüssten und keinen Raum hätten, um die Kranken von den Gesunden zu trennen, als eben wieder dieses Armenhaus?"

Indem sie an das der Gemeinde zur Ehre reichende und den kommenden Geschlechtern zum Segen gereichende Beispiel der Zünfte, die bei ihrer Auflösung einen guten Teil ihres Vermögens einem Spitalbaufond stifteten, erinnerten und an das christliche Gewissen der Langenauer appellierten, riefen Haug und die Gemeinderäte ihre Mitbürgerinnen und Mitbürger auf, mit ihnen zusammen den Bau eines Spitals zu bewerkstelligen, indem sie einem eigens zu diesem Zweck zu gründenden Verein beitreten: „Mitbürger! Arm und Reich, Groß und Klein, Alt und Jung, tretet in unseren Verein, helfet uns ein Spital zu erbauen!"[200]

Am 1. November 1863 wurde die Gründung des Spitalbauvereins vollzogen. Das Statut legte als Vereinszweck fest, „mitzuhelfen, dass, den Forderungen der Zeit und der Menschlichkeit entsprechend, in hiesiger Stadt ein Spital erstehe, das für Arme, Kranke, Obdachlose und Verlassene die nötigen Einrichtungen darbietet." Die erforderlichen Geldmittel sollten „durch Erweckung und Leitung der Privatwohltätigkeit" aufgebracht werden. So zahlte jedes Mitglied einen Beitrag in beliebiger Höhe, und es sollten Geldsammlungen und Lotterien durchgeführt werden. Außerdem verpflichtete sich jedes Mitglied, für den Verein Mitglieder zu werben, Bürger zu Stiftungen anzuregen sowie „zu Geschenken bei den verschiedenen Wechselfällen des menschlichen Lebens, wie Geburts-, Hochzeits- und Sterbfällen, in den betreffenden Familien aufzumuntern." Auf der Gründungsversammlung traten 44 Personen dem Verein bei, der Ratsschreiber Hauser wurde zum Vorsitzenden gewählt[201].

Eine in der Weihnachtszeit durchgeführte Haussammlung brachte zwar ein befriedigendes Ergebnis, dennoch ist in dem Bericht des Vereinsausschusses eine gewisse Enttäuschung zu spüren: „Wir haben manchen fröhlichen Geber getroffen und einen fröhlichen Geber hat Gott lieb. Auf der anderen Seite haben wir auch die betrübende Erfahrung machen müssen, dass die Feinde des Guten, Unverstand, Vorurteil, Geiz, Mangel an Gemeinsinn und an Lust zu guten Werken auch in dieser wichtigen Gemeindeangelegenheit ihr Haupt zu erheben und Unkraut auszustreuen suchen“[202]. Nach nicht ganz einem Jahr hatte der Verein knappe 600 Gulden an Mitgliedsbeiträgen (1865: 350 Gulden) eingenommen, so dass der städtische Spitalbaufond 2000 Gulden aufwies[203].

Unmittelbar nach der Gründung des Spitalbauvereins bemühte sich die Stadt um staatliche Unterstützung bei der Gründung einer allgemeinen Krankenanstalt. Man habe zwar eine Dienstbotenkrankenanstalt, die aber auf Dauer nicht genüge. Die Stadt verfüge zwar schon seit Jahren über einen Krankenhausfond, die dort ausgewiesenen 3000 Gulden ließen jedoch den Bau eines Krankenhauses erst in Jahren zu. Schließlich wiesen die Gemeinderäte auch auf die regionale Funktion Langenaus hin, denn das Langenauer Krankenhaus sollte auch die umliegenden Gemeinden miteinbeziehen (im Übrigen merkten sie an, dass es im gesamten Oberamt kein Krankenhaus gebe und die Bevölkerung daher auf das einzige in Ulm angewiesen sei)[204]. Das Gesuch blieb offensichtlich ohne Erfolg, denn im August des folgenden Jahres wandte sich die Stadt erneut an die staatlichen Behörden und schlug vor, den Langenauer Krankenhausbau aus den Überschüssen des Epidemiefonds zu finanzieren. Weil aber die Stadt nicht in der Lage war, den vom Medizinischen Kollegium eingeforderten Bauplan und Kostenvoranschlag einzureichen, und das Versprechen, weiterhin Geld in der Gemeinde zu sammeln, nicht genügend war, wurde auch diese zweite Bitte abschlägig beschieden[205].

1872 sahen die Gemeinderäte die Zeitumstände, die vor allem der Wirtschaftsaufschwung nach der Reichsgründung prägte, für den Bau eines Krankenhauses als äußerst günstig an. Auch war mittlerweile der Krankenhausfond auf 8000 Gulden angewachsen. Ein Umbau des Armenhauses kam wegen dessen schlechten Zustandes nicht infrage. Am 24. Mai fasste der Gemeinderat den Beschluss über den Neubau eines Krankenhauses, das auf der Reutte anstelle der Kleemeisterei errichtet werden sollte. Vorgesehen waren drei Abteilungen: ein Armenarbeitshaus, eine für Dienstboten, Handwerksgesellen und Lehrlinge sowie eine für Pfründner. Zur Trägerin des Baus wurde die Armenpflege bestimmt, der später die Verwaltung des Krankenhauses übertragen werden sollte. Der Neubau sollte durch Kredite mit einer Laufzeit von 50 Jahren finanziert werden. Nach dem Anfertigen eines Bauplanes und des Kostenvoranschlags wollte man die behördliche Genehmigung einholen, um auch staatliche Unterstützungsgelder erhalten zu können[206].

Am 24. Mai 1873 rückte der Gemeinderat von dem ursprünglichen Plan eines Neubaues ab, weil die geschätzten Kosten von 30 000 bis 40 000 Gulden die finanziellen Möglichkeiten der Stadt überstiegen hätten, aber auch weil noch keine Baupläne vorlagen. Stattdessen entschieden sich die Gemeinderäte für den Kauf des Anwesens des Zimmermannes Hieronymus Sick mit einem neu erbauten Haus, Scheune, Stallgebäude, Remise und Garten. Von Vorteil war, dass die Instandsetzungskosten relativ gering, Erweiterungsbauten möglich und Räumlichkeiten im Hintergebäude, in denen bei Epidemien Kranke isoliert werden konnten, vorhanden waren. Die Finanzierung deckte der Spitalbaufond ab und im Juli wurde der Kaufvertrag abgeschlossen[207]. Wenig später folgte die Eröffnung des Krankenhauses – eines Werkes, das Bürgerschaft und Gemeindeverwaltung gemeinsam, zwar mitunter mit Mühe, aber mit großem Engagement und persönlichem Einsatz auf den Weg gebracht hatten.

Das alte Krankenhaus, um 1925.

Das Spital wirtschaftete gewiss nicht kostendeckend und benötigte sicher Zuschüsse der öffentlichen Hand. Von staatlicher Seite erhielt die Gemeinde 1890 einen Zuschuss von 1500 Mark[208]. Die Stadt übertrug die Versorgung des Spitals mit Lebensmitteln einem Metzger, Bäcker, Konditor und einem Merzler, der Kaffee, Zucker, Reis, Essig, Salatöl etc. zu liefern hatte[209].

Über das Personal liegen nur wenige Nachrichten vor. 1876 wurde eine „besondere Magd" eingestellt, „da mit den darin befindlichen sonstigen Weibspersonen nicht auszukommen ist"; die Magd erhielt einen Jahreslohn von 70 Mark sowie ein tägliches Biergeld von fünf Pfennig[210]. Dem Ratsprotokoll von 1893 entnehmen wir, dass die Krankenschwestern für den Transport in das Spital nicht verantwortlich waren[211]. Auch über den Alltag im Krankenhaus wissen wir nichts. Lediglich 1881 vermerkt der Ratsschreiber, dass Wandergesellen große Schwierigkeiten bereiteten, wie beispielsweise ein gewisser Anton Köhle aus Gerhausen, der mit einem bösen Fuß ins Spital eingeliefert worden war. Dieser sei ausgesprochen unhöflich, erwidere keinen Gruß, und seine Kleider hätten von Läusen gereinigt werden müssen – kurzum, ein für die Krankenschwestern unzumutbarer Mensch[212].

In den folgenden Jahrzehnten erlebte das Krankenhaus zahlreiche Erweiterungen und Ankäufe von Gerätschaften, sodass die Leistungsfähigkeit der Anstalt ständig wuchs. Zur bekannten Grundausstattung kamen beispielsweise Gerätschaften für den Transport von Kranken und Leichen, eine Nähmaschine und eine Kuh hinzu[213]. 1875 wurden zwei weitere Betten angeschafft, zwei Jahre später folgte der Einbau einer Waschküche und schließlich wurden 1890 in der Remise ein Leichensezierzimmer, in das auch Leichen aus der Stadt gegen eine Tagesgebühr von einer Mark aufgenommen wurden, sowie eine „Irren- oder Tobzelle" eingerichtet[214]. 1897 forderte Stadtarzt Dr. Hölzinger eine Kapazitätserweiterung. Der Umbau des Hintergebäudes wurde auf 3000 Mark veranschlagt und im November 1897 vollendet; an staatlicher Unterstützung erhielt die Gemeinde 1000 Mark[215]. Trotz der Erweiterung genügte der Spital den Anforderungen bald nicht mehr. Schon 1906 stiftete Dr. Hölzinger 1300 Mark den Grundstock für einen Fond zum Neubau eines städtischen Krankenhauses, der allerdings erst nach einem halben Jahrhundert verwirklicht werden konnte[216].

Krankenzimmer, um 1926.

Der Langenauer Spital fungierte als regionale Krankenanstalt. Von 1880 an wurden arme Kranke aus Rammingen und Hörvelsingen, für die die beiden Gemeinden zu sorgen hatten, gegen ein tägliches Verpflegungsgeld von einer Mark ärztlich versorgt und gepflegt, 1890 trat Unterelchingen dem Spitalverband bei[217]. Im Dezember 1899 verpflichtete sich der Spital zur Übernahme von Unfallverletzten der landwirtschaftlichen Berufsgenossenschaft zu einem Tagessatz von 1,65 Mark. Im Jahr darauf wurden, sofern Raum vorhanden war, an der Volksseuche Tuberkulose Erkrankte bis zu ihrem Sanatoriumsaufenthalt in Schönberg aufgenommen; wegen der teuren Medikamene wurde ein Tagessatz von drei Mark verlangt[218]. Schließlich sei noch eine Statistik vorgestellt: 1932 verpflegte das Krankenhaus 143 Männer und 130 Frauen, die an 4952 Verpflegungstagen versorgt worden waren, was einen Tagesdurchschnitt von 14 Patienten bedeutete[219].

Kleinkinderschule in der oberen Stadt (Kindergarten)
Nachdem im Frühjahr 1876 der „Langenauer Anzeiger" eine Kleinkinderschule, wie man damals einen Kindergarten nannte, angeregt und ein Jahr später diese Anregung wiederholt hatte, diskutierte der Gemeinderat erstmals am 24. April 1877 über die Einrichtung einer Unterbringung für Kleinkinder. Diese sollte im Hauptgebäude des Semlerhofes eingerichtet werden, wo zwei Räume und eine Wohnung für die bereits angeworbene Erzieherin, die ihre Ausbildung in der Bildungsanstalt in Großheppach erhalten hatte, zur Verfügung standen. Der Zweck des Kindergartens sollte ein „in erster Linie sicherer und guter Aufbewahrungsort für die Kleinen" sein und eine Vorschule für die Fünf- bis Sechsjährigen. Aufgenommen wurden Kinder ab drei Jahren; für jedes Kind mussten die Eltern 10 Pfennig pro Woche zahlen. Außerdem strebte man an, den Kindergarten durch Geschenke, freiwillige Beiträge und zwei jährliche Haussammlungen an Pfingsten und Kirchweih zu finanzieren. Bereits drei Tage später fassten die Gemeinderäte einen positiven Beschluss[220].

Der „Langenauer Anzeiger" rührte sogleich die Werbetrommel für den Kindergarten: „Überall, wo man hört, haben Eltern und Kinder die Kleinkinderschule ungemein lieb gewonnen. Namentlich die Mütter sind es, die der Sache von ganzem Herzen zugetan sind. Sie wissen, dass ihre Kinder gut und sicher aufgehoben sind, sie können unbesorgt und ruhig ihren Geschäften nachgehen, die Kinder kommen sauber und geordnet, munter und frisch nach Hause, sodass die Eltern noch ihre besondere Freude daran haben." An Alt und Jung, Arm und Reich appel-

Kleinkinderschule, 1925.

lierend rief der „Langenauer Anzeiger“ auf, „miteinander in werktätiger Unterstützung“ für die Kleinkinderschule zu eifern – „die Reichen spenden Spielsachen und andere Kleinigkeiten und alle, deren Kinder die Schule besuchen, zahlen gerne das geringe Schulgeld“[221].

Die Finanzierung der Kleinkinderschule gestaltete sich unerwartet unproblematisch, da elf Familienväter das Kapital für den Umbau für zehn Jahre unverzinslich zur Verfügung stellten. Am 1. November 1877 wurde die Kleinkinderschule feierlich eröffnet; die stattliche Zahl von 70 bis 80 Kindern, von der man hoffte, dass sie sich bald vergrößere, besuchten die Kleinkinderschule (für 1903 liegt uns die Zahl von 124 Kindern vor)[222]. 1894 wurden die Beiträge neu geregelt. Ärmere Familien zahlten für zwei Kinder 15 Pfennig bzw. für drei 20 Pfennig; vier Familien und eine ledige Mutter kamen zu diesem Zeitpunkt in den Genuss der Vergünstigung[223].

Gemeindekrankenversicherung und Dienstboten-krankenversicherung

Das Reichsgesetz über die Krankenversicherung der Arbeiter vom 15. Juni 1883 schrieb die Einrichtung einer Ortskrankenkasse vor. Mit ungefähr 100 versicherungspflichtigen Arbeitern blieb Langenau unter dem vorgeschriebenen Quorum, sodass eine Gemeindekrankenversicherung eingerichtet werden musste. Den Gemeinderäten war dies nicht unrecht, denn man traute den Arbeitern die Selbstverwaltung einer Krankenkasse nicht zu, denn diese seien „zumeist unselbstständige Personen, von denen eine sichere und ersprießliche Verwaltung der Kassenangelegenheiten und der Kasse selbst nicht erwartet werden könnte“. Außerdem sah die Gemeinde in einer Gemeindekrankenkasse, deren Statuten sie selbst bestimmte, ein durchaus geeignetes Instrument zur sozialen Disziplinierung der Arbeiter. So wurden Krankengeld, freie Kur und Verpflegung im Krankenhaus bei vorsätzlichen und selbst verschuldeten Krankheiten und Verletzungen – das Ratsprotokoll nennt Schlägereien, Raufhändel, Trunkfälligkeit und geschlechtliche Ausschweifungen – nicht gewährt.

Arbeiter und auch die Dienstboten mussten pro Vierteljahr eine Mark im Voraus bezahlen. Bei der Gründung der Kasse traten die Gemeinden Rammingen, Asselfingen, Bissingen, Oellingen, Setzingen, Nerenstetten, Ballendorf, Börslingen, Holzkirch, Bernstadt und Göttingen, bis September 1884 fünf weitere Gemeinden bei[224]. Für die Behandlung ihrer Mitglieder im Krankenhaus bezahlte die Gemeindekrankenversicherung einen jährlichen Mietpreis von 305 Mark (1887)[225].

Im Januar 1885 wurde eine kommunale Krankenversicherung für Dienstboten eingerichtet, der alle Dienstboten zu einem halbjährlichen Beitrag von einer Mark beitreten mussten, sofern sie sich nicht freiwillig in der Gemeindekrankenversicherung versicherten. Die Leistungen entsprachen der der Gemeindekrankenversicherung, darüber hinaus wurden ambulante Behandlungen und Hausbesuche des Stadt- und Wundarztes gestattet, die allerdings einer strengen Kontrolle des Verwaltungsausschusses – einer Abteilung der Armenpflege – unterlagen. So durften Kosten und Arzneien oder andere Heilmittel erst nach Anordnung des Verwaltungsausschusses erstattet bzw. verabfolgt werden. Im Februar 1888 wurden die Statuten der Dienstbotenkrankenversicherung entgültig verabschiedet[226].

Umstritten blieb die Krankenversicherung der in der Land- und Forstwirtschaft beschäftigten Knechte und Mägde, einer nicht unbedeutenden Gruppe lohnabhängig Beschäftigter in Langenau. Schon bei der Gründung der Dienstbotenkrankenversicherung wurden die landwirtschaftlichen Dienstboten nicht in die Pflichtversicherung aufgenommen, weil hierzu kein Bedürfnis bestehe. Auch 1887 weigerte sich die Stadt, obwohl die Aufnahme der Knechte, Mägde und Forstarbeiter nach dem Reichsversicherungsgesetz von 1883 möglich gewesen wäre. Nach ihrer Ansicht lag nach wie vor keine Notwendigkeit einer gesetzlichen Krankenversicherung vor, da es seit vielen Jahren in Langenau einen Leichengeldverein und einen Krankenunterstützungsverein gebe. So sei es die Pflicht derjenigen Familienväter, die es bisher „an der nötigen Fürsorge für den Krankheits- und Sterbfall“ haben fehlen lassen, „solche Fürsorge und Vorsicht zu üben“ und den beiden genannten Vereinen beizutreten[227].

Die Gemeindekrankenversicherung litt unter ständigen finanziellen Schwierigkeiten. Im Mai 1888 beschlossen die nunmehr 17 Gemeinden der Bezirksgemeindekrankenversicherung die Erhöhung des Monatsbeitrages, um die anfallenden Kosten ohne die Aufnahme eines Darlehens bestreiten zu können[228]. 1893 wurde ein Vorschuss von 2000 Mark nötig, um leistungsfähig zu bleiben; auch 1902 verzeichnete der Jahresabschluss ein Defizit, obwohl der Verpflegungssatz gesenkt worden war[229].

Die ständige Finanznot der Gemeindekrankenversicherung führte offensichtlich 1913 zu ihrer Auflösung. An ihre Stelle trat zum 1. Januar 1914 die Allgemeine Ortskrankenkasse Ulm. Zuvor hatten im November 1913 erstmals in Langenau Wahlen für den Ausschuss der AOK Ulm stattgefunden, bei der zwei Listen – der liberale Arbeiterverein und die sozialdemokratischen Gewerkschaften – kandidierten. Der „Langenauer

Anzeiger" betrieb eindeutige Wahlpropaganda: „Für rechtdenkende Versicherte wird es nicht schwer sein, den richtigen Wahlzettel auszufüllen. Es ist der *Wahlvorschlag Nr. 1 des Arbeitervereins für soziale Wahlen* [Hervorhebung im Original], der Wahlvorschlag der christlichen und nichtsozialdemokratischen Arbeiterverein." Dennoch konnten die Gewerkschaften einen beachtlichen Erfolg erzielen und immerhin ein Drittel der Stimmen (73:139) auf sich vereinigen (zum Vergleich das Gesamtergebnis: Liste 1: Arbeiterverein: 4201 (22 Sitze), Liste 2: Gewerkschaften: 3582 (18 Sitze). Diese Mehrheitsverhältnisse blieben auch während der Weimarer Republik nahezu unverändert[230].

Kirche und kirchliches Leben in Langenau vom Frühmittelalter bis in das 20. Jahrhundert

Christianisierung

Nach ihrer verheerenden Niederlage in der Schlacht bei Zülpich im Jahre 496 gerieten die Alemannen unter zunehmenden fränkischen Einfluss. Die herrschaftliche Durchdringung des inneralemannischen Siedlungsgebietes ging einher mit der Christianisierung, mit Kirchengründungen und kirchlicher Organisation, die vor allem unter König Dagobert I. (623 – 639) neue Gestalt annahm. Vermutlich wurde in der Ruine des gallo-römischen Umgangstempels eine erste Kirche gebaut, die zu dem in gleicher Zeit entstandenen fränkischen Verwaltungshof, dem heutigen Pfleghof, gehörte. Im 8. Jahrhundert scheint die Kirche mit dem Patrozinium des hl. Martin ausgestattet worden zu sein, denn erst in diesem Jahrhundert gewann dieser Heilige unter dem Einfluss der fränkischen Reichskirche seine überragende Bedeutung als Kirchenpatron[1]. Die bereits aus Stein gebaute Kirche unterstreicht die Bedeutung des alten Nau als Kirchenort. Der dem Bistum Augsburg zugehörige Sprengel der Mutterkirche St. Martin reichte weit über die Gemarkung hinaus und bezog Öllingen, Rammingen, Göttingen, vermutlich auch Hörvelsingen und Bernstadt ein. Auch nachdem sich diese Pfarreien von St. Martin gelöst hatten und zu Eigenkirchen geworden waren, besaß der Sprengel noch eine beachtliche Größe: Langenau, Wettingen, Stuppelau und einen großen Teil von Albeck[2].

Die Kirche im Hoch- und Spätmittelalter

Die Langenauer Kirche befand sich um 1100 im Eigenbesitz der schwäbischen Pfalzgrafen. Pfalzgraf Manegold der Ältere betrieb um 1095 die Gründung eines Klosters, dessen Vollendung jedoch erst seine vier Söhne vollbrachten. Sie statteten das Kloster mit reichem Grundbesitz aus. Unter den zahlreichen Schenkungen, die von Bischof Walter von Augsburg 1143 bestätigt wurden, waren die bedeutendsten die des Herrenhofes und der Kirche. Das Kloster, einer größten Grundbesitzer in Langenau, besaß im Ort verschiedene Höfe und Güter sowie zahlreiche

Selden, die Öchslesmühle und weitere Anwesen in benachbarten Orten, so in Osterstetten, Stuppelau, Unterelchingen, Thalfingen, Setzingen, Öllingen, Weissingen, Witthau und Göttingen. Auch zu späterer Zeit erweiterte das Kloster seinen Grundbesitz. So vermachte Johann Öchslen von Neenstetten dem Kloster 1336 fünf halbe Jauchert Acker auf Langenauer Gemarkung, 1352 verkaufte ein Ulmer Bürger zehn Jauchert Acker im Langenauer Ösch an das Kloster und 1360 überschrieb ihm Hermann, der Kammerer von Wellenburg, zu seines und seiner Vorfahren Seelenheil zwei Äcker[3].

Die beiden ersten Äbte, Reginbald und Adalbert, unter deren Leitung die Martinskirche einen lang gestreckten Chor für die Mönchsgemeinschaft erhielt, kamen aus dem Benediktinerkloster Hirsau im Schwarzwald. Das aufblühende und betriebsame Langenau ließ jedoch kein Klosterleben in Ruhe und innerer Einkehr zu, sodass das Kloster schon vor 1125 nach Anhausen im stillen Brenztal verlegt wurde[4]. Der Pfleghof, den man nunmehr in den Quellen als Mönchshof bezeichnete und dem ein Hofmeister vorstand, wurde zum Verwaltungsort des gesamten anhausischen Besitzes im weiten Umkreis und zur Zehntsammelstelle des Langenauer Pfarrzehnts. 1150 wurde das Kloster unter den persönlichen Schutz des Papstes gestellt.

Das Patronat, das heißt das Recht, die Pfarrer bzw. die Vikare an St. Martin zu ernennen, besaß auch nach seiner Umsiedlung das Kloster Anhausen. Das Ernennungsrecht ging 1504 an Herzog Ulrich von Württemberg über, der das Kloster im selben Jahr erwarb. Nachdem Herzog Ulrich 1519 das Land verlassen hatte, besetzte der Schwäbische Bund das Kloster und verkaufte es 1520 für 220 000 Gulden als Ersatz für die Kriegskosten an Kaiser Karl V. Da dieser jedoch die enorme Summe nicht aufbringen konnte, übereignete er der Reichsstadt Ulm 1521 für 45 000 Gulden die Herrschaft Heidenheim mit dem Schloss Hellenstein einschließlich der Schirmvogteien über die Kloster Anhausen, Herbrechtingen und Königsbronn. Damit besaß Ulm faktisch das Ernennungsrecht, das die Stadt jedoch rechtlich erst 1536 durch Kauf von dem mittlerweile zurückgekehrten Herzog Ulrich von Württemberg erwarb[5].

Die Reformation

Nach einem turbulenten Jahrzehnt entschied sich im November 1530 eine überwältigende Mehrheit der Ulmer Bürger für die neue Lehre[6]. Die Untertanen des Landgebietes wurden nicht gefragt – die Bürger der Stadt bestimmten auch ihr Glaubensbekenntnis. Konsequent setzte die

Ulmer Obrigkeit die religiöse Erneuerung in Gang und brachte sie innerhalb weniger Monate zum Abschluss. Mit der kirchlichen Neuordnung beauftragte der Rat die bedeutendsten Vertreter des südwestdeutschen Protestantismus, die gemäßigten Zwinglianer Martin Bucer, Johannes Oekolampad und Ambrosius Blarer aus Straßburg, Basel bzw. Konstanz.

Am 7. Juni 1531 wurden die 67 Landpfarrer auf das Rathaus in Ulm geladen, wo ihnen Bürgermeister Bernhard Besserer in Anwesenheit einer Ratsdeputation, des führenden Ulmer Reformators Konrad Sam sowie der auswärtigen Theologen den Entschluss des Rats verkündete, dass fortan „khein andere dan die eynig ware christliche leer, wie die uns in büchern alts und news testaments von Gott fürgeben ist", gelten werde[7]. Anschließend wurden sie einzeln zu den von Bucer zusammengefassten neuen Glaubenssätzen befragt, ob sie etwaige Widersprüche zu erheben hätten. Nur zwei – der Prior des Dominikanerklosters Ullrich Köllin und der Pfarrer der Ulmer Landstadt Geislingen Dr. Georg Osswald brachten Einwände vor; die anderen waren entweder mit der neuen Religion einverstanden oder nicht in der Lage und willens, theologische Dispute zu führen. Manche gehorchten einfach nur der Obrigkeit, andere leugneten ihre früher lautstark vorgebrachte und manches Mal recht polemische Kritik am neuen Glauben[8].

Der Rat hatte nun zu entscheiden, welche der Pfarrer in den städtischen Dienst übernommen werden sollten – nur diejenigen, die aus Überzeugung die neuen Artikel angenommen hatten oder auch diejenigen, die lediglich aus Gehorsam die neue Lehre predigen wollten. Noch im Juli 1531 unterzog der Rat diese Pfarrer einem zweiten Examen, da für den Erfolg der neuen Lehre nichts entscheidender war, als dass jeder Gemeinde ein guter Pfarrer vorstand. Manche erwiesen sich als brauchbar, andere als gänzlich untauglich, wiederum andere, die Unentschiedenen, wurden in Ulm für einige Zeit in die „Lehre" geschickt. So auch der Helfer von Langenau, von dem die prüfenden Prädikanten überzeugt waren, dass, wenn er an einem Ort sei, wo man das rechte Wort lehre, aus ihm mit der Zeit noch etwas Gutes werden könne[9]. Pfarrer Neidlinger und der Praedikant erkannten die 18 Ulmer Glaubenssätze vorbehaltlos an; nur der Frühmessner blieb dem katholischen Glauben treu und wurde entlassen[10].

Bucer, Oekolampad und Blarer setzten auf die Überzeugungskraft der neuen Lehre und die „Erbauung" des Ulmer Landvolkes. Da sie befürchteten, der Rat könnte die neuen Glaubenssätze mit Gewalt durchsetzen, traten sie dafür ein, die Untertanen über die Pfingsttage mit der Predigt des Evangeliums zu überzeugen. In aller Eile wurde den

Amtleuten befohlen, die Untertanen in die zentralen Orte Bernstadt, Weidenstetten, Leipheim, Geislingen, Nellingen, Gingen und Langenau zu bescheiden, wo sie von den drei auswärtigen Theologen und Konrad Sam unterrichtet wurden. Nach Langenau befahl man außer den Einwohnern der zum Amt gehörenden Dörfer auch die von Nerenstetten, Wettingen und Elchingen; Fernbleibenden wurde eine Geldstrafe angedroht. Johannes Oekolampad predigte am Pfingstmontag in der Martinskirche, unterstützt vom Amtmann, der die Bevölkerung zu fleißigem Zuhören aufforderte[11].

Als Grundlage für die Neugestaltung des religiösen und kirchlichen Lebens verabschiedete der Rat am 6. August 1531 eine Kirchenordnung, welche die nach Ulm berufenen Theologen unter der maßgeblichen Anleitung Bucers erarbeitet hatten[12]. Der erste Teil, dem die 18 Ulmer Glaubenssätze vorangingen, regelte die Berufung, Einsetzung und Überprüfung der Prediger und Pfarrer. Fortan durfte nur noch zum Predigt-, Pfarr- oder Helferamt angenommen und zugelassen werden, wer „zuvor durch die verordneten examinatores und kirchenpfleger lebens und lehr halb uffs getrewlichst examiniert und bewaert, auch geschickt und tauglich befunden sey"[13]. Den ersten Teil abschließend wurde das Schulwesen neu geordnet, das fortan von drei Schulpflegern beaufsichtigt werden sollte. Der zweite Hauptteil behandelte die Kirchengebräuche und Zeremonien (besonders Taufe und Abendmahl wurden hierbei ausführlich erörtert), legte Regeln für die Feiertage, das Fastengebot und die Aufstellung von Bildern in den Kirchen fest. Außerdem wurden Grundsätze zur Ehe und zum Umgang mit Kranken und Toten aufgestellt. Der dritte Abschnitt befasste sich mit der Verfolgung und Bestrafung von Verfehlungen gegen eine christliche und sittliche Lebensführung. „Acht Männer und gemeine Diener christlicher Zucht" sollten über den christlichen Lebenswandel der Bürger und Untertanen wachen; ihnen stand aber nicht das Recht auf Verurteilung und Bestrafung zu, sondern sie sollten dem Rat die Frevler lediglich anzeigen.

Vom Herbst 1531 an versuchte der Rat, durch Examen, Visitationen und Synoden die neue Kirchenordnung in Stadt und Land durchzusetzen. Manche Widerstände mussten überwunden werden, oder der Rat wartete ab, bis die am katholischen Glauben festhaltenden Pfarrer verstorben waren. Dennoch gelang es ihm, im Verlauf eines Jahrzehnts die neue Glaubenslehre durchzusetzen und entgegen den Vorschlägen der vor allem von Zwingli beeinflussten Theologen für eine ratsunabhängige Bestrafung der religiösen und sittlichen Verfehlungen den Aufbau eines landesherrlichen Kirchenregimentes einzuleiten[14].

Die Einführung der Reformation in Langenau war durch starke Gegensätze in der Gemeinde geprägt, zum einen zwischen altem und neuem Glauben, zum anderen zwischen Zwinglianern und Lutheranern[15]. Amtmann, Pfarrer und Prädikanten belasteten sich bei den Examen und Kirchenvisitationen gegenseitig und sagten ungünstig übereinander aus; offensichtlich stritten Letztere um theologische Grundsätze, wie mehrfach in den Visitationsprotokollen berichtet wird. Die Bevölkerung scheint nicht geschlossen zum neuen Glauben übergetreten zu sein. Pfarrer Neidlinger berichtete beispielsweise, dass sich die Gemeinde übel verhalte, denn kaum käme sie aus der Kirche, so begänne ein ärgerliches Leben, während sich der Amtmann sicher war, dass er in Langenau keinen Menschen kenne, der der Messe nachlaufe. Auch dass in der Kirche noch „Götzen" aufgestellt waren, bemängelte man bei dem Examen im Herbst 1531 (sie wurden erst 1536 entfernt). Umstritten war vor allem das Abendmahl, worin sich Zwinglianer und Lutheraner wesentlich unterschieden. Vielfach wurde den Geistlichen vorgeworfen, das Abendmahl nicht gemäß der Kirchenordnung, also auf lutherische Weise, vorzunehmen. Noch 1544 verweigerten viele Langenauer das Abendmahl in ihrer Kirche und gingen stattdessen in andere Dörfer. Der Konflikt zwischen Zwinglianern und Lutheranern nahm durchaus gewalttätige Formen. 1567 begegnete ein Zwinglianer dem Langenauer Pfarrer zwischen Langenau und Leipheim und zog seinen Degen. Der Pfarrer war jedoch ein tapferer und nicht minder tatkräftiger Mann. Dieser entwandt dem Angreifer die Waffe, verpasste jenem eine Maulschelle und warf dem ins Wasser Flüchtenden den Degen nach[16].

Abendmahlsverweigerungen lassen sich in Langenau bis in die Anfänge des 17. Jahrhunderts verfolgen. Das Visitationsprotokoll von 1595 listete 94 Verweiger namentlich auf. Alle Personen lud man wohl in das Pfarrhaus vor und enthielt ihnen, nachdem sie sich bei ihrer Befragung in Religions- und Glaubensfragen nicht als grundfest erwiesen hatten, das Abendmahl ohne vorherigen gründlichen Religionsunterricht bis auf weiteres vor. Bis 1609 verringerte sich die Zahl der Verweigerer zwar in einem beträchtlichem Maße, doch es kristallisierte sich dabei eine Gruppe besonders hartnäckiger Verweigerer heraus, die in den Visitationsprotokollen mehrfach genannt wurden und gegen die der Rat im November 1602 unter Androhung schwerer Strafen vorging. Jakob und Hans Härlin erhielten wegen „ihrer bösen, ärgerlichen und gottlosen Reden des hl. Abendmahls halben" einen ernsten Verweis, künftighin fleißig in die Kirche zu gehen und die Heiligen Sakramente zu gebrauchen; bei Zuwiderhandeln würden sie des Landes verwiesen werden. Ein Dritter, Hans Nusser, wurde in das Blockhaus gesperrt, weil er noch nie in seinem Leben an einem Abendmahl teilgenommen hatte. Auch ihm drohte die Landesverweisung, wenn er bei der nächsten Prüfung auf seinem Standpunkt beharren würde[17].

Auch Amtmann Damian Gienger sah sich heftiger Kritik von Pfarrer Neidlinger und vonseiten der Prädikanten ausgesetzt. So wurde ihm bei der Visitation 1535 vorgeworfen, dass er die Laster, vor allem die große Völlerei, nicht bestrafe, sondern durch die Finger sehe. Außer ihm gehe aus seinem Haus niemand in die Predigt, sein Weib besuche sogar die Messen auf Burg Falkenstein (dem Amtmann wurde daraufhin befohlen, gegen die Laster mit Strafen vorzugehen, und seiner Frau der Besuch von Messen verboten). 1537 verschärfte sich die Kritik: „Der Amtmann ist nie bei dem Nachtmahl gewesen noch bei der Litanei und Kinderbericht, ist an des Predigers Predigt nie kommen. Er ist den Päpstlern viel geneigter denn den Evangelischen ... Er straft die Laster und Füllerei gar nit, die er selber sieht, das Schwören desgleichen, ist eigennützig als mit Rinderverkaufen, nimmt viel Schenkin und Schmückin ein". Überhaupt könne er nur Diebe fangen, aber auf die Ehebrecher würde er nicht achten. An den harschen Worten Neidlingers und des Prädikanten nahm der Rat Anstoß. Es könne nicht angehen, wenn der Pfarrer am Morgen und zur Mittagszeit und der Prädikant den Amtmann und seine Frau öffentlich „stumpfieren" und „ausschreien", woraus lediglich ein großes Ärgernis entstanden, aber nichts Christliches ausgerichtet sei. Neidlinger wurde bedeutet, „dass er sich künftig solcher ungebührlichen Antaschungen entmüßigen solle und auch nichts predigen, dadurch der gemeine Mann aufrührerisch gemacht werde" – zu tief saß noch der Schock des „Bauernkrieges", so sehr befürchtete der Rat, die Rebellion der Bauern könnte wieder aufflammen[18]. Der Prädikant Jakob Spieß wurde sogar wegen seiner Schmähreden gegen den Amtmann auf offener Kanzel verhaftet und in den Turm gebracht[19].

Pfarrer Dr. Philipp Neidlinger, der bereits hier mit der reichsstädtischen Obrigkeit in Konflikt geriet, war die führende, aber nicht unumstrittene Persönlichkeit der Reformation in Langenau. Neidlinger, ein gebürtiger Langenauer und überzeugter Zwinglianer, der vermutlich in den frühen 1520er-Jahren in Wittenberg studierte hatte, heiratete als erster Langenauer Geistlicher 1534[20]. Über Neidlinger teilten sich die Meinungen. Einerseits wird berichtet, dass seine Predigten nicht allen gefielen, andererseits aber auch, dass zu seinen Gottesdiensten mehr Gläubige kämen als zu den Prädikanten. Mit der Berufung des Theologen und Lutheraners Martin Frecht zum Ratsprediger, der an die Stelle Konrad Sams trat, der am 20. Juni 1533 an den Folgen eines

Schlaganfalls gestorben war, geriet Neidlinger offensichtlich in einen zunehmenden Konflikt mit der Obrigkeit, da Frecht den Boden für den allmählichen Übergang der Reichsstadt zum Luthertum ebnete[21]. Zu Beginn der 1540er-Jahre klagte ihn sein Langenauer Amtsbruder Bernhard Enß, der 1541 als Prediger nach Langenau gekommen war, der Ketzerei in der Abendmahlslehre an. Die Anklage brachte allerdings nicht den gewünschten Erfolg; Neidlinger blieb im Amt und wurde sogar Superintendent in Ulm[22]. Mit der Einführung des von Kaiser Karl V. eingeführten Interims am 15. Juli 1548, das zwar Konzessionen an die Protestanten enthielt, aber die Wiedereinführung katholischer Zeremonien zum Inhalt hatte, wie beispielsweise des Abendmahls, verlor der streitbare Zwinglianer aber seine Stelle als Pfarrer. Zu seinem Nachfolger wurde Johannes Kächele bestellt, der 1555 das Tauf- und Ehebuch anlegte. Als 1552 im Passauer Vertrag das Interim im Reich wieder aufgehoben wurde und die Reichsstadt Ulm an den Wiederaufbau der evangelischen Kirche ging – so wurde schon zu Weihnachten 1552 das Abendmahl und anschließend Schritt für Schritt auch Taufe und Eheschließung wieder nach evangelischem Ritus gehalten –, war für Neidlinger die Voraussetzung geschaffen, wieder als Seelsorger tätig zu sein. Am 27. März 1555 bestellte man Philipp Neidlinger wieder zum Pfarrer in Langenau. Die Ratsherren wiesen ihn aber mit deutlichen Worten darauf hin, dass, wenn er beim Rat wieder Missfallen errege, er unverzüglich „abgeschafft" und beurlaubt werde. Philipp Neidlinger ging 1562 in den Ruhestand und soll, einer Fama nach, weiterhin manche Langenauer vom Besuch des Abendmahls abgehalten haben[23].

Luthers Kampf gegen die Autorität der Kirche und für eine christliche Erneuerung weckte im Volk schwärmerische Gefühle und Vorstellungen. Das „Evangelium der kleinen Leute" entfesselte radikale Ausbrüche und gefährdete die Reformation. Täufer und Schwärmer lehnten jede staatliche und kirchliche Ordnung ab; sie glaubten an persönliche Offenbarung, prophetische Berufung, an das „innere Licht" und an eine Heiligung des Menschen durch die Wiedertaufe.

Die Wiedertäufer fanden in der Reichsstadt und auch in ihrem Landgebiet zahlreiche Anhänger. Zwar verbot der Rat am 1. März 1531, Wiedertäufer zu beherbergen oder in Dienst zu nehmen, verhängte die angedrohten Strafen aber nur gegen Ortsfremde. Neuen Aufschwung erhielt die Wiedertäuferbewegung durch den schlesischen Adligen Kaspar Schwenckfeld und den ehemaligen evangelischen Prädikanten Sebastian Franck, der aus dem Fränkischen stammte und sich nach seiner Ausweisung aus Straßburg in Esslingen als Seifensieder durchschlug. Beide lebten von 1535 bzw. 1533 an in Ulm und agitierten mit

Broschüren und Sendschreiben sowie in größeren und kleineren Zirkeln für die Wiedertäufer. Ratsprediger Frecht führte einen entschlossen Kampf gegen die Sekte und setzte, als die Auseinandersetzungen der Geistlichkeit mit den Wiedertäufern zur Machtfrage eskaliert waren, durch, dass Franck im Juli 1539 aus der Stadt gewiesen wurde. Schwenkfeld verließ im September des gleichen Jahres Ulm und zog nach Justingen auf der Alb, von wo aus er insgeheim seine Anhänger in Stadt und Land besuchte. Der Rat scheint zu diesem Zeitpunkt die Wiedertäufer noch nicht verfolgt zu haben. Erst nach 1550 setzten Repressionen ein, die 1583 mit der Ausweisung der Schwenckfeldianer endeten[24].

In Langenau fand die Wiedertäuferbewegung eine unbekannte Zahl von Anhängern, gegen die der Rat im November 1554 massiv vorging. Zunächst sollten sie die zwei Prädikanten durch Überzeugungsarbeit von ihrem „Irrtum" abbringen; wenn dies ohne Erfolg bliebe, sollten sie einem Verhör unterzogen werden, um in Erfahrung zu bringen, wo und von wem sie getauft wurden und wie viel Anhänger sie zählten. Wer die Aussage verweigerte, sollte in den Turm geworfen werden[25]. Über die Verhöre und deren Ausgang berichtet das Ratsprotokoll nichts; lediglich der Vermerk, Martin Köttners Ehefrau sollte wie die anderen Wiedertäufer ausgewiesen werden, wenn sie ihr noch ungetauftes Kind nicht taufen ließe, deutet darauf hin, dass wohl alle an ihrer Überzeugung standhaft festhielten und schließlich ausgewiesen wurden[26].

Zum Jahresende 1555 entdeckte man eine Frau und ihre drei Töchter als Wiedertäuferinnen und leitete das übliche Verfahren gegen sie ein. Sie schwörten dem „Irrtum des Wiedertauffs" nicht ab und wurden folglich ausgewiesen. Da sie offensichtlich Leibeigene waren, mussten sie sich vor ihrer Ausweisung von der Leibeigenschaft freikaufen. Anderen Frauen wurde die lebenslängliche Ausweisung angedroht; darüber hinaus übte der Rat zusätzlichen Druck auf sie aus, indem ihre Güter auf drei Jahre verpachtet werden sollten[27]. Genoveva Häring kehrte im September 1556 nach Langenau zurück und wurde nach einer ihr zugestandenen achttägigen Bedenkzeit erneut ausgewiesen und sollte erst zwei Jahre später wiederkehren, wenn sie bereit sei abzuschwören. Der Rat wies ihre Freunde, Verwandten und den Prediger von Ulm an, „allen Fleiß für[zu]wenden", sie von ihrem „Irrtum" abzubringen. Ansonsten sollte sie bis Ostern 1559 „schleunigst hinwegziehen". Über das weitere Schicksal der Genoveva Häring berichtet das Ratsprotokoll nichts[28]. Im Visitationsbericht von 1561 wurden Wiedertäufer noch einmal erwähnt, aber im Bericht von 1566 hören wir nichts mehr von ihnen[29].

Kirche und Gemeinde im 17. und 18. Jahrhundert

In Langenau betreuten ein Pfarrer und zwei Diakone oder Helfer die Gemeinde, über deren Einsetzung nach „seinem Belieben und Gefallen" der Rat entschied, der, wie bereits dargestellt, 1536 das Patronatsrecht erworben hatte. Neben ihren seelsorgerischen Aufgaben waren die Pfarrer auch stets Wächter christlicher Tugend und Sitte. So wissen wir von Pfarrer Michael Krösinger, der 1620 von der Kanzel herab alte und junge Leute, die „vor der Kirche große Stationes hielten und unnütz Geschwätz trieben", verwarnte, dass sie sich „künftighin deren gänzlich enthalten"[30].

Auf die Einhaltung der Sonntags- und Feiertagsruhe und das sittliche Betragen an diesen Tagen achtete der Rat streng; die Landpolizei-Ordnung von 1721 enthielt einige Strafen für Handlungen gegen die kirchliche Ordnung. Wer vor oder während der Frühpredigt oder vor dem Ende des Gottesdienstes in Wein-, Bier- oder Branntwein- oder anderen Häusern zechte oder spielte, wurde mit vier Gulden bestraft. Das Arbeiten an Sonn- und Feiertagen war den Handwerkern und Bauern bei drei Gulden Strafe strikt untersagt, den Hausfrauen sogar das Wäschewaschen. Bei drohenden Unwettern wurde das Arbeitsverbot an Fest- und Feiertagen durch den Oberamtmann aufgehoben, sonntags aber erst nach beendigtem Gottesdienst. Vor dem Ende der Mittags- oder Katechismuspredigt durfte niemand ohne Erlaubnis des Oberamtmannes oder des Anwalts über Land gehen oder reiten[31].

Die Berichte über die Visitationen, die der Rat in unregelmäßigen Abständen in Langenau vornahm, geben einen Aufschluss über das religiöse Verhalten der Menschen. Vor allem ihre Kenntnisse über den Katechismus und das Rezitieren von Sprüchen standen im Mittelpunkt der Prüfungen, von denen weder Alte noch Junge, Männer und Frauen, noch Meister und Gesellen, noch Knechte und Mägde, noch Jungen und Mädchen ausgenommen waren. Mancher Verlauf und manches Ergebnis der Prüfungen erschütterten die Prüfer gewiss. So lesen wir im Visitationsprotokoll von 1699, dass die meisten Personen, alte und junge, den Grund ihres Katechismus und Glaubens schlecht im Kopf gehabt hätten. Aber immerhin stellte der gleiche Bericht gute Noten für den Gesang aus[32].

Ein halbes Jahrhundert später hatten sich die Verhältnisse gebessert. Die Prüfungen verliefen im Großen und Ganzen zufrieden stellend. Zur Veranschaulichung sei der Visitationsbericht von 1747 vollständig zitiert: „Im Jahr 1746 hatte man schon beschlossen, endlich auch einmal hieher zu gehen, da stellte sich ein Hindernis in den Weg. Aber die Verzögerung ist den Langenauern zugute gekommen: sie hatten nun ein ganzes Jahr Zeit zur Vorbereitung, und diese Zeit ist besonders von den Mägden in den Kunkelstuben ausgenützt worden. Aber beim Examen selbst wollte die Vorbereitung nicht so recht in Erscheinung treten. Im Oberen Dorf haben sich die Männer gar schlecht, dabei aber sehr aufmerksam erwiesen; so sind auch die Weiber meistens schlecht bestanden. Im Mittleren Dorf haben sich die Männer etwas besser gezeigt, einige haben recht gut geantwortet, aber es gab auch ganz schlechte; ebenso war es bei den Weibern, von denen sich viele, die noch nicht hätten vorstehen sollen, während des Examens in den Chor geschlichen, um dort unter der Menge versteckt zu bleiben oder durchzuwischen. Im Unteren Dorf fanden sich bei Männern und Weibern wunderschlechte, doch auch einige wackere Leute. Die ledigen Personen wurden überall in einem feineren Stand befunden, die Mägde immer etwas besser als die Knechte. Die Hauptursache dieses mangelhaften Kenntnisstandes sah man darin, dass bisher in allen Katechisationen allein die Rotte, die gerade die Ordnung traf, examiniert worden war, während die andern Leute alle zur Kirche hinausgegangen waren. Dennoch kam über das Kirchen- und Gemeinwesen auch Günstiges zu Tag. Der Kirchenbesuch ist gut, sogar in den Mittagspredigten erscheinen sehr viele Zuhörer, in der Woche geht es nach den Jahreszeiten ungleich zu. Aber die Anzeige des Anwalts bleibe unvergessen, im Klingelbeutel finde man manchmal Köpfe von Nägeln. Das Fluchen geht leider noch im Schwang, anstatt der Kunkelhäuser geht man auf den Graben, in den Aechtzeiten sitzt jedes Geschlecht besonders. Rossbuben, Johannisfeuer, Kirchweihtänze gibt es nicht mehr. Das Spielen ist abgestellt, wiewohl der Provisor ein Liebhaber davon ist. Um auch die Schulverhältnisse zu berühren, so werden die Kinder – sie haben im Examen glänzend abgeschnitten – zu rechter Zeit in die Schule geschickt und eher nicht daraus genommen, bis sie recht ausgeschult haben; auch wird alle Donnerstage in der Schule katechisiert. Dabei katechisiert jedenfalls der Pfarrer Johann Konrad Mayer alle drei Wochen"[33].

Aspekte aus dem Kirchenleben des 19. und 20. Jahrhunderts

Die Kirche im württembergischen Staat

Der Übergang der Reichsstadt Ulm an Bayern 1802 setzte auch im kirchlichen Bereich eine tiefe Zäsur[34]. Das Ende der politischen Eigenständigkeit Ulms brachte der evangelischen Kirche auch den Verlust ihrer bisherigen Kirchenregierung, des Rates; stattdessen wurde sie Teil einer staatlich verwalteten Landeskirche mit dem evangelischen König als „summum episcopus" (Oberstbischof). Das Innenministerium wurde zur obersten kirchlichen Behörde und das ihm untergeordnete evangelische Konsistorium, eine von Beamten geführte staatliche Behörde, regelte das Kirchenwesen bis in die kleinste Einzelheit: Einstellung, Besoldung und Beförderung der Geistlichen, die Einführung neuer Gesangbücher, die Vorgabe von Gebetstexten für Königsgeburtstage, die Bestimmung von Zeitpunkt und Dauer der Gottesdienste usw. Die Ernennungsurkunde eines Pfarrers in Langenau aus dem Jahre 1901 mag den Geist einer staatlichen Behörde vermitteln: „Seine Majestät haben am 9. des Monats allergnädigst geruht, die erledigte evangelische Pfarrstelle dem Stadtvikar Otto Elwert in Ulm zu übertragen. Dem neu ernannten Geistlichen ist der 29. Mai 1901 zum Aufzugstermin bestimmt worden."[35]

Hochzeitszug, um 1910.

Bauernhochzeit, um 1925.

Die Integration der evangelischen Landeskirche war bis zur Jahrhundertmitte abgeschlossen. Von den 1840er-Jahren an setzte ein kirchliches Unabhängigkeitsstreben und die langsame Trennung vom Staat ein. Neue Freiräume wurden möglich. So nahmen beispielsweise Geistliche an den Beratungen zur Liturgiereform und zum Neuentwurf des Gesangbuches 1842 oder an den Verhandlungen über einen Verfassungsentwurf der Landeskirche 1848 teil. Einen wichtigen Schritt zur kirchlichen Unabhängigkeit bedeutete die durch königlichen Beschluss angeordnete Einführung des Pfarrgemeinderates am 25. Januar 1851, mit der erstmals die Wahl einer Vertretung der Kirchengemeinde möglich wurde. Gewiss verband man damit große Hoffnungen, die aber wegen des engen gesetzlichen Rahmens und der Machtlosigkeit des Gremiums bald enttäuscht wurden. In Langenau wählte die Kirchengemeinde im Frühjahr 1851 den ersten aus neun Mitgliedern bestehenden Pfarrgemeinderat, der eine Woche nach seiner Wahl in der Martinskirche feierlich beeidigt wurde[36]. Ebenso verschaffte das 1888 den Synoden zugestandene Recht, eigene Gesetze einzubringen, ein kleines Stück Eigenständigkeit.

Kirchenfeiern

Zwei Kirchenfeiern im Langenau des 19. Jahrhunderts sollen uns ein Beispiel für die Entwicklung des evangelischen Selbsverständnisses geben. Stand die erste (1817) noch ganz in Beziehung zu Kirche und Glauben, so zeigt die Lutherfeier 1883 die in den 1870er-Jahren einsetzenden Entwicklung der evangelischen Kirche zu einer nationalen, kaiser- und königstreuen Institution.

Ganz Württemberg feierte am 10. November 1817 das 300-jährige Jubiläum der Reformation. Für die Feier wurde die Martinskirche renoviert, geweißt und alle Malereien und Schnörkel an der Decke und an der Emporkirche entfernt. Der 86-jährige Kaufmann Johannes Schwenck stiftete ein neues Altar- und Kanzeltuch, ein unbekannter Bürger ließ in Ulm ein Porträt Luthers anfertigen, das man an der südlichen Wand anbringen ließ. Fast 70 Jahre später stellte der „Langenauer Anzeiger" beeindruckt fest, dass „unsere Kirche somit ganz verjüngt und so schön hergestellt [wurde], dass sie an Schönheit keiner ihrer Dorfschwestern in der weiten Rund herum nachsteht."[37] Auch die St. Leonhardskirche erfuhr eine Renovierung. Die Feier, begleitet von Instrumental- und Vokal-Kirchenmusik, gelang am 10. November auf das Vortrefflichste.

Die Lutherfeier 1883 stand dagegen ganz unter nationalen Vorzeichen. Schon im Vorfeld der Feier hatte der „Langenauer Anzeiger" in einer kleinen Glosse den Schulterschluss zwischen Luther und Bismarck gezogen, die sich über die Jahrhunderte hinweg die Hände reichen würden – der Erstere habe die Religion und das geistige Leben, der Zweite das politische Sein des deutschen Volkes reformiert und auf neue, gesunde Grundlagen gestellt[38]. Der Festtag, Sonntag, 11. November, begann früh um 6 Uhr mit Glockengeläut von allen drei Kirchtürmen. Um 9 versammelte sich die Festgemeinde auf dem Marktplatz und nach einer Ansprache von Stadtschultheiß Johann Friedrich Haug zog sie zum Festgottesdienst in die Martinskirche. Ihm schloss sich ein Gottesdienst in der St. Leonhard-Kirche an, mit dem die Kirche nach einer erneuten Renovierung wieder eröffnet wurde. Die „bürgerliche Feier" am Abend im Gasthof „Zur Sonne" hatte den Vortrag des Diakons Dr. Friedrich Köstlin, der im folgenden Jahr zum Stadtpfarrer bestellt werden sollte, zum Mittelpunkt. Köstlin schilderte Luthers Leben vom nationalen Standpunkt aus. Luther habe nicht nur die Kirche reformiert, sondern er habe auch den Anstoß gegeben zur politischen Reformation Deutschlands und zur Lossagung von der Fremdherrschaft Roms und die Deutschen in volkswirtschaftlicher Beziehung Dinge gelehrt, die sie in jetziger Zeit beherzigen dürften. Anschließend erinnerte Stadtpfleger

Gottlieb Haug an Luther und Bismarck, die beiden großen Reformatoren des 15. und 19. Jahrhunderts. Und schließlich brachte Stadtschultheiß Haug ein Hoch auf das von Rom befreite Deutschland aus. Der „Langenauer Anzeiger" resümierte einen Abend, der „in der herrlichsten, von patriotischer Gesinnung getragenen Weise verlaufen" sei, und empfahl jedem Zeitgenossen, sich Martin Luthers als Vorbild zu erinnern, „dessen klarer Verstand, dessen unübertroffene Energie, dessen große Vaterlandsliebe heute noch die beste Leuchte auf allen Wegen sei"[39].

Das evangelische Vereinswesen

Von der Mitte des 19. Jahrhunderts an entwickelte die evangelische Kirche ein weit gefächertes Vereinsnetz, das den Gemeindemitgliedern mehr Teilhabe am kirchlichen Leben ermöglichte. Besonders wichtige und einflussreiche Vereinigungen waren der Gustav-Adolf-Verein und der Evangelische Volksbund. Gesellenvereine, karitative Vereine, Missionsvereine und pietistische Gruppen vervollständigten das Vereinswesen. Gemeinsam war allen diesen Vereinen die starke religiöse Betonung: Diaspora (Gustav-Aldolf-Verein), Mission im Inland wie in Übersee, Auseinandersetzung mit dem Katholizismus und dem politischen Geschehen (Evangelischer Volksbund)[40]. In Langenau entwickelte über lange Zeit nur der Gustav-Adolf-Verein mit seiner jährlichen Spendensammlung Aktivitäten, ehe 1896 der pietistisch orientierte Jungfrauenverein, der sich die Erziehung junger Mädchen zu „wertvollen, tüchtigen Menschen" zum Ziel setzte, und der Evangelische Arbeiterverein (1908) gegründet wurden[41]. Während der Weimarer Republik kam es zur Gründung zweier weiterer Vereine: des Evangelischen Volksbundes und des Evangelischen Jugendbundes. Beide wurden 1921 gegründet und organisierten vor allem Vorträge[42].

Der schwedische König Gustav II. Adolf, der seit seinem Eingreifen in den Dreißigjährigen Krieg 1630 zum protestantischen Helden überhöht wurde, wurde im frühen 19. Jahrhundert in der beginnenden konfessionellen Verhärtung zwischen katholischer und evangelischer Kirche zum Symbol protestantischer Wehrhaftigkeit. Hierfür stellt der 1832 in Berlin gegründete Gustav-Adolf-Verein ein herausragendes Beispiel dar. Der Verein unterstützte evangelische Gemeinden in der „Diaspora", zuerst in Österreich und in katholischen Gegenden Deutschlands, später auch in Übersee. Er blieb weitgehend eine „Funktionärsangelegenheit" und eher ein „Spender"- als ein „Mitglieder"-Verein – nur die Kirchenleitung und die Geistlichen betrieben die Sache des Vereins. Außerhalb der Kirche erfasste der Verein allenfalls die bürgerliche Honoratiorenschicht[43].

Seit seiner Gründung in Württemberg 1844 gewann der Gustav-Adolf-Verein rasch an Mitgliedern und politischem Einfluss, der beispielsweise an der größeren Aufmerksamkeit des „Langenauer Anzeigers" während der Auseinandersetzung zwischen dem von den Liberalen unterstützten Staatsanspruch und dem politischem Katholizismus (Ultramontanismus) in den 1870er- und 1880er-Jahren sichtbar wird. Das „Langenauer Tagesblatt" berichtete wiederholt seinen Leserinnen und Lesern über die Aktivitäten des Gustav-Adolf-Vereins. Für die politische Ausrichtung des Gustav-Adolf-Vereins liegt uns aus Langenau eine Gustav-Adolf-Feier aus dem Jahre 1894 vor. Nach einem ausführlichen Vortrag über das Leben des schwedischen Königs ergriff Stadtpfarrer Müller das Wort, um den Anwesenden zu verdeutlichen, „wie Gustav Adolf in seiner echten Frömmigkeit auf die religiöse Ansicht anderer geachtet hat und wegen seiner Heldentaten und großen staatsmännischen Begabung auch von seinen damaligen Gegnern anerkannt und gerühmt wurde, wogegen die jetzigen Versuche ultramontaner Schreiberseelen, den Helden herabzusetzen und zu verkleinern, gar nicht ins Gewicht fallen können."[44] Noch im Gründungsjahr des württembergischen Gustav-Adolf-Vereins wurde auch in Langenau erstmals für die Gemeinde in der Diaspora gesammelt[45], und wir dürfen mit gutem Recht annehmen, dass auch in Langenau Jahr für Jahr weiter fleißig gespendet wurde.

Der Evangelische Arbeiterverein konstituierte sich am 29. November 1908. Der Verein sollte zum Sammelpunkt und zur Heimstätte evangelischer Arbeiter werden, „die etwas halten auf ihr evangelisches Christentum, treu und überzeugt stehen für Vaterland und Monarchie [und] durch soziale Arbeit und Pflege echter Bildung nach Kräften mithelfen wollen zur wahren Hebung des Arbeiterstandes". Er sollte darüber hinaus zu einer „Stätte der Fühlung der verschiedenen Stände miteinander" werden, wozu auch gleichgesinnte Arbeiter und Angestellte herzlich eingeladen waren. Zur Verwirklichung seiner Ziele bot der Verein Vorträge und Besprechungen an, die die Arbeiter betreffenden Fragen behandelten. Außerdem ermöglichte er die Teilnahme an Fachorganisationen und die parteineutrale Ausübung staats- und gemeindebürgerlicher Rechte. Für schwierige Situationen standen eine Not- und eine Sterbekasse zur Verfügung und ein Rechts- und Auskunftsbüro half bei arbeitsrechtlichen Konflikten[46]. Der Evangelische Arbeiterverein stand in der Traditon der liberalen Arbeiter- und Arbeiterbildungsvereine der Revolution von 1848/49 und der um 1870 entstehenden liberalen Gewerkvereine. Gemeinsam war diesen Organisationen, neben der Vermittlung an sich bürgerlicher Bildungswerte und der

Der Anfang der 1920er-Jahre gegründete ev. Jugendverein, 1924.

materiellen Interessenvertretung die Emanzipation der Arbeiterklasse durch einen Ausgleich zwischen Kapital und Arbeit zu verwirklichen, ohne die bestehende Gesellschaftsordnung grundsätzlich infrage zu stellen oder gar revolutionär zu verändern. Der Evangelische Arbeiterverein trat in Langenau vor allem mit der Veranstaltung von Vorträgen wie zur Geschichte der Stadt Heidenheim oder zu politischen Themen auf. So referierte beispielsweise Stadtpfarrer Elwert im Juli 1912 über „Deutschland und die Weltpolitik" und legte in seinem Vortrag ein für die evangelische Kirche im Kaiserreich weit verbreitetes, eindeutig nationales Bekenntnis ab. Durch seine Konkurrenz mit England im Welthandel sei Deutschland gezwungen, „eine starke Wehrmacht zu unterhalten". Dabei dürfe aber die Aufrüstung nicht zuungunsten der Arbeiter finanziert werden, sondern sie müsste von den Bemittelten bestritten werden[47].

Die Gründung der Ortsgruppe des Evangelischen Jugendbundes ging auf eine Initiative von in der Kirchengemeinde engagierten jungen Menschen im Mai 1921 zurück. Der Verein setzte sich das Ziel, „die Jugend zu christlichen Persönlichkeiten und tüchtigen Menschen zu erziehen. Im Mittelpunkt steht die Vermittlung der Lebenskräfte des Evangeliums zur sittlich-religiösen Erneuerung des Einzelnen"[48].

Die katholische Kirche in Langenau

Mit dem Zuzug von Vertriebenen und Flüchtlingen nach 1945 stieg der Anteil der katholischen Bevölkerung sprunghaft an, sodass der Bau eines katholischen Gotteshauses für die 900 katholischen Mitbürgerinnen und Mitbürger Langenaus immer dringender wurde. Im Siedlungsgebiet an der Lutherstraße fand am 30. April 1950 die Grundsteinlegung statt, und am 3. Dezember desselben Jahres wurde die Marienkirche, die 500 bis 600 Gläubigen Platz bot und letztlich nur ein Notbehelf war, von dem Rottenburger Bischof Leiprecht feierlich geweiht. Das Provisorium dauerte bis 1968, als Langenau eine mit ihrer zeltartigen Dachkonstruktion und dem abgesetzten Glockenturm unkonventionell gestaltete Kirche nach den Entwürfen des Stuttgarter Architekten R. Prenzel erhielt. Sie wurde am 13. Oktober 1968 der „Schmerzhaften Mutter Gottes unter dem Kreuz" geweiht. Die ehemalige Notkirche ließ man mit einem Kostenaufwand von 500 000 DM zu einem Gemeindehaus umbauen und übergab sie im Mai 1976 der Gemeinde[49].

Durch Spenden und beachtenswerte Eigenarbeit wurden weitere Gotteshäuser und Versammlungsräume folgender religiöser Vereinigungen eingerichtet: Evangelisch-methodistische Kirche, Christuskirche (1952), Neuapostolische Kirche (1961), Christliche Gemeinschaft der Süddeutschen Vereinigung (1962) und Zeugen Jehovas (1971)[50].

Schulen und Fortbildung

Das Schulwesen in reichsstädtischer Zeit

Das Schulwesen der Reichsstadt Ulm weist eine lange Tradition auf. Erstmals wird auf einer Urkunde von 1294 am Ende einer Zeugenliste ein „rector puerorum in Ulma" aufgeführt, welcher der in der ersten Hälfte des 15. Jahrhunderts weit über die Grenzen der Stadt hinaus großes Ansehen genießenden Lateinschule vorstand[1]. Der Rat richtete vermutlich in den größeren Orten seines Herrschaftsgebietes Lateinschulen ein, sodass wir die Anfänge des Schulwesens in Langenau in den Jahren nach dem Erwerb Langenaus von Ulm im Jahre 1377 vermuten dürfen. Die erste Nachricht über einen Schulmeister in Langenau, einen Jakob Staudenmayer, stammt aus dem Jahre 1425. 1477 empfahl Altbürgermeister Wilhelm Besserer dem Amtmann Erasmus Krafft und den Gemeinderichtern den Ulmer Schulprovisor Jakob Mürer zum Schulmeister als einen frommen und gelehrten Mann, der auch einer großen Schule vorstehen könne. Das Salbuch von 1515 nennt schließlich eine Schule, die östlich der heutigen Wirtschaft „Zur Schule" in der Wasserstraße stand[2].

Nach der Einführung der Reformation regelte der Rat das Schulwesen in der im August 1531 beschlossenen Kirchenordnung neu. Drei Schulpfleger wurden beauftragt, streng darauf zu achten, „ das niemand Kinder zu Lehren (es sei Teutsch oder Latein, auch weder Mägdlin noch Knäblin) unterstand, er sei dann durch sie [die Schulpfleger] dazu an Leben und Glauben sambt der Geschicklichkeit zu lehren tauglich erkennt."[3] Die Schulpfleger trafen zwar die Auswahl der deutschen und lateinischen Lehrer – die Entscheidung über ihre Anstellung behielt sich aber der Rat vor –, visitierten monatlich (zumindest in Ulm) die Schulen, um zu erfahren, wie die Jugend an Sitten und Lehre versorgt werde, kümmerten sich rechtzeitig um geschulten Nachwuchs und waren angehalten, der Lehre der Heiligen Schrift besondere Aufmerksamkeit zu widmen[4].

Die Namen der ersten Langenauer Schulmeister nach der Einführung der Reformation sind uns bekannt: Am 13. Juni 1547 ernannte der Rat Lienhart Mayer zum Schulmeister, aber bereits im Juli war die

Schulmeisterstelle wieder ledig, sodass am 23. September Jörg Lender der Nachfolger Mayers wurde. Die Neuorganisation des Schulwesens scheint eine ausgesprochen wichtige Angelegenheit für den Rat gewesen zu sein, der offensichtlich bei der Bestellung der Lehrer strenge Maßstäbe anlegte, denn schon im April 1548 folgte die dritte Einstellung eines Schulmeisters namens Adam Fürstenfelder binnen Jahresfrist. Im Januar 1549 prüfte man Hans Muelich, ob er des Lateins mächtig sei und daher ein Amt und eine Vesper singen könne, womit die Voraussetzungen für seine Bestellung erfüllt waren[5]. Nicht immer hatte der Rat bei seiner Auswahl eine glückliche Hand. „Ob dem Schulmeister Wilhelm Kaltenfelder", lesen wir im Kirchenvisitationsprotokoll von 1615, „hat männiglich große Klag: es sei in 50 Jahren um die Schul nie so übel gestanden, geb bös Exempel, dass er vor den Kindern so übel schwöre und fluche, in der Kirche mit Sakramenten zuwerfe: hab ihnen geflucht, dass sie der Hagel erschlage; die Kinder haben ihn nicht gern und er die Kinder. Er gehe selten zum Abendmahl, halt keine rechte Disziplin, man fürchte ihn nicht, sei dem Trunk ergeben, müsse tags und nachts seinen Trunk und Bierkante bei ihm in der Schul stehen haben, werde sich wassersüchtig saufen."[6] Gegen Kaltenfelder wurde wegen seines „ärgerlichen Lebens" eine Untersuchung eingeleitet, doch noch vor ihrem Abschluss verstarb der alkoholkranke Schulmeister[7]. Dagegen waren die Visitatoren 1747 voll des Lobes: „So werden die Kinder – sie haben im Examen glänzend abgeschnitten – zu rechter Zeit in die Schule geschickt und eher nicht daraus genommen, bis sie recht ausgeschult [ausgelernt] haben, auch wird alle Donnerstage in der Schule katechisiert. Dabei katechisiert der Pfarrer Johann Konrad Mayer alle drei Wochen, wenn es an ihn kommt, über das Kinderbüchlein Dr. Rambachs"[8].

Bis zum 17. Jahrhundert bestand in Ulm keine allgemeine Schulpflicht. Aber in einigen Dörfern wie in Langenau besuchten die Kinder das ganze Jahr über die Schule, wie der Kirchenvisitator Rabus 1557 feststellte, in den meisten anderen jedoch nur den Winter über bis Pfingsten, bis die Kinder wieder als Arbeitskräfte für die Feldarbeiten und die Ernte gebraucht wurden. In späterer Zeit wurde der Schulbesuch auf die Zeit von Michaelis bis Pfingsten festgelegt. Dennoch verhinderte die soziale Not vieler Eltern, dass ihre Kinder regelmäßig und ganzjährig die Schule besuchen konnten, stattdessen mussten sie mit Bettelei zum Überleben der Familie beitragen; vielleicht bewirkte auch das Schulgeld, dass viele Kinder das Lesen und Rechnen nicht erlernen konnten[9].

Der Unterricht fand in der Regel morgens von 8 bis 10 Uhr und nachmittags von 1 bis 3 Uhr statt. Oberamtmann und Pfarrer entschieden, wann ein Kind eingeschult und aus der Schule entlassen wurde.

Um die Freude der Kinder am Schulbesuch zu fördern, führte der Rat ein Schul- oder Kinderfest, den „Schulertanz" ein, der erstmals aus dem Jahr 1535 überliefert ist. Alle vier Jahre wurden „Kinderberichte" gehalten, bei denen die Kinder in der Öffentlichkeit, vor ihren Eltern, vor Pfarrer und Amtmann, Zeugnis ablegten, was sie gelernt hatten[10].

Der Schulertanz

Der heute noch große Beliebtheit genießende „Schulertanz" oder das Maienfest besitzt eine Jahrhunderte alte Tradition[11]. Vermutlich in Anlehnung an den Ulmer „Berg", ein der Ehre der Schüler gewidmetes Maienfest auf dem Michelsberg, genoss das Langenauer Kinderfest die obrigkeitliche Genehmigung. Erstmals erfahren wir von ihm im Protokoll der Kirchenvisitation von 1535: „Den jungen Kindern, die das Vaterunser nit beten können, hält man einen Tanz."[12] In reichsstädtischer Zeit fand der „Schulertanz" immer am Mittwoch vor Pfingsten statt. Am Morgen des Festtages sammelten sich die Kinder vor dem Schulhaus an der Ach und marschierten mit Musik zur Kirche. Nach dem Festgottesdienst zogen die Kinder, in den Händen geschmückte Birkenbäume, so genannte „Maien", haltend, zum Festplatz auf dem Burghof. Im Schatten der Linden führten dann die Kinder ihre Tänze auf. Vielfach nutzten auch die Erwachsenen die Gelegenheit zum Tanz, an dem sich auch die Bewohner der umliegenden Dörfer gerne beteiligten.
Über Jahrhunderte hielt man am traditionellen Tag und Festplatz fest. Doch im ausgehenden 19. Jahrhundert fand der „Schulertanz" zunächst abwechselnd auf dem Burghof und der Reutte statt. 1894 verlegte der Gemeinderat den Festtag von Mittwoch auf Dienstag vor Pfingsten und setzte als dauernden Festplatz die Reutte fest. 1927 wurde der „Schulertanz" dann auf den Sonntag nach Pfingsten verlegt und schließlich 1952, in der Hoffnung auf besseres Wetter, auf den zweiten Sonntag im Juli. Nachdem allgemein die Fünftagewoche eingeführt worden war, fand der „Schulertanz" erstmals 1963 an einem Samstag statt. In eine kleine Krise geriet das Fest 1977, als ein nur zweijähriger Turnus gefordert wurde. Doch eine gemeinsame Sitzung von Gemeinderäten, Schulleitern, Elternbeiratsvorsitzenden, Schulbeirat und Vertretern der Kirchen am 24. Mail 1977 fand für alle Beteiligten eine zufrieden stellende Lösung, die dem traditionellen Kinderfest eine Perspektive für die Zukunft gab. Seither gestalten Vereine, Schulen und Stadtverwaltung das Fest gemeinsam, das Jahr für Jahr vielen kleinen und großen Menschen fröhliche Stunden bereitet[13].
Nicht unerwähnt bleiben soll, dass schon im 19. Jahrhundert Kirche und Gemeinde das Kinderfest mit Spenden unterstützten. So beschloss 1865 der

Kirchenkonvent, jährlich Volks- und Jugendschriften an die älteren Schülerinnen und Schüler auf Kosten des Schulfonds verteilen zu lassen, zugleich war die Gemeinde bereit, Geld zur Verfügung zu stellen, wenn die Mittel aus dem Schulfonds nicht ausreichen sollten; im folgenden Jahr stiftete die Stadt 15 Gulden und 1877 übernahm sie die Kosten für die Spielsachen[14].

Der Bericht über das Kinderfest von 1927 soll den Ausflug in die Geschichte des „Schulertanzes" abschließen; er sei vollständig zitiert, vermittelt er doch die Stimmung und Fröhlichkeit des Festes, wie wir sie heute noch Jahr für Jahr genießen: „Sie hat es doch gut gemeint mit uns, die liebe, prächtige Sonne. Sicherlich haben die vielen bangenden und zagenden Blicke der Knaben und die vielen traurigen und flehenden Blicke der Mädchen es vermocht, ihr Herz zu rühren und ihre Leben und Freude spendenden Grüße zum Langenauer Kinderfest herabzusenden. Und das war sehr schön von ihr. Eitel Freude und Lust glänzten aus den siebenhundert Augenpaaren unserer Kleinen und Kleinsten, als sich um 12 Uhr der stattliche, wohl geordnete Festzug zum Kirchgang in Bewegung setzte. Ein Bild der Freude und des kindlichen Glücks entrolle sich vor den Augen der die Straße säumenden Zuschauermenge und kaum vermochte man alles zu erschauen und die vielen bunt gestaltigen Eindrücke in sich aufzunehmen. Voraus die Kleinsten, stolz und erhaben wandelten die Knirpse dahin. Geschniegelt und gestriegelt, wie ‚neu gebacken'. Den prächtigen Kerlchen schloss sich Gruppe an Gruppe der herzerfreuendsten Bilder an. Und welche Überraschungen! Ein wahrhaftiger Struwelpeter mit langen Fingernägeln, der gestiefelte Kater, der aber ganz gutmütig dreinsah, Schneewittchen und die sieben Zwerge, die sieben Schwaben, selbst die Schildbürger fehlten nicht und in einer allersüßesten Kutsche fuhr gar ein reizendes Dornröschen, mit verwunderten Augen um sich schauend, im Glanze ihres Glückes durch die staunende Menge. Und wie sie vorbeischritten, andächtig und würdevoll, auf aller Gesichtchen schimmerte ein Hauch tiefster Zufriedenheit und wunschlosester Beglücktheit. Kinderland – Märchenland. Nicht allzu oft wird unsere Kirche eine solche Fülle duftiger, leuchtender Farbenpracht in sich bergen wie gestern. Mächtig brausten die Lieder durch die erhabene, gottgeweihte Halle. Liebe und Freude klangen aus der Festpredigt des Herrn Stadtpfarrer Storz. Und als die Menschen, große und kleine, der Kirche entströmten, konnte man getrost mit Schiller sagen, ‚es freut sich, was da atmet im rosigen Licht'. Denn Freud war da. Und voll ehrlichen Jubels klang es auf dem fast übervollen Marktplatz aus den begeisterten Herzen der jungen Sänger: ‚Der Mai ist gekommen', nach dessen Schluss der Festzug wieder weitermarschiert, dem Ziele zu. Ein Wälzen und Drängen hub an.

Festplatz Reutte. Zu Bergen gestaut harrten schon 1500 Laugenbrezeln ihrer Verteilung. Es war entzückend anzusehen, wie die Kleinen, Knaben und

> Mädchen gleicherweise, bebenden Herzens die wohl verdiente Gabe in Empfang nahmen und krampfhaft mit ihren kleinen Fäustchen die Brezeln, deren jedes zwei erhielt, umschlossen. Auf einem umzäunten Doppelplatz begannen nun die einzelnen Klassen ihre Vorführungen, die unteren Klassen mit Singspielen, die oberen mit Volkstänzen, die allesamt recht gut gefielen und für die Kinder ein Höhepunkt des Festes bedeuteten. Recht unangenehm machte sich für die Zuschauer das Herumstehen so vieler in dem Tanzplatz bemerkbar, was hätte verhindert werden müssen. Den eigentlichen Glanzpunkt bildete die Aufführung des Märchenspiels ‚Sonnenkinder'. Hübsch inszeniert und noch hübscher kostümiert musste man seine Freude an dem zeitweise recht temperamentvollen und übersprudelnden Spiele haben, das zweimal gegeben wurde, um es recht vielen zu ermöglichen, sich mit den jungen Künstlerinnen und Künstlern an dem sonnigen und ‚stürmischen' Leben und Treiben vor und hinter den Kulissen zu erfreuen und so Spieler und Spielleiter für die rechtliche Mühe und Zeit, die es gekostet haben mag, zu belohnen. Wettläufe, Tauziehen, Kletterbaum und dergleichen traten nunmehr in ihre Rechte und geizten nicht mit hübschen Preisen. Musik, Tanz, Bier, Halbe und Ganze, Eisbonbons und Schokolade und was alles noch dazu gehört, gab es in Hülle und Fülle. Ein kleines Volksfesttreiben begann. Männer und Frauen mit Kind und Kegel, Burschen und Mädchen, schöne und andere, alles war da. Karussell für kleine, große und ganz große Kinder und nicht viele der Mädchen konnten es sich versagen, im weit ausholenden Flieger-Karussell ihre duftenden Sommerkleidchen dem staunenden Publikum vor Augen zu führen. Während alledem hatten sich schon gegen 5 Uhr, zunächst kaum ernsthaft genommene, drohende Vorboten eines nahenden Gewitters am Horizont erhoben und Herr Rektor Ensinger konnte um ½ 6 Uhr gerade noch den offiziellen Schluss verkünden, als auch schon ein hereinbrechender Platzregen dem munteren, bunten Leben und Treiben ein Ende bereitete[15].

Das stetige Wachstum der Langenauer Bevölkerung erforderte den Ausbau der Schulen. Vor allem die Bewohner des unteren Dorfes verlangten die Einrichtung einer Schule, erstmals 1626, als dem Oberamtmann befohlen wurde, mit den Gemeinderichtern und den Heiligenpflegern über die Anstellung eines Schulmeisters zu verhandeln, weil „bei so großer Zunehmung des Volks zu Nau es die höchste Notdurft erfordere, dass in dem unteren Dorf noch ein Schulmeister verordnet, denn es sei unmöglich, dass der Schulmeister zu Nau neben Versehung der Gerichtsschreiberei so großer Anzahl Kinder Satisfaktion beschehe." Trotz der im folgenden Jahr wiederholten Bitte erhielt das Unterdorf keine eigene Schule[16], auch 1659 wurde den Unterdörflern ein Bauernschulmeister abgeschlagen, mit der Begründung, dass „kein tüchtiges Subjekt, auch kein Schulhaus und oben im Dorf schon zwei Schulmeister wären." Erst 1698 wurde die Schule des Unterdorfes in einem Häuslein bei der Peterskirche eingerichtet[17].

Im Januar 1700 beschloss der Rat den Bau eines dritten Schulhauses, das aber wegen verschiedener Schwierigkeiten auf die Einrichtung einer Schulstube in der Metzig, wo der Schulprovisor wohnte, reduziert wurde, in der ein lediger Schulmeister unterrichten sollte (die Einstellung eines ledigen Lehrers deutet auf finanzielle Schwierigkeiten, da ein lediger Lehrer weniger Besoldung als ein Schulmeister mit Familie erhielt). Allerdings gab man das Schulzimmer in der Metzig schon 1714 wieder auf[18].

Im Januar 1782 reichten der Anwalt und das Gemeindegericht eine Bitte beim Rat ein, den Seiler David Remshardt und den Weber Erhard Hegel wegen der großen Zahl der Kinder in den beiden Schulen als Schuladjunkten einstellen zu dürfen, die in zusätzlichen Unterrichtsstunden während des Winters den Kleinen das Buchstabieren zu den gewöhnlichen Unterrichsstunden beibringen könnten, wofür sie sich ein tägliches Entgelt von 10 Kreuzern wünschten. Remshardt sollte von den 236 Kindern der Oberen Schule (124 Jungen und 112 Mädchen) ungefähr 60, Hegel von den 109 Kindern der Unteren Schule zwischen 30 und 40 Jungen und Mädchen unterrichten. Der Rat stimmte der Bitte zu, stellte die beiden Adjunkten unter die Aufsicht der drei Schulmeister und ordnete an, dass an der Metzig ein Bretterverschlag errichtet werden müsse, falls der Zusatzunterricht den normalen Unterricht stören sollte. Die beiden Hilfslehrer bewährten sich, denn im September beschloss der Rat, dass beide weiterhin beschäftigt werden[19].

Die Schulen im 19. und 20. Jahrhundert

Im 19. Jahrhundert vollzog sich ein tief greifender Wandel im Schulwesen. Vor allem die Industrialisierung in der zweiten Hälfte des 19. Jahrhunderts erforderte einen besseren Ausbildungsstand der Arbeiterinnen und Arbeiter, der nur durch eine Verbesserung in der Lehrerausbildung, der Ausweitung der Unterrichtsinhalte und der dreigliedrigen Differenzierung des Schulwesens in Volks-, Real und Oberschule erreicht werden konnte. In der ersten Hälfte des 19. Jahrhunderts strebte die Gemeindeveraltung Langenaus eine Verbesserung des Bestehenden an, bevor nach der Jahrhundertmitte schließlich die große Aufgabe, das Schulwesen zu reformieren und zu modernisieren, in Angriff genommen wurde: Bau neuer Schulgebäude, die Gründung der Realschule (1895) und die Einstellung weiterer Lehrer kennzeichnen ebenso wie die Gründung verschiedener Fortbildungseinrichtungen den Weg Langenaus zu einem Schul- und Bildungszentrum der Region, das heute mit Grund- und Hauptschulen, der Förderschule, der Realschule und dem Gymnasium sowie mit der Außenstelle der Volkshochschule Ulm ein attraktives Schul- und Bildungsangebot bietet.

Defizite und Verbesserungen

Nach dem Übergang Langenaus an Württemberg 1810 trat eine merkliche Verbesserung des Unterrichts ein, was durch die Ausbildung von Lehrern in Seminaren, das erste war 1811 in Esslingen gegründet worden, bewirkt wurde. Von Pfarrer Gottlieb Flaischlen, der von 1806 bis 1827 als Seelsorger in Langenau tätig war, kennen wir die bemerkenswerten Fortschritte nach nur wenigen Jahren: „Nun verlässt nicht leicht ein Kind in seinem 14. Lebensjahr die Schule, welches nicht fertig lesen, schön und recht schreiben, gut rechen und sehr artige Aufsätze machen könnte, einen guten Grund im Christentum gelegt hat, der ganz unbekannt mit der Landkarte wäre"[20].

ABC-Schützin, 1938.
ABC-Schütze, 1929.

Die Aufgabe der Gemeinde lag in den ersten Jahrzehnten des 19. Jahrhunderts vornehmlich darin, die Gebäude und Schulzimmer, aber auch die Zahl der Lehrer dem ständigen Wachstum der Schuljugend anzupassen. Allerdings sträubte sich die Gemeindeverwaltung gelegentlich, den Anordnungen des Evangelischen Konsistoriums, der obersten Schulbehörde und des Oberamts, zusätzliche Schulräume oder Lehrerstellen zu schaffen, Folge zu leisten, wobei gewiss finanzielle Erwägungen (bis zum Ende des 19. Jahrhunderts zahlten ausschließlich die Gemeinden die Lehrer aus) und weniger das Wohl der Kinder eine entscheidende Rolle gespielt haben dürften. So lehnte die Gemeinde 1824 einen Provisor an der Unteren Schule mit der Begründung ab, dass zum einen die insgesamt 429 Schüler und Schülerinnen durchaus von den vorhandenen fünf Lehrern gut unterrichtet werden könnten und zum anderen kein zusätzlicher Schulraum zur Verfügung stünde[21]. Auch 1834 lehnte der Gemeinderat die Einrichtung eines zusätzlichen Schulzimmers ab. Die 378 Schüler und Schülerinnen hätten in den drei Schulräumen Platz (der Diakon Römer berichtete dagegen, dass die Kinder teilweise während des Unterrichts stehen müssten), außerdem würde die Schülerzahl bis 1840 auf etwas über 300 sinken und zwei Lehrer verpflichteten sich, täglich eine zusätzliche Stunde zu unterrichten. Erst auf Drängen des Konsistoriums – es wurden sogar Geldstrafen für die Gemeinderatsmitglieder angedroht – beschloss der Gemeinderat im Frühjahr 1835 die Einrichtung eines vierten Schulzimmers in der Oberen Schule und eines Unterrichtsraumes im Messnerhaus für die Kinder des unteren Dorfes[22]. Die Enge und Begrenztheit der Schulräume zeigte sich beispielhaft an der letztgenannten Schule. Weil die Zahl der Kinder längstens den vorhandenen Schulraum sprengte, wurde im November 1850 der Abteilungsunterricht eingeführt, d. h. ein Teil der Schüler und Schülerinnen wurde vormittags, der andere nachmittags unterrichtet. Immerhin führte diese Situation im Frühjahr 1851 zu einer Vergrößerung des Schulzimmers[23].

Dennoch verbesserte sich das Schulwesen vor allem nach der Jahrhundertmitte, als die wirtschaftliche Entwicklung und der technische Fortschritt eine verbesserte Schulbildung erforderten, wozu auch die Gemeinde ihren Beitrag leistete, wie beispielsweise 1815, als sie das Obere Helferhaus kaufte, nachdem die Stelle des Helfers eingespart worden war, und es im folgenden Jahr zu einem Schulhaus umbauen ließ (heute befindet sich in ihm das Heimatmuseum)[24].

Der Bau eines neuen Schulhauses wurde nach 1850 notwendiger denn je. Bereits 1854 genehmigte das Oberamt die Pläne und Kostenvoranschläge für einen Neubau, zu dem sich der Gemeinderat letztlich wegen der Kosten von 2700 Gulden, die nur durch eine Kapitalaufnahme hätten geleistet werden können, nicht entschließen konnte und ließ stattdessen im Messnerhaus ein weiteres Unterrichtszimmer einrichten[25]. Zu Beginn der 1860er-Jahre kam mit der offensichtlich von der Bürgerschaft initiierten Gründung eines Schulhausbaufonds neue, allerdings bald erlahmende Bewegung in die Frage eines Neubaus. Immerhin beteiligte sich die Gemeindeverwaltung mit 500 Gulden daran[26]. Schließlich bildete der Gemeinderat am 9. Januar 1866 eine sechsköpfige Kommission aus Mitgliedern des Gemeinderates und des Bürgerausschusses, die einen Neubau vorberaten sollte. Auf ihre Empfehlung hin verschob der Gemeinderat am 15. März zunächst eine Entscheidung, genehmigte aber die Erhöhung der Schulmeisterstellen auf sechs (davon fünf in der Oberen Schule). Obwohl der „Langenauer Anzeiger" den Bau eines neuen Schulhauses für die gesamte Stadt forderte – „Die Frage ist wichtig, sehr wichtig, für den öffentlichen Beutel wie für den Unterricht unserer Jugend, für den die Trennung zwischen Osten und Westen noch ein wesentliches Hindernis ist. Davon, wie diese Baufrage entschieden wird, hängt die Entwicklung und Zukunft unseres Unterrichtswesens ab"[27]! –, beschloss der Gemeinderat am 30. Mai nicht einen Neubau, sondern die Aufstockung des Oberen Schulhauses. Die Umbaukosten betrugen etwas über 3100 Gulden, die zu zwei Ditteln aus dem Schulhausbaufond beglichen wurden[28].

Worin mag das zögerliche Handeln der Stadtverwaltung seine Ursache gehabt haben? Gewiss spielten auch hier Finanzen eine maßgebliche Rolle (1866 belasteten beispielsweise Quartierkosten während des Deutsch-Österreichischen Kriegs den Gemeindesäckel), aber möglicherweise bestand auch unter der Langenauer Bevölkerung wenig Interesse an einer Verbesserung des Schulwesens, wie die Wahlen zur Ortsschulbehörde im Herbst 1866 belegen. Das Gesetz vom 25. Mai 1865 schrieb für Langenau eine Ortsschulbehörde vor, die in Langenau aus den beiden Ortsgeistlichen, dem Stadtschultheißen, den drei ältesten Lehrern und drei von der Schulgemeinde zu wählenden Mitgliedern bestehen und deren Wahl am 7. September stattfinden sollte.

Die Einführung der Ortsschulbehörde bedeutete ohne Zweifel eine gewisse Demokratisierung des öffentlichen Lebens. Über die Funktion und Bedeutung dieses Gremiums folgen wir dem Hilfslehrer Wolf, der mit einem werbenden Artikel in der Nummer 70 des „Langenauer Anzeigers" die Aufgaben des Ortsschulrates beschrieb: „Jedes dieser Mitglieder hat das Recht und die Pflicht, durch Schulbesuche sich in Kenntnis zu setzen von der Tätigkeit des Lehrers einerseits, von dem Verhalten und den Fortschritten der Schüler andererseits [und kann und soll die] gemachten Beobachtungen bei der monatlichen Sitzung vorbringen." Jeder Ortsschulrat sollte die Gelegenheit haben, „sich näher mit dem Schulwesen bekannt zu machen, seine Ansicht über die Leistungen der Schule abzuklären, seinen Wunsch in Beziehung auf Bevorzugung oder Ausscheidung eines Schulfaches zu äußern, die Wünsche der Gemeinde bei Wiederbesetzung einer Schulstelle zur Kenntnis des Kgl. Konsistoriums zu bringen. Objekte der Beratungen des versammelten Ortsschulrates bilden die Lehrerbesoldungen, Ausgaben für Schulinventar, kleinere bauliche Veränderungen, Dispensationen armer Schüler vom Schulgeld, Abrügung der Schulversäumnisse, äußere Organisation der Schulen, Zeugnisse des Lehrers und Zwistigkeiten zwischen Lehrern und Vätern"[29].

Wahlberechtigt waren die Väter und Vormünder der schulpflichtigen Kinder, sofern sie in der Schulgemeinde ihren Wohnsitz hatten, volljährig waren und entweder als Bürger oder Beisitzer irgendeine Steuer an die Gemeindekasse entrichteten. Zwei Listen bewarben sich um die Mandate. Auf der ersten Liste ließen sich Distriktarzt Dr. Fuoß, Stadtpfleger Brachold und Eisenhändler Schwenck aufstellen, die zweite führte Maurermeister J. G. Bischoff, Rechtskonsulent Sieß und Schulwirt A. Nusser auf. Die Wahlen wurden zum Fiasko. Von den 293 Wahlberechtigten beteiligten sich lediglich 56; für eine gültige Wahl wären aber 95 Wähler notwendig gewesen[30]. Mag sein, dass sich bei diesem offensichtlichen Desinteresse der Gemeinderat wenig veranlasst sah, Verbesserungen im Schulwesen in die Wege zu leiten.

Selbst eine Initiative des Gewerbevereins im März 1876 führte nicht zur Beseitigung der Schulraumnot. Dieser schlug der Stadt vor, einen Bauplatz für 7000 bis 10 000 Gulden zu kaufen, z. B. den Semlerhof. Merkwürdigerweise enthielt sich Stadtschultheiß Haug bei der Abstimmung seines eigenen Antrags der Stimme, sodass der Kauf eines Bauplatzes bei Stimmengleichheit abgelehnt wurde. Drei Wochen später entschied sich dann der Gemeinderat doch für den Ankauf des Semlerhofes, aber von einem Neubau war keine Rede mehr, sondern das Gebäude sollte bis auf weiteres vermietet werden. Tatsächlich dauerte es noch über ein Jahrzehnt, bis ein neues Schulgebäude fertig gestellt war[31].

Neue Schulgebäude

Die Situation blieb prekär. „Die Luft ist", wie im Visitationsprotokoll über die Untere Schule aus dem Jahre 1892 zu lesen ist, „wenn sämtliche Kinder versammelt sind, im Winter nach kurzer Zeit so verdorben, dass eine gesundheitsschädliche Wirkung für Lehrer und Schüler nicht ausbleiben kann. Wenn man bedenkt, dass 65 – 70 Kinder mit ihrem Lehrer in diesem feuchten, lichtarmen Zimmer zubringen müssen, so wird niemand die endliche Abstellung dieses großen Missstandes für überflüssig erklären wollen."[32] Im Januar 1878 konnte der, auch in den Augen der Gemeinderäte schädliche Abteilungsunterricht, der bei einer Schülerzahl von mehr als 90 pro Lehrer eingeführt werden musste, gerade noch vermieden werden – Schulmeister Kiefer kam auf 82 Schülerinnen und Schüler. Auch 1885 versuchte der Gemeinderat, einen Schulhausneubau mit der Einführung des Abteilungsunterrichtes und mit einer Erhöhung der Lehrerdeputate von zwei und vier Stunden zu umgehen. Der Abteilungsunterricht musste bis zur Fertigstellung des neuen Schulgebäudes im Oktober 1888 beibehalten werden (selbst die Gemeinderäte sahen nun, dass durch den Raummangel und die enge Sitzordnung der Lernerfolg erheblich beeinträchtigt würde)[33].

Schließlich ergriff noch im gleichen Jahr Stadtpfarrer Dr. Köstlin, dem die Verbesserung des Schulwesens ein großes persönliches Anliegen war, mit einer Eingabe an den Gemeinderat die Initiative. Obwohl sich die Verschuldung der Stadt selbst bei einfacher und sparsamer

Bauweise erheblich erhöhen würde, entschieden sich die Gemeinderäte endlich am 23. Oktober 1885 für den schon seit so langer Zeit notwendigen Neubau. Zunächst sollte die Oberschulbehörde der Stadt geeignete Pläne und Kostenvoranschläge zur Verfügung stellen. Nach den Vorstellungen der Stadt sollten in dem Neubau sechs Schulzimmer und eine Lehrerwohnung untergebracht werden. Und schließlich beschloss man den Neubau, dessen Kostenvoranschlag auf 52 100 Mark berechnet worden war und der mit einer Staatsanleihe finanziert werden sollte, am 22. Oktober 1886. Am 31. Mai 1887 wurden die Beton-, Maurer- und Zimmererarbeiten vergeben, und wenige Wochen später stimmten die Gemeinderäte für den Einbau einer zweiten Lehrerwohnung. Die Grundsteinlegung folgte am 18. Juni 1887. In der Kassette befanden sich Angaben über die Anzahl der Schüler und Einwohner Langenaus sowie Zeitungsausschnitte und Münzen bis zu fünf Mark. Auch über die Ausstattung der Schule faßten die Gemeinderäte einen Beschluss, wonach 56 viersitzige und sechs zweisitzige Bänke, „welche durchgängige und bewegliche Sitzbretter haben mit festen Tischblättern, bei der Oberen Knabenschule jedoch mit aufschlagbaren Tischblättern versehen sind", angeschafft werden sollten. Den Auftrag erhielt der Fabrikant Rottmann in Giengen a. d. Brenz. Für weitere Einrichtungsgegenstände stellte die Stadt 400 Mark zur Verfügung[34].

Freistegschule, 1890.

Das Schulhaus, fortan Freistegschule genannt, wurde fristgerecht fertig gestellt und mit einer Feier am 15. Oktober 1888 eingeweiht. Am Morgen dieses denkwürdigen Tages nahmen die Kinder zunächst Abschied von ihrem alten Schulgebäude, von wo aus ein Kinderzug die Festgemeinde zur Kirche führte. Nach dem Kirchgang stellten sich die Schüler und Schülerinnen auf dem Schulhof auf, und Stadtbaumeister Sigloch, nach dessen Plänen die Freistegschule errichtet worden war, übergab Stadtschultheiß Haug den Schlüssel. Haug verwies in seiner Festrede auf die lange Zeitspanne, die man seit den 1830er-Jahren für einen Neubau benötigt habe. Nun aber sei der Bau vollendet, über den man sich mit Grund freuen könne. „Es sei kein Prachtbau und kein Beispiel von unnützem Geldausgeben", so lesen wir im „Langenauer Anzeiger", „sondern ein einfacher Bau, aber zweckmäßig angelegt und ausgeführt, ein Bau, der den Eindruck guter, meisterhafter Arbeit mache und in seiner Einfachheit und Sauberkeit das Lob eines schönen Bauwesens mit Recht verdiene, das mit seinem großen Hofe, einem Schulhofe, wie kaum eine zweite Gemeinde einen solchen aufzuweisen haben werde, unserer Stadt zur Zierde und dem Baumeister und den Handwerksleuten zur Ehre und zum Ruhm gereiche. Die Kinder erhielten zur Erinnerung ein nicht näher genanntes Präsent und die Feier endete mit einem Festessen im Gasthaus „Zur Sonne"[35].

Fünf Jahre später nahm der Gemeinderat die Lösung des Schulraumproblems in der Unteren Stadt in Angriff. Ein Anbau war wegen der Ortsstraße nicht möglich, auch das Gelände des vormaligen Semlerhofes eignete sich nicht, sodass sich die Gemeinderäte zunächst für einen Neubau mit vier Schulzimmern und zwei Lehrerwohnungen entschieden; sogar ein Kinderspielplatz war vorgesehen. Doch auch diesmal kam es letzlich nicht zu einem Neubau. Nachdem der Heidelberger Kaufmann und Pflugwarenfabrikant Albert Mössinger, in der ehemaligen, seit 1882 als Fabrikgebäude genutzten Kleemeisterei auf der Reutte mit dem Versuch, seine Pflüge zu verkaufen, gescheitert war und den Vertrag im September 1894 gekündigt hatte, nutzte der Gemeinderat die Gunst der Stunde und ließ in das Fabrikgebäude Unterrichtszimmer einbauen. Im Juni 1895 wurde das Gebäude mit einer kleinen Feier seiner Bestimmung übergeben. Die Umbaukosten einschließlich der Schulbänke betrugen 11 309,20 Mark; immerhin übernahm die Staatskasse 2000 Mark[36].

Reutteschulhaus, um 1912.

Die Realschule

Auch die Einrichtung einer Realschule, im heutigen Sinn ein mathematisch-naturwissenschaftliches Gymnasium, zog sich über fast drei Jahrzehnte hin. Die Geschichte des heutigen Robert-Bosch-Gymnasiums beginnt im November 1868, als das Oberamt bemängelte, dass Langenau, eine Stadt mit immerhin 4000 Einwohnern, nur eine gewöhnliche Volksschule, aber keine Realschule besitze, die dem „Bedürfnis besserer Schulbildung und deren Wichtigkeit für alle Richtungen des bürgerlichen Lebens" diene. Der Gemeinderat war für eine Realschule durchaus aufgeschlossen und beauftragte am Ende des Jahres Professor Stahl von der Kgl. Baugewerbeschule in Stuttgart mit einem Gutachten, das dem Gemeinderat am 12. Februar 1870 mit der Empfehlung vorgelegt wurde, das Messnerhaus auf dem Areal des heutigen evangelischen Gemeindehauses umzubauen oder ein neues Schulgebäude mit

Lehrerwohnung für 8000 Gulden bzw. ohne Lehrerwohnung zum Preis von annähernd 5000 Gulden zu errichten. Grundsätzlich waren die Gemeinderäte für eine Realschule, aber verschiedene Einwände ließen das in die Zukunft weisende Projekt scheitern. Vor allem finanzielle Bedenken wurden vorgebracht. So müssten auf Kosten der Stadt zwei neue Lehrerstellen geschaffen werden und – dies war sicherlich der entscheidende Einwand – es stünden der Stadt kaum noch finanzielle Mittel zur Verfügung, die Schulraumnot in den beiden Volksschulen in der Oberen und Unteren Stadt bei dem gleichzeitigen Bau einer Realschule zu beseitigen[37].

Von 1881 an war eine höhere Schulbildung in Langenau nur dank einer privaten Initiative möglich. Pfarrer Köstlin, von dem schon die Rede war, bot sich im November 1881 an, in einer Art Lateinschule „höheren Unterricht" zu geben. Gerne nahm der Gemeinderat das Angebot an, ließ ein Unterrichtszimmer im Messnerhaus einrichten, übernahm die Heizkosten und das Honorar von 200 Mark im ersten Jahr (Köstlin wollte allerdings 640 Mark), überließ Köstlin die Entscheidung, Schulgeld zu erheben, und forderte als Gegenleistung, dass Köstlin einen Lehrplan vorlegen sollte. Nach Ablauf eines Jahres wollte man schließlich über die Fortsetzung der Lateinschule beraten werden, denn die Gemeinderäte hegten die stille Hoffnung, dass sich aus diesem Schulprojekt nach und nach die Realschule herausbilde. Köstlin arbeitete mit nicht geringem Erfolg; seine Schüler kamen entweder aus freien Stücken oder die Gemeinde verpflichtete besonders begabte Schüler zum Besuch der Lateinschule[38].

1891 ergriff der Gewerbeverein die Initiative, der vor allem deswegen Handlungsbedarf sah, da Köstlin zum Dekan in Blaufelden befördert worden und daher der Fortbestand der Lateinschule gefährdet war. Außerdem habe sich gezeigt, dass durch den beispielhaften und erfolgreichen Unterricht der beiden Ortsgeistlichen Köstlin und Müller das Bedürfnis für eine Realschule vorhanden sei. Am 3. November 1891 ließ der Gemeinderat in einem ersten Schritt bei der Abteilung des Kultministeriums für Gelehrten- und Realschulen anfragen, wie hoch das Gehalt und die Wohnungsentschädigung für einen Lehrer im Jahr zu veranschlagen seien. Der förmliche Beschluss des Gemeinderats über den Bau der Realschule, die auch mit einem Turnplatz ausgestattet werden sollte, folgte am 6. Juli 1892, doch seine Ausführung ließ auf sich warten[39].

Auch diesmal griff der Gewerbeverein ein. Auf einer Versammlung im Januar 1893 bedauerten alle Anwesenden einstimmig, dass Langenau trotz der vielen Anläufe in den vergangenen Jahren immer noch keine

Realschule besitze. Die nicht zufrieden stellende wirtschaftliche Entwicklung der Stadt – trotz Eisenbahn wurden keine neuen Unternehmen gegründet – brachte der Gewerbeverein mit dem Mangel an „Unternehmungslust und Unternehmungsgeist" in Verbindung. Dessen Ursache sei wenigstens teilweise auf die ungenügend entwickelten Schulverhältnisse zurückzuführen. „Denn wer gegenwärtig ein Geschäft anfangen und betreiben wolle, namentlich wenn die Geschäftsverbindungen sich nach auswärts erstrecken sollen, der müsse unbedingt mehr gelernt haben als das ABC unserer Volksschule." Zwar seien durch die Einrichtung der Gewerblichen Fortbildungsschule Fortschritte im Wissensstand der Gewerbelehrlinge erreicht worden, aber nur durch besser geschulte Leute könne nach und nach das geschäftliche Leben belebt werden[40]. Auf der Versammlung fielen offensichtlich deutliche Worte, denn einige Gemeinderatsmitglieder reagierten ausgesprochen beleidigt und wiesen die Vorwürfe, sie besäßen kein „weit blickendes Geistes- und Weltverständnis", mit Entschiedenheit zurück[41].

Wenige Wochen später griff der „Langenauer Anzeiger" in die Debatte ein, die offensichtlich weite Teile der Bevölkerung erfass hatte. Folgen wir dem Artikel, so erfahren wir, dass die Bauern die Gründung einer Realschule strikt ablehnten. Ganz davon abgesehen, dass ein kaufkräftiger und zahlreicher Gewerbestand ein guter Abnehmer der landwirtschaftlichen Produkte sei, sah der Verfasser darin eine gewisse Ungerechtigkeit. Einerseits würde die Unterhaltung der Feldwege, Brücken, Gräben oder des Farrenstalls, die allein den Bauern zugute kämen, und die Maulwurfsjagd, die jährlich rund 1500 Mark koste, gänzlich von der Gemeindekasse bestritten, andererseits würde aber dem Gewerbestand die Realschule verweigert, obwohl beide Berufsgruppen nahezu den gleichen Anteil am Gemeindesteueraufkommen leisteten. Wie notwendig aber eine Realschule für die wirtschaftliche Entwicklung Langenaus sei, zeige sich schon allein darin, dass die Gewerbliche Fortbildungsschule etwa 60 Schüler, die landwirtschaftliche Schule gerade zwölf zähle (noch wenige Zeit zuvor sei das Verhältnis umgekehrt gewesen). In den von einzelnen Bürgern, wohl Gemeinderäten, geforderten Schulgeldern von 50 oder 100 Mark pro Jahr und Kind sahen die Befürworter einen besonders perfiden Versuch, die Realschule zu verhindern (der Gewerbeverein hielt 20 Mark für einen angemessenen Beitrag). Auch dies empfanden sie als ungerecht, da selbst der reichste Bürger der Stadt seine Kinder kostenlos auf die Schule schicken könnte, obwohl die Volksschule die Gemeindekasse jährlich mit 14 000 Mark belaste. Auch habe der Gewerbestand nie gegen die Anliegen der Bauern agiert oder im Gemeinderat blockiert, also dürfe man jetzt mit Recht das Entgegenkommen der Bauern bei dieser für die Gewerbetreibenden so wichtigen Angelegenheit erwarten. Kurzum: „Das Ganze gedeiht besser, wenn sich die einzelnen Stände die Hand reichen, als wenn sie sich bekämpfen."[42] Trotzdem blieben die aufgerissenen Gräben noch Jahre bestehen. Noch 1910 schickten vor allem Gewerbetreibende, Beamte und Lehrer ihre Söhne und Töchter auf die Realschule, während Landwirte nur wenig Interesse zeigten, wofür der „Langenauer Anzeiger" die Mithilfe der Kinder bei der Bewirtschaftung der Höfe verantwortlich machte[43].

Der Gewerbeverein griff zur Selbsthilfe, indem er die Entgegennahme der Anmeldungen für die Realschule übernahm. Innerhalb weniger Tage meldeten sich 23 Buben und vier Mädchen, womit das für die Gründung der Realschule festgelegte Quorum überschritten war. Am Schluss des Berichtes merkte die Redaktion des „Langenauer Anzeigers" an: „Nachdem die nötige Schülerzahl beisammen ist, erachten wir die Realschulfrage für gelöst und schließen damit die Erörterung über dieselbe."[44]

Am 1. Mai 1895 wurde endlich die Realschule eröffnet. Am darauf folgenden Tag hielt Stadtpfleger Haug anstelle seines Bruders, des Stadtschultheißen, der seiner Verpflichtung als Landtagsabgeordneter in Stuttgart nachkam, die Eröffnungsrede. 25 Knaben und vier Mädchen erhielten Unterricht von Reallehrer Weiß in einem Raum der Freistegschule. Das jährliche Schulgeld betrug 20 Mark[45]. Für die Stadtverwaltung blieb die Finanzierung der Schule ein Problem. Über die Jahresbesoldung des Lehrers von 2100 Mark hinaus waren für Unterrichtsmaterialien, Kohlen, Turn-, Religions- und Vorbereitungsunterricht nochmals über 600 Mark aufzubringen. Immerhin gewährte das Kultministerium einen jährlichen Zuschuss von 560 Mark für die Entlohnung des Lehrers[46].

Das Selbstverständnis der Realschule, ihre Aufgaben und Ziele, vermittelt uns ein Artikel des Oberreallehrers Knöll aus dem Jahre 1910, der werbend und mit Stolz auf die Erfolge der Realschule in den vorangegangenen 15 Schuljahren zurückblickte. Da nach wie vor ihre Existenzberechtigung von manchem Langenauer angezweifelt wurde, hob Knöll hervor, dass Volksschule und Realschule nicht in Konkurrenz zueinander stünden und nannte entscheidende Unterschiede: „In den gemeinsamen Fächern beider Schulen strebt sie [die Realschule] mehr Zusammenhang, Vollständigkeit und tieferes Eindringen an. Durch die beiden Fremdsprachen [Französisch und Englisch] aber bringt sie ihre Schüler mit Sprache, Sitte, Geschichte und Literatur der wichtigsten europäischen Kulturnationen in Fühlung. Dass dies den Geist bildet, den Horizont erweitert, kann nur der leugnen, der nichts dergleichen an sich selbst kennt … Diese Leistungen sind der Realschule möglich durch intensive Arbeit, geringere Schülerzahl, strebsame Schüler, deren Kraft innerhalb und außerhalb der Schule erheblich stärker angespannt wird, durch Fernhalten ganz unfähiger Schüler, durch den Zaun der Aufnahmeprüfung, endlich durch vorzügliche Lehrbücher in der Hand der Schüler zum selbstständigen Einprägen und Repetieren des Gelernten". Daraus würden sich die Aufgaben der Realschule erschließen: die Voraussetzungen für den weiter gehenden Besuch der Oberrealschule zu schaffen und künftige Arbeitskräfte des Gewerbestandes tüchtig vorzuschulen, wobei ihre geistige Regsamkeit und ihr Sinn für gesunden Fortschritt geweckt und gepflegt werden sollten, damit sie ihrem Geschäft wohl vorstehen könnten. Nach Knöll könne auch die Landwirtschaft von der Realschule profitieren, denn „eine gute Schulbildung [ist] sowohl angesichts der Rechte und Pflichten der Bürger in Staat und Gemeinde als im Interesse der Leistungsfähigkeit im Beruf auch für den Landwirt von großem Vorteil"[47].

Schülerinnen der Realschule, um 1912.

25-jähriges Jubiläum der Realschule, 1920.

Die einklassige Realschule mit zwei Abteilungen führte nach drei Jahren – eine für damalige Landschulen übliche Schuldauer – nicht zur Mittleren Reife. Schüler und Schülerinnen, die auf den Abschluss nicht verzichten wollten, setzten ihren Unterricht an einer Ulmer Schule fort – der erste ehemalige Schüler der Langenauer Realschule legte 1908 erfolgreich das Abitur an der Ulmer Oberrealschule, dem heutigen Kepler-Gymnasium ab. Schwerpunkt des Lehrplanes der Realschulen waren die so genannten Realfächer wie Mathematik, Naturwissenschaften und moderne Sprachen, während die Gymnasien die philologische und philosophische Unterweisung der Schüler zur Aufgabe hatten. Als einzige Fremdsprache wurde an der Langenauer Realschule Französisch gelehrt; der Englisch-Unterricht, den Reallehrer Weiß schon 1897, aber ohne Erfolg, im Gemeinderat vorgeschlagen hatte, wurde ab 1903 zunächst auf freiwilliger Basis gegeben und schließlich 1906 als Pflichtfach eingeführt[48].

Nach einem Tiefstand um die Jahrhundertwende – nur 15 Schüler und Schülerinnen besuchten den Unterricht – wuchs die kleine Realschule stetig. Ab dem Schuljahr 1909/10 gliederte sich die Realschule in vier Klassenstufen, wobei die 4. Klasse nur drei Schüler zählte, aber mit 36 Schülern und Schülerinnen der bisherige Höchststand erreicht wurde[49]. Zu dem Erfolg trug wohl auch bei, dass seit 1906 die Mädchen den Status ordentlicher Schülerinnen erhielten; zuvor wurden sie nur nach einer Genehmigung der Kgl. Kultministerialabteilung für die höhreren Schulen als außerordentliche Schülerinnen zugelassen.

Schulgeld

In der Frage des Schulgeldes, das jeder Bürger für seine schulpflichtigen Kinder zu entrichten hatte, strebte die Gemeinde die Chancengleichheit aller Kinder an – sofern dieser Begriff auch für das 19. Jahrhundert verwendet werden darf – und übernahm 1833 die Bezahlung des Schulgeldes[50]. 1844 versuchte der Gemeinderat, einen Schulfond zu gründen, mit dem das Schulgeld, das für jedes Kind einen Gulden und acht Kreuzer betrug (insgesamt 675 Gulden pro Jahr), bezahlt werden sollte. Finanzieren wollte man den Fond durch Strafgelder für Schulversäumnisse und durch einen Beitrag der Konfirmanten, die bei ihrem Schulaustritt je 30 Kreuzer bezahlen sollten. Da die Einrichtung eines solchen Fonds dem § 22 des Volksschulgesetzes widersprach, verweigerte das Oberamt die von der Gemeinde gewünschte Befreiung von diesem Paragraphen[51]. Als am 6. November 1858 für die Eltern das Schulgeld wieder verpflichtend eingeführt wurde, wandte sich der Gemeinderat an das Ministerium mit der Bitte, von diesem Gesetz dispensiert zu werden, da es hauptsächlich die „ärmere Klasse" treffe, und erklärte sich bereit, bei einer positiven Entscheidung die Kosten selbst zu übernehmen[52].

Für den Besuch der Realschule musste dagegen Schulgeld gezahlt werden. In den Anfangsjahren wurden 20 Mark pro Jahr und Kopf entrichtet. Bis zum Ende der 1920er-Jahre stiegen die Schulgelder für Langenauer Kinder auf 72 Reichsmark, für auswärtige Schüler und Schülerinnen auf 108 Reichsmark. Angesichts der Wirtschaftskrise gewährte die Stadtverwaltung ab dem Schuljahr 1929/30 halbe oder ganze Freistellen. Die Befreiung vom Schulgeld begünstigte vor allem ärmere Handwerker, aber auch Hilfsarbeiter und Tagelöhner[53].

Turnunterricht

Im August 1857 beschloss der Gemeinderat zwar die Einführung des Turnunterrichts, aber offenbar wurde er nie durchgeführt[54]. Denn erst am 4. Mai 1876 führte die Stadt den obligatorischen Turnunterricht versuchsweise in der unteren Schule ein, da sie über Turngeräte verfügte. Der täglichen Schulzeit sollte eine halbe Stunde angehängt werden, sodass einerseits der bisherige Unterrichtsplan nicht geändert werden musste und andererseits zwei Turnstunden in der Woche möglich wurden. Schulmeister Honold übernahm den Turnunterricht, ohne eine zusätzliche Entlohnung zu verlangen (nebenbei bemerkt, Mädchen waren vom Turnen ausgeschlossen)[55]. Im Mai 1881 wurde der ganzjährige Turnunterricht für alle Volksschüler eingeführt: während des Winters im Schießhaus und im Sommer im Freien auf dem Burghof. Da mittlerweile das Turnen eine gewisse politische Funktion besaß – körperlich ertüchtigte Jugendliche werden zu guten Rekruten –, sollten die Turnnoten als Ansporn öffentlich bekannt gegeben werden. Die beiden Hilfslehrer der Oberen und Unteren Schule erhielten je zehn Mark Lohn. 1883 waren 172 Knaben turnpflichtig[56].

Das heutige Schulwesen Langenaus ist gut ausgebaut: zwei Grundschulen (Ludwig-Uhland-Schule und Reutteschule), zwei Verbandshauptschulen (Albecker-Tor-Schule und Schule Auf der Reutte), eine Schule für Lernbehinderte, die Friedrich-Schiller-Realschule und das Robert-Bosch-Gymnasium. Trägerin der Grundschulen, der Realschule und des Gymnasiums ist die Stadt Langenau, die beiden Hauptschulen und die Schule für Lernbehinderte werden vom Gemeindeverwaltungsverband verwaltet[57].

Berufliche Fortbildung

Industrieschulen

Die nach den Napoleonischen Kriegen einsetzende Strukturkrise in Wirtschaft und Gesellschaft erforderte eine Ausweitung der Arbeits- bzw. Industrieerziehung außerhalb des allgemeinen Schulsystems[58]. Mit der Einrichtung von Industrieschulen wurde vor allem angestrebt, die Not der Unterschichten zu lindern. In Württemberg wurde 1795 die erste, allerdings nur kümmerlich gedeihende Industrieschule in Birkach bei Stuttgart gegründet. Unter König Friedrich I. setzte der Ausbau der Industrieschulen ein, ohne jedoch zum Durchbruch zu gelangen, obwohl Generalreskripte die Einrichtung einer Industrie- oder Arbeitsschule an den örtlichen Volksschulen anordneten. Auch Königin Katharina, die im Rahmen ihres sozialfürsorgerischen Engagements auf den Ausbau der Industrieschulen drängte, scheiterte vor allem am Widerstand konservativer kirchlicher Kreise, die eine Minderung der kirchlichen Kontrolle über das Schul- und Erziehungswesen befürchteten. Nach dem frühen Tod der Königin setzte sich König Wilhelm I. energisch für die Vermehrung und Erweiterung der Industrieschulen ein. Die Anzahl der Industrieschulen wuchs zwischen 1822 (7570 Schüler und Schülerinnen) bis 1846 auf 1013 (47 500); am Ende des Jahrhunderts zählte Württemberg 1929 Industrieschulen, die von 120 094 Schülerinnen und Schülern besucht wurden. In der zweiten Hälfte des 19. Jahrhunderts verloren die Industrieschulen mit der Einführung gewerblicher und landwirtschaftlicher Fortbildungsschulen ihre ursprüngliche Funktion und gingen in den Volksschulen auf, wo sie als Handarbeits- und Kochkurse fortgeführt wurden. Diese fanden eine große Resonanz vor allem unter bürgerlichen Töchtern.

Ziel der Industrieschulen war, dass „arme Kinder zur Selbsterwerbsfähigkeit gebildet werden sollen"[59]. Gewiss prägte absolutistisches Gedankengut die Industrieschulen, wonach jedes Kind seiner künftigen Bestimmung gemäß erzogen werden müsse. So wurde Kindern, denen Müßiggang, Bettelei oder Diebstahl nachgewiesen werden konnten, der zwangsweise Besuch der Industrieschule oktroyiert. Die württembergische Industrieschule erwies sich als „eine wirksame Waffe im Kampf zwischen Arbeit und Bettel"[60], wie die Zusammensetzung der Industrieschüler im Rechnungsjahr 1828/29 zeigt: 9982 arme Kinder (davon 88 Prozent Mädchen) und 8284 ‚nichtarme' Kinder (davon 92 Prozent Mädchen).

In Langenau wurde die Industrieschule 1826 eröffnet. 40 bis 50 Mädchen erhielten Unterricht in Nähen, Stricken und Klöppern; zeitweise wurden auch Strohhüte, Tischdecken und dergleichen mehr hergestellt[61]. Die Industrieschule erhielt Zuschüsse der Gemeinde, beispielsweise 1828 15 Gulden[62]. Danach verlieren sich ihre Spuren. Vermutlich wurde sie zu einem uns unbekannten Zeitpunkt geschlossen.

In Zusammenhang mit den Gründungen einer landwirtschaftlichen Fortbildungsschule (1861) und einer Zeichnungsschule (1863) steht die Initiative von 15 Familienvätern, die Ende August 1866 die Einrichtung einer Arbeitsschule für junge Mädchen beschlossen. Der Vorschlag fand die Unterstützung der Ortsschulbehörde. Bereits wenige Wochen später begann die Arbeitsschule, die man in den Lehrplan der Volksschule integriert hatte, mit dem freiwilligen Unterricht in Stricken, Nähen und Flicken. Durch die Volksschullehrer sollten alle Mädchen unterrichtet werden (der Besuch beruhte auf Freiwilligkeit), die konfirmierten Mädchen erhielten einen gesonderten Unterricht durch eine Hauswirtschaftslehrerin[63].

Eine Besonderheit der Langenauer Schulgeschichte stellt die Haushaltungsschule dar. Die Stadtverwaltung versuchte, über die Grenzen der Stadt hinweg Mädchen und junge Frauen für den Besuch dieser

Langenauer Schule zu gewinnen. Zweck einer Haushaltungsschule war es, „erwachsenen Mädchen aus bäuerlichen und bürgerlichen Familien Gelegenheit zu geben, sich diejenigen Kenntnisse und Fertigkeiten besser zu erwerben, welche zur guten Führung einer einfachen Haushaltung erforderlich sind … Von der guten Führung der Haushaltung, wo alles gehörig eingeteilt und mit Nutzen verwendet wird und ein gutes Verständnis besteht für alles, was einerseits zur Sparsamkeit dient, andererseits den Wohlgeschmack fördert, von einer solchen Führung der Haushaltung hängt nicht nur das gute Fortkommen, sondern auch Glück und Zufriedenheit in den Familien vielfach ab und deshalb ist eine Haushaltungsschule eine so wichtige und gemeinnützige Sache."[64]

In erstaunlicher Geschwindigkeit realisierte der Gemeinderat das Projekt. Dem Gründungsbeschluss am 31. August 1888 folgten die Anschaffung der Einrichtung (15 Bettladen) am 11. September und die Einstellungen der Hausmutter Emma Veil aus Schorndorf und der aus Ulm stammenden Arbeitslehrerin Wally Gebhardt, beide Anfang vierzig und ledig, am 5. Oktober. Zehn Tage später begann der Unterricht. Fünf 16- bis 20-jährige Schülerinnen – zwei aus Langenau, je eine aus Ballendorf, Memmingen und Bolheim bei Heidenheim – zählte die kleine Schule. Kochen, Nähen und Stricken standen selbstverständlich auf dem Unterrichtsplan, aber auch Kunst- und Schönschreiben, Rechnen sowie Gesundheits- und Krankenpflege. 1890 wurde das Brotbacken eingeführt, um den eigenen Bedarf zu decken, aber auch um das Backen von Schwarz- und Weißbrot zu lehren[65]. Darüber hinaus war es Langenauer Mädchen möglich, gegen eine Gebühr von 20 bis 25 Mark an Handarbeitskursen oder am Nähunterricht teilzunehmen; Letzteres wurde allerdings 1896 nicht mehr erlaubt, da es sich als Nachteil für die Haushaltungsschule erwiesen hatte[66].

Der halbjährige Kurs schloss mit einer öffentlichen Prüfung der Mädchen ab. Im März 1890 nahmen als Gäste an ihr teil: der Direktor der Zentralstelle für Landwirtschaft, Freiherr von Ow, Oberregierungsrat Schittenhelm, Mitglieder des Gemeinderates sowie die Eltern der Schülerinnen. Nach dem Absingen eines Chorals und einer Begrüßungsrede des Stadtschultheißen Haug begann die Prüfung. Die Fragen wurden in „fertiger, sicherer und genauer Weise" beantwortet, die Hefte waren sauber und schön geschrieben, vor allem aber beeindruckte „die große Geschicktheit bei den Flickarbeiten, welche in einem Familienhaushalt eine so wichtige Rolle spielen." Kurzum: Der Gemeinderat war mit dem „ganz günstigen Ergebnis" hoch zufrieden. Als Anerkennung erhielten die Schülerinnen kleine Präsente, beispielsweise Broschüren mit Titeln wie „Schriftkunst" oder „Gesundheitskatechismus"[67].

Mit Anzeigen in überregionalen Zeitungen versuchte man, Schülerinnen zu gewinnen. Welche Erwartungen die Langenauer Gemeinderäte entwickelten, zeigt die Liste der Zeitungen: „Wochenblatt für Landwirtschaft", „Württembergische Volkszeitung", „Neckarzeitung" (Heilbronn), „Augsburger Abendzeitung", „Evangelisches Sonntagsblatt"; auch ein eigener Prospekt wurde hergestellt und verschickt[68]. Der Erfolg blieb zunächst nicht aus. Im Oktober 1892 wurden vier weitere Bettladen angeschafft, die Zahl der Schülerinnen betrug in der Regel mindestens 15 bei jedem Kurs. Auch die Heimatorte der Schülerinnen belegen den Bekanntheitsgrad der Langenauer Haushaltungsschule. Am Sommerkurs 1893 beispielsweise nahmen 13 Schülerinnen aus den Oberämtern Ulm, Blaubeuren, Münsingen, Ravensburg, Heidenheim, Schorndorf, Waiblingen und Leonberg sowie zwei Schülerinnen aus dem Bezirk Neu-Ulm teil[69].

Überraschend sanken die Schülerinnenzahlen zur Jahrhundertwende; am Winterkurs 1899/1900 nahmen nur noch neun Mädchen teil. Angesichts dieser Situation regte die Zentralstelle für Landwirtschaft den Zusammenschluss der Haushaltungsschulen Stubersheim und Langenau an. Die Langenauer Gemeinderäte befürworteten die Vereinigung zu einer Haushaltungsschule, die für den Bereich des Landwirtschaftlichen Gauverbandes (Oberämter Ulm, Blaubeuren, Ehingen, Geislingen und Heidenheim) zuständig sein sollte, allerdings nur unter der Bedingung, dass diese Schule in Langenau ihren Sitz hätte. Die Stadt war nicht bereit, dieses „zeitgemäße Institut" aufzugeben. Als Standortvorteile nannte man den Eisenbahnanschluss und das bessere Gebäude; außerdem könnte durch zwei Ärzte, einen Apotheker, zwei Geistliche, einen Realschullehrer und die Volksschullehrer die beste Auswahl an Lehrkräften geboten werden. Schließlich hätten zwischen 1888 und 1899 213 Schülerinnen – im Jahresschnitt 20 – die Langenauer Haushaltungsschule besucht, während Stubersheim die gleich hohe Frequenz nur den vielen Schülerinnen aus der Schweiz verdanke. Zur Zusammenlegung kam es nicht, da der Landwirtschaftlicher Gauverband, unter dessen Verwaltung die neue Schule gestanden hätte, offensichtlich nicht bereit war, einen um die Hälfte verringerten Mietzins zu bezahlen[70].

Der Niedergang der Haushaltungsschule ließ sich nicht mehr aufhalten. Mag vielleicht der Streit zwischen der Hausmutter und der Arbeitslehrerin während des Jahres 1903 dazu beigetragen haben. Tatsächlich musste der Gemeinderat die beiden Frauen energisch auffordern, jeden Streit vor den Schülerinnen zu unterlassen. Gleichzeitig lässt sich auch darüber spekulieren, ob eine Zusammenlegung mit der

Stubersheimer Schule den Fortbestand der Haushaltungsschule wirklich gesichert hätte. Nachdem für den Sommerkurs 1905 nur zwei Anmeldungen vorlagen, entschied sich der Gemeinderat am 29. Mai 1905, die Haushaltungsschule zu schließen, und der Arbeitslehrerin Lydia Feyler aus Baden-Baden, die als neue Lehrerin zum Sommerkurs eingestellt worden war, wenigstens eine Entschädigung von 50 Mark zu gewähren. Immerhin gab man vom Winter 1905/06 an in den Räumen der vormaligen Haushaltungsschule Handarbeitsunterricht, der aber bereits im November 1909 eingestellt wurde, als zu wenige Anmeldungen vorlagen[71].

Die gewerbliche Fortbildung

Die Anfänge der beruflichen Schulbildung in Württemberg gehen auf das frühe 19. Jahrhundert zurück. Zwar richtete man sein Augenmerk zunächst vorrangig auf die landwirtschaftliche Berufsbildung, erkannte aber bald die Notwendigkeit, im standortbenachteiligten Südwestdeutschland der gewerblichen Schulbildung und technologischen Wissensvermittlung zur Förderung von Handwerk und Industrie einen institutionellen Rahmen zu geben. Ein Erlass des Kgl. Studienrates aus dem Jahre 1825, Sonntagsgewerbeschulen einzurichten, fand gute Resonanz, sodass Württemberg in den 1830er-Jahren mit hauptsächlich freiwilligen Gewerbeschulen in 53 Orten, die 1836 2472 Schüler besuchten, im Berufsschulwesen an der Spitze der deutschen Bundesstaaten stand. Diese Spitzenposition verlor Württemberg in den folgenden Jahrzehnten, da man in der Kultverwaltung beharrlich an der tradierten Freiwilligkeit des Schulbesuches festhielt (in Baden war schon 1834 die Gewerbeschulpflicht für alle Lehrlinge eingeführt worden). Erst das Schulgesetz von 1905 kam den Wünschen der Industrie- und Handelskammern sowie der Gewerbevereine entgegen und passte das Berufsschulwesen der hoch industrialisierten Wirtschaft an. Nach dem Ersten Weltkrieg erreichte das württembergische Fortbildungsschulwesen dann den gleich hohen Stand wie in Baden[72].

Die Geschichte der Berufsschulen in Langenau beginnt in den Jahren nach der Jahrhundertmitte, zu einem Zeitpunkt, als das sich ausbreitende und modernisierende, neue Kenntnisse und Fertigkeiten fordernde Handwerk im Wirtschaftsleben der Stadt an Bedeutung gewann. Einen ersten Versuch unternahm die Stadt 1854, als sie eine Fortbildungsschule im Messnerhaus einrichtete, die allerdings nicht von langem Bestand war[73]. Im September 1863 begann an der Volksschule ein Zeichen- und Rechenunterricht, dessen Kosten die Stadt hälftig übernahm. Der Unterricht, den Stadtbaumeister Schlebach gab, stand für die Lehrlinge des Schreiner-, Schlosser-, Glaser-, Steinhauer-, Maurer- und Zimmererhandwerks offen und beruhte auf freiwilliger Basis[74].

Über die weitere Entwicklung der Zeichnungsschule berichten die Quellen zunächst nichts mehr. Erst 1874 gewann die Schule erneut das Interesse des Gemeinderates. Am 9. April 1874 legte er fest, dass wöchentlich 8 bis 8 ½ Stunden, davon jeweils zwei am Mittwochnachmittag und am Sonntag, von Lehrer Honold gegeben werden sollten[75]. Das eigentliche Gründungsdatum der Zeichnungsschule, die der 1872 gegründeten gewerblichen Fortbildungsschule als eigenständige Abteilung angeschlossen wurde, fiel auf den 15. Oktober 1877, als 21 Schüler den Unterricht im geometrischen, Projektions- und technischen Linearzeichnen aufnahmen, den Stadtbaumeister Sigloch gab. Die Stunden fanden am Samstag und Montag von 20 bis 22 Uhr sowie am Sonntagnachmittag statt. Das Freihandzeichnen, eine wichtige Voraussetzung für das technische Zeichnen, wurde als ordentliches Unterrichtsfach in der Volksschule eingeführt. Die freiwillige Zeichnungsschule gliederte man in Winter- und Sommerkurse; die Kursgebühr betrug in den ersten Jahren im Winter vier Mark, im Sommer zwei Mark[76]. Zu Beginn der 1890er-Jahre unterrichteten werktags vier Lehrer eine stark gewachsene Schülerzahl (1890 betrug sie 68, von denen fast alle weniger als 17 Jahre zählten) in den acht artistischen und wissenschaftlichen Fächern (zehn bzw. acht Wochenstunden)[77].

Im November 1870 trat der Gewerbeverein an den Gemeinderat mit der Bitte heran, eine der Ausbildung der Gewerbelehrlinge entsprechende Fortbildungsschule einzurichten, da die Winterabendschulen den gewachsenen Ansprüchen nicht mehr genüge. Der Gemeinderat befürwortete einstimmig die Einrichtung einer Fortbildungsschule, die auch ältere Handwerker besuchen können sollten, und erklärte sich sogar zur Übernahme der jährlichen Kosten von 25 bis 50 Gulden bereit. Aber wiederum gefährdete die Frage der Finanzierung die Gründung einer Schule, da die Stadt nur dann ihren Beitrag leisten wollte, wenn der Staat die Hälfte der Kosten übernahm. Trotz der zögerlichen Haltung der Stadtverwaltung konnte der Unterricht von 27 Lehrlingen im Herbst 1872 beginnen, die im März des folgenden Jahres ihre Abschlussprüfung zu allgemeiner Zufriedenheit ablegten. Vor allem die Ergebnisse im gewerblichen Rechnen und die handwerklichen Arbeiten fanden großes Lob und berechtigten nach Ansicht des „Langenauer Anzeigers" zu der Hoffnung, „dass Langenau auch in gewerblicher Beziehung mit der Zeit denjenigen Rang einnehmen wird, der ihm gegenüber anderen Städten gebührt." und es sich daher lohne, „den Eifer der hiesigen Jugend in gewerblicher Hinsicht anzuspornen"[78]. Aber nicht nur das Wissen für ein erfolgreiches berufliches Leben wurde vermittelt, auch die Vermittlung ethischer und moralischer Werte gehörten zum Unterrichtsziel. So richtete im Frühjahr 1878 ein Professor Kleesattel bei der Abschlussprüfung „eine kräftige und herzliche Ermahnung an die Schüler, durch Fleiß und Pünktlichkeit und Sauberkeit und Ordnungssinn sich all der Vorteile teilhaftig zu machen, welche aus dem ... Unterricht in den verschiedenen Lebensstellungen hervorgehen können"[79].

Der Erfolg der Fortbildungsschule und der staatliche Zuschuss von 45 Gulden, den die Kgl. Kommission für gewerbliche Fortbildungsschulen am 30. Juni 1873 bewilligte, bewirkten im Oktober 1873 die Wahl eines gewerblichen Ortsschulrates, sodass auch die gewerbliche Fortbildungsschule den Status einer öffentlichen und von der Stadt geförderten Institution erhielt. Dem Gremium gehörten zunächst je ein Mitglied des Gemeinderates und des Bürgerausschusses sowie zwei Mitglieder des Gewerbevereins an. 1875 reduzierte man die Mitgliederzahl auf drei; gewählt wurden am 26. Februar diesen Jahres Stadtarzt Dr. Cammerer, Stadtschultheiß Haug und für den Gewerbeverein der Mechaniker Bader. Ab 1882 zählte der Gewerbeschulrat wieder vier Mitglieder: als Vorsitzenden von Amtswegen den Stadtschultheißen, die Vorsitzenden des Bürgerausschusses und des Gewerbevereins und ein Mitglied des Gewerbevereins[80].

In den ersten Jahren der Fortbildungsschule besuchten in der Regel über 20 Lehrlinge den Unterricht, den sie meist mit befriedigendem bzw. gutem Erfolg abschlossen. Auch die Kgl. Kommission beurteilte die Langenauer Institution mit befriedigend, die sich vor einem Vergleich mit anderen Fortbildungsschulen im Lande durchaus nicht zu scheuen brauchte. Zum Ansporn der Lehrlinge belohnte der Gewerbeverein die Besten eines jeden Kurses mit Geldprämien zwischen einer und vier Mark, die 1889 von der Stadt übernommen wurden[81]. Aber auch Zeugnisse für „Fleiß und Wohlverhalten" wurden ausgegeben. Denn: „Wer aber neben guten Schulkenntnissen seinen Beruf tüchtig erlernt habe und damit ein geordnetes, anständiges Betragen verbinde, der sei im Besitz eines Empfehlungsbriefes, der überall durch die Welt helfe"[82]. Gelegentlich wurden die Lehrlingsarbeiten mit kleinen Ausstellungen der Öffentlichkeit vorgestellt[83]. Bei dem Wettbewerb anlässlich des 25. Thronjubiläums König Karls I. gewannen die Langenauer Lehrlinge zwei Preise 2. Klasse und sechs Ehrenbriefe[84]. Eifrig warben Gewerbeverein und „Langenauer Anzeiger" für den dreijährigen Besuch der Fortbildungsschule: „Diejenigen, welche glauben, mit 16 Jahren ausgelernt und keine Schule mehr nötig zu haben, verlassen alle die Schule mit ungenügenden Kenntnissen und der mangelnde Schulsack geht ihnen ihr Leben lang nach"[85].

1880 begann der stetige Ausbau der gewerblichen Fortbildung in Langenau. Zum Winterkurs 1880/81 wurden die Unterrichtsstunden einem Erlass der Kgl. Kommission für gewerbliche Fortbildungsschulen folgend erhöht, damit auch der „deutsche Aufsatz" geübt werden könne. Allerdings vermochte der Gemeinderat der von der Kommission geforderten Einführung einer wohl staatlich anerkannten Lehrlingsprüfung nicht Folge zu leisten, sondern beharrte auf dem Prinzip der Freiwilligkeit. Dennoch bestanden im Frühjahr 1881 sechs Lehrlinge diese Prüfung erfolgreich, wozu sie wahrscheinlich der Gewerbeverein animiert hatte, dem die Einführung dieser Lehrlingsprüfung ein großes Anliegen war. 1891 legten 15 kaufmännische und gewerbliche Lehrlinge, 1894 sogar 17, die Prüfung mit Erfolg ab, womit Langenau im Vergleich mit anderen Städten gleicher Größe und Struktur eine Spitzenposition einnahm[86]. Stadtbaumeister Sigloch erhielt 1884 die Erlaubnis, ein- oder zweimal im Jahr auf Kosten der Stadt nach Stuttgart zu reisen, um dort die Sammlungen der Zentralstelle für Gewerbe und Handel zu studieren, damit es seine Kenntnisse und Fertigkeiten im technischen Zeichnen weiterentwickeln konnte. Vom Herbst 1902 an erhielten die Mechanikerlehrlinge eine Wochenstunde in Mechanik und Physik[87].

Das Gesetz vom 22. Juni 1906 brachte eine erhebliche Verbesserung des Berufsschulwesens. Der Artikel 2 schrieb allen männlichen Arbeitskräften unter 18 Jahren in gewerblichen und kaufmännischen Betrieben den dreijährigen Besuch einer Berufsschule zwingend vor. Bemerkenswert ist, dass der „Langenauer Anzeiger" auch den Artikel 17 anführte, wonach Berufsschülern unter 17 Jahren der Besuch von Wirtshäusern verboten wurde[88].

Während des Nationalsozialismus wurde das Berufsschulwesen konzentriert. Nach dem Schuljahr 1937/38 löste man die Langenauer Berufsschule auf; die Lehrlinge besuchten vom Herbst 1938 an die Gewerbeschule in Ulm. Für jeden Schüler entrichtete Langenau einen jährlichen Kostenzuschuss von 35 RM[89].

Landwirtschaftliche Berufsbildung

In den ersten Jahrzehnten des 19. Jahrhunderts wurde das landwirtschaftliche Bildungswesen von staatlicher Seite energisch vorangetrieben. Zunächst beschränkte sich der reformerische Wille auf eine kleine Elite. Ein Beispiel dafür ist die Landwirtschaftliche Unterrichts- und Versuchsanstalt in Hohenheim (seit 1847 Akademie, seit 1904 Hochschule), die unter dem der Landwirtschaft sehr zugeneigten König

Wilhelm I. 1818 gegründet wurde. Erst in der Mitte des Jahrhunderts erfasste die landwirtschaftliche Bildung die breite Masse der Bauern. Mit den aus den Sonntagsschulen entstehenden Landwirtschaftlichen Fortbildungsschulen setzte sich ein neuer landwirtschaftlicher Schultyp durch, der mit großem Erfolg zwar die praktischen Erfordernisse des landwirtschaftlichen Betriebes nicht außer Acht ließ und durch theoretischen Unterricht den Bauernbuben die Fortschritte in Ackerbau und Viehzucht näher brachte und sie im Umgang mit neuen Maschinen unterwies[90].

Auch die Langenauer Landwirtschaftliche Fortbildungsschule ging aus einer Winterabendschule hervor, von der wir erstmals am 8. November 1861 lesen, als der Gemeinderat die Kosten in Höhe von annähernd 100 Gulden für den bevorstehenden Kurs festlegte[91]. Aber auch die Winterabendschule genügte nicht den Ansprüchen der Zeit. Am 13. Oktober 1867 sprach eine Versammlung des Landwirtschaftlichen Distriktvereins Langenau-Niederstotzingen das Fehlen einer Landwirtschaftlichen Fortbildungsschule an, denn die gewöhnliche Schule könne die Fortbildung in landwirtschaftlichen Dingen nicht leisten, „da hierzu auch Erfahrung und praktische Anschauung überhaupt nötig sei"[92]. Unmittelbar danach bildete der Landwirtschaftliche Verein eine Sektion für das Fortbildungswesen, der neben anderen Schultheißen, Pfarrern und Lehrern auch Stadtschultheiß Haug, Schullehrer Honold und Tierarzt Stöckle aus Langenau angehörten. Deren Aufgabe war es, an der inhaltlichen Gestaltung der landwirtschaftlichen Unterrichtsstunden an den Winterabend- oder Fortbildungsschulen, die Gründung von landwirtschaftlichen Lesevereinen und Ortsbibliotheken voranzutreiben und Abendvorträge und Versammlungen zu organisieren. Außerdem sollte die sittliche Förderung der Jugend ein gewichtiges Thema ihrer Beratungen sein. Anfang November appellierte die Sektion in einem im „Langenauer Anzeiger" veröffentlichten Aufruf an die Gemeinde- und Ortsschulbehörden, dass „im wohlverstandenen Interesse der Gemeinden und ihrer Jugend [sie] sich überall bereit zeigen möchten, die zu diesem Zweck nötigen – für unsere Gemeinden vollends unbedeutend zu nennenden – Geldmittel, wie dies schon in sieben Orten des Bezirks [Langenau, Albeck, Asselfingen, Bissingen, Niederstotzingen, Oberstotzingen und Setzingen] in anerkennenswerter Weise geschehen oder in sichere Aussicht gestellt ist"[93].

Die Entwicklung der Winterabendschule verlief durchaus erfolgreich. Vermutlich wegen der hohen Schülerzahl wurde die Winterabendschule im Oberen und im Unteren Dorf abgehalten; 1890 musste die Zahl sogar auf 27 Schüler beschränkt werden[94]. Dennoch kam das

Ende der Landwirtschaftlichen Winterabendschule bald. Die wachsende Zahl der Schüler und die offensichtlich nicht vorhandene Bereitschaft der Stadt, trotz des hohen Anteils der Bauern weitere finanzielle Mittel für eine Landwirtschaftlichen Fortbildungsschule bereitzustellen, ließen die Beibehaltung der Institution für nicht mehr angebracht erscheinen. Vom Winter 1902/03 an besuchten die Langenauer Bauernsöhne (62 im Winter 1904/05) die Landwirtschaftliche Winterschule in Ulm, in der ein landwirtschaftlicher Inspektor, ein Landwirtschaftslehrer und zehn Hilfslehrer ihren Schülern außer Rechnen, Lesen und Schreiben vor allem landwirtschaftliche Kenntnisse über Viehzucht, Fruchtfolgen und -sorten oder die Anwendung von Düngemitteln beibrachten[95].

Die Sonntags- oder allgemeine Fortbildungsschule

Von der gewerblichen und landwirtschaftlichen Fortbildung blieben nicht wenige Jugendliche ausgeschlossen. Mehrfach versuchten Privatpersonen und die Stadt ohne rechten Erfolg, eine Sonntags- oder allgemeine Fortbildungsschule ins Leben zu rufen. Zunächst scheiterte die private Initiative des Konditors Jakob Rößler, der um 1874 eine Sonntagsschule gegründet hatte. Im November 1887 übernahm Lehrer Köhle den Unterricht in der auf freiwilliger Teilnahme beruhenden Sonntagsschule (es bleibt offen, ob es sich hier um die von Rößler gegründete Sonntagsschule handelt). Erst 1895 nahm die Stadt die Organisation einer Allgemeinen Fortbildungsschule in die Hand. Diese verpflichtete alle schulentlassenen männlichen Jugendlichen zur Teilnahme; befreit war nur, wer eine Gewerbliche Fortbildungsschule, eine höhere Lehranstalt oder die Realschule besuchte. Der Unterricht fand den Winter über in 80 Stunden statt. Auch konfirmierte Mädchen erhielten an zwei Wochentagen vier Stunden Unterricht[96].

Erwachsenenbildung

Volksunterrichtskurse während der Weimarer Republik

Gegen Ende des Ersten Weltkrieges entwickelte Theodor Bäuerle, der spätere württembergische Kultminister (1947 – 1950), die Idee der Volkshochschule, die sich während der Weimarer Republik als erfolgreiche Institution der allgemeinen und vor allem politischen Erwachsenenbildung durchsetzte[97]. In Langenau wurde keine Volkshochschule gegründet, aber in den im Jahre 1920 eingeführten „Volksunterrichtskursen für Erwachsene beiderlei Geschlechts" erblicken wir die Vorläufer der heutigen Volkshochschule in Langenau. Staatsbürgerkunde, politische und allgemeine Themen bestimmten das Programm, das sich für 1921 den Bürgern und Bürgerinnen Langenaus wie folgt vorstellte: Reichsverfassung, Allgemeine Steuerlehre, Einführung in das Werk Goethes, Wert und Wesen politischer Bildung und an Freitagabenden regelmäßige Literaturvorträge. Auch auswärtige Referenten konnten gewonnen werden. Am 31. Januar 1932 hielt Landtagsdirektor Dr. Eisenmann einen von der Reichszentrale für Heimatdienst in der Turnhalle organisierten Lichtbildervortrag über „Deutschland und die Abrüstung"[98].

Die Stadt unterstützte die Volksbildungskurse durch die unentgeltliche Benutzungserlaubnis für ein Schulzimmer, wobei sie auch die Kosten für Heizung und Beleuchtung übernahm. Als sich aber wider Erwarten durchschnittlich 110 Teilnehmerinnen und Teilnehmer für jeden Kurs angemeldet hatten, lehnten die Gemeinderäte eine Verlegung in einen Wirtshaussaal wegen der dadurch entstehenden Kosten von 2500 Mark ab. Ebenso fand die Anregung, den Referenten ein Honorar zu bezahlen, keine Zustimmung[99].

Die vh Ulm in Langenau

Im Herbst 1948 fanden erstmals Veranstaltungen der im April 1946 von Inge Scholl gegründeten Ulmer Volkshochschule (vh) statt, die Erika Schmid, die „rechten Hand" der vh-Gründerin Inge Scholl, organisierte. Langenau wurde damit bis zum Beginn der 1960er-Jahre zur einzigen Außenstelle der vh. Von September bis Mai bot das Programm in der Regel monatlich eine Veranstaltung, wie uns beispielsweise das abwechslungsreiche, Reise-, wissenschaftliche und politische Vorträge sowie Konzerte umfassende Programm für den Winter 1952/53 zeigt: „Eine Reise durch das Schwabenland" (September), „Bunte Welt – eine Filmreise ums Mittelmeer" (November), Weinachtskonzert des Kammerchors der vh (Dezember), „Rätselhaftes China (Januar), „Wie meistert der Mensch den Fortschritt?" (Februar), „Ernste und heitere Literatur" (März) und eine „Hausmusik" des Langenauer Musikkreises im Mai. Veranstaltungsort war das Gasthaus „Roter Ochse", in dem die Referenten auch übernachteten[100].

Das Jahr 1955 brachte der Außenstelle Langenau eine qualitative Veränderung. Die Arbeit wurde durch die Einführung wöchentlicher Vorträge und die teilweise Ablösung des Einzelvortrags mit Lichtbildern durch zusammenhängende Kurs- und Vortragsreihen intensiviert. Trotz der zunehmenden Konkurrenz durch das Fernsehen und trotz der unbefriedigenden Raumverhältnisse – der Musiksaal in der Neuen Schule lag nicht zentral und zudem im dritten Stock – bildete sich ein fester Hörerstamm. Von Januar 1963 an fanden die vh-Veranstaltungen im neuen evangelischen Gemeindehaus statt[101]. Die Resonanz blieb allerdings unter den Erwartungen, zu denen man sich wegen des attraktiveren Veranstaltungsortes berechtigt gefühlt hatte – die 420 Zuhörerinnen und Zuhörer entsprachen in etwa der Zahl des Vorjahres.

Die folgenden Jahre wurden vom Ausbau des Programms geprägt, vor allem die Kurse standen nun im Mittelpunkt. Zählte das Programm für 1964 noch vier Vortragsreihen und sechs Einzelvorträge, so bereicherten vor allem Sprachkurse in Englisch und Französisch, erstmals 1966 angeboten, das Programm; auch die Hörerzahl wuchs stetig und erreichte 1971 mit 980 Hörerinnen und Hörern einen ersten Höhepunkt[102]. Seit 1984 besitzt die vh Ulm in Langenau eine feste Außenstelle, die zunächst bis 1993 in der Buchhandlung Mahr untergebracht wurde und dann bis zum Umzug in das Untere Helferhaus im Frühjahr 1999 im Rathaus angesiedelt blieb. Im Helferhaus stehen nun der Volkshochschule drei attraktive Seminarräume zur Verfügung in denen etwa 250 Vorträge, Kurse und Sonderveranstaltungen mit rund 4000 Teilnehmerinnen und Teilnehmern jährlich stattfinden. Somit wird die vh Ulm in Langenau, weiterhin die wichtigste Weiterbildungsinstitution in Langenau bleiben und wertvolle Beiträge für das weit über Langenau hinaus bekannte Kulturleben der Stadt leisten.

Kultur an der Nau

Geselligkeit gewann in Langenau nach der Mitte des 19. Jahrhunderts im öffentlichen Leben zunehmend an Raum. Die Form der organisierten bürgerlichen Freizeitgestaltung war der Verein. Im Gesangverein pflegte der Bürger das Liedgut, im Turnverein ertüchtigte er seinen Körper und im Schützenverein übte er sich im Schießen, womit er die typischen geselligen Betätigungen des Bürgers im 19. Jahrhundert betrieb. Über den eigentlichen Vereinszweck hinaus boten die Vereine noch andere Möglichkeiten geselligen Zusammenseins: Ausflüge in die nahe und weitere Umgebung, Weihnachtsfeiern, Familienabende, Faschingsbälle, Abendunterhaltungen und so weiter. Und nicht zu vergessen die Wirtshäuser, in denen die Menschen nicht nur zum Essen und Biertrinken zusammenkamen, sondern in denen auch viele Feiern und Feste stattfanden.

Auch außerhalb der Vereine fanden die Langenauer Möglichkeiten zu Geselligkeit und kulturellen Vergnügungen aller Art. In den Wirtshäusern gastierten in unregelmäßigen Abständen Wandertheatergruppen und Einzelinterpreten, oder die Langenauer wagten selbst den Schritt auf die Bühne, wie wohl am 26. Juli 1868. Der Pächter des „Weißen Rosses" lud „auf vielseitiges Verlangen" zu einer „Italienischen Nacht, bengalischem Feuer und brilliantem Feuerwerk" sowie zu einem „Sommertheater" ein. Letzteres brachte „Der Wandersmann. Dargestellt in sieben lebenden Bildern mit Beleuchtung, Gesang und Musik", danach folgte „Das Blasrohr oder Die traurige Begebenheit von Eduard und Kunigunde. Posse in 1 Akt". Beendet wurde die Vorführung mit „höherer Gymnastik und Komik"[1]. Nicht gehobenes Bildungstheater also, sondern volkstümliche Schwänke und Dramen brachten Kurzweil und Entspannung. Auch Variétee fand in Langenau sein Publikum. So gastierte beispielsweise am 8. und 9. Januar 1870 ein gewisser Professor Petermüller in der „Krone", der „ganz neue, komische, magische und mechanische Kunststücke, welche ohne irgendeinen Apparat, was hier noch nicht gesehen wurde, produziert werden", und für den Schluss der Vorstellung gar die Hinrichtung des Künstlers ankündigte[2]. Am 2. Februar 1879 gab die Theaterfamilie Schöpl im Gasthaus „Zum Bad" eine „große brilliante Vorstellung der modernen Salon-Magie, Physik und Chemie", die dem „Langenauer Anzeiger" zufolge „nach uns vorliegenden Berichten anderer Blätter nur wirklich Gediegenes leistet". An „Originalstücken" wurden gegeben: „Das fliegende Mädchen, Der Mensch in zwei Teilen, Die Stimme aus dem Geisterreich, Tutti frutti, Große mnemotechnische Produktion sowie ein reichhaltiges Programm der neuesten Experimente"[3]. Eine Kindervorstellung ist aus dem Jahr 1877 überliefert: „1001 Nacht mit Gratisverlosung von sechs komischen Scherzgegenständen"[4].

Einladungsanzeige für eine Varieté-Veranstaltung, 1870.

Auch an die zumindest männliche Jugend wurde vonseiten der Stadt gedacht. Im November 1888 eröffnete die Stadt im neuen Schulhaus die so genannte Jünglingsschule für die konfirmierte männliche Jugend. Sie sollte den Winter über jeden Sonntagvormittag der Belehrung und Unterhaltung durch einen Schullehrer dienen. Für die kleine Bibliothek wurden unter anderem 1893 verschiedene Zeitschriftenbände „Über Land und Meer", „Illustrierte Zeitung" und „Daheim" angeschafft. Der Besuch war für die Gemeindeväter zufrieden stellend. Im ersten Winter besuchten an 23 Sonntagen zwischen 12 und 43 Jungen die Schule; noch 1902 berichtet das Ratsprotokoll über eine weiterhin bestehende Resonanz[5].

Es soll nicht verschwiegen werden, dass auch ‚ernsthaftere' Veranstaltungen die Säle füllten, wie bei einem Rosegger-Abend 1905, auf dem der Grazer „Steyrer Sepp" aus den Werken des österreichischen Heimatdichters rezitierte[6], oder bei einem „Volkstümlichen Vortragsabend aus den Werken der klassischen Dichter", die Dr. Gerhard Storz, Mitglied des Badischen Landestheaters in Karlsruhe, vortrug. Mit großem Erfolg, denn wenige Monate später wurde eine zweite Vorstellung geboten[7].

Das Kulturangebot entwickelte sich mit dem technischen Fortschritt. 1905 zeigte ein Kinematograph bewegte Bilder[8]. Ihm folgten Lichtbildervorträge, wie zum Beispiel in der Turnhalle vor einem größeren Publikum über Gewinnung und Verarbeitung von Kohle[9]. Von der Mitte der 1920er-Jahre an finden wir regelmäßige Anzeigen der Schwäbischen Bilderbühne, in denen für Filmvorführungen mit bildendem Anspruch in der Turnhalle geworben wurde: „Das große weiße Schweigen" schilderte R. Scotts Todesmarsch an den Südpol 1911 und vergaß nicht, die Wunderwelt des Eises und die bizarre Schönheit der Antarktis zu zeigen[10]. Ein andermal trug der Film den Titel „Im Schatten des Urwaldes"[11]. Im Dezember 1932 öffnete das Kino in der Bahnhofstraße, seine Türen, das den Langenauern im Winter ein neues Freizeit- und Kulturvergnügen ermöglichte. Damit hielten unterhaltende Spielfilme ihren Einzug in Langenau. „Der Mönch von Bartholomä" und „Andreas Hofer" waren die ersten gezeigten Filme[12]. 1985 schloss das Kino aus wirtschaftlichen Gründen.

Herausragendes kulturelleres Ereignis in den 1930er-Jahren war die Gründung und der Aufbau eines heimatgeschichtlichen Museums. Im Oktober 1932 rief der Hauptlehrer August Heckel, ein ausgewiesener Kenner der näheren Heimatgeschichte und Verfasser der ersten Stadtgeschichte Langenaus, die Einwohner auf, ihre Bühnen und Abstellräume nach alten Gegenständen zu durchsuchen und für ein Heimatmuseum zu spenden. Unmittelbaren Anlass für seine Initiative gab ihm der Fund einer alemannischen Spatha und einer Lanzenspitze. Heckels Aufruf erfuhr eine außerordentliche Resonanz, der wir heute die vielfältige und umfangreiche heimatkundliche Sammlung verdanken. Über ein Jahr lang veröffentlichte die „Ulmer Alb-Zeitung" zahlreiche Listen der gespendeten Gegenstände. Bereits im Februar 1933 wurde das Museum, zunächst im Haus Marktplatz 5 untergebracht, eröffnet, musste aber bald wieder geschlossen werden, da wegen der vielen Sachspenden eine Erweiterung notwendig geworden war. Die Wiedereröffnung fand dann Ende August 1933 statt. Wenige Jahre später folgte der Umzug in das Obere Helferhaus, in dem das Heimatmuseum am 8. Januar 1939 erneut eröffnet wurde[13].

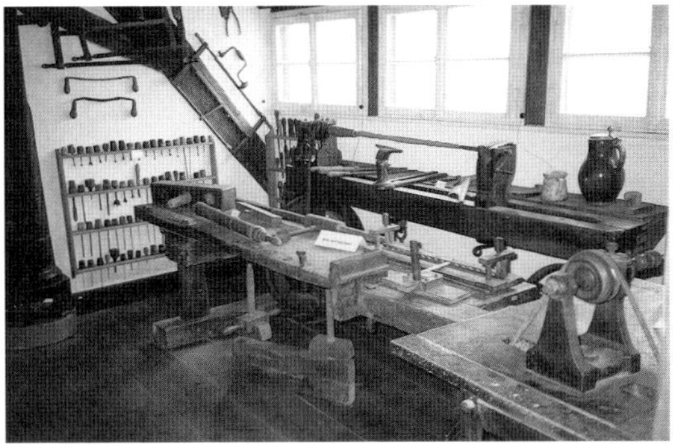

Heimatmuseum: Bäuerliche Stube mit eisernem Ofen.

Heimatmuseum: Drechslerwerksatt.

Das Heimatmuseum besitzt eine imponierende Sammlung von Alltagsgegenständen, seien es Werkzeuge, Wohnungseinrichtungen, Pflüge und viele andere Dinge mehr, die uns heutigen Menschen die Augen für die Vergangenheit öffnen. Ein Museumskenner schrieb einmal über das Heimatmuseum: „Es kann durchaus vorkommen, dass sich der Besucher nach dem Gang durch das Langenauer Museum von der wahrhaft unübersehbaren Fülle der ausgestellten Gegenstände wie erschlagen fühlt. Die Häufung der Gegenstände, auch der einfacheren Werkzeuge, hat Methode: Zeugnisse der Vergangenheit werden nicht als Einzelstücke präsentiert, sondern als alltägliche Massenware, als ein Stück Realität vergangener Zeiten. Der Besucher, der sich in diesem Sinne von der Vielfalt der Exponate, aber auch von der Kunstfertigkeit einzelner handwerklicher Arbeiten berühren und sich von ihnen wie berauscht von Raum zu Raum und von Objekt zu Objekt tragen lässt, der wird das Helferhaus mit Gewinn verlassen ... Das Schönste überhaupt in Langenau ist vielleicht dies: Es ist ein Museum des Heimatmuseums."[14]

Die Stadt Langenau besitzt heute ein lebendiges und vielfältiges Kulturleben, wie es in der kleinen Stadt kaum zu vermuten ist[15]. Die entscheidende Weichenstellung erfolgte während des Bürgermeisterwahlkampfes 1980. Mehrere Bewerber sprachen sich für eine Aktivierung des kulturellen Lebens aus. Der neu gewählte Bürgermeister Wolfgang Mangold schuf gemeinsam mit dem Gemeinderat die räumlichen, organisatorischen, finanziellen und personellen Voraussetzungen für eine Entfaltung des kulturellen Lebens. Der erste wichtige Schritt gelang mit dem Erwerb des Pfleghofareals. Nach einer aufwändigen Sanierung, die einen für kulturelle Veranstaltungen geeigneten Saal in der ehemaligen Scheuer zum Ergebnis hatte, entwickelte sich der Pfleghof seit 1988 zum Herzen der Kultur in Langenau. Das Areal beherbergt heute eine Sporthalle, das Stadtarchiv, die Ur- und Frühgeschichtliche Sammlung des Heimatmuseums, die Ungarndeutschen Heimatstuben und die Stadtbücherei mit etwa 23 400 Medieneinheiten und 149 000 Entleihungen pro Jahr (Stand 1999).

Museum für Vor- und Frühgeschichte im Pfleghof.

Die Einrichtung eines städtischen Schul-, Sport- und Kulturamtes 1985 schuf die grundlegende organisatorische Voraussetzung für das Entstehen eines eigenständigen kulturellen Lebens. Ein eigenes städtisches Amt für Kulturarbeit ist in einer Kleinstadt eher selten, aber in Langenau eine mutige Ausnahme. Neben der ‚klassischen' Tätigkeit als Förderer, Zuschussverteiler und Träger von Einrichtungen liegt die Hauptaufgabe des Kulturamtes in der Organisation von Veranstaltungen, die in eigener Regie oder in Kooperation mit anderen Vereinen durchgeführt werden. Vor allem durch letzteres erreicht man ein breiteres Publikum. In Langenau werden beispielsweise zahlreiche Veranstaltungen mit der Volkshochschule, der Stadtbücherei, der Buchhandlung Mahr und mit anderen Vereinen geplant, organisiert und finanziert. Die Schaffung eines kulturellen Netzwerkes, das Kontinuität und Bündelung von inhaltlicher, personeller und finanzieller Kompetenz ermöglichen soll, ist erklärtes Ziel der städtischen Kulturarbeit.

Die kulturelle Szene Langenaus änderte sich fast zeitgleich mit dem Entstehen des Pfleghofes. Aus dem Bürgermeisterwahlkampf 1984 ging ein Verein zur Förderung von Kunst und Kultur hervor, dessen Mitglieder in mehreren Arbeitskreisen vor allem Klassikkonzerte, Ausstellungen, Vorträge und Kulturfahrten organisieren. Ein engagierter Buchhändler setzt seit 1984 neue Impulse, und die in seiner Buchhandlung von 1984 bis 1993 untergebrachte Außenstelle der Volkshochschule Ulm hatte dadurch die Möglichkeit zu einer ständigen Erweiterung ihres Bildungsangebots und ihrer Kulturarbeit. An weiteren kulturell engagierten Vereinen bestehen Langenau International, eine Vereinigung für Solidarität mit der Dritten Welt und Völkerverständigung, und der Initiativkreis 8. Mai, der sich der Erforschung der Ursachen und Wurzeln des Nationalsozialismus widmet. Er hat sich zum Ziel gesetzt, die Erinnerung daran wachzuhalten, neuerdings mit zwei Wettbewerben – „8. Mai 1945" und „50 Jahre Grundgesetz" – sich vornehmlich an Jugendliche zu wenden, sich künstlerisch mit diesen beiden Zeitereignissen auseinander zu setzen. Schließlich organsieren Jugendliche im „Kaos-Keller" Konzert- und Diskoveranstaltungen. Seit einigen Jahren besitzt das Kulturleben der Stadt mit dem an einem Sommerwochenende durchgeführten Turmfest rund um den Martinsturm, das Wahrzeichen der Stadt, einen weiteren ‚Knüller'. Zwei Bühnen bieten ein kontrastreiches Programm, das das jüngere und alternative Publikum ebenso anspricht wie das ältere und traditionelle.

Turmfest.

Peter Härtling liest.

Die Kultur-Szene Langenaus genießt einen überregionalen Ruf.

Das Schlusswort soll dem Pfleghof, dem Aushängeschild des Langenauer Kulturlebens, gewidmet sein. Sein Saal eignet sich ideal für Konzerte, Lesungen, Vorträge, Theateraufführungen und Kabarettveranstaltungen. Jährlich finden dort rund 100 Veranstaltungen statt, an denen Menschen aus der ganzen Region und sogar aus Ulm, Heidenheim und Günzburg teilnehmen. Künstler jedweder Provenienz und Persönlichkeiten des öffentlichen Lebens geben in Langenau ihr Stelldichein. Autoren wie Peter Härtling, Tschingis Aitmatow und Harry Rowohlt, Jazzmusiker wie Joachim Kühn und Barbara Dennerlein, Kabarettisten wie Gerhard Polt und Uli Keuler oder Personen des Zeitgeschehens wie Ignaz Bubis und Heiner Geißler waren Gäste des Pfleghofes und trugen mit dazu bei, dass Langenau in der Region den Ruf einer aufgeschlossenen und einer ein attraktives Kulturleben anbietenden Stadt genießt.

Vereine in Langenau

Die bürgerliche Vereinsbewegung entwickelte sich in der ersten Hälfte des 19. Jahrhunderts zu einer breiten Bewegung. Die alten sozialen, korporativen, konfessionellen und lokalen Bindungen fielen weg, die Bürger verließen ihre traditionellen ständisch-korporativen Sozialkreise (Dorf, Stadt, Region, Zunft oder Konfession) und schlossen sich frei nach persönlichen Interessen in Geselligkeits-, Bildungs- und Lesevereinen, in Gesang- und Turnvereinen und in Vereinigungen, die wissenschaftliche, gewerbliche, landwirtschaftliche oder soziale Ziele verfolgten, zusammen. Der freie Zusammenschluss freier und gleicher Personen sprengte die engen Grenzen der alten Gesellschaft. Die Vereine wurden durch die formale Gleichberechtigung ihrer Mitglieder zu Orten der demokratischen Willensbildung und somit zu einem Gegenbild der politischen Alltagswelt; in ihnen nahmen die Bürger eine bürgerlich-demokratische Gesellschaftsordnung vorweg, deren wichtigste Prinzipien – Volkssouveränität und Gewaltenteilung – in den Statuten festgeschrieben wurden und auf diese Weise als konkret erfahrbare Utopie erlebt werden konnten.

Die Geschichte der Vereine Langenaus spiegelt die soziale Struktur der Stadt wider. Bürgertum und Bauernschaft schufen sich ihre jeweils eigenen Vereine, welche die beiden Bevölkerungsgruppen streng voneinander trennten. Diese Trennung, die bei Vereinen mit wirtschaftlicher Zielsetzung sicherlich sinnvoll war, zeigt sich symbolhaft bei den Vereinen, die entweder gleiche Vereinsziele verfolgten oder dem allgemeinen Interesse dienten. Handwerker und Kaufleute sangen im Liederkranz, die Bauern der Ober- und Unterstadt vereinigten sich in Gesangverein und Sängerbund. Auch in der Bürgergesellschaft oder im Bürgerverein scheint nie ein Bauer mitgewirkt zu haben[1].

Die bürgerliche Vereinsbewegung fasste in Langenau während des Vormärz noch nicht Fuß. Erst in den Revolutionsjahren von 1848/49 erfolgten die Gründungen eines demokratischen Volksvereins, eines Arbeitervereins und einer Turngemeinde, denen allerdings eine nur kurze Lebensdauer beschieden war und die nach dem Scheitern der Revolution bald in der Dunkelheit der aufziehenden Reaktionszeit verschwanden.

Mit der Gründung des Liederkranzes 1858 beginnt die eigentliche Geschichte der Vereine in Langenau. Ihr folgten die Wiedergründung der Turngemeinde 1861 und 1863 die Gründung einer Bürgergesellschaft, die sich zwar als unpolitische, gesellige Vereinigung verstand, sich der „Besprechung von Fragen aus dem bürgerlichen Leben" widmete und mit allgemein bildenden Veranstaltungen, z. B. über die württembergische Verfassung von 1819 oder das Blutkreislaufsystem an die Öffentlichkeit herantrat. Sie versuchte aber auch mit ökonomischen Themen Einfluss auf die wirtschaftliche Entwicklung der Stadt zu nehmen, beispielsweise mit Vorträgen über die Verbesserung des Kornmarktes, landwirtschaftliche Maschinen oder die Pflege von Obstbäumen[2]. Auf diese Weise wirkte die Bürgergesellschaft durchaus als Interessenvertretung der Bürger auf kommunaler Ebene. An geselligen Veranstaltungen bot sie Bälle, Tanzunterhaltungen und Ausflüge in die nähere Umgebung an[3]. Nach 1872 trat die Bürgergesellschaft nicht mehr in Erscheinung. Der Gewerbeverein übernahm zumindest in Wirtschaftsfragen ihre Rolle, ehe im Januar 1896 der Bürgerverein als ihr eigentlicher Nachfolger die Rolle einer parteiunabhängigen, dem allgemeinen Interesse dienenden Organisation übernahm. Dies zeigt beispielhaft der Antrag an den Gemeinderat, alle Tagesordnungspunkte und Beschlüsse des Gemeinderates und Bürgerausschusses von öffentlichem Interesse im „Langenauer Anzeiger" zu veröffentlichen, dem der Gemeinderat sogleich nachkam[4]. Versammlungen des Bürgervereins, der 1902 fast 100 Mitglieder zählte, beschäftigten sich u. a. mit der Flurbereinigung, der Einführung des Telefons, der Wassernot in der Unterstadt, der zentralen Wasserversorgung und der Gesindeordnung. 1920 forderte der Bürgerverein die Einführung einer Krankenkasse für den Bezirk[5].

Privat-Anzeigen.

Bürger-Gesellschaft.

Morgen, Abends 8 Uhr Versammlung im Ochsen. Besprechung wegen eines Gesellschaftsballs; das Flüssigkeitsmaß.

Der Vorstand.

Anzeige der Bürgergesellschaft, 1867.

Mit den drei genannten Vereinen – Liederkranz, Bürgergesellschaft resp. Bürgerverein und Gewerbeverein –, den sozial ausgerichteten Vereinen – Leichengeldverein und Krankenunterstützungsverein – sowie mit dem seit 1818 bestehenden und von 1856 an als Distriktsverein Langenau organisiertem Landwirtschaftlichen Verein besaß Langenau die am weitesten verbreiteten Vereinstypen und hatte somit in den 1860er-Jahren den Anschluss an die allgemeine Vereinsbewegung erreicht. Während des Kaiserreiches differenzierte sich die Vereinslandschaft. Zwei weitere Sängervereinigungen – der Gesangverein (1876) und der Sängerbund (1884) – wurden gegründet, und die Freunde des Radfahrens vereinigten sich 1895. Vor allem fällt die Gründung von Vereinen ins Auge, die die Verfolgung wirtschaftlicher Interessen in ihre Vereinsstatuten aufnahmen: Gewerbeverein (1870), Pferdezuchtverein (1877), Bienenzuchtverein (1878), Viehversicherungsverein (1883 bzw. 1905), Geflügelzuchtverein (1906) und Ziegenzuchtverein (1909).

Mit der Gründung einer Ortsgruppe des Schwäbischen Albvereins 1892 tritt ein neuer Vereinstyp in Erscheinung, der Freizeitgestaltung oft in Verbindung mit der Vermittlung von Kultur und Wissenschaft auf seine Fahnen schrieb. Auch die 1912 gegründete Zimmerstutzengesellschaft widmete sich wie die traditionsreiche Schützengesellschaft der Freizeit in sportlicher und vor allem geselliger Atmosphäre. Hinzutrat 1925 der Musikverein, dessen Kapelle zu Volksmusik aufspielte. Während der 1920er-Jahre verbreiterte sich das Angebot weiter: der Verein der Hundefreunde (1923) und der 1928 gegründete Automobilclub Langenau (AMC), der regelmäßig Ausfahrten organisierte, wie beispielsweise noch im Gründungsjahr zum Solitude-Rennen bei Stuttgart oder 1931 nach Schwäbisch Gmünd. Er fühlte sich dabei zu sozialen Diensten verpflichtet, indem er 1930 einen Ausflug mit Kriegsgeschädigten und Hinterbliebenen nach Heidenheim veranstaltete, an dem 50 Personen in 17 PKWs teilnahmen[6].

Hundezuchtverein Langenau, 1930.

Nach 1945 nahm die Vereinsbewegung in Langenau erneut einen ungeheuren Aufschwung – sie zählt heute weit über 50 Vereine. Aus der Vielzahl der Vereine seien nur wenige herausgegriffen. An weiteren Sportvereinen wurden der FC Langenau (1962), der Reit- und Fahrverein, der sich Ende der 60er-Jahre in großartiger Eigenleistung eine neue Reithalle erbaute, der Tennis-Club Langenau oder in jüngster Zeit der

Automobilclub (AMC) Langenau, 1931.

Türkische Sportclub Langenau gegründet. Ausländische Kultur- und Freizeitvereine bereichern ebenso das Vereins- und gesellige Leben der Stadt wie sozialen Zielen verpflichtete Vereine, Musikvereine und Kapellen oder Vereine zum Schutz von Umwelt und Natur oder der Verein zur Förderung von Kunst und Kultur.

Die Vereine waren stets dem politischen Zeitgeist unterworfen; ihr Selbstverständnis spiegelte häufig die politischen Verhältnisse wider. Die Vereine der Revolutionszeit bezogen eindeutige politische Standpunkte. Ihr Ziel war es, mit Wort und Tat die revolutionäre Entwicklung auch in Langenau voranzutreiben sowie die Revolution zu verteidigen, und, als die Konterrevolution begann, die Oberhand zu gewinnen. Als schließlich im Sommer 1849 die revolutionären Träume von einem demokratischen und vereinigten Deutschland in der blutigen Niederschlagung der badischen Republik erstickt wurden, zogen sich viele Aktivisten in die Privatsphäre zurück, nicht zuletzt bedingt durch das Verbot politischer Vereine und durch die politische Verfolgung der Liberalen und Demokraten durch die staatlichen Organe. Gegen Ende des Reaktionsjahrzehnts vereinigten sich die liberal gesinnten Langenauer im Liederkranz, der in der Zeit der politischen Verfolgung nach der gescheiterten Revoltion von 1848/49 ebenso wie die 1859 gegründete deutschkatholische Gemeinde eine gewisse Tarnfunktion einnahm. Sie bot für Liberale und Demokraten eine Möglichkeit sich zu vereinigen und neben den Gesangesfreuden auch den politischen Zusammenhalt zu pflegen, was notwendigerweiser zu Konflikten mit der Obrigkeit führte.

Während des Kaiserreiches trat das liberale und demokratische Element mehr und mehr in den Hintergrund, bis an seine Stelle patriotische und nationale Töne traten, welche die Größe und vor allem militärische Stärke Deutschlands feierten. Eine führende Rolle spielte hierbei der 1873 gegründete Veteranenverein Concordia, dessen jährliche Sedanfeier maßgeblich zu dieser Entwicklung beitrug. Aber auch in den anderen Vereinen, wie später zu lesen sein wird, gewann militaristisches und überhöhtes nationalistisches Gedankengut an Boden und bestimmte das Selbstverständnis der Vereine – eine Entwicklung, wie sie überall in Deutschland zu beobachten ist.

Politische Äußerungen der Vereine aus der Weimarer Republik sind bisher nicht bekannt. Die Statuten des TV Langenau von 1925 schlossen parteipolitische Bestrebungen und die Erörterung konfessioneller Fragen kategorisch aus[7]. Man darf aber mit Recht annehmen, dass die bürgerlichen Vereine konservativ, wenn nicht gar monarchistisch ausgerichtet waren und der demokratischen Staatsverfassung eher skeptisch, wenn nicht gar ablehnend gegenüberstanden. Die Arbeiterkulturvereine, die sich den Prinzipien und Zielen der Arbeiterbewegung verpflichteten, schufen einen Gegenpol und bekannten sich eindeutig zur Weimarer Verfassung, wie beispielhaft ihr Eintreten für Freiheit und Demokratie in der Endphase der Weimarer Republik zeigt.

Zu Beginn des nationalsozialistischen Regimes wurden die sozialdemokratischen Organisationen verboten und das Vereinswesen dem „Führerprinzip" unterworfen. Danach wählten die Mitglieder nur noch die Vorsitzenden neu oder wieder. Die übrigen Mitglieder des Vorstandes bestimmte aber der Vorsitzende. Das „Führerprinzip" wurde konsequent durchgeführt: Alle Fragen entschied der Vorsitzende allein, der Vorstand besaß lediglich eine beratende Funktion ohne jedes Abstimmungsrecht. Die Aufgabe des Vorstands bestand darin, das „Führerprinzip" konsequent zu wahren, um nicht „in demokratische Gepflogenheiten zurückzusinken". Jede öffentliche Kritik hätte dem „Führerprinzip" widersprochen, weil sie die Autorität des „Führers" untergraben und dadurch zersetzend gewirkt hätte[8].

Soweit heute bekannt, vollzog sich die Integration der Langenauer Vereine in das nationalsozialistische Regime ohne Schwierigkeiten. Auch die inhaltliche Ausgestaltung des Vereinslebens wurde auf die nationalsozialistische Ideologie ausgerichtet. Die Turnvereine zum Beispiel übernahmen die Einheitssatzung des Deutschen Reichsbundes für Leibesübungen, in der als Vereinszweck „die leibliche und seelische Erziehung seiner Mitglieder im Geiste des nationalsozialistischen Volksstaates durch die planmäßige Pflege der Leibesübungen, insbesondere des deutschen Turnens im Geiste Friedrich Ludwig Jahns als eines Mittels zur körperlichen und sittlichen Kräftigung seiner Mitglieder sowie durch die Pflege deutschen Volkstums, deutschen Volksbewusstseins und kameradschaftlicher Gesinnung" genannt wurden. Mitglieder durften nur unbescholtene Deutsche werden, deren Eltern und Großeltern „Arier" waren[9]. So machte man es auch dem Gesangvereinen zur Pflicht, nur bestimmte Liederbücher zu verwenden. 1942 wurden die Langenauer Gesangvereine aufgelöst und zu einer Chorgemeinschaft vereinigt, die jedoch nicht zustande kam, da niemand zu den Singstunden erschien[10].

Heute verstehen sich die Vereine als unpolitische Organisationen. Die Erfahrungen während des Nationalsozialismus, als alle Vereinsaktivitäten dem Regime untergeordnet waren, führten zu ihrer Entpolitisierung. Politisch neutral verpflichten sie sich ausschließlich ihren Vereinszielen, seien dies nun die Förderung kultureller oder wirtschaftlicher Interessen, die Hilfe für sozial Benachteiligte oder kranke Menschen, die sinnvolle, den persönlichen Neigungen folgende Freizeitgestaltung, geselliges Beisammensein oder sportliche Aktivitäten. Die Vereine spielen nach wie vor eine wichtige Rolle für das friedliche und nachbarschaftliche Zusammenleben in der Stadt (nicht zuletzt leisteten die Vereinen einen wichtigen Beitrag für die Integration der Kriegsflüchtlinge und Vertriebenen und der ausländischen Mitbürgerinnen und Mitbürgern). Die historische Bedeutung der Vereine liegt in ihrem wichtigen Beitrag, den sie in ihrer über 150-jährigen Geschichte für unsere heutige demokratische Gesellschaftsordnung geleistet haben.

Die folgenden Vereinsporträts beschränken sich auf vor 1933 gegründete Vereine. Eine gleichwertige Darstellung aller heutigen Vereine hätte den Rahmen dieses Kapitels über Gebühr gesprengt – man möge dies dem Verfasser freundlich nachsehen. Auch die Darstellung der geschichtlichen Entwicklung eines Vereins setzt ihre Schwerpunkte bis zum Ende der nationalsozialistischen Diktatur.

Gesangvereine

Der Liederkranz

Im Januar 1858 lud der Unterlehrer Zimmermann vornehmlich junge Leute zur Gründung eines „Liederkranzes" ein und gewann bald 36 Sänger, von denen aber bald schon wieder neun austraten. Zimmermann wurde der erste Dirigent, und acht Wochen nach der Gründung veranstaltete der Verein sein erstes öffentliches Konzert[11].

Offensichtlich bildete der Verein in Langenau, wie auch andernorts, ein unverdächtiges, nicht von einem obrigkeitlichen Verbot gefährdetes Sammelbecken der seit der gescheiterten Revolution von 1848/49 unorganisiert lebenden Liberalen. Von dem jungen Verein liegt zwar keine politische Äußerung vor, aber der Langenauer Liederkranz nutzte, wie viele andere liberal orientierte Gesangvereine in Württemberg, 1859 den 100. Geburtstag Friedrich Schillers, des gefeierten Dichters der Freiheit, erstmals mit einem Konzert in der Öffentlichkeit aufzutreten. Sowohl ein Spaziergang 1861 mit dem demokratischen deutschkatholischen Pfarrer Friedrich Albrecht aus Ulm, einem der führenden und weit über die Grenzen der Münsterstadt hinaus bekannten Persönlichkeiten der Revolution, nach Bernstadt als auch ein Konzert zum ersten Todestag Ludwig Uhlands, eines der Väter des württembergischen Liberalismus, weisen auf den politischen Standort des Liederkranzes. Allerdings ließ der Vereinsausschuss im „Langenauer Anzeiger" bekannt geben, dass für den Spaziergang kein Beschluss gefasst worden sei, sondern er auf die Initiative Einzelner zurückgehe; ansonsten lege der Verein Wert darauf, sich „von allen Parteibestrebungen" fernzuhalten[12].

Wie rasch der Liederkranz an Beliebtheit unter den Langenauern gewann, zeigte sich schon zwei Jahre nach seiner Gründung, als sich der Vorstand zum Kauf einer Fahne entschloss. Zahlreiche Geld- und Sachspenden für eine Lotterie brachten das nötige Geld für den Kauf einer „schön ausgeführten Fahne", sodass der Verein, der im Juli desselben Jahres dem Schwäbischen Sängerbund beitrat, am 23. September 1860 feierlich seine Fahnenweihe begehen konnte: „Der ganze Abend bot ein Bild gemütlicher Heiterkeit. Mit den Gesängen wechselten einzelne Deklamationen, unter welchen besonders der Monolog aus Schillers ‚Tell' hervorzuheben ist, und so dürfen wir wohl hoffen, dass keiner der Anwesenden unbefriedigt nach Hause gegangen sein wird", berichtete der „Langenauer Anzeiger"[13].

Der Anfangsbegeisterung folgte aber bald „ein Nachlass, eine teilweise Flauheit in der Beteiligung am Gesang"; die Schattenseiten des Liederkranzes traten hervor[14]. Viele Sänger erschienen „unordentlich und unpräzis, störten mit „Possen und Bubereien" die Singübungen und offenbarten einen erheblichen Mangel „an Bescheidenheit und anständigem Betragen". Der Verein geriet in eine tiefe Krise, sodass 1869 wegen Beschlussunfähigkeit nicht einmal die Vollversammlung über einen Antrag auf Vereinsauflösung beschließen konnte.

Dennoch blühte der Verein in den 1870er-Jahren wieder auf. 1874 zählte der Verein wieder 39, davon 24 aktive oder singende Mitglieder. Ein Klavier wurde angeschafft; zahlreiche Veranstaltungen, Maskenbälle und Sängerfahrten, auch die 25-Jahr-Feier 1883 verhalfen dem Verein zu einer Blüte. Die Säle der Wirtshäuser reichten längstens nicht mehr aus, sodass auf die größere städtische Fruchthalle im Rathaus zurückgegriffen werden musste. Zu Beginn der 1880er-Jahre erweiterte der Verein sein Repertoire um Quartett- und Solovorträge, und Ende 1882 wurden ein Mädchen- und ein gemischter Chor eingerichtet[15]. Von 1889 an ermöglichte eine Reisekasse Ausflüge, so 1890 nach Friedrichshafen, Konstanz und an den Rheinfall bei Schaffhausen oder 1896 zum Sängerfest in München. Während des Ersten Weltkrieges wurden die Singstunden eingestellt (15 Mitglieder waren eingezogen worden), die man erst im Februar 1919 wieder aufnehmen konnte[16]. Schließlich schloss sich im Oktober 1919 die Sängerriege des Turnvereins Langenau dem Liederkranz an[17].

Der Liederkranz bereicherte das kulturelle Leben der Stadt mit zahlreichen Konzerten, sei es durch eine „Gesangsunterhaltung" in der „Sonne "(hier fanden die meisten Veranstaltungen des Liederkranzes statt), ein Frühlingskonzert mit dem schönen Motto „Frühling im Walde", ein Solidaritätskonzert mit den Notleidenden an der Ostsee, ein gemeinsames Konzert mit den Vereinen aus den benachbarten Dörfern oder durch einen Volksliederabend, auf dem ein Lichtbildervortrag „Das Lied im Bilde" für zusätzliche Unterhaltung sorgte[18].

Liederkranz Langenau.

Programm

zu dem am 10. Januar in der Sonne dahier stattfindenden

Concert.

1) Heran, heran ꝛc., Männerchor von F. Abt.
2) Ich sang in vor'gen Tagen ꝛc., Baßsolo mit Pianofortebegleitung von Omeis.
3) „Die Regimentstochter", Oper von Donizetti, Flötensolo mit Violine- und Pianofortebegleitung.
4) Unterländers Heimweh, Männerchor von Silcher.
5) Variationen für das Pianoforte über „Muß i denn ꝛc., von Eichler.
6) Preis und Anbetung ꝛc., Psalm von Kink.

Pause.

Der blaue Frack und seine Folgen.

Parodirender Schwank in 1 Akt.

Ausgeführt von 8 Mitgliedern des Vereins.

7) Gesellenfahrten, Walzer, Männerchor von Abt.
8) „Der Troubadour" von Verdi, Flötensolo mit Pianofortebegleitung.
9) Das Sternlein, Männerchor von Silcher.
10) Duett, Quodlibet aus „komische Couplets" von Räder.
11) La Consolation pour le Piano von J. Dusseck.
12) Der Sänger, Männerchor von Silcher.

Der Dirigent: Schullehrer Köhle.

Anfang präzis 7 Uhr.

Ehrenmitglieder haben freien Zutritt.

Entrée für Nichtmitglieder 18 kr.

Zu recht zahlreichem Besuch ladet Musik- und Gesangsfreunde ergebenst ein

der Ausschuß.

Einladungsanzeige für ein Konzert, 1875.

Zu einem Höhepunkt des Vereinslebens geriet das Gausängerfest 1904, an dem die Gesangvereine aus Riedheim, Leipheim, Günzburg und Niederstotzingen teilnahmen; zwischen 350 und 400 Menschen bildeten den Festumzug durch die Straßen der Stadt. Wie sehr sich inzwischen das Selbstverständnis des Liederkranzes verändert hatte, der regelmäßig am so genannten Sedanstag (2. September), dem nationalen Feiertag, musikalische Unterhaltungen darbot[19], und wie sehr auch der Gesang in die Tagespolitik einbezogen wurde, zeigt in aller Deutlichkeit die von nationalem Pathos getragene Festrede des Stadtschultheißen Haug. Der Gesang habe das patriotische Gefühl der Deutschen geweckt, das Volk auf die großen Aufgaben von 1870 vorbereitet und den Soldaten im Feld die Strapazen, den Hunger und den Durst vergessen lassen. Mit Blick auf einen zukünftigen Krieg rief Haug der Festgemeinde zu: „Wer mit Vaterlandsliebe, mit tiefem Ernst, aber auch mit freudigem Mut in den Kampf ziehe, leiste unendlich mehr, als wer nur gezwungen und zaghaft und ohne Begeisterung für das Vaterland kämpfe"[20].

Der Gesangverein

Vorwiegend Bauern aus der Oberen Stadt gründeten am 5. November 1868 den zweiten Gesangverein der Stadt[21]. Bereits am folgenden Tag fand die erste Singstunde statt. Der Verein entwickelte sich erfolgreich. Bald zählte er 25 Sänger, und weitere Fortschritte ermöglichten es, dass nach einem Jahr ein Vorsitzender, Wilhelm Jäger, der bereits bei der Gründung des Liederkranzes zusammen mit seinem Bruder mitgewirkt hatte, und ein sechsköpfiger Vorstand gewählt werden konnte. Die politische Ausrichtung des Vereins war nationalliberal, so fand seine Fahnenweihe am Sedanstag 1876 statt[22]. Bei den nationalen Feier- und Gedenktagen (Sedansfest, Geburtstage des Kaisers und Königs) spielten die Sänger des Gesangvereins eine große Rolle. Bereits 1879 sollen Frauen mitgesungen haben, aber erst von 1907 an wirkte ein gemischter

Chor an Weihnachtsfeiern und zum Teil bei Sängerfesten mit. Zu einer Tradition des Vereinslebens wurde die jährliche Verlosung eines Christbaumes. Höhepunkte während des Kaiserreiches waren das 25- und 40-jährige Vereinsjubiläum[23], das Gausängerfest 1900 in Langenau, auf dem die Langenauer Vereine gemeinsam und einzeln auftraten, und die Gedenkfeier zum 100. Todestag Friedrich Schillers am 9. Mai 1905.

Der Erste Weltkrieg bedeutete, wie für alle Vereine, auch für den Gesangverein einen tiefen Einschnitt in das Vereinsleben. Viele Sänger standen an der Front, sodass keine Singstunden mehr gehalten werden konnten; in den letzten beiden Kriegsjahren wurden sogar die Vereinsversammlungen eingestellt. Aus der Weimarer Republik liegen nur wenige Nachrichten vor, so berichtete die „Ulmer Alb-Zeitung" gelegentlich über die zur Tradition gewordenen Weihnachtsfeiern[24]. 1931 erlebte der Vereine eine schwere Krise, als ein Generationenkonflikt, der in der schweren Wirtschaftskrise durch Arbeitslosigkeit und die dadurch entstandenen sozialen Spannungen zwischen Landwirten und Nichtlandwirten noch verschärft wurde, den Gesangverein zu spalten drohte. Schließlich trat ein Teil der jungen Sänger, gefolgt von manchen „Alten", aus dem Verein aus. Die Sangesqualität litt unter diesem Verlust, sodass die Leistungen der 20er-Jahre nicht mehr erreicht wurden.

Gesangverein Langenau, 1930.

Im Gesangverein scheinen erhebliche Vorbehalte gegen den Nationalsozialismus bestanden zu haben. Bei der Weihnachtsfeier 1936 begann das Programm zwar mit einer nationalsozialistischen Einleitung, aber dass die Freiheitslieder „Freiheit, die ich meine" und „Wann wir schreiten Seit' an Seit'", eines der populärsten Lieder der sozialistischen Arbeiterbewegung, gesungen wurden, entsprach gewiss nicht den Vorstellungen der NS-Führer Langenaus. Auch bei der Jahresfeier 1938 lockte der Gesangverein wieder den Stachel, als er ein Lied des von den Nazis wegen seiner jüdischen Abstammung verfemten Mendelssohn zum Besten gab[25].

Trotz des Verlustes von 19 Sänger im Zweiten Weltkrieg erholte sich der Verein rasch. Vor allem junge Männer traten ihm bei, sodass nach siebenjähriger Pause 1947 wieder eine Weihnachtsfeier abgehalten werden konnte. In den 50er-Jahren kamen zur Pflege der Geselligkeit die Jahres- und die Frühjahrsfeiern sowie eine Theatergruppe hinzu. Der Verein trat vielfach bei Beerdigungen, Hochzeiten, Jubiläen, Altenfeiern, Festen und sonstigen Anlässen auf. Ein Jahresausflug gehörte und gehört mittlerweile zum festen Bestandteil des Vereinslebens.

Der Sängerbund

Bis 1866 existierte im Unteren Dorf ein Gesangverein, über den die Quellen allerdings nur äußerst spärlich berichten. Am 4. Januar 1884 gründeten der Maurermeister Eberhard Honold, der zum 1. Vorsitzenden gewählt wurde, und der Lehrer Stecher als Dirigent den Sängerbund, der das Erbe seines Vorgängers – einige Partituren und Senghefte – übernahm[26]. Die Vereinsstatuten legten rigide Bedingungen für die Aufnahme in den Verein fest. Mitglied konnten nur Männer werden, die einen unbescholtenen Ruf genossen und im Besitz der bürgerlichen Ehren- und Dienstrechte waren. Ledige Männer unter 25 Jahren wurden nur dann aufgenommen, wenn sie ihren Militärdienst geleistet oder „sonst ein gesetztes Betragen" gezeigt hatten[27].

Statuten

des

Sängerbundes Langenau.

Gegründet auf Neujahr 1884.

1885.
Druck von J. Glanz in Langenau.

Statuten des Sängerbundes Langenau.

Sänger des Sängerbundes, 1909.

Auch der Sängerbund war national ausgerichtet. Die am 24. Juli 1887 feierlich geweihte Fahne trug den Spruch „Rein im Sange, treu im Wort, fest in Eintracht immerfort" und eine „Germania", die dem Niederwalddenkmal bei Rüdesheim nachgebildet war. Beide Festredner, Stadtpfleger Haug und Helfer Müller, hoben hervor, wie „das deutsche Lied und der deutsche Gesang" bei der Einigung Deutschlands mitgeholfen hätten und wie die „Germania" nun am Rhein Wache gegen „welschen Überfall" stünde[28]. Ein weiterer Höhepunkt in der Vereinsgeschichte war die Feier zum 25. Gründungstag 1909.

Während des Ersten Weltkrieges kam das Vereinsleben zum Erliegen, aber schon wenige Jahre nach Kriegsende zählte der Verein wieder 30 aktive und 40 passive Sänger. Auch der Zweite Weltkrieg schränkte die Singstunden ein, bis sie schließlich völlig eingestellt wurden. Der Sängerbund zahlte einen hohen Blutzoll: Zehn Sänger fielen und vier wurden vermisst. Am 30. Dezember 1946 fand die erste Ausschusssitzung nach dem Krieg statt. Eine Phase des Wiederaufbaus begann, bis der Sängerbund im Januar 1948 erstmals wieder mit einer Jahresfeier in der Öffentlichkeit auftrat. Mit Stolz auf seine Tradition feierte der Sängerbund Ende Juni 1984 sein hundertjähriges Bestehen.

Volksmusik

Volksmusik wird in Langenau seit der Mitte des 19. Jahrhunderts gespielt, wie eine Fotografie aus dem Jahre 1864 zeigt. Mehr ist über die darauf abgebildeten Kapelle nicht bekannt; wir dürfen aber annehmen, dass sie bei Festen oder Straßenumzügen auftrat. Zu Beginn der 1920er bestanden die Kapelle „Frisch auf" und die Musikkapelle Langenau, die beispielsweise Ende April 1923 ein sonntägliches Platzkonzert auf dem Marktplatz oder im August 1925 ein Konzert im „Gähen Berg" gab[29]. Mit der Gründung des Musikvereins am 4. April 1925 erhielt Langenau eine dritte Kapelle. Vereinszweck war, „die Musik zu pflegen und dem Publikum in Gestalt von öffentlichen Konzerten Edles und Gutes zu bieten." Bis zum ersten öffentlichen Konzert sollten über drei Jahre vergehen, aber das Konzert im Sommer 1928 brachte den Durchbruch, sodass die Kapelle „Frisch auf" im folgenden Jahr geschlossen in den Verein eintrat. Von diesem Zeitpunkt an fanden regelmäßige Veranstaltungen wie Sommer-, Garten- und Weihnachtskonzerte, Ständchen und Ausflüge statt. Dem Verein gehörten 1931 über 50 Personen an. Das Bezirksmusikfest am 5. Juli 1931, an dem 24 Vereine aus dem Bezirk 3 Donau teilnahmen, war gewiss der erste Höhepunkt in der Vereinsgeschichte[30].

Konzert des Musikvereins, um 1930.

Der Musikverein stellt ein anschauliches Beispiel für die Integration von Vereinen in das NS-Regime dar, trotz eines Konfliktes, bei dem der Verein jedoch nie grundsätzliche Zweifel an der nationalsozialistischen Ordnung aufkommen ließ. Im August 1935 schlossen Stadt und Musikverein nach längeren Verhandlungen einen Vertrag, der die Musikkapelle verpflichtete, in einer Stärke von zwölf bis fünfzehn Mann bei den nationalsozialistischen Feiern – Tag der Arbeit, Tag der deutschen Jugend, Erntedankfest, Sonnwendfeier, Heldengedenktag und Geburtstag des „Führers" – und am Kinderfest sowie auf Anordnung des Bürgermeisters zu spielen, wofür der Musikverein eine jährliche Pauschale von 400 Reichsmark erhalten sollte. Im März 1936 entzündete sich aber zwischen der Stadt und dem Verein ein Konflikt, nachdem die Kapelle am Heldengedenktag (23. März) nicht teilgenommen hatte. Bürgermeister Sigloch kürzte daraufhin die Jahrespauschale um 40 Reichsmark und befahl dem Musikverein, sich bei dem Propaganda-Marsch am Vorabend der Reichstagswahlen am 29. März sowie am Wahlmorgen bei dem Wecken zur Verfügung zu stellen und in Rücksprache mit dem stellvertretenden Propagandaleiter Karl Gerstlauer die Musikstücke auszuwählen. Lassen die langen Vertragsverhandlungen von 1935 bereits auf ein gewisses Konfliktpotenzial schließen, so scheint nach diesem Fall das Zerwürfnis zwischen Stadt und Verein auch weiterhin bestanden zu haben. Die Frage der Bezahlung barg offensichtlich den Konflikstoff. Denn am 30. September 1939 kündigte der Musikverein den im Frühjahr 1939 erweiterten Vertrag (zu den bereits genannten NS-Feiern kamen noch der 30. Januar [„Machtergreifung"], „Volksweihnacht" und alle Großveranstaltungen der NSDAP-Ortsgruppe hinzu) fristgerecht auf, erklärte sich aber dennoch bereit, bei sofortiger Bezahlung an Veranstaltungen mitzuwirken[31].

Der Musikverein bietet ebenfalls ein anschauliches Beispiel für die Folgen des „Führerprinzips", wenn das Verhalten eines Vereinsmitgliedes weder dem „Führerprinzip" noch den Vorstellungen des Vereinsvorsitzenden entsprach: Am 23. März 1939 schloss der neu gewählte Vorsitzende Martin Ströhle Heinrich Köhler, im Übrigen ein Gründungsmitglied des Musikvereins, wegen unentschuldigten Fehlens auf der Generalversammlung aus; erschwerend kam hinzu, dass Köhler zwei Versammlungsteilnehmer nach dem Ende der Versammlung über deren Verlauf ausgefragt haben soll. Der Brief Ströhles endet mit den entlarvenden Worten: „... solch derartige Stückchen können nur Menschen machen, welche nie ein ruhiges Gewissen haben." Ein Schreiben Bürgermeister Siglochs an die Fachschaft Volksmusik in der Reichsmusikkammer, Gau Württemberg-Hohenzollern, in Heidenheim teilte die Aussagen beider Kontrahenten unkommentiert mit. Dieses Schreiben offenbart einen persönlichen Konflikt zwischen Ströhle und Köhler; Ersterer zählte einige persönliche Verfehlungen Köhlers auf, jener brachte vor, dass er von Haus aus Streichmusiker sei und wegen seines Asthmas durch die Blasmusik gesundheitliche Probleme bekäme. Hintergrund des Konflikts bildete die faktisch zwangsweise angeordnete Vereinigung von Köhlers Streichquartett mit dem Musikverein Anfang 1934. Offensichtlich bemühte sich Köhler, der im Übrigen während der so genannten „Kampfzeit" vor 1933 unentgeltlich für die NSDAP gespielt hatte, sein Streichorchester wieder zu gründen, was wohl letztlich zu seinem Ausschluss führte und von der Fachschaft Volksmusik untersagt wurde[32].

Im Dezember 1946 erhielt der Musikverein vom Prüfungsausschuss für Theater, Film, Musik und Varietee in Ulm die Erlaubnis für öffentliche Konzerte. Der Wiederaufbau des Vereins war in den folgenden Jahren offensichtlich von Schwierigkeiten begleitet. So beschloss die Generalversammlung am 8. März 1952, mit der die Führung eines Protokolls wieder begann, die Werbung und Aufnahme von passiven Mitgliedern, um das Vereinsleben auf eine breitere Basis zu stellen. Erstmals wurde auch über die Gründung einer Jugendkapelle nachgedacht, denn das Durchschnittsalter der Musiker lag zu diesem Zeitpunkt bei 44 Jahren. So stellt die die Zukunft des Musikvereins sichernde Gründung der Jugendkapelle 1958 ein außerordentlich wichtiges Ereignis in der jüngeren Vereinsgeschichte dar[33].

Sportvereine

Der Turn- und Sportverein Langenau

Die Geschichte des Sportes begann in Langenau im Sommer 1846, als der Unterlehrer an der Unteren Schule Jakob Seyerlen, ein „Turner mit Leib und Seele", der im Oktober 1845 nach Langenau gekommen war, eine Schar von Schülern und jungen Männern, unter ihnen der spätere Stadtschultheiß Johann Friedrich Haug und der Eisenwarenhändler Christian Schwenck (Marktplatz 13), um sich sammelte[34].

Doch zur Gründung eines Vereins kam es erst während der Revolution von 1848/49. Am 14. Juni 1848 beschlossen 14 Männer im Gasthaus „Krone" die Gründung eines Turnvereins. Wenige Wochen später, am 26. August 1848, wurden die Statuten verabschiedet und die Wahl eines aus drei Mitgliedern bestehenden Vorstandes vorgenommen. An der Spitze des Vereins stand Wilhelm Schwenck. Ob es sich bei diesen Turnern um denselben Personenkreis handelte, der sich schon am Schülerturnen beteiligt hatte, kann nicht belegt werden, da kein Turner namentlich überliefert worden ist. Die Turngemeinde zählte bei ihrer Gründung acht ordentliche und ein außerordentliches Mitglied. Obwohl sie sich als sehr klein empfand, vor allem im Vergleich mit der Turngemeinde in Ulm, blieben Wilhelm Schwenck und seine Turnbrüder zuversichtlich: „... und wir leben in der Hoffnung, noch weitere Teilnehmer an unserem begonnenem Werk zu finden." Die Langenauer Turner luden die Turngemeinde Ulm zu einem Treffen ein, um sich näher bekannt zu machen und zu befreunden, vor allem aber, „weil man von einer älteren und größeren Gemeinde vieles lernen kann und zu erfragen hat"[35].

Die Turngemeinden der Revolutionsjahre verstanden sich in der Regel als politische Vereine, die neben der körperlichen Ertüchtigung auch dem politischen Fortschritt zu dienen versuchten. Eine politische Äußerung des Turnvereins liegt nicht vor, doch die völlige Zerstörung der Turngeräte und des Turnplatzes Ende Juli 1849 durch offensichtlich politische Gegner weist darauf hin, dass die Turner sich als Teil der revolutionären Bewegung verstanden. Turnwart Wilhelm Schwenck bat die Stadt im Namen des Vereins um Unterstützung bei der Instandsetzung des Platzes und der Geräte (im Übrigen konnten die Täter trotz einer hohen Belohnung von drei Kronentalern nicht ermittelt werden)[36]. Nur noch ein weiteres Dokument aus der Frühzeit des Turn- und Sportvereins ist überliefert. Am 21. September 1849 bedankte sich der spätere Stadtschultheiß Johann Friedrich Haug für die Einladung der Turngemeinde Ulm zu ihrem Schlussturnen, „das wir im Falle nicht gar zu ungünstiger Witterung fünf Mann hoch besuchen werden"[37].

Satzungen
für den
Turnverein Langenau
Eingetragener Verein
Gegründet im August 1861
Langenau
Druck von Chr. Honold
1925

Satzungen des Turnvereins Langenau.

1850 löste sich der Verein – ob aus Furcht vor Repressalien oder aus Resignation und Enttäuschung – auf, wie einem Bericht des Oberamtes Ulm vom 19. Februar 1854 zu entnehmen ist: „Der Turnverein in Langenau bestand nur aus 10 – 12 Mitgliedern; er kam nie recht zum Leben und hat sich schon im Jahre 1850 aus Mangel an Teilnahme wieder aufgelöst"[38].

Zu Beginn der 1860er-Jahre, nach dem Ende der „bleiernen Zeit" nach 1849, setzte in Württemberg eine neue Welle von Vereinsgründungen ein. Viele der Vereine aus der Revolutionszeit, die sich aufgelöst hatten, gründeten sich neu. Am 10. August 1861 erschien im „Langenauer Anzeiger" ein Aufruf zur Gründung eines Turnvereins, wohl auf Initiative zweier nach Langenau zurückgekehrter Handwerksgesellen namens Melchior Walter und Martin Bader, die im Frühjahr Gleichgesinnte gefunden hatten und im Garten des Amtsdieners Betz ihren turnerischen Übungen nachgegangen waren. Am folgenden Tag beschlossen junge Männer im Gasthaus „Krone" aus Anlass der Feiern zur 50. Wiederkehr der Einführung des Turnens durch Friedrich Jahn die Wiedergründung eines Turnvereins, die am 1. September vollzogen wurde[39].

Noch in seinen ersten Jahren erlebte der junge Verein zwei Höhepunkte: das 1. Gauturnfest 1863 und die eigene Fahnenweihe 1867. Am 28. Juni 1863 fand in Langenau das 1. Gauturnfest statt, an dem rund 130 Turner der Turnvereine Ulm, Blaubeuren, Ehingen, Merklingen, Bernstadt, Waldsee und Langenau teilnahmen[40]. 1866 erwarb der Verein eine Fahne, deren Finanzierung durch den Erlös einer Lotterie gelang[41], in den Vereinsfarben Rot und Grün für 180 Gulden bei dem Augsburger Bildhauer und Kunststicker J. Kragler. Die noch im Juni desselben Jahres geplante Fahnenweihe musste jedoch wegen des Deutschen Krieges verschoben werden und wurde am 23. Juni 1867 nachgeholt. Vom Rathaus zog der Festzug zur mittleren Kirche über die untere Burggasse zum Burghof, dem Festplatz. Eine Musikkapelle führte den Zug an, ihr folgten der Liederkranz und die Schützengesellschaft mit ihren Fahnen, dann mit der verhüllten Fahne 36 Festjungfrauen, je zur Hälfte in weißen Kleidern mit roten Schärpen und in der bäuerlichen Tracht: grüner Rock, weiße Schürze, hemdärmelig, um das farbige Mieder die reichen Gollerketten in Gold und Silber. Ihnen schlossen sich die Gastturnvereine an, den Schluss des Zuges bildete der Turnverein. In der Stadt herrschte eine festliche Stimmung: „Die Häuser in den Straßen, durch die der Zug kam, waren alle verziert, mit wenigen Ausnahmen. Junge Tannen, Tannenreis, Eichenlaub und Blumen fielen der Festfreude in Menge zum Opfer. Triumphbögen mit angemessenen Inschriften waren errichtet an der steinernen Brücke und an beiden Eingängen zum Festplatz. Ein reicher Flaggenschmuck wehte von den Häusern und auf dem Festplatze, auf dem eine sehr geräumige und hübsch dekorierte Tribüne errichtet war"[42].

Aufnahmekarte des Schwäbischen Turnerbundes, ausgestellt für den Schneider Bühler aus Langenau am 1. August 1869.

In seiner Festrede stellte der Vereinsvorsitzende Dr. Cammerer eine Verbindung zwischen Turnen und Militär her. Anknüpfend an die kriegerischen Ereignisse im Vorjahr hob er als deren positive Folge die bevorstehende Einführung der allgemeinen Wehrpflicht hervor, wodurch die „Turnerei mit dem neuen Heerwesen in innigem Zusammenhang stehe, Bedingung und Folge zugleich eines tüchtigen Standes der Vaterlandsverteidigung". Nach der Festrede wurde die Fahne enthüllt, und das Preisturnen, bei dem sich 20 Turner in ihrem Können maßen, begann; andere übten sich unterdessen in Bajonett- und Säbelfechten. Die Fahnenweihe endete mit einem Ball im „Weißen Ross".

In den 1870er-Jahren erfreute sich der Verein, der anfangs 20 Turner zählte, wachsender Beliebtheit. In nur wenigen Jahren wuchs der Verein von 24 auf 81 aktive Turner, dazu kamen 25 „Zöglinge" (Jugendliche) und 25 „Turnschwestern" (1884); 1902 erreichte der Verein die stattliche Zahl von 180 Mitgliedern[43]. 1920 gewann der Verein 56 neue Mitglieder, sodass zu Jahresbeginn 1921 die Mitgliederzahl 315 betrug (acht Ehrenmitglieder, 152 aktive und 60 passive, 49 Zöglinge und 46 Turnschwestern); 1921 traten weitere 43 Langenauerinnen und Langenauer dem Verein bei[44].

Der Turnverein erfreute sich, wie andere Vereine auch, großzügiger städtischer Unterstützung. So erhielt er mehrfach Zuschüsse für die Reparatur der Turngeräte, die Teilnahme an Gauturnfesten, die Genehmigung für eine Lotterie zur Finanzierung der Vereinsfahne oder die Erlaubnis, auf dem Burghof ein Reck aufzustellen[45].

Der Turnverein warb im „Langenauer Anzeiger" regelmäßig um neue Mitglieder, vor allem der „Mangel an Zöglingen" trieb den Vorstand zu Aktivitäten. So genannte und regelmäßig durchgeführte Preisturnen dienten dem Zweck, jüngere Männer zu gewinnen[46]. Der Verein versuchte besonders, noch nicht gediente Jugendliche zu gewinnen, denn die Turnerei fache nicht nur Geist und Körper zu größerer Energie und Gewandtheit an, sondern sei zugleich auch eine Vorbildung für den Militärdienst (1872 erschien die Werbeanzeige des Turnvereins sinnigerweise neben dem oberamtlichen Aufruf an die Militärpflichtigen, sich zur Musterung zu melden). Eltern und Lehrherren sollten ihre Zöglinge zum Turnen anhalten, da das Turnen in frühester Jugend „den einseitigen Ausbildungen am Körper, herrührend von einseitiger Bewegung im Geschäft," begegnen könne[47]. Noch deutlicher sprach 1909 der Neujahrsgruß des Vorsitzenden des Deutschen Turnerbundes, Dr. F. Götz im „Langenauer Anzeiger" den militärischen Charakter des Turnens an: „Vorwärts! gilt die Mahnung, und ‚Feinde ringsum' ist der Schlachtruf. Vor allem gilt es, den Kampf um die schulentlassene Jugend, die uns die Feinde des vaterländischen deutschen Turnens (gemeint waren die sozialdemokratischen Arbeitersportvereine – U. S.) entfremden wollen!"[48] Schließlich wurde 1910 eine besondere Rekrutenriege eingeführt, die auch Nichtmitgliedern offen stand. Sie sollte den Wehrpflichtigen die Möglichkeit bieten, „sich in einer Art Vorschule für ihren Waffendienst zu üben", denn die am Turn-

Turner, um 1910.

gerät anerzogene Disziplin fördere die Unterordnung, den Mut und die Tatkraft[49]. Auch das Mädchenturnen verstand man als nationale Aufgabe, denn durch das Turnen gesunde Mädchen und Frauen böten die beste Gewähr, gesunde Jungen und zukünftige Soldaten zu gebären. Das Turnen, so ein „Appell an unsere deutschen Mädchen" aus dem Jahre 1913, sei eine „Quelle des Frohsinns und des neuen Lebensmuts" und diene „künftigen Geschlechtern zum Segen, unserem deutschen Vaterland zur Ehre"[50].

Die Turnübungen waren dem Jahresverlauf angepasst: Im Sommer wurde im Freien geturnt, im Winter in einem Wirtshaussaal, in der Rathauslaube oder im ehemaligen Schießhaus. Das „Anturnen" im Frühjahr und das „Abturnen" im Herbst kündigte man regelmäßig im „Langenauer Anzeiger" an. 1881 nahmen am dreistündigen Anturnen 45 Mitglieder teil, wobei der Turnfreund Schlegel, der als „vorzüglicher Hochspringer" 150 Zentimeter übersprang, und der Turnfreund Hörsch mit einem „Riesenschwung" am Reck hervorstachen[51]. Das Ende der Freiluftsaison – das Abturnen – wurde oft mit einer Tanzunterhaltung abgeschlossen[52]. Die auf den Jahreshauptversammlungen bekannt gegebenen geleisteten Turnstunden legen eine rege Teilnahme nahe. 1903 nahmen an den 97 Turnstunden 803 Mitglieder und 825 Jugendliche teil[53]. Von 1902 an ließ der Vorstand geeignete Mitglieder an der Gauturnschule zu Vorturnern und Übungsleitern ausbilden, damit ein regelmäßiger Turnbetrieb gewährleistet werden konnte[54].

Turnverein Langenau.

Sommerturnplan.

Dienstag: Turnen für Mitglieder und Zöglinge.
Mittwoch: Turnen der Mädchen-Abteilung.
Donnerstag: Kürturnen für Mitglieder und Zöglinge, Singstunde (Sängerriege).
Samstag: Turnen für Mitglieder, Zöglinge u. Männerriege.
Sonntag nachmittag: Turnspiele, Turnfahrten, welche jeweilig im Blatt bekannt gegeben werden.

Wir laden hiemit Freunde und Gönner der Turnsache, und namentlich auch unsere angehenden Jünglinge, also auch die neukonfirmierten, zum Beitritt in unseren Verein ein.

Der Turnrat.

Sommerturnplan, 1908.

Gauturnfest auf der Reutte, 1902.

Die Teilnahme an regionalen jährlichen Gauturnfesten bildete einen wichtigen Bestandteil der Vereinsaktivitäten. 1865 reisten die Langenauer Turner erstmals zum Gauturnfest nach Laupheim, wo Martin Bader und ein Rieder Preise für ihr „gewandtes, sehr schönes und ruhiges Turnen" erhielten; 1879 errang Leonhard Schlegel in Söflingen allerdings nur den 17. Rang unter 36 Wettkämpfern[55].

Der Turnverein Langenau bewährte sich 1876, 1886 und 1921 (aus Anlass des 25- bzw. 60-jährigen Bestehens; bei Letzterem nahmen rund 2000 Sportlerinnen und Sportler aus 32 Vereinen teil) und 1902 als Organisator der Gauturnfeste[56]. Auf dem Turnerinnentag 1921 in Langenau wurden Geräteturnen, volkstümliche Übungen, Staffelläufe und Ballspiele bewertet[57]. Die Männer errangen 1925 auf dem Landesturnfest in Ulm im Riegenwetturnen den 2. Rang, Thomas Knoll ging als dritter Sieger aus dem Steinstoßen hervor[58]. Der „Hermannslauf" der Deutschen Turnerschaft 1925, ein gewiss mit politischem Hintergrund von 12 000 Turnerinnen und Turnern durchgeführter Sternlauf von rund 18 000 Kilometern durch das Deutsche Reich, führte auch über Langenau; der Turnverein hatte drei Kilometer mit Läuferinnen und Läufern zu besetzen[59]. Höhepunkt der Turnfahrten bildete ohne Zweifel die Teilnahme am 14. Deutschen Turnfest in Köln 1928. Herausragend war der 1. Preis beim Vereinsturnen, bei dem man sich gegen 400 Konkurrenten durchsetzte; Kränze erhielten Hans Ostertag und Thomas Knoll im Fünfkampf. Den 36 Sportlerinnen und Sportlern wurde bei ihrer Rückkehr ein begeisterter Empfang mit Musik auf dem Bahnhof gegeben. Abschließend konnten sich die Daheimgebliebenen in einem Film über das Turnfest, der in der Turnhalle gegeben wurde, die Ereignisse in Köln betrachten[60].

Festzug bei der 50-Jahr-Feier 1911.

Während der Weimarer Republik wuchs der Verein weiter. 1919 gründete man die Faustballabteilung gegründet, aus der 1927 die Handballabteilung hervorging[61]. Im November 1930 entschieden sich 64 Mitglieder bei vier Enthaltungen für den Anschluss des SV Langenau, der als Fußballabteilung eingegliedert wurde; der bisherige Vereinsvorsitzende Semle trat zurück, sein Nachfolger wurde Christian Michel[62]. Am 10. September erwarb der Verein ein Geländestück an der Angertorstraße und mit großem Enthusiasmus wurde 1928 begonnen, einen Spielplatz in freiwilliger Eigenarbeit herzurichten. Dann aber erlahmte offensichtlich die Begeisterung, sodass sich der Vorstand zu einem Appell veranlasst sah, dass der Platz binnen zweier Wochen fertig gestellt werden könnte, wenn sich 10 bis 15 Mann jeden Abend zur Verfügung stellen würden[63]. Im September des folgenden Jahres beging der Verein die Einweihung seines Turnplatzes, des Jahnplatzes, mit einem großen Fest, zu dem rund 800 Turnerinnen und Turner aus nah und fern anreisten. Das Festprogramm bot eine vielfältige und abwechslungsreiche Schau: Hochsprung, Weitsprung, Kugelstoßen, Freiübungen der Frauen und Männer, rhythmische Tänze, Fünfkampf, Ballwurf der Frauen, Florett- und Säbelfechten[64].

Der Jahresbericht für 1932 zeigt das Spektrum der Vereinsaktivitäten. Am Männerturnen nahmen durchschnittlich an 91 Abenden nur spärliche sieben bis zehn Prozent teil, am Jugendturnen in 51 Turnstunden 43 Knaben, am Frauenturnen 17 Frauen und am Mädchenturnen 27 junge Mädchen. Die 1. Faustballmannschaft bestritt 16 Spiele in der B-Klasse; die Fußballabteilung besaß zwei Mannschaften, eine Jugendmannschaft und eine während des Jahres gegründete Altherrenmannschaft. Der 1862 gegründeten Sängerriege des Vereins, die seit 1919 dem Liederkranz angeschlossen war, gehörten 86 Männer und 35 Frauen an. Insgesamt zählte der Verein 355 Mitglieder, wobei er für 1930 einen Abgang von 28 zu beklagen hatte. Der Jahresbeitrag betrug 1,20 Mark, für Arbeitslose 50 Pfennig[65].

Die Eingliederung des Turnvereins in das nationalsozialistische Herrschaftssystem vollzog sich ohne Probleme. In seinen Begrüßungsworten auf der Hauptversammlung am 13. November 1934 erinnerte der wieder gewählte Vorsitzende Michel „an die Einigkeit der deutschen Turnerschaft und an die günstige Aufwärtsentwicklung unseres Vaterlandes unter seiner jetzigen genialen Führung."[66] Auf einem so genannten „Deutschen Turner-Weihnachtsabend" am 26. Dezember 1934 in der Turnhalle wurde vor dem Hintergrund der bevorstehenden Saarabstimmung das Propagandastück „Glut im Schacht" gegeben, das zeigen sollte, wie die Saarbevölkerung an ihrem „Deutschtum" irre zu machen versucht wurde und wie diese „fremdländischen Manipulationen" an ihr abprallte[67]. Das Kreisturnfest am 11. und 12. Juli 1936 zum 75-jährigen Vereinsjubiläum stand ganz im Zeichen der nationalsozialistischen Ideologie. Bürgermeister Sigloch begrüßte die Gäste und erinnerte sie im zeitgemäßen Pathos daran, dass die Pflege der Leibesübungen eine „große und heilige Pflicht" sei, „um unserm Führer Adolf Hitler für den Wiederaufbau unseres Vaterlandes ein gesundes, kräftiges und im Sport gestähltes Volk zu schaffen."[68] Der Zweite Weltkrieg schränkte die Vereinsaktivitäten mehr und mehr ein, dennoch konnte 1942 eine junge Geräteriege ins Leben gerufen werden und auch die Fußballmannschaft wartete mit einer jungen Mannschaft auf. Ende 1944 wurden die Turnstunden schließlich eingestellt[69].

Turner, 1926.

Das Vereinsleben begann wieder am 15. November 1945 mit der ersten Vollversammlung nach Kriegsende. Den widrigen Zeitumständen zum Trotz machte der Wiederaufbau des Vereins in allen Abteilungen bis 1949 gute Fortschritte, sodass die Notwendigkeit, ein Vereinsheim zu bauen, mehr und mehr die Diskussionen und Beratungen bestimmten. Schließlich wurde am 11. Mai 1958 die neue Sportplatzanlage mit Vereinsheim eröffnet, die ihren ersten Höhepunkt mit dem Gauturnfest 1961 anlässlich des 100. Gründungstages erlebte[70].

Sportverein Langenau

Über den Sportverein Langenau ist wenig bekannt; gelegentlich wurde über Fußballspiele berichtet, wie beispielsweise 1930, als die Fußballmannschaft gegen den SV Ehingen antrat[71]. Anfang November 1930 stimmte die Mitgliederversammlung bei nur wenigen Enthaltungen dem Zusammenschluss mit dem Turnverein zu. Ausschlaggebend für die Vereinigung war wohl der Umstand, dass der Sportverein keinen eigenen Platz besaß, dagegen auf dem Jahnplatz zwei Spielfelder eingerichtet werden konnten[72].

Der Radfahrerverein

Das Radfahren gewann in den 1880er-Jahren immer mehr Freunde. Die technische Weiterentwicklung des Hochrades zu der heutigen Form des Fahrrades ermöglichte einem größer werdenden Kreis das Vergnügen, sich schneller und bequemer, gewiss aber mit viel Geschick fortzubewegen. Zweck des Vereins war die „Hebung des Radfahrer- und Saalfahrsportes als eines angenehmen Vergnügens, verbunden mit der Absicht gesundheitsfördernder Bewegung und Kräftigung des Körpers, ferner die praktische Verwendung des Fahrrades zu zeigen und anzustreben … Zu Erreichung dieses Zweckes wird der Verein durch Ausfahrten seinen Mitgliedern Unterhaltung zu schaffen versuchen"[73].

Radfahrverein Langenau auf Ausflugsfahrt, 1908.

1886 berichtete der „Langenauer Anzeiger" erstmals über eine Ausfahrt des Velocipeden-Clubs, der aber offensichtlich nicht lange bestand[74]. Das erste Vereinswettfahren mit vier Teilnehmern fand noch vor der eigentlichen Vereinsgründung am 17. Juni 1894 statt. Von der Oberen Linde ging es über Nerenstetten zum alten Schießhaus; Gustav Däubler legte als Schnellster die elf Kilometer lange Strecke in 23 ½ Minuten zurück[75]. Das Gründungsfest fand dann im folgenden

Jahr statt, erneut bildete eine Wettfahrt über elf Kilometer den Höhepunkt des Tages. Es gewann auch hier Gustav Däubler, der aber gegen die Radler aus Göppingen keine Chancen besessen hätte, die in einem eigenen Rennen die Strecke über zwei Minuten schneller zurücklegten[76]. Jährlich fanden nun Vereinsfeste mit Wettfahrten statt, die sich gelegentlich städtischer Unterstützung erfreuten[77]. Am 31. August 1902 führte eine Tagestour, an der neun Fahrer teilnahmen, von Kempten über Füssen und Reutte nach Partenkirchen[78]. Der Jahresbericht von 1931 zählte vier Ausfahrten und acht Versammlungen sowie eine Herbstfeier auf; 55 Personen, die je einen Jahresbeitrag von 3,20 Reichsmark entrichteten, gehörten dem Verein an[79].

Radrennfahrer, um 1910.

Die städtische Turnhalle

In seiner Anfangszeit stand der Turnverein oft vor dem Problem, einen geeigneten Platz für die Turnübungen im Sommer bzw. einen genügend großen Raum während der Winterzeit zu finden. Auf die Bitte des provisorischen Vorstands erhielt der Verein noch im August 1861 zwar keine finanzielle Unterstützung, aber die Erlaubnis, seine Übungen auf dem Burghof abhalten zu dürfen, wo an zwei Recken, einem Barren, einem Gerät für Hochsprung und

Bau der Turnhalle auf dem Burghof, 1896.

später an einem Klettergerüst die Turner ihr Können unter Beweis stellen konnten[80]. 1862/63 bot der Verein im Winter erstmals Übungen an, wofür ihm die Stadt die Rathauslaube zur Verfügung stellte[81]. 1883 erhielt der Turnverein unentgeltlich das ehemalige Schießhaus auf der Reutte für verregnete Sommertage und für das Winterturnen[82].

1895 begann der Gemeinderat vor allem wegen der vielen Aktiven im Turnverein, aber auch wegen des Schulturnens die Errichtung einer Turnhalle zu planen. Gedacht war nicht an einen Neubau, sondern man bemühte sich, ein zum Abbruch bestimmtes Gebäude zu kaufen, das dann abgetragen und in Langenau wieder aufgebaut werden sollte. Im September gelang es endlich, ein in der Ulmer Pionierkaserne stehendes Lagerhaus, dessen Maße (23 Meter lang, 11,55 Meter breit und etwa 10 Meter hoch) für eine Turnhalle geeignet waren, für 2600 Mark zu erwerben, für den Abbruch und Transport nach Langenau wurden weitere 750 Mark veranschlagt, sodass die Gemeinde um die Hälfte der Kosten für einen Neubau zu einer Turnhalle kam[83].

Turnhalle-Feier.

Programm.

I. Zugs-Ordnung:
1) Musik,
2) die Realschüler und die Turnschüler der Volksschule,
3) Turn-Vereine,
4) bürgerliche Kollegien, Beamte, Geistliche, Lehrer,
5) die verschiedenen hiesigen Vereine,
6) sonstige Teilnehmer an der Feier.

II. Eröffnungs-Feier:
1) Uebergabe des Schlüssels durch den Stadtbaumeister an den Stadt-Vorstand,
2) Gesang des Turn-Vereins,
3) Begrüßungsrede durch den Stadtschultheißen,
4) Vereins-Gesang,
5) Dankrede des Vorstands des Turn-Vereins für Errichtung der Turnhalle,
6) Vereins-Gesang,
7) turnerische Uebungen.

Programm für die Eröffnungsfeier der Turnhalle am 6. September 1896.

Der vorgesehene Platz für die Turnhalle auf dem Burghof war nicht unumstritten. Im „Langenauer Anzeiger" meldete sich ein J. R. zu Wort, der entschieden, aber ohne Resonanz für einen anderen freien Platz eintrat. Eine gut 200 Jahre alte und stark geschädigte Linde vor dem Gasthaus „Bad", der letzte „unserer Baumriesen" auf dem Burghof, musste der Turnhalle weichen[84]. Bei den Fundamentarbeiten entdeckte man die Fundamente der hochmittelalterlichen Burganlage[85]. Noch vor Wintereinbruch war die Turnhalle mit einem Dach versehen (weswegen man ohne die Genehmigung des Oberamts, das der Veränderung der Baulinie zustimmen musste, mit dem Aufbau begonnen hatte). Am Vorbau wurde eine Inschrift „Turnhalle" in großen Buchstaben angebracht. Insgesamt betrugen die Kosten weniger als 10 000 Mark, die noch geringer gewesen wären, wenn die Stadt einen staatlichen Zuschuss erhalten hätte[86].

Aus Anlass des „50-jährigen Bestehens des Turnvereins" wurde die Turnhalle am 6. September 1896 feierlich ihrer Bestimmung übergeben[87]. Fortan stand sie dem Turnverein, der für die Nutzung einen Jahresbeitrag von 50 Mark entrichten musste (gemeinnützige Vereine erhielten im Übrigen die Turnhalle unentgeltlich)[88], dem Schülerturnen sowie politischen, geselligen und kulturellen Veranstaltungen zur Verfügung und wurde bald ein Zentrum gesellschaftlichen Lebens in Langenau.

Landwirtschaftliche Interessenvereine

Landwirtschaftlicher Verein

Der auf Oberamtsebene bereits 1818 gegründete Landwirtschaftliche Verein, der von 1856 an als Distriktsverein die Gemeinden Langenau, Albeck, Asselfingen, Bissingen, Niederstotzingen, Oberstotzingen und Setzingen umfasste[89], bildete für die Bauern in Langenau und Umgebung die übergeordnete und wichtigste Interessenvertretung. Auf Versammlungen, die sich mit landwirtschaftlichen, aber auch politischen, die Landwirtschaft berührenden Themen beschäftigten, wurden wissenswerte Informationen aus Forschung und Technik vermittelt, Verbesserungsvorschläge für die Langenauer Landwirtschaft vorgetragen oder politische Forderungen aufgestellt. Wie wichtig man die Fortbildung der Landwirte nahm, zeigt ein Bericht über die Bezirksversammlung der Landwirtschaftlichen Vereine im Oktober 1867. Auf ihr beriet man Verbesserungen des landwirtschaftlichen Fortbildungsschulwesens für die konfirmierte Landjugend, denn die Normalschule könne nicht bäuerliche Erfahrung und praktische Anschauung vermitteln: „So bestehe doch die eigentliche landwirtschaftliche Fortbildung zur Zeit noch darin, dass man Erfahrung sammle, diese einander mitteile, auf die Ursachen aufmerksam mache, wovon das Gelingen dieses oder jenes Versuchs abhänge, wobei es dann der landwirtschaftlichen Jugend wohl anstände, den Zuhörer zu machen. In einer solchen Behandlung läge gewiss der Keim mancher Verbesserung, wie wir ja überhaupt schon genügend erfahren haben, dass dem Bauer nichts über ein gelungenes Beispiel geht"[90]. Im November desselben Jahres wurde die Landwirtschaftliche Fortbildungsschule in Langenau eingerichtet[91].

Die ersten Versammlungen fanden vermutlich bereits 1863 statt. Im Januar hielt ein Vertreter der Zentralstelle für Landwirtschaft in Stuttgart einen Vortrag über das Tief- und Beetpflügen, das auch 1865 Thema einer Versammlung war, die zweite beschäftigte sich mit allgemeinen Fragen zur Landwirtschaft[92]. Aus den zahlreichen Vorträgen zu landwirtschaftlichen Themen seien die Folgenden herausgegriffen: Obstbau, Pferdezucht und Förderung der Schweinezucht[93]. Üblich waren auch Vortragsreihen während des Winters, so genannte landwirtschaftliche Winterabende, beispielsweise 1888 mit den Themen Viehzucht, Düngung des Feldes, Siebenfelderwirtschaft und künstliche Düngemittel[94].

Politisches Thema während des Kaiserreiches war vor allem die Zollpolitik. 1879 richtete eine Versammlung an die Reichskommission für die Revision des Zolltarifs die Bitte, bei dieser Revision auch auf die Interessen der Landwirtschaft und nicht nur auf die der Industrie zu achten und dafür Sorge zu tragen, dass „in den Frachtsätzen der Eisenbahnen nicht fremdes Getreide vor dem einheimischen bevorzugt werde"[95]. Eine allgemeine Bauernversammlung in der Langenauer Fruchtschranne im Rathaus, an der etwa 700 Bauern aus den Oberämtern Ulm, Heidenheim und Geislingen teilnahmen, beschloss im November 1884 eine Eingabe an den Reichstag, in der die Notwendigkeit begründet wurde, die Getreidezölle deutlich zu erhöhen. Die Bauern erwarteten in großer Hoffnung, dass „der Reichstag diese Frage in ihrer ganzen und vollen Wichtigkeit für die nationale Wohlfahrt mehr und mehr erkennen werde". Über 600 Unterschriften, die noch auf der Versammlung gegeben wurden, unterstützten die Eingabe[96]. Drei Jahre später forderte eine Versammlung mit dem Augsburger Oberbürgermeister Fischer und dem Landtagsabgeordneten und Stadtschultheißen Haug eine erneute Erhöhung der Getreidezölle, da die Zollerhöhung von 1885 nicht hinreichend gewesen sei und zwar kein weiteres Sinken, aber auch keine Erhöhung der Getreidepreise zur Folge gehabt hätte[97]. 1893 protestierte eine Bauernversammlung mit über 400 Teilnehmern von der Alb, aus dem Brenz-, Blau- und Filstal heftig in einer einstimmig angenommenen Resolution an den Bundesrat, den Reichstag und den Reichstagsabgeordneten des 14. Wahlkreises gegen die Herabsetzung des Getreidezolls von 5 auf 3,5 Mark für den Doppelzentner[98].

Auch während der Weimarer Republik fanden regelmäßig Monatsversammlungen statt, auf denen in gewohnter Weise landwirtschaftliche und aktuelle politische Themen behandelt wurden, so 1920 zu Kunstdünger, Milchpreis oder „Ackerbau ist die Grundlage jeglicher Kultur". Eine Versammlung im März 1925 beschäftigte sich mit dem Versicherungswesen, dem Bauerntag in Ulm, dem Kartoffelbezug und der Moorwirtschaft[99]. Nicht unerwähnt bleiben soll auch ein Familienabend im Dezember 1928, an dem Hauptlehrer und Langenauer Chronist August Heckel über Langenau im 15. und 16. Jahrhundert berichtete und der Schützenverein zwei kleine Theaterstücke aufführte[100].

Auch an anderen Initiativen des Landwirtschaftlichen Vereins fehlte es nicht. Eine Versammlung beschloss im April 1869 die Gründung einer landwirtschaftlichen Kreditbank, zu der es vorläufig nicht kam, obgleich ein Komitee gewählt wurde, das die Gründung eines solchen Instituts vor Jahresfrist bewerkstelligen sollte[101]. 1923 wurde eine Brandentschädigungsgenossenschaft auf Anregung des Landwirtschaftlichen Ortsvereins gegründet[102].

Der politische Standort des Landwirtschaftlichen Ortsvereins, wie er sich nach dem Ersten Weltkrieg nannte, war streng deutschnational, monarchistisch und eindeutig gegen die Sozialdemokratie gerichtet, wie aus einem Bericht über die Jahresversammlung im Januar 1924 hervorgeht: „Hoffen wir, dass das Wort Bismarcks in Erfüllung geht: ‚Nur wenn die bäuerliche Bevölkerung Deutschlands sich fest zusammenschließt, wird es ihr gelingen, der Landwirtschaft eine ihrer Bedeutung entsprechende Vertretung in den Parlamenten zu verschaffen' und dann das Wort eines Sozialdemokraten zuschanden werde, wären die Landwirte einig, dann würden sie die größte Macht in Deutschland besitzen, aber wir wissen es genau, dass sie es nie sein werden, also haben wir sie auch nicht zu fürchten"[103].

Im Juli 1933 wurde der Landwirtschaftliche Ortsverein gleichgeschaltet und in die NS-Ortsbauernschaft Langenau umgewandelt[104].

Bienenzuchtverein

Der Bienenzuchtverein gehört zu den ältesten landwirtschaftlichen Vereinen Langenaus. Einen frühen Beleg stellt der im „Langenauer Anzeiger" veröffentlichte Bericht über eine Versammlung der Bienenzüchter am 1. Mai 1878 dar[105]. Seine Organisationsgeschichte ist jedoch anhand des vorliegenden Quellenmaterials nur facettengleich rekonstruierbar. 1910 schlossen sich die beiden Bezirksvereine Ulm und Langenau zusammen; die neue Organisation führte den Namen Bienenzuchtverein[106]. Schließlich vereinigten sich die Bienenzüchter 1921 in einem Bienenzuchtverein Langenau und Umgebung. Ihm gehörten bei der Gründung 65, ein gutes Jahrzehnt später 71 Mitglieder an[107]. Der Jahresbeitrag belief sich auf drei Mark. 1925 wurde eine Vereinsbibliothek eingerichtet, für die jährlich Bücher erworben werden sollten[108]. Von den Aktivitäten des Vereins ist wenig überliefert. Zu den wenigen Nachrichten gehören zwei Berichte über die Königinnenzucht und den Nutzen der Bienenzucht für die Landwirtschaft oder die Teilnahme des Vereins an der Bienenzuchtausstellung in Stuttgart 1930[109]. 1920 stand die Bienenzucht Langenaus vor dem Untergang, wenn man einem Bericht des „Langenauer Anzeigers" Glauben schenken darf. Da noch kriegsbedingt kein Zucker vorhanden war, konnten sich die Bienenvölker keine Vorräte anlegen. Der Bericht bewirkte immerhin, dass den Imkern drei Pfund Zucker zugewiesen wurden. Auch 1924 war wegen Hagelschlags und andauerndem Regen kein Honigjahr[110].

Verein für Geflügelzucht und Vogelschutz

Der Verein für Geflügelzucht und Vogelschutz wurde am 4. März 1906 gegründet. Seine Aufgaben sah er im vergünstigten Verkauf von Bruteiern an seine Mitglieder, im genossenschaftlich organisierten Verkauf der Eier sowie in der Weiterbildung[111]. In seinem Gründungsjahr entwickelte der Verein, dem in den ersten vier Wochen nahezu 100 Personen beitraten und der schon ein Jahr später 147 Mitglieder zählte[112], erstaunliche Aktivitäten. Im April kaufte er einen Hahn und vier Hühner der Rasse Rebhuhnfarbige Italiener sowie andere rasseechte Hühner: Schwarze Minorka, Gelbe Italiener und Truthühner, deren Bruteier dem Vereinszweck entsprechend verbilligt an die Mitglieder abgegeben werden sollten[113].

Zu einem großartigen Erfolg geriet die Anfang November 1906 durchgeführte und von rund 3000 Menschen besuchte Geflügelausstellung, die, nebenbei bemerkt, mit einer Obstausstellung verbunden worden war. Zahlreiche Anmeldungen gingen ein: über 60 Stämme Hühner, 45 Stämme Wassergeflügel, mehrere Stämme Truthühner, Pfauen und Fasane sowie mehr als 100 Paare Tauben. Die besten Züchter wurden mit Ehrenpreisen und lobenden Anerkennungen ausgezeichnet. Der Beste von allen war der Langenauer Lehrer Zürn, der den Ehrenpreis der Stadt Langenau für die beste Gesamtleistung, die Silberne Medaille der Süddeutschen Tierbörse und den Ehrenpreis des Landwirtschaftlichen Bezirksvereins erhielt. Außerdem wurden Futtermittel, Käfige und sonstige Gerätschaften für die Geflügelzucht ausgestellt und zum Verkauf angeboten[114]. Weitere Geflügelausstellungen folgten 1909, 1912 und 1923[115]. Auf auswärtigen Ausstellungen verbuchten die Langenauer Geflügelzüchter Erfolge, so 1910 auf der Landesgeflügelausstellung in Stuttgart oder 1921 auf der Gaugeflügelausstellung in Heidenheim[116]. Vorträge gehörten zum festen Repertoire des Vereinslebens, Themen waren beispielsweise „Die Geflügelzucht im Wirtschaftsleben und in der häuslichen Familie" oder „Das Frischei"[117].

Auch als Interessenvertretung trat der Verein auf. 1907 forderte er die Erhöhung des Eierpreises um einen halben Pfenning auf 6,5 Pfennig, denn nur die Rentabilität schafft die Voraussetzung für eine erfolgreiche Geflügelzucht[118]. Auch warnte der Verein, so beispielsweise 1926, vor der Einschleppung der Geflügelpest durch ausländische Zuchttiere und ließ vorsorglich eine Liste der Zuchtstämme zusammenstellen[119]. Nach dem ersten Weltkrieg sank die Mitgliederzahl auf 45 Mitglieder und erholte sich nur mühsam (112 Mitglieder 1922). Dennoch konnte der Verein 1932 ein verspätetes, aber würdiges 25-jähriges Jubiläum feiern[120].

Pferdezuchtverein

Der Pferdezuchtverein spielte im landwirtschaftlichen Leben Langenaus bis in die Zeit nach dem Zweiten Weltkrieg eine gewichtige Rolle. Er wurde am 1. Januar 1877 von 110 Bauern als „Verein für Pferdezucht im Oberamt Ulm" gegründet, um der an Interesse verlierenden und daher zurückgehenden Pferdezucht wieder aufzuhelfen, bevor die Pferdezucht „ganz und gar eingehe". Außerdem gab es im gesamten Oberamt Ulm keine Beschälplatte mehr, gleichwohl aber genügend Bauern, die teils zum eigenen Gebrauch, teils um Futtergeld zu verdienen, Pferde aufzogen. Die Folge war, dass viele Fohlen auswärts gekauft wurden, wodurch viel Geld aus dem Bezirk floss. Da man aber ausschließlich Hengstfohlen einführte, fehlte es zunehmend an Zuchtstuten, was eine Verlust an Zuchtmaterial innerhalb des Bezirkes bedeutete[121].

Zu den wichtigsten Aufgaben des Vereins gehörte daher der Aufkauf von Zuchtpferden in Belgien und im Rheinland, wozu man das Vereinsvermögen verwendete, so beispielsweise 1881, als der Kauf eines zweiten Zuchthengstes beschlossen wurde[122]. Der erste Zuchthengst „Ardenner Schlags" – „eine Schönheit, wie sie der Bauer will und braucht, ziemlich schwer, stark und gedrungen, gleichwohl feurig und von guten Gang" – wurde am 8. März 1877 „unter großem Zulauf des Publikums" auf dem Marktplatz von dem Rotgerber Johann Jakob Bischoff für 1550 Mark ersteigert. Der Verein hatte sich zu dieser Versteigerung entschlossen, weil der Unterhalt und die Pflege sich als schwierig erwiesen hatten[123].

Weiterbildende Vorträge gehörten selbstverständlich zum Vereinsprogramm; die Themen lauteten beispielsweise „Pferdezucht" und „Fohlenaufzucht und Pferdepflege"[124]. Seit 1905 stand Stadtschultheiß Haug an der Spitze des Vereins, sein Stellvertreter war Stadttierarzt Dr. Biber[125]. Der Verein bestritt seine Aktivitäten mit Mitgliedsbeiträgen, Deckgeldern und staatlichen Prämierungen, die 1906 zum Beispiel 2410 Mark betrugen[126]. An Deckgeldern wurden 1910 von den Mitgliedern zehn Mark, von Nichtmitgliedern 15 Mark erhoben, nach dem Ersten Weltkrieg stieg das Deckgeld auf 50 bzw. 70 Mark[127]. Vor dem Ersten Weltkrieg gehörten dem Verein rund 200 Pferdezüchter an, in den frühen 1920er-Jahren erhöhte sich die Mitgliederzahl sprunghaft auf über 400; allein im Jahr 1921 traten 40 Personen bei[128].

Bereits am 3. Juni 1879, dem Pfingstdienstag, veranstaltete der Verein eine Pferdeausstellung mit Preisverleihung auf der Reutte. Die erfreulich hohe Zahl an ausgestellten Pferden zeigte, dass in Langenau und Umgebung die Pferdezucht noch nicht erloschen und wieder belebt worden war. Die Pferdezüchter führten 36 Zuchtstuten, 14 Hengste, 38 ein- bis zweijährige Hengstfohlen, 30 ein- bis zweijährige Stutenfohlen und 26 Gebrauchspferde, insgesamt 144 Tiere vor. Das Preisgericht, dem unter anderem der Ulmer Oberrossarzt Findeisen und der Tierarzt Mack aus Lonsee angehörten, hatte einen schweren Stand, die

Preisträger ausfindig zu machen. Ausgezeichnet wurden zehn Zuchtstuten, trächtig oder mit Fohlen, acht Hengstfohlen, sechs Stutfohlen und vier Gebrauchspferde; die Preise bewegten sich zwischen zwei und 20 Mark. Unter den 14 Hengsten nahm der Vereinshengst „Schill" eindeutig den ersten Platz ein: „An mächtiger Gestalt zwar wurde er von etlichen anderen Hengsten, z. B. dem Eiselauer Braunen, übertroffen, was aber den Körperbau und die Körperform betrifft, die Leichtigkeit der Bewegung, die trockene Haut und die trockenen Gliedmaßen, so gebührte dem Schill unstreitig die erste Stelle. Er ist schwer, hat jedoch noch genügend Blut und deshalb ganz geeignet, eine Nachzucht zu liefern, die halb Herr, halb Bauer ist. Die Abkömmlinge von Schill bestätigen dieses Urteil. Breit in der Brust und im Kreuz haben sie durchaus leichten freundlichen Kopf, hübsche Gliedermaßen und munteres Wesen an sich, sodass man an den Tieren seine Freude haben muss"[129]. Ging es bei dieser Ausstellung darum, das vorhandene Material und die Anfänge der neuen Zucht kennen zu lernen, so stellte die Fohlenmusterung im Juli 1881 die ersten Ergebnisse der neuen Zuchtrichtung vor: Über 50 Zuchtfohlen wurden vorgeführt[130].

Auch auswärts konnten die Langenauer Pferdezüchter Erfolge verbuchen. So errangen 1894 der Zuchthengst „Sultan", drei Stuten und je ein Hengst- und Stutfohlen 500 Mark an Preisgeldern. Obwohl der Pferdezuchtverein der Jury bei einer Preisprämierung 1902 die meisten selbst gezüchteten Tiere vorstellte, reichte es mit einem Preisgeld von 1260 Mark nur zu einem 3. Platz hinter Geislingen und Blaubeuren, aber deutlich vor Heidenheim, Münsingen und (Schwäbisch) Gmünd[131].

Trotz dieser Erfolge sei darauf hingewiesen, dass den Pferdezuchtverein auch erhebliche Probleme begleiteten. Als beispielsweise zu Beginn der 1890er-Jahre durch heiße Sommer eine große Heunot herrschte, konnte der für den Herbst 1894 geplante Fohlenkauf in Belgien nicht durchgeführt werden. Die Folge war ein niedrigerer Absatz und fallende Preise[132].

In den 1950er-Jahren schwand die Bedeutung des Pferdezuchtvereins wie die der Pferdezucht. Die 81. Vollversammlung 1958 trug dieser Entwicklung Rechnung und beschloss, wenigstens dafür zu sorgen, dass die Pferdezucht im Ulmer Raum nicht ganz verschwindet[133].

Viehversicherungsverein

Der Viehversicherungsverein verpflichtete sich der Schadensbegrenzung bei Notschlachtungen. Bereits 1862 von einigen Bauern angeregt, wurde der Verein aber erst 1883 gegründet. Er existierte allerdings nur bis 1890. Die Stadt unterstützte den Verein, weil er „eine Einrichtung von allgemeinem Vorteil und eine gemeinnützige Einrichtung" sei, und druckte auf ihre Kosten das von Gemeinderat und Bürgerausschuss am 26. Oktober 1883 beschlossene Vereinsstatut und die Drucksachen für den Geschäftsverkehr. Auch die Kosten für die jährlich am 1. März stattfindende Viehaufnahme wurden von der Stadt bezahlt[134].

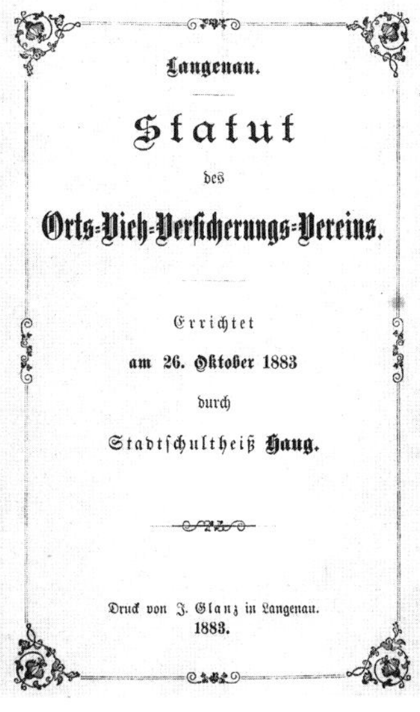
Langenau.

Statut

des

Orts-Vieh-Versicherungs-Vereins.

Errichtet

am 26. Oktober 1883

durch

Stadtschultheiß Haug.

Druck von J. Glanz in Langenau.

1883.

Statut des Orts-Viehversicherungsvereins Langenau.

Im April 1905 rief Stadtschultheiß Haug erfolgreich zur erneuten Gründung eines Viehversicherungsvereins auf, die auf der Jahresversammlung der Genossenschaftsmolkerei am 2. April beschlossen worden war[135], wofür er vor allem den großen Viehbestand in Langenau, der immerhin einen Wert von ungefähr einer halben Million Mark besaß, als entscheidendes Argument anführte. Das Vereinsstatut verpflichtete jedes Mitglied, das Fleisch von Notschlachtungen, das auf die Freibank gebracht werden musste, zu dem von der Stadt festgelegten Preis aufzukaufen[136]. Das Vereinsstatut trat zum 1. Juni 1905 in Kraft. Bis zu diesem Tag betrug die Aufnahmegebühr 20 Pfennig pro Stück Vieh, danach 50 Pfennig. Am 1. Juli wurde die Freibank, zu der ein Schlachtraum für Notschlachtungen gehörte, eröffnet. Die Stadt übernahm die Miete und die Einrichtungskosten, während die Betriebskosten vorläufig der Viehversicherungsverein zu zahlen hatte. Zum Freibankmetzger ernannte der Gemeinderat Bernhard Grees. Gebühren wurden vorerst nicht erhoben[137].

Bei seiner Gründung zählte der Verein 232 Mitglieder, deren Zahl sich in den folgenden Jahrzehnten immer um 250 bewegte. Exakt 1458 Stück Vieh waren 1905 versichert; auch diese Zahl wuchs in der Folgezeit nur geringfügig. Zu Beginn der 1950er-Jahre zählte der Verein 200 Mitglieder[138]. In der Regel bewegten sich die jährlichen Schadensfälle zwischen 30 und 40 Notschlachtungen. Eine Ausnahme bildete das Jahr 1911, als in Langenau die Maul- und Klauenseuche wütete und 51 Schadensfälle auszubezahlen waren[139]. An öffentlichen Zuschüssen erhielt der Verein 1907 von der Stadt Langenau 300 Mark, aus der König-Karl-Jubiläumsstiftung 200 Mark und von der Zentralstelle für Landwirtschaft 150 Mark[140].

Wie alle anderen Vereine wurde der Viehversicherungsverein zu Beginn der Nazi-Herrschaft gleichgeschaltet. Damit schien der amtierende Vorsitzende Baur aus welchen Gründen auch immer nicht einverstanden gewesen zu sein und wollte sein Amt niederlegen. Da das Vereinsstatut diesen Schritt zu diesem Zeitpunkt nicht erlaubte, führte er die Vereinsgeschäfte vorläufig weiter[141].

Im Frühjahr 1999 wurde der Viehversicherungsverein, dem zu Beginn der 1950er-Jahre noch 200 Bauern angehört hatten, von den verbliebenen 38 Mitgliedern aufgelöst, da sich die Beiträge und Entschädigungen für die Viehbesitzer nicht mehr rechneten. Auch die Freibank in der ehemaligen Metzgerei in der Burghofstraße wurde aufgegeben[142].

Ziegenzuchtverein

Die Ziegenzüchter vereinigten sich im Ziegenzuchtverein. Er wurde im Mai 1909 bezeichnenderweise im Gasthaus „Zum Bock" gegründet. Die 17 Gründungsmitglieder, zu denen noch elf Ziegenzüchter aus Asselfingen stießen, strebten den Kauf eines Zuchtbockes ab 20 Ziegen an, bei 60 Ziegen sollte ein zweiter Bock erworben werden. Zwei Jahre später besaß der Verein bereits vier Zuchtböcke[143]. 1910 kaufte der Verein 15 rehfarbige Lämmer zur Versteigerung unter den Mitgliedern[144]. Welche Bedeutung die „Kuh des kleinen Mannes" für den Lebensunterhalt weniger begüterter Familien haben konnte, stellte der Landwirtschaftslehrer Braig in einem Vortrag heraus. Bei der fortlaufenden Verteuerung der Kuhmilch werde die Ziegenzucht immer wichtiger. Der große Vorteil der Ziege sei es, dass sie für „kleine Verhältnisse" passe, nur geringe Ansprüche stelle und dennoch zwischen 500 und 1500 Liter Milch im Jahr liefere. Mit Ausführungen über die Stallhaltung, Fütterung und den Stallbau warb Braig für die Ziegenzucht[145]. Welche Rassen in Langenau im Einzelnen gehalten wurden, entzieht sich unserer Kenntnis. Zu Beginn der 1930er-Jahre war man mit der Schwarzwaldziege unzufrieden und zog die Hessische weiße Edelziege vor[146].

Empfehlenswerte Obstsorten

für

Ulm und Umgebung, insbes. auch die Ulmer Alb.

T. = Tafelsorten. M. = Mostsorten.

I. Aepfel.

a. Sommeräpfel.

1. Weißer Astrachan T.
2. Virginischer Rosenapfel T.
3. Charlamowsky T.

b. Herbstäpfel.

4. Danziger Kantapfel T. u. M.
5. Langtons Sondergleichen T. u. M.
6. Schöner von Boskoop T. u. M.
7. Transparent von Croncels T.
8. Kaiser Alexander T.
9. Oberländer Himbeerapfel T.
10. Deans Codlin T.

c. Winteräpfel.

11. Baumanns Reinette T. u. M.
12. Boikenapfel T. u. M.
13. Große Kasseler Reinette T. u. M.
14. Großer Rhein. Bohnapfel T. u. M.
15. Goldparmäne T. u. M.
16. Graue Herbst-Reinette T. u. M.
17. Harberts Reinette T. u. M.
18. Königlicher Kurzstiel T. u. M.
19. Landsberger Reinette T. u. M.
20. Kleiner Langstiel T. u. M.
21. Ribstons Pepping T. u. M.
22. Spätblühender Taffetapfel T. u. M.
23. Weiße Wachs-Reinette T. u. M.
24. Roter Trierscher Weinapfel M.
25. Oehringer Blutstreifling M.

II. Birnen.

a. Sommerbirnen.

1. Grüne Sommermagdalene T.
2. Muskateller T.
3. Stuttgarter Gaishirtle T.
4. Haberbirne T. u. z. Dörren

b. Herbstbirnen.

5. Amanlis Butterbirne T.
6. Gute Luise von Avranches T.
7. Holzfarbige Butterbirne T.
8. Schönste Sommerbirne T.
9. Ulmer Butterbirne T.
10. Weißenhorner Birne (zum Dörren)
11. Römische Schmalzbirne (zum Dörren)

c. Winterbirnen.

12. Diels Butterbirne T.
13. Grumkower Butterbirne T.
14. Liegels Butterbirne T.
15. Pastorenbirne T.
16. Schweizer Wasserbirne M.
17. Große Rommelterbirne M.
18. Wildling von Einsiedel M.
19. Champagner Bratbirne M.
20. Welsche Bratbirne M.
21. Pomeranzenbirne vom Zabergäu M.
22. Weiler'sche Mostbirne M.
23. Palmischbirne M. sehr empfehlensw. f. geringe Böden.
24. Erlenbacher Mostbirne M.

III. Zwetschgen.

1. Eßlinger Frühzwetschge
2. Lucas Frühzwetschge
3. Hauszwetschge
4. Italienische Zwetschge.

Empfehlenswerte Obstsorten, um 1910.

Obstbauverein Langenau und Umgebung

Der Obstbauverein Langenau und Umgebung wurde am 31. Oktober 1920 gegründet. Der Vereinszweck war die Beratung seiner Mitglieder über Düngung, Sortenwahl und Bodenverhältnisse. Die Mitgliedschaft kostete die 37 Mitglieder im Jahre 1920 je drei Mark im Jahr[147]. In der Vermittlung von Wissen bestand die Hauptaufgabe des Vereins. Regelmäßig lud man zu Vereinsabenden, meist sechs im Jahr, ein, auf denen beispielsweise Vorträge wie über die „Düngung der Obstbäume", das „Pflanzen von Obstbäumen", den „Obstbeerenanbau" oder die „Pflanzung und Pflege von Bäumen" gehalten wurden. Auf so genannten Wanderversammlungen erfolgte ebenfalls die Vermittlung von Wissenwertem; 1921 dienten sie dazu, für die Langenauer Verhältnisse geeignete Obstsorten ausfindig zu machen[148]. 1928 fanden wegen des fast völligen Ausfalls der Ernte keine Versammlungen statt[149]. Auch Obstausstellungen gehörten in das Repertoire des Vereins, so 1931 und 1932 im Gasthaus „Zum Bock"[150].

Jungbauernbund
Über den Jungbauernbund ist in den Quellen wenig überliefert. Der Bund, der sich durchaus als eine politische Organisation verstand, veranstaltete beispielsweise 1927 einen Lichtbildervortrag über die ehemaligen Kolonien und 1931 eine Versammlung mit dem Reichtstagsabgeordneten Haag, der über die aktuelle Situation und Not der Bauern referierte[151].

Landwirtschaftlicher Hausfrauenverein
Die Anfänge des Landwirtschaftlichen Hausfrauenvereins liegen im Dunkeln. Überliefert ist lediglich ein Vortrag der Fürstin von Hohenlohe-Waldenburg im Februar 1918, in dem sie einer aufmerksamen Zuhörerinnenschaft die Vereinsziele vorstellte: eigener Gemüseanbau, Vereinfachung des Handels zwischen Land und Stadt durch die Ausschaltung des teuren Zwischenhandels und wegen der kriegsbedingten Knappheit an Lebensmitteln die Hebung der landwirtschaftlichen Produktion. Ob zu diesem Zeitpunkt eine Ortsgruppe in Langenau bestand oder im Anschluss an die Veranstaltung eine Gründung vorgenommen wurde, bleibt offen. Erst über zehn Jahre später erfahren wir Näheres über den Verein, als er im Januar und Februar 1931 gegen einen Unkostenbeitrag von 2,5 bis 3 Mark Kochkurse durchführte, um „die Grundlagen für die Fertigkeit einfacher bürgerlicher Kost zu vermitteln". Auch ein Bügelkurs wurde angeboten. 1963 gründeten engagierte Frauen den Landfrauenverein[152].

Gewerbliche Interessenvereine

Gewerbeverein
Die Gründung des Gewerbevereins ging auf eine Initiative des Stadtschultheißen Johann Friedrich Haug zurück, der am 8. Januar 1870 im „Langenauer Anzeiger" einen Gründungsaufruf abdrucken ließ. Unter anderem hieß es dort, dass es in Langenau verschiedene Vereine gäbe, die sich der Unterhaltung und dem Vergnügen widmeten, dagegen es an einem Verein mangele, der die Interessen von Handel und Handwerk

fördere. Die zahlreich besuchte Gründungsversammlung des Gewerbevereins fand am darauf folgenden Tag in der „Krone" statt. 58 Gewerbetreibende traten bei und wählten einen provisorischen Vorstand, der die Vereinsstatuten ausarbeiten sollte[153]. Die offizielle Gründung des Gewerbevereins erfolgte am 30. Januar[154]. Seine Aufgabe sah der Gewerbeverein darin, „den Sinn für gewerbliche Tätigkeit zu heben, zu vermehren und verbesserten Gewerbebetrieb anzuspornen, auf Gelegenheit und Hilfsmittel dazu aufmerksam zu machen und zu deren Benützung aufzumuntern. Er verfolgt aber auch das Ziel, an der sittlichen Bildung seiner Mitglieder zu arbeiten und denselben Kenntnisse zuzuführen, welche für den wahren Gewerbetreibenden so unentbehrlich sind als Handgriffe und mechanische Fertigkeit"[155]. Durch zeitgemäße Vorträge, Handwerkerbibliotheken und Buchführungskurse wirkte der Gewerbeverein aufklärend und belehrend und förderte den freien Gedankenaustausch sowie die Pflege der Kollegialität durch gegenseitige Ratschläge[156]. Am 5. Juli 1920 nannte sich der Gewerbeverein in Gewerbe- und Handelsverein um[157].

Dem Vorstand gehörten neun Personen an. 1878 stand der Seifensieder J. Jäger an der Spitze des Vereins, sein Stellvertreter war Stadtschultheiß Haug. Den engeren Vorstand bildeten ein Kassierer (Weber J. Honold), ein Schriftführer (F. Schwenck) und ein Bibliothekar (Buchdrucker Glanz). Als Beisitzer fungierten der Mechaniker Oechsle, der Schuhmacher Ulrich Frech, der Apotheker Miller und der Säckler Riecher[158]. Jäger blieb bis zu seinem Tod im Februar 1902 Vorsitzender des Gewerbevereins[159]. Die Versammlungen des Gewerbevereins fanden alle 14 Tage, montags um 20 Uhr in der „Krone", statt. In der Regel stand ein Vortrag über einen gewerblichen Gegenstand oder über ein Thema, das sich auf das Gewerbeleben bezog oder allgemein wissenswert war, im Mittelpunkt der Versammlung[160].

Bereits in seinem Gründungsjahr entwickelte der Gewerbeverein beachtliche Aktivitäten. Mit einer lokalen Gewerbeausstellung am 3. und 4. Juli 1870 gelang dem jungen Verein ein unerwartet großer Erfolg. Mehr als tausend Menschen strömten in das Schießhaus, wo Langenauer Handwerker ihre Produkte ausgestellt hatten. Bereits 1862 hatte Haug eine Leistungsschau des Langenauer Handwerks vorgeschlagen, ohne dass sie jedoch hatte verwirklicht werden können. Der „Langenauer Anzeiger" druckte den damaligen Aufruf ab, der den Zweck der Ausstellung nannte. Sie sollte zum einen der Langenauer Einwohnerschaft die Leistungsfähigkeit des Handwerks zeigen, zum anderen die Handwerker zu mehr Leistung anspornen[161]. Im Dezember präsentierte der Gewerbeverein in der Messnerschule eine Mustersammlung von Werkzeugen, die ihm die Zentralstelle für Gewerbe und Handel in Stuttgart zur Verfügung gestellt hatte und die sich vornehmlich an Metall verarbeitende Handwerker wandte, um sie für die Verwendung neuer und verbesserter Werkzeuge zu gewinnen. Unter anderem wurden gezeigt ein Parallelschraubstock, ein Ventilator als Ersatz für den Blasebalg, eine Handbohrmaschine und ein vollständiges Gewindschraubenschneidzeug sowie verschiedene Metallscheren, Schaufeln, Gabeln, Hämmer und Beile[162]. Mit Vorträgen über Pflanzenzucht, die Wiederherstellung von verbranntem Gussstahl, Wasserglas und dessen Anwendung in den Baugewerben und Schillers „Glocke" rundete der Gewerbeverein sein Programm ab[163]. Beabsichtigt war auch die Teilnahme von 30 Langenauer Handwerkern an der Landesgewerbeschau Ende Juli 1871 in Ulm, die aber wegen des beginnenden Deutsch-Französischen Krieges abgesagt wurde[164]. Während des Krieges unterstützte der Gewerbeverein Frauen, deren Männer an der Front standen, mit praktischen Ratschlägen für die Geschäftsführung[165].

Die Mitgliederzahl stieg wenige Wochen nach der Gründung um weitere 14 Gewerbetreibende auf 72 an[166]. 1899 traten rund 40 auswärtige Handwerksmeister bei, sodass dem Gewerbeverein nun 118 Personen angehörten[167]. Nach dem Ersten Weltkrieg verzeichneten die Mitgliederlisten einen raschen Anstieg der Mitgliederzahl, insgesamt stattliche 50 Neueintritte in den Jahren 1919 und 1920[168]. Nach einem leichten Rückgang auf 135 Mitglieder 1925 stieg die Zahl zu Beginn der 1930er-Jahre auf über 160[169]. 1923 gehörten dem Gewerbeverein 72 Handwerker ohne und elf mit Landwirtschaft, 29 Handelsgewerbetreibende ohne und zwei mit Landwirtschaft sowie sieben Beamte und 28 auswärtige Mitglieder an[170].

Als Interessenvertretung des gewerblichen Mittelstandes trat der Gewerbeverein mit Vorschlägen und Forderungen an die kommunalen Behörden und die Öffentlichkeit heran. Die Förderung und Wahrung der Interessen von Handel und Gewerbe standen stets im Vordergrund. Die folgenden ausgewählten Beispiele geben einen kursorischen Einblick in die vielfältigen Aktivitäten des Gewerbevereins.

Die berufliche, politische und auch wissenschaftliche Weiterbildung seiner Mitglieder nahm in der Arbeit des Gewerbevereins den herausragenden Platz ein. Die Themen der Vorträge, die bis 1895 meist von Stadtschultheiß Johann Friedrich Haug, seinem Bruder, dem Stadtpfleger Gottlieb Haug, Schullehrer Honold und den Stadtpfarrern gehalten wurden[171], spannten einen weiten Bogen. Natürlich standen gewerbliche und wirtschaftspolitische Themen im Vordergrund. Aus den zahlreichen Vorträgen seien die Folgenden ausgewählt: Gewerbeordnung –

ein Vortrag des Stadtschultheißen Haug, den der „Langenauer Anzeiger" vollständig abdruckte[172], Krankenversicherung für Arbeiter und Kranken- und Unfallversicherungsgesetz[173], metrische Maße und Gewichte wurden ebenso behandelt wie das neue Handwerkergesetz von 1897[174], das Innungswesen[175], die Regelung des staatlichen Submissionswesens – der Referent wandte sich gegen die Benachteiligung örtlicher und kleiner Betriebe bei der Vergabe von Staatsaufträgen[176] – und schließlich die Wettbewerbsfähigkeit des Mittelstandes[177]. Andere Vorträge stellten technische Erfindungen wie Wasserdampf und Elektrizität vor, die sinnvoll für die gewerbliche Produktion genutzt werden konnten[178]. Politische Themen wie beispielsweise die deutsche und die englische Kolonialpolitik oder „Reichsverfassung und 40-jährige deutsche Friedenspolitik"[179] fanden ebenso Eingang in das Vortragsprogramm wie Wissenswertes aus Geschichte, Industrie und Wissenschaft: Kohlebergbau[180], prähistorische Funde im Lonetal[181], Magnetismus[182] und die Entwicklung des Handwerks und der Ulmer Zünfte[183]. Besonders erwähnt werden soll die Filmvorführung über das bayerische Handwerk im April 1928[184]. Der beruflichen Weiterbildung sollte auch eine Bibliothek dienen, die allerdings mit ihrem eher bescheidenen Bücherbestand von 25 Büchern im Jahre 1881 kaum ihrem Zweck entsprochen haben dürfte; auch leistete sich der Gewerbeverein keine Fachzeitschriften, die neue Entwicklungen in Wirtschaft und Politik, Wissenschaft und Technik dem Interessierten hätten vermitteln können; 1890 waren es nur noch 20 Bücher, aber immerhin zwei Fachzeitschriften, die die Vereinsbibliothek besaß[185].

An praktischer Weiterbildung bot der Gewerbeverein Buchführungskurse an, die auch Frauen und Mädchen offen standen. Diese Kurse dauerten drei Wochen und fanden wöchentlich zwei- bis dreimal abends von 18 bis 20 Uhr statt. 1910 nahmen 16 Personen teil, die in Buchführung, Kalkulation und Wechselführung unterrichtet wurden[186].

Dem Besuch und der Teilnahme an landesweiten und lokalen Industrie- und Gewerbeausstellungen maß der Gewerbeverein eine nicht zu unterschätzende Bedeutung bei. Auf ihnen sollten innovative Anregungen und Ideen gesammelt und nach Langenau gebracht werden. Der Gewerbeverein bemühte sich intensiv darum, dass Langenauer Handwerker diese Leistungsschauen besuchten oder gar eigene Erzeugnisse dort einem breiterem Publikum vorstellten, wie beispielsweise auf der Schwäbischen Gewerbeausstellung in Ulm 1871, über die der „Langenauer Anzeiger" ausführlich berichtete[187], oder in Ehingen 1878, Geislingen 1898, die 40 Mitglieder besuchten, und Günzburg 1911[188].

Der Ausbildung der Lehrlinge widmete der Gewerbeverein besondere Aufmerksamkeit. Schon 1870 beschloss der Gemeinderat auf Bitte des Gewerbevereins einstimmig die Einrichtung einer Gewerblichen Fortbildungsschule, die eine gute Ausbildung der Gewerbelehrlinge ermöglichen sollte[189]. Auf verschiedene Weise versuchte der Gewerbeverein, die Lehrlinge zu mehr Ehrgeiz und Fleiß zu motivieren, sei es, dass die Lehrlinge 1871 auf Kosten des Gewerbevereins die Schwäbische Gewerbeausstellung in Ulm besuchten, oder sei es, dass der Gewerbeverein auf seiner Halbjahresversammlung 1873 acht Lehrlinge würdigte, deren Lehrlingsarbeiten in Stuttgart ausgestellt und mit Preisen zweiter und dritter Klasse ausgezeichnet worden waren[190]. In der Einführung von freiwilligen Lehrlingsprüfungen sah der Gewerbeverein ein geeignetes Mittel, den Ausbildungsgrad der Lehrlinge entscheidend zu heben[191].

An gemeinschaftlich nutzbaren Einrichtungen organisierte der Gewerbeverein beispielsweise 1871 den gemeinsamen Einkauf von Steinkohle, der vor allem Schmieden und Schlossern, aber auch anderen Handwerkern Kosten ersparen sollte[192]. Der Gerwerbeverein trug auch maßgeblich zur Einrichtung einer genossenschaftlich organisierten Darlehenskasse am 1. Februar 1881 bei, der elf Mitglieder des Gewerbevereins bei ihrer Gründung beitraten[193]. Die Gründung einer Brandschadenshilfe auf Gegenseitigkeit scheiterte dagegen 1924[194].

Der Gewerbeverein ergriff auch die Initiative, wenn es darum ging, die Infrastruktur der Stadt zu verbessern, und unterstützte entsprechende Anliegen der Bürgerschaft und Gemeinde. Im Jahre 1900 bemühte sich der Gewerbeverein, allerdings erfolglos, um die Einrichtung einer öffentlichen Telegrafenstelle[195]. Auch für Verbesserungen des Eisenbahnfahrplanes setzte sich der Gewerbverein ein. So beispielsweise 1878, als er auf einen ablehnenden Bescheid der Kgl. Württembergischen Eisenbahndirektion mit einer gemeinsamen Versammlung der Gewerbevereine aus Giengen und Heidenheim reagierte, um den Einsatz zweier zusätzlicher Abendzüge nach Heidenheim und Ulm zu erwirken[196].

Zu Beginn des nationalsozialistischen Regimes 1933 trat der Kampfbund des Mittelstandes, der Gewerbetreibende und Landwirte vereinigte, an die Stelle des Gewerbe- und Handelsvereins, der dann 1935 in die nationalsozialistischen Organisationen überführt wurde[197].

Am 12. September 1949 wurde der Gewerbe- und Handelsverein im Gasthaus „Krone" wiedergegründet. Wie schon während der Weimarer Republik, als der für den Gemeinderat kandidierende Verein die Interessen von Handel und Gewerbe in der Kommunalpolitik vertrat, gründete der Verein die Freie Wählervereinigung, die bald mit der Unterstützung der Bürgermeister von Langenau, Blaubeuren und Dietenheim über eine kreisweite Organisation verfügte. Auch bei seinen Aktivitäten setzte der Gewerbe- und Handelsverein die 1933 unterbrochene Tradition mit Vorträgen über Weiterbildung, Steuerpolitik, Werbung oder Rechtsfragen und mit Gewerbeausstellungen fort, deren erste im Juni 1951 mit 78 Ausstellern stattfand[198]. Seither stellen diese mittlerweile regelmäßigen Ausstellungen die Attraktivität des Wirtschaftsstandortes Langenau eindrucksvoll unter Beweis.

Soziale Vereine

Leichengeldverein

Der älteste soziale Verein Langenaus – der Leichengeldverein – wurde am 23. August 1863 durch Stadtschultheiß Haug gegründet. Todesfälle und Krankheiten, zu einer Zeit, die noch nicht die uns heute so selbstverständliche Lohnfortzahlung kannte, bedeuteten für viele Familien eine erhebliche finanzielle Belastung. So war es um 1900 vielen Familien nicht möglich, innerhalb von 48 Stunden 80 bis 100 Mark für eine Bestattung aufzubringen[199]. Hier sprang der Leichengeldverein ein. „Er ist die nächste und einfachste Sparkasse für solche Fälle, wo Krankheit und Tod Mittel in Anspruch nehmen, die über die Kräfte einer Familie gehen. Dadurch, dass er ins Mittel tritt, verhindert er, dass zu der Trauer über den Todesfall noch die quälende Sorge für die Kosten sich gesellt und wirkt somit als Freund und Tröster"[200].

Zunächst schien dem Verein kein Erfolg beschieden gewesen zu sein, denn bei einer ersten Versammlung nahmen ‚nur' 30 Familienväter teil[201]. Aber eine intensive Werbekampagne bewirkte, dass drei Wochen später bei der Vereinsgründung 191 Personen beitraten. Zunächst begrenzte man die Mitgliederzahl auf 300, die jedoch schon am 31. August 1863 erreicht wurde und daher auf 400 erhöht werden musste. Zu Beginn der 1870er-Jahre zahlte man ein Eintrittsgeld von zwei Gulden bis zum 25., drei Gulden bis zum 30. und vier Gulden bis zum 35. Lebensjahr. Anfänglich betrug das Leichengeld 30 Gulden, das 1868 auf 55 Gulden und schließlich 1880 auf 100 Mark festgelegt wurde. An Krankengeldern wurden in den 1880er-Jahren für einen Mann drei Mark und für eine Frau 2,60 Mark in der Woche ausbezahlt[202]. Mitglied konnten alle Langenauer bis zum 35. Lebensjahr werden. 1875 wurde die Beitragsregelung geändert, sodass jedes Mitglied im Todesfall eines Vereinsmitgliedes 40 Pfennig an die Vereinskasse abführen musste –

„eine Kleinigkeit, die auch der Ärmste leicht leisten kann, wenn er fleißig und sparsam ist, was ja jedermann sein soll, der Kleinere und Ärmere zumeist"[203].

Der Leichengeldverein blieb über Jahrzehnte ein ausgesprochen erfolgreicher und vielen Langenauer Familien aus der Not helfender Verein, wie die im „Langenauer Anzeiger" veröffentlichten Bilanzen ausweisen. In den ersten 25 Jahren seines Bestehens zahlte der Verein in 391 Todesfällen 36 889,77 Mark Leichengeld und in 1624 Fällen 16 050,86 Mark Krankengeld aus. Dennoch konnte der Verein eine Rücklage von 5000 Mark für besondere Notfälle bilden[204]. Aus dem Jahr 1901 liegen uns die nächsten Zahlen vor: Für 649 verstorbene Mitglieder zahlte der Verein 62 410 Mark sowie bis zur Einführung der allgemeinen Krankenversicherung 1898 exakt 22 606 Mark Krankenunterstützungsgelder, insgesamt 85 016 Mark aus[205].

Trotz dieser beeindruckenden Zahlen geriet der Leichengeldverein, manchmal auch Leichenverein genannt, zu Beginn des neuen Jahrhunderts in eine Krise, weil keine neuen Mitglieder gewonnen werden konnten. So wurden 1906 die Beiträge verringert, um die Mitgliederzahl um 100 zu erhöhen. Schon wenige Jahre später konnte der Vorstand über einen Vermögenszuwachs und eine höhere Mitgliederzahl (432) berichten[206].

Endgültig in die Krise geriet der Leichengeldverein in den 1920er-Jahren. Im August 1922 forderte das württembergische Arbeitsministerium unter Androhung der Auflösung den Verein auf, grundlegende Veränderungen in den Vereinsstatuten vorzunehmen: Erhöhung des Mitgliedsbeitrages auf 24 Mark und des Sterbegeldes auf 300 Mark, Einführung eines siebenköpfigen Vorstandes mit Vorsitzendem, Schriftführer und Kassierer sowie die Festlegung des Beitrittsalters von 16 bis 45 Jahren[207]. Vermutlich diese Veränderung, vor allem aber die Inflation 1922/23 wirkten sich verheerend auf den Verein aus. Das Vereinsvermögen von ca. 10 000 Mark wurde durch die dramatische Geldentwertung so gut wie vernichtet und die Mitgliederzahl sank auf 350, sodass die Mitgliederversammlung im Mai 1924 ernsthaft erwog, den Verein aufzulösen, wofür dann doch keine Mehrheit gefunden werden konnte. Stattdessen versuchte man, mit einer Staffelung des Leichengeldes nach Dauer der Vereinsmitgliedschaft und einer Senkung der Mitgliedsbeiträge den Verein zu retten[208]. Es half nichts. Im März 1927 wies das Arbeitsministerium die Auflösung des Vereins an, da der Verein ein zu geringes Vermögen besaß. Die Auflösung wurde am 20. März 1927 vollzogen; die über 65 Jahre alten Mitglieder erhielten den ihnen zustehenden Betrag für ihre Bestattung[209].

Krankenunterstützungsverein

Am 28. Dezember 1865 beriet der Gemeinderat über die Gründung eines Krankenunterstützungsvereins, für die humane und volkswirtschaftliche Gründe genannt wurden. Bei einer Mitgliederzahl von wenigsten 250 bis 300 wollte die Stadt einen einmaligen Beitrag von 300 Gulden leisten. Stadtschultheiß Haug übernahm es, die Gründung des Vereins zu bewerkstelligen, und rief im „Langenauer Anzeiger" vor allem die „Mittleren und Ärmeren" auf, „unter allen Umständen und gleichsam aus Pflicht bei[zu]treten, weil dieser Verein dazu bestimmt ist, die Teilnehmer in Krankheitsfällen vor Not zu schützen und zu verhüten, dass sie durch Krankheiten in ihrem Vermögen und Auskommen weit zurückgeworfen werden"[210].

Am Neujahrstag 1866 wurde der Krankenunterstützungsverein von 77 Personen gegründet. Die Statuten legten Folgendes fest: Jede Person vom 14. bis 60 Lebensjahr konnte beitreten, das Beitrittsgeld sollte nicht einen Gulden überschreiten und der wöchentliche Mitgliedsbeitrag sollte drei Kreuzer betragen. Im Krankheitsfalle wurde einem Mann ein Gulden 45 Kreuzer, einer Frau ein Gulden 30 Kreuzer die Woche bezahlt; bei längerer Krankheit verringerte sich das Krankengeld auf drei Viertel, nach weiteren zwölf Wochen um die Hälfte[211].

Über den Krankenunterstützungsverein liegen nur wenige Nachrichten vor. 1872, als der Verein 400 Mitglieder zählte, spendete die Stadt die zugesagten 300 Gulden, aber mit dem Vorbehalt, dass der Verein mindestens zehn Jahre bestehe, ansonsten müsste der Betrag zurückgezahlt werden[212]. Der Verein wurde vermutlich mit der Einführung der allgemeinen Krankenversicherung 1914 aufgelöst.

Krankenpflegeverein

Der Krankenpflegeverein wurde am 28. November 1913 mit dem Ziel gegründet, eine „geregelte Verpflegung von Kranken in der Stadt" zu ermöglichen – ein beeindruckendes Beispiel, wie Bürgerinnen und Bürger durch gemeinsames Handeln ihre soziale Sicherheit, hier bei Krankheit, zu verbessern suchten. Zu diesem Zwecke stellte der Verein eine Krankenschwester ein, die auch im Krankenhaus ihrer pflegerischen Tätigkeit nachkam. 357 Mitglieder leisteten im Gründungsjahr eine Beitragssumme von 580,50 Mark. Während des Ersten Weltkrieges wurden die Vereinsaktivitäten eingestellt und erst im Dezember 1918 wieder aufgenommen. Im Laufe des Jahres 1919 wurden 128 Personen von einer Krankenschwester, die auch 48 Nachtwachen hielt, gepflegt. Um eine zweite Schwester finanzieren zu können, erhöhte man den

Mitgliedsbeitrag auf drei bis fünf Mark. Beide Krankenschwestern wohnten im Messnerhaus[213]. 1921 nahm der Verein 4490 Mark ein, wovon 4312 Mark für die Entlohnung der Krankenschwestern abgeführt wurden. Da die Jahresbilanz ein leichtes Defizit aufwies, wurde der Mitgliedsbeitrag erneut auf 10 bis 25 Mark erhöht[214]. 1923 zählte der Verein 687 Mitglieder, 1929 fast 800, wodurch der Jahresbeitrag nur zwischen einer und zehn Mark lag[215].

20 Jahre später wurde der offensichtlich während des Nationalsozialismus aufgelöste Verein neu gegründet. Stadt und Kirchengemeinde verpflichteten sich, eventuelle finanzielle Defizite auszugleichen. Der Verein knüpfte bald wieder an seine frühere Glanzzeit an: 1958 zählte der Verein wieder 980 Mitglieder[216].

Verband deutscher Kriegsgeschädigter und Kriegsteilnehmer

Erstmals ist eine Versammlung des VdK, der sich die Versorgung der Kriegsverletzten und der Wahrung ihrer Rechte annahm, für den August 1919 nachweisbar. Auch bei diesem Verein stehen wir vor dem Problem, dass die Quellen nur wenig über die Langenauer Ortsgruppe berichten. Im Februar 1920 informierte ein Vortrag über die Versorgungsgesetze und am 22. Januar 1933 fand die letzte Generalversammlung vor der Machtübertragung an die Nationalsozialisten der mittlerweile in Reichsbund der Kriegsbeschädigten, Kriegsteilnehmer und Kriegshinterbliebenen umbenannten Organisation, statt[217].

Bund der Kinderreichen

Der Bund der Kinderreichen vertrat die Interessen kinderreicher Familien. So sollte den Vereinsstatuten nach auf Behörden und Parlamente einwirkt werden, um den „aussterbenden Kinderreichtum" in der Steuer- und Wohnungsgesetzgebung, in der sozialen Versicherung sowie in der Frage der Kinderzulage und der Erziehungsbeihilfen zu schützen. An konkreter Hilfe bot der Verein juristische Beratung beispielsweise bei Krankheitsfällen, bei Schulgeldfreistellungen oder bei Bauvorhaben an. Die Langenauer Ortsgruppe wurde am 3. November 1925 von 26 Personen gegründet[218]. Der Verein scheint nicht lange bestanden zu haben, denn im Frühjahr 1933 wurde der Versuch einer Neugründung unternommen, über dessen Erfolg oder Misserfolg wir nicht informiert sind[219].

Freiwillige Sanitätskolonne des Roten Kreuzes

Nachdem erstmals im März 1923 ein kostenloser Sanitätskurs auf offensichtlich großes Interesse gestoßen war und ein zweiter, am 15. September 1923 beginnender Kurs unter der ärztlichen Leitung von Dr. Hammerschmidt vom Württembergischen Landesverband des Roten Kreuzes nach 23 Unterrichtsabenden mit einer Geländeübung beendet worden war, wurde 1924 die Langenauer Freiwillige Sanitätskolonne des Roten Kreuzes gegründet. Für den Abendunterricht stand ein Schulraum, für die praktischen Übungen die Turnhalle zur Verfügung. 1924 rückte die Kolonne sechsmal mit der Feuerwehr aus, am 24. September übernahm sie den Sanitätsdienst bei einem Radrennen. Es bleibt anzumerken, dass für den Krankentransport ein Wagen zur Verfügung stand und der Mitgliedsbeitrag 2,50 Mark betrug[220].

1929 fanden acht Unterrichtsabende, erneut unter der Leitung von Dr. Hammerschmidt, 14-tägliche Geländeübungen sowie sechs Übungen mit der Feuerwehr statt, in 68 Fällen wurde Erste Hilfe geleistet. Zu diesem Zeitpunkt zählte die Kolonne 13 aktive und sieben passive Mitglieder[221]. 1931 wurden einige Mitglieder an Gasschutzgeräten ausgebildet, Tafeln des Straßenhilfsdienstes (A.D.A.C.) an den Straßenkreuzungen Langenau–Albeck, Elchingen – Göttingen, Nerenstetten – Langenau und Öllingen – Rammingen angebracht sowie eine Hilfsstelle Albeck und ein neuer, durch Spenden finanzierter Geräteraum eingerichtet. Außerdem erhielt die Polizeiwache Langenau eine Alarmtabelle, um bei einem Großalarm alle Mitglieder rasch verständigen zu können[222].

Sporadisch berichtete die „Ulmer Alb-Zeitung" auch über Übungen der Sanitätskolonne. Ende September 1928 beispielsweise übte man am Bahnhof die Versorgung von Verletzten eines Eisenbahnunglückes. Unter der Anleitung des Ulmer Stadtarztes Dr. Schütz lernten die Sanitäter die Behandlung von Brüchen, Quetschungen, Verbrennungen und Verstauchungen. Auch Nachteinsätze wurden trainiert[223].

Geselligkeitsvereine

Die Schützengesellschaft

König Friedrich I., der im Besitz von Waffen grundsätzlich die Gefahr von ungesetzlichen Exzessen und revolutionären Erhebungen sah, ordnete am 19. Juni 1809 die völlige Entwaffnung der Bevölkerung an. Zudem hatten die Erhebung der Tiroler und Vorarlberger im Süden und im Norden der durch die repressive Politik hervorgerufene Bauernaufstand im Taubergrund um Mergentheim das Königreich in arge Bedrängnis gebracht[224]. Nach dem Übergang Langenaus an Württemberg 1810 wurden folgerichtig die Langenauer Schützen aufgelöst.

Gleich nach seinem Regierungsantritt im Oktober 1816 lockerte Wilhelm I., der sich um einen volksnahen Regierungsstil bemühte, das strikte Waffenverbot. Die Verordnung vom 23. Januar 1823 erlaubte den Staatsbeamten, gewissen Staatsbediensteten, dem Adel, den Gutsbesitzern und den öffentlich anerkannten Schützengesellschaften den Erwerb und Besitz von Waffen[225]. Das genaue Datum der Wiedergründung der Langenauer Schützengesellschaft kennen wir nicht. Sie tritt erstmals wieder 1834 in Erscheinung, als die Schützen, offensichtlich im Streit mit der Gemeindeverwaltung, darauf hinwiesen, dass ihnen der Platz vor dem Schießhaus schon seit einigen hundert Jahren gehöre (noch 30 Jahre später lehnte die Stadtverwaltung den Anspruch der Schützengesellschaft, alleinige Besitzerin des Schießhauses zu sein, rundweg ab)[226]. Ihre alte Funktion, das Land und seine Bewohner gegen feindliche Übergriffe zu schützen, hatte sie verloren. Stattdessen übernahm sie eher repräsentative Aufgaben bei Festen und hohen Feiertagen, auch als Brandwache konnte sie eingesetzt werden.

Bis 1883 übte und schoss die Schützengesellschaft auf ihrem Schießplatz auf der Reutte. Ihr 1738 errichtetes Schießhaus war 1834 abgebrochen und durch einen Neubau ersetzt worden, der 1883 in den Besitz der Stadt überging[227]. Im Oktober dieses Jahres weihten die Langenauer Schützen ihr neues Heim in der Kiesgrube im Süden der Stadt mit einem großen Fest ein, an dem Schützen aus Ulm, Heidenheim, Geislingen, Deggingen, Wasseralfingen und Gmünd teilnahmen. Nach der feierlichen Schlüsselübergabe und den Festreden „ging es lustig in die Stände", so berichtete der „Langenauer Anzeiger", „und nach wenigen Minuten hat es schon geknallt, dass es eine wahre Freude war. Ein Wettkampf, der von Sonntagmittag bis Montagabend dauerte, hat sich entsponnen, wie Langenau seit 1860 keinen mehr gesehen hat."[228]

Der nächste Höhepunkt im Vereinsleben folgte mit der feierlichen, von Turnverein und Sängerbund mitgestalteten Fahnenweihe im Mai 1886. Marie Mack, eine der Festjungfrauen, übergab die Fahne mit einem schwungvollen patriotischen Gedicht dem Schützenmeister Johannes Jäger. Die Vorderseite der Fahne trägt die Inschrift „Schützengesellschaft Langenau 1560–1886" und zeigt das neue Langenauer Stadtwappen – ein springendes schwarzes Pferd auf goldenem Grund –, darunter befindet sich links das Wappen des Grafengeschlechts der Werdenberger und rechts das der Reichsstadt Ulm in Erinnerung daran, dass Langenau während des 13. und 14. Jahrhunderts dem Grafengeschlecht der Werdenberger und von 1377 bis 1802 Ulm gehörte. Das Wappen ist von einem Eichenlaubkranz eingefasst. Auf der Rückseite steht der Wahlspruch der Schützen:

„Ein klarer Blick
Ein' feste Hand
Ein warmes Herz
Für's Vaterland."[229]

Die Höhepunkte des Vereinslebens bildeten die jährlichen Endschießen, über die der „Langenauer Anzeiger" vielfach berichtete. Auch die Teilnahme an auswärtigen Schützenfesten ist überliefert, wie zum Beispiel 1862 in Biberach oder 1930 in Altenstadt a. d. Iller. Schließlich gehörten Schützenbälle zum festen Bestandteil der Vereinsaktivitäten[230].

1945 wurde die Schützengesellschaft von der US-amerikanischen Besatzungsmacht verboten. Bei ihrer Auflösung übergab sie ihre Standarte, ihre alte „Schützenbüx" und eine Schützenordnung aus dem 17. Jahrhundert dem Heimatmuseum[231].

Die Zimmerstutzengesellschaft

Acht Langenauer Bürger gründeten im Dezember 1912 die Zimmerstutzengesellschaft, die zehn Jahre später bei ihrem Stiftungsfest fast 100 Mitglieder zählte. Bereits am 3. März 1913 errangen zwölf Schützen bei einem Preisschießen in Unterelchingen den Höchst-Preis in Form eines Silberbechers und mehrere Einzelpreise. Vom 2. bis 10. Mai 1925 feierte der Verein ein Schützenfest, dessen Höhepunkte die Fahnenweihe und 155 aktive Schützen am Stand waren. Die Zimmerstutzengesellschaft nahm an auswärtigen Schützenwettbewerben teil und errang beispielsweise 1924 gute Erfolge beim Preisschießen in Eislingen. Einen weiteren Höhepunkt der Vereinsgeschichte stellte das Jubiläumsschießen zum 15. Stiftungstag 1927 dar. 1945 wurde die Zimmerstutzengesellschaft ebenfalls von der US-Militärregierung verboten, und es dauerte bis 1952, ehe sich der Verein nach einer Lockerung der Bestimmungen neu gründete – das Schießen mit Luftgewehren wurde wieder zugelassen[232].

Verein der Hundefreunde

Der Verein der Hundefreunde gründete sich 1923. Sein Vereinsziel war auf die Verbesserung der Rassehundezucht ausgerichtet; 1933 zählte der Verein 51 Mitglieder. Vorsitzender war der Sozialdemokrat Moser, der im September 1931 während einer Hundevorführung einen tödlichen Herzinfarkt erlitt. Aus dem Vereinsleben sind uns nur wenige Nachrichten überliefert. Im Oktober 1928 veranstalteten die Hundefreunde zusammen mit dem Hundesportverein auf der Reutte öffentliche Dressurübungen, die in Spurenarbeit, Gehorsamsübungen, Sprung über die hohe Wand, Bewachung eines Gegenstandes sowie in der Hilfe bei einem Überfall oder der Verhaftung eines Diebes bestanden. Im Mai 1930 erhielten die Langenauer Züchter Preise für ihre Schäferhunde und Dobermänner bei der Rassehundeschau in Heidenheim. 1932 schien ein ausgesprochen erfolgreiches Jahr gewesen zu sein: Bei fünf Wettbewerben schnitt der Verein mit sehr gutem Erfolg ab, unter anderem erhielt er bei einem Vereinswettkampf in Giengen einen Wanderpokal. 1934 stellten sich die Hundevereine aus Langenau, Giengen, Heidenheim und Schnaitheim einem Dressurwettkampf, als dessen Sieger die Hundefreunde aus Giengen hervorgingen[233].

Schwäbischer Albverein

Eine frühe Nachricht über die Langenauer Ortsgruppe des Schwäbischen Albvereins stammt aus dem Jahr 1898 (die Stadt Langenau gehörte übrigens seit 1889 dem Schwäbischen Albverein an). Die Zahl der Mitglieder, soweit bekannt, schwankte zwischen 57 (1932) und 74 (1909). Wanderungen, Ausflüge, so im August 1900 nach Weißenhorn oder an einem Wochenende im Juni 1908 ins Echatztal, Familienabende, auf denen Musikdarbietungen, kleine „Lustspiele" und Einakter, z. B. „Die neue Gouvernante", gegeben wurden, Waldfeste mit gutem Besuch oder Vorträge, beispielsweise über „Entstehung und Aufbau der Alb" boten ein abwechslungsreiches Vereinsprogramm[234].

Vereine der Arbeiterbewegung

Nach dem Fall des „Sozialistengesetzes" 1890 baute die Arbeiterbewegung ihr eigenes Vereinswesen auf. Um die Jahrhundertwende existierten in vielen Städten und Dörfern Deutschlands Arbeitersportvereine und Arbeitergesangvereine. Bald erfasste die Arbeitervereinsbewegung alle gesellschaftlichen Bereiche. Sozial ausgerichtete Vereine wie die Arbeiterwohlfahrt, der Arbeitersamariterbund oder der Arbeiter-Abstinentenbund wurden gegründet. Andere Vereinstypen wie die Naturfreunde, Arbeiterschachklubs und sogar Arbeiterkaninchenzüchtervereine ermöglichten den Arbeiterinnen und Arbeitern eine gesellige und persönlichen Neigungen folgende Freizeitgestaltung.

Gewiss spiegelte die Arbeiterkulturbewegung das bürgerliche Vereinsleben wider, und manche inhaltliche Ausgestaltung eines Vereins wies große Ähnlichkeit mit dem entsprechenden bürgerlichen Verein auf. Dennoch waren die Arbeiterkulturvereine ein integraler und wichtiger Bestandteil der Arbeiterkultur und -bewegung und verfolgten eindeutige politische Ziele, wie beispielhaft an den Arbeitersportvereinen gezeigt werden kann. Arbeitersport bildete eine besondere Form des Befreiungskampfes des Proletariats für soziale Gerechtigkeit und politische Gleichberechtigung und richtete sich gegen den bürgerlichen Sport und dessen Prinzipien: gegen den Hurrapatriotismus und Militarismus des Kaiserreiches, gegen den Sensationssport und das Wettbewerbsprinzip der bürgerlichen Gesellschaft und gegen die kapitalistische Wirtschaftsordnung. Arbeitersportlerinnen und -sportler sahen dagegen in ihren Aktivitäten einen Ausgleich für die harten Arbeits- und Lebensbedingungen: „Wir wollen", schrieb die sozialdemokratische Ulmer „Donauwacht" 1924, „ keine Kanonen züchten, wollen nicht einen einzelnen Menschen und aus ihm das Letzte herausholen. Dann ist Sport keine Erholung mehr. Unsere Kämpfe, ohne die es nun nicht geht, sind fast alle Gruppenkämpfe. Drei, vier Mann müssen zusammenarbeiten, um etwas zu erreichen"[235]. In einem solidarischen Miteinander sollten auf diese Weise die Einigkeit und Entschlossenheit der Arbeiterbewegung sowie ihr Kampfeswille für die soziale und politische Emanzipation der Arbeiterklasse gefestigt werden. Gegen Ende der Weimarer Republik reihten sich die Arbeitersportvereine in die republikanische Front gegen den aufkommenden Faschismus, in den Kampf für Freiheit und Demokratie ein.

Die Arbeiterbewegung fasste in Langenau erst nach der Revolution von 1918 Fuß. Der sozialdemokratische Ortsverein wurde wieder gegründet, und die Vereine der Arbeiterkulturbewegung folgten: Freier Volkschor Liederlust, Arbeiterradfahrerverein Solidarität, Naturfreunde und Arbeiterwohlfahrt. Nach der Machtübergabe an die Nationalsozialisten 1933 wurden auch die Arbeiterkulturvereine wie alle anderen sozialdemokratischen, sozialistischen und kommunistischen Organisationen verboten.

Freier Volkschor Liederlust

Im Januar 1921 schlossen sich Arbeiter zum „Freien Volkschor Liederlust" zusammen. Der Zweck des Vereins war, den Gesang unter der Arbeiterschaft „zum Wohle sämtlicher hiesiger Arbeiter und der Allgemeinheit" zu fördern und zu pflegen. Der Volkschor schloss sich dem Deutschen Arbeitersängerbund an und erhielt wenig später auch einen Frauenchor. Als Dirigenten gewann man aus Ulm J. Auchter, der den Chor bis zum Verbot 1933 leitete[236]. Folgt man der Berichterstattung der „Ulmer Alb-Zeitung" und der sozialdemokratischen Ulmer „Donauwacht" trat die Liederlust selten in der Öffentlichkeit auf. Aber wir dürfen mit Recht annehmen, dass der Volkschor die Maifeiern und die Parteifeste musikalisch begleitete.

Das Repertoire der Arbeitersängerinnen und -sänger entsprach dem der bürgerlichen Gesangvereine, sieht man davon ab, dass auch Lieder der Arbeiterbewegung eingeübt wurden. Man bemühte sich mit großen Ehrgeiz und war auch stolz, wenn das angestrebte, an bürgerlichen Maßstäben ausgerichtete Niveau erreicht wurde. Dies zeigt das erste öffentliche und zusammen mit dem Orchester der Artillerie-Abteilung 5 Ulm gegebene Konzert des Volkschores im Mai 1927: „Einen besonderen Anklang fanden die Konzertstücke ‚Wiener Bürger', Walzer von Ziehrer und ‚Musikalische Seifenblasen' ... Die beiden Gesamtchöre von Koschat, ‚Am Wörther See' und ‚Ein Sonntag auf der Alm', mit Orchesterbegleitung fanden warme und begeisterte Aufnahme ... Trotzdem der Verein nur über ein mittelmäßiges Stimmmaterial verfügt, wurde dem Besucher gezeigt, was ein fester Wille zu leisten vermag, dass es dem Freien Volkschor ernst ist, den Volksgesang zu hegen und zu pflegen" (im Übrigen genossen die beiden genannten Gesamtchöre große Beliebtheit und wurden mehrfach, wie beispielsweise auf der Weihnachtsfeier 1929, begeistert gefeiert)[237].

Die erste große öffentliche Aufmerksamkeit zog der Volkschor jedoch im Januar 1922 auf sich, als er auf seiner Weihnachtsfeier den dramatischen Einakter „Der Gefangene von Avignon" gab, der das Schicksal eines deutschen Kriegsgefangenen und die Unmenschlichkeit in der französischen Fremdenlegion schilderte. „Zur eindringlichen Warnung für unsere Jugend" organisierten Langenauer Lehrer zwei Sondervorstellungen für ihre Schüler, denen noch eine dritte im Herbst desselben Jahres folgte[238].

Freier Volkschor Liederlust, 1923.

Höhepunkt in der Geschichte des Vereins war gewiss die Fahnenweihe am 29. Juli 1923 im Rahmen eines Gausängerfestes des württembergischen Arbeitersängerbundes. Am Festzug nahmen 40 Chöre aus den Bezirken Ulm, Heidenheim und Oberschwaben teil; Volks- und Kunstgesang, Massenchöre für Männer- und gemischte Chöre sowie Einzelvorträge der Gastchöre ergaben ein bunt gemischtes Programm, das „trotz des manchmal sehr zweifelhaften Wetters" mit Erfolg durchgeführt werden konnte: „In edlem Wettstreit zeigten die einzelnen Gesangvereine, dass die Arbeitersänger durch prächtige Kampflieder Begeisterung schaffen, daneben aber sehr wohl verstehen, aus dem großen Schatz deutscher Volkslieder die schönsten Perlen zu schöpfen und den Volksgesang zu pflegen." Für außerordentlich bemerkenswert hielt die sozialdemokratische Ulmer „Donauwacht", dass sich die Stadt nicht nur im schönsten Festschmuck zeigte, sondern dass an fast allen Häusern mehr als sonst schwarz-gold-rote Flaggen hingen[239].

Festzug bei der Fahnenweihe, 1923.

Im Januar 1933 konnte sich wohl noch kein Arbeitersänger vorstellen, dass nur wenige Monate nach der wie gewohnt abgehaltenen Generalversammlung der Freie Volkschor Liederlust verboten werden sollte; lediglich der zu Versammlungsbeginn vorgetragene Freiheitschor „Ich werde dein" ließ die drohende Gefahr ahnen. Mit dem Verbot des Vereins wurde sein Vermögen beschlagnahmt. Im Januar 1934 bot der Langenauer Bezirksnotar Wolf den Flügel des Gesangvereins der Stadt zum Kauf an[240]. Nach dem Ende des nationalsozialistischen Regimes wurde die Liederlust wieder gegründet, doch schon 1946 vereinigten sich Liederkranz und Liederlust, da beide Vereine nicht den erwarteten Zulauf erhalten hatten[241].

Arbeiterradfahrerverein Solidarität

Der einzige Arbeitersportverein Langenaus wurde am 29. Mai 1929 gegründet, nachdem zahlreiche Arbeiterradfahrer und -radfahrerinnen ihren Beitritt erklärt hatten. Neben den Vorstandswahlen wurde auch beschlossen, die erste Ausfahrt am 9. Juni durchzuführen und sich am Reichsarbeitersporttag in Ulm zu beteiligen[242]. Ausflugsfahrten und sportliche Wettkämpfe gestalteten das Vereinsleben. „Eine stattliche Teilnehmerzahl", berichtete die „Donauwacht" am 14. April 1931, „ hat sich am Treffpunkt eingefunden und fort ging's mit frohem ‚Frisch auf!' über Bernstadt, Hörvelsingen, Albeck, Nerenstetten. Frohgemut und fröhlicher Stimmung trafen die Radler und Radlerinnen abends wieder hier ein, mit dem Bewusstsein, einige gemütliche Stunden hinter sich zu haben."[243] Für die während des Jahres gefahrenen Kilometer wurden die Besten geehrt, so auf der Hauptversammlung 1930 der Genosse Hörger für 572 und Anna Scheffold für 216 Kilometer. Dass sich der Verein als sozialdemokratische und politische Organisation verstand und seinem Namen alle Ehre machte, bewiesen die Anwesenden, als sie für die verunglückten Bergarbeiter in Alsdorf Geld sammelten[244]. Im Herbst schlossen so genannte Schlussfeiern die Saison mit Tempofahrten in verschiedenen Altersklassen und Langsamfahren ab sowie mit einem fröhlichen Beisammensein im Vereinslokal „Zum Schwarzen Ochsen". 1931 beteiligten sich 23 Genossinnen und Genossen an den sportlichen Prüfungen; und es darf hier angemerkt werden, dass Anna Schefold die überzeugendste Arbeiterradfahrerin Langenaus war. Auch zum Saisonausklang 1932 veranstaltete der Verein ein „Tempo-, Haupt- und Damenfahren"[245].

Die Naturfreunde

Die Naturfreunde wurden 1894 von dem Oberlehrer Schmiedl in Wien als Wanderverein gegründet, der die Arbeiterinnen und Arbeiter aus den verrauchten Wein- und Kaffeehäusern in die freie Natur führen sollte und bald eine internationale Verbreitung fand. Über die heute noch gültigen Vereinsziele lesen wir im Protokollbuch des Langenauer Ortsvereins vom 22. Oktober 1947, dem Tag der Wiedergründung der Langenauer Ortsgruppe: „[Diese Bewegung] steht heute an erster Stelle, um den Völkerfrieden und die Völkerverständigung auf der Erde wieder aufzubauen. Wir wollen nicht nur wandern, sondern auf diesen Wanderungen uns botanische und geologische Kenntnisse aneignen, unser Wissen durch bildende, kulturelle und wissenschaftliche Vorträge steigern"[246].

1923 gegründet, veranstalteten die Langenauer Naturfreunde Wanderungen, Ausflüge sowie Lichtbildervorträge und Veranstaltungen zu kulturellen Themen. Titel der Lichtbildervorträge, die sich großer Beliebtheit erfreuten und mitunter sogar in der Turnhalle stattfanden, waren „In Firn und Eis der Ötztaler Alpen", „Schönheiten des Schwarzwaldes", „Schwäbisches Land" oder „Der südliche Schwarzwald, Bodensee und Donautal". Gewiss gaben diese Vorträge Anregungen für die

Gestaltung des Vereinslebens. 1926 beschäftigte sich eine Vortragsreihe mit der Vor- und Frühgeschichte in unserer Region; Oberlehrer Beyer stellte die Eiszeit, die Steinzeit, die Bronzezeit und die Zeit der Kelten und Germanen bis zum Erscheinen der Römer vor.[247] Den Höhepunkt jedes Vereinsjahres stellte die Sonnwendfeier am 24. Juni, dem Johannistag, dar. 1924 nahmen an der Feier auswärtige Ortsgruppen der Naturfreunde und der Freie Volkschor Liederlust an der Feier teil; Gesang, Vorträge, Gesang und Spiele sorgten für eine abwechslungsreiche Kurzweil[248].

Naturfreunde, um 1926.

Die Naturfreunde fanden offensichtlich nicht bei allen Langenauern Beliebtheit. Am 21. März 1924 verwarnte der Gemeinderat den Vorstand, da sich im alten Reutteschulhaus, in dem die Naturfreunde ihre Vereinsabende und Veranstaltungen durchführten, einige unerwünschte Vorkommnisse, zum Beispiel Ruhestörungen ereignet haben sollten. Nachdem ein halbes Jahr später der Gemeindeverwaltung erneut Klagen vorgebracht worden waren, unter anderem sollten auch „Tanzübungen mit ganz jungen Leuten" veranstaltet worden sein, entzog der Gemeinderat den Naturfreunden die Benutzungserlaubnis, obwohl die Nachforschungen durch die Schutzleute keinen eindeutigen Nachweis erbracht hatten. „Wohl scheint aber die Benützung derart gewesen zu sein", vermuteten zwölf der fünfzehn Gemeinderäte zu ungunsten des Vereins, „dass nicht nur, wie versprochen, wissenschaftliche Vorträge gehalten werden." Ein Gesuch der Naturfreunde, den besagten Gemeinderatsbeschluss zurückzunehmen, wurde mit der Begründung abgelehnt, dass die Naturfreunde „die Angelegenheit mit den unsauberen Geschichten wegen Sittlichkeitsverfehlungen" nicht zugeben würden. Dass die Beschwerden über die Naturfreunde eher einen denunziatorischen Charakter besaßen, lässt ein Bericht der „Ulmer Alb-Zeitung" vermuten, in dem eine Frau ihre Äußerungen über die Naturfreunde mit Bedauern zurücknahm. Auch weitere Gesuche um Überlassung von Schulgebäuden wurden konsequent abgelehnt; lediglich im Januar 1925 überließ die Stadt dem Verein den Zeichensaal des Freistegschulhauses für einen Kurs über Kulturgeschichte[249].

1933 wurde die Ortsgruppe Langenau der Naturfreunde von den Nationalsozialisten aufgelöst[250]. Nachdem die Militärregierung die Naturfreunde als Organisation wieder zugelassen und die erste Landeskonferenz am 23./24. März 1946 in Stuttgart stattgefunden hatte, begann im Oktober 1947 der Wiederaufbau der Langenauer Ortsgruppe. Zunächst veranstaltete man am 11. Oktober 1947 zusammen mit der Naturfreunde-Jugend einen „Bunten Abend" in der Turnhalle, dem über 500 Personen beiwohnten, dann schritt man zur Gründung der Ortsgruppe am 22. Oktober im Gasthaus „Zum Bad". Zum Vorsitzenden wurde der auch schon vor 1933 aktive Gustl Fuchs gewählt. Die gut besuchte Werbeveranstaltung ließ auf viele neue Mitglieder hoffen, doch nur elf Eintritte bei der Gründungsversammlung bedeuteten eine herbe Enttäuschung. Der Veranstaltungskalender knüpfte an die Zeit der Weimarer Republik an: Wanderungen und Ausflüge, Film- und Diavorträge wechselten einander ab. So verfolgten über 200 Besucherinnen und Besucher einen spannenden Lichtbildervortrag mit dem Titel „Im Banne des Matterhorns" am 14. November 1947, dem zwei Wintersportfilme folgten. Ab November 1947 diente das heute abgerissene Messnerschulhaus als Vereinslokal. Seit dem 26. Juni 1960 besitzt die Langenauer Ortsgruppe ein eigenes Naturfreundehaus.

Arbeiterwohlfahrt

Über die sozialdemokratisch orientierte Arbeiterwohlfahrt, deren Ortsgruppe Langenau 1923 gegründet wurde, liegt bisher nur ein Zeitungsbericht über eine Wohlfahrtslotterie im Januar 1927 vor.

Gewerkschaften

Die Quellenlage zur Gewerkschaftsgeschichte Langenaus ist ausgesprochen dürftig. Am 23. März 1922 beriet eine Mitgliederversammlung des SPD-Ortsvereins die Gründung eines Gewerkschaftskartells für Langenau. Doch wegen der spärlichen Finanzen entschied man sich für den Anschluss an das Gewerkschaftskartell in Ulm[251]. Das Gewerkschaftskartell trat offensichtlich nur wenig in der Öffentlichkeit auf, denn nur ein Bericht über eine Filmvorführung des Allgemeinen Deutschen Gewerkschaftsbundes (ADGB) aus dem Januar 1931 liegt uns vor[252]. Gemeinsam mit der SPD organisierte das Gewerkschaftskartell die jährlichen Maifeiern, wie beispielsweise 1928: „Eine in allen Teilen gut gelungene Maifeier veranstalteten am letzten Sonntag die freien Gewerkschaften und die Partei im Gasthaus „Zur Krone". Der Besuch war ein guter und der Saal war voll besetzt. Die hiesige Mandolinenkapelle eröffnete – das Programm mit einem gut vorgetragenen Stück.

Kollege Güthner vom Deutschen Baugewerksbund zergliederte die Forderungen des 1. Mai ... Gute Aufnahme fanden die Männer- und gemischten Chöre des Freien Volkschores Liederlust sowie das Theaterstück „Der Sonne entgegen", vorgeführt von der Jugendgruppe der Naturfreunde. Eine besondere Note erhielt das Programm durch die Mitwirkung von Genossin und Genosse Greiner (Ulm). Das Vorgetragene zur Violine wie auch die Gesangsvorträge der Genossin Greiner fanden aufmerksame und begeisterte Zuhörer, sodass einige Zugaben notwendig waren. Das übrige Programm fand eine glatte Erledigung."[253] Bleibt anzumerken, dass die erste Maifeier in Langenau 1919 stattfand und die SPD-Ortsvereine Bernstadt und Langenau 1921 gemeinsam den internationalen Kampftag der Arbeiterbewegung in der städtischen Turnhalle ausrichteten[254].

Die Ortsgruppe des Deutschen Landarbeiterbundes ist die einzige nachweisbare Einzelgewerkschaft des ADGB in Langenau, die auch für die in der Landwirtschaft beschäftigten Knechte und Mägde der näheren Umgebung zuständig war und wohl als einzige Aussichten besaß, unter den zahlreichen Landarbeiterinnen und -landarbeitern Mitglieder zu gewinnen. Auch hier ist die Quellenüberlieferung spärlich. Überliefert sind nur wenige Berichte der „Donauwacht" aus den Jahren 1922, in denen vornehmlich über Lohnfragen informiert oder Vorstandswahlen berichtet wurde[255].

Die Feuerwehr

Das Feuerwehrwesen in reichsstädtischer Zeit

Feuersbrünste und Brände bedeuteten zu allen Zeiten großes Unheil für die Betroffenen. Allzu oft äscherten sie Häuser, Straßenzüge, ja sogar ganze Städte ein – die Flammen fanden in den aus Holzfachwerk gebauten Häusern reichliche Nahrung und breiteten sich oft rasend aus. Hilflos mussten die Menschen zusehen, wie ihr Hab und Gut in Asche versank. Aus unserer heutigen Sicht ist es kaum vorstellbar, dass nur mit Löscheimern, mit denen von Hand zu Hand Wasser zum Brandherd gereicht wurde, ein wirksames Mittel zur Bekämpfung großer Brände zur Verfügung stand.

Der Rat widmete daher der Vermeidung von Feuersbrünsten größte Aufmerksamkeit und ging rigoros gegen Verstöße gegen die Ordnung vor. Die „Erneuerte Stadt Ulmische Landpolizei" aus dem Jahre 1721 legte unter der Rubrik „Feuer-Verwahrlosung" teilweise empfindliche Geldstrafen für Verstöße fest[1]. Grundsätzlich durfte niemand eine Feuerstätte ohne vorherige obrigkeitliche Genehmigung bei einer Strafe von zehn Gulden errichten, und wer seinen Kamin, seine Feuerstätten, Herde und Backöfen nicht in Ordnung hielt, wurde mit einem Gulden Strafe bedacht.

Beim Bau neuer Häuser schrieb der Rat zwingend vor, ordentliche Kamine statt der gefährlichen Rauchküchen einzubauen und die Dächer nicht mit Stroh, sondern mit Ziegelplatten zu decken. In den Jahren nach dem Dreißigjährigen Krieg gestattete der Rat ausnahmsweise Strohdächer, so zum Beispiel 1651 dem Weber Michel Paulus auf drei Jahre. Nach über einem Jahrzehnt waren noch viele Dächer mit Stroh gedeckt, und ein ständiger Mangel an Dachziegeln und -platten zwang den Rat weiterhin zu Ausnahmeregelungen. So durfte beispielsweise der Wirt Jakob Junginger 1661 die Dächer seines neu erbauten Hauses und seines Stalles mit einem Strohdach versehen, musste sich aber verpflichten, im vierten Jahr die eine Hälfte und im darauf folgenden Jahr die andere Hälfte durch Ziegel zu ersetzen. In einer vom Rat angeordneten Überprüfung stellte der Oberamtmann im Frühjahr 1661 fest, dass bisher nur wenige Langenauer in der Lage gewesen waren, ihre Strohdächer zu beseitigen. Zur Behebung des Ziegelmangels wurde ein zweiter Brennofen beim Ziegelstadel auf Kosten des Rats gebaut, und der Oberamtmann sollte alle Langenauer, die über ausreichende Mittel verfügten, anhalten, endlich ihre Dächer mit Dachziegeln zu versehen[2].

Das Dörren von Flachs, Werg oder Hanf stellte immer eine große Feuergefahr dar und durfte nur außerhalb der Dörfer geschehen. Wer dennoch in den Häusern, Stuben oder Backöfen dörrte, erhielt eine Geldstrafe von zehn Gulden und von 20 Gulden, wenn daraus eine Feuersbrunst entstand. Dieses Verbot wurde immer wieder übertreten, wie gelegentliche Einträge im Ratsprotokoll zeigen. So wies der Rat 1573 mit aller Deutlichkeit auf die strikte Einhalten des Verbots, Flachs in Backöfen zu dörren, hin[3]. Ebenso war es bei zehn Gulden Strafe strikt verboten, in den Stuben Flachs zu dreschen, Werg zu schwingen und bei offenem Licht Getreide zu dreschen (wenn es dabei zu einem Brand kam, wurde die Strafe verdoppelt). Auch während der Erntezeit musste immer ein Mensch beim Feuer im Haus bleiben; ebenso durfte ein befeuerter Backofen, der einer jährlichen Kontrolle auf seinen ordnungsgemäßen Zustand unterzogen werden musste, nie ohne Aufsicht bleiben[4]. Niemand durfte ein Kind nach Feuer schicken, mit einem brennenden, unverdeckten Licht oder Tabakpfeife rauchender Weise in einen Stall oder Stadel gehen, wo Getreide, Heu oder Stroh gelagert war, und schließlich musste ein Hirte oder Rossbub, wenn er abends von der Weide zurückkehrte, zuvor sein Feuer löschen. Diese letztgenannten Verstöße wurden mit einem Gulden geahndet. Zehn Gulden Strafe standen bei offenem Feuer im Wald an. Zur Brandverhütung gehörte auch das strikte Verbot, ohne Erlaubnis der Obrigkeit im Wald Holzkohle herzustellen; der Köhler musste bei dem Meiler bleiben, solange er rauchte[5]. Ob ein Brand verschuldet oder unverschuldet ausbrach, spielte bei der Bestrafung keine Rolle; grundsätzlich wurde einem Hausbesitzer ein Mitverschulden unterstellt. So zahlte ein Hausbesitzer auf jeden Fall fünf Gulden, wenn der Brand auf sein Haus, seinen Schaf-, Kuh- oder Rossstall beschränkt blieb, und zehn Gulden, wenn das Feuer über sein Anwesen ausgriff.

Eine Feuerordnung regelte den Einsatz bei Brandfällen. Die Einwohner waren, meist abgegrenzt nach Straßen, in vier Rotten eingeteilt, an deren Spitze ein jeweils gewählter Rottenmeister stand. Meist führt der Oberamtmann den Oberbefehl bei Brandeinsätzen[6]. Wenn in einem Flecken Feuer ausbrach, musste unverzüglich Sturm geläutet werden, „nämlich von einer Glocken nach der andern, den Schwanck geschwind hin- und widerschlagen, und das so lang treiben, als die Größe der Feuersnot erfordert, auch gegen derselben Gegend einen roten Fahnen, und da es bei Nacht ist, ein brennend Licht ausstecken". Sollten die Einwohner der benachbarten Dörfer das Sturmläuten nicht hören, waren die Amtsleute oder Anwälte verpflichtet, reitende Boten dorthin zu schicken und zu begehren, „dass man Sturm schlage und die Leute ihrem Flecken zuweise, ihnen in ihrer Not hülflich zu erscheinen". Mit dem Sturmläuten musste jeder Einwohner mit Eimern, Kübeln und Schäfflin zum Feuer laufen und es löschen helfen. Die Amtleute wiesen das Volk zur Arbeit an, „dass sie tapfer löschen und Wasser zutragen", und auf alle „verdächtigen und argwöhnischen Menschen" ein aufmerksames Auge zu werfen hatten, „dass durch sie Abtragens und Entfremdens halber niemand kein Schade geschehe", wozu auch „alte unvermögliche Mannspersonen" verpflichtet wurden und den Auftrag hatten, alle verdächtigen Personen festzuhalten und den Amtsleuten zuzuführen.

Jeder Hausbesitzer war verpflichtet, in seinem Haus eine Leiter mit 15 oder 20 Sprossen bereitzuhalten, sowie jeder vermögende Bauer zwei Wassereimer und jeder Seldner, sofern er ein Haus besaß einen Eimer, der auf eigene Kosten angeschafft werden musste[7]. Die Gemeinde bewahrte zwei starke Feuerleitern, von denen wir erstmals 1567 in den Ratsprotokollen lesen[8], und sechs Hacken an einem trockenen Platz auf (deren Missbrauch im Übrigen mit einem Gulden Strafe geahndet wurde) sowie eine unbekannte Zahl von Eimern, die in der Martinskirche, im Amtshaus und in anderen reichsstädtischen Gebäuden aufbewahrt wurden (1671 wurden dreißig repariert, und die Gemeinde erhielt weitere 50)[9]. Einmal jährlich überprüften die Amtsleute, Anwälte oder Gemeindepfleger, ob die Eimer, Feuerleitern und Hacken ordnungsgemäß vorhanden waren. Zwei Bauern mussten bei einem Brand in der Nachbarschaft diese Leitern und Hacken auf ihre eigenen Wagen laden „und zum Feuer alles unverzogenlich und in aller Eil durch sich selbst, ihre taugenliche Söhne oder Knecht führen". Nach einem Einsatz ging die Verpflichtung an zwei andere Bauern über, damit „in fürfallenden Feuersnöten eine durchgehende Gleichheit" erreicht werde. Die Tag- und Nachtwachen in den Flecken und Dörfern mussten „fleißig" gehalten werden; auf den Unterlassungsfall wurden zehn Gulden Strafe gesetzt, wovon demjenigen, der „diese Saumsal" angezeigt hatte, die Hälfte zuging.

Langenau besaß schon im 17. Jahrhundert eine Feuerspritze. Während des Dreißigjährigen Krieges wurde die Spritze demoliert, auch die Feuereimer im Amtshaus fielen einer Plünderung zum Opfer. Erst 1653, fünf Jahre nach dem Ende des Krieges, ersetzte der Rat die 12 bis 15 Eimer, aber nicht die Feuerspritze, da im Zeughaus in Ulm keine zur Verfügung stand. Der Oberamtmann sollte sich daher nach alten Feuerspritzen umsehen und eine auf Kosten des Stadtsäckels erwerben[10].

Verstöße gegen die Feuerordnung ahndete der Rat meist mit empfindlichen Geldstrafen. Die Hausbesitzer wurden grundsätzlich für den Brand verantwortlich gemacht, gleich ob der verschuldet oder unverschuldet entstanden war. Besonders krass wirkte sich diese Praxis im Fall einer Witwe aus, in deren Haus ein im Jahre 1691 in Quartier liegender und, wie der Rat selbst zugestehen musste, „verwahrloster" kursächsischer Obrist die Stube in Brand gesetzt hatte – trotz ihrer eindeutigen Unschuld wurde die Witwe mit einer Geldstrafe belegt[11]. Im Falle des Georg Härlin aus dem Jahre 1651 ließen die Ratsherren dagegen überraschend Milde walten. Zwar saß Härlin im Turm, aber mit einem Verweis auf seine „unnütze und liederliche Haushaltung" und der Ermahnung, sich zukünftig eines besseren Lebenswandels zu besinnen, wurde er nach einigen Tagen aus der Haft entlassen. Härlin, vermutlich ein Tagelöhner, lebte ohne Frau, die auf die vier Söhne hätte aufpassen können. Daher ordnete der Rat an, dass die beiden ältesten Söhne umgehend einen Dienst antreten und die beiden jüngeren versorgt werden, damit sie nicht dem Bettel und Müßiggang nachgehen, worauf der Oberamtmann zu achten hatte[12]. Auch die Turmwächter erreichte der strafende Arm der Obrigkeit, wenn sie ihren Dienst vernachlässigten. So wurde 1656 Christoph Schick für einige Tage in den Turm gesperrt, weil er den Brand von zwei Weberhäusern nicht wahrgenommen hatte[13].

Zur Geschichte der Feuerwehren gehören auch die Brände, in den reichsstädtischen Quellen immer „Feuersbrünste" genannt, ein in unseren Ohren eher dramatisch klingender Begriff. Er vermittelt uns aber, wie groß die Furcht und die Angst vor Bränden war, die oft genug verheerende Folgen nach sich zogen. Auch die Einträge in den Ratsprotokollen legen davon ein beredtes Zeugnis, wenn wir lesen: „... man nicht allein dem Lieben Gott zu danken, dass es mit der Brunst allda so wohl abgegangen und seine Allmacht um fernere Abwendung alles Unheils zu bitten"[14].

Im September 1613 brannte auf dem Hof des Hans Honold ein Strohhaufen ab, der glücklicherweise rasch mit nachbarschaftlicher Hilfe gelöscht werden konnte, sodass kein größerer Schaden entstanden war. Es wurde Brandstiftung vermutet, weil dem Honold in Setzingen schon Gleiches geschehen war. Nach persönlichen Feinden Honolds wurde geforscht, und man richtete Nachtwachen ein, die aber bald wieder eingestellt wurden, weil nichts Verdächtiges vorkam. Honold und der Gemeindeanwalt sollten aber weiterhin nachts „still und fleißig" wachen[15]. Glimpflich verlief ein Brand 1671. Appollonia Wiedmann dörrte trotz des strengen Verbots Werg (gereinigter, zum Spinnen hergerichteter Hanf oder Flachs) im Backofen und verließ das Haus. Nur wenige Zeit später fing der Werg Feuer, das schnell gelöscht werden konnte. Obwohl die hochschwangere Widmännin ihre fünf Kinder allein ließ und sie dadurch einer großen Gefahr aussetzte, beließ es der Rat bei einer „ernstlichen Warnung"[16]. Bierbrauereien stellten eine große Gefahr dar. Nachdem im Wirtshaus „Zur Blauen Ente" im Juni 1701 ein Brand ausgebrochen war, der glücklicherweise schnell gelöscht werden konnte, wurde der Wirt nicht nur empfindlich gestraft, sondern ihm auch auferlegt, seine Dörre in einem solchen Zustand zu halten, dass von ihr keine Feuergefahr ausgehen könne[17]. Auch Brandstiftungen sind uns überliefert. Bei Bränden auf den Anwesen des Bierbrauers Christian Ströbele und des Kuhhirten Michael Gnann ließ der Rat die Oberbeamten unter zahlreichen Bettlern und Jaunern fahnden, unter denen er die Täter vermutete. Obwohl offensichtlich unschuldig, wovon ja selbst der Rat ausging, wurden Ströbele und Gnann mit der üblichen Strafe belegt[18].

Brandgeschädigten stand der Rat gelegentlich beim Wiederaufbau ihrer abgebrannten Häuser bei, sofern das Feuer unverschuldet, z. B. durch Blitzschlag, ausgebrochen war. So gewährte er dem eben genannten Honold und Bartholomäus Laiblin im Jahre 1613 ein Darlehen von jeweils 200 Gulden[19]. 1660 erhielten zwei arme Weber, deren Häuser abgebrannt waren, je vier Gulden aus dem Fremdenalmosenkasten zum Wiederaufbau; zugleich wurde ihnen aber verboten, in Ulm Geld zu sammeln[20].

Die Feuerwehr im 19. Jahrhundert

Auf der Grundlage der staatlichen Feuerlöschordnung vom 13. April 1808, nach der jede Gemeinde eine Feuerspritze besitzen musste und alle Einwohner bei Bränden zu bestimmten, nach Funktionen gegliederten Diensten verpflichtet waren, organisierte die Gemeinde 1817 als eine der ersten im Königreich Württemberg das Löschwesen neu. Die Einwohnerschaft wurde in drei Rotten zur Rettung des Mobiliars und zur Bewachung der Brandstelle eingeteilt, wobei aus jeder Familie je ein Mann für die Rotte bestimmt wurde: Das Oberdorf stellte 34 Mann, das Mitteldorf 36 und das Unterdorf 30, insgesamt also100 Mann[21].

Für die Löschmannschaften wurde dagegen keine Organisationsform gefunden. Zwar brachte eine Lokalfeuerlöschordnung 1828 einige Verbesserungen, aber keinen auf Dauer zufriedenstellenden Zustand.

1845 bestimmte man fünf Pferdebesitzer zur Bespannung der Feuerspritze und als Feuerreiter in die Nachbarorte (seit Mai 1845 zahlte die Gemeinde für diejenigen, die als Erste mit ihren zwei Pferden zum Bespannen der Feuerspritze am Rathaus erschienen vier bzw. 3 1/2 Gulden). 1857 wurden besondere Wasserträger aufgestellt, die für Wasser sorgen mussten, falls die Feuerspritze ihren Dienst versagen sollte. Für diesen Dienst stellte sich 1860 der Liederkranz zur Verfügung. Auch wurden im selben Jahr probeweise Wasserkübel mit eingebrannten Hausnummern verteilt und denjenigen, die mit diesen Kübeln zum Brandeinsatz kamen, eine Entschädigung gezahlt[22]. Eine weitere Änderung der Feuerlöschordnung im Oktober 1862, mit der sämtliche Löschmannschaften und -anstalten unter ein Kommando gestellt wurden, führte zum Feuerwehrstatut von 1865, das einen bedeutenden Schritt auf dem Weg zur modernen Feuerwehr darstellt. Demnach wurden alle männlichen Einwohner bis zum 60. Lebensjahr verpflichtet und in sechs Kompanien eingeteilt: Steiger und Einreißermannschaft, Bedienungsmannschaft der Feuerspritzen, Bedienungsmannschaft der Zubringer und der Schlauchhäspel, Wasserträger, Schöpfer, Bedienungsmannschaft des Feuereimerwagens, Rettungskompanie und Landfeuerwehr. Im Oktober 1865 traten 20 Turner des Turnvereins der Steigerkompanie bei, deren sportliche Geübtheit bei Einsätzen auf den Leitern oder Dachstühlen von unschätzbarem Wert war[23].

Die Langenauer Feuerwehr, 1881.

Dieses Feuerwehrstatut galt, abgesehen von einigen Änderungen, bis zur Gründung der Freiwilligen Feuerwehr 1907. So wurden 1867 die Organisationsstrukturen effizienter gestaltet, 1868 stellte der Gemeinderat das unbeteiligte Gaffen mit 24 Stunden Arrest und die Verweigerung zugeteilter Aufgaben mit zwei bis drei Tagen Arrest. 1882 zählte die Langenauer Pflichtfeuerwehr 472 Mann, vier Jahre später 519 Mann, die nach der neuen Lokalfeuerlöschordnung wie folgt in einen Stab und fünf Kompanien eingeteilt waren: Steigerkompanie (67 Mann), Spritzenkompanie (166 Mann), Wasserbeschaffungskompanie (87 Mann), Zubringerkompanie (129 Mann) und Flüchtungs- und Ordnungskompanie (70 Mann)[24].

Bis zum Beginn des 19. Jahrhunderts war die Ausrüstung zur Feuerbekämpfung eher bescheiden; lediglich eine kleine Feuerspritze aus dem 18. Jahrhundert und zwei Wagen mit Gerätschaften wie Haken und Leitern standen zur Verfügung. Die Unzulänglichkeit der Ausrüstung zeigte sich bei einem Großbrand in der Nacht vom 17. auf den 18. April 1822. Der Brand brach im Haus des Tagelöhners Jakob Laible aus, zerstörte drei Häuser, zwei Stadel und einen Holzschuppen und richtete einen Schaden von über 7000 Gulden an. Eine gewisse Rosina Groner gestand, den Brand aus Rache gelegt zu haben, da Laible ihr die Ehe versprochen, aber eine andere geheiratet habe. Sie wurde zu zwanzig Jahren Gefängnis verurteilt und starb zwei Jahre später im Frauengefängnis Gotteszell bei (Schwäbisch) Gmünd. Nach diesem Brand schaffte die Gemeinde eine zweite Feuerspritze und einen weiteren Feuerwagen an[25].

Kommandant Franz Schwenck

1846 und 1847 zeigten erneut zwei Großbrände die unzureichenden Löscheinrichtungen der inzwischen auf 3600 Einwohner angewachsenen Gemeinde auf. Doch die Beschaffung der dritten Feuerspritze zog sich bis in das Jahr 1850, zu sehr war der Gemeinderat auf eine zufrieden stellende Lösung des Problems bedacht. Mit großer Sorgfalt ging er an die Auswahl der neuen Spritze heran, die zumindest ein zusätzliches Standrohr aufweisen sollte. Auch stellte er dem Feuerrequisitenhersteller Wieland in Ulm die Bedingung, dass die Garantie nicht auf vier Jahre, sondern auf drei Löscheinsätze gewährt werden sollte. Eine Begutachtung der Wieland-Feuerspritze im Mai 1848 in Öllingen brachte ein niederschmetterndes Ergebnis: Der Wasserstrahl blieb spärliche zwölf Meter kompakt, dann zerfiel er und zeigte nach 25 Metern keinerlei Wirkung mehr. Auch war der Kraftaufwand viel zu hoch: 20 bis 24 Mann konnten nur wenige Minuten lang die Feuerspritze auf Höchstleistung halten (dieses Manko führten die Gemeinderäte auf einen Konstruktionsfehler zurück). Konsequenterweise nahm die Stadt den bereits abgeschlossenen Kaufvertrag wieder zurück. Gewiss spielten die unruhigen Revolutionsjahre 1848/49 dabei eine Rolle, dass erst 1850 die neue Feuerspritze nach Langenau kam. In den folgenden Jahrzehnten widmete sich die Feuerwehr vornehmlich der Ausbildung der Mannschaften und der Verbesserung der persönlichen Ausrüstung. Erst 1886 erwarb man eine vierte, von dem Mechaniker Öchsle gebaute Feuerspritze, die zwei Spritzen mit 600 Litern pro Minute versorgte[26].

In der Regel fanden im Jahr drei große Übungen statt: eine Frühjahrs-, eine Haupt- und eine Herbstübung. Der „Langenauer Anzeiger" widmete sich häufig diesen Übungen und veröffentlichte fast jährlich einen Bericht, so auch 1880: „Die Übung wurde am Rathause vorgenommen und dauerte von morgens 7 bis 8 Uhr. Die ganze Mannschaft, 587 Mann stark, war ausgerückt, wobei anerkennend hervorzuheben ist, dass nur ganz wenige fehlten. Das Eintreffen auf dem Übungsplatz erfolgte von zwei Seiten, von dem oberen und unteren Spritzenhaus aus, und ging so rasch vor sich, dass nach vier Minuten schon, vom Abmarsch an gerechnet, gespritzt werden konnte. Durch die Einrichtung der Butenträgermannschaft und durch die Anschaffung von zehn Wasserschäftlen [Eimer] ist die Wasserbeschaffung so vermehrt worden, dass jetzt unausgesetzt aus allen drei Spritzen, die fünf Leitungen haben, gespritzt werden kann. Diese Einrichtung war ebenso günstig wie zweckmäßig und wird insbesondere bei Ausbruch eines Brandes gute Dienste leisten, bis der Zubringer eingreifen kann. Die Übung ist in allen Teilen zur Zufriedenheit des Visitators [des Oberamtsbaumeisters Knorr aus Ulm] und der Offiziere verlaufen, sämtliche Abteilungen haben ihre Schuldigkeit in vollem Maße getan, sodass denselben wiederholte Anerkennung gezollt werden konnte"[27].

Die Freiwillige Feuerwehr

Die Fertigstellung der zentralen Wasserversorgung 1906 ermöglichte eine grundlegende Umstrukturierung des Langenauer Feuerwesens. Ausreichend Wasser stand nun zur Verfügung (131 Hydranten über die ganze Stadt verteilt und vier Hydrantenstationen, in denen Standröhren, Schläuche, Pickel und andere Ausrüstungsgegenstände aufbewahrt waren), sodass mit einer weit kleineren Mannschaft die Aufgaben einer Feuerwehr erfüllt werden konnten. Am 27. November 1906 beschlossen Gemeinderat und Bürgerausschuss die Gründung einer Freiwilligen Feuerwehr. Sie sollte aus mindestens 165 Mann bestehen, die unter anderem auf eine Steigermannschaft (40 Mann), Hydrantenmannschaft (40 Mann), Flüchtungsmannschaft (20 Mann), Bedienung der Landfeuerspritze (20 Mann) und einen die Einsätze leitenden Stab verteilt werden sollten. Dienstverpflichtet waren alle Männer zwischen 21 und 46 Jahren; dienstpflichtige Männer, die keinen Dienst leisteten, zahlten ab dem 1. April 1907 je nach Vermögen eine jährliche Abgabe von drei, fünf oder acht Mark an die Feuerwehrkasse. Nachdem das Oberamt Ulm das Feuerwehrstatut genehmigt hatte und der bisherige Kommandant Johannes Groner zum ersten Kommandanten gewählt worden war, konstituierte sich die Freiwillige Feuerwehr

Langenau im April 1907. Aufgrund dieses freudigen Anlasses veranstaltete man im Juni 1907 ein Feuerwehrfest, an dem 20 Feuerwehren aus nah und fern mit über 500 Wehrmännern teilnahmen. Schließlich veröffentlichte der „Langenauer Anzeiger" in mehreren Ausgaben die Lokalfeuerlöschordnung und die Satzung der Freiwilligen Feuerwehr Langenau[28].

„Drohend steht um die Mittagszeit südöstlich von hier ein Wetter und langsam wälzen sich die schweren Wolken auf unseren Ort zu. Das Sonnenlicht wird spärlicher, in kurzen Flügen flattern die Schwalben um die Häuser. Ein leichter Wind fegt zwischen den Straßen her und verursacht in den Blättern der Bäume ein sanftes Rauschen. Aber jetzt bewegen sich die Blätter an den Bäumen stärker. In der Ferne donnert es dumpf. Es ist merkwürdig am Himmel: Drei, vier Wetter stehen am Horizont, ziehen sich rechts, ziehen sich links, gleich feindlichen Heeren aufmarschierend, die sich bald vorn, bald in der Flanke bedrohen, ungewiss ob und wo sie aufeinanderstossen. Das gefährlichste der Wetter kommt diesmal daher, wo sonst die Gewitter hinziehen – von der Donau – da kommt dorther ein anderes, stellt sich dem ersteren in den Weg und drängt es von seiner Bahn ab. Gewaltig ist der Streit, schaurig wirbeln die Wolken, zornig schleudern sie einander Blitze zu. Wie zwei Ringkämpfer drängen sie auf dem Ringplatze ringsum. Bald hierhin, bald dorthin ringen die Gewitter und je wilder der Kampf am Himmel tobt, desto ruhiger wird es auf der Erde. Plötzlich flammt aus einer lichten Wolke gleich einer feurigen Schlange der schwefelgelbe Blitz auf die nächstgelegene Scheuer des Seldners J. Schmid her – wie Gift beißt's in den Augen – ein Knall schmettert nach, die Erde bebt und Rauchwolken steigen aus dem Gebäude. Die Sturmglocke ertönt. Die Bewohner stürzen sich auf die Straße. Die Wagen der Feuerwehr rasseln daher. Es ist zwei Uhr mittags. Trotz des strömenden Regens hält eine große Menschenmenge den Brandplatz umlagert. Zehn Minuten lang arbeiten die Feuerwehrleute, als es plötzlich heißt, dass es in der ‚Werren' ebenfalls eingeschlagen habe. Es war bei Michael Laible, Seiler. Im Laufschritt eilen die beorderten Mannschaften nach der mittleren Stadt, begleitet von einer großen Menschenmenge. Die Schlacht der Elemente tobt weiter. Der Löschzug passiert den Marktplatz, ein Blitz zuckt auf, ein Krach folgt und die Menge hält wie auf ein Kommando einen Augenblick inne; so überwältigend ist dieser Donnerschlag. Beide Mal wird das Feuer auf seinen Herd beschränkt. Es wird heller. Das furchtbare Toben lässt nach. Zwei Stunden hat das Gewitter mit seinen Schrecken die Bewohner in Aufregung versetzt. Niemand kann sich hier eines ähnlichen Gewitters erinnern"[29].

Im Jahr 1913 bewährte sich die Feuerwehr bei drei Einsätzen. Anfang Januar brannte eine der Linden am Galgenberg, im September folgte ein Hausbrand und im Dezember vernichtete ein Feuer den Dachstuhl des Reutteschulhauses. Bei allen drei Einsätzen bewährten sich die Feuerwehrmänner, so konnten sie ein Übergreifen des Feuers auf die Wohnung des Schulhauses verhindern. In den ersten 25 Jahren ihres Bestehens wurde die Feuerwehr zu 21 Brandeinsätzen gerufen, unter anderem zur Bekämpfung eines Großfeuers in Öllingen[30].

Im Januar 1928 beschäftigte sich der Gemeinderat erstmals mit der Motorisierung der Feuerwehr. Doch die angespannte Finanzlage der Stadt ließ den Kauf einer trag- und fahrbaren Magirus-Kleinmotorspritze der Type „Liliput" zum Preis von 4000 Reichsmark nicht zu. Ende 1936 erwarb die Stadt dann eine gebrauchte Kraftmotorspritze, die einschließlich einer Grundüberholung und der Beschaffung von Schläuchen 6250 Reichsmark kostete und ab März 1937 einsatzbereit war. Der Motor leistete 40 PS, die Pumpe 1000 Liter pro Minute. Eine zweite Kleinmotorspritze TS 8 wurde 1942 angeschafft. 1949 ersetzte die Stadt die betagte Kraftmotorspritze durch ein moderneres, allerdings schon 1943 hergestelltes und 1965 ausgemustertes Fahrzeug (LF 15). Das Jahr 1960 brachte der Feuerwehr das erste fabrikneue Fahrzeug, ein Tanklöschfahrzeug TLF 16 mit einem Tankinhalt von 2400 Litern, mit dessen Schnellangriffseinrichtung Brände schon in ihrem Anfangsstadium erfolgreich bekämpft werden konnten. Die Modernisierung der Langenauer Feuerwehr setzte sich in den 1970er-Jahren fort, unter anderem erhielt die Feuerwehr Sprechfunkgeräte, eine von Hand zu betreibende Rettungsschere für den Einsatz bei Verkehrsunfällen und einen Vorausrüstwagen (Range-Rover), der es ermöglicht, bei Verkehrsunfällen schnelle und wirksame Hilfe zu leisten. 1983 verfügte die Feuerwehr über ein Löschfahrzeug LF 16, zwei Tanklöschfahrzeuge TLF 16, ein Ölfahrzeug GW 2, einen Vorausrüstwagen VRW und einen Mannschafts-Transportwagen MTW[31].

Anmerkungen

Vor- und Frühgeschichte

1 Vgl., auch i. F., Kurt Wehrberger, Ur- und Frühgeschichte, in: Der Alb-Donau-Kreis, hrsg. von der Landesarchivdirektion Baden-Württemberg in Verbindung mit dem Alb-Donau-Kreis, Bd. 1, Sigmaringen 1989, S. 82 ff.
2 Weiterführend s. Wighard von Königswald, Die Säugetierfauna des süddeutschen Pleistozäns, in: Hansjürgen Müller-Beck (Hrsg.), Urgeschichte in Baden-Württemberg, Stuttgart 1983, S. 190 ff.
3 Vgl. Alfred Czarnetzki, Zur Entwicklung des Menschen in Südwestdeutschland, in: Hansjürgen Müller-Beck (Hrsg.), Urgeschichte in Baden-Württemberg, Stuttgart 1983, S. 230 ff.
4 Vgl. Joachim Hahn, Eiszeitliche Jäger zwischen 35 000 und 15 000 Jahren vor heute, in: Hansjürgen Müller-Beck (Hrsg.), Urgeschichte in Baden-Württemberg, Stuttgart 1983, S. 290 ff.
5 Zur eiszeitlichen Kunst s. Hahn (wie Anm. 4), S. 306 ff.
6 Vgl. Wehrberger (wie Anm.1), S. 84; s. ferner Elisabeth Schmid, Die altsteinzeitliche Elfenbeinstatuette aus der Höhle Stadel im Hohlenstein bei Asselfingen, Alb-Donau-Kreis, in: Fb Baden-Württemberg 14 (1989), S. 33 ff.; Christa Seewald, Vor- und Frühgeschichte, in: Der Stadt- und Landkreis Ulm. Amtliche Kreisbeschreibung, hrsg. von der Staatlichen Archivverwaltung in Verbindung mit der Stadt Ulm und dem Landkreis Ulm, Ulm 1972, S. 182 f.; weitere Literatur zum Hohlenstein-Stadel: Oscar Fraas, Der Hohlenstein und der Höhlenbär, in: Jahreshefte des Vereins für vaterländische Naturkunde in Württemberg 18 (162), S. 156 ff.; Fb Schwaben N. F. 5 (1928/30), Stuttgart 1930, S. 25; Robert Wetzel, Der Hohlenstein im Lonetal. Dokumente alteuropäischer Kulturen vom Eiszeitalter bis zur Völkerwanderung, in: Mitteilungen des Vereins für Naturwissenschaft und Mathematik in Ulm 26 (1961), S. 21 ff.
7 Vgl. von Königswald (wie Anm. 2), S. 212 ff.
8 Vgl. Ludwig Bürger, Der Bockstein, das Fohlenhaus, der Salzbühl. Drei prähistorische Wohnstätten im Lonethal, in: UO 3 (1892), S. 30 ff.; Kurt Wehrberger, Katalog archäologischer Fundstellen, Beilage zu Der Alb-Donau-Kreis, hrsg. von der Landesarchivdirektion Baden-Württemberg in Verbindung mit dem Alb-Donau-Kreis, 2 Bde., Sigmaringen 1989/92, S. 54.
9 Vgl. Edward Sangmeister, Die ersten Bauern, in: Hansjürgen Müller-Beck (Hrsg.), Urgeschichte in Baden-Württemberg, Stuttgart 1983, S. 429 ff.; Hans-Peter Uerpmann, Die Anfänge von Tierhaltung und Pflanzenanbau, in: Hansjürgen Müller-Beck (Hrsg.), Urgeschichte in Baden-Württemberg, Stuttgart 1983, S. 404 ff.; Wehrberger (wie Anm. 1), S. 86 ff.
10 Vgl. Hermann Huber, Sondagen in dem neolithischen Siedlungsplatz Langenau, Breiter Weg, Alb-Donau-Kreis, in: AA 1982, S. 33 ff.; Landesdenkmalamt Baden-Württemberg, Liste der Kulturdenkmale, Teil A 2: Archäologische Denkmale der Vor- und Frühgeschichte, Nr. 2.
11 Vgl. Jörg Heiligmann, Grabung in einem vorgeschichtlichen Siedlungsareal bei Langenau, Alb-Donau-Kreis, in: AA 1986, S. 61 f.; Frieder Klein, Vorgeschichtliche und römische Siedlungsreste in Langenau, Alb-Donau-Kreis, in: AA 1987, S. 65 ff.; Liste der Kulturdenkmale (wie Anm. 10), Nr. 27.
12 Vgl. Bodo Cichy, Die evangelische Stadtpfarrkirche St. Maria und St. Martin zu Langenau (Kr. Ulm). Das Bild ihrer Vor- und Baugeschichte nach den Ergebnissen der Ausgrabungen 1954, 1961 und 1962, in: Nachrichtenblatt der Denkmalpflege in Baden-Württemberg 5 (1962), S. 63; Fb Baden-Württemberg 2 (1975), S. 249 ff.; Frieder Klein, Vorgeschichtliche und merowingerzeitliche Funde von Langenau, Alb-Donau-Kreis, in: AA1990, S. 195 f.; Liste der Kulturdenkmale (wie Anm. 10), Nrn. 3, 4, 5, 10, 21, 27; Wehrberger (wie Anm. 8), S. 55 f.
13 Vgl., auch i. F., Wehrberger (wie Anm. 1), S. 90.
14 Vgl. Fb Schwaben 2 (1894), S. 19; Liste der Kulturdenkmale (wie Anm. 10), Nrn. 35–42; Wehrberger (wie Anm. 8), S. 57 f.; H. Zürn, Die vor- und frühgeschichtlichen Geländedenkmale und mittelalterlichen Burgstellen der Kreise Göppingen und Ulm (Veröffentlichungen des Staatlichen Amtes für Denkmalpflege 6), Stuttgart 1961, S. 23 f.

15 Vgl. Hartmann Reim, Ein bronzezeitlicher Grabhügel bei Langenau, Alb-Donaukreis, in: AA 1974, S. 10.
16 Vgl. Fb Baden-Württemberg 2 (1975), S. 188 f.; Liste der Kulturdenkmale (wie Anm. 10), Nrn. 8 und 9; Wehrberger (wie Anm. 8), S. 58.
17 Vgl. Klein (wie Anm. 11), S. 66 f.; Liste der Kulturdenkmale (wie Anm. 10), Nrn. 6–12; Seewald (wie Anm. 6), S. 209, 215; Wehrburger (wie Anm. 8), S. 58.
18 Vgl., auch i. F., Wehrberger (wie Anm. 1), S. 92 f.
19 Vgl. Liste der Kulturdenkmale (wie Anm. 10), Nrn. 36-38, 40; Wehrberger (wie Anm. 8), S. 57 f.
20 Vgl. Wehrberger (wie Anm. 1), S. 94.
21 Vgl. Heiligmann (wie Anm. 11), S. 61 f.; Klein (wie Anm. 11), S. 66 f.
22 Vgl. Fb Baden-Württemberg 2 (1975), S. 249 ff.; Liste der Kulturdenkmale (wie Anm. 10), Nrn. 11–14, 16, 17, 20, 27, 32; Wehrberger (wie Anm. 8), S. 58.
23 Vgl. Hartmann Reim, Ein Versteckfund von Münzen und Fibeln aus der Spätlatènezeit bei Langenau, Alb-Donau-Kreis, in: AA 1979, S. 50 f., Wehrberger (wie Anm. 1), S. 94.
24 Vgl., auch i. F., Philipp Filtzinger, Die römische Besetzung Baden-Württembergs, in: Philipp Filtzinger, Dieter Planck, Bernhard Cämmerer (Hrsg.), Die Römer in Baden-Württemberg, 2. Aufl. Stuttgart/ Aalen 1976, S. 29 passim.
25 Vgl., auch i. F., Dieter Planck, Die Zivilisation der Römer in Baden-Württemberg, in: Philipp Filtzinger, Dieter Planck, Bernhard Cämmerer (Hrsg.), Die Römer in Baden-Württemberg, 2. Aufl. Stuttgart/ Aalen 1976, S. 121 ff.
26 Vgl. ebd., S. 151 f.
27 Vgl. Stefan F. Pfahl, Die ländliche Besiedlung am Beispiel des Langenauer Beckens, in: Römer an Donau und Iller. Neue Forschungen und Funde, hrsg. vom Ulmer Museum, Sigmaringen 1996, S. 87 f.
28 Vgl. ebd., S. 98; s. auch Wehrberger (wie Anm. 1), S. 95 f.; einen Überblick über die römischen Fundstellen liefert ders. (wie Anm. 8), S. 12 f., 18 f., 54 ff., 74 f.; s. ferner Ludwig Bürger, Bericht über die vom Verein für Kunst- und Altertum in Ulm und Oberschwaben im „Löhle" bei Osterstetten im Jahr 1887 ausgegrabene römische Niederlassung, in: WVjh 11 (1888), S. 29 ff.; ders., Römisches von der Ulmer Alb, in: WVjh 13 (1890), S. 264 ff.; ders., Römisches von der Ulmer Alb II, in: Fb Schwaben 3 (1895), S. 45 ff.; Cichy (wie Anm. 12), S. 63 ff.; Liste der Kulturdenkmale (wie Anm. 10); Hartmann Reim, Grabungen in einem römischem Gutshof bei Langenau, Alb-Donau-Kreis, in: AA 1979, S. 54 ff.
29 Vgl. Pfahl (wie Anm. 27), S. 99.
30 Vgl. ebd., S. 90 f.; Hartmann Reim, Grabungen in einem römischen Gutshof bei Langenau-Göttingen, Alb-Donau-Kreis, in: AA 1978, S. 69 f.; ders., Ein römischer Gutshof bei Langenau-Göttingen, Alb-Donau-Kreis, in: AA 1979, S. 60 f.
31 Vgl. August Heckel, Geschichte der Stadt Langenau, Langenau 1964, S. 23; Reim, Grabungen (wie Anm. 30), S. 70 f.; Michael Reistle, Vorgeschichte des Langenauer Raums, in: Langenau. Eine Stadt im Wandel der Zeit, Ulm 1981, S. 11.
32 Vgl. Cichy (wie Anm. 12), S. 64.
33 Vgl. Ludwig Bürger, Neuer römischer Fund in Langenau II, in: Fb Schwaben 5 (1897), S. 35 ff.; Cichy (wie Anm. 12), S. 64; Pfahl (wie Anm. 27), S. 90.
34 Vgl., auch i. F., Planck (wie Anm. 25), S. 84 passim.
35 Vgl. Cichy (wie Anm. 12), S. 64; Pfahl (wie Anm. 27), S. 99; Reim, Grabungen (wie Anm. 30), S. 72; ders., Gutshof (wie Anm. 30), S. 63; Reistle (wie Anm. 31), S. 11.
36 Vgl. Rainer Christlein, Die Alamannen. Archäologie eines lebendigen Volkes, Stuttgart/Aalen 1978, S. 27 f.; Gerhard Fingerlin, Siedlungen und Siedlungstypen. Südwestdeutschland in frühalamannischer Zeit, in: Die Alamannen, hrsg. vom Archäologischen Landesmuseum Baden-Württemberg, Stuttgart 1997, S. 125 ff.; Helga Schacht-Dörges, „Zusammengespülte und vermengte Menschen". Suebische Kriegerbünde werden sesshaft, in: Die Alamannen, hrsg. vom Archäologischen Landesmuseum Baden-Württemberg, Stuttgart 1997, S. 95 f.; Wehrberger (wie Anm. 1), S. 97.
37 Vgl. Reim, Grabungen (wie Anm. 30), S. 72.
38 Vgl. Dieter Geuenich, Widersacher der Franken. Expansion und Konfrontation, in: Die Alamannen, hrsg. vom Archäologischen Landesmuseum Baden-Württemberg, Stuttgart 1997, S.146 f.; Max Martin, Historische Schlagzeilen, archäologische Trümmer, in: Die Alamannen, hrsg. vom Archäologischen Landesmuseum Baden-Württemberg, Stuttgart 1997, S. 163 ff.
39 Vgl. Ursula Koch, Besiegt, beraubt, vertrieben. Die Folgen der Niederlagen von 496/497 und 506, in: Die Alamannen, hrsg. vom Archäologischen Landesmuseum Baden-Württemberg, Stuttgart 1997, S. 192 f.
40 Vgl. Walter Veeck, Die Alamannen in Württemberg, Textband, Berlin/Leipzig 1931, S. 109 f.
41 Vgl. Dieter Geuenich, Zwischen Loyalität und Rebellion. Die Alamannen unter

fränkischer Herrschaft, in: Die Alamannen, hrsg. vom Archäologischen Landesmuseum Baden-Württemberg, Stuttgart 1997, S. 204 ff.; Hagen Keller, Fränkische Herrschaft und alamannisches Herzogtum im 6. und 7. Jahrhundert, in: ZGO 124 (1976), S. 1 ff.
42 Vgl. Christlein (wie Anm. 36), S. 29 f.
43 Vgl. Reistle (wie Anm. 31), S. 13.
44 Vgl. Fb Baden-Württemberg 2 (1975), Stuttgart 1975, S. 249 f.; Frieder Klein, Vorgeschichtliche und merowingerzeitliche Funde von Langenau, Alb-Donau-Kreis, in: AA 1990, S. 195 f.; Ingo Stork, Als Persönlichkeit ins Jenseits. Bestattungssitte und Grabraub als Kontrast, in: Die Alamannen, hrsg. vom Archäologischen Landesmuseum Baden-Württemberg, Stuttgart 1997, S. 425: Wehrberger (wie Anm. 8), S. 56.
45 Vgl. Liste der Kulturdenkmale (wie Anm. 10), Nr. 28; Seewald (wie Anm. 6), S. 209 f.; Veeck (wie Anm. 40), S. 340; Wehrberger (wie Anm. 8), S. 60.
46 Vgl. Liste der Kulturdenkmale (wie Anm. 10), Nr. 30-32; Veeck (wie Anm. 40), S. 340; Wehrberger (wie Anm. 8), S. 60.
47 Vgl. Cichy (wie Anm. 12), S. 64 f.

Nau bis zum Jahre 1377

1 Württembergisches Urkundenbuch, hrsg. vom Kgl. Staatsarchiv, Bd. 1, Stuttgart 1849, Nr. 203.
2 Vgl. Der Alb-Donau-Kreis, hrsg. von der Landesarchivdirektion Baden-Württemberg in Verbindung mit dem Alb-Donau-Kreis, Bd. 2, Sigmaringen 1992, S. 512.
3 Vgl. Heinz Bühler, Hatten die Grafen von Nellenburg Besitz in Langenau und im unteren Brenztal? Zur älteren Geschichte der Orte Langenau, Bächingen und Sontheim an der Brenz, in: Ders., Adel, Klöster und Burgherren im alten Herzogtum Schwaben, Weißenhorn 1997, S. 1068 f.
4 Vgl. August Heckel, Geschichte der Stadt Langenau, Langenau 1964, S. 29.
5 Vgl. Heinz Bühler, Die Herkunft des Hauses Dillingen, in: Ders., Adel, Klöster und Burgherren im alten Herzogtum Schwaben, Weißenhorn 1997, S. 591 f.
6 Vgl., auch i. F. , Alb-Donau-Kreis (wie Anm. 2), S. 512 und 518; Heckel (wie Anm. 4), S. 30 f.
7 Zur Geschichte des Klosters Anhausen s. Heinz Bühler, Das Benediktinerkloster Anhausen an der Brenz, in: Ders., Adel, Klöster und Burgherren im alten Herzogtum Schwaben, Weißenhorn 1997, S. 871 ff.
8 Vgl. Christian Keitel, Städtische Bevölkerung und Stadtregiment bis 1397, in: Hans Eugen Specker (Hrsg.), Die Ulmer Bürgerschaft auf dem Weg zur Demokratie (Forschungen zur Geschichte der Stadt Ulm, Reihe Dokumentation, Bd. 10), Ulm 1997, S. 91 f.
9 Vgl. Alb-Donau-Kreis (wie Anm. 2), S. 512.
10 Ulmisches Urkundenbuch, hrsg. von Friedrich Pressel, Bd. 1, Stuttgart 1873, Nr. 85 (1258-12-29); vgl. Alb-Donau-Kreis (wie Anm. 2), S. 512 und 515.
11 Vgl. Hans Jänichen, Geschichte im Mittelalter und in der Neuzeit, in: Der Stadt- und Landkreis Ulm. Amtliche Kreisbeschreibung, hrsg. von der staatlichen Archivverwaltung Baden-Württemberg in Verbindung mit der Stadt Ulm und dem Landkreis Ulm, Ulm 1972, S. 328.
12 Vgl. Bühler (wie Anm. 3), S. 1071.
13 Vgl. Alb-Donau-Kreis (wie Anm. 2), S. 513 und 515.
14 Ulmisches Urkundenbuch (wie Anm. 10), Nr. 92 (1263-10-10); vgl. Alb-Donau-Kreis (wie Anm. 2), S. 515.
15 Vgl. Alb-Donau-Kreis (wie Anm. 2), S. 515; vgl. Heckel (wie Anm. 4), S. 36 f.
16 Vgl. Alb-Donau-Kreis (wie Anm. 2), S. 515.
17 Ulmisches Urkundenbuch, hrsg. von Gustav Veesenmeyer und Hugo Bazing, Bd. 2, Ulm 1898/1900, Nr. 687 (1365-4-13).
18 Vgl. Heckel (wie Anm. 4), S. 35 f.
19 Vgl., auch i. F. , Alb-Donau-Kreis (wie Anm. 2), S. 513; Heckel (wie Anm. 4), S. 29 f.; Beschreibung des Oberamts Ulm, hrsg. vom Statistischen Landesamt, Bd. 2, Stuttgart 1897, S. 517.
20 Ulmisches Urkundenbuch (wie Anm. 10), Nrn. 41 (1237-7-25) und 60 (1246).
21 Vgl. Peter Eitel, Die Städte der Grafen von Montfort in Oberschwaben, in: Hansmartin Decker-Hauff, Franz Quarthal, Wilfried Setzler (Hrsg.), Die Pfalzgrafen von Tübingen, Sigmaringen 1981, S. 29 ff.
22 Ulmisches Urkundenbuch (wie Anm. 10), Nr. 223 (1301-7-4).
23 Ulmisches Urkundenbuch (wie Anm. 17), Nr. 340 (1349-8-27).
24 Ebd., Nr. 1009 (1376-10-3).

Siedlungsgeschichte: Von der römischen Zivilsiedlung zur Stadt von heute

1 Vgl. Dieter Planck, Die Zivilisation der Römer in Baden-Württemberg, in: Philipp Filtzinger, Dieter Planck, Bernhard Cämmerer (Hrsg.), Die Römer in Baden-Württemberg, 2. Aufl. Stuttgart/Aalen 1976, S. 150.
2 Vgl. Hartmann Reim, Grabungen in einem römischen Gutshof bei Langenau-

Göttingen, Alb-Donau-Kreis, in: AA 1978, Stuttgart 1979, S. 72.
3 Zur Siedlungsentwicklung s. auch Hermann Grees, Ländliche Unterschichten und ländliche Siedlung in Ostschwaben (Tübinger Geographische Studien, Heft 58 [Sonderband 8]), Tübingen 1975, S. 279 ff.
4 Stadt Langenau, Ulmisches Salbuch über Langenau und Öllingen 1710, fol. 45.
5 Zur Stadtbefestigung vgl. auch August Heckel, Geschichte der Stadt Langenau, Langenau 1964, S. 40 f.
6 Vgl. Der Alb-Donau-Kreis, hrsg. von der Landesarchivdirektion Baden-Württemberg in Verbindung mit dem Alb-Donau-Kreis, Bd. 2, Sigmaringen 1992, S. 513; Heckel (wie Anm. 5), S. 37 f.
7 StA UL, A 2168, Verzeichnis der vom Rat in Langenau zu unterhaltenden Gebäude, 5.6.1706.
8 StA UL, A 3530, Bd. 67 (1617), Rp v. 11.7.1617.
9 Vgl. Kurt Rothe, Das Finanzwesen der Reichsstadt Ulm im 18. Jahrhundert. Ein Beitrag zur Wirtschaftsgeschichte (Forschungen zur Geschichte der Stadt Ulm, Bd. 21), Ulm 1991, S. 215 ff.
10 StA UL, A 3530, Bd. 226 (1775), Rp v. 20.3., 5.4., 3. und 10.5., 2.6. und 21.7.1775.
11 Z. B. Eines ehrsamen Rats der Stadt Ulm von neuem reformierte und verbesserte Bauordnung, Ulm 1683.
12 StA UL, A 3530, Bd. 38 (1585), Rp v. 16.7.1585, Bd. 67 (1617), Rp v. 11.7.1617.
13 StA UL, A 3530, Bd. 15 (1539), fol. 21, Bd. 33 (1573), Rp v. 4.3.1573, Bd. 155 (1705), Rp v. 24.7.1705, Bd. 156 (1706), Rp v. 4.5.1706, Bd. 226 (1775), Rp v. 20.3.1775.
14 LA, Nr. 40 v. 17.5.1873.
15 StA LA, B 236, GPr v. 22.11. und 13.12.1866 sowie 11.4.1867, B 237, GPr v. 24. und 29.6.1868 sowie 29.6.1869, B 238, GPr v. 9.2.1871, B 238, GPr v. 13.3. und 8.5.1873.
16 Vgl. Alb-Donau-Kreis (wie Anm. 6), S. 466 f.
17 Zit. nach Heckel (wie Anm. 5), S. 214, dem ich im Weiteren folge; zur Erbauungszeit s. Dendrochronologische Untersuchung Rathaus Langenau, erstellt v. Ingenieurbüro für Hausforschung Hans-Jürgen Bleyer, Metzingen [Metzingen 1998], masch.
18 StA UL, A 3530, Bd. 226 (1775), Rp v. 5.4.1775.
19 StA LB, E 179/II, Bü 5702, Schreiben v. 18.5.1832, F 207/I, Bü 101, Schreiben v. 18.5.1832.
20 StA LA, B 231, GPr v. 20.5.1856, B 232, GPr v. 4.11. und 31.12.1856 sowie 4.12.1857, B 234, GPr v. 8.1.1861, B 238, GPr v. 10.2., 22. und 28.4., 5. und 19.5., 24.6. sowie 6.8.1870, B 239, GPr v. 24.5. und 3.6.1872; vgl. Tradition verpflichtet. Ein Werk biographischer Kreis- und Firmenchronik der Stadt und des Kreises Ulm/Donau, Stuttgart 1953, S. 116.
21 Vgl. Alb-Donau-Kreis (wie Anm. 6), S. 472, Heckel (wie Anm. 5), S. 216 f.
22 Vgl., auch i. F., Alb-Donau-Kreis (wie Anm. 6), S. 471, Heckel (wie Anm. 5), S. 217 f.
23 StA LA, B 230, GPr v. 7.5.1851, B 231, GPr v. 3. und 9.10.1855 sowie 8. und 15.1.1856, ; LA, Nr. 75 v. 17.9.1904.
24 Vgl. Alb-Donau-Kreis (wie Anm. 6), S. 471, Heckel (wie Anm. 5), S. 219 f.
25 Vgl. Alb-Donau-Kreis (wie Anm. 6), S. 472, Heckel (wie Anm. 5), S. 220 f.
26 Vgl. Alb-Donau-Kreis (wie Anm. 6), S. 472; Heckel (wie Anm. 5), S. 221 f.
27 Vgl. Heckel (wie Anm. 5), S. 222 f.
28 Vgl. Heckel (wie Anm. 5), S. 222 f.
29 Vgl. ebd., S. 226 f.
30 StA UL, A 3530, Bd. 92 (1642), Rp v. 18. und 25.2.1642; vgl. auch Heckel (wie Anm. 5), S. 223 f.
31 Zit. nach Monika Hagenmaier, Vom hohen Turm. Ausblicke auf 500 Jahre kirchliches und politisches Leben in Langenau, Langenau 1992, S. 1.
32 Im Weiteren folge ich Bodo Cichy, Die evangelische Stadtpfarrkirche St. Maria und St. Martin zu Langenau (Kr. Ulm). Das Bild ihrer Vor- und Baugeschichte nach den Ergebnissen der Ausgrabungen 1954, 1961 und 1962, in: Nachrichtenblatt der Denkmalpflege in Baden-Württemberg 5 (1963), S. 66 f.; vgl. auch Heckel (wie Anm. 5), S. 181 ff.; Beatrix Nobis, Die Baudenkmäler Langenaus und ihre kunsthistorische Bedeutung, in: Langenau. Eine Stadt im Wandel der Zeit, hrsg. von der Langenauer Bank, Volksbank-Raiffeisenbank, Langenau 1981, S. 47 ff.
33 Vgl. Konrad Albert Koch, Befestigte Kirchen in Langenau und anderwärts, in: UBl 2 (1926), S. 90 f.
34 Vgl. Nobis (wie Anm. 32), S. 48.
35 StA UL, A 3530, Bd. 27 (1562), Rp v. 6.7; s. auch Heckel (wie Anm. 5), S. 68.
36 StA UL, A 3530, Bd. 27 (1560), Rp v. 11.12.; s. auch Heckel (wie Anm. 5), S. 68 f.
37 StA UL, A 3530, Bd. 85 (1635), Rp v. 17.8., Bd. 88 (1638), Rp v. 31.1. und 7.2.1638, Bd. 89 (1639), Rp v. 29.7.1639; vgl. Hagenmaier (wie Anm. 31), S. 14; Heckel (wie Anm. 5), S. 73 f.
38 Vgl. Alb-Donau-Kreis (wie Anm. 6), S. 489; Nobis (wie Anm. 32), S. 48.
39 Nobis (wie Anm. 32), S. 49.
40 Vgl. ebd., S. 49.
41 Ebd., S. 49 f.
42 Vgl. ebd, S. 49.
43 Vgl. Johann Herkules Haid, Ulm mit seinem Gebiete, Ulm 1786,.S. 544 f.; Heckel (wie Anm. 5), S. 184.; Nobis (wie Anm. 32), S. 50.

44 StA UL, A 3530, Bd. 239 (1788), Rp v. 7.7.1788.
45 Im Weiteren folge ich Heckel (wie Anm. 5), S. 197 f.; Nobis (wie Anm. 32), S. 50.
46 StA UL, A 3530, Bd. 33 (1573), Rp v. 13.11.1573.
47 StA UL, A 3530, Bd. 62 (1612), Rp v. 10.8. und 23.9.1612
48 StA UL, A 3530, Bd. 67 (1617), Rp v. 18.2.1617.
49 Im Weiteren folge ich Heckel (wie Anm. 5), S. 200; Nobis (wie Anm. 32), S. 50 f.
50 StA UL, A 3530, Bd.15 (1540), Rp v. 29.4., Bd. 28 (1563), Rp v. 16.6.; vgl., auch i. F. Heckel (wie Anm. 5), S. 201.
51 Vgl. Haid (wie Anm. 43), S. 562.
52 Vgl. Langenau. Eine zeitgenössische Darstellung, hrsg. von Hans Bühler, Langenau 1987, S. 37.
53 StA UL, A 3530, Bd. 233 (1782), Rp v. 9.10.1782.
54 Vgl. Hans Häge, Langenauer Stadtgeschichte 1945 bis 1984, Langenau 1986, S. 109 f.; Heckel (wie Anm. 5), S. 202 f.; Nobis (wie Anm. 32), S. 51.
55 Vgl. Häge (wie Anm. 54), S. 110.
56 StA UL, A 3530, Bd. 13 (1537), fol. 343 und 352; vgl. Alb-Donau-Kreis (wie Anm. 6), S. 471; Heckel (wie Anm. 5), S. 225 f.
57 Vgl. Alb-Donau-Kreis (wie Anm. 6), S. 471; Heckel (wie Anm. 5), S. 226.
58 Vgl. Heckel (wie Anm. 5), S. 226.

Langenau unter ulmischer Herrschaft (1377 bis 1802)

1 Vgl., auch i. F., August Heckel, Geschichte der Stadt Langenau, Langenau 1964, S. 44 f.
2 Ulmisches Urkundenbuch, hrsg. von Gustav Veesenmeyer und Hugo Bazing, Bd. 2, Ulm 1900, Nr. 1802 (1378-10-1).
3 Vgl. Hans Jänichen, Geschichte im Mittelalter und in der Neuzeit, in: Der Stadt- und Landkreis Ulm. Amtliche Kreisbeschreibung, hrsg. von der staatlichen Archivverwaltung Baden-Württemberg in Verbindung mit der Stadt Ulm und dem Landkreis Ulm, Ulm 1972, S. 339 f.
4 Vgl. Der Alb-Donau-Kreis, hrsg. von der Landesarchivdirektion Baden-Württemberg in Verbindung mit dem Alb-Donau-Kreis, Bd. 2, Sigmaringen 1992, S. 516.
5 Nach ebd., S. 515 f.
6 Vgl. ebd., S. 516.
7 Vgl. ebd., S. 514; Heckel (wie Anm. 1), S. 218; s. auch die Beratungen im Rat: StA UL, A 3530, Bd. 13 (1536), fol. 197.
8 StA UL, A 3530, Bd. 5 (1516), fol. 387.
9 StA UL, A 3530, Bd. 23 (1555), Rp v. 8.6.1555; s. auch Bd. 34 (1576), Rp v. 24.2.1576.
10 StA UL, A 3530, Bd. 167 (1717), Rp v. 25.8.1717.
11 StA UL, A 3530, Bd. 68 (1618), Rp v. 13., 23. und 27.2. sowie 2., 11., 16., 27. und 20.3.1618.
12 StA UL, A 3530, Bd. 68 (1618), Rp v. 7., 13. und 17.4.1618.
13 StA UL, A 3530, Bd. 68 (1618), Rp v. 29.5.1618.
14 StA UL, A 3530, Bd. 69 (1619), Rp v. 5. und 7.4. sowie 14.5.1619.
15 StA UL, A 3530, Bd. 189 (1689). Rp v. 24.4., 10., 17., 22. und 31.5. sowie 3., 10. und 12.6.1689.
16 StA UL, A 3530, Bd. 167 (1717), Rp v. 21.6, 4. und 25.8. sowie 3.11.1717.
17 StA UL, A 3530, Bd. 195 (1744), Rp v. 22.1., 5., 12., 14. und 24.2.1744.
18 StA UL, A 3530, Bd. 195 (1744), Rp v. 20.3., 1., 6., 8. 10. und 13.4.1744.
19 StA UL, A 3530, Bd. 195 (1744), Rp v. 22. und 29.4. sowie 6. und 11.5.1744.
20 StA UL, A 3530, Bd. 32 (1571), Rp v. 25. und 26.6. sowie 2.7.1571, Bd. 32(1572), Rp v. 19.3. und 20.6.1572, Bd. 33 (1572), Rp v. 28.11.1572, Bd. 33 (1573), Rp v. 12.6.1573.
21 StA UL, A 3530, Bd. 48 (1598), Rp v. 4.10.1598.
22 StA UL, A 3530, Bd. 49 (1599), Rp v. 7.5.1599, s. auch Bd. 50 (1600), Rp. v. 27.2.1600, Bd. 57 (1607), Rp v. 6.3., 1., 15., 20. und 27.7.1607.
23 StA UL, A 3530, Bd. 46 (1596), 28.1. und 5.9.1596; Bd. 47 (1597), Rp v. 6. und 15.7.1597, Bd. 48 (1598), Rp v. 16.8., 18. und 19.12.1598, s. auch Bd. 54 (1604), Rp v. 6.11.1604.
24 StA UL, A 3530, Bd. 55 (1605), Rp v. 18.1.1605.
25 StA UL, A 3530, Bd. 57 (1607), Rp v. 6.11.1607.
26 StA UL, A 3530, Bd. 196 (1745), Rp v. 22. und 29.1.1745.
27 StA UL, A 3530, Bd. 197 (1746), Rp v. 23.6. und 6.7. 1746.
28 StA UL, A 3530, Bd. 221 (1770), Rp v. 6.6. und 12.8. 1770, Bd. 223 (1772), Rp v. 16. und 18.3. sowie 20.7.1772.
29 StA UL, A 3530, Bd. 221 (1770), Rp v. 5.2.1770, Bd. 223 (1772), Rp v. 3.8., 2., 16. und 18.9., 19.10. und 7.12.1772.
30 StA UL, A 3530, Bd. 224 (1773), Rp v. 19. und 26.3. sowie 5. und 19.4.1773.
31 StA UL, A 3530, Bd. 227 (1776), Rp v. 3.5.1776, Bd. 231 (1780), Rp v. 13. und 20.12.1780.
32 Vgl. Eberhard Naujoks, Stadtverfassung und Ulmer Land im Zeitalter der Reformation, in: UO 34 (1955), S. 102 f.

33 Vgl. Richard van Dülmen, Kultur und Alltag in der frühen Neuzeit, Bd. 2: Dorf und Stadt 16.-18. Jahrhundert, München 1992, S. 222 f.
34 Vgl. Naujoks (wie Anm. 32), S. 103 f.
35 Vgl., auch i. F., ebd., S. 111 ff.
36 Z. B. Erneuerte Stadt Ulmische Landpolizei, Ulm 1721.
37 Vgl. van Dülmen (wie Anm. 33), S. 223 f.
38 Landpolizei (wie Anm. 36), S. 71.
39 Vgl., auch i. F., Helmut Schmolz, Herrschaft und Dorf im Gebiet der Reichsstadt Ulm, in: Erich Maschke/Jürgen Sydow (Hrsg.), Stadt und Umland (Veröffentlichungen der Kommission für geschichtliche Landeskunde, Reihe B Forschungen, Bd. 82), Stuttgart 1974, S. 169 ff.
40 Vgl. Eugen Mollwo (Hrsg.), Das rote Buch der Stadt Ulm (Württembergische Geschichtsquellen, Bd. 8), Stuttgart 1905, S. 205 f.
41 Landpolizei (wie Anm. 36), S. 14, 20, 45 f.
42 Ebd., S. 5, 10.
43 Ebd., S. 56.
44 Erläutertes Gesaz und Ordnung, die Bestrafung treuloser Bedienten und die weibliche Freiheit dererselben Ehefrauen betreffend, Ulm 1743.
45 Vgl. Gerold Neusser, Das Territorium der Reichsstadt Ulm im 18. Jahrhundert. Territorialgeschichtliche Forschungen (Forschungen zur Geschichte der Stadt Ulm, Bd. 4), Ulm 1964, S. 56 ff.; Schmolz (wie Anm. 39), S. 170 f.
46 Vgl. Neusser (wie Anm. 45), S. 69 f.; Schmolz (wie Anm. 39), S. 171.
47 Vgl. Konrad Lübke, Die Verfassung der freien Reichsstadt Ulm am Ende des alten Reiches, Diss. jur. Tübingen 1955 (masch.). S. 116 f.
48 Vgl. Schmolz (wie Anm. 39), S. 182 f.
49 Vgl. Johann Herkules Haid, Ulm mit seinem Gebiete, Ulm 1786, S. 544 f.
50 StA UL, A 2235, Instruktionen und Competenzen des Oberamtmannes in Langenau v. 27.3.1722.
51 StA UL, A 2237, Instruktion für den Visierer v. 29.6.1712.
52 Vgl. Neusser (wie Anm. 45), S. 75.
53 StA UL, A 3530, Bd. 67 (1617), Rp v. 27.10. und 12.12.1617.
54 StA UL, A 3530, Bd. 108 (1658), Rp v. 13.12.1658.
55 Vgl. Neusser (wie Anm. 45), S. 83 f.; Schmolz (wie Anm. 39), S. 185 f.
56 Vgl., auch i. F., Neusser (wie Anm. 45), S. 175 f.; Schmolz (wie Anm. 39), S. 186 f.
57 StA UL, A 3530, Bd. 108 (1658), Rp v. 13.12.1658.
58 Stadt Langenau, Ulmisches Salbuch über Langenau und Öllingen 1710, fol. 19, 55, 57, 83, 91, 97, 117, 131, 475.
59 Landpolizei (wie Anm. 36), S. 34.
60 Ebd., S. 70.
61 StA UL, A 3530, Bd. 66 (1616), Rp v. 1. und 8.7.1616.
62 StA UL, A 3530, Bd. 73 (1623), Rp v. 7.2.1623.
63 Vgl. Heckel (wie Anm. 1), S. 62.
64 Landpolizei (wie Anm. 36), S. 29, 48.
65 StA UL, A 2237, Instruktion für den Gerichtsschreiber v. 29.6.1712.
66 StA UL, A 3530, Bd. 70 (1620), Rp v. 28.2.1620.
67 Landpolizei (wie Anm. 36), S. 28.
68 Vgl. Neusser (wie Anm. 45), S. 177 f.
69 Vgl. ebd., S. 180 f.
70 Eines Ehrbaren Rats der Stadt Ulm Gesatz und Ordnung in Straf offenbarer Laster, auch leichtfertigen Verheiratens und anderer Unzucht, Ulm 1616, S. 1.
71 Vgl. van Dülmen (wie Anm. 33), S. 232 ff.; Neusser (wie Anm. 45), S. 136.
72 Zit. nach Julius Endriß (Bearb.), Die Ulmer Kirchenvisitationen der Jahre 1557-1615, Ulm 1937, S. 43.
73 Vgl. ebd., S. 55.
74 Zit. nach ebd., S. 58.
75 Unzuchtordnung (wie Anm. 70), S. 20.
76 StA UL, A 3530, Bd. 93 (1643), Rp v. 28. und 30.8. sowie 22.11.1643.
77 StA UL, A 3530, Bd. 36 (1582), Rp v. 2.4.1582, Bd. 141 (1691), Rp v. 4.3.1691.
78 StA UL, A 3530, Bd. 59 (1609), Rp v. 9.12.1609, Bd. 160 (1710), Rp v. 14.3.1710.
79 Unzuchtordnung (wie Anm. 70), S. 25.
80 Ebd., S. 21 f.
81 StA UL, A 3530, Bd. 115 (1665), Rp v. 31.5., 3. und 5.7.1665, Bd. 121 (1671), Rp v. 5. und 10.5. sowie 26. und 30.6.1671, Bd. 122 (1672), Rp v. 26.1.1672; weitere Fälle: Bd. 61 (1611), Rp v. 5.8.1611, Bd. 113 (1663), Rp v. 26.1., 2., 4., 6. und 16.3. sowie 27. und 29.4.1663, Bd. 115 (1665), Rp v. 12. und 14.4.1665, Bd. 127 (1677), Rp v. 22.8.1677.
82 StA UL, A 3530, Bd. 34 (1576), Rp v. 29.8.1576; Unzuchtordnung (wie Anm. 70), 26 f.; vgl. auch van Dülmen (wie Anm. 33), S. 233.
83 Unzuchtordnung (wie Anm. 70), S. 9 f.
84 StA UL, A 3530, Bd. 30 (1568), Rp v. 14.7.1568.
85 Landpolizei (wie Anm. 36), S. 42.
86 Vgl. van Dülmen (wie Anm. 33), S. 238.
87 Vgl. Ordnung der Hochzeiten und Schenckinnen, [Uim 1545].
88 StA UL, A 3530, Bd. 92 (1642), Rp v. 11.7.1642.
89 Vgl. van Dülmen (wie Anm. 33), S. 129 f.
90 Zit nach ebd., S. 129.
91 StA UL, A 3530, Bd. 33 (1573), Rp v. 1.7.1573.
92 StA UL, A 3530, Bd. 33 (1573), Rp v. 18.11.1573.

93 Landpolizei (wie Anm. 36), S. 13 f., 63.
94 Ebd., S. 42.
95 Ebd., S. 51.
96 Ebd., S. 17, 40.
97 StA UL, A 3530, Bd. 23 (1555), Rp v. 15.2.1555, s. auch Bd. 24 (1557), Rp v. 19.2.1557, Bd. 29 (1565), Rp v. 2.3.1565, Bd. 35 (1578), Rp v. 31.1.1578.
98 Landpolizei (wie Anm. 36), S. 33, 58.
99 StA UL, A 2507, Ruf zu Abstellung der Hochzeiten, Tanzens, unnötiger Gesellschaften und anderer Kurzweil v. 18.10.1592.
100 StA UL, A 3530, Bd. 48 (1598), Rp v. 9.6. und 17.7.1598.
101 StA UL, A 3530, Bd. 189 (1738), Rp v. 10., 13., 15., 17., 20. und 22.1.1738.
102 StA UL, A 3530, Bd. 35 (1579), Rp v. 23.2.1579; Landpolizei (wie Anm. 36), S. 9, 62 f.
103 Landpolizei (wie Anm. 36), S. 41.
104 Vgl. van Dülmen (wie Anm. 33), S. 127 f.
105 StA UL, A 3530, Bd. 32 (1572), Rp v. 22.2.1572.
106 Landpolizei (wie Anm. 36), S. 72.
107 StA UL, A 3530, Bd. 20, Rp v. 8.11.1549.
108 StA UL, A 3530, Bd. 48 (1598), Rp v. 20.3.1598.
109 StA UL, A 3530, Bd. 117 (1667), Rp v. 6.11.1667, Bd. 121 (1671), Rp v. 12.7.1671.
110 StA UL, A 3530, Bd. 32 (1572), Rp v. 16.5.1572.
111 StA UL, A 3530, Bd. 121 (1671), Rp v. 12.7.1671.
112 StA UL, A 3530, Bd. 122 (1672), Rp v. 20.3.1672.
113 StA UL, A 3530, Bd. 130 (1680), Rp v. 31.3.1680.
114 Unzuchtordnung (wie Anm. 70), S. 14.
115 Landpolizei (wie Anm. 36), S. 4.
116 Ebd., S. 32.
117 Ebd., S. 10.
118 Ebd., S. 42.
119 StA UL, A 3530, Bd. 115 (1665), Rp v. 8. und 10.2.1665.
120 StA UL, A 3530, Bd. 111 (1661), Rp v. 21.6., Bd. 112 (1662), Rp 10.1.1662, Bd. 113 (1663), Rp v. 4.11.1663, Bd. 114 (1664), Rp v. 11.1. und 20.6.1664, Bd. 115 (1665), Rp v. 19.4., 23.6., 15.9. und 1.11.1665, Bd. 116 (1666), Rp v. 10.1., 5.2. und 1.10.1666, Bd. 117 (1667), Rp v. 6.11. und 27.11.1667.
121 StA UL, A 3530, Bd. 115 (1665), Rp v. 3.8.1665.
122 StA UL, A 3530, Bd. 115 (1665), Rp v. 1.11.1665.
123 StA UL, A 3530, Bd. 115 (1665), Rp v. 15.12.1665.
124 StA UL, A 3530, Bd. 116 (1666), Rp v. 17.4. und 1.8.1666, Bd. 117 (1667), Rp v. 10.4.1667.
125 Vgl. van Dülmen (wie Anm. 33), S. 237.
126 Landpolizei (wie Anm. 36), S. 6 f.
127 Ebd., S. 24.
128 Ebd., S. 56.
129 Ebd., S. 7, 14, 16, 32, 34 f., 40, 42 f., 48 f., 59, 71 f..
130 StA UL, A 2507, Ratsdekret v. 15.7.1618; Landpolizei (wie Anm. 36), S. 17.
131 Vgl. van Dülmen (wie Anm. 33), S. 257 f.
132 Unzuchtordnung (wie Anm. 70), S. 3 f.
133 Landpolizei (wie Anm. 36), S. 23.
134 StA UL, A 3530, Bd. 93 (1643), Rp v. 5.7.1643.
135 StA UL, A 3530, Bd. 117 (1667), Rp v. 17.7. und 9.12.1667, Bd. 119 (1669), Rp v. 26.3.1669
136 StA UL, A 3530, Bd. 117 (1667), Rp v. 6.11.1667.
137 StA LA, B 228, Rp v. 7.3.1831.
138 StA LA, B 237, GPr v. 17.6.1869.
139 StA LA, B 238, GPr v. 1.6.1871.
140 Vgl., auch i. F., van Dülmen (wie Anm. 33), S. 246 f.
141 Vgl. Beschreibung des Oberamts Ulm, hrsg. vom Statistischen Landesamt, Bd. 1, Stuttgart 1897, S. 467.
142 StA UL, A 3530, Bd. 239 (1788), Rp v. 10., 17. und 31.10. sowie 10.11.1788.
143 StA UL, A 3530, Bd. 133 (1683), Rp v. 25.4.1683.
144 Vgl. van Dülmen (wie Anm. 33), S. 264 f.
145 StA UL, A 3530, Bd. 34 (1575), Rp v. 19.12.1575.
146 Van Dülmen (wie Anm. 33), S. 266.
147 StA UL, A 3530, Bd. 127 (1677), Rp v. 1.8.1677.
148 Die Untersuchung der Unzuchtsdelikte beschränkt sich auf den Zeitraum bis 1693. In der nachfolgenden Zeit wurden sie in den Registern der Ratsprotokolle nicht mehr nach Orten, sondern nach Personennamen verzeichnet. Auf eine Auswertung dieser Ratsprotokolle wurde bis auf wenige Ausnahmen verzichtet, weil sie den Zeitrahmen gesprengt hätte. Die Unzuchtsfälle bis 1693 sind über StA UL, A 3532, Bd. 12 (Register der Ratsprotokolle) leicht erschließbar.
149 StA UL, A 3530, Bd. 46 (1596), Rp v. 10.5.1596, Bd. 49 (1599), Rp v. 17., 20. und 27.8.1599, Bd. 51 (1601), Rp v. 2.9.1601, Bd. 62 (1612), Rp v. 10.5. und 1.12.1612, Bd. 64 (1614), Rp v. 4.2.1614.
150 StA UL, A 3530, Bd. 49 (1599), Rp v. 30.3.1599, Bd. 55 (1605), Rp v. 3.4.1605.
151 StA UL, A 3530, Bd. 28 (1563), Rp v. 18.10.1563, Bd. 36 (1581), Rp v. 22.7.1581, s. auch Rp v. 30.8.1581 sowie Bd. 37 (1584), Rp v. 21.10.1584.
152 StA UL, A 3530, Bd. 126 (1676), Rp v. 4.9.1676; s. auch Bd. 124 (1674), Rp v. 27.2. und 15.6.1674., Bd. 128 (1678), Rp v. 5.6.1678.
153 StA UL, A 3530, Bd. 126 (1676), Rp v.

8.11.1676; s. auch Bd. 129 (1679), Rp v. 12.3.1679, Bd. 132 (1682), Rp v. 17.5.1682.
154 StA UL, A 3530, Bd. 123 (1673), Rp v. 9.4.1673.
155 StA UL, A 3530, Bd. 128 (1678), Rp v. 11.10.1678; s. auch Landpolizei (wie Anm. 36), S. 65.
156 StA UL, A 3530, Bd. 130 (1680), Rp v. 8.12.1680.
157 StA UL, A 3530, Bd. 188 (1688), Rp v. 20.4.1688.
158 StA UL, A 3530, Bd. 115 (1665), Rp v. 1. und 17.11.1665, Bd. 116 (1666), Rp v. 19.1.1666; s. auch Bd. 122 (1672), Rp v. 4.3.1672, Bd. 134 (1684), Rp v. 30.7. und 4.8.1684.
159 StA UL, A 3530, Bd. 122 (1672), Rp v. 7.2.1672, Bd. 125 (1675), Rp v. 3. und 8.2. sowie 24.3.1675, Bd. 130 (1680), Rp v. 2.6.1680.
160 StA UL, A 3530, Bd. 128 (1678), Rp v. 16. und 18.11,1678, Bd. 130 (1680), Rp v. 8.12.1680.
161 StA UL, A 3530, Bd. 188 (1688), Rp v. 1.6.1688.
162 StA UL, A 3530, Bd. 208 (1757), Rp v. 5. und 14.1.1757.
163 Landpolizei (wie Anm. 36), S. 7.
164 StA UL, A 3530, Bd. 184 (1734), Rp v. 2.6.1734, Bd. 189 (1738), Rp v. 27.8. und 5.9.1738, Bd. 192 (1741), Rp v. 28.7.1741.
165 StA UL, A 3530, Bd. 198 (1747), Rp v. 5., 10., 12., 19. und 26.7.1747.
166 StA UL, A 3530, Bd. 241 (1790), Rp v. 31.5., 2., 4., 7., 9.6. und 28.6.1790.
167 StA UL, A 3530, Bd. 241 (1790), Rp v. 4.10.1790.
168 StA UL, A 3530, Bd.20 (1549), Rp v. 16., 18. und 23.9.1549, Bd. 28 (1563), Rp v. 4.6.1563, Bd. 30 (1568), Rp v. 24. und 29.11., Bd. 31 (1569), Rp v. 23.11. und 2.12.1569.
169 StA UL, A 3530, Bd. 73 (1623), Rp v. 17.1. und 21.3.1623, Bd. 76 (1626), Rp v. 13. und 20.12.1626, Bd. 77 (1627), Rp v. 12. und 15.1.1627, Bd. 121 (1671), Rp v. 2. und 7.8. sowie 4.9.1671, Bd. 138 (1688), Rp v. 19.12.1688.
170 Unzuchtordnung (wie Anm. 70), S. 14.
171 StA UL, A 3530, Bd. 189 (1738), Rp v. 1., 6., 13.,27.8., 19.9., 3., 24.10., 3., 5., 12., 17., 21.11., 12. und 24.12.1738.
172 StA UL, A 3530, Bd. 178 (1728), Rp v. 10. und 16.8. sowie 13.9.1728.
173 StA UL, A 3530, Bd. 182 (1732), Rp v. 29.2. und 3.3.1732.
174 Vgl. van Dülmen (wie Anm. 33), S. 247.
175 StA UL A 3530, Bd. 61 (1611), Rp v. 19.6.1611, Bd. 64 (1614), Rp v. 19.9.1614.
176 StA UL, A 3530, Bd. 31 (1570), Rp v. 1.3.1570, Bd. 34 (1575), Rp v. 13.4.1575, Bd. 100 (1650), Rp v. 6, 8., 11., 13., 18., 20. und 22.2.1650.
177 StA UL A 3530, Bd. 31 (1570), Rp v. 7.7.1570; s. auch Bd. 29 (1565), Rp v. 3.1.1565.
178 StA UL A 3530, Bd. 40 (1588), Rp v. 11.11.1588.
179 Landpolizei (wie Anm. 36), S. 52.
180 StA UL A 3530, Bd. 239 (1788), Rp v. 7., 8. und 23.4. sowie 2. und 16.6.1788.
181 StA UL, A 3530, Bd. 239 (1788), Rp v. 8.4., 9., 11. und 16.6., 7., 11. und 18.7. sowie 20.8. und 5.9.1788.
182 StA UL, A 3530, Bd. 34 (1575), Rp v. 31.1.1575.
183 StA UL, A 3530, Bd. 40 (1589), Rp v. 18., 20., 22., 25., 26. und 29.8. sowie 5. und 8.9.1589.
184 StA UL, A 3530, Bd. 61 (1611), Rp v. 20., 27. und 30.9.1611.
185 StA UL, A 3530, Bd. 25 (1557), Rp v. 3.9. und 10.11.1557 sowie 1.2.1558.
186 StA UL, A 3530, Bd. 37 (1584), Rp v. 1.7.1584.
187 StA UL, A 3530, Bd. 28 (1563), Rp v. 17.11.1563; s. auch Bd. 41 (1590), Rp v. 6.4.1590.
188 StA UL, A 3530, Bd. 38 (1586), Rp v. 4., 8., 11. und 12.7.1586.
189 Landpolizei (wie Anm. 36), S. 7, 10, 44 f., 52, 60, 64 und 68.
190 Vgl. Heckel (wie Anm. 1), S. 65.
191 Vgl. ebd., S. 65 f.
192 Zit. nach ebd., S. 68.
193 Vgl. ebd., S. 68 f.
194 StA UL, A 3530, Bd. 75 (1625), Rp v. 13.4.1625.
195 Zit. nach Gerd Zillhardt (Bearb.), Der Dreißigjährige Krieg in zeitgenössischer Darstellung. Hans Heberles „Zeytregister" (1618–1672). Aufzeichnungen aus dem Ulmer Territorium. Ein Beitrag zu Geschichtsschreibung und Geschichtsverständnis der Unterschichten (Forschungen zur Geschichte der Stadt Ulm, Bd. 13), Ulm 1975, S. 113.
196 StA UL, A 3530, Bd. 72 (1622), Rp v. 4.11.1622.
197 Zit. nach Zillhardt (wie Anm. 195), S. 18 f.
198 Vgl. ebd., S. 19.
199 Vgl. ebd., S. 122, 133.
200 Vgl. ebd., S. 121; Heckel (wie Anm. 1), S. 71.
201 StA UL, A 3530, Bd, 103 (1653), Rp v. 7.1.1653.
202 Zit. nach Zillhardt (wie Anm. 195), S. 132; vgl. Hans Eugen Specker, Ulm. Stadtgeschichte, Ulm 1977, S. 192; Zillhardt (wie Anm. 195), S. 19 f.
203 StA UL, A 3530, Bd. 81 (1631), Rp v. 2.5.1631.
204 Vgl. Zillhardt (wie Anm. 195), S. 22.
205 Vgl. Heckel (wie Anm. 1), S. 72.
206 Zit. nach ebd., S. 72 f.
207 Vgl. ebd, S. 72 f.; Zillhardt (wie Anm. 195), 24 f.
208 Zit. nach Zillhardt (wie Anm. 195),

S. 29; vgl. auch Heckel (wie Anm. 1), S. 73; Zillhardt (wie Anm. 195), S. 28 f.
209 StA UL, A 3530, Bd. 86 (1636), Rp v. 27.4.1636.
210 Zillhardt (wie Anm. 195), S. 172.
211 StA UL, A 3530, Bd. 88 (1638), Rp v. 27.6., 1., 2. 6., 22.7., 5.8. und 12.10.1638.
212 StA UL, A [6877], Pr v. 19.7.1638. Für den freundlichen Hinweis von Herrn Shin Demura, der an einer Dissertation über die Flüchtlinge in der Reichsstadt Ulm während des Dreißigjährigen Krieges arbeitet, danke ich herzlich.
213 StA UL, A 3530, Bd. 88 (1638), Rp v. 5.8. und 21.9.1638, Bd. 89 (1639), Rp v. 23. und 26.8.1639.
214 StA UL, A 3530, Bd. 88 (1638), Rp v. 10.8.1638.
215 Vgl. Zillhardt (wie Anm. 195), S. 190.
216 Zit. nach ebd., S. 32.
217 Vgl. Heckel (wie Anm. 1), S. 75; Zillhardt (wie Anm. 195), S. 31 f., 201 f.
218 Zit. nach Zillhardt (wie Anm. 195), S. 208 f.
219 Vgl. Heckel (wie Anm. 1), S. 75; Zillhardt (wie Anm. 195), S. 207.
220 Vgl. Zillhardt (wie Anm. 195), S. 34 f.
221 StA UL, A 3530, Bd. 98 (1648), Rp v. 27. und 29.9.1648; vgl. Heckel (wie Anm. 1), S. 75 f.
222 Vgl. Specker (wie Anm. 202), S. 196 f.; Zillhardt (wie Anm. 195), S. 36 f.
223 Zit. nach Zillhardt (wie Anm. 195), S. 226; vgl. auch ebd., S. 37.
224 Vgl. ebd., S. 38.
225 Vgl. Alb-Donau-Kreis (wie Anm. 4), S. 521.
226 Vgl., auch i. F., Hans Bühler (Bearb.), Langenau. Eine zeitgenössische Darstellung von 1645 bis 1818, Langenau 1987, S. 22 f.
227 Freundlicher Hinweis von Herrn Shin Demura.
228 Vgl. Zillhardt (wie Anm. 195), S. 38.
229 Vgl. Bühler (wie Anm. 226), S. 24 f.
230 Vgl. Specker (wie Anm. 202), S. 201.
231 StA UL, A 3530, Bd. 189 (1689), Rp v. 21.1. und 18.2.1689.
232 Vgl. Heckel (wie Anm. 1), S. 76 f.; Ulmer Bilderchronik, hrsg. von Karl Höhn, Bd. 1, Ulm 1929, S. 239.
233 StA UL, A 3530, Bd. 138 (1688), Rp v. 8. und 19.12.1688.
234 StA UL, A 3530, Bd. 191 (1691), Rp v. 15.4.1691, s. auch Rp v. 2.12.1691.
235 StA UL, A 3530, Bd. 144 (1694), Rp v. 31.10., 3., 5. und 10.12.1694.
236 Vgl. Specker (wie Anm. 202), S. 202 f.
237 StA UL, A 3530, Bd. 154, (1704), Rp v. 9., 16. und 23.1.1704.
238 StA UL, A 3530, Bd. 154 (1704), Rp v. 18., 21., 23., 25. und 28.1., 1., 20. und 19.2.1704.
239 StA UL, A 3530, Bd. 154 (1704), Rp v. 29.2., 3. und 19.3., 18.4. sowie 16. und 19.5.1704.
240 StA UL, A 3530, Bd. 154 (1704), Rp v. 30.4., 13. und 27.6.1704.
241 StA UL, A 3530, Bd. 154 (1704), Rp v. 22., 24. und 31.12.1704.
242 StA UL, A 3530, Bd. 155 (1705), Rp v. 5.8.1705, Bd. 157 (1707), Rp v. 31.10.1707, Bd. 158 (1708), Rp v. 8.2., 13. und 16.5. sowie 12.9.1708.
243 StA UL, A 3530, Bd. 158 (1708), Rp v. 12. und 14.12.1708.
244 StA UL, A 3530, Bd. 157 (1707), Rp v. 28. und 29.6. sowie 15.7.1707; vgl. auch Heckel (wie Anm. 1), S. 77 f.
245 StA UL, A 3530, Bd. 158 (1708), Rp v. 15., 22. und 29.8, 5. und 12.9 sowie 28.11.1708, Bd. 159 (1709), Rp v. 23.1., 26.7. und 11.10.1709, Bd. 160 (1710), Rp v. 10.2.1710.
246 Vgl. Specker (wie Anm. 202), S. 205.
247 Vgl. Heckel (wie Anm. 1), S. 79 f.
248 StA UL, A 3530, Bd. 193 (1742), Rp v. 28.3.1742.
249 StA UL, A 3530, Bd. 245 (1794), Rp v. 10. und 15.1. sowie 19.2.1794; vgl. auch Heckel (wie Anm. 1), S. 80.
250 StA UL, A 3530, Bd. 246 (1795), Rp v. 2. und 5.10., Bd. 247 (1796), Rp v. 16. und 21.3. sowie 13. und 20.5.1796; vgl. auch Heckel (wie Anm. 1), S. 81.
251 StA UL, A 3530, Bd. 247 (1796), Rp v. 13.7.1796.
252 StA UL, A 3530, Bd. 244 (1793), Rp v. 20.11.1793; zur Bürgeropposition und zu den Auswirkungen der Französischen Revolution in Ulm s. Uwe Schmidt, Südwestdeutschland im Zeichen der Französischen Revolution. Bürgeropposition in Ulm, Reutlingen und Esslingen (Forschungen zur Geschichte der Stadt Ulm, Bd. 23), Ulm 1993.
253 Vgl. Specker (wie Anm. 202), S. 215.
254 Vgl. Heckel (wie Anm. 1), S. 81 f.
255 Vgl. ebd, S. 82; Specker (wie Anm. 202), S. 215.
256 Vgl. Heckel (wie Anm. 1), S. 82 ff.
257 StA UL, A 3530, Bd. 193 (1742), Rp v. 27.7.1742; vgl. zu diesem Exkurs auch Heckel (wie Anm. 1), S. 161 f.
258 StA UL, A 3530, Bd. 6 (1519), fol. 323, s. auch Bd. 11 (1535), fol. 8, Bd. 17 (1544), Rp v. 27.2.1544, Bd. 26 (1559), Rp v. 7.7.1559, Bd. 28 (1564), Rp v. 14.1. und 11.8.1564.
259 StA UL, A 3530, Bd. 90 (1640), Rp v. 10.7.1640.
260 StA UL, A 3530, Bd. 17 (1544), Rp v. 30.5.1544.
261 StA UL, A 3530, Bd. 21 (1551), Rp v. 7.1.1551, Bd. 25 (1558), Rp v. 15.7.1558, Bd. 27 (1560), Rp v. 14.8.1560, Bd, 27 (1562), Rp v. 22.1.1562, Bd. 28 (1562), Rp v. 27.7.1562,

Bd. 34 (1577), Rp v. 24.4. und 18.7.1577, Bd. 35 (1578), Rp v. 3.2.1578.
262 Vgl. Heckel (wie Anm. 1), S. 162.
263 Vgl. ebd, S. 162; zur Geschichte der Schützengesellschaft im 19. und 20. Jahrhundert s. Kapitel Vereine.

Langenau im 19.Jahrhundert

1 Vgl. Michael Dieterich, Kurze Beschreibung der Stadt Langenau, Ulm 1852, S. 61.
2 Zit. nach Stefan J. Dieterich, Ulms bayerische Zeit 1802-1810, in: Hans Eugen Specker (Hrsg.), Die Ulmer Bürgerschaft auf dem Weg zur Demokratie. Zum 600. Jahrestag des Großen Schwörbriefs (Forschungen zur Geschichte der Stadt Ulm, Reihe Dokumentation, Bd. 10), Ulm 1997, S. 252.
3 Vgl. Dieterich (Anm. 1), S. 61 f.
4 Vgl. August Heckel, Die Geschichte der Stadt Langenau, Langenau 1964, S. 169.
5 Vgl. Dieterich (Anm. 1), S. 62.
6 Vgl. ebd., S. 9; Heckel (Anm. 4), S. 169 f.
7 Vgl., auch i. F., Heckel (Anm. 4), S. 86 f.
8 Vgl. Dieterich (Anm. 1), S. 63.
9 Vgl. ebd., S. 9.
10 Rgbl., Jg. 1822. S. 132.
11 Vgl. Bernhard Mann/Gerd Friedrich Nüske, Württemberg 1803–1864, in: Deutsche Verwaltungsgeschichte, Bd. 2: Vom Reichsdeputationshauptschluss bis zur Auflösung des Deutschen Bundes, Stuttgart 1983, S.559 f.; Raimund Waibel, Frühliberalismus und Gemeindewahlen in Württemberg (1817–1855). Das Beispiel Stuttgart (Veröffentlichungen der Kommission für geschichtliche Landeskunde in Baden-Württemberg, Reihe B Forschungen, Bd. 125), Stuttgart 1992, S. 32 mit einem Überblick über die württembergische Verwaltung.
12 Rgbl., Jg. 1819, S. 645.
13 Rgbl., Jg. 1822. S. 132 ff.
14 Vgl. Mann/Nüske (Anm. 11), S. 563 f.
15 Vgl. Raimund Waibel, Stadt und Verwaltung. Das Bild des Ulmer Gemeinwesens im 19. Jahrhundert, in: Hans Eugen Specker (Hrsg.), Ulm im 19. Jahrhundert. Aspekte aus dem Leben der Stadt (Forschungen zur Geschichte der Stadt Ulm, Reihe Dokumentation, Bd. 7), Ulm 1990, S. 292.
16 Vgl.Waibel (Anm. 15), S. 289 f.; zur Kampagne der liberalen Opposition ausführlich ders. (wie Anm. 11), S. 78 ff.
17 StA LA, B 226 und 227.
18 HStA S, E 146/2, Bü 1956, Bericht der Donaukreisregierung an das Ministerium des Inneren v. 3.7.1855.
19 StA LA, B 230, GPr v. 23.4.1849.
20 Friedrich Albrecht, Mein Tagebuch von Hohenasperg, Ulm 1866, S. 8 f.
21 StA LA, B 230.
22 Vgl. Waibel, Stadt (Anm. 15), S. 282.
23 Vgl. ebd., S. 282.
24 Vgl. i. F. ebd., S. 283 ff.
25 Zit nach ebd., S. 284.
26 Ebd., S. 285.
27 StA LA, B 225, GPr v. 8.1.1816.
28 StA LA, B 225, GPr v. 28.5.1811 und 4.5.1812; vgl. auch Heckel (Anm. 4), S. 170.
29 StA LA, B 225, GPr v. 8.1. und 13.5.1816.
30 StA LA, B 229, GPr v. 20.2.1844.
31 StA LA, B 233, GPr v. 3.4. und 8.6.1860.
32 StA LA, B 237, GPr v. 17.12.1868 und 28.1.1869.
33 Vgl. Der Alb-Donau-Kreis, hrsg. von der Landesarchivdirektion Baden-Württemberg in Verbindung mit dem Alb-Donau-Kreis, Bd. 2, Sigmaringen 1992, S. 517.
34 Rgbl., Jg. 1848, S. 277; vgl. auch Dieterich (Anm. 1), S. 9 und 70 f.; die Bittschrift an den König ist im Gemeinderatsprotokoll nicht vermerkt; Heckel (Anm. 4), S. 172.
35 StA LA, B 230, GPr v. 27.6.1848.
36 Vgl. Heckel (wie Anm. 4), S. 170.
37 StA LA, B 230, GPr v. 23.4.1849; vgl. [Julius] Hartmann, Regierung und Stände im Königreich Württemberg 1806 - 1894, in: Württembergische Jahrbücher für Statistik und Landeskunde 1894, H. 1. S. 60; Heckel (Anm. 4), S. 172; [Karl Victor] von Riecke, Verfassung und Landstände, in: Württembergische Jahrbücher für Statistik und Landeskunde 1879, H. 1, S. 68; Königlich Württembergisches Hof- und Staatshandbuch, Stuttgart 1839, S. 463.
38 StA LA, B 230, GPr v. 23.4.1849.
39 Vgl. Albrecht (wie Anm. 20), S. 10; Hartmann (wie Anm. 37), S. 60; Heckel (Anm. 4), S. 172; Riecke (wie Anm. 37), S. 68.
40 HStA S, E 146/2, Bü 1956, Berichte der Donaukreisregierung an das Ministerium des Inneren v. 3.6. und 2.7.1855; StA LA, B 231, GPr v. 21.6.1855.
41 StA LA, B 246, GPr v. 25.3.1900; LA Nr. 24 v. 24.3.1900; UAZ, Nr. 154 v. 27.12.1927.
42 LA, Nrn. 49 und 50 v. 19. und 23.6.1880.
43 StA LA, B 246, GPr v. 7.5.1900.
44 StA LA, B 246, GPr v. 21.4.1900; LA, Nrn. 32, 33, 38 und 40 v. 21. und 25.4. bzw. 12. und 19.5.1900.
45 StA LA, B 246, GPr v. 7.5.1900.
46 LA, Nrn. 67 v. 20.8.1898 und 6 v. 14.1.1908.
47 LA, Nrn. 4 v. 11.1.1902 und 7 v. 24.1.1906.
48 LA, Nr. 22 v. 16.3.1901.
49 LA, Nrn. 11, 12, 39 und 41v. 6. und 9.2. bzw. 15. und 22.5.1901, 10 v. 1.2.1902 und 9 v. 1.2.1905.
50 LA, Nr. 6 v. 14.1.1906.
51 StA LA, A 6; UAZ, Nr. 4 v. 1929.
52 StA LA, B 246, GPr v. 15.6.1900.

53 LA, Nr. 27 v. 3.3.1908.
54 LA, Nrn. 24 und 29 v. 25.2. und 7.3.1908.
55 LA, Nr. 4 v. 11.1.1902.
56 LA, Nr. 67 v. 11.6.1921; vgl. auch Heckel (Anm. 4), S. 175.
57 UAZ, Nr. 4 v. 10.1.1929.
58 Dieterich (Anm. 1), S. 71.
59 Ebd., S. 18.
60 HStA S, E 146/2, Bü 1959, Bericht v. 16.7.1850.
61 BA FFM, DB 54/76, Bd. 6, Note des württembergischen Ministeriums des Inneren an das Reichsministerium des Inneren v. 2.12.1848; HStA S, E 65, Bü 224, Note des Ministeriums des Inneren an das Ministerium des Äußeren v. 2.12.1848, E 146/2, Bü 1959, Bericht v. 16.7.1850.
62 StA LA, B 230, GPr v. 10.5.1848.
63 UKr, Nr. 98 v. 23.4.1848; zu Friedrich Albrecht vgl. Ulrich Seemüller, Friedrich Albrecht (1818–1890), in: Wolfgang Schürle (Hrsg.), Die Revolution 1848/49. Wurzeln der Demokratie im Raum Ulm, Ulm 1998, S. 47 ff.
64 Vgl. ders., Die Wahl zur Nationalversammlung im Bezirk Ulm-Blaubeuren-Laupheim, in: Wolfgang Schürle (Hrsg.), Die Revolution 1848/49. Wurzeln der Demokratie im Raum Ulm, Ulm 1998, S. 107 ff.
65 Rgbl., Jg. 1848, S. 101 ff.
66 Zit. nach Paul Sauer, Revolution und Volksbewaffnung. Die württembergischen Bürgerwehren im 19. Jahrhundert, vor allem während der Revolution 1848/49, Ulm 1976, S. 81.
67 Vgl. Eckard Trox, Bürger in Ulm: Vereine, Parteien, Geselligkeit, in: Hans Eugen Specker (Hrsg.), Ulm im 19. Jahrhundert. Aspekte aus dem Leben der Stadt (Forschungen zur Geschichte der Stadt Ulm, Bd. 7), Ulm 1990, S. 194.
68 StA LA, B 230, GPr v. 28.4.1848.
69 StA LA, B 230, GPr v. 21.7.1848; vgl. auch Sauer (Anm. 66), S. 94.
70 StA LA, B 230, GPr v. 14. und 21.8.1848.
71 StA LA, B 230, GPr v. 15.5.1849.
72 StA LA, B 230, GPr v. 25.2.1851.
73 StA LA, B 230, GPr v. 22.5.1849.
74 GLA KA, 233/2570, Verzeichnis der Waffen, welche von den nach Baden ausgezogenen Freischärlern von Tettnang nicht mehr zurückgegeben wurden, 6.9.1849.
75 StA LB, F 207/I, Bü 82, Bericht des Oberamts Tettnang an das Oberamt Ulm v. 28.7.1849.
76 HStA S, E 9, Bü 105, Liste der noch nicht amnestierten Teilnehmer an der badischen Revolution auf dem Hohenasperg, o. D.
77 GLA KA, 237/2954, fol. 54, 138, 142.
78 StA LB, E 319, Bü 73, Verhörprotokoll v. 29.8.1849.
79 StA LB, E 319, Bü 73, Beschluss des Oberamtsgerichtes v. 8.9.1849 und Verhörprotokoll v. 24.10.1849.
80 BA Bern, E 21/ 214, E 21/216, E 21/234, Kontrolle der Flüchtlinge am 12.9., 13.9. und 15.10.1850.
81 BA Bern, E 21/215, Kontrolle der Flüchtlinge am 12.9.1850.
82 Vgl. Hans Maier, Die Hochverratsprozesse gegen Gottlieb Rau und August Becher nach der Revolution von 1848 in Württemberg, Pfaffenweiler 1992.
83 USp, Nr. 283 v. 3.12.1862.
84 Albrecht (wie Anm. 20), S. 10.
85 HStA S, E 146/2, Bü 1956, Berichte der Donaukreisregierung an das Ministerium des Inneren v. 3.6. und 3.7.1855.
86 LA, Nr. 8 v. 18.1.1908.
87 LA, Nr. 34 v. 29.4.1905.
88 LA, Nr. 21 v. 11.3.1863.
89 StA LB, E 207/I, Bü 85, Aktenvermerk o. D.
90 StA LB, E 207/I, Bü 85, Bericht des Stadtschultheißenamtes an das Oberamt Ulm v. 1.12.1859.
91 StA LB, E 207/I, Bü 85, Schreiben der Donaukreisregierung v. 20.12.1859.
92 LA, Nrn. 16 und 17 v. 23. und 27.2.1861.
93 LA, Nr. 8 v. 26.1.1862.
94 LA, Nrn. 10 v. 1.2.1862 und 26 v. 28.3.1863.
95 USp, Nr. 283 v. 3.12.1862.
96 Albrecht (wie Anm. 20), S. 10.
97 Ebd.
98 USp, Nr. 283 v. 3.12.1862.
99 LA, Nr. 40 v. 17.5.1865; vgl. Albrecht (wie Anm. 20), S. 10 ff.
100 LA, Nrn. 6 und 36 v. 20.1 und 5.5.1866; vgl. Albrecht (wie Anm. 20), S. 15.
101 Albrecht (wie Anm. 20), S. 16.
102 Vgl. Hans Fenske, Der liberale Südwesten. Freiheitliche und demokratische Traditionen in Baden und Württemberg (Schriften zur politischen Landeskunde, Bd. 5), Stuttgart/Berlin/Köln/Mainz 1981, S. 118 f.
103 LA, Nr. 96 v. 28.11.1863.
104 LA, Nr. 97 v. 2.12.1863.
105 LA, Nr. 98 v. 5.12.1863.
106 LA, Nr. 100 v. 12.12.1863.
107 LA, Nr. 6 v. 20.1.1864.
108 LA, Nrn. 97 und 100 v. 2. und 12.12.1863.
109 LA, Nr. 25 v. 26.3.1864; vgl. auch Fenske (Anm. 102), S. 119.
110 Vgl. Trox (wie Anm. 67), S. 218 f.
111 LA, Nr. 31 v. 16.4.1864.
112 SChr v. 1.4.1864.
113 LA, Nr. 33 v. 23.4.1864.
114 LA, Nr. 34 v. 27.4.1864.
115 LA, Nr. 37 v. 7.5.1864.
116 LA, Nr. 58 v. 20.7.1870.
117 LA, Nr. 74 v. 14.9.1870.
118 LA, Nrn. 61 und 62 v. 30.7. und 3.8.1870.

119 LA, Nrn. 65, 68 und 71 v. 13. und 24.8. sowie 3.9.1870.
120 LA, Nr. 69 v. 27.8.1870.
121 LA, Nrn. 88 v. 2.11.1870 und 80 v. 11.7.1908.
122 LA, Nr. 11 v. 4.2.1871.
123 StA LA, B 238, GPr v. 25.8. und 6.10.1870.
124 StA LA, B 238, GPr v. 12.1. und 2.2. 1871; LA, Nr. 5 v. 14.1.1871.
125 LA, Nr. 63 v. 6.8.1870; vgl. Gauturnfest 1961 - 100 Jahre TSV Langenau, Langenau [1961], S. 23.
126 StA LA, B 238, GPr v. 8.9. und 13.10.1870.
127 LA, Nrn. 88 v. 2.11.1870 und 10 v. 1.2.1871.
128 LA, Nr. 13 v. 11.2.1871.
129 LA, Nr. 7 v. 21.1.1871.
130 StA LA, B 238, GPr v. 2.3.1871; LA, Nrn. 18 und 20 v. 1. und 8.3.1871.
131 StA LA, B 238, GPr v. 18.7.1871; LA, Nr. 60 v. 26.7.1871.
132 LA, Nrn. v. 66, 68 und 99 v. 17. und 28.8. bzw. 10.12.1879 sowie Nr. 60 v. 26.7.1871; vgl. auch Heckel (wie Anm. 4), S. 91.
133 LA, Nr. 3 v. 10.1.1885.
134 LA, Nr. 29 v. 10.4.1895.
135 I. F. LA, Nr. 84 v. 20.10.1900.
136 Beispielsweise LA, Nrn. 50 und 51 v. 21. und 25.6.1884 bzw. 13 v. 12.2.1902, ferner Nrn. 11, 12, 39 und 41 v. 6. und 9.2. bzw. 15. und 22.5.1901, 10 v. 1.2.1902 und 9 v. 1.2.1905.
137 LA, Nr. 10 v. 10.2.1890.
138 LA, Nrn. 3. v. 10.1.1885 und Nr. 4 v. 11.1.1902.
139 LA, Nr. 3 v. 8.1.1907.
140 LA, Nr. 13 v. 12.2.1890.
141 LA, Nr. 140 v. 30.11.1909.
142 LA, Nr. 78 v. 30.9.1903.
143 LA, Nr. 100 v. 14.12.1887.
144 LA, Nr. 35 v. 30.4.1890.
145 LA, Nr. 23 v. 21.3.1903.
146 LA, Nr. 83 v. 18.10.1899.
147 LA, Nr. 116 v. 27.11.1906.
148 LA, Nr. 16 v. 22.2.1896.
149 LA, Nr. 32 v. 22.4.1903.
150 LA, Nr. 31. v. 12.3.1908.
151 UAZ, Nr. 12 v. 29.1.1929; vgl. auch Wilmar Jakober, Der schwierige Weg zur Demokratie. Langenau in den Jahren 1945–49, Langenau [1985], S. 44.
152 LA, Nrn. 19 v. 4.3.1871, 4 v. 14.1.1874, 79 v. 4.10.1882, 87 v. 29.10.1884, 17 v. 26.2.1890, 48 v. 17.6.1893, 35 v. 1.2.1895, 49 v. 18.6.1898.
153 LA, Nrn. 4 v. 13.1.1877 und 61 v. 31.7.1878; Heim gewann auch die Wahlen 1878 und gehörte dem Reichstag bis 1881 an, vgl. hierzu Waibel (Anm. 15), S. 325.
154 LA, Nr. 48 v. 17.6.1903.
155 LA, Nr. 48 v. 17.6.1903.
156 LA, Nr. 11 v. 26.1.1907.
157 LA, Nr. 5 v. 13.1.1912.
158 LA, Nrn. 19 v. 4.3.1871 und 4 v. 4.1.1874.
159 LA, Nr. 11 v. 26.1.1907.
160 LA, Nr. 16 v. 23.2.1887.
161 LA, Nr. 17 v. 16.2.1890.
162 LA, Nrn. 48 v. 17.6.1903 und 11 v. 26.1.1907.
163 LA, Nr. 5. v. 13.1.1912.
164 LA, Nrn. v. 98 v. 7.12. 1870, 17 und 100 v. 1.3. und 16.12.1876, 102 v. 23.12.1882, 4 v. 12.1.1889, 14 v. 16.2.1895, 44 und 99 v. 2.6. und 12.12.1900, 120 v. 6.12.1906, 35 v. 21.3.1908 und 137 v. 19.11.1912.
165 LA, Nr. 16 v. 22.2.1896.
166 LA, Nrn. 94 und 95 v. 25. und 28.11.1891.
167 Vgl. Karin Weltin, Die Ulmer Presse im Überblick, in: Hans Eugen Spocker (Hrsg.), Ulm im 19. Jahrhundert. Aspekte aus dem Leben der Stadt (Forschungen zur Geschichte der Stadt Ulm, Reihe Dokumentation, Bd. 7), Ulm 1990, S. 468 f.
168 LA, Nr. 42 v. 27.5.1903.
169 LA, Nrn. 36 und 43 v. 20. und 27.5.1903.
170 LA, Nr. 11 v. 26.1.1907.
171 StA LA, B 234, GPr v. 3.10.1860; s. auch StA LA, B 242, GPr v. 4.3.1881; LA, Nrn. 20 v. 9.3.1867 und 17 v. 27.2.1892.
172 LA, Nr. 17 v. 27.2.1892.
173 StA LA, B 230, GPr v. 24.9. 1845, B 231, GPr v. 25.9.1855, B 234, GPr v. 30.3.1863.
174 167 StA LA, B 234, GPr v. 3.10.1860; LA, Nr. 20 v. 8.3.1873.
175 LA, Nrn. v. 17 v. 27.2.1892 und 24 v. 1.3.1910.
176 LA, Nr. 55 v. 8.7.1871.
177 LA, Nrn. 50 und 51 v. 22. und 26.6.1889.
178 StA LA, B 234, GPr v. 29.10. 1861.
179 LA, Nrn. 15 v. 21.2.1903 und 22 v. 24.2.1910.
180 LA, Nrn. 53 und 56 v. 2. und 13.7.1892.
181 LA, Nr. 76 v. 22.9.1897.
182 LA, Nr. 96 v. 2.12.1882.
183 StA LA, A 509, Protokoll des Veteranenvereins Concordia v. 7.7.1872.
184 LA, Nr. 70 v. 1.9.1872.
185 StA LA, B 240, GPr v. 20.8.1874; LA, Nr. 71 v. 5.9.1874.
186 StA LA, B 240, GPr v. 31.8.1874.
187 StA LA, B 240, GPr v. 30.9.1874.
188 LA, Nrn. 24 v. 24.3.1875 und 24 v. 23.3.1887.
189 LA, Nrn. 41 und 49 v. 5. und 24.4.1913.
190 LA, Nrn. 27 v. 2.4. 1890 und 27 v. 4.4.1891.
191 StA LA, B 245, GPr v. 14.10.1898 und 5.4.1899.
192 StA LA, B 245, GPr v. 3. und 9.3. sowie 13.4.1897.
193 LA, Nr. 92 v. 17.11.1900.

194 LA, Nr. 125 v. 21.10.1913.
195 LA, Nrn. 10 und 22 v. 4.2. und 18.3.1905.
196 LA, Nr. 35 v. 3.5.1905.
197 LA, Nrn. 36 und 37 v. 6. und 10.5.1905.
198 LA, Nr. 38 v. 13.5.1905.
199 LA, Nrn. 36 und 39 v. 6. und 17.5.1905.
200 StA LA, B 247, GPr v. 21.2., 10.3., 18.4. und 30.12.1905.
201 LA, Nrn. 36 und 38 v. 6. und 13.5.1905.
202 LA, Nrn. 37 und 38 v. 10. und 13.5.1905.
203 Vgl. hierzu Bernd Lemke, Die Ulmer Garnison und ihre Bedeutung für das städtische Leben, in: Hans Eugen Specker (Hrsg.), Ulm im 19. Jahrhundert. Aspekte aus dem Leben der Stadt (Forschungen zur Geschichte der Stadt Ulm, Reihe Dokumentation, Bd. 7), Ulm 1990, S. 612 f.
204 LA, Nr. 89 v. 8.11.1904.
205 StA LA, A 509, Protokoll des Veteranenvereins Concordia vom Juni 1872; s. auch UAZ, Nr. 163 v. 17.7.1933.
206 LA, Nr. 76 v. 21.9.1872.
207 UAZ, Nr. 163 v. 17.7.1933.
208 StA LA, A 509, Protokoll des Kriegervereins Concordia v. 23.7. 1882; UAZ, Nr. 163 v. 17.7.1933.
209 LA, Nrn. 12 v. 29.1.1907, 15 v. 4.2.1908; UAZ, Nr. 163 v. 17.7.1933.
210 UAZ, Nr. 163 v. 17.7.1933.
211 StA LA, A 509, Protokoll des Veteranenvereins Concordia v. 7.8.1873; LA, Nrn. 64, 68, 70, 72 und 73 v. 9., 23. und 30.8. bzw. 6. und 10.9.1873.
212 LA, Nr. 76 v. 21.9.1872.
213 LA, Nrn. 33 v. 19.3.1907, 59 v. 21.5.1912; UAZ, Nr. 163 v. 17.7.1933.
214 LA, Nr. 80 v. 6.10.1883.
215 StA LA, GPr v. 30.8.1895.
216 LA, Nrn. 95 und 96 v. 27. und 30.11.1901.
217 StA LA, B 247, GPr v. 10.11.1904; LA, Nr. 92 v. 16.11.1904.
218 LA, Nr. 10 v. 3.2.1906.
219 LA, Nr. 122 v. 14.10.1911.
220 LA. Nr. 70 v. 31.8.1872.
221 LA, Nrn. 70 v. 31.8.1872, 110 und 111 v. 19. und 22.9.1908.
222 LA, Nr. 105 v. 8.9.1908.
223 LA, Nr. 108 v. 15.9.1908.
224 StA LA, B 245, GPr v. 6.7.1897; LA, Nrn. 67 v. 21.8.1872 und 70 v. 2.9.1882; s. auch StA LA, A 649 bis 651, Quartierlisten von 1897 (zugleich Quartierkataster), 1903 und 1908.
225 StA LA, B 245, GPr v. 1.5.1896.
226 StA LA, B 240, GPr v. 10.2.1874.
227 LA, Nr. 105 v. 8.9.1908.
228 StA LA, B 245, GPr v. 27.8.1897.
229 LA, Nr. 7 v. 16.1.1909.

Der technische Fortschritt hält Einzug

1 Auch i. F. LA, Nr. 2 v. 5.1.1870.
2 LA, Nrn. 20 und 21 v. 9. und 13.3.1861.
3 StA LA, B 234, GPr v. 15.3.1861.
4 LA, Nr. 100 v. 14.12.1861.
5 Rgbl 1862, S. 32; vgl. auch Albert Mühl/Kurt Seidel, Die württembergischen Staatsbahnen, Stuttgart/Aalen 1970, S. 56; Werner Walz, Die Eisenbahn in Baden-Württemberg. Geschichte der Bahnen in Baden und Württemberg 1840 bis heute, Stuttgart o.J., S. 88 f.
6 StA LA, B 235, GPr v. 1.11. und 14.12.1864.
7 StA LA, B 235, GPr v. 7.3.1865.
8 StA LA, B 236, GPr v. 31.1.1867.
9 StA LA, B 237, GPr v. 30.1. und 7.2.1868; LA, Nr. 11 v. 5.2.1868.
10 Vgl. Mühl/Seidel (Anm. 5), S. 75; Walz (Anm. 5), S. 98.
11 Jb HGK-Württ. 1868, S. 24.
12 StA LA, B 238, GPr v. 3.2. 1870; LA, Nrn. 2 und 11 v. 5.1. und 5.2. 1871.
13 StA LA, B 238, GPr v. 9.2. und 18.7.1871.
14 LA, Nr. 21 v. 13.3.1872.
15 LA, Nr. 97 v. 4.12.1872; Jb. HGK Württ. 1872, S. 45 f.
16 LA, Nr. 5. v. 15.1.1873.
17 StA LA, B 239, GPr v. 3.8.1872 und 19.6.1873.
18 LA, Nr. 21 v. 14.3.1874.
19 LA, Nr. 61 v. 1.8.1874.
20 LA, Nr. 11 v. 6.2.1875.
21 LA, Nrn. 37 und 38 v. 8. und 12.5.1875.
22 LA, Nr. 48 v. 16.6.1876.
23 StA LA, B 239, GPr v. 23.1. und 14.2.1873.
24 LA, Nr. 15 v. 19.2.1873.
25 LA, Nr. 14 v. 15.2.1873.
26 LA, Nr. 15 v. 19.2.1873.
27 LA, Nr. 16 v. 22.2.1873.
28 StA LA, B 239, GPr v. 21.8.1873.
29 StA LA, B 239, GPr v. 4.4.1873
30 StA LA, B 240, GPr v. 30.1.1874.
31 StA LA, B 240, GPr v. 12.3.1874.
32 StA LA, B 240, GPr v. 12.6. und 31.12.1875.
33 StA LA, B 240, GPr v. 14.6. 1876.
34 StA LA, B 241, GPr v. 16.1.1877.
35 LA, Nr. 92 v. 17.11.1875.
36 Mühl/Seidel (Anm. 5), S. 248 f., nennt als Datum für die Eröffnung Langenau-Ulm den 5.1, der „Langenauer Anzeiger", Nrn. 1 und 2 v. 5. und 8.1. 1876, den 7.1.
37 StA LA, B 240, GPr v. 15.5. und 30.12. 1875.
38 LA, Nr. 1 v. 2.1.1876.
39 LA, Nr. 2 v. 8.1.1876.
40 StA LA, B 235, GPr v. 28.6., 4.7., 1.8., 24.10., 12. und 22.12.1865, B 240, GPr v.

17.12.1874, B 243, GPr v. 13.2.1885; LA, Nr. 59 v. 22.7.1865.
41 StA LA, B 246, GPr v. 16.2.1900, 11. und 19.3., 6. und 14.5.1901 sowie 29.7.1902; LA, Nrn. 22, 33 und 58 v. 16.3., 24.4. und 20.7.1901
42 StA LA, B 246, GPr v. 16.2.1900; LA, Nr. 8 v. 19.1.1907.
43 StA LA, B 234, GPr v. 14.11.1861.
44 StA LA, A 398; LA, Nrn. 101 und 105 v. 12. und 30.12.1868.
45 LA, Nr. 5 v. 16.1.1869.
46 StA LA, B 238, GPr v. 3.11.1870 und 24.11.1871, B 658, Inventarverzeichnis über allgemeine Gegenstände, fol. 103 f.; LA, Nrn. 86 und 91 v. 27.10. und 13.11.1869.
47 StA LA, B 658, Inventarverzeichnis über allgemeine Gegenstände, fol. 103 f.
48 StA LA, B 238, GPr v. 5.1.1870.
49 StA LA, B 238, GPr v. 8.9.1870, B 239, GPr v. 12.9.1872 und 23.9.1873.
50 StA LA, B 246, GPr v. 30.10.1901; B 658, Inventarverzeichnis über allgemeine Gegenstände, fol. 103 f.
51 LA, Nr. 73 v. 12.9.1900; s. mit ähnlicher Argumentation für die Verwendung von Elektromotoren im Holz verarbeitenden Handwerk LA, Nr. 47 v. 12.6.1901.
52 LA, Nr. 37 v. 8.5.1901.
53 LA, Nrn. 34 und 42 v. 27.4. und 25.5.1901.
54 LA, Nr. 90 v. 9.11.1901.
55 LA, Nrn. 63 und 93 v. 7.8. und 20.11.1901.
56 I. F. StA LA, B 246, GPr v. 14.9.1900; LA 94, Nr. 94 v. 23.11. 1901; vgl. auch Albert Haug, 100 Jahre Strom in Ulm. Zur Geschichte der Ulmer Kraftwerke und Stromversorgung, Ulm 1995, S. 145. f.
57 StA LA, B 246, GPr v. 31.10.1900.
58 StA LA, B 246, GPr v. 25.9.1900 und 11.3.1901; der Vertrag liegt gedruckt vor: StA LA, A 398; LA, Nr. 93. v. 20.11.1901.
59 StA LA, B 246, GPr v. 6.5., 15.8. und 20.10.1901.
60 StA LA, B 246, GPr v. 28.1.1902; LA, Nrn. 42, 50 und 65 v. 25.5., 22.6.und 14.8.1901.
61 StA LA, B 246, GPr v. 8.11.1901; LA, Nrn. 93 und 94 v. 20. und 23.11.1901.
62 StA LA, A 398; LA, Nr. 95 v. 12.8.1913; vgl. Karl Otto Bull, Energiewirtschaft, in: Der Stadt- und der Landkreis Ulm. Amtliche Kreisbeschreibung, hrsg. von der Staatlichen Archivverwaltung in Verbindung mit der Stadt Ulm und dem Landkreis Ulm, Ulm 1972, S. 739 f.
63 StA LA, B 239, GPr v. 8.8.1872, B 247, GPr v. 5.7.1905; LA, Nrn. 44 v. 1.6.1892 bzw. 58 und 73 v. 22.7. und 13.9.1893.
64 StA LA, B 247, GPr v. 6.6.1904.
65 StA LA, B 247, GPr v. 29.7.1904; LA, Nr. 70 v. 31.8.1904.
66 StA LA, B 247, GPr v.7.10.1904.
67 LA, Beilage zur Nr. 81 v. 8.10.1904. und Nr. 83 v. 15.10.1904.
68 LA, Nr. 85 v. 22.10.1904.
69 LA, Nr. 92 v. 16.11.1904.
70 LA, Nrn. 93, 94, 95 und 98 v. 19., 23. und 26.11. sowie 10.12.1904.
71 StA LA, B 247, GPr v. 30.12.1904; LA, Nr. 1 v. 4.1.1905.
72 StA LA, A 390, Kostenvoranschlag v. Mai 1905, B 247, GPr v. 5.7.1905.
73 LA, Nr. 54 v. 8.7.1905.
74 LA, Nr. 12 v. 10.2.1905.
75 StA LA, B 247, GPr v. 14.2.1906; LA, Nrn. 13 v. 14.2.1906 und 54 v. 11.5.1907.
76 StA LA, B 247, GPr v. 12.7.1906; i. F. LA, Nrn. 61, 73, 92, 111 und 129 v. 21.7., 18.8., 13.10., 15.11. bzw. 29.12.1906 und 54 v. 11.5.1907.
77 LA, Nrn. 31 und 73 v. 18.4. und 18.8.1906.
78 StA LA, GPr v. 27.2., 13.3., 11. und 24.8.1906; LA, Nr. 73 v. 18.8.1906.
79 LA, Nr. 115 v. 24.11.1906.
80 LA, Nrn. 3 und 4 v. 8. und 10.1.1907.
81 LA, Nr. 150 v. 24.12.1912.
82 LA, Nr. 57 v. 18.5.1907.

Das 20. Jahrhundert

1 LA, Nr. 87 v. 28.7.1914.
2 LA, Nr. 88 v. 30.7.1914.
3 LA, Nr. 90 v. 4.8.1914.
4 LA, Nr. 94 v. 13.8.1914.
5 StA LA, B 249, GPr v. 19.8. und 11.9.1914; LA, Nrn. 94 und 122 v. 13.8. und 17.10.1914 sowie 137 v. 18.11.1915; UAZ, Nr. 170 v. 2.8.1930.
6 LA, Nr. 97 v. 20.8.1914.
7 LA, Nr. 96 v. 18.8.1914.
8 StA LA, B 249, GPr v. 12.10.1914 sowie 10.9. und 10.12.1915; LA, Nrn. 122 und 141 v. 17.10. und 1.12.1914 sowie 36 v. 25.3.1915.
9 LA, Nrn. 21, 40, 93, 98 und 102 v. 18.2., 3.4. 7., 19. und 28.8.1915.
10 LA, Nrn. 105 und 114 v. 8.9. und 29.9.1914.
11 LA, Nr. 90 v. 4.8.1914.
12 LA, Nrn. 30, 34, 136 und 144 v. 11. und 20.3. sowie 16.11. und 4.12.1915; vgl. auch August Heckel, Geschichte der Stadt Langenau, Langenau 1964, S. 91 f.
13 LA, Nrn. 26, 41, 106, 107, 110 und 111 v. 4.3., 8.4., 9., 12., 19. und 21.9.1916, 35, 55, 62 und 63 v. 24.3., 10., 29. und 31.5.1917.
14 LA, Nrn. 42, 50, 110 und 145 v. 8. und 27.4., 16.9. und 7.12.1915, Nr. 70 v. 27.6.1916.
15 LA, Nrn. 56, 57 und 65 v. 14. und 16.5. sowie 4.6.1918.
16 LA, Nr. 38 v. 29.3.1919.
17 LA, Nr. 137 v. 19.11.1918.

18 StA LA, B 250, GPr v. 18.11.1918; LA, Nr. 138 v. 21.11.1918.
19 StA LA, B 250, GPr v. 18.11.1918.
20 LA, Nr. 139 v. 23.11.1918.
21 I. F. LA, Nr. 141 v. 28.11.1918.
22 LA, Nr. 142 v. 20.11.1918.
23 LA, Nrn. 144 und 145 v. 5. und 7.12.1918.
24 LA, Nrn. 142 und 143 v. 30.11. und 3.12.1918.
25 LA, Nr. 15 v. 4.2.1919.
26 LA, Nr. 106 v. 6.9.1919.
27 LA, Nr. 15 v. 4.2.1919.
28 LA, Nrn. 58, 116, 120 und 122 v. 15.5., 30.9., 9. und 14.10.1919 sowie 116 und 126 v. 2.und 26.10.1920.
29 LA, Nr. 52 v. 30.4.1919; UAZ, Nr. 206 v. 6.10.1919.
30 Vgl. Ute Scherb, Kriegerdenkmäler in Freiburg. Von der Gründerzeit bis nach dem Zweiten Weltkrieg, in: Christian Geinitz u. a., Kriegsgedenken in Freiburg. Trauer - Kult - Verdrängung (Alltag & Provinz, Bd. 6), Freiburg 1995, S. 16 f.
31 StA LA, B 250, GPr v. 14.11. und 19.12.1919, 11.6. und 16.7.1920; LA, Nr. 77 v. 3.7.1920.
32 LA, Nr. 60 v. 26.5.1921.
33 UAZ, Nr. 123 v. 29.5.1922.
34 LA, Nr. 18 v. 11.1.1919.
35 LA, Nr. 21 v. 22.2.1921; UAZ, Nrn. 101 v. 2.5.1922, 20 v. 16.2.1926, 12 v. 29.1.1927 und 237 v. 10.10.1932.
36 UAZ, Nr. 12 v. 16.1.1933.
37 LA, Nrn. 16, 21, 25 und 27 v. 6., 18., 27.2. und 4.3.1919 sowie Nr. 46 v. 20.4.1920.
38 LA, Nr. 29 v. 11.3.1920.
39 LA, Nrn. 47 und 75 v. 23.4. und 30.6.1921.
40 UAZ, Nrn. 69, 70 und 73 v. 10., 12. und 19.6.1926.
41 LA, Nrn. 8 und 29 v. 22.1. und 11.3.1920.
42 UAZ, Nr. 144 v. 23.6.1922.
43 Vgl. Michael Bartsch u. a., Der Krieg im Osten 1941–1945. Historische Einführung, Kommentare und Dokumente, Köln 1981, S. 20 f.; Michael Eickhoff u. a., Der unvergessene Krieg. Hitler-Deutschland gegen die Sowjetunion 1941–1945, Köln 1981, S. 20 f.; Willibald Gutsche u. a., Der erste Weltkrieg. Ursachen und Verlauf, herrschende Politik und Antikriegsbewegung in Deutschland, Köln 1985, S. 55 ff. und 238 ff.
44 UAZ, Nrn. 8, 29, 35 und 40 v. 8.1., 23.2., 5. und 14.3.1923.
45 UAZ, Nr. 12 v. 28.1.1926.
46 UAZ, Nr. 106 v. 6.9.1927.
47 UAZ, Nr. 61 v. 24.3.1930.
48 UAZ, Nr. 31 v. 13.3.1926.
49 UAZ, Nr. 73 v. 19.6.1926.
50 UAZ, Nr. 74 v. 22.6.1926.
51 Vgl. Paul Sauer, Der württembergische Landtag, in: Von der Ständeversammlung zum demokratischen Parlament. Die Geschichte der Volksvertretungen in Baden-Württemberg, Stuttgart 1982, S. 206.
52 LA, Nr. 154 v. 30.12.1919.
53 LA, Nr. 44 v. 12.4.1919.
54 Vgl. Was trennt die Württembergische Bürgerpartei von der Deutsch-demokratischen Partei?, LA. Nr. 6 v. 14.1.1919 beiliegend.
55 LA, Nr. 53 v. 6.5.1920.
56 LA, Nr. 7. V. 20.1.1920.
57 LA, Nrn. 7 und 9 v. 16. und 21.1.1919.
58 LA, Nr. 5 v. 11.1.1919.
59 LA, Nr. 53 v. 6.5.1920.
60 UAZ, Nr. 131 v. 22.11.1924.
61 Vgl. Wilmar Jakober, Der schwierige Weg zur Demokratie. Langenau in den Jahren 1945-49, Langenau [1985], S. 44.
62 LA, Nr. 35 v. 25.3.1920; UAZ, Nr. 153 v. 5.7.1922.
63 Zu Dreher vgl. Sabine Schmidt, Kurzbiografien, in: Hans Eugen Specker (Hrsg.), Ulm im Zweiten Weltkrieg (Forschungen zur Geschichte der Stadt Ulm, Reihe Dokumentation, Bd. 6), Ulm 1995, S. 470 f.
64 UAZ, Nrn. 134 und 135 v. 29.11. und 2.12.1924.
65 UAZ, Nrn. 56, 125 und 127 v. 10.5., 18. und 23.10. 1928 sowie 61 und 265 v. 24.3. bzw. 21.11.1930.
66 UAZ, Nrn. 196, 225 und 265 v. 2.9., 6.10. und 21.11.1930 sowie 51 v. 3.3.1931.
67 UAZ, Nr. 106 v. 6.9.1927.
68 UAZ, Nrn. 219 und 220 v. 19. und 21.9.1931 sowie 77 v. 4.4.1932.
69 Vgl., auch i. F., Hermann Braun, Schwabenbanner in Ulm. Rechenschaftsbericht anlässlich der Auflösung des Vereins 1939, Ulm 1939; Silvester Lechner, Das KZ Oberer Kuhberg und die NS-Zeit in der Region Ulm/Neu-Ulm, 2. Aufl. Stuttgart 1988, S. 69; Frank Raberg, Ulm in den Jahren der Weimarer Republik, in: Hans Eugen Specker (Hrsg.), Die Ulmer Bürgerschaft auf dem Weg zur Demokratie (Forschungen zur Geschichte der Stadt Ulm, Reihe Dokumentation, Bd. 10), Ulm 1997, S. 377 f.; SWP, Nr. 301 v. 30.12.1998; Ulmer Bilderchronik, hrsg. von Karl Höhn, 4. Bd., Ulm 1937, S. 161.
70 UAZ, Nr. 11 v. 27.1.1925.
71 Braun (wie Anm. 69), S. 41; vgl. auch UAZ, Nr. 215 v. 15.9.1934.
72 Vgl. hierzu Lechner (wie Anm. 69), S. 69; Raberg (wie Anm. 69), S. 377.
73 UAZ, Nrn. 161 v. 16.12.1929, 208, 210 und 262 v. 16. und 18.9. sowie 18.11.1930, 162 v. 14.7.1932 sowie 47 v. 25.2.1933.
74 DW, Nr. 242 v. 15.10.1924.
75 UAZ, Nrn. 103 v. 4.5.1928, 55 v. 8.5.1928

und 243 v. 24.12.1930, 22 und 91 v. 28.1. und 21.4.1931.
76 LA, Nrn. 5, 6, 7 und 8 v. 11., 14., 16. und 18.1.1919.
77 LA, Nr. 9 v. 21.1.1919.
78 Auch i. F. StA LA, A 1; LA, Nr. 66 v. 8.6.1920; UAZ, Nrn. 46 und 138 v. 16.5. und 9.12.1924, 61 v. 22.5.1928, 207 v. 15.9.1930, 177 und 251 v. 1.8. und 7.11.1932.
79 UAZ, Nr. 177 v. 1.8.1932; vgl. Lechner (wie Anm. 69), S. 71.
80 UAZ, Nr. 76 v. 10.4.1930.
81 StA LA, A 1; LA, Nr. 66 v. 8.6.1920; UAZ, Nr. 95 v. 25.4.1930.
82 StA LA, A 1.
83 UAZ, Nrn. 61 und 83 v. 14.3. und 11.4.1932; UTb, Sonderausgabe v. 10.4.1932.
84 RgBl., Nr. 6 v. 20.3.1919; vgl. auch Raberg (wie Anm. 69), S. 370 f.
85 LA, Nr. 63 v. 27.5.1919; UAZ, Nrn. 248 v. 20.12.1922, 149 v. 13.12.1928, 287 v. 9.12.1931.
86 LA, Nr. 67 v. 7.6.1921; UAZ, Nrn. 145, 146 und 147 v. 8., 10. und 13.12.1925, 24, 39, 45, 46, 47 und 48 v. 26.2., 2.,16., 18., 20. und 23.4.1929.
87 UAZ, Nrn. 12, 30 und 34 v. 16.1., 6. und 10.2.1933.
88 UAZ, Nr. 16 v. 21.1.1932.
89 DW, Nr. 48 v. 27.2.1933; UAZ, Nr. 46 v. 24.2.1933.
90 UAZ, Nr. 54 v. 6.3.1933.
91 UAZ, Nr. 59 v. 11.3.1933.
92 UAZ, Nrn. 67, 68, 71 und 90 v. 21., 22. und 25.3 sowie 19.4.1933.
93 UAZ, Nr. 89 v. 18.4.1933.
94 UAZ, Nr. 100 v. 2.5.1933.
95 StA LA, B 252, GPr v. 20.3.1933.
96 StA LA, A 5, Schreiben v. 8.4.1933.
97 StA LA, A 5, Wahlvorschläge für die Neubildung des Gemeinderats v. 20.4.1933, B 252, GPr v. 15.4.1933, B 253, GPr v. 4.5.1933.
98 StA LA, A 5, Vorschlagsliste v. 9.8.1935, B 254, GPr v. 10.9.1935.
99 UAZ, Nrn. 192 und 224 v. 19.8. und 26.9.1933, 18 v. 23.1.1934.
100 UAZ, Nrn. 119, 224 und 253 v. 19.8., 26.9. und 31.10.1933.
101 Vgl. Wieland Elfferding, Von der proletarischen Masse zum Kriegsvolk, in: Inszenierung der Macht. Ästhetische Faszination im Faschismus, hrsg. von der Neuen Gesellschaft für Bildende Kunst, Berlin 1987, S. 29 f.
102 UAZ, Nrn. 90 und 92 v. 18. und 21.4.1936.
103 UAZ, Nrn. 99 und 101 v. 29.4. und 2.5.1936.
104 UAZ, Nr. 3 v. 4.1.1935.
105 UAZ, Nrn. 263 v. 10.11.1933 und 13 v. 16.1.1935.
106 UAZ, Nrn. 23 v. 28.1.1936 und 13 v. 16.1.1935.
107 UAZ, Nrn. 77 und 88 v. 1. und 15.4.1933.
108 StA LA, A 384/1, Schreiben v. 25.4.1938; UAZ, Nr. 52 v. 3.3.1937.
109 Zitate nach Gebhard Weig, Luftschutz in Ulm, 1939-1945, in: Hans Eugen Specker (Hrsg.), Ulm im Zweiten Weltkrieg (Forschungen zur Geschichte der Stadt Ulm, Reihe Dokumentation, Bd. 6), Ulm 1995, S. 363; vgl. hierzu ebd.
110 UAZ, Nr. 164 v. 19.7.1933.
111 UAZ, Nrn. 16, 58, 235, 271 und 276 v. 19.1., 9.3., 8.10., 19. und 26.11.1935 sowie 114 v. 18.5.1936.
112 UAZ, Nr. 253 v. 29.10.1936.
113 UAZ, Nr. 16 v. 21.1.1936; s. auch Nrn. 9, 14 und 281 v. 12. und 18.1. sowie 2.12.1937 und 214 v. 13.9.1938.
114 UAZ, Nrn. 206 und 252 v. 4.9. und 27.10.1937.
115 UAZ, Nrn. 202 und 211 v. 30.8. und 9.9.1939; vgl. auch Bettina Herrman, Das tägliche Leben zwischen Einschränkung und Pflichterfüllung, in: Hans Eugen Specker (Hrsg.), Ulm im Zweiten Weltkrieg (Forschungen zur Geschichte der Stadt Ulm, Reihe Dokumentation, Bd. 6), Stuttgart 1995, S. 55 f.
116 UAZ, Nr. 205 v. 2.9.1939.
117 StA LA, B 255, GPr v. 19.10.1939.
118 Vgl. Kurt Pätzold, Manfred Weißbecker, Geschichte der NSDAP 1920–1945, Köln 1981, S. 289 f., 303 f. und 310.
119 UAZ, Nr. 224 v. 25.9.1939.
120 UAZ, Nr. 91 v. 20. April 1942.
121 Z. B. UAZ, Nr. 100 v. 30. April 1942.
122 Vgl., auch i. F., Wilmar Jakober, Der schwierige Weg in die Demokratie. Langenau in den Jahren 1945–49, Langenau [1985], S. 8 ff.
123 Zit. nach Jakober (wie Anm. 122), S. 16; vgl. i. F. ebd.
124 Vgl. Elmar Krautkrämer, Besetzung – Teilung – Neubeginn. Das Schicksal Deutschlands 1945–1949, Freiburg/Basel/ Wien 1981, S. 24 f.
125 In diesem Kapitel folge ich Jakober (wie Anm. 122), S. 18 passim.
126 StA LA, B 256, GPr v. 6.9.1945 und 28.2.1946.
127 StA LA, B 256, GPr v. 12., 14. und 19.9.1945.
128 StA LA, B 256, GPr v. 28.3. und 21.6.1946.
129 Zit. nach Jakober (wie Anm. 122), S. 73.
130 KA ADK, Bü 140.01, Verzeichnis der Gewerbebetriebe 1947-1968.
131 StA LA, B 257, GPr v. 22.4., 20.5. und 22.7.1948.
132 StA LA, B 257, GPr v. 30.9.1948.
133 Vgl. Hans Häge, Langenauer Stadtgeschichte 1945 bis 1984, Langenau 1986, S. 77 f.
134 Vgl. ebd., S. 83 f.

135 Vgl. Der Alb-Donau-Kreis, hrsg. von der Landesarchivdirektion Baden-Württemberg in Verbindung mit dem Alb-Donau-Kreis, Bd. 2, Sigmaringen 1992, S. 486 f.; Häge (wie Anm. 133), S. 236 f.

Wirtschaftsgeschichte

1 Vgl. Der Alb-Donau-Kreis, hrsg. von der Landesarchivdirektion Baden-Württemberg in Verbindung mit dem Alb-Donau-Kreis, Bd. 2, Sigmaringen 1992, S. 477 und 480 ff.; www.baden-wuerttemberg.ihk.de, Stand 17.6.1999.
2 Vgl. Willi A. Boelcke, Wirtschaftsgeschichte Baden-Württembergs von den Römern bis heute, Stuttgart 1987, S. 27 f.; August Heckel, Die Geschichte der Stadt Langenau, Langenau 1964, S. 145 f.; Meinrad Schaab, Bevölkerung und Wirtschaft, in: Der Alb-Donau-Kreis, hrsg. von der Landesarchivdirektion Baden-Württemberg in Verbindung mit dem Alb-Donau-Kreis, Bd. 1, Sigmaringen 1989, S. 153 f.
3 StA UL, A 3530, Bd. 35 (1578), Rp v. 14.11.1578, Bd. 43 (1593), Rp v. 9.4.1593; Bd. 67 (1617), Rp v. 19.2.1617, Bd. 80 (1630), Rp v. 7.7.1630, Bd. 84 (1634), Rp v. 3.3.1634; s. auch Heckel (wie Anm. 2), S. 146.
4 StA UL, A 3672, Ruf v. 12.3.1550.
5 Erneuerte Ulmische Landpolizei, Ulm 1721, S. 3.
6 Ebd., S. 7, 11.
7 Ebd., S. 16, 25 f., 65.
8 StA UL, A 3530, Bd. 225 (1774), Rp v. 16.3. und 13.4.1774, Nr. 226 (1775), Rp v. 22.2.1775, Bd. 227 (1776), Rp v. 21.2.1776.
9 StA UL, A 3530, Bd. 233 (1782), Rp v. 5.4 und 3.6.1782.
10 StA UL, A 3530, Bd. 32 (1571), Rp v. 4.10.1571, Bd. 76 (1626), Rp v. 23.1.1626; s. auch Bd. 33 (1574), Rp v. 25.4.1574.
11 StA UL, A 3530, Bd. 225 (1774), Rp v. 7., 16. und 23.3., 6. und 13.4.1774.
12 StA UL, A 3530, Bd. 35 (1578), Rp v. 10.2.1578.
13 StA UL, A 3530, Bd. 104 (1654), Rp v. 20.10.1654.
14 StA UL, A 3530, Bd. 189 (139), Rp v. 19.8.1689, Bd. 163 (1713), Rp v. 26.4. und 3.5.1713, Bd. 231 (1780), Rp v. 18.10. und 24.11.1780.
15 StA UL, A 3530, Bd. 61 (1611), Rp v. 4.12.1611.
16 StA UL, A 3530, Bd. 185 (1735), Rp v. 1.7., 11.7., 29.8. und 3.10.1735, Bd. 186 (1736), Rp v. 1. und 22.2. sowie 21.3.1736; s. auch Bd. 216 (1765), Rp v. 20.5.1765.
17 Landpolizei (wie Anm. 5), S. 48.
18 Ebd., S. 24.
19 Ebd., S. 3 f., 16 f., 66 f.
20 Ebd., S. 17, 58.
21 Ebd., S. 46 f.
22 Ebd., S. 52.
23 Ebd., S. 14 f.
24 Vgl. i. F. Alb-Donau-Kreis (wie Anm. 1), S. 477; Heckel (wie Anm. 2), S. 147; Hartmuth Romoth, Die Stadt Langenau - eine sozialgeographische Studie, Staatsexamensarbeit Hamburg 1970, S. 10 ff.
25 Vgl. Michael Dieterich, Kurze Beschreibung der Stadt Langenau, Ulm 1852, S. 14; Heckel (wie Anm. 2), S. 148.
26 Vgl. Beschreibung des Oberamts Ulm, hrsg. vom K. Statistischen Landesamt, Stuttgart 1897, S. 513 f.
27 StA LA, A 519, Gesetzliche Betriebszählung v. 15.8.1917.
28 Vgl. Adressbuch des Landkreises Ulm-Donau, 1940; Romoth (wie Anm. 24), S. 13.
29 Heckel (wie Anm. 2), S. 152.
30 Vgl. Romoth (wie Anm. 24), S. 41.
31 Vgl. Alb-Donau-Kreis. Geschichte und Kultur, hrsg. vom Landratsamt des Alb-Donau-Kreises, Ulm 1980, S. 196.
32 Vgl. Romoth (wie Anm. 24), S. 28 f.
33 Vgl. Dieterich (wie Anm. 25), S. 66 f.; Beschreibung des Oberamtes Ulm, Stuttgart/Tübingen 1836, S. 202.
34 Vgl. Heckel (wie Anm. 2), S. 149; Oberamtsbeschreibung (wie Anm. 26), S. 512; Romoth (wie Anm. 24), S. 31.
35 LA, Nr. 47 v. 13.6.1885.
36 LA, Nrn. 25 und 31 v. 27.3. und 17.4.1901; vgl. Heckel (wie Anm. 2), S. 150.
37 LA, Nr. 27 v. 3.4.1901.
38 Vgl. Dieter Dobler/Hans Helmut Klepser/Rainer Petermann, Das Naturschutzgebiet „Langenauer Ried". Ein Beitrag zur Landschaftsentwicklung in Niedermoorgebieten, in: Veröffentlichungen für Naturschutz und Landschaftspflege in Baden-Württemberg 46 (1977), S. 199 f.
39 Vgl. Dieterich (Anm. 25), S. 61 f.; Oberamtsbeschreibung (wie Anm. 33), S. 202.
40 Vgl. Dieterich (wie Anm. 25), S. 67; Oberamtsbeschreibung (wie Anm. 33), S. 10.
41 Vgl. Dieterich (wie Anm. 25), S. 66.
42 Vgl. Heckel (wie Anm. 2), S. 147 f.; Dobler (wie Anm. 38), S. 200.
43 StA LA, B 231, GPr v. 11.3.1854; vgl. auch Dieterich (wie Anm. 25), S. 61 und 70.
44 StA LA, B 243, GPr v. 20.11.1885.
45 StA LA, B 231, GPr v. 11.3. und 5.7.1854.
46 StA LA, B 232, GPr v. 16.2., 29.9. 17.11. und 4.12.1857.
47 StA LA, B 243, GPr v. 20.11.1885, 16.4., 18.9. und 22.10.1886.
48 StA LA, B 243, GPr v. 21.12.1888.
49 StA LA, B 231, GPr v. 12.2.1853; vgl. auch Dieterich (wie Anm. 25), S. 73.

50 StA LA, A 385, Statut für das Westerried v. 11.10.1864; B 231, GPr v. 25.1.1865.
51 Vgl. Dieterich (wie Anm. 25), S. 71.
52 Vgl. Oberamtsbeschreibung (wie Anm. 26), S. 513.
53 Vgl. Heckel (wie Anm. 2), S. 149.
54 Vgl. Dieterich (wie Anm. 25), S. 64.
55 Vgl. Alb-Donau-Kreis (wie Anm. 1), S. 476.
56 Vgl. Dieterich (wie Anm. 25), S. 69.
57 LA, Nrn. 11, 12, 14, 18 und 19 v. 7., 10., 14.2. bzw. 3. und 7.3.1866.
58 LA, Nr. 74 v. 13.9.1884.
59 Dieterich (wie Anm. 25), S. 73 f.
60 StA LA, B 242, GPr v. 12.3.1880; LA, Nr. 7 v. 24.1.1880.
61 StA LA, B 238, GPr v. 22.4.1870.
62 Vgl. Heckel (wie Anm. 2), S. 149.
63 StA LA, A 382, Berichte von 1878 und Mai 1904.
64 StA LA, A 382, Auszug aus dem GPr v. 7.10.1937.
65 StA LA, A 382, Obstausstellung vom 3.–5.11.1906.
66 LA, Nr. 114 v. 28.9.1920.
67 LA, Nrn. 232 v. 5.10.1932 sowie 230 und 231 v. 1. und 3.10.1932.
68 Oberamtsbeschreibung (wie Anm. 26), S. 513 f.
69 StA LA, A 382, Berichte über Zahl und Ertrag an das Statistische Landesamt v. 29.10. 1913 und 25.11.1919.
70 StA LA, B 237, GPr v. 8.7.1869; vgl. auch Oberamtsbeschreibung (wie Anm. 26), S. 514.
71 LA, Nr. 108 v. 15.9.1921.
72 StA LA, A 382, Berichte über Zahl und Ertrag des Obstanbaus an das Statistische Landesamt v. 1.11.1909, 1911 (o.D.), 13.11.1912, 13.11.1916 und 25.11.1919.
73 LA, Nr. 28 v. 7.3.1929.
74 LA, Nr. 76 v. 20.9.1884.
75 LA, Nrn. 146 v. 10.12.1912 und 288 v. 18.12.1932; vgl. Heckel (wie Anm. 2), S. 158 ff.; Oberamtsbeschreibung (wie Anm. 33), Tabelle 3; Oberamtsbeschreibung (wie Anm. 26), S. 514; Romolth (wie Anm. 24), S. 31.
76 StA LA, B 229, GPr v. 29.3.1838 und 11.5.1841; vgl. Heckel (wie Anm. 2), S. 158; Oberamtsbeschreibung (wie Anm. 26), S. 514.
77 LA, Nrn. 2 und 56 v. 5.1. bzw. 13.7.1881.
78 Oberamtsbeschreibung (wie Anm. 26), S. 514.
79 LA, Nr. 16 v. 24.2.1897.
80 LA, Nrn. 1, 71 und 98 v. 3.1., 22.6. und 24.8.1907.
81 LA, Nrn. 12 v. 1.2.1910, 109 und 110 v. 13. und 16.9.1913; weitere Belege für den Kauf von Zuchttieren LA, Nrn. 18 v. 13.2.1912, 21 v. 22.2.1921 und 211 v. 10.9.1932.
82 UAZ, Nr. 104 v. 6.5.1931.
83 LA, Nr. 20 v. 3.1.1894.
84 LA, Nr. 3 v. 8.1.1902.
85 LA, Nr. 87 v. 25.7.1912.
86 LA, Nrn. 14 v. 5.2.1910, 25 v. 2.3.1920 und 21 v. 22.2.1921; vgl. auch Heckel (wie Anm. 2), S. 159.
87 LA, Nr. 1 v. 3.1.1894.
88 StA LA, B 231, GPr v. 21.2.1855.
89 StA LA, B 235, GPr v. 11.3.1864 und 7.3.1865; vgl. auch Heckel (wie Anm. 2), S. 159.
90 Z. B. 1868 und 1871: StA LA, B 237, GPr v. 11.2.1868, B 238, GPr v. 19.1.1871.
91 StA LA, B 236, GPr v. 19.5.1866, B 240, GPr v. 26.2.1874.
92 UAZ, Nr. 29 v. 8.3.1928.
93 StA LA, B 235, GPr v. 14.2.1865.
94 LA, Nr. 27 v. 2.4.1870.
95 StA LA, B 245, GPr v. 20.9.1895.
96 StA LA, B 242, GPr v. 27.1. und 11.6.1880.
97 Z.B. UAZ, Nr. 226 v. 7.10.1930 oder Nr. 81 v. 9.4.1931.
98 Vgl. Heckel (wie Anm. 2), S. 159 f.
99 UAZ, Nr. 123 v. 14.10.1926.
100 StA LA; B 230, GPr v. 18.10.1864, B 238, GPr v. 13.7.1870; UAZ, Nrn. 93 v. 4.8.1928 und 189 v. 15.8.1931; vgl. Oberamtsbeschreibung (wie Anm. 26), S. 514.
101 StA LA; B 229, GPr v. 15.11.1837, 28.2. und 14.11.1843.
102 StA LA; B 230, GPr v. 30.3. und 28.7.1847.
103 StA LA; B 235, GPr v. 19.7.1864.
104 StA LA; B 235, GPr v. 7.5.1865.
105 StA LA; B 237, GPr v. 28.9., 12. und 15.10.1869.
106 StA LA, B 238, GPr v. 17.8.1871.
107 UAZ, Nr. 199 v. 26.8.1932.
108 UAZ, Nr. 123 v. 14.10.1926.
109 StA LA, B 235, GPr v. 6.9.1864.
110 LA, Nr. 67 v. 20.8.1870.
111 LA, Nrn. 77 v. 23.9.1871 bzw. 32, 61 und 65 v. 20.4., 31.7. und 14.8.1872
112 LA, Nrn. 18 v. 11.2.1909 und 90 v. 1.8.1911.
113 StA LA, B 231, GPr v. 31.10.1855.
114 LA, Nr. 47 v. 13.6.1885.
115 StA LA, B 228, GPr v. 9.6.1834.
116 LA, Nr. 1 v. 3.1.1894.
117 StA LA, B 244, GPr v. 2.5., 21., 23. und 30.6, 21.7., 18.8. und 1.9.1893 sowie 12.10.1894.
118 StA LA, B 246, GPr v. 6.6.1901.
119 LA, Nr. 4 v. 14.1.1885.
120 LA, Nrn. 38, 50, 52, 60 und 119 v. 30.3., 27.4., 2. und 20.5. sowie 7.10.1911.
121 LA, Nrn. 7 und 13 v. 18.1. sowie 1.2.1912.
122 LA, Nrn. 98 und 99 v. 21. sowie 24.8.1920.
123 UAZ, Nr. 103 v. 1.9.1925.
124 StA LA, B 229, GPr v. 29.5.1837, B 234, GPr v. 29.4.1862, B 244, GPr v. 13.5.1890.

125 StA LA, B 229, GPr v. 20.9.1842.
126 StA LA, B 236, GPr v. 17.9.1866.
127 StA LA, B 237, GPr v. 8.4.1869, B 240, GPr v. 7.10.1876, B 242, GPr v. 8.7.1884, B 243, GPr v. 31.8.1887.
128 LA, Nr. 77 v. 24.9.1902.
129 StA LA, B 242, GPr v. 13.1. und 31.1., 17.2. sowie 31.3.1882.
130 StA LA, B 244, GPr v. 7.3.1893.
131 StA LA, B 246, GPr v. 13., 18. und 29.3. 1902 sowie 13.3.1903.
132 StA LA, B 233, GPr v. 11. und 21.9., 1., 19. und 26.10. sowie 2.11.1858.
133 LA, Nr. 55 v. 8.5.1926.
134 I. F. LA, Nr. 56 v. 11.5.1926.
135 LA, Nrn. 85, 87, 89, 92, 94 und 95 v. 22. und 29.10., 5., 16., 23. und 16.11.1892.
136 LA, Nr. 13 v. 13.2.1897.
137 LA, Nrn. 12, 13, 14, 15 und 16 v. 10., 13., 17., 20. und 24.2.1897; vgl. Tradition verpflichtet. Ein Werk biographischer Kreis- und Firmenchronik der Stadt und des Kreises Ulm/Donau, Stuttgart 1953., S. 120.
138 LA, Nrn. 25 und 52 v. 27.3. und 29.6.1901.
139 StA LA, B 245, GPr v. 11.1.1898; LA, Nrn. 100 v. 14.12.1898 und 17 v. 1.3.1899.
140 LA, Nrn. 1 und 9 v. 4.1. und 1.2.1899, 85 v. 23.10.1901.
141 LA, Nrn. 25 und 52 v. 27.3. und 29.6.1901, 35 v. 30.4.1902, 40 v. 20.5.1903, 25 v. 26.3.1904.
142 LA, Nr. 40 v. 20.5.1903.
143 LA, Nrn. 33 v. 25.4.1906 und 51 v. 29.4.1913.
144 UAZ, Nr. 52 v. 3.5.1922.
145 LA, Nrn. 35 v. 30.4.1902 und 51 v. 29.4.1913.
146 LA, Nrn. 25 v. 27.3.1901, 33 v. 25.4.1906, 61 v. 23.5.1911 und 56 v. 13.5.1916.
147 LA, Nr. 28. v. 10.3.1921.
148 UAZ, Nr. 26 v. 20.3.1924.
149 UAZ, Nrn. 83 und 117 v. 19.4. und 11.8.1930.
150 UAZ, Nrn. 106, 159 und 160 v. 8.5., 11. und 13.7.1931 und 114 v. 19.5.1932; vgl. Tradition (wie Anm. 137), S. 120 f.
151 UAZ, Nr. 83 v. 8.4.1935.
152 Vgl. Tradition (wie Anm. 137), S. 121.
153 Vgl. ebd.
154 UAZ, Nrn. 89 und 122 v. 15.4. und 27.5.1935.
155 LA, Nrn. 66 v. 16.8.1890 und 9 v. 1.2.1893; vgl. Oberamtsbeschreibung (wie Anm. 26), S. 605.
156 UAZ, Nrn. 37 v. 15.4.1924, 30 v. 12.3.1925, 274 v. 2.12.1930, 24 v. 30.1.1933.
157 LA, Nr. 90 v. 7.11.1896.
158 LA, Nrn. 107, 110 und 111 v. 14., 21. und 24.9.1907.
159 LA, Nrn. 19, 27 und 110 v. 17.2., 6.3. und 18.9.1920, 89 v. 2.8.1921.
160 UAZ, Nr. 83 v. 16.7.1925.
161 UAZ, Nrn. 83 v. 16.7.1925, 114 v. 23.9.1926, 9 und 88 v. 22.1. und 6.7.1927, 116 v. 27.9.1928, 258 v. 13.11.1930 und 174 v. 29.7.1931.
162 UAZ, Nr. 106 v. 9.5.1934.
163 Ulmisches Urkundenbuch, hrsg. von Gustav Veesenmeyer und Hugo Bazing, Bd. 2, Ulm 1898/1900, Nr. 340 (1349-8-27).
164 Vgl. Heckel (wie Anm. 2), S. 235.
165 StA UL, A 3530, Bd. 198 (1747), Rp v. 3. und 17.3.1747.
166 Stadt Langenau, Ulmisches Salbuch über Langenau und Öllingen 1710.
167 StA UL, A 3530, 72 (1622), Rp v. 14.1. und 8.2.1622, Bd. 139 (1689), Rp v. 7.8.1689.
168 StA UL, A 3530, Bd. 140 (1690), Rp v. 14.4.1690, Bd. 141 (1691), Rp v. 17.8.1691, Bd. 143 (1693), Rp v. 11.1.1693.
169 Salbuch von 1710; StA UL, A 3530, Bd. 144 (1694), Rp v. 20.12.1694, Bd. 145 (1695), Rp v. 22.2.1695; Bd. 154 (1704), Rp v. 23.1.1704; vgl. Johann Herkules Haid, Ulm mit seinem Gebiete, Ulm 1786, S. 414.
170 StA UL, A 3530, Bd. 99 (1649), Rp v. 3.9. und 28.12.1649, Bd. 100 (1650), Rp v. 2.1.1650.
171 StA UL, A 3530, Bd. 100 (1650), Rp v. 7.8.1650, Bd. 101 (1651), Rp v. 7.3.1651, Bd. 110 (1660), Rp v. 13.4.1660.
172 StA UL, A 3530, Bd. 109 (1659), Rp v. 16.3.1659, Bd. 111 (1661), Rp v. 2.4.1661; Salbuch von 1710; vgl. Heckel (wie Anm. 2), S. 237.
173 StA UL, A 3530, Bd. 133 (1683), Rp v. 26.9.1683, Bd. 134 (1684), Rp v. 19.3.1684.
174 Zit. nach Oberamtsbeschreibung (wie Anm. 26), S. 155.
175 Vgl. August Schmoller, Ulms Baumwollweberei, Ulm 1890, S. 150.
176 StA UL, A 3530, Bd. 50 (1600), Rp v. 3. und 7.11.1600.
177 StA UL, A 3530, Bd. 27 (1561), Rp v. 19.3.1561, Bd. 76 (1626), Rp v. 15.12.1626; Landpolizei (wie Anm. 5), S. 23.
178 StA UL, A 3530, Bd. 113 (1663), Rp v. 19.11.1663, Bd. 114 (1664), Rp v. 6.1.1664.
179 StA UL, A 3530, Bd. 121 (1671), Rp v. 2.8. und 15.11.1671.
180 StA UL, A 3530, Bd. 137 (1687), Rp v. 22.6.1687.
181 StA UL, A 3530, Bd. 107 (1657), Rp v. 4.9.1657.
182 StA UL, A 3530, Bd. 21 (1552), Rp v. 11.1.1552; vgl. Heckel (wie Anm. 2), S. 197.
183 StA UL, A 3530, Bd. 160 (1710), Rp v. 6.10.1710.
184 Landpolizei (wie Anm. 5), S. 33.
185 StA UL, A 3530, Bd. 17 (1544), Rp v. 18.1.1544.

186 StA UL, A 3530, Bd. 100 (1650), Rp v. 29.7.1650.
187 StA UL, A 3530, Bd. 102 (1652), Rp v. 14. und 16.6.1652.
188 StA UL, A 3530, Bd. 36 (1581), Rp v. 28.4.1581, Bd. 45 (1595), Rp v. 26.9.1595.
189 StA UL, A 3530, Bd. 111 (1661), Rp v. 16.1. und 2.4.1661.
190 StA UL, A 3530, Bd. 133 (1683), Rp v. 2., 4. und 11.7., 15.8. und 5.9.1683.
191 StA UL, A 3530, Bd. 118 (1668), Rp v. 31.7. und 25.11.1668, Bd. 149 (1699), Rp v. 30.6.1699.
192 StA LA, A 526, Zunftbuch der Metzger, 1699 – 1829.
193 StA UL, A 3530, Bd. 212 (1761), Rp v. 5.8.1761.
194 StA LA, A 522, Zunftbuch der Bäcker 1683 – 1829.
195 StA UL, A 3530, Bd. 107 (1657), Rp v. 4.9.1657.
196 StA UL, A 3530, Bd. 109 (1659), Rp v. 1. und 16.12.1659, Bd. 120 (1670), Rp v. 22.11.1670, Bd. 121 (1671), Rp v. 14. und 19.4. sowie 7. und 9.8.1671.
197 StA UL, A 3530, Bd. 129 (1679), Rp v. 14., 16. und 28.4.1679.
198 StA UL, A 3530, Bd. 133 (1683), Rp v. 18.5., 6.6., 27.7., 22.8. und 17.12.1683.
199 StA UL, A 3530, Bd. 182 (1732), Rp v. 28.4.1732.
200 StA UL, A 3530, Bd. 160 (1710), Rp v. 6. und 22.10., 3.11. und 19.12.1710, Bd. 161 (1711), Rp v. 19.1. und 27.5. und 5.8.1711.
201 StA UL, A 3530, Bd. 156 (1706), Rp v. 5. und 9.3.1706, Bd. 182 (1732), Rp v. 28.4.1732.
202 StA UL, A 3530, Bd. 168 (1718), Rp v. 30.9.1718.
203 StA UL, A 3530, Bd. 200 (1749), Rp v. 28.11.1749.
204 StA UL, A 3530, Bd. 135 (1685), Rp v. 19.10.1685.
205 StA UL, A 3530, Bd. 89 (1639), Rp v. 4.11.1639.
206 StA UL, A 3530, Bd. 99 (1649), Rp v. 28.11.1649.
207 StA UL, A 3530, Bd. 65 (1615), Rp v. 22.5.1615.
208 StA UL, A 3530, Bd. 118 (1668), Rp v. 1.12.1668; Bd. 119 (1669), Rp v. 30.7. sowie 4. und 10.8.1669.
209 StA UL, A 3530, Bd. 66 (1616), Rp v. 29.7.1616.
210 StA UL, A 3530, Bd. 160 (1710) Rp v. 5.5.1710, Bd. 214 (1763), Rp v. 23.2.1763.
211 StA UL, A 3530, Bd. 33 (1573), Rp v. 7.1.1573.
212 StA UL, A 3530, Bd. 31 (1568), Rp v. 14.12.1568.
213 StA UL, A 3530, Bd. 99 (1649), Rp v. 22.11.1649.
214 StA UL, A 3530, Bd. 115 (1665), Rp v. 38.3.1665.
215 StA UL, A 3530, Bd. 119 (1669), Rp v. 22.9. und 22.11.1669.
216 StA UL, A 3530, Bd. 126 (1676), Rp v. 2. und 11.8.1676.
217 StA UL, A 3530, Bd. 134 (1684), Rp v. 11.4.1684.
218 StA UL, A 3530, Bd. 123 (1673), Rp v. 7.4. und 26.11.1673.
219 StA UL, A 3530, Bd. 134 (1684), Rp v. 21.11.1684.
220 StA UL, A 3530, Bd. 191 (1691), Rp v. 9.9.1691.
221 StA UL, A 3530, Bd. 145 (1695), Rp v. 23.9.1695.
222 StA UL, A 3530, Bd. 27 (1560), Rp v. 14.12.1560, Bd. 61 (1611), Rp v. 9.11.1611.
223 Landpolizei (wie Anm. 5), S. 23.
224 StA UL, A 3530, Bd. 22 (1553), Rp v. 24.3.1553, Bd. 25 (1557), Rp v. 15.11.1557, Bd. 31 (1569), Rp v. 11.11.1569; s. auch Bd. 28 (1562), Rp v. 25.9.1562, Bd. 36 (1582), Rp v. 6.8.1582; Bd. 44 (1594), Rp v. 28.4.1594.
225 StA UL, A 3530, Bd. 36 (1580), Rp v. 25. und 26.8. sowie 7.9.1580.
226 StA UL, A 3530, Bd. 26 (1559), Rp v. 22.3. und 18.9.1559.
227 StA UL, A 3530, Bd. 31 (1569), Rp v. 30.6.1569, Bd. 31 (1570), Rp v. 28.7.1570.
228 StA UL, A 3530, Bd. 35 (1578), Rp v. 19.6.1579, Bd. 38 (1586), Rp v. 17.6.1586.
229 StA UL, A 3530, Bd. 204 (1753), Rp v. 3.8.1753.
230 StA UL, A 3530, Bd. 108 (1658), Rp v. 12.5.1658.
231 Stadt Langenau, Salbuch 1515; StA UL, A 3530, Bd. 234 (1783), Rp v. 9.4.1783.
232 StA UL, A 3530, Bd. 124 (1674), Rp v. 11. und 30.9.1674.
233 StA UL, A 3530, Bd. 204 (1753), Rp v. 30.7. und 3.8.1753.
234 Landpolizei (wie Anm. 5), S. 49.
235 StA UL, A 3530, Bd. 106 (1656), Rp v. 28.3.1656, Bd. 131 (1681), Rp v. 18.4. und 28.12.1681.
236 StA UL, A 3530, Bd. 122 (1672), Rp v. 17.7.1672.
237 StA UL, A 3530, Bd. 126 (1676), Rp v. 2.8.1676.
238 StA UL, A 3530, Bd. 99 (1649), Rp v. 3.9.1649.
239 StA UL, A 3530, Bd. 76 (1626), Rp v. 9.10.1626.
240 StA UL, A 3530, Bd. 38 (1586), Rp v. 15.4.1586.
241 StA UL, A 3530, Bd. 43 (1593), Rp v. 5.4.1593.
242 StA UL, A 3530, Bd. 27 (1560), Rp v. 16.12.1560.

243 StA UL, A 3530, Bd. 86 (1636), Rp v. 7., 12. und 16.9.1636.
244 StA UL, A 3530, Bd. 32 (1572), Rp v. 15.8.1572, Bd. 33 (1573), Rp v. 8.12.1573.
245 StA UL, A 3530, Bd. 144 (1694), Rp v. 31.10.1694, Bd. 195 (1695), Rp v. 21.5.1695; Landpolizei (wie Anm. 5), S. 12.
246 StA UL, A 3530, Bd. 40 (1589), Rp v. 29.1., 10. und 21.3.1589.
247 StA UL, A 3530, Bd. 30 (1567), Rp v. 3.11.1567.
248 StA UL, A 3530, Bd. 52 (1602), Rp v. 3.11.1602.
249 StA UL, A 3530, Bd. 34 (1575), Rp v. 14.10.1575.
250 StA UL, A 3530, Bd. 38 (1585), Rp v. 8. und 14.10. sowie 10.11.1585.
251 StA UL, A 3530, Bd. 130 (1680), Rp v. 8. und 15.12.1680.
252 StA UL, A 3530, Bd. 50 (1600), Rp v. 3.11.1600.
253 StA UL, A 3530, Bd. 145 (1695), Rp v. 7.6.1695.
254 StA UL, A 3530, Bd. 218 (1767), Rp v. 9.1.1767.
255 StA UL, A 3530, Bd. 100 (1650), Rp v. 23.9.1650.
256 StA UL, A 3530, Bd. 83 (1633), Rp v. 17.5.1633.
257 StA UL, A 3530, Bd. 177 (1727), Rp v. 5., 17. und 29.9.1727.
258 StA UL, A 3530, Bd. 118 (1668), Rp v. 24.3.1668.
259 StA UL, A 3530, Bd. 127 (1677), Rp v. 21.1. und 5.9.1677, Bd. 133 (1683), Rp v. 7.12.1683; s. auch Bd. 33 (1573), Rp v. 27.7.1573, Bd. 38 (1585), Rp v. 19.2.1585.
260 StA UL, A 3530, Bd. 27 (1560), Rp v. 1.11.1560, Bd. 30 (1568), Rp v. 28.6.1568.
261 StA UL, A 3530, Bd.92 (1642), Rp v. 30.3., 1., 15., 18. und 22.4.1642, Bd. 93 (1643), Rp v. 27.11.1643.
262 StA UL, A 3530, Bd. 159 (1709), Rp v. 18. und 22.2. sowie 8.3.1709, Bd. 240 (1789), Rp v. 9. und 20.3.1789.
263 StA UL, A 3530, Bd. 27 (1560), Rp v. 29.7.1560, 31 (1569), Rp v. 29.8.1569, 188 (1737), Rp v. 30.8.1737.
264 StA UL, A 3530, Bd. 44 (1594), Rp v. 8. und 12.7.1594, Bd. 69 (1619), Rp v. 5.5.1619, Bd. 144 (1694), Rp v. 20.12.1694.
265 StA UL, A 3530, Bd. 149 (1699), Rp v. 24.3.1699.
266 StA UL, A 3530, Bd. 54 (1604), Rp v. 6.6.1604, Bd. 58 (1608), Rp v. 13.7.1608.
267 StA UL, A 3530, Bd. 128 (1678), Rp v. 22.11.1678.
268 StA UL, A 3530, Bd. 30 (1567), Rp v. 6.11.1567.
269 StA UL, A 3530, Bd. 76 (1626), Rp v. 6.3., 11.11. und 18.12.1626; s. auch Bd. 63 (1613), Rp v. 18.8.1613.
270 StA UL, A 3530, Bd. 76 (1626), Rp v. 6.3.1626.
271 StA UL, A 3530, Bd. 111 (1661), Rp v. 17. und 22.4.1661.
272 StA UL, A 3530, Bd. 131 (1681), Rp v. 7. und 11.2., 4. und 11.3., 18.4., 13.6. und 28.12.1681, Bd. 132 (1682), Rp v. 13.1.1682.
273 StA UL, A 3530, Bd. 228 (1777), Rp v. 30.4.1777.
274 StA UL, A 3530, Bd. 46 (1596), Rp v. 18.10.1596.
275 StA UL, A 3530, Bd. 214 (1763), Rp v. 14. und 18.2.1763.
276 StA UL, A 3530, Bd. 81 (1631), Rp v. 23.5.1631.
277 StA UL, A 3530, Bd. 86 (1636).
278 StA UL, A 3530, Bd. 123 (1673), Rp v. 7.4.1673.
279 StA UL, A 3530, Bd. 168 (1718), Rp v. 31.10.1718, Bd. 169 (1719), Rp v. 18.1.1719.
280 StA UL, A 3530, Bd. 164 (1714), Rp v. 26.2.1714.
281 StA UL, A 3530, Bd. 198 (1747), Rp v. 3. und 17.3.1747.
282 StA UL, A 3530, Bd. 220 (1769), Rp v. 29.5.1769.
283 StA UL, A 3530, Bd. 167 (1717), Rp v. 19. und 24.3.1717.
284 StA UL, A 3530, Bd. 148 (1698), Rp v. 10.6.1698.
285 StA UL, A 3530, Bd. 157 (1707), Rp v. 18. und 23.2., 18. und 27.4. sowie 6., 9. und 16.5.1707.
286 StA UL, A 3530, Bd. 158 (1708), Rp v. 9., 21. und 28.3., 2., 11., 23. und 30.4.1708.
287 StA UL, A 3530, Bd. 160 (1710), Rp v. 7., 12. und 21.5. sowie 15.8.1710, Bd. 161 (1711), Rp v. 8, 11. und 13.5. sowie 8.6.1711.
288 Vgl., auch i. F., Hans Eugen Specker, Ulm. Stadtgeschichte, Ulm 1977, S. 56 f.
289 Vgl. ebd., S. 170 f.
290 StA UL, A 3530, Bd. 121 (1671), Rp v. 6.12.1671, Bd. 130 (1680), Rp v. 8.12.1680.
291 Vgl. Specker (wie Anm. 288), S. 237; Alois Vorbach, Die wirtschaftlichen Folgen des Dreißigjährigen Krieges für die Reichsstadt Ulm, Diss. phil. Tübingen 1923 (masch.), S. 36 f.
292 StA UL, A 3530, Bd. 32 (1571), Rp v. 4.5.1571.
293 StA UL, A 3530, Bd. 181 (1731), Rp v. 9.5.1731.
294 StA UL, A 3530, Bd. 187 (1736), Rp v. 16.3.1736.
295 StA UL, A 3530, Bd. 198 (1747), Rp v. 11. und 20.12.1747, Bd. 201 (1750), Rp v. 20.5. und 3.6.1750.
296 StA UL, A 3530, Bd. 118 (1668), Rp v. 1. und 4.12.1668.

297 StA UL, A 3530, Bd. 128 (1678), Rp v. 29.11.1678.
298 Vgl. Freimütige Gedanken über den Verfall des Leinwandhandels. Den Ulmischen Leinwandwebern in Stadt und Land gewidmet, Kosmopolis 1784, S. 19 und 32.
299 StA UL, A 3530, Bd. 160 (1710), Rp v. 17.1.1710, Bd. 167 (1717), Rp v. 28.5. und 4.6.1717, Bd. 168 (1718), Rp v. 20.7. und 23.11.1718.
300 StA UL, A 3530, Bd. 168 (1718), Rp v. 20.7.1718.
301 StA UL, A 3530, Bd. 168 (1718), Rp v. 3.6.1718, Bd. 181 (1731), Rp v. 9.5.1731.
302 StA UL, A 3530, Bd. 181 (1731), Rp v. 9.5.1731.
303 StA UL, A 3530, Bd. 177 (1727), Rp v. 10.9.1727.
304 Vgl. Specker (wie Anm. 288), S. 231, Anm. 120.
305 StA UL, A 3530, Bd. 160 (1710), Rp v. 19.3.1710.
306 StA UL, A 3530, Bd. 167 (1717), Rp v. 4.6.1717, Bd. 169 (1719), Rp v. 10.5.1719, Bd. 179 (1729), Rp v. 5.1.1729, Bd. 181 (1731), Rp v. 9.5.1731, Bd. 189 (1738), Rp v. 28.7.1738; s. auch Bd. 177 (1727), Rp v. 5. und 10.9.1727.
307 StA UL, A 3530, Bd. 181 (1731), Rp v. 9., 18 und 23.5.1731, Bd. 213 (1762), Rp v. 21. und 30.6., 18.8., 3. und 17.9., 20.10. und 19.11.1762.
308 StA UL, A 3530, Bd. 181 (1731), Rp v. 27.4. und 4.5.1731; s. auch Bd. 197 (1746), Rp v. 16. und 26.3.1746.
309 StA UL, A 3530, Bd. 168 (1718), Rp v. 20.7. und 2.12.1718.
310 StA UL, A 3530, Bd. 168 (1718), Rp v. 3.6.1718.
311 StA UL, A 3530, Bd. 189 (1738), Rp v. 30.7.1738.
312 StA UL, A 3530, Bd. 170 (1720), Rp v. 2.12.1720, Bd. 177 (1727), Rp v. 10.9.1727, Bd. 197 (1746), Rp v. 26.3.1746.
313 StA UL, A 3530, Bd. 197 (1746), Rp v. 16. und 26.3.1746.
314 StA UL, A 3530, Bd. 181 (1731), Rp v. 18.4.1731.
315 StA UL, A 3530, Bd. 213 (1762), Rp v. 21.6.1762.
316 StA UL, A 3530, Bd. 206 (1755), Rp v. 15. und 31.12.1755.
317 StA UL, A 3530, Bd. 34 (1576), Rp v. 17.2. und 20.7.1576, Bd. 35 (1578), Rp v. 24.11.1578, Bd. 52 (1602), Rp v. 5.5.1602, Bd. 89 (1639), Rp v. 17.4.1639.
318 StA UL, A 3530, Bd. 34 (1577), Rp v. 16.12.1577.
319 StA UL, A 3530, Bd. 153 (1703), Rp v. 9.2.1703; A [7802], Eid der Gäuweber, 1533.
320 A [7802], Eid der Gäuweber, 1533.
321 StA UL, A 3530, Bd. 199 (1748), Rp v. 19.6.1748; A 3693, Nr. 62; s. auch A 3530, Bd. 54 (1604), Rp v. 11.4.1604: Aschenkaufsordnung.
322 StA UL, A 3530, Bd. 14 (1539), fol. 301, Bd. 24, Rp v. 13.1.1556, Bd. 33 (1573), Rp v. 27.5.1573.
323 StA UL, A 3530, Bd. 34 (1577), Rp v. 3.9.1577, s. auch Rp v. 15.5. und 18.7.1577.
324 StA UL, A 3530, Bd. 45 (1595), Rp v. 4.8., 24.9., 13. und 15.10. sowie 3. und 26.11.1595.
325 StA UL, A 3530, Bd. 71 (1621), Rp v. 9.-23. und 27.4.1621.
326 StA UL, A 3530, Bd. 162 (1712), Rp v. 4.11.1712.
327 StA UL, A 3530, Bd.24 (1555), Rp v. 16.8.1555, Bd. 29 (1560), Rp v. 21.2.1560, Bd. 40 (1589), Rp v. 1.4.1589, Bd. 46 (1596), Rp. v. 1.10.1596, Bd. 97 (1647), Rp v. 6.9.1647, Bd. 98 (1648), Rp v. 14.2.1648, Bd. 99 (1649), Rp v. 20.8., 3., 5. und 17.9.1649, Bd. 105 (1655), Rp v. 21.11.1655, Bd. 108 (1658), Rp v. 30.7. und 30.8.1658, Bd. 109 (1659), Rp v. 13. und 15.7.1659, Bd. 179 (1729), Rp v. 1.4.1729, Bd. 224 (1773), Rp v. 25.8.1773, Bd. 231 (1780), Rp v. 1.10.1780.
328 StA UL, A 3530, Bd. 40 (1589), Rp v. 1.4. und 28.5.1589, Bd. 57 (1607), Rp v. 4.2.1607; s. auch Bd. 79 (1629), Rp v. 27.11.1629.
329 StA UL, A 3530, Bd. 87 (1637), Rp v. 6.11.1637.
330 StA UL, A 3530, Bd. 90 (1640), Rp v. 31.8. und 28.9.1640.
331 StA UL, A 3530, Bd. 93 (1643), Rp v. 29.11.1643.
332 StA UL, A 3530, Bd. 97 (1647), Rp v. 19.2.1647.
333 StA UL, A 3530, Bd. 106 (1656), 7., 12. und 19.3.1656.
334 StA UL, A 3530, Bd. 182 (1732), Rp v. 20.2.1732.
335 StA UL, A 3530, Bd. 182 (1732), Rp v. 20.2. und 7.5.1732.
336 StA UL, A 3530, Bd. 190 (1739), Rp v. 1. und 24.4.1739.
337 StA UL, A 3530, Bd. 230 (1779), Rp v. 4. und 29.1.1779, Bd. 1780 (231), Rp v. 10.11.1780, Bd. 232 (1781), Rp v. 17.1., 5. und 12.2. sowie 2. und 21.3.1781, Bd. 235 (1784), Rp v. 8.9.1784; vgl. Heckel (wie Anm. 2), S. 237.
338 StA UL, A 3530, Bd. 55 (1605), Rp v. 22.2.1605, s. auch Bd. 45 (1595), Rp v. 6.3.1595.
339 StA UL, A 3530, Bd. 107 (1657), Rp v. 27.4.1657.
340 StA UL, A 3530, Bd. 183 (1733), Rp v. 3. und 17.6., 1. und 22.7. sowie 17.8.1733.
341 StA UL, A 3530, Bd. 149 (1699), Rp v. 6.3.1699, Bd. 230 (1779), Rp v. 4. und 29.1.1779; Landpolizei (wie Anm. 5), S. 6.

342 StA UL, A 3530, Bd. 63 (1613), Rp v. 15.11.1613.
343 StA UL, A 3530, Bd. 27 (1560), Rp v. 1.11.1560.
344 StA UL, A 3530, Bd. 46 (1596), Rp v. 9.2., 21.7. und 29.11.1596.
345 StA UL, A 3530, Bd. 53 (1603), Rp v. 19.12.1603.
346 StA UL, A 3530, Bd. 149 (1699), Rp v. 6.3.1699.
347 StA UL, A 3530, Bd. 52 (1602), Rp v. 3.5.1602.
348 StA UL, A 3530, Bd. 53 (1603), Rp v. 12. und 14.12.1603.
349 StA UL, A 3530, Bd. 51 (1601), Rp v. 20.2. und 23.3.1601.
350 StA UL, A 3530, Bd. 87 (1637), Rp v. 7.7.1637; Bd. 149 (1699), Rp v. 6.3.1699.
351 Landpolizei (wie Anm. 5), S. 26 f.
352 StA UL, A 3530, Bd. 64 (1614), Rp v. 19., 23. und 26.9. sowie 25. und 28.11.1614.
353 StA UL, A 3530, Bd. 130 (1680), Rp v. 26.11., 6., 8., 15. und 31.12.1680.
354 StA UL, A 3530, Bd. 23 (1554), Rp v. 17.8.1554, Bd. 42 (1592), Rp v. 11.8.1592; vgl. Heckel (wie Anm. 5), S. 248.
355 StA UL, A 3530, Bd. 61 (1611), Rp v. 3.5.1611, Bd. 127 (1677), Rp v. 15.8.1677, Bd. 135 (1685), Rp v. 19.10.1685.
356 StA UL, A 3530, Bd. 190 (1690), Rp v. 14.1.1690.
357 Salbuch von 1710, fol. 45, 79, 93, 153, 469, 501 und 565.
358 Vgl. Hans Bühler, Gesatze und Ordnungen der Stadt Ulm ab dem 15. Jahrhundert, in: ders., Beiträge zur Geschichte der Stadt Langenau, Heft 7, Langenau 1999, S. 49.
359 StA UL, A 3530, Bd. 40 (1588), Rp v. 18.4.1588, Bd. 51 (1601), Rp v. 2.11.1601; s. auch Bd. 42 (1592), Rp v. 11.8.1592, Bd. 61 (1611), Rp v. 3.5.1611, Bd. 63 (1613), Rp v. 19.2.1613.
360 StA UL, A 3530, Bd. 166 (1716), Rp v. 4.12.1716.
361 Landpolizei (wie Anm. 5), S. 11 f.
362 StA UL, A 2505, fol. 46 f.; A 3530, Bd. 20 (1548), Rp v. 19.11.1548, Bd. 25 (1558), Rp v. 4.3., 1.4. und 3.6.1558, Bd. 46 (1597), Rp v. 7.3.1597, Bd. 66 (1616), Rp v. 15.7.1616; Landpolizei (wie Anm. 5), S. 76; vgl. Bühler (wie Anm. 358), S. 42 und 49.
363 StA UL, A 3530, Bd. 35 (1579), Rp v. 23. und 30.3.1579.
364 StA UL, A 3530, Bd. 127 (1677), Rp v. 21. und 26.3.1677.
365 StA UL, A 3530, Bd. 19 (1547), Rp v. 28.3.1547, Bd. 80 (1630), Rp v. 5.3.1630, Bd. 94 (1644), Rp v. 19.2.1644.
366 StA UL, A 3530, Bd. 101 (1651), Rp v. 3.12.1651.
367 StA UL, A 2505, fol. 49 f.; A 3530, Bd. 33 (1574), Rp v. 8.1.1574, Bd. 43 (1593), Rp v. 28.12.1593.
368 StA UL, A 3530, Bd. 30 (1567), Rp v. 14.7.1567, Bd. 45 (1595), Rp v. 1.9.1595, Bd. 60 (1610), Rp v. 21.5.1610.
369 StA UL, A 3530, Bd. 58 (1608), Rp v. 28.9., 31.10. und 11.11.1608.
370 StA UL, A 3530, Bd. 99 (1649), Rp v. 22.10.1649.
371 StA UL, A 3530, Bd. 63 (1613), Rp v. 7.7.1613, Bd. 104 (1654), Rp v. 20.1.1654; s. auch Bd. 100 (1650), Rp v. 3.5.1650, Bd. 111 (1661), Rp v. 2.1.1661.
372 StA UL, A 3530, Bd. 108 (1658), Rp v. 13.12.1658.
373 StA UL, A 3530, Bd. 151 (1701), Rp v. 4. und 10.1.1701, Bd. 192 (1741), Rp v. 16. und 20.10.1741.
374 StA UL, A 3530, Bd. 204 (1753), Rp v. 6.4.1753, Bd. 234 (1783), Rp v. 22. und 31.12.1783.
375 Vgl. Hans Bühler, Langenauer Mühlen, in: ders., Beiträge zur Geschichte der Stadt Langenau, Heft 2, Langenau 1996, S. 5 ff., dem ich im Folgenden weitgehend folge.
376 StA LB, E 170, Bü 766.
377 Vgl. Alb-Donau-Kreis (wie Anm. 1), S. 523.
378 Vgl. ebd., S. 523.
379 StA UL, A 3530, Bd. 139 (1689), Rp v. 21. und 30.1., 25.2., 4.3, 13. und 17.5.1689.
380 Vgl. Alb-Donau-Kreis (wie Anm. 1), S. 523.
381 Vgl. Albert Haug/Uwe Schmidt, Führer zu technischen Kulturdenkmalen in der Region Ulm-Alb-Donau (erscheint Herbst 2000); Tradition (wie Anm. 137), S. 119.
382 StA UL, A 3530, Bd. 97 (1647), Rp v. 8., 10. und 11.11.1647.
383 StA UL, A 3530, Bd. 47 (1597), Rp v. 18. und 21.3.1597; vgl. Alb-Donau-Kreis (wie Anm. 1), S. 525.
384 Vgl. Alb-Donau-Kreis (wie Anm. 1), S. 525; Dieterich (wie Anm. 25), 68 f.; Jb. HGK-Württ. 1877, Teil II, S. 124.
385 Vgl. Bühler (wie Anm. 375), S. 8 f.
386 Eines Ehrsamen Rats der Stadt Ulm reformierte und verbesserte Müllerordnung, Ulm 1683.
387 Landpolizei (wie Anm. 5), S. 49.
388 StA UL, A 3530, Bd. 23 (1555), Rp v. 9.1.1555, Bd. 25 (1558), Rp v. 29.11.1558.
389 StA UL, A 3530, Bd. 158 (1708), Rp v. 2.3. und 31.10.1708, Bd. 159 (1709), Rp v. 6.3., 26.7., 2.8. und 14.10.1709, Bd. 160 (1710), Rp v. 6.8.1710, Bd. 162 (1712), Rp v. 19.10. und 18.11.1712, Bd. 163 (1713), Rp v. 17.1 und 3.2.1713.
390 Wenn nicht anders vermerkt, beruhen die folgenden Ausführungen auf Heckel

(wie Anm. 2), S. 231, und auf drei Zeitungsartikel, die auf der Basis der Recherchen von Heckel erstellt wurden: UAZ, Nrn. 269 und 273 v. 26.11. und 1.12.1930 sowie Nr. 62 v. 16.3.1931.
391 StA LA, B 231, GPr v. 26.7.1855.
392 Rgbl., Nr. v. 22.2.1862.
393 LA, Nrn. 40, 44 und 62 v. 17. und 31.5. sowie 2.8.1862; vgl. Heckel (wie Anm. 2), S. 232.
394 LA, Nr. 11 v. 8.2.1882; vgl. Alb-Donau-Kreis (wie Anm. 1), S. 478.
395 Vgl. Alb-Donau-Kreis (wie Anm. 2), S. 478 f.; Dieterich (wie Anm. 25), 13 f.
396 Vgl. Alb-Donau-Kreis (wie Anm. 2), S. 478 f.; Dieterich (wie Anm. 25), S. 14.
397 StA LB, E 253/I, Bde. 425, 429 und 434.
398 StA LA, B 532, GPr v. 1.4.1858; LA, Nr. 13 v. 13.2.1869.
399 StA LA, B 234, GPr v. 18.8.1880; LA, Nr. 156 v. 16.11.1920; UAZ, Nr. 259 v. 14.11.1930; vgl. Heckel (wie Anm. 2), S. 256.
400 Landesinformationssystem (LIS).
401 StA LA, A 519, Bericht des Bürgermeisteramts an das Reichsfinanzministerium v. 24.4.1931.
402 StA LB, E 170, Bü 1237.
403 Vgl. Jb. HGK-Württ. 1871, S. 235.
404 LA, Nr. 79 v. 1.10.1873; vgl. Vgl. Jb. HGK-Württ. 1874, S. 146.
405 StA LA, B 237, GPr v. 9.12.1869; vgl. auch Tradition (wie Anm. 137), S. 117.
406 Vgl. Jb. HGK-Württ. 1868, Anhang, S. 14.
407 StA LA, A 521, Verzeichnis der Fabriken vom November 1893; LA, Nr. 32 v. 19.4.1873; vgl. auch Peter Schaller, Die Industrialisierung der Stadt Ulm zwischen 1828/34 und 1875 (Forschungen zur Geschichte der Stadt Ulm, Bd. 27), Ulm 1998, S. 187.
408 StA LA, A 519, Schreiben der Zigarrenfabrik Gebrüder Schäfer v. 12. und 23.12. 1904, B 247, GPr v. 23. und 30.12.1904; vgl, auch i. F., Heckel (wie Anm. 2), S. 257.
409 LA, Nrn. 100, 101 und 102 v. 14., 17. und 21.12.1904.
410 StA LA, B 247, GPr v. 29.5.1905; LA, Nrn. 2 und 97 v. 17.1. und 6.12.1905.
411 StA LA, A 519, Bericht des Bürgermeisteramts an das Reichsfinanzministerium v. 24.4.1931.
412 StA LA, A 519, Auszug aus dem GPr v. 2.10.1930.
413 StA LA, A 519, Bericht des Bürgermeisteramtes an das Reichsfinanzministerium v. 24.4.1931.
414 StA LA, A 519, Schreiben der Zigarrenfabrik Brisago v. 6.5.1931, Schriftwechsel zwischen der Stadt Langenau und der Zigarrenfabrik Gebrüder Schäfer.
415 UAZ, Nrn. 110, 121 und 284 v. 13. und 28.5. sowie 4.12.1931.
416 StA LA, A 519; vgl. Heckel (wie Anm. 2), S. 257.
417 LA, Nrn. 11, 12, 14, 15 und 16 v. 8., 11., 18. ,22. und 25.2. 1882; vgl. auch Heckel (wie Anm. 2), S. 257.
418 StA LA, B 242, GPr v. 3.3.1882.
419 LA, Nr. 16 v. 25.2.1882.
420 StA LA, A 519, Schreiben v. 8.3.1882.
421 LA, Nr. 18 v. 4.3.1882.
422 StA LB, E 170, Bü 1056, Schreiben v. 24.3.1882.
423 StA L, A 519, B 242, GPr v. 20.6.1882; LA, Nr. 49 v. 21.6.1882.
424 StA LB, E 170, Bü 1056, Schreiben v. 20.6.1882.
425 StA LA, A 519, Schreiben der Zentralstelle für Gewerbe und Handel v. 8.8. und 6.11.1882.
426 StA LA, GPr v. 20.10.1882.
427 StA LB, E 170, Bü 1056, Schreiben an die Zentralstelle für Gewerbe und Handel v. 15.2.1884; StA LA, A 519, Geschäftsberichte für 1882 und 1883.
428 StA LA, A 519, Schreiben v. 15.9.1883.
429 StA LA, B 242, GPr v. 5.2. und 4.7.1884, A 519, Schreiben der Zentralstelle für Gewerbe und Handel v. 3.7.1884.
430 StA LA, A 519, Schreiben Haugs an Schrägle v. 10.6.1882; StA LB, E 170, Bü 1056, Bericht an die Zentralstelle für Gewerbe und Handel v. 15.2.1884; StA LA, A 519, Schreiben der Zentralstelle für Gewerbe und Handel v. 6.11.1882.
431 StA LA, B 243, GPr v. 27.10.1885, A 519, Schreiben des Gustav Walz v. 28.9.1888; LA, Nr. 38 v. 11.5.1889; vgl. auch Tradition (wie Anm. 137), S. 117.
432 StA LA, B 244, GPr v. 5.9.1890, 25.9.1891, 14.9. und 9.11.1894.
433 StA LA, B 245, GPr v. 11.6.1895; LA, Nrn. 43 v. 29.5.1895 und 64 v. 8.8.1896; vgl. auch Heckel (wie Anm. 2), S. 257.
434 StA LA, B 247, GPr v. 25.5.1904; LA, Nrn. 48 und 51 v. 15. und 25.6.1904.
435 Vgl. Heckel (wie Anm. 2), S. 258.
436 StA LB, E 179/II, Bü 5411, Gesuch v. 25.11.1882, Genehmigungsurkunde v. 5.5.1882.
437 LA, Nrn. 14 v. 17.2.1875 und 29 v. 9.4.1881; SZ, Nr. 237 v. 14.10.1975; SZ, Nr. 144 v. 25.6.1992; vgl. Alb-Donau-Kreis (wie Anm. 1), S. 480: Tradition (wie Anm. 137), S. 125.
438 StA LB, E 179/II, Bü 5411, Gesuch v. 24.8.1878, Genehmigungsurkunde v. 27.11.1878.
439 Vgl. Alb-Donau-Kreis (wie Anm. 1), S. 481.
440 SZ, Nr. 68 v. 24.3.1990; vgl. Herbert Birkenfeld, Die Industrie - Tragende Säule im Wirtschaftsleben des Alb-Donau-Kreises, in: Wolfgang Schürle (Hrsg.), Wirtschafts-

geschichte im Raum Ulm. Entwicklungslinien im Alb-Donau-Kreis seit 1945 (Alb und Donau, Kunst und Kultur, Bd. 15), Ulm 1998, S. 85; Heckel (wie Anm. 2), S. 257 f.; Tradition (wie Anm. 137), S. 122 f.
441 Vgl. Heckel (wie Anm. 2), S. 258.
442 Vgl. ebd.
443 Vgl. Wilmar Jakober, Der schwierige Weg zur Demokratie. Langenau in den Jahren 1945-49, Langenau [1985], S. 77; Alb-Donau-Kreis (wie Anm. 1), S. 481.
444 Vgl. Heckel (wie Anm. 2), S. 260.
445 SWP, Nr. 82 v. 9.4.1991; vgl. Birkenfeld (wie Anm. 440), S. 85; Heckel (wie Anm. 2), S. 258 f.; Alb-Donau-Kreis (wie Anm. 1), S. 481; Tradition (wie Anm. 137), S. 126.
446 Vgl. SWP, Nrn. 55 v. 7.3.1969 und 73 v. 27.3.1984; Heckel (wie Anm. 2), S. 259; Alb-Donau-Kreis (wie Anm. 1), S. 481.
447 Alb-Donau-Kreis (wie Anm. 1), S. 482.
448 StA UL, A 3530, Bd. 9 (1527), fol. 107; vgl. Alb-Donau-Kreis (wie Anm. 1), S. 482.
449 StA UL, A 3530, Bd. 42 (1591), Rp v. 10.9.1591.
450 StA UL, A 3530, Bd. 34 (1576), Rp v. 6.6.1576.
451 StA UL, A 3530, Bd. 42 (1591), Rp v. 10.9.1591 und 8.9. sowie 29.11.1592, Bd. 44 (1594), Rp v. 9.9.1594, Bd. 46 (1596), Rp v. 20.9.1596, Bd. 47 (1597), Rp v. 2.12.1597, Bd. 57 (1607), Rp v. 14.9.1607.
452 StA UL, A 3530, Bd. 85 (1635), Rp v. 11.5.1635, Bd. 92 (1642), Rp v. 30.3.1642, Bd. 96 (1646), Rp v. 4.5.1646.
453 StA UL, A 3530, Bd. 126 (1676), Rp v. 8. und 18.12.1676, Bd. 129 (1679), Rp v. 19.5.1679, Bd. 130 (1680), Rp v. 26.11.1680, Bd. 156 (1706), Rp v. 28.5.1706.
454 StA UL, A 3530, Bd. 23 (1555), Rp v. 20.9.1555.
455 Landpolizei (wie Anm. 5), S. 48, 52 f.
456 Ebd., S. 25, 43.
457 Ebd., S. 69.
458 Ebd., S. 40.
459 Ebd., S. 42.
460 StA UL, A 3530, Bd. 74 (1624), Rp v. 14.5.1624.
461 StA UL, A 3530, Bd. 40 (1588), Rp v. 7.10.1588, Bd. 52 (1602), Rp v. 2.7.1602.
462 StA UL, A 3530, Bd. 37 (1584), Rp v. 23.3.1584; Landpolizei (wie Anm. 5), S. 41.
463 StA UL, A 3530, Bd. 35 (1580), Rp v. 20.11.1580.
464 Landpolizei (wie Anm. 5), S. 33.
465 StA UL, A 3530, Bd. 76 (1626), Rp v. 27.9.1626.
466 StA UL, A 3530, Bd. 148, Rp v. 7.6.1698.
467 StA UL, A 3530, Bd. 9 (1527) fol. 57, Bd. 24 (1556), Rp v. 16.9.1556, Bd. 35 (1580), Rp v. 20.11.1580.
468 StA UL, A 3530, Bd. 100 (1650), Rp v. 23. und 27.9.1650.
469 StA UL, A 3530, Bd. 56 (1606), Rp v. 28.2. und 28.3.1606.
470 StA UL, A 3530, Bd. 74 (1624), Rp v. 1.3.1624.
471 StA UL, A 3530, Bd. 79 (1629), Rp v. 7.8.1629.
472 StA UL, A 3530, Bd. 87 (1637), Rp v. 2.10.1637.
473 StA UL, A 3530, Bd. 116 (1666), Rp v. 1.6.1666.
474 StA LA, B 229, GPr v. 24.9.1840, B 231, GPr v. 5.9.1855.
475 UAZ, Nr. 117 v. 30.9.1926.
476 StA UL, A 3530, Bd. 24 (1556), Rp v. 20.1.1556, Bd. 27 (1561), Rp v. 21.2.1561.
477 StA UL, A 3530, Bd. 33 (1573), Rp v. 6.3.1573.
478 StA UL, A 3530, Bd. 102 (1652), Rp v. 3.9.1652.
479 StA LA, B 241, GPr v. 7.10.1879.
480 StA LB, E 178/II, Bü 5702, Gesuch v. 9.8.1832, Bericht des Oberamts Ulm v. 24.4.1832, Genehmigung der Kreisregierung v. 18.5.1832.
481 StA LB, F 207/I, Bü 101, Genehmigungen der Kreisregierung v. 2.3.1836 und 1.5.1857.
482 StA LA, A 384/1, Rundbrief der Wirtschaftskammer v. 26.9.1939, Runderlass des Reichswirtschaftsministerium v. 24.11.1944.
483 Vgl. Hans Häge, Langenauer Stadtgeschichte 1945 bis 1984, Langenau 1986, S. 213.
484 StA UL, A 3530, Bd. 113 (1663), Rp v. 5.8., 14.9., 16.11. und 11.12.1663, Bd. 114 (1664), Rp v. 8.2. und 16.3.1664; vgl. Raimund Waibel, Ulm und das Salz. Forschungsergebnisse zum Mythos vom Reichtum aus dem Ulmer Salzhandel, in: UO 50 (1996), S. 73.
485 StA UL, A 3530, Bd. 163 (1713), Rp v. 1.3.1713.
486 Vgl. Waibel (wie Anm. 484), S. 82 f.
487 StA LB, E 179/II, Bü 5702, Schreiben der Gemeinde v. 26.2.1816, Genehmigung v. 27.3.1816.
488 StA LA, B 231, GPr v. 12.2.1856.
489 LA, Nr. 46 v. 7.6.1865.
490 StA LA, B 232, GPr v. 19.3. und 24.11.1857, B 234, GPr v. 23.10.1862.
491 StA LA, B 232, GPr v. 5.1.1858.
492 StA LA, B 235, GPr v. 14.2.1865; LA, Nr. 46 v. 7.6.1865.
493 LA, Nr. 7 v. 22.1.1868.
494 LA, Nr. 23 v. 20.3.1880.
495 StA LA, A 384/1, Bericht v. 13.3.1943.
496 UAZ, Nrn. 29 v. 8.3.1929 und 81 v. 9.4.1931.
497 UAZ, Nrn. 199 und 122 v. 4. und 9.10.1929, 79 und 118 v. 7.4. und 23.5.1931.
498 LA, Nr. 2 v. 5.1.1881.

499 Auch i. F. LA, Nrn. 5, 6 und 7 v. 15., 18. und 22.1.1868.
500 StA LA, B 237, GPr v. 25.2. und 23.9.1869, B 238, GPr v. 4.3. und 1.9. 1870 sowie 16.11.1871; LA, Nr. 82 v. 11.10.1902.
501 StA LA, B 238, GPr v. 20.1.1870.
502 Vgl. Jb. HGK-Württ. 1872, Teil II, S. 108.
503 LA, Nrn. 2 v. 5.1.1881, 4 v. 12.1.1889, 2 v. 5.1.1904; vgl. Jb. HGK-Württ. 1894, Teil II, S. 80; ebd., S. 224 f.
504 StA LA, B 232, GPr v. 2.1.1857.
505 StA LA, B 232, GPr v. 20.1. und 10.2.1857, B 240, GPr v. 25.1.1876.
506 StA UL, A 3530, Bd. 67 (1617), Rp v. 19.2.1617.
507 StA UL, A 3530, Bd. 196 (1745), Rp v. 18., 25. und 27.8.1745, Bd. 203 (1752), Rp v. 15.11.1752, Bd. 208 (1757), Rp v. 14.1.1757, Bd. 214 (1763), Rp v. 20.5.1763.
508 Vgl. Boelcke (wie Anm. 2), S. 206.
509 LA, Nr. 20 v. 8.3.1865.
510 LA, Nr. Nrn. 5 v. 17.1.1866, 7 v. 23.1.1867, 68 v. 22.2.1868.
511 LA, Nr. 73 v. 21.6.1873.
512 LA, Nr. 54 v. 5.7.1873.
513 LA, Nrn. 42 v. 26.5. und 20.6.1874.
514 StA LA, B 240, GPr v. 13.8.1874; LA, Nr. 21 v. 13.3.1875.
515 LA, Nr. 18 v. 3.3.1877.
516 LA, Nr. 3 v. 8.1.1881.
517 LA, Nr. 20 v. 2.2.1881; vgl. auch Alb-Donau-Kreis (wie Anm. 1), S. 484; Heckel (wie Anm. 2), S. 255.
518 LA, Nr. 93 v. 22.11.1883.
519 LA, Nr. 13 v. 13.7.1884.
520 LA, Nrn. 47 und 48 v. 12. und 16.6.1897.
521 LA, Nr. 96 v. 1.12.1897.
522 LA, Nr. 11 v. 5.2.1898.
523 LA, Nr. 12 v. 9.2.1898.
524 LA, Nrn. 13, 14 und 15 v. 12., 16. und 19.2.1898.
525 LA, Nr. 23 v. 22.3.1899.
526 LA, Nrn. 31 v. 1.5.1901, 4 und 52 v. 14.1. und 1.7.1903, 38 v. 28.3.1908.
527 LA, Nrn. 41 v. 9.4.1907, 50 v. 28.4.1910, 54 v. 7.5.1912, 42 v. 8.4.1913.
528 UAZ, Nr. 102 v. 25.8.1928.
529 StA LA, B 247, GPr v. 10.11.1905.
530 StA LA, B 247, GPr v. 27.3.1905.
531 StA LA, B 247, GPr v. 27.3., 6. und 18.4.1905.
532 StA LA, B 247, GPr v. 29.9.1905.
533 StA LA, B 247, GPr v. 10.11.1905.
534 StA LA, B 247, GPr v. 5. und 27.2.1906, B 252, GPr v. 23.2., 1. und 2.3.1933, B 253, GPr v. 5.10.1933; UAZ, Nr. 231 v. 5.10.1933.
535 UAZ, Nrn. 39 und 59 v. 1.4. und 18.5.1926; vgl. Alb-Donau-Kreis (wie Anm. 1), S. 484.
536 StA LA, B 234, GPr v. 16.9.1862.
537 UAZ, Nr. 216 v. 25.9.1930.
538 LA, Nrn. 104 v. 30.12.1876 und 18 v. 3.3.1877.
539 LA, Nr. 19 v. 7.3.1877; s. auch LA, Nrn. 4 und 5 v. 13. und 17.1.1877.
540 LA, Nrn. 68, 73, 75, 79, 80, 81 und 82 v. 25.8., 12. und 19.9., 3., 6., 10. und 13.10.1877; UAZ, Nr. 215 v. 24.9.1930.
541 UAZ, Nrn. 114, 115, 116, 117, 118 und 126 v. 26. und 29.9., 1., 3., 6., 10. und 24.10.1925, 215 v. 24.9.1930.
542 UAZ, Nr. 118 v. 2.10.1928.
543 UAZ, Nr. 121 v. 5.6.1930.
544 Vgl. Häge (wie Anm. 483), S. 214.
545 StA LA, B 250, GPr v. 22.12.1920; LA, Nr. 139 v. 25.11.1920.
546 I. F. StA LA, A 536; UAZ, Nr. 43 v. 22.2.1932.
547 UAZ, Nr. 5 v. 13.1.1927.
548 UAZ, Nr. 5 v. 13.1.1927.
549 UAZ, Nr. 30 v. 12.3.1927.
550 StA LA, B 552, GPr v. 4.3.1927.
551 UAZ, Nrn. 6 und 94 v. 14.1. und 7.8.1928.
552 StA LA, B 552, GPr v. 5.4. und 24.7.1929.
553 UAZ, Nrn. 87, 91 und 99 v. 25. und 30.4. sowie 9.5.1930, 43 v. 22.2.1932.
554 Vgl. Häge (wie Anm. 483), S. 257.
555 SZ, Nr. 187 v. 15.8.1974.
556 SWP, Nrn. 5 und 12 v. 8. und 16.1.1987; SZ, Nr. 15 v. 20.1.1987.
557 Vgl. Die Stadt Langenau (Alb-Donau-Kreis) als Einkaufsstadt aus Sicht der Verbraucher, Teil II: GMA-Verbraucherbefragung im Auftrag der Stadt Langenau, [Ludwigsburg 1995], S. 34.
558 Landesinformationssystem (LIS); vgl. Herbert Birkenfeld, Standort Alb-Donau. Raumstruktur und Wirtschaftsförderung, in: Wolfgang Schürle (Hrsg.), Wirtschaftsgeschichte im Raum Ulm. Entwicklungslinien im Alb-Donau-Kreis seit 1945 (Alb und Donau, Kunst und Kultur, Bd. 15), UIm 1998, S. 233.
559 SZ, Nr. 223 v. 26.9.1994.

Sozialgeschichte

1 August Heckel, Die Geschichte der Stadt Langenau, Langenau 1964, S. 230 f.
2 Vgl. Der Alb-Donau-Kreis, hrsg. von der Landesarchivdirektion Baden-Württemberg in Verbindung mit dem Alb-Donau-Kreis, Bd. 2, Sigmaringen 1992, S. 521.
3 Vgl. Competenz Consignatio der Pfarr Langenau, gestellt den 29. Mai A. C. 1663, in: Bühler, Hans (Bearb.): Langenau. Eine zeitgenössische Darstellung von 1645 bis 1818, Langenau 1987, S. 22 f.
4 StA Ul, A 2100 und 2101; vgl. Alb-Donau-Kreis (wie Anm. 2), S. 521.
5 Vgl. Michael Dieterich, Kurze Beschreibung der Stadt Langenau, Ulm 1852, S. 65;

i. F. Tradition verpflichtet. Ein Werk biografischer Kreis- und Firmenchronik der Stadt und des Kreises Ulm/Donau, Stuttgart 1953, S.118; Kurt Füller, Bevölkerungsentwicklung, in: Der Stadt und Landkreis Ulm. Amtliche Kreisbeschreibung, hrsg. von der Staatlichen Archivverwaltung Baden-Württemberg in Verbindung mit der Stadt Ulm und dem Landkreis Ulm, Ulm 1972, S. 584; Alb-Donau-Kreis (wie Anm. 2), S. 473 f.
6 StA LA, B 238, GPr v. 31.12.1871.
7 StA LA, A 504; LA, Nr. 126 v. 22.10.1919; vgl. Alb-Donau-Kreis (wie Anm. 2), S. 475; Füller (wie Anm. 5), S. 584; Heckel (wie Anm. 1), S. 269; Wilmar Jakober, Der schwierige Weg zur Demokratie. Langenau in den Jahren 1945-49, Langenau [1985], S. 82 f.; Peter Schaller/Uwe Schmidt, Langenau, in: Wolfgang Schürle (Hrsg.), Wirtschaftsgeschichte im Raum Ulm. Entwicklungslinien im Alb-Donau-Kreis seit 1945 (Alb und Donau, Kunst und Kultur, Bd. 15), Ulm 1998, S. 318.
8 Zit. nach Heckel (wie Anm. 1), S. 53.
9 Vgl., auch i. F., ebd., S. 56 f.
10 Zit. nach ebd., S. 57.
11 Erneuerte Stadt Ulmische Landpolizei, Ulm 1721, S. 26.
12 Ebd., S. 26.
13 Competenz Consignatio der Pfarr Langenau, verfasst von Pfarrer Johann Müller 1663, in: Hans Bühler (Bearb.), Langenau. Eine zeitgenössische Darstellung von 1645 bis 1818, Langenau 1987, S. 11; vgl. auch Heckel (wie Anm. 1), S. 57.
14 Competenz Consignatio (wie Anm. 13), S. 11 f.; vgl. Heckel (wie Anm. 1), S. 57 f.
15 Zit. nach Heckel (wie Anm. 1), S. 58 f.
16 In diesem Abschnitt folge ich weitgehend Heckel (wie Anm. 1), S. 53 ff.
17 Landpolizei (wie Anm. 11), S. 31.
18 StA UL, A 3530, Bd. 40 (1589/1590), Rp v. 24.9.1589 und 23.1.1590, Bd. 41 (1590), Rp v. 13. und 18.2., 11.3., 10.4. und 6.7.1590, Bd. 45 (1595), Rp v. 12.3.1595.
19 StA UL, A 3530, Bd. 86 (1636), Rp v. 12.8.1636, Bd. 97 (1647), Rp v. 14.1.1647, Bd. 98 (1648), Rp v. 1.9.1648.
20 StA UL, A 3530, Bd. 113 (1663), Rp v. 6.2.1663.
21 StA UL, A 3530, Bd. 116(1666), Rp v. 24.1.1666, Bd. 136 (1686), Rp v. 8.10.1686, Bd. 147 (1697), Rp v. 5.1.1697.
22 Vgl. Heckel (wie Anm. 1), S. 60 f.
23 Vgl. ebd., S. 54 f.
24 Vgl. ebd., S. 62.
25 Vgl. ebd., S. 63 f.
26 Vgl. ebd., S. 62.
27 Vgl. ebd., S. 63.
28 StA UL, A 3530, Bd. 61 (1611), Rp v. 29.7.1611.
29 StA UL, A 3530, Bd. 33 (1573), Rp v. 5.10.1573.
30 StA UL, A 3530, Bd. 61 (1611), Rp v. 3., 8., 15. und 19.7.1611, Bd. 62 (1612), Rp v. 7.12.1612.
31 StA UL, A 3530, Bd. 70 (1620), Rp v. 21.4.1620.
32 StA UL, A 3530, Bd. 112, Rp v. 9.6.1662.
33 StA UL, A 3530, Bd. 41 (1590), Rp v. 27.7.1590, Bd. 100 (1650), Rp v. 30.8.1650.
34 StA UL, A 3530, Bd. 41 (1590), Rp v. 13.7.1590.
35 StA UL, A 3530, Bd. 31 (1568), Rp v. 14.12.1568.
36 StA UL, A 3530, Bd. 27 (1561), Rp v. 21.3.1561.
37 StA UL, A 3530, Bd. 27 (1561), Rp v. 2.7.1561, Bd. 28 (1562), Rp v. 30.6.1562.
38 StA UL, A 3530, Bd. 61 (1611), Rp v. 15. und 20.3.1611.
39 StA UL, A 3530, Bd. 64 (1614), Rp v. 18.5.1614.
40 StA UL, A 3530, Bd. 72 (1622), Rp v. 8.2.1622.
41 StA UL, A 3530, Bd. 76 (1626), Rp v. 23.6.1626, Bd. 77 (1627), Rp v. 16.7.1627.
42 StA UL, A 3530, Bd. 35, Rp v. 27.2.1579, Bd. 45 (1595), Rp v. 6.3. und 1.12.1595, Bd. 46 (1596), Rp v. 26.1. und 5.4.1596; s. auch Bd. 62 (1612), Rp v. 14.2.1612.
43 StA UL, A 3530, Bd. 62 (1612), Rp v. 20.11.1612, Bd. 63 (1613), Rp v. 22.3.1613.
44 Vgl. Wilhelm Abel, Massenarmut und Hungerkrisen im vorindustriellen Deutschland, Göttingen 1972, S. 16 ff.
45 StA UL, A 3530, Bd. 28 (1563/64), Rp v. 18.2.1563 und 14.1.1564, Bd. 30 (1566), Rp v. 4.11.1566.
46 StA UL, A 3530, Bd. 32 (1571), Rp v. 28.2.1571.
47 StA UL, A 3530, Bd. 32 (1571), Rp v. 21.11. und 7.12.1571, Bd. 33 (1573), Rp v. 6.2. und 3.12.1573, Bd. 33 (1574), Rp v. 27.3.1574.
48 StA UL, A 3530, Bd. 32 (1572), Rp v. 15.8.1572, Bd. 33 (1573), Rp v. 10.12.1573, Bd. 33 (1574), Rp v. 14.4.1574, Bd. 48 (1598), Rp v. 25. und 30.8.1598.
49 StA UL, A 3530, Bd. 33 (1574), Rp v. 5.4.1574.
50 StA UL, A 3530, Bd. 32 (1572), Rp v. 19.3.1572.
51 StA UL, A 3530, Bd. 32 (1571/72), Rp v. 11.6.1571 und 5.9.1572.
52 StA UL, A 3530, Bd. 33 (1573), Rp v. 20.2.1573.
53 StA UL, A 3530, Bd. 33 (1573), Rp v. 23.11.1573.
54 StA UL, A 3530, Bd. 32 (1571), Rp v. 7., 10., 12., 14. und 17.12.1571.
55 StA UL, A 3530, Bd. 32 (1571), Rp v. 2.8.1571.

56 StA UL, A 3530, Bd. 35 (1580), Rp v. 1580.
57 Vgl. Abel (wie Anm. 44), S. S. 46 f.; Horst Bartel (Hrsg.), Deutsche Geschichte, Bd. 3: Die Epoche des Übergangs vom Feudalismus zum Kapitalismus von den siebziger Jahren des 15. Jahrhunderts bis 1789, Köln 1983, S. 477.
58 StA UL, G 1 1881, Bd. 2, S. 590, 608, 635, 681, 764; UIb 1769-1773, jeweils Nr. 1; vgl. auch Hansmartin Ungericht, Der Alte Friedhof in Ulm (Forschungen zur Geschichte der Stadt Ulm, Reihe Dokumentation, Bd. 3), Ulm 1980, S. 204 ff.
59 StA UL, G 1 1790/2, S. 1909.
60 StA UL, G1 1800/2, Bd. 4, S. 302, G 1 1790/2, S. 1914, G 1 1792, S. 124.
61 Verzeichnis der Wurzen und Kräuter, welche, außer denen dem Landmann insgeheim schon bekannten, ohne Schaden der Gesundheit, zur Nahrung und Speise bei gegenwärtigen Fruchtmangel und Teuerung gebraucht werden, Ulm [1771].
62 StA UL, G 1 1800/2, Bd. 4, S. 288 f.; vgl. zu diesem Abschnitt auch Kurt Rothe, Das Finanzwesen der Reichsstadt Ulm im 18. Jahrhundert. Ein Beitrag zur Wirtschaftsgeschichte (Forschungen zur Geschichte der Stadt Ulm, Bd. 21), Ulm 1991, S. 209 f.
63 StA UL, G 1 1800/2, Bd. 4, S. 301 ff.
64 StA UL, G 1 1800/2, Bd. 4, S. 306.
65 Vgl. Uwe Schmidt, Südwestdeutschland im Zeichen der Französischen Revolution. Bürgeropposition in Ulm, Reutlingen und Esslingen (Forschungen zur Geschichte der Stadt Ulm, Bd. 23), Ulm 1993, S. 37.
66 Vgl. Die Hungerjahre 1816/17 auf der Alb und an der Donau, hrsg. von der Arbeitsgemeinschaft der Heimatmuseen im Alb-Donau-Kreis, Ulm 1985, S. 36 ff; Hermann Eiselen, Die Hungersnot 1816/17 in Baden und Württemberg, in: ebd., S. 10 f.
67 Vgl. die Preisangaben im UIb, Jg. 1816.
68 Vgl. Aufschriebe des Pfarrers Gottlieb Flaischlen zum Säkularfest der Reformation am 31.10.1817, in: Langenau. Eine zeitgenössische Darstellung von 1645 bis 1818, hrsg. von Hans Bühler, Langenau 1987, S. 99f.; auch abgedruckt in Hungerjahre (wie Anm. 66), S.22 ff.
69 Ebd., S. 100.
70 StA LA, A 551, Schreiben des Kameralverwalters Glaß v. 15.1.1817.
71 Zit. nach Heckel (wie Anm. 1), S. 89; auch abgedruckt in Hungerjahre (wie Anm. 66), S. 26.
72 Vgl. Heckel (wie Anm. 1), S. 90.
73 UIb, Nr. 20 v. 17.5.1817; vgl. auch Eiselen (wie Anm. 58), S. 14 f.
74 StA LA, A 551, Erlass v. 10.6.1817; UIb, Nr. 25 v. 21.6.1817.
75 Aufschriebe (wie Anm. 68), S. 100.
76 StA LA, B 551, Schreiben des Oberamts Albeck v. 21.4.1817, Verzeichnisse v. 7. und 9.5.1817.
77 Aufschriebe (wie Anm. 68), S. 102.
78 Vgl. ebd., S 102; Heckel (wie Anm. 1), S. 90.
79 Vgl. Aufschriebe (wie Anm. 68), S. 103.
80 Vgl. Uwe Schmidt, Skizzen zur Sozialgeschichte, in: Hans Eugen Specker (Hrsg.), Ulm im 19. Jahrhundert. Aspekte aus dem Leben der Stadt (Forschungen zur Geschichte der Stadt Ulm, Reihe Dokumentation, Bd. 7), Ulm 1990, S. 263 f.
81 UIb, Jgg. 1811-1850.
82 Vgl. Wolf-Dieter Hepach, Ulm im Königreich Württemberg. Wirtschaftliche, soziale und politische Aspekte (Forschungen zur Geschichte der Stadt Ulm, Bd. 16), Ulm 1979, S. 80.
83 StA LA, A 551, Schreiben des Gemeinderates v. 9.3.1847.
84 StA LA, A 551, Schreiben an das Kameralamt in Ulm v. 29.3.1847.
85 StA LA, A 551, Verzeichnisse v. 9.3. und 16./17.6.1846.
86 STA LB, F 207/I, Bü 97, Erlasse der Donaukreisregierung v. 12. und 16.3.1846, Schreiben Langenaus v. 25.3.1846.
87 STA LB, F 207/I, Bü 97, Erlass der Donaukreisregierung v. 29.3.1847.
88 StA LA, A 551, Schreiben v. 20.4.1847.
89 Dieterich (wie Anm. 5), S. 22 f.
90 Ulmisches Urkundenbuch, hrsg. von Gustav Veesenmeyer und Hugo Bazing, Bd. 2, Ulm 1900, Nrn. 493 und 519; vgl. auch Heckel (wie Anm. 1) S. 59 f.
91 StA UL, A 3530, Bd. 64 (1614), Rp v. 6.7.1614.
92 StA UL, A 3530, Bd. 238 (1787), Rp v. 12.1.1787, Bd. 242 (1791), Rp v. 9.2.1791.
93 StA UL, A 3530, Bd. 115 (1665), Rp v. 10.5.1665.
94 Vgl. Heckel (wie Anm. 1) S. 63.
95 StA UL, A 3530, Bd. 59 (1609), Rp v. 20. und 25.10.1609, Bd. 60 (1610), Rp v. 22.3.1610.
96 StA UL. A 3530, Bd. 185 (1735), Rp v. 18.5.1735.
97 StA UL, A 3530, Bd. 205 (1754), Rp v. 6.11.1754.
98 Bei der Darstellung der Ereignisse in unserer Region folge ich Johannes Greiner, Ulm und Umgebung im Bauernkrieg, in: UO 16 (1909); Heckel (wie Anm. 1), S. 66 f.; noch immer lesenswert die Standardwerke von Friedrich Engels, Der deutsche Bauernkrieg, in: MEW 7, Berlin/DDR 1960, S. 327–413; Wilhelm Zimmermann, Der große deutsche Bauernkrieg, 5. Aufl. Berlin/DDR, für das Geschehen in Leipheim und Langenau, S. 286 ff.

99 Zit. nach Greiner (wie Anm. 98) S. 17.
100 Zit. nach Heckel (wie Anm. 1) S. 66 f.
101 Illustrierte Geschichte der deutschen frühbürgerlichen Revolution, 2. Aufl. Berlin/DDR 1982, S. 232 f.
102 StA UL, A 3420, Nr. 157.
103 Vgl. Heckel (wie Anm. 1) S. 64.
104 Vgl. Willi A. Boelcke, Sozialgeschichte Baden-Württembergs 1800-1989. Politik, Gesellschaft, Wirtschaft (Schriften zur politischen Landeskunde Baden-Württembergs, Bd. 16), Stuttgart/Berlin/Köln 1989, S. 54 f.; Abdruck der beiden Edikte in: Wolfgang von Hippel, Die Bauernbefreiung im Königreich Württemberg (Forschungen zur Deutschen Sozialgeschichte, Bd. 1), Bd. 2, Boppard 1977, Nrn. 43 und 44.
105 StA LA, B 227, GPr v. 25.10.1820, 5.10.1821, 3.7.1822, 20.6. und 1.7.1823.
106 StA LA, B 227, GPr v. 15.4.1824, 25.1. und 19.4.1825, 3. und 29.3.1826, B 228, GPr v. 26.3.1827, 16.4.1830, 28.2.1832, 14.4.1835 und 14.5.1836, B 229, GPr v. 4. und 14.4.1837.
107 Abgedruckt in Hippel (wie Anm. 104), Nr. 123.
108 Vgl. Boelcke (wie Anm. 104), S. 55.
109 StA LA, B 229, GPr v. 9.4., 28.5. und 23.11.1838 sowie 26.4.1839.
110 StA LA, B 229, GPr v. 3.3. und 2.9.1840.
111 Rgbl., Jg. 1848, S. 165 ff. und 509 ff.; Abdruck der Gesetze in Hippel (wie Anm. 104), Nrn. 168 und 170.
112 STA LB, F 207 I, Ablösungsvertrag v. 7.8.1851.
113 STA LB, F 207 I, Ablösungsverträge v. 6.10.1850 sowie 19. und 26.5.1851.
114 STA LB, F 207 I, Ablösungsvertrag v. 26.3.1849.
115 STA LB, F 207 I, Ablösungsvertrag v. 26.3.1849.
116 Hippel (wie Anm. 104), Bd. 1, S. 511.
117 StA UL, A 3530, Bd. 30 (1566), Rp v. 6.5.1566.
118 Vgl. Hans Eugen Specker, Ulm Stadtgeschichte, Ulm 1977, S. 106.
119 StA UL, A 3530, Bd. 27 (1561), Rp v. 26.3.1561, Bd. 28 (1563), Rp v. 3.12.1563.
120 Landpolizei (wie Anm. 11), S. 6, 36 f.
121 StA UL, A 3530, Bd. 13 (1536), fol. 156, Bd. 24 (1556), Rp v. 12.10.1556.
122 StA UL, A 3530, Bd. 28 (1563), Rp v. 3.12.1563, Bd. 40 (1589), Rp v. 31.12.1589.
123 StA UL, A 3530, Bd. 28 (1563), Rp v. 6.7.1563.
124 StA UL, A 3530, Bd. 111 (1661), Rp v. 5.4.1661, Bd. 112 (1662), Rp v. 23.4.1662.
125 Vgl. Gerhard Ihme, Von der Zentralleitung des Wohltätigkeitsvereins zum Landeswohlfahrtsverband für Baden-Württemberg, in: 150 Jahre Wohlfahrtspflege in Baden-Württemberg. Festschrift zum 150-jährigen Jubiläum des Landeswohlfahrtswerks für Baden-Württemberg, S. 30 f.; Würt. Jb. 1829, II, S. 319 ff.
126 Württ. Jb 1829, II, S. 319.
127 StA UL, A 3530, Bd. 115 (1665), Rp v. 12.5.1665.
128 Vgl., auch i. F., Heckel (wie Anm. 1), S. 223 f.
129 StA UL, A 3530, Bd. 68 (1618), Rp v. 4.11. und 30.12.1618, Bd. 69 (1619), Rp v. 10.3.1619, s. auch A 2507, Ratsdekrete v. 10.3. und 26.9.1619.
130 StA UL, A 3530, Bd. 32 (1571), Rp v. 17.1.1571, s. auch Bd. 40 (1589), Rp v. 29.12.1589, Bd. 44 (1594), Rp v. 1.7.1594.
131 StA UL, A 3530, Bd. 217 (1766), Rp v. 8.1., 26.2., 3., 12. und 21.3.1766.
132 StA UL, A 3530, Bd. 112 (1662), Rp v. 23.4.1662, Bd. 218 (1767), Rp v. 18.3.1767, Bd. 240 (1789), Rp v. 12.1.1789.
133 StA UL, A 3530, Bd. 125 (1675), Rp v. 11.8.1675.
134 StA UL, A 3530, Bd. 92 (1642), Rp v. 18. und 25.2.1642.
135 StA UL, A 3530, Bd. 93 (1643), Rp v. 4.4.1643.
136 StA UL, A 3530, Bd. 115 (1665), Rp v. 12.5.1665, Bd. 117 (1667), Rp v. 25.11.1667, Bd. 129 (1679), Rp v. 11.7.1679.
137 StA UL, A 3530, Bd. 134 (1684), Rp v. 11.4.1684.
138 StA UL, A 3530, Bd. 189 (1689), Rp v. 18.2.1689.
139 Vgl. Heckel (wie Anm. 1), S. 224 f.
140 Dieterich (wie Anm. 5), S. 71 f.
141 SZ, Nr. 49 v. 1.3.1999
142 Zum reichsstädtischen Gesundheitswesen s. Specker (wie Anm. 118), S. 103 f.
143 StA UL, A 3530, Bd. 24 (1555), Rp v. 14.8.1555.
144 StA UL, A 3530, Bd. 98 (1648), Rp v. 1.9.1648, Bd. 132 (1682), Rp v. 14.7.1682, Bd. 217 (1766), Rp v. 21.5. und 23.7.1766.
145 Des(!) Heiligen Römischen Reichsstadt Ulm renoviert und verbesserte Ordnung, die Barbierer, Bader und Wundärzte betreffend, Ulm 1738, S. 4 f.
146 StA UL, A 3530, Bd. 178 (1728), Rp v. 19.11.1728.
147 Vgl. Heckel (wie Anm. 1), S. 252 f.
148 StA UL, A 3530, Bd. 198 (1747), Rp v. 5. und 7.4.1747.
149 Wundarztordnung (wie Anm. 145), S. 9.
150 StA UL, A 2144, Instruktion für den Stadtphysikus Dr. Joh. Georg Laib wegen des Landphysikats in der Oberen Herrschaft v. 1.3.1719.
151 Des (!) Heiligen Römischen Reichsstadt Ulm wiederholt und erneuerte Gesatz und Ordnung, betreffend das Collegium Medicum, samt andern der Arznei-Doktoren wie auch Apothekern, Ulm 1737, S. 13.

152 Wundarztordnung (wie Anm. 145), S. 7 f.
153 Landpolizei (wie Anm. 11), S. 7.
154 StA UL, A 3530, Bd. 85 (1635), Rp v. 25.8.1635, Bd. 90 (1640), Rp v. 26.6.1640.
155 StA UL, A 3530, Bd. 104 (1654), Rp v. 15.2., 20.3. und 12.5.1654.
156 StA UL, A 3530, Bd. 110 (1660), Rp v. 9. und 11.7.1660, Bd. 114 (1664), Rp v. 16.11. und 7.12.1664.
157 StA UL, A 3530, Bd. 137 (1687), Rp v. 12.9.1687.
158 StA UL, A 3530, Bd. 190 (1690), Rp v. 13.10.1690.
159 StA UL, A 3530, Bd. 65 (1615), Rp v. 14.4.1615.
160 StA UL, A 3530, Bd. 78 (1628), Rp v. 18.1.1628.
161 StA UL, A 3530, Bd. 105 (1655), Rp v. 30.3.1655.
162 StA UL, A 3530, Bd. 71 (1621), Rp v. 14.2.1621.
163 StA UL, A 3530, Bd. 97 (1647), Rp v. 5.9.1647.
164 Vgl. Heckel (wie Anm. 1), S. 252.
165 Vgl. Ilse Schulz, Verwehte Spuren. Frauen in der Stadtgeschichte, Ulm 1998, S. 58 f.
166 StA UL, A 2238, Liste der Kompetenzen der Langenauer Bediensteten v. 18.2.1734.
167 Zit. nach Heckel (wie Anm. 1), S. 254.
168 Vgl. ebd., S. 252.
169 StA UL, A 3530, Bd. 154 (1704), Rp v. 21.4. und 28.7.1704.
170 StA UL, A 3530, Bd. 144 (1694), Rp v. 8., 17. und 19.1.1694.
171 StA UL, A 3530, Bd. 195 (1744), Rp v. 16.9.1744.
172 StA UL, A 3530, Bd. 197 (1746), Rp v. 31.10. und 14.12.1746.
173 StA UL, A 3530, Bd. 203 (1752), Rp v. 17., 20., 24. und 29.3. sowie 5.4.1752.
174 StA UL, A 3530, Bd. 236 (1785), Rp v. 27. und 30.5., 3. und 6.6. sowie 7.9. und 7.10.1785.
175 StA UL, A 3530, Bd. 167 (1717, Rp v. 22. und 26.2.1717.
176 StA UL, A 3530, Bd. 169 (1719), Rp v. 5.7.1719.
177 StA UL, A 3530, Bd. 233 (1782), Rp v. 9., 13. und 23.9., 14.10. sowie 4., 8. und 13.11.1782.
178 Landpolizei (wie Anm. 11), S. 68.
179 Ebd, S. 28.
180 Ebd, S. 39 f.
181 StA UL, A 3530, Bd. 218 (1768), Rp v. 2. und 4.3.1767; Landpolizei (wie Anm. 11), S. 39.
182 StA UL, A 3530, Bd. 218 (1767), Rp v. 4. und 11.3.1767.
183 StA UL, A 3530, Bd. 217 (1766), Rp v. 29. und 31.1., 7.2., 2. und 26.5. sowie 1. und 19.12.1766.
184 StA UL, A 3530, Bd. 229 (1778), Rp v. 23.2.1778.
185 Vgl. Dieterich (wie Anm. 5), S. 45, 61 und 62; Heckel (wie Anm. 1), S. 252 f.
186 Vgl. Heckel (wie Anm. 1), S. 253.
187 StA LA, B 234, Rp v. 1.10. und 12.11.1862 sowie 4.2.1863.
188 StA LA, B 235, GPr v. 25.1. und 28.2.1865.
189 StA LA, B 239, GPr v. 11.9.1873.
190 StA LA, B 240, GPr v. 3.10. und 28.12.1876, B 241, GPr v. 10.12.1877.
191 LA, Nr. 113 v. 23.9.1913.
192 Vgl. Heckel (wie Anm. 1), S. 254.
193 StA LA, B 229, GPr v. 1.12.1843.
194 StA LA, B 246, GPr v. 4. und 25.4. sowie 15.7.1902.
195 StA LA, B 235, GPr v. 12.11.1863, B 236, GPr v. 11.10.1866.
196 StA LA, B 241, GPr v. 10.7.1877.
197 StA LA, B 235, GPr v. 5., 12. und 19.1.1864.
198 StA LA, B 235, GPr v. 23.3.1865, B 236, GPr v. 31.12.1866.
199 StA LA, B 240, GPr v.15. und 21.5., 11. und 25.6. sowie 6.8. und 4.12.1874.
200 LA, Nr, 86 v. 24.10.1863.
201 LA, Nrn. 87 und 89 v. 28.10. und 4.11.1863.
202 LA, Nr. 1 v. 2.1.1864.
203 LA, Nrn. 73 v. 10.9.1864 und 1 v. 2.1.1867.
204 StA LA, B 235, GPr v. 14.12.1865.
205 StA LA, B 235, GPr v. 15.8. und 14.11.1865.
206 StA LA, B 239, GPr v. 24.5.1872.
207 StA LA, B 239, GPr v. 24.4. und 24.7.1873.
208 StA LA, B 244, GPr v. 14.8.1890.
209 StA LA, B 244, GPr v. 25.9.1891.
210 StA LA, B 240, GPr v. 27.1.1876, B 241, GPr v. 8.5.1877.
211 StA LA, B 244, GPr v. 7.3.1893.
212 StA LA, B 242, GPr v. 4.2.1881.
213 StA LA, B 239, GPr v. 6.11.1873, B 241, GPr v. 10.12.1877 und 26.9.1877.
214 StA LA, B 240, GPr v. 4.3.1875, B 241, GPr v. 8.8.1877, B 244, GPr v. 30.5. und 10.10.1890.
215 StA LA, B 245, GPr v. 26.5., 9.6. und 5.11.1897, B 246, GPr v. 8.11.1900.
216 StA LA, B 247, GPr v. 4.10.1906.
217 StA LA, B 242, GPr v. 11.6. und 17.9.1880, B 244, GPr v. 21.11.1890.
218 StA LA, B 245, GPr v. 8.12.1899, B 246, GPr v. 22.1.1900.
219 UAZ, Nr. 18 v. 23.1.1933.
220 StA LA, B 241, GPr v. 24. und 27.4.1877; LA, Nr. 28 v. 7.4.1877.
221 LA, Nr. 31 v. 18.4.1877.
222 StA LA, B 246, GPr v. 27.10.1903; LA, Nrn. 34 v. 28.4. und 89 v. 7.11.1877.
223 StA LA, B 244, GPr v. 8.6.1894.

224 StA LA, B 242, GPr v. 6.6. und 19.9.1884.
225 StA LA, B 243, GPr v. 22.1.1887.
226 StA LA, B 243, GPr v. 13.1. und 13.2.1885 sowie v. 21.2.1888.
227 StA LA, B 243, GPr v. 13.1.1885 sowie 9.7. und 31.8.1887.
228 StA LA, B 243, GPr v. 18.5.1888.
229 StA LA, B 244, GPr v. 2.5.1893, B 246, GPr v. 18.4.1902.
230 LA, Nrn. 132 und 134 v. 6. und 11.11.1913; vgl. beispielsweise UAZ, Nr. 136 v. 15.11.1927.

Kirche und kirchliches Leben in Langenau vom Frühmittelalter bis in das 20. Jahrhundert

1 Vgl. Bodo Cichy, Die evangelische Stadtpfarrkirche St. Maria und St. Martin zu Langenau (Kr. Ulm). Das Bild ihrer Vor- und Baugeschichte nach den Ergebnissen der Ausgrabungen 1954, 1961 und 1962, in: Nachrichtenblatt der Denkmalpflege in Baden-Württemberg 5 (1963), S. 66; August Heckel, Die Geschichte der Stadt Langenau, Langenau 1964, S. 27 und 181 f.
2 Vgl. Der Alb-Donau-Kreis, hrsg. von der Landesarchivdirektion Baden-Württemberg in Verbindung mit dem Alb-Donau-Kreis, Bd. 2, Sigmaringen 1992, S. 518.
3 Ulmisches Urkundenbuch hrsg. von Gustav Veesenmeyer und Hugo Bazing, Bd. 2, Ulm 1898/1900, Nrn. 150 (1336-11-16), 386 (1352-6-18) und 573 (1360-5-23).
4 Vgl., auch i. F., Alb-Donau-Kreis (wie Anm. 2), S. 518; Heckel (wie Anm. 1), S. 30 f.
5 Vgl. Heckel (wie Anm. 1), S. 186.
6 Zur Reformation s. Hans Eugen Specker, Ulm. Stadtgeschichte, Ulm 1977, S. 107 ff.; Hans Eugen Specker/Gebhard Weig (Hrsg.), Die Einführung der Reformation in Ulm. Geschichte eines Bürgerentscheids (Forschungen zur Geschichte der Stadt Ulm, Reihe Dokumentation, Bd. 2), Ulm 1981.
7 Zit. nach Specker (wie Anm. 6), S. 119.
8 Vgl. Julius Endriß, Das Reformationsjahr 1531 in seinen entscheidenden Vorgängen, Ulm [1931], S. 31 f.
9 Vgl. ebd., S. 36 f.
10 Vgl. Alb-Donau-Kreis (wie Anm. 2), S. 519.
11 Vgl. Endriß, (wie Anm. 8), S. 24 ff.; Monika Hagenmaier, Vom hohen Turm. Ausblicke auf 500 Jahre kirchliches und politisches Leben in Langenau, Langenau 1992, S. 9.
12 Vgl. auch i. f., Specker/Weig (wie Anm. 6), S. 190 f.
13 Zit. nach Specker (wie Anm. 6), S. 121.
14 Vgl. ebd., S. 121 f.; zur Reformation auf dem Landgebiet s. Paul Hofer, Die Reformation im Ulmer Landgebiet. Religiöse, wirtschaftliche und soziale Aspekte, Diss. phil. Tübingen 1977 (masch.).
15 Im Weiteren folge ich Julius Endriß, Die Ulmer Synoden und Visitationen der 1531–47. Ein Stück Kirchen- und Kulturgeschichte, Ulm 1935, S 50 passim; Abdruck der Visitationen bei Giefel (Bearb.), Ulmer Kirchenvisitationen vom Jahr 1535 an, in: WVjh 9 (1886), S. 204 ff.
16 Vgl. F. Fritz, Ulmische Kirchengeschichte vom Interim bis zum Dreißigjährigen Krieg (1548–1612), in: BWKG, N.F. 37 (1933), S. 15.
17 StA Ul, A 3530, Bd. 52 (1602), Rp v. 3. und 9.11.1602; vgl. Oliver Kaul, Studien zum Verhältnis von protestantischer Hochreligion und ländlichem Volksglauben. Das Ulmer Territorium im konfessionellen Zeitalter, Magisterarbeit Bonn 1996 (masch.), S. 159 f. (Standort: Stadtarchiv Ulm).
18 Vgl. Endriß (wie Anm. 15), S. 34.
19 StA UL, A 3530, Bd. (1537), fol. 139.
20 Vgl. Michael Dieterich, Kurze Beschreibung der Stadt Langenau, Ulm 1852, S. 31; zu Neidlinger s. Friedrich Keidel, Der erste Diözesanverein in Langenau, in: BWKG 10 (1895), S. 50.
21 Vgl. Specker (wie Anm. 6), S. 126 f.
22 Vgl. Heckel (wie Anm. 1), S. 189.
23 StA UL, A 3530, Bd. 22 (1553), Rp v. 9.8., Bd. 23 (1555), Rp v. 27.3.
24 Vgl. Specker (wie Anm. 6), S. 127 f.
25 StA UL, A 3530, Bd. 23 (1555), Rp v. 3. und 16.11. sowie 7.12.; vgl. auch Fritz (wie Anm. 16), S. 120 f.
26 StA UL, A 3530, Bd. 23 (1555), Rp v. 12.12.
27 StA UL, A 3530, Bd. 23 (1555), Rp v. 28.12., Bd. 23 (1556), Rp v. 4. und 18.1.
28 StA UL, A 3530, Bd. 24 (1556), Rp v. 16.9., Bd. 26 (1558), Rp v. 7.12.
29 Vgl. Fritz (wie Anm. 16), S. 121.
30 Vgl. Heckel (wie Anm. 1), S. 190.
31 Erneuerte Stadt Ulmische Landpolizei, Ulm 1721, S. 62.
32 Vgl. Julius Endriß, Die Ulmer Kirchenvisitationen des 17. und 18. Jahrhunderts, Ulm 1938, S. 11 f.
33 Zit. nach ebd., S. 77 f.
34 Vgl. i. F. Martin König, Kirchliches Leben in Ulm, in: Hans Eugen Specker (Hrsg.), Ulm im 19. Jahrhundert. Aspekte aus dem Leben der Stadt (Forschungen zur Geschichte der Stadt Ulm, Reihe Dokumentation, Bd. 7), Ulm 1990, S. 355 passim.
35 Zit. nach Karl Hagenmaier, Langenau im Dritten Reich. Zum Verhältnis von Kirche und Stadt, Weißenhorn 1986, S. 10.
36 Vgl. Dieterich (wie Anm. 20), S. 73.

37 LA, Nr. 64 v. 11.8.1883; s. auch LA, Nr. 70 v. 1.9.1883; Dieterich (wie Anm. 20), S. 65.
38 LA, Nr. 89 v. 7.11.183.
39 LA, Nrn. 89 und 91 v. 7.und 14.11.1883; zu Köstlin vgl. Heckel (wie Anm. 1), S. 192.
40 Vgl. König (wie Anm. 34), S. 360 f.
41 LA, Nr. 77 v. 5.7.1921.
42 LA, Nr. 19 v. 17.2.1921; UAZ, Nr. 117 v. 20.5.1922.
43 vgl. König (wie Anm. 34), S. 372.
44 LA, Nr. 99 v. 12.12.1894.
45 Vgl. Dieterich (wie Anm. 20), S. 69.
46 LA, Nr. 145 v. 10.12.1908.
47 LA, Nrn. 125 v. 26.10.1909 und 83 v. 16.7.1912.
48 UAZ, Nr. 117 v. 20.5.1922.
49 Vgl. Hans Häge, Langenauer Stadtgeschichte 1945 bis 1984, Langenau 1986, S. 109 f.; Heckel (wie Anm. 1), S. 202 f.; Beatrix Nobis, Die Baudenkmäler Langenaus und ihre kunsthistorische Bedeutung, in: Langenau. Eine Stadt im Wandel der Zeit, hrsg. von der Langenauer Bank, Volksbank-Raiffeisenbank, Langenau 1981, S. 51.
50 Vgl. Häge (wie Anm. 49), S. 110.

Schulen und Fortbildung

1 Zur Ulmer Schulgeschichte s. Hans Greiner, Geschichte der Ulmer Schule, in: UO 20 (1914), S. 1 ff.; Hans Eugen Specker, Ulm. Stadtgeschichte, Ulm 1977, S. 74 f.
2 Vgl. August Heckel, Geschichte der Stadt Langenau, Langenau 1964, S. 204.
3 Zit. nach Hans Eugen Specker/ Gebhard Weig (Hrsg.), Die Einführung der Reformation in Ulm. Geschichte eines Bürgerentscheids (Forschungen zur Geschichte der Stadt Ulm, Reihe Dokumentation, Bd. 2), Ulm 1981, S. 190; vgl. auch Julius Endriß, Das Ulmer Reformationsjahr 1531 in seinen entscheidenden Vorgängen, 2. Aufl. Ulm [1931], S. 83 f.
4 Vgl. Specker (wie Anm. 1), S. 153.
5 StA UL, A 3530, Bd. 19 (1547), Rp v. 13.6., 27.7. und 23.9.1547, Bd. 19 (1548), Rp v. 18.4.1548, Bd. 20 (1549), Rp v. 2.1.1549.
6 Zit. nach Julius Endriß, Die Ulmer Kirchenvisitationen der Jahre 1557–1615, Ulm 1937, S. 67.
7 StA UL, A 3530, Bd. 65 (1615), Rp v. 2.8., 11. und 23.10.1615.
8 Zit. nach Julius Endriß, Die Ulmer Kirchenvisitationen des 17. und 18. Jahrhunderts, Ulm 1938, S. 77.
9 StA UL, A 3530, Bd. 108 (1658), Rp v. 30.7.1658; vgl. Heckel (wie Anm. 2), S. 205.
10 Vgl. Heckel (wie Anm. 2), S. 205.
11 Vgl., auch i. f., ebd., S. 104 f.
12 Zit. nach Julius Endriß (Bearb.), Die Ulmer Synoden und Visitationen der 1531–47. Ein Stück Kirchen- und Kulturgeschichte, Ulm 1935, S. 110.
13 Vgl. Hans Häge, Langenauer Stadtgeschichte 1945 bis 1984, Langenau 1986, S. 136 f.
14 StA LA, B 235, GPr v. 30.5.1865, B 236, GPr v. 17.4.1866, B 241, Gpr v. 8.5.1877.
15 UAZ, Nr. 70 v. 14.6.1927
16 StA UL, A 3530, Bd. 77 (1627), Rp v. 3.8.1627.
17 Vgl. August Heckel, Entwicklung des Schulwesens im einstigen Ulmer Land, Zeitungsartikel liegen in einem Sammelband der Stadtbibliothek Ulm vor); ders. (wie Anm. 2), S. 220 f.
18 StA UL, A 3530, Bd. 150 (1700), Rp v. 26.1. und 3.10.1700, Bd, 164 (1714), Rp v. 17.9.1714.
19 StA UL, A 3530, Bd. 233 (1782), Rp v. 23.1. und 4.9.1782.
20 Notizen, Wettingen, Stuppelau, Riedhöfe und Riedmühlen betreffend. Geschrieben von Pfarrer Flaischlen im Jahr 1818, in: Hans Bühler (Bearb.), Langenau. Eine zeitgenössische Darstellung von 1645 bis 1818, Langenau 1987, S. 78 f.
21 Vgl. Heckel (wie Anm. 2), S. 207.
22 StA LA, B 228, GPr v. 31.1., 14.5. und 12.6.1835; vgl. auch Michael Dieterich, Kurze Beschreibung der Stadt Langenau, Ulm 1852, S. 68; Heckel (wie Anm. 2), S. 207.
23 StA LA, B 230, GPr v. 6.11.1850 und 4.3.1851.
24 Vgl. Heckel (wie Anm. 2), S. 206.
25 StA LA, B 231, GPr v. 20.1.1854; vgl. auch Heckel (wie Anm. 2), S. 207.
26 StA LA, B 234, GPr v. 29.7.1861.
27 LA, Nr. 34 v. 28.4.1866.
28 StA LA, B 236, GPr v. 9.1., 15.3., 30.5., 23.8., 17.9. und 4.10.1866.
29 LA, Nr. 70 v. 30.8.1865.
30 LA, Nrn. 71, 72 und 73 v. 2., 6. und 9. 9.1865.
31 StA LA, B 240, GPr v. 30.3. und 23.4.1876.
32 Zit. nach Otto Storz, Geschichte des Schulwesens in Langenau, in: UBl 1 (1924/25), S. 101.
33 StA LA, B 241, GPr v. 31.1.1878, B 243, GPr v. 8.5.1885 sowie 10.1. und 8.11.1887.
34 StA LA, B 243, GPr v. 23.10.1885, 8.1. und 22.10.1886, 31.5. und 20.6.1887 sowie 11. und 29.5.1888; vgl. auch Peter Hellmich, Vom Freistegschulhaus zum Robert-Bosch-Gymnasium 1888–1988, in: Freistegschule Langenau 1888. Festschrift zur Hundertjahrfeier, Langenau 1988, S. 16 f.
35 StA LA, B 243, GPr v. 12.10.1888; LA, Nrn. 82 und 83 v. 13. und 17.10.1888.
36 StA LA, B 244, GPr v. 22.12.1893 und

9.11.1894, B 245, GPr v. 11.6. und 23.7.1895 sowie 21.3.1898.
37 StA LA, B 237, GPr v. 19.11. und 30.12.1868, B 238, GPr v. 12.2.1870; vgl. auch Hellmich (wie Anm. 34), S. 16 f.
38 StA LA, B 242, GPr v. 1. und 18.11.1881, B 244, GPr v. 3.11.1891.
39 StA LA, B 244, GPr v. 3.11.1891, 6.7. und 9.9.1892.
40 LA, Nr. 4 v. 14.1.1893.
41 StA LA, B 244, GPr v. 31.1.1893.
42 LA, Nr. 15 v. 22.2.1893.
43 LA, Nr. 38 v. 2.4.1910.
44 LA, Nr. 17 v. 1.3.1893.
45 StA LA, B 245, GPr v. 8.2.1898; vgl. auch 100 Jahre höhere Schule in Langenau, hrsg. v. Robert-Bosch-Gymnasium Langenau, Langenau 1995, S. 21.
46 StA LA, B 245, GPr v. 20.3., 4.5. und 4.9.1896.
47 LA, Nr. 38 v. 2.10.1910.
48 StA LA, B 245, GPr v. 22.10.1897; LA, Nr. 97 v. 13.10.1906; vgl. 100 Jahre (wie Anm. 45), S. 21; Hellmich (wie Anm. 34), S. 18.
49 LA, Nr. 38 v. 2.4.1910; im Weiteren folge ich 100 Jahre (wie Anm. 45), S. 21 ff.; Hellmich (wie Anm. 34), S. 18 ff.
50 Vgl. Dieterich (wie Anm. 22), S. 68.
51 StA LA, B 229, GPr v. 16. und 31.1.1844.
52 StA LA, B 233, GPr v. 22.12.1858.
53 Vgl. 100 Jahre (wie Anm. 45), S. 22.
54 StA LA, B 232, GPr v. 11.8.1857.
55 StA LA, B 240, GPr v. 4.5.1876.
56 StA LA, B 242, GPr v. 6. und 27.5.1881 sowie 31.8.1883.
57 Vgl. Der Alb-Donau-Kreis, hrsg. von der Landesarchivdirektion Baden-Württemberg in Verbindung mit dem Alb-Donau-Kreis, Bd. 2, Sigmaringen 1992, S. 487.
58 Vgl., auch i. f., Willi A. Boelcke, Sozialgeschichte Baden-Württembergs 1800–1989. Politik, Gesellschaft, Wirtschaft (Schriften zur politischen Landeskunde Baden-Württembergs, Bd. 16), Stuttgart 1989, S. 45 f.
59 Zit. ebd., S. 46.
60 Siegfried Schoch, Soziale Bewegungen sowie Formen sozialen und sozialpolitischen Denkens und Handelns in Württemberg 1770–1870, Stuttgart 1975, S. 405.
61 Vgl. Dieterich (wie Anm. 22), S. 68.
62 StA LA, B 228, GPr v. 22.2.1828.
63 LA, Nrn. 70 und 90 v. 1.9. und 10.11.1866 sowie 86 v. 27.10.1880.
64 LA, Nr. 70 v. 1.9.1888, s. auch Nr. 78 v. 29.9.1888 mit einem Beitrag von Stadtschultheiß Haug zur Haushaltungsschule.
65 StA LA, B 243, GPr v. 31.8., 11.9., 5. und 19.10.1888, B 244, GPr v. 21.11.1890 und 6.4.1891.
66 StA LA, B 243, GPr v. 25.4.1889, B 244, GPr v. 2.5.1893, B 245, GPr v. 20.4.1896.
67 StA LA, B 244, GPr v. 25.3.1890 und 1.4.1892.
68 StA LA, B 244, GPr v. 16. und 30.10.1891 sowie 24.3. und 10.7.1894.
69 StA LA, B 244, GPr v. 7.10.1892, 4. und 25.4. sowie 5.6. und 17.11.1893, B 245, GPr v. 16.11.1896 und 22.10.1897; zu den Herkunftsorten s. auch B 244, GPr v. 26.10.1894, B 245, GPr v. 22.10.1897.
70 StA LA, B 246, GPr v. 30.1., 15.6., 8.8. und 20.3.1900.
71 StA LA, B 246, GPr v. 30.3.1903, B 247, GPr v. 18. und 29.5. sowie 24.6., 11.8 und 25.10.1905; LA, Nr. 128 v. 2.11.1909.
72 Vgl. Boelcke (wie Anm. 58), S. 48 f.
73 StA LA, B 231, GPr v. 11.10.1854.
74 StA LA, B 231, GPr v. 22.9.1863, 29.11. und 1.12.1864.
75 StA LA, B 240, GPr v. 9.4.1874
76 StA LA, B 241, GPr v. 21.8., 12.9. und 30.10.1877 sowie 29.1. und 12.4.1878; LA, Nr. 31 v. 17.4.1878; UAZ, Nr. 215 v. 24.9.1930.
77 Vgl. Jb. HGK Württ. 1891, Teil II, S. 285.
78 StA LA, B 238, GPr v. 10.11.1870 und 14.12.1871; LA, Nr. 23 v. 19.3.1873.
79 LA, Nr. 31 v. 17.4.1878.
80 StA LA, B 239, GPr v. 1.7. und 20.10.1873, B 240, GPr v. 26.2.1875, B 242, GPr v. 17.2.1882.
81 StA LA, B 242, GPr v. 4.7.1884, B 243, GPr v. 1.3.1889, B 246, GPr v. 24.6.1902; LA, Nrn. 87 v. 1.11.1876 und 23 v. 21.3.1877, 31 v. 17.4.1878.
82 LA, Nr. 21 v. 13.3.1880.
83 UAZ, Nr. 33 v. 17.3.1928.
84 StA LA, B 244, GPr v. 14.3.1890.
85 LA, Nr. 21 v. 13.3.1886.
86 Vgl. Jb. HGK Württ. 1891, Teil II, S. 73; ebd., 1894, Teil II, S. 65.
87 StA LA, B 242, GPr v. 5.10.1880, 4.1.1881 und 25.7.1884, B 246, GPr v. 24.6. und 7.11.1902; LA, Nr. 35 v. 30.4.1881.
88 LA, Nr. 124 v. 24.10.1906.
89 Vgl. Heckel (wie Anm. 2), S. 209; Eugen Sauter, Schulen, in: Der Alb-Donau-Kreis, hrsg. von der Landesarchivdirektion Baden-Württemberg in Zusammenarbeit mit dem Alb-Donau-Kreis, Bd. 1, Sigmaringen 1989, S. 329.
90 Boelcke (wie Anm. 58), S. 49 f.
91 StA LA, B 234, GPr v. 8.11.1861, s. auch GPr v. 6.11.1862.
92 LA, Nr. 84 v. 19.10.1867.
93 LA, Nr. 90 v. 9.11.1867.
94 StA LA, B 243, GPr v. 30.10. und 2.11.1888, B 244, GPr v. 27.10.1890.
95 LA, Nr. 81 v. 11.10.1905.
96 StA LA, B 240, GPr v. 12.5.1875, B 243, GPr v. 18.11.1887, B 245, GPr v. 29.4.1895.
97 Vgl. Boelcke (wie Anm. 58), S. 319.

98 LA, Nrn. 123 v. 19.10.1920, 10 v. 27.1.1921; UAZ, Nr. 22 v. 28.1.1932.
99 StA LA, B 250, GPr v. 10.9. und 1.11.1920, B 251, GPr v. 28.1.1921.
100 KA Alb-Donau-Kreis, 351.10, Nr. 22; Herr Dr. Ulrich Klemm, Fachbereichsleiter an der vh Ulm, stellte mir freundlicherweise sein auf Zeitzeugen beruhendes Material zur Verfügung.
101 Jb vh Ulm 1962, S. 26.
102 Vgl. Jb vh Ulm 1964, S. 28, 1966, S. 39, 1969, S. 48, 1971, S. 49.

Kultur an der Nau

1 LA, Nr. 60 v. 25.7.1868.
2 LA, Nr. 3 v. 8.1.1870.
3 LA, Nr. 10 v.1.2.1879.
4 LA, Nr. 62 v. 4.8.1877.
5 StA LA, B 243, GPr v. 16.11.1888 und 25.4.1889, B 244, GPr v. 31.1.1893, B 246, GPr v. 4.4.1902.
6 LA, Nr. 85 v. 25.10.1905.
7 UAZ, Nrn. 83 und 143 v. 16.7. und 3.12.1925.
8 LA, Nr. 46 v. 10.6.1905.
9 UAZ, Nr. 12 v. 16.1.1922.
10 UAZ, Nr. 120 v. 10.10.1925.
11 UAZ, Nr. 29 v. 9.3.1929.
12 UAZ, Nr. 286 v. 7.12.1932.
13 UAZ, Nrn. 248 v. 22.10.1932, 36 und 199 v. 13.2. und 28.8.1933 sowie 7 v. 9.1.1939.
14 Raimund Waibel, Das Heimatmuseum Langenau, in: SH 40 (1989), S. 154.
15 Vgl. i. F. Edwin Köperl, Beispiel kommunale Kulturarbeit – Aufgabe und Chance für den ländlichen Raum, in: Ulrich Klemm (Hrsg.), Erwachsenenbildung und Regionalentwicklung. Eine Perspektive für den ländlichen Raum – Konzeption, Praxis, Diskussionsstand, Frankfurt/Main 1995, S. 86 ff.

Vereine in Langenau

1 Vgl. auch August Heckel, Die Geschichte der Stadt Langenau, Langenau 1964, S. 261.
2 LA, Nrn. 9 v. 28.1.1863, 9 v. 30.1.1867, 5 und 47 v. 15.1. und 10.6.1868, 20 und 88 v. 9.3. und 2.11.1870.
3 LA, Nrn. 13 und 43 v. 13.2. und 29.5.1867 sowie 11 v. 5.2.1868
4 StA LA, B 245, GPr v. 13.3.1896; LA, Nr. 9 v. 29.1.1896.
5 LA, Nrn. 98 v. 9.12.1899, 12 v. 10.2.1900, 18 v. 1.3.1902, 1 v. 4.1.1905 und 25 v. 2.3.1920.
6 UAZ, Nrn. 77, 84 und 104 v. 28.6., 14.7. und 30.8.1928, 194 v. 30.8.1930 und 204 v. 2.9.1931.
7 Satzungen für den Turnverein Langenau, Langenau 1925, § 2.
8 UAZ, Nr. 18 v. 23.1.1934.
9 Einheitssatzung für die dem Deutschen Reichsbund für Leibesübungen angeschlossenen Vereine der Deutschen Turnerschaft, Berlin o. J., § 2 und 4.
10 Vgl. 100 Jahre Gesangverein Langenau, Langenau 1968, S. 51.
11 Auch i. F. LA, Nrn. 41 v. 21.5.1874 und 8 v. 28.1.1908; vgl. auch Heckel (wie Anm. 1), S. 261.
12 LA, Nrn. 16 v. 23.2.1861 sowie 21 und 22 v. 11. und 14.3.1863.
13 LA, Nr. 4 v. 28.11.1860.
14 Auch i. F. LA, Nrn. 79, 80 und 81 v. 9., 11. und 14.7.1908.
15 LA, Nrn. 15 v. 19.2.1881 und 1 v. 3.1.1883.
16 UAZ, Nr. 139 v. 19.6.1933.
17 LA, Nr. 119 v. 7.10.1919.
18 LA, Nrn. 15 v. 20.1.1864, 24 und 27 v. 25.3. bzw 5.4.1876, 42 und 44 v. 26.4. bzw. 1.5.1924 sowie 81 v. 8.7.1926.
19 Z. B. 1876: LA, Nr. 70 v. 1.9.1876.
20 LA, Nr. 50 v. 22.6.1904.
21 Vgl., auch i. F., 100 Jahre Gesangverein (wie Anm. 10), S. 47 ff. (dort auch Abdruck des Berichtes des „Langenauer Anzeigers" über das 40-jährige Jubiläumsfest 1908); Festschrift zum 125. Jubiläum Gesangverein Langenau, [Langenau 1983], S. 11 ff.; vgl. auch Heckel (wie Anm. 1), S. 261 f.
22 LA, Nrn. 70 und 71 v. 1. und 6.9.1876.
23 LA, Nr. 132 v. 10.11.1908.
24 UAZ, Nrn. 2 v. 3.1.1922, 2 v. 5.1.1925 und 1 v. 2.1.1931.
25 Vgl. 125 Jahre Gesangverein (wie Anm. 21), S. 21.
26 UAZ, Nrn. 125 und 132 v. 2. und 11.6.1934; zur Geschichte des Sängerbundes s. Sängerbund Langenau 1884–1959, Langenau 1959, o. P., und 100 Jahre Sängerbund Langenau, [Langenau 1984], S. 20 ff.; vgl. auch Heckel (wie Anm. 1), S. 262..
27 Statuten des Sängerbundes Langenau, Langenau 1885, § 3.
28 LA, Nr. 60 v. 27.7.1887.
29 UAZ, Nrn. 64 v. 28.4.1923 und 96 v. 15.8.1925.
30 UAZ, Nrn. 153 und 154 v. 4. und 6.7.1931; vgl. auch Heckel (wie Anm. 1), S. 262; 100 Jahre Volksmusik – 40 Jahre Musikverein Langenau, Festschrift zum 8. Bezirksmusikfest, hrsg. vom Musikverein Langenau, [Langenau 1965], S. 31 f.
31 StA LA, B 511/4.
32 StA LA, B 511/4.
33 StA LA, B 511/4; vgl. 100 Jahre Volksmusik (wie Anm. 30), S. 37.
34 LA, Nr. 71 v. 2.9.1896; vgl. auch Heckel (wie Anm. 1), S. 262 f.

35 StA LB, F 207/I, Bü 83, Schreiben v. 10.9.1848; UAZ, Nr. 57 v. 17.3.1930.
36 UAZ, Nr. 57 v. 17.3.1930.
37 StA LB, F 207/I, Bü 83, Schreiben v. 21.9.1849.
38 Zit. nach Brigitte Haug, „... auf dem Turnplatz der Politik ..." Turnvereine in Baden und Württemberg in der Revolution 1848/49, Schorndorf 1998, S. 125.
39 LA, Nrn. 64, 66, 70 und 71 v. 10., 17. und 31.8. bzw. 4.9.1861; UAZ, Nr. 110 v. 14.9.1929; zur Vereinsgeschichte s. auch Gauturnfest 1961 – 100 Jahre TSV Langenau, Langenau [1961], S. 22 ff.; 125 Jahre TSV Langenau 1861–1986, Langenau 1986, S. 15 ff.
40 UAZ, Nr. 110 v. 14.9.1863.
41 LA, Nrn. 81, 85 und 97 v. 7. und 21.10. bzw. 2.12.1865.
42 Auch i. F. LA, Nr. 51 v. 26.6.1867.
43 StA LA, B 234, GPr v. 20.1861; LA, Nr. 59 v. 23.7.1902; UAZ, Nr. 110 v. 14.9.1929.
44 UAZ, Nrn. v. 8 v. 22.1.1921 und 15 v. 19.1.1922.
45 StA LA, B 235, GPr v. 12.12.1865, B 239, GPr v. 18.6.1872, B 240, GPr v. 20.6.1876, B 242, GPr v. 14.4.1882, B 245, GPr v. 20.6.1899.
46 LA, Nr. 45 v. 3.6.1873.
47 LA, Nrn. 35 v. 1.5.1869 und 42 v. 25.5.1872.
48 LA, Nr. 4 v. 9.1.1909.
49 LA, Nr. 81 v. 16.7.1910.
50 LA, Nr. 19 v. 13.2.1913.
51 LA, Nr. 42 v. 25.5.1881.
52 So beispielsweise 1875, LA, Nr. 78 v. 28.9.1875.
53 LA, Nr. 9 v. 30.1.1904.
54 LA, Nr. 49 v. 18.6.1902.
55 LA, Nr. 59 v. 22.7.1865 und Nr. 53 v. 2.7.1879.
56 StA LA, B 246, GPr v. 15.7.1902;LA, Nrn. 52 und 55 v. 1. und 12.7.1876, 54, 55 und 56 v. 7., 10. und 14.7.1886, Nrn. 57, 58 und 59 v. 16., 19. und 23.7.1902, 79 und 80 v. 9. und 12.7.1921.
57 LA, Nr. 74 v. 28.6.1921.
58 UAZ, Nr. 88 v. 28.7.1925.
59 UAZ, Nr. 97 v. 18.8.1925.
60 UAZ, Nrn. 89, 91, 92, 93 und 139 v. 26. und 31.7., 2. und 4.8. bzw. 20.11.1928.
61 LA, Nrn. 110 v. 16.10.1919 und 86 v. 17.8.1920; UAZ, Nr. 10 v. 18.1.1930; vgl. 125 Jahre TSV Langenau (wie Anm. 39), S. 19.
62 UAZ, Nr. 259 v. 14.11.1930.
63 UAZ, Nr. 136 v. 13.11.1928; vgl Gauturnfest 1961 (wie Anm. 39), S. 25.
64 UAZ, Nr. 111 v. 17.9.1929.
65 UAZ, Nr. 273 v. 21.11.1932.
66 UAZ, Nr. 266 v. 14.11.1934.
67 UAZ, Nr. 300 v. 27.12.1934.
68 StA LA, B 511/5.
69 Vgl. Gauturnfest 1961 (wie Anm. 39), S. 27 f.
70 Vgl. ebd., S. 28 f.
71 UAZ, Nr. 77 v. 11.4.1930.
72 UAZ, Nr. 255 v. 10.11.1930.
73 Statuten des Radfahrer-Vereins Langenau, Langenau o. J., S. 3.
74 LA, Nr. 32 v. 21.4.1886.
75 LA, Nr. 49 v. 20.6.1894.
76 LA, Nr. 69 v. 28.8.1895.
77 StA LA, GPr v. 27.8.1897 und 22.8.1899.
78 LA, Nr. 72 v. 6.9.1902.
79 UAZ, Nr. 37 v. 15.2.1932.
80 StA LA, GPr v. 20.8.1861; LA, Nr. 59 v. 23.7.1902; UAZ, Nr. 110 v. 14.9.1929.
81 UAZ, Nr. 110 v. 14.9.1929.
82 StA LA, B 242, GPr v. 15.6.1883.
83 StA LA, B 245, GPr v. 29.9. und 1.10.1895; LA, Nr. 78 v. 28.9.1895; vgl. auch Heckel (wie Anm. 1), S. 262 f.
84 LA, Nr. 80 v. 5.10.1895.
85 StA LA, B 245, GPr v. 1.11.1895; LA, Nr. 87 v. 30.10.1895.
86 StA LA, B 245, GPr v. 4.5., 13.8. und 5.11.1896 sowie 21.3.1898; LA, Nrn. 71 und 73 v. 2. und 9.9.1896.
87 LA, Nr. 71 v. 9.9.1896.
88 StA LA, B 245 v. 25.9. und 16.10.1896.
89 Vgl. Beschreibung des Oberamts Ulm, hrsg. vom Statistischen Landesamt, Bd. 1, Stuttgart 1897, S. 611 f.; vgl. auch Heckel (wie Anm. 1), S. 264.
90 LA, Nr. 84 v. 19.10.1867.
91 LA, Nr. 90 v. 9.11.1867.
92 LA, Nrn. 8 und 47 v. 24.1. und 10.6.1863, 1 v. 1.1.1865.
93 LA, Nrn. 66 v. 15.8.1866, 22 v. 17.3.1869, 9 v. 29.1.1870 und 21 v. 14.3.1900.
94 LA, Nrn. 7 und 18 v. 25.1. und 3.3.1888.
95 LA, Nr. 10 v. 1.2.1879.
96 StA LA, B 242, GPr v. 21.11.1884; LA, Nr. 96 v. 26.11.1884.
97 LA, Nr. 76 v. 21.9.1887.
98 LA, Nrn. 99 und v. 13. und 16.12.1893.
99 LA, Nrn.45, 83 und 136 v. 17.4., 17.7. und 18.11.1920; UAZ, Nr. 30 v. 12.3.1925.
100 UAZ, Nr. 144 v. 1.12.1928.
101 LA, Nr. 27 v. 3.4.1869.
102 UAZ, Nr. 121 v. 8.8.1923.
103 UAZ, Nr. 6 v. 19.1.1924.
104 UAZ, Nr. 172 v. 27.7.1933.
105 LA, Nr. 35 v. 1.5.1878.
106 LA, Nr. 30 v. 15.3.1910.
107 LA, Nr. 20 v. 19.2.1921; UAZ, Nr. 19 v. 25.1.1932.
108 UAZ, Nr. 29 v. 10.3.1925.
109 LA, Nrn. 34 v. 29.4.1905 und 41 v. 23.5.1906; UAZ, Nr. 143 v. 2.7.1930.
110 LA, Nrn. 93 und 106 v. 10.8. und 9.9.1920; UAZ, Nr. 29 v. 10.3.1925.
111 LA, Nr. 18 v. 3.3.1906.
112 LA, Nr. 30 v. 12.3.1907.
113 LA, Nr. 30 v. 14.4.1906.

114 LA, Nrn. 91, 102, 105, 106 und 107 v. 29.9., 2.10., 1., 3. und 6.11.1906; UAZ, Nr. 282 v. 2.12.1931.
115 LA, Nrn. 126 v. 28.10.1909 und 144 v. 5.12.1912; UAZ, Nr. 138 v. 2.10.1923.
116 LA, Nrn. 25 v. 3.3.1910 und 2 v. 8.1.1921.
117 UAZ, Nrn. 40 v. 3.4.1928 und 41 v. 6.4.1929.
118 LA, Nr. 52 v. 4.5.1907.
119 UAZ, Nr. 27 v. 2.3.1926.
120 UAZ, Nrn. 282 v. 2.12.1932 und 49 v. 29.2.1932.
121 LA, Nr. 20 v. 10.3.1877; UAZ, Nrn. 60 v. 21.5.1927 und 13 v. 31.1.1928; vgl. auch Heckel (wie Anm. 1), S. 264 f.
122 LA, Nr. 2 v. 5.1.1881.
123 LA, Nr. 20 v. 10.3.1877.
124 LA, Nr. 35 v. 23.3.1909; UAZ, Nr. 13 v. 13.1.1928.
125 LA, Nr. 1 v. 4.1.1905.
126 LA, Nr. 1 v. 5.1.1907.
127 LA, Nrn. 14 v. 5.2.1910 und 25 v. 2.3.1920.
128 LA, Nrn. 35 v. 23.3.1909 und 14 v. 5.2.1910; UAZ, Nr. 25 v. 2.3.1922.
129 StA LA, B 241, GPr v. 9.5.1879; LA, Nrn. 45 und 46 v. 4. und 7.6.1879.
130 LA, Nrn. 56 und 57 v. 13. und 16.7.1881.
131 LA, Nrn. 1 v. 3.1.1894 und 8.1.1902.
132 LA, Nr. 1 v. 3.1.1894.
133 Vgl. Heckel (wie Anm. 1), S. 159.
134 StA LA, B 242, GPr v. 26.10.1883; LA, Nr. 26 v. 1.4.1905; Statut des Ortsviehversicherungsvereins, Langenau 1883; vgl. auch Heckel (wie Anm. 1), S. 264.
135 LA, Nr. 27 v. 5.4.1905.
136 LA, Nrn. 26 und 45 v. 1.4. und 7.6.1905.
137 StA LA, B 247, GPr v. 6.6., 8.7. 1904 und 18.5.1905.
138 LA, Nrn. 35 und 45 v. 3.5. und 7.6.1905, 11 v. 7.2.1906; vgl. auch Heckel (wie Anm. 1), S. 264.
139 LA, Nr. 12 v. 30.1.1912.
140 LA, Nr. 12 v. 28.1.1908.
141 UAZ, Nr. 58 v. 12.3.1934.
142 SZ, Nr. 57 v. 10.3.1999.
143 LA, Nrn. 59 v. 22.5.1909 und 70 v. 15.6.1911.
144 LA, Nr. 24 v. 1.3.1910.
145 LA, Nr. 39 v. 4.2.1912.
146 UAZ, Nr. 26 v. 2.2.1932.
147 LA, Nr. 130 v. 4.11.1920; vgl. auch Heckel (wie Anm. 1), S. 264.
148 LA, Nrn. 10 und 34 v. 27.1. und 24.3.1921, 44 v. 22.2.1922; UAZ, Nrn. 91 v. 30.4.1930, 15 v. 20.1.1931, 32 und 128 v. 9.2. und 4.6.1932.
149 UAZ, Nr. 28 v. 7.3.1929.
150 UAZ, Nrn. 232 v. 5.10.1931 sowie 230 und 231 v. 1. und 3.10.1932.
151 UAZ, Nrn. 39 v. 2.4.1927 und 96 v. 27.4.1931.
152 LA, Nr. 15 v. 5.2.1918; UAZ, Nrn. 228 v. 9.10.1930, 4 und 48 v. 7.1. bzw. 27.2.1931; vgl. Heckel (wie Anm. 1), S. 264.
153 LA, Nrn. 3 und 4 v. 8. und 12.1.1870; UAZ, Nr. 216 v. 25.9.1930; zur Geschichte des Vereins s. auch 100 Jahre Gewerbe- und Handelsverein Langenau, [Langenau 1970], o. P.; Heckel (wie Anm. 1), S. 263 f.
154 LA, Nr. 101 v. 18.12.1905.
155 LA, Nr. 13 v. 11.2.1871.
156 LA, Nr. 30 v. 15.3.1910.
157 LA, Nrn. 28 und 79 v. 9.3. und 8.7.1920.
158 LA, Nr. 7 v. 23.1.1878.
159 LA, Nr. 15 v. 19.2.1902.
160 LA, Nr. 13 v. 11.2.1871.
161 LA, Nrn. 50 und 58 v. 22.6. und 9.7.1870.
162 LA, Nr. 95 v. 26.11.1870.
163 LA, Nrn. 14 und 42 v. 16.2. und 25.5.1870 und 13 v. 11.2.1871.
164 LA, Nr. 10 v. 2.2.1870.
165 LA, Nr. 63 v. 6.8.1870.
166 LA, Nr. 14 v. 16.2.1870.
167 LA, Nr. 14 v. 17.2.1900.
168 LA, Nrn. 11 und 120 v. 29.1. und 12.10.1920; UAZ, Nr. 23 v. 28.1.1922.
169 LA, Nrn. 18 v. 12.2.1925 und 25 v. 1.2.1932.
170 LA, Nr. 9 v. 19.1.1923.
171 LA, Nr. 102 v. 21.12.1895; dort und in der folgenden Nummer findet sich ein Überblick über die Vereinsaktivitäten 1870–1895.
172 LA, Nrn. 96, 97, 99 und 100 v. 30.11., 3., 10. und 14.12.1881.
173 LA, Nrn. 3 v. 9.1.1884 und 91, 92 und 93 v. 14., 18. und 21.11.1885.
174 LA, Nr. 22 v. 16.3.1898.
175 LA, Nr. 97 v. 6.12.1899.
176 LA, Nr. 52 v. 7.5.1910.
177 LA, Nr. 15 v. 4.2.1926.
178 LA, Nrn. 11 v. 4.2.1871, 93 v. 22.11.1882 und 9 v. 29.1.1898.
179 LA, Nrn. 100 v. 15.12.1886 und 19, 20, 23 und 25 v. 14., 16., 23. und 28.2.1911.
180 LA, Nrn. 20 und 21 v. 9. und 13.3.1872, 4, 5, 6, 9 und 10 v. 16., 20., 23., 30.1. und 3.2.1886.
181 LA, Nr. 28 v. 6.4.1887.
182 LA, Nr. 11 v. 5.2.1896.
183 UAZ, Nr. 100 v. 10.5.1930.
184 LA, Nr. 45 v. 19.4.1928.
185 Vgl. Jb. HGK-Württ. 1882, Teil 2, S. 287; ebd., 1890, Teil 2, S. 327.
186 LA, Nrn. 44, 46 und 68 v. 16. und 21.4. bzw. 16.6.1910.
187 LA, Nrn. 25 und 58 v. 25.3. und 19.7.1871.
188 LA, Nrn. 78 v. 28.9.1878, 74 v. 14.9.1898 und 106 v. 7.9.1911.
189 StA LA, B 238, GPr v. 10.11.1870.
190 LA, Nrn. 59 v. 22.7.1871 und 39 v. 10.5.1873.
191 LA, Nrn. 7 v. 25.1.1882 und 16 v. 24.2.1894.

192 LA, Nr. 93 v. 18.11.1871.
193 LA, Nrn. 92 v. 17.11.1880, 4 und 10 v. 12.1. bzw. 2.2.1881.
194 UAZ, Nr. 9 v. 30.1.1924.
195 LA, Nr. 14 v. 17.2.1900.
196 LA, Nrn. 33, 34 und 35 v. 24., 27.4. und 1.5.1878.
197 Vgl., auch i. F., 100 Jahre Gewerbe- und Handelsverein (wie Anm. 53), o. P.
198 Vgl. ebd., o. P.
199 LA, Nr. 78 v. 29.9.1900.
200 LA, Nr. 72 v. 5.9.1868.
201 LA, Nrn. 62 und 63 v. 1. und 5.8.1863.
202 LA, Nr. 74 v. 14.9.1881.
203 LA, Nr. 66 v. 19.8.1876.
204 LA, Nr. 78 v. 29.9.1888.
205 LA, Nr. 86 v. 26.10.1901.
206 LA, Nrn. 36 und 41 v. 5. und 23.5.1906; Nr. 136 v. 19.11.1908 und Nr. 149 v. 21.12.1909.
207 LA, Nr. 177 v. 16.8.1922.
208 LA, Nr. 49 v. 13.5.1924.
209 UAZ, Nrn. 26 und 34 v. 3. und 22.3.1927.
210 StA LA, GPr v. 28.12.1865, LA, Nr. 105 v. 30.12.1865; vgl. auch Heckel (wie Anm. 1), S. 265.
211 LA, Nr. 1 v. 3.1.1866.
212 StA LA, GPr v. 26.9.1872.
213 LA, Nrn. 142 v. 29.11.1913, 19 v. 17.2.1914 und 19 v. 17.2.1920; vgl. auch Heckel (wie Anm. 1), S. 265.
214 LA, Nr. 85 v. 11.4.1922.
215 LA, Nrn. 49 v. 13.5.1924 und 9 v. 17.1.1930.
216 Vgl. Heckel (wie Anm. 1), S. 265.
217 LA, Nrn. 102 v. 18.8.1919 und 16 v. 10.2.1920; UAZ, Nr. 19 v. 24.1.1933
218 UAZ, Nr. 131 v. 5.11.1925.
219 UAZ, Nrn. 77 und 85 v. 1. und 11.4.1933.
220 UAZ, Nrn. 42 v. 17.3.1923 und 8 v. 20.1.1925; vgl. auch Heckel (wie Anm. 1), S. 265.
221 UAZ, Nr. 45 v. 5.3.1930.
222 DW, Nr. 45 v. 24.2.1931; UAZ, Nr. 25 v. 31.1.1931.
223 UAZ, Nrn. 118 v. 2.10.1928 und 239 v. 22.10.1930.
224 Vgl. Paul Sauer, Revolution und Volksbewaffnung. Die württembergischen Bürgerwehren im 19. Jahrhundert vor allem während der Revolution 1848/49, Ulm 1976, S. 25 f.
225 Vgl. ebd., S. 36.
226 StA LA, B 228, GPr v. 9.6.1834, B 234, GPr v. 4.2.1862; vgl. auch Heckel (wie Anm. 1), S. 161 f.
227 LA, Nr. 39 v. 15.5.1886.
228 LA, Nr. 81 v. 10.10.1883.
229 LA, Nr. 40 v. 19.5.1886.
230 LA, Nrn. 71, 80 und 82 v. 3.9., 4. und 11.10.1862, 81 und 83 v. 9. und 16.10.1869, 117 v. 6.10.1908; UAZ, Nrn. 121 und 123 v. 30.10. und 4.11.1924, 114 v. 27.5.1930.
231 Vgl. Heckel (wie Anm. 1), S. 163.
232 UAZ, Nrn. 115 v. 18.5.1922, 56 v. 12.5.1925, 61 v. 12.6.1924, 109 v. 13.9.1927; zur Geschichte der Zimmerstutzengesellschaft s. Festschrift zum Gau-Schießen 1962, [Langenau 1962], o. P.
233 DW, Nr. 225 v. 28.9.1931; UAZ, Nrn. 14 und 124 v. 2.2. und 16.10.1928, 97 v. 7.5.1930, 12 und 66 v. 12.1. und 20.3.1933, 246 v. 22.10.1934.
234 StA LA, B 243, GPr v. 19.9.1889, B 245, GPr v. 8.2.1898; LA, Nrn. 91 v. 12.11.1898, 65 v. 15.8.1900, 23 v. 20.3.1901, 10 v. 4.2.1903, 6 v. 20.1.1904, 71 und 90 v. 20.6. und 4.8.1908, 86 v. 27.7.1909, 10 v. 23.1.1909, 30 v. 11.3.1913; UAZ, Nr. 7 v. 11.1.1932.
235 DW, Nr. 107 v. 8.5.1924.
236 LA, Nr. 6 v. 18.1.1921; DW, Nr. 15 v. 19.1.1933; vgl. auch Heckel (wie Anm. 1), S. 262.
237 DW, Nrn. 107 v. 10.5.1927 und 304 v. 30.12.1929.
238 UAZ, Nrn. 17 v. 17.1., 199 v. 23.9. und 205 v. 4.10.1922.
239 DW, Nr. 172, 174 und 175 v. 27. und 31.7. sowie 1.8.1923; UAZ, Nrn. 111 und 116 v. 21. und 30.7.1923.
240 DW, Nr. 15 v. 19.1.1933; UAZ, Nr. 14 v. 18.1.1933; vgl. Wilmar Jakober, Der schwierige Weg zur Demokratie. Langenau in den Jahren 1945-49, Langenau [1985], S. 57.
241 Vgl. Jakober (wie Anm. 240), S. 61.
242 DW, Nr. 124 v. 31.5.1929.
243 DW, Nr. 85 v. 14.4.1931.
244 UAZ, Nr. 251 v. 15.11.1930.
245 DW, Nr. 5.10.1931; UAZ, Nr. 232 v. 4.10.1932.
246 Zit. bei Jakober (wie Anm. 240), S. 59.
247 UAZ, Nrn. 13 und 66 v. 13.2. und 24.6.1924, 4 und 12 v. 9. und 28.1.1926, 21, 73 und 116 v. 19.2., 24.6. und 29.9.1927.
248 UAZ, Nr. 4 v. 11.1.1927; vgl. Heckel (wie Anm. 1), S. 265.
249 StA LA, B 251, GPr v. 21.3., 5. und 30.9.1924, 21.1.1925, B 252, GPr v. 5.3. 1926 und 5.12.1929; UAZ, Nr. 105 v. 23.9.1924.
250 Vgl., auch i. F., Jakober (wie Anm. 240), S. 56 ff.
251 Vgl. 75 Jahre SPD-Ortsverein Langenau 1914–1989, Langenau 1989, o. P.
252 DW, Nr. 4 v. 7.1.1931.
253 DW, Nr. 103 v. 4.5.1928.
254 DW, Nr. 101 v. 3.5.1921; vgl. 75 Jahre SPD (wie Anm. 251), o. P.
255 Z. B. DW, Nrn. 44 v. 22.2. 1922 und 58 v. 9.3.1929

Die Feuerwehr

1 Erneuerte Stadt Ulmische Landpolizei, Ulm 1721, S. 18 f.
2 StA UL, A 3530, Bd. 101 (1651), Rp v. 7.3.1651, Bd. 111 (1661), 27.2., 2. und 5.4. sowie 23.10.1661; s. auch Bd. 121 (1671), Rp v. 5.5.1671.
3 StA UL, A 3530, Bd. 33 (1573), Rp v. 5.10, Bd. 64 (1614), Rp v. 17.10.1614.
4 Landpolizei (wie Anm. 1), S. 8, 65.
5 Ebd., S. 42 f., 65.
6 Ebd., S. 20 f.; vgl. Kreisfeuerwehrtag des Kreisfeuerwehr-Verbandes Ulm – 50-jähriges Jubiläum der Freiwilligen Feuerwehr Langenau, o. O. [1956], o. P.
7 I. F. Landpolizei (wie Anm. 1), S. 72.
8 StA UL, A 3530, Bd. 30 (1567), Rp v. 16.7.1567.
9 StA UL, A 3530, Bd. 121 (1671), Rp v. 7.4.1671.
10 StA UL, A 3530, Bd. 103 (1653), Rp v. 27. und 29.7.1653.
11 StA UL, A 3530, Bd. 141 (1690), Rp v. 18.12.1691.
12 StA UL, A 3530, Bd. 101 (1651), Rp v. 21.2.1651.
13 StA UL, A 3530, Bd. 106 (1656), Rp v. 16.6.1656.
14 StA UL, A 3530, Bd. 130 (1680), Rp v. 17.3.1680.
15 StA UL, A 3530, Bd. 63 (1613), Rp v. 15. und 29.9.1613.
16 StA UL, A 3530, Bd. 121 (1671), Rp v. 16.10.1671.
17 StA UL, A 3530, Bd. 151 (1701), Rp v. 27.6.1701.
18 StA UL, A 3530, Bd. 130 (1680), Rp v. 17.3.1680.
19 StA UL, A 3530, Bd. 62 (1612), Rp v. 31.8.1612, Bd. 63 (1613), Rp v. 15.11.
20 StA UL, A 3530, Bd. 110 (1660), Rp v. 18.1.1660.
21 StA LA, B 226, GPr v. 20.8.1817; vgl. auch Kreisfeuerwehrtag 1981, hrsg. von der Freiwilligen Feuerwehr Langenau [Langenau 1981], S. 29.
22 StA LA, B 230, GPr v. 6. und 15.5.1845, B 232, GPr v. 8.5.1857, B 233, GPr v. 15.5. und 14.6.1860.
23 LA, Nr. 85 v. 21.10.1865; UAZ, Nr 165 v. 18.7.1932; vgl. Kreisfeuerwehrtag (wie Anm. 21), S. 31.
24 StA LA, B 236, GPr v. 13.12.1867, B 237, GPr v. 10.9.1868; LA, Nr. 6 v. 21.1.1882; UAZ, Nr. 165 v. 18.7.1932; s. auch B 240, GPr v. 10.12.1874, B 244, GPr v. 6.5.1892.
25 StA LA, B 658; vgl. Michael Dieterich, Kurze Beschreibung der Stadt Langenau, Ulm 1852, S. 66; Kreisfeuerwehrtag (wie Anm. 21), S. 34.
26 StA LA, B 230, GPr v. 19.11.1847 und 10.5.1848, B 658; LA, Nr. 73 v. 11.9.1886; vgl. Kreisfeuerwehrtag (wie Anm. 21), S. 35.
27 LA, Nr. 90 v. 10.11.1880.
28 StA LA, B 247, GPr v. 27.11. und 13.12.1907; LA, Nrn. 116 und 125 v. 17.11. und 18.12.1907 sowie Nrn. 41, 65, 66, 93, 94, 95, 96 und 97 v. 9.4., 8. und 11.6, 13., 15., 17., 20. und 22.8.1907.
29 LA Nr. 80, v. 9.7.1912.
30 LA, Nrn. 2, 106 und 146 v. 4.1., 6.9. und 9.12.1913; UAZ, Nr. 165 v. 18.7.1932.
31 StA LA, B 252, GPr v. 30.1.1928, B 254, GPr v. 30.12.1936 und 4.3.1937; UAZ, Nr. 55 v. 8.5.1928; vgl. Hans Häge, Langenauer Stadtgeschichte 1945 bis 1984, Langenau 1986, S. 219 f.; Kreisfeuerwehrtag (wie Anm. 21), S. 35 f.

Abkürzungen

AA	Archäologische Ausgrabungen in Baden-Württemberg
BA Bern	Bundesarchiv Bern
BA FFM	Bundesarchiv Frankfurt/Main
BWKG	Blätter für württembergische Kirchengeschichte
DW	Donauwacht
Fb Baden-Württemberg	Fundberichte aus Baden-Württemberg
Fb Schwaben	Fundberichte aus Schwaben
GLA KA	Generallandesarchiv Karlsruhe
GPr	Gemeinderatsprotokoll
HStA S	Hauptstaatsarchiv Stuttgart
Jb. HGK-Württ.	Jahresberichte der Handels- und Gewerbekammern in Württemberg
Jb. vh Ulm	Jahresberichte der vh Ulm
Jg., Jgg.	Jahrgang, Jahrgänge
KA ADK	Kreisarchiv Alb-Donau-Kreis
Kgl.	Königlich
LA	Langenauer Anzeiger
MEW	Marx-Engels-Werke
Pr	Protokoll
Rgbl.	Regierungsblatt für das Königreich Württemberg
SChr	Schwäbische Chronik
SH	Schwäbische Heimat
StA LA	Stadtarchiv Langenau
StA LB	Staatsarchiv Ludwigsburg
StA Ulm	Stadtarchiv Ulm
SWP	Südwest Presse Ulm
SZ	Schwäbische Zeitung, Ausgabe Ulm
UAZ	Ulmer Albzeitung
UBll	Ulmische Blätter
UIB	Ulmisches Intelligenzblatt
UKr	Ulmer Kronik
USp	Ulmer Schnellpost
UTb	Ulmer Tagblatt
UO	Mitteilungen des Vereins für Kunst und Altertum in Ulm und Oberschwaben
Württ. Jb.	Württembergische Jahrbücher
WVjh	Württembergische Vierteljahreshefte für Landesgeschichte
ZGO	Zeitschrift für die Geschichte des Oberrheins

Bibliografie

Ungedruckte Quellen

Bundesarchiv Bern
E 21/ 214, E 21/215, E 21/216, E 21/234

Bundesarchiv Frankfurt
DB 54/76, Bd. 6

Generallandesarchiv Karlsruhe
233/2570
237/2954

Hauptstaatsarchiv Stuttgart
E 9, Bü 105
E 65, Bü 224
E 146/2, Bü 1956, Bü 1959,

Kreisarchiv Alb-Donau-Kreis
Bü 140.01
Bü 351.10

Staatsarchiv Ludwigsburg
B 511: Vereinsakten
E 319, Bü 73
E 170, Bü 766, 1056, 1237
E 179/II, Bü 5411, Bü 5702
E 253/I, Bde. 425, 429 und 434
F 207/I, Bü 82, 83, 85, 97, 101
Stadt Langenau

Stadt Langenau
Ulmisches Salbuch über Langenau und Öllingen, 1515
Ulmisches Salbuch über Langenau und Öllingen 1710.

Stadtarchiv Langenau
A 1, A 5, A 6, A 382, A 384/1, A 385, A 390, A 398, A 504, A 509, A 519, A 521, A 526, A 551, A 649-651
B 511/4, B 511/5
B 225-257, B 658
Zunftbuch der Bäcker, 1699–1829
Zunftbuch der Metzger, 1683–1829

Stadtarchiv Ulm
A 2100, A 2101, A 2144, A 2168, A 2235, A 2237, A 2238, A 2505, A 2507, A 3420, A 3530 (Bde. 1-252), A 3532, Bd. 12, A 3672, A 3693
A [6887], A [7802],
G 1: 1781, Bd. 2, 1790/2, 1792, 1800/2, Bd. 4

Gedruckte Quellen

Flugschriften

Verzeichnis der Wurzen und Kräuter, welche, außer denen dem Landmann insgeheim schon bekannten, ohne Schaden der Gesundheit, zur Nahrung und Speise bei gegenwärtigen Fruchtmangel und Teuerung gebraucht werden, Ulm [1771].

Was trennt die Württembergische Bürgerpartei von der Deutsch-Demokratischen Partei?

Periodika

Donauwacht
Jgg. 1921, 1922, 1924, 1927-1931

Langenauer Anzeiger:
Jgg. 1861-1921

Schwäbische Chronik
Jg. 1864.

Ulmer Alb-Zeitung
Jgg. 1922-1942

Ulmer Kronik
Jgg. 1848

Ulmer Schnellpost
Jgg. 1848, 1862

Ulmisches Intelligenzblatt
Jgg. 1769–1773, 1811–1850

Württembergische Jahrbücher
Jg. 1829

Württembergisches Staats- und Regierungsblatt:
Jgg. 1819, 1822, 1848, 1862, 1919

Dokumente und Quelleneditionen

Adressbuch des Landkreises Ulm-Donau, 1940.

Albrecht, Friedrich: Mein Tagebuch von Hohenasperg, Ulm 1866.

Bühler, Hans (Bearb.): Langenau. Eine zeitgenössische Darstellung von 1645 bis 1818, Langenau 1987.

Dendrochronologische Untersuchung Rathaus Langenau, erstellt v. Ingenieurbüro für Hausforschung Hans-Jürgen Bleyer, Metzingen, [Metzingen 1998], masch.

Dieterich, Michael: Kurze Beschreibung der Stadt Langenau, Ulm 1852.

Eines Ehrsamen Rats der Stadt Ulm von neuem reformierte und verbesserte Bauordnung, Ulm 1683.

Eines Ehrsamen Rats der Stadt Ulm reformierte und verbesserte Müllerordnung, Ulm 1683.

Eines Ehrbaren Rats der Stadt Ulm Gesatz und Ordnung in Straf offenbarer Laster, auch leichtfertigen Verheiratens und anderer Unzucht, Ulm 1616.

Einheitssatzung für die dem Deutschen Reichsbund für Leibesübungen angeschlossenen Vereine der Deutschen Turnerschaft, Berlin o. J.

Endriß, Julius (Bearb.): Die Ulmer Kirchenvisitationen der Jahre 1557–1615, Ulm 1937.

Erläutertes Gesetz und Ordnung, die Bestrafung treuloser Bedienten und die weibliche Freiheit dererselben Ehefrauen betreffend, Ulm 1743.

Erneuerte Stadt Ulmische Landpolizei, Ulm 1721.

Freimütige Gedanke über den Verfall des Leinwandhandels. Den Ulmischen Leinwandwebern in Stadt und Land gewidmet, Kosmopolis 1784.

Giefel (Bearb.), Ulmer Kirchenvisitationen vom Jahr 1535 an, in: WVjh 9 (1886), S. 204–223.

Haid, Johann Herkules: Ulm mit seinem Gebiete, Ulm 1786.

Jahresberichte der Handels- und Gewerbekammern in Württemberg für das Jahr 1868, 1872, 1873, 1878, 1883, 1891, 1892, 1895, 1897, Stuttgart 1869 passim.

Jahresberichte der vh Ulm 1962, 1964, 1966, 1969, 1971.

Königlich Württembergisches Hof- und Staatshandbuch, Stuttgart 1839.

Mollwo, Eugen (Hrsg.), Das rote Buch der Stadt Ulm (Württembergische Geschichtsquellen, Bd. 8), Stuttgart 1905.

Ordnung der Hochzeiten und Schenckinnen, [Ulm 1545].

Des(!) Heiligen Römischen Reichsstadt Ulm renovierte und verbesserte Ordnung, die Barbierer, Bader und Wundärzte betreffend, Ulm 1738.

Des(!) Heiligen Römischen Reichsstadt Ulm wiederholt und erneuerte Gesatz und Ordnung, betreffend das Collegium Medicum, samt andern der Arznei-Doktoren wie auch Apothekern, Ulm 1737.

Satzungen für den Turnverein Langenau, Langenau 1925.

Die Stadt Langenau (Alb-Doonau-Kreis) als Einkaufsstadt aus Sicht der Verbraucher, Teil II: GMA-Verbraucherbefragung im Auftrag der Stadt Langenau, [Ludwigsburg 1995].

Statut des Ortsviehversicherungsvereins, Langenau 1883.

Statuten des Radfahrer-Vereins Langenau, Langenau o. J.

Statuten des Sängerbundes Langenau, Langenau 1885.

Ulmisches Urkundenbuch, hrsg. von Friedrich Pressel, Bd. 1, Stuttgart 1873.

Ulmisches Urkundenbuch, hrsg. von Gustav Veesenmeyer und Hugo Bazing, Bd. 2, Ulm 1898/1900.

Württembergisches Urkundenbuch, Bd. 1, Stuttgart 1849.

Zillhardt, Gerd (Bearb.): Der Dreißigjährige Krieg in zeitgenössischer Darstellung. Hans Heberles „Zeytregister" (1618–1672). Aufzeichnungen aus dem Ulmer Territorium.

Ein Beitrag zu Geschichtsschreibung und Geschichtsverständnis der Unterschichten (Forschungen zur Geschichte der Stadt Ulm, Bd. 13), Ulm 1975.

Literatur

100 Jahre Gewerbe- und Handelsverein Langenau, [Langenau 1970].

100 Jahre Sängerbund Langenau, [Langenau 1984].

100 Jahre höhere Schule in Langenau, hrsg. v. Robert-Bosch-Gymnasium Langenau, Langenau 1995.

100 Jahre Volksmusik – 40 Jahre Musikverein Langenau, Festschrift zum 8. Bezirksmusikfest, hrsg. vom Musikverein Langenau, [Langenau 1965].

125 Jahre TSV Langenau 1861–1986, Langenau 1986.

Abel, Wilhelm: Massenarmut und Hungerkrisen im vorindustriellen Deutschland, Göttingen 1972.

Der Alb-Donau-Kreis, hrsg. von der Landesarchivdirektion Baden-Württemberg in Verbindung mit dem Alb-Donau-Kreis, Bd. 2, Sigmaringen 1992.

Alb-Donau-Kreis. Geschichte und Kultur, hrsg. vom Landratsamt des Alb-Donau-Kreises, Ulm 1980.

Bartel, Horst (Hrsg.): Deutsche Geschichte, Bd. 3: Die Epoche des Übergangs vom Feudalismus zum Kapitalismus von den siebziger Jahren des 15. Jahrhunderts bis 1789, Köln 1983.

Bartsch, Michael u. a.: Der Krieg im Osten 1941–1945. Historische Einführung, Kommentare und Dokumente, Köln 1981.

Beschreibung des Oberamtes Ulm, Stuttgart/Tübingen 1836.

Beschreibung des Oberamts Ulm, hrsg. vom Statistischen Landesamt, 2 Bde., Stuttgart 1897.

Birkenfeld, Herbert: Die Industrie – Tragende Säule im Wirtschaftsleben des Alb-Donau-Kreises, in: Wolfgang Schürle (Hrsg.), Wirtschaftsgeschichte im Raum Ulm. Entwicklungslinien im Alb-Donau-Kreis seit 1945 (Alb und Donau, Kunst und Kultur, Bd. 15), Ulm 1998, S. 81–116.

Ders.: Herbert Birkenfeld, Standort Alb-Donau. Raumstruktur und Wirtschaftsförderung, in: Wolfgang Schürle (Hrsg.), Wirtschaftsgeschichte im Raum Ulm. Entwicklungslinien im Alb-Donau-Kreis seit 1945 (Alb und Donau, Kunst und Kultur, Bd. 15), UIm 1998, S. 227–248.

Boelcke, Willi A.: Wirtschaftsgeschichte Baden-Württembergs von den Römern bis heute, Stuttgart 1987.

Ders.: Sozialgeschichte Baden-Württembergs 1800–1989. Politik, Gesellschaft, Wirtschaft (Schriften zur politischen Landeskunde Baden-Württembergs, Bd. 16), Stuttgart/Berlin/Köln 1989.

Braun, Hermann: Schwabenbanner in Ulm. Rechenschaftsbericht anläßlich der Auflösung des Vereins 1939, Ulm 1939.

Hans Bühler, Gesetze und Ordnungen der Stadt Ulm ab dem 15. Jahrhundert, in: ders., Beiträge zur Geschichte der Stadt Langenau, Heft 7, Langenau 1999; S. 37–57.

ders.: Langenauer Mühlen, in: ders., Beiträge zur Geschichte der Stadt Langenau, Heft 2, Langenau 1996, S. 5–25.

Bühler, Heinz: Hatten die Grafen von Nellenburg Besitz in Langenau und im unteren Brenztal? Zur älteren Geschichte der Orte Langenau, Bächingen und Sontheim an der Brenz, in: ders., Adel, Klöster und Burgherren im alten Herzogtum Schwaben, Weißenhorn 1997, S. 1067–1101 (= Jahrbuch des Historischen Vereins Dillingen 93 [1991], S. 254–283).

Ders.: Die Herkunft des Hauses Dillingen, in: ders., Adel, Klöster und Burgherren im alten Herzogtum Schwaben, Weißenhorn 1997, S. 585–628 (= Die Grafen vob Kyburg [= Schweizer Beiträge zur Kulturgeschichte und Archäologie des Mittelalters, Bd. 8], Freiburg/Breisgau 1981, S. 9–30).

Ders.: Das Benediktinerkloster Anhausen an der Brenz, in: ders., Adel, Klöster und Burgherren im alten Herzogtum Schwaben, Weißenhorn 1997, S. 871–886 (= Jahrbuch des Heimat- und Altertumsvereins Heidenheim 1985/86, S. 258–272).

Bürger, Ludwig: Bericht über die vom Verein für Kunst- und Altertum in Ulm und Oberschwaben im „Löhle“ bei Osterstetten im Jahr 1887 ausgegrabene römische Niederlassung, in: WVjh 11 (1888), S. 29 ff.

Ders.: Römisches von der Ulmer Alb, in: WVjh 13 (1890), S. 264.

Ders.: Der Bockstein, das Fohlenhaus, der Salzbühl. Drei prähistorische Wohnstätten im Lonethal, in: UO 3 (1892), S. 30 ff.

Ders.: Römisches von der Ulmer Alb II, in: Fb Schwaben 3 (1895), S. 45.

Ders.: Neuer römischer Fund in Langenau II, in: Fb Schwaben 5 (1897), S. 35.

Bull, Karl Otto: Energiewirtschaft, in: Der Stadt- und der Landkreis Ulm. Amtliche Kreisbeschreibung, hrsg. von der Staatlichen Archivverwaltung in Verbindung mit der Stadt Ulm und dem Landkreis Ulm, Ulm 1972, S. 738–745.

Cichy, Bodo: Die evangelische Stadtpfarrkirche St. Maria und St. Martin zu Langenau (Kr. Ulm). Das Bild ihrer Vor- und Baugeschichte nach den Ergebnissen der Ausgrabungen 1954, 1961 und 1962, in: Nachrichtenblatt der Denkmalpflege in Baden-Württemberg 5 (1962), S. 63–71.

Christlein, Rainer: Die Alamannen. Archäologie eines lebendigen Volkes, Stuttgart/Aalen 1978.

Czarnetzki, Alfred: Zur Entwicklung des Menschen in Südwestdeutschland, in: Hansjürgen Müller-Beck (Hrsg.), Urgeschichte in Baden-Württemberg, Stuttgart 1983, S. 217–240.

Dieterich, Stefan J.: Ulms bayerische Zeit 1802–1810, in: Hans Eugen Specker (Hrsg.), Die Ulmer Bürgerschaft auf dem Weg zur Demokratie (Forschungen zur Geschichte der Stadt Ulm, Reihe Dokumentation, Bd. 10), Ulm 1997, S. 249–275.

Dobler, Dieter; Klepser, Hans Helmut; Petermann, Rainer: Das Naturschutzgebiet „Langenauer Ried“. Ein Beitrag zur Landschaftsentwicklung in Niedermoorgebieten, in: Veröffentlichungen für Naturschutz und Landschaftspflege in Baden-Württemberg 46 (1977), S. 189–240.

Dülmen, Richard van: Kultur und Alltag in der frühen Neuzeit, Bd. 2: Dorf und Stadt 16.–18. Jahrhundert, München 1992.

Eickhoff, Michael u. a.: Der unvergessene Krieg. Hitler-Deutschland gegen die Sowjetunion 1941–1945, Köln 1981.

Eiselen, Hermann: Die Hungersnot 1816/17 in Baden und Württemberg, in: Die Hungerjahre 1816/17 auf der Alb und an der Donau, hrsg. von der Arbeitsgemeinschaft der Heimatmuseen im Alb-Donau-Kreis, Ulm 1985, S. 9–18.

Elfferding, Wieland: Von der proletarischen Masse zum Kriegsvolk, in: Inszenierung der Macht. Ästhetische Faszinatzion im Faschismus, hrsg. von der Neuen Gesellschaft für Bildende Kunst, Berlin 1987, S. 17–50.

Eitel, Peter: Die Städte der Grafen von Montfort in Oberschwaben, in: Hansmartin Decker-Hauff, Franz Quarthal, Wilfried Setzler (Hrsg.), Die Pfalzgrafen von Tübingen, Sigmaringen 1981, S. 29–38.

Endriß, Julius: Das Reformationsjahr 1531 in seinen entscheidenden Vorgängen, Ulm [1931].

Ders.: Die Ulmer Synoden und Visitationen der 1531–47. Ein Stück Kirchen- und Kulturgeschichte, Ulm 1935.

Ders.: Die Ulmer Kirchenvisitationen der Jahre 1557–1615, Ulm 1937.

Ders.: Die Ulmer Kirchenvisitationen des 17. und 18. Jahrhunderts, Ulm 1938.

Engels, Friedrich: Der deutsche Bauernkrieg, in: MEW 7, Berlin/DDR 1960, S. 327–413.

Fenske, Hans: Der liberale Südwesten. Freiheitliche und demokratische Traditionen in Baden und Württemberg (Schriften zur politischen Landeskunde Baden-Württembergs, Bd. 5), Stuttgart/Berlin/Köln/Mainz 1981.

Festschrift zum 125. Jubiläum Gesangverein Langenau, [Langenau 1983].

Festschrift zum Gau-Schießen 1962, [Langenau 1962].

Filtzinger, Philipp: Die römische Besetzung Baden-Württembergs, in: Philipp Filtzinger, Dieter Planck, Bernhard Cämmerer (Hrsg.), Die Römer in Baden-Württemberg, 2. Aufl. Stuttgart/Aalen 1976, S. 23–120.

Fingerlin, Gerhard: Siedlungen und Siedlungstypen. Südwestdeutschland in frühalamnnischer Zeit, in: Die Alamannen, hrsg.

vom Archäologischen Landesmuseum Baden-Württemberg, Stuttgart 1997, S. 125–134.

Fraas, Oscar: Der Hohlenstein und der Höhlenbär, in: Jahreshefte des Vereins für vaterländische Naturkunde in Württemberg 18 (162), S. 156–188.

Fritz, F.: Ulmische Kirchengeschichte vom Interim bis zum Dreißigjährigen Krieg (1548–1612), in: BWKG, N.F. 37 (1933), S. 1–44 und 117–168.

Füller, Kurt: Bevölkerungsentwicklung, in: Der Stadt und Landkreis Ulm. Amtliche Kreisbeschreibung, hrsg. von der Staatlichen Archivverwaltung Baden-Württemberg in Verbindung mit der Stadt Ulm und dem Landkreis Ulm, Ulm 1972, S. 556-588.

Fundberichte aus Baden-Württemberg 2 (1975), Stuttgart 1975.

Fundberichte aus Schwaben 2 (1894), Stuttgart 1895.

Fundberichte aus Schwaben 5 (1897), Stuttgart 1898.

Fundberichte aus Schwaben N. F. 5 (1928/30), Stuttgart 1930.

Gauturnfest 1961 – 100 Jahre TSV Langenau, Langenau [1961].

Geschichte, Illustrierte, der deutschen frühbürgerlichen Revolution, 2. Aufl. Berlin/DDR 1982.

Grees, Hermann: Ländliche Unterschichten und ländliche Siedlung in Ostschwaben (Tübinger Geografische Studien, Heft 58 [Sonderband 8]), Tübingen 1975.

Ders.: Ländliche Sozialstruktur, Wirtschaft und Siedlung seit dem ausgehenden Mittelalter, in: Der Stadt und Landkreis Ulm. Amtliche Kreisbeschreibung, hrsg. von der Staatlichen Archivverwaltung Baden-Württemberg in Verbindung mit der Stadt Ulm und dem Landkreis Ulm, Ulm 1972, S. 377–483.

Greiner, Johnanes: Geschichte der Ulmer Schule, in: UO 20 (1914), S. 1

Ders.: Ulm und Umgebung im Bauernkrieg, in: UO 16 (1909).

Geuenich, Dieter: Widersacher der Franken. Expansion und Konfrontation, in: Die Alamannen, hrsg. vom Archäologischen Landesmuseum Baden-Württemberg, Stuttgart 1997, S.144–148.

Ders., Zwischen Loyalität und Rebellion. Die Alamannen unter fränkischer Herrschaft, in: Die Alamannen, hrsg. vom Archäologischen Landesmuseum Baden-Württemberg, Stuttgart 1997, S. 204–208.

Gutsche, Willibald u. a.: Der erste Weltkrieg. Ursachen und Verlauf, herrschende Politik und Antikriegsbewegung in Deutschland, Köln 1985.

Häge, Hans: Langenauer Stadtgeschichte 1945 bis 1984, Langenau 1986.

Hagenmaier, Karl: Langenau im Dritten Reich. Zum Verhältnis von Kirche und Stadt, Weißenhorn 1986.

Hagenmaier, Monika: Vom hohen Turm. Ausblicke auf 500 Jahre kirchliches und politisches Leben in Langenau, Langenau 1992.

Hahn, Joachim: Eiszeitliche Jäger zwischen 35 000 und 15 000 Jahren vor heute, in: Hansjürgen Müller-Beck (Hrsg.), Urgeschichte in Baden-Württemberg, Stuttgart 1983, S. 273–330.

Hartmann, [Julius]: Regierung und Stände im Königreich Württemberg 1806–1894, in: Württembergische Jahrbücher für Statistik und Landeskunde 1894, H. 1. S. 1–92.

Haug, Albert: 100 Jahre Strom in Ulm. Zur Geschichte der Ulmer Kraftwerke und Stromversorgung, Ulm 1995.

Ders.; Schmidt, Uwe, Führer zu technischen Kulturdenkmalen in der Region Ulm-Alb-Donau (erscheint Herbst 2000).

Haug, Brigitte: „... auf dem Turnplatz der Politik..." Turnvereine in Baden und Württemberg in der Revolution 1848/49, Schorndorf 1998.

Heckel, August: Geschichte der Stadt Langenau, Langenau 1964.

Ders.: Entwicklung des Schulwesens im einstigen Ulmer Land, Sammlung von Zeitungsartikeln, Standort: Stadtbibliothek Ulm.

Heiligmann, Jörg: Grabung in einem vorgeschichtlichen Siedlungsareal bei Langenau, Alb-Donau-Kreis, in: AA 1986, S. 61.

Hellmich, Peter: Vom Freistegschulhaus zum Robert-Bosch-Gymnasium 1888–1988, in: Freistegschule Langenau 1888. Festschrift zur Hundertjahrfeier, Langenau 1988.

Herrman, Bettina: Das tägliche Leben zwischen Einschränkung und Pflichterfüllung, in: Hans Eugen Specker (Hrsg.), Ulm im Zweiten Weltkrieg (Forschungen zur Geschichte der Stadt Ulm, Reihe Dokumentation, Bd. 6), Stuttgart 1995, S. 55–98.

Hepach, Wolf-Dieter: Ulm im Königreich Württemberg. Wirtschaftliche, soziale und politische Aspekte (Forschungen zur Geschichte der Stadt Ulm, Bd. 16), Ulm 1979.

Hippel, Wolfgang von: Die Bauernbefreiung im Königreich Württemberg (Forschungen zur Deutschen Sozialgeschichte, Bd. 1), 2 Bde., Boppard 1977.

Hirschmann, Rudolf: Die Industrieentwicklung in Ulm seit dem Mittelalter, Köln 1926.

Hofer, Paul: Die Reformation im Ulmer Landgebiet. Religiöse, wirtschaftliche und soziale Aspekte, Diss. phil. Tübingen 1977 (masch.).

Huber, Hermann: Sondagen in dem neolithischen Siedlungsplatz Langenau, Breiter Weg, Alb-Donau-Kreis, in: AA 1982, S. 33.

Die Hungerjahre 1816/17 auf der Alb und an der Donau, hrsg. von der Arbeitsgemeinschaft der Heimatmuseen im Alb-Donau-Kreis, Ulm 1985.

Ihme, Gerhard: Von der Zentralleitung des Wohltätigkeitsvereins zum Landeswohlfahrtsverband für Baden-Württemberg, in: 150 Jahre Wohlfahrtspflege in Baden-Württemberg. Festschrift zum 150-jährigen Jubiläum des Landeswohlfahrtswerks für Baden-Württemberg.

Jänichen, Hans: Geschichte im Mittelalter und in der Neuzeit, in: Der Stadt- und Landkreis Ulm. Amtliche Kreisbeschreibung, hrsg. von der staatlichen Archivverwaltung Baden-Württemberg in Verbindung mit der Stadt Ulm und dem Landkreis Ulm, Ulm 1972, S. 316–506.

Jakober, Wilmar: Der schwierige Weg zur Demokratie. Langenau in den Jahren 1945–49, Langenau [1985].

Kaul, Oliver: Studien zum Verhältnis von protestantischer Hochreligion und ländlichem Volksglauben. Das Ulmer Territorium im konfessionellen Zeitalter, Magisterarbeit Bonn 1996 (masch.) [Standort: Stadtarchiv Ulm].

Keidel, Friedrich: Der erste Diözesanverein in Langenau, in: BWKG 10 (1895), S. 49–52 und 63–64.

Keitel, Christian: Städtische Bevölkerung und Stadtregiment bis 1397, in: Die Ulmer Bürgerschaft auf dem Weg zur Demokratie (Forschungen zur Geschichte der Stadt Ulm, Reihe Dokumentation, Bd. 10), Ulm 1997, S. 87–118.

Keller, Hagen: Fränkische Herrschaft und alemannisches Herzogtum im 6. und 7. Jahrhundert, in: ZGO 124 (1976), S. 1–30.

Klein, Frieder: Vorgeschichtliche und römische Siedlungsreste in Langenau, Alb-Donau-Kreis, in: AA 1987, S. 65.

Ders.: Vorgeschichtliche und merowingerzeitliche Funde von Langenau, Alb-Donau-Kreis, in: AA 1990, S. 195–197.

Ders.: Vorgeschichtliche und merowingerzeitliche Funde von Langenau, Alb-Donau-Kreis, in: AA 1990, S. 195.

Koch, Konrad Albert: Befestigte Kirchen in Langenau und anderwärts, in: UBll 2 (1926), S. 90.

Koch, Ursula: Besiegt, beraubt, vertrieben. Die Folgen der Niederlagen von 496/497 und 506, Die Alamannen, hrsg. vom Archäologischen Landesmuseum Baden-Württemberg, Stuttgart 1997, S. 191–201.

König, Martin: Kirchliches Leben in Ulm, in: Hans Eugen Specker (Hrsg.), Ulm im 19. Jahrhundert. Aspekte aus dem Leben der Stadt (Forschungen zur Geschichte der Stadt Ulm, Reihe Dokumentation, Bd. 7), Ulm 1990, S. 355–441.

Königswald, Wighard von: Die Säugetierfauna des süddeutschen Pleistozäns, in: Hansjürgen Müller-Beck (Hrsg.), Urgeschichte in Baden-Württemberg, Stuttgart 1983, S. 166–216.

Köperl, Edwin: Beispiel kommunale Kulturarbeit – Aufgabe und Chance für den ländlichen Raum, in: Ulrich Klemm (Hrsg.), Erwachsenenbildung und Regionalentwicklung. Eine Perspektive für den ländlichen Raum – Konzeption, Praxis, Diskussionsstand, Frankfurt/Main 1995, S. 86–93.

Krautkrämer, Elmar: Besetzung – Teilung – Neubeginn. Das Schicksal Deutschlands 1945–1949, Freiburg/Basel/Wien 1981.
Kreisfeuerwehrtag des Kreisfeuerwehr-Verbandes Ulm – 50-jähriges Jubiläum der Freiwilligen Feuerwehr Langenau, o. O. [1956].

Kreisfeuerwehrtag 1981, hrsg. von der Freiwilligen Feuerwehr Langenau [Langenau 1981].

Landesdenkmalamt Baden-Württemberg, Liste der Kulturdenkmale, Teil A 2: Archäologische Denkmale der Vor- und Frühgeschichte.

Lechner, Silvester: Das KZ Oberer Kuhberg und die NS-Zeit in der Region Ulm/Neu-Ulm, 2. Aufl. Stuttgart 1988.

Lemke, Bernd: Die Ulmer Garnison und ihre Bedeutung für das städtische Leben, in: Hans Eugen Specker (Hrsg.), Ulm im 19. Jahrhundert. Aspekte aus dem Leben der Stadt (Forschungen zur Geschichte der Stadt Ulm, Reihe Dokumentation, Bd. 7), Ulm 1990, S. 586–641.

Lübke, Konrad: Die Verfassung der freien Reichsstadt Ulm am Ende des alten Reiches, Diss. jur. Tübingen 1955 (masch.).

Maier, Hans: Die Hochverratsprozesse gegen Gottlieb Rau und August Becher nach der Revolution von 1848 in Württemberg, Pfaffenweiler 1992.

Mann, Bernhard; Nüske, Gerd Friedrich: Württemberg 1803–1864, in: Deutsche Verwaltungsgeschichte, Bd. 2: Vom Reichsdeputationshauptschluss bis zur Auflösung des Deutschen Bundes, Stuttgart 1983.

Martin, Max: Historische Schlagzeilen, archäologische Trümmer, in: Die Alamannen, hrsg. vom Archäologischen Landesmuseum Baden-Württemberg, Stuttgart 1997, S. 163–170.

Mühl, Albert; Seidel, Kurt: Die württembergischen Staatsbahnen, Stuttgart/Aalen 1970.

Naujoks, Eberhard: Stadtverfassung und Ulmer Land im Zeitalter der Reformation, in: UO 34 (1955), S. 102–119.

Neusser, Gerold: Das Territorium der Reichsstadt Ulm im 18. Jahrhundert. Territorialgeschichtliche Forschungen (Forschungen zur Geschichte der Stadt Ulm, Bd. 4), Ulm 1964.

Nobis, Beatrix: Die Baudenkmäler Langenaus und ihre kunsthistorische Bedeutung, in: Langenau. Eine Stadt im Wandel der Zeit, hrsg. von der Langenauer Bank, Volksbank-Raiffeisenbank, Langenau 1981, S. 47–58.

Pfahl, Stefan F.: Die ländliche Besiedlung am Beispiel des Langenauer Beckens, in: Römer an Donau und Iller. Neue Forschungen und Funde, hrsg. vom Ulmer Museum, Sigmaringen 1996, S. 87–99.

Planck, Dieter: Die Zivilisation der Römer in Baden-Württemberg, in: Philipp Filtzinger, Dieter Planck, Bernhard Cämmerer (Hrsg.), Die Römer in Baden-Württemberg, 2. Aufl. Stuttgart/Aalen 1976, S. 121–162.

Raberg, Frank: Ulm in den Jahren der Weimarer Republik, in: Hans Eugen Specker (Hrsg.), Die Ulmer Bürgerschaft auf dem Weg zur Demokratie, Forschungen zur Geschichte der Stadt Ulm, Reihe Dokumentation, Bd. 10), Ulm 1997, S. 333–380.

Reim, Hartmann: Ein bronzezeitlicher Grabhügel bei Langenau, Alb-Donaukreis, in: AA 1974, S. 10.

Ders.: Grabungen in einem römischen Gutshof bei Langenau-Göttingen, Alb-Donau-Kreis, in: AA 1978, S. 69–72.

Ders.: Ein Versteckfund von Münzen und Fibeln aus der Spätlatènezeit bei Langenau, Alb-Donau-Kreis, in: AA 1979, S. 50–53.

Ders.: Grabungen in einem römischem Gutshof bei Langenau, Alb-Donau-Kreis, in: AA 1979, Stuttgart 1980, S. 54–59.

Ders., Ein römischer Gutshof bei Langenau-Göttingen, Alb-Donau-Kreis, in: AA 1979, S. 60–63.

Reistle, Michael: Vorgeschichte des Langenauer Raums, in: Langenau. Eine Stadt im Wandel der Zeit, Ulm 1981, S. 9–14.

Riecke, [Karl Victor] von: Verfassung und Landstände, in: Württembergische Jahrbücher für Statistik und Landeskunde 1879, H. 1, S. 1–71.

Romoth, Hartmuth: Die Stadt Langenau – eine sozialgeographische Studie, Staatsexamensarbeit Hamburg 1970 (masch.).

Rothe, Kurt: Das Finanzwesen der Reichsstadt Ulm im 18. Jahrhundert. Ein Beitrag zur Wirtschaftsgeschichte (Forschungen zur Geschichte der Stadt Ulm, Bd. 21), Ulm 1991.

Sängerbund Langenau 1884–1959, Langenau 1959.

Sangmeister, Edward: Die ersten Bauern, in: Hansjürgen Müller-Beck (Hrsg.), Urgeschichte in Baden-Württemberg, Stuttgart 1983, S. 429–471.

Sauer, Paul: Revolution und Volksbewaffnung. Die württembergischen Bürgerwehren im 19. Jahrhundert, vor allem während der Revolution 1848/49, Ulm 1976.

Ders.: Der württembergische Landtag, in: Von der Ständeversammlung zum demokratischen Parlament. Die Geschichte der Volksvertretungen in Baden-Württemberg, Stuttgart 1982, S. 205-223.

Sauter, Eugen: Schulen, in: Der Alb-Donau-Kreis, hrsg. von der Landesarchivdirektion Baden-Württemberg in Zusammenarbeit mit dem Alb-Donau-Kreis, Bd. 1, Sigmaringen 1989, S. 322–332.

Schaab, Meinrad: Bevölkerung und Wirtschaft, in: Der Alb-Donau-Kreis, hrsg. von der Landesarchivdirektion Baden-Württemberg in Verbindung mit dem Alb-Donau-Kreis, Bd. 1, Sigmaringen 1989, S. 150–162.

Schacht-Dörges, Helga: „Zusammengespülte und vermengte Menschen“. Suebische Kriegerbünde werden sesshaft, in: Die Alamannen, hrsg. vom Archäologischen Landesmuseum Baden-Württemberg, Stuttgart 1997, S. 79–102.

Schaller, Peter: Die Industrialisierung der Stadt Ulm zwischen 1828/34 und 1875 (Forschungen zur Geschichte der Stadt Ulm, Bd. 27), Ulm 1998.

Schaller, Peter; Schmidt, Uwe, Langenau, in: Wolfgang Schürle (Hrsg.), Wirtschaftsgeschichte im Raum Ulm. Entwicklungslinien im Alb-Donau-Kreis seit 1945 (Alb und Donau, Kunst und Kultur, Bd. 15), Ulm 1998, S. 318–319.

Scherb, Ute: Kriegerdenkmäler in Freiburg. Von der Gründerzeit bis nach dem Zweiten Weltkrieg, in: Christian Geinitz u. a., Kriegsgedenken in Freiburg. Trauer – Kult – Verdrängung (Alltag & Provinz, Bd. 6), Freiburg 1995, S. 12–60.

Schoch, Siegfried: Soziale Bewegungen sowie Formen sozialen und sozialpolitischen Denkens und Handelns in Württemberg 1770–1870, Stuttgart 1975.

Schmid, Elisabeth: Die altsteinzeitliche Elfenbeinstatuette aus der Höhle Stadel im Hohlenstein bei Asselfingen, Alb-Donau-Kreis, in: Fb Baden-Württemberg 14 (1989), S. 33 ff.

Schmidt, Sabine: Kurzbiografien, in: Hans Eugen Specker (Hrsg.), Ulm im Zweiten Weltkrieg (Forschungen zur Geschichte der Stadt Ulm, Reihe Dokumentation, Bd. 6), Ulm 1995, S. 458–482.

Schmidt, Uwe: Skizzen zur Sozialgeschichte, in: Hans Eugen Specker (Hrsg.), Ulm im 19. Jahrhundert. Aspekte aus dem Leben der Stadt (Forschungen zur Geschichte der Stadt Ulm, Reihe Dokumentation, Bd. 7), Ulm 1990, S. 255–278.

Ders.: Südwestdeutschland im Zeichen der Französischen Revolution. Bürgeropposition in Ulm, Reutlingen und Esslingen (Forschungen zur Geschichte der Stadt Ulm, Bd. 23), Ulm 1993.

Schmoller, August: Ulms Baumwollweberei, Ulm 1890.

Schmolz, Helmut: Herrschaft und Dorf im Gebiet der Reichsstadt Ulm, in: Erich Maschke, Jürgen Sydow (Hrsg.), Stadt und Umland (Veröffentlichungen der Kommission für geschichtliche Landeskunde, Reihe B Forschungen, Bd. 82), Stuttgart 1974, S. 166–192.

Schulz, Ilse: Verwehte Spuren. Frauen in der Stadtgeschichte, Ulm 1998.

Seemüller, Ulrich: Friedrich Albrecht (1818–1890), in: Wolfgang Schürle (Hrsg.), Die Revolution 1848/49. Wurzeln der Demokratie im Raum Ulm, Ulm 1998, S. 47–51.

Ders.: Die Wahl zur Nationalversammlung im Bezirk Ulm-Blaubeuren-Laupheim, in: Wolfgang Schürle (Hrsg.), Die Revolution 1848/49. Wurzeln der Demokratie im Raum Ulm, Ulm 1998, S. 107–121.

Seewald, Christa: Vor- und Frühgeschichte, in: Der Stadt- und Landkreis Ulm. Amtliche Kreisbeschreibung, hrsg. von der Staatlichen Archivverwaltung in Verbindung mit der Stadt Ulm und dem Landkreis Ulm, Ulm 1972, S. 178–316.

Specker, Hans Eugen: Ulm. Stadtgeschichte, Ulm 1977.

Ders.; Weig, Gebhard (Hrsg.): Die Einführung der Reformation in Ulm. Geschichte eines Bürgerentscheids (Forschungen zur Geschichte der Stadt Ulm, Reihe Dokumentation, Bd. 2), Ulm 1981.

Stork, Ingo: Als Persönlichkeit ins Jenseits. Bestattungssitte und Grabraub als Kontrast, in: Die Alamannen, hrsg. vom Archäologischen Landesmuseum Baden-Württemberg, Stuttgart 1997, S. 418–432.

Storz, Otto:Geschichte des Schulwesens in Langenau, in: UBll. 1 (1924/25), S. 95, 101.

Tradition verpflichtet. Ein Werk biographischer Kreis- und Firmenchronik der Stadt und des Kreises Ulm/Donau, Stuttgart 1953.

Trox, Eckard: Bürger in Ulm: Vereine, Parteien, Geselligkeit, in: Hans Eugen Specker (Hrsg.): Ulm im 19. Jahrhundert. Aspekte aus dem Leben der Stadt (Forschungen zur Geschichte der Stadt Ulm, Reihe Dokumentation, Bd. 7), Ulm 1990, S. 169–238.

Uerpmann, Hans-Peter: Die Anfänge von Tierhaltung und Pflanzenbau, in: Hansjürgen Müller-Beck (Hrsg.), Urgeschichte in Baden-Württemberg, Stuttgart 1983, S. 405–428.

Ulmer Bilderchronik, hrsg. von Karl Höhn, Bde. 1, 4, Ulm 1929/1937.

Ungericht, Hansmartin: Der Alte Friedhof in Ulm (Forschungen zur Geschichte der Stadt Ulm, Reihe Dokumentation, Bd. 3), Ulm 1980.

Veeck, Walther: Die Alemannen in Württemberg, Textband, Berlin/Leipzig 1931.

Vorbach, Alois: Die wirtschaftlichen Folgen des Dreißigjährigen Krieges für die Reichsstadt Ulm, Diss. phil. Tübingen 1923 (masch.).

Waibel, Raimund: Frühliberalismus und Gemeindewahlen in Württemberg (1817–1855). Das Beispiel Stuttgart (Veröffentlichungen der Kommission für geschichtliche Landeskunde in Baden-Württemberg, Reihe B Forschungen, Bd. 125), Stuttgart 1992.

Ders.: Das Heimatmuseum Langenau, in: SH 40 (1989), S. 149–154.

Ders.: Stadt und Verwaltung. Das Bild des Ulmer Gemeinwesens im 19. Jahrhundert, in: Hans Eugen Specker (Hrsg.), Ulm im 19. Jahrhundert. Aspekte aus dem Leben der Stadt (Forschungen zur Geschichte der Stadt Ulm, Reihe Dokumentation, Bd. 7), Ulm 1990, S. 276–332.

Ders.: Ulm und das Salz. Forschungsergebnisse zum Mythos vom Reichtum aus dem Ulmer Salzhandel, in UO 50 (1996), S. 7–138.

Walz, Werner: Die Eisenbahn in Baden-Württemberg. Geschichte der Bahnen in Baden und Württemberg 1840 bis heute, Stuttgart o.J.

Wehrberger, Kurt: Katalog archäologischer Fundstellen, S. 54, Beilage zu Der Alb-Donau-Kreis, hrsg. von der Landesarchivdirektion Baden-Württemberg in Verbindung mit dem Alb-Donau-Kreis, 2 Bde., Sigmaringen 1989/92.

Ders.: Ur- und Frühgeschichte, in: Der Alb-Donau-Kreis, hrsg. von der Landesarchivdirektion Baden-Württemberg in Verbindung mit dem Alb-Donau-Kreis, Bd. 1, Sigmaringen 1989, S. 82–98.

Weig, Gebhard: Luftschutz in Ulm, 1939–1945, in: Hans Eugen Specker (Hrsg.), Ulm im Zweiten Weltkrieg (Forschungen zur Geschichte der Stadt Ulm, Reihe Dokumentation, Bd. 6), Ulm 1995, S. 363–408.

Weltin, Karin: Die Ulmer Presse im Überblick, in: Hans Eugen Specker (Hrsg.), Ulm im 19. Jahrhundert. Aspekte aus dem Leben der Stadt (Forschungen zur Geschichte der Stadt Ulm, Reihe Dokumentation, Bd. 7), Ulm 1990, S. 464–478.

Wetzel, Robert: Der Hohlenstein im Lonetal. Dokumente alteuropäischer Kulturen vom Eis-zeitalter bis zur Völkerwanderung, in: Mitteilungen des Vereins für Naturwissenschaft und Mathematik in Ulm 26 (1961), S. 21–75.

Zimmermann, Wilhelm: Der große deutsche Bauernkrieg, 5. Aufl. Berlin/DDR.

Zürn, H.: Die vor- und frühgeschichtlichen Geländedenkmale und mittelalterlichen Burgstellen der Kreise Göppingen und Ulm (Veröffentlichungen des Staatlichen Amtes für Denkmalpflege 6), Stuttgart 1961.

Ortsregister

Abkürzungen

alemann.	alemannisch
bayer.	bayerisch
dt.	deutsch
deutschkath.	deutschkatholisch
engl.	englisch
fränk.	fränkisch
frz.	französisch
Gde.	Gemeinde
kais.	kaiserlich
kirg.	kirgisisch
Kr.	Kreis
Ldkr.	Landkreis
österr.	österreichisch
ostgot.	ostgotisch
Pr	Proto
preuß.	preußisch
rev.	revolutionär
röm.	römisch
schwäb.	schwäbisch
schwed.	schwedisch
schweiz.	schweizerisch
span.	spanisch
Stkr.	Stadtkreis
württ.	württembergisch

Personenregister

Abbildungsnachweise

Wolfgang Adler, Blaustein: S. 264 Mitte, 341, 393

Ernst Junginger, Langenau: S. 19, 20, 22, 23, 29, 30, 34, 35, 37, 45, 59, 178, 329, 334, 496, 497

Heimatmuseum Langenau: S. 54, 127

Landesdenkmalamt Baden-Württemberg: S. 28

Ulmer Museum/Thomas Stephan: S. 18

Stadt Langenau: S. 264 oben u. unten, 266, 267, 373, 393, 395, 496

Stadtarchiv Langenau: S. 53, 56, 57, 60, 61, 62, 63, 64, 100, 146, 147, 148, 168, 169, 170, 181, 183, 191, 193, 197, 200, 204, 205, 206, 207, 209, 228, 234, 239, 245, 250, 262, 265, 275, 276, 279, 280, 286, 287, 288, 296, 297, 312, 354, 355, 356, 358, 359, 360, 362, 365, 372, 375, 387, 388, 390, 438, 439, 443, 444, 445, 459, 463, 471, 475, 476, 480, 495, 501, 506, 507, 508, 509, 512, 513, 514, 515, 516, 517, 518, 519, 520, 527, 528, 543, 544, 546, 554, 555

Stadtarchiv Ulm: S. 69, 123, 125, 131, 137, 242

Die Abbildungen auf den S. 303, 309, 312, 320, 321, 324, 327 und 331 sind entnommen aus: Handwerk um 1700. Holländische und deutsche Kupferstiche mit Beschreibungen von Christoph Weigel und Betrachtungen von Abraham a Sancta Clara, Hürtgenwald 1985.

Abdruck der Karten mit freundlicher Genehmigung von Prof. Dr. Hermann Grees, Tübingen.